DICTIONNAIRE

DES

SCIENCES OCCULTES,

SAVOIR, DE

AÉROMANCIE, ALCHIMIE, ALECTRIOMANCIE, ALEUROMANCIE, ALFRI-
DARIE, ALGOMANENCIE, ALOMANCIE, ALOPÉCIE, ALPHITOMANCIE,
AMNIOMANCIE, ANTHROPOMANCIE, APANTOMANCIE, ARITHMANCIE, ARMOMANCIE,
ASPIDOMANCIE, ASTRAGALOMANCIE, BASCANIE, BÉLOMANCIE, BIBLIOMAN-
CIE, BOTANOMANCIE, BOUZANTHROPHIE, BRIZOMANCIE, CABALOMANCIE, CAPNOMANCIE,
CARTOMANCIE, CATROPTOMANCIE, CAUSIMOMANCIE, CÉPHALONOMANCIE, CÉRAUNO-
SCOPIE, CÉROMANCIE, CHIMIE, CHIROMANCIE, CLÉDONISMANCIE, CLEÏDOMANCIE, CLÉROMANCIE,
COSQUINOMANCIE, CRISTALOMANCIE, CRITOMANCIE, CROMNIOMANCIE, CYNANTHROPIE. DACTY-
LOMANCIE, DAPHNOMANCIE, DÉMONOCRATIE, DÉMONOGRAPHIE, DÉMONOMANCIE, ENGASTRIMISME, FANTASMA-
GORIE, FATALISME, GAROSMANCIE, GÉLOSCOPIE, GÉMATRIE, GÉOMANCIE, GYROMANCIE, HÉPATO-COPIE,
HIPPOMANCIE, HYDROMANCIE, ICHTHYOMANCIE, ILLUMINISME, LAMPADOMANCIE, LÉCANOMANCIE, LIBANOMANCIE, LITHO
MANCIE, LYCANTHROPIE, LYSIMACHIE, MAGIE, MAGNÉTISME, MARGARITOMANCIE, MATRIMONANCIE, MÉCA-
NEMANCIE, MÉGALANTHROPOGÉNIE, MÉTOPOSCOPIE, MIMIQUE, MONARCHIE INFERNALE, MYOMANCIE, NAYRAN-
CIE, NÉCROMANCIE, NIGROMANCIE, OCULOMANCIE, OENONOMANCIE, OLOLYGMANCIE, OMOMANCIE,
OMPHALOMANCIE, ONEYROCRITIQUE, ONOMANCIE, ONYCHOMANCIE, OOMANCIE, OPHIOMANCIE, OPHTHAL-
MOSCOPIE, ORDALIE, ORNITHOMANCIE, OVINOMANCIE, PALINGÉNÉSIE, PALMOSCOPIE,
PARTHÉNOMANCIE, PÉGOMANCIE, PETCHIMANCIE, PELTIMANCIE, PHARMACIE, PHRÉNOLOGIE,
PHYLLORHODOMANCIE, PHYSIOGNOMONIE, PIERRE PHILOSOPHALE, PYRO-
MANCIE, RABDOMANCIE, RHAPSODOMANCIE, SCIAMANCIE, SEXOMANCIE, SIDÉRO-
MANCIE, SOMNAMBULISME, SPODOMANTIE, STÉGANOGRAPHIE,
STERNOMANCIE, STOICHÉOMANCIE, STOLISOMANCIE, SUPERSTITIONS,
SYCOMANSIE, SYMPATHIE, TACITURNAMANCIE, TAUPO-
MANCIE, TÉPHRAMANCIE, TÉRATOSCOPIE, THALMUDANCIE,
THÉOMANCIE, THÉURGIE, THURIFUMIE, TI-
ROMANCIE, UROTOPÉGNIE, UTÉSÉTURE, VAMPI-
RISME, VENTRILOQUIE, VISIOMANCIE,
XYLOMANCIE, ZAIRAGIE;

OU

RÉPERTOIRE UNIVERSEL,

DES ÊTRES, DES PERSONNAGES, DES LIVRES, DES FAITS ET DES CHOSES QUI TIENNENT AUX APPARITIONS, AUX DIVINATIONS, A LA MAGIE
AU COMMERCE DE L'ENFER, AUX DÉMONS, AUX SORCIERS, AUX SCIENCES OCCULTES, AUX GRIMOIRES,
A LA CABALE, AUX ESPRITS ÉLÉMENTAIRES, AU GRAND OEUVRE, AUX PRODIGES, AUX ERREURS, AUX PRÉJUGÉS,
AUX IMPOSTURES, AUX ARTS DES BOHÉMIENS, AUX SUPERSTITIONS DIVERSES, AUX CONTES POPULAIRES, AUX PRONOSTICS
ET GÉNÉRALEMENT A TOUTES LES FAUSSES CROYANCES MERVEILLEUSES, SURPRENANTES,
MYSTÉRIEUSES OU SURNATURELLES.

Publié par M. l'abbé Migne,

ÉDITEUR DES COURS COMPLETS SUR CHAQUE BRANCHE DE LA SCIENCE RELIGIEUSE.

TOME PREMIER.

2 VOL. PRIX : 16 FRANCS.

CHEZ L'ÉDITEUR,

AUX ATELIERS CATHOLIQUES DU PETIT-MONTROUGE,
BARRIÈRE D'ENFER DE PARIS.

1846

ENCYCLOPEDIE THEOLOGIQUE,

OU

SÉRIE DE DICTIONNAIRES SUR CHAQUE BRANCHE DE LA SCIENCE RELIGIEUSE,

OFFRANT EN FRANÇAIS

LA PLUS CLAIRE, LA PLUS FACILE, LA PLUS COMMODE, LA PLUS VARIÉE
ET LA PLUS COMPLÈTE DES THÉOLOGIES;

CES DICTIONNAIRES SONT :

D'ÉCRITURE SAINTE, DE PHILOLOGIE SACRÉE, DE LITURGIE, DE DROIT CANON, DE RITES ET
CÉRÉMONIES, DE CONCILES, D'HÉRÉSIES ET DE SCHISMES, DE LÉGISLATION RELIGIEUSE, DE
THÉOLOGIE DOGMATIQUE ET MORALE, DES PASSIONS, DES VERTUS ET DES VICES, DE CAS
DE CONSCIENCE, D'HISTOIRE ECCLÉSIASTIQUE, D'ORDRES RELIGIEUX (HOMMES ET
FEMMES), D'ARCHÉOLOGIE SACRÉE, DE MUSIQUE RELIGIEUSE, DE GÉOGRAPHIE
SACRÉE ET ECCLÉSIASTIQUE, D'HÉRALDIQUE ET DE NUMISMATIQUE RELI-
GIEUSES, DES LIVRES JANSÉNISTES ET MIS A L'INDEX, DES DIVERSES
RELIGIONS, DE PHILOSOPHIE, DE DIPLOMATIQUE CHRÉTIENNE
ET DES SCIENCES OCCULTES,

PUBLIÉE

PAR M. L'ABBÉ MIGNE,

ÉDITEUR DES COURS COMPLETS SUR CHAQUE BRANCHE DE LA SCIENCE RELIGIEUSE.

50 VOLUMES IN-4°.

PRIX : 6 FR. LE VOL. POUR LE SOUSCRIPTEUR A LA COLLECTION ENTIÈRE, 7 FR., 8 FR., ET MÊME 10 FR. POUR LE
SOUSCRIPTEUR A TEL OU TEL DICTIONNAIRE PARTICULIER.

TOME QUARANTE-HUITIÈME.

DICTIONNAIRE DES SCIENCES OCCULTES.

TOME PREMIER.

2 VOL., PRIX : 16 FRANCS.

CHEZ L'ÉDITEUR,

AUX ATELIERS CATHOLIQUES DU PETIT-MONTROUGE,
RUE D'AMBOISE, BARRIÈRE D'ENFER DE PARIS.

1846

Imprimerie de Vrayet de Surcy et Cie
rue de Sèvres, 37, à Paris.

DICTIONNAIRE
DES
SCIENCES OCCULTES
ET DES
IDÉES SUPERSTITIEUSES.

A

AAMON. Voy. Amon.

AARON, magicien du Bas-Empire, qui vivait du temps de l'empereur Manuel Comnène. On conte qu'il possédait les *Clavicules de Salomon*, qu'au moyen de ce livre il avait à ses ordres des légions de démons, et se mêlait de nécromancie. On lui fit crever les yeux ; après quoi on lui coupa encore la langue. Mais n'allez pas croire que ce fût une victime de quelque fanatisme ; il fut condamné comme bandit : car on trouva chez lui un cadavre qui avait les pieds enchaînés, le cœur percé d'un clou, et d'autres abominations (Nicétas, *Annales*, liv. 4.)

ABADDON, ou le destructeur, chef des démons de la septième hiérarchie. C'est le nom de l'ange exterminateur dans l'Apocalypse.

ABADIE (Jeannette), jeune fille du village de Siboure, en Gascogne. Delancre, dans son *Tableau de l'inconstance des démons*, raconte que Jeannette Abadie, dormant, un dimanche, pendant la messe, dans la maison de son père, un démon profita du moment et l'emporta au sabbat (quoiqu'on ne fît le sabbat ni le dimanche ni aux heures des saints offices, temps où les démons ont peu de joie). Elle trouva au sabbat grande compagnie et vit que celui qui présidait avait à la tête deux visages, comme Janus. Du reste, elle ne fit rien de criminel et fut remise à son logis par le même moyen de transport qui l'avait emmenée. Elle se réveilla alors et ramassa une petite relique que le diable avait eu la précaution d'ôter de son cou avant de l'emporter. Il paraît que le bon curé à qui elle confessa son aventure lui fit comprendre qu'elle n'avait fait qu'un mauvais rêve ; car elle ne fut aucunement recherchée, quoique Delancre dise qu'elle avait commencé là le métier de sorcière. Voy. Crapaud.

ABALAM, prince de l'enfer, très-peu connu. Il est de la suite de Paymon. Voy. ce mot.

ABANO. Voy. Pierre d'Apone.

ABARIS, magicien scythe et grand-prêtre d'Apollon, qui lui donna une flèche d'or sur laquelle il chevauchait par les airs avec la rapidité d'un oiseau ; ce qui a fait que les Grecs l'ont appelé l'*Aérobate*. Il fut, dit-on, maître de Pythagore, qui lui vola sa flèche, dans laquelle on doit voir quelque allégorie. On ajoute qu'Abaris prédisait l'avenir, qu'il apaisait les orages, qu'il chassait la peste ; on conte même qu'il vivait sans boire ni manger. Avec les os de Pélops, il fabriqua une figure de Minerve, qu'il vendit aux Troyens comme un talisman descendu du ciel : c'est le Palladium qui avait la réputation de rendre imprenable la ville où il se trouvait [1].

ABDEEL (Abraham), appelé communément Schœnewald (Beauchamp), prédicateur à Custrin, dans la marche de Brandebourg, fit imprimer à Tham, en 1572, le *Livre de la parole cachetée*, dans lequel il a fait des calculs pour trouver qui est l'antechrist et à quelle époque il doit paraître. Cette méthode consiste à prendre au hasard un passage du prophète Daniel ou de l'Apocalypse, et à donner à chaque lettre, depuis *a* jusqu'à *z*, sa valeur numérique. *A* vaut 1, *b* vaut 2, *c* vaut 3, et ainsi de suite. Abdeel déclare que l'antechrist est le pape Léon X. Il trouve de la même manière les noms des trois anges par lesquels l'antechrist doit être découvert. Ces trois anges sont Huss, Huthen et un certain Noé qui nous est inconnu. Ces trois insensés ne s'en doutaient probablement pas. A la fin de son livre, Abdeel prend l'engagement de découvrir le vrai nom de ce certain Noé, ainsi que d'autres secrets, par les nombres cabalistiques du prophète Daniel ; il ne paraît pas qu'il ait jamais rempli cette promesse [2].

---

[1] Hérodote, Jamblique, Clément d'Alexandrie, etc.
[2] Le livre très-rare d'Abdeel est intitulé : *Das Buch der versiegelten rede des propheten Danielis*, etc. — Le livre de la parole cachetée du prophète Daniel au xiie chapitre, exposant clairement comment on peut reconnaître l'antechrist.

ABDEL-AZYS, astrologue arabe du dixième siècle, plus connu en Europe sous le nom d'Alchabitius. Son *Traité d'astrologie judiciaire* a été traduit en latin par Jean de Séville (*Hispalensis*). L'édition la plus recherchée de ce livre : *Alchabitius, cum commento*, est celle de Venise, 1503, in-4° de 140 pages.

ABDIAS DE BABYLONE. On attribue à un écrivain de ce nom l'histoire du combat merveilleux que livra saint Pierre à Simon le magicien. Le livre d'Abdias a été traduit par Julius Africanus, sous ce titre : *Historia certaminis apostolici*, 1566, in-8°.

ABEILARD. Il est plus célèbre aujourd'hui par ses tragiques amours que par ses ouvrages théologiques, qui lui attirèrent justement les censures de saint Bernard, et qui étaient pleins d'erreurs très-dangereuses. Il mourut en 1142. Vingt ans après, Héloïse ayant été ensevelie dans la même tombe, on conte qu'à son approche la cendre froide d'Abeilard se réchauffa tout à coup, et qu'il étendit les bras pour recevoir celle qui avait été sa femme. Leurs restes étaient au Paraclet, dans une précieuse tombe gothique que l'on a transportée à Paris en 1799, et qui est présentement au cimetière du Père-Lachaise.

ABEILLES. C'était l'opinion de quelques démonographes que si une sorcière, avant d'être prise, avait mangé de la reine d'un essaim d'abeilles, ce cordial lui donnait la force de supporter la torture sans confesser (1); mais cette découverte n'a pas fait principe.

Dans certains cantons de la Bretagne, on prétend que les abeilles sont sensibles aux plaisirs comme aux peines de leurs maîtres, et qu'elles ne réussissent point si on néglige de leur faire part des événements qui intéressent la maison. Ceux qui ont cette croyance ne manquent pas d'attacher à leurs ruches un morceau d'étoffe noire lorsqu'il y a une mort chez eux, et un morceau d'étoffe rouge lorsqu'il y a un mariage, ou toute autre fête (2).

Les Circassiens, dans leur religion mêlée de christianisme, de mahométisme et d'idolâtrie, honorent la Mère de Dieu sous le nom de Mérième ou de Melissa. Ils la regardent comme la patronne des abeilles, dont elle sauva la race en conservant l'une d'elles dans sa manche, un jour que le tonnerre menaçait d'exterminer tous les insectes. Les revenus que les Circassiens tirent de leurs ruches expliquent leur reconnaissance pour le bienfait qui les leur a conservées.

Solin a écrit que les abeilles ne peuvent pas vivre en Irlande; que celles qu'on y amène y meurent tout à coup; et que si l'on porte de la terre de cette île dans un autre pays, et qu'on la répande autour des ruches, les abeilles sont forcées d'abandonner la place, parce que cette terre leur est mortelle. On lit la même chose dans *les Origines* d'Isidore. « Faut-il examiner, ajoute le père Lebrun (3), d'où peut venir cette malignité de la terre d'Irlande? Non, car il suffit de dire que c'est une fable, et qu'on trouve en Irlande beaucoup d'abeilles. »

ABEL, fils d'Adam. Des docteurs musulmans disent qu'il avait quarante-huit pieds de haut. Il se peut qu'ils aient raisonné d'après un tertre long de cinquante-cinq pieds, que l'on montre auprès de Damas, et qu'on nomme la tombe d'Abel.

Les rabbins ont écrit beaucoup de rêveries sur le compte d'Abel. Nos anciens, qui croyaient tant de choses, lui attribuent un livre d'astrologie judiciaire qui lui aurait été révélé et qu'il aurait renfermé dans une pierre. Après le déluge, Hermès-Trismégiste le trouva : il y apprit l'art de faire des talismans sous l'influence des constellations. Ce livre est intitulé : *Liber de virtutibus planetarum et omnibus rerum mundanarum virtutibus*. Voy. le traité *De Essentiis essentiarum*, qu'on décore faussement du nom de saint Thomas d'Aquin, pars 4, cap. 2. Voy. aussi Fabricius, *Codex pseud. Vet. Testam.*

ABEL DE LA RUE, dit *le Casseur*, savetier et mauvais drôle qui fut arrêté, en 1582, à Coulommiers, et brûlé comme voleur, sorcier, magicien, noueur d'aiguillettes. Voici sa légende :

Le noueur d'aiguillettes.

C'était grand deuil à Coulommiers, dans la maison de Jean Moureau, le 15 juin de l'an de grâce 1582. Le petit homme s'était marié la veille, plein de liesse et se promettant heureux ménage avec Fare Fleuriot, son épousée. Il était vif, homme de tête, persévérant dans ses affections comme dans ses haines; et il se réjouissait sans ménagement de son succès sur ses rivaux. Fare, qui l'avait préféré, semblait partager son bonheur et ne se troublait pas plus que lui des alarmes que les menaces d'un rival dédaigné avaient fait naître chez leurs convives. Fare Fleuriot, habile ouvrière en guipure, n'avait pu hésiter dans son choix entre Jean Moureau, armurier fort à son aise, et ce concurrent redouté, nommé Abel de la Rue, surnommé *le Casseur*, à cause de sa mauvaise conduite; homme réduit au métier de savetier, et qu'on accusait de relations avec le diable à cause de ses déportements; circonstance mystérieuse qui effrayait les amis de l'armurier.

— Vous avez supplanté Abel, lui disaient-ils; il vous jouera quelqu'un de ses mauvais tours.

— Les gens de justice de notre roi, Henri troisième, nous sauront bien rendre raison du Casseur, répondit Jean Moureau.

— Et qui sait, dit une vieille tante, s'il ne vous jetterait pas un sort?

— Patience : telle avait été la réponse du jeune marié.

Mais Fare était pourtant moins rassurée : la noce toutefois s'était faite joyeusement.

Or, le lendemain, comme nous avons dit, c'était dans la maison grand deuil et pleine

(1) Wierus, *De Præstigiis* lib. VI, cap. 7.
(2) Cambry, *Voyage dans le Finistère* II p. 16.
(3) *Histoire critique des pratiques superstitieuses* liv. I, chap. 5.

tristesse. Les deux époux, si heureux la veille, paraissaient effarés de trouble ; on annonçait timidement ce qui était survenu : le résultat en paraissait pénible. Le mari et la femme ensorcelés sentaient l'un pour l'autre autant d'éloignement qu'ils s'étaient témoigné d'affection le jour précédent. Cette nouvelle se répandit en peu d'instants dans la petite ville : le second jour, l'éloignement devint de l'antipathie, qui, le jour d'après, eut tout l'air de l'aversion. Cependant les jeunes mariés ne parlaient pas de demander une séparation ; seulement ils annonçaient que quelque ennemi endiablé ou quelque sorcière maudite leur avait noué l'aiguillette.

On sait que ce maléfice, qui a fait tant de bruit aux seizième et dix-septième siècles, rendait les mariés repoussants l'un pour l'autre, et les accablant au physique comme au moral, les conduisait à se fuir avec une sorte d'horreur.

Il ne fut bruit dans tout Coulommiers que de l'aiguillette nouée à Jean Moureau. Abel de la Rue, le savetier dédaigné, en avait ri si méchamment, qu'il fut à bon droit soupçonné du délit ; il était assez généralement détesté. La clameur publique prit une telle consistance, que les jeunes époux ensorcelés se crurent autorisés à déposer leur plainte. Messire Nicolas Quatre-Sols était lieutenant civil et criminel au bailliage de Coulommiers. Il fit comparaître Abel devant lui.

Le chenapan, qui était hypocondre et morose, avoua qu'il avait recherché Fare Fleuriot, mais il nia qu'il eût rien fait contre elle et contre son mari. Comme il était malheureusement chargé de la mauvaise réputation qu'on faisait alors à ces vauriens qui cherchaient dans la sorcellerie une prétendue puissance et de prétendues richesses toujours insaisissables, on le mit au cachot, en l'invitant à faire ses réflexions ; et le lendemain, sur son entêtement à ne rien avouer, on l'appliqua à la question ; il déclara qu'il allait confesser.

— Ayez soin, dit Nicolas Quatre-Sols, que votre confession soit entière et digne de notre indulgence. Pour ce, vous nous exposerez dès le commencement toutes vos affaires avec Satan.

Il fit donner au savetier un verre d'eau relevé d'un peu de vinaigre, afin de ranimer ses esprits ; et il s'arrangea sur son siège dans la position d'un homme qui écoute une histoire merveilleuse.

Abel de la Rue, voyant que son juge était prêt, recueillit ses esprits et se disposa à parler. D'abord il se recommanda à la pitié et à la compassion de la justice, criant merci et protestant de sa repentance ; puis il dit ce qui suit :

— Je devrais être moins misérable que je ne suis et faire autre chose que mon pauvre métier. Étant petit enfant, je fus mis par ma mère au couvent des Cordeliers de Meaux. Là, le frère Caillet qui était maître des novices, m'ayant corrigé, me fâchai si furieusement contre lui, que je ne rêvais plus autre chose, sinon la possibilité de me venger. Comme j'étais en cette mauvaise volonté, un chien barbet, maigre et noir, parut tout à coup devant moi : il me sembla qu'il me parlait, ce qui me troubla fort ; qu'il me promettait de m'aider en toutes choses et de ne me faire aucun mal, si je voulais me donner à lui...

— Ce barbet, interrompit le juge, était certainement un démon.

— C'est possible, messire : il me sembla qu'il me conduisait dans la chambre du couvent qu'on appelle la librairie. Là il disparut, et je ne le revis jamais.

— Et quelle vengeance avez-vous eue du frère Caillet ?

— Aucune, messire, ne l'ayant pas pu.

— Que fîtes-vous alors dans la librairie ?

— Je pris un livre, car on m'a enseigné la lecture ; mais voyant que c'était un missel, je le refermai ; je sortis et je demeurai quelques semaines triste et pensif. Un jour je pris un autre livre, c'était un grimoire. Je l'ouvris au hasard, et à peine avais-je lu quelques lignes que je ne comprenais point, quand je vis paraître devant moi un homme long et mince, de moyenne stature, blême de visage, ayant un effroyable aspect, le corps sale et l'haleine puante.

— Sentait-il le soufre ?

— Oui, messire ; il était vêtu d'une longue robe noire à l'italienne, ouverte par devant ; il avait à l'estomac et aux deux genoux comme des visages d'hommes, de pareille couleur que les autres. Je regardai ses pieds qui étaient des pieds de vache.

Tout l'auditoire frissonnait.

— Cet homme blême, poursuivit l'accusé, me demanda ce que je lui voulais et qui m'avait conseillé de l'appeler. Je lui répondis avec frayeur que je ne l'avais pas appelé, et que j'avais ouvert le grimoire sans en prévoir les conséquences. Alors cet homme blême, qui était le diable, m'enleva et me transporta sur le toit de la salle de justice de Meaux, en me disant de ne rien craindre. Je lui demandai son nom, et il me répondit : Je m'appelle maître Rigoux. Je lui témoignai ensuite le désir de m'enfuir du couvent ; là-dessus il me reporta au lieu où il m'avait pris ; du moins, je m'y retrouvai comme sortant d'une sorte d'étourdissement. Le grimoire était à mes pieds. Je vis devant moi le Père Pierre Berson, docteur en théologie, et le frère Caillet, qui me reprirent d'avoir lu dans le grimoire et me menacèrent du fouet, si je touchais encore à ce livre. Tous les religieux se rendirent à la chapelle et chantèrent un *Salve* à mon intention. Le lendemain, comme je descendais pour aller à l'Eglise, maître Rigoux m'apparut encore : il me donna rendez-vous sous un arbre près de Vaulxcourtois, entre Meaux et Coulommiers. Là je fus séduit. Je repris, sans rien dire, les habits que j'avais à mon entrée dans le couvent, et j'en sortis secrètement par une petite porte de l'écurie. Rigoux m'attendait sous la figure d'un bourgeois ; il me mena chez maître Pierre, berger, de Vaulxcourtois, qui me reçut bien, et j'allais conduire les troupeaux avec lui. Deux mois après, ce berger, qui était sorcier, me promet de me présenter à l'*assemblée*, ayant besoin de s'y rendre lui-même, parce qu'il n'avait plus de poudre à maléfices. L'assemblée devait se tenir dans trois jours : nous étions à l'avent de Noël 1575. Maître Pierre envoya sa femme coucher dehors, et il me fit mettre au lit à sept heures du soir ; mais je ne dormis guère. Je remarquai qu'il plaçait au coin du feu un très-long balai de genêt sans manche ; à onze heures du soir, il fit grand bruit et me dit qu'il fallait partir : il prit de la graisse, s'en frotta les aisselles et me mit sur le balai, en me recommandant de ne pas quitter cette monture. Maître Rigoux parut alors ; il enleva mon maître par la cheminée : moi je le tenais au milieu du corps, et il me sembla que nous nous envolions. La nuit était très-obscure, mais une lanterne nous précédait. Pendant que je voyageais en l'air de la sorte, je crus apercevoir l'abbaye de Rebais : nous descendîmes dans un lieu plein d'herbe où se trouvaient beaucoup de gens réunis.

— Qui faisaient le sabbat, interrompit le juge.

— Oui, messire. J'y reconnus plusieurs personnes vivantes et quelques morts, notamment une sorcière qui avait été pendue à Lagny. Le maître du lieu, qui était le diable, ordonna, par la bouche d'un vieillard, que l'on nettoyât la place. Maître Rigoux prit incontinent la forme d'un grand bouc noir, se mit à grommeler et à tourner ; et aussitôt l'assemblée commença les danses, qui se faisaient à revers, le visage dehors et le derrière tourné vers le bouc.

— C'est conforme à l'usage du sabbat, comme il est prouvé par une masse de dépositions. Mais ne chanta-t-on point ? et quelles furent ces chansons ?

— On ne chanta point, messire. Après la danse, qui avait duré deux heures, on présenta les hommages au bouc (1). Chaque personne de l'assemblée s'en acquitta. Je m'approchai du bouc à mon tour, il me demanda ce que je voulais de lui ? Je lui répondis que je voulais savoir jeter des sorts sur mes ennemis. Le diable m'indiqua maître Pierre, comme pouvant mieux qu'un autre m'enseigner cette science. Je l'appris donc.

— Et vous en avez fait usage contre plusieurs, notamment contre les époux qui se plaignent ? Avez-vous eu d'autres relations avec le diable ?

— Non, messire, sinon en une circonstance. Je voulais rentrer dans la voie. Un jour que j'allais en pèlerinage à Saint-Loup, près de Provins, je fis rencontre du diable, qui chercha à me noyer : je lui échappai par la fuite.

Tout le monde dans l'assemblée ouvrait de grandes oreilles, à l'exception d'un jeune homme de vingt ans, le neveu du lieutenant civil et criminel. Il faisait les fonctions d'apprenti greffier.

(1) Histoire de la magie en France, par M. Jules Garinet. Voyez l'article Bouc.

— Mon oncle, dit-il en se penchant à l'oreille de maître Nicolas Quatre-Sols, ne pensez-vous pas que le patient n'est qu'un drôle qui a le cerveau malade, qui est sujet peut-être à de mauvais rêves ?

Pendant que l'oncle réprimandait le neveu à voix basse, Abel de la Rue levant la tête :

— De tout ce que j'ai fait de mal, dit-il, je suis repentant et marri, et je crie merci et miséricorde à Dieu, au roi, à monseigneur et à la justice.

— C'est bien, dit Nicolas Quatre-Sols, qu'on le ramène au cachot.

Le soir de ce même jour, le maléfice de Jean Moureau se trouva rompu. L'antipathie qui avait surgi entre lui et sa jeune épouse s'évanouit. Le corps du principal délit avait donc disparu. Néanmoins, peu de jours après, le 6 juillet, sur les conclusions du procureur fiscal, la Rue fut condamné à être brûlé vif. Il appela de sa sentence au parlement de Paris ; et le 20 juillet 1582, le parlement de Paris, prompt à expédier ces sortes d'affaires, rendit un arrêt qui porte qu'Abel de la Rue, appelant, ayant jeté des sorts sur plusieurs, prêté son concours au diable, communiqué diverses fois avec lui, assisté aux assemblées nocturnes et illicites, pour réparation de ces crimes la cour condamne l'appelant à être pendu et étranglé à une potence qui sera dressée sur le marché de Coulommiers, et le renvoie au bailli chargé de faire exécuter ledit jugement, et de brûler le corps après sa mort. — Cet arrêt, qui adoucissait un peu la sentence du premier juge, fut exécuté selon sa teneur, au marché de Coulommiers, par le maître des hautes-œuvres de la ville de Meaux, le 23 juillet 1582. — « Au reste, dit un auteur sensé, ces sorciers qu'on brûlait méritaient toujours châtiment par quelques vilains et odieux crimes. » — *Voyez* les articles SABBAT, LIGATURES, etc.

ABEN-EZRA. Voy. MACHA-HALLA.

ABEN-RAGEL, astrologue arabe, né à Cordoue, au commencement du cinquième siècle. Il a laissé un livre d'horoscopes d'après l'inspection des étoiles, traduit en latin sous le titre *De Judiciis seu fatis stellarum*, Venise, 1485 ; très-rare. On dit que ses prédictions, quand il en faisait, se distinguaient par une certitude très-estimable.

ABIGOR, démon d'un ordre supérieur, grand-duc dans la monarchie infernale. Soixante légions marchent sous ses ordres (2). Il se montre sous la figure d'un beau cavalier portant la lance, l'étendard ou le sceptre ; il répond habilement sur tout ce qui concerne les secrets de la guerre, sait l'avenir, et enseigne aux chefs les moyens de se faire aimer des soldats.

ABIME, et plus correctement *abysme*. C'est le nom qui est donné, dans l'Écriture sainte, 1° à l'enfer, 2° au chaos ténébreux qui précéda la création.

ABOU-RYHAN, autrement appelé Mohammed-ben-Ahmed, astrologue arabe, mort en

(2) Wierus, in Pseudomonarchia Dæm., etc.

330, qui passe pour avoir possédé à un très-haut degré le don de prédire les choses futures. On lui doit une introduction à l'astrologie judiciaire.

ABRACADABRA. Avec ce mot d'enchantement, qui est très-célèbre, on faisait, surtout en Perse et en Syrie, une figure magique à laquelle on attribuait le don de charmer diverses maladies et de guérir particulièrement la fièvre. Il ne fallait que porter autour du cou cette sorte de philactère écrit dans la disposition que voici :

```
ABRACADABRA
 ABRACADABR
  ABRACADAB
   ABRACADA
    ABRACAD
     ABRACA
      ABRAC
       ABRA
        ABR
         AB
          A
```

ABRACAX ou ABRAXAS, l'un des dieux de quelques théogonies asiatiques, du nom duquel on a tiré le philactère abracadabra. Abracax est représenté sur des amulettes avec un fouet à la main. Les démonographes ont fait de lui un démon, qui a la tête d'un roi et pour pieds des serpents. Les basilidiens, hérétiques du deuxième siècle, voyaient en lui leur dieu suprême. Comme ils trouvaient que les sept lettres grecques dont ils formaient son nom faisaient en grec le nombre 365, qui est celui des jours de l'année, ils plaçaient sous ses ordres plusieurs génies qui présidaient aux trois cent soixante-cinq cieux, et auxquels ils attribuaient trois cent soixante-cinq vertus, une pour chaque jour. Les basilidiens disaient encore que Jésus-Christ, Notre-Seigneur, n'était qu'un fantôme bienveillant envoyé sur la terre par Abracax. Ils s'écartaient de la doctrine de leur chef. Voy. BASILIDE.

ABRAHAM. Tout le monde connaît l'histoire de ce saint patriarche, écrite dans les livres sacrés ; mais on ignore peut-être les contes dont il a été l'objet.

Les Orientaux voient dans Abraham un habile astrologue et un puissant magicien.

Suidas et Isidore lui attribuent l'invention de l'alphabet et de la langue des Hébreux.

Les rabbins font encore Abraham auteur d'un livre *De l'explication des songes*, que Joseph, disent-ils, avait étudié avant d'être vendu par ses frères. On met aussi sur son compte un ouvrage intitulé *Jetzirah*, ou la Création, que plusieurs disent écrit par le rabbin Akiba. Voy. ce nom. Les Arabes possèdent ce livre cabalistique, qui traite de l'origine du monde ; ils l'appellent le *Sepher*. On dit que Vossius, qui raisonnait tout de travers là-dessus, s'étonnait de ne pas le voir dans les livres canoniques. Postel l'a traduit en latin : on l'a imprimé à Paris en 1552 ; à Mantoue en 1562, avec cinq commentaires ; à Amsterdam en 1642. On y trouve de la magie et de l'astrologie. — « C'est un ouvrage cabalistique très-ancien et très-célèbre, dit le docteur Rossi. Quelques-uns en font auteur Akiba ; d'autres le croient composé par un écrivain antérieur au *Thalmud*, dans lequel il en est fait mention. » — Le titre de l'ouvrage porte le nom d'Abraham ; mais ajoutons qu'il y a aussi des opinions qui le croient écrit par Adam lui-même.

Légendes orientales d'Abraham.

Les Orientaux ne racontent donc pas l'histoire d'Abraham aussi simplement que nos livres saints. Ils disent que Nemrod, régnant à Babylone, vit en songe une étoile dont l'éclat effaçait le soleil. Ses devins lui conseillèrent là-dessus de prendre garde à lui, parce qu'un tel songe annonçait qu'il devait naître dans son royaume un enfant de qui il aurait tout à craindre.

Nemrod ordonna aussitôt qu'on épiât bien les femmes enceintes, et qu'on mît à mort tous les enfants mâles qui viendraient à naître. Adna (appelée Emtelaï dans le *Thalmud*), femme d'Azan, l'un des principaux seigneurs du pays, était grosse ; mais aucun indice n'accusait sa grossesse. Elle s'en alla un jour dans une grotte écartée, mit au monde Abraham, et s'en revint à sa maison, après avoir soigneusement fermé l'entrée de la grotte. Elle allait tous les soirs visiter son enfant pour l'allaiter, et le trouvait toujours occupé à téter ses deux pouces, dont l'un lui fournissait du lait et l'autre du miel. Elle ne fut pas moins surprise de reconnaître qu'il croissait en un jour comme les autres enfants en un mois. Dès qu'il fut grand, elle le conduisit à la ville, où son père lui fit voir Nemrod, qu'on adorait. Il le trouva trop laid pour être un dieu ; et miraculeusement éclairé, il tira ses parents de l'idolâtrie (1).

Comme il faisait des choses prodigieuses, on l'accusa de magie. Nemrod, excité par ses devins, condamna Abraham à être jeté dans une fournaise ardente. Mais la fournaise se changea en fontaine, la flamme en eau limpide, et Abraham ne prit qu'un bain. Un courtisan, frappé de cette merveille, dit à Nemrod :

—Seigneur, ce n'est pas là un magicien, mais un prophète.

Nemrod, irrité, fit jeter le courtisan dans une autre fournaise, qui se changea pareillement en une source d'eau fraîche ; et le voyageur Thévenot rapporte qu'on montre encore ces deux fontaines auprès d'Orfa.

Il y a sur ce point une autre version. Des écrivains mahométans content qu'Abraham, ayant connu le vrai Dieu, saisit le moment où son père était absent pour mettre en pièces toutes ses idoles, excepté celle de Baal, au cou de laquelle il pendit la hache qui avait fait tout le dégât. Son père étant de retour, il lui dit que ses idoles s'étaient querellées à l'occasion d'une offrande de froment, et que Baal, le plus gros, avait exterminé toutes les autres... C'est pour cela, ajoutent quelques doctes, que Nemrod voulut brûler Abraham.

Suidas et Isidore attribuent à Abraham,

(1) Bibliothèque orientale de d'Herbelot.

comme nous l'avons dit, l'invention de l'alphabet et de la langue des Hébreux. Les Rabbins mettent sur son compte des livres cabalistiques et magiques, des psaumes, un testament et beaucoup d'autres pièces apocryphes. Les Guèbres soutiennent qu'il est le même que leur Zoroastre, qu'ils appellent Zerdust, c'est-à-dire l'ami du feu, nom qui lui fut donné, disent-ils, à cause de l'aventure de la fournaise. Philon fait d'Abraham un habile astrologue. Josèphe dit (1) qu'il régna à Damas, où il tirait des horoscopes et pratiquait les arts magiques des Chaldéens. Tous ces doctes, venus longtemps après Moïse, savent toujours des histoires saintes beaucoup plus de particularités que Moïse même. Ils racontent gravement que le patriarche Abraham était profondément versé dans l'aruspicine; qu'il enseignait une prière au moyen de laquelle on empêchait les pies de manger les semailles; et qu'il eut affaire avec le diable en dix tentations dont il sortit toujours à son honneur.

Voici la plus curieuse de ces aventures :

Le diable un jour, considérant le cadavre d'un homme que la mer avait rejeté sur le rivage, et dont les bêtes féroces, les oiseaux de proie et les poissons avaient dévoré des lambeaux, songea que c'était une belle occasion pour tendre un piége à Abraham sur la résurrection : il ne comprendra jamais, disait-il, que les membres de ce cadavre, séparés et disséminés dans le ventre de tant d'animaux différents, puissent se rejoindre pour former le même corps, au jour de la résurrection générale.

Dieu, sachant le projet de l'ennemi du genre humain, le seconda aussitôt; car il dit à Abraham d'aller se promener au bord de la mer. Le patriarche obéit. Le diable ne manqua pas de se présenter à lui sous la figure d'un homme inquiet; et lui montrant le cadavre, il lui proposa le doute où il était au sujet de la résurrection. Mais Abraham, après l'avoir écouté, lui répondit :

— Quel motif raisonnable pouvez-vous avoir de douter ainsi ? Celui qui a pu tirer toutes les parties de ce corps du néant, n'aura pas plus de peine à les retrouver dans l'univers pour les rejoindre. Le potier met en pièces un vase de terre, et le refait de la même terre, quand il lui plaît.

Dieu, satisfait d'Abraham, voulut achever de le convaincre. Il lui dit, s'il faut maintenant en croire le Coran : — Prenez quatre oiseaux, mettez-les en pièces, et portez-en les diverses parties sur quatre montagnes séparées; appelez-les ensuite, ces oiseaux viendront tous quatre à vous.

Les interprètes musulmans ajoutent que ces quatre oiseaux étaient une colombe, un coq, un corbeau et un paon; que le patriarche, après les avoir mis en pièces, en fit un partage exact : quelques-uns disent même qu'il les pila dans un mortier, n'en fit qu'une masse et la divisa en quatre portions qu'il porta sur la cime de quatre montagnes différentes. Après cela, tenant à la main les quatre têtes qu'il avait réservées, il appela séparément les quatre oiseaux par leurs noms; chacun d'eux revint incontinent se rejoindre à sa tête et s'envola (2).

Abraham était devenu le père des pauvres du pays qu'il habitait. Une famine l'obligea de vider ses greniers pour les nourrir. Lorsqu'il eut épuisé cette ressource, il envoya ses gens et ses chameaux en Egypte, pour acheter du grain à un de ses amis qui était puissant dans la contrée; mais cet ami répondit : « Nous craignons aussi la famine. D'ailleurs, Abraham a des provisions suffisantes, et je ne crois pas qu'il soit juste, pour nourrir les pauvres de son pays, de lui envoyer la subsistance des nôtres. »

Ce refus causa beaucoup de chagrin aux gens d'Abraham. Pour se soustraire à l'humiliation de reparaître les mains vides, ils remplirent leurs sacs de sable très-blanc et très-fin. Arrivés à la maison de leur maître, l'un d'eux lui dit à l'oreille le mauvais succès de leur voyage. Abraham cacha sa douleur et entra dans son oratoire. Sara reposait et n'avait rien appris; voyant à son réveil des sacs pleins, elle en ouvrit un, vit de la bonne farine, et sur-le-champ se mit à cuire du pain pour les pauvres.

Abraham, après avoir fait sa prière, sentant l'odeur du pain nouvellement cuit, demanda à Sara quelle farine elle avait employée. — « Celle de votre ami d'Egypte, apportée par vos chameaux.

— Dites plutôt celle du véritable ami, qui est Dieu; car c'est lui qui ne nous abandonne jamais au besoin. »

Dans ce moment qu'Abraham appela Dieu son ami, Dieu, disent les musulmans, le prit aussi pour le sien.

Il y a aussi des traditions orientales qui placent Abraham en qualité de juge à la porte de l'enfer (3), tandis que l'Eglise chrétienne, avec plus de vérité, met les élus dans son sein.

ABRAHEL, démon succube, connu par une aventure que raconte Nicolas Remy dans sa *Démonolâtrie*, et que voici : — En l'année 1581, dans le village de Dalhem, au pays de Limbourg, un méchant pâtre, nommé Pierron, conçut un amour violent pour une jeune fille de son voisinage. Or, cet homme mauvais était marié; il avait même de sa femme un petit garçon. Un jour qu'il était occupé de la criminelle pensée de son amour, la jeune fille qu'il convoitait lui apparut dans la campagne : c'était un démon sous sa figure. Pierron lui découvrit sa passion; la prétendue jeune fille promit d'y répondre, s'il se livrait à elle et qu'il jurât de lui obéir en toutes choses. Le pâtre ne refusa rien, et son abominable amour fut accueilli. — Peu de temps après, la jeune fille, ou le démon qui se faisait appeler Abrahel par son ado-

---

(1) Antiquités jud., liv. I, ch. 8.
(2) Bibliothèque orientale de d'Herbelot

(3) Scipio Sgambatus, in archiv. vet. Testam., p. 194, 195.

rateur, lui demanda, pour gage de son attachement, qu'il lui sacrifiât son fils. Le pâtre reçut une pomme qu'il devait faire manger à l'enfant; l'enfant, ayant mordu dans la pomme, tomba mort aussitôt. Le désespoir de la mère fit tant d'effet sur Pierron, qu'il courut à la recherche d'Abrahel pour en obtenir reconfort. Le démon promit de rendre la vie à l'enfant, si le père voulait lui demander cette grâce à genoux, en lui rendant le culte d'adoration qui n'est dû qu'à Dieu. Le pâtre se mit à genoux, adora, et aussitôt l'enfant rouvrit les yeux. On le frictionna, on le réchauffa; il recommença à marcher et à parler. Il était le même qu'auparavant; mais plus maigre, plus hâve, plus défait, les yeux battus et enfoncés, les mouvements plus pesants. Au bout d'un an, le démon qui l'animait l'abandonna avec un grand bruit: l'enfant tomba à la renverse... — Cette histoire décousue et incomplète se termine par ces mots dans la narration de Nicolas Remy: « Le corps de l'enfant, d'une puanteur insupportable, fut tiré avec un croc hors de la maison de son père et enterré dans un champ. » Il n'est plus question du démon succube, ni du pâtre.

ABSALON. On a écrit bien des choses supposées à propos de sa chevelure. Lepelletier, dans sa dissertation sur la grandeur de l'arche de Noé, dit que toutes les fois qu'on coupait les cheveux à Absalon, on lui en ôtait trente onces....

ABSTINENCE. On prétend, comme nous l'avons dit, qu'Abaris ne mangeait pas et que les magiciens habiles peuvent s'abstenir de manger et de boire.

Sans parler des jeûnes merveilleux dont il est fait mention dans la vie de quelques saints, Marie Pelet de Laval, femme du Hainaut, vécut trente-deux mois (du 6 novembre 1754 au 25 juin 1757) sans recevoir aucune nourriture, ni solide, ni liquide. Anne Harley, d'Orival, près de Rouen, se soutint vingt-six ans en buvant seulement un peu de lait qu'elle vomissait quelques moments après l'avoir avalé. On citerait d'autres exemples.

Dans les idées des Orientaux, les génies ne se nourrissent que de fumées odorantes qui ne produisent point de déjections.

ACCIDENTS. Beaucoup d'accidents peu ordinaires, mais naturels, auraient passé autrefois pour des sortiléges. Voici ce qu'on lisait dans un journal de 1841: — « Mademoiselle Adèle Mercier (des environs de Saint-Gilles), occupée il y a peu de jours à arracher dans un champ des feuilles de mûrier, fut piquée au bas du cou par une grosse mouche qui, selon toute probabilité, venait de sucer le cadavre putréfié de quelque animal, et qui déposa dans l'incision faite par son dard une ou quelques gouttelettes de suc morbifique dont elle s'était repue. La douleur, d'abord extrêmement vive, devint insupportable. Il fallut que mademoiselle Mercier fût conduite chez elle et qu'elle se mît au lit. La partie piquée s'enfla prodigieusement en peu de temps: l'enflure gagna. Atteinte d'une fièvre algide qui acquit le caractère le plus violent, malgré tous les soins qui lui furent prodigués, et quoique sa piqûre eût été cautérisée et alcalisée, mademoiselle Mercier mourut le lendemain dans les souffrances les plus atroces. »

Le *Journal du Rhône* racontait ce qui suit, le 3 juin: — « Un jeune paysan des environs de Bourgoin, qui voulait prendre un repas de cerises, commit l'imprudence, lundi dernier, de monter sur un cerisier que les chenilles avaient quitté après en avoir dévoré toutes les feuilles. Il y avait vingt minutes qu'il satisfaisait son caprice ou son appétit, lorsque presque instantanément il se sentit atteint d'une violente inflammation à la gorge. Le malheureux descendit en poussant péniblement ce cri: *J'étouffe j'étouffe!* Une demi-heure après il était mort. On suppose que les chenilles déposent dans cette saison sur les cerises qu'elles touchent une substance que l'œil distingue à peine, mais qui n'en est pas moins un poison. C'est donc s'exposer que de manger ces fruits sans avoir pris la sage précaution de les laver. »

ACCOUCHEMENTS PRODIGIEUX. Voy. IMAGINATION, COUCHES, AÉTITE, etc.

ACHAM, démon que l'on conjure le jeudi. Voy. CONJURATIONS.

ACHARAI-RIOHO, chef des enfers chez les Yakouts. Voy. MANG-TAAR.

ACHÉRON, fleuve de douleur dont les eaux sont amères; l'un des fleuves de l'enfer des païens. Dans des relations du moyen-âge, l'Achéron est un monstre. Voy. TONDAL.

ACHÉRUSIE. Marais d'Égypte près d'Héliopolis. Les morts le traversaient dans une barque, lorsqu'ils avaient été jugés dignes des honneurs de la sépulture. Les ombres des morts enterrés dans le cimetière voisin erraient, disait-on, sur les bords de ce marais, que quelques géographes appellent un lac.

ACHMET. Devin arabe du neuvième siècle, auteur d'un livre *De l'interprétation des songes*, suivant les doctrines de l'Orient. Le texte original de ce livre est perdu; mais Rigault en a fait imprimer la traduction grecque et latine à la suite de l'*Onirocritique* d'Artémidore; Paris, 1603, in-4°.

ACONCE (JACQUES), curé du diocèse de Trente, qui, poussé par la débauche, embrassa le protestantisme en 1557, et passa en Angleterre. La reine Élisabeth lui fit une pension. Aussi il ne manqua pas de l'appeler *diva Elisabetha*, en lui dédiant son livre *Des Stratagèmes de Satan* (1). Mais nous ne mentionnons ce livre ici qu'à cause de son titre: ce n'est pas un ouvrage de démonomanie, c'est une mauvaise et détestable diatribe contre le catholicisme.

ADALBERT, hérétique qui fit du bruit dans les Gaules au huitième siècle, regardé par les uns comme un habile faiseur de mi-

---

(1) De Stratagematibus Satanæ in religionis negotio, per superstitionem, errorem, hæresim, odium, calumniam, schisma, etc., lib. VIII. Bâle 1565. Souvent réimprimé et traduit en plusieurs langues

racles, et par les autres comme un grand cabaliste. Il distribuait les rognures de ses ongles et de ses cheveux, disant que c'étaient de puissants préservatifs; il contait qu'un ange, venu des extrémités du monde, lui avait apporté des reliques et des amulettes d'une sainteté prodigieuse. On dit même qu'il se consacra des autels à lui-même et qu'il se fit adorer. Il prétendait savoir l'avenir, lire dans la pensée et connaître la confession des pécheurs rien qu'en les regardant. Il montrait impudemment une lettre de Notre Seigneur Jésus-Christ, disant qu'elle lui avait été apportée par saint Michel (1); et il enseignait à ses disciples une prière qui commençait ainsi :

— « Seigneur, Dieu tout-puissant, père de Notre Seigneur Jésus-Christ, Alpha et Oméga, qui êtes sur le trône souverain, sur les chérubins et les séraphins, sur l'ange Uriel, l'ange Raguel, l'ange Cabuel, l'ange Michel, sur l'ange Inias, l'ange Tabuas, l'ange Simiel et l'ange Sabaoth, je vous prie de m'accorder ce que je vais vous dire. »

C'était, comme on voit, très-ingénieux. Dans un fragment conservé des mémoires qu'il avait écrits sur sa vie, il raconte que sa mère, étant enceinte de lui, crut voir sortir de son côté droit un veau; ce qui était, dit-il, le pronostic des grâces dont il fut comblé en naissant par le ministère d'un ange. On arrêta le cours des extravagances de cet insensé en l'enfermant dans une prison, où il mourut.

ADAM, le premier homme. Sa chute devant les suggestions de Satan est un dogme de la religion chrétienne.

Les Orientaux font d'Adam un géant démesuré, haut d'une lieue; ils en font aussi un magicien, un cabaliste; les rabbins en font de plus un alchimiste et un écrivain. On a supposé un testament de lui (2); et enfin les musulmans regrettent toujours dix traités merveilleux que Dieu lui avait dictés. Il avait aussi inventé l'alphabet. Voy. ABRAHAM.

Légendes d'Adam, chez les Orientaux.

Selon les traditions des Arabes, Dieu, voulant créer l'homme, chargea l'ange Gabriel de prendre une poignée de chacun des sept lits de la terre. La terre effrayée représenta que Dieu avait tort de faire l'homme, parce qu'un jour il se révolterait contre son créateur. Gabriel fit part à Dieu de cette observation; mais le Seigneur n'en tint compte, et il enjoignit à Michel d'exécuter sa volonté. La terre se plaignit derechef et dit que, si on faisait l'homme, elle serait maudite à cause de lui. Michel fut touché de compassion; Dieu, voyant cela, chargea de ses ordres le terrible Azraël, qui, sans écouter les plaintes de la terre, arracha violemment de son sein les sept poignées que Dieu demandait et les porta dans l'Arabie, où devait se consommer le grand œuvre de la création de l'homme. Dieu fut si satisfait de la prompte et sévère obéissance d'Azraël, qu'il lui donna la charge de séparer les âmes. C'est pour cela qu'il est appelé l'ange de la mort.

Cependant Dieu avait pétri cette terre, dont il fit une figure de sa propre main; il la laissa sécher, et les anges se plaisaient à considérer cette figure. Eblis (ou Lucifer, ou Satan) ne se contenta pas de la regarder, il la frappa sur le ventre, et voyant qu'il était creux, il fit son calcul, et se dit en lui-même : « Cette créature, formée vide, aura besoin de se remplir souvent, et sera par conséquent sujette à beaucoup de tentations. »

Alors il demanda aux autres anges ce qu'ils feraient, si Dieu voulait les assujettir en quelques choses à ce souverain qu'il allait donner à la terre. Tous répondirent qu'ils obéiraient. Eblis parut du même sentiment; mais il résolut de n'en rien faire.

Le corps du premier homme étant donc formé, Dieu l'anima d'une âme intelligente, et lui donna des habits merveilleux. Ensuite il ordonna aux anges de s'incliner devant lui; ce qu'ils firent, à l'exception d'Eblis, que sa désobéissance fit chasser du paradis, et dont la place fut donnée à Adam. Mais on lui avait défendu de manger du fruit d'un certain arbre; Eblis s'associa avec le paon et le serpent, et fit tant, par ses discours artificieux, qu'Adam désobéit. Du moment qu'il eut mangé du fruit défendu, ses habits merveilleux tombèrent à ses pieds, et la vue de sa nudité le couvrit de honte. Il ne tarda pas à recevoir la sentence qui, le précipitant du paradis, le condamnait au travail et à la mort. Dans sa chute du ciel, il tomba sur la montagne de Sérendib, en l'île de Ceylan, où l'on voit encore aujourd'hui la montagne appelée le *Pic-d'Adam*. Eve, sa femme, qui avait péché avec lui, tomba près de l'endroit où fut depuis bâtie la ville de la Mecque. Eblis arriva comme elle, en Arabie; le paon avait été jeté dans l'Indoustan, et le serpent dans la Perse. L'état de misère et de solitude où se trouva réduit le malheureux Adam lui fit sentir sa faute; il implora la clémence de son Créateur, et Dieu fit descendre du ciel un pavillon, qui fut placé juste dans l'endroit où, depuis, Abraham bâtit la Caaba (sainte maison de la Mecque). Gabriel lui enseigna les cérémonies qu'il devait pratiquer autour de ce sanctuaire pour obtenir son pardon, et le conduisit ensuite à la montagne d'Arafat, où il retrouva Eve après trois cents ans de séparation. On montre encore, à une lieue de la Mecque, une petite colline sur le sommet de laquelle les Musul-

---

(1) Baluze, dans son appendice aux Capitulaires des rois francs, a publié cette lettre, dont voici le titre : — « Au nom de Dieu : Ici commence la lettre de Notre-Seigneur Jésus-Christ, qui est tombée à Jérusalem, et qui a été trouvée par l'Archange saint Michel, lue et copiée par la main d'un prêtre nommé Jean; qui l'a envoyée à la ville de Jérémie à un autre prêtre, nommé Talasius; et Talasius l'a envoyée en Arabie à un autre prêtre, nommé Léoban; et Léoban l'a envoyée à la ville de Betsamie,

où elle a été reçue par le prêtre Macarius, qui l'a renvoyée à la montagne du saint Archange Michel; et par le moyen d'un ange, la lettre est arrivée à la ville de Rome, au sépulcre de saint Pierre, où sont les clefs du royaume des cieux; et les douze prêtres qui sont à Rome ont fait des veilles de trois jours, avec des jeûnes et des prières, jour et nuit, » etc.

(2) Voyez Fabricius, Codex Pseudep.

mans croient qu'Eve était assise, lorsqu'Adam la retrouva (1).

D'autres légendes de l'Orient disent que Dieu forma le corps d'Adam et le plaça d'abord dans l'Eden. Son âme, qu'il avait créée plusieurs siècles auparavant, eut ordre d'aller l'animer. Elle représenta à Dieu combien cette masse périssable était peu digne de l'élévation de son être. Dieu, qui ne voulait pas, en cette occasion, employer la violence, ordonna à son fidèle ministre Gabriel de prendre son flageolet et d'en jouer un air ou deux auprès du corps d'Adam. Au son de cet instrument, l'âme parut oublier ses antipathies ; elle se prit à tourner en cadence autour du corps, et enfin, dans un moment de délire, elle y entra par les pieds qui se mirent aussitôt en mouvement. Dès lors il ne lui fut plus permis de quitter sa nouvelle habitation sans un ordre exprès de l'Eternel.

Les Juifs, peuple de Dieu, conservèrent intactes les saintes Ecritures jusqu'à la venue du Messie. Peuple réprouvé après le déicide, ils les ont altérées des plus étranges absurdités. Leur Thalmud a défiguré tout, et, dans leur sens dépravé, les plus grossières erreurs ont remplacé chez eux la vérité. Les thalmudistes, entre autres singulières rêveries, rendent compte de la manière dont furent employées les douze heures du jour où Adam fut créé. A la première heure, disent-ils, Dieu assembla la poudre dont il devait le composer ; et il en fit un embryon. A la seconde heure, Adam se tint sur ses pieds. A la quatrième, Dieu l'appela et lui dit de donner aux animaux les noms qu'ils devaient porter. Quand il eut fait cela, Dieu lui demanda : Et moi, comment m'appelleras-tu ? Adam répondit : Jéhovah (*c'est toi qui es*). La septième heure fut occupée par le mariage d'Adam avec Eve, que Dieu lui amena après l'avoir frisée. A la dixième heure, Adam désobéit. Il fut jugé à la onzième et condamné à sortir d'Eden. Enfin, à la douzième, il sentait déjà la peine et les sueurs du travail...

Dieu, ajoutent les rabbins, avait fait Adam si grand, que sa tête touchait le ciel. Ils assurent que *l'arbre de vie*, planté dans le paradis terrestre, était si gros, qu'il aurait fallu cinq cents ans à un bon piéton pour en faire le tour, et que la taille d'Adam était proportionnée à la grosseur de cet arbre. Les anges étonnés murmurèrent et dirent au Seigneur, qu'il y avait deux souverains, l'un au ciel, l'autre sur la terre. Alors Dieu appuya sa main sur la tête d'Adam et le réduisit à la hauteur de mille coudées (cinq cents mètres).

Il y a encore chez les Juifs beaucoup de traditions, variées dans leurs merveilles. Ainsi quelques rabbins disent que Dieu dabord avait fait Adam double, et qu'il sépara les deux corps d'un coup de hache.

Tous les peuples de l'Orient entourent l'histoire d'Adam de fables différentes. Les Persans content que Dieu le plaça dans le quatrième ciel, lui permettant d'en manger tous les fruits excepté le froment, qui ne pouvait se digérer par les pores. Adam et Eve, séduits par le diable, en mangèrent pourtant ; et avant qu'ils n'infectassent le paradis, l'ange Gabriel vint les mettre dehors.

Les habitants de Madagascar exposent le fait plus rudement encore. Adam mangea, disent-ils, ce qui lui était défendu. On reconnut son crime, aux suites nécessaires. Le diable qui l'avait séduit courut l'accuser et Dieu le chassa. Sans doute il n'était pas marié encore, car ils ajoutent que, quelque temps après, il lui vint à la jambe une tumeur d'où il tira une femme qu'il épousa (2).

Les Espagnols de l'Amérique méridionale croient que le *banane*, certain fruit de ce pays, dont les fibres représentent une croix, est le fruit défendu, dans lequel Adam découvrit le mystère de la Rédemption.... Les habitants de l'île Saint-Vincent pensent que le fruit fatal est le tabac....

Après son péché, Adam fut chassé du paradis terrestre. Les rabbins cabalistes ajoutent qu'il fut jeté dans les enfers d'où il ne se tira qu'au moyen du très-saint mot *Lavererareri*, qu'il savait prononcer convenablement (3).... On dit encore que pour faire pénitence, il se plongea jusqu'au nez dans le fleuve Gehon, macéra son corps à coups de fouets, avec si peu de ménagement que lorsqu'il sortit de là, sa peau était percée comme un crible. Il vécut cent trente ans ainsi dans l'expiation. A sa mort, il se vit entouré de ses enfants, qui étaient au nombre de quinze mille, sans compter les femmes (4).

On dit encore qu'Adam, pendant quelque temps, adora la lune ; que les anges l'instruisirent ; qu'il écrivit un commentaire sur les

---

(1) « Gedda ou Djedda (port de la mer Rouge, jolie ville de 15,000 habitants) ne renferme pas beaucoup de curiosités ; cependant c'est à l'entrée de la ville, du côté du N.-E., que se trouve le prétendu tombeau de notre commune aïeule, Eve. J'ai recueilli toutes les vieilles chroniques : il en résulte que les savants du pays sont encore dans une espèce de doute ; le peuple et tous les dévots y croient fermement.

« En entrant par la grande porte du grand cimetière, on trouve à gauche un petit mur de trois pieds de hauteur, formant un carré de dix à douze pieds ; là repose la tête de notre première mère. Au milieu du cimetière se trouve une espèce de coupole où repose le milieu du corps, et à l'autre bout, près d'une porte de sortie, se trouve un autre petit mur, aussi de trois pieds de hauteur, fait en losange ; c'est là que touchent les pieds. Dans ce petit espace se trouve placé un grand morceau d'étoffe sur laquelle les fidèles déposent leurs offrandes, qui servent à brûler des parfums sur son corps (et à nourrir le gardien) ; la distance des pieds à la tête est de 400 pieds. Comme nous avons diminué de taille depuis la création ! je serais presque tenté de me croire un Lilliputien. Gedda, en arabe, veut dire grand'mère ; les savants prétendent que la ville porte ce nom, parce qu'elle a l'honneur de posséder le corps d'Eve. Les traditions orientales portent qu'après la mort de sa femme, Adam se mit en voyage ; il partit pour les Indes et il mourut à l'île de Ceylan, où son tombeau existe encore sous le Pic-d'Adam. Les Musulmans, même ceux qui ne possèdent pas la foi nécessaire à un fidèle, ne forment pas le moindre doute sur ce dernier fait. » (Lettre de M. A. D., consul de France en Abyssinie, 12 janvier 1841.)

(2) D'Herbelot, Bibliothèque orientale.
(3) Basnage, Hist. des Juifs, tom. III.
(4) Adam, ante mortem ejus, convocavit omnes filios suos qui erant in numero xv millia virorum absque mulieribus. *Vita Adæ et Evæ*, cité par G. Peignot, livre des Singularités, p. 37.

noms des animaux; qu'il prophétisa; qu'il fut astrologue; qu'il prédit le déluge par l'inspection des astres; qu'il connaissait naturellement toutes les sciences; qu'il avait un pouvoir magique sur toutes les créatures; qu'il eut une apocalypse; qu'il composa des psaumes : ils ont été imprimés dans quelques thalmuds. On lui attribue aussi un livre de cabale intitulé *Sepher-Raziel*. Les Juifs disent que ce livre lui fut donné par l'ange Raphaël; le livre de *Jetzirah* passe même pour être de lui; il écrivit, disent les adeptes, sur l'alchimie.

D'autres assurent que l'ange Raziel fut le précepteur d'Adam, qu'il lui donna dans un livre la connaissance de tous les secrets de la nature, la puissance de converser avec le soleil et la lune, de guérir les maladies, d'exciter des tremblements de terre, de commander aux puissances de l'air, d'interpréter les songes et de prédire tous les événements. Ce livre passa dans la suite entre les mains de Salomon; c'est là qu'il apprit la manière de composer le fameux talisman de son anneau, avec lequel il opéra dans tout l'Orient des choses étonnantes...

Parmi les troubadours et les poëtes du moyen-âge, plusieurs, infectés de la grossièreté des Vaudois et des Albigeois qui ramenaient si vite l'humanité à l'état sauvage, si l'Eglise romaine n'eût sauvé alors, comme toujours, la civilisation menacée, traitaient fort mal et fort lâchement les femmes; et si nous citons ici à propos la satire assez plate de Pierre de Saint-Cloud, dans son début du poëme du *Renard*, c'est qu'elle s'étaye d'une légende d'Adam.

Lorsqu'Adam, dit le poëte, fut chassé du paradis terrestre, Dieu, par pitié, lui donna une baguette merveilleuse, qui était douée de telle vertu que toutes les fois qu'il aurait besoin d'un animal quelconque, il lui suffirait, pour le voir paraître à l'instant même, de frapper la mer avec sa baguette. Adam l'ayant frappée, vit sortir aussitôt une brebis. Eve voulut à son tour essayer l'instrument; mais sous sa main un loup s'élança, qui saisit la brebis et l'emporta dans les bois. notre première mère pleurait son malheur, quand Adam reprit la baguette et fit naître un chien, qui courut après le loup, lui enleva la brebis et la la rapporta.

Il en fut de même des autres animaux, tous ceux qui durent leur naissance à Eve furent sauvages et malfaisants (le renard entre autres); et ils se retirèrent dans le bois avec le loup. Ceux que produisit Adam restèrent tous auprès de lui et devinrent domestiques (1)...

ADAM (L'ABBÉ). Il y eut un temps où l'on voyait le diable en toutes choses et partout, et peut-être n'avait-on pas tort. Mais il nous semble qu'on le voyait trop matériellement. Le bon et naïf Césaire d'Heisterbach a fait un livre d'histoires prodigieuses où le diable est la machine universelle; il se montre sans cesse et sous diverses figures palpables. C'était surtout à l'époque où l'on s'occupait en France de l'extinction des Templiers. Alors un certain abbé Adam, qui gouvernait l'abbaye du Vaux-de-Cernay, au diocèse de Paris, avait l'esprit tellement frappé de l'idée que le diable le guettait, qu'il croyait le reconnaître à chaque pas sous des formes que sans doute le diable n'a pas souvent imaginé de prendre. — Un jour qu'il revenait de visiter une de ses petites métairies, accompagné d'un serviteur aussi crédule que lui, l'abbé Adam racontait comment le diable l'avait harcelé dans son voyage. L'esprit malin s'était montré sous la figure d'un arbre blanc de frimas, qui semblait venir à lui. —C'est singulier ! dit un de ses amis; n'étiez-vous pas la proie de quelque illusion causée par la course de votre cheval?—Non, c'était Satan. Mon cheval s'en effraya; l'arbre pourtant passa au galop et disparut derrière nous, il laissait une certaine odeur qui pouvait bien être du soufre. — Odeur de brouillard, marmotta l'autre. — Le diable reparut et, cette fois, c'était un chevalier noir qui s'avançait vers nous pareillement. — Éloigne-toi, lui criai-je d'une voix étouffée. Pourquoi m'attaques-tu? Il passa encore, sans avoir l'air de s'occuper de nous. Mais il revint une troisième fois ayant la forme d'un homme grand et pauvre, avec un cou long et maigre. Je fermai les yeux et ne le revis que quelques instants plus tard sous le capuchon d'un petit moine. Je crois qu'il m'avait sous son froc une rondache dont il me menaçait. — Mais, interrompit l'autre, ces apparitions ne pouvaient-elles pas être des voyageurs naturels? — Comme si on ne savait pas s'y reconnaître comme si nous ne l'avions pas vu derechef sous la figure d'un pourceau, puis sous celle d'un âne, puis sous celle d'un tonneau qui roulait dans la campagne, puis enfin sous la forme d'une roue de charrette qui, si je ne me trompe pas, me renversa, sans toutefois me faire aucun mal. — Après tant d'assauts, la route s'était achevée sans autres malencontres (2).

ADAMANTIUS, médecin juif, qui se fit chrétien à Constantinople, sous le règne de Constance, à qui il dédia ses deux livres sur la *Physiognomonie* ou l'art de juger les hommes par leur figure. Cet ouvrage, plein de contradictions et de rêveries, a été imprimé dans quelques collections, notamment dans les *Scriptores physiognomoniæ veteres*, grec et latin, *cura J.-G.-F. Franzii*; Altembourg, 1780, in-8

ADAMIENS ou ADAMITES. Hérétiques du second siècle, dans l'espèce des Basilidiens. Ils se mettaient nus et professaient la promiscuité des femmes. Clément d'Alexandrie dit qu'ils se vantaient d'avoir des livres secrets de Zoroastre, ce qui a fait conjecturer à plusieurs qu'ils étaient livrés à la magie.

ADELGREIF (JEAN-ALBERT), fils naturel d'un pasteur allemand, qui lui apprit le latin, le grec, l'hébreu et plusieurs langues moder-

(1) M. Octave Delpierre, préliminaires de sa traduction du *Renard* de J.-F. Willems, p. 57.

(2) Robert Gaguin, Philipp.

nes. Il devint fou et crut avoir des visions; il disait que sept anges l'avaient chargé de représenter Dieu sur la terre et de châtier les souverains avec des verges de fer. Il se donnait les noms d'*empereur universel, roi du royaume des cieux, envoyé de Dieu le Père, juge des vivants et des morts*. Il causa beaucoup de troubles par ses extravagances, qui trouvèrent, comme toujours, des partisans. On lui attribua des prodiges, et il fut brûlé à Kœnigsberg comme magicien, hérétique et perturbateur, le 11 octobre 1636. Il avait prédit avec assurance qu'il ressusciterait le troisième jour; ce qui ne s'est pas du tout vérifié.

ADÉLITES, devins espagnols qui se vantaient de prédire, par le vol ou le chant des oiseaux, ce qui devait arriver en bien ou en mal.

ADELUNG (Jean-Christophe), littérateur allemand, mort à Dresde en 1806. Il a laissé un ouvrage intitulé : *Histoire des folies humaines*, ou Biographie des plus célèbres nécromanciens, alchimistes, devins, etc., sept parties; Leipzig. 1785-1789.

ADEPTES, nom que prennent les alchimistes qui prétendent avoir trouvé la pierre philosophale et l'élixir de vie. Ils disent qu'il y a toujours onze adeptes dans ce monde; et, comme l'élixir les rend immortels, lorsqu'un nouvel alchimiste a découvert le secret du grand œuvre, il faut qu'un des onze anciens lui fasse place et se retire dans un autre des mondes élémentaires.

ADÈS, roi de l'enfer. Ce mot est pris souvent chez quelques poëtes anciens, pour l'enfer même.

ADHAB-ALGAB, purgatoire des musulmans où les méchants sont tourmentés par les anges noirs Munkir et Nékir.

ADJURATION, formule d'exorcisme par laquelle on commande, au nom de Dieu, à l'esprit malin de dire ou de faire ce qu'on exige de lui.

ADONIS, démon brûlé. Selon les démonologues, il remplit quelques fonctions dans les incendies (1). Des savants croient que c'est le même que le démon Thamuz des Hébreux.

ABRAMELECH, grand chancelier des enfers, intendant de la garde-robe du souverain des démons, président du haut conseil des diables. Il était adoré à Sépharvaïm, ville des Assyriens, qui brûlaient des enfants sur ses autels. Les rabbins disent qu'il se montre sous la figure d'un mulet et quelquefois sous celle d'un paon.

ADRIEN. Se trouvant en Mésie, à la tête d'une légion auxiliaire, vers la fin du règne de Domitien, Adrien consulta un devin (car il croyait aux devins et à l'astrologie judiciaire), lequel lui prédit qu'il parviendrait un jour à l'empire. Ce n'était pas, dit-on, la première fois qu'on lui faisait cette promesse. Trajan, qui était son tuteur, l'adopta, et il régna en effet.

On lui attribue en Ecosse la construction de la muraille du Diable.

Fulgose, qui croyait beaucoup à l'astrologie, rapporte, comme une preuve de la solidité de cette science, que l'empereur Adrien, très-habile astrologue, écrivait tous les ans, le premier jour du premier mois, ce qui lui devait arriver pendant l'année, et que, l'an qu'il mourut, il n'écrivit que jusqu'au mois de sa mort, donnant à connaître par son silence qu'il prévoyait son trépas. Mais ce livre de l'empereur Adrien, qu'on ne montra qu'après sa mort, n'était qu'un journal.

AEOROMANCIE, art de prédire les choses futures par l'examen des variations et des phénomènes de l'air (2). C'est en vertu de cette divination qu'une comète annonce la mort d'un grand homme. Cependant ces présages extraordinaires peuvent rentrer dans la *tératoscopie*.

François de La Torre-Blanca (3) dit que l'aéromancie est l'art de dire la bonne aventure en faisant apparaître des spectres dans les airs, ou en représentant, avec l'aide des démons, les événements futurs dans un nuage, comme dans une lanterne magique. « Quant aux éclairs et au tonnerre, ajoute-t-il, ceci regarde les augures, et les aspects du ciel et des planètes appartiennent à l'astrologie. »

AETITE, espèce de pierre qu'on nomme aussi pierre d'aigle, selon la signification de ce mot grec, parce qu'on prétend qu'elle se trouve dans les nids des aigles. On lui attribue la propriété de faciliter l'accouchement lorsqu'elle est attachée au-dessus du genou d'une femme, ou de le retarder, si on la lui met à la poitrine. — Dioscoride (4) dit qu'on s'en servait autrefois pour découvrir les voleurs. Après qu'on l'avait broyée, on en mêlait la cendre dans du pain fait exprès; on en faisait manger à tous ceux qui étaient soupçonnés. On croyait que si peu d'aétite qu'il y eût dans le pain, le voleur ne pouvait avaler le morceau. Les Grecs modernes emploient encore cette vieille superstition, qu'ils rehaussent de quelques paroles mystérieuses.

ÆVOLI (César), auteur ou collecteur d'un livre peu remarquable, intitulé: Opuscules sur les attributs divins et sur le pouvoir qui a été donné aux démons de connaître les choses secrètes et de tenter les hommes. *Opuscula de divinis attributis et de modo et potestate quam dæmones habent intelligendi et passiones animi excitandi*, in-4; Venise, 1589.

AGABERTE. « Aucuns parlent, dit Torquémada, d'une certaine femme nommée Agaberte, fille d'un géant qui s'appelait Vagnoste, demeurant aux pays septentrionaux, laquelle était grande enchanteresse. Et la force de ses enchantements était si variée, qu'on ne la voyait presque jamais en sa propre figure : quelquefois c'était une petite

---

(1) Wierus, de Præst. dæm., lib. I.
(2) Wierus, de Præst. dæm., lib. II, cap. xii.
(3) Franc. Torre Blanca Cordub. Epit. delict. sive de Magia, lib. I, cap. xx, post Pictorium et Psellum.
(4) Cité par le père Lebrun, Hist. des Pratiques superst., liv. I, ch. xiv

vieille fort ridée, qui semblait ne se pouvoir remuer, ou bien une pauvre femme malade et sans forces; d'autres fois elle était si haute qu'elle paraissait toucher les nues avec sa tête. Ainsi elle prenait telle forme qu'elle voulait, aussi aisément que les auteurs écrivent d'Urgande la Méconnue. Et, d'après ce qu'elle faisait, le monde avait opinion qu'en un instant elle pouvait obscurcir le soleil, la lune et les étoiles, aplanir les monts, renverser les montagnes, arracher les arbres, dessécher les rivières, et faire autres choses pareilles, si aisément qu'elle semblait tenir tous les diables attachés et sujets à ses volontés (1). » — Cette femme ne serait-elle pas la même qu'AGRAFÉNA? Voy. ce mot.

AGARÈS, grand-duc de la contrée orientale des enfers. Il se montre sous les traits d'un Seigneur, à cheval sur un crocodile; l'épervier au poing. Il fait revenir à la charge les fuyards du parti qu'il protége et met l'ennemi en déroute. Il donne les dignités, enseigne toutes les langues, et fait danser les esprits de la terre. Ce chef des démons est de l'ordre des vertus: il a sous ses lois trente et une légions (2).

AGATE, pierre précieuse à laquelle les anciens attribuaient des qualités qu'elle n'a pas, comme de fortifier le cœur, de préserver de la peste et de guérir les morsures du scorpion et de la vipère.

AGATHION, démon familier qui ne se montre qu'à midi. Il paraît en forme d'homme ou de bête; quelquefois il se laisse enfermer dans un talisman, dans une bouteille ou dans un anneau magique (3).

AGATHODÉMON, ou bon démon, adoré des Egyptiens sous la figure d'un serpent à tête humaine. Les dragons ou serpents ailés, que les anciens révéraient, s'appelaient *agathodemones*, ou bons génies.

AGLA, mot cabalistique auquel les rabbins attribuent le pouvoir de chasser l'esprit malin. Ce mot se compose des premières lettres de ces quatre mots hébreux: *Athah gabor leolam, Adonaï;* « Vous êtes puissant et éternel, Seigneur. » Ce charme n'était pas seulement employé par les Juifs et les cabalistes, quelques chrétiens hérétiques s'en sont armés souvent pour combattre les démons. L'usage en était fréquent au seizième siècle (4), et plusieurs livres magiques en sont pleins, principalement l'*Enchiridion*, attribué ridiculement au pape Léon III. Voy. CABALE.

AGLAOPHOTIS, sorte d'herbe qui croît dans les marbres de l'Arabie, et dont les magiciens se servaient pour évoquer les démons (5). Ils employaient ensuite l'ananicitide et la syrrochite, autres ingrédients qui retenaient les démons évoqués aussi longtemps qu'on le voulait. Voy. BAARAS.

AGNAN, démon qui tourmente les Américains par des apparitions et des méchan-cetés: il se montre surtout au Brésil et chez les Topinamboux, et paraît sous toutes sortes de formes, de façon que ceux qui veulent le voir peuvent le rencontrer partout (6).

AGOBARD, archevêque de Lyon au neuvième siècle. Il a écrit contre les épreuves judiciaires et contre plusieurs superstitions de son époque.

AGRAFÉNA-SHIGANSKAIA. L'une des maladies les plus générales sur les côtes nord-est de la Sibérie, surtout parmi les femmes; est une extrême délicatesse des nerfs. Cette maladie, appelée mirak dans ce pays, peut être causée par le défaut absolu de toute nourriture végétale; mais la superstition l'attribue à l'influence d'une magicienne nommée Agraféna-Shiganskaïa, qui, bien que morte depuis plusieurs siècles, continue à répandre l'effroi parmi les habitants et passe pour s'emparer de la malade. — M. de Wrangel, qui rapporte ce fait dans le récit de son expédition au nord-est de la Sibérie, ajoute que parfois on trouve aussi des hommes qui souffrent du mirak; mais ce sont des exceptions.

AGRIPPA (HENRI-CORNEILLE), médecin et philosophe, contemporain d'Érasme, l'un des plus savants hommes de son temps, dont on l'a appelé le Trismégiste, mais doué d'extravagance; né à Cologne en 1486, mort en 1535, après une carrière orageuse, chez le receveur général de Grenoble, et non à Lyon, ni dans un hôpital, comme quelques-uns l'ont écrit. Il avait été lié avec tous les grands personnages et recherché de tous les princes de son époque. Chargé souvent de négociations politiques, il fit de nombreux voyages, que Thevet, dans ses Vies des hommes illustres, attribue à la manie « de faire partout des tours de son métier de magicien; ce qui le faisait reconnaître et chasser incontinent. »

Les démonologues, qui sont furieux contre lui, disent qu'on ne peut le représenter que comme un hibou, à cause de sa laideur magique; et de crédules narrateurs ont écrit gravement que, dans ses voyages, il avait coutume de payer ses hôtes en monnaie, fort bonne en apparence, mais qui se changeait, au bout de quelques jours, en petits morceaux de corne, de coquille ou de cuir, et quelquefois en feuilles d'arbres.

Il est vrai qu'à vingt ans il travaillait à la chrysopée ou alchimie; mais il ne trouva jamais le secret du grand œuvre. Il est vrai aussi qu'il était curieux de choses étranges, et qu'il aimait les paradoxes : son livre de *la Vanité des sciences*, que l'on considère comme son chef-d'œuvre, en est une preuve. Mais au chapitre XIII de ce livre, il déclame contre la magie et les arts superstitieux. Si donc il fut obligé plus d'une fois de prendre la fuite pour se soustraire aux

---

(1) Examéron de Torquémada, traduit par Gabriel Chappuis, Tourangeau, sixième journée.
(2) Wierus, in Pseudomonarch. dæm.
(3) Leloyer, Disc. et hist. des spectres, liv. III, ch. v.
(4) Leloyer, Disc. et hist. des spectres, liv. VIII, ch. vi.
(5) Pline, Hist. nat., liv. XXIV, ch. xvii.
(6) Wierus, De Præstig., lib. I, cap. xxii. Thevet, Obs. sur l'Amérique, ch. xxxv et xxxvi. Boguet, Disc. des sorciers, ch. vii.

mauvais traitements de la populace, qui l'accusait de sorcellerie, n'est-il pas permis de croire ou que son esprit caustique, et peut-être ses mœurs mal réglées, lui faisaient des ennemis, ou que son caractère d'agent diplomatique le mettait souvent dans des situations périlleuses, ou que la médecine empirique, qu'il exerçait, l'exposait à des catastrophes ; à moins qu'il ne faille croire, en effet, que cet homme avait réellement étudié la magie dans ces universités mystérieuses dont nous ne savons pas encore les secrets ? Voy. UNIVERSITÉS. Quoi qu'il en soit, Louise de Savoie, mère de François Ier, le prit pour son médecin. Elle voulait qu'il fût aussi son astrologue, ce qu'il refusa. Et pourtant on soutient qu'il prédisait au trop fameux connétable de Bourbon des succès contre la France. Si cette allégation est vraie, c'était semer la trahison, et Agrippa était un fripon ou un fourbe.

Mais on établit encore l'éloignement d'Agrippa pour le charlatanisme des sorciers en rappelant ce fait, que, pendant le séjour qu'il fit à Metz, remplissant les fonctions de syndic ou avocat-général (car cet homme fit tous les métiers), il s'éleva très-vivement contre le réquisitoire de Nicolas Savin, qui voulait faire brûler comme sorcière une paysanne. La spirituelle et vive éloquence d'Agrippa fit absoudre cette fille. A cela les partisans de la sorcellerie d'Agrippa répondent qu'il n'est pas étonnant qu'un pareil compère ait défendu ceux qui pratiquaient la magie, puisqu'il la pratiquait lui-même. — Ils ajoutent que, tandis qu'il professait à l'université de Louvain, il infecta ses écoliers d'idées magiques. « Un de ses élèves, lisant auprès de lui un certain livre de conjurations, fut étranglé par le diable. Agrippa, craignant qu'on ne le soupçonnât d'être l'auteur ou la cause de cette mort arrivée dans sa chambre, commanda à l'esprit malin d'entrer dans le corps qu'il venait d'étouffer, de ranimer le jeune homme et de lui faire faire avant de le quitter sept ou huit tours sur la place publique. Le diable obéit ; le corps du jeune étranglé, après avoir paradé pendant quelques minutes, tomba sans vie devant la multitude de ses camarades, qui crurent que ce n'était là qu'une mort subite (1). »

Ce ne fut pourtant pas à cause de semblables faits qu'il partit de cette ville savante. Ce fut parce qu'il s'y était fait des ennemis, à qui il donna un prétexte par la publication de son ouvrage de la *Philosophie occulte*. On accusa ce livre d'hérésie et de magie ; et, en attendant qu'il fût jugé, l'auteur passa une année dans les prisons de Bruxelles. Il en fut tiré par l'archevêque de Cologne, qui avait accepté la dédicace du livre, dont il reconnut publiquement que l'auteur n'était pas sorcier. Les pensées de ce livre et celles que le même savant exposa dans son commentaire *In artem brevem Raymundi Lullii*, ne sont que des rêveries. Ce qui surtout a fait passer Agrippa pour un grand magicien, c'est un fatras plein de cérémonies magiques et superstitieuses qu'on publia sous son nom, vingt-sept ans après sa mort, qu'on donna comme le quatrième livre de sa Philosophie occulte, et qui n'est qu'un ramassis de fragments décousus de Pierre d'Apone, de Pictorius, et d'autres songes creux (2).

Cependant Delancre ne porte son accusation que sur les trois premiers livres. « Agrippa, dit-il (3), composa trois livres assez grands sur la magie démoniaque ; mais il confessa qu'il n'avait jamais eu aucun commerce avec le démon, et que la magie et la sorcellerie (hors les maléfices) consistaient seulement en quelques prestiges, au moyen desquels l'esprit malin trompe les ignorants. » — Thevet n'admet pas ces palliatifs. « On ne peut nier, dit-il, qu'Agrippa n'ait été ensorcelé de la plus fine et exécrable magie, de laquelle, au vu et au su de chacun, il a fait profession manifeste. Il était si subtil, qu'il *grippait* de ses mains crochues des trésors que beaucoup de vaillants capitaines ne pouvaient gagner par le cliquetis de leurs armes et leurs combats furieux. Il composa le livre de la *Philosophie occulte*, censuré par les chrétiens, pour lequel il fut chassé de Flandre, où il ne put dorénavant être souffert ; de manière qu'il prit la route d'Italie, qu'il empoisonna tellement que plusieurs gens de bien lui donnèrent encore la chasse, et il n'eut rien de plus hâtif que de se retirer à Dôle. Enfin il se rendit à Lyon, dénué de facultés ; il y employa toutes sortes de moyens pour vivoter, remuant le mieux qu'il pouvait la queue du bâton ; mais il gagnait si peu, qu'il mourut en un chétif cabaret, abhorré de tout le monde, et détesté comme un magicien maudit, parce que toujours il menait en sa compagnie un diable sous la figure d'un chien noir. »

Paul Jove ajoute qu'aux approches de sa mort, comme on le pressait de se repentir, il ôta à ce chien, qui était son démon familier, un collier garni de clous qui formaient des inscriptions nécromantiques, et lui dit : *Va-t'en, malheureuse bête, c'est toi qui m'as perdu;* qu'alors le chien prit aussitôt la fuite vers la rivière de Saône, s'y jeta la tête en avant et ne reparut plus.

Delancre rapporte autrement cette mort, qui n'eut pas lieu dans un cabaret de Lyon, mais, comme nous l'avons dit, à Grenoble. « Ce misérable Agrippa, dit-il, fut si aveuglé du diable, auquel il s'était soumis, qu'encore qu'il connût très-bien sa perfidie et ses artifices, il ne les put éviter, étant si bien enveloppé des rets d'icelui diable, qu'il lui avait persuadé que, s'il voulait se laisser tuer, la mort n'aurait nul pouvoir sur lui, et qu'il le ressusciterait et le rendrait immortel ; ce qui advint autrement, car Agrippa s'étant fait couper la tête, prévenu de cette fausse espérance, le diable se moqua de lui et ne voulut (aussi ne le pouvait-il) lui re-

(1) Delrio, Disquisit. mag., lib. II, quæst. 39.
(2) Voyez Apone.

(3) Tableau de l'inconstance des démons, liv. V.

donner la vie pour lui laisser le moyen de déplorer ses crimes. »

Wiérus, qui fut disciple d'Agrippa, dit qu'en effet cet homme avait beaucoup d'affection pour les chiens, qu'on en voyait constamment deux dans son étude, dont l'un se nommait *Monsieur* et l'autre *Mademoiselle*, et qu'on prétendait que ces deux chiens noirs étaient deux diables déguisés. — Tout cela n'empêche pas qu'on ne soit persuadé, dans quelques provinces arriérées, qu'Agrippa n'est pas plus mort que Nicolas Flamel, et qu'il se conserve dans un coin, ou par l'art magique, ou par l'élixir de longue vie. Voy. CYRANO.

AGUAPA, arbre des Indes orientales dont on prétend que l'ombre est venimeuse. Un homme vêtu, qui s'endort sous cet arbre, se relève tout enflé; et l'on assure qu'un homme nu *crève* sans ressource. Les habitants attribuent à la méchanceté du diable ces cruels effets. Voy. BOHON-UPAS.

AGUERRE. Sous Henri IV, dans cette partie des Basses-Pyrénées qu'on appelait le pays de Labour, on fit le procès en sorcellerie à un vieux coquin de soixante-treize ans, qui se nommait Pierre d'Aguerre, et qui causait beaucoup de maux par empoisonnements, dits sortiléges. On avait arrêté, en même temps que lui, Marie d'Aguerre et Jeanne d'Aguerre, ses petites-filles ou ses petites-nièces, avec d'autres jeunes filles, et les sorcières qui les avaient menées au sabbat. Jeanne d'Aguerre exposa les turpitudes qui se commettaient dans les grossières orgies où on l'avait conduite; elle y avait vu le diable en forme de bouc. Marie d'Aguerre déposa que le démon adoré au sabbat s'appelait Léonard, qu'elle l'avait vu en sa forme de bouc sortir du fond d'une grande cruche placée au milieu de l'assemblée, qu'il lui avait paru prodigieusement haut, et qu'à la fin du sabbat il était rentré dans sa cruche. — Deux témoins ayant affirmé qu'ils avaient vu Pierre d'Aguerre remplir au sabbat le personnage de maître des cérémonies, qu'ils avaient vu le diable lui donner un bâton doré avec lequel il rangeait, comme un mestre-de-camp, les personnes et les choses, et qu'ils l'avaient vu à la fin de l'assemblée rendre au diable son bâton de commandement (1), Pierre d'Aguerre fut condamné à mort comme sorcier avéré. Voy. BOUC et SABBAT.

AIGLE. L'aigle a toujours été un oiseau de présage chez les anciens. Valère-Maxime rapporte que la vue d'un aigle sauva la vie au roi Déjotarus, qui ne faisait rien sans consulter les oiseaux : comme il s'y connaissait, il comprit que l'aigle qu'il voyait le détournait d'aller loger dans la maison qu'on lui avait préparée, et qui s'écroula la nuit suivante. De profonds savants ont dit que l'aigle a des propriétés surprenantes, entre autres celle-ci, que sa cervelle desséchée, mise en poudre, imprégnée de suc de ciguë et mangée en ragoût, rend si furieux ceux qui se sont permis ce régal, qu'ils s'arrachent les cheveux et se déchirent jusqu'à ce qu'ils aient complétement achevé leur digestion. Le livre qui contient cette singulière recette (2) donne pour raison de ses effets que « la grande chaleur de la cervelle de l'aigle forme des illusions fantastiques en bouchant les conduits des vapeurs et en remplissant la tête de fumée. » C'est ingénieux et clair. Voy. PIERRE D'AIGLE.

On donne en alchimie le nom d'aigle à différentes combinaisons savantes. L'*aigle céleste* est une composition de mercure réduit en essence, qui passe pour un remède universel; *l'aigle de Vénus* est une composition de vert-de-gris et de sel ammoniac, qui forment un safran; l'*aigle noir* est une composition de cette cadmie vénéneuse qui se nomme cobalt, et que quelques alchimistes regardent comme la matière du mercure philosophique.

AIGUILLES. On pratique ainsi, dans quelques localités, une divination par les aiguilles. — On prend vingt-cinq aiguilles neuves; on les met dans une assiette, sur laquelle on verse de l'eau. Celles qui s'affourchent les unes sur les autres annoncent autant d'ennemis. On conte qu'il est aisé de faire merveille avec de simples aiguilles à coudre, en leur communiquant une vertu qui enchante. Kornmann écrit ceci (3) : « Quant à ce que les magiciens et les enchanteurs font avec l'aiguille dont on a cousu le suaire d'un cadavre, aiguille au moyen de laquelle ils peuvent lier les nouveaux mariés, cela ne doit pas s'écrire, de crainte de faire naître la pensée d'un pareil expédient... »

AIGUILLETTE. On appelle nouement de l'aiguillette un charme qui frappe tellement l'imagination de deux époux, ignorants ou superstitieux, qu'il s'élève entre eux une sorte d'antipathie dont les accidents sont très-divers. Ce charme est jeté par des malveillants qui passent pour sorciers. Voy. LIGATURES.

AIMANT (MAGNES), principal producteur de la vertu magnétique ou attractive. — Il y a sur l'aimant quelques erreurs populaires qu'il est bon de passer en revue. On rapporte des choses admirables, dit le docteur Brown (4), d'un certain aimant qui n'attire pas seulement le fer, mais la chair aussi. C'est un aimant très-faible, composé surtout de terre glaise semée d'un petit nombre de lignes magnétiques et ferrées. La terre glaise qui en est la base fait qu'il s'attache aux lèvres, comme l'hématite ou la terre de Lemnos. Les médecins qui joignent cette pierre à l'aétite lui donnent mal à propos la vertu de prévenir les avortements.

On a dit, de toute espèce d'aimant, que l'ail peut lui enlever sa propriété attractive; opinion certainement fausse, quoiqu'elle nous ait été transmise par Solin, Pline, Plutarque, Mathiole, etc. Toutes les expériences

---

(1) Delancre, Tableau de l'inconstance des démons, etc., liv. II, discours 4.
(2) Admirables secrets d'Albert le Grand, liv. II, ch. III.
(3) De Mirab. mort., pars V, cap. XXII.
(4) Essai sur les erreurs, etc., liv. II, ch. III.

l'ont démentie. Un fil d'archal rougi, puis éteint dans le jus d'ail, ne laisse pas de conserver sa vertu polaire; un morceau d'aimant enfoncé dans l'ail aura la même puissance attractive qu'auparavant; des aiguilles laissées dans l'ail jusqu'à s'y rouiller n'en retiendront pas moins cette force d'attraction.

On doit porter le même jugement de cette autre assertion, que le diamant a la vertu d'empêcher l'attraction de l'aimant. Placez un diamant (si vous en avez) entre l'aimant et l'aiguille, vous les verrez se joindre, dussent-ils passer par-dessus la pierre précieuse. Les auteurs que nous combattons ont sûrement pris pour des diamants ce qui n'en était pas.

Mettez sur la même ligne, continue Brown, cette autre merveille contée par certains rabbins, que les cadavres humains sont magnétiques, et que, s'ils sont étendus dans un bateau, le bateau tournera jusqu'à ce que la tête du corps mort regarde le septentrion. — François Rubus, qui avait une crédulité très-solide, reçoit comme vrais la plupart de ces faits inexplicables. Mais tout ce qui tient du prodige, il l'attribue aux prestiges du démon (1), et c'est un moyen facile de sortir d'embarras.

Disons un mot du tombeau de Mahomet. Beaucoup de gens croient qu'il est suspendu, à Médine, entre deux pierres d'aimant placées avec art, l'une au-dessus et l'autre au-dessous; mais ce tombeau est de pierre comme tous les autres, et bâti sur le pavé du temple. — On lit quelque part, à la vérité, que les mahométans avaient conçu un pareil dessein; ce qui a donné lieu à la fable que le temps et l'éloignement des lieux ont fait passer pour une vérité, et que l'on a essayé d'accréditer par des exemples. On voit dans Pline que l'architecte Dinocharès commença de voûter, avec des pierres d'aimant, le temple d'Arsinoé à Alexandrie, afin de suspendre en l'air la statue de cette reine; il mourut sans avoir exécuté ce projet, qui eût échoué. — Rufin conte que dans le temple de Sérapis il y avait un chariot de fer que des pierres d'aimant tenaient suspendu; que, ces pierres ayant été ôtées, le chariot tomba et se brisa. Bède rapporte également, d'après des contes anciens, que le cheval de Bellérophon, qui était de fer, fut suspendu entre deux pierres d'aimant.

C'est sans doute à la qualité minérale de l'aimant qu'il faut attribuer ce qu'assurent quelques-uns, que les blessures faites avec des armes aimantées sont plus dangereuses et plus difficiles à guérir, ce qui est détruit par l'expérience; les incisions faites par des chirurgiens avec des instruments aimantés ne causent aucun mauvais effet. Rangez dans la même classe l'opinion qui fait de l'aimant un poison, parce que des auteurs le placent dans le catalogue des poisons. Garcias de Huerta, médecin d'un vice-roi espagnol, rapporte, au contraire, que les rois de Ceylan avaient coutume de se faire servir dans des plats de pierre d'aimant, s'imaginant par là conserver leur vigueur.

On ne peut attribuer qu'à la vertu magnétique ce que dit Ætius, que, si un goutteux tient quelque temps dans sa main une pierre d'aimant, il ne se sent plus de douleur, ou que du moins il éprouve un soulagement. C'est à la même vertu qu'il faut rapporter ce qu'assure Marcellus Empiricus, que l'aimant guérit les maux de tête. Ces effets merveilleux ne sont qu'une extension gratuite de sa vertu attractive, dont tout le monde convient. Les hommes s'étant aperçus de cette force secrète qui attire les corps magnétiques, lui ont donné encore une attraction d'un ordre différent, la vertu de tirer la douleur de toutes les parties du corps; c'est ce qui a fait ériger l'aimant en philtre.

On dit aussi que l'aimant resserre les nœuds de l'amitié paternelle et de l'union conjugale, en même temps qu'il est très-propre aux opérations magiques. Les basilidiens en faisaient des talismans pour chasser les démons. Les fables qui regardent les vertus de cette pierre sont en grand nombre. Dioscoride assure qu'elle est pour les voleurs un utile auxiliaire; quand ils veulent piller un logis, dit-il, ils allument du feu aux quatre coins et y jettent des morceaux d'aimant. La fumée qui en résulte est si incommode, que ceux qui habitent la maison sont forcés de l'abandonner. Malgré l'absurdité de cette fable, mille ans après Dioscoride, elle a été adoptée par les écrivains qui ont compilé les prétendus secrets merveilleux d'Albert le Grand.

Mais on ne trouvera plus d'aimant comparable à celui de Laurent Guasius. Cardan affirme que toutes les blessures faites avec des armes frottées de cet aimant, ne causaient aucune douleur.

Encore une fable: je ne sais quel écrivain assez grave a dit que l'aimant, fermenté dans du sel, produisait et formait le petit poisson appelé *rémore*, lequel possède la vertu d'attirer l'or du puits le plus profond. L'auteur de cette recette savait qu'on ne pourrait jamais le réfuter par l'expérience (2); et c'est bien dans ces sortes de choses qu'il ne faut croire que les faits éprouvés.

AIMAR. Voy. BAGUETTE.

AJOURNEMENT. On croyait assez généralement autrefois que, si quelque opprimé, au moment de mourir, prenait Dieu pour juge, et s'il ajournait son oppresseur au tribunal suprême, il se faisait toujours une manifestation du gouvernement temporel de la Providence. Nous ne parlons pas de l'ajournement du grand maître des Templiers, qui cita le pape et le roi de France, que pour remarquer que cet ajournement a été inventé après coup. Voy. TEMPLIERS.

Mais le roi d'Aragon, Ferdinand IV, fut

(1) Discours sur les pierres précieuses dont il est fait mention dans l'Apocalypse.

(2) Brown, au lieu cité

ajourné par deux gentilshommes injustement condamnés, et mourut au bout de trente jours.

Enéas Sylvius raconte que François Ier, duc de Bretagne, ayant fait assassiner son frère (en 1450), ce prince, en mourant, ajourna son meurtrier devant Dieu, et que le duc expira au jour fixé.

On avait autrefois grande confiance en ces ajournements, et les dernières paroles des mourants étaient redoutées. On cite même une foule d'exemples qui feraient croire qu'un condamné peut toujours, à sa dernière heure, en appeler ainsi d'un juge inique; si ce n'était qu'une idée, dans les temps barbares elle pouvait être salutaire. Mais n'était-ce qu'une idée? Delancre dit qu'un innocent peut ajourner son juge, mais que l'ajournement d'un coupable est sans effet. Comme les sorciers ajournaient leurs condamnateurs, il raconte, d'après Paul Jove, que Gonzalve de Cordoue ayant condamné à mort un soldat sorcier, ce soldat s'écria qu'il mourait injustement, et qu'il ajournait Gonzalve à comparaître devant le tribunal de Dieu. — Va, va, lui dit Gonzalve, hâte-toi d'aller et fais instruire le procès ; mon frère Alphonse, qui est dans le ciel, comparaîtra pour moi. — L'ajournement ne lui fut pas fatal.

Ballade de l'ajournement.

La *Revue de Paris* a publié en 1831 l'analyse d'une singulière ballade espagnole. Nous reproduisons ici cette pièce pathétique en résumé.

Solisa, l'infante, seule dans son oratoire, versait des larmes et se disait avec désespoir qu'il n'y aurait plus de mariage pour elle. Le roi son père la surprit en ce moment, et, cherchant à la consoler, il apprit d'elle que le comte Alarcos l'avait aimée ; puis qu'il l'avait oubliée pour en épouser une autre depuis trois ans. Le roi fait venir le comte et le somme de tenir la parole qu'il a donnée jadis à sa fille.

— Je ne nierai pas la vérité, répond Alarcos ; je craignais que Votre Majesté ne voulût jamais consentir à m'accorder la main de sa fille. Je me suis uni à une autre femme.

— Vous vous en débarrasserez, dit le roi.

— Epargnez, sire, celle qui est innocente ; ne me condamnez pas à un affreux assassinat.

Le roi est inflexible ; il faut que la comtesse meure cette nuit même, ou que le comte ait la tête tranchée le lendemain.

Alarcos retourne à sa demeure, triste pour sa femme et pour ses trois enfants. Il aperçoit la comtesse sur sa porte (Un jeune page avait pris les devants pour la prévenir du retour de son époux).

— Soyez le bien-venu, mon Seigneur, dit-elle. Hélas ! vous baissez la tête ? Dites-moi pourquoi vous pleurez?

— Vous le saurez ; mais ce n'est pas l'heure, répondit-il ; nous souperons et je vous dirai tout plus tard.

On sert le souper ; la comtesse se place auprès d'Alarcos, pâle et triste, mais elle ne mange ni ne boit. Ses enfants étaient silencieux auprès de leur père. Tout à coup il penche sa tête sur la table et cache avec ses mains son visage en larmes.

— J'ai besoin de dormir, dit-il.

Il savait bien qu'il n'y aurait pas de sommeil pour lui cette nuit-là.

Les deux époux entrent dans la chambre et y demeurent seuls avec leur plus jeune enfant encore à la mamelle. Le comte ferme les portes aux verroux, ce qu'il n'avait pas l'habitude de faire.

— Femme malheureuse ! s'écrie-t-il, et moi le plus à plaindre des hommes !

— Ne parlez pas ainsi, mon noble seigneur; elle ne saurait être malheureuse celle qui est l'épouse d'Alarcos.

— Trop malheureuse cependant, car dans le mot que vous venez de prononcer est compris tout votre malheur. Sachez qu'avant de vous connaître j'avais juré à l'infante que je n'aurais jamais d'autre épouse qu'elle ; le roi, notre seigneur, sait tout ; aujourd'hui l'infante réclame ma main ; et, mot fatal à prononcer, pour vous punir d'avoir été préférée à l'infante, le roi ordonne que vous mouriez cette nuit.

— Est-ce donc là, répondit la comtesse effrayée, le prix de ma tendresse soumise ? Ah ! ne me tuez pas, noble comte, j'embrasse vos genoux ; renvoyez-moi dans la maison de mon père, où j'étais si heureuse, où je vivrai solitaire, où j'élèverai mes trois enfants.

— Cela ne se peut... mon serment a été terrible... Vous devez mourir avant le jour.

— Ah ! il se voit bien que je suis seule sur la terre ; mon père est un vieillard infirme... ma mère est dans son cercueil, et le fier don Garcia est mort... lui, mon vaillant frère, que ce lâche roi fit périr. Oui, je suis seule et sans appui en Espagne... Ce n'est pas la mort que je crains, mais il m'en coûte de quitter mes fils... Laissez-moi du moins les presser encore sur mon cœur, les embrasser une dernière fois avant de mourir.

— Embrassez celui qui est là dans son berceau ; vous ne reverrez plus les autres.

— Je voudrais au moins le temps de dire un *Ave.*

— Dites-le vite.

Elle s'agenouilla.

— O Seigneur Dieu! dit-elle, en ce moment de terreur, oubliez mes péchés, ne vous souvenez que de votre miséricorde.

Quand elle eut prié, elle se releva plus calme.

— Alarcos, dit-elle, soyez bon pour les gages de notre amour et priez pour le repos de mon âme... Et maintenant donnez-moi notre enfant sur mon sein, qu'il s'y puisse désaltérer une dernière fois, avant que le froid de la mort ait glacé le lait de sa mère.

— Pourquoi réveiller le pauvre enfant ? Vous voyez qu'il dort. Préparez-vous ; le temps presse ; l'aurore commence à paraître.

— Eh bien ! écoute-moi, comte Alarcos ;

je te pardonne. Mais je ne puis pardonner à ce roi si cruel, ni à sa fille si fière. Que Dieu les punisse du meurtre d'une chrétienne. Je les appelle, de ma voix mourante, devant le trône de l'Eternel, d'ici à trente jours.

Alarcos, barbare et ambitieux, étrangla la pauvre comtesse avec son mouchoir. Il la recouvrit avec les draps du lit; puis, appelant ses écuyers, il leur fit un faux récit pour les tromper, et s'en alla épouser l'infante.

Mais la vengeance céleste s'accomplit au-delà des malédictions de la comtesse; car, avant que le mois fût expiré, trois âmes coupables, le roi, l'infante et le comte, parurent devant Dieu...

AKHMIN, ville de la moyenne Thébaïde, qui avait autrefois le renom d'être la demeure des plus grands magiciens (1). Paul Lucas parle, dans son second voyage (2), du serpent merveilleux d'Akhmin, que les musulmans honorent comme un ange, et que les chrétiens croient être le démon Asmodée. Voy. HARIDI.

AKIBA, rabbin du premier siècle de notre ère, qui, de simple berger, poussé par l'espoir d'obtenir la main d'une jeune fille dont il était épris, devint un savant renommé. Les Juifs disent qu'il fut instruit par les esprits élémentaires, qu'il savait conjurer, et qu'il eut, dans ses jours d'éclat, jusqu'à quatre-vingt mille disciples... On croit qu'il est auteur du *Jetzirah*, ou livre de la création, attribué par les uns à Abraham, et par d'autres à Adam même. Voy. ABRAHAM.

ALAIN DE L'ISLE (INSULENSIS), religieux bernardin, évêque d'Auxerre au douzième siècle, auteur de l'*Explication des prophéties de Merlin* (*Explanationes in prophetias Merlini Angli*; Francfort, 1608, in-8°). Il composa ce commentaire, en 1170, à l'occasion du grand bruit que faisaient alors lesdites prophéties. Un autre ALAIN ou ALANUS, qui vivait dans le même siècle, a laissé pour les alchimistes un livre intitulé : *Dicta de lapide philosophico*, in-8°; Leyde, 1600.

ALARY (FRANÇOIS), songe-creux, qui a fait imprimer à Rouen, en 1701, la *Prophétie du comte Bombaste*, chevalier de la Rose-Croix, neveu de Paracelse, publiée en l'année 1609, sur la naissance de Louis le Grand.

ALASTOR, démon sévère, exécuteur suprême des sentences du monarque infernal. Il fait les fonctions de Némésis. Zoroastre l'appelle le bourreau; Origène dit que c'est le même qu'Azazel; d'autres le confondent avec l'ange exterminateur. Les anciens appelaient les génies malfaisants *Alastores*; et Plutarque dit que Cicéron, par haine contre Auguste, avait eu le projet de se tuer auprès du foyer de ce prince pour devenir son alastor.

ALBERT LE GRAND, Albert le Teutonique, Albert de Cologne, Albert de Ratisbonne, *Albertus Grotus*, car on le désigne sous tous ces noms (le véritable était Albert de Groot), savant et pieux dominicain, mis à tort au nombre des magiciens par les démonographes, fut, dit-on, le plus curieux de tous les hommes. Il naquit dans la Souabe, à Lawigen sur le Danube, en 1205. D'un esprit fort grossier dans son jeune âge, il devint, à la suite d'une vision qu'il eut de la sainte Vierge, qu'il servait tendrement et qui lui ouvrit les yeux de l'esprit, l'un des plus grands docteurs de son siècle. Il fut le maître de saint Thomas d'Aquin. Vieux, il retomba dans la médiocrité, comme s'il dût être évident que son mérite et sa science étendue n'étaient qu'un don miraculeux et temporaire. — D'anciens écrivains ont dit, après avoir remarqué la dureté naturelle de sa conception, que d'âne il avait été transmué en philosophe; puis, ajoutent-ils, de philosophe il redevint âne (3).

Albert le Grand fut évêque de Ratisbonne et mourut saintement à Cologne, âgé de quatre-vingt-sept ans. Ses ouvrages n'ont été publiés qu'en 1651; ils forment 21 volumes in-fol. En les parcourant, on admire un savant chrétien; on ne trouve jamais rien qui ait pu le charger de sorcellerie. Il dit formellement au contraire : « Tous ces contes de démons qu'on voit rôder dans les airs, et de qui on tire le secret des choses futures, sont des absurdités que la saine raison n'admettra jamais (4). » — C'est qu'on a mis sous son nom des livres de secrets merveilleux, auxquels il n'a jamais eu plus de part qu'à l'invention du gros canon et du pistolet que lui attribue Matthieu de Luna.

Mayer dit qu'il reçut des disciples de saint Dominique le secret de la pierre philosophale, et qu'il le communiqua à saint Thomas d'Aquin; qu'il possédait une pierre marquée naturellement d'un serpent, et douée de cette vertu admirable, que si on la mettait dans un lieu que les serpents fréquentassent, elle les attirait tous; qu'il employa, pendant trente ans, toute sa science de magicien et d'astrologue à faire, de métaux bien choisis, et sous l'inspection des astres, un automate doué de la parole, qui lui servait d'oracle et résolvait toutes les questions qu'on lui proposait : c'est ce qu'on appelle l'*androïde d'Albert le Grand;* que cet automate fut anéanti par saint Thomas d'Aquin, qui le brisa à coups de bâton, dans l'idée que c'était un ouvrage ou un agent du diable. On sent que tous ces petits faits sont des contes. On a donné aussi à Virgile, au pape Sylvestre II, à Roger Bacon, de pareils androïdes. Vaucanson a montré que c'était un pur ouvrage de mécanique.

Une des plus célèbres sorcelleries d'Albert le Grand eut lieu à Cologne. Il donnait un banquet, dans son cloître, à Guillaume II, comte de Hollande et roi des Romains; c'était dans le cœur de l'hiver; la salle du festin présenta, à la grande surprise de la cour, la riante parure du printemps; mais, ajoute-t-on, les fleurs se flétrirent à la fin du repas.

---

(1) D'Herbelot, Bibliothèque orientale.
(2) Liv. V, t. II, p. 83.
(3) Voyez, dans les *légendes de la sainte Vierge*, la vision de l'écolier.
(4) De Somn. et vig., lib. III, tract. I, cap. VIII.

A une époque où l'on ne connaissait point les serres chaudes, l'élégante prévenance du bon et savant religieux dut surprendre. — Ce qu'il appelait lui-même ses opérations magiques n'étaient ainsi que de la magie blanche.

Finissons en disant que son nom d'Albert le Grand n'est pas un nom acquis par la gloire, mais la simple traduction de son nom de famille, *Albert de Groot*.

On lui attribue donc le livre intitulé : *les Admirables secrets d'Albert le Grand*, contenant plusieurs traités sur les vertus des herbes, des pierres précieuses et des animaux, etc., augmentés d'un abrégé curieux de la physionomie et d'un préservatif contre la peste, les fièvres malignes, les poisons et l'infection de l'air, tirés et traduits des anciens manuscrits de l'auteur qui n'avaient pas encore paru, etc., in-18, in-24, in-12. Excepté du bon sens, on trouve de tout dans ce fatras, jusqu'à un traité *des fientes* qui, « quoique viles et méprisables, sont cependant en estime, si on s'en sert aux usages « prescrits. » Le récolteur de ces secrets débute par une façon de prière ; après quoi il donne la pensée du prince des philosophes, lequel pense que l'homme est ce qu'il y a de meilleur dans le monde, attendu la grande sympathie qu'on découvre entre lui et les signes du ciel, qui est au-dessus de nous et, par conséquent, nous est supérieur.

Le livre Ier traite principalement, et de la manière la plus inconvenante, de l'influence des planètes sur la naissance des enfants, du merveilleux effet des cheveux de la femme, des monstres, de la façon de connaître si une femme enceinte porte un garçon ou une fille, du venin que les vieilles femmes portent dans les yeux, surtout si elles y ont de la chassie, etc. Toutes ces rêveries grossières sont fastidieuses, absurdes et fort sales.

On voit, dans le livre II, les vertus de certaines pierres, de certains animaux, et les merveilles du monde, des planètes et des astres. — Le livre III présente l'excellent traité des fientes, de singulières idées sur les urines, les punaises, les vieux souliers et la pourriture ; des secrets pour amollir le fer, pour manier les métaux, pour dorer l'étain et pour nettoyer la batterie de cuisine.

Enfin, le livre IV est un traité de physiognomonie, avec des remarques *savantes*, des observations sur les jours heureux et malheureux, des préservatifs contre la fièvre, des purgatifs, des recettes de cataplasmes et autres choses de même nature. Nous rapporterons en leur lieu ce qu'il y a de curieux dans ces extravagances ; et le lecteur trouvera, comme nous, étonnant qu'on vende chaque année par milliers d'exemplaires les secrets d'Albert le Grand aux pauvres habitants des campagnes.

Le solide Trésor du Petit Albert, ou secrets merveilleux de la magie naturelle et cabalistique, traduit exactement sur l'original latin intitulé : « Alberti Parvi Lucii liber de mirabilibus naturæ arcanis, » enrichi de figures mystérieuses, et la manière de les faire (ce sont des figures de talismans). Lyon, chez les héritiers de Beringos fratres, à l'enseigne d'Agrippa. In-18, 6516 (année cabalistique).

— Albert le Grand est également étranger à cet autre recueil d'absurdités, plus dangereux que le premier, quoiqu'on n'y trouve pas, comme les paysans se l'imaginent, les moyens d'évoquer le diable. On y voit la manière de nouer et de dénouer l'aiguillette, la composition de divers philtres, l'art de savoir en songe qui on épousera, des secrets pour faire danser, pour multiplier les pigeons, pour gagner au jeu, pour rétablir le vin gâté, pour faire des talismans cabalistiques, découvrir les trésors, se servir de la main de gloire, composer l'eau ardente et le feu grégeois, la jarretière et le bâton du voyageur, l'anneau d'invisibilité, la poudre de sympathie, l'or artificiel, et enfin des remèdes contre les maladies, et des gardes pour les troupeaux.

ALBERT D'ALBY. Voy. CARTOMANCIE.

ALBERT DE SAINT-JACQUES, moine du dix-septième siècle, qui publia un livre intitulé : *Lumière aux vivants par l'expérience des morts*, ou diverses apparitions des âmes du purgatoire de notre siècle. In-8°, Lyon, 1675.

ALBIGEOIS, espèce de manichéens très-perfides, dont l'hérésie éclata dans le Languedoc, et eut pour centre Albi. Ils admettaient deux principes, disant que Dieu avait produit de lui-même Lucifer, qui était ainsi son fils aîné ; que Lucifer, fils de Dieu, s'était révolté contre lui ; qu'il avait entraîné dans sa rébellion une partie des anges ; qu'il s'était vu alors chassé du ciel avec les complices de son crime ; qu'il avait, dans son exil, créé ce monde que nous habitons, où il régnait et où tout allait mal. Ils ajoutaient que Dieu, pour rétablir l'ordre, avait produit un second fils, qui était Jésus-Christ.

Ce singulier dogme se présentait avec des variétés, suivant les différentes sectes. Presque toutes niaient la résurrection de la chair, l'enfer et le purgatoire, disant que nos âmes n'étaient que des démons logés dans nos corps en châtiment de leurs crimes. — Les albigeois avaient pris, dès la fin du douzième siècle, une telle consistance, et de si odieux excès marquaient leur passage, que, les remontrances et les prédications étant vaines, il fallut faire contre eux une croisade, dont Simon de Montfort fut le héros. On a dénaturé et faussé par les plus insignes mensonges l'histoire de cette guerre sainte ; on a oublié que, si les albigeois eussent triomphé, l'Europe retombait dans la barbarie. Il est vrai que leurs défenseurs sont les protestants, héritiers d'un grand nombre de leurs erreurs, et les philosophes, amateurs assez souvent de leurs désordres.

ALBIGERIUS. Les démonographes disent que les possédés, par le moyen du diable, tombent quelquefois dans des extases pendant lesquelles leur âme voyage loin du corps, et fait à son retour des révélations de choses secrètes. C'est ainsi, comme dit Leloyer, que les corybantes devinaient et prophétisaient. Saint Augustin parle d'un Carthaginois, nommé Albigérius, qui savait par ce moyen tout ce qui se faisait hors de chez lui. Chose plus étrange, ajoute-t-il, cet Albigérius, à la suite de ses extases, révélait souvent ce qu'un autre songeait dans le plus secret de sa pensée. Etait-ce du magnétisme?

Saint Augustin cite un autre frénétique qui, dans une grande fièvre, étant possédé du mauvais esprit, sans extase, mais bien éveillé, rapportait fidèlement tout ce qui se faisait loin de lui. Lorsque le prêtre qui le soignait était à six lieues de la maison, le diable, qui parlait par la bouche du malade, disait aux personnes présentes en quel lieu était le prêtre à l'heure qu'il parlait et ce qu'il faisait, etc. Ces choses-là sont surprenantes. Mais l'âme immortelle, suivant la remarque d'Aristote, peut quelquefois voyager sans le corps (1).

ALBINOS. Nom que les Portugais ont donné à des hommes d'une blancheur extrême, qui sont ordinairement enfants de nègres. Les noirs les regardent comme des monstres, et les savants ne savent à quoi attribuer cette blancheur. Les albinos sont pâles comme des spectres; leurs yeux, faibles et languissants pendant le jour, sont brillants à la clarté de la lune. Les noirs, qui donnent aux démons la peau blanche, regardent les albinos comme des enfants du démon. Ils croient qu'ils peuvent les combattre aisément pendant le jour, mais que la nuit les albinos sont les plus forts et se vengent. Dans le royaume de Loango, les albinos passent pour des démons champêtres et obtiennent quelque considération à ce titre.

Vossius dit qu'il y a dans la Guinée des peuplades d'albinos. Mais comment ces peuplades subsisteraient-elles, s'il est vrai que ces infortunés ne se reproduisent point? Il paraît que les anciens connaissaient les albinos. « On assure, dit Pline, qu'il existe en Albanie des individus qui naissent avec des cheveux blancs, des yeux de perdrix, et ne voient clair que pendant la nuit. » Il ne dit pas que ce soit une nation, mais quelques sujets affectés d'une maladie particulière. « Plusieurs animaux ont aussi leurs albinos, ajoute M. Salgues; les naturalistes ont observé des corbeaux blancs, des merles blancs, des taupes blanches; leurs yeux sont rouges, leur peau est plus pâle et leur organisation plus faible (2). »

ALBORACK. Voy. Borack.

ALBUMAZAR, astrologue du IXᵉ siècle, né dans le Khorassan, connu par son traité astrologique intitulé *Milliers d'années*, où il affirme que le monde n'a pu être créé que quand les sept planètes se sont trouvées en conjonction dans le premier degré du Bélier, et que la fin du monde aura lieu quand ces sept planètes (qui sont aujourd'hui au nombre de douze) se rassembleront dans le dernier degré des Poissons. On a traduit en latin et imprimé d'Albumazar le *Tractatus florum astrologiæ*; in-4º, Augsbourg, 1488. On peut voir dans Casiri, *Biblioth. arab. hispan.*, t. I, p. 351, le catalogue de ses ouvrages.

ALBUNÉE. Voy. Sibylles.

ALCHABITIUS. Voy. Abdel-Azys.

ALCHIMIE. L'alchimie ou chimie par excellence, qui s'appelle aussi *philosophie hermétique*, est cette partie éminente de la chimie qui s'occupe de l'art de transmuer les métaux. Son résultat, en expectative, est la pierre philosophale. Voy. Pierre philosophale.

ALCHINDUS, que Wiérus (3) met au nombre des magiciens, mais que Delrio (4) se contente de ranger parmi les écrivains superstitieux, était un médecin arabe du XIᵉ siècle, qui employait comme remède les paroles charmées et des combinaisons de chiffres. Des démonologues l'ont déclaré suppôt du diable à cause de son livre intitulé: *Théorie des arts magiques*, qu'ils n'ont point lu; car Jean Pic de la Mirandole dit qu'il ne connaît que trois hommes qui se soient occupés de la magie naturelle et permise: Alchindus, Roger Bacon et Guillaume de Paris. Alchindus était simplement un peu physicien dans des temps d'ignorance. — A son nom arabe, *Alcendi*, qu'on a latinisé, quelques-uns ajoutent le prénom de Jacob; on croit qu'il était mahométan. — On lui reproche d'avoir écrit des absurdités. Par exemple, il croyait expliquer les songes en disant qu'ils sont l'ouvrage des esprits élémentaires, qui se montrent à nous dans le sommeil et nous représentent diverses actions fantastiques, comme des acteurs qui jouent la comédie devant le public.

ALCORAN. Voy. Koran.

ALCYON. Une vieille opinion, qui subsiste encore chez les habitants des côtes, c'est que l'alcyon ou martin-pêcheur est une girouette naturelle, et que, suspendu par le bec, il désigne du côté d'où vient le vent, en tournant sa poitrine vers ce point de l'horizon. Ce qui a mis cette croyance en crédit parmi le peuple, c'est l'observation qu'on a faite que l'alcyon semble étudier les vents et les deviner lorsqu'il établit son nid sur les flots, vers le solstice d'hiver. Mais cette prudence est-elle dans l'alcyon une prévoyance qui lui soit particulière? N'est-ce pas simplement un instinct de la nature qui veille à la conservation de cette espèce? « Bien des choses arrivent, dit Brown, parce que le premier moteur l'a ainsi arrêté, et la nature les exécute par des voies qui nous sont inconnues. »

C'est encore une ancienne coutume de conserver les alcyons dans des coffres, avec l'idée qu'ils préservent des vers les étoffes de laine. On n'eut peut-être pas d'autre but en les pendant au plafond des chambres. « Je crois même, ajoute Brown, qu'en les suspendant par le bec on n'a pas suivi la méthode des anciens qui les suspendaient par le dos, afin que le bec marquât les vents.

---

(1) Leloyer, Hist. et disc. des spectres, liv. IV.
(2) Des erreurs et des préjugés, etc., t. I, p. 479.

(3) De Præstigiis, lib. II, cap. III.
(4) Disquisit. Magicæ, lib. I, cap. III.

Car c'est ainsi que Kirker a décrit l'hirondelle de mer. » Disons aussi qu'autrefois, en conservant cet oiseau, on croyait que ses plumes se renouvelaient comme s'il eût été vivant, et c'est ce qu'Albert le Grand espéra inutilement dans ses expériences (1).

Outre les dons de prédire le vent et de chasser les vers, on attribue encore à l'alcyon la précieuse qualité d'enrichir son possesseur, d'entretenir l'union dans les familles et de communiquer la beauté aux femmes qui portent ses plumes. Les Tartares et les Ostiaks ont une très-grande vénération pour cet oiseau. Ils recherchent ses plumes avec empressement, les jettent dans un grand vase d'eau, gardent avec soin celles qui surnagent, persuadés qu'il suffit de toucher quelqu'un avec ses plumes pour s'en faire aimer. Quand un Ostiak est assez heureux pour posséder un alcyon, il en conserve le bec, les pattes et la peau, qu'il met dans une bourse, et, tant qu'il porte ce trésor, il se croit à l'abri de tout malheur (2). C'est pour lui un talisman comme les fétiches des nègres.

ALDON. Voy. GRANSON.

ALECTORIENNE (PIERRE). Voy. COQ.

ALECTRYOMANCIE ou ALECTROMANCIE. Divination par le moyen du coq, usitée chez les anciens. Voici quelle était leur méthode : — On traçait sur le sable un cercle que l'on divisait en vingt-quatre espaces égaux. On écrivait dans chacun de ces espaces une lettre de l'alphabet; on mettait sur chaque lettre un grain d'orge ou de blé; on plaçait ensuite, au milieu du cercle, un coq dressé à ce manége; on observait sur quelles lettres il enlevait le grain; on en suivait l'ordre, et ces lettres rassemblées formaient un mot qui donnait la solution de ce que l'on cherchait à savoir. Des devins, parmi lesquels on cite Jamblique, voulant connaître le successeur de l'empereur Valens, employèrent l'alectryomancie ; le coq tira les lettres *Théod*.... Valens, instruit de cette particularité, fit mourir plusieurs des curieux qui s'en étaient occupés, et se défit même, s'il faut en croire Zonaras, de tous les hommes considérables dont le nom commençait par les lettres fatales. Mais, malgré ses efforts, son sceptre passa à Théodose le Grand. Cette prédiction a été faite après coup.

Ammien-Marcellin raconte la chose autrement. Il dit que sous l'empire de Valens on comptait, parmi ceux qui s'occupaient de magie, beaucoup de gens de qualité et quelques philosophes. Curieux de savoir quel serait le sort de l'empereur régnant, ils s'assemblèrent pendant la nuit dans une des maisons affectées à leurs cérémonies: ils commencèrent par dresser un trépied de racines et de rameaux de laurier, qu'ils consacrèrent par d'horribles imprécations; sur ce trépied ils placèrent un bassin formé de différents métaux, et ils rangèrent autour, à distances égales, toutes les lettres de l'alphabet. Alors le sorcier le plus savant de la compagnie s'avança, enveloppé d'un long voile, la tête rasée, tenant à la main des feuilles de verveine, et faisant à grands cris d'effroyables invocations qu'il accompagnait de convulsions. Ensuite, s'arrêtant tout à coup devant le bassin magique, il y resta immobile, tenant un anneau suspendu par un fil. C'était de la dactylomancie. A peine il achevait de prononcer les paroles du sortilége, qu'on vit le trépied s'ébranler, l'anneau se remuer, et frapper tantôt une lettre, tantôt une autre. A mesure que ces lettres étaient ainsi frappées, elles allaient s'arranger d'elles-mêmes, à côté l'une de l'autre, sur une table où elles composèrent des vers héroïques qui étonnèrent toute l'assemblée.

Valens, informé de cette opération, et n'aimant pas qu'on interrogeât les enfers sur sa destinée, punit les grands et les philosophes qui avaient assisté à cet acte de sorcellerie : il étendit même la proscription sur tous les philosophes et tous les sorciers de Rome. Il en périt une multitude ; et les grands, dégoûtés d'un art qui les exposait à des supplices, abandonnèrent la magie à la populace et aux vieilles, qui ne la firent plus servir qu'à de petites intrigues et à des maléfices subalternes. Voy. COQ, MARIAGE, etc.

M. de Junquières, au 4ᵉ chant de *Caquet-Bonbec, la Poule à ma tante*, donne des détails exacts et curieux sur les opérations des alectryomanciens. On nous permettra de les citer :

Leur coutume est, en rendant leur oracles,
De se servir de coqs, et c'est, dit-on,
De la qu'en grec est dérivé leur nom.
D'abord ces coqs doivent être coqs vierges ;
Puis dans un coin, au milieu de trois cierges,
Est élevé, sur des pieds en santoir,
Comme un autel rond, plat, de marbre noir,
Au bord duquel, dans deux circonférences,
Sont vidés, à d'égales distances,
Vingt-quatre creux ayant chacun devant
De l'alphabet une lettre d'argent.
Quand au sorcier arrive une pratique,
Il prend d'abord sa baguette magique,
Roule les yeux, et trace sans compas
Un cercle en l'air, prononce à demi bas
Cinq ou six mots inconnus et qu'il forge,
Dans chaque case il dépose un grain d'orge,
Choisit son coq à jeûn, le met dehors
Sur cet autel, bien au centre surtout.
Du centre aux grains, dont l'odeur l'électrise,
Le coq bientôt s'avance (quoi qu'en dise
Jean Buridan) (3), en croque deux ou trois,
Ou plus, ou moins. De ceux dont il fait choix
Le sorcier suit les lettres sans rien dire,
Et puis, feignant que quelque dieu l'inspire,
D'après cela débite hardiment
Une réponse. On paie honnêtement
Et l'on s'en va très-instruit. Dans la suite,
S'il s'est trouvé menteur, il en est quitte
Pour dire aux gens qu'ils ne l'ont pas compris.
Notre devin, grand, sec, à cheveux gris,
Avait l'honneur, disait-on, de descendre,
Du côté gauche, il est vrai, de Cassandre.

----

(1) Brown, Erreurs populaires, liv. III, ch. x.
(2) M. Salgues, Des Erreurs et des préjugés, t. III, p. 374.
(3) Jean Buridan, sophiste du quatorzième siècle, qui soutenait qu'un âne posé juste au milieu de deux picotins d'avoine également pleins et agissant avec une même force sur ses organes, se laisserait mourir de faim, ne pouvant jamais se déterminer à l'un plutôt qu'à l'autre. Or, dans l'exemple présent tous les rayons sont égaux (*Note du poëme.*)

Calembredain (1) était son nom. Le sort
Semblait toujours être avec lui d'accord,
Il ne s'était, assure la chronique,
Jamais trompé, hors une fois unique,
Qu'un jeune gars, croyant beaucoup valoir,
Vint tout exprès le trouver pour savoir
Quel rang, un jour, il aurait dans le monde.
Le coq, posé lors sur la table ronde,
Prit sans choisir, quatre grains qu'il croqua,
Dont le devin les lettres remarqua.
Elles formaient le mot *frip*, mot barbare
Et propre à faire enrager un ignare.
Le grand docteur, maître Calembredain,
D'après ce mot, au jeune homme soudain
Dit qu'il serait *fripier* ; mais notre drôle,
Se sentant né pour faire un autre rôle,
Et d'un métier si vil ayant horreur,
Prit une étude et se fit procureur.
Donc, pour n'avoir trouvé *frip* analogue
Qu'au mot *fripier*, cet habile astrologue
Pour cette fois prit à gauche. En tout cas,
Quel est celui qui ne se trompe pas?

ALÈS (Alexandre), ami de Mélanchthon, né en 1500 à Édimbourg. Il raconte que, dans sa jeunesse, étant monté sur le sommet d'une très-haute montagne, il fit un faux pas et roula dans un précipice. Comme il était près de s'y engloutir, il se sentit transporter en un autre lieu, sans savoir par qui ni comment, et se retrouva sain et sauf, exempt de contusions et de blessures. Quelques-uns attribuèrent ce prodige aux amulettes qu'il portait au cou, selon l'usage des enfants de ce temps-là. Pour lui, il l'attribue à la foi et aux prières de ses parents, qui n'étaient pas hérétiques.

ALESSANDRO ALESSANDRI, en latin *Alexander ab Alexandro*, — jurisconsulte napolitain, mort en 1523. Il a publié un recueil rare de dissertations sur les choses merveilleuses (2). Il y parle de prodiges arrivés récemment en Italie, de songes vérifiés, d'apparitions et de fantômes qu'il dit avoir vus lui-même. Par la suite, il a fondu ces dissertations dans son livre *Genialium dierum*, où il raconte toutes sortes de faits prodigieux. Nous en citerons un qui lui est personnel.

Il fit, un soir, la partie d'aller coucher, avec quelques amis, dans une maison de Rome que des fantômes et des démons hantaient depuis long-temps. Au milieu de la nuit, comme ils étaient rassemblés dans la même chambre, avec plusieurs lumières, ils virent paraître un grand spectre, qui les épouvanta par sa voix terrible et par le bruit qu'il faisait en sautant sur les meubles et en cassant les vases de nuit. Un des intrépides de la compagnie s'avança plusieurs fois avec de la lumière au-devant du fantôme ; mais, à mesure qu'il s'en approchait, l'apparition s'éloignait ; elle disparut entièrement après avoir tout dérangé dans la maison.

Peu de temps après, le même spectre rentra par les fentes de la porte. Ceux qui le virent se mirent à crier. Alessandro, qui venait de se jeter sur un lit, ne l'aperçut point d'abord, parce que le fantôme s'était glissé sous la couchette. Mais bientôt il vit un grand bras noir qui s'allongea sur la table, éteignit les lumières et renversa les livres avec tout ce qui s'y trouvait. L'obscurité rendit l'effroi plus violent encore. Les amis d'Alessandro hurlèrent. Pendant qu'on apportait des flambeaux, il remarqua que le fantôme ouvrit la porte et s'échappa, sans être vu des domestiques, n'ayant fait du reste le moindre mal à personne (3). Était-ce une hallucination de jeunes gens ivres ou une espièglerie?

ALEUROMANCIE, divination qui se pratiquait avec de la farine. On mettait des billets roulés dans un tas de farine; on les remuait neuf fois confusément. On partageait ensuite la masse aux différents curieux, et chacun se faisait un thème selon les billets qui lui étaient échus. Chez les païens, Apollon était appelé Aleuromantis, parce qu'il présidait à cette divination. Il en reste quelques vestiges dans certaines localités, où l'on emploie le son au lieu de farine. C'est une amélioration.

ALEXANDER ab ALEXANDRO. Voy. Alessandro.

ALEXANDRE LE GRAND, roi de Macédoine, etc. Il a été le sujet de légendes prodigieuses chez les Orientaux, qui ont sur lui des contes immenses. Ils l'appellent Iskender. Les démonographes disent qu'Aristote lui enseigna la magie; les cabalistes lui attribuent un livre sur les propriétés des éléments; les rabbins écrivent qu'il eut un songe qui l'empêcha de maltraiter les Juifs, lorsqu'il voulut entrer en conquérant dans Jérusalem.

La figure d'Alexandre le Grand, gravée en manière de talisman sous certaines influences, passait autrefois pour un excellent préservatif. Dans la famille des Macriens, qui usurpèrent l'empire du temps de Valérien, les hommes portaient toujours sur eux la figure d'Alexandre; les femmes en ornaient leurs coiffures, leurs bracelets, leurs anneaux. Trebellius Pollio dit que cette figure est d'un grand secours dans toutes les circonstances de la vie, si on la porte en or ou en argent... Le peuple d'Antioche pratiquait cette superstition, que saint Jean-Chrysostome eut beaucoup de peine à détruire.

Légendes d'Iskender Zulcarnain,
(Alexandre le Grand.)

Les Orientaux ont construit sur Alexandre le Grand (*Iskender Zulcarnain*, dans leurs idiomes), de longues et merveilleuses fables assez semblables aux romans de chevalerie du moyen-âge européen, où des exploits imaginaires étaient attribués à des personnages véritables, comme dans les romans de la Table ronde et des douze pairs de Charlemagne. La fiction européenne s'est aussi approprié le héros macédonien, entremêlant de bizarres inventions les récits authentiques de Quinte-Curce et d'Arrien. Nous

---

1) Calembredain. C'est son nom qui a mis en vogue les calembredaines. (*Note du poëme.*)
(2) Alexandri jurisperiti neapolitani, Dissertationes quatuor de rebus admirabilibus, etc. Rome, sans date, in-4°.
(3) Genialium dierum, lib. V, cap. XXIII.

examinerons plus loin quelques-unes de ces compositions ; occupons-nous d'abord de l'histoire persane et arabe d'Alexandre.

L'auteur du manuscrit que nous désirons analyser (1) commence *ab ovo*, comme dirait Horace, par la mort du grand-père d'Alexandre, *Bahman*, roi de Perse. Sa femme *Homai*, qu'il a laissée enceinte, cache, dans des vues ambitieuses, la naissance de son fils Darab, et l'expose dans une auge en bois sur les eaux du Tigre ; il est recueilli par un teinturier, qui l'élève comme son enfant et lui permet d'entrer dans l'armée persane, à l'occasion d'une guerre avec les Grecs. La valeur du jeune Darab le fait remarquer, et il est reconnu pour le fils de la reine Homai, qui résigne la couronne en sa faveur. Il épouse la fille du roi de la Grèce, *Filosùf*; c'est le nom sous lequel Philippe de Macédoine est toujours désigné dans cet ouvrage. La reine *Rudiah* ayant été renvoyée à son père par Darab son époux, c'est à la cour de Macédoine que naît *Iskender*, le héros de la légende.

L'histoire de Bucéphale est racontée presque dans les termes des biographes grecs et romains, avec cette différence que le coursier ayant sur le corps l'empreinte d'une tête, on l'avait appelé *Zulrasayn* (à deux têtes), comme qui dirait *Bicéphale* au lieu de *Bucéphale* :

« Certains marchands de chevaux avaient fait présent au roi Filosùf d'un cheval magnifique de taille et de forme, plein de feu et d'ardeur, mais si farouche qu'on ne pouvait le monter qu'à l'aide d'une bride de fer et de rênes à chaînons d'acier, qui lui tenaient la tête penchée sur le cou. On disait qu'il mangeait de la chair humaine. Iskender l'admira, et le fit enfermer dans un édifice dont les fenêtres étaient garnies de grilles en fer, afin qu'il pût s'habituer à la vue de l'homme et fût moins ombrageux. Sur le point de partir pour une expédition, il vint voir le cheval ; il passa sa main à travers les grilles, et l'animal le caressa. Alors il le fit manger ; et comme il n'en reçut aucun mal, il le fit sortir, et le cheval le lécha, agitant la queue comme un jeune chien. Iskender le caparaçonna et le monta. »

Quand Filosùf envoya demander à ses augures quel serait son héritier, il lui fut répondu que le royaume passerait à un enfant de sa maison, qui dompterait un cheval que personne n'aurait pu dompter, et que le nom de ce cheval serait *Zulrasayn*.

Le refus que fait Iskender de payer le tribut aux ambassadeurs persans, est suivi d'une invasion de la Perse. La veille d'une bataille, au milieu des préparatifs, sa mère le prévint de son arrivée. « Par Allah ! dit-il, elle ne peut venir que pour un sujet important ! » L'attendit donc, et à la nuit elle arriva ; elle entra dans l'intérieur de la tente. Quand il la vit, il s'avança pour la recevoir, disant : — O ma mère ! pourquoi tant de fatigue ? Qui vous a engagée à ce voyage long et dangereux ? Pourquoi ne m'avez-vous pas fait savoir vos intentions par un message ? Elle lui répondit : — O mon fils ! la cause qui m'amène vers vous ne m'a laissé ni tranquillité ni repos ; car mon bonheur en dépend. O roi ! qu'avez-vous fait de Dara (Darius) ? En apprenant que Dara était sauf, elle ressentit une grande joie, et se prosterna la face contre terre pour remercier Dieu. — O mon fils ! reprit-elle, gardez bien le secret que je vais vous confier : sachez donc que celui que vous poursuivez en ce moment est votre frère, le fils de votre père. Iskender, étonné, la baisa au front, disant : — Puisque le roi est mon frère, je lui rendrai ses provinces de Perse et je retournerai en celles de Roum.

Elle lui dit encore : Mon fils, ne révélez rien de ce secret, jusqu'à ce que le Tout-Puissant vous ait fait rejoindre le roi. Iskender garda son secret ; il dormit cette nuit-là, et le matin il se remit en marche pour chercher son frère.

L'avis est arrivé trop tard ; Dara périt de la main des traîtres, dont Alexandre tire une éclatante vengeance.

Après la réduction complète de la Perse, il retourne en Macédoine ; enflé de ses succès, il aspire aux honneurs divins et veut être adoré. L'explication de ce désir impie soufflé par Iblis (le Satan des Orientaux), ne se trouve dans aucun écrivain classique.

« En contemplant la grandeur de sa puissance, l'éclat de ses conquêtes, tant de peuples soumis ou qui venaient se soumettre, Iskender fut plongé dans les *cinq enivrements* de la jeunesse, des richesses, de la victoire, du meurtre de son rival et de son propre courage dans les combats. Iblis trouva auprès de lui un accès plus facile. Le maudit se présenta sous les traits d'un vieillard, vêtu de laine grossière, et s'appuyant sur un bâton. Il dit : O roi ! Dieu te garde, je le salue ! Ton front ne se courbera point devant les autels à cause de ta magnificence. Aie confiance en toi-même et en ton grand pouvoir. » Ces paroles étonnèrent Iskender ; jamais encore il n'avait entendu de salut semblable. Regardant le vieillard, il vit que son accoutrement était étrange, et quand tout le monde fut sorti, il l'emmena dans une pièce particulière, et lui dit : — Vieillard, je n'ai jamais entendu salut plus extraordinaire que le tien.

« Quel est le sens de ces mots : *Ton front ne se courbera plus devant les autels à cause de ta magnificence* ? Le maudit se mit à rire : Elève d'Aristote, dit-il, comment se fait-il que ton précepteur t'ait caché ce que je viens de dire ? Sache donc que le sens de mes paroles est ceci : que je n'ai pas vu de ton temps un homme au-dessus de toi, ou un homme qui mérite plus l'adoration que toi ; et que celles-ci : *Aie confiance en toi-même et en ton grand pouvoir*, veulent dire que tu es le conseil de cet âge, le dieu de ce temps, le seigneur de cette période. Iblis ne cessa de parler ainsi jusqu'à ce qu'il eût subjugué intérieurement son cœur. »

---

(1) *Additional MSS. in the British Museum.*

Mais, selon d'autres écrivains musulmans, Alexandre était un vase d'élection que Dieu avait résolu de tirer des ténèbres de l'idolâtrie pour en faire un apôtre de l'islamisme. Dans cette autre version apparaît un important personnage, qui, sous le nom de Khizzer (l'Elie de la Bible), accompagne Iskender dans toutes ses conquêtes, et l'aide efficacement de ses conseils et de son pouvoir surnaturel :

« Dieu le Très-Haut révéla à Khizzer qu'il devait aller trouver Iskender pour lui enseigner la vraie voie, et lui annoncer qu'il le ferait le maître du monde, de l'orient à l'occident, tant de la terre que des mers, depuis le coucher du soleil jusqu'à son lever; qu'il soumettrait des contrées que nul n'aurait parcourues, et pénétrerait dans des pays où personne n'avait pénétré avant lui, pas même Soliman ben Daoud. Quand le Très-Haut lui eut révélé tout cela, il partit des îles pour Makeduniah; car Khizzer servait Dieu dans les îles de la mer, et quand il vint à Makeduniah, il se présenta à la porte et demanda où se tenait l'assemblée du conseil présidée par Iskender, et on le lui enseigna. Or, cette assemblée se tenait deux fois chaque semaine; Khizzer y assista la première fois, et il entendit les discours du peuple et ses discussions; le roi les écoutait, et quand ils différaient d'opinion sur un point difficile, on l'expliquait à Iskender par une interprétation fidèle. Khizzer garda le silence et ne proféra pas un mot dans cette assemblée. Il y revint une seconde fois de la même manière, et une troisième fois. Quand il sortit la troisième fois, Iskender dit : Quel magnifique vêtement portait ce jeune homme qui vient d'assister pour la troisième fois à mon assemblée, et que nous n'avons pas entendu prononcer un seul mot! Ceci dénote qu'il est homme de grand savoir, ou qu'il ne sait rien du tout. L'un de ceux qui étaient présents, dit : « Je l'accosterai et le questionnerai. » L'assemblée répondit : « Au nom de Dieu. »

« Quand arriva le jour de l'assemblée, Khizzer vint pour la quatrième fois ; il s'assit, et Iskender lui dit : — Quel est ton nom, jeune homme? Il répondit : — Elie. — Quel est ton prénom? Il répondit : — Abdulabbas. — Et d'où viens-tu? Il répondit : — De la terre des Philistins. Il lui demanda encore : — Qui t'a conduit ici? et il répondit : — C'est toi-même qui m'as conduit ici. O roi ! je suis venu à ton assemblée; j'ai entendu les paroles des hommes qui parlaient devant toi; j'ai reconnu qu'elles étaient des paroles sans but. Sache, ô roi! que les cieux et cette terre, et le firmament, qui marche la nuit et le jour, ont un Créateur haut et puissant, vivant et éternel; sache qu'il y a un artisan de ce monde qui a fait le ciel, qui gouverne la révolution des astres et des cieux, le soleil, la lune et les étoiles, bienfaisant, infiniment sage, miséricordieux, entendant, voyant, existant de toute éternité, ne finissant point et ne devant jamais finir ni changer, trop magnifique pour être compris par l'intelligence, et trop grand pour qu'il lui soit trouvé des bornes ou aucune limite connue ; prévoyant tout ce qui peut être prévu; qui nous traite selon nos mérites, nous fait entreprendre ce qui nous est ordonné, nous secourt dans nos difficultés, nous répond quand nous le prions, nous juge quand nous nous révoltons contre ses ordres. »

Or, personne n'avait osé dire un mot semblable dans l'assemblée d'Iskender depuis l'arrivée d'Iblis. Iskender cria à haute voix à ses jeunes hommes de le prendre, et de l'emprisonner dans une chambre de son palais. Iblis, le maudit, vint alors. « O Hakim! lui dit Iskender, il m'est venu un jeune homme qui m'a dit des choses prodigieuses. « J'ai appris cela, répondit Iblis, et je venais te parler de lui pour te tenir en garde, car c'est un enchanteur et un devin; et si tu voulais en purifier la terre, il serait bien que tu le fisses mourir. Iskender lui dit : — Il est en prison; et la nuit prochaine on lui tranchera la tête. »

Khizzer, délivré par intervention surnaturelle, est porté sur une montagne de Macédoine : il est trouvé là par un batrik (général) qu'Alexandre avait envoyé à sa recherche. Ce général perd la plus grande partie de sa troupe, qui est détruite par le souffle de Khizzer. Sur une invitation plus amicale, Khizzer retourne à la cour d'Iskender, expose les ruses du démon, et finit par convaincre le roi, qui, après avoir confessé l'unité de Dieu, prend en même temps pour son conseiller futur et son ami l'apôtre de sa conversion.

Aussitôt commence la relation de la marche triomphante d'Alexandre à travers l'Europe, en passant par Rome, où il rencontre Bélinas (Pline), qui l'accompagne dans son expédition.

Bélinas fait un anneau royal qui a la propriété de s'élargir dans la proximité d'un poison. Ce présent rend bientôt au roi un éminent service, car un de ses courtisans essaie de le faire mourir, et le roi, prévenu par son anneau, échappe au danger.

« Takaphanes (le courtisan empoisonneur), est interrogé par Khizzer. Quand le crime est prouvé : — ô envoyé de Dieu ! dit Iskender, que te semble-t-il que nous devions faire en un tel cas? C'est ici un crime qui ne mérite aucune pitié, répond Khizzer, et un criminel qui n'a ni jugement ni prudence ; il est juste qu'il serve d'exemple aux hommes et d'avis salutaire à tous ceux qui oseraient tenter contre le roi un crime semblable. Qu'une grande fosse soit creusée pour lui à côté du camp; qu'elle soit remplie de bois, et qu'on y mette le feu; puis, qu'on apporte les viandes empoisonnées, et quand le coupable les aura mangées, qu'il soit précipité dans les flammes. Le roi dit : — Voilà qui est juste. En conséquence, il donna l'ordre de ramasser le bois. Quand il fut allumé, on apporta à Takaphanes la viande qu'il avait préparée pour le roi; on la lui fit manger, et lorsque le poison commença à faire son effet. Iskender dit : — Je resterai, afin de voir ce qui me serait arrivé. Et sa face enfla, ainsi que son corps, jusqu'à ce qu'il crevât; un liquide jaune coula de tout son corps. Alors Iskender s'en alla, ordonnant qu'il fût jeté dans le feu. Ce qui fut fait en présence de toute l'armée, et il n'en était pas un qui ne le maudît. »

Nous trouvons ensuite le héros en Espagne, où le roi de ce pays, Naamah, embrasse la religion d'Iskender et l'aide dans ses conquêtes en Afrique. La construction d'un pont à travers le détroit de Gibraltar, attribuée ici au « fou macédonien, » est sérieusement rapportée par les écrivains orientaux, qui, lorsqu'ils croient, étendent leur croyance à ses extrêmes limites. Quelques chroniqueurs, à la vérité, racontent ces exploits différemment. Selon eux Alexandre trouva l'Atlantique et la Méditerranée séparés par un isthme, et il prit la peine de le percer aux dépens de quelques-unes des plus belles villes des côtes méridionales de l'Europe, que détruisirent soudain les flots en se précipitant de la grande mer.

« Arrivé au détroit de Gibraltar, Iskender demande à un vieillard quelle est la distance de ce rivage au bord opposé? — Par le chemin le plus court, ce serait la journée d'un cavalier; mais par la mer, c'est selon le temps et le vent : — Quelle est sa profondeur? De cinquante verges à quelques endroits; elle diminue vers les bords comme une rivière : — L'eau est-elle dormante ou courante? L'eau est immobile, et son mouvement vient du vent? — Est-elle salée ou douce? — O roi! elle est salée; car si elle ne l'était pas, elle se corromprait et détruirait le monde. Les paroles du vieillard plurent à Iskender; il se tourna vers Khizzer et lui dit : O envoyé de Dieu! j'ai demandé toutes ces choses à ce vieillard, parce que j'ai formé dans mon esprit le projet de construire un pont sur ce passage, afin qu'on se souvienne de moi dans les siècles reculés. Quelle est ton opinion? Il répondit : Dieu n'a rien mis dans ton cœur qui ne soit d'un bon augure. Aie courage; tu es un roi protégé et victorieux.

« Le roi appela Bélinas et lui commanda de rassembler les géomètres et les philosophes, afin qu'ils pussent exécuter son plan; en même temps il fit venir des ouvriers en pierre, en fer et en airain. Il fit étendre des tapis sur lesquels on répandit de l'argent; des livres de compte furent distribués, et il fit faire dans l'armée cette proclamation : — O tribus des hommes! réunissez-vous; que pas un seul ne demeure en arrière; que tous prennent part à cette entreprise; que celui qui est pauvre prenne mon argent pour établir ses enfants; que celui qui est riche agisse pour obéir à la volonté de Dieu. Tous répondant à cet appel, ils commencèrent à tailler des pierres, à fondre l'airain et ne cessèrent de travailler pendant l'espace de trois mois. A la fin de ce temps, les géomètres passèrent dans les navires sur l'autre bord pour choisir la place des fondations des arches; Khizzer et Bélinas les précédaient; et quand l'ouvrage était difficile, Dieu le leur rendait facile. Ils comptèrent les arches du pont, qui étaient au nombre de mille trois cents, et la largeur du pont fut de soixante et dix verges. Quand ils eurent posé ces fondations, ils commencèrent à bâtir, et quand ils eurent achevé le pavage, Iskender passa à cheval avec dix des principaux chefs, il traversa le pont d'un bout à l'autre en un jour; il employa un autre jour pour revenir au camp. Alors on l'orna de parapets de chaque côté dans toute sa longueur; et ce pont, appelé pont de Sanjah, fut achevé en huit mois.... »

Les aventures d'Alexandre en Afrique sont peu variées. Le principal incident est le silence des idoles.

« Khizzer alla en silence jusqu'à ce que le peuple vint à l'idole; quand ils en approchèrent, le roi (des idolâtres) cria à haute voix : — O Dieu! seigneur et maître, tu sais ce qui arrive et entends ce qui se passe, fais donc de toi-même quelque manifestation de ta colère, afin que cet homme reconnaisse que tu es un monarque puissant.... Alors il se retira et dit à Khizzer : — Approche maintenant, et vois ce que tu vas voir. — Khizzer approcha, disant : — O Dieu! sois loué! toi qui as donné pouvoir à Satan sur les fils des hommes; à toi, ô Dieu, les actions de grâces et les louanges! Il n'y a de pouvoir et de salut qu'en toi. Dieu haut et puissant, je me réfugie en toi contre les traits de Satan. Il cracha ensuite au visage de l'idole, et, lui arrachant ses ornements et sa lance, il l'en frappa à la tête et elle se brisa; il frappa la main droite et la main se cassa; il mit en pièces son pied gauche et les ornements qui le recouvraient. Le roi idolâtre était demeuré dans le silence et l'étonnement, ne disant pas un mot. Khizzer se tourna vers lui, et lui dit que s'il était fâché, ce devait être contre lui-même. — Tu viens de voir de tes yeux ce que j'ai fait de ton idole et comment je l'ai traitée; que m'est-il arrivé et qu'as-tu vu? — O toi! dont la face est belle, dit le roi, le démon s'est retiré à ton approche. Khizzer reprit : — Satan parlait par la bouche des idoles, et c'était lui qui s'adressait à vous; quand je suis venu vers vous, il a pris la fuite et s'est éloigné de ce royaume. Les yeux du roi se mouillèrent de larmes, et il dit : — Maintenant je reconnais ce que tu as dit; j'entends ta mission, et je comprends ta parole : va dans la paix du Seigneur.»

Cinq rois confédérés, persuadés par les succès d'Alexandre et par des preuves évidentes de sa mission divine, se soumettent à sa loi et embrassent sa religion. Enfin il va jusqu'aux confins de l'Occident, où il entend le bruit que fait le soleil couchant en se plongeant dans l'océan; il trouve la fontaine de la vie; mais il ne lui est pas permis d'en boire. Son visir Khizzer, plus favorisé, obtient le don d'immortalité; cette partie de la légende est fondée, selon toute apparence, sur l'enlèvement d'Élisée au ciel :

« Quand Zulcarnain approcha de cette plaine

et voulut y entrer, elle s'agita comme par un tremblement de terre et le sol·se crevassa, et quand il s'éloigna, elle reprit sa tranquilité. Mais quand Khizzer approcha et y entra, elle demeura immobile, et il ne cessa pas de s'avancer. Zulcarnain le regarda jusqu'à ce qu'il disparût à sa vue. Alors une voix venue du ciel cria à Khizzer : — Saisis ce qui est devant toi, c'est-à-dire hâte-toi d'avancer. Il avança donc rapidement jusqu'à ce qu'il arrivât à l'endroit où devait être la fontaine de vie ; la voix lui commanda d'y boire. On dit qu'il regarda l'eau : elle tombait du ciel dans une piscine et rien n'en sortait ; il y fit ses ablutions, et il s'écria : — Eau divine, où vas-tu ? Une voix lui répondit du ciel : — Sois silencieux ; ta science sur ce sujet est arrivée à ses limites. Khizzer revint donc jusqu'à la place d'où il s'était élevé, et il vit Zulcarnain qui l'attendait ; il lui dit ce que Dieu lui avait permis, de boire à la fontaine de vie et de s'y purifier, lui accordant de vivre jusqu'au premier son de la trompette. — Et maintenant, ajouta-t-il, retournons, ô Zulcarnain ! »

De là, Alexandre, qui apprend la révolte des Perses, tourne vers l'Est. Chemin faisant, il prend l'Egypte et construit la ville d'Alexandrie :

« Et ils vinrent au royaume d'Afrikiah ; et quand la reine de Sikilyah , qui se nommait Ghidakah, apprit l'approche d'Iskender, elle vint à sa rencontre avec toute son armée. Iskender, qui en fut prévenu, ordonna au fils de cette reine, ainsi qu'aux rois des nations, d'aller au devant d'elle ; lui-même il vint à la porte de sa tente pour la recevoir ; et quand ils furent assis, Khizzer à côté du roi, la reine fit apporter ses présents, qui étaient nombreux. Iskender lui donna un vêtement d'honneur, ainsi qu'à ceux qui étaient avec elle, et se tournant vers Salem, le fils de la reine, il lui dit de partir en compagnie de sa mère et de la reconduire dans ses États. Salem, lui baisant la main, répondit : — Entendre, c'est obéir. Le jour suivant , les rois de l'Occident partirent pour leurs royaumes. Iskender leur fit à tous des présents, et les congédia avec honneur.

« Le lendemain, les trompettes sonnèrent le départ, et l'armée, ayant Khizzer à sa tête, se mit en marche par les pays qu'elle n'avait pas encore visités ; et elle marcha jusqu'à ce qu'elle eût atteint une ville souterraine. Le roi Safwan, qui gouvernait cette ville , sortit à la tête de son peuple ; il commanda à ses nobles de préparer autant de présents qu'ils pourraient, et il s'avança jusqu'à ce qu'il rencontrât l'avant-garde de l'armée d'Iskender où était le vizir Khizzer. Celui-ci demanda au roi le motif de sa venue. Le roi lui répondit : — J'étais impatient de voir la face du roi Iskender. Khizzer le prit par la main et le conduisit, ainsi que dix de ses compagnons, à la tente royale. Puis se présentant devant Iskender, il lui dit l'arrivée du roi Safwan, et reçut l'ordre de l'introduire. Quand Safwan fut entré, Iskender, lui rendant son salut, l'invita à s'asseoir près de lui, et ordonna que ses compagnons fussent introduits. Le roi Safwan, se tenant debout, demanda la permission de faire apporter les présents, ce qui lui fut accordé. La plupart de ces présents étaient des objets d'habillement ; ils furent reçus gracieusement par Iskender, qui en fit de semblables à son tour, et commanda au roi de retourner à sa ville.

« Le jour suivant, Iskender ordonna de planter sa tente sur le bord de la mer, près de la cité, et quand il vit qu'elle était sous terre, il s'en étonna grandement ; il assembla les philosophes, les géomètres et les hommes sages ; il leur dit qu'il désirait bâtir une ville sur le sol, et qu'on la nommerait de son propre nom. Alors Bélinas, se levant, s'écria : — O roi ! je vais m'empresser de la construire, et, s'il plaît à Dieu, cela s'accomplira glorieusement. Iskender le loua pour ces paroles, lui recommandant de faire toute diligence ; Bélinas répondit : — Entendre, c'est obéir. Il s'éloigna de la présence du roi, et ordonna de couper des pierres et de tailler des colonnes. Les ouvriers exécutèrent promptement ces ordres ; ils en amenèrent des montagnes. Ensuite, comme il avait lu dans certaines chroniques qu'il était impossible de bâtir en ce lieu une ville au-dessus du sol sans qu'elle fût aussitôt dévastée par des monstres marins, Bélinas ordonna à des sculpteurs de sculpter sur d'énormes blocs de pierre les images de ces monstres marins, et il en fit placer sur le rivage, à l'endroit où la mer borde la ville. Quand ces talismans furent faits, il alla vers les ouvriers, et leur commanda de construire les murs. Il fit aussi proclamer par la ville souterraine que chacun de ceux qui avaient une maison sous terre eût à en construire une nouvelle sur le sol au-dessus de l'ancienne ; à celui qui était pauvre, il offrait assez d'argent pour le faire. Les habitants de la ville élevèrent leurs voix pour célébrer Iskender, et ils se hâtèrent de faire ce qui leur était commandé.

« Khizzer commanda d'étendre des tapis et de verser dessus des pièces de monnaie ; il en fit une distribution parmi les personnages élevés et les hommes obscurs, et les travaux marchèrent rapidement. Le peuple connut qu'Iskender était assisté du pouvoir de Dieu. Et Dieu envoya dans ses mains chaque chose qui était utile. Les constructions ne cessèrent de s'élever et les ouvriers de travailler diligemment jusqu'à ce que tout fût terminé. Alors, les habitants supplièrent Iskender de leur procurer la quantité d'eau douce qui leur était nécessaire. Pour cela, il commanda aux nobles, au peuple et aux soldats de creuser un canal, à partir du Bahr-al-Kébir, (qui est le Nil). Tous se partagèrent les travaux ; et il ne s'était point écoulé beaucoup de jours avant que l'eau arrivât du Bahr-al-Kebir à Iskenderya. Alors Iskender vint à Bélinas, le loua beaucoup pour ce qu'il avait fait, et dit : — Je veux que tu me bâtisses sur le bord de la mer un minaret ; que tu y déploies toute ta sagesse ; et que tu en fasses un monument qui conserve ma mémoire jusqu'à la fin des temps..... »

Viennent ensuite les récits de la visite d'Alexandre à Jérusalem et du siége de Tyr; puis des relations de batailles et de victoires en Syrie, en Perse et dans l'Inde. Il est parlé du roi Porus, mais son nom est écrit de manière que, par l'addition d'un point, il se trouve changé en celui de *Fouz*. On trouve aussi un passage curieux au sujet des Tartares, qui sont appelés les nations des Yadjouj et des Madjouj, enfermés par une puissante muraille pour les empêcher de faire des incursions sur leurs voisins du côté du sud. On les bat, quoiqu'ils soient montés sur des gazelles. On leur fait des prisonniers, auxquels on demande quelle est leur religion? L'un des prisonniers répondit: — Quant à notre religion, il en est parmi nous qui adorent le soleil et d'autres la lune, et d'autres qui adorent l'un et l'autre; et il en est qui ne savent pas ce que c'est qu'une religion. Khizzer demanda ensuite: — Que mangez-vous? Le prisonnier répondit: — Les uns parmi nous mangent la chair du daim, d'autres la chair des charognes, d'autres mangent l'une et l'autre, et d'autres un serpent qui leur descend du ciel, et dont ils conservent la chair d'une année à une autre année, et quelques-uns de nous ont jusqu'à mille enfants avant que de mourir. Quand Iskender entendit cela, il rendit grâces au Dieu tout-puissant et dit à Khizzer: — O mon Seigneur! faites une rude guerre à ces gens-là.

A la fin, Alexandre parvient au lieu où se lève le soleil sur la montagne de Kaf, qui est la limite de ses victoires, et il retourne à Babylone. Là, sa mort, qui est très-brièvement racontée, est attribuée à du vin empoisonné qui lui aurait été servi par la trahison d'un noble macédonien, que la reine mère avait menacé de la vengeance de son fils.

Quelque pâle que soit ce résumé, il suffit à montrer que l'histoire orientale de ce héros, dont la renommée remplit le monde, diffère sur quantité de points, des histoires de l'Occident. Dans son ensemble, elle a du rapport avec nos romans du moyen-âge. Ainsi, des deux côtés, on nie qu'Alexandre soit fils de Philippe. La chronique européenne lui donne pour père un roi d'Egypte, nommé Nectanebus, qui se changeait en dragon par art magique. Au lieu de faire arrêter le héros à l'endroit où se lève le soleil, la limite de ses conquêtes devient une montagne sur laquelle est un palais magnifique, avec les arbres du soleil et de la lune; les premiers portent des feuilles d'or et les seconds des feuilles d'argent. Ces arbres parlent à Alexandre en langue grecque et persane, et ils lui prédisent sa mort prochaine. Les romans de l'Europe contiennent aussi quelques fables grossières et ridicules. Par exemple, il y est dit qu'Alexandre, enfermé dans une caisse de verre que l'eau ne pouvait pénétrer, se fit descendre au fond de la mer, où, ajoute l'auteur, il vit beaucoup de choses qu'il ne voulut jamais dire, car il comprit qu'on ne voudrait pas les croire. On le fait encore s'enfermer lui-même dans une grande cage de fer treillagée (une autre histoire met une cage de cuir), et, se laissant emporter dans les airs par deux griffons, Alexandre s'élève assez haut pour que toute la terre, sous la forme d'une pomme, soit embrassée par un regard (1). Alors la nature, alarmée de ce qu'un mortel ose tenter si hardiment de contempler ses mystères, descend aux enfers et obtient de Béelzébub le poison qui termine les jours du héros (2)..

ALEXANDRE DE PAPHLAGONIE, imposteur, né au douzième siècle, en Paphlagonie, dans le bourg d'Abonotique. Ses parents, qui étaient pauvres, n'ayant pu lui donner aucune éducation, il profita, pour se pousser dans le monde, de quelques dons qu'il tenait de la nature. Il avait le teint blanc, l'œil vif, la voix claire, la taille belle, peu de barbe et peu de cheveux, mais un air gracieux et doux. Se sentant des dispositions pour le charlatanisme médical, il s'attacha, presque enfant, à une sorte de magicien qui débitait des secrets et des philtres pour produire l'affection ou la haine, découvrir les trésors, obtenir les successions, perdre ses ennemis, et autres résultats de ce genre. Cet homme ayant reconnu dans Alexandre un esprit adroit, une mémoire vive et beaucoup d'effronterie, l'initia aux ruses de son métier. — Après la mort du vieux jongleur, Alexandre se lia avec un certain Coconas, dont les récits font un chroniqueur byzantin et un homme aussi malin qu'audacieux. Ils parcoururent ensemble divers pays, étudiant l'art de faire des dupes.

Ils rencontrèrent une vieille femme riche, que leurs prétendus secrets charmèrent, et qui les fit voyager à ses dépens depuis la Bithynie jusqu'en Macédoine. — Arrivés en ce pays, ils remarquèrent qu'on y élevait de grands serpents, si familiers qu'ils jouaient avec les enfants sans leur faire de mal; ils en achetèrent un des plus beaux pour les scènes qu'ils se proposaient de jouer. Ils avaient conçu un projet hardi. L'embarras était de décider quel lieu serait leur théâtre. Coconas, qui s'attribuait le personnage de prophète en titre, préférait Calcédoine, ville de Paphlagonie, à cause du concours de diverses nations qui l'environnaient. Alexandre aima mieux son pays, Abonotique, parce que les esprits y étaient plus grossiers. — Son avis ayant prévalu, les deux fourbes cachèrent des lames de cuivre dans un vieux temple d'Apollon qu'on démolissait; ils

---

(1) Dans le voyage aérien d'Alexandre, un romancier du moyen-âge attèle à un trône sur lequel s'assied le héros, des griffons que l'on fait jeûner plusieurs jours. Alexandre tient en l'air des gigots au bout d'une lance qu'il élève au-dessus de leurs têtes, et les griffons l'emportent en cherchant à atteindre la pâture qu'il leur offre; quand il a contemplé assez longtemps le globe terrestre d'un point très-élevé, il abaisse sa lance et les coursiers ailés le ramènent vers la terre. — Voici, dit un critique, un aérostat aussi ingénieusement inventé que les aigles d'Esope.

(2) *Asiatic journal*, traduit avec plus d'étendue par les auteurs de la *Revue britannique*.

avaient écrit dessus qu'Esculape et son père viendraient bientôt s'établir dans la ville.

Ces lames ayant été trouvées, le bruit s'en répandit aussitôt dans les provinces; les habitants d'Abonotique se hâtèrent de décerner un temple à ces dieux, et ils en creusèrent les fondements. — Coconas, qui s'apprêtait à faire merveilles, mourut alors, de la morsure d'une vipère. Alexandre se hâta de prendre son rôle, et, se déclarant prophète avant de se rendre au lieu de sa naissance, il se montra avec une longue chevelure bien peignée, une robe de pourpre rayée de blanc; il tenait dans sa main une faux, comme on en donne une à Persée, dont il prétendait descendre du côté de sa mère; il publiait un oracle qui le disait fils de Podalyre, lequel, à la manière des dieux du paganisme, avait épousé sa mère en secret. Il faisait débiter en même temps une prédiction d'une sibylle qui portait que, des bords du Pont-Euxin, il viendrait un libérateur d'Ausonie.

Dès qu'il se crut convenablement annoncé, il parut dans Abonotique, où il fut accueilli comme un dieu. Pour soutenir sa dignité, il mâchait la racine d'une certaine herbe qui le faisait écumer, ce que le peuple attribuait à l'enthousiasme surhumain dont il était possédé.

Il avait préparé en secret une tête habilement fabriquée, dont les traits représentaient la face d'un homme, avec une bouche qui s'ouvrait et se fermait par un fil caché. Avec cette tête et le serpent apprivoisé qu'il avait acheté en Macédoine, et qu'il cachait soigneusement, il prépara un grand prodige. Il se transporta de nuit à l'endroit où l'on creusait les fondements du temple, et déposa, dans une fontaine voisine, un œuf d'oie où il avait enfermé un petit serpent qui venait de naître. Le lendemain matin, il se rendit sur la place publique, l'air agité, tenant sa faux à la main, et couvert seulement d'une écharpe dorée. Il monta sur un autel élevé, et s'écria que ce lieu était honoré de la présence d'un dieu. A ces mots, le peuple, accouru pour l'entendre, commença à faire des prières, tandis que l'imposteur prononçait des mots en langue phénicienne, ce qui servait à redoubler l'étonnement général. — Il courut ensuite vers le lieu où il avait caché son œuf, et, entrant dans l'eau, il commença à chanter les louanges d'Apollon et d'Esculape, et à inviter ce dernier à se montrer aux mortels; puis, enfonçant une coupe dans la fontaine, il en retira l'œuf mystérieux. Le prenant dans sa main, il s'écria : « Peuples, voici votre dieu! Toute la foule attentive poussa des cris de joie, en voyant Alexandre casser l'œuf et en tirer un petit serpent, qui s'entortilla dans ses doigts.

Chacun se répandit en bénédictions, les uns demandant au dieu la santé, les autres les honneurs ou des richesses. — Enhardi par ce succès, Alexandre fait annoncer le lendemain que le dieu qu'ils avaient vu si petit la veille, avait repris sa grandeur naturelle.

Il se plaça sur un lit, après s'être revêtu de ses habits prophétiques; et, tenant dans son sein le serpent qu'il avait apporté de Macédoine, il le laissa voir entortillé autour de son cou et traînant une longue queue; mais il en cachait la tête sous son aisselle, et faisait paraître à la place la tête postiche à figure humaine qu'il avait préparée. Le lieu de la scène était faiblement éclairé; on entrait par une porte et on sortait par une autre, sans qu'il fût possible de s'arrêter longtemps. Ce spectacle dura quelques jours; il se renouvelait toutes les fois qu'il arrivait quelques étrangers. On fit des images du dieu en cuivre et en argent.

Le prophète, voyant les esprits préparés, annonça que le dieu rendrait des oracles, et qu'on eût à lui écrire des billets cachetés. Alors, s'enfermant dans le sanctuaire du temple qu'on venait de bâtir, il faisait appeler ceux qui avaient donné des billets, et les leur rendait sans qu'ils parussent avoir été ouverts, mais accompagnés de la réponse du dieu. Ces billets avaient été lus avec tant d'adresse qu'il était impossible de s'apercevoir qu'on eût rompu le cachet. Des espions et des émissaires informaient le prophète de tout ce qu'ils pouvaient apprendre, et l'aidaient à rendre ses réponses, qui d'ailleurs étaient toujours obscures ou ambiguës, suivant la prudente coutume des oracles.

On apportait des victimes pour le dieu et des présents pour le prophète.

Voulant nourrir l'admiration par une nouvelle supercherie, Alexandre annonce un jour qu'Esculape répondrait en personne aux questions qu'on lui ferait : cela s'appelait des réponses de la propre bouche du dieu. On opérait cette fraude par le moyen de quelques artères de grues, qui aboutissaient d'un côté à la tête du dragon postiche, et de l'autre à la bouche d'un homme caché dans une chambre voisine; — à moins pourtant qu'il n'y eût dans son fait quelque magnétisme; — Les réponses se rendaient en prose ou en vers, mais toujours dans un style si vague, qu'elles prédisaient également le revers ou le succès. Ainsi l'empereur Marc-Aurèle, faisant la guerre aux Germains, lui demanda un oracle. On dit même qu'en 174, il fit venir Alexandre à Rome, le regardant comme le dispensateur de l'immortalité. L'oracle, sollicité, disait qu'il fallait, après les cérémonies prescrites, jeter deux lions vivants dans le Danube, et qu'ainsi l'on aurait l'assurance d'une paix prochaine, précédée d'une victoire éclatante. On exécuta la prescription. Mais les deux lions traversèrent le fleuve à la nage, les barbares les tuèrent et mirent ensuite l'armée de l'empereur en déroute; à quoi le prophète répliqua qu'il avait annoncé la victoire, mais qu'il n'avait pas désigné le vainqueur.

Une autre fois, un illustre personnage fit demander au dieu quel précepteur il devait donner à son fils, il lui fut répondu : — Pythagore et Homère. L'enfant mourut quelque temps après. — L'oracle annonçait la chose, dit le père, en donnant au pauvre enfant deux précepteurs morts depuis longtemps.

S'il eût vécu, on l'eût instruit avec les ouvrages de Pythagore et d'Homère, et l'oracle aurait encore eu raison.

Quelquefois le prophète dédaignait d'ouvrir les billets lorsqu'il se croyait instruit de la demande par ses agents, il s'exposait à de singulières erreurs. Un jour il donna un remède pour le mal de côté, en réponse à une lettre qui lui demandait quelle était véritablement la patrie d'Homère.

On ne démasqua point cet imposteur, que l'accueil de Marc-Aurèle avait entouré de vénération. Il avait prédit qu'il mourrait à cent cinquante ans, d'un coup de foudre, comme Esculape : il mourut dans sa soixante-dixième année, d'un ulcère à la jambe, ce qui n'empêcha pas qu'après sa mort il eut, comme un demi-dieu, des statues et des sacrifices.

ALEXANDRE DE TRALLES, médecin, né à Tralles, dans l'Asie-Mineure, au sixième siècle. On dit qu'il était très-savant, ses ouvrages prouvent au moins qu'il était très-crédule. Il conseillait à ses malades les amulettes et les paroles charmées. Il assure, dans sa Médecine pratique (1), que la figure d'Hercule étouffant le lion de la forêt de Némée, gravée sur une pierre et enchâssée dans un anneau, est un excellent remède contre la colique. Il prétend aussi qu'on guérit parfaitement la goutte, la pierre et les fièvres par des philactères et des charmes. Cela montre au moins qu'il ne savait pas les guérir autrement.

ALEXANDRE III, roi d'Écosse, qui épousa, en 1285, Yolette, fille du comte de Dreux. Le soir de la solennité du mariage, on vit entrer à la fin du bal, dans la salle où la cour était rassemblée, un spectre décharné qui se mit à danser. Les gambades du spectre troublèrent les assistants ; les fêtes furent suspendues, et des habiles déclarèrent que cette apparition annonçait la mort prochaine du roi. En effet, la même année, dans une partie de chasse, Alexandre, montant un cheval mal dressé, fut jeté hors de selle et mourut de la chute (2).

ALEXANDRE VI, élu pape en 1492 ; pontife qui a été jugé souvent avec beaucoup d'exagération (3). Quelques sots écrivains affirment qu'il avait à ses ordres un démon familier (4) qui passa ensuite aux ordres de César Borgia.

ALFADER, dieu très-important dans la théogonie scandinave. Avant de créer le ciel et la terre, il était prince des géants. Les âmes des bons doivent vivre avec lui dans *Simle* ou *Wingolff;* mais les méchants passent à Hélan, de là à Niflheim, la région des nuages inférieurs au neuvième monde. L'Edda lui donne divers noms : Nikar (le sourcilleux), Svidrer (l'exterminateur), Svider (l'incendiaire), Oske (celui qui choisit les morts), etc. — Le nom d'Alfader a été donné aussi à Odin.

ALFARES, génies scandinaves. Les bons sont appelés *lios* ou lumineux, les méchants *docks* ou noirs.

ALFRIDARIE, espèce de science qui tient de l'astrologie et qui attribue successivement quelque influence sur la vie aux diverses planètes, chacune régnant à son tour un certain nombre d'années. *Voyez* PLANÈTES.

ALGOL. Des astrologues arabes ont donné ce nom au diable.

ALIS DE TÉLIEUX, nonne du monastère de Saint-Pierre-de-Lyon, qui s'échappa de son couvent au commencement du seizième siècle, en un temps où cette maison avait besoin de réforme, mena mauvaise vie et mourut misérablement, toutefois dans le repentir. Son âme revint après sa mort. Cette histoire a été écrite par Adrien de Montalembert, aumônier de François I*er*.

Légende d'Alis de Télieux.

C'est un extrait fidèle d'un livre très-rare, imprimé à Paris, en 1528, petit in-4° gothique, et intitulé : — La merveilleuse histoire de l'esprit qui, depuis naguère, s'est apparu au monastère des religieuses de Saint-Pierre-de-Lyon, laquelle est pleine de grande admiration, comme on pourra voir par la lecture de ce présent livre, par Adrien de Montalembert, aumônier du roi François I*er*.

Avant que le monastère des nonnes de Saint-Pierre-de-Lyon sur le Rhône fût réformé (en 1513), il y avait en ce couvent grands désordres, chacune vivant à son plaisir ; et il n'y avait abbé, abbesse ou évêque qui pût régler le gouvernement desdites nonnes. Elles menaient donc piteuse religion, désolée et méchante ; et quand arrivèrent là d'autres bonnes religieuses qui vivaient saintement, les nonnes déréglées emportèrent ce qu'elles purent, et s'en allèrent.

Entre les autres, il en était une nommée *Alis de Télieux*, sacristine de l'abbaye, qui avait les clefs des reliques et des ornements. Celle-là sortit du monastère à telle heure malheureuse que jamais depuis en vie n'y rentra. Saisie d'aucuns parements d'autel, elle les engagea pour certaine somme. Je ne voudrais pour rien au monde raconter la déplorable vie que depuis elle mena. Elle y gagna de grandes maladies dont son pauvre corps fut mis en telle sujétion, qu'il n'était nulle part sans ulcères et sans douleurs.

Notre-Seigneur, par sa bonté, rappela pourtant cette malheureuse, et lui représenta sa grande miséricorde en lui inspirant la pensée de réclamer sa douce Mère. Il est bon d'avoir servi Notre-Seigneur quelquefois, car il en fait récompense, et à l'heure que l'on en a le plus grand besoin. La pauvre sœur Alis soupira, pleura, et pria dévotement la sainte Mère de Dieu qu'elle fût son avocate envers son cher Fils. Elle rendit l'esprit alors, non pas en l'abbaye, non pas en la ville ; mais abandonnée de tout le monde, en un petit village, où elle fut enterrée sans

(1) Liv. X, ch. 1.
(2) Hector de Boëce, in Annalibus Scot.
(3) Voyez Roscoë, dans son histoire du pontificat de Léon X.
(4) Curiosités de la littérature, trad. de l'anglais par Bertin, t. I. p. 51.

funérailles, ni obsèques, ni prières, comme la plus méprisée créature; et, pendant l'espace de deux ans, elle a été ainsi enterrée sans que mémoire d'elle eût régné en la souvenance d'aucun.

Mais en cette abbaye, il y avait une jeune religieuse de l'âge d'environ dix-huit ans, nommée Antoinette Grollée, gentil-femme, native du Dauphiné, sage, dévote et simple. Seule, elle gardait mémoire d'Alis et priait pour elle. Une nuit qu'elle était toute seule dans sa chambre, en son lit couchée, et qu'elle dormait, il lui sembla que quelque chose lui levait son couvre-chef, et lui faisait au front le signe de la croix; elle se réveille, non point grandement effrayée, mais seulement ébahie, pensant à part soi qui pouvait être celle qui l'aurait de la croix signée; enfin elle n'aperçoit rien, et ne sait ce qu'elle doit faire. Elle crut qu'elle avait songé, et ne parla à personne.

Un autre jour qu'elle entendait autour d'elle quelque chose faisant des sons, et sous ses pieds frappant de petits coups, comme si on eût heurté d'un bâton sous un marche-pied; quand elle eut plusieurs fois ouï ce bruit étrange, elle commença à s'étonner, et tout épouvantée le conta à la bonne abbesse, laquelle la sut réconforter. Ledit esprit (car c'en était un) faisait signe de grande réjouissance, quand on chantait le service divin et quand on parlait de Dieu, à l'église ou autre part. Mais jamais il n'était entendu si la jeune fille n'était présente; jour et nuit il lui tenait compagnie, et jamais depuis ne l'abandonna en quelque lieu qu'elle fût.

Je vous dirai grand'merveille de cette bonne âme. Je lui demandai, en la conjurant au nom de Dieu, si, incontinent qu'elle fut partie de son corps, elle suivit cette jeune religieuse? L'âme répondit que oui véritablement, ni jamais ne l'abandonnerait que pour la conduire au ciel.

Après que la bonne abbesse eut aperçu la vérité et pris conseil, car le cas lui était fort admirable, grand en fut le bruit par la ville de Lyon, où accoururent maints hommes et maintes femmes. Les pauvres religieuses furent éperdues de prime face, ignorant encore ce que c'était. Antoinette fut interrogée pour savoir ce qu'elle pensait de cette aventure? Elle répond qu'elle ne savait ce que ce pourrait être, si ce n'était sœur *Alis, la sacristine*; d'autant que depuis son trépas souvent elle avait songé à elle et l'avait vue en dormant. L'esprit, conjuré alors, répondit qu'il était en effet l'esprit de sœur Alis, et en donna signe évident. L'abbesse envoya donc quérir le corps de la trépassée, et pour ce fut enquise l'âme, premièrement, si elle voudrait que son corps fût enterré à l'abbaye? Elle donna signe qu'elle le désirait. Alors la bonne dame abbesse le fit emmener honnêtement. L'âme faisait bruit autour de la jeune fille, à mesure que son corps approchait de plus en plus; quand il fut à la porte de l'église du monastère, l'esprit se démenait en frappant et en heurtant plus fort sous les pieds d'Antoinette.

Le samedi, seizième jour de février mil cinq cent vingt-sept, monseigneur l'évêque coadjuteur de Lyon et moi partimes le plus secrètement qu'il nous fut possible, vers deux heures après midi pour l'abbaye. Le peuple nous aperçut; ils accoururent hâtivement et cheminèrent après nous en diligence, au nombre de près de quatre mille personnes, tant hommes que femmes. Sitôt que nous arrivâmes, la presse était si grande, que nous ne pouvions entrer en l'église des religieuses; lesquelles étaient averties de notre venue; et incontinent vint à nous leur père confesseur, auquel fut chargé d'ouvrir un petit huis pour entrer par le chœur. Le peuple s'en aperçut, et par force voulut entrer aussi. Nous trouvâmes l'abbesse accompagnée de ses religieuses, qui se mirent à genoux en grande humilité et saluèrent le révérend évêque et sa compagnie. Après le salut rendu par nous, elles nous menèrent en leur chapitre. Incontinent la jeune sœur fut présentée à l'évêque, qui lui demanda comment elle se portait; elle répondit:
—Bien, Dieu merci!

Il lui demanda ensuite ce que c'était que l'esprit qui la suivait? Aussitôt ledit esprit heurta sous les genoux de la sœur, comme s'il eût voulu dire quelque chose. Il fut tenu maints propos concernant la délivrance de cette pauvre âme. Plusieurs disaient qu'elle soutenait grande peine. Nous avisâmes que premièrement on prierait Dieu pour elle, et l'évêque commença le *De profundis*. Pendant ce psaume, la jeune religieuse demeura à genoux devant lui; l'esprit heurtait incessamment comme s'il eût été sous terre.

Après que le psaume fut achevé et les oraisons dites, il fut demandé à l'esprit s'il était mieux? Il fit signe que oui. Je fus chargé alors de régler cette affaire, c'est-à-dire les cérémonies, exorcismes, conjurations et adjurements qu'il convenait d'employer pour savoir la pure vérité de cet esprit et pour connaître si c'était véritablement l'âme de la défunte ou bien quelque esprit malin, feignant d'être bon pour abuser les religieuses.

Ce fut un vendredi, fête de la Chaire de saint Pierre, le 22 février 1527, que nous rentrâmes au monastère. L'évêque, après qu'il se fut confessé, s'appareilla de son rochet épiscopal. Tous ceux de l'assemblée s'étaient mis en état. Après l'oraison, l'évêque prit une étole, la mit à son cou, et fit l'eau bénite; et quand tous furent assis, il se leva, et commença à jeter de l'eau bénite çà et là, invoquant tout haut l'aide de la majesté divine; nous lui répondions; et après qu'il eut dit l'oraison: *Omnipotens sempiterne Deus*, etc., et que l'on eut dit *amen*, il se rassit comme devant. Incontinent l'abbesse et une religieuse des anciennes amenèrent la jeune sœur que l'esprit suivait. Après qu'elle fut agenouillée, chacun se prit à écouter attentivement ce qu'on allait dire. Le seigneur évêque commença par imprimer sur le front d'Antoinette le signe de la croix, et, mettant les mains sur sa tête, la bénit, en disant:

« Bénédiction sur la tête de la jeune sœur. Que la bénédiction de Dieu tout-puissant, Père, Fils et Saint-Esprit, descende sur vous, ma fille, et y demeure toujours; par laquelle soient repoussées loin les forces et machinations de l'ennemi. Que la vertu de Dieu le frappe par nos mains, jusqu'à ce qu'il s'enfuie, et vous laisse paix et repos, à vous, servante de Dieu, banissant toutes frayeurs! J'adjure l'ennemi par celui qui viendra juger les vivants et les morts, et le siècle par le feu. *Amen.* »

Après que tous eurent répété *amen*, l'évêque dit aux assistants :

« Mes chers frères, il est notoire que l'ange de ténèbres se change souvent en espèce d'ange de lumière, et, par subtils moyens, déçoit et surprend les simples. De peur que, par aventure, il n'ait occupé la demeure de ces femmes religieuses, nous voulons le jeter dehors, s'il y est; et pour cela, du glaive spirituel il nous convient trancher sa cruelle tête, afin qu'il ne nous empêche et ne nous trouble en aucune chose. »

L'évêque se leva alors contre le mauvais esprit, lui faisant cet adjurement :

— « Viens donc en avant, ténébreux esprit, si tu as usurpé entre ces simples femmes religieuses aucun siège. Entends-moi, prince de menteries, de mauvais jours envieilli. Tu es destructeur de vérité et controuveur d'iniquité; écoute donc quelle sentence aujourd'hui nous prononcerons contre tes fraudes. Pourquoi donc, ô esprit damné, ne seras-tu pas soumis à notre Créateur? Par la vertu de celui qui toutes choses a créé, va-t-en d'ici, fugitif, en nous laissant les sièges du paradis pour les remplir; c'est d'où procède ta rage contre nous. Par l'autorité de Dieu, nous te commandons que si tu n'as bâti aucune trahison par tes cautelles contre les servantes de Jésus-Christ, tu t'en ailles subitement, et les laisses servir Dieu en paix. Adjuré de par celui qui viendra juger les vivants et les morts, et le siècle par le feu. *Amen.* »

Après qu'il eut ainsi conjuré le mauvais esprit, il prononça l'excommunication suivante :

— « Oh! maudit esprit, reconnais que tu es celui qui jadis fus, aux délices du paradis de Dieu, parfait en tes œuvres, depuis le temps que tu fus créé jusqu'au temps qu'il a été trouvé mauvaiseté en toi. Tu as péché, et tu as été jeté de la sainte montagne de Dieu jusqu'aux abîmes ténébreux et aux gouffres infernaux. Tu as perdu ta sagesse et recouvré en place les ruses damnables. Maintenant donc, misérable créature, qui que tu sois, ou de quelque infernale hiérarchie tu puisses être, qui, pour affliger les humains, as pris puissance de la permission divine, s'il est ainsi que, par si subtile fraude, tu as délibéré de te jouer de ces religieuses, nous invoquons le Père tout-puissant, nous supplions le Fils notre Rédempteur, nous réclamons le Saint-Esprit consolateur contre toi, afin que de sa droite puissante il commande que la mauvaiseté de tes efforts soit annihilée, afin que tu ne suives plus les pas de notre sœur Antoinette, si, par ci-devant, tu les as suivis; et nous, serviteurs de Dieu tout-puissant, quoique pécheurs, quoique indignes, toutefois en nous confiant en sa spéciale miséricorde, nous te condamnons, par la vertu de Notre-Seigneur Jésus-Christ, que tu laisses en paix ces pauvres religieuses. Oh! antique serpent, en t'anathématisant, nous t'excommunions, et en te détestant et renonçant à tes œuvres, sous l'extermination du souverain jugement, nous t'exécrons, t'interdisant ce lieu et ceux et celles qui y demeurent, te maudissant au nom de Notre-Seigneur Jésus-Christ, afin que, par ces imprécations, perturbé, confus, exterminé, tu t'enfuies hâtivement aux lieux étrangers, déserts et inaccessibles, et là tu attendras le terrible jour du jugement dernier, en te cachant et rongeant le frein de ton mortel orgueil; et là sois enfermé et muselé avec ta fureur damnable, adjuré, excommunié, condamné, anathématisé, interdit et exterminé par ce même Dieu Notre-Seigneur Jésus-Christ, qui viendra juger les vivants et les morts, et le siècle par le feu. »

Tous répondirent : *Amen.*

Lors, en signe de malédiction, furent éteintes les chandelles, la cloche en détestation fut sonnée, et l'évêque frappa la terre plusieurs fois du talon, en exécrant le diable, l'excommuniant et chassant s'il était autour de la jeune sœur. Il prit de l'eau bénite, la répandit et la jeta en l'air, et sur nous et sur la terre, criant à haute voix : — *Discedite omnes qui operamini iniquitatem!* De plus, il envoya trois prêtres, vêtus d'aubes et ayant chacun l'étole au cou, pour répandre l'eau bénite par tous les lieux de l'abbaye. Ils furent longuement en ce labeur, parce que le couvent est assez spacieux ; et, comme ils jetaient leur eau bénite, disant : — *Discedite omnes qui operamini iniquitatem,* voilà subitement aucuns diables, esprits mauvais, fuyant et chassés par eux, qui vinrent prendre une jeune religieuse encore novice, gentil-femme qui, outre son gré, par ses parents, là dedans avait été mise.

C'était horreur de la voir. Tous furent épouvantés et troublés, et les plus hardis eussent voulu être bien loin. Les pauvres religieuses pâlirent, ayant peur incomparable; elles se serraient l'une contre l'autre, comme brebis au troupeau desquelles le loup s'est subitement jeté. La jeune fille se défendait comme elle pouvait. J'ordonnai que l'on prît trois étoles dont elle fut liée; et lorsque nos prêtres furent revenus, je leur donnai en garde ladite religieuse démoniaque. L'évêque s'appareilla de tous ornements pour célébrer la sainte messe, et quand ce vint à l'offrande, la sœur que l'âme suivait se leva et vint offrir un pain blanc et un pot de vin, laquelle offrande fut incontinent donnée aux pauvres pour l'amour de Dieu.

Comme nous étions tous assis, voici quatre personnes qui apportèrent les ossements

de sœur Alis, étant dans un cercueil de bois couvert d'un drap mortuaire. Sitôt que le mauvais esprit, qui était au corps de la religieuse novice, aperçut lesdits ossements, sans autrement s'émouvoir, il dit :
— Ah! pauvre méchante, es-tu là?
Puis il se tint tout coi (1).

Cependant monseigneur se préparait à conjurer l'esprit de ladite défunte, dont les ossements étaient présents; et premièrement en bénissant le nom de Dieu, dit tout haut en latin : *Sit nomen Domini benedictum*. Puis : *Adjutorium nostrum in nomine Domini*. Et les assistants lui répondaient. Il commença ensuite à conjurer en cette manière :

« — O esprit, quel que tu puisses être, « d'adverse partie ou de Dieu, qui de long-« temps suis cette jeune religieuse, — par « celui qui fut mené devant Caïphe, prince « des prêtres juifs, là fut accusé et interrogé, « mais rien ne voulut répondre jusqu'à ce « qu'il fût conjuré au nom de Dieu vivant, « auquel il répondit que véritablement il « était Fils de Dieu le tout-puissant ; à « l'invocation duquel terrible nom, au ciel, « en terre et en enfer, soit révérence faite, « par la vertu d'icelui même Dieu, Notre-« Seigneur Jésus-Christ (alors tous s'age-« nouillèrent) : je te conjure et te commande « que tu me répondes apertement, ainsi que « tu pourras et que par la volonté divine il « te sera permis, de tout ce que je te deman-« derai, sans rien sceller, tellement que je « puisse entendre clairement toutes tes ré-« ponses, et avec moi tous les assistants, afin « que chacun de nous ait occasion de louer « et magnifier les hauts secrets de Dieu, no-« tre Créateur, qui règne à jamais et par « tous temps infiniment. »
Et nous répondîmes *amen*.

Alors tous les assistants, désirant entendre les réponses de l'esprit, se délibèrent de prêter grand silence, et vous n'eussiez pas ouï créature en cette compagnie qui fît aucun bruit, mais tous ouvraient les oreilles et tenaient leurs yeux fixés sur la sœur Antoinette.

Premièrement, il lui fut demandé en cette manière : — Dis-moi, esprit, si tu es véritablement l'esprit de sœur Alis, depuis longtemps morte?
— Oui, répondit l'esprit.
— Dis-moi si de ton corps ces ossements ont été ici apportés?
— Oui.
— Dis-moi si incontinent que tu sortis de ton corps, tu vins suivre cette jeune sœur?
— Oui.
— Dis-moi s'il y a aucun ange avec toi?
— Oui.
— Dis-moi, cet ange est-il des bienheureux?
— Oui.
— Dis-moi, ce bon ange te conduit-il partout où il te convient d'aller?

— Oui.
— Dis-moi, n'est-ce pas le bon ange qui en ta vie avait été député à te garder par la providence divine?
— Oui.
— Dis-moi, comment a nom ce bon ange?
Point de réponse.
— Dis-moi si le bon ange n'est pas de la première hiérarchie?
Point de réponse.
— Dis-moi s'il est de a seconde hiérarchie?
Point de réponse.
— Dis-moi s'il est de la tierce hiérarchie?
— Oui.
— Dis-moi si ce bon ange fut séparé de toi incontinent quand tu fus morte?
— Non.
— Dis-moi s'il ne t'a point laissée quelquefois?
— Non.
— Dis-moi si ton bon ange te reconforte et te console en tes afflictions et peines?
— Oui.
— Dis-moi si tu peux voir d'autres bons anges que le tien et si tu en vois?
— Oui.
— Dis-moi si l'ange de Satan n'est point avec toi?
Point de réponse.
— Dis-moi, ne vois-tu point le diable?
— Oui.
— Dis-moi, adjuré par les hauts noms de Dieu, s'il y a véritablement un lieu particulier qui soit appelé purgatoire, auquel puissent être toutes les âmes qui par la justice divine là sont condamnées?
— Oui.
— Dis-moi, n'as-tu point vu punir aucunes âmes en purgatoire?
— Non.
— Dis-moi, n'as-tu point vu au purgatoire aucuns que tu aies vus en ce monde?
— Oui.
— Dis-moi s'il y a douleur ou affliction en ce monde, qui puisse être comparée aux peines du purgatoire?
Point de réponse.
— Dis-moi si tu as eu repos le jour du Vendredi-Saint, en révérence de la Passion de Notre-Seigneur?
— Oui.
— Dis-moi si tu fus en repos le jour de Pâques, pour l'honneur de la glorieuse résurrection?
— Oui.
— Dis-moi si repos te fut octroyé le jour de l'Ascension?
— Oui.
— Dis-moi, si le jour de la Pentecôte?
— Oui.
— Dis-moi si le jour de Noël tu as reposé?
— Oui.
— Dis-moi si, pour l'honneur de la sainte vierge Marie tu as eu repos en ses fêtes?
— Oui.

---

(1) Adrien de Montalembert dit ici qu'il parlera dans un autre ouvrage de la possession de cette jeune démoniaque (mais cet autre ouvrage n'a point paru), et il ne s'occupe dès que de sœur Alis, dont il traite longuement l'histoire.

Si on trouve cet article un peu étendu, c'est que cet ouvrage très-curieux nous a semblé digne d'être entièrement analysé.

— Dis-moi si tu as eu allègement à la Toussaint?
— Oui.
— Dis-moi, connais-tu le temps où tu seras délivrée de ta peine?
— Non.
— Dis-moi si tu pourrais être délivrée par jeûnes?
— Oui.
— Dis-moi si tu pourrais être délivrée par oraisons?
— Oui.
— Dis-moi si par aumônes tu serais délivrée?
— Oui.
— Dis-moi si par pèlerinages tu réchapperais?
— Oui.
— Dis-moi, le pape a-t-il puissance de te délivrer par son autorité papale?
— Oui.

A chaque réponse de oui ou de non, l'évêque avait encre et papier pour marquer ce que l'âme répondait.

Après qu'il eut ainsi interrogé et examiné ladite âme, il lui dit : —Ma chère sœur, cette pieuse compagnie est assemblée pour prier Dieu qu'il lui plaise mettre fin aux peines et douleurs que vous souffrez, et qu'il vous veuille recevoir parmi les anges et les saints de paradis.

Comme il disait ces paroles, elle heurtait très-fort. L'évêque ayant ôté les ornements, excepté l'aube et l'étole, il commença le psaume *Miserere mei, Deus*; et les religieuses et nous répondions. Quand ce psaume fut chanté, la sœur Antoinette se tourna vers la Mère de Dieu, en chantant un verset avec une autre religieuse: *O Maria, stella maris!* Puis elle réclama dévotement la glorieuse Madeleine, et après les réponses des religieuses, le révérend évêque, en donnant de l'eau bénite au corps, dit : *A porta inferi*, et d'autres oraisons, lesquelles achevées, la jeune sœur s'agenouilla au chef du cercueil. Tous les assistants pareillement se mirent à genoux; et lors commença doucement la sœur : *Creator omnium rerum, Deus*, ce qu'elle acheva avec la compagnie ; et ensuite l'évêque dit:

— Mes bonnes dames, mes sœurs et mes filles, notre pauvre sœur Alis ne peut être en repos, si préablement vous ne lui pardonnez toutes de bon cœur.

Incontinent qu'il eut dit, voilà Antoinette Grollée qui se lève, parlant pour la défunte, et s'en va aux pieds de l'abbesse, piteusement lui crie merci, en disant:

— Ma révérende mère, ayez merci de moi, en l'honneur de celui qui est mort sur la croix pour nous racheter.

La bonne abbesse lui répondit :
Ma fille, je vous pardonne et consens à votre absolution.

La jeune nonne s'alla mettre ainsi aux pieds de chaque religieuse pour qu'elles lui voulussent pardonner et consentir à son absolution. Après qu'elle eut requis pardon à toutes entièrement, l'évêque se leva de nouveau, et dit :

« — Ah! sire Dieu, bon Jésus, qui êtes
« prince de tous les rois, qui nous avez tant
« aimés, que vous nous avez lavés de nos
« péchés en votre précieux sang, je vous
« appelle en témoin de vérité au nom de votre
« pauvre créature. Je vous invoque contre
« le faux ennemi accusateur de notre sœur,
« comment la mère abbesse présentement et
« toutes les religieuses lui ont pardonné et
« consenti à son absolution. » Puis dit: *Amen. Dominus retribuat pro te, soror charissima.*

La jeune sœur, qui était à genoux, se leva, et, en joignant les mains, chanta hautement *Deo gratias*. Après quoi, elle dit le *Confiteor*, et sitôt qu'elle eut achevé, l'évêque reprit :

« — Que le Dieu tout-puissant ait merci de
« vous, très-chère sœur; qu'il vous veuille
« pardonner tous vos péchés, et en vous dé-
« livrant de tout mal, qu'il veuille vous mener
« à la vie éternelle! »

Et la sœur répondit : *Amen*.

Le seigneur évêque étendit alors sa main droite sur le cercueil en disant :

« — Que Notre-Seigneur Jésus-Christ, par
« sa sainte et très-pieuse miséricorde, et par
« le mérite de sa passion, vous absolve,
« ma sœur ; et moi, par l'autorité apostoli-
« que qui m'a été confiée, je vous absous de
« tous vos crimes et péchés, et de tous autres
« excès quoique graves et énormes, vous
« donnant plénière absolution et générale,
« vous remettant les peines du purgatoire,
« vous rendant à votre première innocence
« en laquelle vous avez été baptisée, autant
« que peuvent s'étendre les clefs de la sainte
« Église, notre mère, au nom du Père, et du
« Fils, et du Saint-Esprit. »

La jeune sœur répondit à haute voix: *Amen*; et tous s'en allèrent en paix.

Adrien de Montalembert raconte ensuite que l'âme délivrée mena depuis grande joie dans le monastère; qu'elle venait le recevoir avec joie lorsqu'il y arrivait; qu'elle continua de frapper, non plus sous terre, mais en l'air. Elle révéla, ajoute-t-il, qu'elle n'était plus dans le purgatoire, mais que certaines raisons qu'on ne sait pas l'empêchaient encore pour quelque temps d'être reçue parmi les bienheureux.

Elle apparut encore à la sœur Antoinette, mais en habit de religieuse, et tenant un cierge à la main ; elle lui apprit, dans sa dernière visite, cinq petites invocations que l'auteur croit composées par saint Jean l'Évangéliste, chacune commençant par une des lettres du saint nom de *Marie*, les voici :

« Médiatrice de Dieu et des hommes, fon-
« taine vive répandant incessamment des ruis-
« seaux de grâce, ô Marie !
« Auxiliaire de tous et source de la paix
« éternelle, ô Marie !
« Réparatrice des faibles, et médecine très-
« efficace de l'âme blessée, ô Marie !
« Illuminatrice des pécheurs, flambeau de
« salut et de grâce, ô Marie !
« Allégeance des malheureux opprimés,
« c'est vous qui finissez tous nos maux, ô
« Marie ! »

Qui dira chaque jour pieusement ces cinq

oraisons, ajouta l'esprit, jamais ne tombera en damnation éternelle (1).

Peu de jours après, l'âme de sœur Alis fit ses adieux et ne fut plus ouïe ni vue en ce monde.

ALKALALAI, cri d'allégresse des Kamtschadales; ils le répètent trois fois à la fête des balais, en l'honneur de leurs trois grands dieux, *Filiat-Chout-Chi*, le père; *Touita*, son fils, et *Gaëtch*, son petit-fils. La fête des balais consiste, chez ces peuples sales, à balayer avec du bouleau le foyer de leurs cabanes.

ALIETTE. Voy. ETTEILA.

ALLELUIA, mot hébreu qui signifie louange à Dieu. Les bonnes gens disent encore dans plusieurs provinces qu'on fait pleurer la sainte Vierge lorsqu'on chante alleluia pendant le carême (2).

Il y avait à Chartres une singulière coutume. A l'époque où l'on en cesse le chant, l'Alleluia était personnifié et représenté par une toupie qu'un enfant de chœur jetait au milieu de l'église et poussait dans la sacristie avec un fouet. Cela s'appelait l'*Alleluia fouetté*.

On appelle trèfle de l'Alleluia une plante qui donne, vers le temps de Pâques, une petite fleur blanche étoilée. Elle passe pour un spécifique contre les philtres.

ALLIX. Voici un de ces traits qui accusent l'ignorance et la légèreté des anciens juges de parlement. — Allix, mathématicien, mécanicien et musicien, vivait à Aix en Provence, vers le milieu du dix-septième siècle; il fit un squelette qui, par un mécanisme caché, jouait de la guitare. Bonnet, dans son *Histoire de la Musique*, page 82, rapporte l'histoire tragique de ce pauvre savant. Il mettait au cou de son squelette une guitare accordée à l'unisson d'une autre qu'il tenait lui-même dans ses mains, et plaçait les doigts de l'automate sur le manche; puis, par un temps calme et serein, les fenêtres et la porte étant ouvertes, il s'installait dans un coin de la chambre et jouait sur sa guitare des passages que le squelette répétait sur la sienne. Il y a lieu de croire que l'instrument résonnait à la manière des harpes éoliennes, et que le mécanisme qui faisait mouvoir les doigts du squelette n'était pour rien dans la production des sons. (Nous citons M. Fétis (3) sans l'approuver, et nous le renvoyons aux automates musiciens de Vaucanson, qui n'étaient pas des harpes éoliennes. — Quoi qu'il en soit, poursuit le biographe, ce concert étrange causa de la rumeur parmi la population superstitieuse de la ville d'Aix; Allix fut accusé de magie, et le Parlement fit instruire son procès. Jugé par la chambre de la Tournelle, il ne put faire comprendre que l'effet merveilleux de son automate n'était que la résolution d'un problème mécanique. L'arrêt du Parlement le condamna à être pendu et brûlé en place publique, avec le squelette complice de ses sortilèges; la sentence fut exécutée en 1664. »

ALMANACH. Nos ancêtres du Nord traçaient le cours des lunes pour toute l'année sur un petit morceau de bois carré qu'ils appelaient al-mon-agt (observation de toutes les lunes): telles sont, selon quelques auteurs, l'origine des almanachs et l'étymologie de leur nom.

D'autres se réclament des Arabes, chez qui al-manack veut dire le mémorial.

Les Chinois passent pour les plus anciens faiseurs d'almanachs. Nous n'avons que douze constellations; ils en ont vingt-huit. Toutefois leurs almanachs ressemblent à ceux de Matthieu Lænsbergh par les prédictions et les secrets dont ils sont farcis (4).

Bayle raconte l'anecdote suivante, pour faire voir qu'il se rencontre des hasards puérils qui éblouissent les petits esprits sur la vanité de l'astrologie. Marcellus, professeur de rhétorique au collège de Lisieux, avait composé en latin l'éloge du maréchal de Gassion, mort d'un coup de mousquet au siège de Lens. Il était près de le réciter en public, quand on représenta au recteur de l'Université que le maréchal était mort dans la religion prétendue réformée, et que son oraison funèbre ne pouvait être prononcée dans une université catholique. Le recteur convoqua une assemblée où il fut résolu, à la pluralité des voix, que l'observation était juste. Marcellus ne put donc prononcer son panégyrique; et les partisans de l'astrologie triomphèrent en faisant remarquer à tout le monde que, dans l'almanach de Pierre Larrivey pour cette même année 1648, entre autres prédictions, il se trouvait écrit en gros caractère : LATIN PERDU !

ALMANACH DU DIABLE, contenant des prédictions très-curieuses pour les années 1737 et 1738, aux enfers, in-24. Cette plaisanterie contre les jansénistes était l'ouvrage d'un certain Quesnel, joyeux quincaillier de Dijon, affublé d'un nom que le fameux appelant a tant attristé. Elle est devenue rare, attendu qu'elle fut supprimée pour quelques prédictions trop hardies. Nous ne la citons qu'à cause de son titre. Les jansénistes y répondirent par un lourd et stupide pamphlet dirigé contre les jésuites et supprimé également. Il était intitulé : *Almanach de Dieu*, dédié à M. Carré de Montgeron, pour l'année 1738, in-24, au ciel...

ALMOGANENSES, nom que les Espagnols donnent à certains peuples inconnus qui, par le vol et le chant des oiseaux, par la rencontre des bêtes sauvages et par divers autres moyens, devinaient tout ce qui devait arriver. « Ils conservent avec soin, dit Laurent Valla, des livres qui traitent de cette espèce de science; ils y trouvent des règles pour toutes sortes de pronostics.

---

(1) Parce que celui qui dit pieusement les cinq invocations, vit probablement en conséquence.
(2) Thiers, Traité des superstitions.
(3) Biographie universelle des musiciens.
(4) L'Almanach de Matthieu Lænsbergh commença à paraître en 1636. Mais avant lui on avait déjà des annuaires de même nature. Fischer a découvert à Mayence, en 1804 un almanach imprimé pour 1457 tout à fait à la naissance de l'imprimerie.

Leurs devins sont divisés en deux classes : l'une de chefs ou de maîtres, et l'autre de disciples ou d'aspirants. » — On leur attribue aussi l'art d'indiquer non-seulement par où ont passé les chevaux et les autres bêtes de somme égarées, mais encore le chemin qu'auront pris une ou plusieurs personnes; ce qui est très-utile pour la poursuite des voleurs. Les écrivains qui parlent des *Almoganenses* ne disent ni dans quelle province ni dans quel temps ont vécu ces utiles devins.

ALMUCHEFI. Voy. BACON.

ALMULUS (SALOMON), auteur d'une explication des songes en hébreu; in-8°. Amsterdam, 1642.

ALOCER, puissant démon, grand-duc aux enfers; il se montre vêtu en chevalier, monté sur un cheval énorme; sa figure rappelle les traits du lion; il a le teint enflammé, les yeux ardents; il parle avec gravité; il enseigne les secrets de l'astronomie et des arts libéraux; il domine trente-six légions.

ALOGRICUS. Voy. ALRUY.

ALOMANCIE, divination par le sel, dont les procédés sont peu connus. C'est en raison de l'alomancie, qu'on suppose qu'une salière renversée est d'un mauvais présage.

ALOPECIE, sorte de charme par lequel on fascine ceux à qui l'on veut nuire. Quelques auteurs donnent le nom d'alopécie à l'art de nouer l'aiguillette. Voy. LIGATURES.

ALOUETTE. Voy. CASSO.

ALPHITOMANCIE, divination par le pain d'orge. Cette divination importante est très-ancienne. Nos pères, lorsqu'ils voulaient dans plusieurs accusés reconnaître le coupable et obtenir de lui l'aveu de son crime, faisaient manger à chacun des prévenus un rude morceau de pain d'orge. Celui qui l'avalait sans peine était innocent : le criminel se trahissait par une indigestion (1). C'est même de cet usage, employé dans les épreuves du jugement de Dieu, qu'est venue l'imprécation populaire : — Je veux, si je vous trompe, que ce morceau de pain m'étrangle !

Voici comment se pratique cette divination, qui, selon les doctes, n'est d'un effet certain que pour découvrir ce qu'un homme a de caché dans le cœur. On prend de la pure farine d'orge; on la pétrit avec du lait et du sel; on n'y met pas de levain; on enveloppe ce pain compacte dans un papier graissé, on le fait cuire sous la cendre; ensuite on le frotte de feuilles de verveine et on le fait manger à celui par qui on se croit trompé, et qui ne digère pas si la présomption est fondée.

Il y avait, près de Lavinium, un bois sacré où l'on pratiquait l'alphitomancie. Des prêtres nourrissaient dans une caverne un serpent, selon quelques-uns; un dragon, selon d'autres. A certains jours on envoyait des jeunes filles lui porter à manger; elles avaient les yeux bandés et allaient à la grotte, tenant à la main un gâteau fait par elles avec du miel et de la farine d'orge. « Le diable, dit Delrio, les conduisait leur droit chemin. Celle dont le serpent refusait de manger le gâteau n'était pas sans reproche. »

ALPHONSE X, roi de Castille et de Léon, surnommé l'astronome et le philosophe, mort en 1284. On lui doit les *Tables Alphonsines*. C'est lui qui disait que, si Dieu l'avait appelé à son conseil au moment de la création, il eût pu lui donner de bons avis. Ce prince extravagant croyait à l'astrologie. Ayant fait tirer l'horoscope à ses enfants, il apprit que le cadet serait plus heureux que l'aîné, et le nomma son successeur au trône. Mais malgré la sagesse de cet homme, qui se jugeait capable de donner des conseils au Créateur, l'aîné tua son frère cadet, mit son père dans une étroite prison et s'empara de la couronne; toutes choses que sa science ne lui avait pas révélées.

ALPIEL, ange ou démon qui, selon le Talmud, a l'intendance des arbres fruitiers.

ALRINACH, démon de l'Occident, que les démonographes font présider aux tempêtes, aux tremblements de terre, aux pluies, à la grêle, etc. C'est souvent lui qui submerge les navires. Lorsqu'il se rend visible, il paraît sous les traits et les habits d'une femme.

ALRUNES, démons succubes ou sorcières, qui furent mères des Huns. Elles prenaient toutes sortes de formes, mais ne pouvaient changer de sexe. — Voy. aussi MANDRAGORES.

ALRUY (DAVID), imposteur juif, qui, en 1199, se prétendant de la race de David, se vanta d'être le Messie destiné à ramener les Juifs dans Jérusalem. Le roi de Perse le fit mettre en prison; mais on voit, dans Benjamin de Tudèle, qui le cite, qu'il s'échappa en se rendant invisible. Il ne daigna se remontrer qu'aux bords de la mer. Là, il étendit son écharpe sur l'eau, planta ses pieds dessus et passa la mer avec une légèreté incroyable, sans que ceux qu'on envoya avec des bateaux à sa poursuite le pussent arrêter. — Cela le mit en vogue comme grand magicien. Mais enfin le Scheick Aladin, prince turc, sujet du roi de Perse, fit tant à force d'argent, avec le beau-père de David Alruy ou Alroy, lequel beau-père était peu délicat, que le prétendu Messie fut poignardé dans son lit. « C'est toujours la fin de telles gens, dit Leloyer; et les magiciens juifs n'en ont pas meilleur marché que les autres magiciens, quoi que leur persuadent leurs talmudistes, qu'ils sont obéis de l'esprit malin. Car c'est même menterie du Talmud des Juifs, qu'il n'est rien de difficile aux sages, maîtres et savants en leurs lois, que les esprits d'enfer et célestes leur cèdent, et que Dieu même (ô blasphème !) ne leur peut résister (2)... » — Ce magicien est appelé encore dans de vieux récits Alogricus. Il est enterré dans une île mystérieuse. Voy. CORBEAU.

ALTANGATUFUN, idole des Kalmoucks, qui avait le corps et la tête d'un serpent,

(1) Delrio, disquisit. magic., lib. IV, cap. 2, quæst. 7.

(2) Leloyer, discours des spectres, liv. IV, ch. 4.

avec quatre pieds de lézard. Celui qui porte avec vénération son image est invulnérable dans les combats. Pour en faire l'épreuve, un khan fit suspendre cette idole attachée à un livre, et l'exposa aux coups des plus habiles archers; leurs traits ne purent atteindre le livre, qu'ils percèrent au contraire dès que l'idole en fut détachée. C'est là une légende de Cosaques.

ALVEROMANCIE, ou ALEUROMANCIE. Voy. ce mot.

AMADEUS, visionnaire qui crut connaître par révélation deux psaumes d'Adam : le premier, composé en transport de joie à la création de la femme, le second en triste dialogue avec Ève, après la chute (1).

AMAIMON. Voy. Amoymon.

AMALARIC, roi d'Espagne, qui épousa la princesse Clotilde, sœur du roi des Francs Childebert. La pieuse reine, n'approuvant pas les excès de son mari, tombé dans l'arianisme, le barbare, après d'autres mauvais traitements, lui fit crever les yeux. Clotilde envoya à son frère un mouchoir teint de son sang, et Childebert marcha aussitôt avec une armée contre Amalaric. La justice des hommes fut prévenue par la justice éternelle. Tandis que le bourreau de Clotilde s'avançait au-devant des Francs, il tomba percé d'un trait lancé par une main invisible. Des légendaires ont écrit que cette mort était l'ouvrage du diable; mais le trait ne venait pas d'en bas (2).

AMALARIC (Madeleine), sorcière qui allait au sabbat et qui, accusée de onze homicides, fut mise à mort à soixante-quinze ans dans la baronnie de la Trimouille, à la fin du seizième siècle (3).

AMARANTHE, fleur que l'on admet parmi les symboles de l'immortalité. Les magiciens attribuent aux couronnes faites d'amaranthe de grandes propriétés, et surtout la vertu de concilier les faveurs et la gloire à ceux qui les portent.

AMASIS. Hérodote raconte qu'Amasis, roi d'Égypte, eut l'aiguillette nouée, et qu'il fallut employer les plus solennelles imprécations de la magie pour rompre le charme. Voy. Ligatures.

AMAZONES, nation de femmes guerrières, dont Strabon regarde à tort l'existence comme une fable. François de Torre-Blanca dit (4) qu'elles étaient sorcières; ce qui est plus hasardé. Elles se brûlaient la mamelle droite pour mieux tirer de l'arc; et le père Ménestrier croit que la Diane d'Éphèse n'était ornée de tant de mamelles qu'à cause que les Amazones lui consacraient celles qu'elles se retranchaient. On dit que cette république sans hommes habitait la Cappadoce et les bords du Thermodon. Les modernes ont cru retrouver des peuplades d'amazones en voyant des femmes armées sur les bords du Maragnon, qu'on a nommé pour cela le fleuve des Amazones. Des missionnaires en placent une nation dans les Philippines, et Thévenot une autre dans la Mingrélie. Mais, dit-on, une république de femmes ne subsisterait pas six mois; et ces états merveilleux ne sont que fictions inventées pour récréer l'imagination. Cependant, voici un curieux passage qui nous est fourni par les explorations récentes de M. Texier dans l'Asie Mineure :

« J'ai lieu d'être satisfait de mon voyage, écrit M. Texier à M. Albert Lenoir, car j'ai découvert sur les frontières de la Galatie une ville de la plus grande importance. Figure-toi plus de trois mille carrés de terrain, couverts de monuments cyclopéens d'une belle conservation, des citadelles, des palais, les murailles avec les portes ornées de têtes de lions, et des glacis comme ceux de nos places, inclinés à 35 degrés, et de dix à douze mètres de pente, un temple immense dont l'appareil est admirable. Il est entouré de part et d'autre de cellules ou chambres dont une seule pierre forme la paroi, et qui cependant ont six à sept mètres de longueur.

Avant d'arriver à ces superbes ruines, M. Texier avait reconnu dans la ville moderne de Galagik, *Galaton-Teikos*, l'ancienne cité des Gallo-Grecs, *Galatæ*. Il avait ensuite suivi le cours de l'Halys, et, deux jours après l'avoir quitté, il était arrivé à ces ruines. « Si les géographes, écrit-il à M. Dureau de la Malle, n'étaient pas aussi unanimes pour placer Tavia aux bords de l'Halys, je croirais que j'ai trouvé Tavia. Ce temple ne serait pas autre chose que le temple de Jupiter avec l'asile. Mais la découverte de cette ville, fort importante par elle-même, est effacée par celle d'un monument que j'ai trouvé dans les montagnes voisines, et qui doit se placer au premier rang des monuments antiques.

« C'est une enceinte de rochers naturels, aplanis par l'art, et sur les parois de laquelle on a sculpté une scène d'une importance majeure dans l'histoire de ces peuples. Elle se compose de soixante figures, dont quelques-unes sont colossales. On y reconnaît l'entrevue de deux rois qui se font mutuellement des présents. »

Dans l'un de ces personnages, qui est barbu, ainsi que toute sa suite, et dont l'appareil a quelque chose de rude, le voyageur avait d'abord cru distinguer le roi de Paphlagonie; et dans l'autre, qui est imberbe ainsi que les siens, il voyait le roi de Perse, monté sur un lion et entouré de toute la pompe asiatique. Mais sa dernière lettre, datée de Constantinople, nous apprend qu'il a changé son interprétation. En communiquant ses dessins et ses conjectures aux antiquaires de Smyrne, qu'il a trouvés fort instruits, il s'est arrêté à l'opinion que cette scène remarquable représentait l'entrevue

---

(1) Ces deux psaumes sont imprimés dans le Codex pseudepigraphus veteris Testamenti de Fabricius.

(2) Lambertini de Cruz-Houen, Theatrum reglum hispanicum, ad ann. 510.

(3) Rikius. Disc. sommaire des sortiléges, vénéfices, idolâtries, tiré des procès criminels jugés au siége royal de Montmorillon, en Poitou, la présente année 1599, p. 29.

(4) Epît. Delict. sive de magia, lib. I, cap. 8.

annuelle des Amazones avec le peuple voisin, qui serait les Leuco-Syriens ; et la ville voisine, où le témoignage des géographes l'avait empêché de reconnaître Tavia, serait Thémiscyre, capitale de ce peuple.

Cette explication nous paraît offrir toute espèce de probabilités. Plusieurs auteurs anciens, que M. Texier n'a pu consulter à Constantinople, parlent en effet de cette entrevue annuelle des Amazones avec les hommes d'un pays voisin. Pline dit quelle durait cinq jours. Au bout de neuf mois, on faisait parmi les enfants qui naissaient un triage, à la suite duquel on gardait les filles, et l'on renvoyait les garçons au peuple qui avait fourni les pères. Pline nomme ceux-ci *gynœcocratumeni*, mot dont l'énergique composition indique la sujétion où ils étaient vis-à-vis des Amazones, leurs voisines.

La pompe qui entoure le personnage imberbe, suivi d'un magnifique cortége également imberbe, indique naturellement les Amazones et leur supériorité, tandis que la barbe, la massue et l'appareil beaucoup plus simple de l'autre cortége s'applique très-bien aux Leuco-Syriens, tributaires de leurs superbes voisines. Ce monument si antique serait donc un nouveau témoignage, bien imposant de l'existence des Amazones, longtemps traitée de fable, et dont de savantes recherches ne permettent guère aujourd'hui de douter, malgré son invraisemblance.

AMBROSIUS ou AMBROISE, roi d'Angleterre. — Voy. MERLIN.

AMDUSCIAS, grand-duc aux enfers. Il a la forme d'une licorne ; mais lorsqu'il est évoqué, il se montre sous une figure humaine. Il donne des concerts si on les lui commande ; on entend alors, sans rien voir, le son des trompettes et des autres instruments de musique. Les arbres s'inclinent à sa voix. Il commande vingt-neuf légions.

AME. — Tous les peuples ont reconnu l'immortalité de l'âme. Les hordes les plus barbares ne l'ont jamais été assez pour se rabaisser jusqu'à la brute. La brute n'est attachée qu'à la terre : l'homme seul élève ses regards vers un plus noble séjour. L'insecte est à sa place dans la nature ; l'homme n'est pas à la sienne. Chez certains peuples, on attachait les criminels à des cadavres pour rendre leur mort plus affreuse : tel est ici-bas le sort de l'homme. Cette âme qui n'aspire qu'à s'élever, qui est étrangère aux accidents du corps, que les vicissitudes du temps ne peuvent altérer, ne s'anéantira pas avec la matière.

La conscience, le remords, ce désir de pénétrer dans un avenir inconnu, ce respect que nous portons aux tombeaux, cet effroi de l'autre monde, cette croyance aux âmes, qui ne se distingue que dans l'homme, tout nous instruirait déjà, quand même la révélation ne serait pas là pour repousser nos doutes. Les matérialistes qui, voulant tout juger par les yeux du corps, nient l'existence de l'âme, parce qu'ils ne la voient point, ne voient pas non plus le sommeil ; ils ne voient pas le vent ; ils ne comprennent pas la lumière, ni cent mille autres faits que pourtant ils ne peuvent nier.

On a cherché de tout temps à définir ce que c'est que l'âme, ce rayon, ce souffle de la Divinité. Selon les uns, c'est la conscience, c'est l'esprit ; selon d'autres, c'est cet espoir d'une autre vie qui palpite dans le cœur de tous les hommes. C'est, dit Léon l'Hébreu, le cerveau avec ses deux puissances, le sentiment et le mouvement volontaire. C'est une flamme, a dit un autre. Dicéarque affirme que l'âme est une harmonie et une concordance des quatre éléments.

Quelques-uns sont allés loin, et ont voulu connaître la figure de l'âme. Un savant a même prétendu, d'après les dires d'un revenant, qu'elle ressemblait à un vase sphérique de verre poli, qui a des yeux de tous les côtés.

L'âme, a-t-on dit encore, est comme une vapeur légère et transparente, qui conserve la figure humaine. Un docteur talmudique, vivant dans un ermitage avec son fils et quelques amis, vit un jour l'âme d'un de ses compagnons qui se détachait tellement de son corps, qu'elle lui faisait déjà ombre à la tête. Il comprit que son ami allait mourir, et fit tant par ses prières, qu'il obtint que cette pauvre âme rentrât dans le corps qu'elle abandonnait. « Je crois de cette bourde ce qu'il faut en croire, dit Leloyer (1), comme de toutes les autres bourdes et baveries des rabbins. »

Les Juifs se persuadent, au rapport du Hollandais Hoornbeeck, que les âmes ont toutes été créées ensemble, et par paires d'une âme d'homme et d'une âme de femme ; de sorte que les mariages sont heureux et accompagnés de douceur et de paix, lorsqu'on se marie avec l'âme à laquelle on a été accouplé dès le commencement ; mais ils sont malheureux dans le cas contraire. On a à lutter contre ce malheur, ajoute-t-il, jusqu'à ce qu'on puisse être uni, par un second mariage, à l'âme dont on a été fait le pair dans la création ; et cette rencontre est rare.

Philon, juif, qui a écrit aussi sur l'âme, pense que, comme il y a de bons et de mauvais anges, il y a aussi de bonnes et de mauvaises âmes, et que les âmes qui descendent dans les corps y apportent leurs bonnes ou mauvaises qualités. Toutes les innovations des hérétiques et des philosophes, et toutes les doctrines qui n'ont pas leur base dans les enseignements de l'Église, brillent par de semblables absurdités.

Les musulmans disent que les âmes demeurent jusqu'au jour du jugement, dans le tombeau, auprès du corps qu'elles ont animé. Les païens croyaient que les âmes, séparées de leurs corps grossiers et terrestres, conservaient après la mort une forme plus subtile et plus déliée, de la figure du corps qu'elles quittaient, mais plus grande et plus majestueuse ; que ces formes étaient lumineuses et de la nature des astres ; que les âmes gar-

(1) Leloyer, Disc. et hist. des spectres, liv. IV, ch. 1.

daient de l'inclination pour les choses qu'elles avaient aimées pendant leur vie, et que souvent elles se montraient autour de leurs tombeaux.

Quand l'âme de Patrocle se leva devant Achille, elle avait sa voix, sa taille, ses yeux, ses habits, du moins en apparence, mais non pas son corps palpable.

Origène trouve que ces idées ont une source respectable, et que les âmes doivent avoir en effet une consistance, mais subtile; il se fonde sur ce qui est dit dans l'Evangile du Lazare et du mauvais riche, qui ont tous deux des formes puisqu'ils se parlent et se voient, et que le mauvais riche demande une goutte d'eau pour rafraîchir sa langue. Saint Irénée, qui est de l'avis d'Origène, conclut du même exemple que les âmes se souviennent après la mort de ce qu'elles ont fait en cette vie.

Dans la harangue que fit Titus à ses soldats pour les engager à monter à l'assaut de la tour Antonia, au siége de Jérusalem, on remarque une opinion qui est à peu près celle des Scandinaves. Vous savez, leur dit-il, que les âmes de ceux qui meurent à la guerre s'élèvent jusqu'aux astres, et sont reçues dans les régions supérieures, d'où elles apparaissent comme de bons génies; tandis que ceux qui meurent dans leur lit, quoique ayant vécu dans la justice, sont plongés sous terre dans l'oubli et les ténèbres (1).

Il y a, parmi les Siamois, une secte qui croit que les âmes vont et viennent où elles veulent après la mort; que celles des hommes qui ont bien vécu acquièrent une nouvelle force, une vigueur extraordinaire, et qu'elles poursuivent, attaquent et maltraitent celles des méchants partout où elles les rencontrent. Platon dit, dans le neuvième livre de ses Lois, que les âmes de ceux qui ont péri de mort violente poursuivent avec fureur, dans l'autre monde, les âmes de leurs meurtriers. Cette croyance s'est reproduite souvent et n'est pas éteinte partout.

Les anciens pensaient que toutes les âmes pouvaient revenir après la mort, excepté les âmes des noyés. Servius en dit la raison : c'est que l'âme, dans leur opinion, n'était autre chose qu'un feu, qui s'éteignait dans l'eau, comme si le matériel pouvait détruire le spirituel.

On sait que la mort est la séparation de l'âme d'avec le corps. C'est une opinion de tous les temps et de tous les peuples que les âmes en quittant ce monde passent dans un autre meilleur ou plus mauvais, selon leurs œuvres. Les anciens donnaient au batelier Caron la charge de conduire les âmes au séjour des ombres. On trouve une tradition analogue à cette croyance chez les vieux Bretons. Ces peuples plaçaient le séjour des âmes dans une île qui doit se trouver entre l'Angleterre et l'Islande. Les bateliers et pêcheurs, dit Tzetzès, ne payaient aucun tribut, parce qu'ils étaient chargés de la corvée de passer les âmes; et voici comment cela se faisait : — Vers minuit, ils entendaient frapper à leur porte; ils suivaient sans voir personne jusqu'au rivage; là ils trouvaient des navires qui leur semblaient vides, mais qui étaient chargés d'âmes; ils les conduisaient à l'île des ombres, où ils ne voyaient rien encore ; mais ils entendaient les âmes anciennes qui venaient recevoir et complimenter les nouvelles débarquées; elles se nommaient par leurs noms, reconnaissaient leurs parents, etc. Les pêcheurs, d'abord étonnés, s'accoutumaient à ces merveilles et reprenaient leur chemin. — Ces transports d'âmes, qui pouvaient bien cacher une sorte de contrebande, n'ont plus lieu depuis que le christianisme est venu apporter la vraie lumière.

On a vu parfois, s'il faut recevoir tous les récits des chroniqueurs, des âmes errer par troupes. Dans le onzième siècle, on vit passer près de la ville de Narni une multitude infinie de gens vêtus de blanc, qui s'avançaient du côté de l'Orient. Cette troupe défila depuis le matin jusqu'à trois heures après midi. Mais sur le soir elle diminua considérablement. Tous les bourgeois montèrent sur les murailles, craignant que ce ne fussent des troupes ennemies; ils les virent passer avec une extrême surprise. Un citadin, plus résolu que les autres, sortit de la ville ; remarquant dans la foule mystérieuse un homme de sa connaissance, il l'appela par son nom et lui demanda ce que voulait dire cette multitude de pèlerins. L'homme blanc lui répondit : — Nous sommes des âmes qui, n'ayant point expié tous nos péchés et n'étant pas encore assez pures, allons ainsi dans les lieux saints, en esprit de pénitence : nous venons de visiter le tombeau de saint Martin, et nous allons à Notre-Dame de Farfe (2).

Le bourgeois de Narni fut tellement effrayé de cette vision, qu'il en demeura malade pendant un an. Toute la ville de Narni, disent de sérieuses relations, fut témoin de cette procession merveilleuse, qui se fit en plein jour.

N'oublions pas, à propos du sujet qui nous occupe, une croyance très-répandue en Allemagne : c'est qu'on peut vendre son âme au diable. Dans tous les pactes faits avec l'esprit de ténèbres, celui qui s'engage vend son âme. Les Allemands ajoutent même qu'après cet horrible marché le vendeur n'a plus d'ombre. On conte, à ce propos, l'histoire d'un étudiant qui fit pacte avec le diable pour devenir l'époux d'une jeune dame dont il ne pouvait obtenir la main. Il réussit avec l'aide du diable. Mais au moment de la célébration du mariage, un rayon de soleil frappa les deux époux qu'on allait unir; on s'aperçut avec effroi que le jeune homme n'avait pas d'ombre : on reconnut qu'il avait vendu son âme, et tout fut rompu.

Généralement les insensés qui vendent leur âme font leurs conditions et s'arrangent pour vivre un certain nombre d'années après le pacte. Mais si on rend sans fixer de terme, le diable, qui est pressé de jouir, n'est pas

---

(1) Josèphe, De Bello jud., liv. VI, cap. 1, cité dans Calmet, première partie du traité des Apparitions, ch. 16.

(2) De Cura pro mortuis, cité par Calmet, première partie, ch. 14.

toujours délicat; et voici un trait qui mérite attention :

Trois ivrognes s'entretenaient, en buvant, de l'immortalité de l'âme et des peines de l'enfer. L'un deux commença à s'en moquer et dit là-dessus des stupidités dignes de la circonstance. C'était dans un cabaret de village. Cependant survient un homme de haute stature, vêtu gravement, qui s'assied près des buveurs, et leur demande de quoi ils rient. Le plaisant villageois le met au fait, ajoutant qu'il fait si peu de cas de son âme, qu'il est prêt à la vendre au plus offrant et à bon marché, et qu'ils en boiront l'argent. — Et combien me la veux-tu vendre? dit le nouveau venu. Sans marchander, ils conviennent du prix; l'acheteur en compte l'argent, et ils le boivent. C'était joie jusque-là. Mais, la nuit venant, l'acheteur dit : — Il est temps, je pense, que chacun se retire chez soi; celui qui a acheté un cheval a le droit de l'emmener. Vous permettrez donc que je prenne ce qui est à moi. — Or, ce disant, il empoigne son vendeur tout tremblant, et l'emmène où il n'avait pas cru aller si vite; de telle sorte que jamais plus le pays n'en ouït nouvelles. *Voy.* MORT.

AMES DES BÊTES. Dans un petit ouvrage très-spirituel sur *l'âme des bêtes*, un Père jésuite a ingénieusement développé cette singulière idée de quelques philosophes anciens, que les bêtes étaient animées par les démons les moins coupables, qui faisaient ainsi leur expiation. *Voy.* ALBIGEOIS.

AMÉTHYSTE, pierre précieuse, d'un violet foncé, autrefois la neuvième en ordre sur le pectoral du grand prêtre des Juifs. Une vieille opinion populaire lui attribue la vertu de garantir de l'ivresse.

AMIANTE, espèce de pierre incombustible, que Pline et les démonographes disent excellente contre les charmes de la magie (1).

AMILCAR, général carthaginois. Assiégeant Syracuse, il crut entendre pendant son sommeil, une voix qui l'assurait qu'il souperait le lendemain dans la ville. En conséquence, il fit donner l'assaut de bon matin, espérant enlever Syracuse et y souper, comme le lui promettait son rêve. Il fut pris par les assiégés et y soupa en effet, non pas en vainqueur, ainsi qu'il s'y était attendu, mais en captif: ce qui n'empêcha pas le songe d'avoir prédit juste (2).

Hérodote conte encore qu'Amilcar, vaincu par Gélon, disparut vers la fin de la bataille, et qu'on ne le retrouva plus; si bien que les Carthaginois le mirent au rang de leurs dieux et lui offrirent des sacrifices.

AMMON. *Voy.* JUPITER-AMMON.

AMNIOMANCIE, divination sur la coiffe ou membrane qui enveloppe quelquefois la tête des enfants naissants, ainsi nommée de cette coiffe que les médecins appelaient en grec *amnios*. Les sages-femmes prédisaient le sort futur du nouveau-né par l'inspection de cette coiffe; elle annonçait d'heureuses destinées si elle était rouge, et des malheurs si elle présentait une couleur plombée. *Voy.* COIFFE.

AMON, ou AAMON, grand et puissant marquis de l'empire infernal. Il a la figure d'un loup, avec une queue de serpent; il vomit de la flamme; lorsqu'il prend la forme humaine, il n'a de l'homme que le corps; sa tête ressemble à celle d'un hibou et son bec laisse voir des dents canines très-effilées. C'est le plus solide des princes des démons : Il sait le passé et l'avenir, et réconcilie, quand il le veut, les amis brouillés. Il commande à quarante légions (3).

AMOUR. Parmi les croyances superstitieuses qui se rattachent innocemment à l'amour, nous citerons celle-ci, qu'un homme est généralement aimé quand ses cheveux frisent naturellement. A Roscoff en Bretagne, les femmes après la messe, balayent la poussière de la chapelle de la Sainte-Union, la soufflent du côté par lequel leurs époux ou leurs fiancés doivent revenir, et se flattent, au moyen de cet inoffensif sortilége, de fixer le cœur de celui qu'elles aiment (4). Dans d'autres pays, on croit stupidement se faire aimer en attachant à son cou certains mots séparés par des croix. *Voy.* PHILTRES. *Voy.* aussi RHOMBUS.

Il y a eu des amants entraînés par leurs passions qui se sont donnés au démon pour être heureux. On conte qu'un valet vendit son âme au diable, à condition qu'il deviendrait l'époux de la fille de son maître, ce qui le rendit le plus infortuné des hommes.

On attribue aussi à l'inspiration des démons certaines amours monstrueuses, comme la passion de Pygmalion pour sa statue. Un jeune homme devint pareillement éperdu pour la Vénus de Praxitèle; un Athénien se tua de désespoir aux pieds de la statue de la Fortune, qu'il trouvait insensible. Ces traits ne sont que des folies déplorables, pour ne pas dire plus.

AMOYMON ou AMAIMON, l'un des quatre rois de l'enfer, dont il gouverne la partie orientale. On l'évoque le matin, de neuf heures à midi, et le soir de trois à six heures. Asmodée est son lieutenant et le premier prince de ses états (5).

AMPHIARAÜS, devin de l'antiquité, qui se cacha pour ne pas aller à la guerre de Thèbes, parce qu'il avait prévu qu'il y mourrait; ce qui eut lieu lorsqu'on l'eut découvert et forcé à s'y rendre. Mais on ajoute qu'il ressuscita. On lui éleva un temple dans l'Attique, avec une fontaine sacrée par laquelle il s'était coulé en revenant des enfers.

Il guérissait les malades en leur indiquant des remèdes dans des songes, comme font de nos jours ceux qui pratiquent le somnambulisme magnétique. Il rendait aussi par ce moyen des oracles, moyennant argent. Après les sacrifices, le consultant s'endormait sur une peau de mouton; et il lui venait un rêve qu'on savait toujours interpréter après l'événement. On lui attribue des prophéties écrites en vers, qui ne sont pas

---

(1) Delancre, de l'Inconstance, etc., liv. IV, disc. 3.
(2) Valère-Maxime.
(3) Wierus, in Pseudomonarchia dæm.
(4) Voyage de M. Cambry dans le Finistère, t. I.
(5) Wierus, in Pseudomonarchia dæm.

venues jusqu'à nous. Il inventa la pyromancie. Voyez ce Mot.

AMPHION, Pausanias, Wierus et beaucoup d'autres mettent Amphion au rang des habiles magiciens, parce qu'il rebâtit les murs de Thèbes au son de sa lyre.

AMPHISBÈNE, serpent auquel on attribue deux têtes aux deux extrémités, par lesquelles il mord également. Le docteur Brown a combattu cette erreur, que Pline avait adoptée. « On ne nie point, dit Brown (1), qu'il n'y ait eu quelques serpents à deux têtes, dont chacune était à l'extrémité opposée. Nous trouvons dans Abdovrand un lézard de cette même forme, et tel était peut-être l'amphisbène dont Cassien du Puy montra la figure au savant Faber. Cela arrive quelquefois aux animaux qui font plusieurs petits à la fois, et surtout aux serpents, dont les œufs étant attachés les uns aux autres peuvent s'unir sous diverses formes et s'éclore de la sorte. Mais ce sont là des productions monstrueuses, contraires à cette loi suivant laquelle toute créature engendre son semblable, et qui sont marquées comme irrégulières dans le cours général de la nature. Nous douterons donc que l'amphisbène soit une race de serpents à deux têtes, jusqu'à ce que le fait soit confirmé. »

AMULETTE, préservatif. On appelle ainsi certains remèdes superstitieux que l'on porte sur soi ou que l'on s'attache au cou pour se préserver de quelque maladie ou de quelque danger. Les Grecs les nommaient phylactères, les Orientaux talismans. C'étaient des images capricieuses (un scarabée chez les Egyptiens), des morceaux de parchemin, de cuivre, d'étain, d'argent, ou encore de pierres particulières où l'on avait tracé de certains caractères ou de certains hiéroglyphes.

Comme cette superstition est née d'un attachement excessif à la vie et d'une crainte puérile de tout ce qui peut nuire, le christianisme n'est venu à bout de la détruire que chez les fidèles (2). Dès les premiers siècles de l'Eglise, les Pères et les conciles défendirent ces pratiques du paganisme. Ils représentèrent les amulettes comme un reste idolâtre de la confiance qu'on avait aux prétendus génies gouverneurs du monde. Le curé Thiers (3) a rapporté un grand nombre de passages des Pères à ce sujet, et les canons de plusieurs conciles.

Les lois humaines condamnèrent aussi l'usage des amulettes. L'empereur Constance défendit d'employer les amulettes et les charmes à la guérison des maladies. Cette loi, rapportée par Ammien Marcellin, fut exécutée si sévèrement, que Valentinien fit punir de mort une vieille femme qui ôtait la fièvre avec des paroles charmées, et qu'il fit couper la tête à un jeune homme qui touchait un certain morceau de marbre en prononçant sept lettres de l'alphabet pour guérir le mal d'estomac (4).

Mais comme il fallait des préservatifs aux esprits fourvoyés, qui sont toujours le plus grand nombre, on trouva moyen d'éluder la loi. On fit des amulettes avec des morceaux de papier chargés de versets de l'Ecriture sainte. Les lois se montrèrent moins rigides contre cette coutume, et on laissa aux prêtres le soin d'en modérer les abus.

Les Grecs modernes, lorsqu'ils sont malades, écrivent le nom de leur infirmité sur un papier triangulaire qu'ils attachent à la porte de leur chambre. Ils ont grande foi à cette amulette.

Quelques personnes portent sur elles le commencement de l'Evangile de saint Jean comme un préservatif contre le tonnerre; et ce qui est assez particulier, c'est que les Turcs ont confiance à cette même amulette, si l'on en croit Pierre Leloyer.

Une autre question est de savoir si c'est une superstition de porter sur soi les reliques des saints, une croix, une image une chose bénite par les prières de l'Eglise, un *Agnus Dei*, etc., et si l'on doit mettre ces choses au rang des amulettes, comme le prétendent les protestants. — Nous reconnaissons que si l'on attribue à ces choses la vertu surnaturelle de préserver d'accidents, de mort subite, de mort dans l'état de péché, etc., c'est une superstition. Elle n'est pas du même genre que celle des amulettes, dont le prétendu pouvoir ne peut pas se rapporter à Dieu; mais c'est ce que les théologiens appellent vaine observance, parce que l'on attribue à des choses saintes et respectables un pouvoir que Dieu n'y a point attaché. Un chrétien bien instruit ne les envisage point ainsi; il sait que les saints ne peuvent nous secourir que par leurs prières et par leur intercession auprès de Dieu. C'est pour cela que l'Eglise a décidé qu'il est utile et louable de les honorer et de les invoquer. Or c'est un signe d'invocation et de respect à leur égard de porter sur soi leur image ou leurs reliques; de même que c'est une marque d'affection et de respect pour une personne que de garder son portrait ou quelque chose qui lui ait appartenu. Ce n'est donc ni une vaine observance ni une folle confiance d'espérer qu'en considération de l'affection et du respect que nous témoignons à un saint, il intercédera et priera pour nous. Il en est de même des croix et des *Agnus Dei*. Bergier, Dictionnaire théologique.

On lit dans Thyræus (5) qu'en 1568, dans le duché de Juliers, le prince d'Orange condamna un prisonnier espagnol à mourir; que ses soldats l'attachèrent à un arbre et s'efforcèrent de le tuer à coups d'arquebuse; mais que leurs balles ne l'atteignirent point. On le déshabilla pour s'assurer s'il n'avait pas sur la peau une armure qui arrêtât le coup; on trouva une amulette portant la figure d'un agneau; on la lui ôta, et le premier coup de fusil l'étendit raide mort.

---
(1) Essai sur les erreurs, liv. III, ch. 15.
(2) Bergier, Dictionnaire théologique.
(3) Traité des superstitions, liv. V, ch. 1

(4) Voyez Ammien-Marcellin, lib. XVI, XIX, XXIX, et le P. Lebrun, liv. III, ch. 2.
(5) Disp. de Dæmoniac, pars III, cap. 45.

On voit, dans la vieille chronique de dom Ursino, que quand sa mère l'envoya, tout petit enfant qu'il était, à Saint-Jacques de Compostelle, elle lui mit au cou une amulette que son époux avait arrachée à un chevalier maure. La vertu de cette amulette était d'adoucir la fureur des bêtes cruelles. En traversant une forêt, une ourse enleva le petit prince des mains de sa nourrice et l'emporta dans sa caverne. Mais, loin de lui faire aucun mal, elle l'éleva avec tendresse; il devint par la suite très-fameux sous le nom de dom Ursino, qu'il devait à l'ourse, sa nourrice sauvage, et il fut reconnu par son père, à qui la légende dit qu'il succéda sur le trône de Navarre.

Les nègres croient beaucoup à la puissance des amulettes. Les Bas-Bretons leur attribuent le pouvoir de repousser le démon. Dans le Finistère, quand on porte un enfant au baptême, on lui met au cou un morceau de pain noir, pour éloigner les sorts et les maléfices que les vieilles sorcières pourraient jeter sur lui (1). Voy. ALÈS.

AMY, grand président aux enfers, et l'un des princes de la monarchie infernale. Il paraît là-bas environné de flammes, mais il affecte sur la terre des traits humains. Il enseigne les secrets de l'astrologie et des arts libéraux; il donne de bons domestiques; il découvre, à ses amis, les trésors gardés par les démons; il est préfet de trente-six légions. Des anges déchus et des puissances sont sous ses ordres. Il espère qu'après deux cent mille ans il retournera dans le ciel pour y occuper le septième trône; ce qui n'est pas croyable, dit Wierus (2).

AMYRAUT (MOÏSE), théologien protestant, né dans l'Anjou, en 1596, mort en 1664. On lui doit un *Traité des songes*, aujourd'hui peu recherché.

ANAGRAMME. Il y eut des gens, surtout dans les quinzième et seizième siècles, qui prétendaient trouver des sens cachés dans les mots qu'ils décomposaient, et une divination dans les anagrammes. On cite comme une des plus heureuses celle que l'on fit sur le meurtrier de Henri III, *Frère dit Jacques Clément*, où l'on trouve : *C'est l'enfer qui m'a créé*. — Deux religieux en dispute, le père *Proust* et le père d'*Orléans*, faisaient des anagrammes ; le père Proust trouva dans le nom de son confrère : *l'Asne d'or*, et le père d'Orléans découvrit dans celui du père Proust: *Pur sot*.

Un nommé André Pujon, de la haute Auvergne, passant par Lyon pour se rendre à Paris, rêva la nuit que l'anagramme de son nom était *pendu à Riom*. En effet, on ajoute que le lendemain il s'éleva une querelle entre lui et un homme de son auberge, qu'il tua son adversaire, et qu'il fut pendu huit jours après sur la place publique de Riom. — C'est un vieux conte renouvelé. On voit dans Delancre (3) que le pendu s'appelait Jean de Pruom, dont l'anagramme est la même.

J.-B. Rousseau, qui ne voulait pas reconnaître son père, parce que ce n'était qu'un humble cordonnier, avait pris le nom de Verniettes, dont l'anagramme fut faite; on y trouva : *Tu te renies*.

On fit de Pierre de Ronsard, *rose de Pindare*.

On donna le nom de cabale à la ligue des favoris de Charles II d'Angleterre, qui étaient Clifford, Ashley, Buckingham, Arlington, Lauderdale, parce que les initiales des noms de ces cinq ministres formaient le mot *cabal*.

On voulut présenter comme une prophétie cette anagramme de *Louis quatorzième, roi de France et de Navarre :* « Va, Dieu confondra l'armée qui osera te résister... »

Parfois les anagrammes donnent pourtant un sens qui étonne. Qu'est-ce que la vérité ? *Quid est veritas?* demande Pilate à l'Homme-Dieu ; et il se lève sans attendre la réponse. Mais elle est dans la question dont l'anagramme donne exactement : *est vir qui adest*, C'est celui qui est devant vous.

Les Juifs cabalistes ont fait des anagrammes la troisième partie de leur cabale : leur but est de trouver, dans la transposition des lettres ou des mots, des sens cachés ou mystérieux. Voy. ONOMANCIE.

ANAMÉLECH, démon obscur, porteur de mauvaises nouvelles. Il était adoré à Sepharvaïm, ville des Assyriens. Il s'est montré sous la figure d'une caille. Son nom signifie, à ce qu'on dit, *bon roi;* et des doctes assurent que ce démon est la lune, et Adramelech le soleil.

ANANCITIDE, Voy. AGLAOPHOTIS.

ANANIA ou ANAGNI (JEAN D'), jurisconsulte du quinzième siècle, à qui on doit quatre livres *De la Nature des démons* (4), et un traité *De la Magie et des maléfices* (5). Ces ouvrages sont peu connus. Anania mourut en Italie en 1458.

ANANISAPTA. Les cabalistes disent que ce mot, écrit sur un parchemin vierge, est un talisman très-efficace contre les maladies. Les lettres qui le composent sont, à leur avis, les initiales des mots qui forment la prière suivante : *Antidotum Nazareni Auferat Necem Intoxicationis, Sanctificet Alimenta Poculaque Trinitas Alma*.

ANANSIÉ. C'est le nom de l'araignée gi-

(1) On lit dans les sages observations de Thomas Campbell sur Alger : — « Il y a dans l'Algérie quelques Maures et quelques Juifs qui se prétendent docteurs, et des femmes qui se disent accoucheuses. Mais les médecins et les chirurgiens du pays ne savent pas un mot d'anatomie; ils ignorent jusqu'au nom des drogues qu'ils prennent à tort et à travers. En chirurgie, ils ne savent pas même manier la lancette. En médecine, ils viennent au secours d'une colique, de la pierre et de la pleurésie, par l'application d'un fer rouge sur la partie souffrante : ce traitement force souvent le patient à crier qu'il est guéri, afin qu'on cesse le remède. Ils saignent avec un rasoir, et arrêtent les hémorrhagies avec de la poix !

« Le docteur Abernethy, dans une leçon sur le goître, disait qu'il ne savait comment guérir cette maladie, et que peut-être la meilleure ordonnance serait de siffler. Il est possible en vérité que les amulettes données aux Algériens par leurs marabouts soient les remèdes les plus innocents de leur pharmacie. »

(2) In Pseudomon. dæmonum.
(3) L'Incrédulité et mécréance, etc., traité 5.
(4) De Natura dæmonum, lib. IV, in-12 ; Neapoli, 1582.
(5) De Magia et maleficiis, in-4°; Lugduni, 1669.

gantesque et toute-puissante à qui les nègres de la Côte-d'Or attribuent la création de l'homme. Voy. ARAIGNÉE.

ANARAZEL, l'un des démons chargés de la garde des trésors souterrains, qu'ils transportent d'un lieu à un autre pour les dérober aux recherches des hommes. C'est Anarazel qui, avec ses compagnons Gaziel et Fécor, ébranle les fondements des maisons, excite les tempêtes, sonne les cloches à minuit, fait paraître les spectres et inspire les terreurs nocturnes.

ANATHÈME. Ce mot, tiré du grec, signifie *exposé, signalé, dévoué*. On donnait chez les païens le nom d'anathèmes aux filets qu'un pêcheur déposait sur l'autel des nymphes de la mer, au miroir que Laïs consacra à Vénus, aux offrandes de coupes, de vêtements, d'instruments et de figures diverses. On l'appliqua ensuite aux objets odieux que l'on exposait dans un autre sens, comme la tête ou les dépouilles d'un coupable; et l'on appela anathème la victime vouée aux dieux infernaux.

Chez les Juifs l'anathème a été généralement pris ainsi en mauvaise part. Chez les chrétiens c'est la malédiction ou l'être maudit. L'homme frappé d'anathème est retranché de la communion des fidèles.

Il y a beaucoup d'exemples qui prouvent les effets de l'anathème; et comment expliquer ce fait constant, que peu d'excommuniés ont prospéré? — Voy. EXCOMMUNICATION, PIERRES D'ANATHÈME, etc.

Les magiciens et les devins employaient une sorte d'anathème pour découvrir les voleurs et les maléfices: voici cette superstition. Nous prévenons ceux que les détails pourraient scandaliser, qu'ils sont extraits des grimoires. — On prend de l'eau limpide; on rassemble autant de petites pierres qu'il y a de personnes soupçonnées; on les fait bouillir dans cette eau; on les enterre sous le seuil de la porte par où doit passer le voleur ou la sorcière, en y joignant une lame d'étain sur laquelle sont écrits ces mots : *Christus vincit, Christus regnat, Christus imperat*. On a eu soin de donner à chaque pierre le nom de l'une des personnes qu'on a lieu de soupçonner. — On ôte le tout de dessus le seuil de la porte au lever du soleil; si la pierre qui représente le coupable est brûlante, c'est déjà un indice. Mais, comme le diable est sournois, il ne faut pas s'en contenter; on récite donc les sept psaumes de la pénitence, avec les litanies des saints : on prononce ensuite les prières de l'exorcisme, contre le voleur ou la sorcière; on écrit son nom dans un cercle; on plante sur ce nom un clou d'airain, de forme triangulaire, qu'il faut enfoncer avec un marteau dont le manche soit de bois de cyprès, et on dit quelques paroles prescrites rigoureusement à cet effet (1). Alors le voleur se trahit par un grand cri.

S'il s'agit d'une sorcière, et qu'on veuille seulement ôter le maléfice pour le rejeter sur celle qui l'a jeté, on prend, le samedi, avant le lever du soleil, une branche de coudrier d'une année, et on dit l'oraison suivante : « Je te coupe, rameau de cette année, « au nom de celui que je veux blesser comme « je te blesse. » On met la branche sur la table, en répétant trois fois une certaine prière (2) qui se termine par ces mots : Que le sorcier ou la sorcière soit anathème, et nous saufs (3) !

ANATOLIUS, philosophe platonicien, maître de Jamblique, et auteur d'un traité *des Sympathies et des antipathies*, dont Fabricius a conservé quelques fragments dans sa bibliothèque grecque.

ANAXILAS, philosophe pytnagoricien qui vivait sous Auguste. On l'accusa de magie, parce qu'il faisait de mauvaises expériences de physique, et Auguste le bannit. Il fut l'inventeur du *flambeau infernal*, qui consiste à brûler du soufre dans un lieu privé de lumière, ce qui rend les assistants fort laids.

ANDERSON (ALEXANDRE). Voy. VAMPIRES, à la fin.

ANDRADE, médecin qui eut des révélations en 853. Elles sont peu curieuses; cependant Duchesne les a recueillies dans sa collection des historiens français (4).

ANDRAS, grand marquis aux enfers. On le voit avec le corps d'un ange, la tête d'un chat-huant, à cheval sur un loup noir, et portant à la main un sabre pointu. Il apprend à ceux qu'il favorise, à tuer leurs ennemis, maîtres et serviteurs; c'est lui qui élève les discordes et les querelles; il commande trente légions.

ANDRÉ (TOBIE), auteur d'un livre *sur le pouvoir des mauvais anges*, rare et peu recherché (5). Dix-septième siècle.

ANDREÆ (JEAN-VALENTIN), luthérien, né dans le duché de Wurtemberg en 1596, mort en 1654. Ses connaissances confuses, son activité mal réglée, les mystérieuses allusions qui se remarquent dans ses premiers ouvrages, l'ont fait regarder comme le fondateur du fameux ordre des Roses-Croix. Plusieurs écrivains allemands lui attribuent au moins la réorganisation de cet ordre secret, affilié depuis à celui des Francs-Maçons, qui révèrent encore la mémoire d'Andreæ. — Ses ouvrages, au nombre de cent, prêchent généralement la nécessité des sociétés secrètes, surtout la *République Christianopolitaine*, la *Tour de Babel*, le *Chaos des jugements* portés sur la Fraternité de la Rose-Croix, l'*Idée d'une Société Chrétienne*, la *Réforme générale du Monde*, et les *Noces chimiques de Chrétien Rosencreutz*. — On

---

(1) Justus es, Domine, et justa sunt judicia tua.
(2) Comme la première, c'est une inconvenance. On ajoute aux paroles saintes du signe de la croix : — Droch, Mirroch, Esenaroth, Bétubaroch, Assmaaroth, qu'on entremêle de signes de croix.
(3) Wierus, De Præstig. dæm., lib. V, cap. v.
(4) Excerpta libri revelationum Andradi medici, anno 853, tomo II, Scriptorum And. Duchesne.
(5) Tobiæ Andreæ Exercitationes philosophicæ de angelorum malorum potentia in corpora, in-12; Amstel., 1691.

attribue à Andreæ des voyages merveilleux, une existence pleine de mystères et des prodiges qu'on a copiés récemment en grande partie dans la peinture qu'on nous a faite des tours de passe-passe de Cagliostro.

ANDRIAGUE, animal fabuleux, espèce de cheval ou de griffon ailé, que les romans de chevalerie donnent quelquefois aux magiciens, qu'ils prêtent même à leurs héros, et qu'on retrouve aussi dans des contes de fées.

ANDROALPHUS, puissant démon, marquis de l'empire infernal ; il se montre sous la figure d'un paon à la voix grave. Quand il paraît avec la forme humaine, on peut le contraindre à donner des leçons de géométrie. Il est astronome, et il enseigne de plus à ergoter habilement. Il donne aux hommes des figures d'oiseaux ; ce qui permet à ceux qui commercent avec lui d'éviter la griffe des juges. Trente légions sont sous ses ordres (1).

ANDROGINA. Bodin et Delancre content (2) qu'en 1536, à Casal, en Piémont, on remarqua qu'une sorcière, nommée Androgina, entrait dans les maisons, et que bientôt après on y mourait. Elle fut prise et livrée aux juges ; elle confessa que quarante sorcières, ses compagnes, avaient composé avec elle le maléfice. C'était un onguent dont elles allaient graisser les loquets des portes ; ceux qui touchaient ces loquets mouraient en peu de jours. — « La même chose advint à Genève en 1563, ajoute Delancre, si bien qu'elles y mirent la peste, qui dura plus de sept ans. Cent soixante-dix sorcières furent exécutées à Rome pour cas semblable sous le consulat de Claudius Marcellus et de Valerius Flaccus : mais la sorcellerie n'étant pas encore bien reconnue, on les prenait simplement alors pour des empoisonneuses..... »

ANDROIDES, automates à figure humaine. —Voy. MÉCANIQUE et ALBERT LE GRAND.

ANE. Les Égyptiens traçaient son image sur les gâteaux qu'ils offraient à Typhon, dieu du mal. Les Romains regardaient la rencontre de l'âne comme un mauvais présage. Mais cet animal était honoré dans l'Arabie.

Certains peuples trouvaient quelque chose de mystérieux dans cette innocente bête, et on pratiquait autrefois une divination dans laquelle on employait une tête d'âne. Voy. KÉPHALONOMANCIE.

Ce n'est pas ici le lieu de parler de la fête de l'âne. Mais relevons une croyance populaire qui fait de la croix noire qu'il porte sur le dos une distinction accordée à l'espèce, à cause de l'ânesse de Bethphagé. C'est un fait singulier. Mais Pline, qui était presque contemporain de l'ânesse qui porta Notre-Seigneur, et qui a rassemblé avec soin tout ce qui concerne l'âne, ne parle d'aucune révolution survenue dans la distribution de la couleur et du poil de cet animal. On peut donc croire que les ânes ont toujours porté cette marque.

Chez les Indiens du Maduré, une des premières castes, celle des cavaravadouks, prétend descendre d'un âne ; ceux de cette caste traitent les ânes en frères, prennent leur défense, poursuivent en justice et font condamner à l'amende quiconque les charge trop ou les bat et les outrage sans raison. Dans les temps de pluie, ils donneront le couvert à un âne et le refuseront à son conducteur, s'il n'est pas de certaine condition (1).

Voici une vieille fable sur l'âne : Jupiter venait de prendre possession de l'empire ; les hommes, à son avénement, lui demandèrent un printemps éternel, ce qu'il leur accorda ; il chargea l'âne de Silène de porter sur la terre ce présent. L'âne eut soif, et s'approcha d'une fontaine ; le serpent qui la gardait, pour lui permettre d'y boire, lui demanda le trésor dont il était porteur, et le pauvre animal troqua le don du ciel contre un peu d'eau. C'est depuis ce temps, dit-on, que les vieux serpents changent de peau et rajeunissent perpétuellement.

Mais il y a des ânes plus adroits que celui-là : à une demi-lieue du Kaire se trouvait, dans une grande bourgade, un bateleur qui avait un âne si instruit que les manants le prenaient pour un démon déguisé. Son maître le faisait danser ; ensuite il lui disait que le soudan voulait construire un bel édifice, et qu'il avait résolu d'employer tous les ânes du Kaire à porter la chaux, le mortier et la pierre. Aussitôt l'âne se laissait tomber, raidissait les jambes et fermait les yeux comme s'il eût été mort. Le bateleur se plaignait de la mort de son âne, et priait qu'on lui donnât un peu d'argent pour en acheter un autre.

Après avoir recueilli quelque monnaie : Ah ! disait-il, il n'est pas mort, mais il a fait semblant de l'être, parce qu'il sait que je n'ai pas le moyen de le nourrir. — Lève-toi, ajoutait-il. — L'âne n'en taisait rien. Ce que voyant, le maître annonçait que le soudan avait fait crier à son de trompe que le peuple eût à se trouver le lendemain hors de la ville du Kaire, pour y voir de grandes magnificences. — Il veut, poursuivait-il, que les plus nobles dames soient montées sur des ânes...

— L'âne se levait à ces mots, dressant la tête et les oreilles en signe de joie. — Il est vrai, reprenait le bateleur, que le gouverneur de mon quartier m'a prié de lui prêter le mien pour sa femme, qui est une vieille roupilleuse édentée.

L'âne baissait aussitôt les oreilles et commençait à clocher, comme s'il eût été boiteux (2).

Ces ânes merveilleux, disent les démonographes, étaient, sinon des démons, au moins des hommes métamorphosés ; comme Apulée, qui fut, ainsi qu'on sait, transmué en âne. Vincent de Beauvais (3) raconte la légende de deux femmes, qui tenaient une petite auberge auprès de Rome, et qui allaient vendre

(1) Wierus, in Pseudomon. dæmon.
(2) Démonomanie, liv. IV, ch. IV. Tableau de l'inconstance, etc., liv. II, disc. 4.

(1) Saint-Foix, t. II des Essais sur Paris.
(2) Leon Africanus, part. 8 della Africa, cité dans Leloyer.
(3) In Specul. natur., lib. III, cap. CIX.

leurs hôtes au marché après les avoir changés en cochons de lait, en poulets, en moutons. Une d'elles, ajoute-t-il, transforma un comédien en âne ; et, comme il conservait ses talents sous sa nouvelle peau, elle le menait dans les foires des environs, où il lui gagnait beaucoup d'argent. Un voisin acheta très-cher cet âne savant. En le lui livrant, la sorcière se borna à lui recommander de ne pas le laisser entrer dans l'eau, ce que le nouveau maître de l'âne observa quelque temps. Mais un jour le pauvre animal, ayant trouvé moyen de rompre son licou, se jeta dans un lac, où il reprit sa forme naturelle, au grand étonnement de son conducteur. L'affaire, dit le conte, fut portée au juge, qui fit châtier les deux sorcières.

Les rabbins font très-grand cas de l'ânesse de Balaam. C'est, disent-ils, un animal privilégié que Dieu forma à la fin du sixième jour. Abraham se servit d'elle pour porter le bois destiné au sacrifice d'Isaac ; elle porta ensuite la femme et le fils de Moïse dans le désert. Ils assurent que cette ânesse est soigneusement nourrie et réservée dans un lieu secret jusqu'à l'avénement du Messie juif, qui doit la monter pour soumettre toute la terre. Voy. BORACK.

ANGAT. Nom du diable à Madagascar, où il est regardé comme un génie sanguinaire et cruel. On lui donne la figure du serpent.

ANGELIERI, Sicilien du dix-septième siècle, qui n'est connu que par un fatras dont il publia deux volumes, et dont il en promettait vingt-quatre, sous le titre de *Lumière magique*, ou origine, ordre et gouvernement de toutes les choses célestes, terrestres et infernales, etc. (1). Mongitore en parle dans le tome I*er* de sa *Bibliothèque sicilienne*.

ANGÉLIQUE, plante qui passe pour un préservatif contre les fascinations de la magie. On la mettait en manière d'amulette au cou des petits enfants pour les garantir des maléfices.

ANGERBODE ou ANGURBODE, femme gigantesque qui se maria avec le diable, selon l'opinion des Scandinaves, et qui enfanta trois monstres : le loup Fenris, le serpent Jormungandur et la démone Héla, qui garde le monde souterrain.

ANGES. Les Juifs, à l'exception des saducéens, admettaient et honoraient les anges, en qui ils voyaient, comme nous, des substances spirituelles, intelligentes, et les premières en dignité entre les créatures.

Les rabbins, qui depuis la dispersion ont tout altéré, et qui placent la création des anges au second jour, ajoutent qu'ayant été appelés au conseil de Dieu, lorsqu'il voulut former l'homme, leurs avis furent partagés, et que Dieu fit Adam à leur insu, pour éviter leurs murmures. Ils reprochèrent néanmoins à Dieu d'avoir donné trop d'empire à Adam. Dieu soutint l'excellence de son ouvrage, parce que l'homme devait le louer sur la terre, comme les anges le louaient dans le ciel. Il leur demanda ensuite s'ils savaient le nom de toutes les créatures ? Ils répondirent que non ; et Adam, qui parut aussitôt, les récita tous sans hésiter, ce qui les confondit.

L'Ecriture sainte a conservé quelquefois aux démons le nom d'anges, mais anges de ténèbres, anges déchus ou mauvais anges. Leur chef est appelé le grand dragon et l'ancien serpent, à cause de la forme qu'il prit pour tenter la femme.

Zoroastre enseignait l'existence d'un nombre infini d'anges ou d'esprits médiateurs, auxquels il attribuait non-seulement un pouvoir d'intercession subordonné à la providence continuelle de Dieu, mais un pouvoir aussi absolu que celui que les païens prêtaient à leurs dieux (2). C'est le culte rendu à des dieux secondaires que saint Paul a condamné (3).

Les musulmans croient que les hommes ont chacun deux anges gardiens, dont l'un écrit le bien qu'ils font, et l'autre, le mal. Ces anges sont si bons, ajoutent-ils, que, quand celui qui est sous leur garde fait une mauvaise action, ils le laissent dormir avant de l'enregistrer, espérant qu'il pourra se repentir à son réveil.

Les Persans donnent à chaque homme cinq anges gardiens, qui sont placés : le premier à sa droite pour écrire ses bonnes actions, le second à sa gauche pour écrire les mauvaises, le troisième devant lui pour le conduire, le quatrième derrière pour le garantir des démons, et le cinquième devant son front pour tenir son esprit élevé vers le prophète. D'autres en ce pays portent le nombre des anges gardiens jusqu'à cent soixante.

Les Siamois divisent les anges en sept ordres, et les chargent de la garde des planètes, des villes, des personnes. Ils disent que c'est pendant qu'on éternue que les mauvais anges écrivent les fautes des hommes.

Les théologiens admettent neuf chœurs d'anges, en trois hiérarchies : les séraphins, les chérubins, les trônes ; les dominations, les principautés, les vertus des cieux ; — les puissances, les archanges et les anges.

Parce que des anges, en certaines occasions où Dieu l'a voulu, ont secouru les Juifs contre leurs ennemis, les peuples modernes ont quelquefois attendu le même prodige. Le jour de la prise de Constantinople par Mahomet II, les Grecs schismatiques, comptant sur la prophétie d'un de leurs moines, se persuadaient que les Turcs n'entreraient pas dans la ville, mais qu'ils seraient arrêtés aux murailles par un ange armé d'un glaive, qui les chasserait et les repousserait jusqu'aux frontières de la Perse. Quand l'ennemi parut sur la brèche, le peuple et l'armée se réfugièrent dans le temple de Sainte-Sophie, sans avoir perdu tout espoir : mais l'ange n'arriva pas, et la ville fut saccagée.

---

(1) Lux magica academica, cœlestium, terrestrium et infernorum origo, ordo et subordinatio cunctorum quoad esse, fieri et operari, XXIV voluminibus divisa. Pars 1, Venise, 1686, sous le nom de Livio Betani ; pars 2, Venise, 1687. Ces deux vol. sont in-4°.
(2) Bergier, Dictionnaire théologique.
(3) Coloss., cap. II, vers. 18.

Cardan raconte qu'un jour qu'il était à Milan, le bruit se répandit tout à coup qu'il y avait un ange dans les airs au-dessus de la ville. Il accourut et vit, ainsi que deux mille personnes rassemblées, un ange qui planait dans les nuages, armé d'une longue épée et les ailes étendues. Les habitants s'écriaient que c'était l'ange exterminateur; et la consternation devenait générale, lorsqu'un jurisconsulte fit remarquer que ce qu'on voyait n'était que la représentation qui se faisait dans les nuées, d'un ange de marbre blanc placé au haut du clocher de Saint-Gothard. Voy. ARMÉES PRODIGIEUSES.

ANGEWEILLER. Voy. FÉES.

ANGUEKKOK, espèce de sorcier auquel les Groenlandais ont recours dans tous leurs embarras. Ainsi, quand les veaux marins ne se montrent pas en assez grand nombre, on va prier l'anguekkok d'aller trouver la femme prodigieuse qui, selon la tradition, a traîné la grande île de Disco, de la rivière de Baal, où elle était située autrefois, pour la placer à plus de cent lieues de là, à l'endroit où elle se trouve aujourd'hui. D'après la légende, cette femme habite au fond de la mer, dans une vaste maison gardée par les veaux marins; des oiseaux de mer nagent dans sa lampe d'huile de poisson, et les habitants de l'abîme se réunissent autour d'elle, attirés par son éclat, sans pouvoir la quitter, jusqu'à ce que l'anguekkok la saisisse par les cheveux, et, lui enlevant sa coiffure, rompe le charme qui les retenait auprès d'elle.

Quand un Groenlandais tombe malade, c'est encore l'anguekkok qui lui sert de médecin; il se charge également de guérir les maux du corps et ceux de l'âme (1). Voyez TORNGARSUK.

ANGUILLE. — Les livres de secrets merveilleux donnent à l'anguille des vertus surprenantes. Si on la laisse mourir hors de l'eau, qu'on mette ensuite son corps entier dans du fort vinaigre mêlé avec du sang de vautour, et qu'on place le tout sous du fumier, cette composition « fera ressusciter tout ce qui lui sera présenté, et lui redonnera la vie comme auparavant (2). »

Des autorités de la même force disent encore que celui qui mange le cœur tout chaud d'une anguille, sera saisi d'un instinct prophétique, et prédira les choses futures.

Les Egyptiens adoraient l'anguille, que leurs prêtres seuls avaient droit de manger.

On a beaucoup parlé, dans le dernier siècle, des anguilles formées de farine ou de jus de mouton; c'était une de ces plaisanteries qu'on appelle aujourd'hui un canard.

N'oublions pas le petit trait d'un avare, rapporté par Guillaume de Malmesbury, doyen d'Elgin, dans la province de Murray en Écosse, lequel avare fut, par magie, changé en anguille et mis en matelotte (3).

ANIMAUX. — Ils jouent un grand rôle dans les anciennes mythologies. Les païens en adoraient plusieurs, ou par terreur, ou par reconnaissance, ou par suite des doctrines de la métempsycose. Chaque dieu avait un animal qui lui était dévoué. Les anciens philosophes avaient parfois, au sujet des animaux, de singulières idées. Celse, qui a été si bien battu par Origène, soutenait très-sérieusement que les animaux ont plus de raison, plus de sagesse, plus de vertu que l'homme (peut-être jugeait-il d'après lui-même), et qu'ils sont dans un commerce plus intime avec la Divinité. Quelques-uns ont cherché dans de telles idées, l'origine du culte que les Egyptiens rendaient à plusieurs animaux. Mais d'autres mythologues vous diront que ces animaux étaient révérés, parce qu'ils avaient prêté leur peau aux dieux égyptiens en déroute et obligés à se travestir. Voy. AME DES BÊTES.

Divers animaux sont très-réputés dans la sorcellerie, comme le coq, le chat, le crapaud, le bouc, le loup, le chien, ou parce qu'ils accompagnent les sorcières au sabbat, ou pour les présages qu'ils donnent, ou parce que les magiciens et les démons empruntent leurs formes. Nous en parlerons à leurs articles particuliers.

Dix animaux sont admis dans le paradis de Mahomet : la baleine de Jonas, la fourmi de Salomon, le bélier d'Ismaël, le veau d'Abraham, l'âne d'Aasis, reine de Saba, la chamelle du prophète Saleh, le bœuf de Moïse, le chien des sept dormants, le coucou de Belkis et l'âne de Mahomet. Voy. BORACK.

Nous ne dirons qu'un mot d'une erreur populaire qui, aujourd'hui, n'est plus très-enracinée. On croyait autrefois que toutes les espèces qui sont sur la terre se trouvaient aussi dans la mer. Le docteur Brown a prouvé que cette opinion n'était pas fondée. « Il serait bien difficile, dit-il, de trouver l'huître sur la terre; et la panthère, le chameau, la taupe ne se rencontrent pas dans l'histoire naturelle des poissons. D'ailleurs le renard, le chien, l'âne, le lièvre de mer ne ressemblent pas aux animaux terrestres qui portent le même nom. Le cheval marin n'est pas plus un cheval qu'un aigle; le bœuf de mer n'est qu'une grosse raie; le lion marin, une espèce d'écrevisse; et le chien marin ne représente pas plus le chien de terre que celui-ci ne ressemble à l'étoile Sirius, qu'on appelle aussi le chien (4). »

Il serait long et hors de propos de rapporter ici toutes les bizarreries que l'esprit humain a enfantées par rapport aux animaux. Voy. BÊTES, etc.

ANJORRAND. — Voy. DENIS.

ANNEAU. — Il y avait autrefois beaucoup d'anneaux enchantés ou chargés d'amulettes. Les magiciens faisaient des anneaux constellés avec lesquels on opérait des merveilles. Voy. ELÉAZAR. — Cette croyance était si répandue chez les païens, que leurs prêtres ne pouvaient porter d'anneaux, à moins qu'ils ne fussent si simples qu'il était évident qu'ils ne contenaient pas d'amulettes (5).

---

(1) Expédition du capitaine Graah dans le Groenland.
(2) Admirables Secrets d'Albert le Grand, liv. II, ch. III.
(3) Cité par M. Salgues. Des Erreurs et des Préjugés, t. I, p. 323.
(4) Brown, Des Erreurs populaires, liv. III, ch. XXIV.
(5) Aulu-Gelle, lib. X, cap. XXV.

Les anneaux magiques devinrent aussi de quelque usage chez les chrétiens, et même beaucoup de superstitions se rattachèrent au simple *anneau d'alliance*. On croyait qu'il y avait dans le quatrième doigt, qu'on appela spécialement doigt annulaire ou doigt destiné à l'anneau, une ligne qui répondait directement au cœur; on recommanda donc de mettre l'anneau d'alliance à ce seul doigt. Le moment où le mari donne l'anneau à sa jeune épouse devant le prêtre, ce moment, dit un vieux livre de secrets, est de la plus haute importance. Si le mari arrête l'anneau à l'entrée du doigt et ne passe pas la seconde jointure, la femme sera maîtresse; mais s'il enfonce l'anneau jusqu'à l'origine du doigt, il sera chef et souverain. Cette idée est encore en vigueur, et les jeunes mariées ont généralement soin de courber le doigt annulaire au moment où elles reçoivent l'anneau, de manière à l'arrêter avant la seconde jointure.

Les Anglaises, qui observent la même superstition, font le plus grand cas de l'anneau d'alliance, à cause de ses propriétés. Elles croient qu'en mettant un de ces anneaux dans un bonnet de nuit, et plaçant le tout sous leur chevet, elles verront en songe le mari qui leur est destiné.

Les Orientaux révèrent les anneaux et les bagues, et croient aux anneaux enchantés. Leurs contes sont pleins de prodiges opérés par ces anneaux. Ils citent surtout, avec une admiration sans bornes, l'*anneau de Salomon*, par la force duquel ce prince commandait à toute la nature. Le grand nom de Dieu est gravé sur cette bague, qui est gardée par des dragons, dans le tombeau inconnu de Salomon. Celui qui s'emparerait de cet anneau, serait maître du monde et aurait tous les génies à ses ordres. Voy. SAKHAR. — A défaut de ce talisman prodigieux, ils achètent à des magiciens des anneaux qui produisent aussi des merveilles.

Henri VIII bénissait des anneaux d'or, qui avaient, disait-il, la propriété de guérir de la crampe (1).

Les faiseurs de secrets ont inventé des bagues magiques qui ont plusieurs vertus. Leurs livres parlent de l'*anneau des voyageurs*. Cet anneau, dont le secret n'est pas bien certain, donnait à celui qui le portait le moyen d'aller sans fatigue de Paris à Orléans, et de revenir d'Orléans à Paris dans la même journée.

Mais on n'a pas perdu le secret de l'*anneau d'invisibilité*. Les cabalistes ont laissé la manière de faire cet anneau, qui plaça Gygès au trône de Lydie. Il faut entreprendre cette opération un mercredi de printemps, sous les auspices de Mercure, lorsque cette planète se trouve en conjonction avec une des autres planètes favorables, comme la Lune, Jupiter, Vénus et le Soleil. Que l'on ait de bon mercure fixé et purifié; on en formera une bague où puisse entrer facilement le doigt du milieu; on enchâssera dans le chaton une petite pierre que l'on trouve dans le nid de la huppe, et on gravera autour de la bague ces paroles : *Jésus passant † au milieu d'eux † s'en alla* (2); puis, ayant posé le tout sur une plaque de mercure fixé, on fera le parfum de Mercure; on enveloppera l'anneau dans un taffetas de la couleur convenable à la planète, on le portera dans le nid de la huppe d'où l'on a tiré la pierre, on l'y laissera neuf jours; et quand on le retirera, on fera encore le parfum comme la première fois; puis on le gardera dans une petite boîte faite avec du mercure fixé, pour s'en servir à l'occasion. Alors on mettra la bague à son doigt. En tournant la pierre au dehors de la main, elle a la vertu de rendre invisible aux yeux des assistants celui qui la porte; et quand on veut être vu, il suffit de rentrer la pierre en dedans de la main, que l'on ferme en forme de poing.

Porphyre, Jamblique, Pierre d'Apone et Agrippa, ou du moins les livres de secrets qui leur sont attribués, soutiennent qu'un anneau fait de la manière suivante a la même propriété. Il faut prendre des poils qui sont au-dessus de la tête de la hyène, et en faire de petites tresses avec lesquelles on fabrique un anneau, qu'on porte aussi dans le nid de la huppe. On le laisse là neuf jours; on le passe ensuite dans des parfums préparés sous les auspices de Mercure (planète). On s'en sert comme de l'autre anneau, excepté qu'on l'ôte absolument du doigt quand on ne veut plus être invisible.

Si, d'un autre côté, on veut se précautionner contre l'effet de ces anneaux cabalistiques, on aura une bague faite de plomb raffiné et purgé; on enchâssera dans le chaton un œil de jeune belette qui n'aura porté des petits qu'une fois; sur le contour on gravera les paroles suivantes : *Apparuit Dominus Simoni*. Cette bague se fera un samedi, lorsqu'on connaîtra que Saturne est en opposition avec Mercure. On l'enveloppera dans un morceau de linceul mortuaire qui ait enveloppé un mort; on l'y laissera neuf jours; puis, l'ayant retirée, on fera trois fois le parfum de Saturne, et on s'en servira.

Ceux qui ont imaginé ces anneaux ont raisonné sur le principe de l'antipathie qu'ils supposaient entre les matières qui les composent. Rien n'est plus antipathique à la hyène que la belette; et Saturne rétrograde, presque toujours à Mercure; ou, lorsqu'ils se rencontrent dans le domicile de quelques signes du zodiaque, c'est toujours un aspect funeste et de mauvais augure (3).

On peut faire d'autres anneaux sous l'influence des planètes, et leur donner des vertus au moyen de pierres et d'herbes merveilleuses. « Mais dans ces caractères, herbes cueillies, constellations et charmes, le diable se coule, » comme dit Leloyer, quand ce n'est pas simplement le démon de la grossière imposture. « Ceux qui observent les heures des astres, ajoute-t-il, n'observent que les heures des démons qui président aux pierres, aux herbes et aux astres mêmes. » — Et il est de fait que ce ne sont ni des

---

(1) Misson, Voyage d'Italie, t. III, p. 16, à la marge.
(2) Saint Luc, ch. IV, verset 30.

(3) Petit Albert.

saints ni des cœurs honnêtes qui se mêlent de ces superstitions.

ANNEBERG, — démon des mines ; il tua un jour de son souffle douze ouvriers qui travaillaient à une mine d'argent, dont il avait la garde. C'est un démon méchant, rancunier et terrible. Il se montre surtout en Allemagne ; on dit qu'il a la figure d'un cheval, avec un cou immense et des yeux effroyables (1).

ANNÉE. — Plusieurs peuples ont célébré, par des cérémonies plus ou moins singulières, le retour du nouvel an. Chez les Perses, un jeune homme s'approchait du prince et lui faisait des offrandes, en disant qu'il lui apportait la nouvelle année de la part de Dieu. Chez nous, on donne encore des étrennes.

Les Gaulois commençaient l'année par la cérémonie du gui de chêne, qu'ils appelaient *le gui de l'an neuf* ou du nouvel an. Les druides, accompagnés du peuple, allaient dans une forêt, dressaient autour du plus beau chêne un autel triangulaire de gazon, et gravaient sur le tronc et sur les deux plus grosses branches de l'arbre révéré les noms des dieux qu'ils croyaient les plus puissants : *Theutatès, Hésus, Taranis, Belenus*. Ensuite l'un d'eux, vêtu d'une blanche tunique, coupait le gui avec une serpe d'or ; deux autres druides étaient là pour le recevoir dans un linge et prendre garde qu'il ne touchât la terre. Ils distribuaient l'eau où ils faisaient tremper ce nouveau gui, et persuadaient au peuple qu'elle guérissait plusieurs maladies et qu'elle était efficace contre les sortilèges (2).

On appelle *année platonique* un espace de temps à la fin duquel tout doit se retrouver à la même place (3). Les uns comptent seize mille ans pour cette révolution, d'autres trente-six mille. Il y en eut aussi qui croyaient anciennement qu'au bout de cette période, le monde serait renouvelé, et que les âmes rentreraient dans leurs corps pour commencer une nouvelle vie semblable à la précédente. On conte là-dessus cette petite anecdote :

Deux Allemands, arrêtés dans une auberge de Châlons-sur-Marne, amenèrent la conversation sur cette grande année platonique où toutes les choses doivent retourner à leur premier état ; ils voulurent persuader au maître du logis qu'il n'y avait rien de si vrai que cette révolution ; « de sorte, disaient-ils, que, dans seize mille ans d'ici, nous serons à boire chez vous à pareille heure et dans cette même chambre. »

Là-dessus, ayant très-peu d'argent, en vrais Allemands qu'ils étaient, ils prièrent l'hôte de leur faire crédit jusque-là.

Le cabaretier champenois leur répondit qu'il le voulait bien. — Mais, ajouta-t-il, parce qu'il y a seize mille ans jour pour jour, heure pour heure, que vous étiez pareillement à boire ici, comme vous faites, et que vous vous en allâtes sans payer, acquittez le passé, et je vous ferai crédit du présent...

Le préjugé des *années climatériques* subsiste encore, quoiqu'on en ait à peu près démontré l'absurdité. Auguste écrivait à son neveu Caïus, pour l'engager à célébrer le jour de sa naissance, attendu qu'il avait passé la soixante-troisième année, — qui est cette grande climatérique si redoutable pour les humains. — Beaucoup de personnes craignent encore l'année climatérique ; cependant une foule de relevés prouvent qu'il ne meurt pas plus d'hommes dans la soixante-troisième année que dans les années qui la précèdent. Mais un préjugé se détruit avec peine. Selon ces idées, que Pythagore fit naître par ses singulières rêveries sur les nombres, notre tempérament éprouve tous les sept ans une révolution complète. Quelques-uns disent même qu'il se renouvelle entièrement. D'autres prétendent que ce renouvellement n'a lieu que tous les neuf ans ; aussi les années climatériques se comptent par sept et par neuf. Quarante-neuf et quatre-vingt-un sont des années très-importantes, disent les partisans de cette doctrine ; mais soixante-trois est l'année la plus fatale, parce que c'est la multiplication de sept par neuf. Un Normand disait : Encore un des miens pendu à quarante-neuf ans ! et qu'on dise qu'il ne faut pas se méfier des années climatériques !

« On ne doit pourtant pas porter trop loin, dit M. Salgues, le mépris de la période septénaire, qui marque en effet les progrès du développement et de l'accroissement du corps humain. Ainsi, généralement, « les dents de l'enfance tombent à sept ans, la puberté se manifeste à quatorze, le corps cesse de croître à vingt-un. » — Mais cette observation n'est pas complètement exacte.

ANNIUS DE VITERBE (Jean Nanni), — savant ecclésiastique, né à Viterbe en 1432. Il a publié une collection de manuscrits attribués à Bérose, à Fabius Pictor, à Caton, à Archiloque, à Manéthon, etc., et connus sous le nom d'*Antiquités d'Annius*. Ce recueil est peu de crédit. On prétend qu'il contient beaucoup de fables ; mais plusieurs de ces fables sont d'antiques légendes.

— On doit encore à Annius un *Traité de l'empire des Turcs*, et un livre des *Futurs triomphes des chrétiens sur les Turcs et les Sarrasins*, etc. Ces deux ouvrages sont des explications de l'Apocalypse. L'auteur pense que Mahomet est l'antechrist, et que la fin du monde aura lieu quand le peuple des saints (les chrétiens) aura soumis entièrement les Juifs et les mahométans.

ANOCCHIATURA, — fascination involontaire qui s'exerce, soit par les yeux, soit par les paroles, selon les croyances populaires des Corses, mais dans un sens très-bizarre, les puissances mystérieuses qui président à l'anocchiatura ayant la singulière habitude

---

(1) Wierus, De Præst., lib. I, cap. XXII.
(2) Saint-Foix, Essais, etc., t. II.
(3) Quelques-uns disaient que les corps célestes seulement se retrouveraient au même point au bout de la grande année. Cicéron, dans un passage de son Hortensius, conservé par Servius, fait cette grande année de douze mille neuf cent cinquante-quatre des nôtres.

d'exécuter le contraire de ce qu'on souhaite. Aussi, dans la crainte de fasciner les enfants, en leur adressant des bénédictions ou des éloges, le peuple qui leur veut du bien le leur prouve par des injures et des souhaits d'autant plus favorables qu'ils sont plus affreusement exprimés (1).

ANPIEL, — l'un des anges que les rabbins chargent du gouvernement des oiseaux ; car ils mettent chaque espèce créée sous la protection d'un ou de plusieurs anges.

ANSELME DE PARME, — astrologue, né à Parme, où il mourut en 1440. Il avait écrit des *Institutions astrologiques*, qui n'ont pas été imprimées. Wierus (2) et quelques démonographes le mettent au nombre des sorciers. Des charlatans, qui guérissaient les plaies au moyen de paroles mystérieuses que l'on prétend inventées par lui, ont pris le nom d'anselmistes ; et, pour mieux en imposer, ils se vantaient de tenir leur vertu de guérir, non d'Anselme de Parme, mais de saint Anselme de Cantorbéry.

ANSUPEROMIN, — sorcier des environs de Saint-Jean-de-Luz, qui, selon des informations prises sous Henri IV par le conseiller Pierre Delancre (3), fut vu plusieurs fois au sabbat, à cheval sur un démon qui avait forme de bouc, et jouant de la flûte pour la danse des sorcières. Voy. Boucs.

ANTÆUS. — Il y a, comme dit Boguet, des familles où il se trouve toujours quelqu'un qui devient loup-garou. Evanthes, et après lui Pline, rapportent que dans la race d'un certain Anthæus, Arcadien, on choisissait par le sort un homme que l'on conduisait près d'un étang. Là, il se dépouillait, pendait ses habits à un chêne ; et, après avoir passé l'eau à la nage, s'enfuyait dans un désert où, transformé en loup, il vivait et conversait avec les loups pendant neuf ans. Il fallait que durant ce temps il ne vît point d'hommes ; autrement le cours des neuf ans eût recommencé. Au bout de ce terme il retournait vers le même étang, le traversait à la nage et rentrait chez lui, où il ne se trouvait pas plus âgé que le jour de sa transmutation en loup : le temps qu'il avait passé sous cette forme ne faisant pas compte dans le nombre des années de sa vie.

ANTAMTAPP, enfer des Indiens, plein de chiens enragés et d'insectes féroces. On y est couché sur des branches d'épines et continuellement caressé par des corbeaux qui ont des becs de fer. Les Brames disent que les supplices de cet enfer sont éternels.

ANTECHRIST. Par Antechrist on entend ordinairement un tyran impie et cruel, ennemi de Jésus-Christ. Il doit régner sur la terre lorsque le monde approchera de sa fin. Les persécutions qu'il exercera contre les élus seront la dernière et la plus terrible épreuve qu'ils auront à subir ; et même Notre-Seigneur a déclaré que les élus y succomberaient, si le temps n'en était abrégé en leur faveur ; car il se donnera pour le Messie et fera des prodiges *capables d'induire en erreur les élus mêmes.*

Leloyer (4) rapporte cette opinion populaire, que les démons souterrains ne gardent que pour lui les trésors cachés, au moyen desquels il pourra séduire les peuples ; et sa persécution sera d'autant plus redoutable, qu'il ne manquera d'aucun moyen de séduire et agira beaucoup plus par la corruption que par la violence brutale. C'est à cause des miracles qu'il doit faire que plusieurs l'appellent le singe de Dieu.

L'Antechrist aura beaucoup de précurseurs ; il viendra peu de temps avant la fin du monde. Saint Jérôme dit que ce sera un homme fils d'un démon. D'autres ont pensé que ce serait un démon revêtu d'une chair apparente et fantastique. Mais, suivant saint Irénée, saint Ambroise, saint Augustin, et plusieurs autres Pères, l'Antechrist doit être un homme de la même nature que tous les autres, de qui il ne différera que par une malice et une impiété dignes de l'enfer.

Il sera Juif, et de la tribu de Dan, selon Malvenda (5), qui appuie son sentiment sur ces paroles de Jacob mourant à ses fils : *Dan est un serpent dans le sentier* (6) ; sur celles-ci de Jérémie : *Les armées de Dan dévoreront la terre ;* et sur le chapitre 7 de l'*Apocalypse*, où saint Jean a omis la tribu de Dan dans l'énumération qu'il fait des autres tribus.

« L'Antechrist sera toujours en guerre ; il fera des miracles qui étonneront la terre ; il persécutera les justes ; et, comme le diable marque déjà ses sujets, il marquera aussi les siens d'un signe au front ou à la main (7). »

Elie et Enoch viendront enfin, suivant Malvenda, et convertiront les Juifs. L'Antechrist leur fera donner la mort qu'ils n'ont pas encore reçue, et qu'ils ne doivent recevoir que de lui. Alors Jésus-Christ, Notre-Seigneur, descendra des cieux et tuera l'Antechrist avec l'épée à deux tranchants qui sortira de sa bouche.

Quelques-uns prétendent que le règne de l'Antechrist durera cinquante ans ; d'autres, qu'il ne durera que trois ans et demi ; après quoi les anges feront entendre les trompettes du dernier jugement.

Le mot de passe des sectateurs de l'Antechrist sera, dit Boguet : *Je renie le baptême.*

Ce qui est assez grotesque, assurément, c'est que les protestants, ces précurseurs de l'Antechrist, donnent le nom d'Antechrist au pape, comme les larrons qui crient au voleur pour détourner d'eux les recherches. Voy. ABDEEL.

Pendant un moment, dans le peuple, on a craint que Napoléon ne fût l'Antechrist. Nous mentionnons cette petite circonstance comme un simple fait.

(1) P. Mérimée, Colomba.
(2) In libro apologetico.
(3) Tableau de l'inconstance des démons, liv. III, disc. 4.
(4) Discours des spectres, liv. IV, ch. xv.

(5) Dans un long et curieux ouvrage en 13 livres sur l'Antechrist. Raban-Maur, au neuvième siècle, a fait aussi un livre sur la Vie et les mœurs de l'Antechrist.
(6) Genèse, ch. XLIX.
(7) Boguet, Discours des sorciers, ch. L.

Le troisième traité de l'*Histoire des trois possédées de Flandre*, par Sébastien Michaëlis, donne des éclaircissements sur l'Antechrist, d'après les dires des démons exorcisés. « Il sera méchant comme un enragé. Jamais si méchante créature ne fut sur terre. Il fera des chrétiens ce qu'on fait en enfer des âmes ; ce ne sera pas un martyre humain, mais un martyre inhumain. Il aura une foule de noms de synagogue ; il se fera porter par les airs quand il voudra ; Belzébut sera son père. »

Une sorcière, qui avait des visions, déclara que l'Antechrist parlerait en naissant toutes sortes de langues, qu'il aurait des griffes au lieu de pieds et ne porterait pas de pantoufles ; que Belzébut, son père, se montrera à ses côtés sous la figure d'un oiseau à quatre pattes, avec une queue, une tête de bœuf très-plate, des cornes, et un poil noir assez rude ; qu'il marquera les siens d'un cachet qui représentera cette gracieuse figure en petit.

Nous pourrions citer beaucoup de choses pareilles sur l'Antechrist ; mais les détails burlesques et les plaisanteries ne vont qu'à moitié dans une pareille matière ; et peut-être faut-il demander pardon au lecteur de leur avoir déjà donné trop de place.

On a raillé l'abbé Fiard, qui regardait Voltaire et les encyclopédistes comme des précurseurs de l'Antechrist. Il est possible que les railleurs aient tort.

ANTESSER, démon. Voy. BLOKULA.

ANTHROPOMANCIE, divination par l'inspection des entrailles d'hommes ou de femmes éventrés. Cet horrible usage était très-ancien. Hérodote dit que Ménélas, retenu en Egypte par les vents contraires, sacrifia à sa barbare curiosité deux enfants du pays, et chercha à savoir ses destinées dans leurs entrailles. Héliogabale pratiquait cette divination. Julien l'Apostat, dans ses opérations magiques et dans ses sacrifices nocturnes, faisait tuer, dit-on un grand nombre d'enfants pour consulter leurs entrailles. Dans sa dernière expédition, étant à Carra en Mésopotamie, il s'enferma dans le temple de la Lune ; et, après avoir fait ce qu'il voulut avec les complices de son impiété, il scella les portes, et y posa une garde qui ne devait être levée qu'à son retour. Il fut tué dans la bataille qu'il livra aux Perses, et ceux qui entrèrent dans le temple de Carra, sous le règne de Jovien, son successeur, y trouvèrent une femme pendue par les cheveux, les mains étendues, le ventre ouvert et le foie arraché.

ANTHROPOPHAGES. Le livre attribué à Enoch dit que les géants nés du commerce des anges avec les filles des hommes furent les premiers anthropophages. Marc-Paul rapporte que de son temps, dans la Tartarie, les magiciens avaient le droit de manger la chair des criminels ; et des écrivains ont relevé ce fait notable qu'il n'y a que les chrétiens qui n'aient pas été anthropophages.

ANTIDE. Une vieille tradition populaire rapporte que saint Antide, évêque de Besançon, vit un jour dans la campagne un démon fort maigre et fort laid, qui se vantait d'avoir porté le trouble dans l'église de Rome. Le saint appela le démon, le fit mettre à quatre pattes, lui sauta sur le dos, se fit par lui transporter à Rome, répara le dégât dont l'ange déchu se montrait si fier, et s'en revint en son diocèse par la même voiture (1).

ANTIOCHUS, moine de Séba, qui vivait au commencement du septième siècle. Dans ses 190 homélies, intitulées *Pandectes des divines Ecritures*, la 84e de *Insomniis*, roule sur les visions et les songes (2).

ANTIPATHIE. Les astrologues prétendent que ce sentiment d'opposition qu'on ressent pour une personne ou pour une chose est produit par les astres. Ainsi deux personnes nées sous le même aspect auront un désir mutuel de se rapprocher, et s'aimeront sans savoir pourquoi ; de même que d'autres se haïront sans motif, parce qu'ils seront nés sous des conjonctions opposées. Mais comment expliqueront-ils les antipathies que les grands hommes ont eues pour les choses les plus communes ? on en cite un grand nombre auxquelles on ne peut rien comprendre. — Lamothe-Levayer ne pouvait souffrir le son d'aucun instrument, et goûtait le plus vif plaisir au bruit du tonnerre. César n'entendait pas le chant du coq sans frissonner. Le chancelier Bacon tombait en défaillance toutes les fois qu'il y avait une éclipse de lune. Marie de Médicis ne pouvait supporter la vue d'une rose, pas même en peinture, et elle aimait toute autre sorte de fleurs. Le cardinal Henri de Cardonne éprouvait la même aversion, et tombait en syncope lorsqu'il sentait l'odeur des roses. Le maréchal d'Albret se trouvait mal dans un repas où l'on servait un marcassin ou un cochon de lait. Henri III ne pouvait rester seul dans une chambre où il y avait un chat. Le maréchal de Schomberg avait la même faiblesse. Ladislas, roi de Pologne, se troublait et prenait la fuite quand il voyait des pommes. Scaliger frémissait à l'aspect du cresson Erasme ne pouvait sentir le poisson sans avoir la fièvre. Tycho-Brahé défaillait à la rencontre d'un lièvre ou d'un renard. Le duc d'Epernon s'évanouissait à la vue d'un levraut. Cardan ne pouvait souffrir les œufs ; le poëte Arioste, les bains ; le fils de Crassus, le pain ; César de Lescalle, le son de la vielle.

On trouve souvent la cause de ces antipathies dans les premières sensations de l'enfance. Une dame qui aimait beaucoup les tableaux et les gravures s'évanouissait lorsqu'elle en trouvait dans un livre ; elle en dit la raison : étant encore petite, son père l'aperçut un jour qui feuilletait les volumes de sa bibliothèque pour y chercher des images ; il les lui retira brusquement des mains, et lui dit d'un ton terrible qu'il y avait dans ces livres des diables qui l'étrangleraient si elle

(1) Voyez les Bollandistes, 25 juin, etc.

(2) Voyez t. XII de la Bibliotheca patrum, ed. Lugdun

osait y toucher... Ces menaces absurdes, ordinaires à certains parents, occasionnent toujours de funestes effets qu'on ne peut plus détruire.

Pline assure qu'il y a une telle antipathie entre le loup et le cheval, que si le cheval passe où le loup a passé, il sent aux jambes un engourdissement qui l'empêche de marcher. Un cheval sent le tigre en Amérique, et refuse obstinément de traverser une forêt où son odorat lui annonce la présence de l'ennemi. Les chiens sentent aussi très-bien les loups avec qui ils ne sympathisent pas; et peut-être serions-nous sages de suivre jusqu'à un certain point, avec les gens que nous voyons la première fois, l'impression sympathique ou antipathique qu'ils nous font éprouver; car l'instinct existe aussi chez les hommes mêmes, qui le surmontent cependant par la raison.

ANTIPODES. L'existence des antipodes était regardée naturellement comme un conte, dans le temps où l'on croyait que la terre était plate. Mais il n'est pas vrai, comme on l'a perfidement écrit, que le prêtre Virgile fut excommunié par le pape Zacharie pour avoir soutenu qu'il y avait des antipodes : ce Virgile au contraire, à cause de sa science, fut comblé d'honneurs par le saint-siége et nommé à l'évêché de Salzbourg. D'ailleurs le pape Zacharie savait probablement qu'il y a des antipodes, puisqu'avant lui Origène, le pape saint Clément et d'autres en avaient parlé. Saint Basile, saint Grégoire de Nysse, saint Athanase et la plupart des Pères n'ignoraient pas la forme sphérique de la terre. Voy. Philoponus, De Mundi creat. lib. v, c. 13.

La plupart des hommes, à qui l'éducation n'a pas étendu les bornes de l'esprit, croient encore que la terre n'est qu'un grand plateau ; et il serait difficile de leur persuader qu'on trouve au-dessous de nous des humains qui ont la tête en bas, et les pieds justement opposés aux nôtres (1).

Les anciens mythologues citent, dans un autre sens, sous le nom d'Antipodes, des peuples fabuleux de la Libye, à qui ont attribuait huit doigts aux pieds, et les pieds *tournés* en dehors. On ajoute qu'avec cela ils couraient comme le vent.

ANTOINE. Saint Antoine est célèbre par les tentations qu'il eut à subir de la part du diable. Ceux qui ont mis leur esprit à la torture pour donner à ces faits un côté plaisant, n'ont pas toujours eu autant d'esprit qu'ils ont voulu en montrer. Ils n'égalent certainement pas le bon légendaire, qui conte qu'Antoine, ayant dompté Satan, le contraignit à demeurer auprès de lui, sous sa forme la plus convenable, qui était celle d'un cochon. Voy. ARDENTS.

APANTOMANCIE, divination tirée des objets qui se présentent à l'improviste. Tels sont les présages que donne la rencontre d'un lièvre ou d'un aigle, etc.

APARCTIENS, peuples fabuleux que d'anciens conteurs ont placés dans le Septentrion. Ils étaient transparents comme du cristal, et avaient les pieds étroits et tranchants comme des patins, ce qui les aidait merveilleusement à glisser sur leurs lacs gelés. Leur longue barbe ne leur pendait pas au menton, mais au bout du nez. Ils n'avaient point de langue, mais deux solides râteliers de dents, qu'ils frappaient musicalement l'un contre l'autre pour s'exprimer. Ils ne sortaient que la nuit, et se reproduisaient par le moyen de la sueur, qui se congelait et formait un petit. Leur dieu était un ours blanc (2).

APOCALYPSE. Dans cette clôture redoutable du saint livre, qui commence par la Genèse, l'esprit de l'homme s'est souvent égaré. La manie de vouloir tout expliquer, quand nous sommes entourés de tant de mystères que nous ne pouvons comprendre, a fourvoyé bien des esprits. Après avoir trouvé la bête à sept têtes et l'Antechrist dans divers personnages, jusqu'à Napoléon, qui prête du moins à des aperçus piquants, on est aussi peu avancé que le premier jour. Newton a échoué, comme les autres, dans l'interprétation de l'Apocalypse. Ceux qui l'ont lue comme un poëme hermétique ont leur excuse dans leur folie. Pour nous, attendons que Dieu lève les voiles.

Il y a en plusieurs Apocalypses supposées, de saint Pierre, de saint Paul, de saint Thomas, de saint Étienne, d'Esdras, de Moïse, d'Élie, d'Abraham, de Marie, femme de Noé, d'Adam même. Porphyre a cité encore une Apocalypse de Zoroastre.

APOLLONIUS DE TYANE, philosophe pythagoricien, né à Tyane en Cappadoce, un peu de temps après Notre-Seigneur Jésus-Christ. Philostrate, au commencement du troisième siècle, plus de cent ans après la mort d'Apollonius, dont personne ne parlait absolument plus, imagina le roman de sa vie pour opposer quelque chose de prodigieux à l'Évangile, qu'il croyait détruire. Il dit qu'il écrit sur des mémoires laissés par Damis, ami et secrétaire d'Apollonius. On peut juger du degré de confiance que méritaient ces sortes d'écrivains par ce trait de Damis, qui assure avoir vu, en traversant le Caucase, les chaînes de Prométhée encore fixées au rocher.

Philostrate admit tout, et embellit les récits de Damis.

La mère d'Apollonius fut avertie de sa grossesse par un démon ; un salamandre fut son père, selon les cabalistes. Les cygnes chantèrent quand il vint au monde, et la foudre tomba du ciel. Sa vie fut une suite de miracles. Il ressuscitait les morts, délivrait les possédés, rendait des oracles, voyait des fantômes, apparaissait à ses amis éloignés, voyageait dans les airs, porté par des esprits, et se montrait le même jour en plusieurs endroits du monde. Il comprenait le chant des oiseaux.

Philostrate conte qu'étant venu au tom-

(1) M. Salgues, des Erreurs et des préjugés, t. II, p. 72.

(2) Supplément à l'histoire véritable de Lucien.

beau d'Achille, à qui il voulait parler, Apollonius évoqua ses mânes; qu'après un tremblement de terre autour du tombeau, il vit paraître d'abord un jeune homme de sept pieds et demi; que le fantôme, qui était d'une beauté singulière, s'éleva ensuite à dix-huit pieds. Apollonius lui fit des questions frivoles. Comme le spectre répondait grossièrement, il comprit qu'il était possédé d'un démon, qu'il chassa; après quoi il eut sa conversation réglée.

Un jour qu'il était à Rome, où il avait rendu la vie à une jeune fille morte le matin de ses noces, il y eut une éclipse de lune accompagnée de tonnerre. Apollonius regarda le ciel, et dit d'un ton prophétique : — Quelque chose de grand arrivera et n'arrivera pas. — Trois jours après, la foudre tomba sur la table de Néron, et renversa la coupe qu'il portait à sa bouche; ce qui était l'accomplissement de la prophétie.

Dans la suite l'empereur Domitien, l'ayant soupçonné de sorcellerie, lui fit raser le poil pour s'assurer s'il ne portait pas les marques du diable, comme dit Pierre Delancre; mais Apollonius disparut alors, sans qu'on sût par où il s'était sauvé. Ce n'était pas la première fois qu'il s'échappait ainsi. Sous Néron, on avait dressé contre lui un acte d'accusation; le papier se trouva tout blanc au moment où le juge voulut en prendre lecture.

De Rome il se rendit à Ephèse. La peste infestait cette ville; les habitants le prièrent de les en délivrer. Apollonius leur commanda de sacrifier aux dieux. Après le sacrifice, il vit le diable en forme de gueux tout déguenillé; il commanda au peuple de l'assommer à coups de pierre, ce qui fut fait. Lorsqu'on ôta les pierres, on ne trouva plus à la place du gueux lapidé qu'un chien noir, qui fut jeté à la voirie; et la peste cessa.

Au moment où Domitien périt, Apollonius, au milieu d'une discussion publique, s'arrêta, et, changeant de voix, s'écria, inspiré par le diable : — C'est bien fait, Stéphane, courage! tue le tyran! — Ensuite, après un léger intervalle, il reprit : — Le tyran est mort. Stéphane en ce moment assassinait Domitien.

Ce fut alors, à ce qu'on croit, que le sorcier Tespésion, pour montrer qu'il pouvait enchanter les arbres, commanda à un orme de saluer Apollonius, ce que l'orme fit; mais d'une voix grêle et efféminée (1). C'était bien excusable de la part d'un orme.

Apollonius était, dit-on encore, habile faiseur de talismans; il en fit un grand nombre à Tyane, à Rome, à Byzance, à Antioche, à Babylone et ailleurs; tantôt contre les cygognes et les scorpions, tantôt contre les débordements et les incendies. Il fut regardé par les uns comme un magicien, comme un dieu par les autres; on l'honora même après sa mort. Mais sa vie, nous le répétons, n'est qu'un roman calculé. Apollonius est annoncé par un démon. Les cygnes chantent à sa naissance. Tous les autres prodiges sont combinés ainsi de manière à pouvoir être comparés aux faits divins de la plus auguste histoire, avec cette différence, entre autres, que ceux d'Apollonius ne méritaient pas même le peu de succès qu'ils ont eu.

La foudre qui tombe du ciel est opposée à l'étoile qui parut en Bethléhem; les lettres de félicitation que plusieurs rois écrivirent à la mère d'Apollonius répondent à l'adoration des mages; les discours qu'il prononçait, fort jeune, dans le temple d'Esculape, à la dispute de Jésus enfant parmi les docteurs; le fantôme qui lui apparut en traversant le Caucase, à la tentation du diable dans le désert, etc. « Ces parallèles montrent la malice grossière et la finesse mal tissue de Philostrate (pillard de Lucien (2); et le cas qu'on doit faire de ces fables n'est pas de les rapporter à le magie, comme a fait François Pic, mais de les nier totalement (3) comme des stupidités niaises.

Hiéroclès, qui osa faire sous Dioclétien, dans un écrit spécial, la comparaison d'Apollonius et de Notre-Seigneur Jésus-Christ, a été dignement réfuté par Eusèbe, qui veut bien regarder Apollonius comme un magicien. Leloyer pense que ce fut Simon qui lui enseigna la magie noire; et Ammien Marcellin se contente de le mettre dans le nombre des hommes qui ont été assistés de quelque démon familier, comme Socrate et Numa.

On sait peu de chose sur la fin de la vie d'Apollonius. On assure qu'à l'âge de cent ans il fut emporté par le diable, qui était son père, quoique Hiéroclès ait eu le front de soutenir qu'il avait été enlevé au ciel. Vopiscus dit que, par la suite, le spectre d'Apollonius apparut à l'empereur Aurélien, qui assiégeait Tyane, et lui recommanda d'épargner sa ville, ce que fit Aurélien.

Il y a eu des gens qui ont trouvé Apollonius vivant au douzième siècle. Voy. ARTEPHIUS.

APOMAZAR. *Des significations et événements des songes*, selon la doctrine des Indiens, Perses et Egyptiens, par Apomazar. Vol. in-8°; Paris, 1580. Fatras oublié, mais rare.

APONE. Voy. PIERRE D'APONE.

APPARITION. On ne peut pas très bien préciser ce que c'est qu'une apparition. Dom Calmet dit que, si l'on voit quelqu'un en songe, c'est une apparition. « Souvent, ajoute-t-il, il n'y a que l'imagination de frappée; ce n'en est pas moins quelquefois un fait surnaturel, quand il a des relations. »

Dans la rigueur du terme, une apparition est la présence subite d'une personne ou d'un objet contre les lois de la nature : par exemple, l'apparition d'un mort, d'un ange, d'un démon, etc.

Ceux qui nient absolument les apparitions

---

(1) Jacques d'Autun, l'incrédulité savante et la crédulité ignorante.

(2) Dans Alexandre de Paphlagonie.
(3) Naudé, Apol. pour les grands personnages, ch. 12.

sont téméraires. Spinosa, malgré son athéisme, reconnaissait qu'il ne pouvait nier les apparitions ni les miracles.

On ne raisonne pas mieux, lorsqu'on dit qu'une chose qui est arrivée autrefois devrait arriver encore. Il y a bien des choses qui ont eu lieu jadis et qui ne se renouvellent pas, dans le système même des matérialistes, comme il y a bien des choses qui ont lieu aujourd'hui, et que jadis on n'a pas soupçonnées.

Nous devons admettre et croire les apparitions rapportées dans les saintes Ecritures. Nous ne sommes pas tenus à la même foi dans les simples histoires; et il y a des apparitions qui, réelles ou intellectuelles, sont fort surprenantes. On lit dans la vie de saint Macaire, qu'un homme ayant reçu un dépôt le cacha sans en rien dire à sa femme, et mourut subitement. On fut très-embarrassé quand le maître du dépôt vint le réclamer. Saint Macaire pria, dit la légende, et le défunt apparut à sa femme, à qui il déclara que l'argent redemandé était enterré au pied de son lit, ce qui fut trouvé vrai.

Ce sont les apparitions des morts chez les anciens qui ont donné naissance à la nécromancie. Voy. NÉCROMANCIE.

Nous ne songerons à nous occuper ici que des apparitions illusoires ou douteuses, et le nombre en est immense. Nous suivrons un moment les écrivains qui ne doutent de rien, et qui, dans leurs excès mêmes, sont encore moins stupides et moins à quatre pattes que ceux qui doutent de tout. Quelquefois, disent-ils, les apparitions ne sont que vocales : c'est une voix qui appelle. Mais dans les bonnes apparitions l'esprit se montre. — Quand les esprits se font voir à un homme seul, ajoutent les cabalistes, ils ne présagent rien de bon ; quand ils apparaissent à deux personnes à la fois, rien de mauvais ; ils ne se montrent guère à trois personnes ensemble.

Il y a des apparitions imaginaires causées par les remords; des meurtriers se sont crus harcelés ou poursuivis par leurs victimes. Une femme, en 1726, accusée, à Londres, d'être complice du meurtre de son mari, niait le fait; on lui présente l'habit du mort, qu'on secoue devant elle ; son imagination épouvantée lui fait voir son mari même; elle se jette à ses pieds et déclare qu'elle voit son mari. Mais on trouvera des choses plus inexplicables.

Les apparitions du diable, qui a si peu besoin de se montrer pour nous séduire, faibles que nous sommes, ont donné lieu à une multitude de contes merveilleux. Des sorciers, brûlés à Paris, ont dit en justice que, quand le diable veut se faire un corps aérien pour se montrer aux hommes, « il faut que le vent soit favorable, et que la lune soit pleine. » Et lorsqu'il apparaît, c'est toujours avec quelque défaut nécessaire, ou trop noir, ou trop pâle, ou trop rouge, ou trop grand, ou trop petit, ou le pied fourchu, ou les mains en griffes, ou la queue au derrière et les cornes en tête, etc.; à moins qu'il ne prenne une forme bizarre. Il parlait à Simon le magicien et à d'autres, sous la figure d'un chien; à Pythagore, sous celui d'un fleuve ; à Apollonius, sous celle d'un orme (1), etc.

Excepté les démons de midi, les démons et les spectres apparaissent la nuit plutôt que le jour, et la nuit du vendredi au samedi de préférence à toute autre, comme le témoigne Jean Bodin.

Les apparitions des esprits, dit Jamblique, sont analogues à leur essence. L'aspect des habitants des cieux est consolant, celui des archanges terrible, celui des anges moins sévère, celui des démons épouvantable. Il est assez difficile, ajoute-t-il, de se reconnaître dans les apparitions des spectres ; car il y en a de mille sortes. — Delancre donne pourtant les moyens de ne point s'y tromper. « On peut distinguer les âmes des démons, dit-il. Ordinairement les âmes apparaissent en hommes portant barbe, en vieillards, en enfants ou en femmes, bien que ce soit en habit et en contenance funeste. Or les démons peuvent se montrer ainsi. Mais, ou c'est l'âme d'une personne bienheureuse, ou c'est l'âme d'un damné. Si c'est l'âme d'un bienheureux, et qu'elle revienne souvent, il faut tenir pour certain que c'est un démon, qui, ayant manqué son coup de surprise, revient plusieurs fois pour le tenter encore. Car une âme ne revient plus quand elle est satisfaite, si ce n'est par aventure une seule fois pour dire merci. — « Si c'est une âme qui se dise l'âme d'un damné, il faut croire encore que c'est un démon, vu qu'à grande peine laisse-t-on jamais sortir l'âme des damnés. » Voilà les moyens que Pierre Delancre donne comme aisés (2).

Il dit un peu plus loin que le spectre qui apparaît sous une peau de chien ou sous toute autre forme laide est un démon ; mais le diable est si malin, qu'il vient aussi sous des traits qui le font prendre pour un ange. Il faut donc se défier. Voy. pour les anecdotes, VISIONS, SPECTRES, FANTÔMES, HALLUCINATIONS, ESPRITS, LUTINS, VAMPIRES, REVENANTS, SONGES, ARMÉES PRODIGIEUSES, etc.

Voici, sur les apparitions, un petit fait qui a eu lieu à La Rochelle, et que les journaux rapportaient en avril 1843. « Depuis quelque temps, la population se préoccupait des revenants qui apparaissaient tous les soirs sous la forme de flammes phosphorescentes, bleuâtres et mystérieuses. Ces revenants ont été pris au trébuchet : c'étaient cinq gros réjouis de paysans des environs qui, grimpés tous les soirs sur des arbres très-élevés, lançaient des boulettes phosphoriques avec un fil imperceptible. Pendant la nuit, ils donnaient le mouvement et la direction qu'ils voulaient à leurs globes de feu, et quand les curieux couraient après une flamme, elle devenait aussitôt invisible; mais, à l'instant, il en surgissait une autre sur un point op-

---

(1) Gabriel Naudé, Apol. pour les grands personnages ch. 12.

(2) L'Inconstance des démons, liv. V disc. 2.

posé pour détourner l'attention. Ce jeu s'effectuait ainsi pendant quelques instants successivement, et puis simultanément, de manière à produire plusieurs flammes à la fois. — Cette jonglerie trompa bien des incrédules effrayés; mais enfin il se trouva un esprit rassis. Caché derrière une haie, il observa attentivement la mise en scène et devina le secret de la comédie. Suffisamment édifié, il alla quérir la gendarmerie, et les cinq mystificateurs furent arrêtés au moment où ils donnaient une nouvelle représentation. Quel était leur but? On l'ignore; le plus curieux de l'histoire, c'est qu'une commission scientifique avait déjà préparé un rapport sur l'étonnant phénomène *météorologique* de ces mauvais plaisants.

Dissertation sur ce qu'on doit penser de l'apparition des esprits, à l'occasion de l'aventure arrivée à Saint-Maur en 1706, par M. Poupart, chanoine de Saint-Maur, près Paris. Paris, 1707.

L'auteur croit, avec la modération convenable, aux apparitions. Il raconte l'aventure de Saint-Maur; elle a fait tant de bruit à Paris dans sa nouveauté, que nous ne pouvons la passer sous silence. M. de S***, jeune homme de vingt-cinq ans, fixé à Saint-Maur, entendit plusieurs fois la nuit heurter à sa porte, sans que sa servante, qui y courait aussitôt, trouvât personne. On tira ensuite les rideaux de son lit; et le 22 mars 1706, sur les onze heures du soir, étant dans son cabinet avec trois domestiques, tous quatre entendirent distinctement feuilleter des papiers sur la table. On soupçonna d'abord le chat de la maison; mais on reconnut qu'il n'était pas dans le cabinet. Ce bruit recommença quand M. de S*** se fut retiré dans sa chambre, il voulut rentrer dans le cabinet avec une lumière, et sentit derrière la porte une résistance qui finit par céder; cependant il ne vit rien, seulement il entendit frapper un grand coup dans un coin contre la muraille; ses domestiques accoururent au cri qu'il jeta; mais ils ne firent aucune découverte.

Tout le monde s'étant peu à peu rassuré, on se mit au lit. — A peine M. de S*** commençait-il à s'endormir, qu'il fut éveillé subitement par une violente secousse; il appela; on rapporta deux flambeaux, et il vit avec surprise son lit déplacé au moins de quatre pieds.

On le remit en place; mais aussitôt tous les rideaux s'ouvrirent d'eux-mêmes, et le lit courut tout seul vers la cheminée. En vain les domestiques tinrent les pieds du lit pour le fixer; dès que M. de S*** s'y couchait, le lit se promenait par la chambre.

Cette aventure singulière fut bientôt publique; plusieurs personnes voulurent en être témoins, et les mêmes merveilles se répétèrent la nuit suivante; après quoi il y eut deux nuits paisibles.

L'esprit se remit à faire du bruit le 26; il verrouilla les portes, dérangea les meubles, ouvrit les armoires; et pendant que M. de S*** tremblait de tous ses membres, l'esprit, saisissant l'occasion, lui parla enfin à l'oreille et lui commanda de faire certaines choses qu'il tint secrètes, et qu'il fit quand il fut sorti de l'évanouissement que la peur lui avait causé. L'esprit revint au bout de quinze jours pour le remercier, frappa un grand coup de poing dans une fenêtre en signe d'actions de grâces; — Et voilà l'aventure de l'esprit de Saint-Maur, que M. Poupart a le bon esprit de regarder comme inexplicable, à moins qu'elle ne soit l'enfantement d'un cerveau visionnaire. Voy. MEYER, CALMET, etc.

APULÉE. Philosophe platonicien, né en Afrique, connu par le livre de *l'Ane d'or*. Il vécut au douzième siècle sous les Antonins. On lui attribue plusieurs prodiges auxquels, sans doute, il n'a jamais songé. Il dépensa tout son bien en voyage, et mit tous ses soins à se faire initier dans les mystères des diverses religions païennes; après quoi il s'aperçut qu'il était ruiné. Comme il était bien fait, instruit et spirituel, il captiva l'affection d'une riche veuve de Carthage, nommée Pudentilla, qu'il parvint à épouser. Il était encore jeune, et sa femme avait soixante ans. Cette disproportion d'âge et la pauvreté connue d'Apulée firent soupçonner qu'il avait employé, pour parvenir à ce riche mariage, la magie et les philtres. On disait même qu'il avait composé ces philtres avec des filets de poissons, des huîtres et des pattes d'écrevisses. Les parents, à qui ce mariage ne convenait pas, l'accusèrent de sortilége; il parut devant ses juges, et quoique les préjugés sur la magie fussent alors en très-grand crédit, Apulée plaida si bien sa cause qu'il la gagna pleinement (1).

Boguet (2) et d'autres démonographes disent qu'Apulée fut métamorphosé en âne, comme quelques autres pèlerins, par le moyen des sorcières de Larisse, qu'il était allé voir pour essayer si la chose était possible et faisable (3). La femme qui lui démontra que la chose était possible en le changeant en âne, le vendit, puis le racheta. Par la suite, il devint si grand magicien qu'il se métamorphosait lui-même, au besoin, en cheval, en âne, en oiseau. Il se perçait le corps d'un coup d'épée sans se blesser. Il se rendait invisible, étant très-bien servi par son démon familier. C'est même pour couvrir son asinisme, dit encore Delancre, qu'il a composé son livre de *l'Ane d'or*. »

Taillepied prétend que tout cela est une confusion, et que s'il y a un âne mêlé dans l'histoire d'Apulée, c'est qu'il avait un esprit familier qui lui apparaissait sous la forme d'un âne (4). Les véritables ânes sont peut-être ici Delancre et Boguet.

Ceux qui veulent jeter du merveilleux sur toutes les actions d'Apulée, affirment que,

---

(1) Sa défense se trouve dans ses œuvres, sous le titre de *Oratio de magia*.
(2) Discours des sorciers, ch. 55.
(3) Delancre. Tableau de l'inconstance des démons, etc. liv. IV, ch. 1er.
(4) De l'Apparition des esprits, ch. 15.

par un effet de ses charmes, sa femme était obligée de lui tenir la chandelle pendant qu'il travaillait; d'autres disent que cet office était rempli par son démon familier. Quoi qu'il en soit, il y avait de la complaisance dans cette femme ou dans ce démon.

Outre son *Discours sur la magie*, Apulée nous a laissé encore un petit traité du démon de Socrate, *De deo Socratis*, réfuté par saint Augustin ; on en a une traduction sous le titre : *De l'Esprit familier de Socrate*, avec des remarques, in-12. Paris, 1698.

AQUIEL, démon que l'on conjure le dimanche. *Voy.* CONJURATIONS.

AQUIN (MARDOCHÉE D'), rabbin de Carpentras, mort en 1650, qui se fit chrétien, et changea au baptême son nom de Mardochée en celui de Philippe. On recherche de lui *l'Interprétation de l'arbre de la cabale des Hébreux;* Paris, in-8°, sans date.

ARACHULA, méchant esprit de l'air chez les Chinois voisins de la Sibérie. *Voyez* LUNE.

ARAEL, l'un des esprits que les rabbins du Talmud font, avec Anpiel, princes et gouverneurs du peuple des oiseaux.

ARAIGNÉES. Les anciens regardaient comme un présage funeste les toiles d'araignées qui s'attachaient aux étendards et aux statues des dieux.

Chez nous, une araignée qui court ou qui file promet de l'argent; les uns prétendent que c'est de l'argent le matin, et le soir une nouvelle; d'autres, au contraire, vous citeront ce proverbe-axiome : Araignée du matin, petit chagrin ; araignée de midi, petit profit; araignée du soir, petit espoir. « Mais, comme dit M. Salgues (1), si les araignées étaient le signe de la richesse, personne ne serait plus riche que les pauvres. »

Quelques personnes croient aussi qu'une araignée est toujours l'avant-coureur d'une nouvelle heureuse, si on a le bonheur de l'écraser. M. de T***, qui avait cette opinion, donna, en 1790, au théâtre de Saint-Pétersbourg, une tragédie intitulée *Abaco et Moïna*. La nuit qui en précéda la représentation, au moment de se coucher, il aperçut une araignée à côté de son lit. La vue de l'insecte lui fit plaisir; il se hâta d'assurer la bonté du présage en l'écrasant ; il avait saisi sa pantoufle, mais l'émotion qu'il éprouvait fit manquer le coup, et l'araignée disparut. Il passa deux heures à la chercher en vain, fatigué de ses efforts inutiles, il se jeta sur son lit avec désespoir : — Le bonheur était là, s'écria-t-il, et je l'ai perdu ! Ah! ma pauvre tragédie! Le lendemain il fut tenté de retirer sa pièce, mais un de ses amis l'en empêcha; la pièce alla aux nues, et l'auteur n'en demeura pas moins persuadé qu'une araignée porte bonheur lorsqu'on l'écrase (2).

Dans le bon temps de la loterie, des femmes enfermaient le soir une araignée dans une boîte, avec les quatre-vingt-dix numéros écrits sur de petits carrés de papier. L'araignée, en manœuvrant la nuit, retournait quelques-uns de ces papiers. Ceux qui étaient retournés de la sorte, étaient regardés le lendemain matin, comme numéros gagnants.....

Cependant les toiles d'araignées sont utiles : appliquées sur une blessure, elles arrêtent le sang et empêchent que la plaie ne s'enflamme. Mais il ne faut peut-être pas croire, avec l'auteur des Admirables secrets d'Albert le Grand, que l'araignée pilée et mise en cataplasme sur les tempes guérisse la fièvre tierce (3).

Avant que Lalande eût fait voir qu'on pouvait manger des araignées, on les regardait généralement comme un poison. Un religieux du Mans disant la messe, une araignée tomba dans le calice après la consécration. Le moine, sans hésiter, avala l'insecte. On s'attendait à le voir enfler; ce qui n'eut pas lieu.

Il y a de vilaines histoires sur le compte des araignées. N'oublions pourtant pas que, dans son cachot, Pélisson en avait apprivoisé une que Delille a célébrée. Mais la tarentule est aussi une araignée !...

Le maréchal de Saxe, traversant un village, coucha, dans une auberge infestée, disait-on, de revenants qui étouffaient les voyageurs. On citait des exemples. Il ordonna à son domestique de veiller la moitié de la nuit, promettant de lui céder ensuite son lit et de faire alors sentinelle à sa place. A deux heures du matin, rien n'avait encore paru. Le domestique, sentant ses yeux s'appesantir, va éveiller son maître, qui ne répond point ; il le croit assoupi et le secoue inutilement. Effrayé, il prend la lumière, ouvre les draps, et voit le maréchal baigné dans son sang. Une araignée monstrueuse lui suçait le sein gauche. Il court prendre des pincettes pour combattre cet ennemi d'un nouveau genre, saisit l'araignée et la jette au feu. Ce ne fut qu'après un long assoupissement que le maréchal reprit ses sens; et depuis lors on n'entendit plus parler de revenants dans l'auberge. — Nous ne garantissons pas cette anecdote, conservée dans plusieurs recueils.

Au reste, l'araignée a de quoi se consoler de notre horreur et de nos mépris. Les nègres de la Côte-d'Or attribuent la création de l'homme à une grosse araignée qu'ils nomment *Anansié*, et ils révèrent les plus belles araignées comme des divinités puissantes.

ARBRES. On sait que dans l'antiquité les arbres étaient consacrés aux dieux : le cyprès à Pluton, etc. Plusieurs arbres et plantes sont encore dévoués aux esprits de l'enfer : le poirier sauvage, l'églantier, le figuier, la verveine, la fougère, etc.

Des arbres ont parlé ; chez les anciens, dans les forêts sacrées, on a entendu des arbres gémir. Les oracles de Dodone étaient des chênes qui parlaient.

---

(1) Des Erreurs et des préjugés, t. I, p. 510.
(2) Annales dramatiques, ou Dictionnaire des théâtres, par une société de gens de lettres, t. I, au mot *Abaco*.
(3) Les Admirables secrets d'Albert le Grand, liv. III.

On entendit, dans une forêt d'Angleterre, un arbre qui poussait des gémissements; on le disait enchanté. Le propriétaire du terrain tira beaucoup d'argent de tous les curieux qui venaient voir une chose aussi merveilleuse. A la fin, quelqu'un proposa de couper l'arbre; le maître du terrain s'y opposa, non par un motif d'intérêt propre, disait-il, mais de peur que celui qui oserait y mettre la cognée n'en mourût subitement; on trouva un homme qui n'avait pas peur de la mort subite, et qui abattit l'arbre à coups de hache : alors on découvrit un tuyau qui formait une communication à plusieurs toises sous terre, et par le moyen duquel on produisait les gémissements que l'on avait remarqués.

ARC-EN-CIEL. Le chapitre IX de la Genèse semble dire, selon des commentateurs, qu'il n'y eut point d'arc-en-ciel avant le déluge ; mais je ne sais (1) où l'on a vu qu'il n'y en aura plus quarante ans avant la fin du monde, « parce que la sécheresse qui précédera l'embrasement de l'univers consumera la matière de ce météore. » C'est pourtant une opinion encore répandue chez ceux qui s'occupent de la fin du monde.

L'arc-en-ciel a son principe dans la nature ; et croire qu'il n'y eut point d'arc-en-ciel avant le déluge, parce que Dieu en fit le signe de son alliance, c'est comme si l'on disait qu'il n'y avait point d'eau avant l'institution du baptême. Et puis, Dieu ne dit point, au chapitre IX de la Genèse, qu'il place son arc-en-ciel, mais son arc en signe d'alliance; et comment attribuera-t-on à l'arc-en-ciel ce passage d'Isaïe : *J'ai mis mon arc et ma flèche dans les nues?*

ARDENTS (MAL DES), appelé aussi *feu infernal*. C'était au onzième et au douzième siècle une maladie non expliquée, qui se manifestait comme un feu intérieur et dévorait ceux qui en étaient frappés. Les personnes qui voyaient là un effet de la colère céleste l'appelaient *feu sacré*; d'autres le nommaient *feu infernal*; ceux qui l'attribuaient à l'influence des astres le nommaient *sidération*. Les reliques de saint Antoine, que le comte de Josselin apporta de la Terre Sainte à la Mothe-Saint-Didier, ayant guéri plusieurs infortunés atteints de ce mal, on le nomme encore *feu de saint Antoine.*

On fêtait à Paris *sainte Geneviève des Ardents*, en souvenir des cures merveilleuses opérées alors par la châsse de la sainte (2) sur les infortunés atteints de ce mal.

ARDENTS, exhalaisons enflammées qui paraissent sur les bords des lacs et des marais, ordinairement en automne, et qu'on prend pour des esprits follets, parce qu'elles sont à fleur de terre et qu'on les voit quelquefois changer de place. Souvent on en est ébloui et on se perd. Leloyer dit que lorsqu'on ne peut s'empêcher de suivre les ardents, ce sont bien en vérité des démons (3).

Il y eut, sous le règne de Louis XIII, une histoire de revenant qui fit assez de bruit à Marseille ; c'était une espèce de feu ardent ou d'homme de feu. Le comte et la comtesse d'Alais voyaient toutes les nuits un spectre enflammé se promener dans leur chambre, et aucune force humaine ne pouvait les forcer à se retirer. La jeune dame supplia son mari de quitter une maison et une ville où ils ne pouvaient plus dormir. Le comte, qui se plaisait à Marseille, voulut employer d'abord tous les moyens pour l'expulsion du fantôme. Gassendi fut consulté ; il conclut que ce fantôme de feu qui se promenait toutes les nuits était formé par des vapeurs enflammées que produisait le souffle du comte et de la comtesse ;.... d'autres savants donnèrent des réponses aussi satisfaisantes. On découvrit enfin le secret. Une femme de chambre, cachée sous le lit, faisait paraître un phosphore à qui la peur donnait une taille et des formes effrayantes ; et la comtesse elle-même faisait jouer cette farce pour obliger son mari à partir de Marseille, qu'elle n'aimait pas....

ARGENS (BOYER D'), marquis, né en 1704, à Aix en Provence. On trouve, parmi beaucoup de fatras, des choses curieuses sur les gnômes, les sylphes, les ondins et les salamandres, dans ses « *Lettres Cabalistiques*, ou Correspondance philosophique, historique et critique entre deux cabalistes, divers esprits élémentaires et le seigneur Astaroth. » La meilleure édition est de 1769, 7 vol, in-12. Ce livre, d'un très-mauvais esprit, est infecté d'un philosophisme que l'auteur a désavoué ensuite.

ARGENT. L'argent qui vient du diable est ordinairement de mauvais aloi. Delrio conte qu'un homme, ayant reçu du démon une bourse pleine d'or, n'y trouva le lendemain que des charbons et du fumier.

Un inconnu, passant par un village, rencontra un jeune homme de quinze ans, d'une figure intéressante et d'un extérieur fort simple. Il lui demanda s'il voulait être riche ; le jeune homme ayant répondu qu'il le désirait, l'inconnu lui donna un papier plié, et lui dit qu'il en pourrait faire sortir autant d'or qu'il le souhaiterait, tant qu'il ne le déplierait pas ; et que s'il domptait sa curiosité, il connaîtrait avant peu son bienfaiteur. Le jeune homme rentra chez lui, secoua son trésor mystérieux, il en tomba quelques pièces d'or.... Mais, n'ayant pu résister à la tentation de l'ouvrir, il y vit des griffes de chat, des ongles d'ours, des pattes de crapauds, et d'autres figures si horribles, qu'il jeta le papier au feu, où il fut une demi-heure sans pouvoir se consumer. Les pièces d'or qu'il en avait tirées disparurent, et il reconnut qu'il avait eu affaire au diable.

Un avare, devenu riche à force d'usures, se sentant à l'article de la mort, pria sa femme de lui apporter sa bourse, afin qu'il pût la voir encore avant de mourir. Quand il la tint, il la serra tendrement, et ordonna

---

(1) Brown, Erreurs populaires, liv. VII, ch. 5.
(2) Le *mal des ardents*, qui se nommait aussi *feu infernal*, et *feu Saint-Antoine*, était à Paris une affreuse maladie épidémique, une sorte de lèpre brûlante, dont on dut la guérison à sainte Geneviève.
(3) Discours des spectres, liv I, ch. 7.

qu'on l'enterrât avec lui, parce qu'il trouvait l'idée de s'en séparer déchirante. On ne lui promit rien précisément; et il mourut en contemplant son or. Alors on lui arracha la bourse des mains, ce qui ne se fit pas sans peine. Mais quelle fut la surprise de la famille assemblée, lorsqu'en ouvrant le sac on y trouva, non plus des pièces d'or, mais deux crapauds!...... Le diable était venu, et en emportant l'âme de l'usurier, il avait emporté son or, comme deux choses inséparables et qui n'en faisaient qu'une (1).

Voici autre chose : un homme qui n'avait que vingt sous pour toute fortune se mit à vendre du vin aux passants. Pour gagner davantage, il mettait autant d'eau que de vin dans ce qu'il vendait. Au bout d'un certain temps, il amassa, par cette voie injuste, la somme de cent livres. Ayant serré cet argent dans un sac de cuir, il alla avec un de ses amis faire provision de vin pour continuer son trafic; mais, comme il était près d'une rivière, il tira du sac de cuir une pièce de vingt sous pour une petite emplette; il tenait le sac dans la main gauche et la pièce dans la droite; incontinent un oiseau de proie fondit sur lui et lui enleva son sac, qu'il laissa tomber dans la rivière. Le pauvre homme, dont toute la fortune se trouvait ainsi perdue, dit à son compagnon :—Dieu est équitable; je n'avais qu'une pièce de vingt sous quand j'ai commencé à voler; il m'a laissé mon bien, et m'a ôté ce que j'avais acquis injustement (2).

Un étranger bien vêtu, passant au mois de septembre 1606 dans un village de la Franche-Comté, acheta une jument d'un paysan du lieu pour la somme de dix-huit ducatons. Comme il n'en avait que douze dans sa bourse, il laissa une chaîne d'or en gage du reste, qu'il promit de payer à son retour. Le vendeur serra le tout dans du papier, et le lendemain trouva la chaîne disparue, et douze plaques de plomb au lieu des ducatons (3).

Terminons en rappelant un stupide usage de quelques villageois qui croient que, quand on fait des beignets avec des œufs, de la farine et de l'eau, pendant la messe de la Chandeleur, de manière qu'on en ait de faits après la messe, on a de l'argent pendant toute l'année (4).

On en a toute l'année aussi, quand on en porte sur soi le premier jour où l'on entend le chant du coucou, — et tout le mois, si on en a dans sa poche la première fois qu'on voit la lune nouvelle.

ARGENT POTABLE. Si vous êtes versé dans les secrets de l'alchimie et que vous souhaitiez posséder ce panacée, prenez du soufre bleu céleste; mettez-le dans un vase de verre; versez dessus d'excellent esprit de vin; faites digérer au bain pendant vingt-quatre heures; et quand l'esprit de vin aura attiré le soufre par distillation, prenez une part de ce soufre; versez dessus trois fois son poids d'esprit blanc mercuriel extrait du vitriol minéral; bouchez bien le vase; faites digérer au bain vaporeux jusqu'à ce que le soufre soit réduit en liqueur; alors versez dessus de très-bon esprit de vin à poids égal; digérez-les ensemble pendant quinze jours; passez le tout par l'alambic; retirez l'esprit par le bain tiède, et il restera une liqueur qui sera le vrai argent potable, ou soufre d'argent, qui ne peut plus être remis en corps. Cet élixir blanc est un remède à peu près universel, qui fait merveilles en médecine, fond l'hydropisie et guérit tous les maux intérieurs (5).

ARGOUGES. Voy. Fées, à la fin.

ARIGNOTE. Lucien conte qu'à Corinthe, dans le quartier de Cranaüs, personne n'osait habiter une maison qui était visitée d'un spectre. Un certain Arignote, s'étant muni de livres magiques égyptiens, s'enferma dans cette maison pour y passer la nuit, et se mit à lire tranquillement dans la cour. Le spectre parut bientôt; pour effrayer Arignote, il prit d'abord la figure d'un chien, ensuite celles d'un taureau et d'un lion. Mais, sans se troubler, Arignote prononça dans ses livres des conjurations qui obligèrent le fantôme à se retirer dans un coin de la cour, où il disparut. Le lendemain on creusa à l'endroit où le spectre s'était enfoncé; on y trouva un squelette auquel on donna la sépulture, et rien ne parut plus dans la maison. — Cette anecdote n'est autre chose que l'aventure d'Athénodore, que Lucien avait lue dans Pline, et qu'il accommode à sa manière pour divertir ses lecteurs.

ARIMANE, prince des enfers chez les anciens Perses, source du mal, démon noir, engendré dans les ténèbres (6), ennemi d'Oromaze, principe du bien. Mais celui-ci est éternel, tandis qu'Arimane est créé et doit périr un jour.

ARIOCH, démon de la vengeance, selon quelques démonographes; différent d'Alastor, et occupé seulement des vengeances particulières de ceux qui l'emploient.

ARIOLISTES, devins de l'antiquité, dont le métier se nommait *ariolatio*, parce qu'ils devinaient par les autels (*ab. aris*). Ils consultaient les démons sur leurs autels, dit Daugis (7); ils voyaient ensuite si l'autel tremblait ou s'il s'y faisait quelque merveille, et prédisaient ce que le diable leur inspirait.

ARISTEE, — charlatan de l'île de Proconèse, qui vivait du temps de Crésus. Il disait que son âme sortait de son corps quand il voulait, et qu'elle y retournait ensuite. Les uns content qu'elle s'échappait, à la vue de sa femme et de ses enfants, sous la figure d'un cerf, Wierus dit sous la figure d'un corbeau (8). — Hérodote rapporte, dans son quatrième livre, que cet Aristée, entrant un jour dans la boutique d'un foulon, y tomba mort; que le foulon courut avertir ses pa-

---

(1) Cæsarii Hist. de morientibus, cap. 39 Mirac. lib. II.
(2) Saint Grégoire de Tours, livre des Miracles.
(3) Boguet, Discours des sorciers.
(4) Thiers, Traité des superst., etc.

(5) Traité de chimie philosoph. et hermétique, p. 168.
(6) Plutarque, sur Isis et Osiris.
(7) Traité sur la magie, etc., p. 66.
(8) De Præstigiis dæm., lib. I, cap. 14.

rents, qui arrivèrent pour le faire enterrer. Mais on ne trouva plus le corps. Toute la ville était en grande surprise, quand des gens qui revenaient de quelque voyage assurèrent qu'ils avaient rencontré Aristée sur le chemin de Crotone (1). Il paraît que c'était une espèce de vampire. Hérodote ajoute qu'il reparut au bout de sept ans à Proconèse, y composa un poëme et mourut de nouveau.

Lenoyer, qui regarde Aristée comme un sorcier à extases (2), cite une autorité d'après laquelle, à l'heure même où ce vampire disparut pour la seconde fois, il aurait été transporté en Sicile, et s'y serait fait maître d'école.

Il se montra encore trois cent quarante ans après, dans la ville de Métaponte, et il y fit élever des monuments qu'on voyait du temps d'Hérodote. Tant de prodiges engagèrent les Siciliens à lui consacrer un temple, où ils l'honoraient comme un demi-dieu.

ARISTODÈME, roi des Messéniens. *Voy.* OPHIONEUS et OLOLYGMANCIE.

ARISTOLOCHIE, ou paille de sarrasin, ou plutôt espèce de plante appelée pistoloche, avec laquelle Apulée prétendait qu'on pouvait dénouer l'aiguillette, sans doute en l'employant à des fumigations. *Voy.* LIGATURES.

ARISTOMÈNE, général messénien, si habile et si adroit que, toutes les fois qu'il tombait au pouvoir des Athéniens, ses ennemis, il trouvait moyen de s'échapper de leurs mains. Pour lui ôter cette ressource, ils le firent mourir; après quoi on l'ouvrit et on lui trouva le cœur tout velu et tout couvert de poils (3).

ARISTOTE, que l'Arabe Averroès appelle le comble de la perfection humaine. Sa philosophie a toujours été en grande vénération, et son nom ne peut recevoir trop d'éclat. Mais il ne fallait pas se quereller pour ses opinions et emprisonner dans un temps ceux qui ne les partageaient pas, pour emprisonner dans un autre ceux qui les avaient adoptées. Ces querelles, au reste, n'ont été élevées que par les hérétiques.

Delancre semble dire qu'Aristote savait la magie naturelle (4); mais il ne parle guère en homme superstitieux dans aucun de ses écrits. Quant à la vieille opinion, soutenue par Procope et quelques autres, qu'Aristote, ne pouvant comprendre la raison du flux et du reflux de l'Euripe, s'y précipita en faisant de désespoir ce mauvais calembourg : — Puisque je ne puis te saisir, saisis-moi (5); — cette opinion est aujourd'hui un conte méprisé.

Aristote joue, dans un vieux fabliau français, un rôle assez ridicule. Un jour, dit le conteur, il reprocha à son élève le trop grand amour qu'il portait à une jeune Indienne, et l'oubli de tout devoir où le jetait cette passion. Le Macédonien, écoutant les leçons de la sagesse, promit de rompre d'indignes liens. L'Indienne connut la cause de ce changement subit et prit la résolution de s'en venger. Elle alla trouver le philosophe, et comme il n'était protégé que par sa pauvre philosophie, elle l'eut bientôt séduit par ses agaceries. Quand elle eut tourné l'esprit du vieillard, elle exigea, pour prix de ses sourires, qu'il satisfît à un désir qu'elle avait toujours eu; c'était qu'il consentît à la laisser se mettre à cheval sur son dos. Aristote, chauve et ridé, n'eut pas la force de refuser une demande aussi absurde. La fine Indienne, allant chercher aussitôt une selle et une bride, plaça la selle sur le dos du philosophe, et la bride dans sa bouche; puis elle sauta sur lui comme sur un roussin. En ce moment, Alexandre, qui était prévenu, parut à une fenêtre, et put adresser à son maître les mêmes leçons que ce dernier lui donnait peu de jours auparavant (6).

On ne sait trop la source de cet autre conte. On a prétendu qu'Aristote ayant épousé la nièce (d'autres disent la fille ou la petite-fille) d'Hermias, son ami, il en devint si épris, qu'il alla jusqu'à lui offrir des sacrifices. En tout cas, l'aventure du fabliau est citée dans les *Amours d'Euriale*, d'Æneas Sylvius. Spranger, peintre de l'empereur Rodolphe II, en a fait, au commencement du dix-septième siècle, un tableau que Sadeler a gravé. Le vieil amoureux est représenté marchant à quatre pattes, avec le mors en bouche, et portant sur son dos la dame qui, d'une main tient la bride, et de l'autre, un fouet (7).

Nous ne citerons ici des ouvrages d'Aristote que ceux qui ont rapport aux matières que nous traitons : 1° *De la Divination par les songes*; 2° *Du Sommeil et de la veille*, imprimés dans ses œuvres. On peut consulter aussi les remarques de Michel d'Éphèse sur le livre de la Divination par les songes (8), et la Paraphrase de Thémistius sur divers traités d'Aristote, principalement sur ce même ouvrage (9).

ARITHMANCIE ou ARITHMOMANCIE. Divination par les nombres. Les Grecs examinaient le nombre et la valeur des lettres dans les noms de deux combattants, et en auguraient que celui dont le nom renfermait plus de lettres et d'une plus grande valeur remporterait la victoire. C'est en vertu de cette science que quelques devins avaient prévu qu'Hector devait être vaincu par Achille.

Les Chaldéens, qui pratiquaient aussi l'arithmomancie, partageaient leur alphabet en trois parties, chacune composée de sept lettres, qu'ils attribuaient aux sept planètes, pour en tirer des présages. Les platoniciens et les pythagoriciens étaient fort adonnés à

---

(1) Plutarque, dans la Vie de Romulus.
(2) Discours des spectres, liv. IV, ch. 24.
(3) Valère-Maxime, liv. I, ch. 8, ext. n° 15.
(4) Tableau de l'inconstance des mauvais anges, etc., liv. VI, disc. 2.
(5) Si quidem ego non capio te, tu capies me.
(6) M. Leroux de Lincy, Légende d'Hippocrate.

(7) Fabliaux de Legrand d'Aussy, t. I.
(8) Michaelis Ephesii Annotationes in Aristotelem, de somno, id est, de divinatione per somnum. Venise, in-8°, 1527.
(9) Themistii Paraphrasis in Aristotelem de memoria et reminiscentia, de insomniis, de divinatione per somnum, latine, interprete Hermolao Barbaro. Bâle, in-8°, 1530.

cette divination, qui comprend aussi une partie de la cabale des Juifs (1).

ARIUS, fameux hérétique qui niait la divinité de Jésus-Christ, Notre-Seigneur. Voici comment on raconte sa mort : — Saint Alexandre, évêque de Byzance, voyant que les sectateurs d'Arius voulaient le porter en triomphe, le lendemain dimanche, dans le temple du Seigneur, pria Dieu avec zèle d'empêcher ce scandale, de peur que si Arius entrait dans l'église, il ne semblât que l'hérésie y fût entrée avec lui. Et le lendemain dimanche, au moment où l'on s'attendait à voir Arius, l'hérétique ivrogne, sentant un certain besoin qui aurait pu lui être fort incommode dans la cérémonie de son triomphe, fut obligé d'aller aux lieux secrets, où il creva par le milieu du ventre, perdit les intestins, et mourut d'une mort infâme et malheureuse, frappé, selon quelques-uns, par le diable, qui dut en recevoir l'ordre, car Arius était de ses amis.

ARMANVILLE. Une dame d'Armanville, à Amiens, fut battue dans son lit en 1746. Sa servante attesta que le diable l'avait maltraitée. La cloche de la maison sonna seule ; on entendit balayer le grenier à minuit. Il sembla même que les démons qui prenaient cette peine, avaient un tambour et faisaient ensuite des évolutions militaires. La dame, effrayée, quitta Amiens pour retourner à Paris ; c'est ce que voulait la femme de chambre. Il n'y eut plus de maléfice dès lors, et l'on a eu tort de voir là autre chose que de la malice.

ARMÉES PRODIGIEUSES. Au siége de Jérusalem par Titus, et dans plusieurs autres circonstances, on vit dans les airs des armées ou des troupes de fantômes, phénomènes non encore expliqués, et qui jamais ne présagèrent rien de bon.

Plutarque raconte, dans la vie de Thémistocle, que pendant la bataille de Salamine, on vit en l'air des armées prodigieuses et des figures d'hommes qui, de l'île d'Égine, tendaient les mains au-devant des galères grecques. On publia que c'étaient les Éacides, qu'on avait invoqués avant la bataille.

Quelquefois aussi on a rencontré des troupes de revenants et de démons allant par bataillons et par bandes. Voy. Retz, etc.

En 1123, dans le comté de Worms, on vit, pendant plusieurs jours, une multitude de gens armés, à pied et à cheval, allant et venant avec grand bruit, et qui se rendaient tous les soirs vers l'heure de none, à une montagne qui paraissait le lieu de leur réunion. Plusieurs personnes du voisinage s'approchèrent de ces gens armés, en les conjurant, au nom de Dieu, de leur déclarer ce que signifiait cette troupe innombrable et quel était leur projet. Un des soldats ou fantômes répondit : Nous ne sommes pas ce que vous vous imaginez, ni de vrais fantômes, ni de vrais soldats. Nous sommes les âmes de ceux qui ont été tués en cet endroit dans la dernière bataille. Les armes et les chevaux que vous voyez sont les instruments de notre supplice, comme ils l'ont été de nos péchés. Nous sommes tout en feu, quoique vous n'aperceviez en nous rien qui paraisse enflammé. — On dit qu'on remarqua en leur compagnie le comte Enrico et plusieurs autres seigneurs tués depuis peu d'années, qui déclarèrent qu'on pouvait les soulager par des aumônes et des prières (2). Voy. Apparitions, Phénomènes, Visions, Aurore boréale, etc.

ARMIDE. L'épisode d'Armide, dans le Tasse, est fondé sur une tradition populaire qui est rapportée par Pierre Delancre (3). Cette habile enchanteresse était fille d'Arbilan, roi de Damas ; elle fut élevée par Hidraote, son oncle, puissant magicien, qui en fit une grande sorcière. La nature l'avait si bien partagée, qu'elle surpassait en attraits les plus belles femmes de l'orient. Son oncle l'envoya comme un redoutable ennemi, vers la puissante armée chrétienne que le pape Urbain II avait rassemblée sous la conduite de Godefroi de Bouillon ; et là, comme dit Delancre « elle charma en effet quelques chefs croisés ; » mais elle ne compromit pas l'espoir des chrétiens.

ARMOMANCIE, divination qui se faisait par l'inspection des épaules (4). On juge encore aujourd'hui qu'un homme, qui a les épaules larges, est plus fort qu'un autre qui les a étroites.

ARNAUD DE BRESSE, moine du douzième siècle, disciple d'Abeilard. Turbulent et ambitieux, il se fit chef de secte. Il disait que les bonnes œuvres sont préférables au sacrifice de la messe ; ce qui est absurde ; car le sacrifice de la messe n'empêche pas les bonnes œuvres, il les ordonne au contraire ; et sa comparaison n'avait pas le sens commun. Il avait jeté le froc, comme tous les réformateurs. Ayant excité de grands troubles, il fut pris et brûlé à Rome en 1155. On l'a mis au rang des sorciers ; il ne l'était guère, mais il était dissolu et il fit beaucoup de mal.

ARNAULD (Angélique). *Apparition de la mère Marie-Angélique Arnauld, abbesse de Port-Royal de Paris, peu avant la mort de la sœur Marie-Dorothée Perdereau, abbesse intruse de ladite maison ;* rapportée dans une lettre écrite en 1685, par M. Dufossé, à la suite de ses mémoires sur Port-Royal. — « Deux religieuses de Port-Royal, étant à veiller le Saint-Sacrement pendant la nuit, virent tout d'un coup la feue mère Angélique, leur ancienne abbesse, se lever du lieu où elle avait été inhumée, ayant en main sa crosse abbatiale, marcher tout le long du chœur et s'aller asseoir à la place où se met l'abbesse pendant les vêpres.

---

(1) Delancre, Incrédulité et mécréance du sortilége pleinement convaincue, traité 5.
(2) Chronique d'Ursperg.
(3) Tableau de l'inconstance des mauvais anges, etc., liv. I.

(4) Du mot latin *armus*, épaule. Les anciens appliquaient surtout cette divination aux animaux. Ils jugeaient par l'armomancie si la victime était bonne pour les dieux.

« Étant assise, elle appela une religieuse qui paraissait au même lieu, et lui ordonna d'aller chercher la sœur Dorothée, laquelle, ou du moins son esprit, vint se présenter devant la mère Angélique, qui lui parla pendant quelque temps, sans qu'on pût entendre ce qu'elle lui disait ; après quoi, tout disparut.

« On ne douta point que la mère Angélique n'eût cité la sœur Dorothée devant Dieu ; et c'est la manière dont elle l'interpréta elle-même, lorsque les deux religieuses qui avaient été témoin de cette apparition la lui rapportèrent. Elle s'écria : — Ah ! je mourrai bientôt. Et en effet, elle mourut quinze jours ou trois semaines après. » Voilà !

ARNAULD DE VILLENEUVE, médecin, astrologue et alchimiste, qu'il ne faut pas confondre, comme on l'a fait quelquefois, avec Arnaud de Bresse. Il était né auprès de Montpellier ; il mourut dans un naufrage en 1314.

La chimie lui doit beaucoup de découvertes ; il ne cherchait, à la vérité, que la pierre philosophale et ne songeait qu'à faire de l'or ; mais il trouva les trois acides sulfurique, muriatique et nitrique. Il composa le premier de l'alcool et du ratafia ; il fit connaître l'essence de térébenthine, régularisa la distillation, etc. Il mêlait à ses vastes connaissances en médecine des rêveries astrologiques, et il prédit la fin du monde pour l'année 1335.

On l'accusa aussi de magie. François Pegna dit qu'il devait au démon tout ce qu'il savait d'alchimie, et Mariana (1) lui reproche d'avoir essayé de former un homme avec de certaines drogues déposées dans une citrouille. Mais Delrio justifie Arnauld de Villeneuve de ces accusations ; et le pape Clément V ne l'eût pas pris pour son médecin s'il eût donné dans la magie. — L'inquisition de Tarragone fit brûler ses livres, trois ans après sa mort, mais elle les fit brûler comme étant empreints de plusieurs sentiments hérétiques.

On recherche d'Arnauld de Villeneuve un traité de l'explication des songes (2) ; mais on met sur son compte beaucoup d'ouvrages d'alchimie ou de magie auxquels il n'a pas eu la moindre part. Tels sont le livre des *Ligatures physiques* (3), qui est une traduction d'un livre arabe ; et celui des *Talismans des douze signes du zodiaque* (4). On lui attribue aussi faussement le livre stupide et infâme des *Trois imposteurs*.

ARNOUX, auteur d'un volume in-12, publié à Rouen, en 1630, sous le titre *des Merveilles de l'autre monde*, ouvrage écrit dans un goût bizarre et propre à troubler les imaginations faibles, par des contes de visions et de revenants.

ARNUPHIS, sorcier égyptien. Voyant Marc-Aurèle et son armée engagés dans des défilés dont les Quades fermaient l'issue, et mourant de soif sous un ciel brûlant, il fit tomber, par le moyen de son art, une pluie prodigieuse qui permit aux Romains de se désaltérer, pendant que la grêle et le tonnerre fondaient sur les Quades et les contraignaient à rendre les armes. C'est ce que racontent, dans un but intéressé, quelques auteurs païens. D'autres font honneur de ce prodige aux impuissantes prières de Marc-Aurèle. Les auteurs chrétiens, les seuls qui soient ici dans la vérité, l'attribuent unanimement, et avec toute raison, à la prière des soldats chrétiens qui se trouvaient dans l'armée romaine.

ARNUS, devin tué par Hercule, parce qu'il faisait le métier d'espion. Apollon vengea la mort d'Arnus, qu'il inspirait, en mettant la peste dans le camp des Héraclides. Il fallut, pour faire cesser le fléau, établir des jeux en l'honneur du défunt.

AROT. *Voy.* Marot.

ARPHAXAT, sorcier perse, qui fut tué d'un coup de foudre, si l'on en croit Abdias de Babylone (5), à l'heure même du martyre de saint Simon et de saint Jude. — Dans une possession qui fit du bruit à Loudun (6), on cite un démon *Arphaxat*.

ART DE SAINT ANSELME. Moyen superstitieux de guérir, employé par des imposteurs qui prenaient le nom d'anselmistes. Ils se contentaient de toucher, avec certaines paroles, les linges qu'on appliquait sur les blessures. Ils devaient le secret de leur art, disaient-ils, à saint Anselme de Cantorbéry. Aussi l'appelaient-ils l'art de saint Anselme, voulant de la sorte se donner un certain vernis. Mais Delrio assure que leur véritable chef de file est Anselme de Parme.

ART DE SAINT PAUL. Moyen de prédire les choses futures, que des songes creux ont prétendu avoir été enseigné à saint Paul, dans son voyage au troisième ciel. Des charlatans ont eu le front de s'en dire héritiers.

ART DES ESPRITS, appelé aussi *art angélique*. Il consiste dans le talent d'évoquer les esprits, et de les obliger à découvrir les choses cachées. D'autres disent que l'art angélique est l'art de s'arranger avec son ange gardien, de manière à recevoir de lui la révélation de tout ce qu'on veut savoir. Cet art superstitieux se pratique de deux manières, ou par des extases, dans lesquels on reçoit des avis, ou par des entretiens avec l'ange que l'on évoque, qui apparaît, et qui, en cette circonstance, n'est pas, sans doute, un ange de lumière. *Voy.* Évocation.

ART NOTOIRE, espèce d'encyclopédie inspirée. Le livre superstitieux, qui contient les principes de l'art notoire, promet la connaissance de toutes les sciences en quatorze jours. L'auteur du livre dit effrontément que le Saint-Esprit le dicta à saint Jérôme. Il assure encore que Salomon n'a obtenu la sagesse et la science universelle

---

(1) Rerum hispanic. lib. XIV, cap. IX.
(2) Arnaldi de Villanova libellus de somniorum interpretatiōe et somnia Danielis. in-4°. Ancienne édition très-rare.
(3) De Physicis ligaturis.
(4) De Sigillis duodecim signorum.
(5) Certaminis apostolici, lib. VI.
(6) Voyez Grandier.

que pour avoir lu en une seule nuit ce merveilleux livre. Il faudrait qu'il eût déjà été dicté à quelque enfant d'Israël; car ce serait un prodige trop grand, que Salomon eût lu le manuscrit de saint Jérôme. Mais les faiseurs d'écrits de ce genre ne reculent pas pour si peu.

Gilles Bourdin a publié, au seizième siècle, un grimoire obscur, sous le titre de l'*Art notoire*. Il n'est pas probable que ce soit la bonne copie, qui sans doute est perdue.

Delrio dit que, de son temps, les maîtres de cet art ordonnaient à leurs élèves une certaine sorte de confession générale, des jeûnes, des prières, des retraites, puis leur faisaient entendre, à genoux, la lecture du livre de l'*Art notoire*, et leur persuadaient qu'ils étaient devenus aussi savants que Salomon, les prophètes et les apôtres. Il s'en trouvait qui le croyaient.

Ce livre a été condamné par le pape Pie V. Mêlant les choses religieuses à ses illusions, l'auteur recommande entre autres soins de réciter tous les jours, pendant sept semaines, les sept psaumes de la pénitence, et de chanter tous les matins, au lever du soleil, le *Veni, Creator*, en commençant un jour de nouvelle lune, pour se préparer ainsi à la connaissance de l'*Art notoire* (1). Erasme, qui parle de ce livre, dans un de ses colloques, dit qu'il n'y a rien compris; qu'il n'y a trouvé que des figures de dragons, de lions, de léopards, des cercles, des triangles; des caractères hébreux, grecs, latins, et qu'on n'a jamais connu personne qui eût rien appris dans tout cela.

Des doctes prétendent que le véritable *Ars notaria* n'a jamais été écrit, et que l'esprit le révèle à chaque aspirant préparé. (Mais quel esprit?) Il leur en fait la lecture pendant leur sommeil, s'ils ont sous l'oreille le nom cabalistique de Salomon, écrit sur une lame d'or ou sur un parchemin vierge. Mais d'autres érudits soutiennent que l'*Ars notoria* existe écrit, et qu'on le doit à Salomon. Le croira qui pourra.

ART SACERDOTAL. C'est, selon quelques adeptes, le nom que les Egyptiens donnaient à l'alchimie. Cet art, dont le secret, recommandé sous peine de mort, était écrit en langue hiéroglyphique, n'était communiqué qu'aux prêtres, à la suite de longues épreuves.

ARTÉMIDORE, Ephésien qui vécut du temps d'Antonin le Pieux. On lui attribue le traité des songes, intitulé *Oneirocriticon*, publié pour la première fois, en grec, à Venise, 1518, in-8°. On recherche la traduction latine de Rigaut (2), et quelques traductions françaises (3).

ARTÉPHIUS, philosophe hermétique du douzième siècle, que les alchimistes disent avoir vécu plus de mille ans, par les secrets de la pierre philosophale. François Pic rapporte le sentiment de quelques savants qui affirment qu'Artéphius est le même qu'Apollonius de Tyanes, né au premier siècle, sous ce nom, et mort au douzième, sous celui d'Artéphius.

On lui attribue plusieurs livres extravagants ou curieux : 1° l'*Art d'allonger sa vie* (*De Vita propaganda*), qu'il dit, dans sa préface, avoir composé à l'âge de mille vingt-cinq ans; 2° *la Clef de la Sagesse suprême* (4); 3° un livre sur les caractères des planètes, sur la signification du chant des oiseaux, sur les choses passées et futures, et sur la pierre philosophale (5). Cardan, qui parle de ces ouvrages, au seizième livre de la Variété des choses, croit qu'ils ont été composés par quelque plaisant, qui voulait se jouer de la crédulité des partisans de l'alchimie.

ARTHÉMIA, fille de l'empereur Dioclétien. Elle fut possédée d'un démon qui résista aux exorcistes païens, et ne céda qu'à saint Cyriaque, diacre de l'Eglise romaine.

L'idée de rire et de plaisanter des possessions et des exorcismes de l'Eglise est venue quelquefois à des esprits égarés, qu'il eût été bon peut-être d'exorciser eux-mêmes.

ARTHUS ou ARTUS, roi des Bretons, célèbre dans les romans de la Table-Ronde, et dont la vie est entourée de fables. On prétend qu'il revient la nuit, dans les forêts de la Bretagne, chasser à grand bruit, avec des chiens, des chevaux et des piqueurs, qui ne sont que des démons ou des spectres, au sentiment de Pierre Delancre (6). Quand le grand-veneur apparut à Henri IV, dans la forêt de Fontainebleau, quelques-uns dirent que c'était la chasse du roi Arthus.

La tradition conserve, aux environs de Huelgoat, dans le Finistère, le souvenir curieux de l'énorme château d'Arthus. On montre des rochers de granit entassés, comme étant les débris de ses vastes murailles. Il s'y trouve, dit-on, des trésors gardés par des démons qui souvent traversent les airs, sous la forme de feux follets, en poussant des hurlements répétés par les échos du voisinage (7). L'orfraie, la buse et le corbeau sont les hôtes sinistres qui fréquentent ces ruines merveilleuses, où de temps en temps apparaît l'âme d'Arthus avec sa cour enchantée. *Voy.* MERLIN.

Nous emprunterons à Legrand d'Aussy

---

(1) Franç. Torreblanca, cap. xiv, epist. de mag.
(2) Artemidori Ephesii Oneirocritica, seu de somniorum interpretatione, græc.-lat. cum notis Nic. Rigaltii, in-4°. Paris, 1603.
(3) Artémidore, De l'Explication des songes, avec le livre d'Augustin Nyphus, des Divinations, in-16. Rouen, 1600; édition augmentée, 1604.—Epitome des cinq livres d'Artémidore, traitant des songes, traduit du grec, par Charles Fontaine; avec un recueil de Valère-Maxime sur le même sujet, traduit du latin, in-8°. Lyon, 1555.
(4) Clavis majoris sapientiæ, imprimé dans le Théâtre chimique. Francfort, 1614, in-8° ou Strasbourg, 1699, in-12.

(5) De Characteribus planetarum, cantu et motibus avium, rerum præteritarum et futurarum, lapideque philosophico. Le Traité d'Artéphius de la pierre philosophale a été traduit en français par P. Arnauld, et imprimé avec ceux de Sinésius et de Flamel. Paris, 1612, 1659, 1682, in-4°. On attribue encore à Artéphius, le Miroir des miroirs, Speculum speculorum, et le Livre secret, Liber secretus.
(6) Tableau de l'inconstance des mauvais songes, liv. IV, disc. 3.
(7) Cambry, Voyage dans le Finistère, t. I, p. 277.

(tome 1ᵉʳ de ses Fabliaux), quelques notes intéressantes sur le roi Artus.

Ce héros, fameux dans nos vieux romans, qui le font régner dans la Grande-Bretagne, fit beaucoup de conquêtes, et porta au plus haut degré de gloire l'ordre prétendu des *Chevaliers de la Table-Ronde*, institués par son père, et nommés ainsi d'une table mystérieuse que leur avait donnée l'enchanteur Merlin. Artus possédait une épée magique nommée *Escalibor*, à laquelle nulle arme ne pouvait résister. Pour enseigne il avait un dragon d'acier qui vomissait des flammes, etc. Malgré tous ces avantages merveilleux, il fut tué dans une bataille avec un grand nombre de chevaliers. On peut voir dans La Colombière (1), le nom et les armoiries de ces braves, la merveille du monde.

On a remarqué que le personnage d'Artus est le fruit d'une jalousie nationale. Ce héros prétendu de la romancerie anglaise, imaginé pour suppléer Charlemagne, le héros de la nôtre, n'en est qu'une copie maladroite. Guerres, conquêtes, beaux faits d'armes, caractères, actions, tout est calqué. Si les romanciers français donnent à Charles des paladins, les romanciers bretons ont fait des *chevaliers de la Table-Ronde*. La *Durandal*, cette épée fameuse que les premiers prêtent à leur héros, chez les seconds c'est l'*Escalibor*. Il n'est pas jusqu'aux personnages secondaires, qui ne soient une imitation. Chez nos poëtes, le plus célèbre d'entre les paladins est Roland, le neveu de Charlemagne ; chez nos rivaux, c'est Gauvain, le neveu d'Artus. Enfin, ce qui, plus que tout le reste encore, trahit ceux-ci, c'est qu'au couronnement de leur Artus, ils font assister les *douze pairs* de Charlemagne (nos romanciers appellent ainsi les douze chevaliers les plus braves du monarque français).

On peut au reste alléguer ici, en faveur de notre antériorité, un témoignage irrécusable : celui d'un auteur anglais, Warton, qui a écrit sur l'origine des romans en Europe. Voici ce qu'il raconte au sujet de sa patrie.

« Au commencement du douzième siècle, un certain Gualter, ou Gautier, archidiacre d'Oxford, ayant eu occasion de faire un voyage dans notre Bretagne, y eut connaissance d'une vieille chronique, intitulée : *Brut-y-Brenhined* (Histoire des rois bretons). Aucun livre ne devait flatter davantage un Anglais : aussi Gautier fit-il copier celui-ci, et il l'emporta en Angleterre, dans le dessein de le publier. A la vérité, l'ouvrage était écrit en bas-breton ; mais Gautier savait que, parmi ses compatriotes, les habitants de la province de Galles entendaient cette langue, et il s'adressa, pour faire traduire sa chronique, à un moine gallois, nommé Geoffroi de Monmouth. Geoffroi la traduisit en effet, et, quoiqu'on ignore quand elle fut publiée, néanmoins ce fut postérieurement à l'année 1138 ; mais le translateur, pour embellir son sujet, se permit d'y faire des additions, et d'y insérer certaines traditions populaires,

(1) *Théâtre d'Honneur*, t. II, p. 136.

tirées, soit de la province de Galles, sa patrie, soit de la Bretagne où il les avait apprises. Au nombre de ces choses intercalées, étaient les prétendues prophéties de Merlin, enchanteur à qui Geoffroi faisait jouer un grand rôle ; enfin, il s'étendait beaucoup sur le couronnement d'Artus ; et il y faisait assister les douze pairs de Charlemagne. (*History of english poetry*.) »

Tel est, en abrégé, le récit de Warton. D'après cet exposé, il est aisé de concevoir quel parti purent tirer de Merlin et d'Artus les romanciers qu'enfanta dans l'Angleterre la chronique de Geoffroi. Quant à cette chronique, je crains que Warton ne se soit trompé, et que son *Brut-y-Brenhined* ne soit notre *Roman du Brut*, ouvrage composé en effet dans le douzième siècle, mais composé en Normandie, et qui contient une prétendue histoire des rois d'Angleterre, dont le premier, selon l'auteur, fut un certain *Brutus*. Au reste, que le *Brut-y-Brenhined* soit dû à la Bretagne ou à la Normandie, il n'en est pas moins une production de nos provinces septentrionales ; et, à ce titre, elles peuvent revendiquer tous ceux des romans de chevalerie anglais qu'il a produits.

Donnons aussi, comme échantillon, un des mille romans de chevalerie à enchantements, qui ont célébré le roi Artus. Nous choisissons le plus court que l'écrivain, à qui nous avons emprunté les notes précédentes, à mis au commencement de son choix (d'ailleurs très-grossier, très-inconvenant et très-mauvais) d'anciens fabliaux.

La mule sans frein.

Artus, aux fêtes de la Pentecôte, tenait cour plénière dans sa cité de Carduel ; et tout ce que ses états renfermaient de hauts barons et de chevaliers, s'y était rendu. Le second jour, au moment qu'on se levait de table, on aperçut au loin, dans la prairie, une femme qui paraissait venir vers le château, et qui était montée sur une mule sans licol et sans frein. Cet objet piqua la curiosité. Le roi, la reine, tout le monde accourut aux fenêtres ; et chacun, cherchant à deviner, faisait sa conjecture. Quand la dame fut plus à portée, tous les chevaliers volèrent au-devant d'elle : on l'aida à descendre. Son visage était mouillé de pleurs et annonçait un grand chagrin.

Introduite devant le prince, elle le salua respectueusement, et s'étant essuyé les yeux, lui demanda pardon de venir l'importuner de ses douleurs ; mais on lui avait pris, disait-elle, le frein de sa mule. Depuis ce jour elle pleurait et se voyait condamnée aux larmes, jusqu'à ce qu'il lui fût rapporté. Il n'y avait que le plus brave des chevaliers qui pût le conquérir et le lui rendre ; et où chercher ce héros ailleurs qu'à la cour d'un si grand roi ? Elle pria donc Artus de permettre que quelques-uns des braves qui l'écoutaient voulussent bien s'intéresser à son malheur. Elle assurait le chevalier qui consentirait à devenir son champion, qu'il serait conduit sûrement au lieu du combat par sa mule.

Tous allaient s'offrir et briguer l'honneur du choix; mais le sénéchal messire Queux saisit le premier la parole, et il fallut bien accepter son appui. Il jura donc de rapporter le frein, fût-il à l'extrémité du monde : il prit des armes et partit, se laissant conduire par la mule, comme on le lui avait recommandé.

A peine fut-il entré dans la forêt, que des troupeaux affamés de lions, de tigres et de léopards, accoururent avec des rugissements affreux pour le dévorer. Le pauvre Queux se repentit bien alors de son indiscrète fanfaronnade; et, dans ce moment, il eût pour jamais renoncé de grand cœur à tout l'honneur de son entreprise. Mais, dès que ces animaux terribles reconnurent la mule, ils se prosternèrent devant elle pour lui lécher les pieds, et retournèrent sur leurs pas.

Au sortir de la forêt se présenta une vallée si obscure, si profonde et si noire, que l'homme le plus brave n'eût osé y entrer sans frémir. Ce fut bien pis encore, quand le sénéchal y eût pénétré, et qu'entouré de serpents, de scorpions et de dragons vomissant des flammes, il ne marcha plus qu'à la lueur funèbre de ces feux menaçants. Autour de lui tous les vents déchaînés mugissaient à la fois, des torrents grondaient comme le tonnerre; des montagnes s'écroulaient avec un fracas horrible. Aussi, quoique l'air y fût plus froid et plus glaçant que celui de mille hivers ensemble, la sueur ruisselait sur tout son corps. Il sortit pourtant, à la faveur de sa monture.

Après avoir encore marché quelque temps, il arriva enfin à une rivière large et profonde dont les eaux noires n'offraient ni pont ni bateau, mais seulement une barre de fer en forme de planche. Queux, ne voyant point là de passage, renonça à l'aventure et revint sur ses pas. Malheureusement, il fallait repasser par la vallée et la forêt. Les serpents et les lions s'élançaient sur lui avec une espèce de joie, et il en eût été dévoré mille fois, s'ils l'eussent pu faire sans toucher à la mule.

Du plus loin qu'on l'aperçut du château, on s'apprêta à rire. Les chevaliers s'assemblèrent, comme pour le recevoir avec honneur; Artus lui-même vint au devant de lui; hommes et femmes enfin, chacun le plaisanta, et le malheureux sénéchal, ne sachant plus à qui répondre, et n'osant lever les yeux, disparut et alla se cacher.

La dame était plus affligée que lui encore. Déchue de son espoir, elle pleurait amèrement et s'arrachait les cheveux. Le brave Gauvain fut touché de ses douleurs. Il s'approcha, lui offrit avec assurance son épée, promit de tarir ses larmes, et partit à son tour sur la mule.

Les mêmes dangers se représentèrent : il n'en fit que rire. Les serpents et les lions vinrent fondre sur lui : il tira son épée et allait les combattre. Il n'en eut pas besoin; les monstres, s'inclinant de nouveau à l'aspect de l'animal, se retirèrent tranquillement. Enfin il arrive à la rivière, voit la barre, se recommande à Dieu et s'élance sur ce pont périlleux. Il était si étroit, qu'à peine la mule pouvait-elle y poser les pieds à moitié. Tout autour du héros les vagues écumantes s'élevaient en grondant, et s'élançaient sur lui pour le renverser et l'engloutir : mais il fut inébranlable et aborda heureusement au rivage.

Là se présenta un château fortifié, garni en dehors d'un rang de quatre cents pieux, en forme de palissades, dont chacun portait sur sa pointe une tête sanglante, à l'exception d'un seul qui, nu encore, semblait attendre cet ornement terrible. La forteresse, entourée de fossés profonds, remplis par un torrent impétueux, tournait sur elle-même comme une meule sur son pivot, ou comme le sabot qu'un enfant fait pirouetter sous sa courroie. Elle n'avait d'ailleurs aucun pont et paraissait interdire à Gauvain tout moyen d'exercer sa valeur. Il résolut d'attendre néanmoins, espérant que la forteresse peut-être, dans une de ses révolutions, lui offrirait quelque sorte d'entrée, et déterminé en tout cas à périr sur le lieu, s'il le fallait, plutôt que de retourner honteusement. Une porte s'ouvrit en effet : il piqua sa mule, lui fit sauter ce large fossé, et se trouva dans le château.

Tout semblait y annoncer une dépopulation récente : des rues vides (1), personne aux fenêtres, partout le silence affreux de la solitude. Un nain paraît enfin et le regarde avec attention. Gauvain lui demande quel est son seigneur ou sa dame, où l'on peut les trouver, et ce qu'ils exigent. Le nain ne répond rien et se retire. Le chevalier poursuit sa route et voit sortir d'une caverne un géant d'une laideur affreuse, les cheveux hérissés, et armé d'une hache. Celui-ci applaudit à son courage; mais il le plaint d'être venu tenter une aventure dont l'issue ne peut que lui être funeste, et que la palissade terrible eût dû l'avertir d'éviter. Il lui offre ses services cependant, le fait manger, le traite bien, le mène à la chambre où il doit coucher; mais, avant de sortir, il ordonne au héros de lui abattre la tête, en annonçant qu'il viendra le lendemain à son tour lui en faire autant. Gauvain prend son cimeterre, et fait rouler la tête à ses pieds. Mais quel est son étonnement de voir celui à qui elle appartient la relever, la replacer sur ses épaules et sortir. Il se couche néanmoins et dort tranquillement, peu effrayé du sort qui l'attend le lendemain. Au point du jour le géant arrive avec sa hache pour effectuer sa promesse; il éveille le chevalier; et selon leurs conditions de la veille, lui ordonne de présenter sa tête. Gauvain tend le cou sans balancer : ce n'était qu'une épreuve pour tenter son courage : on le loue, on l'embrasse. Il demande alors où il pourra aller chercher le frein, et ce qu'il lui faut faire pour l'avoir.

— Tu le sauras avant la fin du jour, lui dit-on; mais prépare toute ta valeur : jamais tu n'en eus plus besoin.

A midi, il se rend au lieu du combat, et voit un lion énorme qui, en écumant, rongeait sa chaîne, et de ses griffes creusait la terre avec fureur. A la vue du héros, le monstre rugissant hérisse sa crinière; sa

(1) Un château, au moyen-âge, était un bourg. On lui donnait aussi ce nom.

chaîne tombe et il s'élance sur Gauvain, dont il déchire le haubert. Après un long combat cependant il est tué. Un autre est détaché plus grand et plus furieux encore : il périt de même. Gauvain, ne voyant plus d'ennemis paraître, demande le frein. Le géant, sans lui répondre, le reconduit à sa chambre. Il lui fait servir à manger pour rétablir ses forces, et lui présente ensuite un autre ennemi.

C'était un chevalier redoutable, celui-là même qui avait planté les pieux de l'enceinte, et qui de sa main y avait attaché les têtes des quatre cents chevaliers vaincus. On leur amène à chacun un cheval; on leur donne une forte lance ; ils s'éloignent pour prendre carrière et fondent l'un sur l'autre. Du premier choc leurs lances volent en éclats, et les sangles de leurs chevaux se rompent. Ils se relèvent aussitôt pour commencer à pied un combat nouveau. Leurs armes retentissent sous leur épée redoutable, leur écu étincelle, et pendant deux heures entières la victoire reste incertaine. Gauvain redouble de courage : il assène sur la tête de son adversaire un si terrible coup, que, lui fendant le heaume jusqu'au cercle, il l'étourdit et l'abat. C'en était fait du chevalier : il allait périr s'il ne se fût avoué vaincu, et déjà on lui arrachait les lacets de son heaume. Mais il rendit son épée et demanda la vie. Dès ce moment, tout fut terminé. Le vainqueur avait droit au frein ; on ne pouvait le lui refuser : il ne restait plus que la ressource de l'y faire renoncer lui-même, et voici comment on espéra réussir.

Le nain, venant le saluer avec respect, l'invita, de la part de sa maîtresse, à manger avec elle. Elle le reçut très-parée, assise sur un siége magnifique dont les pieds étaient d'argent, et que surmontait un pavillon orné de broderie et de pierres précieuses. Pendant le repas, elle lui avoua que la dame dont il servait la cause était sa sœur, et qu'elle lui avait enlevé le frein.

— Mais si vous voulez renoncer aux droits de votre victoire, ajouta-t-elle, si vous voulez vous fixer auprès de moi et vous vouer ce bras invincible dont je viens d'éprouver la force, ce château et trente-huit autres plus beaux encore sont à vous avec toutes leurs richesses ; et celle qui vous prie de les accepter, s'honorera elle-même de devenir l'épouse du vainqueur.

Gauvain ne fut point ébranlé par ces offres séduisantes. Il persista toujours à exiger le frein; et quand il l'eut obtenu, il repartit sur sa mule, au milieu des cris de joie d'une foule de peuple qui, à son grand étonnement, accourut sur son passage : c'étaient les habitants du château qui, confinés jusqu'alors dans leurs maisons par la tyrannie de leur dame, ne pouvaient en sortir sans être aussitôt dévorés par ses lions, et qui, maintenant libres, venaient baiser la main de leur libérateur.

De retour à Carduel, le chevalier fut reçu de la dame avec les transports et la reconnaissance que devait inspirer un pareil ser-

(1) Wierus, de Præst. dæm., lib. I, cap. vi.

vice. Mais elle fit tout préparer aussitôt pour son départ. En vain Artus et la reine la pressèrent d'attendre que les fêtes fussent terminées; rien ne put la retenir : elle prit congé d'eux, monta sur sa mule et repartit...

Tels étaient généralement les romans de chevalerie et de féerie si chers à nos pères. Voy. Fées, Enchantements, etc.

ARUNDEL (Thomas). Comme il s'était opposé (quatorzième siècle) aux séditions des wickleffites, Chassaignon, dans ses *Grands et redoutables jugements de Dieu*, imprimés à Morges en 1581, chez Jean Lepreux, imprimeur des très-puissants seigneurs de Berne, Chassaignon, réformé et défenseur de tous les hérétiques, dit qu'il mourut cruellement, la langue tellement enflée qu'il ne pouvait plus parler, « lui qui avait voulu empêcher dans la bouche des disciples de Wickleff, le cours de la sainte parole.... » Mais il n'ose pas rechercher si Thomas Arundel fut, comme Wickleff, étranglé par le diable.

ARUSPICES, devins du paganisme, dont l'art se nommait *aruspicine*. Ils examinaient les entrailles des victimes pour en tirer des présages ; il fallait être de bonne maison pour exercer cette espèce de sacerdoce. Ils prédisaient 1° par la simple inspection des victimes vivantes; 2° par l'état de leurs entrailles après qu'elles étaient ouvertes ; 3° par la flamme qui s'élevait de leurs chairs brûlées. — La victime qu'il fallait amener avec violence, ou qui s'échappait de l'autel, donnait des présages sinistres ; le cœur maigre, le foie double ou enveloppé d'une double tunique, et surtout l'absence du cœur ou du foie, annonçaient de grands maux. On croirait que les aruspices étaient habiles dans l'art d'escamoter, car le cœur manqua aux deux bœufs immolés le jour qu'on assassina César. — C'était encore mauvais signe quand la flamme ne s'élevait pas avec force ou n'était pas transparente et pure, et si la queue de la bête se courbait en brûlant, elle menaçait de grandes difficultés dans les affaires. Voy. Hépatoscopie.

ARZELS. Voy. Cheval.

ASAPHINS, devins ou sorciers chaldéens, qui expliquaient les songes et tiraient les horoscopes.

ASCAROTH. C'est le nom que donnent les démonographes à un démon peu connu, qui protége les espions et les délateurs. Il dépend du démon Nergal.

ASCIK-PACHA, démon turc, qui favorise les intrigues secrètes, facilite les accouchements, enseigne les moyens de rompre les charmes (1), etc.

ASCLETARION, sorcier qui prédit à l'empereur Domitien qu'il serait mangé des chiens; sur quoi l'empereur le fit tuer, « ce qui ne l'empêcha pas d'être mangé des chiens, casuellement, après sa mort (2).

ASELLE. — L'aselle aquatique, espèce de cloporte, était révérée des Islandais, qui croyaient qu'en tenant cet insecte dans la bouche, ou son ovaire desséché sur la langue, ils obtenaient tout ce qu'ils pouvaient dé-

(2) Boguet, Discours des sorciers, ch. li.

sirer. Ils appelaient son ovaire sec *pierre à souhaits*.

ASHMOLE (Elie), antiquaire et alchimiste anglais, né en 1617. On lui doit quelques ouvrages utiles, et le Musée ashmoléen d'Oxford. Mais il publia à Londres, en 1652, un volume in-4°, intitulé : *Theatrum chemicum britannicum*, contenant différents poëmes des philosophes anglais qui ont écrit sur les mystères hermétiques. Six ans après, il fit imprimer le *Chemin du bonheur*, in-4°, 1658. Ce traité, qui n'est pas de lui, mais auquel il mit une préface, roule aussi sur la pierre philosophale. Voy. Pierre philosophale.

ASILE. Les lois qui accordaient droit d'asile aux criminels dans les églises, exceptaient ordinairement les sorciers qui, d'ailleurs ne cherchaient pas trop là leur recours.

ASIMA, démon qui rit quand on fait le mal. Il a été adoré à Emath, dans la tribu de Nephtali, avant que les habitants de cette ville fussent transportés à Samarie.

ASMODÉE, démon destructeur, le même que Samaël, suivant quelques rabbins. Il est aux enfers surintendant des maisons de jeu, selon l'esprit de quelques démonomanes, qui ont écrit comme s'ils eussent fait en touristes le voyage de l'autre monde. Il sème la dissipation et l'erreur. — Les rabbins content qu'il détrôna un jour Salomon; mais que bientôt Salomon le chargea de fers, et le força de l'aider à bâtir le temple de Jérusalem. — Tobie, suivant les mêmes rabbins, l'ayant expulsé, avec la fumée du fiel d'un poisson, du corps de la jeune Sara qu'il possédait, l'ange Raphaël l'emprisonna aux extrémités de l'Egypte. Paul Lucas dit qu'il l'a vu dans un de ses voyages. On s'est amusé de lui à ce sujet ; cependant on a pu lire dans le *Courrier de l'Egypte* que le peuple de ce pays adore encore le serpent d'Asmodée, lequel a un temple dans le désert de Ryanneh. On ajoute que ce serpent se coupe par morceaux, et qu'un instant après il n'y paraît pas.

Cet Asmodée est, au jugement de quelques-uns, l'ancien serpent qui séduisit Eve. Les Juifs, qui l'appellent *Asmodai*, faisaient de lui le prince des démons, comme on le voit dans la paraphrase chaldaïque. C'est aux enfers, dans Wierus, un roi fort et puissant, qui a trois têtes : la première ressemble à celle d'un taureau, la seconde à celle d'un homme, la troisième à celle d'un bélier. Il a une queue de serpent, des pieds d'oie, une haleine enflammée. Il se montre à cheval sur un dragon, portant en main un étendard et une lance. Il est soumis cependant, par la hiérarchie infernale, au roi Amoymon.

Lorsqu'on l'exorcise, il faut être ferme sur ses pieds, et l'appeler par son nom. Il donne des anneaux constellés ; il apprend aux hommes à se rendre invisibles et leur enseigne la géométrie, l'arithmétique, l'astronomie et les arts mécaniques. Il connaît aussi des trésors qu'on peut le forcer à découvrir ; soixante-douze légions lui obéissent (1). On le nomme encore Chammadaï et Sydonaï. — Le Sage a fait d'Asmodée le héros d'un de ses romans (*le Diable boiteux*).

ASMOND et **ASWITH**, compagnons d'armes danois. Liés d'une étroite amitié, ils convinrent, par un serment solennel, de ne s'abandonner ni à la vie, ni à la mort. Aswith mourut le premier et, suivant leur accord, Asmond, après avoir enseveli son ami, avec son chien et son cheval dans une grande caverne, y porta des provisions pour une année et s'enferma dans ce tombeau. Mais ajoute gravement un historien (2), le diable, qui était dans le corps du mort, tourmenta le fidèle Asmond, le déchirant, lui défigurant le visage et lui arrachant même une oreille, sans lui donner de raisons de sa fureur. Asmond, impatienté, coupa la tête du mort, croyant rogner aussi le diable qui s'était logé là. — Sur ces entrefaites, précisément, le roi de Suède, Eric, passant devant la caverne murée et entendant du vacarme, crut qu'elle renfermait un trésor, gardé par des démons. Il la fit ouvrir, et fut bien surpris d'y trouver Asmond, pâle, ensanglanté, auprès d'un cadavre puant ; il lui fit conter son histoire, et, ravi de sa fidélité et de son courage, il l'obligea, par de bons procédés, à le suivre à sa cour.

ASMOUG, l'un des démons qui, sous les ordres d'Arimane, sèment en Perse les dissensions, les procès et les querelles.

ASOORS. C'est le nom que les Indiens donnent à certains mauvais génies qui font tomber les voyageurs dans des embûches.

ASPAME. « Zorobabel était épris d'un si fol amour pour Aspame, qu'elle le souffletait comme un esclave et lui ôtait le diadème pour en orner sa tête, indigne d'un tel ornement, dit Delancre (3) ; elle le faisait rire et pleurer, quand bon lui semblait, le tout par philtres et fascinations. » Les belles dames font tous les jours d'aussi grands excès et produisent d'aussi énormes stupidités, sans fascination et sans philtre.

ASPICULETTE (Marie d'), sorcière d'Andaye, dans le pays de Labour, sous le règne de Henri IV. Elle fut arrêtée à l'âge de dix-neuf ans, et avoua qu'on l'avait menée au sabbat, que là elle avait baisé le derrière du diable au-dessous d'une grande queue, et que ce derrière était fait comme le museau d'un bouc. (4)

ASPIDOMANCIE, divination peu connue qui se pratique aux Indes, selon quelques voyageurs. Delancre dit (5) que le devin ou sorcier trace un cercle, s'y campe assis sur un bouclier, marmotte des conjurations, devient hideux, et ne sort de son extase que pour annoncer les choses qu'on veut savoir, et que le diable vient de lui révéler.

ASRAFIL, ange terrible qui, selon les musulmans, doit sonner de la trompette et ré-

---

(1) Wierus, in Pseudomonarchia dæmon.
(2) Saxo Grammat. Danicæ hist. lib. V.
(3) Incrédulité et mécréance du sortilége, etc.

(4) Incrédulité et mécréance, etc., tr. 5.
(5) Delancre, Tableau de l'inconstance des mauvais anges, etc., liv. II, disc. 1.

veiller tous les morts pour le jugement dernier. On le confond souvent avec Asraël.

ASSA-FOETIDA. les Hollandais appellent cette plante *fiente du diable* (duivelsdrek).

ASSASSINS, secte d'Ismaéliens qu'on enivrait de hrachick et à qui on faisait un dogme de tuer. Le souverain des Assassins s'appelait le cheick ou vieux de la Montagne. Il est célèbre dans l'histoire des croisades. Voy. THUGGISME.

ASSHETON (GUILLAUME), théologien anglican, mort en 1711. Il publia, en 1691, un petit ouvrage peu recherché, intitulé : *la Possibilité des apparitions.*

ASTAROTH, grand-duc très-puissant aux enfers. Il a la figure d'un ange fort laid, et se montre chevauchant sur un dragon infernal ; il tient à la main droite une vipère. Quelques magiciens disent qu'il préside à l'Occident, qu'il procure l'amitié des grands seigneurs, et qu'il faut l'évoquer le mercredi. Les Sidoniens, les Philistins et quelques sectes juives l'adorèrent. Il est, dit-on, grand-trésorier aux enfers, et donne de bons avis quand on émet des lois nouvelles. Wierus nous apprend qu'il sait le passé, le présent et l'avenir, qu'il répond volontiers aux questions qu'on lui fait sur les choses les plus secrètes, et qu'il est facile de le faire causer sur la création, les fautes et la chute des anges, dont il connaît toute l'histoire ; mais dans ses conversations il soutient que pour lui il a été puni injustement. Il enseigne à fond les arts libéraux et commande quarante légions. Celui qui le fait venir doit prendre garde de s'en laisser approcher, à cause de son insupportable puanteur. C'est pourquoi il est prudent de tenir sous ses narines un anneau magique en argent, qui est un préservatif contre les odeurs fétides des démons (1). Astaroth a figuré dans plusieurs possessions.

ASTARTÉ, femelle d'Astaroth, selon quelques démonomanes. Elle porte des cornes, non difformes comme celles des autres démons, mais façonnées en croissant. Les Phéniciens adoraient la lune sous le nom d'Astarté. A Sidon, c'était la même que Vénus. Sanchoniaton dit qu'elle eut deux fils : le Désir et l'Amour. On l'a souvent représentée avec des rayons, ou avec une tête de génisse. Des érudits prétendent qu'Astaroth, qui donne les richesses, est le soleil, et Astarté la lune ; mais dans les anciens monuments orientaux, Astarté est le même qu'Astaroth, et Astaroth le même qu'Astarté.

ASTIAGES, roi des Mèdes. Quand Cyrus eut vaincu l'Asie, on publia qu'Astiages, son grand-père, avait songé en dormant que dans le sein de sa fille Mandane croissait une vigne qui, de ses feuilles, couvrait l'Asie entière ; présage de la grandeur de Cyrus, fils de Mandane.

ASTRAGALOMANCIE, divination par les dés. Prenez deux dés, marqués comme d'usage des numéros 1, 2, 3, 4, 5, 6. On peut jeter à volonté un dé seul, ou les deux dés à la fois ; on a ainsi la chance d'amener les chiffres 1 à 12. Vous voulez deviner quelque affaire qui vous embarrasse, ou pénétrer les secrets de l'avenir ; posez la question sur un papier que vous aurez passé au-dessus de la fumée du bois de genièvre ; placez ce papier renversé sur la table, et jetez les dés. — Vous écrirez les lettres à mesure qu'elles se présentent. En se combinant, elles vous donneront la réponse : 1 vaut la lettre A ; 2 vaut E ; 3 vaut I, ou Y ; 4 vaut O ; 5 vaut U; 6 vaut B, P, ou V; 7 vaut C, K, ou Q; 8 vaut D, ou T ; 9 vaut F, S, X, ou Z ; 10 vaut G, ou J ; 11 vaut L, M, ou N ; 12 vaut R. — Si la réponse est obscure, il ne faut pas s'en étonner ; le sort est capricieux. Dans le cas où vous n'y pouvez rien comprendre, recourez à d'autres divinations. — La lettre H n'est point marquée, parce qu'elle n'est pas nécessaire. Les règles du destin se dispensent de celles de l'orthographe. PH s'exprime fort bien par la lettre F, et CH par la lettre X.

Les anciens pratiquaient l'astragalomancie avec des osselets marqués des lettres de l'alphabet, et les lettres que le hasard amenait faisaient les réponses. C'est par ce moyen que se rendaient les oracles d'Hercule en Achaïe. On mettait les lettres dans une urne et on les tirait comme on tire les numéros des loteries.

ASTRES. La première idolâtrie a commencé par le culte des astres. Tous les peuples fourvoyés les adoraient, au temps de Moïse. Lui seul dit aux Hébreux : « Lorsque vous élevez les yeux vers le ciel, que vous voyez le soleil, la lune et les autres astres, gardez-vous de tomber dans l'erreur et de les adorer, car c'est Dieu qui les a créés » (Deutéronome, chap. 4). Ceux qui ne croient pas à la révélation devraient nous apprendre comment Moïse a été plus éclairé que les sages de toutes les nations dont il était environné (1) Mahomet dit dans le Koran, que les étoiles sont les sentinelles du ciel, et qu'elles empêchent les démons d'en approcher et de connaître les secrets de Dieu. Il y a des sectes qui prétendent que chaque corps céleste est la demeure d'un ange. — Les Arabes, avant Mahomet, adoraient les astres. Les anciens en faisaient des êtres animés; les Egyptiens croyaient qu'ils voguaient dans des navires à travers les airs comme nos aéronautes ; ils disaient que le soleil, avec son esquif, traversait l'Océan toutes les nuits pour retourner d'occident en orient.

D'autres physiciens ont prétendu que les étoiles sont les yeux du ciel, et que les larmes qui en tombent forment les pierres précieuses. C'est pour cela, ajoutent-ils, que chaque étoile (ou plutôt chaque planète) a sa pierre favorite.

ASTROLABE, instrument dont on se sert pour observer les astres et tirer les horoscopes. Il est souvent semblable à une sphère armillaire. L'astrologue, instruit du jour, de l'heure, du moment où est né celui qui le consulte, ou pour lequel on le consulte, met les choses à

---

(1) Wierus, in Pseudomonarchia dæm.

(1) Bergier, Dict. théolog., au mot *Astres.*

la place qu'elles occupaient alors, et dresse son thème suivant la position des planètes et des constellations.

Il y a eu des gens autrefois qui faisaient le métier de découvrir les voleurs par le moyen d'un astrolabe. « Le ciel, disaient-ils, est un livre dans lequel on voit le passé, le présent et l'avenir ; pourquoi ne pourrait-on pas lire les événements de ce monde dans un instrument qui représente la situation des corps célestes (1) ? »

ASTROLOGIE, art de dire la bonne aventure et de prédire les événements, par l'aspect, les positions et les influences des corps célestes. — On croit que l'astrologie, qu'on appelle aussi *astrologie judiciaire*, parce qu'elle consiste en jugements sur les personnes et sur les choses, a pris naissance dans la Chaldée, d'où elle pénétra en Egypte, en Grèce et en Italie. Quelques antiquaires attribuent l'invention de cette science à Cham, fils de Noé. Le commissaire de Lamarre, dans son *Traité de police*, titre 7, chap. 1er, ne repousse pas les opinions qui établissent qu'elle lui a été enseignée par le démon.

Diogène Laërce donne à entendre que les Egyptiens connaissaient la rondeur de la terre et la cause des éclipses. On ne peut leur disputer l'habileté en astronomie; mais, au lieu de se tenir aux règles droites de cette science, ils en ajoutèrent d'autres, qu'ils fondèrent uniquement sur leur imagination; ce furent là les principes de l'art de deviner et de tirer les horoscopes. Ce sont eux, dit Hérodote, qui enseignèrent à quel dieu chaque mois, chaque jour est consacré, qui observèrent les premiers sous quel ascendant un homme est né, pour prédire sa fortune, ce qui lui arriverait dans sa vie, et de quelle mort il mourrait.

« J'ai lu dans les registres du ciel tout ce qui doit vous arriver à vous et à votre fils, » disait à ses crédules enfants Bélus, prince de Babylone. Pompée, César, Crassus, croyaient à l'astrologie. Pline en parle comme d'un art respectable. Cette science gouverne encore la Perse et une grande partie de l'Asie. « Rien ne se fait ici, dit Tavernier dans sa relation d'Ispahan, que de l'avis des astrologues. Ils sont plus puissants et plus redoutés que le roi, qui en a toujours quatre attachés à ses pas, qu'il consulte sans cesse et qui l'avertissent du temps où il doit se promener, de l'heure où il doit se renfermer dans son palais, se purger, se vêtir de ses habits royaux, prendre ou quitter le sceptre, etc. Ils sont si respectés dans cette cour, que le roi Schah-Sophi étant accablé depuis plusieurs années d'infirmités que l'art ne pouvait guérir, les médecins jugèrent qu'il n'était tombé dans cet état de dépérissement que par la faute des astrologues, qui avaient mal pris l'heure à laquelle il devait être élevé sur le trône. Les astrologues reconnurent leur erreur : ils s'assemblèrent de nouveau avec les médecins, cherchèrent dans le ciel la véritable heure propice, ne man-

(1) Le père Lebrun, Hist. des pratiques superst., t. I, p. 230.

quèrent pas de la trouver ; et la cérémonie du couronnement fut renouvelée, à la grande satisfaction de Schah-Sephi, qui mourut quelques jours après. »

Il en est de même à la Chine, où l'empereur n'ose rien entreprendre sans avoir consulté son thème natal.

La vénération des Japonais pour l'astrologie est plus profonde encore ; chez eux personne n'oserait construire un édifice sans avoir interrogé quelque astrologue sur la durée du bâtiment. Il y en a même qui, sur la réponse des astres, se dévouent et se tuent pour le bonheur de ceux qui doivent habiter la nouvelle maison (2).

Presque tous les anciens, Hippocrate, Virgile, Horace, Tibère, croyaient à l'astrologie. Le moyen-âge en fut infecté. On tira l'horoscope de Louis XIII et de Louis XIV ; et Boileau dit qu'*un téméraire auteur* n'atteint pas le Parnasse, *si son astre en naissant ne l'a formé poëte......*

En astrologie, on ne connaît dans le ciel que sept planètes, et douze constellations dans le zodiaque. Le nombre de celles-ci n'a pas changé ; mais il y a aujourd'hui douze planètes. Nous ne parlerons que des sept vieilles, employées par les astrologues. Nous n'avons, disent-ils, aucun membre que les corps célestes ne gouvernent. Les sept planètes sont, comme on sait, le Soleil, la Lune, Vénus, Jupiter, Mars, Mercure et Saturne. Le Soleil préside à la tête ; la Lune, au bras droit ; Vénus, au bras gauche ; Jupiter, à l'estomac ; Mars, aux parties sexuelles ; Mercure, au pied droit, et Saturne, au pied gauche ; — ou bien Mars gouverne la tête, Vénus le bras droit, Jupiter le bras gauche, le Soleil l'estomac, la Lune les parties sexuelles, Mercure le pied droit et Saturne le pied gauche.

Parmi les constellations, le Bélier gouverne la tête ; le Taureau, le cou ; les Gémeaux, les bras et les épaules ; l'Ecrevisse, la poitrine et le cœur ; le Lion, l'estomac ; la Vierge, le ventre ; la Balance, les reins et les fesses ; le Scorpion, les parties sexuelles ; le Sagittaire, les cuisses ; le Capricorne, les genoux ; le Verseau, les jambes ; et les Poissons, les pieds.

On a mis aussi le monde, c'est-à-dire les empires et les villes, sous l'influence des constellations. Des astrologues allemands, au seizième siècle, avaient déclaré Francfort sous l'influence du Bélier, Wurtzbourg sous celle du Taureau, Nuremberg sous les Gémeaux, Magdebourg sous l'Ecrevisse, Ulm sous le Lion, Heidelberg sous la Vierge, Vienne sous la Balance, Munich sous le Scorpion, Stuttgard sous le Sagittaire, Augsbourg sous le Capricorne, Ingolstadt sous le Verseau, et Rastibonne sous les Poissons.

Hermès a dit que c'est parce qu'il y a sept trous à la tête, qu'il y a aussi dans le ciel sept planètes pour présider à ces trous : Saturne et Jupiter aux deux oreilles, Mars et Vénus aux deux narines, le Soleil et la Lune

(2) Essai sur les erreurs et les superstitions, par M. L. C., ch. 5.

aux deux yeux, et Mercure à la bouche. Léon l'Hébreu, dans sa *Philosophie d'amour*, traduite par le sieur Duparc, champenois, admet cette opinion, qu'il précise très-bien : « Le Soleil préside à l'œil droit, dit-il, et la Lune à l'œil gauche, parce que tous les deux sont les yeux du ciel ; Jupiter gouverne l'oreille gauche ; Saturne, la droite ; Mars, le pertuis droit du nez ; Vénus, le pertuis gauche ; et Mercure, la bouche, parce qu'il préside à la parole. »

Ajoutons encore que Saturne domine sur la vie, les changements, les édifices et les sciences ; Jupiter, sur l'honneur, les souhaits, les richesses et la propreté des habits ; Mars, sur la guerre, les prisons, les mariages, les haines ; le Soleil, sur l'espérance, le bonheur, le gain, les héritages ; Vénus, sur les amitiés et les amours ; Mercure, sur les maladies, les pertes, les dettes, le commerce et la crainte ; la Lune, sur les plaies, les songes et les larcins. Aussi, du moins, le décide le livre des admirables secrets d'Albert le Grand.

En dominant de la sorte tout ce qui arrive à l'homme, les planètes ramènent le même cours de choses toutes les fois qu'elles se retrouvent dans le ciel au lieu de l'horoscope. Jupiter se retrouve au bout de douze ans au même lieu, les honneurs seront les mêmes ; Vénus, au bout de huit ans, les amours seront les mêmes, etc., mais dans un autre individu.

N'oublions pas non plus que chaque planète gouverne un jour de la semaine ; le Soleil le dimanche, la Lune le lundi, Mars le mardi, Mercure le mercredi, Jupiter le jeudi, Vénus le vendredi, Saturne le samedi ; — que le jaune est la couleur du Soleil, le blanc celle de la Lune, le vert celle de Vénus, le rouge celle de Mars, le bleu celle de Jupiter, le noir celle de Saturne, le mélangé celle de Mercure ; — que le Soleil préside à l'or, la Lune à l'argent, Vénus à l'étain, Mars au fer, Jupiter à l'airain, Saturne au plomb, Mercure au vif-argent, etc.

Le Soleil est bienfaisant et favorable ; Saturne, triste, morose et froid ; Jupiter, tempéré et bénin ; Mars, ardent ; Vénus, bienveillante ; Mercure, inconstant ; la Lune, mélancolique.

Dans les constellations, le Bélier, le Lion et le Sagittaire sont chauds, secs et ardents ; le Taureau, la Vierge et le Capricorne, lourds, froids et secs ; les Gémeaux, la Balance et le Verseau, légers, chauds et humides ; l'Ecrevisse, le Scorpion et les Poissons, humides, mous et froids.

Au moment de la naissance d'un enfant dont on veut tirer l'horoscope, ou bien au jour de l'événement dont on cherche à présager les suites, il faut d'abord voir sur l'astrolabe quelles sont les constellations et planètes qui dominent dans le ciel, et tirer les conséquences qu'indiquent leurs vertus, leurs qualités et leurs fonctions. Si trois signes de la même nature se rencontrent dans le ciel, comme, par exemple, le Bélier, le Lion et le Sagittaire, ces trois signes forment le *trin*

aspect, parce qu'ils partagent le ciel en trois, et qu'ils sont séparés l'un de l'autre par trois autres constellations. Cet aspect est bon et favorable.

Quand ceux qui partagent le ciel par sixième se rencontrent à l'heure de l'opération, comme le Bélier avec les Gémeaux, le Taureau avec l'Ecrevisse, etc., ils forment l'*aspect sextil*, qui est médiocre.

Quand ceux qui partagent le ciel en quatre, comme le Bélier avec l'Ecrevisse, le Taureau avec le Lion, les Gémeaux avec la Vierge, se rencontrent dans le ciel, ils forment l'*aspect carré*, qui est mauvais.

Quand ceux qui se trouvent aux parties opposées du ciel, comme le Bélier avec la Balance, le Taureau avec le Scorpion, les Gémeaux avec le Sagittaire, etc., se rencontrent à l'heure de leur naissance, ils forment l'*aspect contraire*, qui est méchant et nuisible.

Les autres sont en *conjonction*, quand deux planètes se trouvent réunies dans le même signe ou dans la même maison, et en *opposition* quand elles sont à deux points opposés.

Chaque signe du zodiaque occupe une place qu'on appelle *maison céleste* ou *maison du soleil* ; ces douze maisons du soleil coupent ainsi le zodiaque en douze parties. Chaque maison occupe trente degrés, puisque le cercle en a trois cent soixante. Les astrologues représentent les maisons par de simples numéros, dans une figure ronde ou carrée, divisée en douze cellules.

La première maison est celle du Bélier, qu'on appelle l'*angle oriental*, en argot astrologique. C'est la maison de la vie, parce que ceux qui naissent quand cette constellation domine, peuvent vivre longtemps.

La seconde maison est celle du Taureau, qu'on appelle *la porte inférieure*. C'est la maison des richesses et des moyens de fortune.

La troisième maison est celle des Gémeaux appelée *la demeure des frères*. C'est la maison des héritages et des bonnes successions.

La quatrième maison est celle de l'Ecrevisse. On l'appelle *le fond du ciel, l'angle de la terre, la demeure des parents*. C'est la maison des trésors et des biens de patrimoine.

La cinquième maison est celle du Lion, dite *la demeure des enfants* ; c'est la maison des legs et des donations.

La sixième maison est celle de la Vierge ; on l'appelle l'*amour de Mars*. C'est la maison des chagrins, des revers et des maladies.

La septième maison est celle de la Balance, qu'on appelle l'*angle occidental*. C'est la maison des mariages et des noces.

La huitième maison est celle du Scorpion, appelée *la porte supérieure*. C'est la maison de l'effroi, des craintes et de la mort.

La neuvième maison est celle du Sagittaire, appelée *l'amour du soleil*. C'est la maison de la piété, de la religion, des voyages et de la philosophie.

La dixième maison est celle du Capricorne,

dite *le milieu du ciel*. C'est la maison des charges, des dignités et des couronnes.

La onzième maison est celle du Verseau, qu'on appelle *l'amour de Jupiter*. C'est la maison des amis, des bienfaits et de la fortune.

La douzième maison est celle des poissons, appelée *l'amour de Saturne*. C'est la plus mauvaise de toutes et la plus funeste; c'est la maison des empoisonnements, des misères, de l'envie, de l'humeur noire et de la mort violente.

Le Bélier et le Scorpion sont les maisons chéries de Mars; le Taureau et la Balance, celles de Vénus; les Gémeaux et la Vierge, celles de Mercure; le Sagittaire et les Poissons, celles de Jupiter; le Capricorne et le Verseau, celles de Saturne; le Lion, celle du Soleil; l'Ecrevisse, celle de la Lune.

Il faut examiner avec soin les rencontres des planètes avec les constellations. Si Mars, par exemple, se rencontre avec le Bélier à l'heure de la naissance, il donne du courage, de la fierté et une longue vie; s'il se trouve avec le Taureau, richesses et courage. En un mot, Mars augmente l'influence des constellations avec lesquelles il se rencontre, et y ajoute la valeur et la force. — Saturne, qui donne les peines, les misères, les maladies, augmente les mauvaises influences et gâte les bonnes. Vénus, au contraire, augmente les bonnes influences et affaiblit les mauvaises. — Mercure augmente ou affaiblit les influences suivant ses conjonctions. S'il se rencontre avec les Poissons, qui sont mauvais, il devient moins bon; s'il se trouve avec le Capricorne, qui est favorable, il devient meilleur. — La Lune joint la mélancolie aux constellations heureuses; elle ajoute la tristesse ou la démence aux constellations funestes. — Jupiter, qui donne les richesses et les honneurs, augmente les bonnes influences et dissipe à peu près les mauvaises. — Le Soleil ascendant donne les faveurs des princes; il a sur les influences presque autant d'effet que Jupiter; mais descendant il présage des revers.

Ajoutons que les Gémeaux, la Balance et la Vierge donnent la beauté par excellence; le Scorpion, le Capricorne et les Poissons donnent une beauté médiocre. Les autres constellations donnent plus ou moins la laideur. — La Vierge, la Balance, le Verseau et les Gémeaux donnent une belle voix; l'Ecrevisse, le Scorpion et les Poissons donnent une voix nulle ou désagréable. Les autres constellations n'ont pas d'influence sur la voix.

Si les planètes et les constellations se trouvent à l'Orient, à l'heure de l'horoscope, on éprouvera leur influence au commencement de la vie ou de l'entreprise; on l'éprouvera au milieu si elles sont au haut du ciel, et à la fin si elles sont à l'Occident.

Afin que l'horoscope ne trompe point, il faut avoir soin d'en commencer les opérations précisément à la minute où l'enfant est né, ou à l'instant précis d'une affaire dont on veut savoir les suites. — Pour ceux qui n'exigent pas une exactitude si sévère, il y a des horoscopes tout dressés, d'après les constellations de la naissance. Voy. HOROSCOPE.

Tels sont, en peu de mots, les principes de cet art, autrefois si vanté, si universellement répandu, et maintenant un peu tombé en désuétude. Les astrologues conviennent que le globe roule si rapidement, que la disposition des astres change en un moment. Il faudra donc, pour tirer les horoscopes, que les sages-femmes aient soin de regarder attentivement les horloges, de marquer exactement chaque point du jour, et de conserver à celui qui naît ses étoiles comme son patrimoine. « Mais combien de fois, dit Barclai, le péril des mères empêche-t-il ceux qui sont autour d'elles de songer à cela! Et combien de fois ne s'y trouve-t-il personne qui soit assez superstitieux pour s'en occuper! Supposez cependant qu'on y ait pris garde, si l'enfant est longtemps à naître, et si, ayant montré la tête, le reste du corps ne paraît pas de suite, comme il arrive, quelle disposition des astres sera funeste ou favorable? sera-ce celle qui aura présidé à l'apparition de la tête, ou celle qui se sera rencontrée quand l'enfant est entièrement né?... »

Voici quelques anecdotes sur le compte des astrologues:

Un valet, ayant volé son maître, s'enfuit avec l'objet dérobé. On mit des gens à sa poursuite, et, comme on ne le trouvait pas, on consulta un astrologue. Celui-ci, habile à deviner les choses passées, répondit que le valet s'était échappé parce que la lune s'était trouvée, à sa naissance, en conjonction avec Mercure, qui protège les voleurs, et que de plus longues recherches seraient inutiles. Comme il disait ces mots, on amena le domestique, qu'on venait de prendre enfin, malgré la protection de Mercure.

Les astrologues tirent vanité de deux ou trois de leurs prédictions accomplies, quoique souvent d'une manière indirecte, entre mille qui n'ont point eu de succès. L'horoscope du poëte Eschyle portait qu'il serait écrasé par la chute d'une maison; il s'alla, dit-on, mettre en plein champ, pour éviter sa destinée; mais un aigle, qui avait enlevé une tortue, la lui laissa tomber sur la tête et il en fut tué. Si ce conte n'a pas été fait après coup, nous répondrons qu'un aveugle, en jetant au hasard une multitude de flèches, peut atteindre le but une fois par hasard. Quand il y avait en Europe des milliers d'astrologues qui faisaient tous les jours de nouvelles prédictions, il pouvait s'en trouver quelques-unes que l'événement, par cas fortuit, justifiait; et celles-ci, quoique rares, entretenaient la crédulité que des millions de mensonges auraient dû détruire.

L'empereur Frédéric-Barberousse, étant sur le point de quitter Vicence, qu'il venait de prendre d'assaut, défia le plus fameux astrologue de deviner par quelle porte il sortirait le lendemain. Le charlatan répondit au défi par un tour de son métier; il remit à Frédéric un billet cacheté, lui recommandant de ne l'ouvrir qu'après sa sortie. L'empereur fit abattre, pendant la nuit, quelques toises de mur, et sortit par la brèche. Il ouvrit ensuite le billet, et ne fut pas peu surpris d'y lire ces mots : — « L'empereur sortira par la porte neuve. » C'en fut assez pour que l'astrologue et l'astrologie lui parussent infiniment respectables.

Un homme, que les astres avaient condamné en naissant à être tué par un cheval, avait grand soin de s'éloigner dès qu'il apercevait un de ces animaux. Or, un jour qu'il passait dans une rue, une enseigne lui tomba sur la tête, et il mourut du coup : c'était, dit le conte, l'enseigne d'un auberge où était représenté un cheval noir.

Mais il y a d'autres anecdotes. Un bourgeois de Lyon, riche et crédule, ayant fait dresser son horoscope, mangea tout son bien pendant le temps qu'il croyait avoir à vivre. N'étant pas mort à l'heure que l'astrologue ui avait assignée, il se vit obligé de demander l'aumône, ce qu'il faisait en disant : — Ayez pitié d'un homme qui a vécu plus longtemps qu'il ne croyait.

Une dame pria un astrologue de deviner un chagrin qu'elle avait dans l'esprit. L'astrologue, après lui avoir demandé l'année, le mois, le jour et l'heure de sa naissance, dressa la figure de son horoscope, et dit beaucoup de paroles qui signifiaient peu de chose. La dame lui donna une pièce de quinze sous.

— Madame, dit alors l'astrologue, je découvre encore dans votre horoscope que vous n'êtes pas riche.

— Cela est vrai, répondit-elle.

— Madame, poursuivit-il en considérant de nouveau les figures des astres, n'avez-vous rien perdu?

— J'ai perdu, lui dit-elle, l'argent que je viens de vous donner.

Darah, l'un des quatre fils du grand-mogol Schah-Géhan, ajoutait beaucoup de foi aux prédictions des astrologues. Un de ces doctes lui avait prédit, au péril de sa tête, qu'il porterait la couronne. Darah comptait là-dessus. Comme on s'étonnait que cet astrologue osât garantir sur sa vie un événement aussi incertain : — Il arrivera de deux choses l'une, répondit-il, ou Darath parviendra au trône, et ma fortune est faite; ou il sera vaincu; dès lors sa mort est certaine, et je ne redoute pas sa vengeance.

Heggiage, général arabe sous le calife Valid, consulta, dans sa dernière maladie, un astrologue qui lui prédit une mort prochaine.

— Je compte tellement sur votre habileté, lui répondit Heggiage, que je veux vous avoir avec moi dans l'autre monde, et je vais vous y envoyer le premier, afin que je puisse me servir de vous dès mon arrivée. Et il lui fit couper la tête, quoique le temps fixé par les astres ne fût pas encore arrivé.

L'empereur Manuel, qui avait aussi des prétentions à la science de l'astrologie, mit en mer, sur la foi des astres, une flotte qui devait faire des merveilles et qui fut vaincue, brûlée et coulée bas.

Henri VII, roi d'Angleterre, demandait à un astrologue s'il savait où il passerait les fêtes de Noël. L'astrologue répondit qu'il n'en savait rien. — Je suis donc plus habile que toi, répondit le roi ; car je sais que tu les passeras dans la Tour de Londres. Il l'y fit conduire en même temps. Il est vrai que c'était une mauvaise raison.

Un astrologue regardant au visage Jean Galéas, duc de Milan, lui dit : — Seigneur, arrangez vos affaires, car vous ne pouvez vivre longtemps.

— Comment le sais-tu? lui demanda le duc.

— Par la connaissance des astres.

— Et toi, combien dois-tu vivre?

— Ma planète me promet une longue vie.

— Oh bien! tu vas voir qu'il ne faut pas se fier aux planètes ; et il le fit pendre sur-le-champ. Voy. *Louis XI, Trasulle*, etc.

ASTRONOMANCIE, divination par les astres. C'est la même chose que l'astrologie.

ASTYLE, devin fameux dans l'histoire des Centaures. On trouve dans Plutarque un autre devin nommé Astyphile. Voy. Cimon.

ASWITH, Voy. Asmond.

ATHENAGORE, philosophe platonicien, qui embrassa le christianisme au deuxième siècle. On peut lire son *Traité de la résurrection des morts*, traduit du grec en français par Gaussart, prieur de Sainte-Foy, Paris, 1574, et par Duferrier, Bordeaux, 1577, in-8°.

ATHENAIS, sibylle d'Erythrée. Elle prophétisait du temps d'Alexandre. Voy. Sibylles.

ATHENODORE, philosophe stoïcien du siècle d'Auguste. On conte qu'il y avait à Athènes une fort belle maison où personne n'osait demeurer, à cause d'un spectre qui s'y montrait la nuit. Athénodore, étant arrivé dans cette ville, ne s'effraya point de ce qu'on disait de la maison décriée, et l'acheta.

— La première nuit qu'il y passa, étant occupé à écrire, il entendit tout à coup un bruit de chaînes, et il aperçut un vieillard hideux, chargé de fers, qui s'approchait de lui à pas lents. Il continua d'écrire. Le spectre l'appelant du doigt, lui fit signe de le suivre. Athénodore répondit à l'esprit, par un autre signe, qu'il le priait d'attendre, et continua son travail ; mais le spectre fit retentir ses chaînes à ses oreilles, et l'obséda tellement, que le philosophe, fatigué, se détermina à voir l'aventure. Il marcha avec le fantôme, qui disparut dans un coin de la cour. Athénodore étonné arracha une poignée de gazon pour reconnaître le lieu, rentra dans sa chambre, et le lendemain il fit part aux magistrats de ce qui lui était arrivé. On fouilla dans l'endroit indiqué; on trouva les os d'un cadavre avec des chaînes, on lui rendit les honneurs de la sépulture, et dès ce moment, ajoute-t-on, la maison fut tranquille (1). Voy. Ayola et Arignote.

ATINIUS. Tite-Live raconte que, le matin d'un jour où l'on représentait les grands jeux, un citoyen de Rome conduisit un de ses esclaves à travers le cirque, en le faisant battre de verges ; ce qui divertit ce grand peuple romain. Les jeux commencèrent à la suite

(1) Plin. jun., Epist. lib. VII, ep. 27, ad Suram.

de cette parade; mais quelques jours après Jupiter Capitolin apparut la nuit, en songe, à un homme du peuple nommé Atinius (1), et lui ordonna d'aller dire de sa part aux consuls qu'il n'avait pas été content de celui qui menait la danse aux derniers jeux, et que l'on recommençât la fête avec un autre danseur. — Le Romain, à son réveil, craignit de se rendre ridicule en publiant ce songe; et le lendemain son fils, sans être malade, mourut subitement. La nuit suivante, Jupiter lui apparut de nouveau et lui demanda s'il se trouvait bien d'avoir méprisé l'ordre des dieux, ajoutant que s'il n'obéissait, il lui arriverait pis. Atinius, ne s'étant pas encore décidé à parler aux magistrats, fut frappé d'une paralysie qui lui ôta l'usage de ses membres. Alors il se fit porter en chaise au sénat, et raconta tout ce qui s'était passé. Il n'eût pas plutôt fini son récit, qu'il se leva, rendu à la santé. — Toutes ces circonstances parurent miraculeuses. — On comprit que le mauvais danseur était l'esclave battu. Le maître de cet infortuné fut recherché et puni; on ordonna aussi de nouveaux jeux qui furent célébrés avec plus de pompe que les précédents. — An de Rome 265.

ATROPOS, l'une des trois Parques; c'est elle qui coupait le fil. Hésiode la peint comme très-féroce; on lui donne un vêtement noir, des traits ridés et un maintien peu séduisant.

ATTILA, dit le Fléau de Dieu, que saint Loup, évêque de Troyes, empêcha de ravager la Champagne. Comme il s'avançait sur Rome pour la détruire, il eut une vision : il vit en songe un vieillard vénérable, vêtu d'habits sacerdotaux, qui, l'épée nue au poing, le menaçait de le tuer s'il résistait aux prières du saint pape Léon. Le lendemain, quand le pape vint lui demander d'épargner Rome, il répondit qu'il le ferait, et ne passa pas plus avant. Paul Diacre dit, dans le livre xv de son *Histoire de Lombardie*, que ce vieillard merveilleux n'était autre, selon l'opinion générale, que saint Pierre, prince des apôtres.

Des légendaires ont écrit qu'Attila était le fils d'un démon.

ATTOUCHEMENT. Pline dit que Pyrrhus guérissait les douleurs de rate en touchant les malades du gros doigt de son pied droit; et l'empereur Adrien, en touchant les hydropiques du bout de l'index, leur faisait sortir l'eau du ventre. Beaucoup de magiciens et de sorciers ont su produire également des cures merveilleuses par le simple attouchement. Voy. CHARMES, ÉCROUELLES, etc.

AUBIGNÉ (NATHAN D'), en latin *Albineus*, fils du fameux huguenot d'Aubigné. Il était partisan de l'alchimie. Il a publié, sous le titre de *Bibliothèque chimique* (2), un recueil de divers traités, recherché par ceux qui croient à la pierre philosophale.

AUBREY (JEAN), *Alberius*, savant antiquaire anglais, mort en 1700. Il a donné, en 1696, un livre intitulé : *Mélanges sur les sujets suivants : Fatalité de jours, fatalité de lieux, présages, songes, apparitions, merveilles et prodiges;* réimprimé en 1721, avec des additions.

AUBRY (NICOLE), possédée de Laon au seizième siècle. Boulvèse, professeur d'hébreu au collège de Montaigu, homme qui croyait facilement et qui était facilement dupé, a écrit l'histoire de cette possession, qui fit grand bruit en 1566.

Nicole Aubry, de Vervins, fille d'un boucher et mariée à un tailleur, allait prier sur le tombeau de son grand-père, mort sans avoir pu faire sa dernière confession. Elle crut le voir sortir du tombeau, lui demandant de faire dire des messes pour le repos de son âme, qui était dans le purgatoire. La jeune femme en tomba malade de frayeur. On s'imagina alors que le diable avait pris la forme de Vieilliot, grand-père de Nicole, et qu'elle était maléficiée. Si cette femme jouait une comédie, elle la joua bien ; car elle fit croire à toute la ville de Laon qu'elle était possédée de Belzébut, de Baltazo et de plusieurs autres démons. Elle disait que vingt-neuf diables, ayant formes de chats et taille de moutons gras, l'assiégeaient de temps en temps. Elle obtint qu'on l'exorcisât ; et on publia que les démons s'étaient enfuis, Astaroth sous la figure d'un porc, Cerberus sous celle d'un chien, Belzébut sous celle d'un taureau. On ne sait trop comment juger ces faits inconcevables, si fréquents au seizième siècle.

Nicole Aubry parvint à se faire présenter, le 27 août 1566, au roi Charles IX, qui lui donna dix écus d'or.

AUGEROT, sorcier. Voy. CHORROPIQUE.

AUGURES. Les augures étaient chez les Romains les interprètes des dieux. On les consultait avant toutes les grandes entreprises : ils jugeaient du succès par le vol; le chant et la façon de manger des oiseaux. On ne pouvait élire un magistrat, ni donner une bataille, sans avoir consulté l'appétit des poulets sacrés ou les entrailles des victimes. Annibal pressant le roi Prusias de livrer bataille aux Romains, celui-ci s'en excusa, en disant que les victimes s'y opposaient. — C'est-à-dire, reprit Annibal, que vous préférez l'avis d'un mouton à celui d'un vieux général.

Les augures prédisaient aussi l'avenir, par le moyen du tonnerre et des éclairs, par les éclipses et par les présages qu'on tirait de l'apparition des comètes. Les savants n'étaient pas dupes de leurs cérémonies, et Cicéron disait qu'il ne concevait pas que deux augures pussent se regarder sans rire.

Quelques-uns méprisèrent, il est vrai, la science des augures ; mais ils s'en trouvèrent mal, parce que le peuple la respectait. On vint dire à Claudius Pulcher, prêt à livrer bataille aux Carthaginois, que les poulets sacrés refusaient de manger. — Qu'on les jette à la mer, répondit-il, s'ils ne mangent pas, ils boiront. Mais l'armée fut indignée de

---

(1) Plutarque le nomme *Titus Latinus* dans la Vie de Coriolan.

(2) Bibliotheca chimica contracta ex delectu et emendatione Nathanis Albinei, in-8. Genève, 1654 et 1675.

ce sacrilége, et Claudius perdit la bataille.

Les oiseaux ne sont pas, chez nos bonnes gens, dépourvus du don de prophétie. Le cri de la chouette annonce la mort. Le chant du rossignol promet de la joie; le coucou donne de l'argent, quand on porte sur soi quelque monnaie le premier jour qu'on a le bonheur de l'entendre, etc.

Si une corneille vole devant vous, dit Cardan, elle présage un malheur futur; si elle vole à droite, un malheur présent; si elle vole à gauche, un malheur qu'on peut éviter par la prudence; si elle vole sur la tête, elle annonce la mort, pourvu toutefois qu'elle croasse : car, si elle garde le silence, elle ne présage rien....

On dit que la science des augures passa des Chaldéens chez les Grecs, et ensuite chez les Romains. Elle est défendue aux Juifs par le chapitre XXIX du Lévitique.

Gaspard Peucer dit que les augures se prenaient de cinq choses : 1° du ciel; 2° des oiseaux; 3° des bêtes à deux pieds; 4° des bêtes à quatre pieds; 5° de ce qui arrive au corps humain, soit dans la maison, soit hors de la maison.

Mais les anciens livres auguraux, approuvés par Maïole dans le deuxième colloque du supplément à ses Jours caniculaires, portent les objets d'augures à douze chefs principaux, selon le nombre des douze signes du zodiaque : 1° l'entrée d'un animal sauvage ou domestique dans une maison; 2° la rencontre d'un animal sur la route ou dans la rue; 3° la chute du tonnerre; 4° un rat qui mange une savate, un renard qui étrangle une poule, un loup qui emporte une brebis, etc.; 5° un bruit inconnu entendu dans la maison, et qu'on attribuait à quelque lutin; 6° le cri de la corneille ou du hibou, un oiseau qui tombe sur le chemin, etc.; 7° un chat ou tout autre animal qui entre par un trou dans la maison : on le prenait pour un mauvais génie; 8° un flambeau qui s'éteint tout seul, ce que l'on croyait une malice d'un démon; 9° le feu qui pétille. Les anciens pensaient que Vulcain leur parlait alors dans le foyer; 10° ils tiraient encore divers présages lorsque la flamme étincelait d'une manière extraordinaire; 11° lorsqu'elle bondissait, ils s'imaginaient que les dieux Lares s'amusaient à l'agiter; 12° enfin, ils regardaient comme un motif d'augure une tristesse qui leur survenait tout-à-coup.

Nous avons conservé quelques traces de ces superstitions, qui ne sont pas sans poésie (1).

Les Grecs modernes tirent des augures du cri des pleureuses à gages. Ils disent que si l'on entend braire un âne à jeun, on tombera infailliblement de cheval dans la journée,—pourvu toutefois qu'on aille à cheval. Voyez Ornithomancie, Aigle, Corneille, Hibou, Aruspices, etc.

AUGUSTE. Leloyer rapporte, après quelques anciens, que la mère de l'empereur Auguste, étant enceinte de lui, eut un songe où il lui sembla que ses entrailles étaient portées dans le ciel, ce qui présageait la future grandeur de son fils. Ce nonobstant, d'autres démonographes disent qu'Auguste était enfant du diable.—Les cabalistes n'ont pas manqué de faire de ce diable une Salamandre.

Il y a des merveilles dans le destin d'Auguste; et Boguet conte, avec d'autres bons hommes, que cet empereur, étant sur le point de se faire proclamer maître et seigneur de tout le monde, en fut empêché par une vierge qu'il aperçut en l'air, tenant en ses bras un enfant (2)....

Auguste était superstitieux; Suétone rapporte (3) que, comme on croyait de son temps que la peau d'un veau marin préservait de la foudre, il était toujours muni d'une peau de veau marin. Il eut encore la faiblesse de croire qu'un poisson qui sortait hors de la mer, sur le rivage d'Actium, lui présageait le gain d'une bataille. Suétone ajoute qu'ayant ensuite rencontré un ânier, il lui demanda le nom de son âne; que l'ânier lui ayant répondu que son âne s'appelait Nicolas, qui signifie *vainqueur des peuples*, il ne douta plus de la victoire; et que, par la suite, il fit ériger des statues d'airain à l'ânier, à l'âne et au poisson sautant. Il dit même que ces statues furent placées dans le Capitole.

On sait qu'Auguste fut proclamé dieu de son vivant, et qu'il eut des temples et des prêtres.

AUGUSTIN (saint), évêque d'Hippone, l'un des plus illustres Pères de l'Église. On lit dans Jacques de Varasc une gracieuse légende sur ce grand saint :

Un jour qu'il était plongé dans ses méditations, il vit passer devant lui un démon qui portait un livre énorme sur ses épaules. Il l'arrêta et lui demanda à voir ce que contenait ce livre. — C'est le registre de tous les péchés des hommes, répond le démon; je les ramasse où je les trouve, et je les écris à leur place pour savoir plus aisément ce que chacun me doit. — Montrez-moi, dit le pieux évêque d'Hippone, quels péchés j'ai faits depuis ma conversion ?.... Le démon ouvrit le livre, et chercha l'article de saint Augustin, où il ne trouva que cette petite note : — Il a oublié tel jour de dire les complies. Le prélat ordonna au diable de l'attendre un moment; il se rendit à l'église, récita les complies, et revint auprès du démon, à qui il demanda de lire une seconde fois sa note. Elle se trouva effacée. — Ah! vous m'avez joué, s'écria le diable,.... mais on ne m'y reprendra plus..... En disant ces mots, il s'en alla peu content (4).

Nous avons dit que saint Augustin avait réfuté le petit livre du *Démon de Socrate*, d'Apulée. On peut lire aussi de ce Père le traité de l'Antechrist et divers chapitres de son ad-

---

(1) Dictionnaire philosophique, au mot *Augures*.
(2) Discours des sorciers, ch. 7.
(3) In Augusto, cap. 90.

(4) Legenda aurea Jac. de Voragine, aucta a Claudino a Rota, leg. 119.

mirable ouvrage *de la Cité de Dieu*, qui ont rapport au genre de merveilles dont nous nous occupons.

AUMONE. — Le peuple croit en Angleterre que, pour les voyageurs qui ne veulent pas s'égarer dans leur route, c'est une grande imprudence de passer auprès d'une vieille femme sans lui donner l'aumône, surtout quand elle regarde en face celui dont elle sollicite la pitié (1).

Nous rapporterons sur l'aumône une anecdote qui ne tient pourtant pas aux superstitions. C'est celle de cet excellent père Bridaine, missionnaire toujours pauvre, parce qu'il donnait tout. Un jour il alla demander à coucher au curé d'un village, qui n'avait qu'un lit et qui le lui fit partager. Le père Bridaine se leva au point du jour, selon son usage, pour aller prier à l'église. En sortant du presbytère, il trouva un pauvre mendiant qui lui demanda l'aumône. — Hélas! mon ami, je n'ai plus rien, répondit le bon prêtre, en touchant cependant son gousset, où il fut très-étonné de sentir quelque chose; car il n'y avait rien laissé. Il fouille vivement, tire un petit rouleau de quatre écus, crie miracle, donne le rouleau au mendiant et court remercier Dieu.

Au bout d'un instant, le curé arrive : le père Bridaine, dans l'obscurité, avait mis la culotte du curé pour la sienne. Les quatre écus étaient le bien, le seul trésor peut-être du pauvre bon curé. Mais le mendiant avait disparu; il fallut bien qu'il se consolât de la perte de son argent, et le père Bridaine de la perte de son petit miracle. — Une aventure semblable a été attribuée à un curé de Bruxelles au dix-septième siècle.

AUPETIT (Pierre), — prêtre sorcier, du village de Fossas, paroisse de Paias, près la ville de Chalus, en Limousin, exécuté à l'âge de cinquante ans, le 25 mai 1598. — Il ne voulut pas d'abord répondre au juge civil; il en fut référé au parlement de Bordeaux, qui ordonna que le juge laïque connaîtrait de cette affaire, sauf à s'adjoindre un juge d'église. L'évêque de Limoges envoya un membre de l'officialité pour assister, avec le vice-sénéchal et le conseiller de Peyrat, à l'audition du sorcier. — Interrogé s'il n'a pas été au sabbat de Menciras, s'il n'y a pas vu Antoine Dumons de Saint-Laurent, chargé de fournir des chandelles pour l'adoration du diable; si lui, Pierre Aupetit, n'a pas tenu le fusil pour les allumer, etc.; il a répondu que non, et qu'à l'égard du diable, il priait Dieu de le garder de sa figure : ce qui signifie, au jugement de Delancre, qu'il était sorcier. — Interrogé s'il ne se servait pas de graisses, et si, après le sabbat, il n'avait pas lu dans un livre pour faire venir une troupe de cochons qui criaient et lui répondaient : « Tiran, tiran, ramassien, ramassien, nous » réclamons cercles et cernes pour faire l'as- » semblée que nous t'avons promise; » il a répondu qu'il ne savait ce qu'on lui demandait. — Interrogé s'il ne sait pas embarrer ou désembarrer, et se rendre invisible étant prisonnier, il répond que non. — Interrogé s'il sait dire des messes pour obtenir la guérison des malades, il répond qu'il en sait dire en l'honneur des cinq plaies de Notre-Seigneur et de monsieur saint Côme. — Pour tirer de lui la vérité, selon les usages d'alors, on l'appliqua à la question. Il avoua qu'il était allé au sabbat; qu'il lisait dans le grimoire; que le diable, en forme de mouton, plus noir que blanc, se faisait baiser le derrière; que Gratoulet, insigne sorcier, lui avait appris le secret d'embarrer, d'étancher et d'arrêter le sang; que son démon ou esprit familier s'appelait Belzébut, et qu'il avait reçu en cadeau son petit doigt. Il déclara qu'il avait dit la messe en l'honneur de Belzébut, et qu'il savait embarrer en invoquant le nom du diable et en mettant un liard dans une aiguillette; il dit, de plus, que le diable parlait en langage vulgaire aux sorciers, et que, quand il voulait envoyer du mal à quelqu'un, il disait ces mots : « *Vach, vech, stet, sty, stu!* » Il persista jusqu'au supplice dans ces ridicules révélations, mêlées d'indécentes grossièretés (2). Pour comprendre ces choses, *voy.* les articles Sabbat, Boucs, etc.

AURORE BOREALE, — espèce de nuée rare, transparente, lumineuse, qui paraît la nuit du côté du nord. On ne saurait croire, dit Saint-Foix, sous combien de formes l'ignorance et la superstition des siècles passés nous ont présenté l'aurore boréale. Elle produisait des visions différentes dans l'esprit des peuples, selon que ces apparitions étaient plus ou moins fréquentes, c'est-à-dire, selon qu'on habitait des pays plus ou moins éloignés du pôle. Elle fut d'abord un sujet d'alarmes pour les peuples du nord; ils crurent leurs campagnes en feu et l'ennemi à leur porte. Mais ce phénomène devenant presque journalier, ils s'y sont accoutumés. Ils disent que ce sont des esprits qui se querellent et qui combattent dans les airs. Cette opinion est surtout très-accréditée en Sibérie.

Les Groënlandais, lorsqu'ils voient une aurore boréale, s'imaginent que ce sont les âmes qui jouent à la boule dans le ciel, avec une tête de baleine. — Les habitants des pays qui tiennent le milieu entre les terres arctiques et l'extrémité méridionale de l'Europe, n'y voient que des sujets tristes ou menaçants, affreux ou terribles; ce sont des armées en feu qui se livrent de sanglantes batailles, des têtes hideuses séparées de leur tronc, des chars enflammés, des cavaliers qui se percent de leurs lances. On croit voir des pluies de sang; on entend le bruit de la mousqueterie, le son des trompettes, présages funestes de guerre et de calamités publiques.

Voilà ce que nos pères ont aussi vu et entendu dans les aurores boréales. Faut-il s'étonner, après cela, des frayeurs affreuses que leur causaient ces sortes de nuées quand elles paraissaient?—La *Chronique de Louis XI* rapporte qu'en 1465 on aperçut à Paris une

---

(1) Fielding, Tom Jones, liv. XIV, ch. 2.

(2) Delancre, Tableau de l'inconstance des mauvais anges, liv. VI, disc. 4.

aurore boréale, qui fit paraître toute la ville en feu. Les soldats qui faisaient le guet en furent épouvantés, et un homme en devint fou. On en porta la nouvelle au roi, qui monta à cheval et courut sur les remparts. Le bruit se répandit que les ennemis qui étaient devant Paris se retiraient et mettaient le feu à la ville. Tout le monde se rassembla en désordre, et on trouva que ce grand sujet de terreur n'était qu'un phénomène.

AUSITIF, — démon peu connu, qui est cité dans la possession de Loudun, — en 1643.

AUSPICES, — augures qui devinaient surtout par le vol et le chant des oiseaux. *Voy.* AUGURES, ARUSPICES, etc.

AUTOMATES. — On croyait autrefois que ces ouvrages de l'art étaient l'œuvre du démon. *Voy.* ALBERT LE GRAND, BACON, ENCHANTEMENTS, MÉCANIQUE, etc.

AUTOPSIE, — espèce d'extase où des fous se croyaient en commerce avec les esprits.

AUTRUCHE. — Il est bien vrai qu'elle avale du fer, car elle avale tout ce qu'elle rencontre; mais il n'est pas vrai qu'elle le digère, et l'expérience a détruit cette opinion erronée (1).

AUTUN (JACQUES D'). — *Voy.* CHEVANES.

AVENAR, — astrologue qui promit aux Juifs, sur la foi des planètes, que leur messie arriverait sans faute en 1444, ou, au plus tard, en 1464. « Il donnait pour ses garants Saturne, Jupiter, l'Ecrevisse et les Poissons. Tous les Juifs tinrent leurs fenêtres ouvertes pour recevoir l'envoyé de Dieu, qui n'arriva pas, soit que l'Ecrevisse eût reculé, soit que les Poissons d'Avenar ne fussent que des poissons d'avril (2). »

AVENIR. — C'est pour en pénétrer les secrets qu'on a inventé tant de moyens de dire la bonne aventure. Toutes les divinations ont principalement pour objet de connaître l'avenir.

AVERNE, — marais consacré à Pluton, près de Bayes. Il en sortait des exhalaisons si infectes, qu'on croyait que c'était l'entrée des enfers.

AVERROÈS, — médecin arabe et le plus grand philosophe de sa nation, né à Cordoue dans le douzième siècle. Il s'acquit une si belle réputation de justice, de vertu et de sagesse, que le roi de Maroc le fit juge de toute la Mauritanie. Il traduisit Aristote en arabe, et composa plusieurs ouvrages sur la philosophie et la médecine. Quelques démonographes ont voulu le mettre au nombre des magiciens et lui donner un démon familier. Malheureusement Averroès était un épicurien, mahométan pour la forme, et ne croyait pas à l'existence des démons (3). L'empereur de Maroc, un jour, lui fit faire amende honorable à la porte d'une mosquée, où tous les passants eurent permission de lui cracher au visage, pour avoir dit que la religion de Mahomet était une religion de pourceaux.

AVICENNE, — célèbre médecin arabe, mort vers le milieu du onzième siècle, fameux par le grand nombre et l'étendue de ses ouvrages, et par sa vie aventureuse. On peut en quelque sorte le comparer à Agrippa. Les Arabes croient qu'il maîtrisait les esprits et qu'il se faisait servir par des génies. Comme il rechercha la pierre philosophale, on dit encore dans plusieurs contrées de l'Arabie qu'il n'est pas mort; mais que, grâce à l'élixir de longue vie et à l'or potable, il vit dans une retraite ignorée avec une grande puissance. — Il a composé divers traités d'alchimie recherchés des songe-creux. Son traité de la *Congélation de la pierre* et son *Tractatulus de Alchimia* se trouvent dans les deux premiers volumes de l'*Ars aurifera*, Bâle, 1610. Son *Ars chimica* a été imprimé à Berne, 1572. On lui attribue encore plusieurs opuscules hermétiques insérés dans le *Theatrum chimicum*, et un volume in-8°, publié à Bâle en 1572, sous le titre de la Porte des éléments, *Porta elementorum*. — Les livres de secrets merveilleux s'appuient souvent du nom d'Avicenne pour les plus absurdes recettes.

AXINOMANCIE, divination par le moyen d'une hache ou cognée de bûcheron. François de Torre-Blanca, qui en parle (4), ne nous dit pas comment les devins maniaient la hache. Nous ne ferons donc connaître que les deux moyens employés ouvertement dans l'antiquité et pratiqués encore dans certains pays du Nord.

1° Lorsqu'on veut découvrir un trésor, il faut se procurer une agate ronde, faire rougir au feu le fer de la hache, et la poser de manière que le tranchant soit bien perpendiculairement en l'air. On place la pierre d'agate sur le tranchant. Si elle s'y tient, il n'y a pas de trésor; si elle tombe, elle roule avec rapidité. On la replace trois fois, et si elle roule trois fois vers le même lieu, c'est qu'il y a un trésor dans ce lieu même; si elle prend à chaque fois une route différente, on peut chercher ailleurs.

2° Lorsqu'on veut découvrir des voleurs, on pose la hache à terre, le fer en bas et le bout du manche perpendiculairement en l'air; on danse en rond à l'entour, jusqu'à ce que le bout du manche s'ébranle et que la hache s'étende sur le sol : le bout du manche indique la direction qu'il faut prendre pour aller à la recherche des voleurs. Quelques-uns disent que pour cela il faut que le fer de la hache soit fiché en un pot rond : « Ce qui est absurde tout à fait, comme dit Delancre (5); car quel moyen de ficher une cognée dans un pot rond, non plus que coudre ou rapiécer ce pot, si la cognée l'avait une fois mis en pièces ! »

AYM. *Voy.* HABORYM.

AYMAR (JACQUES), paysan né à Saint-Véran, en Dauphiné, le 8 septembre 1662, entre minuit et une heure. De maçon qu'il était, il se rendit célèbre par l'usage de la baguette divinatoire. Quelques-uns, qui donnaient

---

(1) Voyez Brown, *Des Erreurs populaires*, liv. III, ch. 22.
(2) M. Salgues, *Des Erreurs et des préjugés*, t. I, p. 90.
(3) Magiam dæmoniacam pleno ore negarunt Averroes et alii epicurei, qui, una cum Saduczis dæmones esse negarunt. (Torreblanca, *Délits magiques*, liv. II, ch. v.)
(4) Epist. delict. sive de magia, lib. I, cap. 24.
(5) L'Incrédulité et mécréance, etc., traité 5.

dans l'astrologie, ont attribué son rare talent à l'époque précise de sa naissance; car son frère, né dans le même mois, deux ans plus tard, ne pouvait rien faire avec la baguette. Voy. BAGUETTE DIVINATOIRE.

AYMON (LES QUATRE FILS). Siècle de Charlemagne. Ils avaient un cheval merveilleux. Voy. BAYARD.

AYOLA (VASQUÈS DE). Vers 1570, un jeune homme nommé Vasquès de Ayola étant allé à Bologne, avec deux de ses compagnons, pour y étudier en droit, et n'ayant pas trouvé de logement dans la ville, ils habitèrent une grande et belle maison, abandonnée parce qu'il y revenait un spectre qui épouvantait tous ceux qui osaient y loger; mais ils se moquèrent de tous ces récits et s'y installèrent. — Au bout d'un mois, Ayola veillant un soir seul dans sa chambre, et ses compagnons dormant tranquillement dans leurs lits, il entendit de loin un bruit de chaînes, qui s'approchait et qui semblait venir de l'escalier de la maison; il se recommanda à Dieu, prit un bouclier, une épée, et, tenant sa bougie en main, il attendit le spectre, qui bientôt ouvrit la porte et parut. C'était un squelette qui n'avait que les os; il était, avec cela, chargé de chaînes. Ayola lui demanda ce qu'il souhaitait? Le fantôme, selon l'usage, lui fit signe de le suivre. En descendant l'escalier, la bougie s'éteignit. Ayola eut le courage d'aller la rallumer, et marcha derrière le spectre, qui le mena le long d'une cour où il y avait un puits. Il craignit qu'il ne voulût l'y précipiter, et s'arrêta. L'esprit lui fit signe de continuer à le suivre; ils entrèrent dans le jardin, où la vision disparut. — Le jeune homme arracha quelques poignées d'herbe, pour reconnaître l'endroit; il alla ensuite raconter à ses compagnons ce qui lui était arrivé, et le lendemain matin il en donna avis aux principaux de Bologne. Ils vinrent sur les lieux et firent fouiller. On trouva un corps décharné, chargé de chaînes. On s'informa qui ce pouvait être; mais on ne put rien découvrir de certain. On fit faire au mort des obsèques convenables; on l'enterra, et depuis ce temps la maison ne fut plus inquiétée. Ce fait, rapporté par Antoine de Torquemada, est encore une copie des aventures d'Athénodore et d'Arignote.

AYPEROS, comte de l'empire infernal. C'est le même qu'Ipès. Voy. ce mot.

AZAEL, l'un des anges qui se révoltèrent contre Dieu. Les rabbins disent qu'il est enchaîné sur des pierres pointues, dans un endroit obscur du désert, en attendant le jugement dernier.

AZARIEL, ange qui, selon les rabbins du Talmud, a la surintendance des eaux de la terre. Les pêcheurs l'invoquent pour prendre de gros poissons.

AZAZEL, démon du second ordre, gardien du bouc. A la fête de l'Expiation, que les Juifs célébraient le dixième jour du septième mois (1), on amenait au grand prêtre deux boucs qu'il tirait au sort: l'un pour le Seigneur, l'autre pour Azazel. Celui sur qui tombait le sort du Seigneur était immolé, et son sang servait pour l'expiation. Le grand prêtre mettait ensuite ses deux mains sur la tête de l'autre, confessait ses péchés et ceux du peuple, en chargeait cet animal, qui était alors conduit dans le désert et mis en liberté; et le peuple, ayant laissé au bouc d'Azazel, appelé aussi le bouc émissaire, le soin de ses iniquités, s'en retournait en silence. — Selon Milton, Azazel est le premier porte-enseigne des armées infernales. C'est aussi le nom du démon dont se servait, pour ses prestiges, l'hérétique Marc.

AZER, ange du feu élémentaire, selon les Guèbres. Azer est encore le nom du père de Zoroastre.

AZRAEL ou AZRAIL, ange de la mort. On conte que cet ange, passant un jour sous une forme visible auprès de Salomon, regarda fixement un homme assis à côté de lui. Cet homme demanda qui le regardait ainsi, et ayant appris de Salomon que c'était l'ange de la mort : — Il semble m'en vouloir, dit-il; ordonnez, je vous prie, au vent de m'emporter dans l'Inde. — Ce qui fut fait aussitôt. Alors l'ange dit à Salomon : — Il n'est pas étonnant que j'aie considéré cet homme avec tant d'attention : j'ai ordre d'aller prendre son âme dans l'Inde, et j'étais surpris de le trouver près de toi en Palestine... — Voy. MORT, AME, etc. — Mahomet citait cette histoire pour prouver que nul ne peut échapper à sa destinée. — Azraël est différent d'Asrafil.

(1) Le septième mois chez les Juifs répondait à septembre.

B

BAAL, grand duc dont la domination est très-étendue aux enfers. Quelques démonomanes le désignent comme général en chef des armées infernales. Il était adoré des Chaldéens, des Babyloniens et des Sidoniens; il le fut aussi des Israélites lorsqu'ils tombèrent dans l'idolâtrie. On lui offrait des victimes humaines. On voit dans Arnobe que ses adorateurs ne lui donnaient point de sexe déterminé. Souvent, en Asie, il a été pris pour le soleil.

BAALBÉRITH, démon du second ordre, maître ou seigneur de l'*alliance*. Il est, selon quelques démonomanes, secrétaire général et conservateur des archives de l'enfer. Les Phéniciens, qui l'adoraient, le prenaient à témoin de leurs serments.

BAALZEPHON, capitaine des gardes ou

sentinelles de l'enfer Les Egyptiens l'adoraient et lui reconnaissaient le pouvoir d'empêcher leurs esclaves de s'enfuir. Néanmoins, disent les rabbins, c'est pendant un sacrifice que Pharaon faisait à cet idole que les Hébreux passèrent la mer Rouge, et on lit, dans le *Targum* que l'ange exterminateur, ayant brisé les statues de tous les autres dieux, ne laissa debout que Baalzephon.

— BAARAS, plante merveilleuse, que les Arabes appellent *herbe d'or*, et qui croît sur le mont Liban. Ils disent qu'elle paraît au mois de mai, après la fonte des neiges. La nuit, elle jette de la clarté comme un petit flambeau, mais elle est invisible le jour ; et même, ajoutent-ils, les feuilles qu'on a enveloppées dans des mouchoirs disparaissent, ce qui leur fait croire qu'elle est ensorcelée, d'autant plus qu'elle transmue les métaux en or, qu'elle rompt les charmes et les sortiléges, etc. — Josèphe, qui admet beaucoup d'autres contes, parle de cette plante dans son histoire de la guerre des Juifs (1). « On ne la saurait toucher sans mourir, dit-il, si on n'a dans la main de la racine de la même plante ; mais on a trouvé un moyen de la cueillir sans péril : on creuse la terre tout alentour, on attache à la racine mise à nu un chien qui, voulant suivre celui qui l'a attaché, enlève la plante et meurt aussitôt. Après cela, on peut la manier sans danger. Les démons qui s'y logent, et qui sont les âmes des méchants, tuent ceux qui s'en emparent autrement que par le moyen qu'on vient d'indiquer ; et, ce qui d'un autre côté n'est pas moins merveilleux, ajoute encore Josèphe, c'est qu'on met en fuite les démons des corps des possédés aussitôt qu'on approche d'eux la plante baaras. »

BABAILANAS, Voy. CATALONOS.

BABAU, espèce d'ogre ou de fantôme dont les nourrices menacent les petits enfants dans les provinces du midi de la France, comme on les effraie à Paris de Croquemitaine, et en Flandre de Pier-Jan Claes, qui est Polichinelle. Mais Babau ne se contente pas de fouetter, il mange en salade les enfants qui sont méchants.

BABEL. La tour de Babel fut élevée cent quinze ans après le déluge universel. On montre les ruines ou les traces de cette tour auprès de Bagdad. — On sait que sa construction amena la confusion des langues. Le poëte juif Emmanuel, à propos de cette confusion, explique dans un de ses sonnets comment le mot *sac* est resté dans tous les idiomes. « Ceux qui travaillaient à la tour de Babel avaient, dit-il, comme nos manœuvres, chacun un sac pour ses petites provisions. Quand le Seigneur confondit leurs langages, la peur les ayant pris, chacun voulut s'enfuir, et demanda son *sac*. On ne répétait partout que ce mot ; et c'est ce qui l'a fait passer dans toutes les langues qui se formèrent alors. »

BACCHUS. Nous ne rapporterons pas ici les fables dont l'ancienne mythologie a orné son histoire. Nous ne faisons mention de Bacchus que parce que les démonographes le regardent comme l'ancien chef du sabbat, fondé par Orphée ; ils disent qu'il le présidait sous le nom de *Sabasius*. « Bacchus, dit Leloyer, n'était qu'un démon épouvantable et nuisant, ayant cornes en tête et javelot en main. C'était le maître guide-danse (2), et dieu des sorciers et des sorcières ; c'est leur chevreau, c'est leur bouc cornu, c'est le prince des bouquins, satyres et silènes. Il apparaît toujours aux sorciers et sorcières, dans leurs sabbats, les cornes en tête ; et hors des sabbats, bien qu'il montre visage d'homme, les sorcières ont toujours confessé qu'il a le pied difforme, tantôt de corne solide comme ceux du cheval, tantôt fendu comme ceux du bœuf (3). »

Les sorciers des temps modernes l'appellent plus généralement Léonard, ou Satan, ou le bouc, ou maître Rigoux.

Ce qui sans doute appuie cette opinion, que le démon du sabbat est le même que Bacchus, c'est le souvenir des orgies qui avaient lieu aux bacchanales.

BACIS, devin de Béotie. Plusieurs de ceux qui se mêlèrent de prédire les choses futures portèrent le même nom de Bacis (4). Leloyer dit que les Athéniens révéraient les vers prophétiques de leurs *bacides*, « qui étaient trois insignes sorciers très-connus (5). »

BACON (ROGER) parut dans le treizième siècle. C'était un cordelier anglais. Il passa pour magicien, quoiqu'il ait écrit contre la magie, parce qu'il étudiait la physique et qu'il faisait des expériences naturelles. Il est vrai pourtant qu'il y a dans ses écrits de singulières choses, et qu'il voulut élever l'astrologie judiciaire à la dignité de science. On lui attribue l'invention de la poudre. Il paraîtrait même qu'on lui doit aussi les télescopes et les lunettes à longue vue. Il était versé dans les beaux-arts, et surpassait tous ses contemporains par l'étendue de ses connaissances et par la subtilité de son génie. Aussi on publia qu'il devait sa supériorité aux démons, avec qui il commerçait.

Cet homme savant croyait donc à l'astrologie et à la pierre philosophale. Delrio, qui n'en fait pas un magicien, lui reproche seulement des superstitions. Par exemple, François Pic dit avoir lu, dans son livre des six sciences, qu'un homme pourrait devenir prophète et prédire les choses futures par le moyen d'un miroir, que Bacon nomme *almuchefi*, composé suivant les règles de perspective, » pourvu qu'il s'en serve, ajoute-t-il, sous une bonne constellation, et après avoir tempéré son corps par l'alchimie.

Cependant Wierus accuse Bacon de magie goétique ; et d'autres doctes assurent que l'Antechrist se servira de ses miroirs magiques pour faire des miracles.

Bacon se fit, dit-on, comme Albert le

---

(1) Liv. VII, ch. 25. Elien, de Animal., liv. XIV, ch. XXVII, accorde les mêmes vertus à la plante aglaophotis. Voyez ce mot.
(2) Discours des spectres, liv. VII, ch. III.
(3) Discours des spectres, liv. VIII, ch. v.
(4) Cicero, De Divin., lib. I, cap. XXXIV.
(5) Discours des spectres, liv. VII, ch. II.

Grand, un androïde. C'était, assurent les conteurs, une tête de bronze qui parlait distinctement, et même qui prophétisait. On ajoute que, l'ayant consultée pour savoir s'il serait bon d'entourer l'Angleterre d'un gros mur d'airain, elle répondit : *il est temps*.

Un savant de nos jours (M. E. J. Delécluze) a publié sur Bacon une remarquable notice, dont nous citerons quelques passages curieux. Bacon s'est beaucoup occupé, avant Montesquieu, de l'influence des climats, mais il en tire des inductions plus précises. Laissons parler M. Delécluze :

« Tout le morceau où il est question des climats, et qui mène droit à faire une science de l'astrologie judiciaire, est on ne peut plus ingénieux et justifie jusqu'à un certain point le préjugé entretenu si longtemps en Europe, en faveur de ces idées étranges. Ainsi, partant des grandes divisions de la terre, qui par le cours du soleil déterminent les climats dont personne ne conteste la réalité et l'influence prise en grand, Bacon arrive, de proche en proche, à établir des subdivisions pour les pays, pour les contrées, les provinces, les villes et même pour les hommes pris un à un, qu'il place sous l'influence d'un cône plus ou moins étroit, dont le cercle supérieur comprend ceux des astres qui influent sur la naissance, la nature et la destinée des lieux, des objets et des êtres qui se trouvent sur certains points du globe. »

Le savant moine est plus hardi encore sur d'autres croyances, par exemple sur l'art de prolonger la vie. Sur la parole d'un homme en qui il avait pleine confiance, il cite ce fait « qu'un savant célèbre de Paris, après avoir coupé un serpent par tronçons, en ayant eu soin toutefois de conserver intacte la peau de son ventre, lâcha ensuite l'animal, qui se mit à ramper sur des herbes dont les vertus le guérirent aussitôt. L'expérimentateur, ajoute Bacon, alla reconnaître les herbes, qui étaient d'un *vert extraordinaire*. D'après l'autorité d'Artephius, il répète comment un certain magicien, nommé Tantale, attaché à la personne d'un roi de l'Inde, avait trouvé, par la connaissance qu'il possédait de la science des astres, le moyen de vivre plusieurs siècles. Différentes anecdotes de la même force, empruntées à Pline ou à quelques auteurs modernes, suivent celle de Tantale, puis il s'étend longuement sur la thériaque, qu'il regarde comme propre à prolonger excessivement la durée de la vie ; il vante la chair des serpens ailés comme un spécifique contre la caducité de l'homme, et recommande surtout l'hygiène d'Artephius qui, à ce que l'on assure, dit-il, a vécu mille vingt-cinq ans, ce qui doit faire préférer sa méthode à toute autre. Quant à Aristote et à Platon, ajoute-t-il encore, on ne doit pas s'étonner de ce qu'ils n'ont pas su prolonger leur vie, puisque ces philosophes fameux ainsi que tant d'autres ne connaissaient pas cette grande doctrine médicale, et qu'Aristote déclare même dans ses avertissemens qu'il ignore la quadrature du cercle, secret fort inférieur à celui d'Artephius.

» Ce n'est pas, du reste, le seul passage où Bacon parle avec cette assurance de la quadrature du cercle ; car à l'occasion d'Avicennes et d'Averrhoës, il fait observer que ce dernier « avoue qu'il ignorait la quadrature du cercle, chose, dit Bacon, qui est sue complétement aujourd'hui. — *Nam quadraturam circuli se ignorasse confitetur, quod his diebus scitur veraciter.*

» Pour donner une idée complète de tous les secrets, vrais ou prétendus, sur l'application desquels Bacon voulait appeler l'attention de ses contemporains, je rapporterai quelques phrases tirées d'une lettre de ce philosophe (1), par lesquelles il indique des idées de machines extraordinaires, dont plusieurs en effet ont été mises en pratique depuis lui et particulièrement de nos jours. Après s'être efforcé de prouver que, par le secours des sciences, on peut exécuter réellement des choses que la magie prétend produire, mais auxquelles elle n'atteint pas effectivement, il dit : — « Par la science et l'art
» seulement, on peut faire des machines pour
» naviguer sans le secours de rameurs, de
» manière à ce que les bâtimens soient por-
» tés sur les fleuves et sur la mer avec une
» vélocité extraordinaire, et sous la direc-
» tion d'un seul homme. Il est également
» possible d'établir des chars mis en mou-
» vement avec une promptitude merveilleu-
» se, sans le secours d'animaux de tirage,
» semblables à ce que l'on croit qu'étaient
» les chars de guerre armés de faux chez les
» anciens. On pourrait faire aussi des mé-
» caniques pour voler ; l'homme serait as-
» sis au milieu et développerait quelqu'in-
» vention au moyen de laquelle des ailes ar-
» tificielles frapperaient l'air. On peut faire
» un instrument très-petit, pour élever et
» abaisser des poids immenses (la grue, le
» cric). Et avec le secours d'un instrument
» de trois doigts cubes et même moindre,
» il serait facile à un homme de s'échapper
» en s'élevant en ou descendant avec ses
» compagnons, d'un cachot ou d'une prison.
» On pourrait encore composer un appa-
» reil avec lequel un seul homme entraîne-
» rait violemment et malgré eux une foule
» immense d'autres. Il est d'autres machi-
» nes qui serviraient à se promener au fond
» des fleuves et de la mer, sans aucun dan-
» ger pour la vie. Ces choses ont été faites
» anciennement et dans nos temps. On peut
» encore en faire beaucoup d'autres, com-
» me des ponts sans piles (suspendus) etc.,
» etc. »

« L'alchimie, dit-il ailleurs, néglige les moyens fournis par l'expérience ; aussi arrive-t-il rarement qu'elle donne de l'or à vingt-quatre degrés (karats). Encore y a-t-il eu peu de personnes qui aient porté l'alchimie à ce point. Mais au moyen *du secret des secrets d'Aristote*, la science expérimentale (la chimie) a produit de l'or non-seulement de vingt-quatre degrés, mais de trente, de quarante, et d'aussi fin que l'on veut.

(1) Epistola Frat. Rogerii Baconis de secretis operibus artis et naturæ et de nullitate magiæ, Hambourg, 1618.

Et c'est à cette occasion qu'Aristote dit à Alexandre : — Je veux faire connaître le plus grand des secrets, car non-seulement il procurerait le bien-être de la république et des particuliers, mais il prolongerait encore la vie ; car l'opération qui purgerait les métaux les plus vils des parties corrompues qu'ils contiennent, de manière à ce qu'ils devinssent de l'argent ou de l'or pur, serait jugée susceptible par tous les savants d'enlever les parties corrompues du corps humain si complétement, qu'elle prolongerait la vie humaine pendant plusieurs siècles. »

Passons en revue quelques autres secrets.

« Le nombre des moyens trouvés pour repousser et pour détruire les ennemis de l'État sans armes et sans même les toucher est grand, dit Bacon. On pratique des opérations qui blessent exclusivement l'odorat ; non pas en modifiant la qualité de l'air, comme l'a fait Alexandre, mais en l'infectant. On possède aussi d'autres moyens pour blesser et pervertir les autres sens. Par le contact seul de certaines matières on compromet, on peut même ôter la vie.

» La *malthe*, espèce de bitume fort connue, lancée bouillante sur des hommes armés, les brûle. Les Romains, dans leurs guerres, en ont fait un fréquent usage, comme l'atteste Pline. L'huile de bitume (*oleum citrinum petreolum*), que l'on tire de la pierre, consume tout ce qu'elle rencontre lorsqu'elle est préparée d'après certaine recette, et le feu qu'elle produit ne peut être éteint, même par l'eau.

» D'autres opérations étonnent et blessent tellement l'ouïe, que si l'on en fait usage avec adresse et pendant la nuit, une ville pas plus qu'une armée, n'en peuvent supporter les terribles effets. Aucun bruit de tonnerre ne peut être comparé à celui que produisent ces préparations.

» On peut aussi imprimer la terreur par la vue, en produisant des éclats de lumière qui jettent le trouble dans toutes les âmes. Nous empruntons cette expérience d'un jeu d'enfant en usage dans presque tout le monde. Il consiste à faire un instrument (cartouche) de la longueur du pouce d'un homme, avec lequel on produit par la violence de ce que l'on nomme sel de pierre (*sal petræ*) un bruit si horrible, bien que l'instrument ne soit qu'un petit morceau de parchemin, que le bruit du tonnerre et l'éclat de l'aurore ne sont ni plus grands, ni plus brillants que ceux que cet instrument occasionne (1).

» Il y a aussi plusieurs choses (*res*) dont le contact le plus léger fait mourir les animaux venimeux ; en ne formant même qu'un cercle avec ces *choses*, les bêtes venimeuses que l'on y renferme ne pourront en sortir et mourront sans en être touchées. Ces *choses*, réduites en poudre, deviennent un spécifique sûr pour guérir tout homme qui aurait été blessé par un animal venimeux, fait que Béda avance dans son histoire ecclésiastique et que nous savons par expérience. Tout cela prouve qu'il y a une foule de *choses* étrangères dont nous ignorons les propriétés, faute d'avoir recours à l'expérience. »

Voici d'autres idées de Bacon :

« De tous les exemples que l'on pourrait citer en faveur de la supériorité de la sagesse sur la force, je choisirai celui que me fournit la vie d'Alexandre. En quittant la Grèce pour aller conquérir le monde, il n'avait que trente-deux mille fantassins et quatre mille cinq cents cavaliers. Cependant, dit Orosius, lorsque l'on considère cet homme allant porter la guerre au monde avec une si petite armée, on se demande ce qui doit étonner le plus de la hardiesse de son projet ou de sa réussite. Dans le premier engagement que lui eut lieu entre lui et Darius, six cent mille Perses tombèrent, tandis que le Macédonien ne perdit que cent vingt cavaliers et neuf fantassins. A la seconde bataille, Alexandre mit quarante mille Perses hors de combat, et de son côté il perdit cent trente piétons et cent cinquante cavaliers ; mais le résultat fut qu'il frappa facilement et tout à coup le monde entier de terreur. Toutefois, ajoute Orosius, ce fut autant par la science que par le courage que le Macédonien devint victorieux. Eh ! comment aurait-il pu en être autrement lorsque nous lisons dans la vie d'Aristote que ce philosophe accompagnait Alexandre dans ses expéditions guerrières ? Sénèque tient le même langage et, selon ce dernier, si le Macédonien remporta constamment la victoire, c'est qu'Aristote et Callisthène étaient réellement les chefs, les conducteurs de ces entreprises et qu'ils enseignaient toute espèce de sciences à Alexandre.

» Mais Aristote a livré principalement le monde à Alexandre ; Aristote qui connaissait toutes les voies de la science dont il est le père... »

Les curieux recherchent, de Roger Bacon, le petit traité intitulé *Speculum Alchimiæ*, traduit en français par J. Girard de Tournus, sous le titre de *Miroir d'Alchimie*, in-12 et in-8°, Lyon, 1557 ; Paris, 1612. Le même a traduit *l'Admirable puissance de l'art et de la nature*, in-8°, Lyon, 1557 ; Paris, 1729. *De potestate mirabili artis et naturæ* (2).

On ne confondra pas Roger Bacon avec François Bacon, grand chancelier d'Angleterre, mort en 1626, que Walpole appelle « le prophète des vérités que Newton est venu révéler aux hommes. »

BACOTI. Nom commun aux devins et aux sorciers de Tunquin. On interroge surtout le bacoti pour savoir des nouvelles des morts. Il bat le tambour, appelle le mort à grands cris, se tait ensuite pendant que le défunt lui parle à l'oreille sans se laisser voir, et

---

(1) On pense que Bacon a trouvé la recette de la poudre à canon dans le traité d'un certain Grec nommé Marco, intitulé le *Livre des feux*.

(2) Ce n'est qu'un chapitre de l'ouvrage intitulé : Epistola Fratris Rogerii Baconis de secretis operibus artis et naturæ et de nullitate magiæ. In-4°, Paris, 1542 ; Hambourg, 1608 et 1618, in-8°.

donne ordinairement de bonnes nouvelles, parce qu'on les paie mieux.

BAD. Génie des vents et des tempêtes chez les Persans. Il préside au vingt-deuxième jour de la lune.

BADUCKE. Plante dont on prétend que le fruit, pris dans du lait, glace les sens. Les magiciens l'ont quelquefois employé pour nouer l'aiguillette. Il suffit, dit-on, d'en faire boire une infusion à celui qu'on veut lier.

BAEL. Démon cité, dans *le Grand Grimoire*, en tête des puissances infernales. C'est aussi par lui que Wiérus commence l'inventaire de sa fameuse *Pseudomonarchia dæmonum*. Il appelle Bael le premier roi de l'enfer; ses Etats sont dans la partie orientale. Il se montre avec trois têtes, dont l'une à la figure d'un crapaud, l'autre celle d'un homme, la troisième celle d'un chat. Sa voix est rauque; mais il se bat très-bien. Il rend ceux qui l'invoquent fins et rusés, et leur apprend le moyen d'être invisibles au besoin. Soixante-six légions lui obéissent. — Est-ce le même que Baal ?

BÆTILES. Pierres que les anciens consultaient comme des oracles et qu'ils croyaient animées. C'étaient quelquefois des espèces de talismans. Saturne, pensant avaler Jupiter, dévora une de ces pierres emmaillotée. Il y en avait de petites, taillées en forme ronde, que l'on portait au cou; on les trouvait sur des montagnes où elles tombaient avec le tonnerre.

Souvent les bætiles étaient des statues ou mandragores. On en cite de merveilleuses qui rendaient des oracles, et dont la voix sifflait comme celle des jeunes Anglaises. On assure même que quelques bætiles tombèrent directement du ciel; telle était la pierre noire de Phrygie que Scipion Nasica amena à Rome en grande pompe.

On révérait à Sparte, dans le temple de Minerve Chalcidique, des bætiles de la forme d'un casque, qui, dit-on, s'élevaient sur l'eau au son de la trompette, et plongeaient dès qu'on prononçait le nom des Athéniens. Les prêtres disaient ces pierres trouvées dans l'Eurotas (1).

BAGOÉ. Devineresse que quelques-uns croient être la sybille Erythrée. C'est, dit-on, la première femme qui ait rendu des oracles. Elle devinait en Toscane, et jugeait surtout des événements par le tonnerre. Voy. BIGOIS.

BAGUE. Voy. ANNEAU.

BAGUETTE DIVINATOIRE. Rameau fourchu de coudrier, d'aune, de hêtre ou de pommier, à l'aide duquel on découvre les métaux, les sources cachées, les trésors, les maléfices et les voleurs.

Il y a longtemps qu'une baguette est réputée nécessaire à certains prodiges. On en donne une aux fées et aux sorcières puissantes. Médée, Circé, Mercure, Bacchus, Zoroastre, Pythagore, les sorciers de Pharaon, voulant singer la verge de Moïse, avaient une baguette; Romulus prophétisait avec un bâton augural. Les Alains, et d'autres peuples barbares, consultaient leurs dieux en fichant une baguette en terre. Quelques devins de village prétendent encore deviner beaucoup de choses avec la baguette. Mais c'est surtout à la fin du dix-septième siècle qu'elle fit le plus grand bruit : Jacques Aymar la mit en vogue en 1692. Cependant, longtemps auparavant, Delrio (2) avait indiqué, parmi les pratiques superstitieuses, l'usage d'une baguette de coudrier pour découvrir les voleurs; mais Jacques Aymar opérait des prodiges si variés et qui surprirent tellement, que le Père Lebrun (3) et le savant Malebranche (4) les attribuèrent au démon, pendant que d'autres les baptisaient du nom de physique occulte ou d'électricité souterraine.

Ce talent de tourner la baguette divinatoire n'est donné qu'à quelques êtres privilégiés. On peut éprouver si on l'a reçu de la nature ; rien n'est plus facile. Le coudrier est surtout l'arbre le plus propre. Il ne s'agit que d'en couper une branche fourchue, et de tenir dans chaque main les deux bouts supérieurs. En mettant le pied sur l'objet qu'on cherche ou sur les vestiges qui peuvent indiquer cet objet, la baguette tourne d'elle-même dans la main, et c'est un indice infaillible.

Avant Jacques Aymar, on n'avait employé la baguette qu'à la recherche des métaux propres à l'alchimie. A l'aide de la sienne, Aymar fit des merveilles de tout genre. Il découvrait les eaux souterraines, les bornes déplacées, les maléfices, les voleurs et les assassins. Le bruit de ses talents s'étant répandu, il fut appelé à Lyon, en 1672, pour dévoiler un mystère qui embarrassait la justice. Le 5 juillet de cette même année, sur les dix heures du soir, un marchand de vin et sa femme avaient été égorgés à Lyon, enterrés dans leur cave, et tout leur argent avait été volé. Cela s'était fait si adroitement qu'on ne soupçonnait pas même les auteurs du crime. Un voisin fit venir Aymar. Le lieutenant criminel et le procureur du roi le conduisirent dans la cave. Il parut très-ému en y entrant; son pouls s'éleva comme dans une grosse fièvre; sa baguette, qu'il tenait à la main, tourna rapidement dans les deux endroits où l'on avait trouvé les cadavres du mari et de la femme. Après quoi, guidé par la baguette ou par un sentiment intérieur, il suivit les rues où les assassins avaient passé, entra dans la cour de l'archevêché, sortit de la ville par le pont du Rhône, et prit à main droite le long de ce fleuve. — Il fut éclairci du nombre des assassins en arrivant à la maison d'un jardinier, où il soutint opiniâtrement qu'ils étaient

---

(1) Tome IIIe des Mémoires de l'Académie des inscriptions.
(2) Disquisit. magisc., lib. III, sect. ult.
(3) Dans ses Lettres qui découvrent l'illusion des philosophes sur la baguette et qui détruisent leurs systèmes,
in-12. Paris, 1693, et dans son Histoire des pratiques superstitieuses.
(4) Dans ses réponses au père Lebrun. On écrivit une multitude de brochures sur cette matière.

trois, qu'ils avaient entouré une table et vidé une bouteille, sur laquelle la baguette tournait. Ces circonstances furent confirmées par l'aveu de deux enfants de neuf à dix ans, qui déclarèrent qu'en effet trois hommes de mauvaise mine étaient entrés à la maison et avaient vidé la bouteille désignée par le paysan. On continua de poursuivre les meurtriers avec plus de confiance. La trace de leurs pas, indiqués sur le sable par la baguette, montra qu'ils s'étaient embarqués. Aymar les suivit par eau, s'arrêtant à tous les endroits où les scélérats avaient pris terre, reconnaissant les lits où ils avaient couché, les tables où ils s'étaient assis, les vases où ils avaient bu.

Après avoir longtemps étonné ses guides, il s'arrêta enfin devant la prison de Beaucaire et assura qu'il y avait là un des criminels. Parmi les prisonniers qu'on amena, un bossu qu'on venait d'enfermer ce jour même pour un larcin commis à la foire fut celui que la baguette désigna. On conduisit ce bossu dans tous les lieux qu'Aymar avait visités : partout il fut reconnu.

En arrivant à Bagnols, il finit par avouer que deux Provençaux l'avaient engagé, comme leur valet, à tremper dans ce crime; qu'il n'y avait pris aucune part; que ses deux bourgeois avaient fait le meurtre et le vol, et lui avaient donné six écus et demi.

Ce qui sembla plus étonnant encore, c'est que Jacques Aymar ne pouvait se trouver auprès du bossu sans éprouver de grands maux de cœur, et qu'il ne passait pas sur un lieu où il sentait qu'un meurtre avait été commis, sans se sentir l'envie de vomir.

Comme les révélations du bossu confirmaient les découvertes d'Aymar, les uns admiraient son étoile et criaient au prodige, tandis que d'autres publiaient qu'il était sorcier. Cependant on ne put trouver les deux assassins, et le bossu fut rompu vif.

Dès lors plusieurs personnes furent douées du talent de Jacques Aymar, talent ignoré jusqu'à lui. Des femmes mêmes firent tourner la baguette. Elles avaient des convulsions et des maux de cœur en passant sur un endroit où un meurtre avait été commis; ce mal ne se dissipait qu'avec un verre de vin.

Aymar faisait tant de bruit, qu'on publia bientôt des livres sur sa baguette et ses opérations. M. de Vagny, procureur du roi à Grenoble, fit imprimer une relation intitulée : *Histoire merveilleuse d'un maçon qui, conduit par la baguette divinatoire, a suivi un meurtrier pendant quarante-cinq heures sur la terre, et plus de trente sur l'eau.* Ce paysan devint le sujet de tous les entretiens. Des philosophes ne virent dans les prodiges de la baguette qu'un effet des émanations des corpuscules, d'autres les attribuèrent à Satan. Le père Lebrun fut de ce nombre, et Malebranche adopta son avis.

Le fils du grand Condé, frappé du bruit de tant de merveilles, fit venir Aymar à Paris. On avait volé à mademoiselle de Condé deux petits flambeaux d'argent. Aymar parcourut quelques rues de Paris en faisant tourner la baguette; il s'arrêta à la boutique d'un orfèvre, qui nia le vol et se trouva très-offensé de l'accusation. Mais le lendemain on remit à l'hôtel le prix des flambeaux; quelques personnes dirent que le paysan l'avait envoyé pour se donner du crédit.

Dans de nouvelles épreuves, la baguette prit des pierres pour de l'argent, elle indiqua de l'argent où il n'y en avait point. En un mot, elle opéra avec si peu de succès, qu'elle perdit son renom. Dans d'autres expériences, la baguette resta immobile quand il lui fallait tourner. Aymar, un peu confondu, avoua enfin qu'il n'était qu'un charlatan adroit, que la baguette n'avait aucun pouvoir, et qu'il avait cherché à gagner de l'argent par ce petit procédé...

Pendant ses premiers succès, une demoiselle de Grenoble, à qui la réputation d'Aymar avait persuadé qu'elle était douée aussi du don de tourner la baguette, craignant que ce don ne lui vînt de l'esprit malin, alla consulter le père Lebrun, qui lui conseilla de prier Dieu en tenant la baguette. La demoiselle jeûna et prit la baguette en priant. La baguette ne tourna plus; d'où l'on conclut que c'était le démon ou l'imagination troublée qui l'agitait.

On douta un peu de la médiation du diable, dès que le fameux devin fut reconnu pour un imposteur. On lui joua surtout un tour qui décrédita considérablement la baguette. Le procureur du roi au Châtelet de Paris fit conduire Aymar dans une rue où l'on avait assassiné un archer du guet. Les meurtriers étaient arrêtés, on connaissait les rues qu'ils avaient suivies, les lieux où ils s'étaient cachés : la baguette resta immobile.

On fit venir Aymar dans la rue de la Harpe, où l'on avait saisi un voleur en flagrant délit; la perfide baguette trahit encore toutes les espérances.

Néanmoins la baguette divinatoire ne périt point; ceux qui prétendirent la faire tourner se multiplièrent même, et ce talent vint jusqu'en Belgique. Il y eut à Heigne, près de Gosselies, un jeune garçon qui découvrit les objets cachés ou perdus au moyen de la baguette de coudrier. Cette baguette, disait-il, ne pouvait pas avoir plus de deux ans de pousse. — Un homme, voulant éprouver l'art de l'enfant de Heigne, cacha un écu au bord d'un fossé, le long d'un sentier qu'on ne fréquentait presque pas. Il fit appeler le jeune garçon et lui promit un escalin, s'il pouvait retrouver l'argent perdu. Le garçon alla cueillir une branche de coudrier, et tenant dans ses deux mains les deux bouts de cette baguette, qui avait la forme d'un Y, après avoir pris différentes directions, il marcha devant lui et s'engagea dans le petit sentier. La baguette s'agitait plus vivement. Il passa le lieu où l'écu était caché; la baguette cessa de tourner. L'enfant revint donc sur ses pas; la baguette sembla reprendre un mouvement très-vif; elle redoubla vers l'endroit qu'on cherchait. Le devin se baissa, chercha dans l'herbe et trouva le petit écu, à l'admiration de tous les spectateurs.

Sur l'observation que le bourgeois fit, pour essayer la baguette, qu'il avait perdu encore d'autre argent, le jeune garçon la reprit, mais elle ne tourna plus. — On se crut convaincu de la réalité du talent de l'enfant. On lui demanda qui l'avait instruit. « C'est le hasard, dit-il ; ayant un jour perdu mon couteau en gardant les troupeaux de mon père, et sachant tout ce qu'on disait de la baguette de coudrier, j'en fis une qui tourna, qui me fit retrouver ce que je cherchais et ensuite beaucoup d'autres objets perdus. »

C'était très-bien. Malheureusement d'autres épreuves, examinées de plus près, ne réussirent pas, et on reconnut que la baguette divinatoire était là aussi une petite supercherie. Mais on y avait cru un siècle et des savants avaient fait imprimer cent volumes pour l'expliquer.

« Faut-il rassembler des arguments pour prouver l'impuissance de la baguette divinatoire ? ajoute M. Salgues (1). Que l'on dise quel rapport il peut y avoir entre un voleur, une source d'eau, une pièce de métal et un bâton de coudrier. On prétend que la baguette tourne en vertu de l'attraction. Mais par quelle vertu d'attraction les émanations qui s'échappent d'une fontaine, d'une pièce d'argent ou du corps d'un meurtrier tordent-elles une branche de coudrier qu'un homme robuste tient fortement entre ses mains ? D'ailleurs, pourquoi le même homme trouve-t-il des fontaines, des métaux, des assassins et des voleurs quand il est dans son pays, et ne trouve-t-il plus rien quand il est à Paris ? Tout cela n'est que charlatanisme. Et ce qui détruit totalement le merveilleux de la baguette, c'est que tout le monde, avec un peu d'adresse, peut la faire tourner à volonté. Il ne s'agit que de tenir les extrémités de la fourche un peu écartées, de manière à faire ressort. C'est alors la force d'élasticité qui opère le prodige. »

Cependant on croit encore à la baguette divinatoire dans le Dauphiné et dans le Hainaut ; les paysans n'en négligent pas l'usage, et elle a trouvé des défenseurs sérieux. Formey, dans l'*Encyclopédie*, explique ce phénomène par le magnétisme Ritter, professeur de Munich, s'autorisait récemment des phénomènes du galvanisme pour soutenir les merveilles de la baguette divinatoire ; mais il n'est pas mort sans abjurer son erreur.

L'abbé de La Garde écrivit au commencement avec beaucoup de foi l'histoire des prodiges de Jacques Aymar ; en 1692 même, Pierre Garnier, docteur-médecin de Montpellier, voulut prouver que les opérations de la baguette dépendaient d'une cause naturelle (2) ; cette cause naturelle n'était, selon lui, que les corpuscules sortis du corps du meurtrier dans les endroits où il avait fait le meurtre et dans ceux où il avait passé. Les galeux et les pestiférés, ajoute-t-il, ne transpirent pas comme les gens sains, puisqu'ils sont contagieux ; de même les scélérats lâ-

(1) Des Erreurs et des préjugés, etc., t. I, p. 165.
(2) Dans sa Dissertation physique en forme de lettre à M. de Sèvre, seigneur de Fléchères, etc. In-12. Lyon,

chent des émanations qui se reconnaissent, et si nous ne les sentons pas, c'est qu'il n'est pas donné à tous les chiens d'avoir le nez fin. Ce sont là, dit-il, page 23, des axiomes incontestables. « Or, ces corpuscules qui entrent dans le corps de l'homme muni de la baguette l'agitent tellement, que de ses mains la matière subtile passe dans la baguette même, et, n'en pouvant sortir assez promptement, la fait tourner ou la brise : ce qui me paraît la chose du monde la plus facile à croire... »

Le bon père Ménestrier, dans ses *Réflexions sur les indications de la baguette*, Lyon, 1694, s'étonne du nombre de gens qui devinaient alors par ce moyen à la mode. « A combien d'effets, poursuit-il, s'étend aujourd'hui ce talent ! Il n'a point de limites. On s'en sert pour juger de la bonté des étoffes et de la différence de leurs prix, pour démêler les innocents des coupables, pour spécifier le crime. Tous les jours cette vertu fait de nouvelles découvertes inconnues jusqu'à présent. »

Il y eut même en 1700, à Toulouse, un brave homme qui devinait avec la baguette ce que faisaient des personnes absentes. Il consultait la baguette sur le passé, le présent et l'avenir ; elle s'abaissait pour répondre oui et s'élevait pour la négative. On pouvait faire sa demande de vive voix ou mentalement ; « Ce qui serait bien prodigieux, dit le père Lebrun, si plusieurs réponses (lisez la plupart) ne s'étaient trouvées fausses (3). »

Un fait qui n'est pas moins admirable, c'est que la baguette ne tourne que sur les objets où l'on a intérieurement l'intention de la faire tourner. Ce serait donc du magnétisme ? Ainsi, quand on cherche une source, elle ne tournera pas sur autre chose, quoiqu'on passe sur des trésors enfouis ou sur des traces de meurtre.

Pour découvrir une fontaine, il faut mettre sur la baguette un linge mouillé ; si elle tourne alors, c'est une preuve qu'il y a de l'eau à l'endroit qu'elle indique. Pour trouver les métaux souterrains, on enchâsse successivement à la tête de la baguette diverses pièces de métal, et c'est un principe constant que la baguette indique la qualité du métal caché sous terre, en touchant précisément ce même métal.

Nous répétons qu'on ne croit plus à la baguette, et que cependant on s'en sert encore dans quelques provinces. Il fallait autrefois qu'elle fût de coudrier ou de quelque autre bois spécial ; depuis, on a employé toute sorte de bois, et même des côtes de baleine ; on n'a plus même exigé que la baguette fût en fourche.

Secret de la baguette divinatoire et moyen de la faire tourner, tiré du *Grand Grimoire*, page 87 (4).

Dès le moment que le soleil paraît sur l'horizon, vous prenez de la main gauche une

1692.
(3) Histoire des pratiques superstitieuses, t. II, p. 337.
(4) Ce secret est aussi dans le Dragon rouge, p. 85.

baguette vierge de noisetier sauvage, et la coupez de la droite en trois coups, en disant : « Je te ramasse au nom d'Eloïm, Mutrathon, Adonay et Sémiphoras, afin que tu aies la vertu de la verge de Moïse et de Jacob pour découvrir tout ce que je voudrai savoir. » Et pour la faire tourner, il faut dire, la tenant serrée dans ses mains, par les deux bouts qui font la fourche : « Je te commande, au nom d'Eloïm, Mutrathon, Adonay et Sémiphoras, de me révéler... » (on indique ce qu'on veut savoir).

Mais voici encore quelque chose sur cette matière qui n'est pas épuisée. Nous empruntons ce qui suit au *Quarterly Magazine* :

La baguette divinatoire n'est plus employée à la découverte des trésors, mais on dit que, dans les mains de certaines personnes, elle peut indiquer les sources d'eau vive. Il y a cinquante ans environ que lady Newark se trouvait en Provence dans un château dont le propriétaire, ayant besoin d'une source pour l'usage de sa maison, envoya chercher un paysan qui promettait d'en faire jaillir une avec une branche de coudrier; lady Newark rit beaucoup de l'idée de son hôte et de l'assurance du paysan; mais, non moins curieuse qu'incrédule, elle voulut au moins assister à l'expérience, ainsi que d'autres voyageurs anglais tout aussi philosophes qu'elle. Le paysan ne se déconcerta pas des sourires moqueurs de ces étrangers; il se mit en marche suivi de toute la société, puis tout à coup s'arrêtant, il déclara qu'on pouvait creuser la terre. On le fit; la source promise sortit, et elle coule encore. Cet homme était un vrai paysan, sans éducation : il ne pouvait expliquer quelle était la vertu dont il était doué, ni celle du talisman; mais il assurait modestement n'être pas le seul à qui la nature avait donné le pouvoir de s'en servir. Les Anglais présents essayèrent sans succès. Quand vint le tour de lady Newark, elle fut bien surprise de se trouver tout aussi sorcière que le paysan provençal. A son retour en Angleterre, elle n'osa faire usage de la baguette divinatoire qu'en secret, de peur d'être tournée en ridicule. Mais en 1803, lorsque le docteur Hulton publia les *Recherches d'Ozanam*, où ce prodige est traité d'absurdité (tom. IV. p. 260), lady Newark lui écrivit une lettre signée X. Y. Z., pour lui raconter les faits qui étaient à sa connaissance. Le docteur répondit, demandant de nouveaux renseignements à son correspondant anonyme. Lady Newark le satisfit, et alors le docteur désira être mis en rapport direct avec elle. Lady Newark alla le voir à Woolwich, et, sous ses yeux, elle découvrit une source d'eau dans un terrain où il faisait construire sa résidence d'été. C'est ce même terrain que le docteur Hulton a vendu depuis au collége de Woolwik, avec un bénéfice considérable à cause de la source. Le docteur ne put résister à l'évidence lorsqu'il vit, à l'approche de l'eau, la baguette s'animer tout à coup pour ainsi dire, s'agiter, se ployer, et même se briser dans les doigts de lady Newark. On cite encore en Angleterre sir Charles H. et mis Fenwik comme étant doués de la même faculté que lady Newark, et à un degré plus élevé encore. Cette faculté inexplicable est tout à fait indépendante de la volition; elle a une grande analogie avec celle qui distingue les Zahories espagnols; mais ceux-ci ne se servent pas de la baguette de coudrier.

Ajoutons à tout ce qui précède, la sérieuse défense de Jacques Aymar, par l'auteur de *La Physique occulte*, ou traité de la baguette divinatoire. Lahaye 1762 :

« Depuis que les hommes se mêlent de philosopher, on n'a point examiné une matière plus curieuse et plus importante, que celle qui est traitée ici; et je puis dire que si l'on avait une fois expliqué clairement la cause du mouvement de la baguette divinatoire sur les sources d'eau, sur les minières, sur les trésors cachés et sur les traces des criminels fugitifs, il n'y aurait plus rien de si occulte dans la nature, qui ne fût bientôt développé et mis dans un grand jour.

» Car si l'on connaissait comment les écoulements des corpuscules qui s'exhalent des eaux souterraines, des métaux et du corps de certains hommes, s'insinuent par la respiration insensible dans les pores d'un autre homme, on comprendrait bientôt pourquoi les maladies contagieuses et populaires attaquent les uns et épargnent les autres; on découvrirait cette route invisible par où coule ce flux et reflux d'humeurs malignes qui sortent d'un corps par la transpiration et que la respiration fait rentrer dans un autre. Et si ce chemin était bien reconnu, la médecine trouverait ensuite facilement le secret de préserver ou de guérir les hommes de tant de maladies dont la propagation se fait par les écoulements des corpuscules contagieux qui sont répandus dans l'air. Cela est, ce me semble, de la dernière importance.

» Mais de quelle utilité ne serait point l'usage de la baguette divinatoire pour la découverte des sources d'eau, dont on ne saurait se passer dans la vie, et pour la recherche des métaux les plus nobles, qui font aujourd'hui tout le lien de la société humaine.

» Certainement le grand éclat que l'histoire du paysan du Dauphiné (Jacques Aymar), a fait dans le monde, et l'empressement que chacun a marqué pour s'en informer, montrent mieux que ce que je pourrais dire, combien le public croit qu'il est important d'expliquer cette physique si surprenante.

» Je sais bien que certains savants ombrageux ne feront pas grand cas de tout ce qu'on pourrait dire de bon sur ce qui regarde le mouvement de la baguette et qu'ils continueront de la regarder comme la chose du monde la moins digne de leur attention. Ils en penseront ce qu'il leur plaira, mais je puis leur citer d'autres savants qui n'ont pas cru employer mal leur temps de tourner leurs études de ce côté-là. Nous voyons parmi les mémoires de l'académie royale des sciences d'Angleterre, le dessein que cette illustre société a pris de s'informer de tout ce qui concerne la baguette divinatoire pour la recherche des minières. En effet, parmi cent articles que M. Boyle a dressés sur le chapitre des minières, le xviii® représente le plan sur quoi il souhaitait qu'on se réglât pour faire des recherches sur la baguette. Le voici : *Utrum virgula divinatoria adhibeatur ad investigationem venarum propositarum fodinarum : et si sic, quo id fiat, successu?* art. 18. C'est ainsi qu'il est rapporté dans les *Actes philosophiques* de la société royale des sciences d'Angleterre, du mois de Novembre 1666, pag. 344.

» Il y a donc des gens qui n'ont pas si fort méprisé la chose. Plus sincères que ces savants dont je viens de parler, ils confessent que les phénomènes de la baguette divinatoire sont merveilleux, et qu'ils méritent bien l'attention des hommes les plus sages. Mais parmi ceux-là, quelques-uns, se laissant prévenir par des terreurs paniques, s'imaginent que la baguette n'a point d'autre mouvement que celui que le démon lui imprime. Ils ne peuvent pas croire qu'il se puisse faire quelque chose dans la nature au delà de leur connaissance. Tout ce qu'ils ne comprennent pas ne peut être naturel.

» C'est de là que le monde s'est rempli de tant de fables grossières et ridicules touchant les sorciers. Ceux qui savaient un peu de grec et d'hébreu, il y a quelques centaines d'années, passaient pour des magiciens. Il est arrivé plusieurs fois à des ignorants de prendre des figures de mathématiques pour des caractères magiques. Jean Shiphower, de l'ordre des ermites de saint Augustin, du couvent d'Ofenburg, dans le comté d'Edimbourg, parlant de l'imprimerie vers l'an 1440, dit que, dans ces premiers commencements, les superstitieux et les ignorants la faisaient passer pour un art où il y pouvait avoir de la magie la plus criminelle. Il n'y a point de bateleurs dont les subtilités ne passent pour des sorcelleries auprès de beaucoup de monde. C'est encore par le même esprit que nous voyons aujourd'hui accuser de magie les opérations de la baguette, parce que la cause n'en est pas connue.

» Van-Helmont a fort bien remarqué qu'on ne saurait trop déplorer le mal que ces préjugés font dans les sciences, et surtout dans la physique. Y a-t-il rien, dit-il, de plus surprenant et de plus déplorable, que de voir les arts vils et mécaniques se perfectionner tous les jours, pendant que la physique demeure toujours quasi dans le même état ? Rien ne retarde tant le progrès de la science naturelle, que les criailleries et les censures injustes des ignorants, parce qu'elles épouvantent, arrêtent et font même reculer ceux que quelque ouverture d'esprit et une longue étude auraient mis en état de contribuer à perfectionner la physique.

» Je déclare que je n'ai point été retenu par cet épouvantail, car enfin nous sommes dans un siècle éclairé, de qui on doit attendre plus de justice que de ceux sur lesquels l'ignorance et la barbarie avaient répandu de si épaisses ténèbres. J'ai eu en vue surtout de montrer qu'outre les utilités qu'on peut tirer de la baguette, ces nouveaux phénomènes peuvent apporter beaucoup de lumières à la physique et à la médecine. Le public jugera si mes efforts doivent être comptés pour quelque chose.

» Cette matière, assez obscure d'elle-même, est égayée par des expériences curieuses, tout à fait propres pour accoutumer l'esprit à croire que la nature emploie des agents invisibles quand elle opère ses plus grandes merveilles. C'est ce que j'appelle la *Physique occulte*, pour la distinguer de ce que la nature fait à découvert, et par des causes sensibles.

» J'ai cru que pour expliquer la *physique occulte* de la baguette divinatoire, je devais préférer la philosophie des corpuscules à toutes les autres, non-seulement parce qu'elle est la seule qui puisse servir utilement à développer les secrets de la nature, mais parce qu'elle est encore plus ancienne que toutes celles dont la connaissance est venue jusqu'à nous. Car avant Leucippe, maître de Démocrite, le premier, selon Minucius Félix, qui ait employé les atomes dans la philosophie, un certain Moschus, originaire de Phénicie, expliquait les phénomènes de la nature par les *corpuscules*, c'est-à-dire par les particules, ou petites parties insensibles de la matière. Strabon, qui rapporte cela, ajoute que Moschus vivait avant la guerre de Troie, et par conséquent plusieurs siècles avant qu'aucun des philosophes grecs parût dans le monde.

» Voilà l'ancienne origine de la philosophie des *corpuscules;* et, puisqu'elle est phénicienne, on a tout sujet de croire que ç'a été celle des Hébreux, d'où elle a passé chez les Grecs.

» Personne, dans ces derniers temps, n'a si bien cultivé la philosophie que M. Boyle, comme on le peut voir par tant de beaux endroits de ses observations que j'ai rapportés dans ce traité. Et si le P. Lana, jésuite, n'était pas mort sitôt, il l'aurait encore portée beaucoup plus loin, comme il est aisé de le juger par son grand et excellent ouvrage, intitulé : *Magisterium artis et naturæ*, où l'on peut remarquer que cet homme si laborieux philosophait, comme on dit, les expériences à la main, sans quoi, en matière de physique, on ne sait pas où conduisent les raisonnements; comme on ne sait pas si l'on ne s'égare point quand on marche sans guide dans un pays inconnu. Un physicien, disait le P. Kirker, jésuite, qui philosophe sans faire des expériences, est comme un aveugle qui aurait la folie de vouloir disputer des couleurs : *In physicis rebus sine experimento philosophari, idem est ac si cæcus de colore judicium ferre insipientius præsumeret. Mund. subter.* l. X, 3, p. 188.

» Il semble qu'il m'aurait toujours manqué quelque chose, si je n'avais raisonné que sur des relations dont tout le monde ne s'accommode pas. Enfin cet homme, si fameux

(Jacques Aymar) est venu à Paris le 21 de janvier 1693, par l'ordre d'un grand prince. Je l'ai vu deux heures par jour, presque un mois durant; et on peut croire que, dans tout ce temps-là, je l'ai tourné et retourné comme je devais. Il est certain que la baguette divinatoire lui tourne entre les mains sur les traces des voleurs et des meurtriers fugitifs. Il n'en sait pas la raison, et s'il en connaissait la cause physique, et qu'il eût assez d'étendue d'esprit pour raisonner là-dessus, je puis assurer que quand il entreprendrait une expérience, il n'y manquerait jamais. Mais un paysan, qui ne sait ni lire ni écrire saura bien moins ce que c'est qu'*atmosphère, volume, écoulements de corpuscules répandus dans l'air*. Il ignore encore plus comment ces corpuscules peuvent se déranger et cesser de produire le mouvement et l'inclinaison de la baguette. Il n'est pas capable non plus de reconnaître combien il lui importe, pour réussir, de savoir s'il est lui-même dans un état tel qu'il faut pour être sensible aux impressions des corpuscules qui s'exhalent des corps sur lesquels la baguette s'incline; car il ne faut presque rien pour déranger l'ordre des causes naturelles et pour faire manquer une expérience. M. Boyle a fait un traité entier sur cette matière. On y peut apprendre comme une seule circonstance de plus ou de moins empêche l'action ordinaire de la nature.

» Ainsi, quoique Jacques Aymar soit un homme simple et de bonnes mœurs, il lui peut arriver d'entreprendre ce qu'il n'exécutera pas toujours bien, par la raison qu'il ne sait pas qu'il doit être dans une certaine disposition présente de sensibilité, afin que les corpuscules répandus dans l'air puissent lui causer quelque sensation; et que cette disposition si rare peut être facilement renversée par un mouvement de crainte ou par d'autres émotions subites et véhémentes.

» Quoiqu'il ne puisse pas démêler tout cela, cependant il reconnaît qu'il se peut bien tromper, et qu'il ne sait pas précisément, toutes les fois que sa baguette tourne, si c'est sur de l'eau, sur du métal, ou sur un cadavre, parce qu'elle se meut sur tout ce qui transpire beaucoup. S'il assure que c'est un meurtrier qu'il suit, c'est qu'il reconnaît que la sensation qu'il a prise au lieu de l'assassinat, est la même qui dure le long du chemin, et dont il est toujours également agité. Voilà son *Criterium*.

» Si Jacques Aymar se hasarde donc à des essais qui ne lui réussissent pas, on ne s'en étonnera point, pour peu qu'on se soit formé une juste idée de la conduite de la nature, et qu'on ait étudié la physique par les expériences. Car on saura que le mécanisme de la nature demande une proportion si exacte dans l'arrangement, dans la force et dans le mouvement des causes, que le moindre obstacle en renverse les effets. Les meilleurs chiens de chasse ne tombent-ils pas quelquefois en défaut? Pourquoi donc veut-on qu'Aymar soit toujours également sensible aux impressions de l'air? Mais, afin de rectifier les idées de ces gens qui voudraient qu'il réussît toujours, il n'y a qu'à les renvoyer à l'*inclinaison de la verge de fer aimantée*. Ils verront que la méthode dont on se sert pour trouver cette *inclinaison* demande une exactitude si scrupuleuse, que, d'ordinaire, de vingt expériences il ne s'en rencontrera pas quatre qui soient entièrement semblables. Ainsi le bon sens veut que les essais qui ne réussissent pas, ne fassent point de préjugé contre les expériences constantes.

» Je ne nie pourtant pas qu'il n'y ait des fourbes qui en donnent à croire, et qui poussent l'usage de la baguette à trop de choses, comme il arrive aux charlatans qui ayant effectivement un bon remède particulier, le rendent eux-mêmes méprisable, en voulant le faire passer pour universel.

» Et j'ajoute à cela qu'on découvrira des gens qui, ayant une sensibilité plus vive et plus délicate, auraient encore plus abondamment que lui la faculté de trouver les sources, les minières, les trésors cachés, les voleurs et les meurtriers fugitifs. On nous mande déjà de Lyon qu'il y a un garçon de dix-huit ans, qui, là-dessus, surpasse de beaucoup Jacques Aymar; et chacun peut voir à Paris, chez M. Geoffroi, ancien échevin de cette ville, un jeune homme qui trouve l'or caché en terre par une violente émotion qu'il ressent, du moment qu'il marche dessus..... »

BAGUETTE MAGIQUE. On voit, comme nous l'avons dit, que toutes les fées ou sorcières ont une baguette magique avec laquelle elles opèrent. Boguet rapporte (1) que Françoise Secrétain et Thévenne Paget faisaient mourir les bestiaux en les touchant de leur baguette; et Cardan cite une sorcière de Paris, qui tua un enfant en le frappant doucement sur le dos avec sa baguette magique.

C'est aussi avec leur baguette que les sorciers tracent les cercles, font les conjurations et opèrent de toutes les manières. Cette baguette doit être de coudrier, de la pousse de l'année. Il faut la couper le premier mercredi de la lune, entre onze heures et minuit, en prononçant certaines paroles (2). Le couteau doit être neuf et retiré en haut quand on coupe. On bénit ensuite la baguette, disent les formulaires superstitieux; on écrit au gros bout le mot *Agla* †, au milieu *On* †; et *Tetragammaton* † au petit bout; et l'on dit : *Conjuro te cito mihi obedire*, etc.

BAHAMAN, génie qui, suivant les Perses, apaise la colère, et, en conséquence, gouverne les bœufs, les moutons et tous les animaux susceptibles d'être apprivoisés.

BAHIR, titre du plus ancien livre des rabbins, où, suivant Buxtorf, sont traités les profonds mystères de la haute cabale des Juifs.

BAIAN. Wiérus et vingt autres démonographes comptent que Baian ou Bajan, fils

---

(1) Voyez Verge.

(2) Discours des sorciers, ch. xxx.

de Siméon, roi des Bulgares, était si grand magicien, qu'il se transformait en loup, quand il voulait, pour épouvanter son peuple, et qu'il pouvait prendre toute autre figure de bête féroce, et même se rendre invisible ; ce qui n'est pas possible sans l'aide de puissants démons, comme dit Ninauld dans sa *Lycanthropie*.

BAIER (Jean-Guillaume), professeur de théologie à Altorf, mort en 1729. Il a laissé une thèse intitulée : *Dissertation sur Behemoth et Léviathan, l'éléphant et la baleine, d'après le livre de Job, chap. 40 et 41, avec la réponse de Stieber* (1). Baïer ne voyait que deux animaux monstrueux dans Behemoth et Léviathan.

BAILLEMENT. Les femmes espagnoles, lorsqu'elles bâillent, ne manquent pas de se signer quatre fois la bouche avec le pouce, de peur que le diable n'y entre. Cette superstition remonte à des temps reculés, et chez beaucoup de peuples, on a regardé le bâillement comme une crise périlleuse.

BAILLY (Pierre), médecin, auteur d'un livre publié à Paris en 1634, in-8°, sous le titre de *Songes de Phestion*, paradoxes physiologiques, suivis d'un dialogue sur l'immortalité de l'âme.

BALAAM, sorte de magicien madianite, qui florissait vers l'an du monde 2515. Lorsque les Israélites errants dans le désert se disposaient à passer le Jourdain, Balac, roi de Moab, qui les redoutait, chargea Balaam de les maudire. Mais le magicien, ayant consulté le Seigneur, qu'il connaissait, quoiqu'il servît d'autres dieux, et que surtout il redoutait, reçut une défense précise de céder à cette invitation. Cependant, les magnifiques présents du Roi l'ayant séduit, il se rendit à son camp. On sait que l'ange du Seigneur arrêta son ânesse, qui lui parla. Balaam, après s'être irrité contre la bête, aperçut l'ange, se prosterna, promit de faire ce que commanderait le Dieu d'Israël, et parut au camp de Balac, très-embarrassé. Lorsqu'il fut devant l'armée des Israélites, en présence de la cour de Balac fort surprise, pendant qu'on s'attendait à entendre des malédictions, il se sentit dominé par un enthousiasme divin, et prononça, malgré lui, une magnifique prophétie sur les destinées glorieuses du peuple de Dieu. Il annonça même le Messie. Balac, furieux, le chassa ; par la suite les Hébreux, ayant vaincu les Madianites, firent Balaam prisonnier et le tuèrent.

BALAI. Le manche à balai est la monture ordinaire des sorcières lorsqu'elles se rendent au sabbat. Remi conte à ce sujet que la femme d'un cordonnier allemand, ayant, sans le savoir, fourré le bout de son manche à balai dans un pot qui contenait l'onguent des sorcières, se mit machinalement aussitôt à califourchon sur ce manche, et se sentit transportée à Bruck, où se faisait le sabbat (2). Elle profita de l'occasion, se fit sorcière, et peu après fut arrêtée comme telle.

Il y a sur le balai d'autres croyances. Jamais, dans le district de Lesneven, en Bretagne, on ne balaie une maison la nuit : on prétend que c'est en éloigner le bonheur ; que les âmes s'y promènent, et que les mouvements d'un balai les blessent et les écartent. Ils nomment cet usage proscrit balaiement des morts. Ils disent que la veille du jour des Trépassés (2 novembre) il y a plus d'âmes dans chaque maison que de grains de sable dans la mer et sur le rivage (3).

BALAN, roi grand et terrible dans les enfers. Il a trois têtes : l'une faite comme celle d'un taureau, l'autre comme celle d'un homme, la troisième comme celle d'un bélier. Joignez à cela une queue de serpent et des yeux qui jettent de la flamme. Il se montre à cheval sur un ours, et porte un épervier au poing. Sa voix est rauque et violente. Il répond sur le passé, le présent et l'avenir. — Ce démon, qui était autrefois de l'ordre des dominations, et qui commande aujourd'hui quarante légions infernales, enseigne les ruses, la finesse, et le moyen commode de voir sans être vu (4).

BALANCE, septième signe du zodiaque. Ceux qui naissent sous cette constellation aiment généralement l'équité. C'est, dit-on, pour être né sous le signe de la Balance qu'on donna à Louis XIII le surnom de Juste.

Les Persans prétendent qu'il y aura au dernier jour une balance, dont les bassins seront plus grands et plus larges que la superficie des cieux, et dans laquelle Dieu pèsera les œuvres des hommes. Un des bassins de cette balance s'appellera le bassin de lumière, l'autre le bassin de ténèbres. Le livre des bonnes œuvres sera jeté dans le bassin de lumière, plus brillant que les étoiles ; et le livre des mauvaises dans le bassin de ténèbres, plus horrible qu'une nuit d'orage. Le fléau fera connaître qui l'emportera, et à quel degré. C'est après cet examen que les corps passeront le pont étendu sur le feu éternel.

BALCOIN (Marie), sorcière du pays de Labour, qui allait au sabbat du temps de Henri IV. On lui fit son procès, où elle fut convaincue d'avoir mangé, dans une assemblée nocturne, l'oreille d'un petit enfant (5). Elle fut sans doute brûlée.

BALEINE. Mahomet place dans le ciel la baleine de Jonas.

BALI, prince des démons et roi de l'enfer, selon les croyances indiennes. Il se battit autrefois avec Wishnou, qui le précipita dans l'abîme, d'où il sort une fois par an pour faire du mal aux hommes ; mais Wishnou y met ordre.

Les Indiens donnent aussi le nom de *Bali* aux farfadets, à qui ils offrent du riz, que ces lutins ne manquent pas de venir manger la nuit.

---

(1) Dissertatio de Behemoth et de Leviathan, elephas et balæna, e Job xL, 41. Respond. G. Steph. Stieber. In-4°, Altorf, 1708.
(2) Remigius, lib. II. Dæmon., cap. III.
(3) Voyage de Cambry dans le Finistère, t. II, p. 52.
(4) Wierus, in Pseudomonarchia dæm.
(5) Delancre, Tableau de l'inconstance des démons, etc, p. 196, liv. III.

BALLES. On a cru autrefois que certains guerriers avaient un charme contre les balles, parce qu'on tirait sur eux sans les atteindre. Pour les tuer, on mettait dans les cartouches des pièces d'argent, car rien, dit-on, ne peut ensorceler la monnaie.

BALTAZO, l'un des démons de la possession de Laon. Voy. AUBRY. Il paraît que ce démon, ou quelque chenapan qui se fit passer pour tel, alla souper avec le mari de Nicole Aubry, la possédée, sous prétexte de combiner sa délivrance, qu'il n'opéra pas. On remarqua en soupant qu'il buvait très-sec ; ce qui prouve, dit Leloyer, que l'eau est contraire aux démons (1).

BALTHAZAR, dernier roi de Babylone, petit-fils de Nabuchodonosor. Un soir qu'il profanait dans ses orgies les vases sacrés de Jérusalem, il aperçut une main qui traçait sur la muraille, en lettres de feu, ces trois mots : *Mane, thecel, phares*. Ses devins et ses astrologues ne purent expliquer ces caractères ni en interpréter le sens. Il promit de grandes récompenses à qui lui en donnerait l'interprétation. Ce fut Daniel qui, méprisant ses récompenses, lui apprit que les trois mots signifiaient que ses années étaient comptées, qu'il n'avait plus que quelques moments à vivre, et que son royaume allait être divisé. Tout se vérifia peu de jours après.

BALTUS (JEAN-FRANÇOIS), savant jésuite, mort en 1743. Lisez sa *Réponse à l'Histoire des oracles* de Fontenelle, in-8°, Strasbourg, 1709, où il établit que les oracles des anciens étaient l'ouvrage du démon, et qu'ils furent réduits au silence lors de la mission de Jésus-Christ sur la terre.

BANIANS. Indiens idolâtres, répandus surtout dans le Mogol. Ils reconnaissent un Dieu créateur ; mais ils adorent le diable, qui est chargé, disent-ils, de gouverner le monde. Ils le représentent sous une horrible figure. Le prêtre de ce culte marque au front, d'un signe jaune, ceux qui ont adoré le diable, qui dès lors les reconnaît et n'est plus si porté à leur faire du mal (2).

BAPTÊME. On dit que les sorcières, dans leurs cérémonies abominables, baptisent au sabbat des crapauds et de petits enfants. Les crapauds sont habillés de velours rouge, les petits enfants de velours noir. Pour cette opération infernale, le diable urine dans un trou ; on prend de cette déjection avec un goupillon noir, on en jette sur la tête de l'enfant ou du crapaud, en faisant des signes de croix à rebours avec la main gauche, et disant : *In nomine patrica, mairica, araguaco petrica agora, agora Valentia* ; ce qui veut dire : « Au nom de Patrique, de Matrique, Pétrique d'Aragon, à cette heure, à cette heure, Valentia. » Cette stupide impiété s'appelle le baptême du diable.

BAPTÊME DE LA LIGNE. Lorsqu'on traverse la ligne, les matelots font subir aux personnes qui la passent pour la première fois une cérémonie qu'ils appellent le baptême de la ligne, et qui consiste en une aspersion plus ou moins désagréable, dont on évite souvent les ennuis par une générosité. Les personnages qui font la plaisanterie se travestissent ; le *Père la Ligne* arrive dans un tonneau, escorté par un diable, un courrier, un perruquier et un meunier. Le passager qui ne veut pas donner pour boire aux matelots est arrosé ou baigné, après avoir été poudré et frisé. On ne sait trop l'origine de cet usage, ni pourquoi le diable y figure.

BARAT, maladie de langueur, ordinairement le résultat d'un sort jeté, qui conduit infailliblement à la mort, et qui, selon les opinions bretonnes, est guérie par les eaux de la fontaine de Sainte-Candide, près de Scaer, dans le Finistère. Il n'est pas d'enfant qu'on ne trempe dans cette fontaine quelques jours après sa naissance ; on croit qu'il vivra, s'il étend les pieds, et qu'il mourra dans peu, s'il les retire (3).

BARBAS, démon. Voy. MARBAS.

BARBATOS, grand et puissant démon, comte-duc aux enfers, type de Robin-des-Bois ; il se montre sous la figure d'un archer ou d'un chasseur ; on le rencontre dans les forêts. Quatre rois sonnent du cor devant lui. Il apprend à deviner par le chant des oiseaux, le mugissement des taureaux, les aboiements des chiens et les cris des divers animaux. Il connaît les trésors enfouis par les magiciens. Il réconcilie les amis brouillés. Ce démon, qui était autrefois de l'ordre des vertus des cieux ou de celui des dominations, est réduit aujourd'hui à commander trente légions infernales. Il connaît le passé et le futur (4).

BARBE. Les Romains gardaient avec un soin superstitieux leur première barbe. Néron faisait conserver la sienne dans une boîte d'or enrichie de pierreries (5).

BARBE-A-DIEU. Thiers, dans son *Traité des superstitions*, rapporte la prière dite la *Barbe-à-Dieu* ; c'est une prière superstitieuse encore populaire, et qui se trouve dans divers recueils. La voici : « Pécheurs et pécheresses, venez à moi parler. Le cœur me doit bien trembler au ventre, comme fait la feuille au tremble, comme fait la Loisonni quand elle voit qu'il faut venir sur une petite branche, qui n'est plus grosse ni plus membre que trois cheveux de femme grosse ensemble. Ceux qui la *Barbe-à-Dieu* sauront, par-dessus la planche passeront, et ceux qui ne la sauront, au bout de la planche s'assiéront, crieront, brairont : Mon Dieu, hélas ! malheureux état ! Est comme petit enfant celui qui la *Barbe-à-Dieu* n'apprend. »

BARBELOTH. Des gnostiques appelés barbeliots ou barboriens disaient qu'un Éon immortel avait eu commerce avec un esprit vierge appelé Barbeloth, à qui il avait successivement accordé la prescience, l'incor-

---

(1) Disc. et hist. des spectres, liv. III, ch. x.
(2) Histoire de la religion des Banians, tirée de leur livre Suaster, etc., traduit de l'anglais de Henry Lord. Paris, 1667. In-12.

(3) Cambry, Voyage dans le Finistère, t. III, p. 157.
(4) Vierus, in Pseudomonarchia dæm.
(5) M. Nisard, Stace.

ruptibilité et la vie éternelle; que Barbeloth, un jour, plus gai qu'à l'ordinaire, avait engendré la lumière, qui, perfectionnée par l'onction de l'esprit, s'appela Christ; que Christ désira l'intelligence et l'obtint; que l'intelligence, la raison, l'incorruptibilité et Christ s'unirent; que la raison et l'intelligence engendrèrent Autogène ; qu'Autogène engendra Adamas, l'homme parfait, et sa femme la connaissance parfaite; qu'Adamas et sa femme engendrèrent le bois ; que le premier ange engendra le Saint-Esprit, la sagesse ou Prunic; que Prunic engendra Protarchonte ou premier prince, qui fut insolent et sot; que Protarchonte et Arrogance engendrèrent les vices et toutes leurs branches. Les barbeliots débitaient ces merveilles en hébreu, et leurs cérémonies n'étaient pas moins abominables que leur doctrine était extravagante (1).

BARBIER. Pline le jeune (2) avait un affranchi, nommé Marc, homme quelque peu lettré, qui couchait dans un même lit avec son jeune frère. Marc, dans le sommeil, crut voir une personne assise au chevet du lit, qui lui coupait les cheveux du haut de la tête. A son réveil il se trouva rasé, et ses cheveux jetés au milieu de la chambre. — La même chose arriva, dans le même temps, à un jeune garçon qui dormait avec plusieurs autres dans une pension. Il vit entrer par la fenêtre deux hommes vêtus de blanc, qui lui coupèrent les cheveux comme il dormait. A son réveil, on trouva ses cheveux répandus sur le plancher. — « A quoi cela peut-il être attribué, dit D. Calmet (3), si ce n'est à des follets? » — ou aux compagnons de lit?

Il y a quelques lutins, du genre de ceux-là, qui ont fait pareillement les fonctions de *barbiers*. Les contes populaires de l'Allemagne vous apprendront que les revenants peuvent ainsi faire la barbe aux vivants.

BARBIERI. Dialogues sur la mort et sur les âmes séparées : *Dialoghi della morte e dell' anime separate, di Barbieri. In 8°. Bologna*, 1600.

BARBU. On appelle *démon barbu* le démon qui enseigne le secret de la pierre philosophale; on le connaît peu. Son nom semblerait indiquer que c'est le même que *Barbatos*, qui n'a rien d'un démon philosophe. Ce n'est pas non plus *Barbas*, qui se mêle de mécanique. On dit que le *démon barbu* est ainsi appelé à cause de sa barbe remarquable.

BARESTE (EUGÈNE), auteur de *la Fin des Temps* et de quelques prophéties du moins très-spirituelles. Il est le rédacteur de *l'Almanach prophétique, pittoresque et utile*, la plus remarquable assurément de ces légères productions que chaque année ramène.

BARKOKEBAS ou BARCHOCHEBAS, imposteur qui se fit passer pour le Messie juif, sous l'empire d'Adrien. Après avoir été voleur de grand chemin, il changea son nom de Barkoziba, *fils du mensonge*, en celui de Barkokebas, *fils de l'étoile*, et prétendit qu'il était l'étoile annoncée par Balaam. Il se mit à faire des prodiges. Saint Jérôme raconte qu'il vomissait du feu par la bouche, au moyen d'un morceau d'étoupes allumées qu'il se mettait dans les dents, ce que font maintenant les charlatans des foires. Les Juifs le reconnurent pour leur Messie. Il se fit couronner roi, rassembla une armée, et soutint contre les Romains une guerre assez longue; mais enfin, en l'année 136, l'armée juive fut passée au fil de l'épée et Barkokebas tué. Les rabbins assurent que, lorsqu'on voulut enlever son corps pour le porter à l'empereur Adrien, un serpent se présenta autour du cou de Barkokebas, et le fit respecter des porteurs et du prince lui-même.

BARNAUD (NICOLAS), médecin protestant du seizième siècle, qui rechercha la pierre philosophale. Il a publié sur l'alchimie divers petits traités recueillis dans le troisième volume du *Theatrum chimicum*, compilé par Zetzner; Strasbourg, 1659.

BARRABAS. « Quand les sorcières sont entre les mains de la justice, dit Pierre Delancre (4), elles font semblant d'avoir le diable leur maître en horreur, et l'appellent par dédain Barrabas ou *Barrabam*. »

BARTHOLIN (THOMAS), né à Copenhague en 1619. On recherche de lui le livre *De Unguento armario*. Ce traité de la poudre de sympathie se ressent du temps et de la crédulité de l'auteur; on y trouve cependant des choses singulières et qui ne sont pas indignes de quelque attention.

BARTHOLE, jurisconsulte, mort à Pérouse en 1356. Il commença à mettre l'ordre dans la jurisprudence ; mais on retrouve les bizarreries de son siècle dans quelques-uns de ses ouvrages. Ainsi, pour faire connaître la marche d'une procédure, il imagina un procès entre la sainte Vierge et le diable, jugé par Notre-Seigneur Jésus-Christ (5). Les parties plaident en personne. Le diable demande que le genre humain rentre sous son obéissance; il fait observer qu'il en a été le maître depuis Adam; il cite les lois qui établissent que celui qui a été dépouillé d'une longue possession a le droit d'y rentrer. La sainte Vierge lui répond qu'il est un possesseur de mauvaise foi, et que les lois qu'il cite ne le concernent pas. On épuise des deux côtés toutes les ressources de la chicane du quatorzième siècle, et le diable est débouté de ses prétentions.

BARTON (ELISABETH), religieuse de Kent, qui prévit et révéla, en 1525, les excès où tomberait bientôt le schisme qu'elle voyait naître en Angleterre. Les partisans de Henri VIII s'écrièrent qu'elle était possédée du diable. La protection de Thomas Morus, loin de la sauver, la perdit : en 1533, cette pieuse et sainte fille fut mise à mort avec beaucoup d'autres, sous prétexte de sorcel-

---

(1) Bergier, Dict. théolog. au mot *Barbelios*.
(2) Lib. XVI, epist. 27.
(3) Dissertation sur les apparitions

(4) Tableau de l'inconstance des mauvais anges, etc., liv. VI, disc. 3. Paris, 1612.
(5) Ce singulier ouvrage, intitulé : Processus Satanæ contra Virginem coram judice Jesu, est imprimé dans le Processus juris jocoserius. In-8°. Hanau, 1611.

lerie, par les réformés, qui se vantaient d'apporter la lumière et la liberté.

BAS. Qui a chaussé un de ses bas à l'envers, recevra dans la journée un conseil, — probablement celui de le retourner.

BASCANIE, sorte de fascination employée par les magiciens grecs ; elle troublait tellement les yeux, qu'on voyait tous les objets à rebours : blanches les choses noires, rondes les choses pointues, laides les plus jolies figures, et jolies les plus laides.

BASILE. Michel Glycas (1) raconte que l'empereur Basile, ayant perdu son fils bien-aimé, obtint de le revoir peu après sa mort, par le moyen d'un moine magicien ; qu'il le vit en effet et le tint embrassé assez longtemps, jusqu'à ce qu'il disparût d'entre ses bras. « Ce n'était donc qu'un fantôme qui parût sous la forme de son fils (2). »

BASILE-VALENTIN, alchimiste, qui est pour les Allemands ce que Nicolas Flamel est pour nous. Sa vie est mêlée de fables qui ont fait croire à quelques-uns qu'il n'a jamais existé. On le fait vivre au douzième, au treizième, au quatorzième et au quinzième siècle ; on ajoute même, sans la moindre preuve, qu'il était bénédictin à Erfurt. C'est lui qui, dans ses expériences chimiques, découvrit l'*antimoine*, qui dut son nom à cette circonstance, que, des pourceaux s'étant prodigieusement engraissés pour avoir avalé ce résidu de métal, Basile en fit prendre à des religieux, qui en moururent.

On compte que, longtemps après la mort de Basile-Valentin, une des colonnes de la cathédrale d'Erfurt s'ouvrit comme par miracle, et qu'on y trouva ses livres sur l'alchimie. Les ouvrages de Basile, ou du moins ceux qui portent son nom, écrits en haut allemand, ont été traduits en latin, et quelques-uns du latin en français. Les adeptes recherchent de lui l'*Azoth* (3), les *Douze Clefs de la philosophie* de frère Basile-Valentin, traitant de la vraie médecine métallique (4), à la suite de la traduction de l'Azoth, in-12, 1660 ; in-8°, 1669 ; l'*Apocalypse chimique* (5) ; la *Révélation* des mystères des teintures essentielles des sept métaux et de leurs vertus médicinales (6), in-4°, Paris, 1646 ; du *Microcosme*, du grand mystère du monde et de la Médecine de l'homme (7) ; *Traité chimico-philosophique* des choses naturelles et surnaturelles des minéraux et des métaux (8) ; *Haliographie*, de la préparation, de l'usage et des vertus de tous les sels minéraux, animaux et végétaux, recueillis par Antoine Solmincius, dans les manuscrits de Basile-Valentin (9), etc. La plupart de ces ouvrages ont fait faire des pas à la chimie utile.

BASILIC, petit serpent, long d'un demi-mètre, qui n'a été connu que des anciens. Il avait deux ergots, une tête et une crête de coq, des ailes, une queue de serpent ordinaire, etc. Quelques-uns disent qu'il naît de l'œuf d'un coq couvé par un serpent ou par un crapaud. Boguet, au chapitre 14 de ses *Discours des sorciers*, le fait produire de l'accouplement du crapaud et du coq, comme le mulet naît d'un âne et d'une jument.

C'est une opinion encore répandue dans les campagnes, que les vieux coqs pondent un œuf duquel naît un serpent. Ce petit œuf, imparfait, n'est, comme on sait, que l'effet d'une maladie chez les poules ; et l'absurdité de ce conte bleu n'a plus besoin d'être démontrée.

Il est possible que les anciens, dans leurs expériences, aient pris des œufs de serpent pour des œufs de coq. Voyez Coq. — Quoi qu'il en soit, on croit que le basilic tue de ses regards ; et Mathiole demande comment on a su que le basilic tuait par son regard, s'il a tué tous ceux qui l'ont vu. On cite toutefois je ne sais quel historien, qui raconte qu'Alexandre le Grand, ayant mis le siège devant une ville d'Asie, un basilic se déclara pour les assiégés, se campa dans un trou des remparts, et lui tua jusqu'à deux cents soldats par jour. Une batterie de canons bien servie n'eût pas fait mieux.

« Il est vrai, ajoute M. Salgues (10), que si le basilic peut nous donner la mort, nous pouvons lui rendre la pareille en lui présentant la surface polie d'un miroir : les vapeurs empoisonnées qu'il lance de ses yeux, iront frapper la glace, et, par réflexion, lui renverront la mort qu'il voudra donner. C'est Aristote qui nous apprend cette particularité. »

Des savants ont regardé en face le serpent qu'on appelle aujourd'hui basilic, et qui n'a pas les accessoires dont les anciens l'ont embelli ; malgré tous les vieux contes, ils sont sortis bien portants de cette épreuve. Mais, nous le répétons, le reptile auquel les modernes donnent le nom de basilic, n'est peut-être pas le basilic des anciens ; car il y a des races perdues.

BASILIDE, hérétique du deuxième siècle, qui se fit un système en mêlant les principes de Pythagore et de Simon, les dogmes des chrétiens et les croyances des Juifs. Il prétendit que le monde avait été créé par les anges. « Dieu (Abracax), disait-il, produisit l'Intelligence, laquelle produisit le Verbe, qui produisit la Prudence ; la Prudence eut deux filles : la Puissance et la Sagesse, lesquelles produisirent les vertus, les princes de l'air et les anges. Les anges étaient de trois cent soixante-cinq ordres ; ils créèrent

---

(1) Annal., part. 4.
(2) D. Calmet, Dissertation des revenants en corps, ch. xvi.
(3) Azoth, sive aureliæ philosophorum. Francfort, 1613. In-4°, traduit en français en 1660.
(4) Practica, una cum duodecim clavibus et appendice. Francfort, 1618. In-4°.
(5) Apocalypsis chimica. Erfurt, 1624. In-8°.
(6) Manifestatio artificiorum, etc. Erfurt, 1624. In-4°. La traduction dont on indique le titre est de J. Israël.

(7) De microscomo, deque magno mundi mysterio et medicina hominis. Marpurg, 1609. In-8°.
(8) Tractatus chimico-philosophicus de rebus naturalibus et præternaturalibus metallorum et mineralium. Francfort, 1676. In-8°.
(9) Haliographia, de Præparatione, usu ac virtutibus omnium salium mineralium, animalium ac vegetabilium, ex manuscriptis Basilii Valentini collecta ab Antonio Salmincio. Bologne, 1644. In-8°.
(10) Des Erreurs et des préjugés, etc., t I, p. 415.

trois cent soixante-cinq cieux ; les anges du dernier ciel firent le monde sublunaire ; ils s'en partagèrent l'empire. Celui auquel échurent les Juifs étant puissant, fit pour eux beaucoup de prodiges ; mais, comme il voulait soumettre les autres nations, il y eut des querelles et des guerres, et le mal fit de grands progrès. Dieu, ou l'Etre supérieur, touché des misères d'ici-bas, envoya Jésus, son premier Fils, ou la première intelligence créée, pour sauver le monde. Il prit la figure d'un homme, fit les miracles qu'on raconte, et, pendant la passion, il donna son apparence à Siméon le Cyrénéen, qui fut crucifié pour lui, pendant que, sous les traits de Siméon, il se moquait des Juifs ; après quoi il remonta aux cieux sans avoir été précisément connu. »

Basilide, à côté de ce système étrange, enseignait encore la métempsycose, et il donnait aux hommes deux âmes, pour accorder les combats qui s'élèvent sans cesse entre la raison et les passions.

Il était très-habile, ajoute-t-on, dans la cabale des Juifs. C'est lui qui inventa le puissant talisman *Abracadabra*, dont nous avons parlé, et dont l'usage fut longtemps extrêmement répandu. Il fit un évangile apocryphe et des prophéties qu'il publia sous les noms de Barcabas et de Barcoph. Il plaçait Dieu dans le soleil, et révérait prodigieusement les trois cent soixante-cinq révolutions de cet astre autour de la terre. Voy. ABRACAX.

BASILIUS. Il y eut à Rome, du temps de saint Grégoire, un sénateur de bonne et ancienne famille, nommé Basilius, magicien, scélérat et sorcier, lequel, s'étant rendu moine pour éviter la peine de mort, fut enfin brûlé avec son compagnon Prétextatus, comme lui sénateur romain et de maison illustre : « Ce qui montre, dit Delancre (1), que la sorcellerie n'est pas une tache de simple femmelette, rustiques et idiots. »

BASSANTIN (JACQUES), astrologue écossais qui, en 1562, prédit à sir Robert Melvil, si l'on en croit les mémoires de Jacques Melvil, son frère, une partie des événements arrivés depuis à Marie Stuart, alors réfugiée en Angleterre. Il ne fallait pour cela que quelque connaissance du temps et des hommes. Les autres prédictions de Bassantin ne se réalisèrent pas. Son grand traité d'*Astronomie*, ou plutôt d'*Astrologie*, a été publié en français et en latin. On cherche l'édition latine de Genève, 1599, que les éditeurs appellent *ingens et doctum volumen*. Tous ses ouvrages présentent un mélange d'heureuses observations et d'idées superstitieuses (2).

BATELEURS, faiseurs de tours en plein air, avaleurs de couleuvres, d'étoupes et de baguettes, qui passaient autrefois pour sorciers, comme les escamoteurs et même les comédiens.

BATHYM. — Voy. MARTHYM.

BATON DU DIABLE. On conserve, dit-on, à Tolentino, dans la marche d'Ancône, un bâton dont on prétend que le diable a fait usage.

BATON DU BON VOYAGEUR. « Cueillez, le lendemain de la Toussaint, une forte branche de sureau, que vous aurez soin de ferrer par le bas ; ôtez-en la moelle ; mettez à la place les yeux d'un jeune loup, la langue et le cœur d'un chien, trois lézards verts et trois cœurs d'hirondelles, le tout réduit en poudre par la chaleur du soleil, entre deux papiers saupoudrés de salpêtre ; placez par-dessus, dans le cœur du bâton, sept feuilles de verveine, cueillies la veille de la Saint-Jean-Baptiste, avec une pierre de diverses couleurs qui se trouve dans le nid de la huppe ; bouchez ensuite le bout du bâton avec une pomme à votre fantaisie, et soyez assuré que ce bâton vous garantira des brigands, des chiens enragés, des bêtes féroces, des animaux venimeux, des périls, et vous procurera la bienveillance de ceux chez qui vous logerez... »

Le lecteur qui dédaigne de tels secrets, ne doit pas oublier qu'ils ont eu grand crédit, et qu'on cherche encore, dans beaucoup de villages, à se procurer le bâton du bon voyageur...

BATRACHYTE, pierre qui, suivant que l'indique son nom grec, se trouve dans le corps de la grenouille, et qui a, disent les bonnes gens, de grandes vertus contre les poisons et contre les maléfices.

BATSCUM-BASSA ou BATSCUM-PACHA, démon turc que l'on invoque en Orient pour avoir du beau temps ou de la pluie. On se le rend favorable en lui offrant des tartines de pain grillé, dont il est très-friand.

BAUME UNIVERSEL, élixir composé par les alchimistes : c'est, disent-ils, le remède souverain et infaillible de toutes les maladies. Il peut même, au besoin, ressusciter des morts. Voy. ALCHIMIE.

On conte, dans la Franche-Comté, sur le baume universel, une facétie fort triviale, que pourtant nous pouvons citer, en réclamant l'indulgence du lecteur.

Un alchimiste de Besançon avait trouvé la pierre philosophale, l'élixir de longue vie et le baume universel. Avec la première découverte, il était sûr d'être l'homme le plus riche de la terre ; et comme son élixir lui assurait une vie qui ne finirait pas de longtemps, il n'attachait d'intérêt à son baume, qu'autant qu'avec ce puissant remède il pourrait être utile à ses semblables. Ce baume guérissait toute espèce de blessure aussi vite que la pensée ; il ne laissait aucune trace de cicatrice. Mais la foule douta. Pour prouver l'efficacité de son remède, l'alchimiste se fit des plaies, se coupa la main, et même la tête, si l'on en croit la chronique, puis il rétablit parfaitement les choses. Il n'avait pas encore gagné avec tout cela la confiance générale. Les ignorants disaient : — C'est un magicien qui

---

(1) Delancre, de l'Inconstance des démons, etc., liv. IV, p. 416.

(2) *Astronomia Jacobi Bassantini Scoti*, etc. In-fol. Genève, 1969. Paraphrase de l'astrolabe, avec une explication de l'usage de cet instrument. In-8°. Paris, 1617. *Super mathematica genethliaca ; arithmetica ; musica secundum Platonem ; de mathesi in genere*, etc.

nous fascine les yeux; les médecins : — C'est un charlatan et un imposteur. Le savant, piqué, promit une grosse somme d'argent à quiconque voudrait se laisser couper quelque membre, qu'il s'engageait à remettre au péril de sa vie. L'appât du gain lui amena trois Savoyards. A l'un il coupa la main gauche; il arracha les yeux à son camarade; il retira les intestins du troisième, après quoi il posa du baume sur les plaies, et les trois patients ne sentirent pas la moindre incommodité.

Pour rendre le prodige plus éclatant, quelqu'un ayant demandé qu'on laissât un intervalle entre le dégât et le rétablissement, l'alchimiste, sûr de ses moyens, voulut bien attendre au lendemain. Il fit porter à son logis les pièces enlevées, et les recommanda à sa servante, qui négligea la commission. Pendant qu'elle était dehors, ayant laissé le tout dans un saladier, un chien mangea-les intestins et le reste. Dans la peur d'une réprimande, la servante soupçonnant le chat, l'assomma, prit ses yeux, qu'elle mit sur une assiette, acheta les tripes d'un cochon qu'on venait de tuer, et courut au gibet, où elle coupa la main d'un filou qu'on avait pendu le matin.

Le lendemain, tout Besançon se rassembla à la porte de l'alchimiste. Les trois compagnons arrivèrent. Le savant remit au premier la main du pendu; par un hasard qui n'a rien de surprenant, la servante avait pris au filou sa main droite, tandis qu'il fallait une main gauche, ce qui parut singulier; cependant on passa outre, en soutenant au Savoyard que c'était bien sa main. Les yeux du chat s'ajustèrent dans la tête du second; les intestins étrangers furent remis au troisième. Toutes les plaies disparurent; tout le monde cria au prodige. La réputation de l'alchimiste fut faite.

On ajoute que les trois hommes rajustés se rencontrèrent un an après. — C'est singulier, dit le premier, la main qu'on m'a raccommodée ne peut plus s'empêcher de voler tout ce qu'elle rencontre.—Et moi, dit l'autre, depuis qu'on m'a remis les yeux, je vois plus clair la nuit que le jour. — Pour mon compte, dit le troisième, mon aventure m'a donné des goûts inconcevables : je ne puis pas voir une auge à porcs sans être tenté d'y aller prendre ma part.

BAVAN (MADELEINE), sorcière du dix-septième siècle, qui raconta en justice les orgies infâmes du sabbat, auxquelles, comme tant d'autres âmes perdues elle avait pris part. Voy. *sabbat, boucs*, etc.

BAXTER, écrivain anglais qui publia, à la fin du dix-septième siècle, un livre intitulé : *Certitude du monde des esprits*.

BAYARD, cheval des quatre fils Aymon. Il avait la taille d'un cheval ordinaire lorsqu'il ne portait qu'un des frères, et s'allongeait lorsqu'il les fallait porter tous quatre. On compte beaucoup de merveilles sur cette monture célèbre, qui se distinguait surtout par une vitesse incroyable, et qui a laissé la trace d'un de ses pieds dans la forêt de Soigne en Brabant. On trouve aussi la marque d'un de ses fers sur un rocher près de Dinant.

BAYEMON. Le grimoire attribué stupidement au pape Honorius donne ce nom à un roi de l'occident infernal. On le conjure par cette prière : « O roi Bayemon, très-fort, qui règnes aux parties occidentales, je t'appelle et invoque au nom de la Divinité; je te commande, en vertu du Très-Haut, de m'envoyer présentement devant ce cercle (on nomme l'esprit dont on veut se servir Passiel, Rosus, etc.), et les autres esprits qui te sont sujets, pour répondre à tout ce que je leur demanderai. Si tu ne le fais, je te tourmenterai du glaive du feu divin; j'augmenterai tes peines et te brûlerai. Obéis, roi Bayemon (1). »

BAYER. En 1726, un curé du diocèse de Constance, nommé Bayer, pourvu de la cure de Rutheim, fut inquiété par un spectre ou mauvais génie qui se montrait sous la forme d'un paysan mal vêtu, de mauvaise mine et très-puant. Il vint frapper à sa porte; étant entré dans son poêle, il lui dit qu'il était envoyé par le prince de Constance, son évêque, pour certaine commission qui se trouva fausse. Il demanda ensuite à manger. On lui servit de la viande, du pain et du vin. Il prit la viande à deux mains et la dévora avec les os, disant : « Voyez comme je mange la chair et les os; faites-vous de même (2)? » Puis il prit le vase où était le vin, et l'avala d'un trait; il en demanda d'autre qu'il but de même. Après cela il se retira sans dire adieu; et la servante, qui le conduisait à la porte, lui ayant demandé son nom, il répondit : « Je suis né à Rutsingue, et mon nom est Georges Raulin; » ce qui était faux encore.

Il passa le reste du jour à se faire voir dans le village, et revint, le soir à minuit, à la porte du curé, en criant d'une voix terrible : Mynheer Bayer, je vous montrerai qui je suis...

Pendant trois ans, il revint tous les jours vers quatre heures après midi, et toutes les nuits avant le point du jour. Il paraissait encore sous diverses formes, tantôt sous la figure d'un chien barbet, tantôt sous celle d'un lion ou d'un autre animal terrible; quelquefois sous les traits d'un homme, sous ceux d'une femme, certains jours il faisait dans la maison un fracas semblable à celui d'un tonnelier qui relie des tonneaux; d'autrefois, on aurait dit qu'il voulait renverser le logis par le grand bruit qu'il y causait. Le curé fit venir comme témoins le marguillier et d'autres personnes du village. Le spectre répandait partout une odeur insupportable, mais ne s'en allait pas. On eut recours aux exorcismes qui ne produisirent aucun effet; il résolut de se munir d'une branche bénite le dimanche des Rameaux, et d'une épée aussi bénite, et de s'en servir contre le spectre. On le fit deux fois, et depuis ce temps il ne revint plus. Ces choses rappor-

---
(1) Grimoire du pape Honorius.
(2) Dom Calmet, Traité sur les apparitions, etc., t. II, Ch. 48.

tées par dom Calmet, peuvent s'expliquer par les frayeurs qu'un garnement aura causées au curé, frayeurs qui ont pu lui donner des visions.

BAYER (Jean), ministre protestant, né à Augsbourg au seizième siècle. On recherche de lui une thèse sur cette question : « Si l'existence des anges peut se démontrer par les seules lumières naturelles (1)? »

BAYLE (François), professeur de médecine à Toulouse, mort en 1709. Nous ne citerons de ses ouvrages que la *Relation de l'état de quelques personnes prétendues possédées, faite de l'autorité du parlement de Toulouse*, in-12; Toulouse 1682. Il veut prouver que les démoniaques, s'ils ne sont pas des charlatans, sont très-souvent des fous ou des malades.

BAZINE, célèbre reine des Tongres, qui épousa Childéric et qui fut mère de Clovis. Elle est représentée par les vieux historiens comme une habile magicienne. On sait qu'elle était femme de Bising, roi des Tongres ; que Childéric, chassé de ses Etats par une révolution et réfugié à la cour de Bising, plut à sa femme; que lorsqu'il fut rétabli sur le trône, Bazine quitta tout pour venir le trouver. Childéric l'épousa. Le soir des noces, quand elle fut seule avec lui, elle le pria de passer la première nuit dans une curieuse observation. Elle l'envoya à la porte de son palais en lui enjoignant de venir rapporter ce qu'il y aurait vu. — Childéric, connaissant le pouvoir magique de Bazine, qui était un peu druidesse, s'empressa d'obéir. Il ne fut pas plutôt dehors, qu'il vit d'énormes animaux se promener dans la cour; c'étaient des léopards, des licornes, des lions. Etonné de ce spectacle, il vint en rendre compte à son épouse; elle lui dit, du ton d'oracle qu'elle avait pris d'abord, de ne point s'effrayer, et de retourner une seconde fois et même une troisième fois. Il vit à la seconde fois des ours et des loups, et à la troisième des chiens et d'autres petits animaux qui s'entre-déchiraient. — « Les prodiges que vous avez vus, lui dit-elle, sont une image de l'avenir ; ils représentent le caractère de toute notre postérité. Les lions et les licornes désignent le fils qui naîtra de nous ; les loups et les ours sont ses enfants, princes vigoureux et avides de proie; et les chiens, c'est le peuple indocile au joug de ses maîtres, soulevé contre ses rois, livré aux passions des puissants et souvent victime (2). » — Au reste, on ne pouvait mieux caractériser les rois de cette première race; et si la vision n'est qu'un conte, il est bien imaginé (3).

BEAL. — Voy. Bérith.

BEAUVOYS de CHAUVINCOURT, gentilhomme angevin, fit imprimer en 1599 un volume intitulé : *Discours de la Lycanthropie ou de la transmutation des hommes en loups*.

BEBAL, prince de l'enfer, assez inconnu. Il est de la suite de Paymon. Voy. ce mot.

BECHARD, démon désigné dans les *Clavicules de Salomon* comme ayant puissance sur les vents et les tempêtes. Il fait grêler, tonner et pleuvoir, au moyen d'un maléfice qu'il compose avec des crapauds fricassés et autres drogues.

BECHET, démon que l'on conjure le vendredi. Voy. Conjurations.

BEDE (le vénérable), né au septième siècle, dans le diocèse de Durham, en Angleterre. Il mourut à soixante-trois ans. On dit qu'il prévit l'heure précise de sa mort. Un instant avant d'expirer, il dictait quelques passages qu'il voulait extraire des œuvres de saint Isidore ; le jeune moine qui écrivait le pria de se reposer parce qu'il parlait avec peine : — Non, répondit Bède, prenez une autre plume, et écrivez le plus vite que vous pourrez. — Lorsque le jeune homme eut dit : — C'est fait. — Vous avez dit la vérité, répliqua Bède ; et il expira. Peu de temps après sa mort, on dit qu'il se fit voir à un moine nommé Gamèle, à qui il témoigna le désir d'être enterré à Durham auprès de saint Cuthbert. On se hâta de le satisfaire, car on avait un grand respect pour sa mémoire.

BÉHÉMOTH, démon lourd et stupide, malgré ses dignités. Sa force est dans ses reins, ses domaines sont la gourmandise et les plaisirs du ventre. Quelques démonomanes disent qu'il est aux enfers sommelier et grand échanson. Bodin croit (4) que Béhémoth n'est autre chose que le Pharaon d'Egypte qui persécuta les Hébreux. Il est parlé de Béhémoth dans Job, comme d'une créature monstrueuse. Des commentateurs prétendent que c'est la baleine, et d'autres que c'est l'éléphant ; mais il y eut d'autres monstres dont les races ont disparu. On voit dans le procès d'Urbain Grandier que Béhémoth est bien un démon. Delancre dit qu'on l'a pris pour un animal monstrueux, parce qu'il se donne la forme de toutes les grosses bêtes. Il ajoute que Béhémoth se déguise aussi avec perfection en chien, en renard et en loup.

Si Wierus, notre oracle en ce qui concerne les démons, n'admet pas Béhémoth dans son inventaire de la monarchie infernale, il dit, livre I*er*, des *Prestiges des démons*, chapitre 21, que Béhémoth ou l'éléphant pourrait bien être Satan lui-même, dont on désigne ainsi la vaste puissance.

Enfin, parce qu'on lit dans le chapitre 40 de Job que Béhémoth mange du foin comme un bœuf, les rabbins ont fait de lui le bœuf merveilleux réservé pour le festin de leur Messie. Ce bœuf est si énorme, disent-ils, qu'il avale tous les jours le foin de mille montagnes immenses, dont il s'engraisse depuis le commencement du monde. Il ne quitte

---

(1) An Angelorum existentia a solo lumine naturali possit demonstrari? In-4°. Wittebergæ. 1638.

(2) Selon d'autres chroniques, elle dit que les lions et les licornes représentaient Clovis, les loups et les ours ses enfants, et les chiens les derniers rois de la race, qui seraient un jour renversés du trône par les grands et le peuple, dont les petits animaux étaient la figure.

(3) Dreux du Radier, Tablettes des reines de France.

(4) Démonomanie des sorciers, liv. I, ch. 1.

jamais ses mille montagnes, où l'herbe qu'il a mangée le jour repousse la nuit pour le lendemain. Ils ajoutent que Dieu tua la femelle de ce bœuf au commencement; car on ne pouvait laisser multiplier une telle race. Les Juifs se promettent bien de la joie au festin où il fera la pièce de résistance. Ils jurent par leur part du bœuf Béhémoth.

BEHERIT, démon sur lequel on a très-peu de renseignements, à moins qu'il ne soit le même que *Bérith*. Voy. ce mot. Il est cité dans la possession de Loudun. Il avait même promis d'enlever *la calotte du sieur commissaire*, et de la tenir en l'air à la hauteur de deux piques; ce qui n'eut pas lieu, à sa honte (1).

Remarquons pourtant que, sur cette possession de Loudun, le calviniste Saint-Albin a imaginé beaucoup de quolibets, pour écornifler d'autant l'Église romaine, qu'il voulait, comme tant d'autres, démolir un peu, — mais qu'on ne démolit pas.

BEKKER (BALTASAR), docteur en théologie réformée, et ministre à Amsterdam, né en 1634. « Ce Balthasar Bekker, grand ennemi de l'enfer éternel et du diable, et encore plus de la précision, dit Voltaire, fit beaucoup de bruit en son temps par son gros livre du *Monde enchanté*. » Alors la sorcellerie, les possessions, étaient en vogue dans toute l'Europe, ce qui le détermina à combattre le diable. « On eut beau lui dire, en prose et en vers, qu'il avait tort de l'attaquer, attendu qu'il lui ressemblait beaucoup, étant d'une laideur horrible : rien ne l'arrêta ; il commença par nier absolument le pouvoir de Satan, et s'enhardit jusqu'à soutenir qu'il n'existe pas. « S'il y avait un diable, disait-il, il se vengerait de la guerre que je lui fais. » Le laid bonhomme se croyait important. « Les ministres, ses confrères, prirent le parti de Satan et déposèrent Bekker. »

Il avait déjà fait l'esprit fort dans de précédents ouvrages. Dans l'un de ses catéchismes, *le Mets de carême* (2), il réduisait les peines de l'enfer au désespoir des damnés, et il en bornait la durée. On l'accusa de socinianisme, et son catéchisme fut condamné par un synode. Il publia, à l'occasion de la comète de 1680, des recherches sur les comètes, imprimées en flamand, in-8, Leuwarde, 1683. — Il s'efforce de prouver que ces météores ne sont pas des présages de malheurs, et combat les idées superstitieuses que le peuple attache à leur apparition. Cet ouvrage fut reçu sans opposition. Il n'en fut pas de même de son livre *De Betooverde wereld* (le monde ensorcelé), imprimé plusieurs fois, et traduit en français sous ce titre : « *Le monde enchanté*, ou examen des communs sentiments touchant les esprits, leur nature, leur pouvoir, leur administration et leurs opérations, et touchant les effets que les hommes sont capables de produire par leur communication et leur vertu ; divisé en quatre livres ; » 4 forts volumes petit in-12, avec le portrait de l'auteur (3), Amsterdam, 1694.

L'auteur, dans cet ouvrage, qui lui fit perdre sa place de ministre (4), cherche à prouver qu'il n'y a jamais eu ni possédés ni sorciers ; que tout ce qu'on dit des esprits malins n'est que superstitions, etc. Un peu plus tard pourtant, dans une défense de ses opinions, il admit l'existence du diable ; mais il ajouta qu'il le croyait enchaîné dans les enfers et hors d'état de nuire.

Il ne fallait pas, pour des calvinistes qui se disent si tolérants et qui le sont si peu, poursuivre si sérieusement un livre que sa prolixité seule devait rendre illisible. « Il y a grande apparence, dit encore Voltaire, qu'on ne le condamna que par le dépit d'avoir perdu son temps à le lire. » — Dans le livre Iᵉʳ, ou premier volume, qui a quatre cents pages, l'auteur examine les sentiments que les peuples ont eus dans tous les temps et qu'ils ont encore aujourd'hui touchant Dieu et les esprits ; il parle des divinations, de l'art magique, des manichéens et des illusions du diable ; il entre en matière dès le tome second. Ce tome ou livre second a 733 pages énormes. L'auteur traite de la puissance des esprits, de leur influence, des effets qu'ils sont capables de produire. Il prétend qu'il n'y a aucune raison de croire qu'il y ait des démons ou anges, ou vice-dieux ; il s'embarrasse cependant avec les anges d'Abraham et de Loth ; il dit que le serpent qui tenta nos premiers parents n'était pas un diable, mais un vrai serpent ; il soutient que la tentation de Notre-Seigneur par le diable est une allégorie, ainsi que le combat du diable avec saint Michel : que Job ni saint Paul n'ont été tourmentés corporellement par le diable ; il dit que les possédés sont des malades, que les vrais diables sont les hommes méchants, etc.

Dans le troisième volume, Bekker veut démontrer, dans le même style prolixe, que le commerce avec le diable et les pactes des sorciers sont des idées creuses ; il remarque que les livres saints ne font aucune mention

---

(1) Saint-Albin, Histoire des diables de Loudun.
(2) Il publia deux espèces de catéchisme en langue hollandaise, Vaste spize (le Mets de carême), et Gesneden brood (le Pain coupé).
(3) Bekker était si laid que La Monnoye fit sur lui cette épigramme :
Oui, par toi, de Satan la puissance est bridée ;
Mais tu n'as cependant pas encore assez fait :
Pour nous ôter du diable entièrement l'idée,
Bekker supprime ton portrait.
(4) Pendant que les ministres d'Amsterdam prenaient le parti du diable, un ami de l'auteur le défendit dans un ouvrage intitulé : *Le Diable triomphant, parlant sur le mont Parnasse* ; mais le synode, qui avait déposé Bekker, ne révoqua pas sa sentence. On écrivit contre lui une multitude de libelles. Benjamin Binet l'a réfuté dans un volume intitulé : Traité historique des dieux du paganisme, avec des remarques critiques sur le système de Balthasar Bekker. Delft, 1696, in-12. Ce volume se joint ordinairement aux quatre de Bekker ; il a aussi été imprimé sous le titre d'idée générale de la théologie païenne, servant de réfutation au système de Balthasar Bekker, etc. Amsterdam et Trévoux, 1699. Les autres réfutations du Monde enchanté sont : Melchioris Leydekkeri dissertatio de vulgato nuper Bekkeri volumine, etc. In-8°. Ultrajecti, 1693. Brevis meditatio academica de spirituum actionibus in homines spiritualibus, cujus doctrinæ usus contra Bekkerum et alios fanaticos exhibetur a J. Zipellio. In 8°. Francofurti, 1701, etc.

d'actes de société avec le diable, que les devins de l'antiquité étaient des imbéciles sans talent et sans pouvoir. — Il se moque, dans le quatrième volume, de ceux qui croient à la magie, et des juges qui condamnent les sorciers.

BEL, divinité suprême des Chaldéens, Wiérus dit que c'est un vieux démon dont la voix sonne le creux (1). Les peuples qui en firent un dieu contaient qu'au commencement le monde n'était qu'un chaos habité par des monstres; que Bel les tua, arrangea l'univers, se fit couper la tête par un de ses serviteurs, détrempa la terre avec son sang et en forma les animaux et les hommes.

BELAAM, démon dont on ne sait rien sinon qu'en 1632 il entra dans le corps d'une des possédées de Loudun, avec Isaacarum et Béhémoth : on le força de déloger (2).

BELBACH ou BELBOG. Voy. BELZEBUTH.

BELEPHANTES, astrologue chaldéen qui prédit à Alexandre, selon Diodore de Sicile, que son entrée à Babylone lui serait funeste : ce qui advint, comme chacun sait.

BELETTE. Les anciens croyaient que la belette faisait ses petits par la gueule, parce qu'elle les porte souvent entre ses lèvres, comme font les chattes.

Plutarque remarque que les Thébains honoraient la belette, tandis que les autres Grecs regardaient sa rencontre comme un présage funeste.

On prétend que sa cendre, appliquée en cataplasme, guérit les migraines et les cataractes; et le livre des Admirables Secrets d'Albert le Grand assure que, si on fait manger à un chien le cœur et la langue d'une belette, il perdra incontinent la voix. Il ajoute imprudemment un secret qu'il dit éprouvé, et qu'il certifie infaillible ; c'est qu'un amateur n'a qu'à manger le cœur d'une belette encore palpitant pour prédire les choses à venir (3)...

BELIAL, démon adoré des Sidoniens. L'enfer n'a pas reçu d'esprit plus dissolu, plus crapuleux, plus épris du vice pour le vice même. Si son âme est hideuse et vile, son extérieur est séduisant. Il a le maintien plein de grâce et de dignité. Il eut un culte à Sodome et dans d'autres villes ; mais jamais on n'osa trop lui ériger des autels. Delancre dit que son nom signifie rebelle ou désobéissant.

— Wiérus, dans son inventaire de la monarchie de Satan, lui consacre un grand article. « On croit, dit-il, que Bélial, l'un des rois de l'enfer, a été créé immédiatement après Lucifer, et qu'il entraîna la plupart des anges dans la révolte : aussi il fut renversé du ciel un des premiers. Lorsqu'on l'évoque, on l'oblige par des offrandes à répondre avec sincérité aux questions qu'on lui fait. Mais il conte bien vite des mensonges, si on ne l'adjure pas, au nom de Dieu, de ne dire que la vérité. Il se montre quelquefois sous la figure d'un ange plein de beauté, assis dans un char de feu ; il parle avec aménité ; il procure les dignités et les faveurs, fait vivre les amis en bonne intelligence, donne d'habiles serviteurs. Il commande quatre-vingts légions de l'ordre des Vertus et de l'ordre des Anges. Il est exact à secourir ceux qui se soumettent à lui ; s'il y manquait, il est facile de le châtier, comme fit Salomon, qui l'enferma dans une bouteille avec toutes ses légions, lesquelles font une armée de cinq cent vingt-deux mille deux cent quatre-vingts démons. Il fallait que la bouteille fût de grande taille.

Mais Salomon était si puissant que, dans une autre occasion, il emprisonna pareillement six mille six cent soixante-six millions de diables qui ne purent lui résister. — Des doctes racontent encore que Salomon mit la bouteille où était Bélial dans un grand puits, qu'il referma d'une pierre, près de Babylone ; que les Babyloniens descendirent dans ce puits croyant y trouver un trésor ; qu'ils cassèrent la bouteille, que tous les diables s'en échappèrent, et que Bélial, qui avait peur d'être repris, se campa dans une idole qu'il trouva vide, et se mit à rendre des oracles ; ce qui fit que les Babyloniens l'adorèrent (4).

BELICHE. C'est le nom qu'on donne au diable à Madagascar. Dans les sacrifices, on lui jette les premiers morceaux de la victime, avec la persuasion qu'il ne fait point de mal tant qu'il a de quoi mettre sous la dent.

BÉLIER. Le diable s'est quelquefois transmué en bélier, et des maléficiés ont subi cette métamorphose. C'est même sur une vieille tradition populaire de cette espèce qu'Hamilton a bâti son conte du Bélier.

Il paraît que le bélier a des propriétés magiques ; car, lorsqu'on accusa Léonora Galigaï, femme du maréchal d'Ancre, d'avoir fait des sorcelleries, on prétendit que, pendant qu'elle s'occupait des maléfices, elle ne mangeait que des crêtes de coq et des rognons de bélier.

Pour l'influence du bélier, signe du zodiaque, voyez ASTROLOGIE et HOROSCOPES.

BELIN (ALBERT), bénédictin né à Besançon en 1610. On recherche parmi ses ouvrages : 1° le Traité des talismans, ou Figures astrales, dans lequel il est montré que leurs effets ou vertus admirables sont naturels, ensemble la manière de les faire et de s'en servir avec profit, in-12, Paris, 1671. On a joint à l'édition de 1709 un traité du même auteur, de la Poudre de sympathie justifiée ; 2° les Aventures du philosophe inconnu en la recherche et invention de la pierre philosophale, divisées en quatre livres, au dernier desquels il est parlé si clairement de la manière de la faire que jamais on n'en a traité avec tant de candeur. In-12 ; Paris, 1664 et 1674.

BELINUNCIA, herbe consacrée à Belenus, dont les Gaulois employaient le suc pour empoisonner leurs flèches. Ils lui attribuaient la vertu de faire tomber la pluie. Lorsque le

---

(1) De Præstigiis dæm., lib. I, cap. v
(2) Histoire des diables de Loudun.
(3) Les Admirables Secrets d'Albert le Grand, liv. II, chap. III.
(4) Wierus, in Pseudomon. dæmon.

pays était affligé d'une secheresse, on cueillait cette herbe avec de grandes cérémonies. Les femmes des Druides choisissaient une jeune vierge qui déposait ses vêtements et marchait à la tête des autres femmes, cherchant l'herbe sacrée ; quand elle l'avait trouvée, elle la déracinait avec le petit doigt de la main droite ; en même temps ses compagnes coupaient des branches d'arbres et les portaient à la main en la suivant jusqu'au bord d'une rivière voisine ; là, on plongeait dans l'eau l'herbe précieuse, on y trempait aussi les branches que l'on secouait sur le visage de la jeune fille. Après cette cérémonie, chacun se retirait en sa maison ; seulement la jeune vierge était obligée de faire à reculons le reste du chemin.

BELLOC (JEANNE), sorcière du pays de Labour, prise à vingt-quatre ans, sous Henri IV. Pierre Delancre, qui l'interrogea, dit qu'elle commença d'aller au sabbat dans l'hiver de 1609 ; qu'elle fut présentée au diable, dont elle baisa le derrière, car il n'y avait que les notables sorcières qui le baisassent au visage. Elle conta que le sabbat est une espèce de bal masqué où les uns se promènent en leur forme naturelle, tandis que d'autres sont transmuées en chiens, en chats, en ânes, en pourceaux et autres bêtes. Voy. SABBAT.

BELMONTE, conseiller du parlement de Provence, qui eut au pied une petite plaie où la gangrène se mit ; le mal gagna vite, et il en mourut. Comme il avait poursuivi les sorciers protestants et les perturbateurs réformés, les écrivains calvinistes virent dans sa mort prompte un châtiment et un prodige (1). C'était au seizième siècle.

BÉLOMANCIE. Divination par le moyen des flèches. On prenait plusieurs flèches, sur lesquelles on écrivait des réponses relatives à ce qu'on voulait demander. On en mettait de favorables et de contraires ; ensuite on mêlait les flèches, et on les tirait au hasard. Celle que le sort amenait était regardée comme l'organe de la volonté des dieux. — C'était surtout avant les expéditions militaires qu'on faisait usage de la bélomancie. Les Chaldéens avaient grand'foi à cette divination.

Les Arabes devinent encore par trois flèches qu'ils enferment dans un sac. Ils écrivent sur l'une : *Commandez-moi, Seigneur* ; sur l'autre : *Seigneur, empêchez-moi*, et n'écrivent rien sur la troisième. La première flèche qui sort du sac détermine la résolution sur laquelle on délibère. Voy. FLÈCHES.

BELPHÉGOR, démon des découvertes et des inventions ingénieuses. Il prend souvent un corps de jeune femme. Il donne des richesses. Les Moabites, qui l'appelaient Baalphégor, l'adoraient sur le mont Phégor. Des rabbins disent qu'on lui rendait hommage sur la chaise percée, et qu'on lui offrait l'ignoble résidu de la digestion. C'était digne de lui. C'est pour cela que certains doctes ne voient dans Belphégor que le dieu Pet ou *Crepitus* ; d'autres savants soutiennent que c'est Priape. — Selden, cité par Banier, prétend qu'on lui offrait des victimes humaines, dont ses prêtres mangeaient la chair. Wiérus remarque que c'est un démon qui a toujours la bouche ouverte ; observation qu'il doit sans doute au nom de Phégor, lequel signifie, selon Leloyer, *crevasse* ou *fendasse*, parce qu'on l'adorait quelquefois dans des cavernes, et qu'on lui jetait des offrandes par un soupirail.

BÉLUS, premier roi des Assyriens ; on dit qu'il se fit adorer dans des temples de son vivant. Il était grand astrologue : « J'ai lu dans les registres du ciel tout ce qui doit vous arriver, disait-il à ses enfants, et je vous dévoilerai les secrets de vos destinées. » Il rendit des oracles après sa mort. Bélus pourrait être le même que Bel.

BELZÉBUTH ou BELZEBUB ou BEELZEBUTH, prince des démons, selon les Écritures (2) ; le premier en pouvoir et en crime après Satan, selon Milton ; chef suprême de l'empire infernal, selon la plupart des démonographes. — Son nom signifie *seigneur des mouches*. Bodin (3) prétend qu'on n'en voyait point dans son temple. C'était la divinité la plus révérée des peuples de Chanaan, qui le représentaient quelquefois sous la figure d'une mouche, le plus souvent avec les attributs de la souveraine puissance. Il rendait des oracles, et le roi Ochozias le consulta sur une maladie qui l'inquiétait ; il en fut repris par le prophète Élisée, qui lui demanda s'il n'y avait point de Dieu en Israël, pour aller ainsi consulter Belzébuth dans le pays des Philistins. On lui attribuait le pouvoir de délivrer les hommes des mouches qui ruinent les moissons. — Presque tous les démonomanes le regardent comme le souverain du ténébreux empire ; et chacun le dépeint au gré de son imagination. Milton lui donne un aspect imposant, et une haute sagesse respire sur son visage. L'un le fait haut comme une tour ; l'autre d'une taille égale à la nôtre ; quelques-uns se le figurent sous la forme d'un serpent ; il en est qui le voient aussi sous les traits d'une femme.

Le monarque des enfers, dit Palingène *in Zodiaco vitæ*, est d'une taille prodigieuse, assis sur un trône immense, ayant le front ceint d'un bandeau de feu, la poitrine gonflée, le visage bouffi, les yeux étincelants, les sourcils élevés et l'air menaçant. Il a les narines extrêmement larges, et deux grandes cornes sur la tête ; il est noir comme un Maure ; deux vastes ailes de chauve-souris sont attachées à ses épaules ; il a deux larges pattes de canard, une queue de lion, et de longs poils depuis la tête jusqu'aux pieds.

Les uns disent de plus que Belzébuth est encore Priape ; d'autres, comme Porphyre,

---

(1) Chassanion, Des Grands et redoutables jugements de Dieu. Morges, 1581, p. 61.
(2) Notre-Seigneur Jésus-Christ même lui donne ce nom (saint Matthieu, ch. XII, v. 24 ; saint Luc, ch. XI, v. 15). Les scribes reprochaient au Sauveur qu'il chassait les diables au nom de Belzébuth, prince des démons.
(3) Démonomanie des sorciers, liv. IV. ch. III.

le confondent avec Bacchus. On a cru le retrouver dans le Belbog, ou Belbach (dieu blanc) des Slavons, parce que son image ensanglantée était toujours couverte de mouches, comme celle de Belzébuth chez les Syriens. On dit aussi que c'est le même que Pluton. Il est plus vraisemblable de croire que c'est Baël, que Wiérus fait empereur des enfers; d'autant mieux que Belzébuth ne figure pas sous son nom dans l'inventaire de la monarchie infernale.

On voit, dans les *Clavicules* de Salomon, que Belzébuth apparaît quelquefois sous de monstrueuses formes, comme celles d'un veau énorme ou d'un bouc suivi d'une longue queue ; souvent, néanmoins, il se montre sous la figure d'une mouche d'une extrême grosseur. Quand il est en colère, ajoute-t-on, il vomit des flammes et hurle comme un loup. Quelquefois enfin Astaroth apparaît à ses côtés, sous les traits d'un âne.

BENEDICT (JEAN), médecin allemand du seizième siècle. On lui doit un livre *sur les Visions et les révélations naturelles et surnaturelles*, qui n'est presque pas connu (1).

BENOIT VIII, cent quarante-huitième pape, élu en 1012, mort en 1024. On lit dans Platine, cité par Leloyer et par Wiérus (2), que quelque temps après sa mort, Benoît VIII apparut, monté sur un cheval noir, à un saint évêque dans un lieu solitaire et écarté; que l'évêque lui demanda comment il se faisait, qu'étant mort, il se montrât ainsi sur un cheval noir. A quoi le pape répondit que, pendant sa vie, il avait été convoiteux d'amasser des biens ; qu'il était en purgatoire ; mais qu'il n'était pas damné, parce qu'il avait fait des aumônes. Il révéla ensuite le lieu où il avait caché des richesses, et pria le saint évêque de les distribuer aux pauvres. — Après cela, le fantôme (selon le récit) se montra pareillement au pape son successeur, et le supplia d'envoyer en diligence un courrier à Odilon, abbé de Cluny, pour l'avertir qu'il priât Dieu pour le repos de son âme. Odilon le fit ; et peu de jours après on vit un homme lumineux entrer dans le cloître, avec d'autres personnes habillées de blanc, et se mettre à genoux devant Odilon. Un religieux demanda qui était cet homme de si haute apparence, qui faisait tant d'honneur à l'abbé. Il lui fut répondu que c'était Benoit VIII qui, par les prières d'Odilon, jouissait de la gloire des bienheureux.

BENOIT IX, cent cinquantième pape, élu en 1033, dans un temps de troubles, où les partis se disputaient Rome. Il eut à lutter contre des antipapes qui l'ont fort noirci. On a dit qu'il était magicien, et que, renversé du saint-siège par ses ennemis, il y remonta deux fois par son pouvoir magique. C'est un peu niais. On a d.t encore avec autant de bon sens qu'il prédisait les choses futures, et qu'il était habile enchanteur (3). — L'auteur calviniste des grands et redoutables jugements de Dieu ajoute même qu'il fut étranglé par le diable, et qu'après sa mort, son âme fut condamnée à errer dans les forêts, sous la forme d'une bête sauvage, avec un corps d'ours à longs poils, une queue de chat et une tête d'âne. Un ermite qui le rencontra lui demanda pourquoi il avait cette figure. « J'étais un monstre, répondit Benoît, et vous voyez mon âme telle qu'elle a toujours été. » Voilà qui est très-gracieux. Mais Benoît IX, au contraire, mourut dans la retraite sous le cilice, pieusement et saintement, en 1054. Il est encore là une des victimes de la calomnie historique.

BENSOZIA. Certains canonistes des douzième et treizième siècles s'élèvent fortement contre les femmes d'alors qui allaient à une espèce de sabbat sur lequel il ne nous est parvenu que très-peu de notions. On disait que des fées ou des démons transformés en femmes s'associaient toutes les dames qui voulaient prendre part à leurs plaisirs ; et que toutes, dames et fées ou démons, montées sur des bêtes ailées, allaient de nuit faire des courses et des fêtes dans les airs. Elles avaient pour chef la diablesse ou fée Bensozia, à qui il fallait obéir aveuglément avec une soumission sans réserve. C'était, dit-on, la Diane des anciens Gaulois ; on l'appelait aussi Nocticula, Hérodias ou la Lune. On voit, dans des manuscrits de l'église de Couserans, que des dames au quatorzième siècle avaient le renom d'aller à cheval aux courses nocturnes de Bensozia. Toutes, comme les sorcières au sabbat, faisaient inscrire leur nom sur un catalogue, et après cela se croyaient fées. On remarquait encore au dernier siècle, à Montmorillon en Poitou, sur le portique d'un ancien temple, une femme enlevée par deux serpents dans les airs. C'était sans doute le modèle de la contenance des sorcières ou fées dans leurs courses de nuit (4).

BENTHAMÉLÉON. Titus, ayant pris Jérusalem, publia un édit qui défendait aux Juifs d'observer le sabbat et de se circoncire, et qui leur ordonnait de manger toute espèce de viande. Les Juifs consternés envoyèrent à Titus le rabbin Siméon, qui passait pour un homme très-habile. Siméon s'étant mis en chemin avec le rabbin Eléazar, ils rencontrèrent un diable, nommé Benthaméléon, qui demanda à les accompagner, leur avouant quelle était sa nature, mais se disant enclin à rendre service aux Juifs et leur promettant d'entrer dans le corps de la fille de Titus, et d'en sortir aussitôt qu'ils le lui commanderaient, afin qu'ils pussent gagner l'empereur par ce prodige. Les deux rabbins acceptèrent sa proposition avec empressement ; et, Benthaméléon ayant tenu parole, ils obtinrent en effet la révocation de l'édit.

BÉRANDE, sorcière brûlée à Maubec, près Beaumont de Lomaignie, en 1577. En allant au supplice, elle accusa une demoiselle d'avoir été au sabbat ; la demoiselle le nia : Bé-

---

(1) Joannis Benedicti Libellus de visionibus et revelationibus naturalibus et divinis. In-8°. Moguntiæ, 1550.
(2) Leloyer, Discours des spectres, liv. VI, ch. XIII. Wierus, De Præst., lib. I, cap. XVI.
(3) Naudé, Apologie pour tous les grands personnages soupçonnés de magie, ch. XIX.
(4) Dom Martin, Religion des Gaulois, t. II, p. 59 et 68.

rande lui dit : — Oublies-tu que la dernière fois que nous fîmes la danse, à la croix du pâté, tu portais le pot de poison?... Et la demoiselle fut réputée sorcière, parce qu'elle ne sut que répondre (1)

BERBIGUIER. Alexis-Vincent-Charles Berbiguier de Terre-Neuve du Thym, né à Carpentras, est un auteur qui vit peut-être encore et qui a publié en 1821 un ouvrage dont voici le titre : *Les Farfadets*, ou *tous les démons ne sont pas de l'autre monde*, 3 v. in-8°, ornés de huit lithographies et du portrait de l'auteur, entouré d'emblèmes, surmonté de cette devise: *Le Fléau des Farfadets*.--L'auteur débute par une dédicace à tous les empereurs, rois, princes souverains des quatre parties du monde. — « Réunissez vos efforts aux miens, leur dit-il, pour détruire l'influence des démons, sorciers et farfadets qui désolent les malheureux habitants de vos États. »

Il ajoute qu'il est tourmenté par le diable depuis vingt-trois ans : et il dit que les farfadets se métamorphosent sous des formes humaines pour vexer les hommes. Dans le chapitre 2 de son livre, il nomme tous ses ennemis par leur nom, soutenant que ce sont des démons déguisés; des agents de Belzébuth ; qu'en les appelant infâmes et coquins, ce n'est pas eux qu'il insulte, mais les démons qui se sont emparés de leurs corps. « On me fait passer pour fou, s'écrie-t-il ; mais si j'étais fou, mes ennemis ne seraient pas tourmentés comme ils le sont tous les jours par mes lardoires, mes épingles, mon soufre, mon sel, mon vinaigre et mes cœurs de bœuf. »

Les trois volumes sont en quelque sorte les Mémoires de l'auteur, que le diable ne quitte pas. Il établit le pouvoir des farfadets ; il conte, au chapitre 4, qu'il s'est fait dire la bonne aventure en 1796 par une sorcière d'Avignon, appelée la Mansotte, qui se servait pour cela du jeu de tarots. « Elle y ajouta, dit-il, une cérémonie qui, sans doute, est ce qui m'a mis entre les mains des farfadets. Elles étaient deux disciples femelles de Satan ; elles se procurèrent un tamis propre à passer de la farine, sur lequel on fixa une paire de ciseaux par les pointes. Un papier blanc plié était posé dans le tamis. La Mansotte et moi nous tenions chacun un anneau des ciseaux, de manière que le tamis était, par ce moyen, suspendu en l'air. Aux divers mouvements du tamis, on me faisait des questions qui devaient servir de renseignements à ceux qui voulaient me mettre en leur possession. Les sorcières demandèrent trois pots : dans l'un elles enfermèrent quelques-uns des tarots jetés sur la table, et préférablement les cartes à figures. Je les avais tirées du jeu les yeux bandés. Le second pot fut garni de sel, de poivre et d'huile ; le troisième de laurier. Les trois pots, couverts, furent déposés dans une alcôve, et les sorcières se retirèrent pour attendre l'effet... Je rentrai chez moi à dix heures du soir ; je trouvai mes trois croisées ouvertes, et j'entendis au-dessus de ma tête un bruit extraordinaire. J'allume mon flambeau; je ne vois rien. Le bruit que j'entendais ressemblait au mugissement des bêtes féroces ; il dura toute la nuit. Je souffris trois jours diverses tortures, pendant lesquelles les deux sorcières préparaient leurs maléfices. Elles ne cessèrent, tant que dura leur manége, de me demander de l'argent. Il fallait aussi que je fusse là pour leur donner du sirop, des rafraîchissements et des comestibles ; car leurs entrailles étaient dévorées par le feu de l'enfer. Elles eurent besoin de huit rubans de différentes couleurs, qu'elles ne m'ont jamais rendus. Pendant huit jours que dura leur magie, je fus d'une tristesse accablante. Le quatrième jour, elles se métamorphosèrent en chats, venant sous mon lit pour me tourmenter. D'autres fois elles venaient en chiens : j'étais accablé par le miaulement des uns et l'aboiement des autres. Que ces huit jours furent longs ! »

Berbiguier s'adressa à un tireur de cartes, qui se chargea de combattre les deux sorcières ; mais il ne lui amena que de nouveaux tourments.

Dans les chapitres suivants, l'auteur se fait dire encore sa bonne aventure et se croit obsédé; il entend sans cesse à ses oreilles des cris de bêtes affreuses ; il a des peurs et des visions. Il vient à Paris pour un procès, fait connaissance d'une nouvelle magicienne, qui lui tire les cartes. « Je lui demandai, dit-il, si je serais toujours malheureux ; elle me répondit que non ; que, si je voulais, elle me guérirait des maux présents et à venir, et que je pouvais moi-même faire le remède.— Il faut, me dit-elle, acheter une chandelle de suif chez la première marchande dont la boutique aura deux issues, et tâcher, en payant, de vous faire rendre deux deniers. « Elle me recommanda de sortir ensuite par la porte opposée à celle par laquelle je serais entré, et de jeter les deux deniers en l'air ; ce que je fis. Je fus grandement surpris d'entendre le son de deux écus au lieu de celui des deux deniers.

L'usage qu'elle me dit de faire de la chandelle fut d'allumer d'abord mon feu, de jeter dedans du sel, d'écrire sur un papier le nom de la première personne qui m'a persécuté, de piquer ce papier dans tous les sens, d'en envelopper la chandelle en l'y fixant avec une épingle, et de la laisser brûler entièrement ainsi.

Aussitôt que j'eus tout exécuté, ayant eu la précaution de m'armer d'un couteau en cas d'attaque, j'entendis un bruit effroyable dans le tuyau de ma cheminée ; je m'imaginai que j'étais au pouvoir du magicien Moreau, que j'avais consulté à Paris. Je passai la nuit à alimenter le feu, en y jetant de grosses poignées de sel et de soufre, pour prolonger le supplice de mes ennemis... »

M. Berbiguier fit neuf jours de suite la même opération, sans se voir débarrassé des farfadets et des magiciens.

Ses trois volumes sont partout de cette force, et nous ne dirons rien de trop en ran-

---

(1) M. Jules Garinet, Histoire de la magie en France, p. 152.

geant cet ouvrage parmi les plus extravagantes productions. L'auteur se croyait en correspondance avec des sorciers et des démons. Il rapporte des lettres faites par des plaisants assez malhabiles, et qu'il attribue à Lucifer, à Rothomago et à d'autres dont elles portent les signatures. En voici une qu'il a transcrite scrupuleusement.

A M. Berbiguier.

« Abomination de la détestation, tremblement de terre, déluge, tempête, vent, comète, planète, Océan, flux, reflux, génie, sylphe, faune, satyre, sylvain, adriade et amadriade!

» Le mandataire du grand génie du bien et du mal, allié de Belzébuth et de l'enfer, compagnon d'armes d'Astaroth, auteur du péché originel et ministre du Zodiaque, a droit de posséder, de tourmenter, de piquer, de purger, de rôtir, empoisonner, poignarder et litifier le très-humble et très-patient vassal Berbiguier, pour avoir maudit la très-honorable et indissoluble société magique : en foi de quoi nous avons fait apposer les armes de la société.

» Fait au soleil, en face de la lune, le grand officier, ministre plénipotentiaire, le 5818ᵉ jour et la 5819ᵉ heure de nuit, grand'croix et tribun de la société magique. Le présent pouvoir aura son effet sur son ami Coco (C'était l'écureuil de M. Berbiguier).

» THÉSAUROCHRYSONICOCHRYSIDÈS.

» Par son excellence le secrétaire,
» PINCHICHI-PINCHI.
» 30 mars 1818.

» *P. S.* Dans huit jours tu seras en ma puissance; malheur à toi, si tu fais paraître ton ouvrage! »

BERENGER, hérétique du onzième siècle. Guillaume de Malmesbury raconte (1) qu'à son lit de mort Bérenger reçut la visite de son ancien ami Fulbert, lequel recula devant le lit où gisait le malade, disant qu'il n'en pouvait approcher, parce qu'il voyait auprès de lui un horrible et grand démon très-puant. Les uns disent qu'on chassa ce démon; d'autres assurent qu'il tordit le cou à l'hérétique mal converti et l'emporta.

BERGERS On est encore persuadé, dans beaucoup de villages, que les bergers commercent avec le diable, et qu'ils font adroitement des maléfices. Il est dangereux, assure-t-on, de passer près d'eux sans les saluer; ils fourvoient loin de sa route le voyageur qui les offense, font naître des orages devant ses pas et des précipices à ses pieds. On conte là-dessus beaucoup d'histoires terribles. Voy. DANIS.

Un voyageur, passant à cheval à l'entrée d'une forêt du Mans, renversa un vieux berger qui croisait sa route, et ne s'arrêta pas pour relever le bonhomme. Le berger, se tournant vers le voyageur, lui cria qu'il se souviendrait de lui. L'homme à cheval ne fit pas d'abord attention à cette menace; mais bientôt, réfléchissant que le berger pouvait lui jeter un maléfice, et tout au moins l'éga-

(1) In Historia Anglor. sub Guilielmo I.

rer, il eut regret de n'avoir pas été plus honnête. — Comme il s'occupait de ces pensées, il entendit marcher derrière lui : il se retourne et entrevoit un spectre nu, hideux, qui le poursuit... C'est sûrement un fantôme envoyé par le berger... Il pique son cheval qui ne peut plus courir. Pour comble de frayeur, le spectre saute sur la croupe du cheval, enlace de ses deux longs bras le corps du cavalier, et se met à hurler. Le voyageur fait de vains efforts pour se dégager du monstre, qui continue de crier d'une voix rauque. Le cheval s'effraye et cherche à jeter à terre sa double charge; enfin une ruade de l'animal renverse le spectre, sur lequel le cavalier ose à peine jeter les yeux. Il a une barbe sale, le teint pâle, les yeux hagards; il fait d'effroyables grimaces... Le voyageur fuit au plus vite : arrivé au prochain village, il raconte sa mésaventure. On lui apprend que le spectre qui lui a causé tant de frayeur est un fou échappé qu'on cherche depuis quelques heures (2).

Les maléfices de bergers ont eu quelquefois des suites plus fâcheuses. Un boucher avait acheté des moutons sans donner le *pourboire* au berger de la ferme. Celui-ci se vengea; en passant le pont qui se trouvait sur leur route, les moutons se ruèrent dans l'eau la tête la première.

On conte aussi qu'un certain berger avait fait un sort avec la corne des pieds de ses bêtes, comme cela se pratique parmi eux pour conserver les troupeaux en santé. Il portait ce sort dans sa poche : un berger du voisinage parvint à le lui escamoter; et, comme il lui en voulait depuis longtemps, il mit le sort en poudre et l'enterra dans une fourmilière avec une taupe, une grenouille verte et une queue de morue, en disant : *maudition, perdition, destruction*; et au bout de neuf jours il déterra son maléfice et le sema dans l'endroit où devait paître le troupeau de son voisin, qui fut détruit.

D'autres bergers, avec trois cailloux pris en différents cimetières et certaines paroles magiques, donnent des dyssenteries, envoient la gale à leurs ennemis, et font mourir autant d'animaux qu'ils souhaitent. C'est toujours l'opinion des gens du village. Quoique les bergers ne sachent pas lire, on craint si fort leur savoir et leur puissance, dans quelques hameaux, qu'on a soin de recommander aux voyageurs de ne pas les insulter, et de passer auprès d'eux sans leur demander quelle heure il est, quel temps il fera, ou telle autre chose semblable, si l'on ne veut avoir des nuées, être noyé par des orages, courir de grands périls, et se perdre dans des chemins les plus ouverts.

Il est bon de remarquer que, dans tous leurs maléfices, les bergers emploient des *Pater*, des *Ave*, des neuvaines de chapelet. Mais ils ont d'autres oraisons et des prières pour la conservation des troupeaux. Voy. TROUPEAUX; et pour l'histoire des *bergers de Brie*, Voy. HOCQUE.

(2) Madame Gabrielle de P***, Hist. des Fantômes, etc. p. 205.

BERITH, duc aux enfers, grand et terrible. Il est connu sous trois noms ; quelques-uns le nomment Béal, les Juifs Bérith et les nécromanciens Bolfri. Il se montre sous les traits d'un jeune soldat habillé de rouge des pieds à la tête, monté sur un cheval de même couleur, portant la couronne au front ; il répond sur le passé, le présent et l'avenir. On le maîtrise par la vertu des anneaux magiques ; mais il ne faut pas oublier qu'il est souvent menteur. Il a le talent de changer tous les métaux en or : aussi on le regarde quelquefois comme le démon des alchimistes. Il donne des dignités et rend la voix des chanteurs claire et déliée. Vingt-six légions sont à ses ordres.

C'était l'idole des Sichemites, et peut-être est-ce le même que le Béruth de Sanchoniaton, que des doctes croient être Pallas ou Diane.

L'auteur du *Solide trésor du Petit Albert*, conte de Bérith une aventure qui ferait croire que ce démon n'est plus qu'un follet ou lutin, si toutefois c'est le même Bérith.

« Je me suis trouvé, dit-il, dans un château où se manifestait un esprit familier, qui depuis six ans avait pris soin de gouverner l'horloge et d'étriller les chevaux. Je fus curieux un matin d'examiner ce manège : mon étonnement fut grand de voir courir l'étrille sur la croupe du cheval, sans qu'elle parût conduite par aucune main visible. Le palefrenier me dit que pour attirer ce farfadet à son service, il avait une petite poule noire, qu'il avait saignée dans un grand chemin croisé ; que du sang de la poule, il avait écrit sur un morceau de papier : « Bérith fera ma besogne pendant vingt ans, et je le récompenserai ; » qu'ayant ensuite enterré la poule à un pied de profondeur, le même jour le farfadet avait pris soin de l'horloge et des chevaux, et que de temps en temps lui-même faisait des trouvailles qui lui valaient quelque chose.... »

L'historien semble croire que ce lutin était une mandragore. Les cabalistes n'y voient autre chose qu'un sylphe.

BERKELEY. Nous empruntons cet article à M. Michel Masson :

« George Berkeley passe, à bon droit, pour l'un des plus grands métaphysiciens du 18ᵉ siècle. L'Irlande s'honore de l'avoir vu naître : il a laissé de beaux ouvrages ; les sciences lui doivent des découvertes utiles. Ces laborieux travaux suffiraient pour lui assurer une incontestable célébrité ; mais, aveuglé par un fol amour de la gloire, Berkeley ne se contenta pas de l'estime de ses contemporains, il voulut attacher à son nom l'admiration de la postérité ; et, pour l'obtenir, il conçut l'extravagant projet de former un géant. Ayant lu dans l'Ecriture sainte que le fils d'Enock Og, roi de Basan, avait plus de quinze pieds de haut, il s'imagina qu'au moyen d'un régime alimentaire convenable, il parviendrait à faire croître artificiellement un individu au point que celui-ci pourrait le disputer en hauteur de taille avec le géant de la Bible. Mais pour arriver à ce but, il fallait que le docteur irlandais eût en sa possession une créature humaine, dont il ne dût plus rendre compte que devant Dieu.

Le point embarrassant était de savoir où rencontrer le *sujet* nécessaire à son audacieuse expérience. Berkeley se mit donc en campagne pour le trouver ; et, plus d'une fois, au moment où il croyait le tenir, son espoir fut trompé, et il se vit forcé d'aller chercher plus loin la victime qu'il voulait offrir en sacrifice à la science. »

Enfin, après bien des recherches et bien des tentatives infructueuses, « il a en sa possession une créature abandonnée des hommes, sur laquelle il croit pouvoir, sans crime, fonder son impérissable célébrité !

Maître absolu de cet enfant, qui se nommait Mac Grath, le docteur commença la série d'expériences qui devait faire revivre dans l'Europe moderne les grandes races d'hommes de l'antiquité biblique. Berkeley avait observé que les plantes les plus élevées sont celles qui croissent là où il y a le plus de chaleur humide ; que les arbrisseaux deviennent arbres quand ils accomplissent à l'ombre et dans des terrains chauds et marécageux les phénomènes de la végétation ; il savait que la croissance est plus développée chez les habitants des pays boisés que parmi les hommes qui vivent dans des contrées exposées au vent et au soleil. Fort de ces observations, Berkeley relégua son élève dans un lieu où il eut soin d'entretenir une température humide et chaude, où les rayons de l'astre du jour ne venaient frapper qu'obliquement ; il le soumit à l'usage abondant de la bière, du lait et de l'hydromel. Il lui prodigua des aliments chauds et délayants ; il l'obligea à se nourrir de tout ce qui pouvait engraisser, détendre, ramollir les mailles de ses tissus organiques ; il le sevra de toute société et il éloigna tout ce qui pouvait éveiller l'imagination de Mac Grath, ou donner quelque activité à son esprit ; enfin, il le condamna à la vie animale ; car, dans sa futile et coupable vanité, Berkeley ne demandait à la science que le pouvoir de former un animal prodigieux.

L'orgueil du grand docteur dut être satisfait : à l'âge de seize ans, Mac Grath avait déjà sept pieds de haut ! Ce fait extraordinaire fut consigné dans toutes les gazettes de l'Europe ; les poëtes du temps firent des vers à la louange de Berkeley ; de toutes parts il reçut le nom d'immortel ; on osa même dire qu'il était le régénérateur de l'espèce humaine, tandis qu'il n'était que le bourreau d'un enfant !

En instruisant son élève, en cherchant à former son cœur et son esprit, le docteur eût doté la société d'un homme de plus ; mais il ne songeait qu'à forcer le corps de Mac Grath à grandir outre mesure, sans soupçonner, l'impitoyable savant, qu'il allait donner au monde le spectacle de l'infirmité humaine la plus hideuse : l'idiotisme.

« A mesure que Mac Grath continuait à grandir, ses facultés morales l'abandonnaient de plus en plus ; il avait entièrement perdu la mémoire. A force de se tenir la tête courbée, il avait, pour ainsi dire, oublié que l'homme est né pour regarder le ciel. Ses organes étaient si débiles, si disproportionnés, qu'il ne pouvait plus se tenir debout; ses yeux étaient sans mouvements et ne voyaient plus; sa voix grondait dans sa poitrine, mais ses lèvres n'articulaient aucun son. On lui parlait et il n'entendait pas; on lui soulevait le bras, il le laissait machinalement retomber; ses doigts, singulièrement allongés, ne se ployaient plus; ses larges mains ne savaient plus se tendre pour prendre ce qu'on lui présentait. Insensible à la joie comme à la souffrance, il ne sentait ni le bien ni le mal qu'on pouvait lui faire. Ni les caresses, ni la douleur ne le réveillaient de son stupide engourdissement; mais il grandissait toujours!

« Berkeley, que l'intérêt de la science, pour parler plus vrai, que celui de sa vanité avait rendu tout à fait inhumain, ne tenait aucun compte de l'affaiblissement de sa victime; toujours dominé par la même pensée, il ne songeait qu'au jour désiré où, dans l'Europe entière, retentirait ce cri : — Og, le roi de Basan, est retrouvé; le géant de Berkeley a quinze pieds! Pour l'honneur de l'humanité, Dieu ne permit pas que l'orgueil du savant sortît victorieux de cette lutte insensée. L'heure de la délivrance sonna pour Mac Grath; l'heure du remords sonna pour le docteur. Sa victime mourut d'épuisement, comme on peut mourir après une agonie qui a duré plus de quinze ans.

« Espérons, pour le repos de l'âme de Berkeley qu'indigné contre lui-même, il eut horreur du crime où la science, détournée de son véritable but, avait pu le conduire, et qu'en déplorant le sort du malheureux Mac Grath, ce n'est pas le sujet d'étude que la mort lui enlevait trop tôt qu'il regrettait en lui, mais bien la créature de Dieu dont il avait creusé la tombe, à force d'avoir voulu faire violence à la nature. »

BERNA (BENEDETTO), sorcier qui, au rapport de Bodin (1) et de quelques autres démonographes, avoua, à l'âge de quatre-vingts ans, qu'il avait eu des liaisons pendant quarante années avec un démon qu'il nommait Hermione ou Hermeline, et qu'il menait partout avec lui sans que personne l'aperçût : il s'entretenait fréquemment, dit-on, avec cet esprit qu'on ne voyait pas ; de manière qu'on le prenait pour un fou (et ce n'était pas autre chose). Il confessa aussi avoir humé le sang de divers petits enfants, et fait plusieurs méchancetés exécrables. Pour ces faits atroces il fut brûlé.

BERNACHE ou BERNACLE, voy. MACREUSES.

BERNARD. Cardan pense que la sorcellerie ne fut souvent qu'une espèce de maladie hypocondriaque, causée par la mauvaise nourriture des pauvres diables que l'on poursuivait comme sorciers. Il raconte que son père sauva un jour un paysan nommé Bernard, que l'on allait condamner à mort pour sorcellerie, en lui changeant sa façon ordinaire de vivre; il lui donna le matin quatre œufs frais, et autant le soir avec de la viande et du vin; le bonhomme perdit son humeur noire, n'eut plus de visions et évita le bûcher.

BERNARD (SAMUEL), voy. POULE NOIRE.

BERNARD DE THURINGE, ermite allemand qui, vers le milieu du dixième siècle, annonçait la fin du monde. Il appuyait son sentiment sur un passage de l'Apocalypse, qui porte qu'après mille ans l'ancien serpent sera délié. Il prétendait que ce serpent était l'antechrist; que par conséquent l'année 960 étant révolue, la venue de l'antechrist était prochaine. Il disait aussi que quand le jour de l'annonciation de la sainte Vierge se rencontrerait avec le vendredi saint, ce serait une preuve certaine de la fin du monde; cette prédiction a eu vainement des occasions de se vérifier (2).

BERNARD-LE-TRÉVISAN, alchimiste du quinzième siècle, que quelques-uns croient avoir été sorcier, né à Padoue, en 1406. Il a beaucoup travaillé sur le grand œuvre, et ses ouvrages inintelligibles sont recherchés des alchimistes; ils roulent tous sur la pierre philosophale (3).

BERNOLD. Voy. BERTHOLD.

BERQUIN (LOUIS), gentilhomme artésien, conseiller de François 1er, qui, entraîné par de mauvaises mœurs, se mit à déclamer contre les moines et à donner dans le luthéranisme. Ses livres furent brûlés, et la protection du roi le sauva seule d'une abjuration publique; mais on le reprit bientôt. Il se mêlait aux orgies des sorciers; on le convainquit d'avoir adoré le diable; on produisit contre lui de si tristes griefs, que le roi n'osa plus le défendre, et il fut brûlé en place de Grève le 17 avril 1529.

BERRID. Voy. PURGATOIRE.

BERSON, docteur en théologie et prédicateur visionnaire de la cour, sous Henri III. Il s'imaginait être Enoch, et il voulait aller porter l'Evangile dans le Levant, avec un prêtre flamand qui se vantait d'être Elie. Taillepied dit avoir entendu Berson prêcher cette bizarrerie devant le frère du roi, à Château-Thierry (4).

BERTHE. Voy. ROBERT, roi.

BERTHIER (GUILLAUME-FRANÇOIS), célèbre jésuite, mort en 1782. Voltaire a publié la relation de la maladie, de la mort et de l'apparition du jésuite Berthier; mais ce n'est qu'une assez mauvaise plaisanterie. Le père Berthier vivait encore.

BERTHOLD. Après la mort de Charles-le-

---

(1) Démonomanie des sorciers, liv. II, p. 279.
(2) Voyez dans les *Légendes de la sainte Vierge*, l'enfant de chœur de Notre-Dame du Puy.
(3) De Philosophia hermetica, lib. IV. Strasbourg, 1567, 1682; Nuremberg, 1643. — Opus historico-dogmaticum peri chymeias, cum J.-F. Pici libris tribus de auro. Urselis, 1598. In-8°.—Tractatus de secretissimo philosophorum opere chimico, et responsio ad Thomam de Bononia. Bâle, 1600. — Opuscula chemica de lapide philosophorum, en français. Anvers 1567. — Bernardus redivivus, vel opus de chimia, historico-dogmaticum, e gallico in latinum versum Francfort, 1625.
(4) Psychologie ou Traité de l'apparition des esprits, ch. 3.

Chauve, un bourgeois de Reims, nommé Berthold ou Bernold, gravement malade, ayant reçu les sacrements, fut quatre jours sans prendre aucune nourriture et se sentit alors si faible, qu'à peine lui trouvait-on un peu de palpitation et de respiration. Vers minuit, il appela sa femme et lui dit de faire promptement venir son confesseur. Le prêtre était encore dans la cour, que Berthold dit : « Mettez ici un siége, car le prêtre vient. » Le confesseur, étant entré, récita quelques prières, auxquelles Berthold répondit; puis il tomba dans une longue extase; et, quand il en sortit, il raconta un voyage que son âme venait de faire.

Il était allé en purgatoire, conduit par un esprit; il y avait vu beaucoup de gens, qu'on faisait geler et bouillir tour à tour. Parmi les prélats se trouvaient Ebbon, archevêque de Reims; Léopardelle ou Pardule, évêque de Laon, et l'évêque Enée, qui étaient vêtus d'habits déchirés et roussis; ils avaient le visage ridé, la figure basanée. Ils l'appelèrent :

Recommandez à nos amis, dirent-ils, de prier pour nous.

Berthold le promit. Revenu à lui, il fit faire la commission, tomba derechef en extase, et, retournant en purgatoire, il trouva à la porte Ebbon avec les autres prélats qui en sortaient, habillés de blanc, et qui le remercièrent. Il vit ensuite l'âme du roi Charles-le-Chauve étendue dans un bourbier, et tellement décharnée, qu'on pouvait compter ses os et ses nerfs.

Priez l'archevêque Hincmar de me soulager dans mes maux, dit le roi.

Volontiers, répondit Berthold.

Il fit encore la commission, et le roi Charles fut soulagé. De plus, il fit écrire aux parents du jeune monarque défunt l'état déplorable où il se trouvait.

Un peu plus loin, Berthold avait vu Jessé, évêque d'Orléans, que quatre démons plongeaient alternativement dans la poix bouillante et dans l'eau glacée.

Ami, priez les miens de s'intéresser à moi, avait-il dit à Berthold.

Le bonhomme se chargea encore de cette prière; et il vit le comte Othaire qui était dans les tourments. Il fit dire à la femme d'Othaire, à ses vassaux et à ses amis de faire des prières et des aumônes pour lui. Après tout cela, Berthold se porta mieux et vécut à nouveau quatorze ans, comme le lui avait promis celui qui l'avait conduit devant tous ces personnages (1)....

BERTHOMÉ DU LIGNON, dit *Champagnat*, sorcier jugé à Montmorillon, en Poitou, dans l'année 1599. Il avoua que son père l'avait mené au sabbat dès sa jeunesse; qu'il avait promis au diable son âme et son corps; qu'à la Saint-Jean dernière, il avait vu un grand sabbat où le diable les faisait danser en rond; qu'il se mettait au milieu de la danse, en forme de bouc noir, donnant à chacun une chandelle allumée, avec laquelle ils allaient lui baiser le derrière; que le diable lui octroyait à chaque sabbat quarante sous en monnaie, et des poudres pour faire des maléfices; que quand il le voulait, il appelait le diable qui venait à lui comme un tourbillon de vent; que la nuit dernière il était venu le visiter en sa prison et lui avait dit qu'il n'avait pas moyen de le tirer d'où il était; que le diable défendait à tous de prier Dieu, d'aller à la messe, de faire les Pâques; et que pour lui, il avait fait mourir plusieurs personnes et plusieurs bêtes, au moyen des poudres qu'on lui donnait au sabbat (2).

BERTHOMÉE DE LA BEDOUCHE. Voy. BONNEVAULT.

BÉRUTH. Voy. BÉRITH.

BÊTES. Il y a, dans les choses prodigieuses de ce monde, beaucoup de bêtes qui figurent avec distinction. Les bêtes ont été longtemps des instruments à présages : les sorciers et les démons ont emprunté leurs formes; et souvent on a brûlé des chats et des chiens dans lesquels on croyait reconnaître un démon caché ou une sorcière.

Dans les campagnes, on effraie encore les enfants avec la menace de la *Bête à sept têtes*, dont l'imagination varie en tous lieux la laideur. L'opinion de cette bête monstrueuse remonte à la *Bête de l'Apocalypse*.

Des personnes accoutumées aux visions extraordinaires ont vu quelquefois des spectres de bêtes. On sait la petite anecdote de ce malade à qui son médecin disait : — Amendez-vous, car je viens de voir le diable à votre porte. — Sous quelle forme? demanda le moribond. — Sous celle d'un âne. — Bon, répliqua le malade, vous avez eu peur de votre ombre.

Des doctes croient encore que les animaux, à qui ils n'accordent point d'âme, peuvent revenir, et on cite des spectres de ce genre.

Meyer, professeur à l'Université de Halle, dans son *Essai sur les apparitions*, § 17, dit que les revenants et les spectres ne sont peut-être que les âmes des bêtes qui, ne pouvant aller ni dans le ciel ni dans les enfers, restent ici errantes et diversement conformées. Pour que cette opinion eût quelque fondement, il faudrait croire, avec les péripatéticiens, que les bêtes ont une âme quelconque, ce qui n'est pas facile.

Les pythagoriciens sont allés plus loin; ils ont cru que par la métempsycose les âmes passaient successivement du corps d'un homme dans celui d'un animal. Ils respectaient les brutes, et disaient au loup :

Bonjour, frère.

Le père Bougeant, de la compagnie de Jésus, dans un petit ouvrage plein d'esprit, l'*Amusement philosophique sur le langage des bêtes*, adopta par plaisanterie un système assez singulier. Il trouve aux bêtes trop

---

(1) Hincmari archiep. Epist., t. II, p. 806. Leloyer, Disc. et hist. des spectres, liv. VI, ch. XIII. Dom Calmet, Traité sur les apparit., ch. 46. M. Garinet, Histoire de la magie en France, p. 56.

(2) Discours sommaire des sortiléges et vénéfices tiré des procès criminels jugés au siége royal de Montmorillon, en Poitou, en l'année 1599, p. 29.

d'esprit et de sentiment pour n'avoir pas une âme ; mais il prétend qu'elles sont animées par des démons qui font pénitence sous cette enveloppe, en attendant le jugement dernier, époque où ils seront plongés en enfer. Ce système est soutenu de la manière la plus ingénieuse : ce n'était qu'un amusement ; on le prit trop au sérieux. L'auteur fut gravement réfuté et obligé de désavouer publiquement des opinions qu'il n'avait mises au jour que comme un délassement.

Cependant, le père Gaston Pardies, de la même société de Jésus avait écrit, quelque temps auparavant, que les bêtes ont une certaine âme (1), et on ne l'avait pas repris. Mais on pensa, qu'auprès de certains esprits, l'ingénieux amusement du père Bougeant pouvait faire naître de fausses idées.

BEURRE. On croit, dans plusieurs villages, empêcher le beurre de se faire en récitant à rebours le psaume *Nolite fieri* (2). Bodin ajoute que, par un effet d'antipathie naturelle, on obtient le même résultat en mettant un peu de sucre dans la crème ; et il conte qu'étant à Chelles, en Valois, il vit une chambrière qui voulait faire fouetter un petit laquais, parce qu'il l'avait tellement maléficiée, en récitant à rebours le psaume cité, que depuis le matin elle ne pouvait faire son beurre. Le laquais récita alors naturellement le psaume, et le beurre se fit (3).

Dans le Finistère, dit-on, l'on ensorcelle encore le beurre. On croit aussi dans ce pays que si l'on offre du beurre à saint Hervé, les bestiaux qui ont fourni la crème n'ont rien à craindre des loups, parce que ce saint étant aveugle se faisait guider par un loup (4).

BEURRE DES SORCIÈRES. Le diable donnait aux sorcières de Suède, entre autres animaux destinés à les servir, des chats qu'elles appelaient *emporteurs*, parce qu'elles les envoyaient voler dans le voisinage. Ces emporteurs, qui étaient très-gourmands, profitaient de l'occasion pour se régaler aussi, et quelquefois ils s'emplissaient si fort le ventre, qu'ils étaient obligés en chemin de rendre gorge. Leur vomissement se trouve habituellement dans les jardins potagers. « Il a une couleur aurore et s'appelle le *beurre des sorcières* (5). »

BEVERLAND (ADRIEN), avocat hollandais, de Middelbourg, auteur des *Recherches philosophiques sur le péché originel* (6), pleines de grossièretés infâmes. Les protestants mêmes, ses co-religionnaires, s'en indignèrent et mirent cet homme en prison à Leyde ; il s'en échappa et mourut fou, à Londres, en 1712. Sa folie était de se croire constamment poursuivi par deux cents hommes qui avaient juré sa mort (7).

BEYREVRA, démon indien, chef des âmes qui errent dans l'espace, changées en démons aériens. On dit qu'il a de grands ongles très-crochus. Brahma ayant un jour insulté un dieu supérieur, Beyrevra, chargé de le punir, lui coupa une tête avec son ongle. Brahma, humilié, demanda pardon, et le dieu Eswara lui promit, pour le consoler, qu'il ne serait pas moins respecté avec les quatre têtes qui lui restaient, qu'il ne l'était auparavant avec cinq.

BIAULE, berger sorcier. Voy. HOCQUE.

BIBLE DU DIABLE. C'est sans doute le grimoire ou quelqu'autre fatras de ce genre. Mais Delancre dit que le diable fait croire aux sorciers qu'il a sa Bible, ses cahiers sacrés, sa théologie et ses professeurs ; et un grand magicien avoua, étant sur la sellette au parlement de Paris, qu'il y avait à Tolède soixante-treize maîtres en la faculté de magie, lesquels prenaient pour texte la Bible du diable (8).

BIBLIOMANCIE, divination ou sorte d'épreuve employée autrefois pour reconnaître les sorciers. Elle consistait à mettre dans un des côtés d'une balance la personne soupçonnée de magie, et dans l'autre la Bible : si la personne pesait moins, elle était innocente ; si elle pesait plus, elle était jugée coupable ; ce qui ne manquait guère d'arriver, car bien peu d'in-folio pèsent un sorcier.

On consultait encore la destinée ou le sort, en ouvrant la Bible avec une épingle d'or, et en tirant présage du premier mot qui se présentait.

BIETKA. Il y avait en 1597, à Wilna en Pologne, une fille nommée Bietka, qui était recherchée par un jeune homme appelé Zacharie. Les parents de Zacharie ne consentant point à son mariage, il tomba dans la mélancolie et s'étrangla. Peu de temps après sa mort, il apparut à Bietka, lui dit qu'il venait s'unir à elle et lui tenir sa promesse de mariage. Elle se laissa persuader ; le mort l'épousa donc, mais sans témoins. Cette singularité ne demeura pas longtemps secrète, on sut bientôt le mariage de Bietka avec un esprit, on accourut de toutes parts pour voir la mariée ; et son aventure lui rapporta beaucoup d'argent, car le revenant se montrait et rendait des oracles ; mais il ne donnait ses réponses que du consentement de sa femme, qu'il fallait gagner. Il faisait aussi beaucoup de tours ; il connaissait tout le présent, et prédisait un peu l'avenir.

Au bout de trois ans, un magicien italien ayant laissé échapper depuis ce temps un esprit qu'il avait longtemps maîtrisé, vint en Pologne, sur le bruit des merveilles de

---

(1) Dans son Disc. de la connaissance des bêtes. Paris, 4e éd., 1696.
(2) Thiers, Traité des superstitions, t. Ier. Il n'y a pas de psaume *Nolite fieri*. Ce n'est qu'une division du psaume 31.
(3) Démonomanie des sorciers, liv. II, ch. 1er.
(4) Cambry, Voyage dans le Finistère, t. Ier, p. 14 et 15.
(5) Bekker, Le Monde enchanté, liv. IV, ch. 29.
(6) Hadriani Beverlandi peccatum originale philologice elucubratum, a Themidis alumno, Eleutheropoli in horto Hesperidum, typis Adami et Evæ, terræ fil. in-8°, 1678. La Justa detestatio libelli sceleratissimi Hadriani Beverlandi de peccato originali. In-8°. Gorinchemii, 1680, est une réfutation de cet écrit détestable, dont on a publié en 1734, in-12, une imitation mêlée de contes aussi méprisés.
(7) Gabriel Peignot, Dict. des livres condamnés au feu.
(8) Delancre, Incrédulité et mécréance du sortilège, etc. traité 7. Voyez *Université*.

l'époux de Bielka, déclara que le prétendu revenant était le démon qui lui appartenait, le renferma de nouveau dans une bague, et le remporta en Italie, en assurant qu'il eût causé de très-grands maux en Pologne s'il l'y eût laissé (1). De sorte que la pauvre Bielka en fut pour trois années de mariage avec un démon. Le fait est raconté par un écrivain qui croit fermement à ce prodige, et qui s'étonne seulement de ce que ce démon était assez matériel pour faire tous les jours ses trois repas. Des critiques n'ont vu là qu'une suite de supercheries, à partir de la prétendue strangulation de l'homme qui fit ensuite le revenant.

BIFRONS, démon qui paraît avec la figure d'un monstre. Lorsqu'il prend forme humaine, il rend l'homme savant en astrologie, et lui enseigne à connaître les influences des planètes ; il excelle dans la géométrie ; il connaît les vertus des herbes, des pierres précieuses et des plantes ; il transporte les cadavres d'un lieu à un autre. On l'a vu aussi allumer des flambeaux sur les tombeaux des morts. Il a vingt-six légions à ses ordres.

BIFROST. L'Edda donne ce nom à un pont tricolore, qui va de la terre aux cieux, et qui n'est que l'arc-en-ciel, auquel les Scandinaves attribuaient la solidité. Ils disaient qu'il est ardent comme un brasier, sans quoi les démons l'escaladeraient tous les jours. Ce pont sera mis en pièces à la fin du monde, après que les mauvais génies sortis de l'enfer l'auront traversé à cheval. Voy. SURTUR.

BIGOIS ou BIGOTIS, sorcière toscane qui, dit-on, avait rédigé un savant livre sur la connaissance des pronostics donnés par les éclairs et le tonnerre. Ce savant livre est perdu, et sans doute Bigoïs est la même que Bagoé.

BILIS. Les Madécasses désignent sous ce nom certains démons, qu'ils appellent aussi anges du septième ordre.

BILLARD (Pierre). Né dans le Maine en 1653, mort en 1726, auteur d'un volume in-12, intitulé la *Bête à sept têtes*, qui a paru en 1693. Cet ouvrage lourd, dirigé contre les jésuites, est très-absurde et très-niais. Selon Pierre Billard, la bête à sept têtes prédite par l'Apocalypse était la société de Jésus.

BILLIS, sorciers redoutés en Afrique, où ils empêchent le riz de croître et de mûrir. Les nègres mélancoliques deviennent quelquefois sorciers ou billis ; le diable s'empare d'eux dans leurs accès de tristesse, et leur apprend alors, disent-ils, à faire des maléfices et à connaître les vertus des plantes magiques.

BINET (Benjamin), auteur du petit volume intitulé : *Traité des dieux et des démons du paganisme*, avec des remarques critiques sur le système de Bekker; Delft, 1696, in-12.

BINET (Claude). On recherche de Claude Binet, avocat du seizième siècle, *les Oracles des douze sibylles, extraits d'un livre antique, avec les figures des sibylles portraites au vif*, par Jean Rabel, traduit du latin de Jean Dorat en vers français. Paris, 1586, in-folio.

BIRAGUES (Flaminio de), auteur d'une facétie intitulée : *l'Enfer de la mère Cardine*, traitant de l'horrible bataille qui fut aux enfers aux noces du portier Cerberus et de Cardine, in-8°, Paris, 1585 et 1597. C'est une satire qui ne tient, que si on le veut bien, à la démonographie. P. Didot l'a réimprimée à cent exemplaires en 1793. L'auteur était neveu du chancelier de France, René de Biragues.

BIRCK (Humbert), notable bourgeois d'Oppenheim et maître de pension, mort en novembre 1620, peu de jours avant la Saint-Martin. Le samedi qui suivit ses obsèques, on ouït certains bruits dans la maison où il avait demeuré avec sa première femme ; car, étant devenu veuf, il s'était remarié. Son beau-frère soupçonnant que c'était lui qui revenait, lui dit :

— Si vous êtes Humbert, frappez trois coups contre le mur.

En effet, on entendit trois coups seulement ; d'ordinaire il en frappait plusieurs. Il se faisait entendre aussi à la fontaine où l'on allait puiser de l'eau, et troublait le voisinage, se manifestant par des coups redoublés, un gémissement, un coup de sifflet ou un cri lamentable. Cela dura environ six mois.

Au bout d'un an, et peu après son anniversaire, il se fit entendre de nouveau plus fort qu'auparavant. On lui demanda ce qu'il souhaitait ; il répondit d'une voix rauque et basse : — Faites venir, samedi prochain, le curé et mes enfants.

Le curé étant malade ne put venir que le lundi suivant, accompagné de bon nombre de personnes. On demanda au mort s'il désirait des messes ? il en désira trois ; s'il voulait qu'on fît des aumônes ? il dit : — Je souhaite qu'on donne aux pauvres huit mesures de grain ; que ma veuve fasse des cadeaux à tous mes enfants, et qu'on réforme ce qui a été mal distribué dans ma succession, — somme qui montait à vingt florins.

Sur la demande qu'on lui fit, pourquoi il infestait plutôt cette maison qu'une autre, il répondit qu'il était forcé par des conjurations et des malédictions. S'il avait reçu les sacrements de l'Eglise ? — Je les ai reçus, dit-il, du curé, votre prédécesseur. — On lui fit dire avec peine le *Pater* et l'*Ave*, parce qu'il en était empêché, à ce qu'il assurait, par le mauvais esprit, qui ne lui permettait pas de dire au curé beaucoup d'autres choses.

Le curé, qui était un prémontré de l'abbaye de Toussaints, se rendit à son couvent afin de prendre l'avis du supérieur. On lui donna trois religieux pour l'aider de leurs conseils. Ils se rendirent à la maison, et dirent à Humbert de frapper la muraille ; il frappa assez doucement. — Allez chercher une pierre, lui dit-on alors, et frappez plus fort. Ce qu'il fit.

Quelqu'un dit à l'oreille de son voisin, le plus bas possible : Je souhaite qu'il frappe

---

(1) Adrien Regenvolsius, Systema historico-chronologicum ecclesiarum sclavonicarum. Utrecht, 1652, p. 95.

sept fois, et aussitôt l'âme frappa sept fois.

On dit le lendemain les trois messes que le revenant avait demandées ; on se disposa aussi à faire un pèlerinage qu'il avait spécifié dans le dernier entretien qu'on avait eu avec lui. On promit de faire les aumônes au premier jour, et, dès que ses dernières volontés furent exécutées, Humbert Birck ne revint plus (1)..... — Cette histoire n'est pas autrement expliquée.

BIRON. Le maréchal de Biron, que Henri IV fit décapiter pour trahison, en 1602, croyait aux prédictions. Pendant le cours de son procès, il demanda de quel pays était le bourreau? On lui répondit qu'il était Parisien. — Bon, dit-il. — Et il s'appelle Bourguignon. — Ah! je suis perdu, s'écria le maréchal ; on m'a prédit que si je pouvais éviter par derrière le coup d'un Bourguignon, je serais roi.

M. Chabot de Bouin a écrit très-agréablement cette légende, développée dans l'Almanach prophétique de 1846.

BISCAR (JEANNETTE), sorcière boiteuse du Labour, que le diable, en forme de bouc, transportait au sabbat, où, pour le remercier, elle faisait des culbutes et des cabrioles (2).

BISCAYENS, vagabonds de l'espèce des Bohémiens, qui disaient la bonne aventure dans les villes et dans les villages.

BISCLAVARET. C'est le nom que donnent les Bretons au loup-garou. On le dérive de *bleiz-garv* (loup méchant). Nous emprunterons aux *Légendes françaises* de M. Édouard d'Anglemont, dont on n'a pas oublié le succès, la légende du bisclavaret, célèbre dans un pays où l'on croit que Dieu punit certains crimes par la transformation du coupable en loup-garou.

Mes pas de l'Armorique ont foulé les rivages ;
J'ai vu ses hauts genêts et ses landes sauvages ;
J'ai vu ses grands marais peuplés de mille oiseaux,
Qui se croisaient dans l'air ou fuyaient sous les eaux ;
J'ai vu ses habitants former de lourdes danses,
Dont l'aigre biniou (3) mesurait les cadences ;
Et souvent, sous l'abri d'un gothique manoir,
Tandis que dans le lait je trempais un pain noir,
Que la crêpe pour moi, sous la main d'une femme,
Naissait en frémissant au milieu de la flamme,
Sur l'escabeau de bois auprès de l'âtre assis,
J'ai du pâtre breton entendu les récits ;
Et l'un d'eux est surtout resté dans ma mémoire.
Si l'étrange vous plaît, écoutez cette histoire :

I.

Non loin du champ témoin d'un combat immortel (4),
S'élevait autrefois un superbe castel ;
Là, près de son épouse aimable, jeune et belle,
Le comte de Kervan, brûlant d'amour pour elle,
Bienfaisant, adoré de ses vassaux nombreux,
Vivait, et de ses jours le cours semblait heureux ;
Mais pourtant quelquefois la charmante Comtesse
Surprenait sur son front des marques de tristesse,
Surtout quand, sorti seul, il rentrait chaque soir,
Épuisé de fatigue et pressé de s'asseoir.
Et, comme il revenait d'une course nocturne,
Son épouse à l'aspect de son air taciturne :
— La souffrance se peint sur ton front obscurci !
Qui peut donc, cher époux, te chagriner ainsi ?
Et pourquoi vers la nuit chercher la solitude

(1) Livre des prodiges, édit. de 1821, p. 75.
(2) Delancre, Tableau de l'inconstance des mauvais anges, etc., liv. II, disc. 4.

Quand de te consoler je ferais mon étude?
Parle....—Je ne le puis, cessons cet entretien.
— Prouve-moi ton amour, ne me déguise rien ;
La peine est plus légère alors qu'on la partage :
Ah! ne me cache pas la tienne davantage.
—Tu le veux, apprends donc un horrible secret :
Ton époux chaque soir devient bisclavaret,
— O ciel! qu'as-tu donc fait ? — Je suis exempt de crime ;
Du forfait d'un aïeul vois en moi la victime :
Il égorgea son frère, et le ciel en courroux
Le jeta pour sa vie au rang des loups-garoux ;
Et, qui plus est, depuis, les mâles de sa race
Sont une heure par jour soumis à sa disgrâce ;
Et si par un hasard que je ne prévois point,
Un ennemi cruel dérobait le pourpoint,
Que je dépouille et cache en un secret asile,
Avant que dans les bois chaque soir je m'exile,
Il me faudrait, dit-on, rester bisclavaret,
Tant que de cet habit le sort me priverait.

La Comtesse, à ces mots, par un tendre langage,
Aux yeux de son époux doux et précieux gage
D'un amour éternel, d'un avenir serein,
Écarte de son front le voile du chagrin.
Il éprouve en son âme une joie inconnue ;
Ainsi lorsqu'emportant une orageuse nue,
Le vent chasse la pluie, aussitôt les forêts
Se parent d'un éclat plus riant et plus frais.

II.

Homme, que je te plains si th livres ton âme
A l'espoir d'être aimé sans cesse d'une femme,
Surtout lorsque son cœur une fois a changé !
Sous les drapeaux français depuis un an rangé,
Arthur, jeune Breton, d'une origine illustre,
Dans la guerre de Naple a trouvé quelque lustre.
Il revient chevalier aux champs de ses aïeux ;
C'est là que de longs pleurs ont scellé ses adieux ;
Qu'une jeune beauté, lorsqu'il s'éloigna d'elle,
Lui promit par serment de lui rester fidèle.
Il accourt, il revoit le paternel séjour ;
Il apprend que l'objet d'un fanatique amour
De ses engagements n'avait point tenu compte !
Cette amante parjure est l'épouse du Comte !
Saisi par les transports d'un désespoir sans frein,
Sous les habits grossiers d'un obscur pèlerin,
A voir celle qu'il aime Arthur se détermine,
Vers le château du Comte aussitôt s'achemine,
Il vole ; au jour mourant il frappe ; on l'introduit,
Et dans la grande salle un varlet le conduit :
Là, devant des drapeaux, des portraits de famille,
La belle châtelaine, animant une aiguille,
De la laine avec art variant la couleur,
Sur un tissu de lin fait éclore une fleur,
Et cherchant à cacher le trouble qui l'agite :
—Pèlerin, pour la nuit, vous demandez un gîte?
— Ce n'est pas pour cela, Madame, que je viens.
Vous souvient-il d'Arthur? — O ciel ! —Tu t'en souviens,
Tu te souviens aussi que tu me fis entendre,
Au jour de mon départ, le serment le plus tendre....
Il était vain !... Au pied du Christ, à Ploërmel,
Tu l'avais pourtant fait au nom de saint Armel !
Ai-je donc mérité cette cruelle injure ?
Devais-je donc m'attendre à te trouver parjure,
Lorsque, pour l'obtenir d'un père ambitieux,
Je cherchais des combats les honneurs périlleux ?
Eh bien ! J'oublierai tout, si le sort nous rassemble !
Qu'ensemble nous vivions, que nous mourions ensemble :

—Arthur, pardonne-moi ; l'on a forcé mes vœux ;
Celle qui t'aime encor cède à ce que tu veux.

—Exilons-nous, cherchons quelque plage ignorée.
—Non, ma faute peut être autrement réparée.

Le Comte maintenant erre dans la forêt ;
Viens, viens, que mon mari reste bisclavaret.

Et, pleine du dessein que sa bouche lui conte,
Elle court et saisit les vêtements du Comte ;
Et sous la forme humaine il ne reparut pas.
Son épouse sema le bruit de son trépas,
Montra de la douleur l'apparence trompeuse,
Ordonna les apprêts d'une messe pompeuse,
Et fit, sur le perron, exposer un cercueil,
Entouré de varlets vêtus d'habits de deuil,
Et couvert d'un drap noir semé de blanches larmes,
Où du Comte gisaient le manteau et les armes.

(3) Espèce de cornemuse.
(4) Le combat des Trente.

Le convoi funéraire, aux lueurs des flambeaux,
Partit le lendemain pour le champ des tombeaux;
A ce lugubre aspect tous les cœurs se serrèrent,
Les villageois surtout s'émurent et pleurèrent;
Et lorsque le cercueil de la corde glissa,
Et sous des flots de terre au tombeau s'enfonça,
Sur le faîte anguleux du mur du cimetière,
Un énorme loup noir dressant sa tête altière,
Aux prières des morts mêla des hurlements,
Dont l'église trembla jusqu'en ses fondements!

III.

Deux jours ont fui : non loin du chêne de Mi-voie,
Des limiers pleins de feu courent sur une voie,
Et le duc de Bretagne et quelques chevaliers,
Les suivent à travers les taillis, les halliers,
Courbés sur leurs chevaux que la sueur sillonne,
Que de ses coups pressés l'éperon aiguillonne.
Mais quel est l'animal dont la puissante odeur
De la meute du prince excite ainsi l'ardeur?
C'est encore un loup noir et grand! Comme il va vite !
Il rit en cent détours des limiers qu'il évite;
Et bornant tout à coup son essor vagabond,
Près du coursier ducal se jette d'un seul bond,
Prend un air suppliant, pousse des cris étranges,
Mais qui rappellent ceux d'un enfant sous les langes !
Contre lui les épieux sont tournés sur-le-champ,
Mais le Duc, attendri par son aspect touchant,
Le fait charger vivant des nœuds d'une courroie,
Et Nantes le revoit bientôt avec sa proie,
Qui, docile à son frein, douce comme un agneau,
Semble s'accommoder de son destin nouveau.

IV.

C'est toujours vainement que l'enfant de la terre
Enveloppe un forfait du plus secret mystère !
Celui dont en tous lieux l'œil veille incessamment,
Fait luire tôt ou tard le jour du châtiment!

Un an s'est écoulé ; sur les rives que l'Erdre
Baigne, en cherchant la Loire où ses eaux vont se perdre,
Dans le pré d'Aniane, un cirque est préparé;
Sur les bancs de velours dont il est entouré,
La noblesse bretonne en silence se place ;
Tandis qu'en bouillonnant des flots de populace
Garnissent les coteaux, les arbres d'alentour,
Et de la cathédrale envahissent la tour.
Au nord on a dressé des arcades fleuries,
Au sud un riche dais décoré d'armoiries,
De rouges panonceaux, d'armes, de boucliers,
Sous lequel, au milieu de pages, d'écuyers,
Le Duc siège, vêtu d'or, de pourpre et de soie;
Sur sa toque écarlate, un blanc panache ondoie;
On voit, auprès de lui, cet énorme loup noir
Qu'il trouva près des lieux où vainquit Beaumanoir,
Qui, devenu depuis animal domestique,
Lui veille en la cour de son palais gothique,
Et le jour à la chasse, aux fêtes, aux repas,
Comme un fidèle chien accompagne ses pas.

Mais des clairons bruyants la fanfare guerrière
Retentit ; aussitôt l'on ouvre la barrière :
Sous les arches de fleurs, couvert d'or et d'acier,
Arthur passe monté sur un brillant coursier ;
Pour saluer le Duc il abaisse sa lance,
Et le loup aussitôt dans l'arène s'élance,
D'un coup rapide et sûr éventre le cheval !
Arthur surpris combat cet étrange rival ;
Il se sert contre lui de la lance et du glaive,
Il le frappe ; le loup tombe, puis se relève,
Saisit son adversaire à la gorge et l'abat ;
Et c'est en vain qu'Arthur contre lui se débat,
Et cherche à repousser son ardente furie,
C'est en vain que la foule s'épouvante et crie,
A l'aspect du danger que le chevalier court,
Que pour le secourir on se hâte, on accourt ;
Les dents de l'animal déchirent sa cuirasse,
Impriment dans ses flancs une profonde trace ;
Et, sentant s'approcher le moment de la mort,
Le chevalier, vaincu par le cri du remord,
Fait le public aveu de la coupable trame,
Tandis qu'en l'écoutant la Comtesse rend l'âme !

On retrouva bientôt les vêtements soustraits,
Et le Comte à l'instant le loup reprit les traits.

BITHIES, sorcières fameuses chez les Scythes. Pline dit qu'elles avaient le regard si dangereux, qu'elles pouvaient tuer ou ensorceler ceux qu'elles fixaient. Elles avaient à l'un des yeux la prunelle double, l'autre prunelle était marquée de la figure d'un cheval (1).

BITRU. Voy. SYTRY.

BLANC D'ŒUF (DIVINATION PAR LE). Voy. OOMANCIE.

BLANCHARD (ELISABETH), l'une des démoniaques de Loudun. Elle se disait possédée de plusieurs démons : Astaroth, Belzébuth, Pérou et Marou, etc. Voy. GRANDIER.

BLASPHÈME. Souvent il est arrivé malheur aux gens grossiers qui blasphémaient. On en a vu, dans des accès de colère, mourir subitement. Etaient-ils étouffés par la fureur? ou frappés d'un coup d'apoplexie ? ou châtiés par une puissance suprême? ou, comme on l'a dit quelquefois, étranglés par le diable? Torquemada parle, dans la troisième journée de son *Examéron*, d'un blasphémateur qui fut tué un jour par le tonnerre ; et l'on reconnut avec stupeur que la foudre lui avait arraché la langue. Si c'est un hasard, il est singulier.

Monstrelet conte qu'un bourgeois de Paris, plaidant au palais, reniait Dieu, lorsqu'une pierre tomba de la voûte, et, sans blesser personne, mit en fuite les juges, les plaideurs et l'audience. C'est encore une coïncidence bizarre. Au reste, le blasphème a toujours été en horreur.

BLENDIC. On exorcisa à Soissons, en 1582, cinq énergumènes. La relation de leurs réponses et de leurs convulsions a été écrite par Charles Blendic, Artésien.

BLETTON, hydroscope qui, vers la fin du dernier siècle, renouvela à Paris les prodiges de la baguette divinatoire, appliquée à la recherche des sources et des métaux. Sa gloire s'est promptement évanouie.

BLOEMARDINE. Pendant qu'on bâtissait à Bruxelles le gracieux édifice gothique du Petit-Sablon, et que les bourgeois se remettaient un peu de la rude défaite qu'ils avaient subie en voulant combattre leur duc Jean II, dans les plaines de Vilvorde, l'esprit d'agitation continuait à fermenter dans le Brabant ; et toutes sortes d'idées nouvelles se répandaient comme des épidémies qui troublaient les têtes. Le fanatisme, châtiment de l'insubordination déraisonnable, s'emparait des esprits et les tournait à tous les vents. Il était fomenté par des bandes d'Albigeois et de Vaudois qui, chassés du midi de la France, s'étaient réfugiés en grand nombre dans les provinces belges et y semaient toutes sortes de doctrines saugrenues.

Des associations et des sectes se multiplièrent pour réformer la religion et la politique. Les Lollards n'étaient pas les moins curieux. Gauthier Lollard, leur chef, était un Albigeois progressif, qui enseignait que les démons avaient été chassés du ciel injustement ; qu'ils y seraient rétablis un jour; que saint Michel, pour lors, et tous les anges fidèles seraient damnés à leur tour, et que tous ceux de ses auditeurs qui ne suivraient pas sa doctrine seraient damnés pareillement. Il supprimait les sacrements, les priè-

(1) Pline, liv. VII, ch. 2.

res, les bonnes œuvres, condamnait le mariage et la propriété. Père des communistes, il avait inventé tout leur système; et on n'a fait récemment que le copier. Il s'était fait une armée de disciples de tous ceux qui n'avaient rien et de tous ceux qui aimaient la débauche et le désordre.

A côté des Lollards, se dressaient les Beggards, divisés en plusieurs sections. Ceux-là venaient de l'Allemagne et tiraient leur nom du mot allemand *Begghen*, qui signifie mendier. D'abord, sous un masque rigide, ils s'étaient présentés en façon de gens qui renoncent à tout dans le monde; bientôt cependant ils mendiaient par bandes, du ton de ces hommes qui vous attendent au coin d'un bois, et qui vous disent, un gourdin à la main : J'ai besoin de dix francs. Pendant quelque temps, ils se prétendirent soumis à la règle de saint François. Ils l'abandonnèrent bientôt, déclarant qu'ils avaient soif d'une plus haute perfection, imaginant des théories bizarres et faisant mille folies. Ces Beggards ne se recrutaient pas d'hommes seulement; des multitudes de femmes et de jeunes filles se joignaient à eux, parlaient en public, prophétisaient et se subdivisaient tous les jours en une foule de petites sectes qui souvent avaient peine à s'entendre. Alors une Bruxelloise perça tout à coup, avec un certain lustre, parmi les femmes libres, ses compatriotes. Elle était fille d'un lampiste, nommé Bloemaerd, et prétendait que son origine lui donnait le droit de distribuer la lumière. On l'appelait Bloemardine (1).

Son père l'avait fait élever au Béguinage, fondé à Bruxelles depuis l'an 1250. Plusieurs fois les béguines avaient mal augurée de la vanité étourdie de leur élève, de son esprit vagabond, de son imagination folle et de son humeur indépendante; plusieurs fois elles avaient annoncé que Bloemardine ne ferait jamais une bonne et sage ménagère, qu'elle commettrait des extravagances, et que son antipathie pour toute espèce de frein la mènerait de travers. Le lampiste et sa famille avaient ri de ces prévisions; ils admiraient l'esprit singulier de Bloemardine, sans savoir qu'un esprit mal réglé est un guide de l'espèce des feux-follets, qui ne conduisent que dans les précipices.

Cependant le bon sens public aurait dû offrir un contrepoids à l'engouement du père Bloemard; car sa fille entrait dans sa vingt-cinquième année sans avoir trouvé un mari.

Ce fut pour lors que, dérivant tout à fait, entraînée par sa tête folle et peut-être par le dépit, Bloemardine se mit à la tête des Beggardes et prêcha une vaste morale qui rallia plusieurs sectes autour d'elle. Elle réunissait des assemblées d'hommes et de femmes, les présidait hardiment et parlait avec chaleur. Elle enseigna d'abord que le mariage était inutile; puis elle le condamna comme une intolérable chaîne et comme un obstacle à la perfection. Les mauvais ménages l'approuvèrent; les filles délaissées se jetèrent dans ses bras ; les garnements battirent des mains.

Elle disait que l'homme peut devenir ici-bas si parfait, qu'il n'a plus besoin de grâce ; que devenu parfait, il peut faire librement tout ce qu'il veut; que les lois et les préceptes ne sont établis que pour les pécheurs ; que la pratique des vertus n'est utile qu'aux âmes imparfaites; que ses disciples ne devaient se contraindre en rien au monde, attendu que tout ce qu'ils pouvaient faire était bien.

Elle appelait ceux qui la suivaient *frères et sœurs du Libre-Esprit*, flatteuse désignation que reçurent avec empressement tous les Beggards et tous les Lollards, ceux qui affectaient les haillons, comme ceux qui recherchaient les jouissances du luxe.

Ces divagations ne se bornèrent pas au Brabant. Les frères et les sœurs du Libre-Esprit se répandirent de tous côtés. En quelques lieux, on les nomma frérots et fratricelles ou petits frères, en Italie *bizochi*, qui veut dire besaciers, en France, par altération de leur nom, bigards et picards, dans le Midi, turlupins à cause de leurs facéties. On se mit aussi à les appeler béguins et béguines, sans doute à cause de Bloermardine, leur grande prêtresse, qui portait encore l'habit de béguinage, quoiqu'elle n'y demeurât plus, et que les honnêtes béguines de Bruxelles répudiassent ses erreurs.

On ferait un livre curieux de tous les excès déplorables auxquels se livrèrent ces fanatiques, qui croyaient se sanctifier par les débauches et les emportements. En 1308, ils s'étaient jetés sur les Juifs, avaient pillé leurs maisons, et voulaient si ardemment les exterminer, que le duc Jean II avait dû accorder aux enfants d'Israël le château de Genappe pour refuge. Une multitude en fureur, où l'on remarquait surtout les frères du Libre-Esprit du métier des savetiers et ceux du métier des tisserands, les avait poursuivis jusque-là, les avait tenus assiégés et ne s'était dispersée que devant l'armée nationale, commandée par le duc en personne.

Il y eut d'autres faits audacieux qu'il fallut réprimer par la violence et par les supplices. Mais l'esprit de rébellion changeait de batteries et ne s'éteignait pas. Devant les prédications de Bloemardine, les mœurs se perdaient, les ménages étaient troublés, les familles désunies; et le parti de cette femme était devenu si nombreux, que l'autorité contre elle se sentait impuissante.

Comme il y eut en France récemment de jeunes existences empoisonnées par le saint-simonisme et le fouriérisme, alors assurément chez les Brabançons plus d'un cœur fut froissé dans ces innovations. Nous n'en citerons qu'un souvenir. Une jeune fille, Elisa Moerinkx, allait épouser Bernard Drugman. Dans l'aisance de sa famille et dans l'heureux caractère de celui qu'elle aimait, elle ne voyait qu'un riant avenir, quand Bernard fut entraîné par ses amis à une assemblée des frères et des sœurs du Libre-Esprit; protégé par son amour, il se crut assez

(1) Prononcez Bloumardine.

fort; honnête chrétien jusqu'alors, il se crut assez affermi pour assister là en simple curieux. Il ignorait qu'on ne brave pas impunément certains dangers. Dans l'atmosphère de la licence, il en respira les premiers enivrements; et comme il était aussi faible qu'il se croyait solide, il y prit goût.

Pour la première fois il dissimula avec sa fiancée; il lui cacha son apparition parmi les Beggards; il retourna aux assemblées et s'y laissa initier. Il en eut regret une heure après, et il pressa son mariage.

Mais la jeune fille apprit que Bernard avait été vu dans les réunions des fratricelles. Ardente, indignée, elle lui fit de vifs reproches. Elle pleura avec colère de ce qui lui paraissait un opprobre, et ce n'était pas autre chose. Pourtant, voyant Bernard touché et confus, elle admit ses excuses, déplora sa faiblesse et finit par se calmer, en ne lui imposant d'autre peine et d'autre épreuve qu'un retard de quinze jours pour les noces; peut-être eût-elle dû, au contraire, en avancer le moment. Bernard, véritablement revenu de son égarement, se sentit plus épris que jamais; il se promit bien d'éviter désormais ses pernicieux amis, d'autant plus que l'on connut, sur ces entrefaites, à Bruxelles, une décision du saint-siége, qui condamnait les frères et les sœurs du Libre-Esprit.

Les vraies béguines avaient été fort désolées d'apprendre qu'on les confondait avec les femmes du parti des Beggards. Elles s'étaient adressées fidèlement au souverain pontife. Déjà au concile de Vienne, en 1310, les désordres de ces hérétiques avaient été frappés d'anathème par le pape Clément V. Jean XXII, son successeur, venait de déclarer spécialement, dans une décrétale, que cette censure ne regardait aucunement les béguines des Pays-Bas, qui étaient restées pures d'erreurs, et qui ne tiraient pas leur origine des Beggards dissolus, mais du vénérable Lambert Beygh, prêtre de Liége, fondateur des béguinages en 1180.

L'ignorance où ils ont été de cette décrétale a fourvoyé la plupart des historiens, qui ont reproché confusément aux pieuses béguines des infamies qu'elles ont toujours abhorrées. La même pièce aggravait encore les condamnations portées contre les sectaires de Bloemardine.

Bernard évita donc toute occasion de retourner aux assemblées; mais il luttait contre la tentation; une fois qu'on a mis le pied dans le mal, il est rare qu'on n'y sente pas un attrait de retour, qui est comme une puissance magnétique, contre laquelle ce qui est bon dans le cœur doit résister avec force. Il voyait tous les jours Elisa, puisait dans son entretien de la constance, et s'occupait de son mariage. Il se promettait toujours qu'une fois uni à celle qu'il aimait, il ne songerait plus aux frères libres. Il eût pu remarquer cependant que plus d'un heureux mari était tombé dans le piége; et il se faisait illusion en cherchant son appui ailleurs que dans une vertu solide.

Dans la semaine qui précédait le moment fixé pour son mariage, un jour qu'il venait de quitter sa fiancée, il rencontra deux de ses amis qui lui reprochèrent gaîment sa fuite, qui le raillèrent un peu sur le lien qu'il allait contracter, et qui lui lurent des passages de deux écrits que venait de rédiger Bloemardine, l'un *sur l'esprit de liberté*, l'autre *sur l'amour séraphique*. Ces lectures parurent le frapper. Ils lui contèrent alors qu'ils se rendaient à une séance curieuse. Un jeune prêtre, qui venait d'être ordonné, et qui se nommait Jean de Ruysbroeck, allait combattre dans une discussion publique Bloemardine et ses doctrines. D'autres curieux arrivaient à chaque instant et se joignaient aux trois amis; ils entraînèrent Bernard, qui composa avec lui-même, en se proposant d'applaudir le défenseur des mœurs et de la vérité.

Le voilà donc de nouveau parmi les esprits libres. Jean de Ruysbroeck parla dignement et savamment. Mais son langage sérieux et grave fut étouffé par les répliques de Bloemardine, qui ne s'adressait qu'aux passions, et qui n'en réprimait aucune. Le jeune prêtre fut hué par l'assemblée; les plus éveillés de la bande firent même contre lui des chansons burlesques et détestables, que l'on chanta aussitôt dans les rues de Bruxelles. Bernard ne prit pas sa défense, et il crut s'acquitter avec lui-même, en ne le sifflant pas.

Tiraillé entre le bien et le mal, il sentait qu'il devait se retirer, donnant raison dans ce qui lui restait de droiture à Jean de Ruysbroeck, lorsqu'un de ses amis lui dit: — Vous allez voir quelque chose de nouveau.

En attendant cette nouveauté si vaguement annoncée, on se mit à danser; Bernard, emporté dans ce tourbillon désordonné, s'y abandonna. Après la danse, on but de la bière forte, et les têtes s'échauffaient, lorsque la nouveauté parut; c'était un siége en argent, offert à Bloemardine par ses disciples. On l'apportait sur un brancard qui s'abaissa devant elle. On fit monter la femme libre sur cette espèce de trône, on l'éleva, en quelque sorte, sur le pavois, puis on la promena en triomphe par les rues de Bruxelles, en même temps qu'on chansonnait son pieux adversaire.

Les disciples marchaient trois à trois, se tenant par le bras, chantant et hurlant, précédés de drapeaux et de tambours. Bernard, entre ses deux amis qui ne le quittaient point, étourdi, à demi-ivre, ne s'aperçut pas qu'il passait sous les fenêtres d'Elisa. — Elle le reconnut, recula et ferma la verrière.

Après avoir traversé Bruxelles, la bande, portant toujours sa reine sur son trône d'argent, marcha jusqu'à Vilvorde, où l'on entra au clair de la lune. Il fallut se coucher. A son réveil, Bernard honteux s'échappa et revint à Bruxelles. Après avoir rajusté sa toilette, il courut chez sa future. Elle était absente, la maison fermée, et personne ne sut lui dire où il trouverait Elisa et sa mère.

Plusieurs jours passèrent ainsi.

Pendant ce temps-là, le scandale des disciples de Bloemardine allait en croissant ; les sectaires faisaient tous les jours des progrès ; ils en venaient aux nudités des adamites et rentraient à grands pas dans l'état sauvage. La partie saine de Bruxelles, qui faisait pourtant la majorité, s'alarma sérieusement.

Les magistrats, soutenus par les honnêtes bourgeois, prirent des mesures sévères, chassèrent Bloemardine, et dispersèrent les frères et les sœurs du Libre-Esprit. Ceux de ces malheureux qui ne voulurent pas renoncer à leurs écarts se retirèrent sur le Rhin, où les Beggards se maintinrent pour former d'autres hérésies.

Ce ne fut qu'un mois après sa promenade de Vilvorde, que Bernard désolé retrouva Elisa. Elle s'était réfugiée au béguinage. Le pauvre jeune homme ne put reconquérir le cœur qu'il avait perdu. A tout ce qu'il put dire pour obtenir son pardon, la jeune fille resta inflexible ; et lorsqu'il lui rappela qu'une première fois elle lui avait fait grâce, elle se contenta de répondre : On revient de la colère, on ne revient pas du mépris.

Bloemardine en vieillissant perdit son influence et tomba dans le décri. Après sa mort, on fit présent de son fauteuil d'argent à la duchesse de Brabant. Mais comme les partisans de la femme libre assuraient que ce siége avait des vertus merveilleuses et qu'il faisait des miracles, on jugea qu'il fallait détruire cet aliment de superstitions vaines ; on l'envoya à la fonte, et c'est dommage, c'était un curieux monument de la folie humaine.

Longtemps après les événements que nous venons de rapporter, vers l'année 1350, sous le règne de Jeanne, un homme courbé par l'âge et plus encore par le chagrin pleurait et sanglotait amèrement, à l'enterrement d'une béguine.

La défunte si regrettée était Elisa Moerinckx, morte fille ; l'homme désolé était Bernard Drugman, qui n'avait jamais pu fléchir sa rigueur et qui n'avait pas voulu rechercher une autre femme. — Singulier mélange de faiblesse et de force.

BLOKULA. Vers l'année 1670, il y eut en Suède ; au village de Mohra, dans la province d'Elfdalen, une affaire de sorcellerie qui fit grand bruit. On y envoya des juges. Soixante-dix sorcières furent condamnées à mort ; une foule d'autres furent arrêtées, et quinze enfants se trouvèrent mêlés dans ces débats.

On disait que les sorcières se rendaient de nuit dans un carrefour, qu'elles y évoquaient le diable à l'entrée d'une caverne, en disant trois fois :

— Antesser, viens ! et nous porte à Blokula !

C'était le lieu enchanté et inconnu du vulgaire, où se faisait le sabbat. Le démon Antesser leur apparaissait sous diverses formes, mais le plus souvent en justaucorps gris, avec des chausses rouges ornées de rubans, des bas bleus, une barbe rousse, un chapeau pointu. Il les emportait à travers les airs à Blokula, aidé d'un nombre suffisant de démons, pour la plupart travestis en chèvres ; quelques sorcières, plus hardies, accompagnaient le cortége, à cheval sur des manches à balai. Celles qui menaient des enfants plantaient une pique dans le derrière de leur chèvre ; tous les enfants s'y perchaient à califourchon, à la suite de la sorcière, et faisaient le voyage sans encombre.

Quand ils sont arrivés à Blokula, ajoute la relation, on leur prépare une fête ; ils se donnent au diable, qu'ils jurent de servir ; ils se font une piqûre au doigt et signent de leur sang un engagement ou pacte ; on les baptise ensuite au nom du diable, qui leur donne des raclures de cloches. Ils les jettent dans l'eau, en disant ces paroles abominables :

— De même que cette raclure ne retournera jamais aux cloches dont elle est venue, ainsi que mon âme ne puisse jamais entrer dans le ciel.

La plus grande séduction que le diable emploie est la bonne chère ; et il donne à ces gens un superbe festin, qui se compose d'un potage aux choux et au lard, de bouillie d'avoine, de beurre, de lait et de fromage. Après le repas, ils jouent et se battent ; et si le diable est de bonne humeur, il les rosse tous avec une perche, « ensuite de quoi il se met à rire à plein ventre. » D'autres fois il leur joue de la harpe.

Les aveux que le tribunal obtint apprirent que les fruits qui naissaient du commerce des sorcières avec les démons étaient des crapauds ou des serpents.

Des sorcières révélèrent encore cette particularité, qu'elles avaient vu quelquefois le diable malade, et qu'alors il se faisait appliquer des ventouses par les sorciers de la compagnie.

Le diable enfin leur donnait des animaux qui les servaient et faisaient leurs commissions, à l'un un corbeau, à l'autre un chat, qu'ils appelaient *emporteur*, parce qu'on l'envoyait voler ce qu'on désirait, et qu'il s'en acquittait habilement. Il leur enseignait à traire le lait par charme, de cette manière : le sorcier plante un couteau dans une muraille, attache à ce couteau un cordon qu'il tire comme le pis d'une vache ; et les bestiaux qu'il désigne dans sa pensée sont traits aussitôt jusqu'à épuisement. Ils employaient le même moyen pour nuire à leurs ennemis, qui souffraient des douleurs incroyables pendant tout le temps qu'on tirait le cordon. Ils tuaient même ceux qui leur déplaisaient, en frappant l'air avec un couteau de bois.

Sur ces aveux on brûla quelques centaines de sorciers, sans que pour cela il y en eût moins en Suède (1). — Voilà des faits ; pour les comprendre, voy. Boucs et SABBAT.

BOBIN (NICOLAS), sorcier jugé à Montmorillon, en Poitou, dans l'année 1599. Il fit à peu près la même confession que Berthomé

---

(1) Balthazar Bekker, Le Monde enchanté, liv. IV, ch. 20, d'après les relations originales.

du Lignon. Il était allé, comme lui, au sabbat et s'était donné au diable, qui lui avait fait renier Dieu, le baptême et ses parents. Il conta qu'après l'offrande, le diable se montrait quelquefois en forme d'homme noir, ayant la voix cassée d'un vieillard; que, quand il appelait le diable, il venait à lui en homme ou en bouc; que lorsqu'il allait au sabbat, il y était porté par un vent; qu'il y rendait compte de l'usage de ses poudres, qu'il avait toujours fidèlement employées à mal faire; qu'il portait la marque du diable sur l'épaule; que quand il donnait des maladies, il les donnait au nom du diable, et les guérissait au même nom; qu'il en avait fait mourir ainsi, et guéri plusieurs.(1)...

BOCAL, sorcier qui fut arrêté à vingt-sept ans dans le pays de Labour, sous Henri IV, comme convaincu d'avoir été vu au sabbat, vêtu en prêtre, et servant de diacre ou de sous-diacre les nuits des trois jours qui précédèrent sa première messe dans l'église de Sibour (car ce malheureux était prêtre); et, comme on lui demandait pourquoi il disait plutôt la messe au sabbat qu'à l'église, il répondit que c'était pour s'essayer et voir s'il ferait bien les cérémonies. Sur la déposition de vingt-quatre témoins, qui disaient l'avoir vu au sabbat, chantant la messe, il fut condamné à mort après avoir été dégradé. Lorsqu'il allait être exécuté, il était tellement *tendu à rendre son âme au diable, auquel il l'avait promise*, que jamais il ne sut dire ses prières au confesseur qui l'en pressait. Les témoins ont déclaré que la mère, les sœurs et toute la famille de Bocal étaient sorciers, et que quand il tenait le bassin des offrandes au sabbat, il avait donné l'argent desdites offrandes à sa mère, en récompense, sans doute, de ce qu'elle l'avait, dès sa naissance, voué au diable, comme font la plupart des autres mères sorcières (2).

BODEAU (JEANNE), sorcière du pays de Labour qui, au rapport de Pierre Delancre, conta qu'à l'abominable cérémonie, appelée la messe du sabbat, on faisait l'élévation avec une hostie noire, de forme triangulaire (3).

BODILIS. Cambry, dans son *Voyage au Finistère*, parle de la merveilleuse fontaine de Bodilis, à trois quarts de lieue de Landivisiau. Les habitants croient qu'elle a la propriété d'indiquer si une jeune fille n'a pas fait de faute. Il faut dérober à celle dont on veut apprécier ainsi la sagesse, l'épine qui attache sa collerette en guise d'épingle, et la poser sur la surface de l'eau : tout va bien si elle surnage; mais si elle s'enfonce, c'est qu'il y a blâme.

BODIN (JEAN), savant jurisconsulte et démonographe angevin, mort de la peste en 1596. L'ouvrage qui fit sa réputation fut sa *République*, que La Harpe appelle le germe de l'*Esprit des lois*. Sa *Démonomanie* lui donne ici une place; mais il est difficile de juger Bodin. On lui attribue un livre intitulé : *Colloquium heptaplomeron de abditis rerum sublimium arcanis*, dialogues en six livres, où sept interlocuteurs de diverses religions disputent sur leurs croyances, de manière que les chrétiens cèdent souvent l'avantage aux musulmans, aux juifs, aux déistes. Aussi l'on a dit que Bodin était à la fois protestant, déiste, sorcier, juif et athée. Pourtant, ces dialogues sont-ils vraiment de lui? On ne les connaît que par des copies manuscrites; car ils n'ont jamais été imprimés. — Sa *Démonomanie des sorciers* parut in-4°, à Paris, en 1581; on en a fait des éditions sous le titre de *Fléau des démons et des sorciers* (Niort, 1616). Cet ouvrage est divisé en quatre livres; tout ce qu'ils contiennent de curieux est cité dans ce dictionnaire.

L'auteur définit le sorcier, celui qui se pousse à quelque chose par des moyens diaboliques. Il démontre que les esprits peuvent s'associer et commercer avec les hommes. Il trace la différence d'humeurs et de formes qui distingue les bons esprits des mauvais. Il parle des divinations que les démons opèrent, des prédictions licites ou illicites.

Dans le livre II il recherche ce que c'est que la magie; il fait voir qu'on peut évoquer les malins esprits, faire pacte avec le diable, être porté en corps au sabbat, avoir, au moyen des démons, des révélations par extases, se changer en loup-garou; il termine par de longs récits, qui prouvent que les sorciers ont pouvoir d'envoyer les maladies, stérilités, grêles et tempêtes, et de tuer les bêtes et les hommes.

Si le livre II traite des maux que peuvent faire les sorciers, on voit dans le livre III qu'il y a manière de les prévenir : qu'on peut obvier aux charmes et aux sorcelleries; que les magiciens guérissent les malades frappés par d'autres magiciens. Il indique les moyens illicites d'empêcher les maléfices. Rien ne lui est étranger. Il assure que, par des tours de leur métier, les magiciens peuvent obtenir les faveurs des grands et de la fortune, les dignités, la beauté et les honneurs.

Dans le livre IV il s'occupe de la manière de poursuivre les sorciers, de ce qui les fait reconnaître, des preuves qui établissent le crime de sorcellerie, des tortures, comme excellent moyen de faire avouer. Un long chapitre achève l'œuvre, sur les peines que méritent les sorciers. Il conclut à la mort cruelle; et il dit qu'il y en a tant, que les juges ne suffiraient pas à les juger ni les bourreaux à les exécuter. « Aussi, ajoute-t-il, n'advient-il pas que de dix crimes il y en ait un puni par les juges, et ordinairement on ne voit que des *bélîtres condamnés*. Ceux qui ont des amis ou de l'argent échappent.

L'auteur consacre ensuite une dissertation à réfuter Jean Wierus, sur ce qu'il avait dit que les sorciers sont le plus souvent des ma-

---

(1) Discours sommaire des sortiléges et vénéfices tirés des procès criminels jugés au siége royal de Montmorillon, en Poitou, en l'année 1599, p. 50.

(2) Delancre. Tableau de l'inconstance des démons, etc., liv. VI, page 420.

(3) Ibid., liv. VI, disc. 3.

lades ou des fous, et qu'il ne fallait pas les brûler.

— Je lui répondrai, dit Bodin, pour la défense des juges, qu'il appelle bourreaux.

L'auteur de la *Démonomanie* avoue que ces horreurs lui font dresser le poil en la tête, et il déclare qu'il faut exterminer les sorciers et ceux qui en ont pitié, et brûler les livres de Wierus (1).

BODRY. Voy. REVENANTS.

BOECE. L'un des plus illustres Romains du sixième siècle, auteur des *Consolations de la philosophie*. Il s'amusait, dans ses moments de loisir, à faire des instruments de mathématiques, dont il envoya plusieurs pièces au roi Clotaire. Il avait construit des cadrans pour tous les aspects du soleil, et des clepsydres qui, quoique sans roues, sans poids et sans ressorts, marquaient aussi le cours du soleil, de la lune et des astres, au moyen d'une certaine quantité d'eau renfermée dans une boule d'étain qui tournait sans cesse, entraînée, dit-on, par sa propre pesanteur. C'était donc le mouvement perpétuel. Théodoric avait fait présent d'une de ces clepsydres à Gondebaud, roi des Bourguignons. Ces peuples s'imaginèrent que quelque divinité, renfermée dans cette machine, lui imprimait le mouvement : c'est là sans doute l'origine de l'erreur où sont tombés ceux qui l'ont accusé de magie. Ils en donnent pour preuves ses automates ; car on assure qu'il avait fait des taureaux qui mugissaient, des oiseaux qui criaient et des serpents qui sifflaient. Mais Delrio dit (2) que ce n'est là que de la magie naturelle.

BOEHM (JACOB), né en 1575, dans la Haute-Lusace. De cordonnier qu'il était il se fit alchimiste, homme à extases et chef d'une secte qui prit le nom de boehmistes. Il publia, en 1612, un livre de visions et de rêveries, intitulé *l'Aurore naissante*, que l'on poursuivit. Il expliquait le système du monde par la philosophie hermétique, et présentait Dieu comme un alchimiste occupé à tout produire par distillation. Les écrits de cet illuminé, qui forment plus de cinquante volumes inintelligibles, ne sont pas connus en France, excepté ce que Saint-Martin en a traduit : *L'Aurore naissante*, les *Trois principes* et la *Triple vie*. Ce songe-creux était anthropomorphite (3) et manichéen ; il admettait pour deuxième principe du monde la colère divine ou le mal, qu'il faisait émaner du nez de Dieu. On recherche, parmi ses livres d'alchimie, son *Miroir temporel de l'éternité*, ou *de la Signature des choses*, traduit en français, in-8°; Francfort, 1669 (4). Ses doctrines philosophiques ont encore des partisans en Allemagne.

BOEUF. Le bœuf de Moïse est un des dix animaux que Mahomet place dans son paradis.

On attache à Marseille quelques idées superstitieuses au bœuf gras qu'on promène, dans cette ville, au son des flûtes et des timbales, non pas comme partout le jour du carnaval, mais la veille et le jour de la Fête-Dieu. Des savants ont cru voir là une trace du paganisme ; d'autres ont prétendu que c'était un usage qui remontait au bouc émissaire des Juifs. Mais Ruffi, dans son *Histoire de Marseille*, rapporte un acte du quatorzième siècle qui découvre l'origine réelle de cette coutume. Les confrères du Saint-Sacrement, voulant régaler les pauvres, achetèrent un bœuf, et en avertirent le peuple en le promenant par la ville. Ce festin fit tant de plaisir qu'il se renouvela tous les ans ; depuis il s'y joignit de petites croyances. Les vieilles femmes crurent préserver les enfants de maladie en leur faisant baiser ce bœuf ; tout le monde s'empressa d'avoir de sa chair, et on regarde encore aujourd'hui comme très-heureuses les maisons à la porte desquelles il veut bien, dans sa marche, déposer ses excréments.

Parmi les bêtes qui ont parlé, on peut compter les bœufs. Fulgose rapporte qu'un peu avant la mort de César un bœuf dit à son maître qui le pressait de labourer : — Les hommes manqueront aux moissons, avant que la moisson manque aux hommes.

On voit, dans Tite-Live et dans Valère-Maxime, que pendant la seconde guerre punique un bœuf cria en place publique : — Rome, prends garde à toi ! — François de Torre-Blanca pense que ces deux bœufs étaient possédés de quelque démon (5).

Le Père Engelgrave (*Lux evangelica*, pag. 286 des *Dominicales*) cite un autre bœuf qui a parlé. Voy. BÉHÉMOTH.

BOGAHA. Arbre-Dieu de l'île de Ceylan. On conte que cet arbre traversa les airs afin de se rendre d'un pays très-éloigné dans cette île sainte, et qu'il enfonça ses racines dans le sol pour servir d'abri au dieu Budhou ; qu'il couvrit de son ombrage tout le temps que ce dieu demeura sur la terre. Quatre-vingt-dix-neuf rois ont eu l'honneur d'être ensevelis auprès du grand arbre-dieu. Ses feuilles sont un excellent préservatif contre tout maléfice et sortilège. Un nombre considérable de huttes l'environnent pour recevoir les pèlerins ; et les habitants plantent partout de petits bogahas, sous lesquels ils placent des images et allument des lampes. Cet arbre, au reste, ne porte aucun fruit et n'a de recommandable que le culte qu'on lui rend.

BOGARMILES, BOGOMILES et **BONGOMILES.** Sorte de manichéens qui parurent à Constantinople au douzième siècle. Ils disaient que ce n'est pas Dieu, mais un mauvais démon qui avait créé le monde. Ils étaient iconoclastes.

BOGUET (HENRI), grand juge de la terre de Saint-Claude au comté de Bourgogne,

---

(1) Joannis Bodini universæ naturæ theatrum, in quo rerum omnium effectrices causæ et fines contemplantur. In-8°. Lugduni, Roussin, 1596.

(2) Disquisition. magic., p. 40.

(3) Les anthropomorphites étaient des hérétiques qui donnaient à Dieu la forme humaine.

(4) On peut voir encore Jacobi Boehmi, alias dicti teutonici philosophi, clavis præcipuarum rerum quæ in reliquis suis scriptis occurrunt pro incipientibus ad ulteriorem considerationem revelationis divinæ conscripta, 1624, un vol. in-4°.

(5) Epit. delictor. sive de magia, lib. II, cap. 25.

mort en 1619, auteur d'un livre pitoyable, plein d'une crédulité puérile et d'un zèle outré contre les sorciers. Ce livre, publié au commencement du dix-septième siècle, est intitulé : *Discours des Sorciers*, avec six avis en fait de sorcellerie et une instruction pour un juge en semblable matière (1). — C'est une compilation des procédures auxquelles, comme juge, l'auteur a généralement présidé. On y trouve l'histoire de Louise Maillat, possédée de cinq démons à l'âge de huit ans; de Françoise Secretain, sorcière, qui avait envoyé lesdits démons ; des sorciers Gros-Jacques et Willermoz, dit le Baillu ; de Claude Gaillard, de Rolande Duvernois et de quelques autres. L'auteur détaille les abominations qui se font au sabbat ; il dit que les sorciers peuvent faire tomber la grêle ; qu'ils ont une poudre avec laquelle ils empoisonnent ; qu'ils se graissent les jarrets avec un onguent pour s'envoler au sabbat ; qu'une sorcière tue qui elle veut par son souffle seulement ; qu'elles ont mille indices qui les feront reconnaître : par exemple, que la croix de leur chapelet est cassée, qu'elles ne pleurent pas en présence du juge, qu'elles crachent à terre quand on les force à renoncer au diable, qu'elles ont des marques sous leur chevelure, lesquelles se découvrent, si on les rase; que les sorciers et les magiciens ont tous le talent de se changer en loups ; que *sur le simple soupçon* mal lavé d'avoir été au sabbat, même sans autre maléfice, on doit les condamner ; que tous méritent d'être brûlés sans sacrement, et que ceux qui ne croient pas à la sorcellerie sont criminels.

Il faut remarquer que ces choses ce n'était pas le clergé qui était sévère, mais les juges laïques qui se montraient violents et féroces.

A la suite de ces discours viennent les *Six avis*, dont voici le sommaire :

1° Les devins doivent être condamnés au feu, comme les sorciers et les hérétiques, et celui qui a été au sabbat est digne de mort. Il faut donc arrêter sur la plus légère accusation la personne soupçonnée de sorcellerie, quand même l'accusateur se rétracterait ; et l'on peut admettre en témoignage contre les sorciers toutes sortes de personnes. On brûlera vif, dit-il, le sorcier opiniâtre, et, par grâce, on se contentera d'étrangler celui qui confesse.

2° Dans le crime de sorcellerie, on peut condamner sur de simples indices, conjectures et présomptions ; on n'a pas besoin pour de tels crimes de preuves très-exactes.

3° Le crime de sorcellerie est directement contre Dieu (ce qui est vrai dans ce crime, s'il existe réellement, puisque c'est une négation de Dieu et un reniement) : aussi il faut le punir sans ménagement ni considération quelconque...

4° Les biens d'un sorcier condamné doivent être confisqués comme ceux des hérétiques ; car sorcellerie est pire encore qu'hé-

(1) Un vol. in-8°. Paris, 1603; Lyon, 1603, 1607, 1608, 1610; Rouen, 1606. Toutes ces éditions sont très-rares,

résie, en ce que les sorciers renient Dieu. Aussi on remet quelquefois la peine à l'hérétique repenti ; on ne doit jamais pardonner au sorcier...

5° On juge qu'il y a sorcellerie, quand la personne accusée fait métier de deviner, ce qui est l'œuvre du démon ; les blasphèmes et imprécations sont encore des indices. On peut poursuivre enfin sur la clameur publique.

6° Les fascinations, au moyen desquelles les sorciers éblouissent les yeux, faisant paraître les choses ce qu'elles ne sont pas, donnant des monnaies de corne ou de carton pour argent de bon aloi, sont ouvrages du diable ; et les fascinateurs, escamoteurs et autres magiciens doivent être punis de mort.

Le volume de Boguet est terminé par l'instruction pour un juge en fait de sorcellerie. Cet autre morceau curieux est connu sous le nom de *Code des sorciers*. Voy. Code.

BOHÉMIENS. Il n'y a personne qui n'ait entendu parler des Bohémiennes et de ces bandes vagabondes qui, sous le nom de Bohémiens, de Biscaïens et d'Egyptiens ou Gitanos, se répandirent au quinzième siècle sur l'Europe, dans l'Allemagne surtout, la Hollande, la Belgique, la France et l'Espagne, avec la prétention de posséder l'art de dire la bonne aventure et d'autres secrets merveilleux. Les Flamands les nommaient *heyden*, c'est-à-dire païens, parce qu'ils les regardaient comme des gens sans religion. On leur donna divers autres sobriquets.

Les historiens les ont fait venir sur de simples conjectures, de l'Assyrie, de la Cilicie, du Caucase, de la Nubie, de l'Abyssinie, de la Chaldée. Bellon, incertain de leur origine, soutient qu'au moins ils n'étaient pas Egyptiens; car il en rencontra au Caire, où ils étaient regardés comme étrangers aussi bien qu'en Europe. Il eût donc été plus naturel de croire les Bohémiens eux-mêmes sur leur parole, et de dire avec eux que c'était une race de Juifs, mêlés ensuite de chrétiens vagabonds. Voici ce que nous pensons être la vérité sur ces mystérieux nomades.

Vers le milieu du quatorzième siècle, l'Europe et principalement les Pays-Bas, l'Allemagne et la France, étant ravagés par la peste, on accusa les Juifs, on ne sait pourquoi, d'avoir empoisonné les puits et les fontaines. Cette accusation souleva la fureur publique contre eux. Beaucoup de Juifs s'enfuirent et se jetèrent dans les forêts. Ils se réunirent pour être plus en sûreté et se ménagèrent des souterrains d'une grande étendue. On croit que ce sont eux qui ont creusé ces vastes cavernes qui se trouvent encore en Allemagne et que les indigènes n'ont jamais eu intérêt à fouiller.

Cinquante ans après, ces proscrits ou leurs descendants ayant lieu de croire que ceux qui les avaient tant haïs étaient morts, quelques-uns se hasardèrent à sortir de leurs tanières. Les chrétiens étaient alors occupés des guerres religieuses suscitées par l'hérésie de Jean Hus. C'était une diversion favorable.

parce que la famille de Boguet s'efforça d'en supprimer les exemplaires.

Sur le rapport de leurs espions, les Juifs cachés quittèrent leurs cavernes, sans aucune ressource, il est vrai, pour se garantir de la misère; mais pendant leur demi-siècle de solitude, ils avaient étudié les divinations et particulièrement l'art de dire la bonne aventure par l'inspection de la main; ce qui ne demande ni instrument, ni appareil, ni dépense aucune; et ils comptèrent bien que la chiromancie leur procurerait quelque argent.

Ils se choisirent d'abord un capitaine, nommé Zundel. Puis comme il fallait déclarer ce qui les amenait en Allemagne, qui ils étaient, d'où ils venaient, et qu'on pouvait les questionner aussi sur leur religion; pour ne pas se découvrir trop clairement, ni pourtant se renier, ils convinrent de dire que leurs pères habitaient autrefois l'Egypte, ce qui est vrai des Juifs; et que leurs ancêtres avaient été chassés de leur pays pour n'avoir pas voulu recevoir la Vierge Marie et son fils Jésus. — Le peuple comprit ce refus, du temps où Joseph emmena le divin Enfant en Egypte pour le soustraire aux recherches d'Hérode; au lieu que les vagabonds juifs l'entendaient de la persécution qu'ils avaient soufferte cinquante ans auparavant. De là vient le nom d'Egyptiens qu'on leur donna et sous lequel l'empereur Sigismond leur accorda un passe-port.

Ils s'étaient formé un argot ou un jargon déguisé, mêlé d'hébreu et de mauvais allemand, qu'ils prononçaient avec un accent étranger. Des savants qui ne voyaient pas plus loin, furent flattés de reconnaître certains termes de la langue allemande dans un patois qu'ils prenaient pour de l'égyptien. Ils dénaturaient aussi plusieurs appellations; ils appelaient un enfant *un criard*, un manteau *un preneur de vent*, un soulier *un marcheur*, un oiseau *un volant*. Toutefois, la multitude de mots hébreux qui est restée dans le langage des Bohémiens suffirait seule pour trahir leur origine juive.

Ils avaient des mœurs particulières et s'étaient fait des lois qu'ils respectaient. Chaque bande se choisissait un roi, à qui tout le monde était tenu d'obéir. Quand parmi eux une femme se mariait, elle se bornait, pour toute cérémonie, à briser un pot de terre devant l'homme dont elle voulait devenir la compagne; et elle le respectait comme son mari autant d'années que le vase avait produit de morceaux. Au bout de ce temps, les époux étaient libres de se quitter ou de rompre ensemble un nouveau pot de terre. On citerait beaucoup de bizarreries de ce genre.

Dès que les nouveaux Egyptiens virent qu'ils n'étaient pas repoussés, ils implorèrent la pitié des Allemands. Pour ne pas paraître à charge, ils assuraient que, par une grâce particulière du ciel, qui les protégeait encore en les punissant, les maisons où ils étaient une fois reçus n'étaient plus sujettes à l'incendie. Ils se mirent aussi à dire la bonne aventure, sur l'inspection du visage, des signes du corps, et principalement sur l'examen des lignes de la main et des doigts. Ils annonçaient de si belles choses, et leurs devineresses déployaient tant d'adresse, que les femmes et les jeunes filles les traitèrent dès lors avec bienveillance.

Cependant la fureur contre les Juifs s'était apaisée; ils furent admis de nouveau dans les villages, puis dans les villes. Mais il resta toujours de ces bandes vagabondes qui continuèrent la vie nomade, découvrant partout l'avenir, et joignant à cette profession de nombreuses friponneries plus matérielles. Bientôt, quoique la nation juive fût le noyau de ces bandes, il s'y fit un tel mélange de divers peuples, qu'il n'y eut pas plus entre eux de religion dominante qu'il n'y avait de patrie. Ils parcoururent les Pay-Bas et passèrent en France, où on les appela Bohémiens, parce qu'ils venaient de la Bohême.

Pasquier, dans ses Recherches, raconte à peu près ainsi leur apparition mystérieuse sur le sol français et leur arrivée aux portes de Paris en 1427; — Ils étaient au nombre de cent vingt; l'un de leurs chefs portait le titre de duc, un autre celui de comte; ils avaient dix cavaliers pour escorte. Ils disaient qu'ils venaient de la Basse-Egypte, chassés de leur pays par les Sarrasins, qu'ils étaient allés à Rome confesser leurs péchés au pape, qui leur avait enjoint pour pénitence d'errer sept ans par le monde, sans coucher sur aucun lit. (Les gens éclairés n'ajoutèrent sans doute pas foi à ce conte.) — On les logea au village de La Chapelle, près Paris; et une grande foule alla les voir. — Ils avaient les cheveux crépus, le teint basané, et portaient aux oreilles des anneaux d'argent. Comme leurs femmes disaient la bonne aventure et se livraient à des pratiques superstitieuses et mauvaises, l'évêque de Paris les excommunia, défendit qu'on les allât consulter et obtint leur éloignement.

Le seizième siècle fut infecté de Bohémiens. Les Etats d'Orléans, en 1560, les condamnèrent au bannissement sous peine des galères, s'ils osaient reparaître. Soufferts dans quelques contrées que divisait l'hérésie, chassés en d'autres lieux comme descendants de Cham, inventeur de la magie, ils ne paraissaient nulle part que comme une plaie. On disait en Flandre qu'ils étaient si experts en sorcellerie, que dès qu'on leur avait donné une pièce de monnaie, toutes celles qu'on avait en poche s'envolaient aussitôt et allaient rejoindre la première, opinion populaire qui peut se traduire en d'autres termes et qui veut dire que les Bohémiens étaient des escrocs. — Leurs bandes diminuèrent au dix-septième siècle (1). Pourtant on en voyait encore quelques rares détachements il y a soixante ans. Sous les nouvelles lois de police des Etats européens, les

---

(1) Il y avait des Bohémiens dans les Ardennes, au commencement du dix-huitième siècle. Une légende populaire conte qu'un lansquenet, allant à la chasse de ces vagabonds, vit un Bohémien crépu avec deux femmes et un enfant. Le Bohémien l'ajustait de son espingole; lui, ajusta le Bohémien de son mousquet. Le Bohémien fut

sociétés bohémiennes sont dissoutes. Mais il y a toujours çà et là des individus qui disent la bonne aventure, et des imbéciles qui vont les consulter. Voy. CHIROMANCIE.

Voici une anecdote de Bohémienne qui a fait quelque bruit sous Louis XIV; Dufresny l'a mise au nombre de ses Nouvelles.

Plusieurs grands hommes, dit-il, ont ajouté foi aux diseurs de bonne aventure. Tel capitaine qui affronte mille périls craindra les présages qu'une Bohémienne verra dans sa main; pardonnez donc cette faiblesse à une femme; c'est une riche bourgeoise, que je nommerai Bélise. La Bohémienne qui l'abusa, et qui est présentement au Châtelet, a de l'esprit comme un démon, le babil et l'accent bohémiens et le langage propre à faire croire l'incroyable. Sachant que Bélise allait souvent chez une amie, la Bohémienne la guette un jour, passe comme par hasard auprès d'elle, la regarde, s'arrête, recule trois pas, et fait un cri d'étonnement:

— Est-ce que vous me connaissez? lui dit Bélise en s'arrêtant aussi.

— Si je vous connais! répond la Bohémienne dans son jargon, oui, madame, et je suis sûre que vous serez heureuse de me connaître aussi.

— Je vois, lui dit Bélise avec bonté, que vous avez envie de gagner la pièce en me disant la bonne aventure: je n'y crois pas; mais ne laissez pas de me la dire.

Bélise la fit entrer chez son amie, et lui présenta la main: la Bohémienne, en l'observant, feignait d'être de plus en plus surprise et réjouie d'avoir rencontré une personne qu'elle cherchait depuis plusieurs années; elle devina, par les règles de son art, diverses particularités dont elle s'était fait instruire par une femme qui avait servi Bélise: mais ce qu'elle voyait de plus certain, c'était, disait-elle, une fortune prochaine.

— Je vois bien des mains à Paris, ajouta-t-elle, je n'en vois point comme la vôtre.

Peu à peu, elle disposa Bélise à donner avec confiance dans le piége qu'elle lui tendait. Après avoir persuadé aux deux bourgeoises qu'elle avait des liaisons avec les esprits et les génies, elle leur conta l'histoire d'une princesse qui était venue mourir à Paris, il y avait cent ans; elle leur dit que cette princesse étrangère avait enterré un trésor dans une cave, et qu'ensuite, voulant faire son héritière une bourgeoise de ce temps-là, qu'elle avait prise en affection, elle était morte subitement sans avoir pu l'instruire du lieu où était ce trésor caché. C'est ce que je tiens de la princesse même, continua la Bohémienne.

— Vous devez savoir, ajouta-t-elle, que personne de l'autre monde ne peut parler aux gens de celui-ci que par l'entremise des esprits; or, le mien connaît la princesse; et je suis chargée de lui trouver dans Paris quelque femme de la famille de la défunte bourgeoise qu'elle voulait faire son héritière; vous êtes celle que je cherche...

A ce récit extravagant, Bélise ne riait que pour faire l'esprit fort, car le désir d'être héritière augmentait sa crédulité.

— Mais, reprit-elle, comment savoir si je suis parente de la bourgeoise qui vivait il y a cent ans?

— Et si j'étais aussi parente? dit l'amie de Bélise.

La Bohémienne n'y trouva point d'apparence; ravie pourtant de faire l'épreuve double, elle demanda à l'instant deux verres de cristal, qu'on alla remplir d'eau claire; elle les mit sur deux tables éloignées l'une de l'autre, et dit aux bourgeoises de fermer un œil, et de regarder attentivement avec l'autre.

— Celle qui est parente de la bourgeoise, dit-elle, doit voir un échantillon du trésor dont elle héritera, et l'autre rien.

La Bohémienne avait mis dans chaque verre une petite racine; leur disant que c'était la racine des enchantements qui attirait les génies; l'une de ces racines était apprêtée avec une composition chimique qui, détrempée, devait, par une espèce de fermentation, former des bulles d'air et des petits brillants de différentes couleurs, avec des paillettes dorées. C'en était assez pour faire voir à une femme prévenue tout ce que son imagination lui représentait déjà. Bélise, à la première bulle d'air, s'écria qu'elle voyait quantité de perles.

— Vous en allez voir bien d'autres, dit la Bohémienne.

Effectivement, à mesure que la fermentation augmentait, Bélise, transportée, achevait de perdre l'esprit. Elle sauta au cou de celle qui la faisait si riche; et, croyant déjà tenir des millions, elle lui promit de l'enrichir; la Bohémienne lui jura que dans deux jours elle posséderait le trésor.

— Mais, ajouta-t-elle, il y a de grandes difficultés à vaincre: le diable, qui est gardien de tous les trésors enfouis, en doit prendre possession au bout de cent ans; c'est la règle. Par bonheur, il n'y a que quatre-vingt-dix-huit ans que la princesse a enterré le sien. Je crains pourtant qu'il ne nous dispute la date... Encore votre main, ajouta-t-elle, je me trompe fort si le même diable ne vous a pas déjà lutinée.

— Justement, dit Bélise; car, cet été, à la campagne, il revenait un esprit dans ma chambre: il faut être sorcière pour avoir deviné cela.

La Bohémienne savait que la femme de chambre de Bélise, s'ennuyant, s'était avisée de faire peur à sa maîtresse pour l'obliger de revenir à Paris.

— Menez-moi chez vous, dit-elle en regardant le verre; le trésor se trouve dans la

tué. Les deux femmes, les mains liées, furent emmenées avec le petit garçon. Comme les pieds de ce petit, qui suivait l'homme à cheval, se déchiraient sur les cailloux, le lansquenet en eut pitié; il le mit en croupe derrière lui. L'une des deux femmes lui passa adroitement un poignard, qu'elle portait caché dans son sein, et le petit garçon l'enfonçant par derrière dans le cou du lansquenet, au-dessus de sa cuirasse, le poussa jusqu'à la garde; le cavalier tomba mort. Les deux femmes et l'enfant, montant sur son cheval, s'enfuirent dans la forêt. Ceci était arrivé près de Saint-Hubert.

cave de la maison que vous habitez, et je vois qu'il consiste en deux caisses, dont l'une est pleine de vieux ducats et l'autre de pierreries.

Bélise, ravie, emmena chez elle son amie et la Bohémienne, qui l'avertit, chemin faisant, que, pour adoucir le malin esprit, elle allait faire des conjurations, des fumigations, et qu'il fallait amorcer le diable par une petite effusion d'or.

— En avez-vous chez vous, continua-t-elle?

— J'ai cinq louis d'or, répondit Bélise.

— Fort bien, répondit l'autre; je ne veux toucher de vous ni or ni argent; avant que j'en aie rempli vos coffres; vous mettrez vous-même l'or dans le creuset, au fond de la cave, et vous le verrez fondre à vos yeux par un feu infernal qui sortira des entrailles de la terre, en vertu de certaines paroles que je prononcerai. Je veux que vous soyez témoin de ces merveilles.

On arriva chez Bélise, où le reste de la fourberie était préparé; les caves en question n'étaient séparées des caves voisines que par un vieux mur où la servante avait fait un trou. La Bohémienne, aidée par elle, composa un spectre semblable à celui qui s'était montré à la campagne, et disposa son appareil. Bélise prit les cinq louis qu'on devait fondre au feu infernal. En arrivant à la cave, elle aperçut, avec effroi, le spectre qu'elle connaissait, et s'évanouit. On la trouva, à son réveil, disposée à tout croire.

La Bohémienne emporta les cinq louis. Le lendemain elle revint et dit à Bélise, en l'embrassant, que la princesse s'était rendue chez elle; qu'elle approuvait tout; que quant au diable, il avait voulu, par un faux calcul, escamoter les deux ans qui lui manquaient, mais qu'on s'était accommodé avec lui, en promettant de lui donner mille écus; en conséquence, qu'elle les trouvât dans la journée.

— Vous les lui donnerez vous-même, dit-elle; car vous pourriez croire que j'ai moyen de gagner sur cette somme.

Bélise répondit qu'elle avait toute confiance en elle, et qu'elle la priait de se charger de lui remettre elle-même l'argent.

Cependant, la Bohémienne demanda encore qu'on lui donnât force robes, coiffures, jupes, draps et serviettes, afin de tapisser la cave où la princesse devait se rendre, comme elle l'avait promis. Les robes devaient servir à vêtir les génies qui l'accompagneraient. Bélise aida elle-même à porter ses hardes dans la cave.

La Bohémienne lui recommanda de fermer la porte à double tour, de peur que quelqu'un ne vînt troubler la séance. Elle ne pouvait ainsi rien soupçonner, car elle ignorait la communication des caves voisines, par où les génies plièrent la toilette. Ainsi, les Bohémiennes eurent toute la nuit pour sortir de Paris avec le butin; et l'héritière, en chemise, fut se coucher en attendant la succession de la princesse. Elle reconnut le lendemain qu'elle était dupe. La Bohémienne fut poursuivie sur sa plainte, et condamnée pour fait d'escroquerie et de sorcellerie.

MARTHE LA BOHÉMIENNE.—C'est une tradition populaire, traduite de l'anglais de Théodore Hook.

Dans le voisinage de Bedford-Square, vivait le respectable Harding, qui tenait un rang honorable, et remplissait une place dans Sommerset-House. Cet homme avait une fille, appelée Maria, qui était le modèle de la piété filiale, mais d'une complexion extrêmement délicate. A l'âge de dix-neuf ans, Maria fixa les affections d'un jeune homme qui se trouvait allié à sa famille, et qui se nommait Frédéric Longdale; les parents des deux familles convinrent de ne pas presser cette union, à cause de la jeunesse des futurs.

M. Harding, se rendant un jour à Sommerset-House, selon sa coutume, fut accosté par une de ces Bohémiennes qui mendient en Angleterre. — N'oubliez pas la pauvre Marthe, la Bohémienne! —dit la bonne femme. M. Harding, qui n'avait pas de monnaie, répondit qu'il n'avait rien sur lui, et qu'il était pressé. Mais sa réponse ne rebuta pas cette femme qui le suivait en réitérant ses lamentations. — N'oubliez pas la pauvre Marthe! —Irrité de cette persévérance, le père de Maria, contre sa coutume, se retourna et prononça, d'un ton de colère, une malédiction contre la vagabonde.

— Ah! s'écria Marthe, en s'arrêtant avec fierté, vous me maudissez! Ai-je vécu jusqu'aujourd'hui pour m'entendre maudire? Homme méchant et dur, homme faible et hautain, regardez-moi!

Elle répéta si vivement cette apostrophe, que M. Harding subjugué, la regarda avec émotion. Il vit dans toute sa contenance l'expression de la fureur. Ses yeux noirs lançaient sur lui des éclairs; ses cheveux noirs tombaient sur ses joues olivâtres; un rire effrayant et un ricanement de mépris laissaient apercevoir des dents plus blanches que l'ivoire. Il considérait Marthe, partagé entre l'étonnement et le trouble. — Regardez-moi, monsieur, dit encore la Bohémienne; vous et moi devons nous rencontrer encore; vous me verrez trois fois avant de mourir; mes visites seront terribles, et la troisième sera la dernière....

Ces paroles frappèrent vivement le cœur de M. Harding; voyant quelques passants s'approcher, il fouilla dans sa poche, en tira de l'argent qu'il voulut donner à Marthe: — De l'argent à présent, répondit la sorcière! Ne suis-je plus maudite? Il est trop tard. La malédiction est à vous maintenant.

— Ces paroles prononcées, elle s'enveloppa de son vieux manteau et disparut.

M. Harding, de retour chez lui, raconta l'aventure à sa femme, qui lui répondit, comme il devait l'attendre, de sa tendresse et de sa raison; et après une discussion sur la faiblesse d'esprit qui fait ajouter foi aux discours de ces malheureuses, on alla se coucher. M. Harding, accablé par de tristes réflexions, finit par s'endormir. Le lendemain, et les jours suivants il se rendit à son travail comme de coutume, toujours inquiet et l'esprit rempli de Marthe, mais honteux de l'empire qu'il laissait prendre sur lui à ces idées superstitieuses.

Cependant Frédéric s'occupait continuellement de son aimable Maria, en qui les symptômes de la consomption se développèrent avec tant de force, que les médecins, quoiqu'ils n'en parlassent que comme d'un mal peu sérieux, montrèrent, par leurs soins, qu'ils n'étaient pas sans inquiétudes. Trois mois s'étaient écoulés depuis la fatale rencontre de Marthe, le temps et une distraction constante avaient délivré presque entièrement l'esprit de M. Harding de la terreur que cette Bohémienne lui avait inspirée, lorsqu'un jour le jeune Frédéric, qui était venu voir sa fiancée, fut obligé de la quitter promptement, son carrick l'attendait pour le conduire à une vente de chevaux, où son père lui avait donné commission d'en examiner qu'il avait l'intention d'acheter. M. Harding proposa au jeune homme de l'accompagner aux criées de Hyde-Park, puisqu'il n'était pas occupé ce jour-là. Cette proposition fut acceptée, et ils partirent ; mais M. Harding, qui tenait les rênes, reconnut bientôt que son adresse ne pouvait suppléer à ses forces pour maîtriser les coursiers ardents de Frédéric ; il le pria donc de les prendre. Celui-ci, par trop de précipitation, laissa échapper les guides ; les chevaux ne sentant plus de frein se cabrèrent, et mirent en pièces le fragile équipage, après avoir lancé M. Harding ainsi que Frédéric sur le pavé.

Pendant qu'ils entraînaient les débris de la voiture sur la place qu'ils venaient de quitter, M. Harding aperçut avec horreur Marthe la Bohémienne.....

Cette horrible vision, qui se rapportait à la menace de la sorcière, fit une telle impression sur lui, que son effroi, joint aux douleurs qu'il ressentait, lui fit perdre connaissance. Cependant les deux infortunés furent promptement secourus. Le jeune Frédéric fut longtemps dans un état très-alarmant : quant à M. Harding, il recouvrait de jour en jour la santé ; mais son jugement semblait l'abandonner, l'aspect de sa pauvre fille presque mourante contribuait encore à troubler chaque instant de sa vie. Elle demanda à voir Frédéric, qui alors se trouvait mieux ; on lui donna la certitude qu'elle le verrait dans quelques heures. Au moment où l'on s'entretenait de cette entrevue prochaine et désirée, comme les rayons du soleil, qui brillait alors de toute la force, tombaient sur la malade : — Mon ami, dit mistriss Harding, fermez un peu le volet, je vous prie. — M. Harding se leva, et, ouvrant la croisée, il poussa un cri d'horreur en s'écriant : — Elle est là ! — Qui ? répliqua mistriss Harding, surprise et effrayée. — Elle, elle, elle ! et le malheur !!!...

Mistriss Harding courut à la fenêtre et vit, dans la rue, Marthe la Bohémienne.

Etant retournée vivement au lit de Maria, elle poussa un gémissement plaintif : Maria était morte... Ses parents désolés, se retirèrent à Lausanne ; mais l'absence ne calma point leurs regrets, et au bout de deux ans, ils revinrent à Londres pour assister au mariage de leur fils, à qui M. Harding avait fait obtenir sa place. On donna un grand souper, où toute la famille fut invitée. Après la collation, comme on priait la mariée de chanter, on entendit un bruit effrayant, semblable à celui d'un poids qui aurait roulé sur toutes les marches de l'escalier : la porte du salon s'entr'ouvrit, comme enfoncée par un coup de vent. M. Harding pâlit, regarda sa femme, et dit, en se tournant vers l'assemblée, que ce bruit venait de la rue, et qu'il ne fallait pas s'en troubler ; mais on vit bien qu'il frissonnait, et après que tout le monde se fut retiré, Harding soupira, et s'adressant à sa femme, il l'engagea à se préparer à une nouvelle calamité. — J'ignore, quel malheur nous menace, dit-il ; mais il est suspendu sur nos têtes ; il y tombera cette nuit même. — Mon ami, dit mistriss Harding, que voulez-vous dire ?.... — Ma chère, je l'ai vue pour la troisième fois ! — Qui ? — Marthe la Bohémienne.... Lorsque la porte s'ouvrit d'une manière surnaturelle, je la vis ! Ses yeux effrayants étaient attachés sur moi....

Il embrassa tendrement sa femme, et, après avoir éprouvé quelques instants le frisson de la fièvre, M. Harding tomba dans un sommeil dont il ne réveilla jamais......

Histoire qui assurément est un conte.

BOHINUM, idole des Arméniens, qui était faite d'un métal noir, symbole de la nuit. Son nom vient du mot hébreu *bohu*, désolation, à ce que dit Leloyer. C'est le démon du mal.

BOHMIUS (Jean). Quelques-uns recherchent sa *Psychologie*, ou Traité des esprits, publiée en 1632, à Amsterdam (1), livre qui ne manque pas d'hérésies.

BOHON-HUPAS, arbre poison qui croît dans l'île de Java, à trente lieues de Batavia. Les criminels condamnés allaient autrefois recueillir une gomme qui en découle, et qui est un poison si prompt et si violent, que les oiseaux qui traversent l'air au-dessus de cet arbre, tombent morts ; du moins ces choses ont été contées. Après que leur sentence était prononcée, lesdits criminels pouvaient choisir, ou de périr de la main du bourreau, ou de tenter de rapporter une boîte de gomme de l'hupas. Foersech rapporte qu'ayant interrogé un prêtre malais qui habitait ce lieu sauvage, cet homme lui dit qu'il avait vu passer environ sept cents criminels, sur lesquels il n'en était revenu que vingt-deux ; qu'il n'y avait pas plus de cent ans que ce pays était habité par un peuple qui se livrait aux iniquités de Sodome et de Gomorrhe ; que Mahomet ne voulut pas souffrir plus longtemps leurs mœurs abominables ; qu'il engagea Dieu à les punir ; et que Dieu fit sortir de la terre le bohon-hupas, qui détruisit les coupables, et rendit le pays à jamais inhabitable. Les Malais regardent cet arbre comme l'instru-

(1) Joannis Bohmii Psychologia, cum vera applicatione Joannis Angeli. In-24. Amstel., 1632.

ment de la colère du Prophète; et, toutefois, la mort qu'il procure passe chez eux pour honorable; voilà pourquoi les criminels qui vont chercher le poison, se revêtent en général de leurs plus beaux habits (1).

BOIS. — Les anciens avaient une divination qui se pratiquait par le moyen de quelques morceaux de bois. Voy. XYLOMANCIE. Ils croyaient les forêts habitées de divinités bizarres; et dans les pays superstitieux, on y redoute encore les lutins. Les Kamstchadales disent que les bois sont pleins d'esprits malicieux. Ces esprits ont des enfants qui pleurent sans cesse pour attirer les voyageurs, qu'ils égarent ensuite, et à qui ils ôtent quelquefois la raison. — Enfin, c'est généralement dans les bois que les sorciers font le sabbat.

BOIS DE VIE. — C'est le nom que les alchimistes donnent à la pierre parfaite du grand œuvre, plus clairement appelée baume universel ou panacée, qui guérit tous les maux, et assure à ceux qui la possèdent une jeunesse inaltérable.

Les Juifs nomment *bois de vie* les deux bâtons qui tiennent la bande roulée sur laquelle est écrit le livre de leur loi. Ils sont persuadés que l'attouchement de ces bâtons affermit la vue et rend la santé. Ils croient aussi qu'il n'y a pas de meilleur moyen de faciliter l'accouchement des femmes, que de leur faire voir ces bois, qu'il ne leur est pas permis de toucher.

BOISTUAU ou BOAISTUAU (PIERRE), dit *Launay*, Nantais, mort à Paris en 1566. On recherche de lui deux ouvrages rares et curieux : 1° *Histoires prodigieuses*, extraites de divers auteurs, in-8°, 1561. Aux quarante histoires de Boistuau, Tesserant en ajouta quinze. Belleforêt, Hoyer et Marionville les firent réimprimer avec une nouvelle continuation, en 1575, six vol. in-16; — 2° *Histoires tragiques*, extraites des œuvres italiennes de Bandel, et mises en langue française, 1568 et années suivantes, 7 vol. in-16. Il n'y a que les six premières histoires du premier volume qui aient été traduites par Boistuau; les autres sont de la traduction de Belleforêt, qui lui était bien inférieur. Voy. VISIONS, SYMPATHIE, APPARITIONS.

BOJANI (MICHEL). On peut lire de lui une Histoire des songes (2), publiée en 1587. Nous ne la connaissons que par le titre.

BOLACRÉ (GILLES), bonhomme qui habitait une maison d'un faubourg de Tours, où il prétendit qu'il revenait des esprits qui l'empêchaient de dormir. C'était au seizième siècle. Il avait loué cette maison; et comme il s'y faisait un bruit et tintamarre d'esprits invisibles, sabbats et lutins, qui ne lui laissaient aucun repos, il voulut à toute force faire résilier le bail. La cause fut portée devant le siège présidial à Tours, qui cassa le bail. Le propriétaire en appela au parlement de Paris; son avocat, maître René Chopin,
soutint que les visions d'esprits n'étaient autre chose que des contes de vieilles, épouvantails de petits enfants. Le parlement ne décida rien et renvoya la cause au tribunal de la Tournelle, qui par son arrêt maintint la résiliation du bail (3).

BOLFRI, Voy. BÉRITH.

BOLINGBROKE, Voy. GLOCESTER.

BOLOMANCIE. C'est la *Bélomancie*. Voy. ce mot.

BOLOTOO, île imaginaire où les naturels des îles de Tonga placent leur paradis. Ils croient que les âmes de leurs chefs y deviennent des divinités du second ordre. Les arbres de Bolotoo sont chargés, disent-ils, des meilleurs fruits et toujours couverts des plus belles fleurs, qui renaissent toutes les fois qu'on les cueille. Ce séjour divin est rempli d'animaux immortels que l'on ne tue que pour la nourriture des dieux et des élus; mais aussitôt qu'on en tue un, un autre le remplace.

BONA (JEAN), savant et pieux cardinal, mort en 1674. On recherche de lui un *Traité du discernement des esprits*, in-12, publié en 1673 et traduit par l'abbé Leroy de Hautefontaine, 1676. Le chapitre 20 de cet ouvrage traite avec beaucoup de lumières de ce qu'il y a de plus difficile dans la matière des visions et des révélations particulières (4).

BONASSES, Voy. GULLETS.

BONATI (GUI), astrologue florentin du treizième siècle. Il vivait, dit-on, d'une manière originale, et possédait l'art de prédire l'avenir. Les troupes de Rome, sous le pontificat de Martin IV, assiégeaient Forli, ville de la Romagne, défendue par le comte de Montferrat. Bonati, qui s'y était retiré, voyant la ville prête à faire une sortie, annonça au comte qu'il serait blessé dans la mêlée. L'événement justifia la prédiction; et le comte de Montferrat, qui avait porté avec lui ce qu'il fallait pour panser sa blessure, fit depuis le plus grand cas de l'astrologie. Bonati, sur la fin de sa vie, reconnut pourtant la vanité de sa science, se fit franciscain, et mourut pénitent en 1300. Ses ouvrages ont été recueillis par Jacques Cauterus, sous le titre de *Liber astronomicus*, in-4°, rare. Augsbourg 1491.

BONGOMILES. — Voy. BOGARMILES.

BONICA, île imaginaire de l'Amérique, où Déotatus, médecin spagirique, place une fontaine dont les eaux, plus délicieuses que le meilleur vin, ont la vertu de rajeunir.

BONIFACE VIII, pape, élu le 24 décembre 1294. On a conté que, n'étant encore que cardinal, il fit percer une muraille qui avoisinait le lit du pape Célestin, et lui cria au moyen d'une sarbacane, qu'il eût à déposer la tiare s'il voulait être sauvé; que le bon pape Célestin obéit à cette voix qu'il croyait venir du ciel, et céda la place à Boniface. — Mais ce récit n'est qu'une imposture entièrement supposée par les protestants, qui ont imaginé cette calomnie comme tant d'au-

---

(1) Extrait des Voyages de M. Foersech, Hollandais, Mélanges de la littérature étrangère, t. I, p. 63.
(2) Michaelis Bojani, Historia de Somniis. In-8°. Wittemberg, 1587.

(3) Leloyer. Disc. des spectres, liv. VI, ch. 15.
(4) Joannes cardinalis Bona, De discretione spirituum, In-12. Paris, 1673.

DICTIONN. DES SCIENCES OCCULTES. I.   8

tres. La vérité est que le pape Célestin déposa la tiare pour s'occuper uniquement de son âme. Le cardinal Cajetan (depuis Boniface VIII) n'y fut pour rien.

BONNE AVENTURE. Les diseurs de bonne aventure et les magiciens étaient devenus si nombreux à Rome du temps des premiers empereurs, qu'ils y avaient une confrérie ; et le lendemain du jour où fut tué Caligula, des magiciens venus d'Egypte et de Syrie devaient donner sur le théâtre une représentation des enfers (1). Pour l'art de dire la bonne aventure, voy. Chiromancie, Cartomancie, Astrologie, Métoposcopie, Horoscopes, Cranologie, et les cent autres manières.

BONNES. On appelle *bonnes*, dans certaines provinces, des fées bienveillantes, des espèces de farfadets femelles sans malice, qui aiment les enfants et qui se plaisent à les bercer. On a sur elles peu de détails ; mais c'est d'elles, dit-on, que vient aux berceuses le nom de *bonnes d'enfants*. Habondia est leur reine.

BONNET (Jeanne), sorcière de Boissy en Forez, brûlée le 15 janvier 1583 pour s'être vantée d'avoir eu des liaisons avec le diable.

BONNET BLEU, Voy. Dévouement.

BONNET POINTU, ou esprit au bonnet ; voy. Hecdeckin.

BONNEVAULT. Un sorcier poitevin du seizième siècle, nommé Pierre Bonnevault, fut arrêté parce qu'il allait au sabbat. Il confessa que la première fois qu'il y avait été mené par ses parents, il s'était donné au diable, lui permettant de prendre ses os après sa mort; mais qu'il n'avait pas voulu donner son âme. Un jour, venant de Montmorillon où il avait acheté deux charges d'avoine qu'il emportait sur deux juments, il entendit des gens d'armes sur le chemin; craignant qu'ils ne lui prissent son avoine, il invoqua le diable qui vint à lui comme un tourbillon de vent, et le transporta avec ses deux juments à son logis. Il avoua aussi qu'il avait fait mourir diverses personnes avec ses poudres; enfin il fut condamné à mort. Voy. Tailletroux.

Jean Bonnevault, son frère, fut aussi accusé de sorcellerie; et le jour du procès, devant l'assemblée, il invoqua le diable qui l'enleva de terre environ quatre ou cinq pieds, et le laissa retomber sur le carreau comme un sac de laine sans aucun bruit, quoiqu'il eût aux pieds des entraves. Etant relevé par deux archers, on lui trouva la peau de couleur bleue tirant sur le noir ; il écumait et souffrait beaucoup. Interrogé là-dessus, il répondit qu'ayant prié le diable de le tirer de peine, il n'avait pu l'enlever, attendu que, comme il avait prêté serment à la justice, le diable n'avait plus pouvoir sur lui.

Mathurin Bonnevault, parent des deux précédents, accusé comme eux de sorcellerie, fut visité par experts. On lui trouva sur l'épaule droite une marque de la figure d'une petite rose, dans laquelle on planta une longue épingle, sans qu'il en ressentît

(1) Granier de Cassagnac, Littérature des esclaves.

aucune douleur, d'où on le jugea bien sorcier. Il confessa qu'ayant épousé en premières noces Berthomée de la Bédouche, qui était sorcière comme ses père et mère, il l'avait vue faire sécher au four des serpents et des crapauds pour des maléfices; qu'elle le mena alors au sabbat, et qu'il y vit le diable, ayant des yeux noirs, ardents comme une chandelle. Il dit que le sabbat se tenait quatre fois l'an : la veille de la Saint-Jean-Baptiste, la veille de Noël, le mardi-gras et la veille de Pâques. On le convainquit d'avoir fait mourir sept personnes par sortilége ; se voyant condamné, il avoua qu'il était sorcier depuis l'âge de seize ans.

— Il y aurait de curieuses études à faire sur tous ces procès, si nombreux pendant les troubles de la réforme.

BONZES. Les bonzes chinois font généralement profession de prédire l'avenir et d'exorciser les démons; ils cherchent aussi la pierre philosophale. Lorsqu'un bonze promet de faire pleuvoir; si dans l'espace de six jours il n'a pas tenu sa promesse, on lui donne la bastonnade.

Il existe des bonzes au Congo. On croit que leurs âmes sont errantes autour des lieux qu'ils ont habités. Quand on voit un tourbillon balayer la plaine et faire lever la poussière et le sable, les naturels s'écrient que c'est l'esprit des bonzes.

BOPHOMET, voy. Tête de Bophomet.

BORAK, jument de Mahomet qu'il a mise dans son paradis. Elle avait une face humaine, et s'allongeait à chaque pas aussi loin que la meilleure vue peut s'étendre.

BORAX, sorte de pierre qui se trouve, disent les doctes, dans la tête des crapauds ; on lui attribue divers effets merveilleux , comme celui d'endormir. Il est rare qu'on la puisse recueillir, et il n'est pas sûr qu'elle soit autre chose qu'un os durci.

BORBORITES, voy. Génies.

BORDELON (Laurent), né à Bourges en 1653, mort en 1730; écrivain médiocre, qui toutefois savait beaucoup de choses, et s'était occupé de recherches sur les superstitions, les sciences occultes et les erreurs populaires. Il est fâcheux qu'il ait écrit si pesamment. On achète encore ses entretiens sur l'*Astrologie judiciaire*, qui sont curieux. Le plus connu de ses ouvrages (et il a été réimprimé plusieurs fois) est intitulé : « *Histoire des imaginations extravagantes de Monsieur Oufle*, causées par la lecture des livres qui traitent de la magie, du grimoire, des démoniaques, sorciers, loups-garoux, incubes, succubes, et du sabbat, des fées, ogres, esprits, follets, génies, fantômes et autres revenants ; des songes, de la pierre philosophale, de l'astrologie judiciaire, des horoscopes, talismans, jours heureux et malheureux, éclipses, comètes et almanachs; enfin de toutes les sortes d'apparitions, de divinations, de sortiléges, d'enchantements et d'autres superstitieuses pratiques. »

On voit par ce titre, que nous avons copié tout entier, que l'auteur avait pris un cadre assez vaste. Dans ses deux volumes in-12, ornés de figures, il s'est trouvé à l'étroit; et son travail, qui se modèle un peu sur le *Don Quichotte*, n'est recherché que pour les notes, très-nombreuses, lesquelles valent mieux que le texte.

Nous citerons pourtant deux fragments de ce livre singulier.

Monsieur Oufle, devenu loup-garou.

Monsieur Oufle avait une femme, deux fils, dont l'aîné était abbé et le cadet financier; deux filles et un frère marié. Madame Oufle, espèce d'esprit fort, contrairement aux inclinations ordinaires des personnes de son sexe, formait un contraste frappant avec son mari, qui adoptait sans restriction les opinions d'une foule de savants sur la magie et la sorcellerie, sur les spectres et les fantômes, les loups-garoux, les esprits follets, les fées, les ogres, l'astrologie judiciaire, les divinations, les apparitions, etc. L'abbé Doudou, fils aîné de M. Oufle, faisait un mélange très-mal assorti de science et de crédulité. Il croyait que tout ce qu'il trouvait d'extraordinaire dans les livres était vrai, ne se pouvant persuader que l'on fût d'assez mauvaise foi pour faire imprimer des choses surprenantes, si elles n'étaient pas véritables; et le peu qu'il avait de doctrine ne lui servait qu'à trouver dans son esprit des preuves forcées de possibilité pour tout ce qu'il voulait absolument croire. Sansugue, le second fils, avait pris le parti de la finance, et ne cherchait que les moyens et les occasions de s'enrichir. Quand on lui parlait des diables qui faisaient trouver des richesses, l'eau lui en venait si fort à la bouche, qu'il ne les aurait pas renvoyés, malgré les formes épouvantables dont on se sert pour les représenter. Il n'était pas crédule sur l'apparition des âmes des défunts, parce que, disait-il, ces fantômes de morts ne paraissent d'ordinaire que pour faire des demandes aux vivants, ou pour donner des frayeurs qui n'aboutissent qu'à glacer le sang de ceux qui les voient. Venons à ses deux filles.

L'aînée, nommée Camèle, croyait tout ce que lui disait son père quand il lui parlait, et ensuite elle n'en croyait rien quand elle s'était entretenue avec sa mère.

Ruzine, la cadette, s'accommodait, comme sa sœur, au goût de son père et de sa mère; mais ce que celle-ci faisait par simplicité, celle-là le faisait par artifice; c'était une *fine mouche*, qui jouait, en quelque manière, toute sa famille.

Noncrède, frère de M. Oufle, passait dans l'esprit de tous ceux qui le connaissaient, pour un homme plein de sagesse et de probité, mais qui adoptait peut-être trop facilement les opinions téméraires des prétendus philosophes. Il faisait à son frère et à l'abbé Doudou, son neveu, une guerre continuelle sur leur confiance et leur penchant en matière d'apparitions et de sortiléges. Après avoir dépeint les caractères, venons sur-le-champ aux aventures.

Il y a longtemps qu'on parle des loups-garoux : les anciens et les modernes en rapportent grand nombre d'histoires qui passaient, dans l'esprit de M. Oufle, pour incontestables. Il ne doutait point qu'il n'y eût des familles entières, où il y avait toujours quelqu'un qui devenait loup-garou; qu'on le devenait aussi quelquefois en mangeant les entrailles d'un enfant sacrifié. Il croyait encore fermement qu'on pouvait se changer en chat, en cheval, en arbre, en bœuf, en vipère, en mouche, en vache; enfin indifféremment en toutes sortes de formes.

Il croyait avec la même certitude qu'il n'était pas difficile de faire ce changement sur d'autres; que l'on pouvait changer, par exemple, un marchand de vin en grenouille. Il ne trouvait aucune difficulté à ces transmutations, parce qu'il avait lu qu'elles avaient été exécutées. Il croyait que des roses pouvaient rendre la première forme à ceux qui avaient subi ces transformations.

Un des jours de carnaval, M. Oufle donna à souper à toute sa famille et à quelques-uns de ses amis. On y mangea abondamment, on y but de même; car il ne laissait pas d'aimer la bonne chère et la joie, à condition pourtant qu'on ne renverserait point de salière, qu'on ne mettrait point de couteaux en croix, qu'on ne serait point treize à table. Il mit ce soir-là tout le monde en train : pour exciter à boire, il portait continuellement des santés, satisfaisait à celles qu'on lui portait; de sorte qu'il prit plus de vin que sa tête n'en pouvait porter.

Après le repas tous se retirèrent très-contents les uns des autres. M. Oufle fit de son mieux les honneurs du départ de ses hôtes, et gagna ensuite sa chambre. Sansugue, aussitôt qu'il fut rentré chez lui, prit un de ses habits de masque, dont il avait grand nombre, et alla courir le bal avec d'autres jeunes gens qui l'attendaient.

Mais à peine M. Oufle se fut-il retiré, qu'il lui prit une de ses inquiétudes qui ne permettent pas que l'on reste en place, sans qu'on puisse dire pourquoi on se met en mouvement. Après s'être promené quelque temps dans sa chambre, il en sort, et cela seulement pour en sortir; il monte un escalier; passant devant l'appartement de Sansugue, qu'il trouve ouvert, il y entre, ou pour savoir s'il y était, ou pour jaser avec lui. N'y trouvant personne, mais seulement les habits de masque que son fils avait oublié de serrer, il en remarqua un fait exprès pour se déguiser en ours; il le considéra attentivement. Il était fait de peaux d'ours avec leur poil, cousues de manière qu'elles donnaient, depuis la tête jusqu'aux pieds, la ressemblance de cet animal à celui qui en était couvert. Après l'avoir retourné, il lui vint dans l'esprit de s'en servir pour faire une plaisanterie à sa femme. Cette plaisanterie était de vêtir cet habit, et ensuite de lui aller faire peur. On ne peut croire combien il s'applaudissait à lui-même d'avoir imaginé cette gaillarde supercherie. Mais son idée eut un succès différent de celui qu'il s'en promettait.

Il prit donc cet habit, l'emporta dans sa chambre, s'en couvrit, et puis alla très-doucement vers l'appartement de sa femme, pour y jouer le rôle que l'occasion et son imagination lui avaient fait inventer. Comme il était près de commencer la scène, il entendit du bruit, et reconnut que la femme de chambre de madame Oufle était encore avec elle. Ce contre-temps le chagrina; cependant il ne quitta point son dessein, il retourna sur ses pas et rentra chez lui, pour y attendre que cette fille fût partie, afin de faire plus sûrement son coup; et pour s'amuser et se désennuyer, après s'être assis devant le feu, il prit sur une table le premier livre qui se trouva sous sa main : c'était la *Démonomanie de Bodin* ; il l'ouvre, et tombe par hasard sur un endroit qui traitait des loups-garoux. Il passa environ une demi-heure dans cette lecture et dans celle de quelques autres sujets analogues. Enfin, le vin, le feu et la situation tranquille où il était, l'assoupirent et le plongèrent insensiblement dans un sommeil si profond, qu'il ne songeait plus à ce qu'il avait fait, ni à ce qu'il avait résolu de faire.

Madame Oufle, qui n'avait aucun soupçon de ce qu'on machinait contre elle, ne manqua pas, comme on juge bien, de se coucher, et de dormir de son côté aussi tranquillement que son mari.

La femme de chambre, dont on vient de parler, avait son logement au-dessus de l'appartement de M. Oufle; comme elle s'était peut-être trop ressentie de la fête à la seconde table, ou qu'elle ne se souciait pas de respecter le sommeil de son maître, ou par un hasard tout à fait imprévu, un vase qu'elle tenait à la main tomba par terre et fit si grand bruit, que M. Oufle en fut éveillé en sursaut. Il se lève tout troublé de dessus sa chaise; et comme il se trouvait vis-à-vis la cheminée, sur laquelle il y avait une glace, il se vit dans cette glace avec l'habit d'ours dont il était revêtu. Et ainsi, le vin et le feu qui lui avaient échauffé la tête, son sommeil interrompu si subitement, l'habit qu'il se voyait sur le corps, tout cela joint avec la lecture qu'il venait de faire, lui causa un tel bouleversement dans la cervelle, qu'il se crut être véritablement, non pas un ours, mais un loup-garou. Ce bouleversement était si fort, qu'il avait entièrement détruit la mémoire de l'endroit où il avait trouvé l'habit ; et de l'usage qu'il avait projeté d'en faire; il ne lui resta que l'idée de sa prétendue transmutation en loup, avec le dessein d'aller courir les rues, d'y hurler de son mieux, d'y mordre, et de mettre en pratique tout ce qu'il avait ouï dire que les loups-garoux avaient coutume de faire. Il part donc sans différer, sort dans la rue, et commence à hurler d'une manière effroyable.

Il est bon de faire remarquer que c'était un homme grand, gros, robuste, bien empoitraillé, et dont la voix était naturellement haute, ferme et tonnante. La poussant pendant la nuit aussi loin qu'elle pouvait aller, avec les tons effroyables qui accompagnent l'ordinaire les hurlements, on ne doit pas douter que quand il hurlait il n'effrayât tous ceux qui l'entendaient. En effet, il en fit la première expérience sur une sérénade qui bruissait dans la première rue qu'il parcourut. Quand les musiciens entendirent un des hurlements de M. Oufle, la terreur que leur inspira cette horrible symphonie, à laquelle ils ne s'attendaient pas, glaça leur sang de telle sorte que, demeurant immobiles, ils firent tous en même temps une pause. Ils écoutèrent pour connaître d'où pouvait venir une voix si extraordinaire; le loup-garou se mit à hurler encore plus fort, et s'approcha d'eux, ils le prirent tous pour ce qu'il pensait être lui-même, et s'enfuirent de toutes leurs forces.

En ce moment quatre jeunes gens, qui depuis peu de temps étaient délivrés de la vie gênante des collèges, sortant du cabaret, où ils avaient vidé plus de bouteilles que leurs petites têtes n'étaient capables d'en porter, venaient d'imaginer un projet qui leur paraissait héroïque. C'était de se donner de grands mouvements, pour arracher les cordes des sonnettes, pour ôter les marteaux des portes; ou, s'ils n'en pouvaient venir à bout, de sonner, de heurter de toutes leurs forces, de déranger les bornes, de briser les siéges de pierre, de brouiller des serrures, et de faire d'autres actions aussi dignes de leur courage et de leur valeur. Quand ils avaient arraché le marteau d'une porte, ils auraient hardiment fait assaut de gloire avec les généraux d'armée les plus sages et les plus intrépides, tant ils étaient pénétrés de leur mérite.

Le soir donc que notre loup-garou faisait des siennes, ces guerriers nocturnes et vineux faisaient aussi des leurs, et comme ils se rendaient compte les uns aux autres de leurs faits et gestes, et qu'ils en montraient les marques et les preuves, M. Oufle, que son chemin conduisait à eux, se mit à hurler. Nos héros de bouteille, devenus plus sages, ou plus timides, songent à reculer à mesure que la bête s'approchait d'eux; et comme elle continuait de venir à grands pas de leur côté, et que la peur la leur fit paraître avec des dents d'une longueur effroyable, ils prirent le parti de la fuite, bien résolus de courir si fort qu'elle ne pourrait pas les atteindre.

Après avoir parcouru quelques rues, M. Oufle s'arrêta, apparemment pour se reposer devant une maison, où plusieurs personnes jouaient gros jeu. Je ne sais par quelle fantaisie il s'obstina à hurler plus fort et plus souvent qu'il n'avait encore fait: un coup n'attendait presque pas l'autre, tant ses hurlements étaient promptement répétés. Les joueurs l'entendirent; ceux qui perdaient parurent n'y faire pas grande attention; ceux qui gagnaient furent plus inquiets et plus troublés. Un des joueurs sort l'épée à la main, afin de chasser le loup-garou; mais dès qu'il le vit dans la rue, la frayeur le saisit; il rentre, ferme la porte avec tous les verroux qu'il peut trouver, souhaitant même pour sa sûreté qu'il y en eût encore davantage; il se tint quelque temps sur l'escalier pour rappeler ses esprits, et ne paraître pas si effrayé. Heureusement pour lui, M. Oufle prit parti ailleurs. On ne tombera point dans une description exacte de toutes les frayeurs qu'il fit cette nuit-là en qualité de loup-garou ; on passe sous silence les petites aventures pour s'arrêter seulement à une de plus grande importance que voici.

Un homme de considération courant la poste dans une chaise, étant escorté de deux cavaliers qui couraient avec lui, trouva dans son passage le loup-garou. Les chevaux reculent si promptement, et se cabrent de telle sorte, qu'ils renversent les cavaliers par terre. L'homme de la chaise voyant la bête, sort avec précipitation : le loup se jette tantôt sur l'un, tantôt sur l'autre, puis sur les chevaux, sans leur faire pourtant d'autre mal que de la peur. Après les avoir houspillés à son aise (car ils étaient si effrayés que pas un n'eut le courage de se défendre), il se met à hurler, comme s'il eût voulu chanter la victoire qu'il venait de remporter. Les chevaux cependant prennent le mors aux dents et s'enfuient avec tant de légèreté, même ceux qui traînaient la chaise, qu'on aurait cru qu'ils sortaient de l'écurie, et qu'il y avait plus d'un mois qu'ils n'avaient marché. Les hommes de leur côté ne furent pas moins diligents à courir, et M. Oufle à les suivre. Enfin ils se jettent tous dans une allée qu'ils trouvèrent ouverte, et ferment la porte sur eux. Le loup, qui n'avait pu entrer avec eux dans cette allée, hurle plusieurs fois de toutes ses forces ; une infinité de têtes en bonnet et en cornettes de nuit paraissent aux fenêtres, avec des bras avancés dehors, tenant une chandelle pour voir ce qui causait un aussi grand fracas ; mais toutes ces têtes se retirent bien vite ; et malheureusement une se trouva prise sous un châssis qui tomba, parce que celui qui l'avait levé ne s'était pas donné le temps de l'arrêter. Cette pauvre tête criait épouvantablement, et autant que le patient pouvait pousser d'air pour respirer ; le loup-garou répondait à cette voix plaintive par des hurlements ; ce qui faisait la plus horrible musique du monde ; on n'avait jamais entendu un pareil *duo*. Personne n'osait plus ouvrir sa fenêtre et regarder dans la rue, parce qu'entendant les cris de ce voisin affligé, on croyait que c'était la bête qui avait grimpé, et qui le tenait à la gorge. Par bonheur, le valet de cette tête, dont le cou était à moitié étranglé, étant entré dans la chambre, voit son maître dans cette douloureuse situation, lève promptement le châssis et le délivre du supplice que lui avait causé sa curiosité funeste.

Que de bruits se répandirent pendant plusieurs jours au sujet de ce loup-garou ! que de contes on en fit ! comme il avait parcouru presque toute la ville, il avait été entendu par une infinité de gens, dont la plupart furent plus que jamais persuadés qu'il y avait véritablement des loups-garoux. On ne peut croire combien on fit de fausses histoires à cette occasion. Ceux qui n'avaient pas osé ouvrir leurs fenêtres pour le voir étaient des premiers à assurer qu'ils l'avaient vu, traînant des chaînes d'une grosseur et d'une longueur prodigieuses, et si grand que sa tête atteignait presque jusqu'aux premiers étages ; car, comme dit le proverbe, on n'a jamais vu de petit loup ; on veut toujours persuader que ceux que l'on trouve sont d'une grandeur démesurée, et cela apparemment, parce que l'on proportionne son étendue à celle de la crainte que l'on a. D'autres assuraient qu'on lui avait coupé une patte en se défendant contre ses violences ; que, comme c'était un sorcier changé en loup, on l'avait le lendemain trouvé dans son lit, sans main, et qu'on lui allait faire son procès. Il avait dévoré la tête d'une fille de dix-huit ans, prête à se marier ; son futur, après avoir donné plusieurs coups d'épée au loup, était tombé mort de douleur sur la place. Dans un autre quartier, on faisait des lamentations sur un ecclésiastique qui, étant en chemin pour assister un mourant, avait été obligé de s'en retourner chez lui, parce que le loup l'avait poursuivi ; de sorte que le malade était mort sans secours. Selon quelques-uns, un courrier avait été arraché de dessus son cheval, et sa valise avec toutes ses lettres avaient été déchirées par cette furieuse bête. Il y en avait encore qui protestaient pour l'avoir ouï dire par des gens très-dignes de foi, que le loup-garou était entré dans un bal, qu'il y avait dansé, et qu'ensuite il s'était jeté sur plusieurs femmes dont il avait déchiré le visage. D'autres niaient qu'on eût blessé le loup-garou, prétendant que ces sortes de sorciers sont invulnérables. On voulait encore qu'il eût couru plusieurs nuits de suite. Enfin chaque rue avait son histoire. La vérité est que M. Oufle fut ramassé enfin par une patrouille qui le ramena chez lui.

Visions et terreurs de M. Oufle.

M. Oufle, l'esprit toujours rempli de diables et de diableries, s'était imaginé que les diables le suivaient partout et lui apparaissaient sous je ne sais combien de formes différentes.

En conséquence, ayant pris dessein de faire faire des tablettes magnifiques, pour y placer dignement les livres sur la démonomanie dont la lecture faisait sa principale et sa plus agréable occupation, il envoya quérir un menuisier des plus habiles de sa profession, pour lui exposer son dessein et le lui faire exécuter. Cet homme vint le trouver sur-le-champ, il était suivi d'un gros chien barbet ; ce qui n'est pas extraordinaire ; la plupart des artisans se font une coutume de nourrir des chiens pour leur amusement.

Le menuisier étant entré dans le cabinet de M. Oufle, celui-ci jetant plutôt la vue sur le chien que sur le maître, parut d'abord tout stupéfié et comme immobile. Il fut longtemps sans parler, mais ayant toujours la vue attachée sur le chien. L'ouvrier ne savait que penser du silence profond, de l'étonnement et de l'immobilité de celui qui l'avait envoyé chercher avec tant d'empressement, qu'il semblait que difficilement pouvait-il arriver assez tôt pour sa satisfaction. Il lui demanda enfin ce qu'il souhaitait de son service. Point de réponse ; on ne parlait que des yeux, encore n'était-ce qu'au chien. Le menuisier s'impatientant enfin de voir une taciturnité si obstinée :

— Est-ce, lui dit-il, monsieur, que vous m'avez fait venir seulement pour regarder mon chien? Vous n'aviez qu'à me le demander, je n'aurais pas pris la peine de venir ; je vous l'aurais envoyé avec la liberté de le regarder à votre aise, tant que vous auriez voulu, sans qu'il vous en eût coûté un sou.

M. Oufle, qui n'avait regardé avec tant d'attention ce chien, que parce qu'il lui était venu dans l'esprit, par le ressouvenir de ses lectures (1), que ce pauvre animal était un diable, et qu'il se croyait en quelque manière insulté par l'artisan, rompit enfin le silence, en élevant la voix avec fureur, pour lui dire qu'il était un magicien, qui lui amenait un démon pour le tourmenter et mettre le désordre chez lui.

Jamais surprise ne fut pareille à celle du menuisier. Comme il ne connaissait pas la folie de ce pauvre homme, il repoussa ce reproche par un ton de voix qui n'était pas moins élevé que celui dont on venait de se servir.

M. Oufle répliqua avec le même emportement, mais cependant n'ôtant point du tout sa vue de dessus le chien, tant il craignait qu'il ne l'attaquât et le mît en pièces.

Le chien de son côté, qui semblait entendre finesse, et connaître ce qu'on s'imaginait de lui, se tenant à côté de son maître, la tête alerte et élevée, regardait M. Oufle avec autant d'attention qu'il en était regardé. On aurait dit, à le voir, qu'il était émerveillé de l'extravagance qu'on faisait paraître à son occasion.

Ces deux hommes cependant s'animaient si fort l'un contre l'autre, qu'ils semblaient entrer dans une prochaine disposition de ne s'en pas tenir à des paroles, pour marquer leur ressentiment. En effet, M. Oufle s'approcha du menuisier, et le poussa rudement pour le chasser de chez lui. Le barbet se mit à aboyer d'une grande force, témoignant à son maître qu'il était prêt à le bien défendre ; de sorte que M. Oufle menaçant avec fureur le menuisier, le menuisier répondant aux menaces sur le même ton, et le chien aboyant sans relâche, il se faisait un vacarme épouvantable dans cette chambre.

Camèle qui entendit tous ces différents cris, vint à la porte pour mieux connaître ce qui se passait ; mais croyant qu'on égorgeait son père, et n'ayant pas assez de hardiesse pour entrer, elle appelle au secours sa sœur Ruzine et le valet Mornand, parce qu'ils étaient plus à portée que les autres pour l'entendre. Ils montent avec précipitation ; ils la trouvent presque évanouie de frayeur ; et comme ils entendent le même bruit qui l'avait épouvantée, ils ouvrent la porte avec une telle violence que les trois combattants en furent eux-mêmes effrayés.

M. Oufle leur crie aussitôt, en montrant le chien, qu'ils se donnassent bien de garde de l'approcher, parce que c'était un diable. L'artisan se tourmente pour leur prouver que ce n'était point un diable, mais un chien, un chien véritable, un chien fait comme les autres, qu'il l'a élevé fort petit, et qu'il y a plus de trois ans qu'il mange de son pain, sans qu'il ait paru qu'il y eût la moindre diablerie dans sa conduite.

Le chien n'aboyait plus, il ne disait pas un mot, comme s'il eût voulu donner à son maître tout le temps qui lui était nécessaire, pour détruire l'atroce médisance qu'on faisait de lui, et pour bien entendre un éloge qu'il croyait mériter. Mais M. Oufle soutenait toujours, sans en vouloir démordre, que c'était un vrai diable qui avait pris la forme d'un chien.

Ruzine fit signe au menuisier de se taire, lui dit tout bas que son père haïssait tant les chiens, qu'il ne pouvait pas plus les souffrir que des démons, et enfin l'engagea à se retirer sans bruit.

Camèle, qui crut que ce chien était véritablement un diable, parce que son père l'avait dit, et que Mornand paraissait le croire, alla tout effarée trouver sa mère, et l'assurer qu'un magicien déguisé en menuisier, avait amené chez son père un diable sous la forme d'un chien d'une laideur effroyable, et qui faisait des cris horribles.

Madame Oufle jugea bien que cette histoire n'était que l'effet d'une imagination exaltée. Elle se la fit conter par Ruzine et Mornand ; et ils ne manquèrent pas de la confirmer dans le jugement qu'elle avait fait. On laissa M. Oufle en repos, quelque envie qu'on eût de raisonner avec lui pour le tirer de son erreur ; comme on avait souvent expérimenté qu'on ne gagnait rien sur son esprit, on aima mieux ne lui en point parler. Camèle, de son côté, après que sa mère lui eut parlé, ne crut plus que ce chien était un diable ; car la bonne fille croyait et décroyait avec une égale facilité.

Le menuisier ne manqua pas de raconter cette bizarre aventure ; elle devint si publique que presque tout le monde en parlait dans la ville. Pour peu qu'on en vît quelqu'un qui eût une mauvaise physionomie, on s'imaginait y trouver quelques traits des malins esprits (car le vulgaire a de la peine à se persuader que les diables n'aient pas des corps visibles et sensibles en différentes manières) ; et cela est si vrai, qu'il y eut bien des femmes qui ne souffraient plus qu'avec une certaine répugnance des chiens qu'elles avaient tendrement aimés.

Si un chien s'avisait de hurler la nuit, c'était pour lors un loup-garou, un démon

---

(1) Zoroastre, par forme d'énigme, disait que les chiens se montrent souvent à ceux qui se dépouillent de la mortalité, c'est-à-dire, les diables, à ceux qui sont près de mourir, ou aux gens de bien, qui abandonnant le monde, se retirent dans la solitude.
Par le nom de chiens, les démons étaient quelquefois désignés ; et même dans la magie de Zoroastre, ils sont appelés chiens terrestres.

que quelque magicien envoyait courir les rues, pour maltraiter les passants, ou tordre le cou à ceux qui seraient assez imprudents pour regarder par la fenêtre. Il y eut plusieurs personnes qui n'approchaient du chien du menuisier qu'avec crainte, et qui prenaient autant de précautions en le voyant que s'ils avaient vu le diable.

M. Oufle se persuada encore, parce qu'il l'avait lu, que parmi les pourceaux, il y en avait beaucoup qui étaient de vrais diables. quand il en voyait un, il frémissait d'horreur. Pendant tout le temps que durèrent ces imaginations, il ne voulut point manger de la chair de ces animaux, quoique auparavant elle fût fort de son goût.

Leur épouvantable figure, disait-il, n'est-elle pas véritablement diabolique? Leurs cris sont-ils moins effroyables que ceux des diables qui tourmentent les damnés dans les enfers? N'avons-nous pas vu souvent dans des spectacles les diables armés de vessies de cochon tendues et enflées dont ils se servaient pour battre et pour faire peur? Le plaisir que ces animaux prennent à se plonger dans l'ordure, n'est-ce pas parce que le diable n'aime rien tant que la vilénie et l'impureté?

Toute puanteur était pour lui une preuve de la présence de quelque démon; et quand il satisfaisait à ses indispensables nécessités naturelles, il était dans de continuelles alarmes, tant il craignait que quelque diable, habitant selon lui du lieu où il était, ne profitât de sa situation pour le tourmenter. Aussi n'y restait-il que le moins de temps qu'il pouvait, et n'y allait-il que quand il ne lui était plus possible de s'en défendre.

En même temps, rien n'égalait la frayeur qu'il avait des mouches; il prétendait encore que le diable apparaissait souvent sous la forme de ces insectes; il ne voulait souffrir aucun fruit sur sa table, de peur qu'il ne les attirât. Quelqu'un lui en ayant fait considérer une dans un microscope, quand il vit ses cornes, sa trompe, ses yeux de couleur de pourpre, ses jambes velues, les pinces de ses pieds, enfin tout son corps ensemble, représentant une figure qui paraissait d'autant plus hideuse qu'il ne s'était jamais persuadé qu'elle fût telle qu'il la voyait, il la trouva très-propre pour devenir la demeure d'un diable. Il avait la même opinion des papillons; et malheur à ceux qui se trouvaient à sa portée : il ne les épargnait pas.

Il se défiait encore des enfants que portaient les gueux, pour exciter les passants à leur faire des aumônes. Une histoire rapportée dans un de ses livres, où l'on veut persuader que le diable était un jour sous la figure d'un de ces enfants, lui donnait cette défiance. C'est pour la même raison qu'il était fort circonspect quand il prenait un valet ou une servante à son service; il en faisait auparavant plusieurs exactes informations, afin qu'étant bien instruit de leur conduite, il ne se mît point en danger de se faire servir par quelque démon.

Si quelqu'un qui ne le connaissait point l'appelait par son nom, un soupçon de diablerie s'emparait aussitôt de son esprit; il prétendait encore être autorisé en cela par des exemples.

Il se lassa enfin de ces prétendues persécutions. Ses livres vinrent à son secours, pour le garantir des tourments qu'il craignait du pouvoir et des artifices de ces mauvais esprits.

La première ressource dont il s'avisa est celle qu'on attribue à la racine baaras, qu'on assure avoir la vertu de chasser les mauvais esprits. Il ne la mit pourtant pas en usage, car il lui fut impossible de la trouver. Les herboristes, loin de la lui fournir, ne la connaissaient point du tout et n'en savaient pas même le nom. C'est peut-être qu'elle n'a point eu d'autre existence que dans les livres qui en ont parlé; aussi bien qu'une certaine pierre qui se trouve, dit-on, dans le Nil, et qu'il souhaitait extrêmement avoir pour le même sujet. Quoi qu'il en soit, il s'en consola d'autant plus aisément, qu'il avait, disait-il, en lui-même des moyens qui ne lui pouvaient pas manquer pour arriver à ses fins.

Le premier, c'était de se servir d'une épée : ses lectures lui ayant appris qu'il n'y a rien que les diables craignent tant que des épées dégaînées et mises en mouvement. Non content de celle qu'il avait, parce que ce n'était que ce qu'on appelle un petit couteau, il en acheta de longues, larges, et de la meilleure trempe. De temps en temps il en faisait dans sa maison un exercice qui étonnait singulièrement ceux qui le rencontraient dans ce manége; et afin d'être plus sûr de remporter de si belles victoires, il mettait à son doigt un gros diamant avant que d'armer sa main d'une épée. La raison de cette précaution, c'est qu'un de ses auteurs l'avait assuré que les démons trouvent les diamants insupportables. Il ajouta aux épées et au diamant, toujours par le conseil de ses livres, plusieurs coqs qu'il fit élever et nourrir dans sa maison, sans dire à personne pourquoi il s'était avisé de faire une telle ménagerie. Mais sa femme, voyant chez elle tant de coqs inutiles, s'avisa aussi de son côté, comme une bonne ménagère, de leur donner plusieurs poules, afin de se dédommager du bruit que faisaient les coqs, par l'utilité qu'elle pourrait tirer des poules. Ce mélange, que M. Oufle voulut bien souffrir parce qu'il ne pouvait l'empêcher sans donner par sa résistance occasion à quelques troubles dans sa famille, l'inquiéta pourtant.

Afin donc qu'il n'eût point sujet de se reprocher d'avoir rien négligé des instructions que lui donnait sa bibliothèque, pour empêcher les démons de le tourmenter et de lui apparaître, il mit encore en usage tout ce qu'il put apprendre. Il eut sur lui de l'herbe qu'on appelle armoise; il se servit de celle que l'on nomme verveine; il chercha deux cœurs de vautour, qu'il porta l'un lié avec un poil de lion, l'autre avec un poil de loup; il fit faire une image qui représentait deux têtes, l'une d'un homme qui regardait en dedans, et l'autre d'une femme qui regardait en dehors; il se tint le plus gai qu'il put, afin que la mélancolie ne donnât aucune entrée aux démons, comme on en menace ceux qui s'abandonnent à la tristesse; et pour surcroît, ou plutôt, selon lui, pour consommation et perfection de remèdes à ses inquiétudes, le tonnerre étant tombé dans la cour de sa maison, il se ressouvint d'une opinion bizarre de certains peuples, et crut avec eux que le ciel avait banni pour toujours les diables de chez lui. Il se trouva, par la force de son imagination, délivré de la crainte des apparitions des mauvais esprits. Les chiens, les pourceaux, les mouches, les papillons, les lieux puants, etc., ne furent plus pour lui des sujets de trouble, d'agitations et d'inquiétudes. Mais il n'en fut pas pour cela plus tranquille; car de ces terreurs il passa à d'autres qui n'étaient pas moins vives.

Jamais homme ne fut plus tourmenté que lui de tout ce qui est du ressort des sortiléges et enchantements. Ses meilleurs amis l'inquiétaient; les personnes qu'il n'avait pas coutume de voir, et qui avaient un extérieur extraordinaire ou qui montraient quelque difformité étrange, le jetaient dans de si grandes défiances, qu'il se tenait en garde avec autant de circonspection que s'il avait eu à soutenir un violent combat contre de cruels ennemis. Si on le heurtait par hasard, si on lui frappait sur l'épaule, il rendait sur-le-champ la pareille, sans ménager aucune bienséance; si on le regardait fixement, il fuyait avec autant de vitesse que si des dards avaient dû partir des yeux qui étaient fixés sur lui. Malheur à ceux qui lui faisaient quelque grimace; ils risquaient d'être aussi sévèrement traités que s'ils avaient voulu lui arracher la vie. Lui envoyer un présent, c'était lui donner un sujet d'inquiétude, tant il craignait qu'il ne fût accompagné de quelque sortilége.

Ayant appris qu'un sorcier avait maléficié le pain qu'un boulanger mettait dans son four, il se mit dans l'esprit que tout le pain qui n'était pas très-blanc, pouvait avoir été sujet au même inconvénient; car, disait-il, le noir est la couleur favorite des sorciers : c'est avec des robes noires que les magiciens paraissent; les diables sont toujours représentés noirs.

S'il entendait prononcer par quelqu'un ce mot : *frappe, frappe*, son expérience lui disait que dans ce moment quelque homme mourait de mort violente, ou qu'il arrivait alors quelque aventure tragique.

La flûte était dans son opinion un instrument véritablement magique. Aussitôt qu'il en entendait jouer, on le voyait aussi ému que si l'on avait voulu l'arracher du lieu où il était pour le transporter à mille lieues de là et le faire entièrement disparaître.

Si un homme portait une écharpe, il jugeait d'abord que c'était dans le dessein de s'en servir, au lieu de navire, pour passer les mers.

Il ne voulut jamais permettre qu'on fît son portrait, de crainte qu'on ne s'en servît pour tourmenter et faire mourir l'original.

Rien n'égale la frayeur qu'il eut un jour dans une rue, se trouvant au passage d'un homme qui bâilla de toute l'étendue de sa bouche, qui était fort grande. M. Oufle se recula plus de trois pas en arrière : voyant cet étrange bâilleur, il crut que c'était un sorcier qui l'allait avaler tout vif. Et, s'il arrive que les lecteurs se moquent de cette appréhension; qu'ils se moquent donc aussi des auteurs qui la lui ont suggérée.

On sait (et je ne doute pas que le lecteur ne l'ait quelquefois éprouvé) qu'il y a des gens qui, en parlant, éclaboussent souvent de leur salive ceux qui les écoutent, s'approchant d'eux le plus près qu'ils peuvent. C'est une impolitesse des plus incommodes et des plus condamnables; c'est de plus une malpropreté. M. Oufle évitait autant qu'il pouvait ces maussades; mais c'était bien moins par aversion pour leur importunité que parce qu'il se croyait averti par ses lectures qu'ils pouvaient être des sorciers, et sorciers d'autant plus dangereux qu'il était à craindre, comme il pensait, qu'ils ne fissent mourir leurs auditeurs en leur crachant ainsi au visage.

Un homme à larges manches l'étant venu voir pour une affaire importante et sur laquelle on avait fait depuis plusieurs jours de grands mouvements, fut obligé de le quitter sans avoir pu le faire discourir sur ce dont il s'agissait. M. Oufle eut sans cesse les yeux attachés sur les manches de cet homme, pour voir s'il n'en sortirait point du feu, et s'il n'y entendrait point gronder le tonnerre.

Un chien qui tenait un grand os dans sa gueule, passait devant sa maison dans le temps qu'il en sortait; il le regarde et le suit, redoublant ses pas de toute sa force, et courant même quelquefois afin de ne pas le perdre de vue. Le chien, qui se voyait ainsi suivi, se retournait de temps en temps, grondant comme il aurait fait si un autre chien avait paru vouloir lui arracher sa proie, ou du moins en avoir sa part. M. Oufle s'arrêtait quand le chien s'arrêtait; et celui-ci, à chaque pas qu'il faisait, regardait son spectateur du coin de l'œil, dans la crainte où il était d'en recevoir quelque supercherie. Enfin il entra chez son maître, et notre homme, après être resté près d'une heure à la porte, ne le voyant plus paraître, jugea qu'il appartenait à quelqu'un de cette maison. Il s'informa du voisinage, et sut que c'était le chien d'un savant, logé dans une quatrième chambre sur le derrière, qui avait donné plusieurs ouvrages au public, et que presque tous les jours cet animal allait par la ville, et revenait d'ordinaire la gueule pleine de quelque os ou de quelques bribes dont il se nourrissait. M. Oufle secoua la tête, ne doutant point que le savant ne fût un magicien, et qu'il se servait des os que son chien allait chercher, pour lui servir de voiture quand il aurait des voyages à faire sur mer. Non-seulement M. Oufle, mais encore les démonographes assurent qu'on ne manque de rien, qu'on vient à bout de tout, pourvu qu'on ait un sorcier à sa disposition, pourvu qu'on sache les pouvoirs de la magie et qu'on en veuille faire usage.

Le livre de Laurent Bordelon est terminé par une description du sabbat. On la trouvera ici plus complète. Voy. SABBAT.

BORDI ou AL-BORDI, montagne qui, selon les Perses, est l'œuf de la terre; ils disent qu'elle était d'abord très-petite, qu'elle grossit au commencement, produisit le monde et s'accrut tellement, qu'elle supporte aujourd'hui le soleil sur sa cime. Ils la placent au milieu de notre globe. Ils disent encore qu'au bas de cette montagne fourmillent quantité de dives ou mauvais génies; et qu'au-dessous est un pont où les âmes passent pour aller dans l'autre monde, après qu'elles ont rendu compte de ce qu'elles ont fait dans celui-ci.

BORGIA (CÉSAR). On lui attribue l'honneur d'avoir eu un démon familier.

BORRI (JOSEPH-FRANÇOIS), imposteur et alchimiste du dix-septième siècle, né à Milan en 1627. Il débuta par des actions qui l'obligèrent à chercher refuge dans une église jouissant du droit d'asile. Il parut depuis changer de conduite; puis il se dit inspiré du ciel, et prétendit que Dieu l'avait choisi pour réformer les hommes et pour rétablir son règne ici-bas. Il ne devait y avoir, disait-il, qu'une seule religion soumise au pape, à qui il fallait des armées, dont lui, Borri, serait le chef, pour exterminer tous les non catholiques. Il montrait une épée miraculeuse que saint Michel lui avait donnée; il disait avoir vu dans le ciel une palme lumineuse qu'on lui réservait. Il soutenait que la sainte Vierge était de nature divine, conçue par inspiration, égale à son fils et présente comme lui dans l'eucharistie, que le Saint-Esprit s'était incarné dans elle, que la seconde et la troisième personne de la Trinité sont inférieures au Père, que la chute de Lucifer entraîna celle d'un grand nombre d'anges qui habitaient les régions de l'air. Il disait que c'est par le ministère de ces anges rebelles que Dieu a créé le monde et animé les brutes, mais que les hommes ont une âme divine; que Dieu nous a faits malgré lui, etc. Il finit par se dire lui-même le Saint-Esprit incarné.

Il fut arrêté après la mort d'Innocent X, et, le 3 janvier 1661, condamné comme hérétique et comme coupable de plusieurs méfaits. Mais il parvint à fuir dans le nord, et il fit dépenser beaucoup d'argent à la reine Christine, en lui promettant la pierre philosophale. Il ne lui découvrit cependant pas ses secrets. Il voulait passer en Turquie, lorsqu'il fut arrêté de nouveau dans un petit village comme conspirateur. Le nonce du pape le réclama, et il fut conduit à Rome, où il mourut en prison le 10 août 1695.

Il est l'auteur d'un livre intitulé : *La Clef du cabinet du chevalier Borri, où l'on trouve diverses lettres scientifiques, chimiques et très-curieuses, ainsi que des instructions politiques, autres choses dignes de curiosité, et beaucoup de beaux secrets.* Genève, 1681, petit in-12 (1). Ce livre est un recueil de dix lettres, dont les deux premières roulent sur les esprits élémentaires. L'abbé de Villars en a donné un abrégé dans l'ouvrage intitulé : *Le Comte de Gabalis*.

BOS (FRANÇOISE), Le 30 janvier 1606, le juge de Gueille procéda contre une femme de mauvaise vie, que la clameur publique accusait d'avoir un commerce abominable avec un démon incube. Elle était mariée et se nommait Françoise Bos. De plus elle avait séduit plusieurs de ses voisines et les avait engagées à se souiller avec ce prétendu démon, qui avait l'audace de se dire capitaine du Saint-Esprit; mais qui, au témoignage desdites voisines, était fort puant. Cette dégoûtante affaire se termina par la condamnation de Françoise Bos, qui fut brûlée le 14 juillet 1606. — On présume, par l'examen des pièces, que le séducteur était un misérable vagabond.

BOSC (JEAN DU), président de la cour des aides de Rouen, décapité comme rebelle en 1562. On a de lui un livre intitulé : *Traité de la vertu et des propriétés du nombre septénaire*.

BOTANOMANCIE, divination par le moyen des feuilles ou rameaux de verveine et de bruyère, sur lesquelles les anciens gravaient les noms et les demandes du consultant.

On devinait encore de cette manière : lorsqu'il y avait eu un grand vent pendant la nuit, on allait voir de bon matin la disposition des feuilles tombées, et des charlatans prédisaient ou déclaraient là-dessus ce que le peuple voulait savoir :

BOTIS, Voy. OTIS.

BOTRIS ou BOTRIDE, plante dont les feuilles sont velues et découpées et les fleurs en petites grappes. Les gens à secrets lui attribuent des vertus surprenantes, et particulièrement celle de faire sortir avec facilité les enfants morts du sein de leur mère.

BOUBENHOREN, Voy. PACTE.

BOUC. C'est sous la forme d'un grand bouc noir aux yeux étincelants, que le diable se fait adorer au sabbat; il prend fréquemment cette figure dans ses entrevues avec les sorcières, et le maître des sabbats n'est pas autrement désigné, dans beaucoup de procédures, que sous le nom de bouc noir ou grand bouc. Le bouc et le manche à balai sont aussi la monture ordinaire des sorcières, qui partent par la cheminée pour leurs assemblées nocturnes.

Le bouc, chez les Egyptiens, représentait le dieu Pan, et plusieurs démonographes disent que Pan est le démon du sabbat. Chez les Grecs on immolait le bouc à Bacchus; d'autres démonomanes pensent que le démon du sabbat est Bacchus. Enfin le bouc émissaire des Juifs (Azazel) hantait les forêts et les lieux déserts consacrés aux démons : voilà encore, dans certaines opinions, les motifs qui ont placé le bouc au sabbat. Voy. SABBAT.

---

(1) La Chiave del gabinetto del cavagliere G. F. Borri, col favor della quale si vedono varie lettere scientifice, chimice, e curiosissime, con varie instruzioni politiche, ed altre cose degne di curiosita e molti segreti bellissimi. Cologne (Genève), 1681.

L'auteur des admirables secrets d'Albert le Grand dit, au chapitre 3 du livre II, que si on se frotte le visage de sang de bouc qui aura bouilli avec du verre et du vinaigre, on aura incontinent des visions horribles et épouvantables. On peut procurer le même plaisir à des étrangers qu'on voudra troubler. Les villageois disent que le diable se montre fréquemment en forme de bouc, à ceux qui le font venir avec le grimoire. Ce fut sous la figure d'un grand bouc qu'il emporta Guillaume le Roux, roi d'Angleterre.

Voici une aventure de bouc qui peut tenir ici sa place. Un voyageur, couché dans une chambre d'auberge, avait pour voisinage, sans le savoir, une compagnie de chèvres et de boucs, dont il n'était séparé que par une cloison de bois fort mince, ouverte en plusieurs endroits. Il s'était couché sans examiner son gîte et dormait paisiblement, lorsqu'il reçut la visite d'un bouc son voisin : l'animal avait profité d'une ouverture pour venir le voir. Le bruit de ses sabots éveilla l'étranger, qui le prit d'abord pour un voleur. Le bouc s'approcha du lit et mit ses deux pieds dessus. Le voyageur, balançant entre le choix d'une prompte retraite ou d'une attaque vigoureuse, prit le parti de se saisir du voleur prétendu. Ses pieds, qui d'abord se présentent au bord du lit, commencent à l'intriguer; son effroi augmente, lorsqu'il touche une face pointue, une longue barbe, des cornes... Persuadé que ce ne peut être que le diable, il saute de son lit tout troublé. Le jour vint seul le rassurer, en lui faisant connaître son prétendu démon. Voy. Grimoire.

La chapelle des boucs.

Ce qui va suivre explique quelque chose des mystères de la sorcellerie et surtout du sabbat. Nous devons ce récit intéressant à M. André Van Hasselt, qui l'a publié à Bruxelles, dans l'*Émancipation*.

Nous voici en l'année 1773. Par une chaude journée du mois d'août, nous suivons lentement l'ancienne route de Maëstricht à Aix-la-Chapelle; cette voie nonchalante et paresseuse qui se traîne, par de longs détours, à travers les villages de Meersen et de Houthem, touche au bourg de Fauquemont, puis se dirige par Heek, Climmen et Gunroot vers Heelen, d'où elle s'avance sur Aix-la-Chapelle, après avoir traversé Kerkraede et Ricterick.

Nous venons de sortir de Fauquemont; voici à notre gauche le clocher pointu de Heeck avec sa croix. Après avoir dépassé Climmen, quittons la grande route et descendons dans ce vallon où glisse la rivière de Geleen, charmante à suivre. Si le lecteur n'est pas fatigué, il entrera dans un taillis et y trouvera les ruines d'un petit manoir, près de la croix plantée au bord du sentier qui se dirige de Hoensbroek à Vaesraedt.

— Ces ruines, que l'on ne découvre pas sans peine sous les ronces et la mousse qui les couvrent, sont celles du château de Scheurenhof, manoir habité en 1773 par les restes de l'ancienne famille, réduite maintenant à deux têtes, le vieux chevalier de Scheurenhof et sa fille.

Rarement les habitants du village voyaient le vieux chevalier; il vivait dans la retraite la plus profonde. Sa fille, Mathilde, avait dix-huit ans, et on la citait, dans cette contrée, connue par la beauté et la fraîcheur de ses jeunes filles, comme la plus fraîche et la plus belle. Elle était encore un ange de bonté. Il fallait voir avec quels soins, avec quelle affectueuse piété, elle s'appliquait à adoucir les derniers jours de son vieux père. — Et ce n'était pas trop de tout cet amour pour donner la résignation au vieillard ; car les douleurs et les infirmités de la vieillesse ne troublaient pas seules la vie du chevalier de Scheurenhof. Un autre motif, et un motif plus grave, ne lui laissait point de repos.

A l'époque où se passe l'événement que nous allons raconter, cette partie du Limbourg était singulièrement agitée, non point par une guerre, mais par quelque chose de pire, par une bande de brigands dont le souvenir a laissé des traces dans tout le pays. Cette bande étendait le théâtre de ses exploits dans tout le vaste carré compris entre Aix-la-Chapelle, Maëstricht, Ruremonde et Wassemberg. Elle débordait même souvent jusque dans la Campine liégeoise. Elle avait à elle tous les villages, tous les hameaux, tous les bourgs compris dans les quatre angles de ce territoire, et elle y régnait par la terreur et l'épouvante. Ceux qui la composaient, habitants de ces bourgs, de ces hameaux, de ces villages, se reconnaissaient entre eux par un mot d'ordre et par une petite carte marquée d'un signe hiéroglyphique. Le jour, ils travaillaient aux champs, ou buvaient dans les tavernes (car l'argent ne leur manquait jamais). La nuit, ils se rassemblaient au signal d'un coup de sifflet qui partait du fond d'un hallier ou qui retentissait dans les solitudes d'une bruyère. Alors l'effroi se répandait de toutes parts. Les fermes tremblaient. Les églises étaient dans l'inquiétude. Les châteaux frémissaient d'anxiété. Partout on se disait avec terreur et tout bas :

— Malheur ! voilà les Boucs qui vont venir.

Et les bandits allaient, dévalisant les fermes, dépouillant les châteaux, pillant les églises, souvent à la lueur de l'incendie, toujours les armes à la main et un masque au visage.

Le matin, tous avaient disparu. Chacun avait repris son travail de la journée, tandis que l'incendie allumé par eux achevait de s'éteindre et que les victimes de leurs vols et de leurs déprédations se désolaient sur les ruines de leurs fortunes.

Le grand nombre d'expéditions qui se multipliaient de tous côtés et souvent dans la même nuit, avaient fait naître parmi le peuple une singulière croyance. On disait que les bandits possédaient le pouvoir de se transporter en un instant d'un point de la province à l'autre, et qu'un pacte, conclu avec l'enfer, mettait à leurs ordres le démon qui, sous la forme d'un bouc, les emportait sur son dos à travers les airs. De là le nom de *Boucs* qui leur fut donné.

L'origine de cette bande doit être attribuée à quelques déprédations isolées commises avec succès. Mais plus tard, quand le nombre immense des Boucs se fut accru au point d'inspirer des craintes sérieuses à la république des Provinces-Unies, on soupçonna des ramifications si étendues et des plans si étranges, que l'historien doit douter de la vérité des convictions acquises par plus d'un des juges qui siégèrent pour examiner les brigands dont la justice parvenait à s'emparer. On allait jusqu'à dire que Frédéric le Grand, pour avoir les coudées franches en Allemagne et occuper les Provinces-unies, entretenait lui-même par des agents secrets ce terrible incendie. On ajoutait même que l'initiation des adeptes se faisait d'après un moyen inventé par d'Alembert.

Voici comment ces initiations avaient lieu. — Dans quelque chapelle perdue au fond d'un bois ou d'un bruyère, s'allumait une petite lampe, au milieu d'une nuit obscure et orageuse.

L'adepte était conduit par ces deux parrains dans ce bois ou dans cette bruyère, et la chapelle s'ouvrait. Il en faisait trois fois le tour à quatre pattes; puis il y entrait à reculons, après une copieuse libation de liqueur forte. Deux brigands affublés de vêtements cabalistiques recevaient son serment et concluaient avec lui le pacte infernal. On le hissait alors sur un bouc de bois placé sur un pivot. Le récipiendaire assis, on se mettait à tourner le bouc. Il tournait, il tournait toujours, il ne cessait de tourner.

Le malheureux, déjà le cerveau pris par la boisson, devenait de plus en plus ivre. Il bondissait sur sa monture, la sueur ruisselait le long de ses tempes, il croyait traverser l'air à cheval sur un démon. Quand il avait longtemps tourné ainsi, on le descendait harassé, n'en pouvant plus, dans un vertige inexprimable. Il était Bouc; il était incendiaire, il était voleur, il était bandit, il était assassin. Il appartenait à tous les crimes. Il était devenu un objet de terreur, un être exécrable. La soif de l'or avait fait tout cela.

Mais, si les Boucs répandaient ainsi l'épouvante, la justice ne demeurait pas inactive. Ce fut dans le pays de Rolduc que les premières poursuites eurent lieu. Et, ces poursuites commencées, on alla bon train. La seigneurie de Fauquemont, l'ammanie de Montfort, tout le territoire de Juliers, se couvrirent de roues, de gibets, de bûchers. Heelen fit construire deux potences. La Seigneurie de Schaesberg, Noensbroek, Ubach, Nuth, presque chaque village en firent ériger une au moins. Et plus on rouait, plus on pendait, plus on écartelait, plus on brûlait, plus aussi les Boucs devenaient redoutables par leur nombre et par leur audace. On eût dit qu'une lutte s'était établie entre le crime et la loi, et que l'un rivalisait avec l'autre, comme s'il se fût agi de savoir à qui des deux resterait la victoire.

Cela dura vingt ans tout entiers. Celui qui voudrait, comme nous avons eu le courage de le faire, interroger les registres formidables des différentes justices qui, dans le Limbourg, eurent à s'occuper des procès des Boucs, serait stupéfait devant le chiffre énorme des malheureux, coupables ou non (car la justice se trompait quelquefois), qui périrent de par la loi dans cet espace de temps. Dans un rôle du tribunal de Fauquemont seul, nous avons compté cent quatre pendus et écartelés en deux années, de 1772 à 1774.

Le manoir de Scheurenhof était situé précisément au milieu du foyer de ces brigandages. — Le vieux chapelain entra dans la salle.

— Nous apportez-vous de mauvaises nouvelles, mon père? lui demanda vivement le seigneur.

— Il est difficile d'en espérer de bonnes, répondit le prêtre. La nuit passée, l'incendie a éclaté sous les toits de Bingelraedt.

Ainsi l'orage s'amasse de plus en plus; cette nuit Bingelraedt, il y a trois jours Schinveldt, il y a six jours Neuenhagen.

Et en disant ces mots, le vieillard baissa tristement les yeux vers la terre.

Le jour était entièrement tombé et l'obscurité avait envahi le ciel de toutes parts. La jeune fille, au bord de la fenêtre, ouvrit tout à coup de grands yeux et jeta un cri terrible:

— Le feu! le feu!

Le vieillard bondit sur son siège.

— Le feu, dis-tu? et de quel côté?

— Du côté de Hegen, répondit Mathilde avec un profond serrement de cœur.

— Ce n'est rien, dit le vieillard froidement.

Ces paroles poignantes firent rouler une larme sur chacune des joues de la jeune fille. Elle suffoquait à ce tableau sinistre et à l'idée que là peut-être une tête bien chère allait tomber sur les haches impitoyables des Boucs.

Le petit château de Hegen, situé à l'est de Scheurenhof, était habité par une famille qu'une haine héréditaire faisait vivre dans une inimitié héréditaire aussi avec la famille de Scheurenhof. Le voisinage, le temps, les mille rapports que doit nécessairement établir le contact continuel de deux maisons situées, pour ainsi dire, côte à côte, rien de tout cela n'avait pu dominer cette haine. Au contraire, elle devenait plus ardente d'année en année. Mais, si cette division acharnée s'était mise entre ces deux châteaux, il y avait pourtant un lien secret et caché qui les réunissait. Mathilde était aimée de Walter de Hegen.

Le vieux châtelain de Scheurenhof ne songeait guère, il est vrai, à donner le titre de gendre à Walter, comme le maître du manoir de Hegen repoussait de toutes ses forces l'idée que son fils pût donner un jour à Mathilde le titre d'épouse. En dépit de la haine des deux pères, ni le fils ni la fille ne quittaient cet espoir. Et c'était la crainte d'un danger pour Walter qui avait fait couler les larmes des yeux de l'héritière de Scheurenhof, au moment où l'incendie éclata devant elle du côté du manoir.

— Vous avez donc pris vos mesures? demanda le chapelain en se tournant vers le sire de Scheurenhof.

— Mes murailles sont assez fortes encore pour que nous puissions repousser la première attaque, répondit celui-ci.

A peine le chevalier eut-il achevé ces mots, qu'un serviteur de la maison, Job, entra tout effaré dans la salle.

— Eh bien! Job, que veut dire cette pâleur? fit le maître du manoir.

— Messire, des hommes du village désirent vous parler.

— Et qui est à leur tête?

— Le bailli de Hoensbroek.

— Qu'on les laisse entrer.

Quand les habitants de Hoensbroek se trouvèrent devant le châtelain de Scheurenhof, le bailli prit la parole :

— Noble seigneur, nous venons vous offrir nos services en ce moment de danger. Vous avez toujours été pour nous charitable et bon. Il est juste que nous vous soyons reconnaissants.

Le visage du vieillard s'éclaircit à ces paroles; il jeta un regard rapide sur les braves accourus à son secours en les nommant chacun par leur nom comme d'anciennes connaissances. Mais ses yeux s'arrêtèrent avec étonnement sur une figure cachée à demi dans un des coins les plus obscurs de la salle. C'était un vigoureux jeune homme dont le front était bruni par le soleil, dont les bras eussent déraciné un arbre du sol et dont les prunelles trahissaient à la fois la ruse et l'audace.

— Eh! Martin, exclama le sire de Scheurenhof, comment se fait-il que je te rencontre ici parmi mes amis?

— Châtelain de Scheurenhof, répondit l'autre sans manifester la moindre surprise, je n'ai jamais été que l'ennemi du gibier de votre chasse, parce que je suis d'avis que Dieu n'a pas donné de maître à ce qui vit dans l'eau, dans l'air et dans les forêts, et qu'il a créé pour le valet aussi bien que pour le seigneur, le lièvre de la forêt, l'oiseau du ciel et le poisson de la rivière. Vous, messire, ne pensez pas de même, et plus d'une fois vous me l'avez montré par votre justice, sans cependant que vous ayez jamais à mon égard agi avec inhumanité comme vos lois vous permettaient de le faire. Or, je vous en suis reconnaissant aussi, et mon bras est à vous.

Le vieillard contint l'émotion qui agitait son cœur ; et, se tournant vers les autres :

— Mes amis, je n'ai que deux souhaits à former ; le premier, c'est que le ciel me mette un jour à même de récompenser votre loyauté. Vos services, je ne puis les accepter, parce que vous avez vos maisons, vos femmes, vos enfants. Si l'on vous savait ici, on brûlerait vos maisons, on dévasterait vos champs, on ruinerait vos biens, on vous réduirait à la misère. Toi, Martin, demeure. Tu n'as rien à perdre. Je te nomme, dès ce moment, mon premier garde-chasse. Tu t'acquitteras bien de cette charge, car nul mieux que toi ne connaît les sentiers de mes bois. Vous, mes amis, rentrez dans vos demeures.

En disant ces mots, il tendit la main au bailli et à tous ses compagnons, qui ne se retirèrent qu'à regret.

A peine furent-ils parvenus au bas du sentier qui conduit à Hoensbroek, qu'ils entendirent un cavalier glisser à côté d'eux, mais ils ne purent le distinguer suffisamment pour le reconnaître à cause de l'obscurité de la nuit.

— Qui va là? s'écria le bailli.

— Ami! répondit une voix qu'ils ne reconnurent pas davantage.

Le cavalier avait déjà gravi la hauteur, et le bruit de son coursier s'était éteint du côté de Scheurenhof.

Peu de minutes après, la poignée d'une épée frappa vivement à la porte du manoir.

— Qui frappe ainsi? demanda Martin, armé d'un fusil de chasse de son maître.

— Un ami, qui veut parler au sir de Scheurenhof, répondit la voix que les habitants de Hoensbroek avaient déjà interrogée.

La porte s'ouvrit, et le cavalier entra. Martin, tenant le canon de son fusil tourné vers l'étranger, lui dit :

— Avancez jusque sous cette lanterne et dites ce que vous voulez.

— Je te l'ai dit, parler à ton maître.

— Qui êtes-vous?

— Ton maître le saura.

Martin abaissa son arme. Il avait reconnu la figure de l'étranger.

— Ah! c'est vous, messire? murmura-t-il avec étonnement. Suivez-moi.

Ils se dirigèrent vers la salle où se tenaient le sire de Scheurenhof, sa fille et le chapelain, regardant l'incendie qui diminuait et la flamme qui devenait de plus en plus faible.

— Attendez ici que je vous annonce, fit Martin à son compagnon.

A ces mots, il ouvrit la porte de la salle et dit à haute voix :

— Messire Walter de Hegen!

— Walter! exclama Mathilde avec une émotion indicible.

— De Hegen! s'écria le vieux châtelain avec un accent inexorable.

Le jeune homme s'avança d'un pas ferme vers le vieillard.

— Messire, lui dit-il, je ne suis plus maintenant le fils de votre ennemi. L'incendie m'a chassé de ma maison et m'a fait orphelin sur la terre; mon père est mort; ma mère est morte; toute ma famille est tombée. Je n'ai plus de toit et je viens vous demander une place sous le vôtre.

— Jeune homme, l'hospitalité est une

vieille habitude de ma maison; qu'elle soit la tienne; je t'y offre un asile qui demain n'appartiendra plus à nous-mêmes peut-être.

— Messire, si mon cœur est fort, mon épée est forte aussi, répliqua le jeune homme avec fermeté.

On allait inviter Walter à prendre place à table pour partager le repas du soir, quand Martin reparut et s'avança vers le châtelain en jetant sur Hegen un regard de défiance.

— Que désires-tu, Martin? demanda le vieillard.

— J'ai quelque chose à vous confier, messire.

— Parle à haute voix. Cet homme est mon hôte; il peut savoir tout ce qui nous intéresse.

— Voici donc, reprit Martin.. Mon ange gardien m'inspira, sans doute, de m'en aller au dehors et d'écouter ce qui se passe autour de la maison; car j'ai avisé près de notre porte Jean-le-Bancal, le ménétrier; il ne hante que les tavernes, et à chaque fête de village on est sûr de trouver son violon. Il me reconnut; comme nous nous sommes rencontrés plus souvent dans les cabarets que dans les églises, il me demanda si je voulais l'aider à espionner le château et à préparer les moyens de faire tomber Scheurenhof par surprise aux mains des Boucs.

— Ils ne me prendront pas comme un rat dans une souricière! s'écria le vieillard. La colère m'a rendu les forces que l'âge m'avait ôtées. Ils sentiront ce que pèse mon bras, si mon épée est bien pointue et si mes carabines visent juste. Cet homme est-il parti?

— Non, messire! J'ai feint d'entrer dans ses projets et je l'ai pris comme un renard dans une trappe.

— Qu'on le pende à l'instant même à la tour la plus haute de ma maison!

— Ne croyez-vous pas, messire, qu'il serait plus prudent de se borner à le tenir enfermé dans un de nos souterrains, pour ne pas donner l'éveil à ses compagnons? Nous aurons toujours le temps de lui faire faire des entrechats entre ciel et terre...

— Tu as raison, fit le sire de Scheurenhof. Dans le cas où nous sommes, prudence vaut mieux peut-être que témérité. Or, voici le moyen qui me semble préférable. Martin fera semblant d'entrer dans les vues de l'espion. Il sortira avec lui du château et le conduira secrètement dans le bois du Calvaire, en lui disant qu'une troupe de gens d'armes doit venir, cette nuit, à notre secours. Tous nos hommes armés et à cheval feront en silence un détour à travers le bois et rentreront au manoir en passant près de l'endroit où Martin se sera posté avec son compagnon, afin de faire croire ainsi aux bandits que ce secours nous est réellement arrivé.

Cette ruse s'exécuta aussitôt et elle réussit. Avant que minuit eût sonné, un bruit sinistre circula parmi les brigands.

— Il est arrivé une troupe de soldats à Scheurenhof.

— Une troupe nombreuse de cavaliers, répéta Jean-le-Bancal, tous armés jusqu'aux dents et prêts à nous tailler une rude besogne.

— Combien en as-tu compté? reprit le capitaine.

— Un grand nombre, fit le ménétrier. L'obscurité ne m'a pas permis de les distinguer suffisamment. Mais j'ai vu luire leurs armes à la faible clarté de la lune et j'ai entendu leurs chevaux hennir comme après une longue course.

Le récit du Bancal et les assurances qu'il ne cessait de donner augmentèrent dans l'esprit des bandits la conviction que Scheurenhof venait de recevoir une garnison capable d'une longue défense. — Le capitaine était le seul qui doutât des paroles du ménétrier.

— Jean, lui dit-il, tu as vu, tu as entendu, seulement tu as oublié de compter combien ils étaient. Tes yeux avinés auront, à coup sûr, doublé, triplé, décuplé le nombre. En tout cas, nous allons aviser à un autre moyen. Quatre hommes se rendront à Scheurenhof pour demander la place. Cinquante hommes, toi, Pierre-le-Diable, avec la compagnie, vous les accompagnerez pour les protéger contre toute attaque. Vous ferez halte dans le bois du Calvaire et vous attendrez le retour de mes députés.

Le chef ayant fait choix de ses quatre messagers, qu'il munit de ses instructions, Pierre-le-Diable rassembla ses hommes et la troupe se mit en route vers le château. — Parvenus au pont-levis du manoir, ils donnèrent un coup de sifflet pour s'annoncer. Martin passa la gueule de son fusil par une des meurtrières.

— Faut-il faire feu? demande-t-il à son maître. — Et sans attendre la réponse, il lâcha la détente. La balle siffla à l'oreille d'un des envoyés des Boucs.

— Trahison! s'écrièrent les quatre voix toutes ensemble.

— Arrière, Martin! s'écria le châtelain en repoussant le garde chasse.

Puis s'adressant aux députés:

— Ce n'est qu'une méprise, compagnons, leur dit-il. On va vous ouvrir la porte, et foi de gentilhomme! vous sortirez sains et saufs de ma maison.

Aussitôt le pont-levis s'abaissa; la porte s'ouvrit. — Les envoyés des Boucs entrèrent.

— Que voulez-vous? demanda le châtelain.

— Deux choses, répondit l'un d'eux.

— La première?

— C'est que vous nous rendiez toutes les armes qui se trouvent en vos mains, répliqua le bandit.

— La seconde?

— C'est que vous nous remettiez tout l'argent qui est gardé en ce château.

— Allez dire à ceux qui vous envoient qu'ils viennent prendre les armes et l'argent, s'ils le peuvent, répondit le seigneur de Scheurenhof.

La porte se rouvrit et les députés sortirent. Le pont-levis relevé derrière eux Marlin se remit devant la meurtrière, dans laquelle il replaça son fusil rechargé.

— Faut-il faire feu, maître?

— Ce ne sont pas des lièvres, Martin. Ces ommes sont sous ma sauve-garde de gentilhomme.

Le braconnier ne céda qu'à regret à cet ordre et retira son fusil, dont le chien était déjà sur le point de faire partir la balle.

Maintenant la position du châtelain était dessinée tout entière. Le danger était pressant. Aussi l'on s'occupa de tout disposer pour une vigoureuse défense. Les domestiques furent armés de bons fusils et de fléaux et placés près de la porte, les murailles du manoir étant assurées par leur élévation contre l'attaque des bandits. Tout cela fait, on ouvrit les caveaux et le souterrain qui, conduisant du château au bord du ruisseau de Geleen, offrirait une retraite assurée, si le manoir était enlevé.

Deux heures pouvaient s'être écoulées, quand les abords de Scheurenhof se trouvèrent cernés d'une multitude de bandits. On n'entendait que des armes qui s'entre-choquaient, que des sifflets qui s'interrogeaient et se répondaient de toutes parts, que des voix qui se parlaient et des ordres qui couraient de rang en rang. Le gros de la troupe avait atteint le pont-levis.

— En avant! s'écria aussitôt le capitaine.

— Et les bandits s'avancèrent.

Mais, au même instant, une détonation terrible partit de toutes les meurtrières du château, qui était demeuré jusqu'alors dans le plus profond silence.

Bien visé, Martin; dit le châtelain, en voyant chanceler le chef des assaillants qu'une balle avait frappé à la poitrine.

— Le bandit tourna sur lui-même et leva son épée en l'air; puis il tomba au milieu des siens en murmurant d'une voix rauque:

— En avant!

Les brigands hésitèrent un moment et n'osèrent avancer. — Une deuxième détonation illumina les meurtrières, et six hommes mordaient la poussière à côté du cadavre de leur capitaine. — Alors le trouble redoubla. Mais un cri de vengeance éclata presque aussitôt parmi la foule exaspérée:

— Hourra! hourra!

Et ils se ruèrent en avant avec une incroyable fureur. C'était une masse compacte et serrée où portaient toutes les balles qui partaient du château comme une grêle de plomb. Une partie des Boucs, descendus dans le fossé, s'étaient hissés au pont-levis au moyen de cordes et travaillaient à scier les chaînes qui le retenaient. Un moment après le pont s'abaissa avec fracas. La porte craquait sur ses gonds, entamée par le tranchant du fer. Chaque coup grondait sous la voûte d'entrée et mêlait son bruit sourd au bruit des armes à feu et aux blasphèmes qui tonnaient dans la foule comme un orage. La porte tomba déracinée et la multitude se précipita en hurlant sous la voûte ténébreuse. Tout à coup une explosion terrible éclata et ébranla les murailles du manoir jusque dans leurs fondements. Ce ne fut qu'un instant, ce ne fut qu'une seconde. Puis tout était retombé dans une obscurité épaisse, et vous n'eussiez plus entendu que des cris, des gémissements de blessés et de mourants. Une clameur générale couvrit bientôt ces gémissements et ces cris: — Victoire! victoire!

Et les bandits se ruèrent par la brèche, en passant sur quarante cadavres des leurs; que l'explosion de la mine, pratiquée sous la porte, avait broyés. Les Boucs s'étaient jetés dans la cour du château. Mais plus un coup de fusil qui leur répondit, plus un homme qui fût là pour leur tenir tête.

— N'avancez pas trop vite, compagnons, s'écria Pierre-le-Diable, qui avait pris le commandement de la troupe. Soyons sur nos gardes avant tout!

Car il craignait qu'une autre mine, pratiquée sous le sol où ils marchaient, ne fît un nouveau carnage parmi les siens.

— Ne redoutez rien! avancez, si vous n'êtes des lâches! répondit aussitôt une voix que vous eussiez reconnue pour celle de Walter de Hegen.

— A l'attaque! reprit Pierre-le-Diable.

Et les bandits se rangèrent en un vaste cercle autour du jeune homme qui, son épée à la main, se tenait sur le seuil de l'habitation dont il essayait de défendre l'entrée.

Alors recommença un combat terrible. Les mains vigoureuses de Walter brandissaient sa redoutable épée, qui semblait se multiplier et faire une roue de fer autour de lui. Cependant le cercle qui l'enveloppait se rétrécissait de plus en plus et le serrait de plus près. Un moment arriva où les bandits triomphèrent de cet homme seul et jetèrent un hurlement de joie: — Il est pris!

On le renversa sur le sol. Dix haches, dix sabres étaient levés sur lui, dix canons de fusils étaient braqués sur sa poitrine.

— Arrêtez, s'écria le capitaine en écartant les brigands. Cet homme ne peut mourir comme un brave.

— Qu'on le pende aux bras du pont-levis! dit Jean-le-Bancal.

— Qu'on le jette dans le Geleen, continua un autre.

— Je sais mieux que cela, reprit Pierre-le-Diable. Qu'on aille chercher son cheval, et qu'on m'apporte l'un des câbles qui ont servi à monter le pont.

Alors on jeta le prisonnier en travers du cheval, sur lequel on se mit en devoir de l'attacher avec force, après lui avoir noué les bras et les jambes. Puis au moyen des cordes on se mit à frapper le pauvre animal; et, quand on l'eut frappé longtemps:

— Maintenant qu'on le lâche! s'écria le capitaine.

Le cheval fut lâché, et il partit comme un éclair, à travers les buissons, à travers les halliers, courant comme si un ouragan l'emportait. Le cheval et le cavalier ayant disparu, on se mit à fouiller dans le château; on brisa toutes les portes, on força tous les meubles, on interrogea tous les réduits.

— C'est une chose inconcevable, se dirent

les bandits, quand, après avoir tout fouillé, ils n'eurent rien trouvé, ni hommes ni argent.

— Comment ont-ils pu s'enfuir d'ici? demanda le chef.

— J'ai vu à la tourelle de l'est une échelle de corde attachée au mur et qui descend jusque dans le fossé, dit un homme de la troupe.

— Ils se sont donc sauvés par là, reprit Pierre.

— Vers Amstenraedt, ajouta Jean-le-Bancal.

— Nous les rejoindrons, continua Pierre-le-Diable.

Et tous les bandits prirent la route d'Amstenraedt.

Après avoir donné le signal de l'explosion qui fit sauter la porte d'entrée, le seigneur de Scheurenhof et les siens s'étaient retirés par le souterrain qui conduisait au bord du ruisseau de Geleen. Walter avait refusé de les suivre, afin de protéger leur retraite. Une échelle de corde avait été attachée à la tourelle de l'est pour faire supposer que les fugitifs s'étaient échappés de ce côté. Le sire de Scheurenhof et toute sa maison marchaient dans l'obscur souterrain, éclairés par la lumière d'une lanterne sourde que Martin portait devant eux. Parvenus à l'issue au milieu d'un épais fourré, Martin éteignit sa lanterne, et tous virent les pâles étoiles au ciel.

On entendait de loin la rumeur des Boucs qui s'éloignait et s'éteignait dans la nuit vers le village d'Amstenraed, dans une direction opposée à celle que suivaient les fugitifs. — Mais à peine le châtelain eut-il mis le pied hors du souterrain, qu'il recula, saisi d'effroi, et que Mathilde jeta un cri. Il s'était fait un grand bruit dans les buissons, comme celui d'un cavalier dont le cheval, effrayé par un coup de tonnerre, aurait pris le mors aux dents. Ce bruit devenait de plus en plus distinct. C'étaient des branches qui se cassaient, des feuillages qui se froissaient, des hennissements étouffés. Au même instant quelque chose de lourd vint s'abattre aux pieds de la jeune fille.

— Walter de Hegen! dit Mathilde.

C'était lui en effet; les chairs à demi déchirées par les cordes qui le nouaient à cheval, mais sain et sauf. Une larme de joie roula sur les joues de l'héritière de Scheurenhof, et tous se mirent en devoir de défaire les nœuds qui étreignaient Walter.

— Comment cela s'est-il fait? demanda le vieillard à peine revenu de son étonnement.

— Je vous dirai cela plus tard, répondit le jeune homme. Songeons d'abord à nous mettre en sûreté. Je connais près d'ici le meunier d'Hullebroeck. Nous y trouverons des chevaux. Nous nous dirigerons vers Geulh, où nous passerons la Meuse.

Et, sans se donner le temps de reprendre haleine, il conduisit la troupe.

Ils avaient laissé à leur gauche le village de Heeck, et descendaient un étroit ravin vers le clocher de Saint-Peter. Ils n'y furent pas plutôt engagés que Martin, qui marchait à la tête de la troupe en guise d'éclaireur, s'arrêta brusquement et dit à voix basse:

— Arrêtez.

Tous firent halte, parce que tous savaient combien était développé dans ce braconnier cet instinct de bête fauve qui flaire le danger, qui comprend le langage du vent, qui entend au frôlement des feuillages d'un hallier si c'est un ami ou un ennemi qui l'a produit.

Après s'être assuré de la direction d'où venait la rumeur qui le frappait, le garde-chasse mit son fusil en bandoulière et se disposa à grimper le long de la berge du ravin. Sans déranger un caillou, sans froisser une plante, sans rompre la branche d'un buisson, il atteignit avec la légèreté d'un chat la crête de la berge et regarda autour de lui en écoutant de toutes ses oreilles. Il reconnut aussitôt quel était ce bruit; car il avisa à quelque distance la sinistre petite lampe qui ne s'allumait qu'au sein des nuits ténébreuses pour éclairer l'initiation des Boucs. Un cri de terreur se fût échappé de la bouche des fugitifs, s'il leur eût dit: — Nous sommes près de la chapelle des boucs. — Mais il se pencha au bord du ravin, et leur fit signe de marcher avec précaution.

— Avancez à pas de loup; leur dit-il tout bas; nous sommes ici dans un endroit plein de péril.

Toute la troupe descendit le ravin dans le plus grand silence. Ils laissèrent à leur gauche les toits d'Ooste, et entrèrent après une demi-heure de marche à Fauquemont.

— Grâce au ciel! nous voici sauvés, s'écria le sire de Scheurenhof.

Pendant ce temps, Martin s'était glissé à travers les buissons et les hautes herbes jusqu'auprès de l'entrée de la chapelle. Il y vit accomplir les mystères d'une initiation. Devant l'autel se tenait debout ce fameux juif Abraham Nathan, qui joua un rôle si terrible dans l'histoire de la bande. Il était vêtu d'une espèce de chasuble brodée d'or et recevait le serment d'un pauvre vacher que l'on venait de descendre du bouc de bois.

— Tu renies Dieu? lui demandait le juif.

— Oui, répondit le paysan d'une voix avinée.

— Et la Vierge et les saints?

— Oui, la Vierge et les saints.

— Tu consens à donner ton âme au démon, afin qu'il t'accorde en échange les biens de la terre, l'or, les richesses et le pouvoir de te transporter par ta volonté partout où tu voudras?

— Oui.

— Eh bien! j'accepte au nom de l'enfer ton âme à ce prix, dit Nathan. Et maintenant tu es des nôtres. Voici la carte qui te fera reconnaître des frères.

Puis, après lui avoir remis une carte marquée d'un signe hiéroglyphique, le juif lui donna l'accolade fraternelle et lui répéta:

— A ce soir.

— Cela ne sera pas, se dit Martin en lui-même.

Et, passant le canon de son fusil entre les branches d'un buisson, derrière lequel il se tenait caché, il ajusta Nathan qui se penchait vers son compagnon et lui donnait le baiser d'initiation. Au même instant la détente partit; une balle fracassa la tête du nouvel initié et entra dans les chairs du bras droit du juif.

Un cri effroyable retentit dans la chapelle : —Trahison! trahison!

Le nouveau Bouc roula sur les marches de l'autel, se tordit un instant et rendit le dernier soupir. Le juif éleva son bras ensanglanté et dit aux deux compagnons qui lui restaient en montrant le mort : — Frères, vengez-moi et vengez cet homme.

Les deux parrains prirent leurs carabines et sortirent de la chapelle, dirigeant leurs armes vers l'endroit où ils avaient aperçu le feu du braconnier. Leurs deux balles partirent à la fois.

— Mal visé! mes compères, s'écria Martin, qui avait rechargé son fusil double et tenait deux coups à la portée de ses adversaires.

Il lâcha le premier, et l'un des hommes tomba. Il lâcha le second, et l'autre tomba aussi. Il ne restait plus que le juif. Mais Nathan s'enfuit à travers les fourrés du bois et disparut dans les dernières ténèbres de la nuit.

Martin rentra avec l'aube à Fauquemont. Il instruisit le bailli de ce qui s'était passé. La justice se rendit avec une forte escorte à la chapelle d'initiation et n'y trouva que les cadavres, qui furent enterrés ignominieusement par le bourreau sous le gibet infâme.

Nathan fut pris quinze jours plus tard, et pendu le 24 septembre 1772, à Heeck, sur la bruyère de Graed.

Malgré la sévérité des juges, malgré les placards nombreux publiés par les nobles et puissants seigneurs des Provinces-Unies et les mesures prises par les princes évêques de Liége, les Boucs ne purent être entièrement exterminés. Quelques écrivains contemporains font remonter cette bande à l'an 1736. On ne parvint à la dompter qu'en 1779. Elle eut un grand nombre de chefs, parmi lesquels figurent surtout le fameux chirurgien de K., du pays de Rolduc, le juif Abraham Nathan, Herman L. et Antoine B., surnommé le Mox. Elle possédait même un chapelain qui prêchait tous les crimes ; il portait le nom de Léopold L. Les chapelles où les initiations avaient lieu ordinairement étaient celle de Sainte-Rose, près de Sittard, celle de Saint-Léonard, près de Rolduc, et une autre située aux environs d'Urmon, près de la Meuse. Tous ces endroits sont encore redoutés aujourd'hui des villageois voisins, qui trouvent dans l'histoire des Boucs de quoi défrayer amplement leurs longues soirées d'hiver.—Mathilde de Scheurenhof et Walter de Hegen se marièrent et obtinrent une nombreuse postérité.

Ceux d'entre nos lecteurs qui désirent de plus amples détails sur l'histoire de la bande des Boucs, peuvent consulter un petit livre contemporain qui fut publié en 1779, à Maëstricht, sans lieu ni date, et qui porte ce titre curieux : *Oorspong, Oorzaeke, bewys*, etc. « Origine, cause, preuve et découverte d'une bande impie et conjurée de voleurs de nuit et de brigands dans les pays d'outre-Meuse et contrées adjacentes, avec une indication exacte des exécutés et des fugitifs, par S.-P.-J. Sleinada. »

BOUCHER.—Ambroise Paré raconte, dans son livre *des Monstres*, chapitre 28, qu'un valet nommé Boucher, étant plongé dans des pensées impures, un démon ou spectre lui apparut sous la figure d'une femme. Il suivit le tentateur; mais incontinent son ventre et ses cuisses s'enflammèrent, tout son corps s'embrasa, et il en mourut misérablement.

BOUCHEY (Marguerite Ragum), femme d'un maçon de la Sologne, vers la fin du seizième siècle; elle montrait une sorte de marionnette animée, que les gens experts découvrirent être un lutin. En juin 1603, le juge ordinaire de Romorantin, homme avisé, se mit en devoir de procéder contre la marionnette. Elle confessa que maître Jehan, cabaretier de Blois, à l'enseigne *du Cygne*, chez qui elle était servante, lui avait fait gouverner trois mois cette marionnette ou mandragore, qu'elle lui donnait à manger avec frayeur d'abord, car elle était fort méchante, que quand son maître allait aux champs, il lui disait : — Je vous recommande ma bête, et que personne ne s'en approche que vous.

Elle conta qu'une certaine fois Jehan étant allé en voyage, elle demeura trois jours sans donner à manger à la bête, si bien qu'à son retour, elle le frappa vivement au visage.... Elle avait la forme d'une guenon, que l'on cachait bien, car elle était si hideuse, que personne ne l'osait regarder. Sur ces dépositions, le juge fit mettre la femme Bouchey à la question, et plus tard le parlement de Paris la condamna comme sorcière (1). Il est assez probable que la marionnette était simplement une vraie guenon.

BOUILLON DU SABBAT. Pierre Delancre assure, dans l'*Incrédulité et mécréance du sortilége pleinement convaincue*, traité dixième, que les sorcières, au sabbat, font bouillir des enfants morts et de la chair de pendu, qu'elles y joignent des poudres ensorcelées, du millet noir, des grenouilles; qu'elles tirent de tout cela un bouillon qu'elles boivent, en disant: «J'ai bu du tympanon (2), et me voilà professe en sorcellerie. » On ajoute qu'après qu'elles ont bu ce bouillon, les sorcières prédisent l'avenir, volent dans les airs, et possèdent le pouvoir de faire des sortiléges.

BOULES DE MAROC. Il existe à Maroc une tour surmontée de trois boules d or, si artistement fixées au monument, que l'on a vainement tenté de les en détacher. Le peuple croit qu'un esprit garde ces boules et frappe de mort ceux qui essayent de les enlever (3).

BOULLÉ (Thomas),— vicaire de Picard, sorcier comme lui, et impliqué dans l'af-

(1) Arrêts notables de P. Delancre.
(2) Ce bouillon se met dans une outre de peau de bouc, qui sert quelquefois de tympanon ou de tambour.
(3) H. Paillet, Hist. de l'empire de Maroc, p. 69

faire de Madeleine Bavan. On le convainquit d'avoir noué et dénoué l'aiguillette, de s'être mis sur des charbons ardents sans se brûler et d'avoir fait plusieurs abominations. Il souffrit la question sans rien dire, parce qu'il avait le sort de taciturnité, comme l'observe Boisroger. Cependant, quoiqu'il n'eût rien avoué, parce qu'il avait la marque des sorciers et qu'il avait commis des actes infâmes en grand nombre, il fut, après amende honorable, brûlé vif, à Rouen sur le Vieux-Marché, le 22 août 1647 (1).

BOULLENC (Jacques), astrologue à Boulogne-la-Grasse, né au diocèse de Dol en Bretagne. Il fit plusieurs traités d'astrologie que nous ne connaissons pas; il prédit les troubles de Paris sous Charles VI, ainsi que la prise de Tours par le Dauphin. Il dressa ausi, dit-on, l'horoscope de Pothon de Saintrailles, en quoi on assure qu'il rencontra juste (2).

BOULVÈSE, professeur d'hébreu au collége de Montaigu. Il a écrit l'histoire de la possession de Laon, en 1556; c'est l'aventure de Nicole Aubry. C'était un homme excessivement crédule.

BOUNDSCHESCH, livre de l'éternité, très-révéré des anciens Persans. C'est là qu'on voit qu'Ormusd est l'auteur du bien et du monde pur, Arimane l'auteur du mal et du monde impur. Un jour qu'Ormusd l'avait vaincu, Arimane, pour se venger, tua un bœuf qu'Ormusd avait créé : du sang de ce bœuf naquit le premier homme, sur lequel Ormusd répandit la force et la fraîcheur d'un adolescent de quinze ans, en jetant sur lui une goutte d'*eau de santé* et une goutte d'*eau de vie*. Ce premier homme s'appela Kaid-Mords ; il vécut mille ans et en régna cinq cent soixante. Il produisit un arbre, des fruits duquel naquit le genre humain. Arimane, ou le diable, sous la figure d'un serpent, séduisit le premier couple et le corrompit; les premiers hommes déchus se couvrirent alors de vêtements noirs et attendirent tristement la résurrection; car ils avaient introduit le péché dans le monde. On voit là une tradition altérée de la Genèse.

BOURIGNON (Antoinette), visionnaire, née à Lille en 1616, morte en 1680 dans la Frise. Elle était si laide, qu'à sa naissance on hésita si on ne l'étoufferait pas comme un monstre. Elle se consola de l'aversion qu'elle inspirait par la lecture mal digérée de livres qui enflammèrent son imagination vive et ardente. Elle eut des visions et des extases. A vingt ans, comme elle était riche, il se trouva un homme qui voulut bien l'épouser; mais, au moment d'aller à l'autel, elle s'enfuit déguisée en garçon. Elle voyait partout des démons et des magiciens. Elle parcourut la Hollande et fréquenta les héré-tiques, les rabbins, les sorciers ; car il y avait alors à Amsterdam des sorciers de profession. Ses nombreux ouvrages, qui furent tous imprimés sous ses yeux, en français, en flamand et en allemand, combattent tout culte extérieur et toute liturgie, en faveur d'une perfection mystique inadmissible. Les plus célèbres de ses écrits sont le traité du *Nouveau Ciel et du règne de l'Antechrist*, et son livre de l'*Aveuglement des hommes et de la lumière née en ténèbres*.

BOURY. Voy. Flaque.

BOURRU. Les Parisiens faisaient autrefois beaucoup de contes sur un fantôme imaginaire qu'ils appelaient le moine bourru; il parcourait les rues pendant la nuit, tordait le cou à ceux qui mettaient la tête à la fenêtre, et se permettait un grand nombre de tours de passe-passe. Il paraît que c'était une espèce de lutin. Les bonnes et les nourrices épouvantaient les enfants de la menace du moine bourru. Croque-mitaine lui a succédé.

BOURREAU. Le maître des hautes-œuvres avait jadis diverses prérogatives. On lui attribuait même, dans plusieurs provinces, le privilége de guérir certaines maladies, en les touchant de la main, lorsqu'il revenait d'une exécution de mort (3). On croit encore, dans nos campagnes, que le bourreau est un peu sorcier, et il n'est pas rare que des malades superstitieux se fassent traiter par lui, quoiqu'il n'ait plus de graisse de pendu.

BOUSANTHROPIE, maladie d'esprit qui frappait certains visionnaires, et leur persuadait qu'ils étaient changés en bœuf. Mais les bousanthropes sont bien moins communs que les loups-garous ou lycanthropes, dans les annales de la superstition. Voy. Lycanthropie.

BOUTON DE BACHELIER. Les jeunes paysans anglais prétendaient autrefois savoir d'avance quels seraient leurs succès auprès des jeunes filles qu'ils voulaient rechercher en mariage, en portant dans leur poche une plante nommée bouton de bachelier, de l'espèce du lychnis, et dont la fleur ressemble à un bouton d'habit. Ils jugeaient s'il fallait espérer ou désespérer, selon que ces boutons s'épanouissaient ou non (4).

BOVILLE ou BOVELLES, *Bovillus* (Charles de), Picard, mort vers 1553. Il veut établir, dans son livre *De sensu*, cette opinion que le monde est un animal, opinion d'ailleurs ancienne, renouvelée plusieurs fois depuis et assez récemment par Félix Nogaret (5). On cite encore de Bovillus ses *Lettres* (6), sa *Vie de Raymond Lulle*, son *Traité des douze nombres* et ses *Trois dialogues sur l'immortalité de l'âme, la résurrection et la fin du monde* (7).

BOXHORN (Marc Zuerius), critique hol-

(1) M. Jules Garinet, Histoire de la magie en France, p. 246.
(2) Extrait d'un manuscrit de la Bibliothèque du roi, rapporté à la fin des Remarques de Joly sur Bayle.
(3) Thiers, Traité des superst., t. I, p. 445.
(4) Smith, Notes aux Joyeuses commères de Shakspeare, acte III.
(5) Dans un petit volume intitulé : La Terre est un animal.
(6) Epistolæ complures super mathematicum opus quadripartitum, recueillies avec les traités De duodecim numeris, de numeris perfectis, etc., à la suite du Liber de intellectu, de sensu, etc. In-fol., rare. Paris, H. Estienne, 1510.
(7) Vita Raymundi eremitæ, à la suite du Commentarius in primordiale evangelium Joannis. In-4°. Paris,

landais, né à Berg-op-Zoom, en 1612. On recherche de lui un *Traité des songes*, qui passe pour un ouvrage rare et curieux (1).

BRACCESCO (Jean), alchimiste de Brescia, qui florissait au seizième siècle. Il commenta l'ouvrage arabe de Geber, dans un fatras aussi obscur que le livre commenté. Le plus curieux de ses traités est *Le bois de vie, où l'on apprend la médecine au moyen de laquelle nos premiers pères ont vécu neuf cents ans* (2).

BRAGADINI (Marc-Antoine), alchimiste originaire de Venise, décapité dans la Bavière, en 1595, parce qu'il se vantait de faire de l'or, qu'il ne tenait que des libéralités d'un démon, comme disent les récits du temps. Son supplice eut lieu à Munich, par l'ordre du duc Guillaume II. On arrêta aussi deux chiens noirs qui accompagnaient partout Bragadini, et que l'on reconnut être ses démons familiers. On leur fit leur procès ; ils furent tués en place publique à coups d'arquebuse.

BRAHMANES. Braines et Bramines, sectateurs de Brahma dans l'Inde. Ils croient que l'âme de Brahma passa successivement dans quatre-vingt mille corps différents, et s'arrêta un peu dans celui d'un éléphant blanc avec plus de complaisance ; aussi révèrent-ils l'éléphant blanc.

Ils sont la première des quatre castes du peuple qui adore Brahma. Ces philosophes, dont on a conté tant de choses, vivaient autrefois en partie dans les bois, où ils consultaient les astres et faisaient de la sorcellerie, et en partie dans les villes pour enseigner la morale aux princes indiens. Quand on allait les écouter, dit Strabon, on devait le faire dans le plus grand silence. Celui qui toussait ou crachait était exclus.

Les brahmanes croient à la métempsycose, ne mangent que des fruits ou du lait, et ne peuvent toucher un animal sans se rendre immondes. Ils disent que les bêtes sont animées par les âmes des anges déchus, système dont le père Bougeant a tiré un parti ingénieux.

Il y avait, dans les environs de Goa, une secte de brahmanes qui croyaient qu'il ne fallait pas attendre la mort pour aller dans le ciel. Lorsqu'ils se sentaient bien vieux, ils ordonnaient à leurs disciples de les enfermer dans un coffre et d'exposer le coffre sur un fleuve voisin qui devait les conduire en paradis. Mais le diable était là qui les guettait ; aussitôt qu'il les voyait embarqués, il rompait le coffre, empoignait son homme ; et les habitants du pays, retrouvant la boîte vide, s'écriaient que le vieux brahmane était allé auprès de Brahma.

Ce Brahma, chef des brahmanes ou brahmes, ou brahmines, est, comme on sait, l'une des trois personnes de la trinité indienne. Il resta plusieurs siècles, avant de naître, à réfléchir dans un œuf d'or, de là coquille duquel il fit le ciel et la terre. Il avait cinq têtes ; il en perdit une dans une bataille, et se mit ensuite à produire quatorze mondes, l'un de son cerveau, l'autre de ses yeux, le troisième de sa bouche, le quatrième de son oreille gauche, le cinquième de son palais, le sixième de son cœur, le septième de son estomac, le huitième de son ventre, le neuvième de sa cuisse gauche, le dixième de ses genoux, le onzième de son talon, le douzième de l'orteil de son pied droit, le treizième de la plante de son pied gauche, et le dernier de l'air qui l'environnait. Les habitants de chacun de ces mondes ont des qualités qui les distinguent, analogues à leur origine ; ceux du monde sorti du cerveau de Brahma sont sages et savants.

Les brahmines sont fatalistes ; ils disent qu'à la naissance de chaque être mortel, Brahma écrit tout son horoscope qu'aucun pouvoir n'a plus moyen de changer.

Des livres indiens reconnaissent un dieu suprême, dont Brahma et Wishnou ne sont que les plus parfaites créatures. Pendant que ces deux divinités secondaires épouvantaient le monde par leur combat terrible, Dieu parut devant eux sous la figure d'une colonne de feu qui n'avait point de fin. Son aspect les calma tout à coup ; et, cessant toute querelle, ils convinrent que celui qui trouverait le pied ou le sommet de la colonne serait le premier dieu. Wishnou prit la forme d'un sanglier et se mit à creuser ; mais, après mille ans d'efforts, n'ayant pas trouvé le pied de la colonne, il reconnut le Seigneur. Brahma, sous la figure d'un oiseau, parcourut en vain les airs pendant cent mille ans. Il finit aussi par se soumettre.

On lui donne plusieurs enfants qu'il mit au jour tous d'une façon singulière ; par exemple, Pirrougou sortit de son épaule et Anghira de son nez. Mais il serait trop long de répéter tous les contes absurdes de sa légende.

Ajoutons seulement que les brahmines, toujours astrologues et magiciens, jouissent encore à présent du privilège de ne pouvoir être mis à mort pour quelque crime que ce soit. Un indien qui aurait le malheur de tuer un brahmine ne peut expier ce crime que par douze années de pèlerinage, en demandant l'aumône et faisant ses repas dans le crâne de sa victime.

Les brahmanes de Siam croient que la terre périra par le feu, et que, de sa cendre, il en renaîtra une autre qui jouira d'un printemps perpétuel.

Le juge Boguet, qui fut dans son temps le fléau des sorciers, regarde les brahmanes comme d'insignes magiciens, qui faisaient le beau temps et la pluie en ouvrant ou fer-

---

1514. — Dialogi tres de animæ immortalitate, de resurrectione, de mundi excidio et illius instauratione. In-8°, Lyon, Gryphius, 1542.

(1) Marci Zuerii Boxhornii Oratio de somniis. Lugduni Batav., 1639, vol. in-4°.

(2) Legno della vita, nel quale si dichiara la medicina per la quale i nostri primi padri vivevano nove cento anni. Rome, 1542, In-8°. — La esposizione di Geber filosofo, nella quale si dichiarano molti nobilissimi secreti della natura. In-8°. Venise, 1544. — Ces deux ouvrages, traduits en latin, se trouvent dans le recueil de Gratarole. Vera alchemiæ doctrina, et dans le tome Ier de la Bibliothèque chimique de Manget ; ils sont aussi publiés séparément sous le titre : De Alchemia dialogi duo. In-4°, Lugd., 1548.

mant deux tonneaux qu'ils avaient en leur puissance. Leloyer assure, page 337, que les brahmanes, ou brahmines, vendent toujours les vents par le moyen du diable; et il cite un pilote vénitien qui leur en acheta au seizième siècle.

BRANDEBOURG. On assure encore, dans les villages de la Poméranie et de la Marche Electorale, que toutes les fois qu'il doit mourir quelqu'un de la maison de Brandebourg, un esprit apparaît dans les airs, sous l'apparence d'une grande statue de marbre blanc. Mais c'est une femme animée. Elle parcourt les appartements du château habité par la personne qui doit mourir, sans qu'on ose arrêter sa marche. Il y a très-longtemps que cette apparition a lieu; et l'on conte qu'un page ayant eu l'audace un jour de se placer devant la grande femme blanche, elle le jeta à terre avec tant de violence, qu'il resta mort sur la place.

BRAS-DE-FER, berger sorcier. Voyez Hocque.

BREBIS. Voy. Troupeaux.

BRENNUS, général gaulois. Après qu'il se fut emparé de Delphes, et qu'il eut profané le temple d'Apollon, il survint un tremblement de terre, accompagné de foudres et d'éclairs, et d'une pluie de pierres qui tombait du mont Parnassé; ce qui mit ses gens en tel désarroi, qu'ils se laissèrent vaincre; et Brennus, déjà blessé, se donna la mort.

BRIFFAUT, démon peu connu, quoique chef de légion, qui s'était logé dans le corps d'une possédée de Beauvais, au commencement du dix-septième siècle.

BRIGITTE. Il y a, dans les révélations de sainte Brigitte, de terribles peintures de l'enfer. Les ennemis de la religion ont trouvé dans ces écrits un thème à leurs déclamations. Mais ce ne sont pas là des livres canoniques; l'Eglise n'ordonne pas de les croire, et ils ne s'adressent pas à toute sorte de lecteurs.

BRINVILLIERS (Marie-Marguerite, marquise de), femme qui, de 1666 à 1672, empoisonna, ou du moins fut accusée d'avoir empoisonné, sans motifs de haine, quelquefois même sans intérêt, parents, amis, domestiques; elle allait jusque dans les hôpitaux donner du poison aux malades. Il faut attribuer tous ces crimes à une horrible démence ou à cette dépravation atroce dont on ne voyait autrefois d'autre explication que la possession du diable. Aussi a-t-on dit qu'elle s'était vendue à Satan.

Dès l'âge de sept ans, la Brinvilliers commença, dit-on, sa carrière criminelle, et il a été permis à des esprits crédules de redouter en elle un affreux démon incarné. Elle fut brûlée en 1676. Les empoisonnements continuèrent après sa mort. Voy. Voisin.

Dans l'*Almanach prophétique* de 1842, M. Eugène Bareste à tenté de justifier la marquise de Brinvilliers, et il n'est pas impossible qu'on ne l'ait fort noircie.

BRIOCHÉ (Jean), arracheur de dents, qui, vers l'an 1650, se rendit fameux par son talent dans l'art de faire jouer les marionnettes. Après avoir amusé Paris et les provinces, il passa en Suisse et s'arrêta à Soleure, où il donna une représentation en présence d'une assemblée nombreuse, qui ne se doutait pas de ce qu'elle allait voir, car les Suisses ne connaissaient pas les marionnettes. A peine eurent-ils aperçu Pantalon, le diable, le médecin, Polichinelle et leurs bizarres compagnons, qu'ils ouvrirent des yeux effrayés. De mémoire d'homme, on n'avait point entendu parler dans le pays d'êtres aussi petits, aussi agiles et aussi babillards que ceux-là. Ils s'imaginèrent que ces petits hommes qui parlaient, dansaient, se battaient et se disputaient si bien ne pouvaient être qu'une troupe de lutins aux ordres de Brioché.

Cette idée se confirmant par les confidences que les spectateurs se faisaient entre eux, quelques-uns coururent chez le juge, et lui dénoncèrent le magicien.

Le juge, épouvanté, ordonna à ses archers d'arrêter le sorcier, et l'obligea à comparaître devant lui. On garrotta Brioché, on l'amena devant le magistrat qui voulut voir les pièces du procès; on apporta le théâtre et les démons de bois, auxquels on ne touchait qu'en frémissant; et Brioché fut condamné à être brûlé avec son attirail. Cette sentence allait être exécutée, lorsque survint un nommé Dumont, capitaine des gardes suisses au service du roi de France : curieux de voir le magicien français, il reconnut le malheureux Brioché qui l'avait tant fait rire à Paris. Il se rendit en toute hâte chez le juge : après avoir fait suspendre d'un jour l'arrêt, il lui expliqua l'affaire, lui fit comprendre le mécanisme des marionnettes, et obtint l'ordre de mettre Brioché en liberté. Ce dernier revint à Paris, se promettant bien de ne plus songer à faire rire les Suisses dans leur pays (1).

BRIZOMANTIE, divination par l'inspiration de Brizo, déesse du sommeil; c'était l'art de deviner les choses futures ou cachées par les songes naturels. *Voyez* Onéirocritique.

BROCÉLIANDE, forêt enchantée. *Voyez* Merlin.

BROHON (Jean), médecin de Coutances, au seizième siècle. Des amateurs recherchent de lui : 1° *Description d'une merveilleuse et prodigieuse comète*, avec un traité présagique des comètes, in-8°, Paris, 1568. — 2° *Almanach*, ou *Journal astrologique*, avec les jugements pronostiques pour l'an 1572, Rouen, 1571, in-12.

BROLIC (Corneille), jeune garçon du pays de Labour, que Pierre Delancre interrogea comme sorcier au commencement du dix-septième siècle. Il avoua qu'il fut violenté pour baiser le derrière du diable. « Je ne sais s'il dit cela par modestie, ajoute Delancre; car c'est un fort civil enfant. Mais il ajouta qu'il soutint au diable qu'il aimerait mieux mourir que lui baiser le derrière, si bien

---

(1) Lettres de Saint-André sur la magie, Démoniana, Dictionnaire d'anecdotes suisses.

qu'il ne le baisa qu'au visage; et il eut beaucoup de peine à se tirer du sabbat, dont il n'approuvait pas les abominations (1). »

BROSSIER (Marthe), fille d'un tisserand de Romorantin, qui se dit possédée et convulsionnaire en 1569, à l'âge de vingt-deux ans. Elle se fit exorciser; les effets de la possession devinrent de plus en plus merveilleux. Elle parcourait les villes; et le diable, par sa bouche, parlait hébreu, grec, latin, anglais, etc. On disait aussi qu'elle découvrait les secrets; on assure que dans ses cabrioles, elle s'élevait quelquefois à quatre pieds de terre.

L'official d'Orléans qui se défiait d'elle, lui dit qu'il allait l'exorciser, et conjugua, dans Despautère, les verbes *nexo* et *texo*. Le démon aussitôt la renversa à terre, où elle fit ses contorsions. Charles Miron, évêque d'Angers, devant qui elle fut conduite, la fit garder dans une maison de confiance. On mit, à son insu, de l'eau bénite dans sa boisson, qui n'opéra pas plus d'effet que l'eau ordinaire; on lui en présenta dans un bénitier, qu'elle crut bénite, et aussitôt elle tomba par terre, se débattit et fit les grimaces accoutumées. L'évêque, un Virgile à la main, feignit de vouloir l'exorciser, et prononça d'un ton grave : *Arma virumque cano*. Les convulsions de Marthe ne manquèrent pas de redoubler. Certain alors de l'imposture, Charles Miron chassa la prétendue possédée de son diocèse, comme on l'avait chassée d'Orléans.

A Paris, les médecins furent d'abord partagés sur son état; mais bientôt ils prononcèrent qu'il y avait beaucoup de fraude, peu de maladie, et que le diable n'y était pour rien : *Nihil a dæmone, multa ficta, a morbo pauca*. Le parlement prit connaissance de l'affaire, et condamna Marthe à s'en retourner à Romorantin, chez ses parents, avec défense d'en sortir, sous peine de punition corporelle.

Cependant, elle se fit conduire quelque temps après devant l'évêque de Clermont qu'elle espérait tromper; mais un arrêt du parlement la mit en fuite. Elle se réfugia à Rome, où elle fut enfermée dans une communauté; là finit sa possession. On peut voir sur cette affaire les lettres du cardinal d'Ossat et la brochure intitulée : *Discours véritable sur le fait de Marthe Brossier*, par le médecin Marescot, qui assista aux exorcismes (in-8°, Paris, 1599).

BROUCOLAQUES. *Voy*. Vampires.

BROUETTE DE LA MORT. C'est une opinion généralement reçue parmi les paysans de la Basse-Bretagne que, quand quelqu'un est destiné à rendre bientôt le dernier soupir, la brouette de la Mort passe dans le voisinage. Elle est couverte d'un drap blanc, et des spectres la conduisent; le moribond entend même le bruit de sa roue (2). Dans certains cantons, cette brouette est le char de la Mort, *carrick an Nankou*, et le cri de la fresaie annonce son passage (3).

BROWN (Thomas), médecin anglais, mort en 1682. Il combattit les erreurs dans un savant ouvrage (4) que l'abbé Souchay a traduit en français sous le titre d'*Essai sur les erreurs populaires*, ou examen de plusieurs opinions reçues comme vraies et qui sont fausses ou douteuses. 2 vol. in-12. Paris, 1733 et 1742. Ce livre, utile quand il parut, l'est encore aujourd'hui, quoique beaucoup de ces erreurs soient dissipées. Les connaissances du docteur Brown sont vastes, ses jugements souvent justes; quelquefois cependant il remplace une erreur par une autre.

L'*Essai sur les erreurs populaires* est divisé en sept livres. On recherche dans le premier la source des erreurs accréditées; elles doivent naissance à la faiblesse de l'esprit humain, à la curiosité, à l'amour de l'homme pour le merveilleux, aux fausses idées, aux jugements précipités.

Dans le second livre on examine les erreurs qui attribuent certaines vertus merveilleuses aux minéraux et aux plantes : telles sont les qualités surnaturelles qu'on donne à l'aimant et le privilège de la rose de Jéricho qui, dans l'opinion des bonnes gens, fleurit tous les ans la veille de Noël.

Le troisième livre est consacré aux animaux, et combat les merveilles qu'on débite sur leur compte et les propriétés que des charlatans donnent à quelques-unes de leurs parties ou de leurs sécrétions.

Le quatrième livre traite des erreurs relatives à l'homme. L'auteur détruit la vertu cordiale accordée au doigt annulaire, le conte populaire qui fait remonter l'origine de saluer dans les éternuments à une épidémie dans laquelle on mourait en éternuant, la puanteur spéciale des Juifs, les pygmées, les années climatériques.

Le cinquième livre est consacré aux erreurs qui nous sont venues par la faute des peintres; comme le nombril de nos premiers parents, le sacrifice d'Abraham où son fils Isaac est représenté enfant, tandis qu'il avait quarante ans.

L'auteur discute, dans le livre sixième, les opinions erronées ou hasardées qui ont rapport à la cosmographie et à l'histoire. Il combat les jours heureux ou malheureux, les idées vulgaires sur la couleur des nègres. Le septième livre enfin est consacré à l'examen de certaines traditions reçues, sur la mer Morte, la tour de Babel, les rois de l'Epiphanie, etc.

Le savant ne se montre pas crédule; cependant il croyait, comme tout chrétien, aux sorciers et aux démons. Le docteur Hutchinson cite de lui un fait à ce sujet dans son *Essai sur la sorcellerie*. En 1664, deux personnes accusées de sorcellerie allaient être jugées à Norwich; le grand jury consulta Brown, dont on révérait l'opinion et le savoir. Brown signa une attestation dont on a conservé l'original, dans laquelle il reconnaît l'existence des sorciers et l'influence du

---

(1) Tableau de l'inconstance des mauvais anges, etc., p. 75.
(2) Voyage de M. Cambry dans le Finistère, t. I

(3) M. Kératry, Le Dernier des Beaumanoir, ch. XXVI.
(4) Pseudodoxia epidemica or enquiries the vulgar errors, etc. In-fol. Londres, 1646.

diable; il y cite même des faits analogues à ceux qui faisaient poursuivre les deux accusés, et qu'il présente comme incontestables. Ce fut cette opinion qui détermina la condamnation des prévenus.

BROWNIE, lutin écossais. Le roi Jacques regardait Brownie comme un agent de Satan; Kirck en fait un bon génie. Aux îles d'Arkney, on fait encore des libations de lait dans la cavité d'une pierre appelée la pierre de Brownie, pour s'assurer de sa protection. Le peuple de ces îles croit Brownie doux et pacifique; mais si on l'offense, il ne reparaît plus.

BRUHESEN (Pierre Van), docteur et astrologue de la Campine, mort à Bruges en 1571. Il publia dans cette ville, en 1550, son *Grand et perpétuel almanach*, où il indique scrupuleusement, d'après les principes de l'astrologie judiciaire, les jours propres à purger, baigner, raser, saigner, couper les cheveux et appliquer les ventouses. Ce modèle de l'almanach de Liége fit d'autant plus de rumeur à Bruges, que le magistrat, qui donnait dans l'astrologie, fit très-expresses défenses à quiconque exerçait dans sa ville le métier de barberie, de rien entreprendre sur le menton de ses concitoyens pendant les jours *néfastes*.

François Rapaërt, médecin de Bruges, publia contre Bruhesen le *Grand et perpétuel almanach, ou fléau des empiriques et des charlatans* (1). Mais Pierre Haschaert, chirurgien partisan de l'astrologie, défendit Bruhesen dans son *Bouclier astrologique contre le fléau des astrologues de François Rapaërt* (2), et depuis on a fait des almanachs sur le modèle de Bruhesen, et ils n'ont pas cessé d'avoir un débit immense.

BRULEFER. C'est le nom que donnent les *Véritables clavicules de Salomon* à un démon ou esprit qu'on invoque quand on veut se faire aimer.

BRUNEHAUT, reine d'Austrasie, au sixième siècle, accusée d'une multitude de crimes et peut-être victime historique de beaucoup de calomnies. Dans le siècle où elle vécut, on ne doit pas s'étonner de trouver au nombre de ses forfaits la sorcellerie et les maléfices.

BRUNO, philosophe, né à Nole dans le royaume de Naples, au milieu du seizième siècle. Il publia à Londres, en 1584, son livre de l'*Expulsion de la bête triomphante* (3). Ce livre fut supprimé. C'est une critique stupide dans le fond, maligne dans les détails, de toutes les religions, et spécialement de la religion chrétienne.

L'auteur ayant voulu revoir sa patrie, fut arrêté à Venise en 1598, transféré à Rome, condamné et brûlé le 17 février de l'an 1600, moins pour ses impiétés flagrantes, que pour ses mauvaises mœurs. Il avait consumé beaucoup de temps à l'étude des rêveries hermétiques; il a même laissé des écrits sur l'alchimie (4), et d'autres ouvrages dont quelques-uns ont partagé son bûcher (5). On s'étonnera peut-être de cette rigueur; mais alors les crimes que l'on poursuivait ainsi et qui troublaient la société inspiraient plus d'horreur que n'en inspire aujourd'hui chez nous l'assassinat.

BRUNON. « L'empereur Henri III allait en bateau sur le Danube, en son duché de Bavière, accompagné de Brunon, évêque de Wurtzbourg, et de quelques autres seigneurs. Comme il passait près du château de Grein, il se trouva en danger imminent de se noyer lui et les siens dans un lieu dangereux; cependant il se tira heureusement de ce péril. Mais incontinent on aperçut au haut d'un rocher un homme noir qui appela Brunon, lui disant : — Evêque, sache que je suis un diab'e, et qu'en quelque lieu que tu sois, tu es à moi. Je ne puis aujourd'hui te mal faire; mais tu me verras avant peu.

Brunon, qui était homme de bien, fit le signe de la croix, et après qu'il eut conjuré le diable, on ne sut ce qu'il devint. Mais bientôt comme l'empereur dînait à Ebersberg, avec sa compagnie, les poutres et plafond d'une chambre basse où ils étaient, s'écroulèrent; l'empereur tomba dans une cuve où il ne se fit point de mal, et Brunon eut en sa chute tout le corps tellement brisé qu'il en mourut. — De ce Brunon ou Bruno nous avons quelques commentaires sur les Psaumes (6). » — Il n'y a qu'un petit malheur dans ce conte rapporté par Leloyer, c'est que tout en est faux.

BRUTUS. Plutarque rapporte que peu de temps avant la bataille de Philippes, Brutus étant seul et rêveur dans sa tente, aperçut un fantôme d'une taille démesurée, qui se présenta devant lui en silence, mais avec un regard menaçant. Brutus lui demanda s'il était dieu ou homme, et ce qu'il voulait. Le spectre lui répondit : — Je suis ton mauvais génie, et je t'attends aux champs de Philippes. — Eh bien! nous nous y verrons! répliqua Brutus.

Le fantôme disparut; mais on dit qu'il se montra derechef au meurtrier de César, la nuit qui précéda la bataille de Philippes, où Brutus se tua de sa main.

BUCAILLE (Marie), jeune Normande de Valogne, qui, au dernier siècle, voulut se faire passer pour béate. Mais bientôt ses visions et ses extases devinrent suspectes; elle s'était dite quelquefois assiégée par les démons; elle se faisait accompagner d'un prétendu moine, qui disparut dès qu'on voulut examiner les faits; elle se proclama possédée. Pour s'assurer de la vérité des pro-

---

(1) Magnum et perpetuum almanach, seu empiricorum et medicastrorum flagellum. In-12, 1551.
(2) Clypeus astrologicus contra flagellum astrologorum Francisci Rapardi. In-12, 1551.
(3) Spaccio de la bestia triomphante, proposto da Giove, effetuato dal consegio, revelato da Mercurio, recitato da Sofia, udito da Saulino, registrato dal Nolano, diviso in tre dialogi, subdivisi in tre parti. In Parigi. Londres,
1584. In-8°.
(4) De compendiosa architectura et complemento artis Lulii, etc. In-16. Paris, 1582, etc.
(5) Particulièrement La Cena de le ceneri, descrita in cinque dialogi, etc. In-8°. Londres, 1581.
(6) Leloyer, Disc. et hist. des spectres, liv. III, ch. xvi.

diges qu'elle opérait, on la fit enfermer au secret. On reconnut que les visions de Marie Bucaille n'étaient que fourberies; qu'elle n'était certainement pas en commerce avec les anges. Elle fut fouettée et marquée, et tout fut fini (1).

BUCER (Martin), grand partisan de Luther, mort à Cambridge en 1551. « Etant aux abois de la mort, assisté de ses amis, le diable s'y trouva aussi, l'accueillant avec une figure si hideuse, qu'il n'y eut personne qui, de frayeur, n'y perdît presque la vie. Icelui diable l'emporta rudement, lui creva le ventre et le tua en lui tordant le cou, et emporta son âme, qu'il poussa devant lui, aux enfers (2). »

BUCKINGHAM (George Villiers, duc de), favori de Jacques Ier, mort à Portsmouth en 1628, illustre surtout par sa fin tragique. — On sait qu'il fut assassiné par Felton, officier à qui il avait fait des injustices. Quelque temps avant sa mort, Guillaume Parker, ancien ami de sa famille, aperçut à ses côtés en plein midi le fantôme du vieux sir George Villiers, père du duc, qui depuis longtemps ne vivait plus. Parker prit d'abord cette apparition pour une illusion de ses sens; mais bientôt il reconnut la voix de son vieil ami, qui le pria d'avertir le duc de Buckingham d'être sur ses gardes, et disparut. Parker, demeuré seul, réfléchit à cette commission, et, la trouvant difficile, il négligea de s'en acquitter. Le fantôme revint une seconde fois et joignit les menaces aux prières, de sorte que Parker se décida à lui obéir; mais il fut traité de fou, et Buckingham dédaigna son avis.

Le spectre reparut une troisième fois, se plaignit de l'endurcissement de son fils, et tirant un poignard de dessous sa robe : — Allez encore, dit-il à Parker ; annoncez à l'ingrat que vous avez vu l'instrument qui doit lui donner la mort.

Et de peur qu'il ne rejetât ce nouvel avertissement, le fantôme révéla à son ami un des plus intimes secrets du duc. — Parker retourna à la cour. Buckingham, d'abord frappé de le voir instruit de son secret, reprit bientôt le ton de la raillerie, et conseilla au prophète d'aller se guérir de sa démence. Néanmoins, quelques semaines après, le duc de Buckingham fut assassiné. On ne dit pas si le couteau de Felton était ce même poignard que Parker avait vu dans la main du fantôme.

On peut, du reste, expliquer cette vision. On savait que le duc avait beaucoup d'ennemis, et quelques-uns de ses amis, craignant pour ses jours, pouvaient fort bien se faire des hallucinations.

BUCON, mauvais diable, cité dans les *Clavicules de Salomon*. Il sème la jalousie et la haine.

BUDAS, hérétique qui fut maître de Manès, et auteur de l'hérésie manichéenne. C'était, dit Pierre Delancre (3), un magicien élève des Brahmanes, et en plein commerce avec les démons. Un jour qu'il voulait faire je ne sais quel sacrifice magique, le diable l'enleva de terre et lui tordit le cou (4) : digne récompense de la peine qu'il avait prise de rétablir par le manichéisme la puissance de Satan !

BUER, démon de seconde classe, président aux enfers ; il a la forme d'une étoile ou d'une roue à cinq branches, et s'avance en roulant sur lui-même. Il enseigne la philosophie, la logique et les vertus des herbes médicinales. Il donne de bons domestiques, rend la santé aux malades, et commande cinquante légions.

BUGNOT (Etienne), gentilhomme de la chambre de Louis XIV, auteur d'un livre rare intitulé : *Histoire récente pour servir de preuve à la vérité du purgatoire, vérifiée par procès-verbaux dressés en 1663 et 1664, avec un Abrégé de la Vie d'André Bugnot, colonel d'infanterie, et de son apparition après sa mort.* In-12, Orléans, 1665. Cet André Bugnot était frère d'Etienne. Son apparition et ses révélations n'ont rien d'original.

BUISSON D'EPINES. Selon une coutume assez singulière, quand il y avait un malade dans une maison, chez les anciens Grecs, on attachait à la porte un buisson d'épines pour éloigner les esprits malfaisants.

BULLET (Jean-Baptiste), académicien de Besançon, mort en 1775. On recherche ses *Dissertations sur la mythologie française* et sur plusieurs points curieux de l'histoire de France. In-12, Paris, 1771.

BUNE, démon puissant, grand-duc aux enfers. Il a la forme d'un dragon avec trois têtes, dont la troisième seulement est celle d'un homme. Il ne parle que par signes ; il déplace les cadavres, hante les cimetières et rassemble les démons sur les sépulcres. Il enrichit et rend éloquents ceux qui le servent ; on ajoute qu'il ne les trompe jamais...... Trente légions lui obéissent (5).

Les démons soumis à Bune, et appelés *Bunis*, sont redoutés des Tartares, qui les disent très-malfaisants. Il faut avoir la conscience nette pour être à l'abri de leur malice; car leur puissance est grande et leur nombre est immense. Cependant les sorciers du pays les apprivoisent, et c'est par le moyen des Bunis qu'ils se vantent de découvrir l'avenir.

BUNGEY (Thomas), moine anglais, ami de Roger Bacon, avec qui les démonographes l'accusent d'avoir travaillé sept ans à la merveilleuse tête d'airain qui parla, comme on sait (6). On ajoute que Thomas était magicien, et on en donne pour preuve qu'il publia un livre de la magie naturelle, *de Magia naturali*, aujourd'hui peu connu. Mais Delrio l'absout de l'accusation de magie (7), et il

---

(1) Lettres du médecin Saint-André sur la magie et sur les maléfices, p. 188 et 431.
(2) Delancre, Tableau de l'inconstance des démons, etc., liv. I, disc. 1.
(3) Discours des spectres, liv. VIII, ch. v.
(4) Socrate, Histor. eccles., lib. I, cap. xxi.
(5) Wierus, in Pseudomonarchia dæmon.
(6) Voyez Bacon.
(7) Disquisit. magic., lib. I, cap. III, qu. 4.

avoue que son livre ne contient qu'une certaine dose d'idées superstitieuses. Une autre preuve qu'il n'était pas magicien, mais seulement un peu mathématicien, c'est qu'on l'élut provincial des franciscains en Angleterre (1).

BUNIS, Voy. BUNE.

BUPLAGE ou BUPTAGE. « Après la bataille donnée entre le roi Antiochus et les Romains, un officier nommé Buplage, mort dans le combat, où il avait reçu douze blessures mortelles, se leva tout d'un coup au milieu de l'armée romaine victorieuse, et cria d'une voix grêle à l'homme qui le pillait :

Cesse, soldat romain, de dépouiller ainsi
Ceux qui sont descendus dans l'enfer obscurci...

« Il ajouta en vers que la cruauté des Romains serait bientôt punie, et qu'un peuple sorti de l'Asie viendrait désoler l'Europe; ce qui peut marquer l'irruption des Francs ou celle des Turcs sur les terres de l'empire. Après cela, bien que mort, il monta sur un chêne, et prédit qu'il allait être dévoré par un loup; ce qui eut lieu quoiqu'il fût sur un chêne : quand le loup eut avalé le corps, la tête parla encore aux Romains et leur défendit de lui donner la sépulture. Tout cela paraît très-incroyable (2). Ce ne furent pas les peuples d'Asie, mais ceux du nord qui renversèrent l'empire romain.

BURGOT (PIERRE), loup-garou brûlé à Besançon en 1521 avec Michel Verdun.

BURROUGH (GEORGE), ministre de la religion anglicane à Salem, dans la Nouvelle-Angleterre, pendu comme sorcier en 1692. On l'accusait d'avoir maléficié deux femmes qui venaient de mourir. La mauvaise habitude qu'il avait de se vanter sottement qu'il savait tout ce qu'on disait de lui en son absence fut admise comme preuve qu'il communiquait avec le diable (3).

BURTON (ROBERT), auteur d'un ouvrage intitulé : *Anatomie de la mélancolie, par Démocrite le jeune*, in-4°, 1624; mort en 1639. L'astrologie était de son temps très-respectée en Angleterre, sa patrie. Il y croyait et voulait qu'on ne doutât pas de ses horoscopes. Ayant prédit publiquement le jour de sa mort, quand l'heure fut venue il se tua pour la gloire de l'astrologie et pour ne pas avoir un démenti dans ses pronostics. Cardan et quelques autres personnages habiles dans la science des astres ont fait, à ce qu'on croit, la même chose (4).

BUSAS, prince infernal. Voy. PRUFLAS.

BUTADIEU, démon rousseau, cité dans des procédures du dix-septième siècle.

BUXTORF (JEAN), Westphalien, savant dans la littérature hébraïque, mort en 1629. Les curieux lisent son *Abrégé du Talmud*, sa *Bibliothèque rabbinique* et sa *Synagogue judaïque* (5). Cet ouvrage, qui traite des dogmes et des cérémonies des Juifs, est plein des rêveries des rabbins, à côté desquelles on trouve des recherches curieuses.

BYLETH, démon fort et terrible, l'un des rois de l'enfer, selon la Pseudomonarchie de Wierus. Il se montre assis sur un cheval blanc, précédé de trompettes et de musiciens de tout genre. L'exorciste qui l'évoque a besoin de beaucoup de prudence, car il n'obéit qu'avec fureur. Il faut, pour le soumettre, avoir à la main un bâton de coudrier; et, se tournant vers le point qui sépare l'orient du midi, tracer hors du cercle où l'on s'est placé un triangle; on lit ensuite la prière qui enchaîne les esprits, et Byleth arrive dans le triangle avec soumission. S'il ne paraît pas, c'est que l'exorciste est sans pouvoir, et que l'enfer méprise sa puissance. On dit aussi que quand on donne à Byleth un verre de vin, il faut le poser dans le triangle; il obéit plus volontiers, et sert bien celui qui le régale. On doit avoir soin, lorsqu'il paraît, de lui faire un accueil gracieux, de le complimenter sur sa bonne mine, de montrer qu'on fait cas de lui et des autres rois ses frères : il est sensible à tout cela. On ne négligera pas non plus, tout le temps qu'on passera avec lui, d'avoir au doigt du milieu de la main gauche un anneau d'argent qu'on lui présentera devant la face. Si ces conditions sont difficiles, en récompense celui qui soumet Byleth devient le plus puissant des hommes. — Il était autrefois de l'ordre des puissances; il espère un jour remonter dans le ciel sur le septième trône, ce qui n'est guère croyable. Il commande quatre-vingts légions.

BYRON. *Le Vampire*, nouvelle traduite de l'anglais de lord Byron, par H. Faber; in-8°, Paris, 1819. Cette nouvelle, publiée sous le nom de lord Byron, n'est pas l'ouvrage de ce poëte, qui l'a désavouée. L'auteur n'a pas suivi les idées populaires sur les vampires; il a beaucoup trop relevé le sien. C'est un spectre qui voyage dans la Grèce, qui fréquente les sociétés d'Athènes, qui parcourt le monde, qui se marie pour sucer sa femme. Les vampires de Moravie étaient extrêmement redoutés; mais ils avaient moins de puissance. Celui-ci, quoiqu'il ait l'œil *gris-mort*, fait des conquêtes. C'est, dit-on, une historiette populaire de la Grèce moderne que lord Byron raconta dans un cercle, et qu'un jeune médecin écrivit à tort; car il remit à la mode, un instant, des horreurs qu'il fallait laisser dans l'oubli.

---

(1) Naudé, Apol. pour les grands personnages, etc., p. 493.
(2) Traité dogmatique des apparitions, t. II, p. 185. Leloyer, p. 253.
(3) Godwin, Vie des Nécromanciens.
(4) Curiosités de la littérature, trad. de l'anglais, par Bertin, t. I, p. 51.
(5) Operis talmudici brevis recensio et Bibliotheca rabbinica. In-8°, Bâle, 1613. — Synagoga judaïca. In-8°, Bâle, 1603, en allemand et en latin. Hanau, 1604. Bâle, 1641.

C

CAABA. Voy. KAABA.

CAACRINOLAAS, nommé aussi *Caassimolar* et *Glassialabolas*, grand président aux enfers. Il se présente sous la forme d'un chien, et il en a la démarche, avec des ailes de griffon. Il donne la connaissance des arts libéraux, et, par un bizarre contraste, il inspire les homicides. On dit qu'il prédit bien l'avenir. Ce démon rend l'homme invisible et commande trente-six légions (1). Le grand Grimoire le nomme *Classyalabolas*, et n'en fait qu'une espèce de sergent qui sert quelquefois de monture à Nébiros ou Naberus. Voy. CERBÈRE.

CABADES. Voy. ZOUBDADEYER.

CABALE ou CABBALE. Pic de la Mirandole dit que ce mot qui, dans son origine hébraïque, signifie tradition, est le nom d'un hérétique qui a écrit contre Jésus-Christ, et dont les sectateurs furent nommés cabalistes (2).....

L'ancienne cabale des Juifs est, selon quelques-uns, une sorte de maçonnerie mystérieuse; selon d'autres, ce n'est que l'explication mystique de la Bible, l'art de trouver des sens cachés dans la décomposition des mots (3), et la manière d'opérer des prodiges par la vertu des mots prononcés d'une certaine façon. Voyez THÉMURA et THÉOMANCIE. Cette science merveilleuse, si l'on en croit les rabbins, affranchit ceux qui la possèdent des faiblesses de l'humanité, leur procure des biens surnaturels, leur communique le don de prophétie, le pouvoir de faire des miracles, et l'art de transmuer les métaux en or, c'est-à-dire la pierre philosophale. Elle leur apprend aussi que le monde sublunaire ne doit durer que sept mille ans, et que tout ce qui est supérieur à la lune en doit durer quarante-neuf mille.

Les Juifs conservent la cabale par tradition orale; ils croient que Dieu l'a donnée à Moïse, au pied du mont Sinaï; que le roi Salomon, auteur d'une figure mystérieuse que l'on appelle l'*arbre de la cabale des Juifs*, y a été très-expert, et qu'il faisait des talismans mieux que personne. Tostat dit même que Moïse ne faisait ses miracles avec sa verge, que parce que le grand nom de Dieu y était gravé. Valderame remarque que les apôtres faisaient pareillement des miracles avec le nom de Jésus, et les partisans de ce système citent plusieurs saints dont le nom ressuscita des morts.

La cabale grecque, inventée, dit-on, par Pythagore et par Platon, renouvelée par les Valentiniens, tira sa force des lettres grecques combinées, et fit des miracles avec l'alphabet.

La grande cabale, ou la cabale dans le sens moderne proprement dite, est l'art de commercer avec les esprits élémentaires; elle tire aussi bon parti de certains mots mystérieux. Elle explique les choses les plus obscures par les nombres, par le changement de l'ordre des lettres et par des rapports dont les cabalistes se sont formés des règles.

Or, voici quels sont, selon les cabalistes, les divers esprits élémentaires:

Les quatre éléments sont habités chacun par des créatures particulières, beaucoup plus parfaites que l'homme, mais soumises comme lui aux lois de la mort. L'air, cet espace immense qui est entre la terre et les cieux, a des hôtes plus nobles que les oiseaux et les moucherons. Ces mers si vastes ont d'autres habitants que les dauphins et les baleines. La profondeur de la terre n'est pas pour les taupes seulement; et l'élément du feu, plus sublime encore que les trois autres, n'a pas été fait pour demeurer inutile et vide.

Les salamandres habitent donc la région du feu; les sylphes, le vague de l'air; les gnomes, l'intérieur de la terre; et les ondins ou nymphes, le fond des eaux. Ces êtres sont composés des plus pures parties des éléments qu'ils habitent. Adam, plus parfait qu'eux tous, était leur roi naturel; mais depuis sa faute, étant devenu impur et grossier, il n'eut plus de proportion avec ces substances, il perdit tout l'empire qu'il avait sur elles, et en ôta la connaissance à sa postérité.

Que l'on se console pourtant; on a trouvé dans la nature les moyens de ressaisir ce pouvoir perdu. Pour recouvrer la souveraineté sur les salamandres, et les avoir à ses ordres, on attire le feu du soleil, par des miroirs concaves, dans un globe de verre; il s'y forme une poudre solaire qui se purifie elle-même des autres éléments, et qui, avalée, est souverainement propre à exhaler le feu qui est en nous, et à nous faire devenir pour ainsi dire, de matière ignée. Dès lors, les habitants de la sphère du feu deviennent nos inférieurs, et ont pour nous toute l'amitié qu'ils ont pour leurs semblables, tout le respect qu'ils doivent au lieutenant de leur créateur.

De même, pour commander aux sylphes, aux gnomes, aux nymphes, on emplit d'air, de terre ou d'eau, un globe de verre; on le laisse, bien fermé, exposé au soleil pendant

---

(1) Wierus, in Pseudomonarchia dæm.
(2) « Un critique ignorant voulait faire des affaires à Rome, au prince Pic de la Mirandole, particulièrement pour le nom de cabale qu'il trouvait dans les ouvrages de ce prince. On demanda à ce critique ce qui l'indignait si fort dans ce mot de cabale. — Ne savez-vous pas, répondit le stupide, que ce Cabale était un scélérat tout à fait diabolique, qui eut l'impiété d'écrire beaucoup de choses contre Jésus-Christ même, qui forma une hérésie détestable et dont les sectateurs s'appellent encore cabalistes?» (Gabriel Naudé, Apologie pour les grands personnages accusés de magie. Adrien Baillet, Jugements des savants. Chap. XIX, § 2 des Jugements sur les livres en général.)
(3) Voyez *Abdeel*.

un mois. Chacun de ces éléments, ainsi purifié, est un aimant qui attire les esprits qui lui sont propres.

Si on prend tous les jours, durant quelques mois, de la drogue élémentaire formée ainsi qu'on vient de le dire dans le bocal ou globe de verre, on voit bientôt dans les airs la république volante des sylphes, les nymphes venir en foule au rivage, les gnomes, gardiens des trésors et des mines, étaler leurs richesses. On ne risque rien d'entrer en commerce avec eux, on les trouvera honnêtes, savants, bienfaisants et craignant Dieu. Leur âme est mortelle, et ils n'ont pas l'espérance de jouir un jour de l'Etre suprême, qu'ils connaissent et qu'ils adorent. Ils vivent fort longtemps, et ne meurent qu'après plusieurs siècles. Mais qu'est-ce que le temps auprès de l'éternité?.... Ils gémissent donc de leur condition. Mais il n'est pas impossible de trouver du remède à ce mal ; car, de même que l'homme, par l'alliance qu'il a contractée avec Dieu, a été fait participant de la divinité, les sylphes, les gnomes, les nymphes et les salamandres, deviennent participants de l'immortalité, en contractant alliance avec l'homme. (Nous transcrivons toujours les docteurs cabalistes.) Ainsi, une nymphe ou une sylphide devient immortelle, quand elle est assez heureuse pour se marier à un sage ; et un gnome ou un sylphe cesse d'être mortel, du moment qu'il épouse une fille des hommes. On conçoit par là que ces êtres se plaisent avec nous quand nous les appelons. Les cabalistes assurent que les déesses de l'antiquité, et ces nymphes qui prenaient des époux parmi les mortels, et ces démons incubes et succubes des temps barbares, et ces fées qui, dans le moyen âge, se montraient au clair de la lune, ne sont que des sylphes, ou des salamandres, ou des ondins.

Il y a pourtant des gnomes qui aiment mieux mourir que risquer, en devenant immortels, d'être aussi malheureux que les démons. C'est le diable (disent toujours nos auteurs) qui leur inspire ces sentiments; il ne néglige rien pour empêcher ces pauvres créatures d'immortaliser leur âme par notre alliance.

Les cabalistes sont obligés de renoncer à tout commerce avec l'espèce humaine, s'ils veulent ne pas offenser les sylphes et les nymphes dont ils recherchent l'alliance. Cependant, comme le nombre des sages cabalistes est fort petit, les nymphes et les sylphides se montrent quelquefois moins délicates, et emploient toutes sortes d'artifices pour les retenir.

Un jeune seigneur de Bavière était inconsolable de la mort de sa femme. Une sylphide prit la figure de la défunte, et s'alla présenter au jeune homme désolé, disant que Dieu l'avait ressuscitée pour le consoler de son extrême affliction. Ils vécurent ensemble plusieurs années, mais le jeune seigneur n'était pas assez homme de bien pour retenir la sage sylphide ; elle disparut un jour, et ne lui laissa que ses jupes et le repentir de n'avoir pas voulu suivre ses bons conseils.

Plusieurs hérétiques des premiers siècles mêlèrent la cabale juive aux idées du christianisme, et ils admirent entre Dieu et l'homme quatre sortes d'êtres intermédiaires, dont on a fait plus tard les salamandres, les sylphes, les ondins et les gnomes. Les Chaldéens sont sans doute les premiers qui aient rêvé ces êtres ; ils disaient que les esprits étaient les âmes des morts, qui, pour se montrer aux gens d'ici-bas, allaient prendre un corps solide dans la lune.

La cabale des Orientaux est encore l'art de commercer avec les génies, qu'on évoque par des mots barbares. Au reste, toutes les cabales sont différentes pour les détails ; mais elles se ressemblent beaucoup dans le fond.

On conte sur ces matières une multitude d'anecdotes. On dit qu'Homère, Virgile, Orphée furent de savants cabalistes.

Parmi les mots les plus puissants en cabale, le fameux mot *agla* est surtout révéré. Pour retrouver les choses perdues, pour apprendre par révélations les nouvelles des pays lointains, pour faire paraître les absents, qu'on se tourne vers l'orient, et qu'on prononce à haute voix le grand nom *Agla*. Il opère toutes ces merveilles, même lorsqu'il est invoqué par les ignorants. Voyez AGLA.

On peut puiser sur les rêveries de la cabale des instructions plus étendues dans divers ouvrages qui en traitent spécialement, mais qui sont peu recommandables : 1° *Le comte de Gabalis*, ou Entretiens sur les sciences secrètes, par l'abbé de Villars. La meilleure édition est de 1742, in-12 ; 2° *Les Génies assistants*, suite du *Comte de Gabalis*, in-12, même année ; 3° *Le Gnome irréconciliable*, suite des *Génies assistants*; 4° *Nouveaux Entretiens sur les sciences secrètes*, suite nouvelle du *Comte de Gabalis*, même année ; 5° *Lettres cabalistiques*, par le marquis d'Argens, La Haye, 1741, 6 volumes in-12. Il faut lire dans cet ouvrage, plein, beaucoup plus que les précédents, de passages condamnés, les lettres du cabaliste Abukiback. Voy. GNOMES, ONDINS, SALAMANDRES, SYLPHES, ZÉDÉCHIAS, etc.

CABIRES, dieux des morts, adorés très-anciennement en Egypte. Bochard pense qu'il faut entendre sous ce nom les trois divinités infernales : Pluton, Proserpine et Mercure.

D'autres ont regardé les Cabires comme des magiciens qui se mêlaient d'expier les crimes des hommes, et qui furent honorés après leur mort. On les invoquait dans les périls et dans les infortunes. Il y a de grandes disputes sur leurs noms, qu'on ne déclarait qu'aux seuls initiés (1). Ce qui est certain, c'est que les Cabires sont des démons qui présidaient autrefois à une sorte de sabbat. Ces orgies, qu'on appelait fêtes des Cabires, ne se célébraient que la nuit : l'initié, après des épreuves effrayantes, était ceint d'une ceinture de pourpre, couronné de branches d'olivier et placé sur un trône illu-

(1) Delandine. L'Enfer des peuples anciens, ch. XIX.

miné, pour représenter le maître du sabbat, pendant qu'on exécutait autour de lui des danses hiéroglyphiques plus ou moins infâmes.

CACODÉMON, mauvais démon. C'est le nom que les anciens donnaient aux esprits malfaisants. Mais ils appelaient spécialement ainsi un monstre effrayant, un spectre horrible, qui n'était pas assez reconnaissable pour être désigné autrement.

Chaque homme avait son bon et son mauvais démon, *eudémon* et *cacodémon*.

Les astrologues appelaient aussi la douzième maison du soleil, qui est la plus mauvaise de toutes, *cacodémon*, parce que Saturne y répand ses malignes influences, et qu'on n'en peut tirer que des pronostics redoutables.

CACTONITE, pierre merveilleuse, qui, selon quelques-uns, n'est autre chose que la cornaline. On lui attribue de grandes propriétés. Les Anciens en faisaient des talismans qui assuraient la victoire.

CACUS, espèce d'ogre de l'antiquité. Il était fils de Vulcain et vomissait du feu par la gueule. Ce monstre, de taille gigantesque, moitié homme et moitié bouc, mangeait les passants dans sa caverne, au pied du mont Aventin, et accrochait les têtes à sa porte. Il fut étranglé par Hercule. — Cacus a été peint quelquefois avec une tête de bête sur un corps d'homme.

CADAVRE. Selon la loi des Juifs, quiconque avait touché un cadavre était souillé; il devait se purifier avant de se présenter au tabernacle du Seigneur. Quelques censeurs des lois de Moïse ont jugé que cette ordonnance était superstitieuse. Il nous paraît au contraire, dit Bergier, qu'elle était très-sage. C'était une précaution contre la superstition des païens, qui interrogeaient les morts pour apprendre d'eux l'avenir ou les choses cachées; abus sévèrement interdit aux Juifs, mais qui a régné chez la plupart des nations. Voy. AIMANT, CERCUEIL, etc.

CADMÉE ou CADMIE, qu'on appelle plus généralement calamine, fossile bitumineux qui donne une teinte jaune au cuivre rouge, et que certains chimistes emploient pour faire de l'or.

CADIÈRE. Voy. GIRARD.

CADUCÉE. C'est avec cette baguette, ornée de deux serpents entrelacés, que Mercure conduisait les âmes aux enfers et qu'il les en tirait au besoin.

CADULUS, pieux soldat, dont la légende rapporte qu'il était obsédé par le diable en forme d'ours (1). Il s'en délivra par la prière.

CÆCULUS, petit démon né d'une étincelle qui vola de la forge de Vulcain dans le sein de Preneste. Il fut élevé parmi les bêtes sauvages. On le reconnut à cette particularité, qu'il vivait dans le feu comme dans son élément; ses yeux, qui étaient fort petits, étaient seulement un peu endommagés par la fumée. Les cabalistes font de lui un salamandre.

CAF. Voy. KAF.

(1) Bollandi Acta sanctorum, 21 aprilis.

CAGLIOSTRO. Tout le monde connaissait à Palerme, en 1760, un orfèvre nommé Marano, descendant des Juifs ou des Maures, qui ont laissé tant de vestiges dans le midi de l'Europe. On citait son avarice et sa crédulité superstitieuse. Enrichi par l'usure et la mauvaise foi, il faisait assez souvent des brèches à sa fortune pour des tentatives insensées qui devaient, au moyen de l'alchimie ou de la magie, lui donner des millions, et avec ces millions le fameux élixir qui empêche de mourir.

En 1760, pourtant, Marano était devenu moins facile. Il avait cinquante ans; l'expérience lui était venue, et il fallait, pour l'attraper dans quelque piège, un peu plus d'habileté. Toutefois, depuis quelque temps, il prêtait une oreille attentive aux relations qu'on lui faisait des merveilles opérées par un jeune Sicilien plein de mystères. Celui-ci ne commerçait pas avec les démons et ne recherchait pas la pierre philosophale; il s'entretenait avec les anges ; il dominait ainsi les esprits des ténèbres, et de grands secrets lui étaient révélés. On le nommait Joseph Balsamo. Tous les bourgeois de Palerme, où il était né, voyaient en lui le fils très-intelligent de parents obscurs; mais quelques jeunes gens, qui paraissaient mieux instruits, disaient que sa famille apparente était supposée, et qu'il était fils d'une grande princesse d'Asie. Ce jeune homme extraordinaire avait dix-sept ans; il parlait peu; sa figure et ses regards exerçaient une sorte de fascination. On ne savait rien de sa vie intérieure; seulement, plusieurs l'avaient entendu s'entretenir en hébreu avec les anges. Lui seul, disait-on, les voyait; mais ceux qui l'épiaient avaient pu tout entendre, à la vérité sans y comprendre autre chose que les sons de plusieurs voix qui leur avaient semblé très-mélodieuses.

L'orfèvre, que sans doute on voulait séduire, rêvait de Joseph Balsamo. C'était là enfin l'homme qu'il lui fallait pour réparer d'un seul coup toutes ses pertes. Il ne manquait aucune occasion de le voir, le considérait avec une vénération profonde, mais n'osait lui adresser la parole.

Bientôt il n'y tint plus : il pria l'un des admirateurs ou des compères de Joseph, qui se vantait d'être dans ses bonnes grâces, de le présenter au jeune ami des esprits célestes. Celui-ci lui amena Balsamo, qui, malgré ses priviléges surnaturels, toujours logé chez ses pauvres parents, n'avait pas encore une salle où il pût recevoir. Il n'en était pas moins fier et superbe : il laissa dignement l'orfèvre se mettre à genoux devant lui, le releva ensuite avec une bienveillance très-grave, et lui demanda ce qu'il voulait.

— La nature de vos relations pourrait vous le dire, jeune seigneur, répondit Marano. J'ai été trompé par divers imposteurs qui m'ont enlevé une partie des biens gagnés par mon travail persévérant. Il vous serait facile de réparer ces dégâts.

— Je le puis, si vous croyez, dit Joseph.

— Si je crois? répliqua l'orfévre : je crois et j'ai confiance.

— Trouvez-vous donc demain à cent pas de la porte de Palerme, sur le chemin des deux chapelles de sainte Rosalie, à six heures du matin.

Sans ajouter un mot de plus, Joseph Balsamo se retira.

Le lendemain, Marano fut scrupuleusement exact : dix minutes avant l'heure prescrite, il comptait ses pas très attentivement, et s'arrêtait au centième avec une précision mathématique. Comme six heures sonnaient aux horloges de la ville, le favori des anges était devant lui ; il salua l'orfévre en silence et le conduisit sans dire un mot à une grotte qui se trouvait écartée dans une espèce de solitude, à la distance d'environ trois-quarts de lieue.

— Ici, lui dit-il en ouvrant enfin la bouche, repose un trésor de grand prix, sous la garde des esprits infernaux. Deux des anges qui viennent à ma voix savent les dompter. Mais je ne puis enlever ce trésor moi-même, ni le toucher, ni m'en servir, sans perdre ma pureté et ma puissance.

— Et moi? qui en cela n'ai rien à perdre, demanda l'orfévre.

— Le trésor peut être à vous, si vous faites ce qui sera exigé.

— Oh! je le ferai, jeune seigneur; dites seulement.

— Ce n'est pas moi qui puis le dire, répondit Balsamo; mais je prie Uriel de vous éclairer.

En achevant ces mots, le jeune homme se mit à genoux; il fit prendre à Marano la même posture. Aussitôt on entendit dans le vague une voix harmonieuse et claire qui disait : — Le trésor contient soixante onces de perles, soixante onces de rubis, soixante onces de diamants, dans une boîte d'or ciselé du poids de cent vingt onces. Les démons qui le gardent le remettront aux mains de l'homme que présente notre ami, s'il a cinquante ans...

— Je les ai depuis huit jours, interrompit joyeusement l'orfévre.

— S'il a des enfants...

— J'en ai deux, vivants.

— S'il porte quelques poils gris...

— J'en possède abondamment dans mes cheveux et dans ma barbe.

— S'il n'a pas coupé ses ongles depuis sept jours...

— Je ne les ai pas coupés depuis quinze.

— S'il s'est lavé les mains et le visage...

— Je les laverai.

— Et s'il dépose à l'entrée de la grotte, avant d'y mettre le pied, soixante onces d'or pur, pour les gardiens.

Un profond silence succéda à ces paroles : l'orfévre, frappé de stupeur, fermait les dents et les lèvres. Balsamo s'était relevé; l'orfévre écoutait encore à genoux.

— Vous avez entendu? reprit le jeune homme.

— Soixante onces d'or! dit Marano avec un immense soupir.

L'ami des esprits célestes ne releva pas cette exclamation; il reprit silencieusement le chemin de la ville; l'orfévre le suivait sans rien dire, mais évidemment en proie à de grandes méditations et à de profonds calculs.

Ils marchèrent ainsi une demi-heure comme deux muets. En arrivant à l'endroit de la route où ils s'étaient donné rendez-vous, le jeune homme s'arrêtant dit à l'avare :

Nous nous séparerons ici ; et vous saurez que, sur votre tête, vous ne devez jamais dire un mot de ce qui vient de se passer.

En même temps, il fit un mouvement pour s'éloigner.

— Un seul instant, jeune seigneur, s'écria Marano, d'un ton suppliant; soixante onces d'or! est-ce donc le dernier mot?

— Je le pense, répliqua froidement Joseph; et il refit le mouvement d'un homme qui s'éloigne.

— Un seul instant, reprit encore l'orfévre, qui avait supputé toute la valeur du trésor, à quelle heure demain matin?

— A six heures, au même lieu.

Et le merveilleux jeune homme quitta dignement Marano, qui se contenta d'ajouter en gémissant :

— Je serai prêt.

Il fut aussi exact que le premier jour, ayant rempli toutes les prescriptions indiquées, lavé, peigné, muni de ses soixante onces d'or, qu'il serrait convulsivement sur sa poitrine. Joseph Balsamo le joignit, comme la veille, à l'instant où six heures sonnaient. Ils se dirigèrent en silence vers la grotte. Les anges furent interrogés de nouveau; ils firent exactement les mêmes réponses que le jour précédent.

L'orfévre tira son or, qui lui tenait au cœur et aux mains, et dont il lui paraissait triste de se dessaisir.

— N'entrez-vous pas avec moi dans cette grotte profonde? demanda-t-il.

— Non, répondit Balsamo; je dois rester ici, jusqu'au moment où les esprits noirs, dépossédés de leur trésor, viendront se ruer sur vos soixante onces.

— N'y a-t-il aucun danger?

— Aucun, si le compte est fidèle.

L'orfévre déposa son précieux fardeau à l'entrée de la grotte; il fit quelques pas, puis il revint; le jeune homme était immobile en silence; il rentra, revint encore, fit plusieurs fois ce même manège, dans une espèce de lutte intérieure. Il ne recevait aucun encouragement de son guide, qui paraissait aussi froid que silencieux, surtout auprès des dupes que ses compères avaient suffisamment travaillés.

Enfin le pauvre orfévre alla jusqu'au fond ; et cette fois, lorsqu'il voulut reculer encore, il en fut empêché. Trois êtres noirs, qu'il eût pris pour des charbonniers, s'il ne se fût pas attendu à rencontrer des démons, lui barrèrent le chemin avec des grondements sinistres et se mirent à le faire pirouetter dans la grotte. Il poussa des cris, auxquels personne n'accourut et que les trois gaillards réprimèrent promptement en le rouant de coups. Brisé d'effroi et de douleur, Marano tomba ventre à terre. Il lui fut signifié, en langage intelligible et clair, de rester là sans mouvement, s'il ne voulait pas être assommé. Après quoi il se trouva abandonné à lui-même et n'entendit plus aucun bruit.

Pendant un quart d'heure, il n'osa remuer ni les mains, ni la tête; il s'enhardit enfin, se souleva tremblant, rampa, se traîna et gagna l'issue de la grotte, étonné de ce qui se passait en lui. Les soixante onces d'or, Balsamo, les trois démons supposés, tout avait disparu. Le pauvre homme, commençant à croire qu'il était la victime d'une nouvelle friponnerie, plus hardie et plus violente que les anciennes, revint péniblement à Palerme, et alla déposer sa plainte. Mais on ne retrouva plus Joseph Balsamo, qui évidemment avait quitté le pays.

Le 19 septembre 1780, dans une guinguette extérieure de Strasbourg, au milieu d'un groupe de modestes buveurs qui regardaient par les fenêtres la foule immense, agitée par l'attente de quelque événement extraordinaire, on remarquait une vieille figure chauve et ridée, qui accusait ses soixante-dix ans et son origine méridionale : c'était l'orfévre Marano. Des pertes successives et des dettes qu'il n'avait pas jugé convenable de payer l'avaient contraint à quitter Palerme; et après avoir tenté la fortune à Londres et à Paris, il était venu s'établir à Strasbourg où il était toujours orfévre. Il venait voir, comme toute la ville, le personnage prodigieux que l'on attendait. Cet homme, qui produisait plus de sensation qu'un grand monarque, était le comte de Cagliostro. Il venait, par l'Allemagne, de Varsovie où il avait amassé de grandes richesses en transmuant en or de vils métaux. Car il savait le secret de la pierre philosophale et possédait tous les inappréciables talents des alchimistes.

— N'importe ! dit un chapelier, je suis bien aise d'avoir vécu jusqu'ici, puisque je vais voir le fameux mortel, si c'est un mortel.

— On assure, ajouta un droguiste, qu'il est fils de la princesse de Trébisonde, et qu'il a tout à fait les beaux yeux noirs de sa mère.

— Et qu'il descend en droite ligne de Charles-Martel, dit un écrivain public.

— Il date de plus loin, interrompit un cordier, car il a assisté aux noces de Cana.

— C'est donc le juif-errant ? dit Marano. Mieux que cela. Des gens à qui on peut avoir foi prétendent qu'il est né avant le déluge.

— Voilà qui est fort; si c'était le diable ?....

Ces idées, que nous rapportons fidèlement et qui s'enrichissaient des plus singuliers commentaires, étaient alors en effet généralement répandues dans le peuple, sur l'homme mystérieux qu'on appelait le comte de Cagliostro. Les uns le regardaient comme un saint, un inspiré, un faiseur de miracles, un être tout à fait extraordinaire et hors de la nature; on n'expliquait pas les cures nombreuses qui lui étaient attribuées. Les autres ne voyaient en lui qu'un adroit charlatan. On disait qu'un hermétique nommé Altotas, qui avait longtemps voyagé avec lui, qu'il avait perdu à Malte et dont il parlait comme du plus sage des hommes, lui avait appris les arts magiques. On parlait encore d'un joueur de gobelets avec qui Cagliostro avait été très-lié; ce joueur de gobelets était assisté d'un esprit; et cet esprit était l'âme d'un juif cabaliste, qui avait tué son père par nécromancie avant la venue de Notre-Seigneur. Cagliostro disait intrépidement que tous les prodiges qu'il opérait se faisaient uniquement par l'effet d'une protection spéciale du ciel; il ajoutait que l'Etre-Suprême, pour l'encourager, avait daigné lui accorder la vision béatifique; qu'il venait convertir les incrédules et relever le catholicisme..... Avec une si haute mission, il disait la bonne aventure, donnait l'art de gagner à la loterie, expliquait les rêves, et faisait des séances de fantasmagorie transcendante. Aussi le bon abbé Fiard est-il excusable de n'avoir vu dans Cagliostro qu'un démon détaché du sombre empire; en le jugeant ainsi, l'abbé Fiard se conformait à l'opinion populaire de la majorité.

— Mais, reprit vivement le cordier, cet homme ne peut pas être le diable, puisqu'il a des entretiens avec les anges.

— Ah ! il a aussi des entretiens avec les anges ! s'écria Marano, frappé de cette circonstance. Pour lors je dois absolument le voir. Quel âge a-t-il ?

— Est-ce qu'un être pareil peut avoir un âge ? dit le droguiste. On dit qu'il paraît porter trente-six ans.

— Oh ! oh ! marmotta l'orfévre, si c'était mon coquin ? mon coquin en a trente-sept.

Comme le vieux Sicilien ruminait ainsi son triste passé, un grand tumulte de voix vint fixer son attention. L'être surhumain arrivait. Il parut bientôt, entouré d'un nombreux cortége de courriers, de laquais et de valets de chambre en livrées magnifiques; lui-même avait l'air d'un prince. A côté de lui, dans sa voiture découverte, se pavanait Lorenza Féliciani, sa femme, qui le secondait dans tout ce qu'on appelait modérément ses intrigues. Son luxe expliquait ce que disaient les gens sensés, que Cagliostro n'était autre chose qu'un membre voyageur de la maçonnerie templière, constamment opulent par les secours nombreux qu'il recevait des différentes loges de l'ordre. Quelques-uns donnaient au faste qu'il étalait une source encore moins honorable. Toutefois, il exerçait la maçonnerie élevée; et c'était lui qui avait institué les mystères de ce qu'on appelle la maçonnerie égyptienne. On dit même qu'il avait toujours été un charlatan subalterne, jusqu'au moment où il avait pu se faire admettre en Angleterre dans les hauts grades de la franc-maçonnerie. Il avait compris dès lors tout le parti qu'il pouvait tirer de l'association; et il avait imaginé ce rite particulier, dont il prétendait avoir reçu les éléments dans les pyramides d'Egypte. Le fait est qu'il avait emprunté au manuscrit d'un nommé Georges Coston le plan de sa maçonnerie égyptienne, moitié jonglerie et cabale, moitié science hermétique et fourberie, avec quelque magnétisme dont il abusait d'autant plus aisément que l'on ne connaissait pas encore cette puissance.

Son institution avait pour but de conduire les adeptes qu'il recevait à la perfection, par la régénération physique et la régénération morale. La première rendait les formes de la jeunesse et empêchait de vieillir; il la pratiquait au moyen de son élixir universel, remède qu'il appliquait à tous les maux. La seconde restituait l'innocence perdue et conduisait l'homme à l'état d'ange. Elle s'obtenait, non par le repentir et l'humilité, mais par la foi aux promesses du grand Cophte (c'est le grade que s'était donné Cagliostro), et en conséquence de cette foi qui devait être absolue, par des visions et des extases, par l'évocation des esprits, par des communications avec les anges.

« Mais le grand Cophte n'avait de puissance que par l'intermédiaire d'un jeune garçon ou d'une jeune fille, qu'il appelait ses pupilles ou ses colombes et qui devaient être de l'innocence la plus pure. Après que ces enfants avaient reçu ce que le grand Cophte appelait la consécration, ils prononçaient devant une carafe pleine d'eau les paroles qui évoquent les anges. Les anges venaient dans la carafe; quelquefois on les entendait donner leurs réponses; le plus souvent il fallait que les pupilles lussent ces réponses qui arrivaient dans la carafe à fleur d'eau et qui n'étaient visibles que pour eux (c'était du somnambulisme).

Ce qu'il y a de plus merveilleux dans tout ceci, c'est que la maçonnerie égyptienne éleva tout-à-coup Cagliostro au niveau de ce qu'il y avait de plus grand en Europe. En France surtout, à côté de l'esprit philosophique qui niait les saintes merveilles, ces merveilles absurdes furent accueillies avec une admiration qui allait jusqu'au fanatisme. Le portrait de celui qu'on osait appeler le divin Cagliostro fut partout, jusque sur les éventails, sur les bagues, sur les tabatières. On coula son buste en bronze, on le sculpta en marbre. Les plus grands personnages de cette époque de philosophie se firent admettre dans ses loges; tout le monde voulut assister aux séances publiques de ses colombes.

Un grand cri retentit lorsque le comte de Cagliostro passa devant la guinguette. Marano l'avait reconnu et il avait arrêté les chevaux de sa voiture.

— C'est Joseph Balsamo, disait-il; et l'apostrophant avec colère, il répétait ces seuls mots : Mes soixante onces d'or!

Cagliostro regarda à peine l'orfèvre, ne montra aucune émotion; mais au sein du profond silence que ce singulier incident avait jeté dans la foule épaisse, on entendit sur-le-champ une voix qui paraissait venir des airs et qui disait :

— Ecartez du chemin cet insensé, que les esprits infernaux possèdent.

Une partie du peuple tomba à genoux; une autre partie s'empara du pauvre orfèvre, et le brillant cortége poursuivit sa marche triomphale. De tels faits certainement excusent l'abbé Fiard d'avoir vu le diable dans cet homme.

Arrivé dans Strasbourg en fête, Cagliostro s'arrêta devant une grande salle où les cornacs qui le précédaient partout avaient rassemblé un grand nombre de malades. Le fameux empirique y entra et les guérit tous, les uns par le simple attouchement, les autres par des paroles, ceux-ci par le moyen d'un pourboire en argent, ceux-là par son remède universel. Il est vrai que les arrangeurs de ces cures surprenantes avaient choisi leurs malades et qu'ils n'avaient pas admis certains cas sérieux auxquels ils avaient promis des secours à domicile.

« Quant au savoir en médecine de Cagliostro (dit l'auteur anonyme de sa notice, dans la bibliographie universelle de Michaud), il paraît constant que ce savoir était très-borné. Comme tous les partisans des doctrines hermétiques et paracelsiques, il faisait grand usage des aromates et de l'or. Nous avons eu l'occasion de goûter son élixir vital, ainsi que celui d'un fameux comte de Saint-Germain; ils n'avaient point d'autre base. »

Quoi qu'il en soit, Cagliostro sortit de la salle des malades, au milieu des acclamations et des trépignements de la foule; il alla s'installer dans le magnifique hôtel qui était préparé pour lui, il admit à sa table somptueuse l'élite de la société de Strasbourg; et le soir il voulut bien donner une séance de ses colombes.

On amena dans le salon de Cagliostro, éclairé par des procédés où l'optique et la fantasmagorie jouaient un grand rôle, plusieurs petits garçons et plusieurs petites filles de sept à huit ans. Le grand Cophte choisit dans chaque sexe la colombe qui lui parut montrer le plus d'intelligence; il livra les deux enfants à sa femme, qui les emmena dans une salle voisine où elle les parfuma, les vêtit de robes blanches, leur fit boire un verre d'élixir et les représenta ensuite préparés à l'initiation.

Cagliostro ne s'était absenté qu'un moment pour rentrer sous le costume de grand Cophte. C'était une robe de soie noire, sur laquelle se déroulaient des légendes hiéroglyphiques brodées en rouge; il avait une coiffure égyptienne avec les bandelettes plissées et pendantes après avoir encadré la tête; ces bandelettes étaient de toile d'or. Un cercle de pierreries les retenait au front. Un cordon vert émeraude, parsemé de scarabées et de caractères de toutes couleurs en métaux ciselés, descendait en sautoir sur sa poitrine. A une ceinture de soie rouge pendait une large épée de chevalier, avec la poignée en croix. Il avait une figure si formidablement imposante sous cet appareil, que toute l'assemblée fit silence dans une sorte de terreur.

On avait placé sur une petite table ronde en ébène la carafe de cristal. Suivant le rite, on mit derrière les deux enfants, transformés en pupilles ou colombes un paravent pour les abriter.

Deux valets de chambre, vêtus en esclaves égyptiens, comme ils sont représentés dans les sculptures de Thèbes, fonctionnaient autour de la table. Ils amenèrent les deux enfants devant le grand Cophte, qui leur imposa les mains sur la tête, sur les yeux et sur la poitrine, en faisant silencieusement des signes bizarres, qui pouvaient figurer aussi des hiéroglyphes, et que l'ordre appelait des mythes ou symboles.

Après cette première cérémonie (magnétique), un des valets présenta à Cagliostro la petite truelle d'or, sur un coussin de velours blanc. Il frappa du manche d'ivoire de sa truelle sur la table d'ébène et demanda :

— Que fait en ce moment l'homme qui ce matin, aux portes de la ville, a insulté le grand Cophte ?

Les colombes regardèrent dans la carafe ; et apparemment qu'elles y virent quelque chose ; car la petite fille s'écria : — Je l'aperçois qui dort.

On a prétendu que le dessous de la table était préparé de manière à faire passer sous la carafe des figures et des caractères. Ce qui le ferait croire, c'est que dans les cas qui sortaient du cours ordinaire des réponses banales, les enfants ne voyaient rien. Mais alors la voix des anges invisibles répondait.

Sur l'invitation de Cagliostro, qui annonça qu'on pouvait faire toute question, plusieurs dames s'émurent. L'une demanda ce que faisait sa mère, alors à Paris ? La réponse fut qu'elle était au spectacle entre deux vieillards. Une autre voulut savoir quel était l'âge de son mari ; il n'y eut point de réponse ; ce qui fit pousser des cris d'enthousiasme, car cette dame n'avait point de mari ; et l'échec de cette tentative de piège fit qu'on n'en tendit pas d'autres.

Une troisième dame déposa un billet fermé. Le petit garçon lut aussitôt dans la carafe ces mots : — Vous ne l'obtiendrez pas. — On ouvrit le billet, qui demandait si le régiment que la dame sollicitait pour son fils lui serait accordé. Cette justesse éleva encore l'admiration.

Un juge, qui pourtant doutait, envoya secrètement son fils à sa maison, pour savoir ce que faisait en ce moment sa femme ; puis quand il fut parti, il fit cette question au grand Cophte. La carafe n'apprit rien, mais une voix annonça que la dame jouait aux cartes avec deux voisines.

Cette voix mystérieuse, qui n'était produite par aucun organe visible, jeta la terreur dans une partie de l'assemblée ; et le fils du magistrat étant venu confirmer l'exactitude de l'oracle, plusieurs dames effrayées se retirèrent.

On raconte que d'autres merveilles signalèrent cette soirée ; mais les détails en sont très-vagues.

Pendant le peu de temps, que le comte de Cagliostro resta à Strasbourg, il fut comblé de toutes les marques de la vénération. Lorsqu'il fut parti, on remarqua enfin que l'orfèvre Marano n'avait pas reparu chez lui ; on le retrouva dans un fossé où il avait été noyé, le jour de l'arrivée de l'illustre voyageur. On considéra sa triste fin comme un *châtiment mérité*.

Cagliostro parcourut de nouveau, dans un grand éclat, la France, l'Angleterre, l'Italie, la Suisse, faisant partout des cures dites merveilleuses, étalant sa fastueuse bienfaisance avec une affectation habile, qui fit dire à la marquise de Créquy qu'il avait de l'esprit de plus d'une sorte, opérant des prodiges surprenants, s'il faut en croire les relations. Car on a conté qu'il fit paraître devant quelques grands seigneurs de Paris et de Versailles, dans des glaces, sous des cloches de verre et dans des bocaux, des spectres animés et se mouvant, des personnes absentes, et différents morts qu'on lui désignait. On a même rapporté, comme chose très-véridique, que dans des soupers qui firent alors grand bruit à Paris, Cagliostro, nouveau Faust, avait évoqué les plus illustres morts, Socrate, Platon, Charlemagne, Pierre Corneille, et même Voltaire et d'Alembert. Mais depuis que la fantasmagorie est devenue à Paris un spectacle public, on a compris ces illusions.

Il est bon toutefois de lire les éloges qu'on faisait alors du grand homme. Bordes, dans ses Lettres sur la Suisse, le qualifie d'homme admirable. « Sa figure, dit-il, annonce l'esprit, décèle le génie ; ses yeux de feu lisent au fond des âmes. Il sait presque toutes les langues de l'Europe et de l'Asie : son éloquence étonne et entraîne, même dans celles qu'il parle le moins bien. »

Le marquis de Ségur et MM. de Méroménil et de Vergennes, en 1783, recommandaient Cagliostro dans les termes les plus flatteurs.

Cependant lorsqu'il revint à Paris en 1785, ses rapports avec les anges ne le préservèrent pas d'une aventure fort désagréable. Il se trouva très-gravement compromis avec le prince de Rohan, dans la malheureuse affaire du collier. La comtesse de La Motte l'accusait d'avoir reçu le collier des mains du prince et de l'avoir dépecé pour grossir le trésor occulte de sa fortune inouïe. Le grand Cophte fut arrêté le 22 août et mis à la Bastille. Il publia un mémoire où, pour justifier ses dépenses, il nomme les banquiers qui, dans tous les pays de l'Europe, lui fournissent des fonds. Mais il ne fait connaître ni l'origine, ni la source de ses richesses.

Ce mémoire, très-adroitement rédigé, était attribué à un magistrat célèbre ; et il augmentait le poids de cette réflexion que la conscience et les talents de certains avocats sont choses qui se vendent, puisque, moyennant argent, ils défendent toute cause quelconque, juste ou injuste, loyale ou déloyale.

Comme on avait détaché dans le factum quelques-unes des aventures romanesques de Cagliostro, il fut accueilli dans le public avec tout l'empressement qu'inspirait le personnage.

L'arrêt du parlement de Paris, du 31 mai 1786, déchargea Cagliostro des accusations intentées contre lui, et il fut mis en liberté, mais avec ordre de quitter Paris dans les vingt-quatre heures et le royaume dans trois semaines. Lorsqu'il s'embarqua à Boulogne, il était suivi d'un cortège de quatre à cinq mille personnes qui lui demandaient *sa bénédiction*...

Il passa en Angleterre, où il séjourna deux ans, continuant d'établir ses loges égyptiennes et propageant son rite particulier, qu'il appelait aussi le rite de Mizraïm.

Et le matin du 7 avril de l'année 1791, à Rome, au milieu d'une affluence avide de curieux, le tribunal du saint-office jugeait un homme important. Cet homme avait un nom européen, diversement estimé, ange pour les uns, démon pour les autres, bienfaiteur de l'humanité et divin philosophe devant les têtes légères, charlatan saugrenu et redoutable imposteur devant les personnes graves. Cet homme était le comte de Cagliostro.

De Londres il était encore retourné en Suisse; puis il était venu en Savoie, puis à Gênes, à Varsovie, à Trente d'où il s'était fait chasser; puis à Rome où il avait eu l'audace d'ouvrir des loges et de faire des réceptions pour sa maçonnerie égyptienne. On l'avait arrêté avec sa femme, le 27 décembre 1789, et transféré au château Saint-Ange. Quoique accusé de franc-maçonnerie, de magie, d'apostasie, d'hérésie et même de frénésie, on avait mis plus de seize mois à instruire sa cause, que les renseignements recueillis chargeaient de toutes sortes de crimes.

— Mais, disait le jeune Mattéo Ferrante à Paolo Rambaldi, son oncle dans la cour du saint-office, il est étonnant que l'inquisition, qui est ici un tribunal si doux, poursuive criminellement ce gentilhomme. Qu'a-t-il donc fait? Tant de rapports s'accordent à le peindre comme un être vénérable, dont la conduite est exemplaire. On l'a vu guérir les malades, soulager les pauvres, répandre les consolations et prodiguer les bienfaits, dans le seul but de soulager l'humanité.

— Ce que vous dites là, mon enfant, répliqua Paolo, n'est que de l'exagération, à propos d'un très-adroit charlatanisme. Cet étalage de bienfaisance cachait tous les vices. Que direz-vous, si l'on vous établit que l'argent qu'il distribuait ainsi était de l'argent volé? Il est facile de la sorte d'être charitable. Que direz-vous, si l'on vous fait voir qu'il empoisonnait par ses remèdes empiriques ceux qu'en apparence il soulageait un moment? Que direz-vous, lorsqu'on vous aura montré que cet homme est le plus dangereux des escrocs?

Vous vous étonnez de le voir accusé de magie: mais c'est lui-même qui s'est donné pour magicien, dominateur des esprits infernaux.

Il s'est dit en correspondance avec les anges, faisant lui-même les demandes et les réponses; car il est VENTRILOQUE.

Il a feint, par fantasmagorie et jeux d'optique, des apparitions qui ont troublé de paisibles consciences.

Il a renié le catholicisme et s'est levé contre lui en établissant sa maçonnerie égyptienne. Savez-vous quels mystères impurs et scandaleux se pratiquaient dans ses loges ténébreuses?

En s'excitant par des potions violentes pour se donner l'air inspiré, il s'est rendu frénétique; et pour ce motif seul, il devait être surveillé.

Vous l'appelez le comte de Cagliostro. Mais apprenez que ce nom même est une de ses innombrables impostures. Son nom, à Palerme où il est né, est Joseph Balsamo. A Venise, il s'appelait le marquis de Pellegrini. Il s'est nommé encore Tischio, Belmonté, Harat, Melissa, Fénix; il a été docteur, colonel, gentilhomme, danseur, sans parler de professions moins honorables. Il a volé avec une grande adresse des sommes énormes; à peine adolescent, il a escroqué d'un seul coup soixante onces d'or à un orfèvre de Palerme, pauvre idiot que les séides du comte de Cagliostro ont noyé à Strasbourg. Il serait triste et de mauvais exemple de publier toute la vie de cet homme.

— Mais, reprit encore Mattéo, dans sa lettre au peuple français, datée de Londres le 20 juin 1786, Cagliostro prédit que la Bastille serait démolie et deviendrait un lieu de promenade. Comment expliquer cela?

— D'une manière bien naturelle. Cette démolition était déjà dans les projets de Louis XIV; et en 1786, la Bastille tombait en ruines. Croyez bien que Joseph Balsamo, avec tous ses noms et tous ses titres, n'est qu'un imposteur dangereux et un fripon.

L'oncle et le neveu entrèrent alors dans la salle où se plaidait la cause de l'homme fameux. Les faits de sa vie, en se déroulant, ne présentaient que des vices et des crimes.

Les juges, après avoir tout pesé, condamnèrent Cagliostro à la peine de mort.

Mais à Rome on donne aux condamnés le temps du repentir. Le pape Pie VI commua la peine de Cagliostro en une prison perpétuelle; on mit sa femme dans une maison de pénitence; on l'enferma lui dans le château Saint-Ange.

On lui laissait une liberté de mouvement assez étendue; mais on reconnut bientôt qu'il ne fallait pas oublier un des motifs de son mandat d'arrêt, la frénésie; car on le surprit un jour occupé à étrangler un bon prêtre, qu'il avait demandé sous prétexte de se confesser, et sous les habits duquel il méditait son évasion. On arriva assez tôt pour empêcher la consommation de ce nouveau forfait; et, depuis, l'ami des anges fut surveillé avec grand soin.

Quand les Français entrèrent à Rome en 1797, quelques officiers se rappelèrent Cagliostro, qu'ils avaient vu à Paris. Ils voulurent le visiter dans sa prison. Mais alors il y avait deux ans que l'homme prodigieux, ne pouvant plus nuire à personne, s'était étranglé lui-même.

On met sur le compte de Cagliostro une

détestable brochure qui apprend aux vieilles femmes l'art de prévoir les numéros gagnants des loteries, par l'interprétation de leurs rêves. Avant la suppression de la loterie en France, on vendait tous les ans un nombre inouï d'exemplaires de ce fatras dont voici le titre : *Le Vrai Cagliostro, ou le Régulateur des actionnaires de la loterie, augmenté de nouvelles cabales faites par Cagliostro;* volume in-8°, orné du portrait de Cagliostro, au bas duquel on lit ces treize syllabes, que l'éditeur a probablement prises pour un vers majestueux et qui ne sont qu'un noble vers défiguré et souillé dans son application :

Pour savoir ce qu'il est, il *faudrait* être lui-même.

Nous avons emprunté à un journal le passage suivant; c'est un des mille traits attribués à Cagliostro. Nous n'en citons pas l'écrivain, qui n'a pas signé.

Cagliostro et la tempête.

« Au milieu des premiers symptômes de la révolution, on parlait autant, à Paris, de Cagliostro, de Mesmer, de Swedenborg et du comte de Saint-Germain, que de l'assemblée des notables qui venait d'avoir lieu, et de l'assemblée des états-généraux qu'on allait bientôt avoir.

» Les philosophes de l'école de Voltaire et de Rousseau étaient fort répandus dans la société; chaque grand seigneur en avait un chez lui, qu'il nourrissait et hébergeait. Dans toutes les familles les Cabanis, les d'Holbach, les Helvétius, les Raynal, les Diderot, étaient devenus *intimes*. Les aventuriers et les imposteurs avaient beau jeu. Aussi Cagliostro faisait-il fureur; tout le monde se le disputait. Le marquis de Choiseul-Beaupré, menin de M. le dauphin, l'ayant rencontré chez madame la duchesse de Grammont, et l'ayant entendu assurer qu'il avait le pouvoir d'évoquer les morts, il avait pris le *magicien* à part, et lui avait dit à l'oreille qu'il désirait voir sa femme, qui venait de mourir à vingt ans.

» — Vous la verrez, avait répondu Cagliostro; séquestrez-vous du monde, restez chez vous, jeûnez et priez, et, dans trois nuits, j'irai vous prendre à votre hôtel.

» Je lui donnai mon adresse, dit M. de Choiseul, dont le récit a été recueilli dans une lettre du comte de Motteville; — et effectivement, la troisième nuit, Cagliostro vint vers les onze heures.

» Il dut me trouver pâle et faible; car, sans ajouter beaucoup de foi à ce qu'on m'avait raconté de lui, j'avais cependant obéi à son ordonnance; depuis trois jours, je n'étais pas sorti de chez moi, j'avais jeûné et prié de mon mieux. Quand je le vis entrer dans mon salon, je sonnai pour faire avancer ma voiture; mais il me dit :

» — M. le marquis, c'est inutile, la mienne est à votre porte, et si vous le permettez, c'est elle qui nous conduira où nous devons aller.

» — Est-ce loin? demandai-je.

» — Je ne sais, mes chevaux s'arrêteront où ils doivent s'arrêter.

» — C'est donc à eux qu'il faut se confier?..

» — Silence, M. le marquis; ne distrayons pas notre pensée par des idées accessoires; n'oublions pas que c'est au devant des morts que nous allons...

» Je me tus; pendant quelque temps, je reconnus les rues par où nous passions; mais bientôt les lumières disparurent peu à peu; bientôt les roues de la voiture ne retentirent plus sur le pavé; nos lanternes s'éteignirent, et l'obscurité fut complète. Me penchant à la portière, je cherchais, à travers la glace, à distinguer où nous étions; mais pas la plus petite lueur ne tombait des étoiles; je ne voyais, je ne reconnaissais rien. Cependant, j'ai toujours cru que c'était à la plaine des Sablons qu'il m'avait conduit.

» Au bout d'une heure et demie d'une course très-rapide, la voiture s'arrêta.

— « C'est ici, » me dit Cagliostro; — et, comme il prononçait ce mot, la portière s'ouvrit d'elle-même, le marchepied se baissa sans que personne y mît la main; je descendis le premier, non sans émotion.

« L'espace, autant que je pouvais le distinguer, était vaste, et, dans tout ce vide noir que j'avais devant moi, il me sembla qu'un seul bâtiment s'élevait... Et nous y touchions.

« Pendant que nous étions en voiture, j'avais entendu quelques rafales de vent; quand j'eus mis pied à terre, je sentis qu'il en faisait beaucoup, et je m'enveloppai dans mon manteau.

— « Vous aurez moins froid ici, » me dit mon guide.

» Et comme il parlait, une porte s'ouvrit sans bruit.

» Alors je vis autre chose que le noir de la nuit. L'intérieur de la maison ou de la baraque, de la grange ou de la chapelle où Cagliostro me commandait d'entrer, était faiblement éclairé par une lumière qui me semblait à une grande distance du seuil; cette lumière bleuâtre et vacillante était à une certaine hauteur du sol. Par instant, et comme par bouffées, sa lueur, se ravivant, laissait voir un autel mortuaire, entouré de plusieurs cercueils, et tout à coup ces objets lugubres disparaissaient dans les ombres.

» J'avais fait une vingtaine de pas en avançant du côté de la lumière, quand un coup de vent, plus bruyant que tous ceux qui avaient soufflé depuis une heure, ébranla l'édifice où nous nous trouvions.

— « Cette tourmente va passer, » dit Cagliostro.

» Il se trompait, elle ne fit que redoubler de furie. Bientôt le tonnerre se mêla à la tempête. Jamais de ma vie je n'avais entendu d'ouragan rugir de la sorte. En ce moment, j'acquis la certitude que le bâtiment, qui nous abritait encore, n'était pas de pierres, mais simplement construit en planches; il craquait de toutes parts, et le vent, passant dans les jointures de ces murs de sapin, soulevait les tentures noires qui drapaient l'intérieur.

» Cagliostro, voyant que la lampe allait s'éteindre, venait d'allumer une torche; à sa flamme agitée et rougeâtre, je distinguai des têtes de mort et des ossements croisés, tranchant en blanc sur les draperies funèbres. Tous ces emblèmes, toutes ces figures du sépulcre, soulevées, abaissées par le vent, avaient quelque chose d'effrayant : on eût dit une autre danse macabre.

— « Nous ferions mieux de remettre à un autre jour la vision », dis-je à l'homme qui m'avait promis d'intervertir pour moi l'ordre de la nature.

— « Non, dit-il, je vais conjurer l'orage ; il cessera bientôt. »

» Il n'avait pas achevé ces paroles, que l'ouragan, plus furieux, plus rugissant, plus terrible que jamais, enfonça toute une des parties latérales ; et la légère charpente de la couverture, n'étant plus soutenue que d'un côté, s'écroula sur l'autel mortuaire et sur les cercueils qui l'environnaient. A cet instant, Cagliostro, effrayé, s'écria :

— « Sauvons-nous. »

» Et je fis bien de suivre ce conseil ; car, à peine étais-je sorti, que tout le frêle édifice fut renversé.

» Cagliostro, honteux de n'avoir pu faire cesser la tourmente, s'étant élancé avant moi, hors du sanctuaire de ses évocations, avait dit à son cocher : — « Vous conduirez la personne que vous avez amenée ici avec moi, où elle vous le dira ; » puis il avait disparu. Je le cherchais, quand le cocher m'apprit l'ordre qu'il venait de recevoir. Alors, je montai en voiture, et à deux heures du matin, j'étais de retour chez moi...

» Je dormis peu ; dès qu'il fit jour, j'ordonnai de mettre mes chevaux à la voiture, et de prendre le chemin de la plaine des Sablons. Quand j'y arrivai, on commençait à voir un peu ; ce fut en vain que je cherchai des débris de la baraque funèbre ; après avoir parcouru la plaine dans tous les sens, j'ai acquis la certitude que ce n'était pas là qu'elle avait été construite. J'allai aux environs de Grenelle et, là encore, je ne trouvai rien.

» Je racontai tout cela à un adepte ardent de Cagliostro ; ce crédule disciple de l'aventurier me dit :

— « C'est bien dommage que l'ouragan ait soufflé cette nuit-là ; sans la tourmente, notre maître à tous vous aurait fait voir que la mort lui obéit. »

» Quelques semaines après cette mystification, Cagliostro était chez la duchesse de Grammont, quand on y annonça le marquis de Choiseul. A ce nom, il disparut comme si un autre ouragan l'emportait. »

CAGOTS, individus des Pyrénées qui y sont des sortes de parias. Les autres habitants les évitent comme gens maudits. Ce sont, dit-on, des restes de la race des Goths, appelés Ca-Goths, en abréviation de canes Gothi, chiens de Goths.

CAIN. Les musulmans et les rabbins disent qu'Eve ayant deux fils, Caïn et Abel, et deux filles, Aclima et Lébuda, voulut unir Caïn avec Lébuda, et Aclima avec Abel. Or, Caïn était épris d'Aclima. Adam, pour mettre ses fils d'accord, leur proposa un sacrifice ; et, comme on le sait, l'offrande de Caïn fut rejetée. Il ne voulut pourtant pas céder Aclima ; il résolut, pour l'avoir plus sûrement, de tuer son frère Abel ; mais il ne savait comment s'y prendre. Le diable, qui l'épiait, se chargea de lui donner une leçon. Il prit un oiseau qu'il posa sur une pierre, et avec une autre pierre il lui écrasa la tête. Caïn, bien instruit alors, épia le moment où Abel dormait, et lui laissa tomber une grosse pierre sur le front. A la suite de ce crime, disent les mêmes docteurs, il se trouva dans un autre embarras ; il ne savait que faire du corps. Il l'enveloppa dans une peau de bête, et l'emporta sur ses épaules pendant quarante jours. L'infection l'obligea à la fin de déposer son fardeau, qu'il enterra ; après quoi, il mena une vie errante et vagabonde, jusqu'à ce qu'il fût tué par un de ses petits-fils, qui, ayant la vue courte, le prit pour une bête fauve...

Il y a eu, dans le deuxième siècle, une secte d'hommes effroyables qui glorifiaient le crime et qu'on a appelés *caïnites*. Ces misérables avaient une grande vénération pour Caïn, pour les horribles habitants de Sodome, pour Judas et pour d'autres scélérats. Ils avaient un *évangile de Judas*, et mettaient la perfection à commettre sans honte les actions les plus infâmes.

Les mêmes hérétiques avaient aussi, on ne sait comment, ni dans quel but, un livre apocryphe de l'Ascension de saint Paul, contenant tout le voyage de saint Paul dans le ciel, avec le détail de ce qu'il y avait vu...

CAINAN. On attribue à Caïnan, fils d'Arphaxad, la conservation d'un traité d'*Astronomie*, qu'il trouva gravé sur deux colonnes par les enfants de Seth, ouvrage antédiluvien qu'il transcrivit. On prétend aussi que Caïnan découvrit encore d'autres ouvrages écrits par les géants, lesquels ouvrages ne sont pas venus jusqu'à nous [1].

CAIUMARATH ou KAID-MORDS. Le premier homme selon les Persans. Voy. BOUNDS-CHESCH.

CALA (CHARLES), Calabrois qui écrivait au dix-septième siècle. On recherche son *Mémoire sur l'apparition des croix prodigieuses* [2], imprimé à Naples en 1661.

CALAMITÉS. On a souvent attribué aux démons ou à la malice des sorciers les calamités publiques. Pierre Delancre dit que les calamités des bonnes âmes sont les joies et les festoiements des démons pipeurs [3].

CALAYA. Le troisième des cinq paradis indiens. Là réside Ixora ou Eswara, toujours à cheval sur un bœuf. Les morts fidèles le servent ; les uns le rafraîchissant avec des éventails, d'autres portant devant lui la chandelle pour l'éclairer la nuit. Il en est qui lui présentent des crachoirs d'argent quand il veut expectorer.

---

[1] Syncelli Chronographiæ, p. 80.
[2] Memorie historiche dell'apparitione delle croci prodigiose da Carlo Cala. In-4°. In Napoli, 1661.
[3] Tableau de l'inconstance des mauvais anges, etc., liv. I, p. 25.

CALCERAND-ROCHEZ. Pendant que Hugues de Moncade était vice-roi de Sicile pour le roi Ferdinand d'Aragon, un gentilhomme espagnol, nommé Calcerand-Rochez, eut une vision. Sa maison était située près du port de Palerme. Une nuit qu'il ne dormait pas, il crut entendre des hommes qui cheminaient et faisaient grand bruit dans sa basse-cour; il se leva, ouvrit la fenêtre, et vit, à la clarté du crépuscule, des soldats et des gens de pied en bon ordre, suivis de piqueurs; après eux, venaient des gens de cheval divisés en escadrons, se dirigeant vers la maison du vice-roi. Le lendemain, Calcerand conta le tout à Moncade, qui n'en tint compte; cependant, peu après, le roi Ferdinand mourut, et ceux de Palerme se révoltèrent. Cette sédition, dont la vision susdite donnait clair présage, ne fut apaisée que par les soins de Charles d'Autriche (Charles-Quint) (1).

CALCHAS, fameux devin de l'antiquité, qui prédit aux Grecs que le siége de Troie durerait dix ans, et qui exigea le sacrifice d'Iphigénie. Apollon lui avait donné la connaissance du passé, du présent et de l'avenir. Il serait curieux de savoir s'il aurait prédit aussi la prise de la Bastille. Sa destinée était de mourir lorsqu'il aurait trouvé un devin plus sorcier que lui. Il mourut en effet de dépit, pour n'avoir pas su deviner les énigmes de Mopsus.

CALEGUEJERS. Les plus redoutables d'entre les génies chez les Indiens. Ils sont de taille gigantesque, et habitent ordinairement le patala ou l'enfer.

CALENDRIER. L'ancien calendrier des païens se rattachait au culte des astres; et presque toujours il était rédigé par des astrologues.

Ce serait peut-être ici l'occasion de parler du *Calendrier des bergers*, de l'*Almanach du bon laboureur*, du *Messager boiteux de Bâle en Suisse*, et de cent autres recueils où l'on voit exactement marqués les jours où il fait bon rogner ses ongles et prendre médecine; mais ces détails mèneraient trop loin. Voy. ALMANACH.

CALI, reine des démons et sultane de l'enfer indien. On la représente tout à fait noire, avec un collier de crânes d'or. On lui offrait autrefois des victimes humaines.

CALICE DU SABBAT. On voit, dans Pierre Delancre, que lorsque les prêtres sorciers disent la messe au sabbat, ils se servent d'une hostie et d'un calice noirs, et qu'à l'élévation ils disent ces mots: *Corbeau noir! corbeau noir!* invoquant le diable.

CALIGULA. On prétend qu'il fut empoisonné ou assassiné par sa femme. Suétone dit qu'il apparut plusieurs fois après sa mort, et que sa maison fut infestée de monstres et de spectres, jusqu'à ce qu'on lui eût rendu les honneurs funèbres (2).

CALMET (DOM AUGUSTIN), bénédictin de la congrégation de Saint-Vannes, l'un des savants les plus laborieux et les plus utiles du dernier siècle, mort en 1757, dans son abbaye de Senones. Voltaire même mit ces quatre vers au bas de son portrait:

Des oracles sacrés que Dieu daigna nous rendre
Son travail assidu perça l'obscurité;
Il fit plus, il les crut avec simplicité,
Et fut, par ses vertus, digne de les entendre.

Nous le citons ici pour sa *Dissertation sur les apparitions des anges, des démons et des esprits, et sur les revenants et vampires de Hongrie, de Bohême, de Moravie et de Silésie*, in-12, Paris, 1746. La meilleure édition est de 1751; Paris, 2 vol. in-12. Ce livre est fait avec bonne foi; l'auteur est peut-être trop crédule, il admet facilement les vampires. Il est vrai qu'il rapporte ce qui est contraire à ses idées avec autant de candeur que ce qui leur est favorable. Voy. VAMPIRES.

CALUNDRONIUS, pierre magique dont on ne désigne ni la couleur ni la forme, mais qui a la vertu d'éloigner les esprits malins, de résister aux enchantements, de donner à celui qui la porte l'avantage sur ses ennemis, et de chasser l'humeur noire.

CALVIN (JEAN), l'un des chefs de la réforme prétendue, né à Noyon, en 1509. Ce fanatique, qui se vantait, comme les autres protestants, d'apporter aux hommes la liberté d'examen, et qui fit brûler Michel Servet, son ami, parce qu'il différait d'opinion avec lui, n'était pas seulement hérétique, on l'accuse encore d'avoir été magicien. « Il faisait des prodiges à l'aide du diable qui, quelquefois ne le servait pas bien: car un jour il voulut donner à croire qu'il ressuscitait un homme qui n'était pas mort; et, après qu'il eut fait ses conjurations sur le compère, lorsqu'il lui ordonna de se lever, celui-ci n'en fit rien, et on trouva qu'icelui compère était mort tout de bon, pour avoir voulu jouer cette mauvaise comédie (3). » Quelques-uns ajoutent que Calvin fut étranglé par le diable; et il ne l'aurait pas volé.

En son jeune âge, Calvin avait joué la comédie et fait des tours d'escamotage.

CAMBIONS. Enfants des démons. Delancre et Bodin pensent que les démons incubes peuvent s'unir aux démons succubes, et qu'il naît de leur commerce des enfants hideux qu'on nomme *cambions*, lesquels sont beaucoup plus pesants que les autres, avalent tout sans être plus gras, et tariraient trois nourrices qu'ils n'en profiteraient pas mieux (4). Luther, qui était très-superstitieux, dit dans ses Colloques que ces enfants-là ne vivent que sept ans; il raconte qu'il en vit un qui criait dès qu'on le touchait, et qui ne riait que quand il arrivait dans la maison quelque chose de sinistre.

Maïole rapporte qu'un mendiant galicien excitait la pitié publique avec un cambion; qu'un jour un cavalier, voyant ce gueux très-embarrassé pour passer un fleuve, prit, par compassion, le petit enfant sur son cheval,

---
(1) Leloyer, Disc. et hist. des spectres, p. 272.
(2) Delandine, Enfer des peuples anciens, ch. II, p. 316. Delancre, L'Inconstance des démons, etc., liv. VI, p. 461.
(3) Boguet, Discours des sorciers, ch. XVIII.
(4) Delancre, Tableau de l'inconstance des démons, liv. III, à la fin. Bodin, Démonomanie, liv. II, ch. VII.

mais qu'il était si lourd que le cheval pliait sous le poids. Peu de temps après, le mendiant, étant pris, avoua que c'était un petit de démon qu'il portait ainsi, et que cet affreux marmot, depuis qu'il le traînait avec lui, avait toujours agi de telle sorte que personne ne lui refusait l'aumône (1).

CAMÉLÉON. Démocrite, au rapport de Pline, avait fait un livre spécial sur les superstitions auxquelles le caméléon a donné lieu. Un plaideur était sûr de gagner son procès, s'il portait avec lui la langue d'un caméléon arrachée à l'animal pendant qu'il vivait.

On faisait tonner et pleuvoir en brûlant la tête et le gosier d'un caméléon sur un feu de bois de chêne, ou bien en rôtissant son foie sur une tuile rouge. Boguet n'a pas manqué de remarquer cette merveille, dans le chapitre 23 de ses Discours des sorciers.

L'œil droit d'un caméléon vivant, arraché et mis dans du lait de chèvre, formait un cataplasme qui faisait tomber les taies des yeux. Sa queue arrêtait le cours des rivières. On se guérissait de toute frayeur en portant sur soi sa mâchoire, etc.

Des curieux assurent encore que cette espèce de lézard ne se nourrit que de vent. Mais il est constant qu'il mange des insectes; et comment aurait-il un estomac et tous les organes de la digestion, s'il n'avait pas besoin de digérer? Comment encore, s'il ne mange pas, produit-il des excréments, dont les anciens faisaient un remède magique pour nuire à leurs ennemis?

La couleur du caméléon paraît varier continuellement, selon la réflexion des rayons du soleil et la position où l'animal se trouve par rapport à ceux qui le regardent : c'est ce qui l'a fait comparer à l'homme de cour. — Delancre dit, d'un autre côté, que le caméléon est l'emblème des sorciers, et qu'on en trouve toujours dans les lieux où s'est tenu le sabbat.

CAMÉRARIUS (JOACHIM), savant allemand du seizième siècle. On recherche son traité *De la nature et des affections des démons* (2) et son *Commentaire sur les divinations* (3).

Nous indiquerons aussi de Barthélemi Camerario, Bénéventin, mort en 1564, un livre *sur le feu du purgatoire* (4); les *Centuries* de Jean-Rodolphe Camérarius, médecin allemand du dix-septième siècle, *sur les horoscopes et l'astrologie* (5), et le fatras du même auteur *sur les secrets merveilleux de la nature* (6).

Enfin, Elie Camérarius, autre rêveur de Tubingue, a écrit en faveur de la magie et des apparitions, des livres que nous ne connaissons pas.

CAMPANELLA (THOMAS), homme d'esprit, mais de peu de jugement, né dans un bourg de la Calabre en 1568. Tout jeune, il rencontra, dit-on, un rabbin qui l'initia dans les secrets de l'alchimie, et qui lui apprit toutes les sciences en quinze jours, au moyen de l'Art Notoire.

Avec ces connaissances, Campanella, entré dans l'ordre des dominicains, se mit à combattre la doctrine d'Aristote, alors en grande faveur. Ceux qu'il attaqua l'accusèrent de magie ; et il fut obligé de s'enfuir de Naples. On s'empara de ses cahiers ; l'inquisition y trouvant des choses répréhensibles, condamna l'auteur à la retraite dans un couvent : notez que c'était l'inquisition d'Etat et que la vraie cause qui lui fit imposer le silence dans une sorte de séquestration, fut une juste critique qu'il avait faite, dans son *Traité de la monarchie espagnole*, des torts graves de cette nation, dominée alors par un immense orgueil. Il sortit de sa retraite par ordre du pape, en 1626, et vint à Paris, où il mourut chez les jacobins de la rue saint Honoré, le 21 mai 1639.

On a dit qu'il avait prédit l'époque de sa mort.

Nous ne citerons de ses ouvrages que ses quatre livres *Du sens des choses et de la magie* (7), et ses six livres *d'astrologie* (8); l'auteur, qui faisait cas de cette science, s'efforce d'accorder les idées astrologiques avec la doctrine de saint Thomas.

CAMPETTI, hydroscope, qui renouvela, à la fin du dernier siècle, les merveilles de la baguette divinatoire. Il était né dans le Tyrol. Mais il a fait moins de bruit que Jacques Aymar. Au lieu de baguette pour découvrir les sources, les trésors cachés et les traces de vol ou de meurtre, il se servait d'un petit pendule formé d'un morceau de pyrite, ou de quelque autre susbstance métallique suspendue à un fil qu'il tenait à la main. Ses épreuves n'ont pas eu de suites.

CAMUZ (PHILIPPE), romancier espagnol du seizième siècle. On lui attribue *la Vie de Robert-le-Diable* (9), qui fait maintenant partie de la Bibliothèque Bleue.

CANATE, montagne d'Espagne, fameuse dans les anciennes chroniques ; il y avait au pied une caverne où les mauvais génies faisaient leur résidence, et les chevaliers qui s'en approchaient étaient sûrs d'être enchantés s'il ne leur arrivait pas pis.

CANCER OU L'ECREVISSE, l'un des signes du zodiaque. Voy. HOROSCOPE.

CANG-HY, dieu des cieux inférieurs, chez les Chinois. Il a pouvoir de vie et de mort. Trois esprits subalternes sont ses ministres: Tankwam, qui préside à l'air, dispense la pluie ; Tsuikwam, qui gouverne la mer et

---

(1) Boguet, Discours des sorciers, ch. xiv.
(2) De natura et affectionibus dæmonum libri duo. Lipsiæ, 1576. In-8°.
(3) Commentarius de generibus divinationum, ac græcis latinisque earum vocabulis. Lipsiæ, 1576. In-8°.
(4) De purgatorio igne. Romæ, 1557.
(5) Horarum natalium centuriæ II pro certitudine astrologiæ. In-4°. Francfort, 1607 et 1610.
(6) Sylloge memorabilium medicinæ et mirabilium naturæ arcanorum centuriæ XII. In-12. Strasbourg, 1624.

L'édition in-8° de Tubingue, 1683, est augmentée et contient XX centuries.

(7) De sensu rerum et magia libri IV, etc. In-4°. Francfort, 1620.
(8) Astrologicorum libri VI. In-4°. Lyon, 1629. L'édition de Francfort, 1630, est plus recherchée, parce qu'elle contient un septième livre intitulé : De fato siderali vitando.
(9) La Vida de Roberto el Diablo, etc. In-folio. Seville, 1629.

les eaux, envoie les vents et les orages; Teikwam, qui préside à la terre, surveille l'agriculture et se mêle des batailles.

CANICULE, constellation qui doit son nom à l'étoile Syrius ou le chien, et qui domine dans le temps des grandes chaleurs. Les Romains, persuadés de la malignité de ses influences, lui sacrifiaient tous les ans un chien roux. Une vieille opinion populaire exclut les remèdes pendant cette saison, et remet à la nature la guérison de toutes les maladies. C'est aussi une croyance encore répandue, mais dénuée de fondement, qu'il est dangereux de se baigner dans la canicule.

CANIDIA, magicienne dont parle Horace; elle enchantait et envoûtait avec des figures de cire, et, par ses conjurations magiques forçait la lune à descendre du ciel.

CANTERME, nom que donnaient les anciens à certains enchantements et maléfices.

CANTWEL (André-Samuel-Michel), mort bibliothécaire des Invalides le 9 juillet 1802. Il est auteur d'un sot roman intitulé: *le Château d'Albert* ou *le Squelette ambulant*, 1799, 2 vol. in-18.

CAOUS. Les Orientaux donnent ce nom à des génies malfaisants qui habitent les cavernes du Caucase.

CAPNOMANCIE, divination par la fumée. Les anciens en faisaient souvent usage: on brûlait de la verveine et d'autres plantes sacrées: on observait la fumée de ce feu, les figures et la direction qu'elle prenait, pour en tirer des présages.

On distinguait deux sortes de capnomancie: l'une qui se pratiquait en jetant sur des charbons ardents des grains de jasmin ou de pavot, et en observant la fumée qui en sortait; l'autre, qui était la plus usitée, se pratiquait par la méthode que nous avons indiquée. Elle consistait aussi à examiner la fumée des sacrifices. Quand cette fumée était légère et peu épaisse, c'était bon augure. On respirait même cette fumée; et l'on pensait qu'elle donnait des inspirations.

CAPPAUTAS, grosse pierre brute qui, dans les croyances populaires, guérissait de la frénésie ceux qui allaient s'y asseoir; elle se trouvait à trois stades de Gytheum en Laconie.

CAPPERON, doyen de Saint-Maixant. Il publia, dans le Mercure de 1726, une lettre sur les fausses apparitions, que Lenglet-Dufresnoy a réimprimée dans son recueil. Il montre peu de crédulité et combat les fausses apparitions avec des raisons assez bonnes. Il conte qu'un jour il fut consulté sur une femme qui disait voir chaque jour, à midi, un esprit en figure d'homme, vêtu de gris, avec des boutons jaunes, lequel la maltraitait fort, lui donnant même de grands soufflets; ce qui paraissait d'autant plus certain qu'une voisine protestant qu'ayant mis sa main contre la joue de cette femme dans le temps qu'elle se disait maltraitée, elle avait senti quelque chose d'invisible qui la repoussait. Ayant reconnu que cette femme était fort sanguine, Capperon conclut qu'il fallait lui faire une saignée, avec la précaution de lui en cacher le motif; ce qui ayant été exécuté, l'apparition s'évanouit.

Tous les traits qu'il rapporte, et tous ses raisonnements, prouvent que les vapeurs ou l'imagination troublée sont la cause de la plupart des visions. Il admet les visions rapportées dans les livres saints; mais il repousse les autres assez généralement. Il parle encore d'une autre femme à qui un esprit venait tirer toutes les nuits la couverture. Il lui donna de l'eau, en lui disant d'en asperger son lit, et ajoutant que cette eau, particulièrement bénite contre les revenants, la délivrerait de sa vision. Ce n'était que de l'eau ordinaire; mais l'imagination de la vieille femme se rassura par ce petit stratagème, qu'elle ne soupçonnait pas, et elle ne vit plus rien.

CAPRICORNE. L'un des signes du zodiaque. Voy. HOROSCOPES.

CAPUCIN. Ce sont les protestants qui ont mis à la mode ce stupide axiome superstitieux, que la rencontre d'un capucin était un mauvais présage. Un jour que l'abbé de Voisenon était allé à la chasse sur un terrain très-giboyeux, il aperçut un capucin. Dès ce moment il ne tira plus un coup juste, et comme on se moquait de lui : — Vraiment, messieurs, dit-il, vous en parlez fort à votre aise; vous n'avez pas rencontré un capucin (1).

CAQUEUX ou CACOUX. Les cordiers, nommés *caqueux* ou *cacoux*, en Bretagne, sont relégués dans certains cantons du pays comme des espèces de parias; on les évite; ils inspirent même de l'horreur, parce qu'ils font des cordes, autrefois instruments de mort et d'esclavage. Ils ne s'alliaient jadis qu'entre eux, et l'entrée des églises leur était interdite. Ce préjugé commence à se dissiper; cependant ils passent encore pour sorciers. Ils profitent de ce renom; ils vendent des talismans qui rendent invulnérable, des sachets à l'aide desquels on est invincible à la lutte; ils prédisent l'avenir; on croit aussi qu'ils jettent de mauvais vents.

On les disait, au quinzième siècle, juifs d'origine, et séparés par la lèpre du reste des hommes. Le duc de Bretagne, François II, leur avait enjoint de porter une marque de drap rouge sur un endroit apparent de leur robe. On assure que le vendredi saint tous les caqueux versent du sang par le nombril. Néanmoins on ne fuit plus devant les cordiers; mais on ne s'allie pas encore aisément avec leurs familles (2). N'est-ce pas ici la même origine que celle des cagoths? Voy. ce mot.

CARABIA ou DECARABIA. Démon peu connu, quoiqu'il jouisse d'un grand pouvoir au sombre empire. Il est roi d'une partie de l'enfer, et comte d'une autre province considérable. Il se présente sous la figure d'une

(1) M. Salgues, Des erreurs et des préjugés, etc., t. I, p. 509.

(2) Cambry, Voyage dans le Finistère, t. III, p. 146; t. I, etc.

étoile à cinq rayons. Il connaît les vertus des plantes et des pierres précieuses ; il domine sur les oiseaux, qu'il rend familiers. Trente légions sont à ses ordres (1).

CARACALLA. L'empereur Caracalla venait d'être tué par un soldat. Au moment où l'on n'en savait encore rien à Rome, on vit un diable en forme humaine qui menait un âne, tantôt au Capitole, tantôt au palais de l'Empereur, en disant tout haut qu'il cherchait un maître. On lui demanda s'il cherchait Caracalla ; il répondit que celui-là était mort, sur quoi il fut pris pour être envoyé à l'Empereur, et il dit ces mots : « Je m'en vais donc, puisqu'il le faut, non à l'empereur que vous pensez, mais à un autre ; » et là-dessus on le conduisit de Rome à Capoue, où il disparut, sans qu'on ait jamais su ce qu'il devint (2).

CARACTÈRES. La plupart des talismans doivent leurs vertus à des caractères sacrés que les anciens regardaient comme de sûrs préservatifs. Le fameux anneau de Salomon, qui soumit les génies à la volonté de ce roi magicien, devait toute sa force à des caractères cabalistiques. Origène condamnait chez quelques-uns des premiers chrétiens l'usage de certaines plaques de cuivre ou d'étain chargées de caractères, qu'il appelle des restes de l'idolâtrie. L'*Enchiridion* du pape Léon III, le *Dragon Rouge*, les *Clavicules de Salomon*, indiquent dans tous leurs secrets magiques des caractères incompréhensibles, tracés dans des triangles ou dans des cercles, comme des moyens puissants et certains pour l'évocation des esprits.

Souvent aussi des sorciers se sont servis de papiers sur lesquels ils avaient écrit avec du sang des caractères indéchiffrables ; et ces pièces, produites dans les procédures, ont été admises en preuve des maléfices jetés. Nous avons dit quel était le pouvoir des mots *agla, abracadabra*, etc. Voy. TALISMANS.

CARDAN (JÉROME). Médecin, astrologue et visionnaire, né à Pavie en 1501, mort à Rome en 1576. Il nous a laissé une histoire de sa vie, où il avoue avec pudeur tout ce qui peut tourner à sa honte. Il se créa beaucoup d'ennemis par ses mœurs ; du reste, ce fut un des hommes habiles de son temps. Il fit faire des pas aux mathématiques, et il paraît qu'il était savant médecin ; mais il avait une imagination presque toujours délirante, et on l'a souvent excusé en disant qu'il était fou.

Il rapporte, dans le livre *De vita propria*, que, quand la nature ne lui faisait pas sentir quelque douleur, il s'en procurait lui-même en se mordant les lèvres, ou en se tiraillant les doigts jusqu'à ce qu'il en pleurât, parce que s'il lui arrivait d'être sans douleur, il ressentait des saillies et des impétuosités si violentes, qu'elles lui étaient plus insupportables que la douleur même. D'ailleurs, il aimait le mal physique à cause du plaisir qu'il éprouvait ensuite quand ce mal cessait.

(1) Wierus, in Pseudomonarchia dæm.

Il dit, dans le livre 8 *de la Variété des choses*, qu'il tombait en extase quand il voulait, et qu'alors son âme voyageait hors de son corps, qui demeurait impassible et comme inanimé. — Il prétendait avoir deux âmes, l'une qui le portait au bien et à la science, l'autre qui l'entraînait au mal et à l'abrutissement.

Il assure que, dans sa jeunesse, il voyait clair au milieu des ténèbres ; que l'âge affaiblit en lui cette faculté : que cependant quoique vieux, il voyait encore en s'éveillant au milieu de la nuit, mais moins parfaitement que dans son âge tendre. Il avait cela de commun, disait-il, avec l'empereur Tibère ; il aurait pu dire aussi avec les hiboux.

Il donnait dans l'alchimie, et on reconnaît dans ses ouvrages, qu'il croyait à la cabale et qu'il faisait grand cas des secrets cabalistiques. Il dit quelque part que, la nuit du 13 au 14 août 1491, sept démons ou esprits élémentaires de haute stature apparurent à Fazio Cardan, son père (presque aussi fou que lui), ayant l'air de gens de quarante ans, vêtus de soie, avec des capes à la grecque, des chaussures rouges et des pourpoints cramoisis ; qu'ils se dirent hommes aériens, assurant qu'ils naissaient et mouraient ; qu'ils vivaient trois cents ans ; qu'ils approchaient beaucoup plus de la nature divine que les habitants de la terre ; mais qu'il y avait néanmoins entre eux et Dieu une distance infinie. Ces hommes aériens étaient sans doute des sylphes.

Il se vantait d'avoir, comme Socrate, un démon familier, qu'il plaçait entre les substances humaines et la nature divine, et qui se communiquait à lui par les songes. Ce démon était encore un esprit élémentaire ; car, dans le dialogue intitulé *Tetim*, et dans le traité *De libris propriis*, il dit que son démon familier tient de la nature de Mercure et de celle de Saturne. On sent bien qu'il s'agit ici des planètes. Il avoue ensuite qu'il doit tous ses talents, sa vaste érudition et ses plus heureuses idées à son démon. Tous ses panégyristes, en faisant son éloge, ont fait la part de son démon familier, ce qu'il est bon de remarquer pour l'honneur des esprits. Cardan assurait aussi que son père avait été servi trente ans par un esprit familier.

Comme ses connaissances en astrologie étaient grandes, il prédit à Edouard VI, roi d'Angleterre, plus de cinquante ans de règne, d'après les règles de l'art. Mais par malheur Edouard VI mourut à seize ans.

Ces mêmes règles lui avaient fait voir clairement qu'il ne vivrait que quarante-cinq ans. Il régla sa fortune en conséquence ; ce qui l'incommoda fort le reste de sa vie. Quand il dut avouer s'être trompé dans ses calculs, il refit son thème, et trouva qu'au moins il ne passerait pas la soixante-quinzième année. La nature s'obstina encore à démentir l'astrologie. Alors, pour soutenir sa réputation, et ne pas supporter davantage la honte d'un démenti (car il pensait que l'art est infaillible et que lui seul avait pu se tromper),

(2) Leloyer, Hist. et disc. des spectres, liv. III, ch. XVI.

on assure que Cardan se laissa mourir de faim.

« De tous les événements annoncés par les astrologues, je n'en trouve qu'un seul qui soit réellement arrivé tel qu'il avait été prévu, dit un écrivain du dernier siècle (1), c'est la mort de Cardan, qu'il avait lui-même prédite et fixée à un jour marqué. Ce grand jour arriva : Cardan se portait bien; mais il fallait mourir ou avouer l'insuffisance et la vanité de son art; il ne balança pas ; et, se sacrifiant à la gloire des astres, il se tua lui-même ; il n'avait pas expliqué s'il périrait par une maladie ou par un suicide. »

Il faut rappeler, parmi les extravagances astrologiques de Cardan, qu'il avait dressé l'horoscope de Notre-Seigneur Jésus-Christ, qu'il publia en Italie et en France. Il trouvait, dans la conjonction de Mars avec la Lune au signe de la Balance, le genre de mort de l'Homme-Dieu; et il voyait le mahométisme dans la rencontre de Saturne avec le Sagittaire, à l'époque de la naissance du Sauveur.

En somme, Jérôme Cardan fut un homme superstitieux, qui avait plus d'imagination que de jugement. Ce qui est bizarre, c'est que, croyant à tout, il croyait mal aux seules merveilles vraies, celles que l'Eglise admet. On le poursuivit à la fois comme magicien et comme impie...

Delancre dit qu'il avait été bien instruit en la magie par son père, lequel avait eu trente ans un démon enfermé dans une cassette, et discourait avec ce démon sur toutes ses affaires (2).

On trouve donc des choses bizarres dans presque tous ses ouvrages, qui ont été recueillis en dix volumes in-folio, principalement dans le livre de *la Variété des choses*, de *la Subtilité des démons*, etc., et dans son *Traité des Songes* (3). Voyez MÉTOPOSCOPIE.

CARENUS (ALEXANDRE), auteur d'un *Traité des songes* (4) publié à Padoue en 1575.

CARLOSTAD (ANDRÉ BODENSTEIN DE), — archidiacre de Wurtemberg, d'abord partisan, ensuite ennemi de Luther, mais toujours dissident comme lui. Il nia la présence réelle de Notre-Seigneur Jésus-Christ dans l'eucharistie, après avoir gagé avec Luther, le verre à la main, qu'il soutiendrait cette erreur. Il abolit la confession auriculaire, le précepte du jeûne et l'abstinence des viandes. Il fut le premier prêtre qui se maria publiquement en Allemagne; il permit aux moines de sortir de leurs monastères et de renoncer à leurs vœux; il fit de mauvais ouvrages, aujourd'hui méprisés de toutes les sectes, et voici ce qui lui arriva, selon le récit de Mostrovius :

Le jour que Carlostad prononça son dernier prêche, un grand homme noir, à la figure triste et décomposée, monta derrière lui l'escalier de la chaire et lui annonça qu'il irait le voir dans trois jours. D'autres disent que l'homme noir se tint devant lui le regardant d'un œil fixe, à quelques pas de la chaire et parmi les auditeurs. Quoi qu'il en soit, Carlostad se troubla; il dépêcha son prêche, et, au sortir de la chaire, il demanda si l'on connaissait l'homme noir qui en ce moment sortait du temple. Mais personne que lui ne l'avait vu. — Cependant le même fantôme noir était allé à la maison de Carlostad et avait dit au plus jeune de ses fils :

— Souviens-toi d'avertir ton père que je reviendrai dans trois jours, et qu'il se tienne prêt...

Quand l'archidiacre rentra chez lui, son fils lui raconta cette autre circonstance. Carlostad épouvanté se mit au lit, et trois jours après, le 25 décembre 1541, qui était la fête de Noël, le diable, dit-on, lui tordit le cou. L'événement eut lieu dans la ville de Bâle (5).

CARMENTES, déesses tutélaires des enfants chez les anciens. Elles ont été remplacées par nos fées ; elles présidaient à la naissance, chantaient l'horoscope du nouveau-né, lui faisaient un don, comme les fées en Bretagne, et recevaient de petits présents de la part des mères. Elles ne se montraient pas; cependant on leur servait à dîner dans une chambre isolée pendant les couches.

On donnait aussi, chez les Romains, le nom de *carmentes* (ou *charmeuses*) aux devineresses célèbres; et l'une des plus fameuses prophétesses de l'Arcadie s'est nommée Carmentie. On l'a mise dans le ci-devant Olympe.

CARNAVAL. *Voy.* MASCARADES.
CARNOET. *Voy.* TROU DU CHATEAU.
CARNUS, devin d'Acarnanie, qui, ayant prédit de grands malheurs sous le règne de Codrus, fut tué à coups de flèches comme magicien. Apollon envoya la peste pour venger sa mort.

CARON. — La fable du batelier des enfers vint, dit-on, de Memphis, en Grèce. Fils de l'Érèbe et de la Nuit, il traversait le Cocyto et l'Achéron dans une barque étroite. Vieux et avare, il n'y recevait que les ombres de ceux qui avaient reçu la sépulture et qui lui payaient le passage. Nul mortel pendant sa vie ne pouvait y entrer, à moins qu'un rameau d'or consacré à Proserpine ne lui servît de sauf-conduit; et le pieux Énée eut besoin que la sibylle lui en fît présent lorsqu'il voulut pénétrer dans le royaume de Pluton. Longtemps avant le passage de ce prince, le nocher infernal avait été exilé pendant un an dans un lieu obscur du Tartare, pour avoir reçu dans son bateau Hercule, qui ne s'était pas muni du rameau.

Mahomet, dans *le Koran*, chap. 28, a confondu Caron avec Coré, que la terre engloutit lorsqu'il outrageait Moïse. L'Arabe Mutardi, dans son ouvrage sur l'Égypte, fait de

---

(1) Essai sur les superstitions, par M. L. C. In-12.
(2) L'incrédulité et mécréance, etc., traité 1er, p. 13, etc.
(3) Hieronymus Cardanus, De Somniis. Bâle, 1585. In-4°.
(4) Alex. Carenus, De Somniis, in-4°. Patavii, 1575.

(5) Cette anecdote se trouve encore dans les écrits de Luther, et dans un livre du dernier siècle, intitulé : La Babylone démasquée, ou Entretiens de deux dames hollandaises sur la religion catholique romaine, etc., p. 226. Édition de Pépie, rue St-Jacques, à Paris, 1727.

Caron un oncle du législateur des Hébreux, et, comme il soutint toujours son parti avec zèle, ce dernier, dit-il, lui apprit l'alchimie et le secret du grand œuvre, avec lequel il amassa des sommes immenses.

Hérodote nous a indiqué l'opinion la plus sûre : Caron fut d'abord un simple prêtre de Vulcain, mais qui sut usurper en Égypte le souverain pouvoir. Parvenu au faîte de la grandeur, il voulut rendre son nom immortel par un ouvrage qui pût attester, dans tous les siècles, l'étendue de sa magnificence. Le tribut qu'il imposa sur les inhumations lui fournit des trésors qui facilitèrent son dessein. C'est à lui que l'on doit ce labyrinthe égyptien, qui fut d'abord le palais qu'il se plut à habiter, et qui passa ensuite, dans l'opinion vulgaire, pour faire partie des enfers (1).

Histoire populaire de Caron, tirée du second voyage de Paul Lucas.

« Le lac de Kern, autrefois Achérusia, en Égypte, était, dit-on, dans les temps reculés, beaucoup plus grand qu'il n'est aujourd'hui. Alors les Pharaons avaient près de là une grande ville où ils faisaient leur résidence. Une femme de cette ville, se promenant un jour sur les bords du lac, y vit une vache qui venait de mettre bas son veau. Cette femme n'avait point d'enfants : la réflexion qu'elle fit sur la stérilité dont elle était affligée, pendant que tant de brutes faisaient tous les jours des petits, l'entraîna dans une espèce de fureur ; elle éclata en injures contre la vache, qui ne s'en inquiéta point, et contre les dieux, à qui elle reprochait de ne savoir pas discerner la juste valeur des choses. Aussitôt elle entendit une voix forte comme un tonnerre, qui semblait partir des nuages ; cette voix lui annonçait qu'elle aurait un fils, qu'il s'appellerait Caron, et qu'il deviendrait même Pharaon d'Égypte.

» A ce prodige, l'imprudente femme rentra en elle-même, moitié désespérée d'avoir outragé les dieux, moitié consolée par l'espoir de voir un jour ses vœux exaucés. Au bout de neuf mois, elle mit au monde un fils qu'elle nomma Caron. Il croissait à vue d'œil, mais la malice de son esprit surpassait infiniment la force de son corps.

» Dès qu'il fut grand, ses mauvaises inclinations le portèrent aux crimes les plus affreux. Voyant qu'on ne fait rien dans ce monde sans argent, il s'avisa de camper sur les bords du lac, à l'endroit où l'on passait les morts pour les ensevelir dans les grottes destinées aux momies. Là, pour chaque mort qui traversait, il exigeait, bon gré malgré, une somme assez considérable ; et, afin qu'on ne lui fît point de résistance, il publiait qu'il était chargé par le roi de lever cet impôt. A mesure qu'il gagna de l'argent, il prit avec lui d'autres brigands pour le soutenir dans la collecte de la taxe qu'il avait imaginée (2). Il fit ce métier plusieurs années, sans qu'on l'en empêchât. Mais enfin, le fils du roi étant mort, soit que Caron le prît simplement pour le fils de quelque seigneur, soit que les richesses qu'il avait acquises enflassent son audace, il arrêta le prince comme les autres, prétendit avoir son droit ; et, se moquant de toutes les raisons qu'on lui put alléguer, il jura que le fils du roi ne passerait pas le lac s'il ne payait pas.

» Les officiers qui accompagnaient le corps mort, persuadés que le fils du roi devait être exempt de toutes sortes d'impôts, et d'ailleurs irrités par l'impudence d'un homme qui les traitaient de valet subalterne, coururent porter leurs plaintes au Pharaon. Ils lui représentèrent que, depuis qu'il faisait lever un tribut sur les morts, quoiqu'il semblât que leurs corps, n'étant plus de ce monde, ne devaient pas causer la misère de ceux qui y restaient, cependant aucun Égyptien n'avait refusé de payer ; et qu'en cela, comme en toute autre chose, ils s'étaient toujours fait un plaisir de contribuer à la gloire et aux richesses de leur roi ; mais que, dans l'occasion présente, ils seraient coupables de se taire, et qu'il n'était pas supportable qu'un officier qui portait l'insolence jusqu'à refuser le passage au fils du souverain, et à maltraiter les premiers officiers de la couronne, demeurât impuni.

» Le Pharaon, qui n'avait rien compris dans le discours de ses officiers, parce qu'il n'avait jamais entendu parler de Caron, fut fort surpris lorsqu'on lui expliqua quel était cet homme et de quelle nature était l'impôt exigé. Il s'écria qu'il n'avait jamais donné de pareils ordres, et il envoya aussitôt un détachement de ses gardes pour arrêter l'insolent qui osait usurper les droits de son roi.

» Caron, qui ne se piquait pas de timidité, se présenta effrontément. Le Pharaon lui demanda qui lui avait donné la permission de piller ainsi le public. Il répondit d'un ton ferme que ce qui était permis aux grands seigneurs ne pouvait être un crime pour lui.

» Le roi allait ordonner qu'on l'empalât ; mais Caron, sans se troubler, lui dit :

— « Écoutez-moi, sire, il ne faut pas traiter si lestement les choses. Ce n'est pas pour moi que j'ai tiré ce tribut de vos sujets, c'est pour vous, dont on ne prend pas assez les intérêts. Qu'ai-je besoin de ces richesses, moi qui sais me rendre heureux à si peu de frais ? et peut-on dire que c'est pour en jouir dans les délices, lorsqu'on me voit tous les jours exposé aux insultes de ceux qui mènent les convois funèbres ? Vous allez, sire, approuver ma conduite : je me suis persuadé que, puisque vos intendants vous volaient, il fallait du moins que quelque sujet fidèle remît dans vos coffres ce qu'ils en ôtaient. J'ai voulu être ce fidèle sujet ; je vous ai acquis déjà de grandes richesses, et j'espère vous en donner encore de plus grandes. »

» Le roi envoya aussitôt au lieu où Caron déposait le produit de l'impôt qu'il levait sur

---

(1) Delandine, Enfers des peuples anciens, ch. ix.
(2) C'était une taxe sur les enterrements, comme il y en a à Paris de si énormes. — Dans notre dernière révolution, on proposa d'établir un impôt sur les cercueils. L'auteur de cette motion pensait qu'au moins cet impôt ne ferait pas crier ceux qui useraient de l'objet taxé.

les morts ; on y trouva de grosses sommes, qu'il fit mettre dans ses coffres, et au lieu de faire mourir cet homme, il en fit son premier ministre, lui donna un palais somptueux, et le confirma dans son emploi, dont il fit la première dignité de l'Etat. Ce fut alors que l'impôt s'exigea par ordre du roi. Caron gagna des sommes énormes, et devint ensuite si puissant, qu'il fit assassiner le roi et se mit la couronne sur la tête. Ainsi la prophétie qui avait consolé sa mère fut accomplie. »

Cette histoire n'est qu'une tradition populaire rapportée à Paul Lucas par des Egyptiens, sur les bords du lac de Kern ; mais ces sortes de traditions servent quelquefois à débrouiller les faits obscurs de la vieille histoire ; et l'on pourrait douter si c'est de ce que nous venons d'extraire que les poëtes ont tiré la fable de Caron, le batelier des enfers, ou si c'est des poëtes que les Egyptiens tiennent leur conte populaire.

CARPENTIER (Richard), bénédictin anglais du dix-septième siècle. On recherche de lui : 1° *la Ruine de l'Antechrist*, in-8°, 1648 ; 2° *Preuves que l'astrologie est innocente, utile et précise*, in-4°, Londres, 1653. Il a publié une autre singularité intitulée « *la Loi parfaite de Dieu*, sermon qui n'est pas sermon, qui a été prêché et n'a pas été prêché, 1652.»

CARPOCRATIENS, hérésiarques du II° siècle, qui reconnaissaient pour chef Carpocrate, professeur de magie, selon l'expression de saint Irénée. Ils contaient que les anges venaient de Dieu par une suite de générations infinies, que lesdits anges s'étaient avisés un jour de créer le monde et les âmes, lesquelles n'étaient unies à des corps que parce qu'elles avaient oublié Dieu. Carpocrate prétendait que tout ce que nous apprenons n'est que réminiscence. Il regardait les anges comme nous les démons ; il les disait ennemis de l'homme, et croyait leur plaire en se livrant à toutes ses passions et aux plaisirs les plus honteux. Ses disciples cultivaient la magie, faisaient des enchantements et avaient des secrets merveilleux. Ils marquaient leurs sectateurs à l'oreille et commettaient beaucoup d'abominations. Cette secte ne subsista pas longtemps.

CARRA (Jean-Louis), aventurier du dernier siècle, qui se fit girondin, et fut guillotiné en 1793. Il a laissé, entre autres ouvrages, un *Examen physique du magnétisme animal*, in-8°, 1785.

CARREFOURS, lieux où quatre chemins aboutissent. C'est aux carrefours que les sorciers se réunissent ordinairement pour faire le sabbat. On montre encore, dans plusieurs provinces, quelques-uns de ces carrefours redoutés, au milieu desquels étaient placés des poteaux que les sorciers ou les démons entouraient de lanternes pendant la fête nocturne. On fait remarquer aussi sur le sol un large rond où les démons dansaient ; et l'on prétend que l'herbe ne peut y croître.

C'est aussi dans un carrefour qu'on tue la poule noire pour évoquer le diable.

CARTAGRA, région du purgatoire. Voy. Gamygyn.

CARTES, voy. Cartomancie.

CARTICEYA, divinité indienne qui commande les armées des génies et des anges ; il a six faces, une multitude d'yeux et un grand nombre de bras armés de massues, de sabres et de flèches. Il se prélasse à cheval sur un paon.

CARTOMANCIE, divination par les cartes, plus connue sous le nom d'*art de tirer les cartes*.

On dit que les cartes ont été inventées pour amuser la folie de Charles VI ; mais Alliette, qui écrivit sous le nom d'Etteilla, nous assure que la cartomancie, qui est l'art de tirer les cartes, est bien plus ancienne. Il fait remonter cette divination au jeu des bâtons d'Alpha (nom d'un Grec fameux exilé en Espagne, dit-il). Il ajoute qu'on a depuis perfectionné cette science merveilleuse. On s'est servi de tablettes peintes ; et quand Jacquemin Gringoneur offrit les cartes au roi Charles le Bien-Aimé, il n'avait eu que la peine de transporter sur des cartons ce qui était connu des plus habiles devins sur des planchettes. Il est fâcheux que cette assertion ne soit appuyée d'aucune preuve.

Cependant les cartes à jouer sont plus anciennes que Charles VI. Boissonade a remarqué que le petit Jehan de Saintré ne fut honoré de la faveur de Charles V que parce qu'il ne jouait ni aux cartes ni aux dés. Il fallait bien aussi qu'elles fussent connues en Espagne lorsque Alphonse XI les prohiba en 1332, dans les statuts de l'ordre de la Bande.

Quoi qu'il en soit, les cartes, d'abord tolérées, furent ensuite condamnées ; et c'est une opinion encore subsistante dans l'esprit de quelques personnes crédules que qui tient les cartes tient le diable. C'est souvent vrai, au figuré. « Ceux qui font des tours de cartes sont sorciers le plus souvent, » dit Boguet. Il cite un comte italien qui vous mettait en main un dix de pique, et vous trouviez que c'était un roi de cœur [1]. Que penserait-il des prestidigitateurs actuels ?

Il n'est pas besoin de dire qu'on a trouvé tout dans les cartes, histoire, sabéisme, sorcellerie. Il y a même eu des doctes qui ont vu toute l'alchimie dans les figures ; et certains cabalistes ont prétendu y reconnaître les esprits des quatre éléments. Les carreaux sont les salamandres, les cœurs sont les sylphes, les trèfles les ondins, et les piques les gnomes.

Arrivons à l'art de tirer les cartes.

On se sert presque toujours, pour la cartomancie, d'un jeu de piquet de trente-deux cartes. Les cœurs et les trèfles sont généralement bons et heureux ; les carreaux et les piques, généralement mauvais et malheureux. Les figures en cœur et en carreau annoncent les personnes blondes ou châtain-blondes ; les figures en pique ou en trèfle annoncent des personnes brunes ou châ-

[1] *Discours des sorciers*, ch. LIII.

tain-brunes. Voici ce que signifie chaque carte :

Les huit cœurs. — Le roi de cœur est un homme honorable qui cherche à vous faire du bien; s'il est renversé, il sera arrêté dans ses loyales intentions. La dame de cœur est une femme honnête et généreuse de qui vous pouvez attendre des services; si elle est renversée, c'est le présage d'un retard dans vos espérances. Le valet de cœur est un brave jeune homme, souvent un militaire, qui doit entrer dans votre famille et cherche à vous être utile; il en sera empêché s'il est renversé. L'as de cœur annonce une nouvelle agréable; il représente un festin ou un repas d'amis quand il se trouve entouré de figures. Le dix de cœur est une surprise qui fera grande joie; le neuf promet une réconciliation, il resserre les liens entre les personnes qu'on veut brouiller. Le huit promet de la satisfaction de la part des enfants. Le sept annonce un bon mariage.

Les huit carreaux. — Le roi de carreau est un homme assez important qui pense à vous nuire, et qui vous nuira s'il est renversé. La dame est une méchante femme qui dit du mal de vous et qui vous fera du mal si elle est renversée.

Le valet de carreau est un militaire ou un messager qui vous apporte des nouvelles désagréables; et s'il est renversé, des nouvelles fâcheuses. L'as de carreau annonce une lettre; le dix de carreau, un voyage nécessaire et imprévu; le neuf, un retard d'argent; le huit, des démarches qui surprendront de la part d'un jeune homme; le sept, un gain de loterie; s'il se trouve avec l'as de carreau, assez bonnes nouvelles.

Les huit piques. — Le roi représente un commissaire, un juge, un homme de robe avec qui on aura des disgrâces; s'il est renversé, perte d'un procès. La dame est une veuve qui cherche à vous tromper : si elle est renversée, elle vous trompera. Le valet est un jeune homme qui vous causera des désagréments; s'il est renversé, présage de trahison. L'as, grande tristesse; le dix, emprisonnement; le neuf, retard dans les affaires; le huit, mauvaise nouvelle; s'il est suivi du sept de carreau, pleurs et discordes. Le sept, querelles et tourments, à moins qu'il ne soit accompagné de cœurs.

Les huit trèfles. — Le roi est un homme juste, qui vous rendra service; s'il est renversé, ses intentions honnêtes éprouveront du retard. La dame est une femme qui vous aime; une femme jalouse, si elle est renversée. Le valet promet un mariage, qui ne se fera pas sans embarras préliminaires, s'il est renversé. L'as, gain, profit, argent à recevoir; le dix, succès; s'il est suivi du neuf de carreau, retard d'argent; perte s'il se trouve à côté du neuf de pique. Le neuf, réussite; le huit, espérances fondées; le sept, faiblesse; et s'il est suivi d'un neuf, héritage.

Quatre rois de suite, honneurs; trois rois de suite, succès dans le commerce; deux rois de suite, bons conseils.

Quatre dames de suite, grands caquets; trois dames de suite, tromperies; deux dames de suite, amitié.

Quatre valets de suite, maladie contagieuse; trois valets de suite, paresse; deux valets de suite, dispute.

Quatre as de suite, une mort; trois as de suite, libertinage; deux as de suite, inimitié.

Quatre dix de suite, événements désagréables; trois dix de suite, changement d'état; deux dix de suite, perte.

Quatre neuf de suite, bonnes actions; trois neuf de suite, imprudence; deux neuf de suite, argent.

Quatre huit de suite, revers; trois huit de suite, mariage; deux huit de suite, désagréments.

Quatre sept de suite, intrigues; trois sept de suite, divertissements; deux sept de suite, petites nouvelles.

Il y a plusieurs manières de tirer les cartes. La plus sûre méthode est de les tirer par sept, comme il suit :

Après avoir mêlé le jeu, on le fait couper de la main gauche par la personne pour qui on opère; on compte les cartes de sept en sept, mettant de côté la septième de chaque paquet. On répète l'opération jusqu'à ce qu'on ait produit douze cartes. Vous étendez ces douze cartes sur la table les unes à côté des autres, selon l'ordre dans lequel elles sont venues; ensuite vous cherchez ce qu'elles signifient, d'après la valeur et la position de chaque carte, ainsi qu'on l'a expliqué.

Mais avant de tirer les cartes, il ne faut pas oublier de voir si la personne pour laquelle on les tire est sortie du jeu. On prend ordinairement le roi de cœur pour un homme blond marié; le roi de trèfle pour un homme brun marié; la dame de cœur pour une dame ou une demoiselle blonde; la dame de trèfle pour une dame ou une demoiselle brune; le valet de cœur pour un jeune homme blond; le valet de trèfle pour un jeune homme brun. — Si la carte qui représente la personne pour qui on opère ne se trouve pas dans les douze cartes que le hasard vient d'amener, on la cherche dans le reste du jeu, et on la place simplement à la fin des douze cartes sorties. Si, au contraire, elle s'y trouve, on fait tirer à la personne pour qui on travaille (ou l'on tire soi-même si c'est pour soi que l'on consulte) une treizième carte à jeu couvert. On la place pareillement à la fin des douze cartes étalées, parce qu'il est reconnu qu'il faut treize cartes.

Alors, on explique sommairement l'ensemble du jeu. Ensuite, en partant de la carte qui représente la personne pour qui on interroge le sort, on compte sept et on s'arrête; on interprète la valeur intrinsèque et relative de la carte sur laquelle on fait station; on compte sept de nouveau, et de nouveau on explique, parcourant ainsi tout le jeu à plusieurs reprises jusqu'à ce qu'on revienne précisément à la carte de laquelle on est parti. On doit déjà avoir vu bien des choses. Il reste cependant une opération importante.

On relève les treize cartes, on les mêle, on fait à nouveau couper de la main gauche. Après quoi on dispose les cartes à couvert sur six paquets, 1° pour la personne ; 2° pour la maison ou son intérieur ; 3° pour ce qu'elle attend ; 4° pour ce qu'elle n'attend pas ; 5° pour sa surprise ; 6° pour sa consolation ou sa pensée. — Les six premières cartes ainsi rangées sur la table, il en reste sept dans la main. On fait un second tour, mais on ne met une carte que sur chacun des cinq premiers paquets. Au troisième tour, on pose les deux dernières cartes sur les numéros 1 et 2. On découvre ensuite successivement chaque paquet, et on l'explique en commençant par le premier, qui a trois cartes ainsi que le deuxième, et finissant par le dernier qui n'en a qu'une.

Voilà tout entier l'art de tirer les cartes ; les méthodes varient, ainsi que la valeur des cartes, auxquelles on donne dans les livres spéciaux des sens très-divers et très-arbitraires ; mais les résultats ne varient pas.

Nous terminerons en indiquant la manière de faire ce qu'on appelle la réussite. — Prenez également un jeu de piquet de trente-deux cartes. Faites huit paquets à couvert de quatre cartes chacun, et les rangez sur la table ; retournez la première carte de chaque paquet ; prenez les cartes de la même valeur deux par deux, comme deux dix, deux rois, deux as, etc., en retournant toujours à découvert sur chaque paquet la carte qui suit celle que vous enlevez. Pour que la réussite soit assurée, il faut que vous retiriez de la sorte toutes les cartes du jeu, deux par deux, jusqu'aux dernières. — On fait ces réussites pour savoir si un projet ou une affaire aura du succès, ou si une chose dont on doute a eu lieu.

Alliette, sous le nom d'Etteilla, a publié un long traité sur cette matière. Citons encore l'*Oracle parfait*, ou nouvelle manière de tirer les cartes, au moyen de laquelle chacun peut faire son horoscope. In-12, Paris, 1802. Ce petit livre, de 92 pages, est dédié au beau sexe par Albert d'Alby. L'éditeur est M. de Valembert, qui fait observer que l'*Oracle parfait* devait paraître en 1788 ; que la censure l'arrêta, et qu'on n'a pu qu'en 1802 en gratifier le public. La méthode de ce livre est embrouillée ; l'auteur veut qu'on emploie vingt cartes disposées en cinq tas, de cette manière : un au milieu, un au-dessus, un au-dessous, et un de chaque côté ; ce qui fait une croix. Les cartes d'en haut signifient ce qui doit arriver bientôt, les cartes de droite ce qui arrivera dans un temps plus éloigné ; les cartes d'en bas sont pour le passé ; les cartes de gauche pour les obstacles ; les cartes du milieu pour le présent. On explique ensuite d'après les principes.

Mais c'en est assez sur la cartomancie. Nous n'avons voulu rien laisser ignorer du fondement de cette science aux dames qui consultent leurs cartes et qui doutent de Dieu. Cependant nous les prierons d'observer que ce grand moyen de lever le rideau qui nous cache l'avenir s'est trouvé quelquefois en défaut. Une des plus fameuses tireuses de cartes fit le jeu pour un jeune homme sans barbe qui s'était déguisé en fille. Elle lui promit un époux riche et bien fait, trois garçons, une fille, des couches laborieuses mais sans danger. — Une dame qui commençait à hésiter dans sa confiance aux cartes se fit un jour une réussite pour savoir si elle avait déjeuné. Elle était encore à table devant les plats vides ; elle avait l'estomac bien garni ; toutefois les cartes lui apprirent qu'elle était à jeun, car la réussite ne put avoir lieu.

CASAUBON (Méderic), fils d'Isaac Casaubon, né à Genève en 1599. On a de lui un *Traité de l'Enthousiasme*, publié en 1655 ; in-8°. Cet ouvrage est dirigé contre ceux qui attribuent l'enthousiasme à une inspiration du ciel ou à une inspiration du démon. On lui doit aussi un *Traité de la crédulité et de l'incrédulité* dans les choses spirituelles, in-8°, Londres, 1670. Il y établit la réalité des esprits, des merveilles surnaturelles et des sorciers (1). Nous citerons aussi sa *Véritable et fidèle relation de ce qui s'est passé entre Jean Déc et certains esprits*, 1659, in-fol.

CASI. — C'est le nom d'une pagode fameuse sur les bords du Gange. Les Indiens recherchent le privilége d'y mourir ; car Eswara ne manque pas de venir souffler dans leur oreille droite au dernier instant pour les purifier : aussi ont-ils grand soin de mourir couchés sur le côté gauche.

CASMANN (Othon), savant Allemand du seizième siècle, auteur d'un livre sur les anges, intitulé : *Angélographie* (2). Il a laissé un autre ouvrage, que quelques personnes recherchent, sur les mystères de la nature (3).

CASSANDRE. — Fille de Priam, à qui Apollon accorda le don de prophétie pour la séduire ; mais quand elle eut le don, elle ne voulut pas répondre à la tendresse du dieu, et le dieu discrédita ses pronostics. Aussi, quoique grande magicienne et sorcière, comme dit Delancre (4), elle ne put pas empêcher la ruine de Troie, ni se garantir elle-même des violences d'Ajax.

CASSIUS DE PARME. — Antoine venait de perdre la bataille d'Actium ; Cassius de Parme, qui avait suivi son parti, se retira dans Athènes : là, au milieu de la nuit, pendant que son esprit s'abandonnait aux inquiétudes, il vit paraître devant lui un homme noir qui lui parla avec agitation. Cassius lui demanda qui il était. — Je suis ton démon (5), — répondit le fantôme. Ce mauvais démon

---

(1) Cet ouvrage est connu aussi sous le titre de Traité des esprits, des sorciers et des opérations surnaturelles, en anglais. Londres, 1672. In-8°.
(2) Angelographia, 2 vol. in-8°. Francfort, 1597 et 1605.
(3) Nucleus mysteriorum naturæ enucleatus, 1605. In-8°.

(4) Tableau de l'inconstance des mauvais anges, etc., liv. I, disc. 3.
(5) L'original porte *cacodaimon*, mauvais démon. Chez les Grecs *daimon*, simplement, signifiait *un génie, une bonne intelligence*, comme le démon de Socrate et quelques autres.

était la peur. A cette parole, Cassius s'effraya et appela ses esclaves ; mais le démon disparut sans se laisser voir à d'autres yeux. Persuadé qu'il rêvait, Cassius se recoucha et chercha à se rendormir ; aussitôt qu'il fut seul, le démon reparut avec les mêmes circonstances. Le Romain n'eut pas plus de force que d'abord ; il se fit apporter des lumières, passa le reste de la nuit au milieu de ses esclaves, et n'osa plus rester seul. Il fut tué peu de jours après par l'ordre du vainqueur d'Actium (1).

CASSO ou ALOUETTE. — On assure que celui qui portera sur soi les pieds de cet oiseau ne sera jamais persécuté ; au contraire, il aura toujours l'avantage sur ses ennemis. Si on enveloppe l'œil droit de l'alouette dans un morceau de la peau d'un loup, l'homme qui le portera sera doux, agréable et plaisant ; et si on le met dans du vin, on se fera chérir de la personne qui le boira (2).

CASSOTIDE. — Fontaine de Delphes, dont la vertu prophétique inspirait des femmes qui y rendaient des oracles.

CASTAIGNE (Gabriel de), — aumônier de Louis XIII, cordelier et alchimiste. On lui doit *l'or potable qui guérit de tous maux*, in-8°, rare, Paris, 1611 ; *le Paradis terrestre*, où l'on trouve la guérison de toute maladie, in-8°, Paris, 1615 ; « *le Grand miracle de na-« ture métallique*, que, en imitant icelle sans « sophistiqueries, tous les métaux imparfaits se rendront en or fin, et les maladies « incurables se guériront, » in-8°, Paris, 1615.

CASTALIE. — Fontaine d'Antioche, au faubourg de Daphné ; ses eaux étaient prophétiques, et il y avait auprès un oracle célèbre qui prédit l'empire à Adrien. Quand cet oracle fut accompli, Adrien fit boucher la fontaine avec de grosses pierres, de peur qu'un autre n'y allât chercher la même faveur qu'il avait obtenue.

CASTALIN (Diego). — « *Discours prodigieux et épouvantable* de trois Espagnols et une Espagnole, magiciens et sorciers, qui se faisaient porter par les diables de ville en ville, avec leurs déclarations d'avoir fait mourir plusieurs personnes et bétail par leurs sortilèges, et aussi d'avoir fait plusieurs dégâts aux biens de la terre. Ensemble, l'arrêt prononcé contre eux par la cour de parlement de Bordeaux, in-8° (rare). Paris, 1626. »

« Trois Espagnols, accompagnés d'une femme espagnole aussi sorcière et magicienne, se sont promenés par l'Italie, Piémont, Provence, Franche-Comté, Flandre, et ont, par plusieurs fois, traversé la France, et, tout aussitôt qu'ils avaient reçu quelque déplaisir de quelques-uns, en quelques villes, ils ne manquaient pas, par le moyen de leurs pernicieux charmes, de faire sécher les blés et les vignes ; et pour le regard du bétail, il languissait quelques trois semaines, puis demeurait mort, tellement qu'une partie du Piémont a senti ce que c'était que leurs maudites façons de faire.

(1) Valère-Maxime, et d'autres anciens.
(2) Admirables secrets d'Albert le Grand.

» Quand ils avaient fait jouer leurs charmes en quelques lieux par leurs arts pernicieux, ils se faisaient porter par les diables dans les nuées, de ville en ville, et quelquefois faisaient cent lieues le jour. Mais comme la justice divine ne veut pas longuement souffrir les malfaiteurs, Dieu permit qu'un curé, nommé messire Benoît la Fave, passant près de Dôle, rencontrât ces Espagnols avec leur servante, lesquels se mirent en compagnie avec lui, et lui demandèrent où il allait. Après leur avoir déclaré et conté une partie de son ennui pour la longueur du chemin, un de ces Espagnols, nommé Diego Castalin, lui dit : — Ne vous déconfortez nullement, il est près de midi ; mais je veux que nous allions aujourd'hui coucher à Bordeaux.

» Le curé ne répliqua rien, croyant qu'il le disait par risée, vu qu'il y avait près de cent lieues. Néanmoins, après s'être assis tous ensemble, ils se mirent à sommeiller. Au réveil du curé, il se trouve aux portes de Bordeaux avec ces Espagnols. Un conseiller de Bordeaux fut averti de cette merveille ; il voulut savoir comment cela s'était passé : il dénonce les trois Espagnols et la femme. On fouille leurs bagages, où se trouvent plusieurs livres, caractères, billets, cires, couteaux, parchemins et autres denrées servant à la magie. Ils sont examinés ; ils confessent le tout, disant, entre autres choses, d'avoir fait, par leurs œuvres, périr les fruits de la terre aux endroits qu'il leur plaisait, d'avoir fait mourir plusieurs personnes et bestiaux, et qu'ils étaient résolus de faire plusieurs maux du côté de Bordeaux. La cour leur fit leur procès extraordinaire, qui leur fut prononcé le 1er mars 1610, et condamna Diego Castalin, Francisco Ferdillo, Vincentio Torrados et Catalina Fiosela à être pris et menés par l'exécuteur de la haute justice en la place du marché aux porcs, et être conduits sur un bûcher, pour là, être brûlés tout vifs, et leurs corps être mis en cendres, avec leurs livres, caractères, couteaux, parchemins, billets et autres choses propres servant à la magie.

» L'Espagnole qui les servait, nommée Catalina Fiosela, confessa une infinité de méchancetés par elle exercées, entre autres que par ses sortilèges, elle avait infecté, avec certains poisons, plusieurs fontaines, puits et ruisseaux, et aussi qu'elle avait fait mourir plusieurs bétails, et fait, par ses charmes, tomber pierres et grêles sur les biens et fruits de la terre.

» Voilà qui doit servir d'exemple à plusieurs personnes qui s'étudient à la magie ; d'autant qu'ils ont perdu quelque chose, s'en vont au devin et sorcier, et ne considèrent pas qu'allant vers eux, ils vont vers le diable, prince des ténèbres. »

CASTELLINI (Luc), frère prêcheur du dix-septième siècle. On rencontre des prodiges infernaux dans son *Traité des miracles* (3).

CASTOR. C'est une opinion très-ancienne

(3) Tractatus de Miraculis. Rome, 1629.

et très-commune que le castor se mutile pour se dérober à la poursuite des chasseurs. On la trouve dans les hiéroglyphes des Egyptiens, dans les fables d'Esope, dans Pline, dans Aristote, dans Elien ; mais cette opinion n'en est pas moins une erreur aujourd'hui reconnue (1).

CASTOR et POLLUX, fils de Jupiter et de Léda. On en fit des dieux marins ; et, dans l'antiquité, les matelots appelaient feux de Castor et Pollux ce que nos marins appellent feux Saint-Elme.

Les histoires grecques et romaines sont remplies d'apparitions de Castor et Pollux. Pendant que Paul-Emile faisait la guerre en Macédoine, Publius Vatinius, revenant à Rome, vit subitement devant lui deux jeunes gens beaux et bien faits, montés sur des chevaux blancs, qui lui annoncèrent que le roi Persée avait été fait prisonnier la veille. Vatinius se hâta de porter au sénat cette nouvelle ; mais les sénateurs, croyant déroger à la majesté de leur caractère en s'arrêtant à des puérilités, firent mettre cet homme en prison. Cependant, après qu'on eut reconnu par les lettres du consul que le roi de Macédoine avait été effectivement pris ce jour-là, on tira Vatinius de sa prison ; on le gratifia de plusieurs arpents de terre, et le sénat reconnut que Castor et Pollux étaient les protecteurs de la république. Pausanias explique cette apparition : « C'étaient, dit-il, des jeunes gens revêtus du costume des Tyndarides, et apostés pour frapper les esprits crédules. » — On sait que Castor et Pollux sont devenus la constellation des Gémeaux.

CASTRO (Alphonse de), célèbre prédicateur né au Pérou, et l'un des plus savants théologiens du seizième siècle, auteur d'un livre contre les magiciens (2).

CATABOLIQUES. « Ceux qui ont lu les anciens savent que les démons *cataboliques* sont des démons qui emportent les hommes, les tuent, brisent et fracassent, ayant cette puissance sur eux. De ces démons cataboliques, Fulgence raconte qu'un certain Campester avait écrit un livre particulier qui nous servirait bien si nous l'avions, pour apprendre au juste comment ces diables traitaient leurs suppôts, les magiciens et les sorciers (3).

CATALDE, évêque de Tarente au sixième siècle. Mille ans après sa mort, on raconte qu'il se montra une nuit, en vision, à un jeune Tarentin du seizième siècle, et le chargea de creuser en un lieu qu'il lui désigna, où il avait caché et enterré un livre écrit de sa main pendant qu'il était au monde, lui disant qu'incontinent qu'il aurait recouvré ce livre, il ne manquât point de le faire tenir à Ferdinand, roi d'Aragon et de Naples, qui régnait alors. Le jeune homme n'ajouta point foi d'abord à cette vision, quoique Catalde lui apparût presque tous les jours pour l'exhorter à faire ce qu'il lui avait ordonné. Enfin, un matin avant le jour, comme il était en prière, il aperçut Catalde vêtu de l'habit épiscopal, lequel lui dit avec une contenance sévère : — Tu n'as pas tenu compte de chercher le livre que je t'avais enseigné et de l'envoyer au roi Ferdinand ; sois assuré, cette fois pour toutes, que si tu n'exécutes ce que je t'ai commandé, il t'en adviendra mal.

Le jouvenceau, intimidé de ces menaces, publia sa vision ; le peuple ému s'assembla pour l'accompagner au lieu marqué. On y arriva, on creusa la terre ; on trouva un petit coffre de plomb, si bien clos et cimenté que l'air n'y pouvait pénétrer, et au fond du coffre se vit le livre où toutes les misères qui devaient arriver au royaume de Naples, au roi Ferdinand et à ses enfants, étaient décrites en formes de prophétie, lesquelles ont eu lieu ; car Ferdinand fut tué au premier conflit ; son fils Alphonse, à peine maître du trône, fut mis en déroute par ses ennemis, et mourut en exil. Ferdinand, le puîné, périt misérablement à la fleur de son âge, accablé de guerres, et Frédéric, petit-fils du défunt Ferdinand, vit brûler, saccager et ruiner son pays (4).

CATALONOS ou BABAILANAS, prêtresses des Indiens des îles Philippines. Elles lisent dans l'avenir et prédisent ce qui doit arriver. Quand elles ont annoncé le bien ou le mal à ceux qui les consultent, elles font le sacrifice d'un cochon qu'elles tuent d'un coup de lance et qu'elles offrent en dansant aux mauvais génies et aux âmes des ancêtres, lesquelles, dans l'opinion des Indiens, fixent leurs demeures sous de grands arbres.

CATANANCÉE, plante que les femmes de Thessalie employaient dans leurs philtres. On en trouve la description dans Dioscoride.

CATARAMONACHIA, anathème que fulminent les papas grecs. Dans quelques îles de la Morée, on dit que cet anathème donne une fièvre lente dont on meurt en six semaines.

CATELAN (Laurent), pharmacien de Montpellier au dix-septième siècle. Il a laissé une *Histoire de la nature, chasse, vertus, propriétés et usages de la Licorne*, Montpellier, in-8°, 1624, et un *Rare et curieux Discours de la plante appelée Mandragore*, Paris, in-12, 1639.

CATHARIN (Ambroise), dominicain de Florence, mort à Rome en 1553, auteur d'une réfutation des prophéties de Savonarole (5), et d'un *Traité de la mort et de la résurrection*.

CATHERINE. Voy. Revenants.

CATHERINE (sainte). Voy. Incombustibles.

CATHERINE DE MÉDICIS, célèbre reine de France, singulièrement maltraitée dans

---

(1) Brown, Des Erreurs populaires, liv. III, ch. iv.
(2) De Sortilegis ac maleficis, eorumque punitione. Lyon, 1568.
(3) Leloyer, Hist. et disc. des spectres, liv. VII, ch. iv.
(4) Histoires prodigieuses de Boistuau, tom. I.

(5) Discorso contra la dottrina e le profetie di Girolamo Savonarola, da Ambrosio Catarino polito. In-8°. Venise, 1548. Thomas Neri combattit cet ouvrage dans un livre intitulé : Apologia di Tomaso Neri, in difesa della dottrina di Girolamo Savonarola. In-8°. Florence, 1564.

l'histoire où l'esprit de la réforme n'a pas ménagé les princes catholiques; née à Florence en 1519, morte en 1589. Elle croyait non-seulement à l'astrologie judiciaire, mais encore à la magie. Elle portait, dit-on ; sur l'estomac une peau de vélin, d'autres disent d'un enfant égorgé, semée de figures, de lettres et de caractères de différentes couleurs. Elle était persuadée que cette peau avait la vertu de la garantir de toute entreprise contre sa personne.

Elle fit faire la colonne de l'hôtel de Soissons (1), dans le fût de laquelle il y avait un escalier à vis pour monter à la sphère armillaire qui est au haut. Elle allait y consulter les astres avec ses astrologues, dont elle s'entoura jusqu'à sa mort.

Cette princesse que l'on a fort noircie, eut beaucoup d'ennemis, surtout les protestants, qui n'ont reculé devant aucune calomnie. Ils la représentent comme ayant été très-versée dans l'art d'évoquer les esprits; ils ajoutent que sur la peau d'enfant qu'elle portait au cou, étaient représentées plusieurs divinités païennes. Étant tombée gravement malade, elle remit, disent-ils, à M. de Mesmes, une boîte hermétiquement fermée, en lui faisant promettre de ne jamais l'ouvrir et de la lui rendre si elle revenait à la vie. Longtemps après, les enfants du dépositaire ayant ouvert la boîte, dans l'espoir d'y trouver des pierreries ou un trésor, n'y découvrirent qu'une médaille de forme antique, large et ovale, où Catherine de Médicis était représentée à genoux, adorant les Furies et leur présentant une offrande. Ce conte absurde donne la mesure de vingt autres. Catherine de Médicis survécut à M. de Mesmes, et elle n'aurait pas manqué de retirer la cassette.

Elle avait attaché à sa personne plusieurs astrologues, parmi lesquels il ne faut pas oublier l'illustre Luc Gauric. Ils lui prédirent que Saint-Germain la verrait mourir. Dès lors elle ne voulut plus demeurer à Saint-Germain-en-Laye et n'alla plus à l'église de Saint-Germain-d'Auxerre. Mais Nicolas de Saint-Germain, évêque de Nazareth, l'ayant assistée à l'heure de sa mort, on regarda la prédiction comme accomplie.

CATHO (ANGELO), savant habile dans l'astrologie, qui prédit à Charles-le-Téméraire sa mort funeste. Le duc de Bourgogne n'en tint compte, et perdit tout, comme on sait. Malheureusement on ne prouve pas que la prédiction ait été faite en temps utile.

Louis XI estimait tant Angelo Catho, à cause de sa science, qu'il lui donna l'archevêché de Vienne en Dauphiné.

CATILLUS. Voy. GILBERT.

CATOBLEBAS, serpent qui donne la mort à ceux qu'il regarde, si on en veut bien croire Pline. Mais la nature lui a fait la tête fort basse, de manière qu'il lui est difficile de fixer quelqu'un. On ajoute que cet animal habite près de la fontaine Nigris, en Éthiopie, que l'on prétend être la source du Nil.

CATON LE CENSEUR. Dans son livre, *De Re Rustica*, il enseigne, parmi divers remèdes, la manière de remettre les membres démis, et donne même les paroles enchantées dont il faut se servir.

CATOPTROMANCIE, divination par le moyen d'un miroir. On trouve encore, dans beaucoup de villages, des devins qui emploient cette divination, autrefois fort répandue. Quand on a fait une perte, essuyé un vol, ou reçu quelques coups clandestins dont on veut connaître l'auteur, on va trouver le sorcier ou devin, qui introduit le consultant dans une chambre à demi éclairée. On n'y peut entrer qu'avec un bandeau sur les yeux. Le devin fait les évocations, et le diable montre dans un miroir le passé, le présent et le futur. Malgré le bandeau, les crédules villageois, dans de telles occasions, ont la tête tellement montée qu'ils ne manquent pas de voir quelque chose.

On se servait autrefois, pour cette divination, d'un miroir que l'on présentait, non devant, mais derrière la tête d'un enfant à qui l'on avait bandé les yeux...

Pausanias parle d'un autre effet de la catoptromancie. « Il y avait à Patras, dit-il, devant le temple de Cérès, une fontaine séparée du temple par une muraille; là, on consultait un oracle, non pour tous les événements, mais seulement pour les maladies. Le malade descendait dans la fontaine un miroir suspendu à un fil, en sorte qu'il ne touchât la surface de l'eau que par sa base. Après avoir prié la déesse et brûlé des parfums, il se regardait dans ce miroir, et, selon qu'il se trouvait le visage hâve et défiguré ou gras et vermeil, il en concluait très-certainement que la maladie était mortelle ou qu'il en réchapperait. »

CATTANI (FRANÇOIS), évêque de Fiésoles, mort en 1595, auteur d'un livre sur les superstitions de la magie (2).

CAUCHEMAR. On appelle ainsi un embarras dans la poitrine, une oppression et une difficulté de respirer qui surviennent pendant le sommeil, causent des rêves fatigants, et ne cessent que quand on se réveille.

On ne savait pas trop, au quinzième siècle, ce que c'était que le cauchemar, qu'on appelait aussi alors *chauche-poulet*. On en fit un monstre; c'était un moyen prompt de résoudre la difficulté. Les uns imaginaient dans cet accident une sorcière ou un spectre qui pressait le ventre des gens endormis, leur dérobait la parole et la respiration, et les empêchait de crier et de s'éveiller pour demander du secours; les autres, un démon qui étouffait les gens. Les médecins n'y voyaient guère plus clair. On ne savait d'autre remède pour se garantir du cauchemar, que de suspendre une pierre creuse dans l'écurie de sa maison; et Delrio, embarrassé, crut décider la question en disant que *Cauchemar* était un suppôt de Belzébuth; il l'appelle ailleurs *incubus morbus*.

Dans les guerres de la république fran-

---

(1) Cette colonne existe encore à Paris; elle est adossée à la Halle au blé.

(2) *Sopra la superstitione dell' arte magica*. Florence, 1562.

çaise en Italie, on caserna dans une église abandonnée un régiment français. Les paysans avaient averti les soldats que la nuit on se sentait presque suffoqué dans ce lieu-là, et que l'on voyait passer un gros chien sur sa poitrine ; les soldats en riaient. Ils se couchèrent après mille plaisanteries. Minuit arrivé, tous se sentent oppressés, ne respirent plus et voient chacun sur son estomac un chien noir, qui disparut enfin, et leur laissa reprendre leurs sens. Ils rapportèrent le fait à leurs officiers, qui vinrent y coucher eux-mêmes la nuit suivante, et furent tourmentés du même fantôme. — Comment expliquer ce fait ?

« Mangez peu, tenez le ventre libre, ne couchez point sur le dos, et votre cauchemar vous quittera sans grimoire, » dit M. Salgues (1). Il est certain que dans les pays où l'on ne soupe plus, on a moins de cauchemars.

Bodin conte (2) qu'au pays de Valois, en Picardie, il y avait de son temps une sorte de sorciers et de sorcières qu'on appelait *cauchemares*, qu'on ne pouvait chasser qu'à force de prières.

CAUCHON (PIERRE), évêque de Beauvais au quinzième siècle. Il poursuivit Jeanne d'Arc comme sorcière, et la fit brûler à Rouen. Il mourut subitement en 1443. Le pape Calixte IV excommunia après sa mort ce prélat déshonoré, dont le corps fut déterré et jeté à la voirie.

CAUSATHAN, démon ou mauvais génie que Porphyre se vantait d'avoir chassé d'un bain public.

CAUSIMOMANCIE, divination par le feu, employée chez les anciens mages. C'était un heureux présage quand les objets combustibles jetés dans le feu venaient à n'y pas brûler.

CAYET (PIERRE-VICTOR-PALMA), savant écrivain tourangeau du seizième siècle. Outre la *Chronologie novennaire* et la *Chronologie septennaire*, il a laissé l'*Histoire prodigieuse et lamentable du docteur Faust, grand magicien*, traduite de l'allemand en français, Paris, 1603, in-12 ; et l'*Histoire véritable comment l'âme de l'empereur Trajan a été délivrée des tourments de l'enfer par les prières de saint Grégoire le Grand*, traduite du latin d'Alphonse Chacon. in-8°, rare ; Paris, 1607. Voy. FAUST et TRAJAN.

Cayet rechercha toute sa vie la pierre philosophale, qu'il n'eut pas le talent de trouver ; on débita aussi qu'il était magicien, mais on peut voir qu'il ne pensait guère à se mêler de magie, dans l'épître dédicatoire qu'il a mise en tête de l'histoire de Faust. Les huguenots, dont il avait abandonné le parti, l'accusèrent d'avoir fait pacte avec le diable, pour qu'il lui apprît les langues ; c'était alors une grande injure ; Cayet s'en vengea vivement dans un livre où il défendit contre eux la doctrine du purgatoire (3).

CAYM, démon de classe supérieure, grand président aux enfers ; il se montre habituellement sous la figure d'un merle. Lorsqu'il paraît en forme humaine, il répond du milieu d'un brasier ardent ; il porte à la main un sabre effilé. C'est, dit-on, le plus habile sophiste de l'enfer ; et il peut, par l'astuce de ses arguments, désespérer le logicien le plus aguerri. C'est avec lui que Luther eut cette fameuse dispute dont il nous a conservé les circonstances. Caym donne l'intelligence du chant des oiseaux, du mugissement des bœufs, de l'aboiement des chiens et du bruit des ondes. Il connaît l'avenir. Ce démon, qui fut autrefois de l'ordre des anges, commande à présent trente légions aux enfers (4).

CAYOL, propriétaire à Marseille, mort au commencement de ce siècle. Un de ses fermiers lui apporta un jour douze cents francs ; il les reçut et promit la quittance pour le lendemain, parce qu'il était alors occupé. Le paysan ne revint qu'au bout de quelques jours. M. Cayol venait subitement de mourir d'apoplexie. Son fils avait pris possession de ses biens ; il refuse de croire au fait que le paysan raconte, et réclame les douze cents francs en justice. Le paysan fut condamné à payer une seconde fois. Mais la nuit qui suivit cette sentence, M. Cayol apparut à son fils bien éveillé, et lui reprocha sa conduite : — J'ai été payé, ajouta-t-il ; regarde derrière le miroir qui est sur la cheminée de ma chambre, tu y trouveras mon reçu.

Le jeune homme se lève tremblant, met la main sur la quittance de son père et se hâte de payer les frais qu'il avait faits au pauvre fermier, en reconnaissant ses torts (5).

CAZOTTE (JACQUES), né à Dijon en 1720, guillotiné en 1793, auteur du poëme d'*Olivier*, où beaucoup d'épisodes roulent sur les merveilles magiques. Le succès qu'obtint cette production singulière le décida à faire paraître *le Diable amoureux*. Comme il y a dans cet ouvrage des conjurations et autres propos de grimoire, un étranger alla un jour le prier de lui apprendre à conjurer le diable, science que Cazotte ne possédait pas.

Ce qui lui obtient encore place dans ce recueil, c'est sa prophétie rapportée par La Harpe, où l'on a cru longtemps qu'il avait pronostiqué la révolution dans la plupart de ses détails. Mais on n'avait imprimé, dit-on, qu'un fragment de cette pièce. On a pensé plus tard la découvrir plus entière, et quelques-uns disent à présent que cette prophétie a été supposée. Cependant, on a publié en l'an VI, à Paris, une *correspondance mystique* de Cazotte, saisie par le tribunal révolutionnaire, et où brille un certain esprit prophétique inexplicable.

---

(1) M. Salgues, Des Erreurs et des préjugés, t. I, p. 332.
(2) Démonomanie des sorciers, liv. II, ch. VII.
(3) La fournaise ardente et le four du réverbère pour évaporer les prétendues eaux de Siloé, pour corroborer le purgatoire contre les hérésies, calomnies, faussetés et cavillations ineptes du prétendu ministre Dumoulin. Paris, 1603. In-8°. Dumoulin venait de publier les Eaux de Siloé, pour éteindre le feu du purgatoire, contre les raisons d'un cordelier portugais. In-8°, 1603.
(4) Wierus, in Pseudomonarchia dæm.
(5) Infernaliana, p. 226.

CÉBUS ou **CÉPHUS**, monstre adoré des Égyptiens. C'était une espèce de satyre, ou singe qui avait, selon Pline, les pieds et les mains semblables à ceux de l'homme. Diodore lui donne une tête de lion, le corps d'une panthère, et la taille d'une chèvre. On ajoute que Pompée en fit venir un à Rome, et qu'on n'en a jamais vu que cette fois-là.

CECCO D'ASCOLI (François Stabili, *dit*), professeur d'astrologie, né dans la marche d'Ancône au treizième siècle. Il se mêlait aussi de magie et d'hérésie. On dit, ce qui n'est pas certain, qu'il fut brûlé en 1327, avec son livre d'astrologie, qui est, à ce qu'on croit, le commentaire sur la sphère de Sacrobosco (1).

Il disait qu'il se formait dans les cieux des esprits malins qu'on obligeait, par le moyen des constellations, à faire des choses merveilleuses. Il assurait que l'influence des astres était absolue, et reconnaissait le fatalisme. Selon sa doctrine, Notre-Seigneur Jésus-Christ n'avait été pauvre et n'avait souffert une mort ignominieuse que parce qu'il était né sous une constellation qui causait nécessairement cet effet... ; au contraire, l'antechrist sera riche et puissant, parce qu'il naîtra sous une constellation favorable.

« Une preuve que Cecco était fou, disent Naudé et Delrio, c'est, 1° qu'il interprète le livre de Sacrobosco dans le sens des astrologues, nécromanciens et chiroscopistes ; 2° qu'il cite grand nombre d'auteurs falsifiés, comme les ombres des idées de Salomon, le Livre des esprits d'Hipparchus, les Aspects des étoiles, d'Hippocrate, etc. »

On demandait un jour à Cecco ce que c'était que la lune ; il répondit : « C'est une terre comme la nôtre, *ut terra terra est.* »

On a beaucoup disputé sur cet astrologue, connu aussi sous le nom de *Cecus Asculan*, et plus généralement sous celui de *Chicus Æsculanus*. Delrio ne voit en lui qu'un homme superstitieux, qui avait la tête mal timbrée. Naudé, ainsi que nous l'avons noté, le regarde comme un fou savant. Quelques auteurs, qui le mettent au nombre des nécromanciens, lui prêtent un esprit familier, nommé Floron, de l'ordre des chérubins, lequel Floron l'aidait dans ses travaux et lui donnait de bons conseils, ce qui ne l'empêcha pas de faire des livres ridicules.

CÉCILE. — Vers le milieu du seizième siècle, une femme, nommée Cécile, se montrait en spectacle à Lisbonne ; elle possédait l'art de si bien varier sa voix, qu'elle la faisait partir tantôt de son coude, tantôt de son pied, tantôt de son ventre. Elle liait conversation avec un être invisible, qu'elle nommait Pierre-Jean, et qui répondait à toutes ses questions. Cette femme ventriloque fut réputée sorcière et bannie dans l'île Saint-Thomas (2).

CEINTURES MAGIQUES. — Plusieurs livres de secrets vous apprendront qu'on guérit toutes sortes de maladies intérieures en faisant porter au malade une ceinture de fougère cueillie la veille de la Saint-Jean, à midi, et tressée de manière à former le caractère magique HVTY. Le synode tenu à Bordeaux, en 1600, a condamné ce remède, et la raison, d'accord avec l'Eglise, le condamne tous les jours.

CELSE, philosophe éclectique du deuxième siècle, ennemi des chrétiens. En avouant les miracles de Jésus-Christ, il disait qu'ils avaient été opérés par la magie, et que les chrétiens étaient des magiciens. Il a été réfuté par Origène.

CELSIUS (André), Suédois mort en 1744 ; auteur d'une *Lettre sur les comètes*, publiée à Upsal l'année de sa mort.

CENCHROBOLES, nation imaginaire dont parle Lucien. Il dit que les Cenchroboles allaient au combat montés sur de grands oiseaux, couverts d'herbes vivaces au lieu de plumes.

CENDRES. — On soutenait, dans le dix-septième siècle, entre autres erreurs, qu'il y avait des semences de reproduction dans les cadavres, dans les cendres des animaux et même des plantes brûlées ; qu'une grenouille, par exemple, en se pourrissant, engendrait des grenouilles, et que les cendres de roses avaient produit d'autres roses. Voy. Palingénésie.

Le Grand Albert dit que les cendres de bois astringent resserrent, et qu'on se relâche avec des cendres de bois contraire. « Et, ajoute-t-il, Dioscoride assure que la lessive de cendres de sarments, bue avec du sel, est un remède souverain contre la suffocation de poitrine. Quant à moi, ajoute-t-il, j'ai guéri plusieurs personnes de la peste, en leur faisant boire une quantité d'eau où j'avais fait amortir de la cendre chaude, et leur ordonnant de suer après l'avoir bue (3). »

CENETHUS, second roi d'Ecosse. Désirant venger la mort de son père, tué par les Pictes, il exhortait les seigneurs du pays à reprendre les armes ; mais, parce qu'ils avaient été malheureux aux précédentes batailles, les seigneurs hésitaient. Cénéthus, sous prétexte de les entretenir des affaires du pays, manda les plus braves chefs à un conseil. Il les fit loger dans son château, où il avait caché dans un lieu secret quelques soldats accoutrés de vêtements horribles, faits de grandes peaux de loups marins, qui sont très-fréquents dans le pays à cause de la mer. Ils avaient à la main gauche des bâtons de ce vieux bois qui luit la nuit, et dans la droite des cornes de bœufs percées par le bout. Ils se tinrent reclus jusqu'à ce que les seigneurs fussent ensevelis dans leur premier sommeil : alors ils commencèrent à se montrer avec leurs bois qui éclairaient, et firent résonner leurs cornes de bœufs, disant qu'ils étaient envoyés pour leur annoncer la guerre contre les Pictes : — Leur victoire, ajoutaient-ils, était écrite dans le ciel. Ces fantômes jouèrent bien leur rôle, et s'évadèrent sans être

---

(1) Commentarii in sphæram Joannis de Sacrobosco. In-fol. Bâle, 1485.
(2) M. Salgues, Des Erreurs, etc., t. II, p. 227.
(3) Les admirables secrets d'Albert le Grand, liv. III ch. I.

découverts. Les chefs émus vinrent trouver le roi, auquel ils communiquèrent leur vision; et ils assaillirent si vivement les Pictes, qu'ils ne les défirent pas seulement en bataille, mais qu'ils en exterminèrent la race (1).

CÉPHALONOMANCIE. Voy. KÉPHALONOMANCIE.

CERAM, l'une des îles Moluques. On y remarque sur la côte méridionale, une montagne où résident, dit-on, les mauvais génies. Les navigateurs de l'île d'Amboine, qui sont tous très-superstitieux, ne passent guère en vue de cette montagne sans faire une offrande à ces mauvais génies, qu'ils empêchent ainsi de leur susciter des tempêtes. Le jour, ils déposent des fleurs et une petite pièce de monnaie dans une coque de coco; la nuit, ils y mettent de l'huile avec des petites mèches allumées, et ils laissent flotter cette coque au gré des vagues.

CÉRAUNOSCOPIE. Divination qui se pratiquait, chez les anciens, par l'observation de la foudre et des éclairs, et par l'examen des phénomènes de l'air.

CERBÈRE. Cerberus ou Naberus est chez nous un démon. Wierus le met au nombre des marquis de l'empire infernal. Il est fort et puissant; il se montre sous la forme d'un corbeau; sa voix est rauque : néanmoins il donne l'éloquence et l'amabilité; il enseigne les beaux-arts. Dix-neuf légions lui obéissent.

On voit que ce n'est plus là le Cerbère des anciens, ce redoutable chien à trois têtes, portier incorruptible des enfers, appelé aussi la bête aux cent têtes, *centiceps bellua*, à cause de la multitude de serpents dont ses trois chevelures étaient ornées. Hésiode lui donne cinquante têtes de chien; mais on s'accorde généralement à ne lui en reconnaître que trois. Ses dents étaient noires et tranchantes, et sa morsure causait une prompte mort.

On croit que la fable de Cerbère remonte aux Égyptiens, qui faisaient garder les tombeaux par des dogues.

C'est principalement ici du démon Cerberus qu'il a fallu nous occuper. En 1586, il fit pacte d'alliance avec une Picarde nommée Marie Martin. Voy. MARTIN.

CERCLES MAGIQUES. On ne peut guère évoquer les démons avec sûreté sans s'être placé dans un cercle qui garantisse de leur atteinte, parce que leur premier mouvement serait d'empoigner, si l'on n'y mettait ordre. Voici ce qu'on lit à propos dans le fatras intitulé : *Grimoire du pape Honorius* :

Les cercles se doivent faire avec du charbon, de l'eau bénite aspergée, ou du bois de la croix bénite... Quand ils seront faits de la sorte, et quelques paroles de l'Évangile écrites autour du cercle, sur le sol, on jettera de l'eau bénite en disant une prière superstitieuse dont nous devons citer quelques mots :
— « Alpha, Oméga, Ely, Elohé, Zébahot, « Elion, Saday. Voilà le lion qui est vain-« queur de la tribu de Juda, racine de Da-« vid. J'ouvrirai le livre et ses sept si-« gnes... »

Il est fâcheux que l'auteur de ces belles oraisons ne soit pas connu, on pourrait lui faire des compliments.

On récite après la prière quelque formule de conjuration, et les esprits paraissent. Voy. CONJURATION.

Le *Grand Grimoire* ajoute qu'en entrant dans ce cercle il faut n'avoir sur soi aucun métal impur, mais seulement de l'or ou de l'argent, pour jeter la pièce à l'esprit. On plie cette pièce dans un papier blanc, sur lequel on n'a rien écrit; on l'envoie à l'esprit pour l'empêcher de nuire; et, pendant qu'il se baisse pour la ramasser devant le cercle, on prononce la conjuration qui le soumet.

Le *Dragon rouge*, recommande les mêmes précautions.

Il nous reste à parler des cercles que les sorciers font au sabbat pour leurs danses. On en montre encore dans les campagnes; on les appelle cercle du sabbat ou cercle des fées, parce qu'on croyait que les fées traçaient de ces cercles magiques dans leurs danses au clair de la lune. Ils ont quelquefois douze ou quinze toises de diamètre, et contiennent un gazon pelé à la ronde de la largeur d'un pied, avec un gazon vert au milieu. Quelquefois aussi tout le milieu est aride et desséché, et la bordure tapissée d'un gazon vert. Jessorp et Walker, dans les Transactions philosophiques, attribuent ce phénomène au tonnerre : ils en donnent pour raison que c'est le plus souvent après des orages qu'on aperçoit ces cercles.

D'autres savants ont prétendu que les cercles magiques étaient l'ouvrage des fourmis, parce qu'on trouve souvent ces insectes qui y travaillent en foule.

On regarde encore aujourd'hui, dans les campagnes peu éclairées, les places arides comme le rond du sabbat. Dans la Lorraine, les traces que forment le gazon les tourbillons des vents et les sillons de la foudre passent toujours pour les vestiges de la danse des fées, et les paysans ne s'en approchent qu'avec terreur (2).

CERCUEIL. L'épreuve ou jugement de Dieu par le cercueil a été longtemps en usage. Lorsqu'un assassin, malgré les informations, restait inconnu, on dépouillait entièrement le corps de la victime; on mettait ce corps sur un cercueil, et tous ceux qui étaient soupçonnés d'avoir eu part au meurtre étaient obligés de le toucher. Si l'on remarquait un mouvement, un changement dans les yeux, dans la bouche ou dans toute autre partie du mort, si la plaie saignait, — celui qui touchait le cadavre dans ce mouvement extraordinaire était regardé et poursuivi comme coupable. Richard Cœur-de-Lion s'était révolté contre Henri II son père, à qui il succéda. On rapporte qu'après la mort de Henri II, Richard s'étant rendu à Fontevrault, où le feu roi avait ordonné sa

(1) Boistuaux, Histoires prodigieuses, t. I.

(2) Madame Elise Voïart, Notes au livre Ier de la Vierge d'Arduène.

sépulture, à l'approche du fils rebelle, le corps du malheureux père jeta du sang par la bouche et par le nez, et que ce sang jaillit sur le nouveau souverain. On cite plusieurs exemples semblables, dont la terrible morale n'était pas trop forte dans les temps barbares.

Voici un petit fait qui s'est passé en Écosse :

Un fermier, nommé John Makintos, avait eu quelques contestations avec sa sœur Fanny Mac-Allan. Peu de jours après il mourut subitement. Les magistrats se rendirent chez lui, et remarquèrent qu'il avait sur le visage une large blessure, de laquelle aucune goutte de sang ne s'échappait. Les voisins de John accoururent en foule pour déplorer sa perte ; mais, quoique la maison de sa sœur fût proche de la sienne, elle n'y entra pas, et parut peu affectée de cet événement. Cela suffit pour exciter parmi les ministres et les baillis, le soupçon qu'elle n'y était peut-être pas étrangère. En conséquence, ils lui ordonnèrent de se rendre près du défunt et de placer la main sur son cadavre. Elle y consentit ; mais avant de le faire, elle s'écria d'une voix solennelle : Je souhaite humblement que le Dieu puissant qui a ordonné au soleil d'éclairer l'univers, fasse jaillir de cette plaie un rayon de lumière dont le reflet désignera le coupable. Dès que ces paroles furent achevées, elle s'approcha, posa légèrement un de ses doigts sur la blessure, et le sang coula immédiatement. Les magistrats crurent y voir une révélation du ciel ; et la malheureuse Fanny fut exécutée le jour même.

On voit dans la vie de Charles-le-Bon, par Gualbert (*Collect. des Bollandistes*, 2 mars), que les meurtriers en Flandre, au douzième siècle, après avoir tué leur victime, mangeaient et buvaient sur le cadavre, dans la persuasion qu'ils paralysaient par cette cérémonie toute poursuite contre eux à l'occasion du meurtre. Les assassins de Charles-le-Bon avaient pris cette précaution ; ce qui ne les empêcha pas d'être tous mis au supplice.

CERDON, hérétique du deuxième siècle, chef des cerdoniens. Il enseignait que le monde avait été créé par le démon, et admettait deux principes égaux en puissance.

CÉRÈS. « Qu'étaient-ce que les mystères de Cérès à Éleusis, sinon les symboles de la sorcellerie, de la magie et du sabbat? A ces orgies, on dansait au son du clairon, comme au sabbat des sorcières, et il s'y passait des choses abominables, qu'il était défendu aux profès de révéler (1). »

On voit, dans Pausanias, que les Arcadiens représentaient Cérès avec un corps de femme et une tête de cheval.

On a donné le nom de *Cérès* à une planète découverte par Piazzi en 1801. Cette planète n'a encore aucune influence sur les horoscopes. Voy. ASTROLOGIE.

CERF. L'opinion qui donne une très-longue vie à certains animaux, et principalement aux cerfs, est fort ancienne. Hésiode dit que la vie de l'homme finit à quatre-vingt-seize ans : que celle de la corneille est neuf fois plus longue, et que la vie du cerf est quatre fois plus longue que celle de la corneille. Suivant ce calcul, la vie du cerf est de trois mille quatre cent cinquante-six ans.

Pline rapporte que cent ans après la mort d'Alexandre on prit dans les forêts plusieurs cerfs auxquels ce prince avait attaché lui-même des colliers. On trouva, en 1037, dans la forêt de Senlis, un cerf avec un collier portant ces mots : *Cæsar hoc me donavit*, « C'est César qui me l'a donné ; » mais quel César? Ces circonstances ont fortifié toutefois le conte d'Hésiode. Les cerfs ne vivent pourtant que trente-cinq à quarante ans. Ce que l'on a débité de leur longue vie, ajoute Buffon, n'est appuyé sur aucun fondement ; ce n'est qu'un préjugé populaire, dont Aristote lui-même a relevé l'absurdité. Le collier du cerf de la forêt de Senlis ne peut présenter une énigme qu'aux personnes qui ignorent que tous les empereurs d'Allemagne ont été désignés par le nom de César.

Une autre tradition touchant le cerf, c'est que la partie destinée à la génération lui tombe chaque année. Après avoir ainsi observé ce qui a lieu par rapport à son bois, on s'est persuadé que la même chose arrivait à la partie en question. L'expérience et la raison détruisent également une opinion si absurde (1).

CERINTHE, hérétique du temps des apôtres. Il disait que Dieu avait créé des génies chargés de gouverner le monde ; qu'un de ces génies avait fait tous les miracles de l'histoire des Juifs ; que les enfants de ces esprits étaient devenus des démons, que le Fils de Dieu n'était descendu sur la terre que pour ruiner le pouvoir des mauvais anges. Il avait écrit des révélations qu'il prétendait lui avoir été faites par un ange de bien, avec qui il se vantait de converser familièrement. « Mais cet ange, comme dit Leloyer, était un vrai démon, et pas autre chose. »

CERNE, mot vieilli. C'était autrefois le nom qu'on donnait au cercle que les magiciens traçaient avec leur baguette pour évoquer les démons.

CEROMANCIE ou CIROMANCIE. Divination par le moyen de la cire, qu'on faisait fondre et qu'on versait goutte à goutte dans un vase d'eau, pour en tirer, selon les figures que formaient ces gouttes, des présages heureux ou malheureux. Les Turcs cherchaient surtout à découvrir ainsi les crimes et les larcins. Ils faisaient fondre un morceau de cire à petit feu, en marmottant quelques paroles ; puis ils ôtaient cette cire fondue de dessus le brasier et y trouvaient des figures qui indiquaient le voleur, sa maison et sa retraite.

Dans l'Alsace, au seizième siècle, et peut-être encore aujourd'hui, lorsque quelqu'un

---

(1) Leloyer, Disc. et hist. des spectres, p. 689, 768.
(2) Brown, Essais sur les erreurs, etc., t. 1er, liv. III,

ch. x. M. Salgues, des Erreurs et des préjugés, t. II, p. 215. Buffon, Hist. nat., etc.

est malade et que les bonnes femmes veulent découvrir qui lui a envoyé sa maladie, elles prennent autant de cierges d'un poids égal qu'elles soupçonnent d'êtres ou de personnes; elles les allument, et celui dont le cierge est le premier consumé passe dans leur esprit pour l'auteur (1).

CERVELLE. On fait merveille avec la cervelle de certaines bêtes. L'auteur des *Admirables secrets d'Albert le Grand* dit, au liv. III, que la cervelle de lièvre fait sortir les dents aux enfants, lorsqu'on leur en frotte les gencives. Il ajoute que les personnes qui ont peur des revenants se guérissent de leurs terreurs paniques, si elles mangent souvent de la cervelle de lièvre. La cervelle de chat ou de chatte, si on s'en frotte les dehors du gosier, guérit en moins de deux jours les inflammations qui s'y font sentir, mais après une crise de fièvre violente.

Les premiers hommes ne mangeaient la cervelle d'aucun animal, par respect pour la tête, qu'ils regardaient comme le siége de la vie et du sentiment.

CÉSAIRE ou CESARIUS (Pierre), moine de Cîteaux, mort en 1240. On lui doit un recueil de miracles où les démons figurent très-souvent (2). Ce recueil, on ne sait trop pourquoi, a été mis à l'index en Espagne. Il est cité plusieurs fois dans ce dictionnaire.

CESAIRE (St). Voy. Mirabilis liber.

CESALPIN (André), médecin du seizième siècle, né à Arezzo en Toscane, auteur de *Recherches sur les Démons*, où l'on explique le passage d'Hippocrate, relatif aux causes surnaturelles de certaines maladies (3). Ce traité, composé à la prière de l'archevêque de Pise, parut au moment où les religieuses d'un couvent de cette ville étaient obsédées du démon. L'archevêque demandait à tous les savants si les contorsions de ces pauvres filles avaient une cause naturelle ou surnaturelle. Césalpin, particulièrement consulté, répondit par le livre que nous citons. Il commence par exposer une immense multitude de faits attribués aux démons et à la magie. Ensuite il discute ces faits; il avoue qu'il y a des démons, mais qu'ils ne peuvent guère communiquer matériellement avec l'homme; il termine en se soumettant à la croyance de l'Eglise. Il déclare que la possession des religieuses de Pise est surnaturelle; que les secours de la médecine y sont insuffisants, et qu'il est bon de recourir au pouvoir des exorcistes.

CÉSAR (Caius Julius). On a raconté de cet homme fameux quelques merveilles surprenantes.

Suétone rapporte que César étant avec son armée sur les bords du Rubicon que ses soldats hésitaient à traverser, il apparut un inconnu de taille extraordinaire, qui s'avança en sifflant vers le général. Les soldats accourent pour le voir; aussitôt le fantôme saisit la trompette de l'un d'eux, sonne la charge, passe le fleuve; et César s'écrie, sans délibérer davantage : — Allons où les présages des dieux et l'injustice de nos ennemis nous appellent. — L'armée le suivit avec ardeur.

Lorsqu'il débarqua en Afrique pour faire la guerre à Juba, il tomba à terre. Les Romains se troublèrent de ce présage; mais César rassura les esprits en embrassant le sol et en s'écriant, comme si sa chute eût été volontaire : — Afrique, tu es à moi, car je te tiens dans mes bras.

On a vanté l'étonnante force de ses regards; on a dit que, des côtes des Gaules, il voyait ce qui se passait dans l'île des Bretons. Roger Bacon, qui ne doute pas de ce fait, dit que Jules César n'examinait ainsi tout ce qui se faisait dans les camps et dans les villes d'Angleterre qu'au moyen de grands miroirs destinés à cet usage.

On assure que plusieurs astrologues prédirent à César sa mort funeste; que sa femme Calpurnie lui conseilla de se défier des ides de mars; que le devin Artémidore tâcha également de l'effrayer par de sinistres présages lorsqu'il se rendait au sénat, où il devait être assassiné; toutes choses contées après l'événement.

On ajoute qu'une comète parut à l'instant de sa mort. On dit encore qu'un spectre poursuivit Brutus, son meurtrier, à la bataille de Philippes; que, dans la même journée, Cassius crut voir au fort de la mêlée César accourir à lui à toute bride, avec un regard foudroyant, et qu'effrayé de cette vision terrible, il se perça de son épée.

Quoi qu'il en soit, Jules César fut mis au rang des dieux par ordre d'Auguste, qui prétendit que Vénus avait emporté son âme au ciel. On le représentait dans ses temples avec une étoile sur la tête, à cause de la comète qui parut au moment de sa mort.

CÉSAR, charlatan qui vivait à Paris sous Henri IV, et qui était astrologue, nécromancien, chiromancien, physicien, devin, faiseur de tours magiques. Il disait la bonne aventure par l'inspection des lignes de la main. Il guérissait en prononçant des paroles et par des attouchements. Il arrachait les dents sans douleur, vendait assez cher de petits joncs d'or émaillés de noir, comme talismans qui avaient des propriétés merveilleuses contre toutes les maladies. Il escamotait admirablement et faisait voir le diable avec ses cornes.

Quant à cette dernière opération, il semble qu'il voulait punir les curieux d'y avoir cru; car ils en revenaient toujours si bien rossés par les sujets de Belzébuth, que le magicien lui-même était obligé de leur avouer qu'il était fort imprudent de chercher à les connaître.

Le bruit courut à Paris, en 1611, que l'enchanteur César et un autre sorcier de ses

---

(1) Déléncre, Incrédulité et mécréance du sortilége pleinement convaincue, traité 5. Delrio, liv. IV.
(2) Illustrium miraculorum et historiarum memorabilium libri XII, a Cæsario Heisterbachensi, ordinis cisterciensis; etc. In-8°. Antverpiæ, 1605. Nuremberg, 1481.
In-fol. Cologne, 1599. In-8°. Douai, 1604.
(3) Dæmonum investigatio peripatetica; in qua explicatur locus Hippocratis si quid divinum in morbis habeatur. In-4°. Florence, 1580.

amis avaient été étranglés par le diable. On publia même, dans un petit imprimé, les détails de cette aventure infernale. Ce qu'il y a de certain, c'est que César cessa tout à coup de se montrer. Il n'était cependant point mort ; il n'avait même pas quitté Paris. Mais il était devenu invisible, comme quelques autres que l'État se charge de loger (1).

CÉSARA. Les Irlandais croient remonter à Césara, petite-fille de Noé, disent-ils, qui se réfugia dans leur île, où par grâce spéciale, elle fut à l'abri des eaux du déluge.

CÉSONIE, femme de Caligula. Suétone conte que, pour s'assurer le cœur de son auguste époux, elle lui fit boire un philtre qui acheva de lui faire perdre l'esprit. On prétend qu'il y avait dans ce philtre de l'hippomane, qui est un morceau de chair qu'on trouve quelquefois, dit-on, au front du poulain nouveau-né. Voy. HIPPOMANE.

CEURAWATS, sectaires indiens, qui ont si grande peur de détruire des animaux, qu'ils se couvrent la bouche d'un linge pour ne pas avaler d'insectes. Ils admettent un bon et un mauvais principe, et croient à des transmigrations perpétuelles dans différents corps d'hommes ou de bêtes.

CEYLAN. — Les habitants croient que cette île fut le lieu qu'Adam et Ève habitèrent, après avoir été chassés du jardin de délices.

CHACON (ALPHONSE), en latin *Ciaconius*, dominicain espagnol du seizième siècle, auteur du traité traduit par Cayet : *Comment l'âme de Trajan fut délivrée de l'enfer* (2).

CHAGRAN, tonnerre de Wishnou. Les Indiens le représentent sous la figure d'un cercle qui vomit du feu de tous côtés, comme nos soleils d'artifice.

CHAINE DU DIABLE. — C'est une tradition parmi les vieilles femmes de la Suisse que saint Bernard tient le diable enchaîné dans quelqu'une des montagnes qui environnent l'abbaye de Clairvaux. Sur cette tradition est fondée la coutume des maréchaux du pays de frapper tous les lundis, avant de se mettre en besogne, trois coups de marteau sur l'enclume pour resserrer la chaîne du diable, afin qu'il ne puisse s'échapper.

CHAIS (PIERRE), ministre protestant, né à Genève en 1701. Dans son livre intitulé *le Sens littéral de l'Écriture sainte*, etc., traduit de l'anglais, de Stackhouse, 3 volumes in-8°, 1738, il a mis une curieuse dissertation, dont il est l'auteur, sur les démoniaques.

CHALCÉDOINE. — On conte qu'après que les Perses eurent ruiné Chalcédoine, sur le Bosphore, Constantin le Grand voulut la rebâtir, parce qu'il en aimait le séjour. Mais des aigles vinrent, qui, avec leurs serres, enlevèrent les pierres des mains des ouvriers. Ce prodige se répéta tant de fois, qu'il fallut renoncer à reconstruire la ville, si bien que l'empereur alla bâtir Constantinople....

CHALDÉENS. — On prétend qu'ils trouvèrent l'astrologie ou du moins qu'ils la perfectionnèrent. Ils étaient aussi habiles magiciens.

CHAM, troisième fils de Noé, inventeur ou conservateur de la magie noire. Il perfectionna les divinations et les sciences superstitieuses. Cecco d'Ascoli dit, dans le chapitre 4 de son Commentaire sur la Sphère de Sacrobosco, avoir vu un livre de magie composé par Cham, et contenant *les éléments et la pratique de la nécromancie*. Il enseigna cette science redoutable à son fils Misraïm, qui, pour les merveilles qu'il faisait, fut appelé Zoroastre, et composa, sur cet art diabolique, cent mille vers, selon Suidas, et trois cent mille, selon d'autres. —

Les monstruosités de Cham lui attirèrent, dit-on, un châtiment terrible ; il fut emporté par le diable à la vue de ses disciples. —

Bérose prétend que Cham est le même que Zoroastre. Annius de Viterbe, dans ses notes au texte supposé de cet écrivain, pense que Cham pourrait bien être le type du Pan des anciens païens (3). Kircher dit que c'est leur Saturne et leur Osiris. D'autres prétendent que c'est lui qui fut adoré sous le nom de Jupiter-Ammon. Ils le confondent avec Chamos.

On dit encore que Cham a inventé l'alchimie, et qu'il avait laissé une prophétie dont l'hérétique Isidore se servait pour faire des prosélytes. Nous ne la connaissons pas autrement que par un passage de Sand, qui dit que Cham, dans cette prophétie, annonçait l'immortalité de l'âme (4).

CHAMANS, prêtres sorciers des Yacouts. Voy. MANG-TAAR.

CHAMBRES INFESTÉES. — Voy. CHAT, DESHOULIÈRES, DESPILLIERS, ATHÉNAGORE, AYOLA, CHATEAU, etc.

CHAMEAU. — Les musulmans ont pour cet animal une espèce de vénération ; ils croient que c'est un péché de le trop charger ou de le faire travailler plus qu'un cheval. La raison de ce respect qu'ils ont pour le chameau, c'est qu'il est surtout commun dans les lieux sacrés de l'Arabie, et que c'est lui qui porte le Koran, quand on va en pèlerinage à La Mecque.

Les conducteurs de ces animaux, après les avoir fait boire dans un bassin, prennent l'écume qui découle de leur bouche et s'en frottent dévotement la barbe, en disant : « O père pèlerin ! ô père pèlerin ! » Ils croient que cette cérémonie les préserve de méchef dans leur voyage. —

On voit dans les *Admirables Secrets d'Albert le Grand*, livre II, chap. 3, que « si le sang du chameau est mis dans la peau d'un taureau, pendant que les étoiles brillent, la fumée qui en sortira fera qu'on croira voir un géant dont la tête semblera toucher le ciel, Hermès assure l'avoir éprouvé lui-même. Si quelqu'un mange de ce sang, il deviendra bientôt fou ; et si l'on allume une lampe qui aura

---

(1) Charlatans célèbres, t. I, p. 202.
(2) Tractatus de liberatione animæ Trajani imperatoris a pœnis inferni, etc. Rome, 1576. Reggio, 1585.

(3) Comment. ad Berosi lib. III. Wierus, de Præstigiis, dit que Pan est le prince des démons incubes.
(4) Christop. Sandii lib. de Origine animæ, p. 99.

été frottée de ce même sang, on s'imaginera que tous ceux qui seront présents auront des têtes de chameau, pourvu cependant qu'il n'y ait point d'autre lampe qui éclaire la chambre. » Voy. JEAN-BAPTISTE.

CHAMMADAÏ, le même qu'*Asmodée*.

CHAMOS, démon de la flatterie, membre du conseil infernal. Les Ammonites et les Moabites adoraient le soleil, sous le nom de Chamos, Kamosch ou Kemosch; et Milton l'appelle l'*obscène terreur des enfants de Moab*. D'autres le confondent avec Jupiter-Ammon. Vossius a cru que c'était le Comus des Grecs et des Romains, qui était le dieu des jeux, des danses et des bals.

Ceux qui dérivent ce mot de l'hébreu Kamos prétendent qu'il signifie le dieu caché, c'est-à-dire Pluton, dont la demeure est aux enfers.

CHAMOUILLARD, noueur d'aiguillette qui fut condamné, par arrêt du parlement de Paris, en 1597, à être pendu et brûlé, pour avoir maléficié une demoiselle de la Barrière. Voy. LIGATURES.

CHAMP DU RIRE. — Annibal, lorsqu'il faisait le siége de Rome, se retira, dit-on, de devant cette ville, épouvanté de vaines terreurs et de fantômes qui troublèrent ses esprits. Les Romains, lui voyant lever le siége, poussèrent de tels cris de joie et firent de si grands éclats de rire, que le lieu d'où il décampa s'appela le Champ du Rire.

CHAMPIER (SYMPHORIEN), Lyonnais du quinzième siècle, qui a publié en 1503 *la Nef des Dames vertueuses*, en quatre livres mêlés de prose et de vers, dont le troisième contient les prophéties des sibylles. On l'a soupçonné à tort d'être l'auteur du traité des *Trois Imposteurs*; mais il a laissé un petit livre intitulé: *De Triplici disciplina*, in-8°, Lyon, 1508. On lui doit aussi des Dialogues sur la nécessité de poursuivre les magiciens (1).

CHAMPIGNON. — Les Hollandais appellent le champignon *pain du diable* (duivelsbrood).

CHANDELLE. — Cardan prétend que, pour savoir si un trésor est enfoui dans un souterrain où l'on creuse pour cela, il faut avoir une grosse chandelle, faite de suif humain, enclavée dans un morceau de coudrier, en forme de croissant, de manière à figurer avec les deux branches une fourche à trois rameaux. Si la chandelle, étant allumée dans le lieu souterrain, y fait beaucoup de bruit en pétillant avec éclat, c'est une marque qu'il y a un trésor. Plus on approchera du trésor, plus la chandelle pétillera; enfin elle s'éteindra quand elle en sera tout à fait voisine.

Ainsi il faut avoir d'autres chandelles dans des lanternes, afin de ne pas demeurer sans lumière. Quand on a des raisons solides pour croire que ce sont les esprits des hommes défunts qui gardent les trésors, il est bon de tenir des cierges bénits au lieu de chandelles communes; et on les conjure de la part de Dieu de déclarer si l'on peut faire quelque chose pour les mettre en lieu de repos; il ne faudra jamais manquer d'exécuter ce qu'ils auront demandé (2)...—

Les chandelles servent à plus d'un usage. On voit dans tous les démonographes que les sorcières, au sabbat, vont baiser le derrière du diable avec une chandelle noire à la main. Boguet dit qu'elles allument ces chandelles à un flambeau qui est sur la tête de bouc du diable; entre ses deux cornes, et qu'elles s'éteignent et s'évanouissent dès qu'on les lui a offertes (3). —

N'oublions pas que trois chandelles ou trois bougies sur une table sont de mauvais augure; et que quand de petits charbons se détachent de la lumière d'une chandelle, ils annoncent, selon quelques-uns, une visite (4); mais, selon le sentiment plus général, une nouvelle, agréable s'ils augmentent la lumière, fâcheuse s'ils l'affaiblissent.

CHANT DU COQ. Il dissipe le sabbat. Voy. COQ.

CHAOMANCIE, art de prédire les choses futures par le moyen des observations qu'on fait sur l'air. Cette divination est employée par quelques alchimistes qui ne nous en ont pas donné le secret.

CHAPEAU VENTEUX, voy. ERIC.

CHAPELET. On a remarqué pertinemment que tous les chapelets de sorcières avaient une croix cassée ou endommagée : c'était même un indice de sorcellerie qu'une croix de chapelet qui n'était pas entière.

CHAPELLE DU DAMNÉ. Raymond Diocres, chanoine de Notre-Dame de Paris, mourut en réputation de sainteté vers l'an 1084. Son corps ayant été porté dans le chœur de la cathédrale, il leva la tête hors du cercueil à ces graves paroles de l'office des morts : — Réponds-moi; quelles sont les iniquités ? *Responde mihi quantas habes iniquitates?* etc., et qu'il dit : *Justo judicio Dei accusatus sum*. (J'ai été cité devant le juste jugement de Dieu.)

Les assistants effrayés suspendirent le service et le remirent au lendemain. En attendant, le corps du chanoine resta déposé dans une chapelle de Notre-Dame, la même qu'on appelle depuis *la Chapelle du Damné*.

Le lendemain, on recommença l'office; lorsqu'on fut au même verset, le mort parla de nouveau, et dit : — *Justo Dei judicio judicatus sum*. (J'ai été jugé au juste jugement de Dieu.)

On remit encore l'office au jour suivant; et au même verset, le mort s'écria : — *Justo Dei judicio condemnatus sum*. (J'ai été condamné au juste jugement de Dieu.)

Là-dessus, dit la chronique, on jeta le corps à la voirie; et ce miracle effrayant fut cause, selon quelques-uns, de la retraite de saint Bruno, qui s'y trouvait présent.

Quoique cette anecdote soit contestée, elle est consacrée par des monuments. La peinture s'en est emparée, et Le Sueur en a tiré parti dans sa belle galerie de saint Bruno.

CHAPUIS (GABRIEL), né à Amboise en 1546.

---

(1) Dialogus in magicarum artium destructionem. In-4°. Lyon, Balsarin, sans date (vers 1507).
(2) Le Solide trésor du Petit Albert.
(3) Discours des Sorciers, ch. XXII.
(4) Brown, liv. V, ch. XXIII.

Nous citerons de ses ouvrages celui qui porte ce titre : *les Mondes célestes, terrestres et infernaux*, etc., tiré des Mondes de Doni. in-8°, Lyon, 1583. C'est un ouvrage satirique.

CHAR DE LA MORT, voy. BROUETTE.

CHARADRIUS, oiseau immonde que nous ne connaissons pas; les rabbins disent qu'il est merveilleux, et que son regard guérit la jaunisse. Il faut, pour cela, que le malade et l'oiseau se regardent fixement ; car si l'oiseau détournait la vue, le malade mourrait aussitôt.

CHARBON D'IMPURETÉ, l'un des démons de la possession de Loudun. Voy. GRANDIER.

CHARLATANS. On attribuait souvent autrefois aux sorciers ou au diable ce qui n'était que l'ouvrage des charlatans. Si nous pensions comme au seizième siècle, tous nos escamoteurs seraient sorciers.

Tout ce que nous voyons n'est rien pourtant en fait de tours de passe-passe ; et les hautes sciences dégénèrent. M. Comte, à Paris, escamote à peine des oiseaux. On vit sous l'Empire un habile opérateur, qui se faisait appeler le grand enchanteur Cahin-Caha, annoncer dans un programme imprimé qu'il escamoterait sa femme et la changerait en dindon ; il est vrai qu'il n'y put réussir, et que les spectateurs dirent unanimement que lui-même était le dindon. Ne l'étaient-ils pas un peu plus, ceux qui avaient donné leur argent? Wierus, dans son deuxième livre des Prestiges, nous raconte que de son temps, au seizième siècle, un savant magicien s'escamota lui-même, avec des circonstances merveilleuses. Voici le fait.

Ce magicien, ou si vous l'aimez mieux, cet escamoteur adroit gagnait sa vie à Magdebourg, en faisant des tours de son métier, des fascinations et des prestiges, sur une estrade élevée au milieu de la place publique. Or, un jour qu'il montrait pour quelque monnaie un petit cheval, à qui il faisait exécuter, par la force de sa magie, des choses vraiment miraculeuses, comme de deviner la pensée, de désigner dans la foule le mari le plus doux, la femme la moins parleuse, la personne la plus belle, la plus riche, la plus menteuse, la plus spirituelle de la société ; après avoir fini son jeu, le prestidigitateur s'écria qu'il gagnait trop peu d'argent avec les hommes d'ici-bas, et qu'il allait monter à la lune. Ceci se faisait, comme d'ordinaire, par une belle soirée, à la clarté de quelques chandelles.

Le magicien ayant donc jeté son fouet en l'air, le fouet commença de s'élever. Le petit cheval ayant saisi avec ses dents l'extrémité du fouet s'enleva pareillement. L'enchanteur ne voulant pas abandonner son bidet, le prit par la queue et fut emporté de même. La femme de cet habile homme empoigna à son tour les jambes de son mari, qu'elle suivit ; la servante s'accrocha aux pieds de sa maîtresse ; le valet, qui faisait les parades, se pendit aux jupons de la servante ; et bientôt le fouet, le petit cheval, le sorcier, sa femme, la cuisinière, le paillasse, tous les éléments de la troupe arrangés comme une bande de grues s'élevèrent si haut qu'on ne les vit plus.

Pendant que tous les assistants demeuraient ébahis d'un tel prodige, il vint un homme qui leur demanda la cause de leur stupeur. Et quand il la sut : — Soyez en paix, leur dit-il, votre sorcier n'est pas perdu ; je viens de le voir à l'autre bout de la ville, qui descendait à son auberge avec tout son monde.

Un philosophe, qui cite ce fait comme un tour de magie, et qui n'admet pas qu'on puisse en douter, termine par cette réflexion: — Il faut convenir que le diable fait pour ses amis des facéties bien extraordinaires.

Voici ce qu'on lit dans le *Voyage de Schouten aux Indes orientales* :

« Il y avait au Bengale un charlatan qui, en faisant plusieurs tours de souplesse, prit une canne longue de vingt pieds, au bout de laquelle était une petite planche large de trois ou quatre pouces ; il mit cette canne à sa ceinture, après quoi une fille de vingt-deux ans lui vint sauter légèrement par derrière sur les épaules, et, grimpant au haut de la canne, s'assit dessus, les jambes croisées et les bras étendus. Après cela, l'homme, ayant les deux bras balancés, commença à marcher à grands pas, portant toujours cette fille sur le bout de la canne, tendant le ventre pour s'appuyer, et regardant sans cesse en haut pour tenir la machine en équilibre. La fille descendit adroitement, remonta derechef et se pencha le ventre sur le bâton, en frappant des mains et des pieds les uns contre les autres. Le charlatan ayant mis alors le bâton sur sa tête, sans le tenir ni des mains ni des bras, cette même fille et une autre petite Moresque de quinze ans montèrent dessus l'une après l'autre ; l'homme les porta ainsi autour de la place, en courant et se penchant, sans qu'il leur arrivât le moindre mal. Ces deux mêmes filles marchèrent sur la corde la tête en bas, et firent une multitude d'autres tours de force très-merveilleux. Mais, quoique plusieurs d'entre nous crussent que tous ces tours de souplesse fussent faits par art diabolique, il me semble qu'ils pouvaient se faire naturellement ; car ces filles, qui étaient très-adroites, subtiles, et dont les membres étaient grandement agiles, faisaient tout cela à force de s'y être accoutumées et exercées. »

Il y a eu des charlatans de toutes les espèces : en 1728, du temps de Law, le plus fameux des charlatans, un autre, nommé Villars, confia à quelques amis que son oncle, qui avait vécu près de cent ans, et qui n'était mort que par accident, lui avait laissé le secret d'une eau qui pouvait aisément prolonger la vie jusqu'à cent cinquante années, pourvu qu'on fût sobre. Lorsqu'il voyait passer un enterrement, il levait les épaules de pitié. « Si le défunt, disait-il, avait bu de mon eau, il ne serait pas où il est. » Ses amis, auxquels il en donna généreusement, et qui observèrent un peu le régime prescrit, s'en trouvèrent bien et le prônèrent ; alors il vendit la bouteille six francs ; le débit en fut prodigieux. C'était de l'eau de Seine avec un peu de nitre. Ceux qui en prirent et qui s'astreignirent au régime, surtout s'ils étaient nés avec un bon tempérament, recouvrèrent en peu de jours une santé parfaite. Il disait aux autres : — C'est votre faute si vous n'êtes pas entièrement guéris. — On sut enfin que l'eau de Villars n'était que de l'eau de rivière; on n'en voulut plus et on alla à d'autres charlatans. Mais celui-là avait fait sa fortune. Voy. ANE, CHÈVRE, ALEXANDRE DE PAPHLAGONIE, etc.

CHARLES-MARTEL. Saint Eucher, évêque d'Orléans, eut une vision, dans laquelle il se crut transporté par un ange dans le purgatoire. Là, il lui sembla qu'il voyait Charles-Martel, qui expiait les pillages qu'il avait faits et ceux qu'il avait soufferts.

A cette vision, on ajoute ce conte que le tombeau de Charles-Martel fut ouvert, et qu'on y trouva un serpent, lequel n'était qu'un démon. Et là-dessus les philosophes, s'en prenant au clergé, l'ont accusé de fraudes. Mais le tombeau de Charles-Martel n'a été ouvert à Saint-Denis que par les profanateurs de 1793.

CHARLEMAGNE. On lit dans la légende de Berthe au grand pied, que Pépin le Bref voulant épouser Berthe, fille du comte de Laon, qu'il ne connaissait pas, ceux qui la lui amenaient lui substituèrent une autre femme que Pépin épousa. Ils avaient chargé des assassins de tuer la princesse dans la forêt des Ardennes. Ayant ému leur pitié, elle en obtint la vie, à condition de se laisser passer pour morte. Elle se réfugia chez un meunier, où elle vécut plusieurs années.

Un jour Pépin, égaré à la chasse, vint chez ce meunier; son astrologue lui annonça qu'il se trouvait là une fille *destinée à quelque chose de grand*. Berthe fut reconnue, rétablie dans ses droits; elle devint mère de Charlemagne. — La légende ajoute que la première épouse de Pépin avait donné le jour à un fils, lequel, par la suite, élu pape sous le nom de Léon III, couronna Charlemagne empereur d'Occident (1).

Il serait long de rapporter ici tous les prodiges que l'on raconte de Charlemagne. Son règne est l'époque chérie de nos romans chevaleresques. On voit toujours auprès de lui des enchanteurs, des géants, des fées. On a même dit qu'il ne porta la guerre en Espagne que parce que saint Jacques lui apparut pour l'avertir qu'il retirât son corps des mains des Sarrasins.

Ses guerres de Saxe ne sont pas moins fécondes en merveilles, et les circonstances de sa vie privée sont rapportées également d'une manière extraordinaire par les chroniqueurs.

On dit qu'en sa vieillesse il devint si éperdûment épris d'une Allemande, qu'il en négligea non-seulement les affaires de son royaume, mais même le soin de sa propre personne. Cette femme étant morte, sa passion ne s'éteignit pas, de sorte qu'il continua d'aimer son cadavre, dont il ne voulait pas se séparer. L'archevêque Turpin, ayant appris la durée de cette effroyable passion, alla un jour, pendant l'absence du prince, dans la chambre où était le cadavre, afin de voir s'il n'y trouverait pas quelque sort ou maléfice qui fût la cause de ce déréglement. Il visita exactement le corps mort, et trouva en effet, sous la langue, un anneau, qu'il emporta. Le même jour Charlemagne, étant rentré dans son palais, fut fort étonné d'y trouver une carcasse si puante; et, se réveillant comme d'un profond sommeil, il la fit ensevelir promptement.

Mais la passion qu'il avait eue pour le cadavre, il l'eut alors pour l'archevêque Turpin, qui portait l'anneau : il le suivait partout, et ne pouvait le quitter. Le prélat, effrayé de cette nouvelle folie, et craignant que l'anneau ne tombât en des mains qui en pussent abuser, le jeta dans un lac afin que personne n'en pût faire usage à l'avenir. Dès lors Charlemagne devint amoureux du lac, ne voulut plus s'en éloigner, y bâtit auprès un palais et un monastère, et y fonda la ville d'Aix-la-Chapelle, où il voulut être enseveli. On sent que tout ce récit n'est qu'un conte, mais il est fort répandu. Voy. VÉTIN, etc.

CHARLES LE CHAUVE, deuxième du nom de Charles parmi les rois des Francs. Il eut la vision suivante, dont on prétend qu'il a écrit lui-même le détail. — La nuit d'un dimanche, au retour des matines, comme il allait se reposer, une voix terrible vint frapper ses oreilles. — Charles, lui dit cette voix, ton esprit va sortir de ton corps; tu viendras et verras les jugements de Dieu, qui te serviront ou de préservatif ou de présage. Ton esprit, néanmoins, te sera rendu quelque temps après.

A l'instant il fut ravi; celui qui l'enleva était d'une blancheur éclatante. Il lui mit dans la main un peloton de fil qui jetait une lumière extraordinaire : — Prends ce fil, lui dit-il, et l'attache fortement au pouce de ta main droite, par ce moyen je te conduirai dans les labyrinthes infernaux, séjour de peines et de souffrances.

Aussitôt, le guide marcha devant lui avec vitesse, en dévidant le peloton de fil lumineux. Il le conduisit dans des vallées profondes, remplies de feux et pleines de puits enflammés, où l'on voyait bouillir de la poix, du soufre, du plomb, du bitume.

« Je remarquai, dit le monarque, des prélats et des chefs qui avaient servi mon père et mes aïeux. Quoique tremblant, je ne laissai pas de les interroger, pour apprendre d'eux quelle était la cause de leurs tourments. Ils me répondirent : — Nous avons été les officiers de votre père et de vos aïeux ; et, au lieu de les porter eux et leurs peuples à la paix et à l'union, nous avons semé parmi eux la discorde et le trouble : c'est pourquoi nous sommes dans ces souterrains. C'est ici que viendront ceux qui vous environnent et qui nous imitent dans le mal. »

Pendant que, tout tremblant, le roi con-

---

(1) Voyez, dans les légendes des commandements de Dieu, la *légende de la reine Berthe au grand pied*. Voyez aussi, dans les légendes de l'Histoire de France, *la naissance de Charlemagne*.

sidérait ces choses, il vit fondre sur lui d'affreux démons, lesquels, avec des crochets de fer enflammé, voulaient se saisir de son peloton de fil et le lui enlever des mains ; mais l'extrême lumière qu'il jetait les empêchait de le happer. Ces mêmes démons cherchèrent à saisir le roi et à le précipiter dans les puits de soufre ; son conducteur le débarrassa des embûches qu'on lui tendait, et le mena sur de hautes montagnes d'où sortaient des torrents de feux qui faisaient fondre et bouillir toutes sortes de métaux.

« Là, dit le roi, je trouvai les âmes de plusieurs seigneurs qui avaient servi mon père et mes frères : les uns y étaient plongés jusqu'au menton, et d'autres à mi-corps. Ils s'écrièrent, en s'adressant à moi : — Hélas ! Charles, vous voyez comme nous sommes punis pour avoir malicieusement semé le trouble et la division entre votre père, vos frères et vous...

« Je ne pouvais, dit le monarque (qui a tout l'air de faire là une brochure politique, dans l'esprit de son époque), je ne pouvais m'empêcher de gémir de leurs peines.

« Je vis venir à moi des dragons dont la gueule enflammée cherchait à m'engloutir ; mon guide me fortifia par le fil du peloton lumineux dont il m'entoura, et cette clarté offusqua si bien les dangereux animaux qu'ils ne purent m'atteindre.

« Nous descendîmes dans une vallée dont un côté était obscur et ténébreux, quoique rempli de fournaises ardentes. Je trouvai le côté opposé très-éclairé et fort agréable. Je m'attachai particulièrement à examiner le côté obscur : j'y vis des rois de ma race tourmentés par d'étranges supplices. Le cœur serré d'ennui et de tristesse, je croyais à tout moment me voir précipité moi-même dans ces gouffres par de noirs géants. La frayeur ne m'abandonna pas.

« De l'autre côté du vallon je remarquai deux fontaines, dont l'une était d'une eau très-chaude, et l'autre plus douce et plus tempérée. Je vis deux tonneaux remplis l'un et l'autre de ces eaux ; dans l'un je reconnus mon père, Louis-le-Débonnaire, qui y était plongé jusqu'aux cuisses. Il me rassura et me dit : — Mon fils Charles, ne craignez rien, je sais que votre esprit retournera dans votre corps ; Dieu a permis que vous vinssiez ici pour voir les peines que mes péchés ont méritées. Si, par des prières et des aumônes, vous me secourez, vous, mes fidèles évêques et tout l'ordre ecclésiastique, je ne tarderai guère à être délivré de ce tourment. Regardez à votre gauche, ajouta mon père.

« A l'instant je tournai la tête ; je vis deux grands tonneaux d'eau bouillante. —Voilà ce qui vous est destiné, continua-t-il, si vous ne vous corrigez et ne faites pénitence. — Mon guide me dit alors : — Suivez-moi dans la partie qui est à droite de ce vallon, où se trouve toute la gloire du paradis.

« Je ne marchai pas longtemps sans voir au milieu des plus illustres rois mon oncle Lothaire, assis sur une topaze d'une grandeur extraordinaire et couronné d'un riche diadème ; son fils, Louis, était dans un éclat aussi brillant. A peine m'eut-il aperçu que, d'une voix fort douce, il m'appela et me parla en ces termes : — Charles, qui êtes mon troisième successeur dans l'empire romain, approchez. Je sais que vous êtes venu voir les lieux de supplices et de peines où votre père et mon frère gémissent encore pour quelque temps. Mais, par la miséricorde de Dieu, ils seront bientôt délivrés de leurs souffrances, comme nous-mêmes en avons été retirés, à la prière de saint Pierre, de saint Denis et de saint Remi, que Dieu a établis les patrons des rois et du peuple français. Sachez aussi que vous ne tarderez pas à être détrôné ; après quoi vous vivrez peu.

« Et Louis, se tournant vers moi : — L'empire romain, dit-il, que vous avez possédé, doit passer incessamment entre les mains de Louis, fils de ma fille. — A l'instant j'aperçus ce jeune enfant. — Remettez-lui l'autorité souveraine, continua Louis, et donnez-lui-en les marques en lui confiant ce peloton que vous tenez.

« Sur-le-champ je le détachai de mes doigts pour le lui remettre. Par là il se trouva revêtu de l'empire, et tout le peloton passa dans sa main. A peine en fut-il maître, qu'il devint brillant de lumière ; mon esprit rentra en même temps dans mon corps. — Ainsi, tout le monde doit savoir que, quoi qu'on fasse, il possédera l'empire romain que Dieu lui a destiné ; et quand je serai passé à une autre vie, c'est ce qu'exécutera le Seigneur, dont la puissance s'étend dans tous les siècles sur les vivants et les morts (1). »

Nous le répétons : brochure politique.

CHARLES VI. — roi de France. Ce prince, chez qui on avait déjà remarqué une raison affaiblie, allant faire la guerre en Bretagne, fut saisi en chemin d'une frayeur qui acheva de lui déranger entièrement le cerveau. Il vit sortir d'un buisson, dans la forêt du Mans, un inconnu d'une figure hideuse, vêtu d'une robe blanche, ayant la tête et les pieds nus, qui saisit la bride de son cheval, et lui cria d'une voix rauque : — Roi, ne chevauche pas plus avant ; retourne, tu es trahi ! — Le monarque, hors de lui-même, tira son épée et ôta la vie aux quatre premières personnes qu'il rencontra, en criant : — En avant sur les traîtres !

Son épée s'étant rompue et ses forces épuisées, on le plaça sur un chariot et on le ramena au Mans.

Le fantôme de la forêt est encore aujourd'hui un problème difficile à résoudre. Était-ce un insensé qui se trouvait là par hasard ? Était-ce un émissaire du duc de Bretagne contre lequel Charles marchait ? Tous les raisonnements du temps aboutissaient au merveilleux ou au sortilège. Quoi qu'il en soit, le roi devint tout à fait fou. Un médecin de Laon, Guillaume de Harsely, fut appelé au château de Creil, et, après six mois de

(1) Visio Caroli Calvi de locis pœnarum et felicitate justorum. Manuscripta Bibl. reg., n° 2247, p. 188.

soins et de ménagements, la santé du Roi se trouva rétablie. — Mais, en 1393, son état devint désespéré, à la suite d'une autre imprudence. La Reine, à l'occasion du mariage d'une de ses femmes, donnait un bal masqué. Le Roi y vint déguisé en sauvage, conduisant avec lui de jeunes seigneurs dans le même costume, attachés par une chaîne de fer. Leur vêtement était fait d'une toile enduite de poix-résine, sur laquelle on avait appliqué des étoupes. Le duc d'Orléans, voulant connaître les masques, approcha un flambeau : la flamme se communiqua avec rapidité, les cinq seigneurs furent brûlés ; mais un cri s'étant fait entendre, — Sauvez le Roi, — Charles dut la vie à la présence d'esprit de la duchesse de Berri, qui le couvrit de son manteau et arrêta la flamme.

L'état du Roi empira de cette frayeur et s'aggrava de jour en jour ; le duc d'Orléans fut soupçonné de l'avoir ensorcelé. Jordan de Mejer, *de Divin.*, cap. 43, écrit que ce duc, voulant exterminer la race royale, confia ses armes et son anneau à un apostat, pour les consacrer au diable et les enchanter par des prestiges ; qu'une matrone évoqua le démon dans la tour de Montjoie, près de Ligny ; qu'ensuite le duc se servit des armes ensorcelées pour ôter la raison au roi Charles, son frère, si subtilement, qu'on ne s'en aperçut pas d'abord.

Le premier enchantement, selon cette version, se fit près de Beauvais ; il fut si violent que les ongles et les cheveux en tombèrent au Roi. Le second, qui eut lieu dans le Maine, fut plus fort encore ; personne ne pouvait assurer si le Roi vivait ou non. Aussitôt qu'il revint à lui : — Je vous supplie, dit-il, enlevez-moi cette épée, qui me perce le corps par le pouvoir de mon frère d'Orléans. — C'est toujours Mejer qui parle. Le médecin qui avait guéri le Roi n'existait plus ; on fit venir du fond de la Guienne un charlatan qui se disait sorcier, et qui s'était vanté de guérir le Roi d'une seule parole ; il apportait avec lui un grimoire qu'il appelait *Simagorad*, par le moyen duquel il était maître de la nature. Les courtisans lui demandèrent de qui il tenait ce livre ; il répondit effrontément que « Dieu, pour consoler Adam de la mort d'Abel, le lui avait donné, et que ce livre, par succession, était venu jusqu'à lui. » Il traita le Roi pendant six mois et ne fit qu'irriter la maladie. — Dans ses intervalles lucides, le malheureux prince commandait qu'on enlevât tous les instruments dont il pourrait frapper. — J'aime mieux mourir, disait-il, que de faire du mal. — Il se croyait de bonne foi ensorcelé. Deux moines empiriques, à qui on eut l'imprudence de l'abandonner, lui donnèrent des breuvages désagréables, lui firent des scarifications magiques ; puis ils furent pendus, comme ils s'y étaient obligés en cas que la santé du Roi ne fût point rétablie au bout de six mois de traitement. Au reste, la mode de ce temps-là était d'avoir près de soi des sorciers ou des charlatans, comme depuis les grands eurent des fous, des nains et des guenons (1).

CHARLES IX, — roi de France. Croirait-on qu'un des médecins astrologues de Charles IX lui ayant assuré qu'il vivrait autant de jours qu'il pourrait tourner de fois sur son talon dans l'espace d'une heure, il se livrait tous les matins à cet exercice solennel pendant cet intervalle de temps, et que les principaux officiers de l'État, les généraux, le chancelier, les vieux juges pirouettaient tous sur un seul pied pour imiter le prince et lui faire leur cour (2) !

On assure qu'après le massacre politique de la Saint-Barthélemi, et par suite aussi de l'effroi que lui causaient les conspirateurs, Charles IX vit des corbeaux sanglants, eut des visions effroyables, et reçut par d'affreux tourments le présage de sa mort prématurée. On ajoute qu'il mourut au moyen d'images de cire faites à sa ressemblance, et maudites par art magique, que ses ennemis, les sorciers protestants, faisaient fondre tous les jours par les cérémonies de l'envoûtement, et qui éteignaient la vie du roi à mesure qu'elles se consumaient (3).

En ces temps-là, quand quelqu'un mourait de consomption ou de chagrin, on publiait que les sorciers l'avaient envoûté. Les médecins rendaient les sorciers responsables des malades qu'ils ne guérissaient pas ; — à moins qu'il n'y ait, dans ce crédit universel des sorciers, un mystère qui n'est pas encore expliqué.

CHARLES II, duc de Lorraine. *Voy.* SABBAT.

CHARLES-LE-TÉMÉRAIRE, duc de Bourgogne. Il disparut après la bataille de Morat ; et, parmi les chroniqueurs, il en est qui disent qu'il fut emporté par le diable, comme Rodrigue ; d'autres croient qu'il se réfugia en une solitude et se fit ermite. Cette tradition a fait le sujet du roman de M. d'Arlincourt, intitulé *le Solitaire*.

CHARLES II, roi d'Angleterre. Quoique fort instruit, Charles II était, comme son père, plein de confiance dans l'astrologie judiciaire. Il recherchait aussi la pierre philosophale. *Voy.* ALCHIMIE.

CHARMES, enchantement, sortilége, certain arrangement de paroles, en vers ou en prose, dont on se sert pour produire des effets merveilleux.

Quelquefois les charmeurs ont été des empoisonneurs.

« Dans tous les temps, dit un écrivain anglais, le crime d'empoisonnement a été un fléau pour la société ; aussi les législateurs ont-ils cherché à le frapper des plus rudes châtiments. Dès les premiers siècles de Rome, on trouve déjà en vigueur des lois fortement répressives de ce crime ; mais deux cents ans avant l'ère chrétienne, les mœurs étaient tellement relâchées, et l'empoisonnement si généralement répandu à Rome, qu'au rap-

---

(1) M. Garinet, Histoire de la magie en France, p. 87.
(2) Curiosités de la littérature, traduit de l'anglais par Bertin, t. I, p. 249.
(3) Delrio, Disquisit. mag., lib. III, cap. I, quæst. 3

port de Tite-Live, cent cinquante dames romaines furent poursuivies et condamnées pour avoir employé le poison.

Néanmoins, l'art de l'empoisonnement avait fait tant de progrès en Italie, qu'il s'établit à Rome une société de jeunes femmes mariées, dans le but de l'exploiter. Elles avaient pour présidente Hiéronime Sparra, diseuse de bonne aventure; elles aidaient de leurs mystères les héritiers impatients, et les femmes mariées qui voulaient se débarrasser de leurs maris.

Elles furent cependant toutes arrêtées, et toutes elles confessèrent leur crime, à l'exception de Sparra qui fut pendue avec trois autres, tandis que, pour le reste, le fouet ou le bannissement parut un châtiment suffisant.

En France, la Brinvilliers, la Voisin et la Vigoreux, ne furent pas moins célèbres par leurs crimes et par le supplice qui y mit un terme; et si les annales de la justice anglaise n'offrent pas des noms aussi infâmes, on trouve cependant partout la preuve que le crime de l'empoisonnement n'y était pas moins fréquent qu'en France et en Italie.

La manière dont le père d'Hamlet fut empoisonné, bien que rapportée par un revenant, jette quelque lumière sur un des modes d'empoisonnement qui étaient alors usités, et la scène des sorcières, dans la tragédie de *Macbeth*, caractérise aussi parfaitement cette époque superstitieuse et barbare. Il ne sera peut-être pas sans intérêt de la reproduire ici.

PREMIÈRE SORCIÈRE.
Tournons en rond autour du chaudron qui bouillonne,
Jetons-y le poison d'immondes intestins...
Crapaud, qui, dormant sous la pierre,
As durant trente jours échauffé tes venins,
Bous le premier dans la chaudière.

CHOEUR.
Redoublons de travail et de soin,
Le mystère nous environne,
Nous n'avons que l'enfer pour témoin :
Feu brûle ! et chaudière, bouillonne !

SECONDE SORCIÈRE.
OEil des lézards dans l'eau pourri,
Filet d'un serpent aquatique,
Poil infect de chauve-souris,
Bouillez dans le chaudron magique !
Aile lugubre des hiboux,
Aiguillon fourchu de vipère,
Pour que l'enchantement s'opère
Dans la marmite mêlez-vous !
Ainsi qu'une infernale soupe
Bouillez dans cette immense coupe
Et formez un charme fatal
De tous les éléments du mal !

CHOEUR.
Le mystère nous environne,
Nous n'avons que l'enfer pour témoin;
Redoublons de travail et de soin;
Feu, brûle ! et chaudière, bouillonne !

TROISIÈME SORCIÈRE.
Dent de loup et langue de chien,
Momie impure de sorcière,
Foie ou de juif ou de païen,
Gueule de requin sanguinaire,
Fiel de bouc, branche de cyprès,
Coupée aux éclipses de lune;

(1) Traduction de mad. Louise Collet.
(2) Bodin, Démonomanie, etc. liv. II, chap. II.

Ciguë arrachée à la brune,
Peau de grenouille de marais,
Ecaille d'un dragon bizarre,
Nez de Turc, lèvre de Tartare,
Doigt d'un enfant mort en naissant,
Qu'on étouffa tout vagissant !
Remplissez la chaudière ardente
Fraise de tigre, pattes, yeux,
Et faites, ingrédients hideux,
La bouillie épaisse et gluante (1).

Mais il y a des charmes moins affreux. Une femme, de je ne sais quelle contrée, ayant grand mal aux yeux, s'en alla à une école publique et demanda à un écolier quelques mots magiques qui pussent charmer son mal et le guérir, lui promettant récompense.

L'écolier lui donna un billet enveloppé dans un chiffon et lui défendit de l'ouvrir. Elle le porta et guérit. Une des voisines ayant eu la même maladie porta le billet et guérit pareillement. Ce double incident excita leur curiosité, elles développent le chiffon et lisent : « Que le diable t'écarquille les deux yeux et te les bouche avec de la bouc... »

Delrio cite un sorcier qui, en allumant une certaine lampe charmée, excitait toutes les personnes qui étaient dans la chambre, quelque graves et réservées qu'elles fussent, à danser devant lui. « Ces sortes de charmes, dit-il, s'opèrent ordinairement par des paroles qui font agir le diable. »

Toute l'antiquité a remarqué que les sorciers charmaient les serpents, qui quelquefois tuent le charmeur. Un sorcier de Salzbourg, devant tout le peuple, fit assembler en une fosse tous les serpents d'une lieue à la ronde, et là, les fit tous mourir, hormis le dernier qui était grand, lequel sautant furieusement contre le sorcier le tua.

« En quoi il appert que ce n'est pas le mot *hipokindo*, comme dit Paracelse, ni autres mots semblables, ni certaines paroles du psaume 91, qui font seules ces prodiges; car comment les serpents eussent-ils ouï la voix d'un homme d'une lieue à la ronde, si le diable ne s'en fût mêlé (2). »

Nicétas indique à ce propos un charme qui s'opère sans le secours des paroles : « On tue un serpent, une vipère et tout animal portant aiguillon, dit-il, en crachant dessus avant déjeuner.... » Figuier prétend qu'il a tué diverses fois des serpents de cette manière, mouillant de sa salive un bâton ou une pierre, et en donnant un coup sur la tête du serpent..... »

On cite un grand nombre d'autres charmes dont les effets sont moins vrais qu'étonnants. Dans quelques villages du Finistère, on emploie celui-ci : on place secrètement sur l'autel quatre pièces de six liards, qu'on pulvérise après la messe; et cette poussière, avalée dans un verre de vin, de cidre ou d'eau-de-vie, rend invulnérable à la course et à la lutte (3). Ces charmes se font au reste à l'insu du curé; car l'Eglise a toujours sévèrement interdit ces superstitions.

Le grand Grimoire donne un moyen de charmer les armes à feu et d'en rendre l'ef-

(3) Cambry, Voyage dans le Finistère, t. III, p. 195.

fet infaillible; il faut dire en les chargeant : « Dieu y ait part, et le diable la sortie; » et, lorsqu'on met en joue, il faut dire en croisant la jambe gauche sur la droite : *Non tradas... Mathon. Amen*, etc.

La plupart des charmes se font ainsi par des paroles dites ou tracées dans ce sens; charme vient du mot latin *carmen*, qui signifie non-seulement des vers et de la poésie, mais une formule de paroles déterminées dont on ne doit point s'écarter. On nommait *carmina* les lois, les formules des jurisconsultes, les déclarations de guerre, les clauses d'un traité, les évocations des dieux (1). Tite-Live appelle *lex horrendi carminis* la loi qui condamnait à mort Horace meurtrier de sa sœur.

Quand les Turcs ont perdu un esclave qui s'est enfui, ils écrivent une conjuration sur un papier qu'ils attachent à la porte de la hutte ou de la cellule de cet esclave, et il est forcé de revenir au plus vite devant une main invisible qui le poursuit à grands coups de bâton (2).

Pline dit que, de son temps, par le moyen de certains charmes, on éteignait les incendies, on arrêtait le sang des plaies, on remettait les membres disloqués, on guérissait la goutte, on empêchait un char de verser, etc.— Tous les anciens croyaient fermement aux charmes, dont la formule consistait ordinairement en certains vers grecs ou latins.

Bodin rapporte, au chap. 5 du liv. 3 de la *Démonomanie*, qu'en Allemagne les sorcières tarissent par charmes le lait des vaches, et qu'on s'en venge par un contre-charme qui est tel :

On met bouillir dans un pot du lait de la vache tarie, en récitant certaines paroles (Bodin ne les indique pas) et frappant sur le pot avec un bâton. En même temps le diable frappe la sorcière d'autant de coups, jusqu'à ce qu'elle ait ôté le charme.

On dit encore que si, le lendemain du jour où l'on est mis en prison, on avale à jeun une croûte de pain sur laquelle on aura écrit : *Senozam, Gozoza, Gober, Dom*, et qu'on dorme ensuite sur le côté droit, on sortira avant trois jours.

On arrête les voitures en mettant au milieu du chemin un bâton sur lequel soient écrits ces mots : *Jerusalem, omnipotens*, etc., *convertis-toi, arrête-toi là*. Il faut ensuite traverser le chemin par où l'on voit arriver les chevaux.

On donne à un pistolet la portée de cent pas, en enveloppant la balle dans un papier où l'on a inscrit le nom des trois rois. On aura soin, en ajustant, de retirer son haleine, et de dire : « Je te conjure d'aller droit où je veux tirer. »

Un soldat peut se garantir de l'atteinte des armes à feu avec un morceau de peau de loup ou de bouc, sur lequel on écrira, quand

(1) Bergier, Dictionnaire théologique, au mot *Charme*.
(2) Leloyer, Hist. et disc. des spectres, liv. IV, ch. XXI.
(3) Thiers, Traité des superstitions.

le soleil entre dans le signe du bélier : « Arquebuse, pistolet, canon ou autre arme à feu, je te commande que tu ne puisses tirer de par l'homme, etc. »

On guérit un cheval encloué en mettant trois fois les pouces en croix sur son pied, en prononçant le nom du dernier assassin mis à mort, en récitant trois fois certaines prières (3)...

Il y a une infinité d'autres charmes.

On distingue le charme de l'enchantement, en ce que celui-ci se faisait par des chants. Souvent on les a confondus. *Voy.* CONTRE-CHARMES, ENCHANTEMENTS, MALÉFICES, TALISMANS, PAROLES, PHILACTÈRES, LIGATURES, CHASSE, PHILTRES, etc.

CHARTIER (ALAIN), poëte du commencement du quinzième siècle. On lui attribue un traité *sur la Nature du feu de l'Enfer*, que nous ne sommes pas curieux de connaître.

CHARTUMINS, sorciers chaldéens, qui étaient en grand crédit du temps du prophète Daniel.

CHASDINS, astrologues de la Chaldée. Ils tiraient l'horoscope, expliquaient les songes et les oracles, et prédisaient l'avenir par divers moyens.

CHASSANION (JEAN DE), écrivain protestant du seizième siècle. On lui doit le livre « *Des grands et redoutables jugements et punitions de Dieu* advenus au monde, principalement sur les grands, à cause de leurs méfaits. » In-8°, Morges, 1581. Dans cet ouvrage très-partial, il se fait de grands miracles en faveur des protestants; ce qui est prodigieux. Chassanion a écrit aussi un volume sur les géants (4).

CHASSE. — *Secrets merveilleux pour la chasse.*

Mêlez le sucre de jusquiame avec le sang et la peau d'un jeune lièvre; cette composition attirera tous les lièvres des environs.

Pendez le gui de chêne avec une aile d'hirondelle à un arbre; tous les oiseaux s'y rassembleront de deux lieues et demie.

On dit aussi qu'un crâne d'homme, caché dans un colombier y attire tous les pigeons d'alentour.

Faites tremper une graine, celle que vous voudrez, dans la lie de vin, puis jetez-la aux oiseaux; ceux qui en tâteront s'enivreront, et se laisseront prendre à la main.

Et le Petit Albert ajoute :

« Ayez un hibou que vous attacherez à un arbre : allumez tout près un gros flambeau, faites du bruit avec un tambour; tous les oiseaux viendront en foule pour faire la guerre au hibou et on en tuera autant qu'on voudra avec du menu plomb. »

Pour la *chasse de Saint-Hubert*, voyez VENEUR. *Voyez* aussi ARTHUS, M. DE LAFORÊT, etc.

Les chasseurs des monts Ourals sont su-

(4) De Gigantibus eorumque reliquiis atque iis quæ ante annos aliquot nostra ætate in Gallia reperta sunt. In-8°. Bâle, 1580.

perstitieux, comme tous les chasseurs. Ainsi un chasseur de ces sauvages contrées ne cherchera tout le jour les écureuils qu'au haut des sapins rouges, si le premier qu'il a tué le matin s'est trouvé sur un arbre de cette espèce; et il est fermement convaincu qu'il en chercherait en vain ailleurs. Il ne porte ses regards, pendant toute la journée, que sur les arbres de la nature de celui qui lui a offert son premier gibier.

En 1832, on vit à Francfort, aux premiers jours du printemps, un chasseur surnaturel qui est supposé habiter les ruines du vieux château gothique de Rodenstein. Il traversa les airs dans la nuit, avec grand fracas de meutes, de cors de chasse, de roulements de voitures, ce qui infailliblement annonce la guerre selon le préjugé du peuple.

CHASSEN (Nicolas), petit sorcier de Fraueker, au dix-septième siècle; il se distingua dès l'âge de seize ans. Ce jeune homme, Hollandais et calviniste, étant à l'école, faisait des grimaces étranges, roulait les yeux et se contournait tout le corps; il montrait à ses camarades des cerises mûres au milieu de l'hiver; puis, quand il les leur avait offertes, il les retirait vivement et les mangeait.

Dans le prêche, où les écoliers avaient une place à part, il faisait sortir de l'argent du banc où il était assis. Il assurait qu'il opérait tous ces tours par le moyen d'un esprit malin qu'il appelait Sérug. — Balthazar Bekker dit, dans le monde enchanté (1), qu'étant allé à cette école, il vit, sur le plancher, un cercle fait de craie, dans lequel on avait tracé des signes dont l'un ressemblait à la tête d'un coq; quelques chiffres étaient au milieu. Il remarqua aussi un ligne courbe comme la poignée d'un moulin à bras; tout cela était à demi effacé.

Les écoliers avaient vu Chassen faire ces caractères magiques. Lorsqu'on lui demanda ce qu'ils signifiaient, il se tut d'abord; il dit ensuite qu'il les avait faits pour jouer. On voulut savoir comment il avait des cerises et de l'argent; il répondit que l'esprit les lui donnait.

— Qui est cet esprit?
— *Beelzébuth*, répondit-il.

Il ajouta que le diable lui apparaissait sous forme humaine quand il avait envie de lui faire du bien, d'autres fois sous forme de bouc ou de veau; qu'il avait toujours un pied contrefait; etc.

Mais, dit Bekker, on finit par reconnaître que tout cela n'était qu'un jeu que Chassen avait essayé pour *se rendre considérable* parmi les enfants de son âge; on s'étonne seulement qu'il ait pu le soutenir devant tant de *personnes d'esprit* pendant plus d'une année.

CHASSI, démon auquel les habitants des îles Mariannes attribuent le pouvoir de tourmenter ceux qui tombent dans ses mains. L'enfer est pour eux *la maison de Chassi*.

CHASTENET (Léonarde), vieille femme de quatre-vingts ans, mendiante en Poitou, vers 1591, et sorcière. Confrontée avec Mathurin Bonnevault, qui soutenait l'avoir vue au sabbat, elle confessa qu'elle y était allée avec son mari; que le diable, qui s'y montrait en forme de bouc, était une bête fort puante. Elle nia qu'elle eût fait aucun maléfice. Cependant elle fut convaincue, par dix-neuf témoins, d'avoir fait mourir cinq laboureurs et plusieurs bestiaux. Quand elle se vit condamnée, pour ces crimes reconnus, elle confessa qu'elle avait fait pacte avec le diable, lui avait donné de ses cheveux, et promis de faire tout le mal qu'elle pourrait; elle ajouta que la nuit, dans sa prison, le diable était venu à elle, en forme de chat, « auquel, ayant dit qu'elle voudrait être morte, icelui diable lui avait présenté deux morceaux de cire, lui disant qu'elle en mangeât, et qu'elle mourrait; ce qu'elle n'avait voulu faire. Elle avait ces morceaux de cire; on les visita, et on ne put juger de quelle matière ils étaient composés. Cette sorcière fut donc condamnée, et ces morceaux de cire brûlés avec elle (2). »

CHASTETÉ. Les livres de secrets merveilleux, qui ne respectent rien, indiquent des potions qui, selon eux, ont pour effet de révéler la chasteté, mais qui, selon l'expérience, ne révèlent rien du tout.

CHAT. Le chat tient sa place dans l'histoire de la superstition. Un soldat romain ayant tué, par mégarde, un chat en Egypte, toute la ville se souleva; ce fut en vain que le roi intercéda pour lui, il ne put le sauver de la fureur du peuple. Observons que les rois d'Egypte avaient rassemblé, dans Alexandrie, une bibliothèque immense, et qu'elle était publique : les Egyptiens cultivaient les sciences, et n'en adoraient pas moins les chats (3).

Mahomet avait beaucoup d'égards pour son chat. L'animal s'était un jour couché sur la manche pendante de la veste du prophète, et semblait y méditer si profondément, que Mahomet, pressé de se rendre à la prière, et n'osant le tirer de son extase, coupa, dit-on, la manche de sa veste. A son retour, il trouva son chat qui revenait de son assoupissement, et qui, s'apercevant de l'attention de son maître, se leva pour lui faire la révérence, et plia le dos en arc. Mahomet comprit ce que cela signifiait; il assura au chat, qui faisait le gros dos, une place dans son paradis. Ensuite, passant trois fois la main sur l'animal, il lui imprima, par cet attouchement, la vertu de ne jamais tomber que sur ses pattes. Ce conte n'est pas ridicule chez les Turcs (4).

---

(1) Tome IV, p. 154.
(2) Discours sommaire des sortilèges et vénéfices, tirés des procès criminels jugés au siége royal de Montmorillon, en Poitou, en l'année 1599, p. 19.
(3) Saint-Foix, Essais sur Paris, t. II, p. 300.
(4) Quelquefois ils laissent à leur chat par testament une rente viagère. Il existe au Caire, tout près de Bal-el Naza (porte de la Victoire) un hôpital de ces animaux; on y recueille les chats malades et sans asile; les fenêtres sont souvent encombrées d'hommes et de femmes qui leur donnent à manger à travers les barreaux.

Voici une anecdote où le chat joue un mauvais rôle ; il est vrai que c'est un chat sauvage.

Un aide-de-camp du maréchal de Luxembourg vint loger dans une auberge, dont la réputation n'était pas rassurante. Le diable, disait-on, arrivait toutes les nuits dans une certaine chambre, tordait le cou à ceux qui osaient y coucher, et les laissait étranglés dans leur lit.

Un grand nombre de voyageurs remplissant l'auberge quand l'aide-de-camp y entra, on lui dit qu'il n'y avait malheureusement de vide que la chambre fréquentée par le diable, où personne ne voulait prendre gîte.

— Oh ! bien, moi, répondit-il, je ne serai pas fâché de lier connaissance avec lui ; qu'on fasse mon lit dans la chambre en question, je me charge du reste.

Vers minuit, l'officier vit descendre le diable par la cheminée, sous la figure d'une bête furieuse, contre laquelle il fallut se défendre. Il y eut un combat acharné, à coups de sabre de la part du militaire, à coups de griffes et de dents de la part de la bête ; cette lutte dura une heure. Mais le diable finit par rester sur la place ; l'aide-de-camp appela du monde : on reconnut un énorme chat sauvage, qui, selon le rapport de l'hôte, avait déjà étranglé quinze personnes (1).

Il y avait jadis à Paris, un usage peu gracieux et dont on n'a jamais bien expliqué l'origine. On brûlait une ou deux douzaines de chats dans le feu de la Saint-Jean. Ce feu de joie s'allumait autour d'un mât élevé sur la place de Grève. Les chats, retenus dans des paniers, étaient lâchés lorsque le feu flamboyait tout autour d'eux. Ils n'avaient de retraite que le mât, au haut duquel ils grimpaient en triste désespoir, pour être étouffés par la fumée, ou retomber dans les flammes. M. Frédéric Soulié mentionne cette coutume dans un de ses récits.

« Cependant, le roi Charles IX était arrivé. On lui avait remis une torche de cire blanche de deux livres, garnie de deux poignées de velours rouge. Sa Majesté s'était approchée de l'arbre de la Saint-Jean, en avait allumé les premiers fagots, puis était remontée à l'Hôtel-de-Ville. Peu à peu le feu gagna les bourrées-cotterets et les tonneaux vides accumulés à une grande hauteur autour de l'arbre ; et alors, tandis que Michel Noiret, trompette-juré du roi, et six compagnons trompettes sonnaient des fanfares, on vit un spectacle réjouissant. Les chats, amarrés et retenus jusque-là au pied de l'arbre, se prirent à s'élancer de toutes façons ; les uns grimpant jusqu'au plus haut de l'arbre pour retomber dans la fournaise allumée au pied ; d'autres s'y précipitant de rage et s'y débattant avec des hurlements qui dominaient le bruit des trompettes. Tout à coup, au milieu des flammes, on vit s'élancer un maître chat qui gravit jusqu'à la plus fine pointe du mât, et qui, de cette hauteur, tournait autour de lui des yeux aussi flamboyants que le feu lui-même, et en même temps on entendit par-dessus les rires de la multitude la voix d'une vieille femme qui criait de toutes ses forces :

« Le voilà Martial, mon chat Martial, Martial ! Martial ! »

« La vieille avait reconnu son chat. L'animal reconnut aussi la voix de sa maîtresse ; car, au moment où il était près de disparaître dans les tourbillons de flammes, il se lança d'un bon prodigieux et tomba au delà du cercle de feu qui entourait l'arbre. Les sergents qui veillaient autour pour l'attiser, voulurent frapper le chat ; mais il s'enfuit du côté de sa maîtresse au milieu des rires de la cour et du peuple, ravis de voir cet animal sauvé par son intrépidité. »

On lit dans la Démonomanie de Bodin (2), que des sorciers de Vernon, auxquels on fit le procès en 1566, fréquentaient et s'assemblaient ordinairement dans un vieux château sous la forme d'un nombre infini de chats. Quatre hommes, qui avaient résolu d'y coucher, se trouvèrent assaillis par cette multitude de chats ; l'un de ces hommes y fut tué, les autres blessés ; néanmoins ils blessèrent aussi plusieurs chattes, qui se trouvèrent après en forme de femmes, mais bien réellement mutilées...

On sait que les chats assistent au sabbat, qu'ils y dansent avec les sorcières, et que lesdites sorcières, aussi bien que le diable leur maître, prennent volontiers la figure de cet animal. On lit dans Boguet qu'un laboureur près de Strasbourg fut assailli par trois gros chats, et qu'en se défendant il les blessa sérieusement. Une heure après, le juge fit demander le laboureur et le mit en prison pour avoir maltraité trois dames de la ville. Le laboureur étonné assura qu'il n'avait maltraité que des chats, et en donna les preuves les plus évidentes : il avait gardé de la peau. On le relâcha, parce qu'on vit que le diable était coupable en cette affaire.

On ne finirait pas si on rappelait tout ce que les démonomanes ont rêvé sur les chats. Boguet dit encore que la chatte, étant frottée d'une herbe appelée népeta, conçoit sur-le-champ, cette herbe suppléant au défaut du mâle (3). Les sorciers se servent aussi de la cervelle des chats pour donner la mort ; car c'est un poison, selon Bodin et quelques-autres (4).

Les matelots américains croient que si d'un navire on jette un chat vivant dans la mer, on ne manque jamais d'exciter une furieuse tempête. Voy. BLOKULA, BEURRE DES SORCIÈRES, MÉTAMORPHOSES, etc.

CHATEAU DU DIABLE. Plusieurs vieux manoirs portent ce nom dans des traditions et des contes populaires.

Le château de Ronquerolles.

Dans les *Mémoires du Diable*, livre dont nous ne pouvons, malgré le talent de l'auteur, recommander la lecture, M. Frédéric Soulié

---

(1) Gabrielle de P***, Hist. des fantômes et des démons, etc., p. 203.
(2) Chap. iv, liv. II, p. 257.

(3) Discours des sorciers, ch. xiv, p. 81.
(4) Bodin, Démonomanie des sorciers, liv. III, ch. ii p. 326.

débute par une scène et des détails qui réclament leur place dans ce livre. Nous croyons devoir les transcrire en partie.

« Le 1ᵉʳ janvier 18..., le baron François-Armand de Luizzi était assis au coin de son feu, dans son château de Ronquerolles. Quoique je n'aie pas vu ce château depuis plus de vingt ans, je me le rappelle parfaitement. Contre l'ordinaire des châteaux féodaux, il était situé au fond d'une vallée ; il consistait alors en quatre tours liées ensemble par quatre corps de bâtiment, les tours et les bâtiments surmontés de toits aigus en ardoise, chose rare dans les Pyrénées.

« Ainsi, quand on apercevait ce château du haut des collines qui l'entouraient, il paraissait plutôt une habitation du seizième ou du dix-septième siècle qu'une forteresse de l'an 1327, époque à laquelle il avait été bâti.

« Aujourd'hui que nous savons que de tous les matériaux durables le fer est celui qui dure le moins, je me garderai bien de dire que Ronquerolles semblait être bâti de fer, tant l'action des siècles l'avait respecté ; mais ce que je dois affirmer, c'est que l'état de conservation de ce vaste bâtiment était véritablement très-remarquable. On eût dit que c'était quelque caprice d'un riche amateur du gothique qui avait élevé la veille ces murs, intacts, dont pas une pierre n'était dégradée, qui avait dessiné ces arabesques fleuries dont pas une ligne n'était rompue, dont aucun détail n'était mutilé. Cependant, de mémoire d'homme on n'avait vu personne travailler à l'entretien ou à la réparation de ce château.

« Il avait pourtant subi plusieurs changements depuis le jour de sa construction, et le plus singulier est celui qu'on remarquait lorsqu'on approchait de Ronquerolles du côté du midi. Aucune des six fenêtres qui occupaient la façade de ce côté n'était semblable aux autres. La première à gauche était une fenêtre en ogive, portant une croix de pierre à arêtes tranchées qui la partageaient en quatre compartiments garnis de vitraux à demeure. Celle qui suivait était pareille à la première, à l'exception des vitraux, qu'on avait remplacés par un vitrage blanc à losanges de plomb porté dans des cadres de fer mobiles. La troisième avait perdu son ogive et sa croix de pierre. L'ogive semblait avoir été fermée par des briques, et une épaisse menuiserie, où se mouvaient ce que nous avons appelé depuis des croisées à guillotine, tenait la place du vitrage à cadres de fer. La quatrième, ornée de deux croisées, l'une intérieure, l'autre extérieure, toutes deux à espagnolettes et à petites vitres, était en outre défendue par un contrevent peint en rouge. La cinquième n'avait qu'une croisée à grands carreaux, plus une persienne peinte en vert. Enfin, la sixième était ornée d'une vaste glace sans tain, derrière laquelle on voyait un store peint des plus vives couleurs. Cette dernière fenêtre était en outre fermée par des contrevents rembourrés.

« Le mur uni continuait après ces fenêtres, dont la dernière avait paru aux regards des habitants de Ronquerolles le lendemain de la mort du baron Hugues-François de Luizzi, père du baron Armand-François de Luizzi, et le matin du 1ᵉʳ janvier 18..., sans qu'on pût dire qui l'avait percée et arrangée comme elle l'était.

« Ce qu'il y a de plus singulier, c'est que la tradition racontait que toutes les autres croisées s'étaient ouvertes de la même façon et dans une circonstance pareille, c'est-à-dire sans qu'on eût vu exécuter les moindres travaux, et toujours le lendemain de la mort de chaque propriétaire successif du château. Un fait certain, c'est que chacune de ces croisées était celle d'une chambre à coucher qui avait été fermée pour ne plus se rouvrir, du moment que celui qui eût dû l'occuper toute sa vie avait cessé d'exister.

« Probablement si Ronquerolles avait été constamment habité par ses propriétaires, tout cet étrange mystère eût grandement agité la population ; mais depuis plus de deux siècles, chaque nouvel héritier des Luizzi n'avait paru que durant vingt-quatre heures dans ce château, et l'avait quitté pour n'y plus revenir. Il en avait été ainsi pour le baron Hugues-François de Luizzi ; et son fils François-Armand de Luizzi, arrivé le 1ᵉʳ 18..., avait annoncé son départ pour le lendemain.

« Le concierge n'avait appris l'arrivée de son maître qu'en le voyant entrer dans le château ; l'étonnement de ce brave homme s'était changé en terreur, lorsque, voulant faire préparer un appartement au nouveau venu, il vit celui-ci se diriger vers le corridor où étaient situées les chambres mystérieuses dont nous avons parlé, et ouvrir avec une clef qu'il tira de sa poche une porte que le concierge ne connaissait pas encore, et qui s'était percée sur le corridor intérieur comme la croisée s'était ouverte sur la façade. La même variété se remarquait pour les portes comme pour les croisées. Chacune était d'un style différent, et la dernière était en bois de palissandre incrusté de cuivre. Le mur continuait après les portes dans le corridor, comme il continuait à l'extérieur après les croisées sur la façade. Entre ces deux murs nus et impénétrables, il se trouvait probablement d'autres chambres. Mais destinées sans doute aux héritiers futurs des Luizzi, elles demeuraient, comme l'avenir auquel elles appartenaient, inaccessibles et fermées. Celles que nous pourrions appeler les chambres du passé étaient de même closes et inconnues, mais elles avaient cependant gardé les ouvertures par lesquelles on y pouvait pénétrer ; la nouvelle chambre, la chambre du présent si vous voulez, était seule ouverte ; et durant toute la journée du 1ᵉʳ janvier ; tous ceux qui le voulurent y pénétrèrent librement.

« Ce corridor, qui en vérité nous paraît un peu sentir l'allégorie, ne parut sentir à Armand de Luizzi que l'humidité et le froid ; et il ordonna qu'on allumât un grand feu dans la cheminée en marbre blanc de sa nouvelle chambre. Il y resta toute la journée pour régler les comptes de la propriété de Ronquerolles; en ce qui concernait le château, ils ne furent pas longs. Ronquerolles ne rapportait rien et ne coûtait rien. Mais Armand de Luizzi possédait aux environs quelques fermes dont les baux étaient expirés et qu'il voulait renouveler...

« La journée entière se passa à discuter et à arrêter les bases des nouveaux contrats, et ce ne fut que le soir venu qu'Armand de Luzzi se trouva seul. Il était assis au coin de son feu; une table sur laquelle brûlait une seule bougie était près de lui. Pendant qu'il restait plongé dans ses réflexions, la pendule sonna successivement minuit, minuit et demi, une heure. Luizzi se leva et se mit à se promener avec agitation. Armand était un homme d'une taille élevée; l'allure naturelle de son corps dénotait la force, et l'expression habituelle de ses traits annonçait la résolution. Cependant il tremblait, et son agitation augmentait à mesure que l'aiguille approchait de deux heures. Quelquefois il s'arrêtait pour écouter si un bruit extérieur ne se faisait pas entendre; mais rien ne troublait le silence solennel dont il était entouré. Enfin, Armand entendit ce petit choc produit par l'échappement de la pendule et qui précède l'heure qui va sonner. Une pâleur subite et profonde se répandit sur son visage; il demeura un moment immobile et ferma les yeux comme un homme qui va se trouver mal. A ce moment le premier coup de deux heures résonna dans le silence. Ce bruit sembla réveiller Armand de son affaiblissement; et avant que le second coup ne fût sonné, il avait saisi une petite clochette d'argent posée sur sa table et l'avait violemment agitée en disant ce seul mot :

« — Viens.

« Tout le monde peut avoir une clochette a argent; tout le monde peut l'agiter à deux heures précises du matin et en disant ce mot: Viens! — Mais très-probablement il n'arrivera personne, ce qui arriva à Armand de Luizzi. La clochette qu'il avait secouée ne rendit qu'un son faible et ne frappa qu'un coup unique qui vibra tristement et sans éclat. Lorsqu'il prononça le mot — viens! — Armand y mit tout l'effort d'un homme qui crie pour être entendu de loin, et cependant sa voix poussée avec vigueur de sa poitrine, ne put arriver à ce ton résolu et impératif qu'il avait voulu lui donner; il sembla que ce fût une timide supplication qui s'échappait de sa bouche; et lui-même s'étonnait de cet étrange résultat, lorsqu'il aperçut à la place qu'il venait de quitter un être, qui pouvait être un homme, car il en avait l'air assuré; qui pouvait être une femme, car il en avait le visage et les membres délicats; et qui était assurément le diable, car il n'était entré par nulle part et avait simplement paru.

« Son costume consistait en une robe de chambre à manches plates, qui ne disait rien du sexe de l'individu qui la portait.

« Armand de Luizzi observa en silence ce singulier personnage, tandis qu'il se casait commodément dans le fauteuil à la Voltaire qui était près du feu. Le diable, car c'était lui-même, se pencha négligemment en arrière et dirigea vers le feu l'index et le pouce de sa main blanche et effilée; ces deux doigts s'allongèrent indéfiniment comme une paire de pincettes et prirent un charbon dans le feu. Le diable, car c'était le diable en personne, y alluma un cigare qu'il prit sur la table. A peine en eut-il aspiré une bouffée, qu'il rejeta le cigare avec dégoût, et dit à Armand de Luizzi : — Est-ce que vous n'avez pas de tabac de contrebande ?

« Armand ne répondit pas.

— « En ce cas, acceptez du mien, reprit le diable.

« Et il tira de la poche de sa robe de chambre un petit porte-cigares d'un goût exquis. Il prit deux cigarettes, en alluma une au charbon qu'il tenait toujours et le présenta à Luizzi. Celui-ci le repoussa du geste, et le diable lui dit d'un ton fort naturel : Ah! vous faites le dédaigneux, mon cher, tant pis.

« Puis il se mit à fumer, sans cracher, le corps penché en arrière et en sifflotant de temps en temps un air de contredanse, qu'il accompagnait d'un petit mouvement de tête tout à fait impertinent....

« Armand demeurait toujours immobile devant ce diable étrange. Enfin il rompit le silence; et s'armant de cette voix vibrante et saccadée qui constitue la mélopée du drame moderne, il dit :

— « Fils de l'enfer, je t'ai appelé....

— « D'abord, mon cher, dit le diable en l'interrompant, je ne sais pas pourquoi vous me tutoyez. C'est de fort mauvais goût. C'est une habitude qu'ont prise entre eux ceux que vous appelez les artistes. Faux semblant d'amitié, qui ne les empêche pas de s'envier, de se haïr et de se mépriser. C'est une forme de langage que vos romanciers et vos dramaturges ont affectée à l'expression des passions poussées à leur plus haut degré, et dont les gens bien nés ne se servent jamais. Vous qui n'êtes ni homme de lettres ni artiste, je vous serai fort obligé de me parler comme au premier venu; ce qui sera beaucoup plus convenable. Je vous ferai observer aussi qu'en m'appelant fils de l'enfer, vous dites une de ces bêtises qui ont cours dans toutes les langues connues. Je ne suis pas plus le fils de l'enfer que vous n'êtes le fils de votre chambre parce que vous l'habitez.

« Tu es pourtant celui que j'ai appelé, répondit Armand en affectant une grande puissance dramatique.

« Le diable regarda Armand de travers et répondit avec une supériorité marquée :

— « Vous êtes un faquin. Est-ce que vous croyez parler à votre groom ?

— « Je parle à celui qui est mon esclave, s'écrie Luizzi en posant la main sur la clochette qui était devant lui.

« — Comme il vous plaira, monsieur le baron, reprit le diable. Mais, par ma foi, vous êtes bien un véritable jeune homme de notre époque, ridicule et butor. Puisque vous êtes si sûr de vous faire obéir, vous pourriez bien me parler avec politesse, cela vous coûterait peu. D'ailleurs, ces manières-là sont bonnes pour les manants parvenus qui, parce qu'ils se vautrent dans le fond de leur calèche, s'imaginent qu'ils ont l'air d'y être habitués. Vous êtes de vieille famille; vous portez un assez beau nom, vous avez très-bon air, et vous pourriez vous passer de ridicules pour vous faire remarquer.

— « Le diable fait de la morale! c'est étrange...

« Ce dialogue avait eu lieu entre ce personnage surnaturel et Armand de Luizzi, sans que l'un ou l'autre eût changé de place.

« Jusqu'à ce moment Luizzi avait parlé plutôt pour ne point paraître interdit que pour dire ce qu'il voulait. Il s'était remis peu à peu de son trouble et de l'étonnement que lui avaient causé la figure et les manières de son interlocuteur; et il résolut d'aborder un autre sujet de conversation, sans doute plus important pour lui.

« Il prit donc un second fauteuil, s'assit de l'autre côté de la cheminée, et examina le diable de plus près. Il acheva son inspection en silence, et, persuadé qu'une lutte d'esprit ne lui réussirait pas avec cet être inexplicable, il prit sa clochette d'argent et la fit sonner encore une fois. — A ce commandement, car c'en était un, le diable se leva et se tint debout devant Armand de Luizzi dans l'attitude d'un domestique qui attend les ordres de son maître. Ce mouvement, qui n'avait duré qu'un dixième de seconde, avait apporté un changement complet dans la physionomie et le costume du diable. L'être fantastique de tout à l'heure avait disparu, et Armand vit à sa place un rustre en livrée avec des mains de bœuf dans des gants de coton blanc, une trogne avinée sur le gilet rouge, des pieds plats dans ses gros souliers, et point de mollets dans ses guêtres.

« — Voilà, m'sieur, dit le nouveau paru.

« — Qui es-tu? s'écria Armand, blessé de cet air de bassesse insolente et brute, caractère universel du domestique français.

— « Je ne suis pas le valet du diable, je n'en fais pas plus qu'on ne m'en dit; mais je fais ce qu'on me dit.

« — Et que viens-tu faire ici?

« — J'attends les ordres de m'sieur.

« — Ne sais-tu pas pourquoi je t'ai appelé?

« — Non, m'sieur.

« — Tu mens?

« — Oui, m'sieur.

« — Comment te nommes-tu?

« — Comme voudra m'sieur.

« — N'as-tu pas un nom de baptême?

« Le diable ne bougea pas; mais tout le château se mit à rire depuis la girouette jusqu'à la cave. Armand eut peur, et pour ne pas le laisser voir, il se mit en colère. C'est un moyen aussi connu que celui de chanter.

« — Enfin, réponds, n'as-tu pas un nom?

« — J'en ai tant qu'il vous plaira. J'ai servi sous toute espèce de nom...

« — Tu es donc mon domestique?

« — Il a bien fallu. J'ai essayé de venir vers vous à un autre titre; vous m'avez parlé comme à un laquais. Ne pouvant vous forcer à être poli, je me suis soumis à être insolent, et me voilà comme sans doute vous me désirez. M'sieur n'a-t-il rien à m'ordonner?

« — Oui, vraiment. Mais j'ai aussi un conseil à te demander.

« — M'sieur permettra que je lui dise que consulter son domestique c'est faire de la comédie du XVIIᵉ siècle.

« — Où as-tu appris ça?

« — Dans les feuilletons des grands journaux.

« — Tu les as donc lus? Eh bien! qu'en penses-tu?

« — Pourquoi voulez-vous que je pense quelque chose de gens qui ne pensent pas?

« Luizzi s'arrêta encore, s'apercevant qu'il n'arrivait pas plus à son but avec ce nouveau personnage qu'avec le précédent. Il saisit sa sonnette; mais avant de l'agiter, il dit au diable:

« — Quoique tu sois le même esprit sous une forme différente, il me déplaît de traiter avec toi du sujet dont nous devons parler, tant que tu garderas cet aspect. En peux-tu changer?

« — Je suis aux ordres de m'sieur.

« — Peux-tu reprendre la forme que tu avais tout à l'heure?

« — A une condition : c'est que vous me donnerez une des pièces de monnaie qui sont dans cette bourse.

« Armand regarda sur la table et vit une bourse qu'il n'avait pas encore aperçue. Il l'ouvrit, en tira une pièce. Elle était d'un métal inestimable, et portait pour toute inscription : UN MOIS DE LA VIE DU BARON FRANÇOIS-ARMAND DE LUIZZI. Armand comprit sur-le-champ le mystère de cette espèce de paiement, et remit la pièce dans la bourse, qui lui parut très-lourde, ce qui le fit sourire.

« — Je ne paie pas un caprice si cher.

« — Vous êtes devenu avare?

« — Comment cela?

« — C'est que vous avez jeté beaucoup de cette monnaie pour obtenir moins que vous ne demandez.

« — Je ne me le rappelle pas.

« — S'il m'était permis de vous faire votre compte, vous verriez qu'il n'y a pas un mois de votre vie que vous ayez donné pour quelque chose de raisonnable.

« — Cela se peut; mais du moins j'ai vécu.

« — C'est selon le sens que vous attachez au mot vivre.

« — Il y en a donc plusieurs?

« — Deux très-différents. Vivre, pour beaucoup de gens, c'est donner sa vie à toutes les exigences qui les entourent. Celui qui vit ainsi se nomme, tant qu'il est jeune, un *bon enfant*; quand il devient mûr, on l'appelle un *brave homme*, et on le qualifie de *bon homme* quand il est vieux. Ces trois noms ont un synonyme commun : c'est le mot dupe.

« — Et tu penses que c'est en dupe que j'ai vécu?

« — Je crois que m'sieur le pense comme moi, car il n'est venu dans ce château que pour changer de façon de vivre, et prendre l'autre.

« — Et celle-là, peux-tu me la définir?

« — Comme c'est le sujet du marché que nous allons faire ensemble...

« — Ensemble!... Non, reprit Armand en interrompant le diable, je ne veux pas traiter avec toi ; cela me répugnerait trop. Ton aspect me déplaît souverainement.

« — C'était pourtant une chance en votre faveur : on accorde peu à ceux qui déplaisent beaucoup. Un roi qui traite avec un ambassadeur qui lui plaît lui fait toujours quelque concession dangereuse... Pour ne pas être trompé, il ne faut faire d'affaire qu'avec les gens déplaisants. En ce cas, le dégoût sert de raison.

« — Et il m'en servira pour te chasser, dit Armand en faisant sonner la cloche magique qui lui soumettait le diable.

« Comme avait disparu l'être androgyne qui s'était montré d'abord, de même disparut, non pas le diable, mais cette seconde apparence du diable en livrée; et Armand vit à sa place un assez beau jeune homme. Celui-ci était de cette espèce d'hommes qui changent de nom à tous les quarts de siècle, et que, dans le nôtre, on appelle fashionables. Tendu comme un arc entre ses bretelles et les sous-pieds de son pantalon blanc, il avait posé ses pieds en bottes vernies et éperonnées sur le chambranle de la cheminée, et se tenait assis sur le dos dans le fauteuil d'Armand. Du reste, ganté avec exactitude, la manchette retroussée sur le revers de son frac à boutons brillants, le lorgnon dans l'œil et la canne à pomme d'or à la main, il avait tout à fait l'air d'un camarade en visite chez le baron Armand de Luizzi.

« Cette illusion alla si loin, qu'Armand le regarda comme quelqu'un de connaissance.

« Il me semble vous avoir rencontré quelque part?

« — Jamais! Je n'y vais pas.

« — Je vous ai vu au bois à cheval.

« — Jamais! Je fais courir.

« — Alors c'était en calèche?

« — Jamais! Je conduis.

« — Ah! pardieu! j'en suis sûr, j'ai joué avec vous chez Mme...

« — Jamais! je parie.

« — Vous valsiez toujours avec elle.

« — Jamais! je galope.

« — Vous ne lui faites pas la cour?

« — Jamais! J'y vais ; je ne la fais pas.

« Luizzi se sentit pris de l'envie de donner à ce monsieur des coups de cravache pour lui ôter un peu de sottise. Cependant la réflexion venant à son aide, il commença à comprendre que s'il se laissait aller à discuter avec le diable, en vertu de toutes les formes qu'il plairait à celui-ci de se donner, il n'arriverait jamais au but de cet entretien. Armand prit donc la résolution d'en finir avec celui-ci aussi bien qu'avec un autre, et il s'écria en faisant encore tinter sa clochette :

— « Satan, écoute-moi et obéis.

« Ce mot prononcé à peine, que l'être surnaturel qu'Armand avait appelé se montra dans sa sinistre splendeur. C'était bien l'ange déchu que la poésie a rêvé. Type de beauté flétri par la douleur, altéré par la haine, dégradé par la débauche, il gardait encore, tant que son visage restait immobile, une trace endormie de son origine céleste; mais dès qu'il parlait, l'action de ses traits dénotait une existence où avaient passé toutes les mauvaises passions. Cependant, de toutes les expressions repoussantes qui se montraient sur son visage, celle d'un dégoût profond dominait les autres.

Au lieu d'attendre qu'Armand l'interrogeât, il lui adressa la parole le premier.

« — Me voici pour accomplir le marché que j'ai fait avec ta famille et par lequel je dois donner à chacun des barons de Luizzi, de Ronquerolles, ce qu'il me demandera; tu connais les conditions de ce marché, je suppose ?

« — Oui, répondit Armand ; en échange de ce don, chacun de nous t'appartient, à moins qu'il ne puisse prouver qu'il a été heureux durant dix années de sa vie.

« — Et chacun de tes ancêtres, reprit Satan, m'a demandé ce qu'il croyait le bonheur, afin de m'échapper à l'heure de sa mort.

« — Et tous se sont trompés, n'est-ce pas ?

« — Tous. Ils m'ont demandé de l'argent, de la gloire, de la science, du pouvoir, et le pouvoir, la science, la gloire, l'argent, les ont tous rendus malheureux.

« — C'est donc un marché tout à ton avantage, et que je devrais refuser de conclure?

« — Tu le peux.

« — N'y a-t-il donc aucune chose à demander, qui puisse rendre heureux ?

« — Il y en a une.

« — Ce n'est pas à toi de me la révéler, je le sais; mais ne peux-tu pas me dire si je la connais ?

« — Tu la connais; elle s'est mêlée à toutes les actions de ta vie, quelquefois chez toi, le plus souvent chez les autres, et je puis t'affirmer qu'il n'y a pas besoin de mon aide pour que la plupart des hommes la possèdent.

« — Est-ce une qualité morale? est-ce une chose matérielle?

« — Tu m'en demandes trop. As-tu fait ton choix? Parle vite : j'ai hâte d'en finir.

« — Tu n'étais pas si pressé tout à l'heure.

« — C'est que tout à l'heure j'étais sous une de ces mille formes qui me déguisent à moi-même, et me rendent le présent supportable. Quand j'emprisonne mon être sous les traits d'une créature humaine, vicieuse ou méprisable, je me trouve à la hauteur du siècle que je mène, et je ne souffre pas du misérable rôle auquel je suis réduit. La vanité se satisfait de grands mots, mais l'orgueil veut de grandes choses, et tu sais qu'il fut la cause de ma chute; mais jamais il ne fut soumis à une si rude épreuve. Après avoir lutté avec Dieu, après avoir mené tant de vastes esprits, suscité de si fortes passions, fait éclater de si grandes catastrophes, je suis honteux d'en être réduit aux basses intrigues et aux sottes prétentions de l'époque actuelle, et je me cache à moi-même ce que j'ai été, pour oublier, autant que je puis, ce que je suis devenu. Cette forme que tu m'as forcé de prendre m'est par conséquent odieuse et insupportable. Hâte-toi donc, et dis-moi ce que tu veux.

« — Je ne le sais pas encore, et j'ai compté sur toi pour m'aider dans mon choix.

« — Je t'ai dit que c'était impossible.

« — Tu peux cependant faire pour moi ce que tu as fait pour mes ancêtres; tu peux me montrer à nu les passions des autres hommes, leurs espérances, leurs joies, leurs douleurs, le secret de leur existence, afin que je puisse tirer de cet enseignement une lumière qui me guide.

« — Je puis faire tout cela; mais tu dois savoir que tes ancêtres se sont engagés à m'appartenir avant que j'aie commencé mon récit. Vois cet acte; j'ai laissé en blanc le nom de la chose que tu me demanderas : signe-le; et puis après m'avoir entendu, tu écriras toi-même ce que tu désires être, ou ce que tu désires avoir.

« — Armand signa et reprit :

« — Maintenant je t'écoute. Parle.

« — Pas ainsi. La solennité que m'imposerait à moi-même cette forme primitive fatiguerait ta frivole attention. Ecoute : mêlé à la vie humaine, j'y prends plus de part que les hommes ne pensent. Je te conterai mon histoire, ou plutôt je te conterai la leur.

« — Je serai curieux de la connaître.

« — Garde ce sentiment; car du moment que tu m'auras demandé une confidence, il faudra l'entendre jusqu'au bout. Cependant tu pourras refuser de l'entendre en me donnant une des pièces de monnaie de cette bourse.

« — J'accepte, si toutefois ce n'est pas une condition pour moi de demeurer dans une résidence fixe.

« — Va où tu voudras; je serai toujours au rendez-vous partout où tu m'appelleras. Mais songe que ce n'est qu'ici que tu peux me revoir sous ma véritable forme. Tu m'appelleras avec cette sonnette à toute heure, en tout lieu, sur quelque place que ce soit...

Trois heures sonnèrent, et le diable disparut.

Armand de Luizzi se retrouva seul. La bourse qui contenait ses jours était sur sa table. Il eut envie de l'ouvrir pour les compter, mais il ne put y parvenir, et il se coucha après l'avoir soigneusement placée sous son chevet...

Nous le répétons, il est fâcheux que les histoires racontées par le diable soient généralement de nature à ne pouvoir être lues d'un lecteur chrétien; car, dans ce cadre, l'auteur, dont on ne saurait nier le grand mérite, eût pu faire un très-bon livre.

Nous donnerons, dans un autre genre, un conte fantastique où se retrouvent plusieurs éléments de la poésie satanique ou infernale.

Le château du Diable.

S'il faut en croire des récits populaires, on montrait encore en 1640, dans le grand-duché de Luxembourg, tout auprès d'Arlon, les ruines d'un ancien château féodal, depuis long-temps inhabité, et qu'on appelait le château du diable. Des monstres, des damnés, des démons à longue queue formaient, disait-on, en bas-reliefs et en peintures, les décorations intérieures de ce manoir. Depuis bien des années, nul ne l'avait visité. On ajoutait que le 13 de chaque mois, l'enfer venait y faire ses orgies; on citait vingt personnes qui autrefois s'étant réfugiées là par mégarde n'en étaient jamais sorties. L'opinion commune assurait qu'elles avaient eu le cou tordu. On racontait des choses effrayantes.

Cependant un jeune seigneur, méprisant les leçons de l'expérience, résolut d'aller au château du diable et d'y passer la nuit. Il décida deux de ses domestiques, qu'il savait intrépides, à l'accompagner; il se fit suivre encore prudemment d'un sorcier ou charmeur, qui passait pour un homme très-habile dans les circonstances de maléfice. S'il faut en croire les récits, le 13 octobre de l'année 1622, il se rendit bien armé, avec ses trois compagnons, dans l'enceinte redoutée du château du diable. Le silence de la mort régnait dans les cours et dans les galeries. Mais à la porte de la première salle, une vieille se présenta, branlant la tête et leur défendant d'une voix cassée d'aller plus avant. Le charmeur fit une conjuration qui ne nous a pas été conservée; la vieille s'éloigna en grondant; néanmoins elle escamota les deux valets, qu'elle emmena dans la cave, où elle les retint et que le sorcier jura de faire rendre. Un ours qui gardait la seconde porte s'enfuit devant une allumette que lui présenta le savant. L'ours ne fut pas plutôt dehors que le jeune seigneur vit tomber, du milieu du plafond, des gouttes de sang qui se succédaient trois par trois, de seconde en seconde, avec des gémissements. La terreur qui le saisit devint au comble, lorsqu'il aperçut dans un coin du salon, couché sur un lit, un squelette chargé de chaînes, dont le cœur, par un prodige inouï, battait au milieu des ossements desséchés. Ses yeux, qui seuls vivaient encore, roulaient avec une lueur horrible dans leurs orbites décharnés. Le sorcier, craignant une faiblesse de la part du jeune homme, fit un charme à la hâte; le salon changea d'aspect : le repaire devint un magnifique appartement; un souper délicat parut tout servi sur une table somptueuse; le jeune seigneur et son mentor se mirent à table.

Comme ils touchaient au dessert, un grand mouvement extérieur amena subitement la nuit, mais une nuit ornée de tonnerres et d'éclairs, avec un bruit tel, que jamais le fracas d'une artillerie complète n'égala le vacarme qui se fit alors dans le château du diable. La table disparut; la salle sembla enflammée; le plafond s'entr'ouvrit; il en tomba une légion de figures bizarres qui formèrent des danses grotesques. Des démons ailés, des démons ardents, des démons cornus, des sorciers à cheval sur des boucs, des sorcières à califourchon sur des manches à balai, arrivaient par le même chemin et dansaient de toutes leurs forces, aussitôt qu'ils avaient mis pied à terre.

Le charmeur, au moyen d'une fascination,

s'était rendu invisible, ainsi que son jeune compagnon. Une vieille sorcière parut, costumée comme on les voit dans les esquisses de Téniers; elle portait un enfant qu'elle fit rôtir pour le banquet. Alors il tomba d'en haut une vaste cruche noire, devant laquelle chacun se prosterna; le diable en sortit, et les danses recommencèrent.

Au moment où les réjouissances se suspendirent pour l'adoration de Satan, le jeune seigneur remarqua que le diable, qui était en forme de bouc, avait au derrière un visage humain, que les sorcières allaient baiser. Il fut frappé d'horreur, et ne se put retenir de faire un signe de croix. Tout s'envola.

— Vous m'avez fait bien mal, dit le sorcier de Namur. Mais allons nous coucher....

En disant cela, il se jeta sur le lit du spectre et y attira le jeune homme.

Le squelette se leva debout sur-le-champ, éclairant la salle du feu de ses yeux.—Malheur, dit-il d'une voix sourde, à qui trouble le repos des morts!

Et comme il allongeait les os de ses mains, le sorcier l'arrêta:

— Je t'ordonne, dit-il, de nous dire qui tu es, ce que tu veux, d'où tu viens?

— Pourquoi me forcez-vous, dit le squelette, à rompre un silence que je garde depuis cent ans? Je me nomme Lenderborn. Celui qui possédait ce château me prit à son service dans ses jeunes années. Il n'était pas marié. Un soir qu'il se baignait au clair de la lune, il aperçut à quelques pas au-dessous de lui une jeune dame qui se noyait. Voler à son secours, la saisir, la sauver, tout cela ne fut qu'un mouvement. La jeune dame lui plut, il l'épousa. Elle lui donna un fils; mais à peine fut-il au monde, qu'elle disparut avec lui. Les sages du temps, consultés là-dessus, répondirent que mon maître, en croyant épouser une femme, avait épousé un démon succube. Cette nouvelle le frappa si vivement, que, renonçant au monde, il passait sa vie à la chasse.

Un jour que j'étais avec lui dans la forêt voisine, il m'aperçut derrière un arbre touffu, me prit pour un loup et me tua. Je ne sais pas où j'allai; mais je me trouvai après ma mort face à face avec ma maîtresse.

— Lenderborn, me dit-elle, mon mari m'est infidèle, je le sais. Retourne au château, je t'en donne le pouvoir, mais à condition qu'il mourra de ta main.

J'obéis; et depuis vous voyez l'existence que je mène sur la terre. J'ai étranglé tous ceux qui sont venus ici. Pour ma délivrance, il faut qu'une main innocente sacrifie une poule noire à minuit sur le seuil du château.

— Si tu veux, dit le sorcier, nous rendre les deux valets que la vieille nous a ôtés, demain à minuit, je te rends libre.

Ce que le charmeur demandait fut fait à l'instant. Les quatre compagnons sortirent du château. Le lendemain, à minuit, une jeune fille, conduite par le magicien, immolait une poule noire. Après la formule cabalistique qu'il prononça, il se fit grand bruit, le château du diable s'écroula; et c'est à peine aujourd'hui si l'on reconnaît la place...

CHAT-HUANT, Voy. Hibou, Chouette, Chasse, Chevesche, etc.

CHAUCHE-POULET. Voy. Cauchemar.

CHAUDIÈRE. C'est ordinairement dans une chaudière de fer que, de temps immémorial, les sorcières composent leurs maléfices, qu'elles font bouillir sur un feu, de verveine et d'autres plantes magiques.

CHAUDRON (Madeleine-Michelle), Genevoise, accusée d'être sorcière en 1652. On dit qu'ayant rencontré le diable en sortant de la ville réformée, il reçut son hommage, et imprima sur sa lèvre supérieure son seing ou marque. Ce petit seing rend la peau insensible, comme l'affirment les démonographes. — Le diable ordonna à Michelle Chaudron d'ensorceler deux filles; elle obéit; les parents l'accusèrent de diablerie, les filles interrogées attestèrent qu'elles étaient possédées. On appela ceux qui passaient pour médecins; ils cherchèrent sur Michelle Chaudron le sceau du diable, que le procès-verbal appelle les *marques sataniques*; ils y enfoncèrent une aiguille. Michelle fit connaître par ses cris que les marques sataniques ne rendent point insensible. — Les juges, ne voyant pas de preuve complète, lui firent donner la question. Cette malheureuse, cédant à la violence des tourments, confessa tout ce qu'on voulut. Elle fut brûlée, après avoir été pendue et étranglée.

CHAUDRON-DU-DIABLE, gouffre qui se trouve au sommet du pic de Ténériffe. Les Espagnols ont donné le nom de Chaudron-du-Diable à ce gouffre à cause du bruit que l'on entend lorsqu'on y jette une pierre; elle y retentit comme un vaisseau creux de cuivre contre lequel on frapperait avec un marteau d'une prodigieuse grosseur. Les naturels de l'île sont persuadés que c'est l'enfer, et que les âmes des méchants y font leur séjour (1).

CHAUVE-SOURIS. Les Caraïbes regardent les chauves-souris comme de bons anges qui veillent à la sûreté des maisons durant la nuit; les tuer, chez eux, est un sacrilége : chez nous, c'est un des animaux qui figurent au sabbat.

CHAVIGNY (Jean-Aimé de), astrologue, disciple de Nostradamus, mourut en 1604. Il a composé : *la Première face du Janus français, contenant les troubles de France depuis 1534 jusqu'en 1589; Fin de la maison valésienne, extraite et colligée des centuries et commentaires de Michel Nostradamus* (en latin et en français), Lyon, 1594, in-8°; et nouvelle édition, augmentée, sous le titre de *Commentaires sur les centuries et pronostications de Nostradamus*, Paris, in-8°, rare; *les Pléiades, divisées en sept livres, prises des anciennes prophéties, et conférées avec les oracles de Nostradamus*, Lyon, 1603; la plus ample édition est de 1606. C'est un recueil de prédictions, dans lesquelles l'auteur pro-

(1) La Harpe, Abrégé de l'Histoire-générale des voyages, t. I.

met à Henri IV l'empire de l'univers. Voy. NOSTRADAMUS.

CHAX ou **SCOX**, démon. Voy. Scox.

CHEKE, professeur de grec à Cambridge, mort en 1557. Il a écrit un livre (1) qu'il adressa au roi Henri VIII, et qu'il plaça à la tête de sa traduction latine du Traité de Plutarque *de la Superstition*. Il avait des connaissances en astrologie, et croyait fermement à l'influence des astres, quoiqu'ils lui promissent du bonheur tout juste dans les occasions où il était le plus malheureux.

CHEMENS, génies ou esprits que les Caraïbes supposent chargés de veiller sur les hommes. Ils leur offrent les premiers fruits, et placent ces offrandes dans un coin de leur hutte, sur une table faite de nattes, où ils prétendent que les génies se rassemblent pour boire et manger; ils en donnent pour preuve le mouvement des vases et le bruit qu'ils se persuadent que font ces divinités en soupant.

CHEMISE DE NECESSITÉ. Les sorcières allemandes portaient autrefois une chemise faite d'une façon détestable, et chargée de croix mêlées à des caractères diaboliques, par la vertu de laquelle elles se croyaient garanties de tous maux (2). On l'appelait la *chemise de nécessité*.

Les habitants du Finistère conservent encore quelques idées superstitieuses sur les *chemises* des jeunes enfants. Ils croient que si elles enfoncent dans l'eau de certaines fontaines, l'enfant meurt dans l'année; il vit longtemps, au contraire, si ce vêtement surnage.

CHERIOURT, ange terrible, chargé de punir le crime et de poursuivre les criminels, selon la doctrine des guèbres.

CHESNAYE DES BOIS (FRANÇOIS-ALEXANDRE-AUBERT DE LA), capucin, mort en 1784. On a de lui, l'*Astrologue dans le puits*, 1740, in-12; et *Lettres critiques*, avec des songes moraux, sur les songes philosophiques de l'auteur des *Lettres juives* (le marquis d'Argens), in-12, 1745.

CHETEB ou **CHEREB**, Voy. DEBER.

CHEVAL. Cet animal était, chez les anciens, un instrument de présages pour la guerre. Les Suèves, qui habitaient la Germanie, nourrissaient à frais communs, dans des bois sacrés, des chevaux dont ils tiraient des augures. Le grand-prêtre et le chef de la nation étaient les seuls qui pouvaient les toucher : ils les attachaient aux chariots sacrés, et observaient avec attention leurs hennissements et leurs frémissements. Il n'y avait pas de présages auxquels les prêtres et les principaux de la nation ajoutassent plus de foi.

On voit encore que chez certains peuples on se rendait les divinités favorables en précipitant des chevaux dans les fleuves. Quelquefois on se contentait de les laisser vivre en liberté dans les prairies voisines, après les avoir dévoués. Jules César, avant de passer le Rubicon, voua à ce fleuve un grand nombre de chevaux, qu'il abandonna dans les pâturages des environs.

Une tradition superstitieuse portait qu'une espèce de chevaux, qu'on nommait *arzels*, et qui ont une marque blanche au pied de derrière du côté droit, était malheureuse et funeste dans les combats.

Anciennement on croyait aussi que les chevaux n'avaient pas de fiel; mais c'est une erreur aujourd'hui presque généralement reconnue. Voy. DRAPÉ, BAYARD, TROUPEAU, etc.

CHEVALIER IMPÉRIAL, Voy. ESPAGNET.

CHEVALIER DE L'ENFER. Ce sont des démons plus puissants que ceux qui n'ont aucun titre, mais moins puissants que les comtes, les marquis et les ducs. On peut les évoquer depuis le lever de l'aurore jusqu'au lever du soleil, et depuis le coucher du soleil jusqu'à la nuit (3).

CHEVALIER (GUILLAUME), gentilhomme béarnais, auteur d'un recueil de quatrains moraux, intitulé : *le Décès ou Fin du monde, divisé en trois visions*, in-8°, 1584.

CHEVANES (JACQUES), capucin, plus connu sous le nom de *Jacques d'Autun*, du lieu de sa naissance, mort à Dijon en 1678. On a de lui l'*Incrédulité savante et la crédulité ignorante, au sujet des magiciens et des sorciers*. Lyon, 1671, in-4°. Ce recueil, plein d'extravagances curieuses, dont nous rapportons en leur lieu les passages remarquables, est une réponse à l'apologie de Naudé pour tous les grands personnages soupçonnés de magie. Heureusement pour l'auteur, dit l'abbé Papillon, l'irascible Naudé était mort depuis long-temps quand ce livre parut.

CHEVESCHE, espèce de chouette, que Torquemada définit un oiseau nocturne fort bruyant, lequel tâche d'entrer où sont les enfants; et, quand il y est, il leur suce le sang du corps et le boit.

Les démonographes ont donné le nom de *chevesche* aux sorcières, parce que, semblables à cet oiseau, elles sucent le sang de ceux qu'elles peuvent saisir, et principalement des petits enfants (4). C'est sans doute là l'idée mère des vampires. Les sorcières qui sucent le sang ont aussi quelque analogie avec les gholes des Arabes. Voy. LAMIES.

CHEVEUX. « Prenez des cheveux d'une femme dans ses jours de maladie; mettez-les sous une terre engraissée de fumier, au commencement du printemps, et, lorsqu'ils seront échauffés par la chaleur du soleil, il s'en formera des serpents (5).... »

Quelques conteurs assurent que les mauvais anges étaient amoureux des cheveux des femmes, et que les démons incubes s'attachent de préférence aux femmes qui ont de beaux cheveux.

Les sorcières donnent de leurs cheveux au diable, comme arrhes du contrat qu'elles font avec lui; le démon les coupe très-menu, puis

---

(1) De Superstitione, ad regem Henricum.
(2) Bodin, Démonomanie, liv. I, ch. 5.
(3) Wierus, in Pseudomonarch. dæm., ad finem.
(4) Torquemada, Hexameron, troisième journée.
(5) Secrets d'Albert le Grand, p. 27.

les mêle avec certaines poudres : il les remet aux sorciers, qui s'en servent pour faire tomber la grêle; d'où vient qu'on trouve ordinairement dans la grêle de petits poils, qui n'ont pas une autre origine.... On fait encore, avec ces mêmes cheveux, divers maléfices (1).

On croit en Bretagne qu'en soufflant des cheveux en l'air on les métamorphose en animaux ; les petits garçons de Plougasnou, qui font des échanges entre eux, confirment la cession en soufflant au vent un cheveu, parce que ce cheveu était autrefois l'emblème de la propriété. Des cheveux, dans les temps modernes, ont même été trouvés sous des sceaux : ils tenaient lieu de signatures (2).

Enfin il y a des personnes superstitieuses qui croient qu'il faut observer les temps pour se couper les cheveux et se rogner les ongles. — Autrefois on vénérait le toupet, par lequel les Romains juraient, et qu'on offrait aux dieux. Il paraît qu'ils étaient sensibles à ces présents, puisque, quand Bérénice eut offert sa chevelure, ils en firent une constellation.

Chez les Francs, c'était une politesse de donner un de ses cheveux, et les familles royales avaient seules le privilége de les laisser pousser dans tout leur développement.

En Hollande, beaucoup de gens croient qu'en vendant leurs cheveux à un perruquier, ils auront par sympathie les maux de tête de ceux qui les porteront. Une dame âgée, il y a peu de temps, se faisait couper à La Haye de beaux cheveux blancs d'argent, très-abondants et très-longs. Le tondeur lui en offrit 20 florins (42 fr.). Elle aima mieux les brûler. — J'aurais, dit-elle, toutes les douleurs que mes cheveux couvriraient.

CHEVILLEMENT, sorte de maléfice employé par les sorciers et surtout par les bergers. Il empêche d'uriner. Le nom de ce maléfice lui vient de ce que pour le faire on se sert d'une cheville de bois ou de fer qu'on plante dans la muraille, en faisant maintes conjurations.

« J'ai connu une personne, dit Wecker, qui mourut du chevillement : il est vrai qu'elle avait la pierre. » Et le diable, qui parfois aime à se divertir, chevilla un jour la seringue d'un apothicaire en fourrant sa queue dans le piston. Voy. NOALS.

Pour empêcher l'effet de ce charme, il faut cracher sur son soulier du pied droit avant que de s'en chausser. Ce qui approche de ce qu'on lit dans Tibulle, que les anciens crachaient dans leur sein par trois fois pour se désensorceler ou empêcher le sortilége. On voit dans un livre, intitulé *l'Urotopégnie ou chevillement*, que les tonneaux, les fers, les fours, les lessives, les moulins à vent et ceux qui sont sur les ruisseaux et rivières, peuvent être pareillement liés et maléficiés. Voy. LIGATURES.

CHÈVRES. Ces animaux étaient fort révérés à Mendès en Egypte. Il était défendu d'en tuer, parce qu'on croyait que Pan, la grande divinité de cette ville, s'était caché sous la figure d'une chèvre; aussi le représentait-on avec une face de chèvre, et on lui immolait des brebis.

Souvent des démons ou des sorciers ont pris la forme de chèvre. Claude Chappuis de Saint-Amour, qui suivit l'ambassadeur de Henri III près la sublime Porte, conte qu'il vit sur une place publique de Constantinople des bateleurs qui faisaient faire à des chèvres plusieurs tours d'agilité et de passe-passe dont à fait admirables ; après quoi, leur mettant une écuelle à la bouche, ils leur commandaient d'aller demander, pour leur entretien, tantôt au plus beau ou au plus laid, tantôt au plus riche ou au plus vieux de la compagnie : ce qu'elles faisaient dextrement, entre quatre à cinq mille personnes, et avec une façon telle, qu'il semblait qu'elles voulussent parler. Or, qui ne voit clairement que ces chèvres étaient hommes ou femmes ainsi transmués, ou démons déguisés (3)?..... Voy. BOUC.

CHIBADOS, secte de sorciers qui font merveille au royaume d'Angola.

CHICOTA, oiseau des îles Tonga, qui a l'habitude de descendre du haut des airs en poussant de grands cris. Les naturels sont persuadés qu'il a le don de prédire l'avenir. Quand il s'abaisse près d'un passant, on croit que c'est pour lui annoncer quelque malheur.

CHICUS ÆSCULANUS, voy. CECCO D'ASCOLI.

CHIEN. Les chiens étaient ordinairement les compagnons fidèles des magiciens. C'était le diable qui les suivait sous cette forme, pour donner moins à soupçonner. Mais on le reconnaissait malgré ses déguisements. Léon de Chypre écrit que le diable sortit un jour d'un possédé, sous la figure d'un chien noir.

— C'est surtout la couleur noire qui dénote le diable sous une peau de chien.

De bonnes gens se noient assez fréquemment à Quimper. Les vieilles et les enfants assurent que c'est le diable, en forme de gros chien noir, qui précipite les passants dans la rivière (4).

Il y a beaucoup de superstitions qui tiennent au chien dans le Finistère, où les idées druidiques ne sont pas toutes éteintes. On croit encore, dans le canton sauvage de Saint-Ronal, que l'âme des scélérats passe dans le corps d'un chien noir.

Les anciens mages croyaient aussi que les démons se montraient en forme de chiens ; et Plutarque, dans la vie de Cimon, raconte qu'un mauvais génie, travesti en chien noir, vint annoncer à Cimon qu'il mourrait bientôt.

Un charlatan, du temps de Justinien, avait un chien si habile, que, quand toutes les personnes d'une assemblée avaient mis à terre leurs anneaux, il les rendait sans se tromper, l'un après l'autre, à qui ils appar-

---

(1) Boguet, Discours des sorciers, ch. 25, p. 156.
(2) M. Cambry, Voyage dans le Finistère, t. 1ᵉʳ, p. 174 et 195.
(3) Delancre, Incrédulité et mécréance du sortilége pleinement convaincues, traité 6, p. 348.
(4) Cambry, Voyage dans le Finistère, t. III, p. 22.

tenaient. Ce chien distinguait aussi dans la foule, lorsque son maître le lui ordonnait, les riches et les pauvres, les gens honnêtes et les fripons : « Ce qui fait voir, dit Leloyer, qu'il y avait là de la magie, et que ce chien était un démon (1). »

Delancre conte qu'en 1530 le démon, par le moyen d'un miroir, découvrit, à un pasteur de Nuremberg, des trésors cachés dans une caverne près de la ville, et enfermés dans des vases de cristal. Le pasteur prit avec lui un de ses amis pour lui servir de compagnon; ils se mirent à fouiller et découvrirent une espèce de coffre, auprès duquel était couché un énorme chien noir. Le pasteur s'avança avec empressement pour se saisir du trésor; mais à peine fut-il entré dans la caverne qu'elle s'enfonça sous ses pieds et l'engloutit (2).

Notez que c'est un conte et que personne n'a vu ce grand chien. Mais on peut juger par ces traits quelle idée avaient des chiens les peuples mal civilisés.

Chez les anciens, on appelait les furies les chiennes de l'enfer; on sacrifiait des chiens noirs aux divinités infernales. Chez nos pères on pendait entre deux chiens les plus grands criminels.

Quelques peuples pensaient pourtant autrement; on a même honoré le chien d'une manière distinguée. Élien parle d'un pays d'Éthiopie dont les habitants avaient pour roi un chien; ils prenaient ses caresses et ses aboiements pour des marques de sa bienveillance ou de sa colère.

Les guèbres ont une grande vénération pour les chiens. On lit dans Tavernier que, lorsqu'un guèbre est à l'agonie, les parents prennent un chien dont ils appliquent la gueule sur la bouche du mourant, afin qu'il reçoive son âme avec son dernier soupir.

Le chien leur sert encore à faire connaître si le défunt est parmi les élus. Avant d'ensevelir le corps, on le pose à terre : on amène un chien qui n'ait pas connu le mort, et, au moyen d'un morceau de pain, on l'attire le plus près du corps qu'il est possible. Plus le chien en approche, plus le défunt est heureux. S'il vient jusqu'à monter sur lui et à lui arracher de la bouche un morceau de pain qu'on y a mis, c'est une marque assurée que le défunt est dans le paradis des guèbres. Mais l'éloignement du chien est un préjugé qui fait désespérer du bonheur du mort.

Il y a aussi des gens qui tiennent à honneur de descendre d'un chien. Les royaumes de Pégu et de Siam reconnaissent un chien pour chef de leur race. A Pégu et à Siam on a donc grand respect pour les chiens, si maltraités ailleurs (3).

La population du Liban, qui s'élève à quatre cent mille âmes est composée de trois races, les Ansariés, les Druses et les Maronites. Les Ansariés sont idolâtres. Les uns parmi eux professent le culte du soleil; les autres celui du chien (4).

On a toutefois honoré quelques individus de cette race : tel est le dogue espagnol Bérecillo, qui dévorait les Indiens à Saint-Domingue, et qui avait, par jour, la paye de trois soldats...

Il y aurait encore bien des choses à dire sur les chiens. En Bretagne surtout, les hurlements d'un chien égaré annoncent la mort. Il faut que le chien de la mort soit noir; et s'il aboie tristement à minuit, c'est une mort inévitable qu'il annonce à quelqu'un de la famille pour la personne qui l'entend.

Wiérus dit qu'on chasse à jamais les démons, en frottant les murs de la chambre qu'ils infestent avec le fiel ou le sang d'un chien noir (5). Voy. AGRIPPA, BRAGADINI, DORMANTS, etc.

La petite chienne blanche, conte populaire.

On remarquait, dit-on, au dix-septième siècle, dans la forêt de Bondi, deux vieux chênes que l'on disait enchantés. Dans le creux de l'un de ces chênes on voyait toujours une petite chienne d'une éblouissante blancheur. Elle paraissait endormie, et ne s'éveillait que lorsqu'un passant s'approchait; mais elle était si agile, que personne ne pouvait la saisir. Si on voulait la surprendre, elle s'éloignait de quelques pas, et, dès qu'on s'éloignait, revenait à sa place avec opiniâtreté. Les pierres et les balles la frappaient sans la blesser; enfin, on croyait dans le pays que c'était un démon, ou l'un des chiens du grand veneur, ou du roi Arthus, ou encore la chienne favorite de saint Hubert, ou enfin le chien de Montargis, qui, présent à l'assassinat de son maître dans la forêt de Bondi, révéla le meurtrier et vengea l'homicide au quatorzième siècle. On disait aussi que des sorciers faisaient assurément le sabbat sous les deux chênes.

Un jeune garçon de dix à douze ans, dont les parents habitaient la lisière de la forêt, faisait ordinairement de petits fagots à quelque distance de là. Un soir qu'il ne revint pas, son père, ayant pris sa lanterne et son fusil, s'en alla avec son fils aîné battre le bois. La nuit était sombre. Malgré la lanterne, les deux bûcherons se heurtaient à chaque instant contre les arbres, s'embarrassaient dans les ronces, revenaient sur leurs pas et s'égaraient sans cesse. — Voilà qui est singulier, dit enfin le père; il ne faut qu'une heure pour traverser le bois, et nous marchons depuis deux sans avoir trouvé les chênes; il faut que nous les ayons passés.

En ce moment, un tourbillon ébranlait la forêt. Ils levèrent les yeux, et virent, à vingt pas, les deux chênes. Ils marchèrent dans cette direction; mais à mesure qu'ils avancent, il semble que les chênes s'éloignent : la forêt paraît ne plus finir; on entend de toutes parts des sifflements, comme si le bois était rempli de serpents; ils sentent rouler à

---

(1) Leloyer, Hist. et disc. des spectres, liv. 1er, ch. 8.
(2) Madame Gabrielle de P..., Histoire des fantômes, p. 27.
(3) Hexaméron de Torquemada, traduit par G. Chappuis, première journée.
(4) Voyages du duc de Raguse.
(5) De Præst. dæm., lib. v, cap. 21.

leurs pieds des corps inconnus ; des griffes entourent leurs jambes et les effleurent; une odeur infecte les environne ; ils croient sentir des êtres impalpables errer autour d'eux....

Le bûcheron, exténué de fatigue, conseille à son fils de s'asseoir un instant ; mais son fils n'y est plus. Il voit à quelques pas, dans les buissons, la lumière vacillante de la lanterne ; il remarque le bas des jambes de son fils, qui l'appelle ; il ne reconnaît pas la voix. Il se lève ; alors la lanterne disparaît ; il ne sait plus où il se trouve ; une sueur froide découle de tous ses membres ; un air glacé frappe son visage, comme si deux grandes ailes s'agitaient au-dessus de lui. Il s'appuie contre un arbre, laisse tomber son fusil, recommande son âme à Dieu, et tire de son sein un crucifix ; il se jette à genoux et perd connaissance.

Le soleil était levé lorsqu'il se réveilla ; il vit son fusil brisé et macéré, comme si on l'eût mâché avec les dents ; les arbres étaient teints de sang ; les feuilles noircies ; l'herbe desséchée ; le sol couvert de lambeaux ; le bûcheron reconnut les débris des vêtements de ses deux fils, qui ne reparurent pas. Il rentra chez lui épouvanté. On visita ces lieux redoutables. On y vérifia toutes les traces du sabbat ; on y revit la chienne blanche insaisissable. On purifia la place ; on abattit les deux chênes, à la place desquels on planta deux croix, qui se voyaient encore il y a peu de temps ; et, depuis, cette partie de la forêt cessa d'être infestée par les démons (1).

CHIFFLET (Jean), chanoine de Tournay, né à Besançon vers 1611. Il a publié : *Joannis Macarii Abraxas, seu Apistopistus, quæ est antiquaria de gemmis basilidianis disquisitio, commentariis illust.*, Anvers, 1657, in-4°. Cette dissertation traite des pierres gravées portant le nom cabalistique Abraxas, par lequel Basilide, hérétique du deuxième siècle, désignait le Dieu créateur et conservateur. Elle est curieuse, et le commentaire que Chifflet y a joint est estimé.

CHIJA ou CHAJA (Abraham Ben), rabbin espagnol du onzième siècle. Il a écrit, en hébreu, le *Volume du Révélateur*, où il traite de l'époque où viendra le Messie, et de celle où se fera la résurrection générale. Pic de la Mirandole cite cet ouvrage dans son traité contre les astrologues.

CHILDÉRIC Ier. Voy. Basile et Cristallomancie.

CHILDÉRIC III, fils de Chilpéric II, et dernier des rois de la première race. Il publia, en 742, un édit contre les sorciers, où il ordonne que chaque évêque, aidé du magistrat défenseur des églises, mette tous ses soins à empêcher le peuple de son diocèse de tomber dans les superstitions païennes. Il défend les sacrifices aux mânes, les sortilèges, les philtres, les augures, les enchantements, les divinations, etc.

CHILPÉRIC Ier, roi de France, fils de Clotaire Ier. Saint Grégoire de Tours rapporte, sur le témoignage de Gontrand, frère de Chilpéric, cette vision merveilleuse. Gontrand vit l'âme de son frère Chilpéric liée et chargée de chaînes, qui lui fut présentée par trois évêques. L'un était Tétricus, l'autre Agricola, le troisième Nicétius de Lyon. Agricola et Nicétius, plus humains que l'autre, disaient : —Nous vous prions de le détacher, et, après l'avoir puni, de permettre qu'il s'en aille.— L'évêque Tétricus répondit avec amertume de cœur :—Il ne sera pas ainsi ; mais il sera châtié à cause de ses crimes.—Enfin, dit Gontrand, le résultat fut de précipiter cette pauvre âme dans une chaudière bouillante que j'aperçus de loin. Je ne pus retenir mes larmes, lorsque je vis le misérable état de Chilpéric, jeté dans la chaudière, où tout à coup il parut fondu et dissous (2).

CHIMÈRE, monstre imaginaire, né en Lycie, que les poëtes disent avoir été vaincu par Bellérophon ; il avait la tête et l'estomac d'un lion, le ventre d'une chèvre et la queue d'un dragon. Sa gueule béante vomissait des flammes. Les démonographes disent que c'était un démon.

CHIMIE. On la confondait autrefois avec l'alchimie. La chimie, selon les Persans, est une science superstitieuse qui tire ce qu'il y a de plus subtil dans les corps terrestres pour s'en servir aux usages magiques. Ils font Caron (le Coré du Pentateuque) inventeur de cette noire science qu'il apprit, disent-ils, de Moïse.

Louis de Fontenettes, dans l'épître dédicatoire de son *Hippocrate dépaysé*, dit que « d'aucuns prétendent que la chimie, qui est « un art diabolique, a été inventé par « Cham. »

CHION, philosophe d'Héraclée, disciple de Platon. Il fut averti en songe de tuer Cléarque, tyran d'Héraclée, qui était son ami. Il lui sembla voir une femme qui lui mit devant les yeux la bonne renommée qu'il acquerrait par le meurtre du tyran ; et, poussé par cette vision, il le tua. Mais ce qui prouve que c'était une vision diabolique, c'est que Cléarque, tyran tolérable, ayant été tué, fut remplacé par Satyre, son frère, bien plus cruel que lui, et que rien ne pouvait adoucir.

CHIORGAUR. Voy. Gauric.

CHIRIDIRELLES, démon qui secourt les voyageurs dans leurs besoins, et qui leur enseigne leur chemin lorsqu'ils sont égarés. On dit qu'il se montre à ceux qui l'invoquent, sous la forme d'un passant à cheval.

CHIROMANCIE, art de dire la bonne aventure par l'inspection des lignes de la main. Cette science, que les Bohémiens ont rendue célèbre, est, dit-on, très-ancienne. Nous en exposons les principes à l'article Main.

CHODAR, démon que les nécromanciens nomment aussi Bélial ; il a l'Orient pour district, et commande aux démons des prestiges.

CHOQUET (Louis), auteur d'un mystère très-rare, intitulé : *L'Apocalypse de saint Jean*

(1) *Infernaliana*, p. 152.
(2) Greg. Turon., Hist. Franc., lib. VIII, cap. 5.—Lenglet-Dufresnoy, Recueil de dissertations sur les apparitions, p. 72 de la préface.

Zébédée, où sont comprises les visions et révélations qu'icelui saint Jean eut en l'île de Patmos ; in-fol., Paris, 1541.

CHORROPIQUE (MARIE), sorcière bordelaise du temps de Henri IV, qui confessa s'être donnée au diable par le moyen d'un nommé Augerot d'Armore, qui la mena dans une lande où elle trouva un grand seigneur vêtu de noir, dont la figure était voilée. Il était entouré d'une infinité de gens richement habillés. Marie Chorropique ayant prononcé le nom de Jésus, tout disparut incontinent. Son guide ne vint la reprendre que trois heures après, la tança d'avoir prononcé le nom de Notre-Seigneur, et la conduisit au sabbat, près d'un moulin, où elle retrouva le même seigneur noir, avec un nommé Menjoin, qui portait un pot de terre où il y avait de grosses araignées enflées d'une drogue blanche, et deux crapauds qu'on tua à coups de gaule, et qu'on chargea Marie d'écorcher.

Ensuite, Augerot pila ces araignées dans un mortier avec les crapauds. Ils jetèrent cette composition sur quelques pâturages pour faire mourir les bestiaux. Après quoi, ils s'en allèrent au bourg d'Iraúris, où ils prirent sans bruit un enfant au berceau. Augerot et Menjoin l'étranglèrent et le mirent entre son père et sa mère qui dormaient, afin que le père crût que sa femme l'avait étouffé, et que la mère à son tour accusât son mari. Ils en empoisonnèrent d'autres. A toutes ces exécutions, Marie Chorropique attendait les deux bandits à la porte des maisons. Que penser de ces récits?

Elle dit encore que, dans un autre sabbat, elle vit deux sorcières qui apportèrent le cœur d'un enfant dont la mère s'était fait avorter, et qu'elles le gardèrent pour en faire un sacrifice au diable. Cette horrible sorcière fut brûlée le 2 octobre 1576 (1).

CHOUETTE, espèce de hibou de la grosseur d'un pigeon, qui ne paraît qu'au point du jour ou à l'approche de la nuit. Chez les Athéniens et les Siciliens, cet oiseau était d'un bon augure ; partout ailleurs, la rencontre d'une chouette était d'un mauvais présage. Cette superstition vit encore dans plusieurs pays. Voy. *Chevesche*, *Chat-huant*.

CHOUN, divinité adorée chez les Péruviens, qui racontaient ainsi son histoire :

Il vint des parties septentrionales du monde un homme qui avait un corps sans os et sans muscles, et qui s'appelait *Choun* ; il abaissait les montagnes, comblait les vallées, et se frayait un chemin dans les lieux inaccessibles. Ce Choun créa les premiers habitants du Pérou ; il leur apprit à se nourrir des herbes et des fruits sauvages. Mais un jour, offensé par quelques Péruviens, il convertit en sables arides une partie de la terre, auparavant très-fertile partout ; il arrêta la pluie, dessécha les plantes ; et ensuite, ému de compassion, il ouvrit les fontaines et fit couler les rivières, pour réparer le mal qu'il avait causé... C'est un système qui n'est pas plus bête que celui des philosophes modernes.

CHOUX. Une croyance qui n'est pas extrêmement rare, c'est qu'on ne doit pas manger de choux le jour de saint Etienne, parce qu'il s'était caché dans un carré de choux pour éviter le martyre (2).... Conte très-stupide et superstition très-absurde.

CHRISOLYTES, hérétiques du sixième siècle, qui disaient que Notre-Seigneur avait laissé son corps et son âme aux enfers, et qu'il n'était remonté aux cieux qu'avec sa divinité....

CHRISTOPHE. Autrefois, d'après une opinion exprimée par ce vers:

Christophorum videas, postea tutus eas,

on croyait que celui qui avait vu quelque image de saint Christophe le matin était en sûreté toute la journée.

CHRISTOVAL DE LA GARRADE. Voy. MARISSANE.

CHRYSOLITHE, pierre précieuse qu'Albert le Grand regarde comme un préservatif contre la folie. Elle a encore, dit-il, la vertu de mettre le repentir dans le cœur de l'homme qui a fait des fautes....

CHRYSOMALLON, nom du fameux bélier qui portait la toison d'or. On dit qu'il volait dans les airs, qu'il nageait en perfection, qu'il courait avec la légèreté d'un cerf, et que Neptune, dont il était fils, l'avait couvert de soie d'or au lieu de laine. Il avait aussi l'usage de la parole, et donnait de bons avis. Il est le premier signe du zodiaque.

CHRYSOPÉE, œuvre d'or. C'est le nom grec que les alchimistes donnent à la pierre philosophale, ou à l'art de transmuer tous les métaux en or pur.

CHRYSOPOLE, démon. Voy. OLIVE.

CHRYSOPRASE, pierre précieuse à laquelle la superstition attachait la propriété de fortifier la vue, de réjouir l'esprit et de rendre l'homme libéral et joyeux.

CICÉRON (MARCUS TULLIUS). Leloyer dit qu'un spectre apparut à la nourrice de Cicéron : c'était un démon de ceux qu'on appelle *génies familiers*. Il lui prédit qu'elle allaitait un enfant qui, un jour à venir, ferait grand bien à l'État. « Mais d'où tenait-il tout cela, me dira-t-on ? Je répondrai : C'est la coutume du diable de bégayer dans les choses futures. » Cicéron devint en effet ce qu'on sait (3).

C'est lui qui disait qu'il ne concevait pas que deux augures pussent se regarder sans rire.

Il a combattu les idées superstitieuses dans plusieurs de ses ouvrages, surtout dans les trois livres *de la Nature des dieux*, dans les *Tusculanes*, et dans les deux livres *de la Divination*.

Regnier Desmarais, en tête de sa traduction de l'ouvrage de Cicéron, *de Divinatione*,

---

(1) Delancre, Tableau de l'inconstance des démons, etc., p. 107.
(2) Thiers, Traité des superstitions, t. 1.

(3) Leloyer, Hist. et disc. des spectres, liv. II, ch. 5 ; liv. III, ch. 17.

a donné de ce traité un sommaire que nous transcrivons ici :

« Chez les Romains, dit-il, la divination (c'est-à-dire le pressentiment et la prédiction de l'avenir) était principalement fondée sur la fonction de ceux qu'on appelait *Aruspices*, qui consistait dans l'inspection des entrailles des victimes et dans l'interprétation des prodiges et des foudres, et sur la fonction des *Augures*, qui prenaient les auspices par l'observation du vol des oiseaux, par celle de leur chant, et de leur manière de manger. A ces deux sortes de divinations, qui tenaient en même temps à la religion et au gouvernement de la république, il faut ajouter les livres de la sibylle Erithrée, auxquels le sénat avait quelquefois recours; les réponses des oracles; les prédictions des personnes qu'on croyait éprises de fureur divine; les visions dans les songes; les présages tirés de certaines choses dites au hasard; ceux des astrologues; et les sorts, qu'on appelait les sorts de Préneste.

» C'est de toutes ces différentes divinations qu'il s'agit dans les deux livres de Cicéron. Dans le premier, il introduit son frère, qui, étant stoïcien, les soutient toutes avec chaleur et s'appuie pour cet effet sur l'autorité des anciens philosophes, sur divers exemples de l'antiquité, sur la pratique universelle de toutes les nations; sur les arguments par lesquels les stoïciens, grands partisans de la divination, prétendaient la prouver. Dans le second livre, Cicéron réfute tout ce que son frère avait avancé dans le premier : d'abord il commence par démontrer la vanité, l'inutilité et même l'impossibilité de toute divination en général ; ensuite examinant chaque sorte de divination en particulier, il découvre l'origine, la nature et les abus de chacune. Voilà en gros quel est le sujet des deux livres de la Divination. » Voy. *Divination*.

Valère-Maxime conte que Cicéron, ayant été proscrit par les triumvirs, se retira dans sa maison de Formies, où les satellites des tyrans ne tardèrent pas à le poursuivre. Dans ces moments de trouble, il vit un corbeau arracher l'aiguille d'un cadran : c'était lui annoncer que sa carrière était finie. Le corbeau s'approcha ensuite de lui, comme pour lui faire sentir qu'il allait bientôt être sa proie, et le prit par le bas de sa robe, qu'il ne cessa de tirer que quand une esclave vint dire à l'orateur romain que des soldats arrivaient pour lui donner la mort. Les corbeaux d'aujourd'hui sont plus sauvages.

CIEL. Un tel article ne peut entrer dans ce dictionnaire qu'à propos de quelques folles croyances. Les musulmans admettent neuf cieux; il y eut, parmi les chrétiens, des hérétiques qui en annonçaient trois cent soixante-cinq, avec des anges spécialement maîtres de chaque ciel. Voy. BASILIDE.

Bodin assure qu'il y a dix cieux, qui sont marqués par les dix courtines du tabernacle et par ces mots : « Les cieux sont les œuvres de tes doigts, » qui sont au nombre de dix (1).

Les rabbins prétendent que le ciel tourne sans cesse, et qu'il y a au bout du monde un lieu où le ciel touche la terre. On lit dans le *Talmud* que le rabbin Bar-Chana, s'étant arrêté en cet endroit pour se reposer, mit son chapeau sur une des fenêtres du ciel, et que, l'ayant voulu reprendre un moment après, il ne le retrouva plus, les cieux l'ayant emporté dans leur course : de sorte qu'il fallut qu'il attendit la révolution des mondes pour le rattraper.

CIERGES. On allume deux cierges à Scaer, en Bretagne, au moment du mariage; on en place un devant le mari, l'autre devant la femme : la lumière la moins brillante indique celui des deux qui doit mourir le premier. L'eau et le feu, comme chez les anciens, jouent un grand rôle chez les Bretons. Du côté de Guingamp, et ailleurs, quand on ne peut découvrir le corps d'un noyé, on met un cierge allumé sur un pain qu'on abandonne au cours de l'eau : on trouve, dit-on, le cadavre dans l'endroit où le pain s'arrête (2).

CIGOGNE. On croit que les cigognes préservent des incendies les maisons où elles se retirent. Cette erreur n'est plus très-répandue. On a dit aussi que les cigognes ne s'établissaient que dans les Etats libres; mais les Egyptiens, qui eurent toujours des rois, leur rendaient un culte; et c'était un crime capital en Thessalie, qui était monarchique, de tuer une cigogne, parce que le pays est plein de serpents, et que les cigognes les détruisent. Elles sont enfin très-communes en Turquie, en Egypte et en Perse, où l'on ne songe guère aux idées républicaines.

CILANO (GEORGES-CHRÉTIEN-MATERNUS DE), Hongrois du dix-huitième siècle, qui a écrit un livre de l'Origine et de la Célébration des saturnales chez les Romains (3), et (sous le nom d'Antoine Signatelli) des Recherches sur les géants (4).

CIMERIÈS, grand et puissant démon, marquis de l'empire infernal. Il commande aux parties africaines. Il enseigne la grammaire, la logique et la rhétorique; il découvre les trésors et révèle les choses cachées; il rend l'homme léger à la course, et donne aux bourgeois la tournure fringante des militaires. Le marquis Cimeriès, capitaine de vingt légions, est toujours à cheval sur un grand palefroi noir (5).

CIMETIÈRE. Il n'était pas permis en Espagne, au quatrième siècle, d'allumer des cierges en plein jour dans les cimetières, *de peur d'inquiéter les esprits*. On croyait que les âmes des trépassés fréquentaient les cimetières où leurs corps étaient enterrés (6); et le clergé eut quelque peine à détruire cette opinion.

On croit encore aujourd'hui, dans les cam-

---

(1) Préface de la Démonomanie des sorciers.
(2) Voyage de Cambry dans le Finistère, t. III, p. 159.
(3) De Saturnalium origine et celebrandi ritu apud Romanos, 1759.
(4) De Gigantibus nova disquisitio historica et critica, 1756.
(5) Wierus, in Pseudomonarchia dæm.
(6) Dom Calmet, Traité sur les apparitions, etc., ch. XI.

pagnes, que les âmes du purgatoire reviennent dans les cimetières; on dit même que les démons aiment à s'y montrer, et que c'est pour les écarter qu'on y plante des croix. On conte des anecdotes effrayantes. Peu de villageois traverseraient le cimetière à minuit : ils ont toujours l'histoire de l'un d'entre eux qui a été rossé par une âme (ou plutôt par un mauvais plaisant) qui lui a reproché de troubler sa pénitence. Voy. Apparitions.

Henri Estienne et les ennemis du catholicisme ont forgé aussi des aventures facétieuses, où ils attribuent de petites fraudes aux gens d'église pour maintenir cette croyance; mais ces historiettes sont des inventions calomnieuses.

On a vu quelquefois, dans les grandes chaleurs, des exhalaisons enflammées sortir des cimetières; on sait aujourd'hui qu'elles ont une cause naturelle.

CIMMÉRIENS, peuples qui habitaient autour des Palus-Méotides, et dont les Cimbres sont les descendants. Beaucoup de savants ont placé dans ce pays l'antre par lequel on allait aux enfers. Leloyer dit que les Cimmériens étaient de grands sorciers, et qu'Ulysse ne les alla trouver que pour interroger, par leur moyen, les esprits de l'enfer.

CIMON, général athénien, fils de Miltiade. Ayant vu en songe une chienne irritée qui aboyait contre lui et qui lui disait d'une voix humaine : — « Viens; tu me feras plaisir, à moi et à mes petits, » — il alla consulter un devin nommé Astyphile, qui interpréta sa vision de cette manière : — « Le chien est ennemi de celui contre lequel il aboie; or, on ne pourrait faire à son ennemi un plus grand plaisir que de mourir; et ce mélange de la voix humaine avec l'aboi dénote un Mède qui vous tuera. »

Les Grecs étaient en guerre avec les Perses et les Mèdes : il y avait donc chance. Malheureusement pour le devin, le songe ne s'accomplit pas, et Cimon ne mourut que de maladie.

CINCINNATULUS ou CINCINNATUS (le petit frisé), esprit qui, au rapport de Rhodiginus, parlait par la bouche d'une femme nommée Jocaba, — laquelle était ventriloque.

CINQ. Les Grecs modernes se demandent excuse en prononçant le nombre cinq, qui est du plus mauvais augure, parce qu'il exprime un nombre indéfini, réprouvé par les cabalistes.

CIONES. Voy. Kiones.

CIPPUS VENELIUS, chef d'une partie de l'Italie, qui, pour avoir assisté à un combat de taureaux et avoir eu toute la nuit l'imagination occupée de cornes, se trouva un front cornu le lendemain. D'autres disent que ce prince, entrant victorieux à Rome, s'aperçut en se penchant au-dessus des eaux du Tibre, car il n'avait pas de miroir, qu'il lui était poussé des cornes. Il consulta les devins pour savoir ce que lui présageait une circonstance si extraordinaire. On pouvait expliquer ce prodige de plusieurs façons; on lui dit seulement que c'était une marque qu'il régnerait dans Rome; mais il n'y voulut plus entrer. Cette modération est plus merveilleuse que les cornes.

CIRCÉ, fameuse magicienne qui changea les compagnons d'Ulysse en pourceaux. Elle savait composer des potions magiques et des enchantements par lesquels, au moyen du diable, elle troublait l'air, excitait les grêles et les tempêtes, et donnait aux hommes des maladies de corps et d'esprit. Saint Jean Chrysostome regarde la métamorphose des compagnons d'Ulysse comme une vive allégorie.

CIRCONCELLIONS, fanatiques du quatrième siècle, de la secte des donatistes. Ils parurent en Afrique. Armés d'abord de bâtons qu'ils appelaient bâtons d'Israël, ils commettaient tous les brigandages sous prétexte de rétablir l'égalité. Ils prirent bientôt des armes plus offensives pour tuer les catholiques. On les appelait aussi scotopètes. Ils faisaient grand cas du diable et l'honoraient en se coupant la gorge, en se noyant, en se jetant, eux et leurs femmes, dans les précipices. A la suite de Frédéric Barberousse, au treizième siècle, on vit reparaître des circoncellions qui damnaient les catholiques. Ces violents sectaires, à l'une et l'autre époque, ne durèrent pas longtemps.

CIRE. C'est avec de la cire que les sorcières composaient les petites figures magiques qu'elles faisaient fondre lorsqu'elles voulaient envoûter et faire périr ceux qu'elles avaient pour ennemis. On décapita à Paris, en 1574, un gentilhomme chez qui l'on trouva une petite image de cire ayant la place du cœur percée d'un poignard. Voy. Envoutement.

CIRUELO (Pierre), savant aragonais du quinzième siècle, à qui l'on doit un livre d'astrologie (1), où il défend les astrologues et leur science contre les raisonnements de Pic de la Mirandole.

CITATION, formule employée pour appeler les esprits et les forcer à paraître. Voy. Evocation.

CITU, fête au Pérou, dans laquelle tous les habitants se frottaient d'une pâte où ils avaient mêlé un peu de sang tiré de l'entre-deux des sourcils de leurs enfants. Ils pensaient par là se préserver pour tout le mois de tout malaise. Les prêtres idolâtres faisaient ensuite des conjurations afin d'éloigner les maladies, et les Péruviens croyaient que toutes les fièvres étaient chassées dès lors à cinq ou six lieues de leurs habitations.

CIVILE (François de), gentilhomme normand, né en 1536, dont la vie fut remplie de catastrophes, pour la plupart imaginées par les écrivains protestants, qui ont si souvent fabriqué des romans et des historiettes, dans le but de faire lire leurs écrits. Comme on classe cette vie prodigieuse dans les impostures historiques, nous en donnerons un petit précis.

(1) Apotelesmata astrologiæ humanæ, hoc est de mutationibus temporum. Alcala, 1521.

La mère de François de Civile étant morte enceinte, pendant l'absence de son mari, avait été enterrée sans qu'on songeât à tirer l'enfant par l'opération césarienne. Un peu après l'enterrement, le mari arrive; il apprend avec surprise la mort de sa femme, et le peu d'attention qu'on a eu pour le fruit qu'elle portait; il la fait exhumer; on lui ouvre les entrailles, d'où l'on tira François de Civile encore vivant.

Cet homme, entré ainsi dans la vie, se trouvant en 1562, capitaine de cent hommes de pied, dans la ville de Rouen, que Charles IX assiégeait, reçut dans la joue une balle qui lui traversa le cou; et il tomba du haut du rempart dans le fossé. Des pionniers, le croyant mort, le mirent dans une fosse, avec un autre corps qu'ils jetèrent sur lui, et ils les couvrirent d'un peu de terre. Il resta ainsi toute la journée. Son valet vint le soir chercher son corps pour lui donner une sépulture plus honorable. Il le déterra et ne le reconnut pas, tant il était défiguré. Cependant, un diamant qu'il avait au doigt ayant frappé les yeux de ce domestique, il sut par là qu'il avait retrouvé son maître, et enleva le corps.

Après l'avoir lavé, il l'embrassa en pleurant; il crut sentir encore quelque chaleur; il porta bien vite le corps aux chirurgiens de l'armée qui, le regardant comme mort, ne voulurent pas en prendre soin. Civile fut ainsi cinq jours et cinq nuits abandonné, sans parler ni donner aucun signe de mouvement, mais toujours ardent de fièvre. Un médecin consentit alors enfin, à lui faire prendre un peu de bouillon; le lendemain, le malade entr'ouvrit les yeux. Mais sur ces entrefaites, la ville ayant été prise d'assaut, le bruit qui se fit lui ôta de nouveau toute connaissance. Dans le pillage, on le jeta par la fenêtre; il tomba sur un fumier, où il resta trois jours en chemise, sans être secouru de personne.

Enfin un de ses parents vint le voir, et fut très-étonné de le trouver encore vivant. Civile demanda à boire par signes; on lui donna de la bière, qu'il avala très-avidement; on l'emporta dans un château où il fut soigné, et au bout de six semaines, il se trouva bien portant.

Il fut proscrit comme protestant, sous Henri III, et se réfugia en Angleterre, où la reine Élisabeth lui fit conter son histoire; ne sachant pas peut-être qu'il y a des Gascons ailleurs qu'aux bords de la Garonne, elle donna son portrait au conteur. Le règne de Henri le Grand lui permit de rentrer en France. D'Aubigné dit qu'il l'a vu souvent « aux assemblées nationales, député de Normandie, à l'âge de soixante-six ans, et qu'il signait toujours : François de Civile, trois fois mort, trois fois enterré, et trois fois, par la grâce de Dieu, ressuscité. » Il était octogénaire, lorsqu'il mourut d'une fluxion de poitrine.

Nous avons tiré la plupart de ces détails de l'histoire du capitaine François de Civile, extraite de ses mémoires manuscrits, et publiée par Misson, qui aurait dû y voir le pendant des aventures de M. de Crac.

CLAIRON (CLAIRE-JOSÈPHE-LEYRIS DE LATUDE, connue sous le nom d'Hippolyte), tragédienne française, morte en 1803. Dans ses *Mémoires*, publiés en 1799, elle raconte l'histoire d'un revenant qu'elle croit être l'âme de M. de S...., fils d'un négociant de Bretagne, dont elle avait rejeté les vœux, à cause de son humeur haineuse et mélancolique, quoiqu'elle lui eût accordé son amitié. Cette passion malheureuse avait conduit le jeune insensé au tombeau. Il avait souhaité de la voir dans ses derniers moments; mais on avait dissuadé mademoiselle Clairon de faire cette démarche; et il s'était écrié avec désespoir : — Elle n'y gagnera rien, je la poursuivrai autant après ma mort que je l'ai poursuivie pendant ma vie !...

Depuis lors, mademoiselle Clairon entendit, vers les onze heures du soir, pendant plusieurs mois, un cri aigu; ses gens, ses amis, ses voisins, la police même, entendirent ce bruit, toujours à la même heure, toujours partant sous ses fenêtres, et ne paraissant sortir que du vague de l'air. Ces cris cessèrent quelque temps. Mais ils furent remplacés, toujours à onze heures du soir, par un coup de fusil tiré dans ses fenêtres, sans qu'il en résultât aucun dommage.

La rue fut remplie d'espions, et ce bruit fut entendu, frappant toujours à la même heure, dans le même carreau de vitre, sans que jamais personne ait pu voir de quel endroit il partait. A ces explosions succéda un claquement de mains, puis des sons mélodieux. Enfin, tout cessa après un peu plus de deux ans et demi (1).

Voilà ce que disent les mémoires publiés par mademoiselle Raucourt. Ce qui n'empêche pas que ce fait n'est qu'une mystification, qui eût fait un peu plus de bruit à Paris si c'eût été autre chose.

CLARUS. Saint Augustin rapporte qu'un jeune homme de condition, nommé Clarus, s'étant donné à Dieu dans un monastère d'Hippone, se persuada qu'il avait commerce avec les anges. Il en parla dans le couvent. Comme les frères refusaient de le croire, il prédit que la nuit suivante Dieu lui enverrait une robe blanche avec laquelle il paraîtrait au milieu d'eux. En effet, vers minuit, le monastère fut ébranlé, la cellule du jeune homme parut brillante de lumière; on entendit le bruit de plusieurs personnes qui allaient, venaient et parlaient entre elles, sans qu'on pût les voir. Clarus sortit de sa cellule et montra aux frères la tunique dont il était vêtu : c'était une étoffe d'une blancheur admirable et d'une finesse si extraordinaire, qu'on n'avait jamais rien vu de semblable. On passa le reste de la nuit à chanter des psaumes en actions de grâces; ensuite on voulut conduire le jeune homme à saint Augustin; mais il s'y opposa, disant que les anges le lui avaient défendu. Cependant on ne l'écouta point; et, comme on l'y

(1) Mémoires d'Hippolyte Clairon, édit. de Buisson, p. 167.

conduisait malgré sa résistance, la tunique disparut aux yeux des assistants; ce qui fit juger que le tout n'était qu'une illusion de l'esprit de ténèbres.

CLASSYALABOLAS, Voy. CAACRINOLAAS.

CLAUDE, prieur de Laval, fit imprimer à la fin du seizième siècle un livre intitulé : *Dialogues de la Lycanthropie.*

CLAUDER (Gabriel), savant saxon, mort en 1691, membre de l'académie des Curieux de la Nature. Il a laissé, dans les Mémoires de cette société, divers opuscules singuliers, tels sont : « le Remède diabolique du délire, » et « les Vingt-cinq ans de séjour d'un démon sur la terre (1). »

Son neveu, Frédéric-Guillaume Clauder, a donné, dans les Éphémérides de la même académie, un traité sur les nains (2).

CLAUNECK, démon qui a puissance sur les biens, sur les richesses ; il fait trouver des trésors à celui qu'il sert en vertu d'un pacte. Il est aimé de Lucifer, qui le laisse maître de prodiguer l'argent. Il rend complaisance pour complaisance à qui l'appelle (3).

CLAUZETTE. Sur la fin de 1681, une fille insensée, Marie Clauzette, se mit à courir les champs aux environs de Toulouse, en se réclamant du nom de Robert, qu'elle disait être le maître de tous les diables. On la crut possédée, et tout le monde voulut la voir. Quatre jeunes filles, qui assistèrent aux premiers exorcismes, se crurent possédées pareillement. Le vicaire-général de Toulouse, voulant éprouver si la possession était vraie, fit employer d'abord des exorcismes feints ; et l'eau commune, la lecture d'un livre profane, le ministère d'un laïque habillé en prêtre, agitèrent aussi violemment les prétendues possédées, qui n'étaient pas prévenues, que si un prêtre eût lu le rituel avec des aspersions d'eau bénite. Les médecins déclarèrent que le diable n'était pour rien dans cette affaire. Les possédées vomissaient des épingles crochues ; mais on remarqua qu'elles les cachaient dans leur bouche pour les rejeter devant les spectateurs. Le parlement de Toulouse proclama la fraude et dissipa cette ridicule affaire.

CLAVICULES DE SALOMON, Voy. Salomon.

CLAY (Jean), littérateur allemand, mort en 1592. On recherche son *Alkumistica*, petit poëme en vers allemands contre la folie des alchimistes et faiseurs d'or.

CLÉDONISMANCIE, divination tirée de certaines paroles qui, entendues ou prononcées en diverses rencontres, étaient regardées comme bons ou mauvais présages. Cette divination était surtout en usage à Smyrne ; il y avait un temple où c'était ainsi qu'on rendait les oracles. Un nom seul offrait quelquefois l'augure d'un bon succès. Léotychide, pressé par un Samien d'entreprendre la guerre contre les Perses, demanda à ce Samien son nom ; et, apprenant qu'il s'appelait Hégésistrate, mot qui signifie conducteur d'armée, il répondit : j'accepte l'augure d'Hégésistrate.

Ce qu'il y avait de commode en tout ceci, c'est qu'on était libre d'accepter ou de refuser le mot à présage. S'il était saisi par celui qui l'entendait et qu'il frappât son imagination, il avait toute son influence ; mais si l'auditeur le laissait tomber, on n'y faisait pas une prompte attention, l'augure était sans force.

CLEF D'OR. On a publié, sous le titre de *la Clef d'or*, plusieurs petits volumes stupides qui enseignent les moyens infaillibles de faire fortune avec la loterie, et qui, quand la loterie existait, ne faisaient que des dupes. *La Clef d'or ou le Véritable trésor de la fortune*, qui se réimprimait de temps en temps à Lille, chez Castiaux, n'est pas autre chose que la découverte des nombres sympathiques, que l'auteur se vante d'avoir trouvés, ce qui lui a valu trois cent mille francs en deux ans et demi. Il est mal de mentir aussi impunément pour engager les pauvres gens à se ruiner dans les loteries. Or, les cinq nombres sympathiques ne manquent pas de sortir, dit-il effrontément, dans les cinq tirages qui suivent la sortie du numéro indicateur. Il faut donc les suivre pendant cinq tirages seulement pour faire fortune. Par exemple, les nombres sympathiques de 4 sont 30, 40, 50, 70, 76. Ces cinq numéros sortiront dans les cinq tirages qui suivront la sortie de 4, non pas tous à la fois peut-être, mais au moins deux ou trois ensemble.

Du reste les nombres sympathiques sont imaginaires, et chacun les dispose à son gré.

CLEIDOMANCIE ou CLEIDONOMANCIE, divination par le moyen d'une clef. On voit dans Delrio et Delancre qu'on employait cette divination pour découvrir l'auteur d'un vol ou d'un meurtre. On tortillait autour d'une clef un billet contenant le nom de celui qu'on soupçonnait ; puis on attachait cette clef à une Bible, qu'une fille vierge soutenait de ses mains. Le devin marmottait ensuite tout bas le nom des personnes soupçonnées ; et on voyait le papier tourner et se mouvoir sensiblement.

On devine encore d'une autre manière par la cleidomancie. On attache étroitement une clef sur la première page d'un livre ; on ferme le livre avec une corde, de façon que l'anneau de la clef soit dehors ; la personne qui a quelque secret à découvrir par ce moyen, pose le doigt dans l'anneau de la clef, en prononçant tout bas le nom qu'elle soupçonne. S'il est innocent, la clef reste immobile ; s'il est coupable, elle tourne avec une telle violence, qu'elle rompt la corde qui attache le livre (4).

Les Cosaques et les Russes emploient souvent cette divination ; mais ils mettent la clef en travers et non à plat, de manière que la

---

(1) De Diabolico delirii remedio. — De Diabolo per viginti quinque annos frequentante cum muliere, nulla veneficii opera.
(2) De nanorum generatione.

(3) Obedias illi, et obediet. Clavicules de Salomon, p. 14.
(4) Delancre, Incrédulité et mécréance du sortilége pleinement convaincue, traité 5.

compression lui fait faire le quart de [tour. Ils croient savoir par là si la maison où ils sont est riche, si leur famille se porte bien en leur absence, si leur père vit encore, etc. Ils font usage surtout de cette divination pour découvrir les trésors. On les a vus plusieurs fois en France recourir à cet oracle de la clef sur l'Evangile de saint Jean, durant l'invasion de 1814.

CLÉONICE. Pausanias, général lacédémonien, ayant tué à Vicence une vertueuse jeune fille, nommée Cléonice, qui lui avait résisté, vécut dans un effroi continuel et ne cessa de voir, jusqu'à sa mort, le spectre de cette jeune fille à ses côtés. — Si l'on connaissait ce qui a précédé les visions, on en trouverait souvent la source dans les remords.

CLÉOPATRE. C'est, dit-on, une erreur que l'opinion où nous sommes, que Cléopâtre se fit mourir avec deux aspics. Plutarque dit, dans la vie de Marc-Antoine, que personne n'a jamais su comment elle était morte. Quelques-uns assurent qu'elle prit un poison qu'elle avait coutume de porter dans ses cheveux. On ne trouva point d'aspic dans le lieu où elle était morte; on dit seulement qu'on lui remarqua au bras droit deux piqûres imperceptibles; c'est là-dessus qu'Auguste hasarda l'idée qui est devenue populaire sur le genre de sa mort. Il est probable qu'elle se piqua avec une aiguille empoisonnée (1).

CLÉROMANCIE, art de dire la bonne aventure par le sort jeté, c'est-à-dire avec des dés, des osselets, des fèves noires ou blanches. On les agitait dans un vase, et après avoir prié les dieux on les renversait sur une table et l'on prédisait l'avenir d'après la disposition des objets. Il y avait à Bura, en Achaïe, un oracle d'Hercule qui se rendait sur un tablier avec des dés. Le pèlerin, après avoir prié, jetait quatre dés, dont le prêtre d'Hercule considérait les points, et il en tirait la conjecture de ce qui devait arriver. Il fallait que ces dés fussent faits d'os de bêtes sacrifiées (2).

Le plus souvent on écrivait sur les osselets ou sur de petites tablettes qu'on mêlait dans une urne ; ensuite on faisait tirer un lot par le premier jeune garçon qui se rencontrait ; et si l'inscription qui sortait avait du rapport avec ce qu'on voulait savoir, c'était une prophétie certaine.

Cette divination était commune en Egypte et chez les Romains ; et l'on trouvait fréquemment des cléromanciens dans les rues et sur les places publiques, comme on trouve dans nos fêtes des cartomanciens. Voy. ASTRAGALOMANCIE.

CLÈVES. On dit que le diable est chef de cette noble maison et père des comtes de Clèves. Les cabalistes prétendent que ce fut un sylphe qui vint à Clèves par les airs, sur un navire merveilleux traîné par des cygnes, et qui repartit un jour, en plein midi, à la vue de tout le monde, sur son navire aérien.

« Qu'a-t-il fait aux docteurs qui les oblige à l'ériger en démon? » dit l'abbé de Villars (3). C'est en mémoire de cette origine merveilleuse, diversement expliquée, qu'on avait fondé au pays de Clèves, l'ordre des chevaliers du Cygne (4).

CLIMATERIQUE, Voy. ANNÉE.

CLISTHERET, démon qui fait paraître la nuit au milieu du jour, et le jour au milieu de la nuit, quand c'est son caprice, si vous en croyez les *Clavicules de Salomon.*

CLOCHES. Les anciens connaissaient les cloches, dont on attribue l'invention aux Egyptiens. Elles étaient en usage à Athènes et chez les Romains.

Les musulmans n'ont point de cloches dans leurs minarets ; ils croient que le son des cloches effraierait les âmes des bienheureux dans le paradis.

Les cloches ne furent généralement employées, dans les églises chrétiennes, que vers le septième siècle. On voit, dans Alcuin, que la cérémonie du baptême qui les consacre avait lieu déjà du temps de Charlemagne.

C'est, dit-on, parce qu'elles sont baptisées, que les cloches sont odieuses à Satan. On assure que quand le diable porte ses suppôts au sabbat, il est forcé de les laisser tomber, s'il entend le son des cloches. Torquemada raconte, dans son *Héxaméron*, qu'une femme revenant du sabbat, portée dans les airs par l'esprit malin, entendit la cloche qui sonnait l'*Angelus*. Aussitôt le diable l'ayant lâchée, elle tomba dans une haie d'épines, au bord d'une rivière. Elle aperçut un jeune homme à qui elle demanda secours, et qui, à force de prières, se décida à la reconduire en sa maison. Il la pressa tellement de lui avouer les circonstances de son aventure, qu'elle la lui apprit ; elle lui fit ensuite de petits présents, pour l'engager à ne rien dire : mais la chose ne manqua pourtant pas de se répandre.

On croit, dans quelques contrées, que c'est le diable qui excite les tempêtes, et que, par ainsi, les cloches conjurent les orages. Les paysans sonnent donc les cloches dès qu'ils entendent le tonnerre, ce qui maintenant est reconnu pour une imprudence. Citons à ce sujet un fait consigné dans les Mémoires de l'Académie des sciences : « En 1718, le 15 août, un vaste orage s'étendit sur la Basse-Bretagne ; le tonnerre tomba sur vingt-quatre églises situées entre Landerneau et Saint-Pol-de-Léon ; c'était précisément celles où l'on sonnait pour écarter la foudre ; celles où l'on ne sonna pas furent épargnées. » M. Salgues pense cependant que le son des cloches n'attire pas le tonnerre, parce que leur mouvement a peu d'intensité ; mais le bruit seul agite l'air avec violence, et le son du tambour sur un lieu élevé ferait peut-être le même effet d'attirer la foudre.

On a cru encore, dans certains pays, qu'on

---

(1) Voyez Brown, Des Erreurs populaires, liv. V, ch. 12.
(2) Delancre, l'Incrédulité et mécréance, etc. ; traité 5.
(3) L'abbé de Villars, dans le Comte de Gabalis.

(4) Voyez, dans les *Légendes des commandements de Dieu*, le chevalier du Cygne.

se mettait à l'abri de toute atteinte des orages en portant sur soi un morceau de la corde attachée à la cloche au moment de son baptême.

Il nous reste à dire un mot de la *Cloche du Diable*. Dusaulx, visitant les Pyrénées à pied, son guide, qui était un franc montagnard, le conduisit dans un marécage comme pour lui montrer quelque chose de curieux. Il prétendit qu'une cloche avait jadis été enfoncée dans cet endroit; que cent ans après, le diable à qui appartenaient alors tous les métaux souterrains, s'était emparé de cette cloche, et qu'un pâtre depuis peu de temps l'avait entendu sonner pendant la nuit de Noël dans l'intérieur de la montagne.

— Fort bien, dit Dusaulx; ce qu'on a pris pour le son d'une cloche ne viendrait-il pas plutôt des eaux souterraines qui s'engouffrent dans quelque cavité?

— Oh! que non, répliqua le guide.

Il y a des cloches célèbres. On respecte beaucoup dans les Pyrénées, la cloche de la vallée; on lui donne toutes sortes d'origines merveilleuses : la plus commune, c'est qu'elle a été fondue par les anges. On l'entend, ou peut-être on croit l'entendre quelquefois : mais on ne sait pas où elle est suspendue. C'est cette cloche qui doit, à ce que disent les montagnards, réveiller leurs patriarches endormis dans les creux des rochers, et appeler les hommes au dernier jugement.

Lorsque Ferdinand le Catholique fut attaqué de la maladie dont il mourut, la fameuse cloche de la Villela (qui a dix brasses de tour) sonna, dit-on, d'elle-même; ce qui arrive quand l'Espagne est menacée de quelque malheur. On publia aussitôt qu'elle annonçait la mort du roi, qui mourut effectivement peu après.

CLOFYE, oiseau d'Afrique, noir et gros comme un étourneau. C'est pour les nègres un oiseau de présage. Il prédit les bons événements, lorsqu'en chantant il s'élève dans les airs; il en pronostique de mauvais s'il s'abaisse. Pour annoncer à quelqu'un une mort funeste, ils lui disent que le Clofye a chanté sur lui.

CLOTHO. L'une des trois Parques et la plus jeune. C'est elle qui file les destinées; on lui donne une quenouille d'une hauteur prodigieuse. La plupart des mythologues la placent avec ses sœurs à la porte du repaire de Pluton. Lucien la met dans la barque à Caron ; mais Plutarque dit qu'elle est dans la lune, dont elle dirige les mouvements.

CLOU. Il y a, sur les clous, quelques petites superstitions dont on fera son profit. Les Grecs modernes sont persuadés qu'en fichant le clou d'un cercueil à la porte d'une maison infestée, on en écarte à jamais les revenants et les fantômes.

Boguet parle d'une sorcière qui, pour un cheval blessé, disait certains mots en forme d'oraison, et plantait en terre un clou qu'elle ne retirait jamais.

Les Romains, pour chasser la peste, fichaient un clou dans une pierre qui était au côté droit du temple de Jupiter ; ils en faisaient autant contre les charmes et sortiléges, et pour apaiser les discordes qui survenaient entre les citoyens.

Il y en a pareillement qui, se voulant prévaloir contre leurs ennemis, plantent un clou dans un arbre. Or, quelle force peut avoir ce clou ainsi planté (1)?

CLOVIS, fils de Chilpéric Ier. Il ne restait à Chilpéric que ce fils de sa première femme; le jeune homme fut assez indiscret pour s'expliquer sans ménagement sur Frédégonde, qu'il regardait comme son ennemie. Elle résolut de se débarrasser de lui. Clovis aimait une jeune fille de basse extraction; un émissaire de Frédégonde vint dire au roi que c'était la fille d'une magicienne ; que Clovis avait employé les artifices de cette femme pour se défaire de ses deux frères (empoisonnés, à ce qu'on croit), et qu'il tramait la mort de la reine. La vieille femme, mise à la question, fut forcée d'avouer qu'elle était sorcière. Clovis, convaincu, se vit dépouillé de ses riches vêtements et conduit dans une prison, où des assassins le poignardèrent, si les historiens disent vrai; et on fit accroire au monarque qu'il s'était tué lui-même. La magicienne, dont la fille venait aussi d'être mise à mort, fut épouvantée de ses aveux, qu'elle rétracta ; mais on se hâta de lui imposer silence en la conduisant au bûcher. C'est du moins ainsi que racontent les choses, des chroniqueurs peu favorables, il est vrai, à Frédégonde (2).

COBALES, génies malins et trompeurs de la suite de Bacchus, dont ils étaient à la fois les gardes et les bouffons.

Selon Leloyer, les cobales, connus des Grecs, étaient des démons doux et paisibles, nommés par quelques-uns bonhomets ou petits bonshommes des montagnes, parce qu'ils se montrent en vieux nains de basse stature ; ils sont vêtus court, demi-nus, la manche retroussée sur l'épaule, et portent un tablier de cuir sur les reins.

« Cette sorte de démons est présentement assez plaisante, car tantôt vous les verrez rire, tantôt se gaudir, tantôt sauter de joie, et faire mille tours de singe ; ils contreferont et imiteront les singes, et feront tant et plus les embesognés, combien qu'ils ne fassent rien du tout. A cette heure, vous les verrez bêcher dans les veines d'or ou d'argent, amasser ce qu'ils auront bêché, et le mettre en des corbeilles et autres vaisseaux pour cet effet préparés, tourner la corde et la poulie afin d'avertir ceux d'en haut de tirer le métal, et fort rarement voit-on qu'ils offensent les ouvriers, s'ils ne sont grandement provoqués de brocards, injures et risées dont ils sont impatients. Alors ils jetteront premièrement de la terre et des petits cailloux aux yeux des pionniers, et quelquefois les blesseront (3). »

---

(1) Boguet, Discours des sorciers, ch. 40.
(2) Sur le roi Clovis Ier, voyez ses légendes, dans les *Légendes de l'Histoire de France*.

(3) Leloyer, Hist. et Disc. des spectres, etc., p. 343; post Wierum, De præst., lib. I, cap. xxu.

Les Allemands appellent ces mêmes démons familiers Kobold. Voy. ce mot.

COBOLI ; génies ou démons révérés par les anciens Sarmates. Ils croyaient que ces esprits habitaient les parties les plus secrètes des maisons, et même les fentes du bois. On leur offrait les mets les plus délicats. Lorsqu'ils avaient l'intention de se fixer dans une habitation, ils en prévenaient ainsi le père de famille : la nuit ils assemblaient des tas de copeaux et répandaient de la fiente de divers animaux dans les vases de lait ; gracieuses manières de s'annoncer. Si le lendemain le maître de la maison laissait ces copeaux en un tas, et faisait boire à sa famille le lait ainsi souillé, alors les cobolis se rendaient visibles et habitaient désormais avec lui ; mais s'il dispersait les copeaux et jetait le lait, ils allaient chercher un autre gîte.

Les cobolis, sont encore, ainsi que les gobelins et les cobales, le kobold des Allemands.

COCCONAS. Voy. ALEXANDRE DE PAPHLAGONIE.

COCHON. Est-il vrai, comme le croit le peuple, que de tous les animaux le cochon soit celui dont l'organisation ait le plus de ressemblance avec celle de l'homme ? Sur ce point, dit M. Salgues, on ne saurait mieux faire que de s'en rapporter à Cuvier. Or, voici ce que lui ont révélé ses recherches. L'estomac de l'homme et celui du cochon n'ont aucune ressemblance : dans l'homme, ce viscère a la forme d'une cornemuse ; dans le cochon, il est globuleux ; dans l'homme, le foie est divisé en trois lobes ; dans le cochon, il est divisé en quatre : dans l'homme, la rate est courte et ramassée ; dans le cochon, elle est longue et plate ; dans l'homme, le canal intestinal égale sept à huit fois la longueur du corps ; dans le cochon, il égale quinze à dix-huit fois la même longueur. Son cœur présente des différences notables avec celui de l'homme ; et j'ajouterai, pour la satisfaction des savants et des beaux-esprits, que le volume de son cerveau est aussi beaucoup moins considérable, ce qui prouve que ses facultés intellectuelles sont inférieures à celles de nos académiciens.

Il y aurait bien des choses à dire sur le cochon. Le diable s'est quelquefois montré sous sa figure. On conte, à Naples, qu'autrefois il apparaissait souvent avec cette forme dans le lieu même où l'église de Sainte-Marie-Majeure a depuis été bâtie, et qui réjouissait peu les Napolitains. Dès que l'église fut commencée, la singulière apparition ne se montra plus. C'est en mémoire de cet événement que l'évêque Pomponius fit faire le pourceau de bronze qui est encore sur le portail de cette église.

Camérarius raconte que, dans une ville d'Allemagne, un Juif malade étant venu chez une vieille, et lui ayant demandé du lait de femme, qu'il croyait propre à le guérir, la sorcière s'avisa de traire une truie et en porta le lait au Juif, qui le but. Ce lait commençant à opérer, le Juif s'aperçut qu'il grognait et devina la ruse de la sorcière, qui voulait sans doute lui faire subir la métamorphose des compagnons d'Ulysse. Il jeta le reste du lait sans le boire, et incontinent tous les cochons du voisinage moururent (1).

... Voy. BAUME UNIVERSEL.

COCLÈS (BARTHÉLEMY), chiromancien du seizième siècle. Il avait aussi des connaissances en astrologie et en physiognomonie. Il prédit à Luc Gauric, célèbre astrologue du même temps, qu'il subirait injustement une peine douloureuse et infamante ; et Luc Gauric fut en effet condamné au supplice de l'estrapade, par Jean Bentivoglio, tyran de Bologne, dont il avait pronostiqué l'expulsion prochaine.

Coclès prophétisa qu'il serait lui-même assassiné, et périrait d'un coup sur la tête. Son horoscope s'accomplit ponctuellement, car Hermès de Bentivoglio, fils du tyran, ayant appris qu'il se mêlait aussi de prédire sa chute, le fit assassiner par un brigand nommé Caponi, le 24 septembre 1504 (2). On assure même que, connaissant le sort qui le menaçait, il portait depuis quelque temps une calotte de fer, et qu'il ne sortait qu'armé d'une épée à deux mains. On dit encore que celui qui devait l'assassiner étant venu le consulter peu auparavant, il lui prédit qu'avant vingt-quatre heures il se rendrait coupable d'un meurtre. Il est plus que probable que ces prophéties n'ont été faites qu'après coup.

Coclès a écrit sur la physiognomonie et la chiromancie, mais son livre a subi des modifications. L'édition originale est : *Physiognomoniæ ac chiromanciæ Anastasis, sive compendium ex pluribus et pene infinitis auctoribus, cum approbatione Alexandri Achillini*; Bologne, 1504, in-fol. La préface est d'Achillini.

COCOTO, démon succube, adoré aux Indes occidentales, et mentionné par Bodin (3).

COCYTE, l'un des fleuves de l'enfer des anciens. Il entourait le Tartare, et n'était formé que des larmes des méchants.

CODE DES SORCIERS. Voy. SORCIERS.

CODRONCHI (BAPTISTE), médecin d'Imola, au seizième siècle. Il a laissé un traité des années climatériques, de la manière d'en éviter le danger, et des moyens d'allonger sa vie (4).

CŒLICOLES, secte juive qui adorait les astres et les anges gardiens des astres.

CŒUR. Des raisonneurs modernes ont critiqué ce qui est dit dans l'*Ecclésiaste*, que le cœur du sage est au côté droit, et celui de l'insensé au côté gauche. Mais il faut entendre cette maxime comme le mot de Jonas, à propos de ceux des Ninivites qui ne savaient pas faire la différence de leur main droite et de leur main gauche, c'est-à-dire du bien et du mal. Que le cœur de l'homme

---

(1) Camerarius, De nat. et affect. dæmon., in prooemio.
(2) M. Salgues, Des Erreurs et des préjugés.
(3) Démonomanie, liv. II, ch. VII.

(4) De annis climatericis, nec non de ratione vitand eorum pericula, itemque de modis vitam producendi commentarius. In-8°. Bologne. 1620.

soit situé au côté gauche de la poitrine, c'est un sentiment qui, à la rigueur, peut être réfuté par l'inspection seule, dit le docteur Brown ; car il est évident que la base et le centre du cœur sont exactement placés au milieu.

La pointe à la vérité incline du côté gauche ; mais on dit de l'aiguille d'un cadran qu'elle est située au centre, quoique la pointe s'étende vers la circonférence du cadran.

Nous rappellerons que quelques hommes ont eu le cœur velu. Voy. ARISTOMÈNE.

COIFFE. On s'est formé différentes idées sur la membrane appelée coiffe, qui couvre quelquefois la tête des enfants lorsqu'ils sortent du sein de leur mère. Les personnes superstitieuses la conservent avec soin, comme un moyen de bonheur, et on dit d'un homme heureux qu'il est né coiffé. On a même avancé que cette coiffe étend ses effets favorables jusque sur ceux qui la portent avec eux. Spartien parle de cette superstition dans la vie d'Antonin. Il dit que les sages-femmes vendaient ordinairement ces coiffes naturelles à des jurisconsultes crédules, qui en attendaient d'heureux résultats pour leurs affaires. Ils étaient persuadés que ce talisman leur ferait gagner toutes les causes (1). On se les disputait chez nous au seizième siècle.

Dans quelques provinces, on croyait que la coiffe révélait une vocation à la vie monastique (2). Les sages-femmes prédisaient aussi, chez nos pères, le sort de l'enfant qui apportait la coiffe sur la tête. Voy. AMNIOMANCIE.

Avant que l'empereur Macrin montât sur le trône, sa femme lui donna un fils qui naquit coiffé. On prédit qu'il s'élèverait au rang suprême, et on le surnomma *Diadematus*. Mais quand Macrin fut tué, il arriva de Diadematus qu'il fut proscrit et tué comme son père.

COIRIERES (CLAUDE), sorcière du seizième siècle. Pendant qu'elle était détenue en prison, elle donna une certaine graisse à un nommé François Gaillard, pareillement prisonnier, lequel s'en étant frotté les mains, fut enlevé de sa prison par l'assistance du diable, qui toutefois le laissa reprendre (3).

COLARBASSE, hérétique valentinien, qui prêchait la cabale et l'astrologie comme sciences religieuses. Il était disciple de Valentin. Il disait que la génération et la vie des hommes dépendaient des sept planètes, et que toute la perfection et la plénitude de la vérité était dans l'alphabet grec, puisque Jésus-Christ était nommé *Alpha et Oméga* (4).

COLAS (ANTIDE), sorcière du seizième siècle, qui, faisant commerce avec le diable,

qu'elle nommait Lizabet, fut appréhendée et mise en prison, sur l'avis de Nicolas Millière, chirurgien. Elle confessa qu'étant détenue à Betoncourt, le diable s'était apparu à elle en forme d'homme noir et l'avait sollicitée à se jeter par une fenêtre, ou bien à se pendre ; une autre voix l'en avait dissuadée. Convaincue d'être sorcière, mais aussi d'avoir commis beaucoup de turpitudes, cette femme fut brûlée à Dôle en 1599 (5) ; et c'est ainsi que se terminent ordinairement les histoires racontées par Boguet.

COLEY (HENRY), astrologue anglais, mort en 1690. On a de lui, *la Clef des éléments de l'astrologie*, Londres, 1675, in-8°. C'est un traité complet de cette science fantastique. On y trouve l'art de dresser toutes sortes de thèmes d'horoscopes, avec des exemples de nativités calculées.

COLLANGES (GABRIEL DE), mathématicien né en Auvergne en 1524. Il n'employa ses connaissances qu'à la recherche des secrets de la cabale et des nombres. Il est traducteur de la *Polygraphie et universelle Ecriture cabalistique de Trithème*, Paris, 1561, in-4°. On cite plusieurs ouvrages de lui, dont aucun n'a été imprimé, non plus que sa version de la *Philosophie occulte d'Agrippa*. Il a laissé manuscrit un *Traité de l'heur et malheur du mariage*.

COLLEHITES, pierre que l'on assure être propre à chasser les démons et à prévenir les charmes (6), mais on aurait dû la désigner.

COLMAN (JEAN), astrologue, né à Orléans ; le roi Charles VII en faisait grand cas. Louis XI, dit-on, lui donna des pensions, parce qu'il lui apprit à supputer des almanachs. On dit que Colleman étudiait si assidûment le cours de la lune, qu'à force d'application il en devint lépreux (7)...

COLLYRE. — On voit, dans la *Lycanthropie* de Nynauld, qu'un sorcier composait un certain collyre, avec le fiel d'un homme, les yeux d'un chat noir et quelques autres choses que l'écrivain ne nomme pas ; « lequel collyre appliqué aux yeux faisait voir et apparaître en l'air ou ailleurs les ombres des démons. »

COLOKYNTHO-PIRATES, pirates nains fabuleux, qui, dans l'histoire véritable de Lucien, naviguaient sur de grandes citrouilles ou coloquintes, longues de six coudées (trois mètres). Lorsqu'elles étaient sèches, ils les creusaient ; les grains leur servaient de pierres dans les combats, et les feuilles de voiles, qu'ils attachaient à un mât de roseau.

COLOMBES.—Il y avait dans le temple de Jupiter, à Dodone, deux colombes que l'on gardait soigneusement ; elles répondaient d'une voix humaine lorsqu'elles étaient consultées. Mais on lit dans Pausanias que c'é-

---

(1) Brown, des Erreurs popul., t. II, p. 88.
(2) Salgues, Des Erreurs et des préjugés.
(3) Boguet, Discours des sorciers, ch. 52, p. 327.
(4) Bergier, Dict. théolog.
(5) Boguet, Discours des sorciers, ch. 13, p. 325.

(6) Delancre, Tableau de l'Inconstance des démons, etc., liv. IV, p. 297.
(7) Ancien manuscrit de la Bibliothèque royale. Voyez Joly, Remarques sur Bayle, à la fin.

taient des femmes prêtresses qu'on appelait colombes dodoniennes.

Les Perses, persuadés que le soleil avait en horreur les colombes blanches, les regardaient comme des oiseaux de mauvais augure, et n'en souffraient point dans leur pays.

COLMA, château fort sur le Danube, qui, selon la tradition, est sorti de terre tout construit, par une puissance magique, comme autrefois dans la Mythologie grecque, Pégase sous le pied de Minerve. Des savants disent qu'en réalité il a été bâti en une nuit par la puissante armée sarmate du roi Deucaos.

COLONNE DU DIABLE. — On conserve à Prague trois pierres d'une colonne que le diable apporta de Rome pour écraser un prêtre avec lequel il avait fait pacte, et le tuer pendant qu'il disait la messe. Mais saint Pierre, s'il faut en croire la légende populaire, étant survenu, jeta trois fois de suite le diable et sa colonne dans la mer, et cette diversion donna au prêtre le temps de se repentir. Le diable en fut si désolé, qu'il rompit la colonne et se sauva (1).

COMBADAXUS, divinité dormante des Japonais. C'était un bonze dont ils racontent l'anecdote suivante. A huit ans, il fit construire un temple magnifique; et, prétendant être las de la vie, il annonça qu'il voulait se retirer dans une caverne et y dormir dix mille ans : en conséquence, il y entra; l'issue fut scellée sur-le-champ : les Japonais le croient encore vivant.

COMEDIENS. « Il serait bon, comme dit Boguet, de chasser nos comédiens et nos jongleurs, attendu qu'ils sont pour la plupart sorciers et magiciens, n'ayant d'autre but que de vider nos bourses et de nous débaucher. » Boguet n'est pas tout à fait dans son tort.

COMENIUS (Jean-Amos), philologue du dix-septième siècle. Il a laissé la Lumière dans les ténèbres, Hollande, 1657, in-4°; idem augmentée de nouveaux rayons, 1665, 2 vol. in-4°, fig. C'est une traduction latine des prétendues prophéties et visions de Kotter, de Dabricius et de Christine Poniatowska, habiles gens que nous ne connaissons point.

COMÈTES. — On a toujours vu dans les comètes les signes avant-coureurs des plus tristes calamités. Une comète parut quand Xerxès vint en Europe avec dix-huit cent mille hommes (nous ne les avons pas comptés) ; elle prédisait la défaite de Salamine.

Il en parut une avant la guerre du Péloponèse ; une, avant la défaite des Athéniens en Sicile ; une, avant la victoire que les Thébains remportèrent sur les Lacédémoniens ; une, quand Philippe vainquit les Athéniens ; une, avant la prise de Carthage par Scipion ; une, avant la guerre civile de César et de Pompée ; une, à la mort de César ; une, à la prise de Jérusalem par Titus ; une, avant la dispersion de l'empire romain par les Goths ; une avant l'invasion de Mahomet, etc. ; une enfin, avant la chute de Napoléon.

Tous les peuples regardent également les comètes comme un mauvais présage ; cependant, si le présage est funeste pour les uns, il est heureux pour les autres, puisqu'en accablant ceux-ci d'une grande défaite il donne à ceux-là une grande victoire.

Cardan explique ainsi les causes de l'influence des comètes sur l'économie du globe. « Elles rendent l'air plus subtil et moins dense, dit-il, en l'échauffant plus qu'à l'ordinaire : les personnes qui vivent au sein de la mollesse, qui ne donnent aucun exercice à leur corps, qui se nourrissent trop délicatement, qui sont d'une santé faible, d'un âge avancé et d'un sommeil peu tranquille, souffrent dans un air moins animé, et meurent souvent par excès de faiblesse. Cela arrive plutôt aux princes qu'à d'autres, à cause du genre de vie qu'ils mènent ; et il suffit que la superstition ou l'ignorance aient attaché aux comètes un pouvoir funeste, pour qu'on remarque, quand elles paraissent, des accidents qui eussent été fort naturels en tout autre temps. — On ne devrait pas non plus s'étonner de voir à leur suite la sécheresse et la peste, puisqu'elles dessèchent l'air, et ne lui laissent pas la force d'empêcher les exhalaisons pestiférées. Enfin les comètes produisent les séditions et les guerres en échauffant le cœur de l'homme et en changeant les humeurs en bile noire. »

On a dit de Cardan qu'il avait deux âmes, l'une qui disait des choses raisonnables, l'autre qui ne savait que déraisonner. Après avoir parlé comme on vient de voir, l'astrologue retombe dans ses visions. Quand une comète paraît auprès de Saturne, dit-il, elle présage la peste, la mort des souverains pontifes et les révolutions dans les gouvernements ; auprès de Mars, les guerres ; auprès du soleil, de grandes calamités sur tout le globe ; auprès de la lune, des inondations et quelquefois des sécheresses ; auprès de Vénus, la mort des princes et des nobles ; auprès de Mercure, divers malheurs en fort grand nombre.

Wiston a fait de grands calculs algébriques pour démontrer que les eaux extraordinaires du déluge furent amenées par une comète, et que quand Dieu décidera la fin du monde, ce sera une comète qui le brûlera....

COMIERS (Claude) ; docteur en théologie, mort en 1693. Il est auteur d'un Traité des prophéties, vaticinations, prédictions et prognostications. Il a écrit aussi sur la baguette divinatoire et sur les sibylles.

COMPITALES, fêtes des dieux Lares ou lutins du foyer, chez les anciens Romains. On leur sacrifiait dans l'origine des enfants, auxquels Brutus substitua des têtes de pavots.

COMTES DE L'ENFER, démons d'un ordre supérieur dans la hiérarchie infernale, et qui commandent de nombreuses légions. On les évoque à toute heure du jour, pourvu que ce soit dans un lieu sauvage, que les hommes n'aient pas coutume de fréquenter (2).

(1) Voyages du docteur Patin.

(2) Wierus, in Pseudomonarchia dæm.

CONCLAMATION, cérémonie romaine, du temps du paganisme. Elle consistait à appeler à grands cris l'individu qui venait de mourir, afin d'arrêter l'âme fugitive et de lui indiquer son chemin, ou de la réveiller si elle était encore trop attachée au corps.

CONDÉ. On lit dans une lettre de madame de Sévigné au président de Monceau que, trois semaines avant la mort du grand Condé, pendant qu'on l'attendait à Fontainebleau, M. de Vernillon, l'un de ses gentilshommes, revenant de la chasse sur les trois heures, et approchant du château de Chantilly (séjour ordinaire du prince), vit, à une fenêtre de son cabinet, un fantôme revêtu d'une armure, qui semblait garder un homme enseveli ; il descendit de cheval, et s'approcha, le voyant toujours; son valet vit la même chose et l'en avertit. Ils demandèrent la clef du cabinet au concierge ; mais ils en trouvèrent les fenêtres fermées, et un silence qui n'avait pas été troublé depuis six mois. On conta cela au prince, qui en fut un peu frappé, qui s'en moqua cependant ou parut s'en moquer ; mais tout le monde sut cette histoire et trembla pour ce prince, qui mourut trois semaines après.....

CONDORMANTS, sectaires qui parurent en Allemagne au treizième et au seizième siècle, et qui durent leur nom à l'usage qu'ils avaient de coucher tous ensemble, sous prétexte de charité. On dit que les premiers adoraient une image de Lucifer et qu'ils en tiraient des oracles.

CONFÉRENTES, dieux des anciens, dont parle Arnobe, et qui étaient, dit Leloyer, des démons incubes.

CONFUCIUS. On sait que ce philosophe est révéré comme un dieu à la Chine. On lui offre surtout en sacrifice de la soie, dont les restes sont distribués aux jeunes filles, dans la persuasion où l'on est que, tant qu'elles conservent ces précieuses amulettes, elles sont à l'abri de tous dangers.

CONJURATEURS, magiciens qui s'attribuent le pouvoir de conjurer les démons et les tempêtes.

CONJURATION, exorcisme, paroles et cérémonies par lesquelles on chasse les démons. Dans l'Église romaine, pour faire sortir le démon du corps des possédés, on emploie certaines formules ou exorcismes, des aspersions d'eau bénite, des prières et des cérémonies instituées à ce dessein (1).—Les personnes superstitieuses et criminelles qui s'occupent de magie abusent du mot, et nomment conjuration leurs sortiléges impies. Dans ce sens, la conjuration est un composé de paroles souvent sacriléges et de cérémonies détestables ou absurdes, adoptées par les sorciers pour évoquer les démons.

On commence par se placer dans le cercle magique (Voy. CERCLE); puis on récite les formules. Voici quelque idée de ces procédés. Nous les empruntons aux *Grimoires*.

Conjuration universelle pour les esprits.

« Moi (on se nomme), je te conjure, esprit (on nomme l'esprit qu'on veut évoquer), au nom du grand Dieu vivant, de m'apparaître en telle forme (on l'indique) ; sinon, saint Michel archange, invisible, te foudroiera dans le plus profond des enfers ; viens donc. (on nomme l'esprit), viens, viens, viens, pour faire ma volonté. »

Conjuration d'un livre magique.

« Je vous conjure et ordonne, esprits, tous et autant que vous êtes, de recevoir ce livre en bonne part, afin que toutes fois que nous lirons ledit livre, ou qu'on le lira étant approuvé et reconnu être en forme et en valeur, vous ayez à paraître en belle forme humaine, lorsqu'on vous appellera, selon que le lecteur le jugera, dans toutes circonstances. Je vous conjure de venir aussitôt la conjuration faite, afin d'exécuter, sans retardement, tout ce qui est écrit et mentionné en son lieu dans ce dit livre : vous obéirez, vous servirez, enseignerez, donnerez, ferez tout ce qui est en votre puissance, en utilité de ceux qui vous ordonneront, le tout sans illusion. — Et si par hasard quelqu'un des esprits appelés parmi vous ne pouvait venir ou paraître lorsqu'il serait requis, il sera tenu d'en envoyer d'autres, revêtus de son pouvoir, qui jureront solennellement d'exécuter tout ce que le lecteur pourra demander ; en vous conjurant tous, par les très-saints noms du tout-puissant Dieu vivant, etc.....

Conjuration des démons.

« Alerte, venez tous, esprits. Par la vertu et le pouvoir de votre roi, et par les sept couronnes et chaînes de vos rois, tous esprits des enfers sont obligés d'apparaître à moi devant ce cercle, quand je les appellerai. Venez tous à mes ordres, pour faire tout ce qui est à votre pouvoir, étant recommandés ; venez donc de l'orient, midi, occident et septentrion ; je vous conjure et ordonne, par la vertu et puissance de celui qui est Dieu, etc.

Conjurations pour chaque jour de la semaine.

Pour le lundi, à Lucifer. Cette expérience se fait souvent depuis onze heures jusqu'à douze, et depuis trois heures jusqu'à quatre. Il faudra du charbon, de la craie bénite, pour faire le cercle, autour duquel on écrira : « Je te défends, Lucifer, pour le nom que tu crains, d'entrer dans ce cercle. » Ensuite on récite la formule suivante : — « Je te conjure, Lucifer, par les noms ineffables On, Alpha, Ya, Rey, Sol, Messias, Ingodum, etc., que tu aies à faire, sans me nuire (on désigne sa demande).

Pour le mardi, à Nambroth. Cette expérience se fait la nuit, depuis neuf heures jusqu'à dix ; on doit donner à Nambroth la première pierre que l'on trouve, pour être reçu de lui en dignité et honneur. On procédera de la façon du lundi ; on fera un cercle autour duquel on écrira : « Obéis-moi, Nambroth, obéis-moi, par le nom que tu crains. » On récite, à la suite, cette formule : — « Je te conjure, Nambroth, et te commande par tous les noms par lesquels tu peux être contraint et lié, de faire telle chose. »

---
(1) Bergier, Dictionnaire théolog.

DICTIONN. DES SCIENCES OCCULTES. I.

Pour le mercredi, à Astaroth. Cette expérience se fait la nuit, depuis dix heures jusqu'à onze; on le conjure pour avoir les bonnes grâces du roi et des autres. On écrira dans le cercle : « Viens, Astaroth ; viens, Astaroth ; viens, Astaroth ; » ensuite on récitera cette formule : — « Je te conjure, Astaroth, méchant esprit, par les paroles et vertus de Dieu, etc. »

Pour le jeudi, à Acham. Cette expérience se fait la nuit, de trois heures à quatre ; il paraît en forme de roi. Il faut lui donner un morceau de pain lorsqu'on veut qu'il parle. On écrira autour du cercle : « Par le Dieu saint—, Nasim, 7, 7, H. M. A.; » ensuite on récitera la formule qui suit : — « Je te conjure, Acham; je te commande par tous les royaumes de Dieu, agis, je t'adjure, etc. »

Pour le vendredi, à Béchet. Cette expérience se fait la nuit, de onze heures à douze; il lui faut donner une noix. On écrira dans le cercle : « Viens, Béchet; viens, Béchet ; viens, Béchet ; » et ensuite on dira cette conjuration :—« Je te conjure, Béchet, et te contrains de venir à moi ; je te conjure de rechef, de faire au plus tôt ce que je veux, qui est, etc. »

Pour le samedi, à Nabam. Cette expérience se fait de nuit, de onze heures à douze, et sitôt qu'il paraît il lui faut donner du pain brûlé, et lui demander ce qui lui fait plaisir : on écrira dans son cercle : « N'entre pas, Nabam; n'entre pas, Nabam; n'entre pas, Nabam; » et puis on récitera la conjuration suivante :—« Je te conjure Nabam, au nom de Satan, au nom de Béelzébuth, au nom d'Astaroth et au nom de tous les esprits, etc. »

Pour le dimanche, à Aquiel. Cette expérience se fait la nuit, de minuit à une heure; il demandera un poil de votre tête ; il lui faut donner un poil de renard ; il le prendra. On écrira dans le cercle : « Viens, Aquiel; viens, Aquiel ; viens, Aquiel. » Ensuite on récitera la conjuration suivante : — « Je te conjure, Aquiel, par tous les noms écrits dans ce livre, que sans délai tu sois ici tout prêt à m'obéir, etc. »

Conjuration très-forte, pour tous les jours et à toute heure du jour et de la nuit, pour les trésors cachés tant par les hommes que par les esprits.

« Je vous commande, démons qui résidez en ces lieux, ou en quelque partie du monde que vous soyez, et quelque puissance qui vous ait été donnée de Dieu et des saints anges sur ce lieu même, je vous envoie au plus profond des abîmes infernaux. Ainsi, allez tous, maudits esprits et damnés, au feu éternel qui vous est préparé et à tous vos compagnons. Si vous m'êtes rebelles et désobéissants, je vous contrains et commande par toutes les puissances de vos supérieurs démons, de venir, obéir et répondre positivement à ce que je vous ordonnerai au nom de J.-C., etc. » Voy. Pierre d'Apone, etc.

Nous n'avons fait qu'indiquer ces stupidités inconcevables. Les commentaires sont inutiles. Voy. Évocations.

CONJUREURS DE TEMPÊTES. Les marins superstitieux donnent ce nom à certains êtres, marins comme eux, mais en commerce avec le diable, de qui ils obtiennent le pouvoir de commander aux vents. Ce pouvoir réside dans un anneau de fer qu'ils portent au petit doigt de la main droite, et les soumet à certaines conditions, comme de faire des voyages qui ne dépassent pas un mois lunaire, de n'être jamais à terre plus de trois jours. Si ces conditions n'ont pas été observées, on n'apaise l'esprit maître de l'anneau qu'en luttant avec lui, ce qui est périlleux, ou en jetant un homme à la mer.

CONSTANTIN. Tout le monde sait que, frappé de l'apparition d'une croix miraculeuse, et de l'avis qui lui était donné qu'il vaincrait par ce signe, Constantin le Grand se convertit et mit la croix sur ses étendards.

Jusqu'au seizième siècle, aucun écrivain n'avait attaqué la vision de Constantin ; tous les monuments contemporains attestent ce miracle. Mais les protestants, voyant qu'il pouvait servir à autoriser le culte de la croix, ont entrepris d'en faire une ruse militaire..... Les philosophes du dernier siècle n'ont pas manqué de copier leurs déraisonnements.—J.-B. Duvoisin, évêque de Nantes, et l'abbé de l'Estocq, docteurs en Sorbonne, ont publié des dissertations sur la vision de Constantin.

Dissertation historique sur la vision de Constantin. (Par le Père Du Moulinet, bibliothécaire de sainte Geneviève (1).

La recherche des médailles et leur explication ne sont pas une curiosité vaine et inutile. On y trouve de grands secours pour les lettres; pour les coutumes et les usages des anciens, et particulièrement pour l'Histoire. Les lumières que le cardinal Baronius et les autres historiens en ont reçues en plusieurs occasions, ne donnent pas lieu d'en douter. Nous en avons une nouvelle preuve dans la confirmation que le Père du Moulinet tire de ces sortes de monuments pour l'apparition que l'empereur Constantin eut de la Croix de Notre-Seigneur avant de donner le combat contre Maxence.

« L'Histoire nous fournit trois témoignages si authentiques de cette vision, qu'il y a sujet de s'étonner qu'un auteur qui a écrit depuis quatre ans (2) sur les médailles, ait eu la témérité d'avancer que ce n'était qu'une illusion.

« Eusèbe nous assure qu'il en avait appris l'histoire de la bouche même de Constantin. S. Artémius qui avait porté les armes sous cet empereur en sa jeunesse, se souvenait encore très-bien sur le déclin de son âge, de cette apparition, dont il avait été spectateur *avec toute l'armée*. Lactance, précepteur du fils de Constantin, en fait mention dans son traité *de la Mort des Persécuteurs*. Ces trois

---

(1) Journal des Savants, année 1681, n° 11.
(2) Ce ne peut être que Jacques Oiselius qui publia en 1677, à Amsterdam son *Thesaurus selectorum Numismatum Antiquorum*, in-4°.

témoins (1) qui déposent de ce qu'ils ont vu, et de ce qu'ils ont ouï dans le temps même, ne sont-ils pas plus croyables que les centuriateurs de Magdebourg, qui contestent ce miracle si authentique, pour déroger à l'honneur que l'on doit à la croix de Jésus-Christ et à la vénération que les infidèles même lui ont toujours rendue?

« Les chrétiens reconnaissant que c'est de la croix qu'ils ont tiré la vie, l'ont toujours regardée comme la source de leur bonheur; ils lui ont rendu leur culte et leurs adorations, et ont élevé partout ce trophée de leur salut dès le commencement même de l'Église. On a trouvé en effet depuis un siècle en la ville de Meliapour aux Indes, les vestiges d'une église, dressée à ce qu'on tient par l'apôtre saint Thomas, où il y avait des croix. Tertullien remarque que les chrétiens avaient mis en plusieurs endroits la figure de ce signe salutaire; et Constantin le plaça sur la porte de son palais, tout enrichi d'or et de pierreries; mais il lui rendit encore des honneurs plus particuliers; il le fit passer, comme dit saint Augustin, *a loco suppliciorum ad frontem imperatorum*, depuis qu'il eut vu ce signe miraculeux qui lui promettait la victoire contre Maxence.

« Voici comme le tout se passa au rapport d'Eusèbe qui l'avait appris, comme nous l'avons dit, de la bouche même de cet empereur. Il leur avait donc dit, comme le rapporte cet historien, que la veille du jour qu'il devait donner le combat; savoir le 26 octobre de l'an 312, il vit clairement au ciel, un peu après midi, le signe de la croix tout brillant de lumière, avec cette inscription: *Tu seras victorieux par la vertu de ce signe* (2); ce qui le surprit fort, aussi bien que *toute son armée, qui vit comme lui ce phénomène miraculeux*. La nuit suivante Jésus-Christ s'apparut à lui durant son sommeil, avec ce signe céleste; il lui enjoignit de le faire graver sur les boucliers de ses soldats, et Constantin le porta depuis sur son casque, comme on le voit dans plusieurs médailles de cet empereur.

« Le même Eusèbe fait aussi la peinture du *labarum* ou étendard que Constantin fit faire en cette manière. C'était un grand bâton en forme de pique, qui en avait un autre plus petit en travers, lequel composait une croix, et d'où pendait une bannière carrée d'une étoffe de pourpre fort précieuse, enrichie de broderie d'or, éclatante de pierreries; au-dessus de cette bannière, il y avait une couronne d'or, qui portait le monogramme de Jésus-Christ.

« Constantin se servit de cette mystérieuse enseigne qu'on appelait *labarum*, non-seulement dans la guerre qu'il eut contre Maxence, mais encore contre ses autres ennemis, et il en ressentit toujours des effets merveilleux. Il destina cinquante des plus braves officiers de son armée pour la porter tour à tour, et pour la garder : ceux qui la portaient étaient aussi gardés et préservés par sa vertu divine. Car Eusèbe dit qu'il a ouï raconter à cet empereur, qu'un jour celui qui la portait sur son épaule à la tête de l'armée, entendant les cris des ennemis qui venaient avec fureur, en fut si étonné qu'il donna le *labarum* à un de ses camarades pour prendre la fuite, mais qu'il n'alla pas loin ayant été percé d'une flèche. Au contraire, celui qui avait pris cet étendard, et qui le portait élevé devant lui ne reçut aucun mal, quoique les ennemis tirassent sur lui de tous côtés, et que le bâton qu'il tenait fut tout couvert de flèches, qui y étaient demeurées attachées. On voit même une médaille de Constantin, qui a pour revers le *labarum* orné du monogramme du Christ, gardé par deux soldats, avec ces mots pour légende : *Gloria exercitus*.

Les enfants de Constantin ayant reconnu les effets et la vertu de ce signe miraculeux, s'en servirent à l'exemple de leur père dans les occasions. Témoin la médaille de Constantin le Jeune, qui a pour revers le *labarum* qu'il tient en main avec ces mots: *Hoc signo victor eris*.

« Telle est la vérité de la vision que Constantin eut de la sainte croix; et comme elle est appuyée sur des témoignages si authentiques et des preuves aussi solides et aussi anciennes que le fait même, il y a sujet de s'étonner qu'on veuille aujourd'hui révoquer en doute cet insigne miracle, qui a été vu en plein jour par tant de personnes, et par une armée des plus nombreuses.

« Ce qui est constant dans toute cette histoire est l'apparition en elle-même. Quelques circonstances qui varient dans les auteurs, montrent qu'ils ne se sont pas copiés servilement, et prouvent du moins que le fond en était certain, ce qui suffit pour la vérité de l'apparition. »

Combien de remarques ne pourrait-on pas ajouter à cette dissertation du P. du Moulinet? ajoute Lenglet Dufresnoy, dans son *Traité des Visions*. On peut voir ce qu'ont dit de celle-ci le savant Père Pagi sur Baronius, et Tillemont dans son *Histoire si exacte des Empereurs*. Ces témoignages, rendus à la vérité par de tels écrivains, doivent l'emporter sur les doutes des critiques, à qui rien ne plaît, que ce qui part de leur incrédule imagination. Volontiers pour se distinguer du commun, ils adoptent des fables qui peuvent préjudicier à quelque doctrine généralement avouée; mais ils se gardent bien de croire des points d'histoire, appuyés sur les preuves communément reçues dans la discussion des faits historiques.

CONSTANTIN COPRONYME, empereur iconoclaste de Constantinople. Il était, dit-on, magicien. Il conjurait habilement les démons, dit Leloyer; il évoquait les morts, et faisait des sacrifices détestables et invocations du diable. Il mourut d'un feu qui le saisit par tout le corps, et dont la violence était telle, qu'il ne faisait que crier (3).

(1) On peut ajouter à ces trois témoins Socrate, Sozomènes, Philostorge, tous trois historiens de l'Église, saint Grégoire de Nazianze qui en a pareillement parlé, etc.
(2) Hoc signo vinces.
(3) Leloyer, Hist. des spectres et des apparitions des esprits, liv. IV, ch. vi, p. 502.

CONSTELLATIONS. Il y en a douze, qui sont les douze signes du zodiaque, et que les astrologues appellent les douze maisons du soleil, savoir : le bélier, le taureau, les gémeaux, l'écrevisse, le lion, la vierge, la balance, le scorpion, le sagittaire, le capricorne, le verseau et les poissons. On les désigne très-bien dans ces deux vers techniques, que tout le monde connaît :

Sunt aries, taurus, gemini, cancer, leo, virgo,
Libraque, scorpius, arcitenens, caper, amphora, pisces.

On dit la bonne aventure par le moyen de ces constellations. Voy. HOROSCOPES et ASTROLOGIE.

CONTRE-CHARMES, charmes qu'on emploie pour détruire l'effet d'autres charmes. Quand les charmeurs opèrent sur des animaux ensorcelés, ils font des jets de sel préparés dans une écuelle avec du sang tiré d'un des animaux maléficiés. Ensuite ils récitent pendant neuf jours certaines formules. Voy. GRATIANNE, AMULETTES, SORT, MALÉFICES, LIGATURES, etc.

CONVULSIONS. Au neuvième siècle, des personnes suspectes déposèrent dans une église de Dijon des reliques qu'elles avaient, disaient-elles, apportées de Rome, et qui étaient d'un saint dont elles avaient oublié le nom. L'évêque Théobald refusa de recevoir ces reliques sur une allégation aussi vague. Néanmoins, elles faisaient des prodiges. Ces prodiges étaient des convulsions dans ceux qui venaient les révérer. L'opposition de l'évêque fit bientôt de ces convulsions une épidémie; les femmes surtout s'empressaient de leur donner de la vogue. Théobald consulta Amolon, archevêque de Lyon, dont il était suffragant. « Proscrivez, lui répondit l'évêque, ces fictions infernales, ces hideuses merveilles, qui ne peuvent être que des prestiges ou des impostures. Vit-on jamais, aux tombeaux des martyrs, ces funestes prodiges qui, loin de guérir les malades, font souffrir les corps et troublent les esprits?... »

Cette espèce de manie fanatique se renouvela quelquefois; elle fit grand bruit au commencement du dix-huitième siècle; et on prit encore pour des miracles les convulsions, les contorsions et les grimaces d'une foule d'insensés. Les gens mélancoliques et atrabilaires ont beaucoup de dispositions à ces jongleries. Si dans le temps surtout où leur esprit est dérangé, ils s'appliquent à rêver fortement, ils finissent toujours par tomber en extase, et se persuadent qu'ils peuvent ainsi prophétiser. Cette maladie se communique aux esprits faibles, et le corps s'en ressent. De là vient, ajoute Brueys (1), que, dans le fort de leurs accès, les convulsionnaires se jettent par terre, où ils demeurent quelquefois assoupis. D'autres fois, ils s'agitent extraordinairement; et c'est en ces différents états qu'on les entend parler d'une voix étouffée, et débiter toutes les extravagances dont leur folle imagination est remplie.

Tout le monde a entendu parler des convulsions et des merveilles absurdes qui eurent lieu, dans la capitale de la France, sur le tombeau du diacre Pâris, homme inconnu pendant sa vie, et trop célèbre après sa mort (2). La frénésie fanatique alla si loin, que le gouvernement fut obligé, en 1732, de fermer le cimetière Saint-Médard, où Pâris était enterré. Sur quoi un plaisant fit ces deux vers :

De par le roi, défense à Dieu,
D'opérer miracle en ce lieu.

Dès lors les convulsionnaires tinrent leurs séances dans des lieux particuliers, et se donnèrent en spectacle certains jours du mois. On accourait pour les voir, et leur réputation surpassa bientôt celle des bohémiens ; puis elle tomba, tuée par l'excès et le ridicule.

COPERNIC, astronome célèbre, mort en 1543. On dit communément que son système fut condamné par la cour de Rome : ce qui est faux et controuvé. Il vivait à Rome d'un bon canonicat, et y professait librement l'astronomie. Mais voyez à ce sujet l'article GALILÉE.

COQ. Le coq a, dit-on, le pouvoir de mettre en fuite les puissances infernales ; et comme on a remarqué que le démon, qu'on appelle le lion d'enfer, disparaît dès qu'il voit ou entend le coq, on a répandu aussi cette opinion que le chant ou la vue du coq épouvante et fait fuir le lion. C'est du moins le sentiment de Pierre Delancre.

« Mais il faut répondre à ces savants, dit M. Salgues (3), que nous avons des lions dans nos ménageries; qu'on leur a présenté des coqs; que ces coqs ont chanté, et qu'au lieu d'en avoir peur, les lions n'ont témoigné que le désir de croquer l'oiseau chanteur; que toutes les fois qu'on a mis un coq dans la cage d'un lion, loin que le coq ait tué le lion, c'est au contraire le lion qui a mangé le coq. »

On sait que tout disparaît au sabbat aussitôt que le coq chante. On cite plusieurs exemples d'assemblées de démons et de sorcières que le premier chant du coq a mises en déroute; on dit même que ce son, qui est pour nous, par une sorte de miracle perpétuel, une horloge vivante, force les démons, dans les airs, à laisser tomber ce qu'ils portent : c'est à peu près la vertu qu'on attribue au son des cloches. Pour empêcher le coq de chanter pendant leurs assemblées nocturnes, les sorciers, instruits par le diable, ont soin de lui frotter la tête et le front d'huile d'olive, ou de lui mettre au cou un collier de sarment.

Beaucoup d'idées superstitieuses se rattachent à cet oiseau, symbole du courage et chesse du Maine :

Un décrotteur à la royale,
Du talon gauche estropié,
Obtint, pour grâce spéciale,
D'être boiteux de l'autre pié.

---

(1) Préface de l'Histoire du Fanatisme.
(2) Carré de Montgeron a recueilli ces merveilles en trois gros volumes in-4°, avec figures. Voici un de ces miracles rapporté dans une chanson de madame la duchesse du Maine :
(3) Des Erreurs et des préjugés, etc., préface.

de la vigilance, vieil emblème des Français. On dit qu'un jour Vitellius rendant la justice à Vienne en Dauphiné, un coq vint se percher sur son épaule ; ses devins décidèrent aussitôt que l'empereur tomberait sûrement sous un Gaulois ; et, en effet, il fut vaincu par un Gaulois de Toulouse.

On devinait les choses futures par le moyen du coq (Voy. ALECTRYOMANCIE).

On dit aussi qu'il se forme dans l'estomac des coqs une pierre qu'on nomme pierre alectorienne, du nom grec de l'animal. Les anciens accordaient à cette pierre la propriété de donner le courage et la force : c'est à sa vertu qu'ils attribuaient la force prodigieuse de Milon de Crotone. On lui supposait encore le don d'enrichir, et quelques-uns la regardaient comme un philtre qui modérait la soif.

On pensait encore autrefois qu'il y avait dans le coq des vertus propres à la sorcellerie. On disait qu'avant d'exécuter ses maléfices, Léonora Galigaï ne mangeait que des crêtes de coq et des rognons de bélier qu'elle avait fait charmer. On voit, dans les accusations portées contre elle, qu'elle sacrifiait des coqs aux démons (1).

Certains Juifs, la veille du chipur ou jour du pardon, chargent de leurs péchés un coq blanc qu'ils étranglent ensuite, qu'ils font rôtir, que personne ne veut manger, et dont ils exposent les entrailles sur le toit de leur maison.

On sacrifiait, dans certaines localités superstitieuses, un coq à saint Christophe, pour en obtenir des guérisons.

On croyait enfin que les coqs pondaient des œufs, et que ces œufs étant maudits, il en sortait un serpent ou un basilic. « Cette superstition fut très-répandue en Suisse ; et, dans une petite chronique de Bâle, Gross raconte sérieusement qu'au mois d'août 1474 un coq de cette ville, ayant été accusé et convaincu de ce crime, fut condamné à mort. Le bourgeois le brûla publiquement avec son œuf, dans un endroit nommé Kablenberg, à la vue d'une grande multitude de personnes (2). » Voy. BASILIC, MARIAGE, etc.

CORAIL. Quelques auteurs ont écrit que le corail a la vertu d'arrêter le sang et d'écarter les mauvais génies. Marsile Ficin prétend que le corail éloigne les terreurs paniques et préserve de la foudre et de la grêle. Liceti en donne cette raison, que le corail exhale une vapeur chaude qui, s'élevant en l'air, dissipe tout ce qui peut causer la grêle ou le tonnerre.

Brown, dans ses *Essais sur les erreurs populaires*, dit qu'il est tenté de croire que l'usage de mettre des colliers de corail au cou des enfants, dans l'espérance de leur faire sortir les dents, a une origine superstitieuse, et que l'on se servait autrefois du corail comme d'une amulette ou préservatif contre les sortiléges.

CORBEAU, oiseau de mauvais augure, qui,

(1) M. Garinet, Histoire de la magie en France, p. 100.
(2) Dictionnaire d'anecdotes suisses, p. 114.

dans les idées superstitieuses, annonce des malheurs et quelquefois la mort. Il a pourtant des qualités merveilleuses. Le livre des *Admirables secrets d'Albert le Grand* dit que si l'on fait cuire ses œufs, et qu'ensuite on les remette dans le nid où on les aura pris, aussitôt le corbeau s'en ira dans une île où Alogricus, autrement appelé Alruy, a été enseveli, et il en apportera une pierre avec laquelle, touchant ses œufs, il les fera revenir dans leur premier état ; « ce qui est tout à fait surprenant. » Cette pierre se nomme pierre *indienne*, parce qu'elle se trouve ordinairement aux Indes.

On a deviné, par le chant du corbeau, si son croassement peut s'appeler chant. M. Bory de Saint-Vincent trouve que c'est un langage. On l'interprète en Islande pour la connaissance des affaires d'État. Le peuple le regarde comme instruit de tout ce qui se passe au loin, et annonçant aussi très-bien l'avenir. Il prévoit surtout les morts qui doivent frapper une famille, et vient se percher sur le toit de la maison, d'où il part pour faire le tour du cimetière, avec un cri continu et des inflexions de voix. Les Islandais disent qu'un de leurs savants, qui avait le don d'entendre l'idiome du corbeau, était, par ce moyen, instruit des choses les plus cachées.

Hésiode avance que la corneille vit huit cent soixante-quatre ans, tandis que l'homme ne doit vivre que quatre-vingt-seize ans, et il assure que le corbeau vit trois fois plus que la corneille : ce qui fait deux mille cinq cent quatre-vingt-douze ans.

On croit, dans la Bretagne, que deux corbeaux président à chaque maison, et qu'ils annoncent la vie et la mort. Les habitants du Finistère assurent encore que l'on voit, sur un rocher éloigné du rivage, les âmes de leur roi Gralon et de sa fille Dahut, qui leur apparaissent sous la forme de deux corbeaux ; elles disparaissent à l'œil de ceux qui s'en approchent (3). Voy. ODIN, CICÉRON, AUGURES, etc.

Légende du jugement des corbeaux.

Au haut du chemin de Saint-Jacques, qu'on nomme aujourd'hui à Bruxelles la rue de la Madeleine, il y avait jadis un cabaret de grande renommée. On l'appelait le cabaret de la *Haute-Pinte*. On croit qu'il florissait déjà au dixième siècle. Quand l'empereur Othon II habitait cette ville alors peu étendue, on voyait dans son voisinage une maison de plaisance où l'on se rendait par un chemin qui est à présent la rue de l'Empereur ; et déjà l'on ajoute que l'estaminet de la *Haute-Pinte* était prospère.

Vers l'an 930, il n'y avait pas encore de puissance organisée dans ce pays ; probablement, ce fut Henri 1er qui commença la série des ducs de Brabant, quoique des amateurs fassent remonter ce titre jusqu'à Pepin de Landen, et d'autres même jusqu'à Salvius Brabo, qui, investi par César du pouvoir su-

(3) Cambry, voyage dans le Finistère, t. II, p. 264.

prême sur ces contrées, donna son nom à la principale province de la Belgique. C'était Conrad le Roux, qui, duc de la France Rhénane en 950, devait passer pour suzerain de Bruxelles. Cette ville, née dans l'île de Saint-Géry, s'avançait à peine jusqu'à la Grande-Place actuelle, qui était un étang ; ses environs appartenaient à sept puissants seigneurs. Possesseurs du sol et souverains des habitants, ils n'y purent cependant aussi complétement qu'en Allemagne établir la hiérarchie féodale.

Le premier de ces seigneurs était Huygs, seigneur de la Kantersteen, dont le nom n'a pas encore péri dans Bruxelles ; son château s'élevait au coin de la rue des Sols, vis-à-vis le cabaret ; l'avenue large et spacieuse qui conduisait à ce manoir en a gardé le nom. Après lui venait ser Leeuws, ou sire Lion, seigneur de Maximiliansteen, de qui vient le nom de la rue Maximilienne, et non de l'empereur allemand, comme quelques-uns l'ont cru. On a dit aussi que ser Leeuws ayant un lion pour insigne, avait donné à son pays le Lion Belgique ; c'est une autre erreur. Vous pouvez lire dans la chronologie de Thomas Blaise, que le pieux Hildegard, qui vivait à la cour de Sunnon, l'un des rois francs, prédécesseur de Mérovée, prédit que les aigles romaines seraient un jour terrassées par le Lion Franco-Belge ; et en effet, depuis l'établissement des Francs dans la Campine en 280, on vous soutiendra que les Gaules du Nord ont toujours eu le lion à leur bannière.

Les cinq autres seigneurs, beaucoup moins importants, étaient Steenwegs, seigneur de Valkenbourg ; Caudenberg, seigneur de Zouthuys, ou, selon d'autres, Zouthuys, seigneur de Caudenberg ; Roelofs ou Rodolphe, seigneur de Huysteen ; Sweerts, seigneur de Paëhuys ; et Rodenbeek, seigneur de Plattesteen. Son château était à la rue de la Pierre Plate (plattesteen) qui a conservé son nom. Plusieurs autres rues portent encore en flamand les noms de ces seigneurs.

Or, en cette même année 950, les hommes moins inventifs que nous ne le sommes devenus, trouvèrent pourtant (car ils trouvaient quelquefois) le secret de fabriquer cette bière exquise que, depuis le seizième siècle, on appelle faro, et qui est demeurée sans contredit l'une des premières bières du monde. On a dit à tort qu'elle n'avait été inventée qu'au treizième siècle, puisqu'on en buvait à la cour de Jean Ier. On a avancé qu'elle se nommait faro, d'un vieux mot français qui s'écrit faraud aujourd'hui, et qui veut dire élégant et riche, parce que cette bière, perfectionnée au treizième siècle, n'était destinée qu'aux gens aisés ; mais elle fut nommée faro par les espagnols venus à la suite de Charles-Quint, parce qu'au premier aspect ils la prirent pour du vin de Faro en Portugal, dont elle a la couleur dorée.

C'est aussi des Espagnols qu'est venu le mot estaminet, *estaminetto* dans leur langue, voulant dire réunion ou petite assemblée.

Dans tous les cas, César et Tacite nous apprennent que de leur temps, on faisait de bonne bière en tout ce pays ; que déjà on en employait l'écume à la levure du pain. Alors pareillement, il y avait de grands vignobles à Etterbeek et à Saint-Josse-ten-Noode.

Mais revenons à notre simple histoire. Nous remettrons donc en avant ce fait, qu'en 950, deux Bruxellois de la banlieue ou de l'*extra muros*, habitant l'un la seigneurie de Kantersteen, l'autre les domaines de sir Steenwegs, prétendirent tous deux avoir trouvé le secret du faro. Le seigneur Hugues, qui était grand buveur, et pour qui, dans la suite, on fit le lembeek, avait promis une récompense encourageante à celui de ses voisins qui perfectionnerait la bière. Cette prime était l'exemption à perpétuité de tout impôt. Maître Géry Knaps, maître de l'estaminet de la *Haute-Pinte*, fut, à ce qu'on croit, le véritable inventeur. Mais Jean Munters, qui tenait cabaret dans la rue de la Kantersteen, se présenta comme l'ayant imaginée aussi. Il avait pour enseigne : *La bouteille de Brabant*. Sir Hugues qui se faisait vieux, fit comparaître les parties en sa présence et dégusta longuement et gravement leurs liquides. La comparaison qu'il en voulut analyser dura trois jours ; plusieurs brocs y passèrent. Les deux cabaretiers ayant eu également bon succès, sir Hugues ne sut rien décider et confessa en conscience qu'ils avaient tous deux parfaitement travaillé.

Ne voulant pourtant récompenser qu'un seul industriel, il déclara qu'il fallait, pour connaître qui avait inventé le premier, s'en rapporter à une épreuve, par le jugement de Dieu. On sait que ce jugement se rendait par le sort ou par le combat. Les cabaretiers sont peu guerroyeurs : la pinte et la bouteille ne se soucièrent pas de se heurter. On chercha l'autre moyen.

Il y avait encore dans le pays une vieille coutume qui venait des Druides, et qu'on employait quelquefois. Dans les querelles embrouillées, où les plaideurs ne voulaient se battre ni à l'épée ni au bâton, deux corbeaux devenaient arbitre du procès. Les parties mettaient sur une planche deux gâteaux de farine, détrempée avec de l'huile, des œufs et un peu de vieux vin ; ils portaient ces deux gâteaux au bord du lac d'Ixelles, après quoi on lâchait deux corbeaux qui mangeaient un des gâteaux en entier et éparpillaient l'autre. La partie dont le gâteau n'était qu'éparpillé gagnait sa cause.

Il est facile de faire de l'esprit. Saint-Foix a dit que cette ordalie était un emblème par lequel les Druides ont prophétisé la façon dont on rendrait un jour la justice chez nous. « Les corbeaux sont voraces, ajoute-t-il ; leur plumage est noir, et la partie qui gagne est presque toujours aussi ruinée que celle qui perd. »

Quoiqu'il en soit, Jean Munters qui était fin, ayant mis du vin d'Etterbeek dans son gâteau, les deux corbeaux mangèrent celui de Géry Knaps et ne firent qu'éparpiller le gâteau de la grosse Bouteille. Munters eut donc l'exemption dont il ne jouit que jusqu'à l'avénement de Jean Ier, duc de Brabant, du la maison de Louvain, qui aimait la pieterman. Mais l'estaminet de la Bouteille de Brabant, dans la Kanterstéen, a toujours eu depuis le corbeau pour emblème. Il n'en reste plus que l'enseigne ; le cabaret s'est transporté ailleurs.

CORBEAU NOIR. Voy. CALICE DU SABBAT.

CORDE DE PENDU. Les gens crédules prétendaient autrefois qu'avec la corde de pendu on échappait à tous les dangers et qu'on était heureux au jeu. On n'avait qu'à se serrer les tempes avec une corde de pendu pour se guérir de la migraine. On portait un morceau de cette corde dans sa poche pour se garantir du mal de dents. Enfin, on se sert de cette expression proverbiale, *avoir de la corde de pendu*, pour indiquer un bonheur constant, et les Anglais du menu peuple courent encore après la corde de pendu (1).

CORDELIERS D'ORLÉANS. On a fait grand bruit de l'affaire des cordeliers d'Orléans, qui eut lieu sous François I*er*. Les protestants s'en emparèrent ; et d'un tort qui est assez mal établi, on fit un crime aux moines. C'était peut-être faire leur éloge que de s'étonner qu'ils ne fussent pas tous des anges. Voici l'histoire.

Le seigneur de Saint-Mesmin, prévôt d'Orléans, qui donnait dans les erreurs de Luther, devint veuf. Sa femme était comme lui luthérienne en secret. Il la fit enterrer sans flambeaux et sans cérémonies. Elle n'avait pas reçu les derniers sacrements. Le gardien et le custode des cordeliers d'Orléans, indignés de ce scandale, firent cacher, dit-on, un de leurs novices dans les voûtes de l'église, avec des instructions. Aux matines, ce novice fit du bruit sur les voûtes. L'exorciste, qui pouvait bien n'être pas dans le secret, prit le rituel, et croyant que c'était un esprit, lui demanda qui il était ?

Point de réponse.
— S'il était muet ?
Il frappa trois coups.

On n'alla pas plus loin ce jour-là. Le lendemain et le surlendemain ; le même incident se répéta.

Fantôme ou esprit, dit alors l'exorciste, es-tu l'âme d'un tel ?

Point de réponse.
— D'un tel.
Point de réponse.

On nomma successivement plusieurs personnes enterrées dans l'église. Au nom de Louise de Marcau, femme de François de Saint-Mesmin, prévôt d'Orléans, l'esprit frappa trois coups.

Es-tu dans les flammes ?
Trois coups.
— Es-tu damnée pour avoir partagé les erreurs de Luther ?
Trois grands coups.

Les assistants étaient dans l'effroi. On se disposait à signifier au seigneur de Saint-Mesmin d'enlever de l'église sa luthérienne ; mais il ne se déconcerta pas. Il courut à Paris et obtint des commissaires du conseil

(1) Salgues, Des Erreurs et des préjugés, t. I, p. 455.

d'État un arrêt qui condamnait huit cordeliers d'Orléans à faire amende honorable, pour avoir supposé de fausses apparitions (1534).

Une preuve que cette faute était individuelle, c'est qu'elle fut condamnée par l'autorité ecclésiastique, et que les huit condamnés, dont deux seulement étaient coupables, le gardien et le custode, furent bannis sans que personne n'appelât ni ne réclamât.

CORÉ, compagnon de Dathan et d'Abiron. Les mahométans, qui le confondent avec le batelier Caron, le font cousin-germain de Moïse, qui, le voyant pauvre, lui enseigna l'alchimie, par le moyen de laquelle il acquit de si grandes richesses qu'il lui fallait quarante chameaux pour porter son or et son argent. Il y en a qui prétendent même que plusieurs chameaux étaient chargés seulement des clefs de ses coffres-forts.

Moïse ayant ordonné aux Israélites de payer la dîme de tous leurs biens (nous suivons toujours les auteurs musulmans), Coré refusa d'obéir, se souleva même contre son bienfaiteur jusqu'à répandre sur lui des calomnies qui allaient lui faire perdre son autorité parmi le peuple, si Moïse ne s'en fût plaint à Dieu, qui lui permit de punir l'ingrat ; alors Moïse lui donna sa malédiction, et ordonna à la terre de l'engloutir, ce qui s'exécuta.

CORNEILLE. Le chant de la corneille était regardé des anciens comme un très-mauvais présage pour celui qui commençait une entreprise : ils l'invoquaient cependant avant le mariage, parce qu'ils croyaient que les corneilles, après la mort de l'un ou de l'autre couple, observaient une sorte de veuvage. Voy. CORBEAU, AUGURES, etc.

Les sorcières ont eu quelquefois des corneilles à leur service, comme on le voit par la légende qui suit, et qui, conservée par Vincent de Guillerin (*Spect. hist.*, lib. 26), a inspiré plus d'une ballade sauvage, en Angleterre et en Écosse.

La Corneille de Barkley.

Une vieille Anglaise, de la petite ville de Barkley, exerçait en secret, au onzième siècle, la magie et la sorcellerie avec grande habileté. Un jour, pendant qu'elle dînait, une corneille qu'elle avait auprès d'elle et dont personne ne soupçonnait l'emploi, lui croassa je ne sais quoi de plus clair qu'à l'ordinaire. Elle pâlit, poussa de profonds soupirs et s'écria : — J'apprendrai aujourd'hui de grands malheurs.

A peine achevait-elle ces mots, qu'on vint lui annoncer que son fils aîné et toute la famille de ce fils étaient morts de mort subite. Pénétrée de douleur, elle assembla ses autres enfants, parmi lesquels était un bon moine et une sainte religieuse ; elle leur dit en gémissant :

Jusqu'à ce jour, je me suis livrée, mes enfants, aux arts magiques. Vous frémissez ; mais le passé n'est plus en mon pouvoir. Je n'ai d'espoir que dans vos prières. Je sais que les démons sont à la veille de me posséder pour me punir de mes crimes. Je vous prie, comme votre mère, de soulager les tourments que j'endure déjà. Sans vous, ma perte me paraît assurée; car je vais mourir dans un instant. Renfermez mon corps, enveloppé d'une peau de cerf, dans une bière de pierre recouverte de plomb que vous lierez par trois tours de chaîne. Si, pendant trois nuits, je reste tranquille, vous m'ensevelirez la quatrième, quoique je craigne que la terre ne veuille point recevoir mon corps. Pendant cinquante nuits, chantez des psaumes pour moi, et que pendant cinquante jours on dise des messes.

Ses enfants troublés exécutèrent ses ordres; mais ce fut sans succès. La corneille, qui sans doute n'était qu'un démon, avait disparu. Les deux premières nuits, tandis que les clercs chantaient des psaumes, les démons enlevèrent, comme si elles eussent été de paille, les portes du caveau et emportèrent les deux premières chaînes qui enveloppaient la caisse: la nuit suivante, vers le chant du coq, tout le monastère sembla ébranlé par les démons qui entouraient l'édifice. L'un d'entre eux, le plus terrible, parut avec une taille colossale, et réclama la bière. Il appela la morte par son nom; il lui ordonna de sortir. Je ne le puis, répondit le cadavre, je suis liée.

— Tu vas être déliée, répondit Satan; et aussitôt il brisa comme une ficelle la troisième chaîne de fer qui restait autour de la bière; il découvrit d'un coup de pied le couvercle, et prenant la morte par la main, il l'entraîna en présence de tous les assistants. Un cheval noir se trouvait là, hennissant fièrement, couvert d'une selle garnie partout de crochets de fer; on y plaça la malheureuse et tout disparut; on entendit seulement dans le lointain les derniers cris de la sorcière.

CORNÉLIUS, prêtre païen de Padoue, dont parle Aulu-Gelle. Il avait des extases, et son âme voyageait hors de son corps; le jour de la bataille de Pharsale, il dit en présence de plusieurs assistants, qu'il voyait une forte bataille, désignant les vainqueurs et les fuyards; et, à la fin, il s'écria tout à coup que César avait vaincu (1).

CORNES. Tous les habitants du ténébreux empire portent des cornes; c'est une partie essentielle de l'uniforme infernal.

On a vu des enfants avec des cornes, et Bartholin cite un religieux du monastère de Saint-Justin, qui en avait deux à la tête. Le maréchal de Lavardin amena au roi un homme sauvage qui portait des cornes. On montrait à Paris, en 1699, un Français, nommé Trouillon, dont le front était armé d'une corne de bélier (2). Voyez Cippus.

Dans le royaume de Naples et dans d'autres contrées, les cornes passent pour un préservatif contre les sortilèges. On a dans les maisons des cornes ornées; et dans la rue ou dans les conversations, lorsqu'on soupçonne un sorcier, on lui fait discrètement des cornes avec les doigts pour paralyser ses intentions magiques. On pend au cou des enfants, comme ornement, une paire de petites cornes.

CORNET D'OLDENBOURG, Voy. Oldenbourg.

CORRESPONDANCE avec l'enfer. Voy. Berbiguier.

CORSNED, sorte d'épreuve chez les Anglo-Saxons, qui consistait à faire manger à l'accusé à jeun une once de pain ou de fromage consacré, avec beaucoup de cérémonies. Si l'accusé était coupable, cette nourriture devait l'étouffer en s'arrêtant dans le gosier; mais si elle passait aisément, l'accusé était déclaré innocent.

CORYBANTIASME, espèce de frénésie. Ceux qui en étaient attaqués s'imaginaient voir des fantômes devant leurs yeux, et entendaient continuellement des sifflements. Ils ouvraient les yeux lorsqu'ils dormaient. Ce délire sanguin a souvent été jugé possession du diable par les démonomanes.

COSINGAS, prince des Cerrhéniens, peuples de Thrace, et prêtre de Junon. Il s'avisa d'un singulier expédient pour réduire ses sujets rebelles. Il ordonna d'attacher plusieurs longues échelles les unes aux autres, et fit courir le bruit qu'il allait monter au ciel, vers Junon, pour lui demander raison de la désobéissance de son peuple. Alors les Thraces, superstitieux et grossiers, se soumirent à Cosingas, et s'engagèrent par serment à lui rester fidèles.

COSQUINOMANCIE, sorte de divination qui se pratique au moyen d'un crible, d'un sas, ou d'un tamis. On mettait un crible sur des tenailles, qu'on prenait avec deux doigts; ensuite on nommait les personnes soupçonnées de larcin ou de quelque crime secret, et on jugeait coupable celle au nom de qui le crible tournait ou tremblait, comme si celui qui tenait les tenailles, ne pouvait pas remuer le crible à sa volonté!

Au lieu du crible, on met aussi (car ces divinations se pratiquent encore) un tamis sur un pivot, pour connaître l'auteur d'un vol; on nomme de même les personnes soupçonnées, et le tamis tourne au nom du voleur. C'est ce qu'on appelle, dans les campagnes, *tourner le sas*. Cette superstition est surtout très-répandue dans la Bretagne (3). Voy. Crible.

COTE. Dieu prit une côte d'Adam, pour en faire notre mère Ève. Mais il ne faut pas croire pour cela, comme fait le vulgaire, que dans les descendants d'Adam les hommes ont une côte de moins que les femmes.

COU. On regardait chez les anciens comme un augure favorable une palpitation dans la partie gauche du cou, et comme funeste celle qui avait lieu dans la partie droite.

COUCHES. On prétendait, en certains pays, faire accoucher aisément les femmes en liant leur ceinture à la cloche de l'église, et en sonnant trois coups. Ailleurs, la femme en couches mettait la culotte de son mari. Voy. Aétite.

COUCOU. On croit en Bretagne, qu'en

---

(1) Leloyer, Histoire des spectres, ou Appar. des esprits. liv. IV, ch. xxv, p. 456.

(2) M. Salgues, Des Erreurs et des préjugés, t. III, p. 128.
(3) M. Cambry, Voyage dans le Finistère, t. III, p. 48.

comptant le chant du coucou, on y trouve l'annonce de l'année précise où l'on doit se marier (1). S'il chante trois fois, on se mariera dans trois ans, etc.

On croit aussi, dans la plupart des provinces, que si on a de l'argent avec soi la première fois qu'on entend le chant du coucou, on en aura toute l'année. — Le coucou de Belkis, dont nous ne savons guère que le nom, est un des dix animaux que Mahomet place dans son paradis.

COUCOULAMPONS, anges du deuxième ordre, qui, quoique matériels, selon les habitants de Madagascar, sont invisibles et ne se découvrent qu'à ceux qu'ils honorent d'une protection spéciale. Il y en a des deux sexes; ils contractent le mariage entre eux, et sont sujets à la mort ; mais leur vie est bien plus longue que celle des hommes, et leur santé n'est jamais troublée par les maladies. Leur corps est à l'épreuve du poison et de tous les accidents.

COUDRIER. Les branches de cet arbre ont servi à quelques divinations. Voy. BAGUETTE DIVINATOIRE.

COULEURS. Pline le naturaliste nous apprend que les anciens tiraient des augures et des présages de la couleur des rayons du soleil, de la lune, des planètes, de l'air, etc. Le noir est le signe du deuil, dit Rabelais, parce que c'est la couleur des ténèbres, qui sont tristes, et l'opposé du blanc, qui est la couleur de la lumière et de la joie.

COUPE (divination par la), très-usitée en Égypte dès le temps de Joseph, employée encore aujourd'hui. Voy. HYDROMANCIE.

COUPS. En 1582, dit Pierre Delancre (2), il arriva qu'à Constantinople, à Rome et à Paris, certains démons et mauvais esprits frappaient des coups aux portes des maisons ; et c'était un indice de la mort d'autant de personnes qu'il y avait de coups.

COUR INFERNALE. Wierus et d'autres démonomanes, versés dans l'intime connaissance des enfers, ont découvert qu'il y avait là des princes, des nobles, des officiers, etc. Ils ont même compté le nombre des démons, et distingué leurs emplois, leurs dignités et leur puissance.

Suivant ce qu'ils ont écrit, Satan n'est plus trop le souverain de l'enfer ; Belzébuth règne à sa place. Voici l'état actuel du gouvernement infernal.

Princes et grands dignitaires. Belzébuth, chef suprême de l'empire infernal, fondateur de l'ordre de la Mouche.

Satan, chef du parti de l'opposition.

Eurynome, prince de la mort, grand'croix de l'ordre de la Mouche.

Moloch, prince du pays des larmes, grand'croix de l'ordre.

Pluton, prince du feu.

Léonard, grand-maître des Sabbats, chevalier de la Mouche.

Baalberith, maître des alliances.

Proserpine, archidiablesse, souveraine princesse des esprits malins.

Ministères. Adrameleck, grand chancelier, grand'croix de l'ordre de la Mouche.

Astaroth, grand trésorier.

Nergal, chef de la police secrète.

Baal, général en chef des armées infernales, grand'croix de l'ordre de la Mouche.

Léviathan, grand amiral, chevalier de la Mouche.

Ambassadeurs. Belphégor, ambassadeur en France.

Mammon, ambassadeur en Angleterre.

Bélial, ambassadeur en Turquie.

Rimmon, ambassadeur en Russie.

Thamuz, ambassadeur en Espagne.

Hutgin, ambassadeur en Italie.

Martinet, ambassadeur en Suisse.

Justice. Lucifer, grand-justicier.

Alastor, exécuteur des hautes-œuvres.

Maison des princes. Verdelet, maître des cérémonies.

Succor-Benoth, chef des eunuques.

Chamos, grand-chambellan, chevalier de la Mouche.

Melchom, trésorier-payeur.

Nisroch, chef de la cuisine.

Béhémoth, grand échanson.

Dagon, grand panetier.

Mullin, premier valet de chambre.

Menus-plaisirs. Kobal, directeur des spectacles.

Asmodée, surintendant des maisons de jeu.

Nybbas, grand-paradiste.

Antechrist, escamoteur et nécromancien. Boguet l'appelle *le singe de Dieu.*

On voit que les démonomanes se montrent assez gracieux envers les habitants du noir séjour. Dieu veuille qu'après tant de rêveries ils n'aient pas mérité d'aller en leur société !

M. Berbiguier a écrit en 1821, après avoir transcrit cette liste des princes de la cour infernale :

« Cette cour a aussi ses représentants sur la terre : Moreau, magicien et sorcier à Paris, représentant de Belzébuth. — Pinel père, médecin à la Salpêtrière, représentant de Satan. — Bonnet, employé à Versailles, représentant d'Eurynome. — Bouge, associé de Nicolas, représentant de Pluton. — Nicolas, médecin à Avignon, représentant de Moloch. — Baptiste Prieur, de Moulins, représentant de Pan. — Prieur aîné, son frère, marchand droguiste, représentant de Lilith. — Étienne Prieur, de Moulins, représentant de Léonard. — Papon-Lominy, cousin des Prieur, représentant de Baalberith. — Jeanneton Lavalette, la Mansotte et la Vandeval, représentant de l'archidiablesse Proserpine, qui a voulu mettre trois diablesses à mes trousses, etc. (3) » Voy. BERBIGUIER.

COURILS, petits démons malins, corrompus et danseurs, dont M. Cambry a trouvé la croyance établie sur les côtes du Finistère. On les rencontre au clair de la lune, sautant autour des pierres consacrées ou des monuments druidiques. S'ils vous saisissent par la main, il faut suivre leurs mouvements ; ils vous laissent exténués sur la place quand ils

---

(1) M. Cambry, Voyage dans le Finistère, t. I, p. 175.
(2) Incrédulité et mécréance du sortilège, etc., traité 7,
p. 57.
(3) Les Farfadets, etc., t. I, p. 4 et 5.

la quittent. Aussi les Bretons, dans la nuit, évitent avec soin les lieux habités par cette espèce de démons.

On ajoute que les Courils perdirent une grande partie de leur puissance à l'arrivée des apôtres du catholicisme dans le pays. Voy. WILIS.

COURONNE NUPTIALE. Chez les habitants de l'Enllebuch, en Suisse, le jour des noces, après le festin et les danses, une femme vêtue de jaune demande à la jeune épousée sa couronne virginale, qu'elle brûle en cérémonie. Le pétillement du feu est, dit-on, de mauvais augure pour les nouveaux mariés (1).

COURROIE DE SOULIER. C'était un mauvais présage chez les Romains, de rompre la courroie de son soulier en sortant de chez soi. Celui qui avait ce malheur croyait ne pouvoir terminer une affaire commencée, et ajournait celles qu'il s'était proposé d'entreprendre.

COURTINIÈRE. Un gentilhomme breton, nommé M. de La Courtinière, ayant reçu un jour dans son château plusieurs seigneurs ses voisins, les traita bien pendant quelques jours. Après leur départ, il se plaignit à sa femme de ce qu'elle ne leur avait pas fait assez bon visage ; et, quoiqu'il fît sans doute ces remontrances avec des paroles honnêtes, cette femme, d'une humeur hautaine, ne répondit mot, mais résolut intérieurement de se venger.

M. de La Courtinière s'étant couché et dormant profondément, la dame, après avoir corrompu deux de ses domestiques, leur fit égorger son mari, dont ils portèrent le corps dans un cellier. Ils y firent une fosse, l'enterrèrent ; et ils placèrent sur la fosse un tonneau plein de chair de porc salée.

La dame, le lendemain, annonça que son mari était allé faire un voyage. Peu après, elle dit qu'il avait été tué dans un bois, en porta le deuil, montra du chagrin et fit faire des services dans les paroisses voisines.

Mais ce crime ne resta pourtant pas impuni : le frère du défunt, qui venait consoler sa belle-sœur et veiller à ses affaires, se promenant un jour dans le jardin du château, et contemplant un parterre de fleurs en songeant à son frère, fut pris d'un saignement de nez qui l'étonna, n'ayant jamais éprouvé cet accident. Au même instant il lui sembla voir l'ombre de M. de La Courtinière, qui lui faisait signe de le suivre. Il suivit le spectre jusqu'au cellier, où il le vit disparaître.

Ce prodige lui ayant donné des soupçons, il en parla à la veuve, qui se montra épouvantée. Les soupçons du frère se fortifiant de ce trouble, il fit creuser dans le lieu où il avait vu disparaître le fantôme. On découvrit le cadavre, qui fut levé et reconnu par le juge de Quimper-Corentin. Les coupables, arrêtés, furent condamnés, la veuve (Marie de Sornin), à avoir la tête tranchée et tous les membres de son corps dispersés, pour être ensuite brûlés et les cendres jetées au vent ; les deux domestiques, à avoir la main droite coupée, et, après, être pendus et étranglés, leurs corps aussi brûlés (2). — Cet événement eut lieu vers la fin du seizième siècle.

COURTISANES. Les chrétiens sont bien étonnés de voir des courtisanes servir de prêtresses dans les Indes. Ces filles, justement déshonorées chez nous, sont privilégiées là depuis l'aventure de l'une d'elles. Devendiren, dieu du pays, alla trouver un jour cette courtisane, sous la figure d'un homme, et lui promit une haute récompense si elle était fidèle ; pour l'éprouver le dieu fit le mort. La courtisane, le croyant véritablement mort, se résolut à mourir aussi dans les flammes qui allaient consumer le cadavre, malgré les représentations qu'on lui faisait de ce qu'elle n'était pas mariée. Elle allait se mettre sur le bûcher déjà enflammé, lorsque Devendiren se réveilla, avoua sa supercherie, prit la courtisane pour sa femme et l'emmena dans son paradis.....

CRACA, magicienne qui, au rapport de Saxon-le-Grammairien, changeait les viandes en pierres ou autres objets, aussitôt qu'elle les voyait posées sur une table.

CRACHAT. Lorsque les sorciers renoncent au diable, ils crachent trois fois à terre. Ils assurent que le diable n'a plus alors aucun pouvoir sur eux. Ils crachent encore lorsqu'ils guérissent des écrouelles et font de leur salive un remède.

Les anciens avaient l'habitude de cracher trois fois dans leur sein pour se préserver de tous charmes et fascinations.

Cracher sur soi : mauvais présage. Voy. CHEVILLEMENT.

CRACHAT DE LA LUNE. Les alchimistes appellent ainsi la matière de la pierre philosophale avant sa préparation. C'est une espèce d'eau congelée, sans odeur et sans saveur, de couleur verte, qui sort de terre pendant la nuit ou après un orage. Sa substance aqueuse est très-volatile et s'évapore à la moindre chaleur, à travers une peau extrêmement mince qui la contient. Elle ne se dissout, ni dans le vinaigre, ni dans l'eau, ni dans l'esprit de vin ; mais si on la renferme dans un vase bien scellé, elle s'y dissout d'elle-même en une eau puante. Les philosophes hermétiques la recueillent avant le lever du soleil, avec du verre ou du bois, et en tirent une espèce de poudre blanche semblable à l'amidon, qui produit ensuite ou ne produit pas la pierre philosophale.

CRAMPE. Les morses ont sur les babines, comme au-dessous, plusieurs soies creuses. Il n'y a point de matelot qui ne se fasse une bague de ces soies, dans l'opinion qu'elles garantissent de la crampe (3).

CRANOLOGIE. Voy. PHRÉNOLOGIE.

CRAPAUD. Les crapauds tiennent une place dans la sorcellerie. Les sorcières les aiment et les choient. Elles ont toujours

---

(1) Dictionnaire d'anecdotes suisses, au mot *Noces*.
(2) Arrêt du parlement de Bretagne, t. II des Dissertations de Lenglet-Dufresnoy ; et Leloyer, liv. III, ch. IV.
(3) H. Lebrun, abrégé des Voyages au Pôle-Nord, ch. I.

soin d'en avoir quelques-uns, qu'elles habituent à les servir, et qu'elles accoutrent de livrées de velours vert.

Pierre Delancre dit que les grandes sorcières sont ordinairement assistées de quelque démon, qui est toujours sur leur épaule gauche, en forme de crapaud, ayant deux petites cornes en tête ; il ne peut être vu que de ceux qui sont ou qui ont été sorciers.

Le diable baptise ces crapauds au sabbat. Jeannette Abadie, et d'autres femmes, ont révélé qu'elles avaient vu de ces crapauds habillés de velours rouge, et quelques-uns de velours noir ; ils portaient une sonnette au cou et une autre aux jambes de derrière.

Au mois de septembre 1610, un homme se promenant dans la campagne, près de Bazas, vit un chien qui se tourmentait devant un trou ; ayant fait creuser, il trouva deux grands pots renversés l'un sur l'autre, liés ensemble à leur ouverture et enveloppés de toile ; le chien ne se calmant pas, on ouvrit les pots, qui se trouvèrent pleins de son, au dedans duquel reposait un gros crapaud vêtu de taffetas vert (1). C'était à coup sûr une sorcière qui l'avait mis là pour quelque maléfice.

Nous rions de ces choses à présent ; mais c'étaient choses sérieuses au seizième siècle, et choses dont l'esprit ne nous est pas bien expliqué.

Le peuple est persuadé, dit M. Salgues (2), que le crapaud a la faculté de faire évanouir ceux qu'il regarde fixement, et cette assertion est accréditée par un certain abbé Rousseau, qui a publié, dans le cours du dernier siècle, quelques observations d'histoire naturelle ; il prétend que la vue seule du crapaud provoque des spasmes, des convulsions, la mort même. Il rapporte qu'un gros crapaud, qu'il tenait renfermé sous un bocal ; l'ayant regardé fixement, il se sentit aussitôt saisi de palpitations, d'angoisses, de mouvements convulsifs, et qu'il serait mort infailliblement si l'on n'était venu à son secours..... Élien, Dioscoride, Nicandre, Ætius, Gesner, ont encore écrit que l'haleine du crapaud était mortelle, et qu'elle infectait les lieux où il respire. On a cité l'exemple de deux amants qui, ayant pris de la sauge sur laquelle un crapaud s'était promené, moururent aussitôt. Mais ce sont là des contes, démentis, comme tant d'autres, par les expériences.

Sur les bords de l'Orénoque, sans doute pour consoler le crapaud de nos mépris, des Indiens lui rendaient les honneurs d'un culte ; ils gardaient soigneusement les crapauds sous des vases, pour en obtenir de la pluie ou du beau temps, selon leurs besoins ; et ils étaient tellement persuadés qu'il dépendait de ces animaux de l'accorder, qu'on les fouettait chaque fois que la prière n'était pas exaucée (3).

CRAPAUDINE, pierre qui se trouve dans la tête des crapauds ; les sorcières la recherchent pour leurs maléfices. Plusieurs écrivains assurent que c'est un objet très-rare, et si rare, que quelques-uns nient l'existence de cette pierre. Cependant Thomas Brown ne croit pas le fait impossible, puisque, dit-il, tous les jours on trouve des substances pierreuses dans la tête des morues, des carpes, des gros limaçons sans coquilles. Il en est qui pensent que ces crapaudines sont des concrétions minérales que les crapauds rejettent après les avoir avalées, pour nuire à l'homme (4). Mais ce ne sont là encore que des contes ridicules.

CRAPOULET, Voy. Zozo.

CRATÉIS, déesse des sorciers et des enchanteurs, mère de la fameuse Scylla.

CRESCENCE, cardinal, légat du Saint-Siége au concile de Trente, qui mourut paisiblement en 1552. Jean de Chassanion, huguenot, n'aimant pas ce prince de l'Eglise, parce qu'il s'était élevé contre les protestants, a écrit que le diable, en forme de chien noir, était venu le voir à son dernier moment et l'avait étranglé (5), ce qui n'est pas vrai. Mais Voy. CARLOSTAD et LUTHER.

CRESPET (PIERRE), religieux célestin, mort en 1594, auteur d'un traité contre la magie, intitulé : *Deux livres de la haine de Satan et des malins esprits contre l'homme*, etc. Paris, 1590, in-8°. Cet ouvrage est rare et curieux.

CRIBLE. Parler au crible est un ancien proverbe qui signifiait faire danser un tamis par le moyen de paroles mystérieuses. Théocrite nommait les gens qui avaient ce pouvoir crible-sorciers ou sorciers du crible.

Je me suis trouvé, dit Bodin (6), il y a vingt ans, dans une maison à Paris, où un jeune homme fit mouvoir un tamis sans y toucher, par la vertu de certaines paroles françaises, et cela devant une société ; et la preuve, dit-il, que c'était par le pouvoir de l'esprit malin, c'est qu'en l'absence de ce jeune homme on essaya vainement d'opérer en prononçant les mêmes paroles. Voy. COSQUINOMANCIE.

CRIÉRIENS, fantômes des naufragés, que les habitants de l'île de Sein, en Bretagne, croient entendre demander la sépulture, à travers ce bruit sourd qui précède les orages. Les anciens Bretons disaient : « Fermons les portes, on entend les criériens ; le tourbillon les suit. »

CRISTALOMANCIE, divination par le moyen du cristal. On tirait des présages des miroirs et des vases de cristal, dans lesquels le démon faisait, dit-on, sa demeure. Le roi Childéric cherchait l'avenir dans les prismes d'un petit globe de cristal. Voy. CHIEN.

Les devins actuels prédisent encore par le miroir. L'anecdote suivante fera connaître leur méthode. — Un pauvre laboureur des environs de Sézanne, à qui on avait volé six cents francs, alla consulter le devin ; c'était en 1807. Le devin lui fit donner douze francs,

---

(1) Delancre, Tableau de l'inconstance des démons, etc. liv. II, disc. 4, p. 153.
(2) Des Erreurs et des préjugés, etc., t. I, p. 423.
(3) Pons, Voyage à la partie orientale de la terre ferme de l'Amérique méridionale, t. I.
(4) Thomas Brown, Essai sur les erreurs populaires, t. I, liv. III, ch. XIII, p. 512.
(5) Des Grands et redoutables jugements de Dieu, p. 66
(6) Démonomanie des sorciers, liv. II, p. 155.

lui mit trois mouchoirs pliés sur les yeux, un blanc, un noir et un bleu, lui dit de regarder alors dans un grand miroir où il faisait venir le diable et tous ceux qu'il voulait évoquer. — Que voyez-vous? lui demanda-t-il. — Rien, répondit le paysan.

Là-dessus le sorcier parla fort et longtemps ; il recommanda au bonhomme de songer à celui qu'il soupçonnait capable de l'avoir volé, de se représenter les choses et les personnes. Le paysan se monta la tête, et, à travers les trois mouchoirs qui lui serraient les yeux, il crut voir passer dans le miroir un homme qui avait un sarrau bleu, un chapeau à grands bords et des sabots. Un moment après il crut le reconnaître, et il s'écria qu'il voyait son voleur.

— Eh bien ! dit le devin, vous prendrez un cœur de bœuf, et soixante clous à lattes, que vous planterez en croix dans ledit cœur ; vous le ferez bouillir dans un pot neuf, avec un crapaud et une feuille d'oseille : trois jours après, le voleur, s'il n'est pas mort, viendra vous apporter votre argent, ou bien il sera ensorcelé.

Le paysan fit tout ce qui lui était recommandé. Mais son argent ne revint pas ; d'où il conclut que son voleur pouvait bien être ensorcelé....

CRITOMANCIE, divination qui se pratiquait par le moyen des viandes et des gâteaux. On considérait la pâte des gâteaux qu'on offrait en sacrifice, et la farine d'orge qu'on répandait sur les victimes, pour en tirer des présages.

CROCODILES. Les Egyptiens modernes assurent que jadis les crocodiles étaient des animaux doux ; et ils racontent de la manière suivante l'origine de leur férocité. Humeth, gouverneur d'Egypte sous Gisar Al-Mutacil, calife de Bagdad, ayant fait mettre en pièces la statue de plomb d'un grand crocodile (figure talismanique) que l'on avait trouvée en creusant les fondements d'un ancien temple de païens, à l'heure même de cette exécution les crocodiles sortirent du Nil, et ne cessèrent, depuis ce temps, de nuire par leur voracité (1). Voy. TALISMANS.

Pline et Plutarque témoignent que les Egyptiens connaissent, par l'endroit où les crocodiles pondent leurs œufs, jusqu'où ira le débordement du Nil. Mais il serait difficile, dit Thomas Brown, de comprendre comment ces animaux ont pu deviner un effet qui, dans ses circonstances, dépend de causes extrêmement éloignées, c'est-à-dire de la mesure des rivages dans l'Ethiopie.

Les habitants de Thèbes et du lac Mœris rendaient un culte particulier aux crocodiles. Ils leur mettaient aux oreilles des pierres précieuses et des ornements d'or, et les nourrissaient de viandes consacrées. Après leur mort, ils les embaumaient et les déposaient en des urnes que l'on portait dans le labyrinthe qui servait de sépulture aux rois. Les Ombites poussaient même la superstition jusqu'à se réjouir de voir leurs enfants enlevés par les crocodiles. Mais ces animaux étaient en horreur dans le reste de l'Egypte.

Ceux qui les adoraient disaient que, pendant les sept jours consacrés aux fêtes de la naissance d'Apis, ils oubliaient leur férocité naturelle, et ne faisaient aucun mal; mais que le huitième jour, après midi, ils redevenaient furieux.

CROIX. Ce saint nom qui est la terreur de l'enfer, ne devrait pas non plus figurer ici. Mais la superstition qui abuse de tout, ne l'a pas respecté. Il y a des croix dans toutes les formules des grimoires ; et aucun sorcier ne s'est jamais vanté de commander au moindre démon sans ce signe.

Les croix que les sorcières portent au cou et à leurs chapelets, et celles qui se trouvent aux lieux où se fait le sabbat, ne sont jamais entières, comme on le voit par celles que l'on trouve dans les cimetières infestés de sorciers, et dans les lieux où les sabbats se tiennent. La raison en est, disent les démonomanes, que le diable ne peut approcher d'une croix intacte.

CROIX (EPREUVES DE LA), Voy. EPREUVES.

CROIX (MADELEINE DE LA), religieuse de Cordoue, qui mena mauvaise vie au seizième siècle, se disant sorcière et se vantant d'avoir pour familier un démon. François de Torre-Blanca raconte qu'elle avait à volonté des roses en hiver, de la neige dans le mois d'août, et qu'elle passait à travers les murs, qui s'ouvraient devant elle. Elle fut arrêtée par l'inquisition ; mais ayant tout confessé, elle fut admise à pénitence (2) ; car les inquisiteurs n'ont jamais eu la férocité que leur prêtent certains livres.

CROMERUACH, idole principale des Irlandais, avant l'arrivée de saint Patrice en leur pays. L'approche du saint la fit tomber, disent les légendes, tandis que les divinités inférieures s'enfoncèrent dans la terre jusqu'au menton. Suivant certains récits, en mémoire de ce prodige, on voit encore leurs têtes à fleur de terre dans une plaine, qui ne se trouve plus.

CROMNIOMANCIE, divination par les oignons. Ceux qui la pratiquaient mettaient, la veille de Noël, des oignons sur un autel. Ils écrivaient sur les oignons le nom des personnes dont on voulait avoir nouvelle. L'oignon qui germait le plus vite annonçait que la personne dont il portait le nom jouissait d'une bonne santé.

Cette divination est encore en usage dans plusieurs cantons de l'Allemagne, parmi les jeunes filles, qui cherchent à savoir ainsi qui elles auront pour époux (3).

CROQUE-MITAINE, espèce d'ogre dont on épouvante à Paris les petits enfants indociles. Aujourd'hui que ses dents sont tombées, il se contente de les mettre au cachot et de leur donner le fouet, malgré les lumières du siècle. Voy. BABAU.

---

(1) Leloyer, Hist. et disc. des spectres, etc., liv. IV, ch. xxi, p. 417.
(2) François de Torre-Blanca, Epit. delict., etc., p. 185 et 146.
(3) Delancre, Incrédulité et mécréance, etc., traité v,° p. 261.

CRUSEMBOURG (Guy de), alchimiste. Voy. Pierre philosophale.

CUBOMANCIE, divination par le moyen des dés. Auguste et Tibère avaient grande confiance en cette manière de consulter le sort. Les Grecs s'en servaient aussi. C'est à peu près la même chose que l'astragalomancie. Voy. ce mot.

CUIVRE. Théocrite assure que le cuivre pur a naturellement la vertu de chasser les spectres et fantômes ; c'est pourquoi les Lacédémoniens frappaient sur un chaudron toutes les fois qu'un de leurs rois venait à mourir.

CULTE. Les démons recevaient un culte par tout l'univers, avant le christianisme. Jupiter et les autres dieux n'étaient véritablement que des démons ; mais le diable a reçu un culte plus spécial de gens qui savaient bien qu'ils s'adressaient à lui et non à un dieu. Ainsi, les sorciers au sabbat adorent le diable par son nom. Le culte qu'ils lui rendent consiste principalement à lui baiser le derrière, à genoux, avec une chandelle noire à la main.

Certains peuples de l'Afrique ne rendent aucun culte à Dieu, qu'ils croient bon, et font des sacrifices au diable pour la raison contraire.

CUNÉGONDE, femme de Henri II, empereur d'Allemagne. Elle fut accusée d'adultère par des calomniateurs, et se purgea de l'accusation en marchant pieds nus, sans accident, sur des socs de charrue rougis au feu. Voy. Épreuves.

CUPAI. Voy. Cupai.

Curdes. — Voy. Kurdes.

CUREAU DE LA CHAMBRE, habile médecin, mort en 1669. On a de lui un *discours sur les principes de la chiromancie et de la métoposcopie*. Paris, 1653, in-8°. On l'a aussi imprimé sous le titre de l'Art de connaître les hommes.

CURMA. Du temps de saint Augustin, un paysan des environs d'Hippone, nommé Curma, mourut un matin et demeura deux ou trois jours sans sentiment. Comme on allait l'enterrer, il rouvrit les yeux et demanda ce qui se passait chez un autre paysan du voisinage qui, comme lui, se nommait Curma : on lui répondit que ce dernier venait de mourir à l'instant où lui-même était ressuscité. — Cela ne me surprend pas, dit-il ; on s'était trompé sur les noms ; on vient de me dire que ce n'était pas Curma le jardinier, mais Curma le maréchal, qui devait mourir. — Il raconta en même temps qu'il avait entrevu les enfers ; et il mena depuis meilleure vie.

CURSON. Voy. Pursan.

CURTIUS, fils d'un gladiateur romain. On dit qu'un spectre lui annonça ainsi sa mort : Il avait accompagné en Afrique un lieutenant du gouverneur de ce pays conquis. Il vit un jour, dans une galerie, le spectre d'une femme de haute stature, qui lui dit qu'elle était l'Afrique, et qu'elle venait lui annoncer le bonheur. Elle l'assura qu'il aurait de grands honneurs à Rome ; qu'il reviendrait encore sur le sol africain, non plus comme valet, mais avec la qualité de commandant en chef, et qu'il y mourrait. Cette prédiction s'accomplit entièrement ; Curtius fut questeur, puis préteur ; il eut les privilèges du consulat, et fut envoyé comme gouverneur en Afrique : mais en débarquant il se sentit frappé d'une maladie dont il mourut (1). Il est très-probable que ce conte a été fait après coup. Pour un autre Curtius, Voy. Dévouement.

CYLINDRES, sortes d'amulettes circulaires que les Perses et les Egyptiens portaient au cou, et qui étaient ornées de figures et d'hiéroglyphes.

CYMBALE, c'est le nom que les sorciers donnent au chaudron dans lequel ils mangent leur soupe au lard parmi les fêtes du sabbat.

CYNANTHROPIE, espèce de frénésie dont ceux qui en sont attaqués se persuadent qu'ils sont changés en chiens. C'est, comme la bousanthropie, une nuance de l'état de loup-garou. Voy. Lycanthropie.

CYNOBALANES, nation imaginaire, que Lucien représente avec des museaux de chien, et montés sur des glands ailés.

CYNOCÉPHALE, singe que les Egyptiens nourrissaient dans leurs temples pour connaître le temps de la conjonction du soleil et de la lune. On était persuadé que, dans cette circonstance, l'animal, devenu aveugle, refusait toute nourriture. Son image, placée sur les clepsydres, était purement hiéroglyphique. On prétendait qu'à chaque heure du jour le cynocéphale criait très-exactement.

CYPRIEN. Avant de se convertir au christianisme, saint Cyprien s'occupait de magie. On voit, dans la *Légende dorée*, qu'il évoquait les démons, et que ce furent les épreuves qu'il fit de leur impuissance contre le simple signe de la croix qui l'amenèrent à la foi.

CYRANO DE BERGERAC, écrivain remarquable du dix-septième siècle. On trouve, dans ses Œuvres, deux *lettres sur les sorciers*. Nous n'avons pas besoin d'indiquer ses histoires des *empires du soleil et de la lune*. Il a fait aussi un voyage aux enfers ; c'est une petite plaisanterie :

« Je me suis trouvé cette nuit aux enfers, dit-il ; mais ces enfers-là m'ont paru bien différents des nôtres. J'y vis les gens fort sociables ; c'est pourquoi je me mêlai à leur compagnie. On était occupé alors à changer de maison tous les morts qui s'étaient plaints d'être mal associés ; l'un d'eux, remarquant que j'étais étranger, me prit par la main et me conduisit à la salle des jugements. Nous nous plaçâmes tout proche de la chaire du juge, pour bien entendre les querelles de toutes les parties.

« D'abord j'aperçus Pythagore qui, très-ennuyé d'une compagnie de comédiens, représentait que leurs caquets continuels le détournaient de ses hautes spéculations. Le juge lui dit que, l'estimant homme de grande

(1) Leloyer, Histoire des spectres ou apparitions d'esprits, liv. III, ch. xvi, p. 268.

mémoire, puisque après quinze cents ans il s'était souvenu d'avoir été au siége de Troie, on l'avait appareillé avec des personnages qui n'en sont pas dépourvus. On entendit toutefois ses raisons, et on le fit marcher ailleurs.

« Aristote, Pline, Ælian, et beaucoup d'autres naturalistes, furent mis avec les Maures, parce qu'ils ont connu les bêtes; le médecin Dioscoride, avec les Lorrains, parce qu'il connaissait parfaitement les simples. Ésope et Apulée ne firent qu'un ménage, à cause de la conformité de leurs prodiges; car Ésope d'un âne a fait un homme en le faisant parler, et Apulée d'un homme a fait un âne en le faisant braire.

« Caligula voulut être mis dans un appartement plus magnifique que celui de Darius, comme ayant couru des aventures plus glorieuses; car, dit-il, moi, Caligula, j'ai fait mon cheval consul, et Darius a été fait empereur par le sien. Dédale eut pour confrères les sergents, les huissiers, les procureurs, personnes qui comme lui volaient pour se sauver. Thésée suivit quelques tisserands, se promettant de leur apprendre à conduire le fil. Néron choisit Érostrate, ce fameux insensé qui brûla le temple de Diane, aimant comme lui à se chauffer de gros bois. Achille prit la main d'Eurydice :—Marchons, lui dit-il, marchons; aussi bien ne saurait-on mieux nous assortir, puisque nous avons tous deux l'âme au talon.

« Il ne fut jamais possible de séparer les Furies des épiciers, tant elles avaient peur de manquer de flambeaux. Les tireurs d'armes furent logés avec les cordonniers, d'autant que la perfection du métier consiste à bien faire une botte; les bourreaux, avec les médecins, parce qu'ils sont payés pour tuer; Écho, avec nos auteurs modernes, qui ne disent, comme elle, que ce que les autres ont dit; Orphée, avec les chanteurs du Pont-Neuf, parce qu'ils avaient su attirer les bêtes.

« On en mit quelques-uns à part, entre lesquels fut Midas, le seul homme qui se soit plaint d'avoir été trop riche; Phocion, qui donna de l'argent pour mourir; et Pygmalion, pareillement, n'eût point de compagnon, à cause qu'il n'y a jamais eu que lui qui ait épousé une femme muette.... »

Dans les lettres de Bergerac sur les Sorciers, on trouve ce curieux morceau :

Un grand sorcier.

« Il m'est arrivé une aventure si étrange, que je veux vous la raconter. Vous saurez qu'hier, fatigué de l'attention que j'avais mise à lire un livre de prodiges, je sortis à la promenade, pour dissiper les ridicules imaginations dont j'avais l'esprit rempli. Je m'enfonçai dans un petit bois obscur, où je marchai environ un quart d'heure. J'aperçus alors un manche à balai, qui vint se mettre entre mes jambes, et sur lequel je me trouvai à califourchon. Aussitôt je me sentis volant par le vague des airs.

« Je ne sais quelle route je fis sur cette monture; mais je me trouvai arrêté sur mes pieds, au milieu d'un désert où je ne rencontrai aucun sentier. Cependant je résolus de pénétrer et de reconnaître les lieux. Mais j'avais beau pousser contre l'air, mes efforts ne me faisaient trouver partout que l'impossibilité de passer outre.

« À la fin, fort harassé, je tombai sur mes genoux; et ce qui m'étonna, ce fut d'avoir passé en un moment de midi à minuit. Je voyais les étoiles luire au ciel avec un feu bleuettant; la lune était en son plein, mais beaucoup plus pâle qu'à l'ordinaire; elle s'éclipsa trois fois, et trois fois dépassa son cercle. Les vents étaient paralysés, les fontaines étaient muettes; tous les animaux n'avaient de mouvement que ce qu'il leur en faut pour trembler; l'horreur d'un silence effroyable régnait partout, et partout la nature semblait attendre quelque grande aventure.

« Je mêlais ma frayeur à celle dont la face de l'horizon paraissait agitée, lorsqu'au clair de la lune, je vis sortir d'une caverne un grand et vénérable vieillard, vêtu de blanc, le visage basané, les sourcils touffus et relevés, l'œil effrayant, la barbe renversée par-dessus les épaules. Il avait sur la tête un chapeau de verveine, et sur le dos une ceinture de fougère de mai tressée. À l'endroit du cœur était attachée sur sa robe une chauve-souris à demi-morte, et autour du cou un carcan chargé de sept différentes pierres précieuses, dont chacune portait le caractère de la planète qui la dominait.

« Ainsi mystérieusement habillé, portant à la main gauche un vase triangulaire plein de rosée, et à la droite une baguette de sureau en sève, dont l'un des bouts était ferré d'un mélange de tous les métaux, il baisa le pied de sa grotte, se déchaussa, prononça en grommelant quelques paroles obscures, et s'approcha à reculons d'un gros chêne, à quatre pas duquel il creusa trois cercles l'un dans l'autre. La nature, obéissant aux ordres du nécromancien, prenait elle-même en frémissant les figures qu'il voulait y tracer. Il y grava les noms des esprits qui présidaient au siècle, à l'année, à la saison, au mois, au jour et à l'heure. Ceci fait, il posa son vase au milieu des cercles, le découvrit, mit un bout de sa baguette entre ses dents, se coucha la face tournée vers l'orient, et s'endormit.

« Vers le milieu de son sommeil, je vis tomber dans le vase cinq grains de fougère. Il les prit quand il fut éveillé, en mit deux dans ses oreilles, un dans sa bouche, il replongea l'autre dans l'eau, et jeta le cinquième hors des cercles. À peine fut-il parti de sa main, que je le vis environné de plus d'un million d'animaux de mauvais augure. Il toucha de sa baguette un chat-huant, un renard et une taupe, qui entrèrent dans les cercles en jetant un cri formidable. Il leur fendit l'estomac avec un couteau d'airain, leur ôta le cœur, qu'il enveloppa dans trois feuilles de laurier et qu'il avala; il fit ensuite de longues fumigations. Il trempa un gant de parchemin vierge dans un bassin plein de rosée et de sang, mit ce gant à sa main droite, et après quatre ou cinq hurlements horribles, il ferma les yeux et commença les évocations.

« Il ne remuait presque pas les lèvres; j'entendis néanmoins dans sa gorge un bruit semblable à celui de plusieurs voix entremêlées. Il fut enlevé de terre à la hauteur d'un demi-pied, et de fois à autre il attachait attentivement la vue sur l'ongle de l'index de sa main gauche; il avait le visage enflammé et se tourmentait fort.

« Après plusieurs contorsions effroyables, il tomba en gémissant sur ses genoux; mais aussitôt qu'il eut articulé trois paroles d'une certaine oraison, devenu plus fort qu'un homme, il soutint sans vaciller les violentes secousses d'un vent épouvantable qui soufflait contre lui. Ce vent semblait tâcher de le faire sortir des trois cercles. Les trois ronds tournèrent ensuite autour de lui. Ce prodige fut suivi d'une grêle rouge comme du sang, et cette grêle fit place à un torrent de feu, accompagné de coups de tonnerre. — Une lumière éclatante dissipa enfin ces tristes météores. Tout au milieu parut un jeune homme, la jambe droite sur un aigle, la gauche sur un lynx, qui donna au magicien trois fioles de je ne sais quelle liqueur. Le magicien lui présenta trois cheveux, l'un pris au devant de sa tête, les deux autres aux tempes; il fut frappé sur l'épaule d'un petit bâton que tenait le fantôme; et puis tout disparut.

« Alors le jour revint. J'allais me remettre en chemin pour regagner mon village; mais le sorcier, m'ayant envisagé, s'approcha du lieu où j'étais. Quoiqu'il parût cheminer à pas lents, il fut plus tôt à moi que je ne l'aperçus bouger. Il étendit sur ma main une main si froide, que la mienne en demeura longtemps engourdie. Il n'ouvrit ni les yeux, ni la bouche; et dans ce profond silence il me conduisit à travers des masures, sous les ruines d'un vieux château inhabité, où les siècles travaillaient depuis mille ans à mettre les chambres dans les caves. Aussitôt que nous fûmes entrés:

— « Vante-toi, me dit-il en se tournant vers moi, d'avoir contemplé face à face le sorcier Agrippa, dont l'âme est par métempsycose celle qui animait autrefois le savant Zoroastre, prince des Bactriens. — Depuis près d'un siècle que je disparus d'entre les hommes, je me conserve ici, par le moyen de l'or potable, dans une santé qu'aucune maladie n'a interrompue. De vingt ans en vingt ans, je prends une prise de cette médecine universelle, qui me rajeunit et qui restitue à mon corps ce qu'il a perdu de ses forces. Si tu as considéré trois fioles que m'a présentées le roi des Salamandres, la première en est pleine, la seconde contient de la poudre de projection, et la troisième de l'huile de talc.—Au reste, tu m'es obligé, puisque, entre tous les mortels, je t'ai choisi pour assister à des mystères que je ne célèbre qu'une fois en vingt ans. — C'est par mes charmes que sont envoyées, quand il me plaît, les stérilités et les abondances. Je suscite les guerres en les allumant entre les génies qui gouvernent les rois. J'enseigne aux bergers la patenôtre du loup. J'apprends aux devins la façon de tourner le sas. Je fais courir les feux follets. J'excite les fées à danser au clair de la lune. Je pousse les joueurs à chercher le trèfle à quatre feuilles sous les gibets. J'envoie à minuit les esprits hors du cimetière, demander à leurs héritiers l'accomplissement des vœux qu'ils ont faits à la mort. Je fais brûler aux voleurs des chandelles de graisse de pendu, pour endormir leurs hôtes pendant qu'ils exécutent leur vol. Je donne la pistole volante, qui vient ressauter dans la pochette quand on l'a employée. Je fais présent aux laquais de ces bagues qui font aller et revenir d'Orléans à Paris en un jour. Je fais tout renverser dans une maison par les esprits follets, qui culbutent les bouteilles, les verres, les plats, quoique rien ne se casse et qu'on ne voie personne. Je montre aux vieilles à guérir la fièvre avec des paroles. Je réveille les villageois la veille de la Saint-Jean, pour cueillir son herbe à jeun et sans parler. J'enseigne aux sorciers à devenir loups-garous. Je tords le cou à ceux qui, lisant dans un grimoire, sans le savoir, me font venir et ne me donnent rien. Je m'en retourne paisiblement d'avec ceux qui me donnent une savate, un cheveu ou une paille. J'enseigne aux nécromanciens à se défaire de leurs ennemis, en moulant une image de cire, et la piquant ou la jetant au feu, pour faire sentir à l'original ce qu'ils font souffrir à la copie. Je montre aux bergers à nouer l'aiguillette. Je fais sentir les coups aux sorciers, pourvu qu'on les batte avec un bâton de sureau. Enfin, je suis le diable Vauvert, le Juif errant, et le grand veneur de la forêt de Fontainebleau.... »

« Après ces paroles, le magicien disparut, les couleurs des objets s'éloignèrent...; je me trouvai sur mon lit, encore tremblant de peur. Je m'aperçus que toute cette longue vision n'était qu'un rêve: que je m'étais endormi en lisant mon livre de noirs prodiges, et qu'un songe m'avait fait voir tout ce qu'on vient de lire. »

DABAIDA. Les naturels de Panama ont une idole de ce nom, qui était née de race mortelle, et qu'on déifia après sa mort. Quand il tonne ou qu'il fait des éclairs, c'est Dabaïda qui est fâchée; alors on brûle des esclaves en son honneur.

DACTYLOMANCIE, divination qui se pratiquait au moyen de bagues ou anneaux fondus sous l'aspect de certaines constellations, et auxquels étaient attachés des charmes et des caractères magiques (Voy. ALECTRYOMANCIE). C'est, dit-on, avec un de ces anneaux que Gygès se rendait invisible, en tournant le chaton dans sa main.

Clément d'Alexandrie parle de deux anneaux que possédaient les tyrans de la Phocide, et qui les avertissaient par un son du temps propre à certaines affaires; ce qui ne les empêcha pas de tomber dans les griffes du démon, lequel leur tendait un piége par ses artifices (1). Voy. ANNEAUX.

DADJAL, nom de l'Antechrist chez les Chaldéens; il signifie dans leur langue le menteur et l'imposteur par excellence

DAGOBERT Ier, roi de France, mort en 638, à l'âge de trente-sept ans. Une vieille légende établit qu'après qu'il fut mort un bon ermite, nommé Jean, qui s'était retiré dans une petite île voisine des côtes de la Sicile, vit en songe, sur la mer, l'âme du roi Dagobert enchaînée dans une barque, et des diables qui la maltraitaient en la conduisant vers la Sicile, où ils devaient la précipiter dans les gouffres de l'Etna. On croyait autrefois que le cratère de ce volcan était une des entrées de l'enfer; et il n'est pas encore vérifié que ce soit une erreur. L'âme appelait à son secours saint Denis, saint Maurice et saint Martin, que le roi, en son vivant, avait fort honorés. Les trois saints descendirent, revêtus d'habits lumineux, assis sur un nuage brillant. Ils se jetèrent sur les malins esprits, leur enlevèrent la pauvre âme, et l'emportèrent au ciel (2).

Un monument curieux, le tombeau de Dagobert, sculpté vers le temps de saint Louis, retrace ces circonstances merveilleuses. La principale façade est divisée en trois bandes. Dans la première on voit quatre diables (deux ont des oreilles d'âne) qui emmènent l'âme du roi dans une barque; la seconde représente saint Denis, saint Maurice et saint Martin, accompagnés de deux anges, avec le bénitier et le goupillon; ils chassent les démons. Sur la troisième bande, on voit l'âme qui s'enlève; et une main généreuse sort d'un nuage pour l'accueillir.

Les farceurs ont glosé sur cette poésie du moyen âge, sur cette légende, et sur le monument, qui est toujours dans l'église de Saint-Denis. Mais quel mal y a-t-il donc dans ces récits, que l'Eglise n'a jamais imposés, et qui sont toutefois des fleurs? Ce qu'il y a de mal, c'est que ces fleurs tombent quelquefois devant des pourceaux.

DAGON, démon de second ordre, boulanger et grand panetier de la cour infernale. Les Philistins l'adoraient sous la forme d'un monstre réunissant le buste de l'homme à la queue de poisson. Ils lui attribuaient l'invention de l'agriculture, qu'on a attribuée à tant d'autres.

On voit, dans le premier livre des Rois, que les Philistins s'étant rendus maîtres de l'arche du Seigneur, et l'ayant placée dans leur temple d'Azot, à côté de l'idole de Dagon, on trouva le lendemain cette idole mutilée, et sa tête avec ses deux mains sur le seuil de la porte. « C'est pour cela, dit l'auteur sacré, que les sacrificateurs de Dagon et tous ceux qui entrent dans son temple ne marchent point sur le seuil de la porte. »

DAHUT, Voy. Is.

DAMNETUS, ou **DAMACHUS**, loup-garou de l'antiquité. On conte qu'ayant mangé le ventre d'un petit enfant sacrifié à Jupiter Lycien en Arcadie, il fut changé en loup. Mais il reprit sa première forme au bout de dix ans. Il remporta même depuis le prix de la lutte aux jeux olympiques (3).

DANIEL, l'un des quatre grands prophètes. On lui attribue un traité apocryphe de l'*Art des songes*. Les Orientaux le regardent aussi comme l'inventeur de la géomancie.

DANIS, sorcier du dernier siècle. Le vendredi, 1er mai 1705, à cinq heures du soir, Denis Milanges de la Richardière, fils d'un avocat au parlement de Paris, fut attaqué, à dix-huit ans, de léthargies et de démences si singulières, que les médecins ne surent qu'en dire. On lui donna de l'émétique, et ses parents l'emmenèrent à leur maison de Noisy-le-Grand, où son mal devint plus fort; si bien qu'on déclara qu'il était ensorcelé.

On lui demanda s'il n'avait pas eu de démêlés avec quelque berger; il conta que le 18 avril précédent, comme il traversait à cheval le village de Noisy, son cheval s'était arrêté court dans la rue de Feret, vis-à-vis la chapelle, sans qu'il pût le faire avancer; qu'il avait vu sur ces entrefaites un berger qu'il ne connaissait pas, lequel lui avait dit: — Monsieur, retournez chez vous, car votre cheval n'avancera point.

Cet homme, qui lui avait paru âgé d'une cinquantaine d'années, était de haute taille, de mauvaise physionomie, ayant la barbe et les cheveux noirs, la houlette à la main, et deux chiens noirs à courtes oreilles auprès de lui.

Le jeune Milanges se moqua du propos du berger. Cependant il ne put faire avancer son cheval et il fut obligé de le ramener par la bride à la maison, où il tomba malade. Était-ce l'effet de l'impatience et de la colère? ou le sorcier lui avait-il jeté un sort?

M. de la Richardière le père fit mille choses en vain pour la guérison de son fils. Comme un jour ce jeune homme rentrait seul dans sa chambre, il y trouva son vieux berger, assis dans un fauteuil, avec sa houlette et ses deux chiens noirs. Cette vision l'épouvanta; il appela du monde; mais personne que lui ne voyait le sorcier. Il soutint toutefois qu'il le voyait très-bien; il ajouta même que ce berger s'appelait *Danis*, quoiqu'il ignorât qui pouvait lui avoir révélé son nom. Il continua de le voir tout seul. Sur les six

---
(1) Delancre, Incrédulité et Mécréances du sortilége pleinement convaincues, traité 3, p. 261.

(2) Gesta Dagoberti regis, etc.
(3) Delancre, tableau de l'inconstance des démons, etc., liv. IV, disc. 3, p. 267.

heures du soir, il tomba à terre en disant que le berger était sur lui et l'écrasait; et, en présence de tous les assistants, qui ne voyaient rien, il tira de sa poche un couteau pointu, dont il donna cinq ou six coups dans le visage du malheureux par qui il se croyait assailli (1).

Enfin, au bout de huit semaines de souffrances, il alla à Saint-Maur, avec confiance qu'il guérirait ce jour-là. Il se trouva mal trois fois; mais, après la messe, il lui sembla qu'il voyait saint Maur debout, en habit de bénédictin, et le berger à sa gauche, le visage ensanglanté de cinq coups de couteau, sa houlette à la main et ses deux chiens à ses côtés. Il s'écria qu'il était guéri, et il le fut en effet dès ce moment.

Quelques jours après, chassant dans les environs de Noisy, il vit effectivement son berger dans une vigne. Cet aspect lui fit horreur; il donna au sorcier un coup de crosse de fusil sur la tête : — Ah! monsieur, vous me tuez! s'écria le berger en fuyant; mais le lendemain il vint trouver M. de la Richardière, se jeta à ses genoux, lui avoua qu'il s'appelait Danis, qu'il était sorcier depuis vingt ans, qu'il lui avait en effet donné le sort dont il avait été affligé, que ce sort devait durer un an; qu'il n'en avait été guéri au bout de huit semaines qu'à la faveur des neuvaines qu'on avait faites; que le maléfice était retombé sur lui Danis, et qu'il se recommandait à sa miséricorde. Puis, comme les archers le poursuivaient, le berger tua ses chiens, jeta sa houlette, changea d'habits, se réfugia à Torcy, fit pénitence et mourut au bout de quelques jours...

Le père Lebrun, qui rapporte (2) longuement cette aventure, pense qu'il peut bien y avoir là sortilége. Il se peut aussi, plus vraisemblablement, qu'il n'y eût qu'hallucination.

DANSE DES ESPRITS.—Olaüs Magnus, au troisième livre de son *Histoire des peuples septentrionaux*, écrit qu'on voyait encore de son temps, en beaucoup de ces pays-là, des esprits et fantômes dansant et sautant, principalement de nuit, au son de toutes sortes d'instruments de musique. Cette danse est appelée, par les gens du pays : *chorea elvarum* (danse des elfes). Saxon-le-Grammairien fait mention de ces danses fantastiques dans son Histoire de Danemarck. Pomponius Mela, dans sa description de l'Ethiopie, dit qu'on a vu quelquefois, au delà du mont Atlas, des flambeaux, et entendu des flûtes et clochettes, et, que le jour venu, on n'y trouvait plus rien (3). On ajoutait que les fantômes faisaient danser ceux qu'ils rencontraient sur leur chemin, lesquels ne manquaient pas de se tenir pour avertis qu'ils mourraient bientôt. On ne rencontre plus guère de ces choses-là. Voy. FOLLETS, COURILS, WILIS, etc.

DANSE DES FÉES. — On prétendait, chez nos pères, que les fées habitaient les forêts désertes, et qu'elles venaient danser sur le gazon au clair de la lune. Voy. FÉES.

DANSE DES GÉANTS. — Merlin, voulant faire une galanterie de courtisan, fit venir, dit-on, d'Irlande en Angleterre, des rochers qui prirent des figures de géants, et s'en allèrent, en dansant, former un trophée pour le roi Ambrosius. C'est ce qu'on appelle la danse des géants. Des écrivains soutenaient, il n'y a pas longtemps, que ces rochers dansaient encore à l'avénement des rois d'Angleterre.

DANSE DES MORTS.—L'origine des danses des morts, dont on fit le sujet de tant de peintures, date du moyen âge; elles ont été longtemps en vogue. D'abord on voyait fréquemment, pendant le temps du carnaval, des masques qui représentaient la mort; ils avaient le privilége de danser avec tous ceux qu'ils rencontraient en les prenant par la main, et l'effroi des personnes qu'ils forçaient de danser avec eux amusait le public. Bientôt ces masques eurent l'idée d'aller dans les cimetières exécuter leur danse en l'honneur des trépassés. Ces danses devinrent ainsi un effrayant exercice de dévotion; elles étaient accompagnées de sentences lugubres, et l'on ne sait pourquoi alors elles prirent le nom de *danses macabres*. On fit des images de ces danses qui furent révérées par le peuple.

Les danses macabres se multiplièrent à l'infini, au quinzième et au seizième siècle: les artistes les plus habiles furent employés à les peindre dans les vestibules des couvents et sur les murs des cimetières.

La danse des morts de Bâle fut d'abord exécutée dans cette ville en 1435 par l'ordre du concile qui y était rassemblé. Ce qui l'a rendue célèbre, c'est qu'elle fut ensuite refaite par Holbein.

« L'idée de cette danse est juste et vraie, disait, il y a quelque temps, M. Saint-Marc-Girardin. Ce monde-ci est un grand bal où la mort donne le branle. On danse plus ou moins de contredanses, avec plus ou moins de joie; mais cette danse enfin, c'est toujours la mort qui la mène : et ces danseurs de tous rangs et de tous états, que sont-ils? Des mourants à plus ou moins long terme.

« Je connais deux danses des morts, poursuit le même écrivain : l'une à Dresde, dans le cimetière au delà de l'Elbe; l'autre en Auvergne, dans l'admirable église de la Chaise-Dieu. Cette dernière est une fresque que l'humidité ronge chaque jour. Dans ces deux danses des morts, la mort est en tête d'un chœur d'hommes d'âges et d'états divers : il y a le roi et le mendiant, le vieillard et le jeune homme, et la mort les entraîne tous après elle. Ces deux danses des morts expriment l'idée populaire de la manière la plus simple. Le génie d'Holbein a fécondé cette idée dans sa fameuse *Danse des Morts* du cloître des Dominicains : à Bâle, c'était une fresque, et elle a péri comme périssent peu à peu les fresques. Il en reste au Musée

---

(1) Voyez *Hallucinations*.
(2) Histoire des pratiques superstitieuses, tom. I, p. 281.
(3) Taillepied, Psychologie, p. 175.

de Bâle quelques débris et des miniatures coloriées. La danse d'Holbein n'est pas, comme celles de Dresde et de la Chaise-Dieu, une chaîne continue de danseurs menés par la Mort; chaque danseur a sa mort costumée d'une façon différente, selon l'état du mourant. De cette manière, la danse d'Holbein est une suite d'épisodes réunis dans le même cadre. Il y a quarante et une scènes dans le drame d'Holbein, et, dans ces quarante et une scènes, une variété infinie. Dans aucun de ces tableaux vous ne trouverez la même pose, la même attitude, la même expression : Holbein a compris que les hommes ne se ressemblent pas plus dans leur mort que dans leur vie, et que, comme nous vivons tous à notre manière, nous avons tous aussi notre manière de mourir.

« Holbein costume le laid et vilain squelette sous lequel nous nous figurons la mort, et il le costume de la façon du monde la plus bouffonne, exprimant, par les attributs qu'il lui donne, le caractère et les habitudes du personnage qu'il veut représenter. Chacun de ces tableaux est un chef-d'œuvre d'invention. — Il est incroyable avec quel art il donne l'expression de la vie et du sentiment à ces squelettes hideux, à ces figures décharnées. Toutes ses morts vivent, pensent, respirent; toutes ont le geste, la physionomie, j'allais presque dire les regards et les couleurs de la vie.

« Holbein avait ajouté à l'idée populaire de la Danse des Morts : le peintre inconnu du pont de Lucerne a ajouté aussi à la Danse d'Holbein. Ce ne sont pas des peintures de prix que les peintures du pont de Lucerne; mais elles ont un mérite d'invention fort remarquable. Le peintre a représenté, dans les triangles que forment les poutres qui soutiennent le toit du pont, les scènes ordinaires de la vie, et comment la mort les interrompt brusquement.

« Dans Holbein, la mort prend le costume et les attributs de tous les états, montrant par là que nous sommes tous soumis à sa nécessité. Au pont de Lucerne, la mort vit avec nous. Faisons-nous une partie de campagne, elle s'habille en cocher, fait claquer son fouet; les enfants rient et pétillent : la mère seule se plaint que la voiture va trop vite. Que voulez-vous? C'est la mort qui conduit; elle a hâte d'arriver. Allez-vous au bal, voici la mort qui entre en coiffeur, le peigne à la main. Hâtez-vous, dit la jeune fille, hâtez-vous! je ne veux point arriver trop tard. — Je ferai vite! — Elle fait vite; car à peine a-t-elle touché du bout de son doigt décharné le front de la danseuse, que ce front de dix-sept ans se dessèche aussi bien que les fleurs qui devaient la parer.

« Le pont de Lucerne nous montre la mort à nos côtés et partout : à table, où elle a la serviette autour du cou, le verre à la main, et porte des santés; dans l'atelier du peintre, où, en garçon barbouilleur, elle tient la palette et broie les couleurs; dans le jardin, où, vêtue en jardinier, l'arrosoir à la main, elle mène le maître voir si ses tulipes sont écloses; dans la boutique, où, en garçon marchand, assise sur des ballots d'étoffe, elle a l'air engageant et appelle les pratiques; dans le corps-de-garde, où, le tambour en main, elle bat le rappel; dans le carrefour, où, en faiseur de tours, elle rassemble les badauds; au barreau, où, vêtue en avocat, elle prend des conclusions : le seul avocat (dit la légende en mauvais vers allemands placés au bas de chaque tableau) qui aille vite et qui gagne toutes ses causes; dans l'antichambre du ministre, où, en solliciteur, l'air humble et le dos courbé, elle présente une pétition qui sera écoutée; dans le combat, enfin, où elle court en tête des bataillons; et, pour se faire suivre, elle s'est noué le drapeau autour du cou... »

DANSE DU SABBAT. Pierre Delancre assure que les danses du sabbat rendent les hommes furieux et font avorter les femmes. Le diable, dit-on, apprenait différentes sortes de danses aux sorciers de Genève. Ces danses étaient fort rudes, puisqu'il se servait de verges et de bâtons, comme ceux qui font danser les animaux. Il y avait dans ce pays une jeune femme à qui le diable avait donné une baguette de fer qui avait la vertu de faire danser les personnes qu'elle touchait. Elle se moquait des juges durant son procès, et leur protestait qu'ils ne pourraient la faire mourir; mais elle déchanta (1).

Les démons (2) dansent avec les sorcières, en forme de bouc ou de tout autre animal. On danse généralement en rond au sabbat, dos à dos, rarement seul ou à deux. Il y a trois branles : le premier se nomme le branle à la bohémienne; le second s'exécute comme celui de nos artisans dans les campagnes, c'est-à-dire en sautant toujours, le dos tourné; dans le troisième branle, on se place tous en long, se tenant par les mains et avec certaine cadence, à peu près comme dans ce qu'on appelle aujourd'hui le galop. On exécute ces danses au son d'un petit tambourin, d'une flûte, d'un violon ou d'un autre instrument que l'on frappe avec un bâton. C'est la seule musique du sabbat. Cependant des sorciers ont assuré qu'il n'y avait pas de concerts au monde mieux exécutés...

DANSE DU SOLEIL. C'est une croyance encore répandue dans beaucoup de villages que le soleil danse le jour de Pâques. Mais cette gracieuse tradition populaire n'est que de la poésie, comme les trois soleils qui se lèvent sur l'horizon le matin de la Trinité.

DANSES ÉPIDÉMIQUES. Au quatorzième siècle, il y eut une secte de danseurs qui parcoururent le Luxembourg, le pays de Liége, le Hainaut et les provinces Rhénanes, dansant avec fureur et se prétendant favorisés pendant leurs danses de visions merveilleuses. On croit qu'ils étaient possédés, puisqu'on ne les guérit que par les exorcismes (3).

---

(1) Delancre, Tableau de l'inconstance des démons, etc., liv. III, disc. 4, p. 204.
(2) Bodin, Démonomanie, liv. I, ch. IV.

(3) Voyez le Ménétrier d'Echternach, dans les Légendes des commandements de Dieu.

DAPHNÉPHAGES, devins qui, avant de répondre aux questions qu'on leur faisait, mangeaient des feuilles de laurier, parce que cet arbre étant consacré à Apollon, ils se croyaient de la sorte inspirés de ce dieu.

DAPHNOMANCIE, divination par le laurier. On en jetait une branche dans le feu : si elle pétillait en brûlant, c'était un heureux présage ; mais si elle brûlait sans faire de bruit, le pronostic était fâcheux.

DARDS MAGIQUES. Les Lapons, qui passaient autrefois pour de grands sorciers et qui le sont à présent bien peu, lançaient, dit-on, des dards de plomb, longs d'un doigt, contre leurs ennemis absents, et croyaient leur envoyer, avec ces dards enchantés, des maladies et des douleurs violentes. Voy. TYRE.

DAROUDJI. C'est le nom que les Persans donnent à la troisième classe de leurs mauvais génies.

DAUGIS, auteur peu connu d'un livre contre les sorciers, intitulé : *Traité sur la magie, le sortilège, les possessions, obsessions et maléfices*, où l'on en démontre la vérité et la réalité ; avec une méthode sûre et facile pour les discerner, et les règlements contre les devins, sorciers, magiciens, etc. Paris, in-12, 1732.

DAUPHIN. On ne sait pas trop sur quoi est fondée cette vieille croyance populaire, que le dauphin est l'ami de l'homme. Les anciens le connaissaient si imparfaitement, qu'on l'a presque toujours représenté avec le dos courbé en arc, tandis qu'il a le dos plat comme les autres poissons ; à moins que nous donnions le nom de dauphin à un poisson qui ne serait pas celui des anciens. Il y a des races perdues.

On trouve dans Élien et dans d'autres naturalistes, des enfants qui se promènent en mer, à cheval sur des dauphins apprivoisés ; ce sont de ces merveilles qui ne sont plus faites pour nous.

On sait que le dauphin est le symbole de la rapidité : et c'est dans un sens emblématique, pour rappeler qu'il faut se hâter avec prudence, qu'on a peint le dauphin entortillé à une ancre ; car il est faux que par affection pour l'homme il la conduise au fond de la mer, comme le contaient nos pères (1).

DAVID. Selon les Orientaux, ce prophète-roi se faisait obéir des poissons, des oiseaux et des pierres ; ils ajoutent que le fer qu'il tenait dans ses mains s'amollissait, et que les larmes qu'il versa pendant les quarante jours qu'il pleura son péché faisaient naître des plantes. Adam, disent les musulmans, avait donné soixante ans de la durée de sa vie pour prolonger celle de David, dont il prévoyait le règne glorieux.

DAVID-GEORGE, vitrier de Gand, qui, en 1525, se mit à courir les Pays-Bas, en disant qu'il était le Messie envoyé sur la terre pour remplir le ciel, qui avait beaucoup trop de vide. On le signala comme un fou dangereux ; mais il changeait de nom pour se mettre à couvert des poursuites. On croyait qu'il avait intelligence avec les oiseaux ; car il parlait avec eux en différentes langues, et ces oiseaux, disait-on, lui portaient parfois de la proie pour ses aliments. A Bâle, il se fit appeler Jean Bruch, se disant neveu de Dieu, qu'il appelait son oncle, ajoutant toutefois qu'il était né en Hollande. Il voulut aussi se faire passer pour le prophète Daniel, que Dieu envoyait en ce monde afin de rétablir le royaume d'Israël et le tabernacle de Jacob.

Il ensorcelait les esprits, dit Delancre, tandis que les autres sorciers ensorcelaient les corps. Au bout de treize ans qu'il séjourna à Bâle, il mourut, ayant abusé tellement le peuple, qu'on lui fit de magnifiques obsèques et qu'il fut enterré en l'église de Saint-Léonard. Ses disciples furent étonnés de sa mort ; car ils le croyaient immortel : il avait prédit qu'il ressusciterait trois jours après son trépas. Comme on vit que cette prophétie, au bout de trois ans, ne s'accomplissait point, on le reconnut pour imposteur. On le tira de son cercueil et on le porta sur un échafaud, où il fut brûlé avec les livres qu'il avait composés, le 26 août 1559 (2).

DAVID-JONES. Les matelots anglais appellent de ce nom le mauvais génie qui préside à tous les esprits malfaisants de la mer. Il est dans tous les ouragans ; on l'a vu quelquefois d'une taille gigantesque, montrant trois rangs de dents aiguës dans sa bouche énorme, ouvrant de grands yeux effrayants et de larges narines, d'où sortaient des flammes bleues.

DEBER. Des théologiens hébreux disent que Deber signifie le démon qui offense la nuit ; et Cheteb ou Chereb, celui qui offense en plein midi.

DECARABIA. Voy. CARABIA.

DÉCIUS (PUBLIUS). Pendant la guerre des Romains contre les Latins, les consuls Publius Décius et Manlius Torquatus, campés près du Vésuve, eurent tous deux le même songe dans la même nuit : ils virent en dormant un homme d'une figure haute, qui leur dit que l'une des deux armées devait descendre chez les ombres, et que celle-là serait victorieuse dont le général se dévouerait aux puissances de la mort.

Le lendemain, les consuls, s'étant raconté leur songe, firent un sacrifice pour s'assurer encore de la volonté des dieux ; et les entrailles des victimes confirmèrent ce qu'ils avaient vu. Ils convinrent donc entre eux que le premier qui verrait plier ses bataillons s'immolerait au salut de la patrie.

Quand le combat fut engagé, Décius, qui vit fléchir l'aile qu'il commandait, se dévoua, et avec lui toute l'armée ennemie, aux dieux infernaux, et se précipita dans les rangs des Latins, où il reçut la mort en assurant à Rome une victoire éclatante (3).

Si ce double songe des consuls et les pré-

---

(1) Brown, des Erreurs popul., liv. V, ch. II.

(2) Delancre, Tableau de l'inconstance des démons, etc., liv. V, p. 537.

(3) Tite-Live et Valère-Maxime.

sages des victimes publiés dans les deux armées n'étaient qu'un coup de politique, le dévouement de Décius était un acte de patriotisme bien grand, même chez les Romains.

DECREMPS, escamoteur du dernier siècle, qui publia un *Traité de la magie blanche.*

DEDSCHAIL, le diable chez plusieurs tribus arabes.

DEIPHOBE, sibylle de Cumes. Voy. SIBYLLES.

DÉJECTIONS. — Le médecin de Haën, dans le dernier chapitre de son *Traité de la magie*, dit que si l'on voit sortir de quelques parties que ce soit du corps humain, sans lésion considérable, des choses qui naturellement ne puissent y entrer, comme des couteaux, des morceaux de verre, du fer, de la poix, des touffes de crin, des os, des insectes, de grosses épingles tordues, des charbons, etc., on doit attribuer tout cela au démon et à la magie. Voy. EXCRÉMENTS.

DELANCRE (PIERRE), démonographe renommé, né à Bordeaux dans le seizième siècle. Il fut chargé d'instruire le procès de quantité de vauriens accusés de sortilèges. Son esprit crédule en demeura convaincu de toutes les extravagances du sabbat et des sorciers. Il mourut à Paris, vers 1630. On a de lui deux ouvrages recherchés sur ces matières :

1° *l'Incrédulité et mécréance du sortilège pleinement convaincues*, où il est amplement et curieusement traité de la vérité ou illusion du sortilège, de la fascination, de l'attouchement, du scopélisme, de la divination, de la ligature ou liaison magique, des apparitions et d'une infinité d'autres rares et nouveaux sujets, par P. Delancre, conseiller du roi en son conseil d'État. Paris, Nicolas Buon, 1612, in-4° de près de 900 pages, assez rare, dédié au roi Louis XIII ; divisé en dix traités.

Dans le premier traité, l'auteur prouve que tout ce qu'on dit des sorciers est véritable. Le second, intitulé *De la fascination*, démontre que les sorcières ne fascinent, en ensorcelant, qu'au moyen du diable. Par le troisième traité, consacré à l'*attouchement*, on voit ce que peuvent faire les sorciers par le toucher, bien plus puissant que le regard. Le traité quatrième, où il s'agit du *scopélisme*, nous apprend que, par cette science secrète, on maléficie les gens en jetant simplement des pierres charmées dans leur jardin. Le magnétisme explique aujourd'hui la plupart de ces prodiges. Le traité suivant détaille toutes les divinations. Au sixième traité, on s'instruit de tout ce qui tient aux ligatures. Le septième roule sur les apparitions. L'auteur, qui ne doute jamais de rien, en rapporte beaucoup. Il tombe, dans le huitième traité, sur les juifs, les apostats et les athées. Dans le neuvième, il s'élève contre les hérétiques, dont l'apparition dans tous les temps a produit en effet des fanatismes plus ou moins absurdes ou abominables. Il se récrie, dans le dernier traité, contre l'incrédulité et mécréance des juges en fait de sorcellerie. Le tout est suivi d'un recueil d'*Arrêts notables* contre les sorciers.

2° *Tableau de l'inconstance des mauvais anges et démons*, où il est amplement traité de la sorcellerie et des sorciers ; livre très-curieux et très-utile, avec un discours contenant la procédure faite par les inquisiteurs d'Espagne et de Navarre à cinquante-trois magiciens, apostats, juifs et sorciers, en la ville de Logrogne en Castille, le 9 novembre 1610 ; en laquelle on voit combien l'exercice de la justice en France est plus juridiquement traité et avec de plus belles formes qu'en tous autres empires, royaumes, républiques et États, par P. Delancre, conseiller du roi au Parlement de Bordeaux ; Paris, Nicolas Buon, 1612, in-4° d'environ 800 pages (1), très-recherché, surtout lorsqu'il est accompagné de l'estampe qui représente les cérémonies du sabbat.

Cet ouvrage est divisé en six livres ; le premier contient trois discours sur l'inconstance des démons, le grand nombre des sorciers et le penchant des femmes du pays de Labour pour la sorcellerie. Le second livre traite du sabbat, en cinq discours. Le troisième roule sur la même matière et sur les pactes des sorciers avec le diable, pareillement en cinq discours. Le quatrième livre, qui contient quatre discours, est consacré aux loups-garous ; le livre cinquième, en trois discours, aux superstitions et apparitions ; et le sixième, aux prêtres sorciers, en cinq discours.

Tout ce que ces ouvrages présentent de curieux tient sa place dans ce Dictionnaire.

DELANGLE (LOUIS), médecin espagnol et grand astrologue. On raconte qu'il prédit au roi de France Charles VII la journée de Frémigny, en 1450 ; il prédit aussi, selon quelques auteurs, l'emprisonnement du petit prince de Piémont, ainsi que la peste de Lyon l'année suivante. On l'accusa de superstition, quoiqu'il ne se dît qu'astrologue. Le roi le retint à quatre cents livres de pension, et l'envoya pratiquer sa science à Lyon. Il fit plusieurs livres, et traduisit, d'espagnol en latin, les *Nativités*, de Jean de Séville. On ajoute qu'il prévit le jour de sa mort. Il fit faire, dit-on, quinze jours d'avance, son service, que l'on continua jusqu'à l'heure marquée, où en effet il mourut (2).

DELRIO (MARTIN-ANTOINE), né à Anvers en 1551, savant jésuite, auteur d'un livre intitulé : *Recherches magiques* (3), en six livres, où il est traité soigneusement des arts curieux et des vaines superstitions ; in-4°, Louvain, 1599, souvent réimprimé. Ce livre célèbre, qui eut dans son temps beaucoup de vogue, a été abrégé et traduit en français par André Duchesne, Paris, in-4° et in-8°, 2 vol., 1611, très-recherché. L'auteur se montre généralement un peu crédule, mais plus éclairé que la plupart des écrivains de son siècle. Son ouvrage est divisé en six li-

---

(1) Il y a une préface de Jean d'Espagnet.
(2) Ancien manuscrit de la Bibliothèque du roi, rapporté à la fin des Remarques de Joly sur Bayle.

(3) Disquisitionum magicarum libri sex, etc., auctore Martino Delrio, etc.

vres; le premier traite de la magie en général, naturelle et artificielle, et des prestiges ; le second, de la magie infernale ; le troisième, des maléfices ; le quatrième, des divinations et prédictions ; le cinquième, des devoirs du juge et de la manière de procéder en fait de sorcellerie ; le sixième, des devoirs du confesseur et des remèdes permis ou prohibés contre la sorcellerie. En général, ces disquisitions magiques sont un recueil de faits bizarres, mêlés de raisonnements et de citations savantes.

DELUGE. Voy. Is.

DÉMOCRITE, philosophe célèbre, qui florissait en Grèce environ trois cents ans après la fondation de Rome. Les écrivains du quinzième et du seizième siècle l'ont accusé de magie ; quelques-uns lui ont même attribué un traité d'alchimie. Psellus prétend qu'il ne s'était crevé les yeux qu'après avoir *soufflé* tout son bien à la recherche de la pierre philosophale.

La cécité de Démocrite a embarrassé bien des personnes. Tertullien dit qu'il se priva de la vue parce qu'elle était pour lui une occasion de mauvaises convoitises. Plutarque pense que c'était pour philosopher plus à son aise, et c'est le sentiment le plus répandu, quoiqu'il soit aussi dénué de fondement que les autres.

Démocrite ne fut point aveugle, si l'on en croit Hippocrate, qui raconte qu'appelé par les Abdéritains pour guérir la folie prétendue de ce philosophe, il le trouva occupé à la lecture de certains livres et à la dissection de quelques animaux ; ce qu'il n'eût point fait s'il eût été aveugle.

De jeunes Abdéritains, sachant que Démocrite s'était enfermé dans un sépulcre écarté de la ville pour philosopher, s'habillèrent un jour en diables avec de longues robes noires, et portant des masques hideux ; puis l'allèrent trouver, et se mirent à danser autour de lui ; Démocrite n'en parut point effrayé, il ne leva pas même les yeux de dessus son livre et continua d'écrire (1).

Il riait de tout, nous dit-on, mais son rire était moral, et il voyait autrement que les hommes dont il se moquait. Croyons donc, avec Scaliger, qu'il était aveugle moralement, *quod aliorum more oculis non uteretur*.

On a dit qu'il entendait le chant des oiseaux, et qu'il s'était procuré cette faculté merveilleuse en mangeant un serpent engendré du sang mélangé de certains oisillons ; mais que n'a-t-on pas dit ! On a dit aussi qu'il commerçait avec le diable, parce qu'il vivait solitaire.

DÉMON BARBU. Voy. Barbu.

DÉMONIAQUES. Voy. Possédés.

DÉMONOCRATIE, gouvernement des démons, influence immédiate des esprits malfaisants, religion de quelques peuplades américaines, africaines, asiatiques, sibériennes, kamtschadales, etc., qui révèrent le diable avant tout, comme par exemple les Kurdes.

DÉMONOGRAPHIE, histoire et description de ce qui regarde les démons. On appelle démonographes les auteurs qui écrivent sur ce sujet, comme Delancre, Leloyer, Wiérus, etc.

DÉMONOLATRIE, culte des démons. On a publié à Lyon, vers 1819, un volume in-12, intitulé : *Superstitions et Démonolâtrie des philosophes*. Ce livre a le tort d'être trivial quelquefois, mais il contient de bonnes choses et de tristes vérités.

DÉMONOLOGIE, discours et traité sur les démons, pour la démonologie du roi Jacques. Voy. ce nom. Voy. aussi Walter Scott.

DÉMONOMANCIE, divination par le moyen des démons. Cette divination a lieu par les oracles qu'ils rendent ou par les réponses qu'ils font à ceux qui les évoquent.

DÉMONOMANIE, manie de ceux qui croient à tout ce qu'on raconte sur les démons et les sorciers, comme Bodin, Leloyer, Delancre, etc. L'ouvrage de Bodin porte le titre de *Démonomanie des sorciers ;* mais là ce mot signifie diablerie. Voy. Bodin.

DÉMONS. Ce que nous savons d'exact sur les démons se borne à ce que nous en enseigne l'Église : que ce sont des anges tombés, qui, privés de la vue de Dieu depuis leur révolte, ne respirent plus que le mal et ne cherchent qu'à nuire. Ils ont commencé leur règne sinistre par la séduction de nos premiers pères ; ils continuent de lutter contre les anges fidèles qui nous protègent, et ils triomphent de nous quand nous ne leur résistons pas avec courage, oubliant de nous appuyer sur la grâce de Dieu.

Nous ne pouvons faire ici un traité dogmatique sur les démons. Nous devons nous borner à rapporter les opinions bizarres et singulières auxquelles ces êtres maudits ont donné de l'intérêt.

Les anciens admettaient trois sortes de démons, les bons, les mauvais et les neutres. Mais ils appelaient démon tout esprit. Nous entendons par démon un ange de ténèbres, un esprit mauvais.

Presque toutes les traditions font remonter l'existence des démons plus loin que la création du monde matériel. La chute des anges a eu lieu en effet, selon la croyance commune, avant que Dieu ne fît le monde visible. Parmi les rêveurs juifs, Aben-Esra prétend qu'on doit fixer cette chute au second jour de la création. Ménassé Ben-Israël, qui suit la même opinion, ajoute qu'après avoir créé l'enfer et les démons, Dieu les plaça dans les nuages et leur donna le soin de tourmenter les méchants (2). L'homme n'était pas créé le second jour ; il n'y avait donc pas encore de méchants à punir. Les démons d'ailleurs ne sont pas sortis noirs de la main du Créateur ; ils ne sont que des anges de lumière devenus anges de ténèbres par leur crime.

Origène et quelques philosophes soutiennent que les bons et les mauvais esprits sont

---

(1) Leloyer, Histoire des spectres ou apparition des esprits, liv. I, ch. ix, p. 80.

(2) De Resurrectione mortuorum, lib. III, cap. vi.

beaucoup plus vieux que notre monde ; qu'il n'est pas probable que Dieu se soit avisé tout d'un coup, il y a seulement six ou sept mille ans (1), de tout créer pour la première fois ; que les anges et les démons étaient restés immortels après la ruine des mondes qui ont précédé le nôtre, etc.

Manès, ceux qu'il a copiés et ceux qui ont adopté son système, font le diable éternel et le regardent comme le principe du mal, ainsi que Dieu est le principe du bien. Il a été suffisamment réfuté. Nous devons donc nous en tenir, sur les démons, au sentiment de l'Église universelle.

Dieu avait créé les chœurs des anges. Toute cette milice céleste était pure et non portée au mal. Quelques-uns se laissèrent aller à l'orgueil ; ils osèrent se croire aussi grands que leur Créateur, et entraînèrent dans leur crime une partie de l'armée des anges. Satan, le premier des Séraphins et le plus grand de tous les êtres créés (2), s'était mis à la tête des rebelles. Il jouissait dans le ciel d'une gloire inaltérable et ne reconnaissait d'autre maître que l'Éternel. Une folle ambition causa sa perte ; il voulut régner sur la moitié du ciel, et siéger sur un trône aussi élevé que celui du Créateur. L'archange Michel et les anges restés dans le devoir lui livrèrent combat. Satan fut vaincu et précipité dans l'abîme avec tous ceux de son parti (3).

Dieu exila donc les anges déchus loin du ciel, dans un lieu que nous nommons *l'enfer* ou *l'abîme.*

Quelques opinions placent l'enfer au centre enflammé de notre globe. Plusieurs rabbins disent que les démons habitent l'air, qu'ils remplissent. Saint Prosper les place dans les brouillards. Swinden a voulu démontrer qu'ils logeaient dans le soleil ; d'autres les ont relégués dans la lune. Bornons-nous à savoir qu'ils sont dans les *lieux inférieurs*, bien loin du soleil et de nous, comme dit Milton, et que Dieu leur permet toutefois de tenter les hommes qui sont sur la terre, et de les éprouver.

Tout chrétien connaît la dure et incontestable histoire du péché originel, réparé, dans ses effets éternels, par la divine rédemption. On sait aussi que, depuis la venue du Messie, le pouvoir des démons, resserré dans de plus étroites limites, se borne à un rôle vil et ténébreux, qui a produit quelques tristes récits mêlés souvent de mensonge.

On n'a aucune donnée du nombre des démons. Wiérus toutefois, comme s'il les avait comptés, dit qu'ils se divisent en six mille six cent soixante-six légions, composés chacune de six mille six cent soixante-six anges ténébreux ; et il en élève ainsi le nombre à quarante-cinq millions, ou à peu près, et leur donne soixante-douze princes, ducs, marquis, prélats ou comtes.—Mais il y en a bien davantage, et ils ont leur large part dans le mal qui se fait ici-bas, puisque les mauvaises inspirations viennent d'eux seuls. Honte et malheur à qui les écoute !

Selon Michel Psellus, les démons se divisent en six grandes sections. Les premiers sont les démons du feu, qui en habitent les régions éloignées ; les seconds sont les démons de l'air, qui volent autour de nous, et ont le pouvoir d'exciter les orages ; les troisièmes sont les démons de la terre, qui se mêlent avec les hommes et s'occupent de les tenter ; les quatrièmes sont les démons des eaux, qui habitent la mer et les rivières, pour y élever des tempêtes et causer des naufrages ; les cinquièmes sont les démons souterrains, qui préparent les tremblements de terre, soufflent les volcans, font écrouler les puits et tourmentent les mineurs ; les sixièmes sont les démons ténébreux, ainsi nommés parce qu'ils vivent loin du soleil et ne se montrent pas sur la terre.

On ne sait trop où Michel Psellus a trouvé ces belles choses ; mais c'est dans ce système que les cabalistes ont imaginé les salamandres, qu'ils placent dans les régions du feu ; les sylphes qui remplissent l'air ; les ondins, ou nymphes, qui vivent dans l'eau, et les gnômes, qui sont logés dans l'intérieur de la terre.

Des doctes ont prétendu que les démons multiplient entre eux comme les hommes ; ainsi, leur nombre doit s'accroître, surtout si l'on considère la durée de leur vie, que quelques savants ont bien voulu supputer ; car il en est qui ne les font pas immortels. Hésiode leur donne une vie de six cent quatre-vingt mille quatre cents ans. Plutarque, qui ne conçoit pas bien qu'on ait pu faire l'expérience d'une si longue vie, la réduit à neuf mille sept cent vingt ans...

Il y aurait encore bien des choses à dire sur les démons et sur les diverses opinions qu'on s'est faites d'eux. On trouvera généralement ces choses, à leurs articles, dans ce Dictionnaire.

Les Moluquois s'imaginent que les démons s'introduisent dans leurs maisons par l'ouverture du toit, et apportent un air infect qui donne la petite-vérole. Pour prévenir ce malheur, ils placent à l'endroit où passent ces démons certaines petites statues de bois pour les épouvanter, comme nous hissons des hommes de paille sur nos cerisiers pour écarter les oiseaux. Lorsque ces insulaires sortent le soir ou la nuit, temps attristé par les excursions des esprits malfaisants, ils portent toujours sur eux comme sauvegarde un oignon ou une gousse d'ail, un couteau, quelques morceaux de bois ; et quand les mères mettent leurs enfants au lit, elles ne manquent pas de mettre l'un ou l'autre de ces préservatifs sous leur tête.

Les Chingulais, pour empêcher que leurs fruits ne soient volés, annoncent qu'ils les ont donnés aux démons. Dès lors, personne n'ose plus y toucher.

---

(1) La version des Septante donne au monde quinze ou dix-huit cents ans de plus que nous. Les Grecs modernes ont suivi ce calcul, et le P. Pezron l'a un peu réveillé dans l'*Antiquité Rétablie.*

(2) Quique creaturæ præfulsit in ordine primus... Alc. Aviti poem., lib. II.

(3) Apocalypse, ch. v, vers. 7 et 9.

Les Siamois ne connaissent point d'autres démons que les âmes des méchants qui, sortant des enfers où elles étaient détenues, errent un certain temps dans ce monde et font aux hommes tout le mal qu'elles peuvent. De ce nombre sont encore les criminels exécutés, les enfants mort-nés, les femmes mortes en couches et ceux qui ont été tués en duel. *Voy.* DIABLE.

Le démon de l'incendie.

« Un jour dit Flodoard (historien, né à Epernay en 894, et qui a écrit l'histoire de l'église de Reims), un jour, saint Remi, archevêque de Reims, était absorbé en prières dans une église de sa ville chérie. Il remerciait Dieu d'avoir pu soustraire aux ruses du démon les plus belles âmes de son diocèse, lorsqu'on vint lui annoncer que toute la ville était en feu. Alors la brebis devint lion, la colère monta au visage du saint, qui frappa du pied les dalles de l'église avec une énergie terrible et s'écria : Satan, je te reconnais ; je n'en ai donc pas encore fini avec ta méchanceté !

« On montre encore aujourd'hui, encastrée dans les pierres du portail occidental de Saint-Remi de Reims, la pierre où sont très-visiblement empreintes les traces du pied irrité de saint Remi.

« Le saint s'arma de sa crosse et de sa chape, comme un guerrier de son épée et de sa cuirasse, et vola à la rencontre de l'ennemi. A peine eut-il fait quelques pas qu'il aperçut des gerbes de flammes qui dévoraient, avec une furie que rien n'arrêtait, les maisons de bois dont la ville était bâtie et les toits de chaume dont ces maisons étaient couvertes. A la vue du saint, l'incendie sembla pâlir et diminuer. Remi, qui connaissait l'ennemi auquel il avait à faire, fit un signe de croix, et l'incendie recula.

« A mesure que le saint avançait en faisant des signes de croix, l'incendie lâchait prise et fuyait, comme fasciné devant la puissance de l'évêque ; on aurait dit un être intelligent et qui comprenait sa faiblesse. Quelquefois il se roidissait ; il reprenait courage ; il cherchait à cerner le saint dans une enveloppe de feu, à l'aveugler, à le réduire en cendres. Mais toujours un redoutable signe de croix paraît les attaques et arrêtait les ruses.

« Forcé de reculer ainsi, de lâcher successivement toutes les maisons qu'il avait entamées, l'incendie vint s'abattre aux pieds de l'évêque, comme un animal dompté ; il se laissa prendre et conduire, à la volonté du saint, hors de la ville, dans les fossés qui fortifient encore Reims. Là, Remi ouvrit une porte, qui donnait dans un souterrain ; il y précipita les flammes, comme on jette dans un gouffre un malfaiteur, et fit murer la porte.

« Sous peine d'anathème, sous peine de la ruine du corps et de la mort de l'âme, il défendit d'ouvrir à jamais cette porte. Un imprudent, un curieux, un sceptique peut-être, voulut braver la défense et entr'ouvrir le gouffre. Mais il en sortit des tourbillons de flamme qui le dévorèrent et rentrèrent ensuite d'elles-mêmes dans le trou où la volonté toujours vivante du saint les tenait enchaînées... »

« Voilà bien le démon de l'incendie ; voilà bien, comme le fait remarquer M. Guizot, dans la préface de Flodoard qu'il a traduit, une bataille épique, aussi belle que la bataille d'Achille contre le Xante : Le fleuve est un demi-dieu, l'incendie est un démon. C'est aussi beau que dans Homère (1). »

C'est que les légendaires, en dépit du mépris que les écrivains froids des derniers siècles s'efforçaient de leur témoigner, étaient des poètes et des croyants ; ils représentaient souvent par l'allégorie les dernières luttes du paganisme grossier contre le christianisme naissant ; ils révéraient l'espèce humaine ; ils se refusaient à croire que des âmes sorties de la main de Dieu pussent concevoir de mauvaises actions ; ils attribuaient à Satan tout le mal et tous les crimes.

DÉMONS BLANCS. *Voy.* FEMMES BLANCHES.

DÉMONS FAMILIERS, démons qui s'apprivoisent et se plaisent à vivre avec les hommes qu'ils aiment assez à obliger. *Voy.* BÉRITH.

Un historien suisse rapporte qu'un baron de Regensberg s'était retiré dans une tour de son château de Bâle pour s'y adonner avec plus de soin à l'étude de l'Ecriture sainte et aux belles-lettres. Le peuple était d'autant plus surpris du choix de cette retraite, que la tour était habitée par un démon. Jusqu'alors le démon n'en avait permis l'entrée à personne ; mais le baron était au-dessus d'une telle crainte. Au milieu de ses travaux, le démon lui apparaissait, dit-on, en habit séculier, s'asseyait à ses côtés, lui faisait des questions sur ses recherches, et s'entretenait avec lui de divers objets, sans jamais lui faire aucun mal. L'historien crédule ajoute que, si le baron eût voulu exploiter méthodiquement ce démon, il en eût tiré beaucoup d'éclaircissements utiles (2). *Voy.* ESPRITS, LUTINS, FARFADETS, KOBOLD, etc.

DÉMONS DE MIDI. On parlait beaucoup chez les anciens de certains démons qui se montraient particulièrement vers midi à ceux avec lesquels ils avaient contracté familiarité. *Voy.* AGATHION. Ces démons visitent ceux à qui ils s'attachent, en forme d'hommes ou de bêtes, ou en se laissant enclore en un caractère, chiffre, fiole, ou bien en un anneau vide et creux au dedans. « Ils sont connus, ajoute Leloyer, des magiciens qui s'en servent, et, à mon grand regret, je suis contraint de dire que l'usage n'en est que trop commun (3) . » *Voy.* EMPUSE.

DENIS ANJORAND, docteur de Paris, médecin et astrologue au quatorzième siècle. Ce fut lui qui prédit la venue du prince de Gal-

---

(1) M. Didron, Histoire du diable.
(2) Dictionnaire d'anecdotes suisses, p. 82.
(3) Histoire des spectres, liv. III, ch. IV, p. 198.

les, et qui configura d'avance par astrologie la prise du roi Jean à Poitiers. Mais on n'en tint pas compte. Néanmoins, après que la chose fut advenue, il fut grandement estimé à la cour (1).

DENIS-LE-CHARTREUX, écrivain pieux du quinzième siècle, né dans le pays de Liège. Nous ne citerons que son ouvrage *Des Quatre dernières fins de l'homme*, où il traite du purgatoire et de l'enfer. *Voy.* ENFER.

DENIS DE VINCENNES, médecin de la Faculté de Montpellier et grand astrologue. Appelé au service du duc Louis d'Anjou, il fut fort expert en ses jugements particuliers, entre lesquels il en fit un audit duc, qui était gouverneur du petit roi Charles VI, au moyen duquel il trouva le trésor du roi Charles V, qui était seulement à la connaissance d'un nommé Errart de Serreuze, homme vertueux, discret et sage. Il y avait dans ce trésor, que Denis de Vincennes découvrit par son art, dix-huit millions d'or. Aucuns (attendu que ce roi avait toujours eu la guerre) disent que Jean de Meung, auteur du roman de *la Rose*, lui avait amassé ce trésor par la vertu de la pierre philosophale (2).

DENTS. Il y a aussi quelques histoires merveilleuses sur les dents; et d'abord on a vu des enfants naître avec des dents; Louis XIV en avait deux lorsqu'il vint au monde. Pyrrhus, roi des Épirotes, avait au lieu de dents un os continu en haut de la mâchoire et un pareil en bas. Il y avait même en Perse une race d'hommes qui apportaient ces os-là en naissant (3).

La république des Gorgones devait être bien laide, comme dit M. Salgues, s'il est vrai que ces femmes n'avaient pour elles toutes qu'un œil et qu'une dent, qu'elles se prêtaient l'une à l'autre.

En 1591, le bruit courut en Silésie que, les dents étant tombées à un enfant de sept ans, il lui en était venu une d'or. On prétendait qu'elle était en partie naturelle et en partie merveilleuse, et qu'elle avait été envoyée du ciel à cet enfant pour consoler les chrétiens affligés par les Turcs, quoiqu'il n'y eût pas grand rapport entre cette dent et les Turcs, et qu'on ne voie pas quelle consolation les chrétiens en pouvaient tirer. Cette nouvelle occupa plusieurs savants; elle éleva plus d'une dispute entre les grands hommes du temps, jusqu'à ce qu'un orfèvre ayant examiné la dent, il se trouva que c'était une dent ordinaire à laquelle on avait appliqué une feuille d'or avec beaucoup d'adresse : mais on commença par disputer et faire des livres, puis on consulta l'orfèvre.

Nous ajouterons que dans le village de Senlices il y a une fontaine publique dont on dit que l'eau fait tomber les dents, sans fluxion et sans douleur. D'abord elles branlent dans la bouche comme le battant d'une cloche, ensuite elles tombent naturellement. Plus de la moitié des habitants de ce village manquent de dents (4).

On voit dans les *Admirables secrets d'Albert-le-Grand* qu'on calme le mal de dents en demandant l'aumône en l'honneur de saint Laurent. C'est une superstition.

Les racines d'asperges sont, dit-on, un très-bon spécifique : séchées et appliquées sur les dents malades, elles les arrachent sans douleur. Nous ne l'avons pas éprouvé.

DÉRODON (DAVID), dialecticien du dix-septième siècle. On conte qu'un professeur, pressé par un argumentateur inconnu, lui dit sur le point de se rendre : « Tu es le diable, ou tu es Dérodon. » Ce savant a laissé un *Discours contre l'astrologie judiciaire*, in-8°, 1663.

DERSAIL, sorcier du pays de Labour, qui portait le bassin au sabbat, vers l'an 1610. Plusieurs sorcières ont avoué l'y avoir vu recevant les offrandes, à la messe du sabbat; elles ont assuré de plus qu'il employait cet argent pour les affaires des sorciers et pour les siennes (5).

DESBORDES, valet de chambre du duc de Lorraine Charles IV. Ce valet fut accusé, en 1628, d'avoir avancé la mort de la princesse Christine, mère du duc, et causé diverses maladies que les médecins attribuaient à des maléfices. Charles IV avait conçu de violents soupçons contre Desbordes, depuis une partie de chasse où il avait servi un grand dîner au duc, sans autres préparatifs qu'une petite boîte à trois étages, dans laquelle se trouvait un repas exquis. C'était peut-être un autoclave. Dans une autre occasion, il s'était permis de ranimer trois pendus (car il faisait toujours tout par trois) qui, depuis trois jours, étaient attachés à trois gibets; et il leur avait ordonné de rendre hommage au duc, après quoi il les avait renvoyés à leurs potences. On vérifia encore qu'il avait ordonné aux personnages d'une tapisserie de s'en détacher et de venir danser dans le salon... Charles IV, effrayé de ces prodiges, voulut qu'on informât contre Desbordes. On lui fit son procès et il fut condamné au feu (6) ; mais soyez assuré qu'il y avait à la charge de cet homme, autre chose que des tours de gibecière et des tours de passe-passe.

DESCARTES (RENÉ), l'un des hommes les plus célèbres du dix-septième siècle. Il fut persécuté en Hollande lorsqu'il publia pour la première fois ses opinions. Voët (*Voetius*), qui jouissait de beaucoup de crédit à Utrecht, l'accusa d'athéisme ; il conçut même le dessein de provoquer sa condamnation, sans lui permettre de se défendre, et, avec la mansuétude protestante, de le faire brûler à Utrecht sur un bûcher très-élevé, dont la flamme serait aperçue de toutes les Provinces-Unies (7)...., pays assez plat pour une telle tentative.

DÉSERTS. C'est surtout dans les lieux dé-

(1) Ancien manuscrit de la Bibliothèque du roi, cité par Joly, Remarques sur Bayle.
(2) Torquemada, Hexaméron, p. 29.
(3) Saint-Foix, Essais, t. I.
(4) Manuscrit de la Bibliothèque, cité par Joly dans ses Remarques sur Bayle.
(5) Delancre, Tableau de l'inconstance des démons, etc., etc., p. 90.
(6) M. Salgues, des Erreurs et des préjugés, et M. Jules Garinet, Histoire de la magie en France, p. 204.
(7) Curiosités de littérature, trad. de l'anglais, par Bertin, t. I, p. 52.

serts et abandonnés que les sorciers font leur sabbat et les démons leurs orgies. C'est dans de tels lieux que le diable se montre à ceux qu'il veut acheter ou servir. C'est là aussi qu'on a peur et qu'on voit des fantômes. Voy. CARREFOURS.

DESFONTAINES. En 1695, un certain M. Bézuel (qui depuis fut curé de Valogne), étant alors écolier de quinze ans, fit la connaissance des enfants d'un procureur nommé d'Abaquène, écoliers comme lui. L'aîné était de son âge; le cadet, un peu plus jeune s'appelait Desfontaines; c'était celui des deux frères que Bézuel aimait davantage. Se promenant tous deux en 1696, ils s'entretenaient d'une lecture qu'ils avaient faite de l'histoire de deux amis, lesquels s'étaient promis que celui qui mourrait le premier viendrait dire des nouvelles de son état au survivant. Le mort revint, disait-on, et conta à son ami des choses surprenantes.

Le jeune Desfontaines proposa à Bézuel de se faire mutuellement une pareille promesse. Bézuel ne le voulut pas d'abord; mais quelques mois après il y consentit, au moment où son ami allait partir pour Caen. Desfontaines tira de sa poche deux petits papiers qu'il tenait tout prêts, l'un signé de son sang, où il promettait, en cas de mort, de venir voir Bézuel; l'autre où la même promesse était écrite, fut signée par Bézuel. Desfontaines partit ensuite avec son frère, et les deux amis entretinrent correspondance.

Il y avait six semaines que Bézuel n'avait reçu de lettres, lorsque, le 31 juillet 1697, se trouvant dans une prairie, à deux heures après midi, il se sentit tout d'un coup étourdi et pris d'une faiblesse, laquelle néanmoins se dissipa; le lendemain, à pareille heure, il éprouva le même symptôme; le surlendemain, il vit pendant son affaiblissement son ami Desfontaines qui lui faisait signe de venir à lui..... Comme il était assis, il se recula sur son siége. Les assistants remarquèrent ce mouvement.

Desfontaines n'avançant pas, Bézuel se leva enfin pour aller à sa rencontre; le spectre s'approcha alors, le prit par le bras gauche et le conduisit à trente pas de là dans un lieu écarté.

Je vous ai promis, lui dit-il, que si je mourais avant vous, je viendrais vous le dire : je me suis noyé avant-hier dans la rivière, à Caen, vers cette heure-ci. J'étais à la promenade; il faisait si chaud, qu'il nous prit envie de nous baigner. Il me vint une faiblesse dans l'eau, et je coulai. L'abbé de Ménil-Jean, mon camarade, plongea; je saisis son pied, mais soit qu'il crût que ce fût un saumon, soit qu'il voulût promptement remonter sur l'eau, il secoua si rudement le jarret, qu'il me donna un grand coup dans la poitrine, et me jeta au fond de la rivière qui est là très-profonde.

Desfontaines raconta ensuite à son ami beaucoup d'autres choses.

Bézuel voulut l'embrasser, mais alors il ne trouva qu'une ombre. Cependant, son bras était si fortement tenu qu'il en conserva une douleur.

Il voyait continuellement le fantôme, un peu plus grand que de son vivant, à demi nu, portant entortillé dans ses cheveux blonds un écriteau où il ne pouvait lire que le mot in..... Il avait le même son de voix; il ne paraissait ni gai ni triste, mais dans une tranquillité parfaite. Il pria son ami survivant, quand son frère serait revenu, de le charger de dire certaines choses à son père et à sa mère ; il lui demanda de réciter pour lui les sept psaumes qu'il avait eus en pénitence le dimanche précédent, et qu'il n'avait pas encore récités; ensuite il s'éloigna en disant : *Jusqu'au revoir*, qui était le terme ordinaire dont il se servait quand il quittait ses camarades.

Cette apparition se renouvela plusieurs fois. Quelques-uns l'expliqueront par les pressentiments, la sympathie, etc. L'abbé Bézuel en raconta les détails dans un dîner, en 1708, devant l'abbé de Saint-Pierre, qui en fait une longue mention dans le tome IV de ses OEuvres politiques.

DESFORGES (PIERRE-JEAN-BAPTISTE CHOUDARD), né à Paris en 1746, auteur plus que frivole. Dans les *Mille et un souvenirs* ou *Veillées conjugales*, livre immoral qu'on lui attribue, il raconte plusieurs histoires de spectres qui ont été reproduites par divers recueils.

DESHOULIÈRES. Madame Deshoulières étant allée passer quelques mois dans une terre, à quatre lieues de Paris, on lui permit de choisir la plus belle chambre du château; mais on lui en interdisait une qu'un revenant visitait toutes les nuits. Depuis longtemps madame Deshoulières désirait voir des revenants ; et, malgré les représentations qu'on lui fit, elle se logea précisément dans la chambre infestée. La nuit venue, elle se mit au lit, prit un livre selon sa coutume; et, sa lecture finie, elle éteignit sa lumière et s'endormit. Elle fut bientôt éveillée par un bruit qui se fit à la porte, laquelle se fermait mal; on l'ouvrit, quelqu'un entra, qui marchait assez fort. Elle parla d'un ton très-décidé, car elle n'avait pas peur. On ne lui répondit point. L'esprit fit tomber un vieux paravent et tira les rideaux avec bruit. Elle harangua encore l'âme, qui s'avançant toujours lentement et sans mot dire, passa dans la ruelle du lit, renversa le guéridon et s'appuya sur la couverture.

Ce fut là que madame Deshoulières fit paraître toute sa fermeté. — Ah! dit-elle, je saurai qui vous êtes !.... Alors, étendant ses deux mains vers l'endroit où elle entendait le spectre, elle saisit deux oreilles velues, qu'elle eut la constance de tenir jusqu'au matin.

Aussitôt qu'il fut jour, les gens du château vinrent voir si elle n'était pas morte. Il se trouva que le prétendu revenant était un gros chien, qui trouvait plus commode de coucher dans cette chambre déserte que dans la basse-cour.

DESPILLIERS. Le comte Despilliers le

père, qui mourut avec le grade de maréchal-de-camp de l'empereur Charles VI, n'était encore que capitaine de cuirassiers, lorsque, se trouvant en quartier d'hiver en Flandre, un de ses cavaliers vint un jour le prier de le changer de logement, disant que toutes les nuits il revenait dans sa chambre un esprit qui ne le laissait pas dormir.

Despilliers se moqua de sa simplicité, et le renvoya. Mais le militaire revint au bout de quelques jours, et répéta la même prière; il fut encore moqué. Enfin il revint une troisième fois, et assura à son capitaine qu'il serait obligé de déserter si on ne le changeait pas de logis. Despilliers, qui connaissait cet homme pour bon soldat, lui dit en jurant : — Je veux aller cette nuit coucher avec toi, et voir ce qui en est.

Sur les dix heures du soir, le capitaine se rend au logis de son cavalier; ayant mis ses pistolets armés sur la table; il se couche tout vêtu, son épée à côté de lui.

Vers minuit il entend quelqu'un qui entre dans la chambre, qui, en un instant, met le lit sens dessus dessous, et enferme le capitaine et le soldat sous le matelas et la paillasse.

Après s'être dégagé de son mieux, le comte Despilliers, qui était cependant très-brave, s'en retourna tout confus et fit déloger le cavalier.

Il raconta depuis son aventure, pensant bien qu'il avait eu affaire avec quelque démon. Néanmoins il se trouva, dit-on, que le lutin n'était qu'un grand singe.

DESRUES, empoisonneur, rompu et brûlé à Paris, en 1777, à l'âge de trente-deux ans. Il avait été exécuté depuis quinze jours, lorsque tout à coup le bruit se répandit qu'il revenait toutes les nuits sur la place de Grève.

On voyait un homme en robe de chambre, tenant un crucifix à la main, se promenant lentement autour de l'espace qu'avaient occupé son échafaud et son bûcher, et s'écriant d'une voix lugubre : — *Je viens chercher ma chair et mes os.*

Quelques nuits se passèrent ainsi, sans que personne osât s'approcher d'assez près pour savoir quel pouvait être l'auteur de cette farce un peu sombre.

Plusieurs soldats de patrouille et de garde en avaient été épouvantés. Mais enfin la terreur cessa; un intrépide eut le courage de s'avancer sur la place; il empoigna le spectre et le conduisit au corps-de-garde, où l'on reconnut que ce revenant était le frère de Desrues, riche aubergiste de Senlis, qui était devenu fou de désespoir.

DESTINÉE. Voy. Fatalisme.

DESVIGNES, parisienne qui avait, au commencement du dix-septième siècle, des attaques de nerfs dont elle voulut tirer parti pour se faire une ressource. Les uns la disaient sorcière ou possédée, les autres la croyaient prophétesse. Le père Lebrun, qui parle d'elle dans son *Histoire des Superstitions*, reconnut comme les médecins qu'il y avait dans son fait une grande fourberie. Le bruit qu'elle avait fait tomba subitement.

DEUIL. Les premiers poëtes disaient que les âmes après la mort allaient dans le sombre empire : c'est peut-être conformément à ces idées, dit Saint-Foix, qu'ils crurent que le noir était la couleur du deuil.

Les Chinois et les Siamois choisissent le blanc, croyant que les morts deviennent des génies bienfaisants.

En Turquie, on porte le deuil en bleu ou en violet; en gris, chez les Éthiopiens; on le portait en gris de souris au Pérou, quand les Espagnols y entrèrent.

Le blanc, chez les Japonais, est la marque du deuil, et le noir est celle de la joie. En Castille, les vêtements de deuil étaient autrefois de serge blanche.

Les Perses s'habillaient de brun, et se rasaient avec toute leur famille et tous leurs animaux. Dans la Lycie, les hommes portaient des habits de femme pendant tout le temps du deuil.

Chez nous, Anne de Bretagne, femme de Louis XII, changea en noir le deuil, qui jusque-là avait été porté en blanc à la cour.

A Argos, on s'habillait de blanc et on faisait de grands festins. A Délos, on se coupait les cheveux, qu'on mettait sur la sépulture du mort. Les Égyptiens se meurtrissaient la poitrine et se couvraient le visage de boue. Ils portaient des vêtements jaunes ou feuille-morte.

Chez les Romains, les femmes étaient obligées de pleurer la mort de leurs maris, et les enfants celle de leur père, pendant une année entière. Les maris ne pouvaient pleurer leurs femmes; et les pères n'avaient droit de pleurer leurs enfants que s'ils avaient au moins trois ans.

Le grand deuil des Juifs dure un an; il a lieu à la mort des parents.

Les enfants ne s'habillent pas de noir; mais ils sont obligés de porter toute l'année les habits qu'ils avaient à la mort de leur père, sans qu'il leur soit permis d'en changer, quelque déchirés qu'ils soient. Ils jeûnent tous les ans à pareil jour. Le deuil moyen dure un mois; il a lieu à la mort des enfants, des oncles et des tantes.

Ils n'osent, pendant ce temps, ni se laver, ni se parfumer, ni se raser la barbe, ni même se couper les ongles; ils ne mangent point en famille.

Le petit deuil dure une semaine : il a lieu à la mort du mari ou de la femme.

En rentrant des funérailles, l'époux en deuil se lave les mains, déchausse ses souliers, et s'assied à terre, se tenant toujours en cette posture, et ne faisant que gémir et pleurer, sans travailler à quoi que ce soit jusqu'au septième jour. Ces usages n'ont lieu que chez les juifs pur sang.

Les Chinois en deuil s'habillent de grosse toile blanche, et pleurent pendant trois mois. Le magistrat n'exerce pas ses fonctions; le plaideur suspend ses procès. Les jeunes gens vivent dans la retraite, et ne peuvent se marier qu'après trois années.

Le deuil des Caraïbes consiste à se couper

les cheveux et à jeûner rigoureusement jusqu'à ce que le corps du défunt qu'ils pleurent soit pourri; après quoi ils font la débauche, pour chasser toute tristesse de leur esprit.

Chez certains peuples de l'Amérique, le deuil était conforme à l'âge du mort.

On était inconsolable à la mort des enfants, et on ne pleurait presque pas les vieillards. Le deuil des enfants, outre sa durée, était commun, et ils étaient regrettés de tout le canton où ils étaient nés.

Le jour de leur mort, on n'osait point approcher des parents, qui faisaient un bruit effroyable dans leur maison, se livraient à des accès de fureur, hurlaient comme des désespérés, s'arrachaient les cheveux, se mordaient, s'égratignaient tout le corps. Le lendemain, ils se renversaient sur un lit qu'ils trempaient de leurs larmes.

Le troisième jour, ils commençaient les gémissements qui duraient toute l'année, pendant laquelle le père et la mère ne se lavaient jamais. Le reste de la ville, pour compatir à leur affliction, pleurait trois fois le jour, jusqu'à ce qu'on eût porté le corps à la sépulture (1). Voy. FUNÉRAILLES.

DEUMUS ou DEUMO, divinité des habitants de Calicut, au Malabar. Cette divinité, qui n'est qu'un diable adoré sous le nom de Deumus, a une couronne, quatre cornes à la tête et quatre dents crochues à la bouche, qui est fort grande; elle a le nez pointu et crochu, les pieds en pattes de coq, et tient entre ses griffes une âme qu'elle semble prête à dévorer (2).

DEVAUX, sorcier du seizième siècle, à qui l'on trouva une marque sur le dos, de la forme d'un chien noir. Lorsqu'on lui enfonçait une épingle dedans, il n'en éprouvait aucune douleur; mais lorsqu'on se disposait à y planter l'aiguille, il se plaignait beaucoup, quoiqu'il ne vît pas celui qui portait les doigts au-dessus de la marque (3).

DEVINS, gens qui devinent et prédisent les choses futures. Dans un siècle aussi éclairé que le nôtre prétend l'être, il est encore des personnes qui croient aux devins; souvent même ces personnes si crédules ont reçu une éducation qui devrait les élever au-dessus des préjugés vulgaires.

Deux dames d'un rang distingué entendirent parler d'une devineresse pour qui l'avenir n'était point caché; elles résolurent de la consulter, et se rendirent chez elle en allant au spectacle, c'est-à-dire dans toute leur parure. Les bijoux qu'elles étalaient frappèrent la sorcière : — Mesdames, leur dit-elle, si vous voulez lire dans l'avenir, il faut vous armer de courage. Apprenez que nous avons tous, dans ce monde, un esprit qui nous accompagne sans cesse, mais qui ne se communique qu'autant qu'il y est forcé par une puissance supérieure. Il ne tient qu'à moi de vous procurer un entretien particulier avec le vôtre; mais il ne cédera point à mes conjurations, si vous ne consentez à certaines conditions absolument nécessaires.

Les dames demandèrent avec empressement quelles étaient ces conditions : — Les voici, poursuivit la vieille; il s'agit de dépouiller les vêtements qui vous couvrent, et de déposer un instant ces ouvrages de luxe, qui prouvent combien le genre humain s'est perverti. Adam était nu quand il conversait avec les esprits.

Les deux dames hésitent; elles sont d'abord tentées de se retirer; mais elles s'encouragent, et la curiosité l'emporte. Les robes et les bijoux sont déposés dans une chambre, et chacune des curieuses passe dans un cabinet séparé. Elles y restèrent deux heures dans une impatience difficile à exprimer. Enfin, ne voyant point paraître l'esprit, elles commencent à croire qu'elles ont été trompées. La frayeur les saisit, elles poussent des cris; leurs gens, les voisins accourent, et on les tire de leur prison. La prétendue sorcière, après les avoir enfermées, avait déménagé avec leurs hardes et les siennes (4).

Un plat d'argent ayant été dérobé dans la maison d'un grand seigneur, celui qui avait la charge de la vaisselle s'en alla avec un de ses compagnons trouver une vieille qui gagnait sa vie à deviner. Croyant déjà découvert le voleur et recouvré le plat, ils arrivèrent de bon matin à la maison de la devineresse, qui, remarquant en ouvrant sa porte qu'on l'avait salie de boue et d'ordure, s'écria tout en colère : — Si je connaissais le gredin qui a mis ceci à ma porte pendant la nuit, je lui rejetterais tout au nez.

Celui qui la venait consulter regardant son compagnon : — Pourquoi, lui dit-il, allons-nous perdre de l'argent? cette vieille nous pourra-t-elle dire qui nous a volés, quand elle ne sait pas les choses qui la touchent (5) ? »

Un passage des Confessions de saint Augustin (*Liv.* IV, *chap.* 2) nous donne une idée de ce que faisaient les devins de son temps.

« J'ai un souvenir bien distinct, dit-il, quoiqu'il y ait longtemps que la chose soit arrivée, qu'ayant eu dessein de disputer un prix de poésie, qui se donnait publiquement à celui qui avait le mieux réussi, un certain homme qui faisait le métier de devin voulut traiter avec moi pour me faire remporter le prix. Saisi d'horreur pour les sacrifices abominables que les gens de cette profession offraient aux démons, je le renvoyai au plus loin, et lui fis dire que, quand la couronne dont il s'agissait ne se devrait jamais flétrir, quand même ce serait une couronne d'or, je ne consentirais jamais que pour me la procurer il en coûtât la vie à une mouche. »

Aujourd'hui, chez nous, dans beaucoup de départements encore, les jeunes villageois que le recrutement militaire menace dans la

---

(1) Muret, des Cérémonies funèbres, etc.
(2) Leloyer, Histoire des spectres ou apparitions des esprits, liv. III, ch. IV, p. 207.
(3) Delancre, Tableau de l'inconstance des démons, etc., liv. III, p. 185.

(4) Madame Gabrielle de P***, Démoniana, p. 24. C'est peut-être l'histoire contée par Dufresny et qu'on peut voir au mot *Bohémien*.
(5) Barclai, dans l'Argenis.

plus sainte des libertés, vont trouver les devins pour obtenir un heureux numéro au tirage.

Voyez Catoptromancie, Cristallomancie, Cartomancie, Main, Divination, Prédictions, etc.

DÉVOUEMENT, mouvement de ceux qui se dévouent, ou sort de ceux qu'on dévoue. Les histoires grecque et romaine fournissent beaucoup de traits de dévouement. Nous ne rappellerons pas ici le dévouement de Décius (Voyez ce nom), ni celui de Codrus, ni tant d'autres. Il y avait aussi des villes où l'on donnait des malédictions à un homme pour lui faire porter tous les maux publics que le peuple avait mérités.

Valère-Maxime rapporte l'exemple d'un chevalier romain, nommé Curtius, qui voulut attirer sur lui-même tous les malheurs dont Rome était menacée. La terre s'était épouvantablement entr'ouverte au milieu du marché ; on crut qu'elle ne reprendrait son premier état que lorsqu'on verrait quelque action de dévouement extraordinaire. Le jeune chevalier monte à cheval, fait le tour de la ville à toute bride, et se jette dans le précipice que l'ouverture de la terre avait produit, et qu'on vit se refermer ensuite presque en un moment.

On lit dans Servius, sur Virgile, qu'à Marseille, avant le christianisme, dès qu'on apercevait quelque commencement de peste, on nourrissait un pauvre homme des meilleurs aliments ; on le faisait promener par toute la ville en le chargeant hautement de malédictions, et on le chassait ensuite afin que la peste et tous les maux sortissent avec lui (1).

Les Juifs dévouaient un bouc pour la rémission de leurs péchés. Voy. Azazel.

Voici des traits plus modernes : Un inquisiteur, en Lorraine, ayant visité un village devenu presque désert par une mortalité, apprit qu'on attribuait ce fléau à une femme ensevelie, qui avalait peu à peu le drap mortuaire dont elle était enveloppée. On lui dit encore que le fléau de la mortalité cesserait lorsque la morte, qui avait dévoué le village, aurait avalé tout son drap. L'inquisiteur, ayant assemblé le conseil, fit creuser la tombe. On trouva que le suaire était déjà avalé et digéré. A ce spectacle, un archer tira son sabre, coupa la tête au cadavre, la jeta hors de la tombe, et la peste cessa. Après une enquête exacte, on découvrit que cette femme avait été adonnée à la magie et aux sortiléges (2). Au reste, cette anecdote convient au vampirisme.

On lit ce qui suit dans *les Grands et redoutables jugements de Dieu*, de Chassanion : « Un soldat qui passait par l'Allemagne, se sentant malade, demeura dans une hôtellerie, et donna son argent à garder à son hôtesse ; quelques jours après qu'il fut guéri, il le redemanda à cette femme, laquelle avait déjà délibéré avec son mari de le retenir : elle le lui nia donc et l'accusa comme s'il lui eût fait injure. Le soldat, de son côté, taxa l'hôtesse d'infidélité ; ce que l'hôte ayant entendu, il jeta le pauvre homme hors de sa maison, lequel tira son épée et en donna de la pointe contre la porte. L'hôte commença à crier au larron, disant qu'il voulait forcer sa maison, ce qui fut cause que le soldat fut mis en prison et son procès fait par le magistrat, qui le voulut condamner à mort.

Le jour étant venu que la sentence devait être prononcée et exécutée, le diable entra en la prison, et annonça au prisonnier qu'il était condamné à mourir ; toutefois, que s'il se voulait donner à lui, il lui promettait qu'il n'aurait aucun mal. Le prisonnier répondit qu'il aimerait mieux mourir innocent que d'être délivré par ce moyen. Le diable derechef lui ayant représenté le danger où il était, et voyant qu'il perdait sa peine, lui promit de l'aider gratis, disant qu'il ferait tant qu'il le vengerait de ses ennemis. Il lui conseilla, lorsqu'il serait appelé au jugement, de remontrer son innocence, en déclarant le tort qui lui était fait ; et que, pour cette cause, il priât le juge de lui bailler pour avocat celui qu'il verrait là présent avec un bonnet bleu : c'est à savoir, lui, démon, qui l'assisterait. Le prisonnier accepta cette offre. Étant donc au jugement, après qu'il eut entendu l'accusation qui lui était faite, il ne faillit point à demander l'avocat qui s'était présenté à lui : ce qui lui fut accordé. Alors ce fin docteur ès-lois commença à plaider et à défendre subtilement sa partie, disant qu'elle était faussement accusée, et par conséquent mal jugée ; que l'hôte lui retenait son argent et l'avait forcé ; et il conta comme le tout s'était passé. Qui plus est, il déclara le lieu où l'argent avait été mis. L'hôte, étonné, ne s'en défendait pas moins fort et ferme, et niait impudemment *en se donnant au diable* ; c'était là ce qu'attendait le gentil docteur au bonnet bleu, qui, ne demandant pas plus, laissa la cause, empoigna l'hôte, l'emporta hors du parquet, et l'éleva si haut en l'air, que jamais depuis on n'a pu savoir ce qu'il est devenu.

Ainsi le soldat fut délivré de peine, et mis hors de procès par un moyen étrange, au grand étonnement de tous les assistants.

On cite beaucoup d'histoires de ce genre, entre autres, l'aventure d'une riche demoiselle d'Anvers, coquette et orgueilleuse, qui vivait au temps où le duc d'Alençon dominait pour quelques jours en Brabant. Irritée de certains contretemps, survenus à sa toilette, dont elle s'occupait fort, elle se mit en fureur et se donna au diable dans son emportement. Elle tomba étranglée.

Nous allons donner une légende qui explique ce fait dans un autre sens.

La jolie fille d'Anvers.
I.

L'union d'Utrecht avait déclaré Philippe II déchu de toute souveraineté dans les Pays-Bas. Mais la nationalité belge sommeillait encore ; car d'imprudents traités avaient appelé au pouvoir le duc d'Alençon, quatrième fils

---

(1) Lebrun, Histoire des superstitions, t. I, chap. IV, p. 413.

(2) Sprenger, Malleus malefic., part. I, quæst. 15. Voyez aussi *Enroulement*.

de Catherine de Médicis, frère du roi de France Henri III, de triste mémoire. François de Valois, duc d'Alençon, débarqua donc le 10 février 1582, à Flessingue. Il venait de Londres, où son mariage avec Elisabeth paraissait d'autant plus assuré qu'on avait dressé les articles du contrat, et que la reine d'Angleterre lui avait mis au doigt son anneau, en présence de toute sa cour. Quoique Elisabeth eût alors quarante-huit ans, et le duc d'Alençon vingt-cinq, cette alliance était si brillante pour leur nouveau souverain, que les Brabançons et les Flamands n'en voyaient pas le côté ridicule.

François de Valois était assez laid. Il avait le nez gros et enflé, un peu aquilin, rapproché de la bouche, le menton court et pointu, les joues fanées et bouffies, les yeux rouges et presque toujours à moitié fermés, les cheveux châtains ardents, les moustaches fauves et clair-semées. Une pareille tête, encadrée dans une fraise énorme à gros tuyaux, avait-elle pu plaire à la reine d'Angleterre, qui, de son côté, était rousse et laide aussi, mais se jugeait une beauté? Il s'habillait avec élégance. Son caractère humoriste et inquiet aurait pu se révéler dans son teint bilieux, s'il n'avait pas mis du rouge et des mouches.

Ce prince sans étoffe fit son entrée à Anvers le 19 février, accompagné de plusieurs gentilshommes anglais et d'une suite nombreuse de jeunes seigneurs français, qui gouvernaient son esprit et qui n'avaient de remarquable que leur étourderie. Il alla se loger à l'abbaye de Saint-Michel, où il fut reconnu et proclamé duc de Brabant et margrave du saint Empire. Des fêtes publiques animèrent Anvers pendant plusieurs jours à l'occasion de cet événement. Cependant beaucoup de bourgeois, tout en préférant la France à l'Espagne, avaient espéré mieux. Ils regardaient le duc d'Alençon comme une espèce d'aventurier qui venait exploiter le pays. On parlait avec surprise du prince d'Orange, qui lui avait remis le chapeau et le manteau ducal, et qui le premier l'avait salué duc de Brabant. On avait remarqué encore que le nouveau souverain avait paru peu gracieux en jurant de maintenir les priviléges acquis.

Parmi les officiers français qui accompagnaient le duc d'Alençon, on avait observé surtout le sieur de Rochepot, courtisan de haute taille, fat de quarante ans, dont la figure effrontée contrastait singulièrement avec les bonnes faces anversoises, et qui s'était raillé des prérogatives du peuple, de façon à inspirer d'avance de l'ombrage.

Le 1ᵉʳ mars, on annonça d'une manière presque officielle le mariage du nouveau duc avec la reine d'Angleterre. Toutes les cloches sonnèrent à cette occasion. Mais peu de jours après, l'amiral Howard et le lord Leycester déclarèrent au duc de Brabant que leur souveraine voulait rester fille; qu'elle n'avait fait mine de consentir à l'épouser que pour lui procurer une souveraineté indépendante; qu'il y était parvenu, et qu'il devait lui en savoir gré. Après quoi, ils retournèrent à Londres.

Cette nouvelle désenchanta quelques-uns des partisans du duc d'Alençon. Il avait beau s'appeler, par la grâce de Dieu, duc de Lothier, de Brabant, de Limbourg et de Gueldre, comte de Flandre, marquis du Saint-Empire, seigneur de Malines, etc... On savait qu'il lui fallait conquérir la plupart des pays dont il prenait les titres; et il avait pour adversaire Alexandre, prince de Parme, fils de la gouvernante Marguerite, que les Belges avaient aimée. Le prince de Parme, alors fort jeune, avait fait en 1560 un séjour de quelques mois à Anvers, où il s'était montré si aimable, qu'on ne l'avait point oublié. Il y avait donc deux factions.

L'un des plus chauds partisans du duc d'Alençon, était un très-riche négociant d'Anvers, qui se nommait André Vynck et qui habitait une sorte de palais sur la place de Meir. Malgré les sommes considérables que lui avait prêtées la reine Elisabeth, le nouveau duc se trouvant sans argent, en attendant les subsides que lui fourniront les Etats, André Vynck lui avança deux cent mille florins, dont il se trouva sans doute dédommagé par les fêtes brillantes qu'il donna, et que le duc d'Alençon voulut bien honorer de sa présence.

André Vynck avait, pour unique héritière de son immense fortune, une fille d'une beauté si éblouissante, qu'on ne l'appelait pas autrement que la jolie fille d'Anvers. Elle se nommait Sabine, ayant eu la comtesse d'Egmond pour marraine, en 1564. On ne saurait faire le portrait de cette jeune fille; mais ce que les récits en disent la porte aux nues. Elle avait été élevée avec un cousin, Paul Leenaer, né à Anvers en 1561, qui n'avait jamais connu son père et qui était orphelin depuis trois ans. Ce jeune homme, à qui sa mère jusqu'à sa mort n'avait cessé de recommander l'affection et l'attachement au prince de Parme, ne partageait pas les opinions d'André Vynck; et depuis l'avénement du duc d'Alençon, le vieux négociant, exclusif comme on l'est si impitoyablement en politique, ne recevait plus Paul dans sa maison.

Il avait près de lui un autre adversaire, qu'il ne pouvait pas traiter si cruellement, mais qu'il s'efforçait de soumettre; c'était Sabine. Elle avait adopté les sentiments de Paul. Il y avait même une opinion répandue tout bas dans le public, que la jolie fille d'Anvers n'aurait jamais d'autre époux que son jeune cousin; quoique le fier André Vynck, plein de la morgue hautaine que donne l'aristocratie d'argent, fût loin de soupçonner que sa fille pût s'allier à un homme sans fortune; d'autant plus que Sabine se montrait à tous les yeux superbe, altière, excessivement coquette et fière, qualités que son père admirait avec orgueil.

Or, le 18 mars, de ladite année 1582, pendant que la cour fêtait le jour natal du duc d'Alençon, le prince d'Orange sortant de table à son hôtel, un jeune Espagnol, nommé

Jarreguy, lui tira un coup de pistolet dans la tête. La balle entra sous l'oreille gauche, traversa le palais sous les dents supérieures et sortit par la joue droite. L'assassin fut tué sur la place par les gens du prince, qui se guérit assez vite et continua d'être l'un des plus assidus courtisans du duc d'Alençon. Mais au premier bruit de ce crime, la partie du peuple qui aimait le prince d'Orange, attribuant l'attentat aux Français, courut en armes investir l'abbaye de St-Michel, avec l'intention d'y mettre le feu et de massacrer le nouveau duc et sa suite. Fort heureusement, André Vynck, se trouvant chez le prince d'Orange, fouilla l'assassin, trouva sur lui des lettres qui prouvaient qu'il était Espagnol, et qu'il n'avait tenté le forfait que parce que Philippe II avait promis quatre-vingt mille ducats pour ce meurtre. Il courut éclairer la foule, dont la colère changea d'objet, et qui se retira vomissant des imprécations contre l'Espagne. Il paraît, au reste, que François de Valois avait eu peur; car le lendemain, il alla avec sa cour chez André Vynck pour le remercier.

Le sieur de Rochepot, que les pompeux éloges qu'on faisait de la beauté de Sabine avaient déjà rendu pensif, sollicita l'honneur de la saluer; il en fut si ébloui qu'abaissant sa fierté devant le riche négociant, il profita de l'occasion pour la demander en mariage. Le sieur de Rochepot était un gentilhomme distingué par sa position et sa naissance; le duc, qui l'aimait, pour favoriser cette union, promit de lui donner le gouvernement d'Anvers; et, bien différent de la plupart des pères, dans ce pays où toute espèce de tyrannie est un phénomène, André Vynck, sans consulter Sabine, répondit qu'une telle alliance l'honorait et qu'il y donnait les mains. La jolie fille, consternée, se retira pour pleurer dans sa chambre. Le duc d'Alençon, avant de quitter André Vynck, l'invita avec Sabine à un grand bal qu'il voulait donner, pour annoncer ce mariage.

Une heure après, une lettre mouillée de larmes fut apportée mystérieusement par la nourrice de la jolie fille d'Anvers à Paul Leenaer qui habitait une petite maison du Marché-aux-Gants.

II.

Nous éprouvons ici quelque embarras. Les documents qui nous ont guidés jusqu'à présent deviennent incomplets, pour la continuation de l'histoire impartiale de la jolie fille d'Anvers.

Nous avons dit qu'il y avait dans cette ville deux factions. Les partisans du prince de Parme étaient ennemis acharnés d'André Vynck, qui s'était attaché au duc d'Alençon; et nous tenons d'eux les seuls matériaux de cette seconde partie. On doit donc s'attendre à y rencontrer l'animosité. Ces matériaux sont des fragments manuscrits, appuyés d'un petit volume imprimé à Paris, avec permission, chez Benoît Chaudet, et intitulé : « Discours miraculeux, inouï et épouvantable, advenu à Anvers, d'une jeune fille flamande, qui par la vanité et trop grande curiosité de ses habits et collets à fraise, goudronnés à la nouvelle mode, fut étranglée du diable en 1582, traduit de la langue flamande en français, avec une remontrance aux dames et filles. » Nous n'avons pu nous procurer cet ouvrage en flamand.

Il paraît donc que Sabine Vynck alla au bal offert par le duc d'Alençon. Elle y frappa toute la cour. Elle s'aperçut aussi de l'empire qu'elle exerçait; ne pouvant espérer d'attendrir son père, elle obtint de Rochepot lui-même un peu de temps pour se préparer au mariage.

Plusieurs fêtes se donnèrent en son honneur. Le vingt-septième jour de mai de l'année 1582, le contrat de Sabine et de Rochepot devait enfin se signer. « Cette jeune et belle au possible et tant aimable fille (dit la relation imprimée, qui du reste la traite fort mal), fière et orgueilleuse de son opulence, complaisait par sa rare beauté et ses habits somptueux à une infinité de seigneurs, qui tous lui faisaient la cour. Pour le festin qui lui fut donné ce jour-là, voulant paraître en bonnes grâces par-dessus toutes les dames et filles, elle résolut de se parer de ses plus riches vêtements, de friser sa chevelure et de l'orner d'épingles d'argent, comme faisaient les Italiennes ; et attendu que les Flamandes surtout aiment le beau linge, elle fit faire quatre ou cinq collets ou fraises en toile fine, dont l'aune coûtait neuf écus. Elle manda une empeseuse, la priant de lui en préparer deux magnifiquement, et lui promettant pour la peine vingt-quatre sous de Brabant.

« L'empeseuse, au mieux qu'il lui fut possible, arrangea lesdits collets. Mais ils ne se trouvèrent pas au gré de ladite fille coquette, qui à l'instant envoya quérir une autre femme, à qui elle promit un écu, si elle accommodait bien ses fraises. Celle-ci ne réussit pas mieux ; et la jeune fille, dépitée, jeta tout par terre, jurant et disant qu'elle aimerait mieux se donner au diable que d'aller à la cour, parée de si mauvaise sorte.

« La pauvre et forcenée fille n'eut pas plutôt achevé ce propos, que le diable, qui était aux aguets, ayant pris la figure d'un secret amoureux qu'elle avait, se présenta devant elle, portant à son cou une fraise dressée en perfection. Ah! mon ami, lui dit-elle, que vous avez une belle fraise ! voulez-vous me la donner, à moi qui suis toute à vous? L'esprit malin l'ôte aussitôt de son cou, la met joyeusement à celui de la jolie fille, puis l'embrassant, lui tord misérablement le cou, et la laisse morte et désanimée sur le plancher de sa chambre. »

Quand son père vint la chercher pour la conduire à la cour, il la trouva gisante, roide morte, et si défigurée, si tordue, si affreuse, qu'il ne l'eût jamais reconnue, si sa nourrice, avec un monde de sanglots, ne lui eût conté l'horrible aventure, dont le récit lui fit dresser les cheveux sur la tête. Après qu'il se fut lamenté avec angoisse, André Vynck fit ensevelir sa fille; on la mit dans un cercueil, et on dit aux voisins que la pauvre Sabine était morte subitement d'une apoplexie.

Le seigneur de Rochepot se consola de cette perte; ce qui a fait croire qu'il aimait encore mieux, dans la jolie fille d'Anvers, ses grandes richesses que sa rare beauté.

On ne voyait presque plus Paul Lenaer. Deux mois après cet événement, il entra un jour dans l'église de Saint-Jacques, où certain ministre huguenot faisait le prêche; car en ces temps mauvais, les catholiques n'avaient pas le dessus à Anvers. Ledit ministre, qui est, à ce qu'on croit, l'auteur de la relation imprimée, se dressant contre l'orgueil et les parures mondaines, racontait la cruelle mort de Sabine, ajoutant sur sa sépulture d'horribles détails. Il finit par cette pieuse exhortation : « Par cet exemple véritable et tout nouvellement advenu, vous devez, mesdames, prendre garde à vous, et croire que le ciel vous avertit de corriger vos vices et modérer vos habits effrénés et voluptueux, si vous voulez finir par une mort honorable.»

A ce discours, Paul Leenaer se mit à rire tout bas, d'une façon si singulière, que le bedeau voulut l'arrêter à cause du scandale. Mais un gantier qui le reconnut se prit à dire : Laissez-le sortir en paix. C'était le futur époux de Sabine ; et la perte de la jolie fille l'a rendu insensé.

III.

Le 16 janvier 1583, le duc d'Alençon, mécontent du peu d'autorité qu'il avait en Belgique, résolut de s'emparer militairement des villes pour les gouverner ensuite, comme on faisait alors en France, sous le régime du bon plaisir. Quoique fatigué par les fêtes, il s'était personnellement chargé d'Anvers. Mais ce projet n'alla pas comme il l'avait espéré. Ses troupes, repoussées avec perte, furent obligées d'évacuer Anvers; le sieur de Rochepot, qui avait pris beaucoup de peine pour tendre un piège aux bourgeois, fut tué; le duc d'Alençon s'enfuit, l'esprit affaibli, le corps malade, et s'en alla mourir à Château-Thierry. Le prince d'Orange, d'un autre côté, avait été tué par Balthazar Gérard. La position s'était donc bien simplifiée.

André Vynck qui, malgré sa dureté de cœur, ne s'était pas consolé encore de la mort de sa fille, était furieux contre le duc d'Alençon. Le petit souverain était parti sans lui rendre ses deux cent mille florins. Le vieux négociant sentait ses opinions, singulièrement mitigées, se rapprocher tous les jours du prince de Parme, qui, dans l'été de 1584, reconnu de la plupart des provinces belges, vint commencer ce fameux siége d'Anvers, l'un des plus mémorables de l'histoire.

Alexandre, prince de Parme, était fils d'Octave Farnèse et de Marguerite d'Autriche, fille de Charles-Quint. Cette circonstance, jointe à beaucoup de qualités éminentes, lui avait ramené de nombreux amis. Cependant il avait aussi des opposants; il lui fallut pour entrer dans Anvers poursuivre un siége qui dura plus d'un an.

Marnix de Sainte-Aldegonde, celui qui, comme on disait, avait ouvert la scène aux troubles des Pays-Bas, commandait à Anvers. Les assiégés et les assiégeants se surveillaient sans relâche : dans les guerres d'alors les surprises offraient de vastes ressources. Le prince de Parme avait surtout établi dans son camp une austère discipline.

Or, une nuit qu'un des officiers de ce prince faisait la ronde, il trouva dans les postes avancés une sentinelle endormie. On sait que ce délit, dans les codes militaires, est un crime qui mérite la mort; car il peut perdre une armée. Le lendemain matin, un conseil de guerre condamna l'infortuné à mourir. C'était Paul Leenaer, qui, toujours partisan du prince de Parme, s'était rangé sous ses drapeaux. Mais se considérant comme volontaire, souvent il s'absentait du camp durant le jour; on ignorait absolument le but de ses courses : il était présent lorsqu'il fallait se battre ; il faisait la nuit son service. Cette fois, fatigué sans doute, il avait, sans le savoir, succombé au sommeil. Pouvait-il vaincre la nature ? et les lois qui tuent pour cela ont-elles été faites par des hommes ?

Quoi qu'il en soit, l'exemple et la discipline demandaient son sang. On le vit pleurer, presque demander grâce, hésiter sur un aveu qu'il ne fit pas. On s'en étonna, car il était brave. Il supplia qu'on lui permît d'écrire une lettre d'adieu, qu'il remit à l'un de ses camarades ; après quoi il marcha à la mort, conduit par six vieux arquebusiers, que commandait un archer du prévôt militaire. Son régiment, suivant l'ordre, l'accompagna sans armes au terrain choisi pour l'exécution, et forma un carré sur trois faces. Les tambours battirent un ban; un officier rappela aux soldats, d'une voix haute et grave, qu'il était défendu, sous peine de mort, de crier Grâce! Paul se mit à genoux devant un prêtre, pendant qu'on allait dire à ses voisins : Allongez-vous un peu par là, vous autres, et ne laissez pas voir à ce pauvre garçon ces figures d'infirmiers qui viennent déjà chercher son corps pour l'enterrer.

Quand le prêtre eut entendu la confession du jeune condamné, sa figure se décomposa. On battit un second ban; le greffier lut à Paul sa sentence; il en passa la moitié pour abréger son agonie. Le prêtre n'entendait rien; il paraissait hors des choses de ce monde. Leenaer demanda, d'un ton altéré, à commander lui-même le feu. On lui accorda cette faveur : il ne savait pas que cet affreux exercice se commandait en signes, et que par humanité on exécutait toujours un temps d'avance. Il dit adieu à ses amis et et fit face aux mousquets.

Mais au moment où les soldats appuyaient leur arme sur l'épaule, lorsqu'il n'y avait plus pour Paul Leenaer qu'une seconde de distance entre la vie et la mort, le prêtre sortant tout à coup d'une sorte de rêve horrible, se jeta avec un grand cri au-devant du corps de Paul. Il avait aperçu, accourant échevelée, la jeune femme dont il venait de lui parler dans sa confession. Elle parut aussitôt, criant Grâce! Toutes les armes tombèrent à terre. C'était Sabine, la jolie fille d'Anvers, qui s'était échappée par stratagème à la recherche du sieur de Rochepot, et que Paul avait épousée en secret.

Le vieux André Vynck pleura de joie en retrouvant sa fille, dont il approuva le mariage; et à la capitulation d'Anvers, qui eut lieu le 17 août 1585, il fêta son gendre par des fêtes plus joyeuses que celles du duc d'Alençon; car personne n'y souffrait.

DIABLE. C'est le nom général que nous donnons à toute espèce de démons. Il vient d'un mot grec qui désigne Satan, *précipité* du ciel. Mais on dit *le diable* lorsqu'on parle d'un esprit malin, sans le distinguer particulièrement. On dit *le diable* pour nommer spécialement l'ennemi des hommes.

On a fait mille contes sur le diable. Nous en citerons un.

Un chartreux, étant en prières dans sa chambre, sent tout à coup une faim non accoutumée, et aussitôt il voit entrer une femme, laquelle n'était qu'un diable. Elle s'approche de la cheminée, allume le feu, et, trouvant des pois qu'on avait donnés au religieux pour son dîner, les fricasse, les met dans l'écuelle et disparaît. Le chartreux continue ses prières, puis il demande au supérieur s'il peut manger les pois que le diable a préparés. Celui-ci répond qu'il ne faut jeter aucune chose créée de Dieu, pourvu qu'on la reçoive avec action de grâces. Le religieux mangea les pois, et assura qu'il n'avait jamais rien mangé qui fût mieux préparé (1).

Nous pourrions former des volumes sur les traditions populaires dont le diable est l'objet. Nous choisissons trois légendes, dans le recueil piquant que M. le comte Amédée de Beaufort a consacré au midi de la France.

Le Saut de l'Ermite.

A quelques lieues de Louvois, près d'un poétique hameau nommé Ville-en-Selve, il existait encore, il y a plusieurs années, une sombre excavation, qui avait été autrefois une carrière, et qui portait le nom singulier de *Saut de l'Ermite*. Les habitants des environs racontent des choses étranges et merveilleuses au sujet de ce précipice. Il est vrai que sa position a dû singulièrement prêter aux récits fantastiques des conteurs de légendes. Le *Saut de l'Ermite* est situé au milieu d'une forêt séculaire, loin de toute habitation; d'épaisses broussailles en défendent l'entrée, et des cavités profondes semées tout alentour rendent son accès dangereux à ceux que les bruits populaires n'en éloignent pas. Pendant les troubles de la terreur, une bande de brigands avait choisi cet abîme pour repaire, ce qui n'a pas médiocrement contribué à augmenter sa mauvaise réputation. Aussi, quand les rudes labeurs de la journée sont terminés, le gouffre fatal fournit toujours à la veillée quelques-uns de ces mystérieux récits qui resserrent autour de l'âtre à demi éteint le cercle effrayé des jeunes filles de Ville-en-Selve. Tantôt ce sont les terribles aventures d'une jeune princesse enlevée à son père en passant dans la forêt, et dont on

(1) Le cardinal Jacques de Vitry.

n'a jamais pu retrouver les traces; tantôt les crimes épouvantables de monstres à formes humaines, qui ont porté le ravage et la mort jusque dans le village même. Quelquefois le narrateur rustique mêle des images riantes à ces sombres tableaux; c'est ainsi qu'il se plaît à conter comment une femme d'une majestueuse beauté s'est élevée un jour du fond du *Saut de l'Ermite*, et a calmé la tempête qui avait déjà détruit la moitié de Ville-en-Selve. Mais parmi ces récits, l'origine du *Saut de l'Ermite* est celui qu'il reproduit avec le plus d'amour. Le voici dans toute sa simplicité.

Vers la fin du neuvième siècle, vivait dans les bois de Germanie un vénérable ermite, qui avait nom Fulgunde. Ce saint homme passait sa vie à prier Dieu et à parcourir les hameaux voisins. A dix lieues à la ronde il était connu et chéri de tous. Aux riches, il recommandait les pauvres; aux malades, il apportait quelques secours; à tous, il donnait des consolations. Le bon ermite ne demandait rien pour lui-même, et cependant une idée fixe le préoccupait; il avait un désir, un désir aussi saint qu'il était ardent: il voulait élever une chapelle en l'honneur de la sainte Vierge, c'était le seul vœu de sa vie; il se mêlait à tous ses rêves, à tous ses travaux, à toutes ses prières.

Un soir que Fulgunde s'était endormi, bercé par cette douce pensée, un jeune homme lui apparut; il était vêtu d'une robe blanche, et avait ce visage éclatant et radieux qui n'appartient qu'aux anges.—Bon ermite, lui dit-il, le Fils de Dieu a entendu vos prières; ce que vous désirez s'accomplira comme vous le voulez. Prenez cette image de sa sainte Mère; par elle vous opérerez des prodiges. Souvenez-vous seulement des paroles du Fils de Dieu: Veillez et priez.

Fulgunde, éveillé par cette vision, trouva seulement auprès de son chevet une petite image de la Vierge. Il la prit, la plaça dans le lieu le plus apparent de son oratoire; puis il se jeta à genoux. Avec quelle effusion il remercia la Vierge sainte! comme il était heureux et reconnaissant! Tout à coup une idée soudaine traversa son esprit: Je punirai Satan, pensa-t-il, c'est lui qui édifiera la chapelle de la Vierge.

Aussitôt Fulgunde prit l'image mystérieuse, et ordonna à Satan de paraître.

Au même instant la terre s'ouvrit, et le diable parut. Quoiqu'il n'eût pas l'air tout à fait humble et soumis, il ressemblait plutôt à un serviteur indiscipliné qu'à un ange déchu. Pourtant, à le considérer attentivement, on pouvait apercevoir en lui quelque chose d'étrange et en même temps de terrible. Or çà, maître Satan, lui dit l'ermite, la bonne Vierge m'a permis de lui édifier une chapelle, j'ai pensé à toi pour la lui bâtir.

On peut imaginer quelle horrible grimace fit le monstre à cet ordre. Lui, Satan, bâtir une chapelle à la Mère de son juge, sortir de son repos pour voir abaisser son orgueil à une œuvre d'esclave; c'était trop. Il essaya de fuir, l'image de la Vierge le retint comme une chaîne brûlante. Depuis longtemps, l'ermite avait choisi le lieu où il désirait que sa chapelle fût élevée ; c'était une riante colline, couronnée au sommet d'un bouquet d'arbres touffus, et qui dominait les villages voisins. Arrivé là avec Satan, Fulgunde lui ordonna de creuser les fondements. Quand ce travail fut terminé, l'ermite se rendit dans un vallon, dont le sol pierreux lui paraissait propre à fournir les matériaux dont il avait besoin. Il avait pris avec lui l'image sainte ; il n'eut qu'à la tourner vers la terre, et aussitôt le vallon s'entr'ouvrit, et les pierres en sortirent avec un grand fracas. On raconte que le démon ne mit que trois jours à les transporter sur la colline et à les tailler. Il est vrai que l'ermite ne lui laissait pas un instant de relâche ; chaque fois que Satan voulait se reposer, Fulgunde tournait vers lui l'image miraculeuse, et le démon se remettait aussitôt au travail en faisant d'horribles contorsions. C'était merveille de voir avec quelle habileté il maniait la pierre et lui donnait une forme élégante et pleine de vie ; sous ses griffes elle se découpait en rosaces brodées comme une fine dentelle, elle s'élançait en clochetons aériens, en longues colonnettes semblables à des tuyaux d'orgues, elle se sculptait en bas-reliefs, en figurines de toute espèce. Jamais ouvrier n'avait mis la main à un chef-d'œuvre aussi accompli. A chaque nouvelle pierre qui enrichissait sa chère chapelle, Fulgunde souriait de bonheur et de joie, il en aurait presque moins haï Satan, si cela eût été possible.

Cependant la nuit du quatrième jour approchait, et l'ermite n'avait pas pris un instant de repos. Malgré lui, le sommeil fermait ses paupières : il avait beau redoubler d'efforts, il ne pouvait plus surveiller le diable avec autant d'attention. Disons-le, à la honte de la faiblesse humaine, Fulgunde s'endormit.

A cette vue, un sourire épouvantable contracta le visage de Satan. Le sommeil du maître lui rendait sa liberté ; il ne pouvait en profiter que pour la vengeance. Ce n'était plus cet esclave soumis qui obéissait au moindre signe, c'était l'ange du mal déchaîné, joignant à son indomptable orgueil la rage d'avoir été asservi. Il se trouvait alors sur le faîte du clocher, dont il achevait d'effiler l'aiguille percée à jour ; il glissa doucement le long de la pente extérieure, comme un enfant qui se laisse aller sur le penchant d'une verte colline ; en passant, il jetait un regard moqueur et une insulte à chaque statuette de saint qu'il avait sculptée ; on dit même qu'il porta l'audace jusqu'à promener sa queue sur le visage de ces saintes images.

Arrivé au bas du clocher, il poussa un rire épouvantable, et renversa d'un coup de pied la merveilleuse chapelle.

Le fracas de la chute éveilla le pauvre ermite. Pour juger de sa désolation, figurez-vous la douleur d'un homme qui voit échouer au port le vaisseau qu'il avait chargé de ses biens. Fulgunde était consterné. Au même instant le messager de la Vierge parut ; il avait l'air triste et affligé.—Pauvre ermite, lui dit-il, vous avez été vaincu par Satan ; vous êtes son esclave. Vous n'avez pas su *veiller et prier* jusqu'à la fin.

La figure horrible du diable remplaça presque aussitôt celle de l'ange auprès de Fulgunde.—Marche, marche, lui disait-il, tu as creusé un précipice, tu y tomberas.

Et ce disant, il le poussa dans un vallon qui avait servi de carrière, et l'y précipita. Le pauvre ermite ne mourut pas de sa chute : le bon ange le soutint sur ses ailes ; il intercéda même si ardemment pour lui auprès de la Vierge, qu'au bout de deux ans d'expiation, Fulgunde fut rendu à son cher ermitage. La miséricorde de la sainte Vierge ne se borna pas au pardon ; elle fit redevenir Satan esclave, et cette fois l'ermite sut se montrer si vigilant qu'avant la nuit la chapelle était construite et le diable replongé dans l'enfer.

Le Pas de Souci.

En remontant les rives pittoresques du Tarn, on arrive à un bassin d'un aspect si sauvage, qu'on le dirait bouleversé par une main surnaturelle et malfaisante. Figurez-vous une espèce de cirque fermé presqu'entièrement par des rochers inaccessibles. Aucune trace de culture, aucune végétation n'adoucissent aux yeux leur âpre nudité ; le lierre et le buisson ne croissent pas même dans leurs fissures. Seulement, quelques *lichens* verdâtres, des arbustes rares et rabougris, rampent au pied de ces masses désolées ; et pourtant il y a quelque chose de riche et d'énergique dans ces pics aigus et dépouillés, dans ces roches tantôt à pans larges et lourds, tantôt découpées en dentelures délicates, comme par la fantaisie d'un artiste. Le soleil fait éclater les chaudes teintes dont elles sont colorées. Ici, des aiguilles d'un ton ardent et rougeâtre s'enlèvent en lumière sur le fond sombre et béant de cavités profondes ; là, une immense pierre, coupée comme une muraille, offre les teintes grises d'une ruine ; plus loin, et par de larges ouvertures, d'autres rochers, disposés en perspective, passent d'un bleu foncé au bleu le plus transparent. Tous ces jeux de l'ombre et de la lumière à travers ces formes bizarres animent cette nature si âpre, et peuvent fournir à la palette du peintre les plus piquantes oppositions.

L'enceinte que forment ces masses abruptes est parfaitement en harmonie avec leur aspect sauvage ; tout y indique un effrayant cataclysme : les rochers y sont entassés dans le plus étrange désordre, et c'est à peine si le voyageur peut se frayer un passage à travers leurs débris.

Jadis deux immenses pyramides se dressaient dans ce lieu à une hauteur prodigieuse : l'une se nomme le *roc d'Aiguille*, et son nom indique sa forme ; celui-là seul est resté debout. L'autre s'appelle le *roc de Lourdes* ; de celui-ci il ne reste plus que la base, il s'est écroulé dans la vallée. C'est à travers les débris de ce géant terrassé que le Tarn a dû se frayer un passage ; arrêté à chaque pas par mille obstacles, tantôt serré entre deux couches, il s'élance avec fracas de leur extrémité, tantôt faible et inaperçu, il s'est creusé sans bruit un étroit canal. Ce n'est plus une seule rivière, mais une multitude de sources, dont le murmure trouble seul le silence de la vallée.

Le bassin désolé que nous venons de décrire a reçu des habitants des montagnes voisines le nom de *Pas de Souci*. L'imagination naïve et pittoresque du moyen âge n'a pas manqué de s'exercer sur un lieu qui prêtait si bien à la légende; aussi, quelle que soit la cause que la science pourrait attribuer au cataclysme dont cette vallée a été le théâtre, voici celle que lui a assignée la pieuse crédulité des anciens temps.

A peu de distance du *Pas de Souci*, il existe un village dont la situation pittoresque est parfaitement en harmonie avec le site qui l'environne; seulement, le paysage est plus varié que dans le bassin de Souci, et abonde en oppositions charmantes. Ici, la même nature sauvage et grandiose; sur les bords de la Junte, une verdure émaillée de fleurs, des eaux limpides et murmurantes, puis, derrière, un rideau de peupliers. Au-dessus de rochers moussus, s'élève le village de Sainte-Enimie et le clocher pointu de sa petite église. La civilisation n'y a point encore passé; plaise à Dieu qu'elle en oublie les rustiques habitants!

C'est dans ce village que vivait, au huitième siècle, un saint homme, nommé Guillaume. Un jour, on l'avait vu arriver, seul et grave, un bâton blanc à la main, vêtu d'un simple habit de bure. D'où venait-il? On l'ignorait. Avait-il un autre nom? Personne ne put jamais le savoir. Mais, certainement, il avait été habitué à porter d'autres habits que ceux qui le couvraient; dans son air noble et fier, et qu'il cherchait à rendre humble et modeste, on lisait l'habitude du commandement. Il choisit sa demeure dans l'excavation profonde d'un rocher, et sa vie fut bientôt admirée comme le modèle d'une grande perfection. Le village de Sainte-Enimie ne tarda pas à ressentir d'heureux effets du voisinage du saint homme; il se connaissait merveilleusement en simples, et sa haute sagesse le faisait consulter dans les affaires les plus difficiles. Il fut bientôt vénéré comme l'ange du village; chaque jour quelque nouveau bienfait, quelque prodige inouï, que l'on racontait à la veillée, venaient augmenter sa réputation.

Le village de Sainte-Enimie était alors le centre qu'avaient choisi les populations voisines pour les ventes et les marchés. Ces réunions ressemblaient assez à nos foires. Ces jours-là, le seul endroit guéable de la Junte qui conduisait à Sainte-Enimie se trouvait encombré, et alors des rixes sanglantes, des blasphèmes et des jurements éclataient à chaque instant. Un de ces jours que le bon Guillaume passait tout auprès de ce lieu aimé de Satan, il fut grandement surpris d'entendre comment le nom de Dieu était peu respecté. Deux paysans, montés chacun sur une mule, s'interpellaient violemment, et des menaces ils allaient bientôt en venir aux coups. Le saint homme fut obligé d'intervenir, et comme il ne put apaiser leur colère, il se mit à genoux, priant Dieu de les éclairer.

— Mort Dieu! dit l'un des paysans, messire ermite, mieux vaudrait prier le ciel de nous bâtir ici un pont.

— Mon fils, dit le saint, Dieu est tout-puissant; mais il ne faut pas le tenter.

Puis à force d'instances, il apaisa la querelle. Mais depuis lors, il passait les jours de marché à pleurer et à jeûner, s'offrant en expiation pour tous les péchés qui se commettaient à ce fatal passage de la Junte.

Dieu tenait son serviteur en trop grande estime pour ne pas prendre en considération ses prières et ses vœux ardents. Un soir, Guillaume était en prières; un ange lui apparut. Il portait une blanche tunique; son front était ceint de la céleste auréole, son visage respirait la douceur et la bonté. — Dieu a ouï ta prière, dit-il au saint; il en a été touché. Mais, Guillaume, qu'est-ce que la foi qui n'agit point? A l'œuvre donc; Dieu t'aidera.

Il n'en fallut pas davantage pour enflammer le zèle du saint. Il se rend aussitôt à l'église; et après une homélie sublime d'une éloquente simplicité, il entraîne les habitants de Sainte-Enimie sur les bords de la Junte pour y construire un pont. Le secours de Dieu fut visible. En peu de jours, le pont s'éleva comme par enchantement. Les habitants bénissaient Guillaume, qui s'humiliait en renvoyant toutes les louanges à Dieu.

Mais ce succès merveilleux ne faisait pas le compte de mons Satan; il se voyait enlever ainsi désormais toutes les âmes qui se damnaient au passage de la Junte. Il eut l'audace de s'adresser à Dieu pour se plaindre de celui qu'il regardait comme un ennemi, Guillaume; il lui renouvela le même discours qu'il lui avait tenu autrefois au sujet du saint homme Job (1). — Ce n'est pas gratuitement que Guillaume craint votre droite, lui dit-il; n'avez-vous pas béni l'œuvre de ses mains?

Le Seigneur lui répondit: — Va, détruis le pont de Guillaume; je t'en abandonne jusqu'à la dernière pierre.

Satan ne perdit pas de temps, il se rendit sur les bords de la Junte, et d'un souffle il renversa le pont. La ruine en fut si complète qu'il était impossible que les matériaux qui avaient servi à l'édifier fussent employés une seconde fois.

Guillaume ne fut pas découragé un instant; il adressa une fervente prière au ciel, et les ouvriers se remirent à l'œuvre. Mais au moment où le pont allait être fini, le saint se douta bien que Satan allait renouveler ses infernales manœuvres; il passa donc la nuit en prières et en oraisons dans son ermitage. Vains efforts! le matin le pont était renversé.

Cette fois la terreur était à son comble

(1) On retrouve constamment le souvenir de l'Écriture mêlé aux traditions populaires.

dans la contrée, et Guillaume ne put réunir les ouvriers pour recommencer encore les constructions. — A quoi bon, disaient-ils, fatiguer nos bras? Satan est plus fort que nous.

L'ermite usa d'un dernier moyen; il se rendit à l'église et prêcha une belle homélie sur les ruses de l'esprit malin, sur la confiance en Dieu et sur la nécessité de la persévérance; les habitants se laissèrent toucher; un troisième pont vint bientôt remplacer les deux premiers.

Cette fois le saint voulut défendre son œuvre. Dès qu'il fut nuit, il se rendit sur les bords de la Junte, se cacha derrière un rocher, d'où il pouvait voir ce qui allait se passer, et attendit en redoublant d'oraisons.

Il était à peine minuit, lorsqu'il vit se dresser une grande figure à quelques pas du pont. Ce personnage, à mine suspecte, regarda de tous les côtés, poussa un sauvage éclat de rire et s'avança vers le pont. Il était impossible de ne pas reconnaître Satan à cet air insolent de réprouvé. D'ailleurs, malgré l'obscurité profonde, Guillaume aperçut le pied fourchu de l'esprit de ténèbres. Il n'hésita pas un instant et marcha droit à lui. Satan, étourdi des nombreux signes de croix dont il était assailli, ne vit de salut que dans la fuite; mais cette victoire ne parut point assez décisive au saint : il voulut terrasser Satan et le forcer de renoncer à son infernal projet. Il se mit donc à le poursuivre sans se laisser intimider ni par les obstacles, ni par l'obscurité profonde de la nuit. Il était guidé dans sa course par une foi ardente et par un certain rayonnement qui s'échappait du front de l'ange maudit. Cette course dura longtemps. Peut-être l'espace d'une nuit humaine ne lui suffit-il pas. Quoi qu'il en soit, ils arrivèrent, l'homme de Dieu et Satan, dans les lieux où le Tarn s'étendait en large et profond bassin au pied des rocs de *Lourdes* et d'*Aiguille*. Parvenu au bord de l'eau, Satan se retourne; se voyant serré de près par son adversaire, il n'hésite pas et s'élance dans le Tarn, ni plus ni moins que si l'eau eût été son élément naturel. A peine y est-il plongé qu'elle s'élève en gros bouillons et sort de son lit. Mais déjà Satan a atteint l'autre bord; déjà il a posé une main sur la base du roc de Lourdes. C'en est fait, il va échapper. Guillaume ne perd pas courage, il se jette à genoux et implore le ciel. Au même instant un craquement affreux se fait entendre. Le roc de Lourdes, ébranlé jusque dans ses fondements, se balance un instant sur sa base, et, s'écroulant avec fracas, couvre de ses débris le lit du Tarn et la vallée tout entière. Satan était pris.

Cependant le roc d'Aiguille, qui était resté debout, craignit un instant que son frère ne fût point assez fort pour contenir l'esprit infernal. — Frère, s'écria-t-il, est-il besoin que je descende?

—Eh! non, répondit l'autre, je le tiens bien.

Cette victoire préserva non-seulement le pont de Guillaume, mais encore le village de Sainte-Enimie des maléfices de Satan. Seulement, comme celui-ci se plaignit à Dieu, le bassin où coulait le Tarn lui fut laissé en propriété. On l'entend souvent la nuit pousser des gémissements lamentables sous les rochers qui le tiennent captif.

Guillaume mourut longtemps après en odeur de sainteté, laissant la contrée parfaitement rassurée. S'il lui était donné de reparaître dans ce monde, peut-être trouverait-il que *Lourdes* a lâché sa proie.

Saint Guillem du Désert.

A quelques lieues de Montpellier, entre Aniane et Lodève, on trouve une vallée riante qui forme une sorte d'oasis au milieu d'un pays âpre et sauvage. De hautes montagnes couvertes de plantes aromatiques l'entourent de toutes parts, et la dérobent aux yeux du voyageur. La vigne et l'olivier croissent dans la plaine, et rendent le paysage aussi riche que varié. A la seule extrémité accessible, coule l'Hérault, qui, resserré entre deux rochers, s'élance avec fracas d'une assez grande hauteur. Ses eaux, dans leur course rapide, font jaillir une écume bleuâtre qui reçoit du soleil l'éclat d'une poussière transparente et dorée; plus bas, devenues calmes et limpides, elles réfléchissent l'azur des cieux et les teintes plus sombres des rochers. Un pont jeté d'un bord à l'autre sur deux énormes masses calcaires taillées à pic joint le désert à la fertile plaine d'Aniane; on l'appelle le pont de Saint-Jean de Fos. Le lieu que nous décrivons se nommait autrefois Gellone; il porte aujourd'hui le nom de Saint Guillem du Désert.

A l'entrée de cette vallée, et comme pour faire contraste avec la culture qui atteste partout la main de l'homme, s'élève une antique abbaye à moitié ruinée, et au-dessus de cette abbaye, un château féodal dont il reste encore moins de vestiges. Le monastère a eu pour fondateur le duc Guillaume. On ignore par qui fut bâti le château; il nous paraît à peu près contemporain de l'abbaye.

Voici deux légendes que la tradition a conservées jusqu'à nous sur les lieux que nous venons de décrire.

Guillaume, duc de Toulouse, et parent de Charlemagne, célébré par les poëtes du moyen-âge sous le nom du Marquis-au-Court Nez, pacifia l'Aquitaine, et la défendit contre les Sarrazins d'Espagne. Après d'aussi glorieux travaux, il aurait pu goûter en paix les charmes du repos; mais son esprit était trop actif pour se complaire en une molle oisiveté; il voulut, à la gloire d'un conquérant, joindre celle d'un pieux fondateur d'abbaye. La solitude de Gellone lui ayant paru favorable à son projet, il résolut de s'y fixer.

Au neuvième siècle, Gellone était un désert aride, couvert de buis, de chênes et de sapins; les ronces y étendaient partout une luxuriante végétation, et n'avait pour habitant qu'un géant à forme humaine, dont les meurtres et les déprédations répandaient au loin la terreur. Un poëme du moyen âge le dépeint ainsi : « A travers le pays, se démène un géant horrible à voir, également cruel pour les femmes et les enfants : quand il les surprend, il les étrangle ; quand la faim le presse, il les mange... Il rôde à travers rochers et montagnes, et toute la contrée est tremblante d'effroi. Le païen a quatorze pieds de stature ; sa tête est monstrueuse ; ses yeux sont grands et ouverts. Il a déjà tué dans le jour quatre hommes qui n'ont pas eu le temps de se confesser, et un abbé avec sept de ses moines. Il est armé d'une massue si bien ferrée, qu'un homme, quelle que fût sa force, ne la soulèverait point sans se rompre les nerfs. »

Le duc Guillaume, qui, pour être moine, n'avait point oublié qu'il était gouverneur d'Aquitaine, fit sommer le monstre par deux hérauts d'armes de venir lui faire hommage de son château. Le géant répondit par des bravades. Le duc emporté par son courage lui offrit alors le combat ; mais le félon lui fit répondre qu'il l'attendait dans son castel, et qu'il ne ferait pas un pas vers lui. Le duc vit le piège, et ne s'y laissa pas prendre : ne pouvant employer la force, il eut recours à la ruse.

Un jour qu'il rôdait autour du Verdus (c'était le nom du château du géant), il vit venir à lui une jeune fille qui portait un vase sous le bras, et allait puiser de l'eau dans la rivière. — A qui appartenez-vous ? lui dit le Duc.

— Beau sire chevalier, répliqua la jeune fille, je suis au service de monseigneur le géant.

Une pensée soudaine traversa l'esprit de Guillaume. — Maudit soit le géant, s'écria-t-il, car sa soif le perdra !...

Et s'adressant à la servante : — Vous allez changer d'habits avec moi, et, ce faisant, vous me rendrez un service dont vous serez largement récompensée.

— Mais, beau sire, mon maître me tuera.

— Il sera mort avant de pouvoir le tenter.

La jeune fille n'osa pas résister ; elle se retira derrière un quartier de roche. Guillaume lui passa une à une les pièces de son armure, et en reçut en échange ses grossiers vêtements dont il s'affubla. Cela fait, il attendit que la nuit fût venue ; puis il prit le vase sous son bras, et à la faveur de son déguisement, il s'introduisit dans le château.

Mais à ce moment, son projet faillit échouer par une circonstance qu'il n'avait pu prévoir. Une maudite pie le reconnut, et aussitôt elle se mit à crier : — Gare, Guillem ! Gare Guillem !...

Le géant, qui ne se doutait pas que le danger fût si proche, courut à une des fenêtres pour observer les dehors du château. Au même instant, Guillaume saisit le monstre par les pieds, et le précipita sur les rochers, où il se brisa. — Quant à la pie, le saint voulut aussi la punir. Il prononça contre elle un anathème qu'il étendit à toutes les pies de la contrée. Les vieillards du pays assurent que depuis lors elles ne peuvent jamais y vivre plus de trois jours.

Délivré de son ennemi, Guillaume construi-

sit son monastère, et le château du Verdus en devint une des dépendances.

Cependant l'esprit du mal n'avait pas entièrement disparu avec le géant. Guillaume, qui allait souvent visiter son ami saint Benoît au couvent d'Aniane, voulut construire un pont sur l'Hérault au lieu ordinaire de sa traversée ; mais là encore il trouva le génie malfaisant, qui tenta de s'y opposer. Le diable veillait dans les ténèbres, et renversait la nuit ce que l'homme de Dieu avait édifié à grand'peine pendant le jour. Celui-ci ne se décourageait pas : il espérait à force de constance faire lâcher prise à Satan. Il n'en fut rien : la nuit venue, des sifflements se faisaient entendre, et tout à coup un grand bruit annonçait que l'œuvre de la journée avait disparu dans le gouffre. Guillaume se lassa de cette lutte sans fin : il appela le diable en conférence, et fit un pacte avec lui. Il en obtint qu'il pourrait construire son pont, à condition que le premier passager lui appartiendrait. Le saint, plus rusé que Satan, fit connaître le marché à tous ses amis pour les en préserver ; puis il lâcha un chat qui le premier traversa le pont, et dont Satan fut bien forcé de se contenter. — Depuis ce temps, dans ce pays, les chats appartiennent au diable, et le pont à saint Guillem. — Voyez PONTS.

Voici, dans un genre analogue une légende que M. Henry Berthoud a donnée dans le premier volume du *Musée des familles*.

La Chaire Grise.

Le château d'Esnes, dit M. Henri Berthoud, est une de ces vieilles habitations féodales que l'on rencontre si fréquemment dans la Flandre. Au rebours de la plupart des autres forteresses, on a bâti celle-là au fond d'une vallée que des hauteurs dominent de toutes parts ; et ses murailles de pierres blanches énormes, loin d'être noircies par le temps, se détachent éblouissantes sur la verdure sombre d'un bois immense.

On ne connaît pas l'époque précise où fut construit le château d'Esnes, et son architecture, pleine de bizarrerie et d'un caractère particulier, ne donne aucune lumière à cet égard.

A l'extrémité septentrionale du château, et par une exception dont il est difficile de se rendre compte, s'élève une petite tourelle construite en grès ; ses formes élégantes et légères présentent avec le reste du manoir un contraste singulier. Ses ogives, à triples colonnettes, sont unies entre elles par une tête d'une expression bouffonne, et, sur les parois, des figurines d'un travail exquis joignent leurs mains dans l'attitude de la prière. L'œil, blessé par la blancheur uniforme de tous les objets qui l'entourent, se repose avec charme sur cette délicieuse petite construction qui rappelle par sa forme ce que l'on nomme, en architecture militaire, un *nid d'hirondelle*, mais qui ne peut servir en aucune façon à la défense du manoir. Les habitants du pays désignent cet objet sous le nom de *caiere grise* (chaire grise) ; sans doute à cause de la couleur des grès avec lesquels on l'a construite.

Les Flamands aiment trop le merveilleux pour ne point expliquer par l'intervention du diable l'origine de la Chaire grise; et voici la tradition répandue à cet égard. — Lorsque saint Vaast, l'apôtre de la Flandre, vint prêcher le christianisme dans ce pays alors barbare, ses miracles, plus encore que ses prédications, convertissaient les sauvages Nerviens. Satan poussa des cris de douleur en voyant ceux qu'il regardait naguère comme une proie certaine courir au-devant du saint évêque, et recevoir de lui le baptême et la foi. Il résolut, pour maintenir sa puissance chancelante, d'opposer miracle à miracle; pour cela, il fit tomber le feu du ciel sur le château d'Esnes, dont il ne resta bientôt plus pierre sur pierre.

Le baron d'Esnes, propriétaire de ce manoir, était un nouveau converti; il courut se jeter aux pieds de saint Vaast, en le suppliant de reconstruire son château par un miracle. Le saint répondit au nouveau chrétien par une remontrance paternelle, et lui prêcha la résignation aux décrets de la volonté divine.

Comme le baron d'Esnes s'en revenait triste et désappointé, le diable lui apparut. Il s'offrit de reconstruire en une nuit le château brûlé, si le baron voulait abjurer sa religion nouvelle. Le baron accepta le parti, et, le lendemain, à la grande surprise de tout le pays, le château d'Esnes, reconstruit d'une façon nouvelle, apparut au lieu des ruines fumantes et des débris qui la veille couvraient la terre. — Une merveille si grande ébranla beaucoup les témoins du refus qu'avait fait saint Vaast d'en opérer une semblable. L'apôtre, pour détruire cette mauvaise impression, se rendit au château d'Esnes; et, comme on lui en refusa l'entrée, il s'adossa contre les fortifications, pour parler à la foule accourue de toutes parts. Tandis que le saint faisait une exhortation à ces chrétiens chancelants, un rayon brûlant de soleil vint tomber sur sa tête chauve : soudain, des anges descendirent et construisirent autour de lui la Chaire grise. A ce miracle, dont plus de quatre mille personnes furent témoins, dit la tradition, les blasphèmes se changèrent en prières; et tous ceux qui n'avait point encore reçu le baptême le reçurent aussitôt des mains de saint Vaast. Le baron d'Esnes ne put résister lui-même à une telle preuve de la puissance de Dieu; et le diable, confus et chassé, s'en retourna aux enfers.

La vieille femme de Mons.

Le diable en aura sur les doigts...
MYSTÈRE DE LA PATIENCE DE JOB.

Qu'il nous soit permis de rapporter du bon saint Ghislain, vénéré en Hainaut, une légende qui frise le petit conte. Un fabliau à demi perdu, a rendu célèbre ce trait, à la fois merveilleux et naïf. On le voyait encore, il n'y a pas beaucoup d'années, représenté d'une manière piquante, dans un tableau du quinzième siècle, que possédait l'abbaye de Saint-Ghislain. Pauvre abbaye! elle a fait place sans doute à quelque usine, comme les joyeuses légendes se sont effacées pour un temps devant les tristes systèmes des philosophes.

Or, voici l'aventure :

Une vieille femme de Mons, qui avait mené une vie dissipée, mais qui tous les jours s'était recommandée à saint Ghislain, se trouvait sur son lit de mort.

Au moment où elle allait rendre l'âme, le diable arriva à son chevet et se posta à sa gauche. Presqu'aussitôt saint Ghislain parut de l'autre côté. Le diable le regarda de travers; le saint ne baissa pas les yeux : il était accoutumé à affronter l'ennemi. Après avoir toussé un peu avec un certain embarras, le diable dit :

— J'imagine que vous ne venez pas encore m'enlever celle-là?

— Au contraire, répondit Ghislain.

— C'est ce que nous verrons. Vous n'avez pas de droits.

— Pas de droits! s'écria le saint; cette femme a été à moi toute sa vie.

— A vous! hurla le diable avec un éclat de rire; vous n'êtes pas difficile. Je vous citerai cent chrétiens qu'elle a scandalisés. Je ne compterais pas tous les péchés qu'elle a faits. Il y a longtemps que nous la choyons comme notre gibier.

— Il est possible qu'elle ait péché souvent, dit le saint, mais elle s'est longuement repentie; elle s'est confessée; elle meurt pénitente. Je ne suis pas venu pour l'abandonner et je l'emmène.

Le saint parlait d'un ton si assuré, que le diable commença à concevoir des alarmes. Cependant il reprit du cœur et il se mit à détailler avec tant de soin toutes les fautes de la pauvre pécheresse, que le saint craignit à son tour.

Pendant qu'ils disputaient, la pauvre femme mourut.

— Voilà qui est au mieux, dit le diable en se frottant les ergots; elle vient de passer; et elle a oublié de se purger d'un péché mortel. A moi donc!

Et il allongea la griffe.

— Un instant, dit doucement Ghislain. Quel péché mortel s'il vous plaît?

Et il étendit la main pour protéger l'âme.

— Mais a-t-elle dit qu'il y a trente ans, un certain dimanche, le premier du carême, elle manqua la messe pour aller à une fête?

— Vous avez bonne mémoire, répondit le saint avec un sourire triste. Mais vous êtes mal informé. La pauvre femme s'est confessée de cette faute grave et l'a réparée.

La dispute recommença vive et animée. Le diable enfin proposa un moyen d'en finir.

— Voici trois dés, dit-il, nous réclamons tous deux l'âme de cette femme; jouons à qui l'aura

— Je le veux bien; à vous les honneurs.

Le diable parut flatté de cette politesse. Il salua le saint, remua les dés et les jeta.

— Trois six! s'écria-t-il. Elle est à moi;

— Un instant, dit Ghislain.

Mais le diable derechef se frottait les griffes.

— Vous ne ferez du moins pas mieux, disait-il.
— Qui sait ?

Le bon saint agita les dés, les lança : il se fit quelque chose comme un petit prodige : trois sept sortirent du cornet, et Ghislain emporta l'âme de la défunte.

Comment le diable fut attrapé.

Il nous faut reculer à une époque assez ancienne ; c'était au moins vers le règne de Henri III. Si vous êtes allé jamais sur la route de Saint-Cloud, qui n'était pas alors la somptueuse résidence royale que nous admirons aujourd'hui, vous aurez remarqué à mi-chemin un groupe de maisons qu'on appelle, je ne sais pourquoi, le Point du jour, sans doute de quelque enseigne de cabaret; plus loin, à droite, est Boulogne-sur-Seine.

Or, au temps d'autrefois il y avait au Point du jour un vieil homme de noble race, mais un de ces gentilshommes avancés qui ne dédaignaient pas de faire eux-mêmes valoir leurs terres. Les terres de culture étaient plus rares alors que maintenant; le pays était presque couvert de bois.

Le vieil homme se nommait Egidius Cressère, bon viveur, allant aux fêtes, buvant au cabaret, familier avec les simples gens, traitant bien ses serviteurs, mais exigeant un grand travail, car il travaillait beaucoup lui-même, et disait que la terre gardait rancune quand on la négligeait. Il avait en sa maison une jeune et robuste servante, qu'on appelait Gritte, abréviation de Marguerite ; elle avait vingt ans. Elevée dans le manoir, elle plaisait à tous ; on la vantait comme une fille laborieuse, qui jamais n'avait reculé devant le travail.

Mais vint le jour de la fête de Saint-Cloud, déjà courue alors. C'était un beau jour, longuement attendu. Les ménétriers du village avaient graissé la roue de leurs vielles ; ils s'étaient renforcés de joueurs de rebec et de tambourin, venus de Paris ; ils avaient deux flûtes, une cornemuse et un cor de chasse ; on annonçait grandes joies ; et la bonne Gritte se promettait de l'agrément depuis quatre heures jusqu'à huit, car pour un tel jour on retardait jusque-là le couvre-feu, que nous appelons aujourd'hui la cloche de retraite.

Malheureusement, au retour de la messe, Egidius qui n'oubliait rien, se rappela que la veille il avait mené, avec ses garçons, plusieurs charrettes de fumier, sur le chemin des Bons-Hommes, dans un champ qu'il voulait labourer le lendemain pour y semer du seigle. Il fallait disperser avec soin tous les tas d'engrais qui, répandus ainsi et couvrant toute la surface du champ, devaient l'échauffer et le rendre fertile. C'était la besogne de Marguerite ; la pauvre fille songeait aux moyens qui pourraient encore rehausser sa toilette pour la fête, quand son maître l'appela.

—Allons, Gritte, dit-il, tu prendras ta fourche et tu iras répandre le fumier dans le champ de Saint-Gilles. Quand ce sera fait, tu reviendras à la fête.

Marguerite ne répliqua rien. Mais pour la première fois l'idée du travail l'affligea. Elle ôta tristement sa cornette à pointe de fine toile, son jupon de drap rouge, mit une cotte de grosse toile et des sabots, pauvre fille ! elle prit sa fourche et partit. En arrivant au champ, adieu la fête ! Elle calcula rapidement l'ouvrage qu'elle avait à faire, et reconnut qu'il ne pouvait être achevé qu'à la nuit noire. Son cœur se serra. Elle n'en commença pas moins en soupirant sa triste et pénible besogne.

Il y avait une heure qu'elle se hâtait, sans pouvoir se consoler ; elle apercevait avec chagrin, sur la route, les bonnes gens de Paris qui se rendaient joyeusement à la fête, et gémissait de penser qu'elle n'y paraîtrait pas, lorsqu'elle vit venir à elle un petit homme qui semblait vouloir lui parler. Il était fait un peu de travers et marchait en se balançant. Ses pieds étaient enfermés dans des bottes noires. Il avait un haut de chausses écarlate, un pourpoint gris taillé à la bourgeoise avec les basques continues, un chaperon à deux cornes de même couleur. Si ce chaperon eût été jaune, il eût ressemblé de loin à celui des fous de la Bazoche. A mesure que le petit homme s'approchait, Marguerite le considérait avec plus d'étonnement. C'était une figure qu'elle n'avait jamais vue, une tête énorme, un visage pâle comme les murailles, sur lequel dominait un long nez qui tournait évidemment sa pointe à gauche. Les mains de l'homme étaient cachées dans de grands gantelets noirs. Il s'arrêta devant la jeune fille, et faisant un sourire qui avait quelque chose de singulier.

—Eh ! mais, ma fille, dit-il, vous voilà bien occupée, pour un dimanche ?

—C'est vrai, messire: mais il y a dispense de vêpres, aux travaux des champs.

—Il y a sans doute aussi dispense de la fête qui va être si animée et si gaie ?

—Oh ! pardon, messire. Mais je ne suis pas ma maîtresse. Il faut que je fasse tout le champ.

—Vous n'aurez pas fini au coucher du soleil. Si vous vouliez faire un marché avec moi, j'ai là dans le bois des camarades ; nous vous aiderions tous ; et dans un instant vous pourriez retourner au Point du jour.

—Eh ! quel marché, messire, voulez-vous qu'une pauvre fille fasse avec vous ?

Il y avait de l'inquiétude dans la parole de Marguerite, et un sourire sardonique sur les lèvres pâles du petit homme.

—Le marché ne vous gênera guère, reprit-il ; je demande seulement que vous me donniez demain matin la première botte que vous lierez à votre réveil.

—Oh ! si ce n'est que cela, je vous le promets de bon cœur.

Elle n'eut pas plutôt dit ce mot que le petit homme siffla ; aussitôt une troupe de nains bizarres sortit du bois voisin. Il s'en trouvait un pour chaque tas de fumier. Ils se mirent rapidement à l'ouvrage ; et de leurs

pieds et de leurs mains ils opérèrent si vivement, qu'en peu de minutes tout le fumier fut répandu, avec symétrie. Après quoi ils se retirèrent; autant en fit le petit homme, qui dit à Marguerite, en la quittant brusquement :
—Vous voyez qu'un peu d'aide fait grand bien !

La jeune servante resta un moment consternée de ce qui venait de se passer sous ses yeux? Était-ce un homme, était-ce un esprit qui l'avait obligée si merveilleusement? Elle se ressouvint de tous les contes dont on l'entretenait aux longues veillées du manoir, lorsqu'on file le chanvre et la laine dans les soirées d'hiver. Souvent on lui avait dit qu'il y avait des lutins, des farfadets, et d'autres bons démons qui se plaisaient à rendre d'utiles services aux gens en peine. Elle avait refusé de le croire ; elle ne pouvait plus en douter, à moins que, cependant, le petit homme et ses camarades ne fussent une compagnie de farceurs, comme il y en avait quelquefois dans le Paris d'alors, qui jouaient des moralités (comédies du temps), qui disaient la bonne aventure, escamotaient et chantaient, faisaient souvent de bons tours et parfois se plaisaient à étonner gracieusement par quelque subite obligeance.

—Quoiqu'il en soit, dit-elle, ce bonhomme s'est contenté de peu ; et je puis tranquillement me réjouir ma pleine soirée.

Elle s'en retourna, sans pouvoir bannir pourtant les flots de pensées qui venaient l'assaillir : —Pourquoi le petit homme lui avait-il demandé la première botte qu'elle lierait le lendemain? et qu'en voulait-il faire? Puis elle se répondait à elle-même : —C'est sûrement une plaisanterie.

En rentrant au manoir, elle n'y trouva plus personne. Tout le monde était parti pour la fête, à l'exception d'un vieux serviteur, qui ne pouvait plus marcher, et qui gardait le logis avec deux chiens solides. Elle se hâta de remettre sa coiffe et sa jupe des dimanches, ses bas jaunes et ses souliers. Elle arriva au moment où les réjouissances commençaient.

Depuis deux bonnes heures, Marguerite n'était plus qu'au plaisir; il semblait même qu'elle eût complètement oublié son aventure du champ, quand son maître crut la reconnaître. Il se frotta les yeux, s'approcha, et vit qu'il ne s'était pas trompé. Un air sévère contracta sur le champ tous les traits de sa figure. Il appela la jeune fille, qui vint aussitôt.

—Eh bien! Gritte, dit-il d'une voix austère, et l'ouvrage ?
—Il est fait, messire Egidius.
—Fait! tu aurais fait en une heure ce qu'un homme ferait à peine en une demi-journée!
—S'il faut vous dire tout, messire, j'ai eu un peu d'assistance....
Et la servante conta ce qui lui était arrivé.
Le gentilhomme surpris ne répliqua pas un mot ; mais croyant que Gritte le trompait et qu'elle avait laissé sa besogne à moitié faite, il courut à son champ, fit une exclamation de grand étonnement et s'en revint émerveillé.

—Ma fille, dit-il à Marguerite en l'appelant de nouveau, le diable est fin ; c'est à lui que nous avons à faire.

La servante pâlit.

—Allons trouver le curé de Boulogne, reprit Egidius ; lui seul peut nous tirer de là.

Le vieil homme et la jeune fille se rendirent, sans perdre un instant, au presbytère ; Marguerite expliqua la chose au bon curé.

—Vous avez été bien avisés de me venir trouver, dit-il ; car vous étiez en péril. Mais rassurez-vous. Quoique Satan soit bien rusé, il trouve encore assez souvent plus rusé que lui. Il vous a fait promettre la première botte que vous lieriez demain matin à votre lever; ayez soin, aussitôt que vous serez éveillée, de vous rendre à la grange, d'y lier une botte de paille et de la jeter à l'homme qui viendra. Mais évitez sur toutes choses de serrer le cordon de votre jupe, ou votre bonnet ou vos jarretières ; car alors vous seriez vous-même la botte qui lui appartient..... Allez, mon enfant, vous en serez quitte pour un moment de frayeur.

Marguerite et son maître remercièrent le curé et s'en retournèrent au manoir. La jeune fille ne songeait plus à la fête ; elle passa la soirée en prières et la nuit sans dormir. Dès que le jour parut, elle se leva, sans lier son jupon, ni rien qui touchât à son corps, et se rendit à la grange, où elle vit entrer en silence, un instant après elle, celui qui la veille lui avait rendu un si dangereux service.

Il n'avait changé ni de forme, ni de costume. Mais son teint paraissait plus pâle encore ; ses yeux étincelaient ; ses lèvres tremblaient d'inquiétude. Dans un mouvement qu'il fit, son chaperon s'abattit par derrière; la servante alors remarqua deux petites cornes parmi ses cheveux crépus. Elle frissonna, lia en tremblant une botte de paille, et la jeta au monstre, qui la saisit en grinçant des dents. Il hurla, bondit sur lui-même, sortit par un trou qu'il fit au toit de la grange ; et Marguerite alla s'habiller.

On dit que le champ où les démons avaient travaillé produisit abondamment ; car le travail est toujours fécond, de quelque main qu'il vienne.

On ajoute que le trou de la grange, qui à présent n'existe plus, ne put jamais se réparer.

On dit encore que le diable, embarrassé de sa botte de paille, vint pour la vendre à Paris. Il espérait qu'ayant passé par ses griffes, sa botte de paille ferait mourir les vaches qui la mangeraient en poussserait les fermiers à quelque blasphème. Mais il avait si mauvaise mine que jusqu'au soir, il ne trouva personne qui voulût l'acheter. Il la broya de colère et en jeta les débris dans les égouts de la capitale qui depuis lors puent toujours. *Voy.* GRANGE DU DIABLE.

Voici d'autres histoires qui font voir qu'on a pris souvent pour le diable des gens qui n'étaient pas de l'autre monde.

Un marchand breton s'embarqua pour le commerce des Indes, et laissa à sa femme la soin de sa maison. Cette femme était sage ; le mari ne craignit pas de prolonger le cours de son voyage et d'être absent plusieurs années. Or, un jour de carnaval, la dame voulant s'égayer un peu donna à ses parents et à ses amis un petit bal qui devait être suivi d'une collation. Lorsqu'on se mit au jeu, un masque habillé en procureur, ayant des sacs de procès à la main, entra et proposa à la dame de jouer quelques pistoles avec elle ; elle accepta le défi et gagna : le masque présenta encore plusieurs pièces d'or, qu'il perdit sans dire mot. Quelques personnes ayant voulu jouer contre lui perdirent ; il ne se laissait gagner que lorsque la dame jouait.

On fit d'injurieux soupçons sur la cause qui l'engageait à perdre. — Je suis le dieu des richesses, dit alors le masque, en sortant de ses poches plusieurs bourses pleines de louis. Je joue tout cela, madame, contre tout ce que vous avez gagné.

La dame trembla à cette proposition et refusa le défi en femme prudente. Le masque lui offrit cet or sans le jouer ; mais elle ne voulut pas l'accepter. Cette aventure commençait à devenir extraordinaire. Une dame âgée, qui se trouvait présente, vint à s'imaginer que ce masque pouvait bien être le diable. Cette idée se communiqua dans l'assemblée, et comme on disait à demi-voix ce qu'on pensait, le masque qui l'entendit se mit à parler plusieurs langues, pour les confirmer dans cette opinion ; puis il s'écria tout à coup qu'il était venu de l'autre monde pour venir prendre une dame qui s'était donnée à lui, et qu'il ne quitterait point la place qu'il ne se fût emparé d'elle, quelque obstacle qu'on voulût y apporter...

Tous les yeux se fixèrent sur la maîtresse du logis. Les gens crédules étaient saisis de frayeur, les autres à demi épouvantés ; la dame de la maison se mit à rire. Enfin le faux diable leva son masque, et se fit reconnaître pour le mari. Sa femme jeta un cri de joie en le reconnaissant. J'apporte avec moi l'opulence, dit-il. Puis se tournant vers les joueurs : Vous êtes des dupes, ajouta-t-il ; apprenez à jouer.

Il leur rendit leur argent, et la fête devint plus vive et plus complète.

Un vieux négociant des États-Unis, retiré du commerce, vivait paisiblement de quelques rentes acquises par le travail. Il sortit un soir pour toucher douze cents dollars qui lui étaient dus. Son débiteur, n'ayant pas davantage pour le moment, ne lui paya que la moitié de la somme. En rentrant chez lui, il se mit à compter ce qu'il venait de recevoir. Mais pendant qu'il s'occupait de ce soin, il entend quelque bruit, lève les yeux, et voit descendre de sa cheminée dans sa chambre le diable en personne. Il était en costume : tout son corps couvert de poils rudes et noirs, avait six pieds de haut. De grandes cornes surmontaient son front, accompagnées d'oreilles pendantes ; il avait des pieds fourchus, des griffes au lieu de mains, une queue, un museau comme on n'en voit point, et des yeux comme on n'en voit guère.

A la vue de ce personnage, le vieux marchand eut le frisson. Le diable s'approcha et lui dit : Il faut que tu me donnes sur l'heure douze cents dollars, si tu ne veux pas que j't'emporte en enfer.

Hélas ! répondit le négociant, je n'ai pas ce que vous demandez...

Tu mens, interrompit brusquement le diable ; je sais que tu viens de les recevoir à l'instant.

Dites que je devais les recevoir ; mais on ne m'en a pu donner que six cents. Si vous voulez me laisser jusqu'à demain, je promets de vous compter la somme...

Eh bien ! ajouta le diable, après un moment de réflexion, j'y consens ; mais que demain, à dix heures du soir, je trouve ici les douze cents dollars, ou je t'entraîne sans miséricorde. Surtout que personne, si tu tiens à la vie, ne soit instruit de notre entrevue.

Après avoir dit ces mots, le diable sortit par la porte.

Le lendemain matin, le négociant, qui était de bonne pâte, comme on voit, alla trouver un vieil ami, et le pria de lui prêter six cents dollars. Son ami lui demanda s'il en était bien pressé ? Oh ! oui, très-pressé ; il me les faut avant la nuit. Il y va de ma parole et peut-être d'autre chose.

Mais n'avez-vous pas reçu hier une somme ? J'en ai disposé.

Cependant je ne vous connais aucune affaire qui nécessite absolument de l'argent.

Je vous dis qu'il y va de ma vie...

Le vieil ami, étonné, demande l'éclaircissement d'un pareil mystère. On lui répond que le secret ne peut se trahir. — Considérez, dit-il au négociant effaré, que personne ne nous écoute ; dites-moi votre affaire : je vous prêterai les six cents dollars.

Sachez donc que le diable est venu me voir ; qu'il faut que je lui donne douze cents dollars ce soir, et que je n'en ai que six cents.

L'ami ne répliqua plus ; il savait l'imagination de ce pauvre ami facile à effrayer. Il tira de son coffre la somme qu'on lui demandait, et la prêta de bonne grâce ; mais à huit heures du soir, il se rendit chez le vieux marchand.

Je viens vous faire société, lui dit-il, et attendre avec vous le diable, que je ne serai pas fâché de voir.

Le négociant répondit que c'était impossible, ou qu'ils s'exposeraient à être emportés tous les deux. Après des débats, il permit que son ami attendît l'événement dans un cabinet voisin.

A dix heures précises, un bruit se fait entendre dans la cheminée : le diable paraît, dans son costume de la veille. Le vieillard se mit en tremblant, à compter les écus. En même temps, l'homme du cabinet entra. Es-tu bien le diable ? dit-il à celui qui demandait de l'argent...

Puis, voyant qu'il ne se pressait pas de répondre, et que son ami frissonnait, grelottait et tremblottait, il tira de sa poche deux longs pistolets, et les présentant à la gorge du diable, il ajouta :

— Je veux savoir si tu es à l'épreuve du feu...

Le diable recula, et chercha à gagner la porte.

— Fais-toi connaître bien vite, ou tu es mort...

Le démon se hâta de se démasquer et de mettre bas son costume infernal. On trouva, sous ce déguisement, un voisin du bon marchand, qui faisait quelquefois des dupes et qu'on n'avait pas encore soupçonné. Il fut jugé comme escroc, et le négociant apprit par là que le diable n'est pas le seul qui soit disposé à nous nuire.

Nous nous représentons souvent le diable comme un monstre noir : les nègres lui attribuent la couleur blanche. Au Japon, les partisans de la secte de Sintos sont persuadés que le diable n'est que le renard. En Afrique le diable est généralement respecté. Les nègres de la Côte-d'Or n'oublient jamais, avant de prendre leurs repas, de jeter à terre un morceau de pain qui est destiné pour le mauvais génie. Dans le canton d'Auté, ils se le représentent comme un géant d'une prodigieuse grosseur, dont la moitié du corps est pourrie, et qui cause infailliblement la mort par son attouchement; ils n'oublient rien de ce qui peut détourner la colère de ce monstre. Ils exposent de tous côtés des mets pour lui.

Presque tous les habitants pratiquent une cérémonie bizarre et extravagante, par laquelle ils prétendent chasser le diable de leurs villages : huit jours avant cette cérémonie, on s'y prépare par des danses et des festins; il est permis d'insulter impunément les personnes même les plus distinguées. Le jour de la cérémonie arrivé, le peuple commence dès le matin, à pousser des cris horribles; les habitants courent de tous côtés comme des furieux, jetant devant eux des pierres et tout ce qu'ils trouvent sous leurs mains; les femmes furètent dans tous les coins de la maison, et récurent toute la vaisselle, de peur que le diable ne se soit fourré dans une marmite ou dans quelque autre ustensile. La cérémonie se termine quand on a bien cherché et qu'on s'est bien fatigué; alors on est persuadé que le diable est loin.

Les habitants des îles Philippines se vantent d'avoir des entretiens avec le diable. Ils racontent que quelques-uns d'entre eux, ayant hasardé de parler seuls avec lui, avaient été tués par ce génie malfaisant : aussi se rassemblent-ils en grand nombre lorsqu'ils veulent conférer avec le diable.

Les insulaires des Maldives mettent tout en usage lorsqu'ils sont malades pour se rendre le diable favorable. Ils lui sacrifient des coqs et des poules.

Le diable nous est singulièrement dépeint, par le pape saint Grégoire, dans sa Vie de saint Benoît. Un jour que le saint allait dire ses prières à l'oratoire de Saint-Jean, sur le mont Cassin, il rencontra le diable sous la forme de vétérinaire, avec une fiole d'une main et un licou de l'autre. Le texte disait : *in mulomedici specie*; par l'introduction d'une virgule qui décompose le mot : *in mulo, medici specie*, un copiste fit du diable ainsi déguisé un docteur monté sur sa mule, comme cheminaient les docteurs en médecine avant l'invention des carrosses; et un tableau de cet épisode ayant été exécuté d'après ce texte corrompu, Satan a été souvent représenté avec la robe doctorale et les instruments de la profession en croupe sur sa monture.

Une autre fois, on dénonça à saint Benoît la conduite légère d'un jeune frère, appartenant à l'un des douze monastères affiliés à la règle du réformateur. Ce moine ne voulait ou ne pouvait prier avec assiduité; à peine s'était-il mis à genoux, qu'il se levait et allait se promener. Saint Benoît ordonna qu'on le lui amenât au mont Cassin; et là, lorsque le moine, selon son habitude, interrompit ses devoirs et sortit de la chapelle, le saint vit un petit diable noir qui le tirait de toutes ses forces par le pan de sa robe.

Parmi les innombrables épisodes de l'histoire du diable dans les Vies des Saints, quelques-uns sont plus comiques, quelques autres plus pittoresques. Saint Antoine vit Satan dresser sa tête de géant au-dessus des nuages, et étendre ses larges mains pour intercepter les âmes des morts qui prenaient leur vol vers le ciel. Parfois le diable est un véritable singe, et sa malice ne s'exerce qu'en espiègleries. C'est ainsi que, pendant des années, il se tint aux aguets pour troubler la piété de sainte Gudule. Toutes ses ruses avaient été vaines, lorsqu'enfin il se résolut à un dernier effort. C'était la coutume de cette noble et chaste vierge de se lever au chant du coq et d'aller prier à l'église, précédée de sa servante portant une lanterne. Que fit le père de toute malice? il éteignit la lanterne en soufflant dessus. La sainte eut recours à Dieu, et, à sa prière, la mèche se ralluma, miracle de la foi qui suffit pour renvoyer le malin honteux et confus.

Il n'est pas sans exemple que le diable se laisse tromper par les plus simples artifices, et une équivoque suffit souvent pour le rendre dupe dans ses marchés avec les sorciers : comme lorsque Nostradamus obtint son secours à condition qu'il lui appartiendrait tout entier après sa mort, soit qu'il fût enterré dans une église, soit qu'il fût enterré dehors. Mais Nostradamus ayant ordonné par testament que son cercueil fût déposé dans la muraille de la sacristie, son corps y repose encore, et il n'est ni dans l'église, ni dehors.

Le vieil Heywood a rédigé en vers une nomenclature curieuse de tous les petits démons de la superstition populaire : il y comprend les farfadets, les follets, les alfs ou elfs, les Robin Goodfellows, et ces lutins que Shakspeare a donnés pour sujets à Obéron et à Titania. On a prouvé que le roi ou la reine de féerie n'est autre que Satan lui-même, n'importe son déguisement. C'était donc un démon que ce Puck qui eut longtemps son domicile chez les dominicains de Schwerin dans le Mecklembourg. — Malgré les tours qu'il jouait aux étrangers qui venaient visiter le monastère, Puck, soumis aux moines, était pour eux un bon serviteur. Sous la forme d'un singe, il tournait la broche, tirait le vin, balayait la cuisine. Cependant, malgré tous ces services, le religieux à qui nous devons la *Veridica relatio de dæmonio Puck* ne reconnaît en lui qu'un esprit malin. Le Puck de Schwerin recevait pour ses gages deux pots d'étain et une veste bariolée de grelots en guise de boutons.

Le moine Rush de la légende suédoise, et Bronzet, de l'abbaye de Montmajor, près d'Arles, sont encore Puck sous d'autres noms. On le retrouve en Angleterre sous la forme de Robin Goodfellow ou de Robin Hood (Robin des bois), le fameux bandit de la forêt de Sherwood ayant reçu ce surnom à cause de sa ressemblance avec ce diable populaire. Enfin Robin Hood est aussi le *Red Cap* d'Ecosse, et le diable saxon Hodeken, ainsi appelé de l'hoodiwen, ou petit chaperon rouge qu'il porte en Suède lorsqu'il y apparaît sous la forme du *Nisse* ou *Nissegodreng*. — Puck, en Suède, se nomme *Nissegodreng* (ou Nisse le bon enfant), et vit en bonne intelligence avec *Tomtegobbe*, ou le Vieux du Grenier, qui est un diable de la même classe. On trouve Nissegodreng et Tomtegobbe dans presque toutes les fermes, complaisants et dociles si on les traite avec douceur, mais irascibles et capricieux : malheur à qui les offense!

Dans le royaume voisin, en Danemark, les Pucks ont un rare talent comme musiciens. Il existe une certaine danse appelée la gigue du roi des Elfs, bien connue des ménétriers de campagne, et qu'aucun d'eux n'oserait exécuter. L'air seul produit le même effet que le cor d'Obéron : à peine la première note se fait-elle entendre, vieux et jeunes sont forcés de sauter en mesure ; les tables, les chaises et les tabourets de la maison commencent à se briser, et le musicien imprudent ne peut rompre le charme qu'en jouant la même danse à rebours sans déplacer une seule note, ou bien en laissant approcher un des danseurs involontaires assez adroit pour passer derrière lui et couper toutes les cordes du violon par-dessus son épaule.

Les noms des esprits de cette classe sont très-significatifs : de *Gob* le vieillard, devenu un nom du diable, les Normands semblent avoir fait *Gobelin* (1). Voyez ce mot. Voyez aussi Faust, Drame, Pactes, etc.

On a publié à Amsterdam une *Histoire du diable*, 2 vol. in-12, qui est une espèce de mauvais roman, où les aventures du diable sont plus que médiocrement accommodées à la fantaisie de l'auteur. M. Frédéric Soulié a prodigué, dans les *Mémoires du Diable*, beaucoup de talent à faire un livre, qui aurait pu être fort singulier et fort piquant, si l'auteur avait respecté les mœurs. Voy. Démons.

DIABLE DE MER. — « Grand bruit parmi matelots ; on a crié tout d'un coup : *Voilà le diable, il faut l'avoir*. Aussitôt tout s'est réveillé, tout a pris les armes. On ne voyait que piques, harpons et mousquets ; j'ai couru moi-même pour voir le diable, et j'ai vu un grand poisson qui ressemble à une raie, hors qu'il a deux cornes comme un taureau. Il a fait quelques caracoles, toujours accompagné d'un poisson blanc qui, de temps en temps, va à la petite guerre, et vient se remettre sous le diable. Entre ses deux cornes, il porte un petit poisson gris, qu'on appelle le pilote du diable, parce qu'il le conduit, et le pique quand il voit du poisson ; et alors le diable part comme un trait. Je vous conte tout ce que je viens de voir (2). »

DIAMANT. — La superstition lui attribuait des vertus merveilleuses contre le poison, la peste, les terreurs paniques, les insomnies, les prestiges et les enchantements. Il calmait la colère et entretenait l'union entre les époux, ce qui lui avait fait donner le nom de pierre de réconciliation. Il avait en outre cette propriété talismanique de rendre invincible celui qui le portait, pourvu que sous la planète de Mars, la figure de ce dieu, ou celle d'Hercule surmontant l'hydre, y fût gravée. On a été jusqu'à prétendre que les diamants en engendraient d'autres ; et Ruérus parle sérieusement d'une princesse de Luxembourg qui en avait d'héréditaires, qui en produisaient d'autres en certains temps (3). — Enfin les savants du seizième siècle croyaient qu'on pouvait amollir le diamant avec du sang de bouc (4).

DIAMBILICHE, nom du diable dans l'île de Madagascar. Il y est plus révéré que les dieux mêmes : les prêtres lui offrent les prémices de tous les sacrifices.

DIDIER, imposteur bordelais du sixième siècle, qui parut vers ce temps-là dans la ville de Tours. Il se vantait de communiquer avec saint Pierre et saint Paul ; il assurait même qu'il était plus puissant que saint Martin, et se disait égal aux apôtres. Ayant su gagner le peuple, on lui amenait de tous côtés des malades à guérir ; et voici, par exemple, comment il traitait les paralytiques.

Il ordonnait qu'on étendît le malade à terre, puis il lui faisait tirer les membres si fort que quelquefois il en mourait ; s'il guérissait, c'était un miracle.

Didier n'était pourtant qu'un magicien et un sorcier, comme dit Pierre Delancre ; car si quelqu'un disait du mal de lui en secret, il le lui reprochait lorsqu'il le voyait ; ce qu'il ne pouvait savoir que par le moyen du démon qui lui allait révéler tout ce qui se passait. Pour mieux tromper le public, il avait un capuchon et une robe de poil de chèvre. Il était sobre devant le monde ; mais lorsqu'il se retrouvait en son particulier, il mangeait tellement qu'un homme n'aurait pu supporter la viande qu'il avalait. Enfin ses fourberies ayant été découvertes, il fut ar-

---

(1) Essai sur les traditions populaires, publié dans le *Quarterly review*.
(2) L'abbé de Choisy, Relation de l'ambassade de Siam.
(3) Incrédulité et mécréance du sortilège, etc., traité 8, p. 37.
(4) Erasme, Discours sur l'enfant Jésus.

rêté et chassé de la ville de Tours; et on n'entendit plus parler de lui.

DIDRON, savant archéologue qui a publié récemment une curieuse *Histoire du diable*.

DIDYME. — Voyez Possédées de flandre.

DIÉMATS. — Petites images chargées de caractères que les guerriers de l'île de Java portent comme des talismans, et avec lesquelles ils se croient invulnérables : persuasion qui ajoute à leur intrépidité.

DIGBY, fou et imposteur, connu sous le nom du Docteur Sympathique. Il avait le secret d'une poudre sympathique avec laquelle il guérissait les malades sans les voir, et donnait la fièvre aux arbres. Cette poudre composée de rognures d'ongles, d'urine ou de cheveux du malade, et placée dans un arbre, communiquait, disait-il, la maladie à l'arbre(1).

DINDARTE (Marie), jeune sorcière de dix-sept ans, qui confessa avoir été souvent au sabbat. Quand elle se trouvait seule et que les voisines étaient déjà parties ou absentes, le diable lui donnait un onguent dont elle se frottait, et sur-le-champ elle se transportait par les airs. Elle voyageait ainsi la nuit du 27 septembre 1609 ; on l'aperçut et on la prit le lendemain. Elle confessa aussi avoir mené des enfants au sabbat, lesquels se trouvèrent marqués de la marque du diable (2). Voy. Sabbat.

DINDONS. — On a dit long-temps que les dindons nous ont été apportés des Indes par les pères jésuites ; c'est pourtant une erreur. Les poules d'Inde furent apportées en Grèce l'an du monde 3559, comme le prouvent les marbres d'Arundel, et elles se naturalisèrent en Béotie. Aristote a même décrit l'*Histoire physique et morale des dindons;* les Grecs les appelaient méléagrides, parce qu'ils avaient été introduits dans leur pays par le roi Méléagre. Ils étaient fréquents chez les Romains; mais leur race, par la suite, devint plus rare en Europe, et on les montrait comme des bêtes curieuses au commencement du seizième siècle. Les premiers qu'on vit en France y furent apportés par Jacques Cœur, en 1450. Améric Vespuce ne les fit connaître que cinquante-quatre ans après. On en attribua ensuite l'importation aux jésuites, parce qu'ils en envoyèrent beaucoup en Europe (3).

DINSCOPS, sorcière et sibylle du pays de Clèves, dont parle Bodin en son quatrième livre. Elle ensorcelait et maléficiait tous ceux vers qui elle étendait la main. On la brûla; et quand sa main sorcière et endiablée fut bien cuite, tous ceux qu'elle avait frappés de quelque mal revinrent en santé.

DIOCLÉTIEN. N'étant encore que dans les grades inférieurs de l'armée, il réglait un jours ses comptes avec une cabaretière de Tongres, dans la Gaule Belgique. Comme cette femme, qui était druidesse, lui reprochait d'être avare: « Je serai plus généreux, lui dit-il en riant, quand je serai empereur. —Tu le seras, répliqua la druidesse, quand

(1) Charlatans célèbres, de M. Gouriet, t. I, p. 265.
(2) Delancre, Tableau de l'inconstance des démons, etc., liv. IV, p. 117.

tu auras tué un sanglier. » Dioclétien, étonné, sentit l'ambition s'éveiller dans son âme, et chercha sérieusement à presser l'accomplissement de cette prédiction, qui nous a été conservée par Vopiscus. Il se livra particulièrement à la chasse du sanglier. Cependant il vit plusieurs princes arriver au trône sans qu'on songeât à l'y élever; et il disait sans cesse: « Je tue bien les sangliers; mais les autres en ont le profit. » Il avait été consul, et il occupait des fonctions importantes. Quand Numérien eut été tué par son beau-père, Arrius Aper, toutes les espérances de Dioclétien se réveillèrent: l'armée le porta au trône. Le premier usage qu'il fit de son pouvoir fut de tuer lui-même, de son épée, le perfide Aper, dont le nom est celui du sanglier, en s'écriant qu'il venait enfin de tuer le sanglier fatal.—On sait que Dioclétien fut ensuite un des plus grands persécuteurs de l'Eglise.

DIOCRES. Voy. Chapelle du damné.

DIODORE DE CATANE, sorcier et magicien, dont le peuple de Catane garda longtemps le souvenir. C'était le plus grand magicien de son temps; il fascinait tellement les personnes qu'elles se persuadaient être changées en bêtes: il faisait voir en un instant, aux curieux, ce qui se passait dans les pays les plus éloignés. Comme on l'eût arrêté en qualité de magicien, il voulut se faire passer pour faiseur de miracles. Il se fit donc transporter, par le diable, de Catane à Constantinople, et de Constantinople à Catane en un seul jour, ce qui lui acquit tout d'un coup, parmi le peuple, une grande réputation ; mais ayant été pris, malgré son habileté et sa puissance, on le jeta en un four ardent où il fut brûlé (4).

DION DE SYRACUSE. Etant une nuit couché sur son lit, éveillé et pensif, il entendit un grand bruit et se leva pour voir ce qui pouvait le produire. Il aperçut au bout d'une galerie une femme de haute taille, hideuse comme les Furies, qui balayait sa maison. Il fit appeler aussitôt ses amis et les pria de passer la nuit auprès de lui. Mais le spectre ne reparut plus. Quelques jours après le fils de Dion se précipita d'une fenêtre et se tua. Sa famille fut détruite en peu de temps, et, « par manière de dire, ajoute Leloyer, balayée et exterminée de Syracuse, comme la Furie, qui n'était qu'un diable, avait semblé l'en avertir par le balai. »

DIONYSIO DAL BORGO, astrologue italien qui professait la théologie à l'université de Paris au treizième siècle. Villani conte (livre X) qu'il prédit juste la mort de Castruccio, tyran de Pistoie.

DIOPITE, bateleur, né à Locres, qui, après avoir parcouru la Grèce, se présenta sur le théâtre de Thèbes pour y faire des tours. Il avait sur le corps deux peaux de bouc, l'une remplie de vin, et l'autre de lait, par le moyen desquelles il faisait sortir de ces deux liqueurs

(3) M. Salgues, des Erreurs et des préjugés, t. III, p. 37.
(4) Leloyer, Histoire des spectres et apparitions des esprits, liv. III, ch. vii, p. 516.

par sa bouche, si bien qu'on l'a mis au rang des sorciers (1).

DISCOURS. *Discours des esprits follets*, publié dans le *Mercure galant* de 1680. — *Discours épouvantable d'une étrange apparition de démons en la maison d'un gentilhomme, en Silésie*, in-8°, Lyon, par Jean Gazeau, 1609, brochure de 7 pages.—*Discours sur la vanité des songes, et sur l'opinion de ceux qui croient que ce sont des pressentiments.* Voy. SONGES, etc.

DISPUTES. L'abominable Henri VIII avait une telle passion pour l'argumentation, qu'il ne dédaigna pas d'argumenter avec un pauvre argumentateur nommé Lambert. Une assemblée extraordinaire avait été convoquée à Wesminster pour juger des coups. Le roi, voyant qu'il avait affaire à forte partie, et ne voulant pas avoir le dernier, donna à Lambert le choix d'être de son avis ou d'être pendu. C'est ainsi qu'un dey d'Alger, faisant un cent de piquet avec son vizir, lui disait : « Joue cœur, ou je t'étrangle. » Lambert ne joua pas cœur ; il fut étranglé.

DIVES. Les Persans nomment ainsi les mauvais génies ; ils en admettent de mâles et de femelles, et disent qu'avant la création d'Adam, Dieu créa les *Dives* ou génies mâles, et leur confia le gouvernement du monde pendant sept mille ans ; après quoi, les *Péris* ou génies femelles leur succédèrent, et prirent possession de l'univers pour deux autres mille ans, sous l'empire de Gian-ben-Gian, leur souverain ; mais ces créatures étant tombées en disgrâce pour leur désobéissance, Dieu envoya contre eux Éblis, qui, étant d'une plus noble nature, et formé de l'élément du feu, avait été élevé parmi les anges. Éblis, chargé des ordres divins, descendit du ciel, et fit la guerre contre les Dives et les Péris, qui se réunirent pour se défendre ; Éblis les défit et prit possession de ce globe, lequel n'était encore habité que par des génies. Éblis ne fut pas plus sage que ses prédécesseurs ; Dieu, pour abattre son orgueil, fit l'homme, et ordonna à tous les anges de lui rendre hommage. Sur le refus d'Éblis, Dieu le dépouilla de sa souveraineté et le maudit. Ce ne sont là, comme on voit, que des altérations de l'Écriture sainte.

DIVINATION. Nous trouvons dans Cicéron (*de Divinatione, lib.* I) ce que nous devons penser de la divination chez les anciens. Nous reproduisons ce court exposé, en nous servant de la traduction de Regnier-Desmarais.

« C'est une opinion aussi ancienne que les siècles les plus reculés, et qui n'est pas moins reçue du peuple romain que des autres nations, qu'il y a une *divination* parmi les hommes, c'est-à-dire un pressentiment et une connaissance des choses futures. Et si cela est, il faut avouer que la nature humaine jouit par là d'un grand et noble avantage qui l'approche fort de la nature divine. C'est pourquoi, lorsque du mot de divinité nous avons formé celui de divination, nous avons en cela bien mieux rencontré que les Grecs, qui n'ont exprimé la même prérogative que par un mot qui, selon Platon, dérive de celui

(1) Leloyer, Hist. des spectres, etc., liv. I, p. 63.

de fureur. Ce qui est indubitable, c'est qu'il n'y a aucune nation dans le monde, ni si polie et si savante, ni si barbare et si peu cultivée, qui ne croie qu'il y a des signes de l'avenir, et des gens qui le connaissent et qui le prédisent.

« Pour remonter jusqu'à la source de cette opinion, comme les Assyriens qui habitent de vastes plaines, d'où ils découvrent le ciel de toutes parts, ont les premiers observé le cours des astres, ils ont été aussi les premiers qui ont appris à la postérité les effets qu'ils ont cru leur devoir attribuer. Et les Chaldéens, ainsi nommés, non à cause de leur profession, mais à cause de la Chaldée, province de l'Assyrie, passent pour avoir été les premiers de tous les Assyriens qui, en observant continuellement le cours des astres, aient fait de leurs observations une science par laquelle ils prétendent pouvoir prédire à chacun ce qui lui doit arriver, et quelle destinée lui est préparée dès sa naissance.

« On tient que les Egyptiens ont eu la même science, et qu'ils l'ont acquise par une longue suite de siècles presque innombrables. Les provinces de Cilicie, de Pisidie et de Pamphylie, où j'ai commandé comme proconsul, prétendent que par le vol et par le chant des oiseaux, on a des signes indubitables de l'avenir.

« D'ailleurs quelle colonie la Grèce a-t-elle jamais envoyée en Étolie, en Ionie, en Asie, en Sicile, ou en Italie, sans s'être adressée auparavant ou à l'oracle d'Apollon Pythien, ou à celui de Dodone, ou à celui de Jupiter-Ammon ? et quelle guerre a-t-elle jamais entreprise, sans avoir consulté les dieux ? On ne s'en est pas même tenu à un seul genre de divination : et pour ne rien dire des autres peuples, combien le nôtre n'en a-t-il point mis en usage ?

« Premièrement, c'est une tradition constante parmi nous, que Romulus, le père et le fondateur de Rome, non-seulement ne la fonda qu'après avoir pris les auspices ; mais qu'il était un très-excellent augure lui-même. Les autres rois après lui se servirent d'augures, et quand les rois eurent été chassés, on ne fit rien à Rome, dans la suite, par autorité publique, ni en paix ni en guerre, sans l'intervention des auspices. Et comme on crut que l'art des aruspices pourrait être d'une grande utilité, tant pour faire réussir les choses sur lesquelles on aurait à consulter les dieux, que pour interpréter les prodiges, et pour en détourner l'effet, tout ce que les Etruriens enseignaient là-dessus, fut aussi mis en pratique, afin qu'il n'y eût aucune sorte de divination qui parût avoir été négligée.

« De plus, parce que l'esprit peut de lui-même, par un mouvement libre, et sans que la raison ni la science y aient part, être agité de deux manières, ou en songe, ou par une espèce de fureur divine ; la pensée qu'on eut que les vers de la Sibylle étaient remplis de cette sorte de divination, porta le sénat à choisir dans toute la ville dix personnes, pour en être les interprètes ; et souvent il a eu égard à d'autres prédictions faites par des devins en fureur, telles que furent celles de Cornélius Culléolus, qu'on crut devoir écouter dans le temps de la guerre Octavienne. Il n'a pas même négligé les songes, lorsqu'ils lui ont paru avoir quelque relation au bien de la république; et de notre temps, sur le rapport d'un songe qu'avait fait une certaine Cécilie, fille d'un homme des îles Baléares (1), les consuls Lucius Julius, et Publius Rutilius furent chargés de refaire le temple de Junon conservatrice. Mais selon mon sentiment les anciens dans tout ce qu'ils ont fait en cela, se sont plutôt fondés sur l'événement des choses que sur aucune raison véritable.

« Quant aux philosophes, on a recueilli d'eux divers arguments par lesquels ils ont essayé de prouver qu'il y avait effectivement une divination. Mais Xénophane de Colophon, un des plus anciens d'entre eux niait absolument qu'il pût y en avoir aucune, quoiqu'il ne laissât pas d'admettre des dieux. Tous les autres, hormis Epicure, qui n'a fait que bégayer en parlant de la nature des dieux, ont admis une divination; les uns d'une façon, les autres d'une autre. Car Socrate et ses sectateurs, Zénon, et tous ceux de son école, avec l'ancienne académie, et les péripatéticiens, ont été là-dessus de l'opinion des anciens philosophes, à laquelle Pythagore, qui prétendait même passer pour augure, avait donné avant cela une grande autorité. Démocrite s'est aussi déclaré en plusieurs endroits pour le pressentiment des choses futures : mais Dicéarque péripatéticien, n'a reconnu que deux sortes de divination; l'une par les songes, l'autre par la fureur de l'esprit : après lui Cratippe, avec qui j'ai eu une liaison très-familière, et que je tiens égal aux péripatéticiens les plus fameux, a rejeté aussi toute autre divination que les deux que Dicéarque admettait.

« Comme toutefois les stoïciens les reçoivent presque toutes, parce que Zénon a jeté dans ses écrits je ne sais quelles semences de cette doctrine, que Cléanthe dans la suite a plus étendue, Cratippe, homme d'un esprit ardent et vif, est venu depuis qui a traité en deux livres toute cette matière, outre un livre qu'il a composé des oracles et un autre des songes. Diogène le Babylonien, son disciple, a fait aussi un livre de la divination : Antipater ensuite en a fait deux; et notre ami Possidonius en a fait cinq.

« Mais Panætius maître de Possidonius, et disciple d'Antipater, a été là-dessus d'un sentiment bien différent du leur, et de celui de tous les stoïciens; quoique pourtant il n'ait pas osé nier positivement qu'il y eût une divination; et qu'il se soit contenté de dire qu'il en doutait. Or ce qu'un stoïcien comme lui s'est permis en cela, au grand regret des stoïciens, les stoïciens ne le permettront-ils pas à un académicien; surtout puisqu'ils sont les seuls à qui il paraisse que la même chose que Panætius met en doute, soit plus claire que le jour? Quoi qu'il en

(1) Aujourd'hui Majorque et Minorque.

soit, c'est toujours un grand avantage pour l'académie, d'avoir pour elle le jugement et le témoignage d'un si excellent philosophe.

« Cependant puisque nous cherchons quelle opinion nous devons avoir de la divination; que c'est un sujet sur lequel Carnéade a écrit avec beaucoup de force et de pénétration contre les stoïciens; et qu'il ne faut acquiescer imprudemment, ni à quelque chose de faux, ni à ce qu'on ne connaît pas assez; je crois que nous ne pouvons mieux faire que d'examiner, avec soin, les raisons qu'on allègue de part et d'autre, pour ou contre la divination; car si l'imprudence et l'erreur sont honteuses en toutes sortes de jugements ; elles le sont encore principalement, quand il s'agit de juger jusqu'à quel point on doit déférer aux auspices, et à tout ce qui regarde la religion, de peur de tomber ou dans l'impiété, en n'en faisant pas assez d'état, ou dans la superstition, en se laissant aller à une mauvaise crédulité. »

DIVINATIONS. — Il y en a de plus de cent sortes. Voy. ALECTRYOMANCIE, ALPHITOMANCIE, ASTRAGALOMANCIE, ASTROLOGIE, BOTANOMANCIE, CARTOMANCIE, CATOPTROMANCIE, CHIROMANCIE, CRISTALLOMANCIE, CRANOLOGIE, DAPHNOMANCIE, GASTROMANCIE, HYDROMANCIE, LAMPADOMANCIE, MÉTOPOSCOPIE, MIMIQUE, NÉCROMANCIE, ONOMANCIE, ORNITHOMANCIE, PHYSIOGNOMONIE, PYROMANCIE, RABDOMANCIE, THÉOMANCIE, etc., etc., etc.

DOGDO, ou DODO, et encore DODU. — Voy. ZOROASTRE.

DOIGT. — Dans le royaume de Macassar, si un malade est à l'agonie, le prêtre idolâtre lui prend la main et lui frotte doucement le doigt du milieu, afin de favoriser par cette friction un chemin à l'âme, qui sort toujours, selon eux, par le bout du doigt.

Les Turcs mangent habituellement le riz avec les doigts; ils n'emploient pour cela que le pouce, l'index et le médius ; ils sont persuadés que le diable mange avec les deux autres doigts.

Dans certaines contrées de la Grèce moderne, on se croit ensorcelé, quand on voit quelqu'un étendre la main en présentant les cinq doigts.

DOIGT ANNULAIRE. — C'est une opinion reçue que le quatrième doigt de la main gauche a une vertu cordiale, que cette vertu vient d'un vaisseau, d'une artère ou d'une veine qui lui est communiquée par le cœur, et, par cette raison, qu'il mérite préférablement aux autres doigts de porter l'anneau. Levinus Lemnius assure que ce vaisseau singulier est une artère, et non pas une veine, ainsi que le prétendent les anciens. Il ajoute que les anneaux qui sont portés à ce doigt influent sur le cœur. Dans les évanouissements il avait coutume de frotter ce doigt, pour tout médicament. Il dit encore que la goutte l'attaque rarement, mais toujours plus tard que les autres doigts, et que la fin est bien proche quand il vient à se nouer.

DOJARTZABAL, jeune sorcière de quinze à seize ans qui confessa, vers 1609, avoir été menée au sabbat par une autre sorcière, laquelle était détenue en prison (1) ; ce que celle-ci niait, disant qu'étant attachée à de grosses chaînes de fer et surveillée, elle ne pouvait être sortie de son cachot ; et que, si elle en était sortie, elle n'y serait pas rentrée. La jeune personne expliqua toutefois que, comme elle était couchée près de sa mère, cette sorcière l'était venue chercher sous la forme d'un chat..., pour la transporter au sabbat, et que, malgré leurs fers, les sorcières peuvent aller à ces assemblées, bien que le diable n'ait pas moyen de les délivrer des mains de la justice. Elle assura encore que le diable, qui la faisait enlever ainsi d'auprès de sa mère, mettait en sa place une figure qui lui ressemblait. Cette prétendue sorcière, qui n'exerçait probablement qu'une petite vengeance, si elle n'était pas en proie à quelque illusion, ne fut pas châtiée.

DOMFRONT (GUÉRIN DE), fils de Guillaume de Belléme, seigneur de Domfront ; ayant traîtreusement fait couper la tête à son ennemi endormi chez lui, il fut, dit-on, étouffé par le diable (2).

DOMINGINA-MALETANA, sorcière qui, dans une joûte qu'elle fit avec une autre sorcière, sauta sans se blesser, du haut de la montagne de la Rhune, qui borne les trois royaumes de France, d'Espagne et de Navarre, et gagna le prix (3).

DOMITIEN. — Un jour qu'il donnait un festin aux sénateurs de Rome, à l'occasion de son triomphe sur les Daces, Domitien, qui avait de singuliers caprices, les fit entrer dans une salle qu'il avait fait tendre en noir, et qui était éclairée par des lampes sépulcrales. Chaque convive se trouva placé vis-à-vis d'un cercueil, sur lequel il vit son nom écrit.... Une troupe d'enfants barbouillés de noir représentaient une danse des ombres infernales. La danse finie, ils se dispersèrent, chacun auprès du convive qu'il devait servir. Les mets furent les mêmes que ceux que l'on offrait aux morts dans les cérémonies funèbres. Un morne silence régnait dans cette assemblée. Domitien parlait seul ; il ne racontait que des histoires sanglantes et n'entretenait les sénateurs que de mort. Les convives sortirent enfin de la salle du festin, et furent accompagnés, chacun à leur maison par des hommes vêtus de noir, armés et silencieux. — A peine respiraient-ils, que l'empereur les fit redemander ; mais c'était pour leur donner la vaisselle qu'on avait servie devant eux, et à chacun celui de ces petits esclaves qui les avaient servis. C'était bien là un plaisir de tyran.

DOPPET (FRANÇOIS-AMÉDÉE), — membre du conseil des Cinq-Cents, auteur d'un *Traité théorique et pratique du magnétisme animal ;* Turin, 1784, un vol. in-8° ; d'une *Oraison funèbre de Mesmer*, avec son testament ; Genève, 1785, in-8° ; d'une *Médecine occulte* ou *Traité de la magie naturelle et médicinale*, 1786, in-4°.

(1) Delancre, Tableau de l'inconstance des démons, etc., liv. II, p. 101.
(2) Mémoires de Thébaut de Champassais sur la ville de Domfront.
(3) Delancre, Tableau de l'inconstance des démons, etc., liv. III, p. 210.

DOREE (CATHERINE), sorcière du dix-septième siècle, qui fut brûlée vive pour avoir tué son enfant par ordre du diable ; elle jetait des poudres et guérissait les ensorcelés en leur mettant un pigeon sur l'estomac.

Barbe Dorée, autre sorcière, était parente de Catherine.

DORMANTS. — L'histoire des sept Dormants est encore plus fameuse chez les Arabes que chez les chrétiens. Mahomet l'a insérée dans son Koran, et les Turcs l'ont embellie.

Sous l'empire de Décius, l'an de notre ère 250, il y eut une grande persécution contre les chrétiens. Sept jeunes gens, attachés au service de l'empereur, ne voulant pas désavouer leur croyance et craignant les supplices, se réfugièrent dans une caverne située à quelque distance d'Éphèse. Par une grâce particulière, ils y dormirent d'un sommeil profond pendant deux cents ans. Les Mahométans assurent que, durant ce sommeil, ils eurent des révélations surprenantes, et qu'ils apprirent en songe tout ce que pourraient savoir des hommes qui auraient employé un pareil espace de temps à étudier assidûment.

Leur chien, ou au moins celui d'un d'entre eux, les avait suivis dans leur retraite ; il mit à profit, aussi bien qu'eux, le temps de son sommeil. Il devint le chien le plus instruit du monde.

Sous le règne de Théodose le Jeune, l'an de Notre-Seigneur 450, les sept Dormants se réveillèrent et entrèrent dans la ville d'Éphèse, croyant n'avoir fait qu'un bon somme ; mais ils trouvèrent tout bien changé. Il y avait longtemps que les persécutions contre le christianisme étaient finies ; des empereurs chrétiens occupaient les deux trônes impériaux d'Orient et d'Occident. Les questions des frères et l'étonnement qu'ils témoignèrent aux réponses qu'on leur fit surprirent tout le monde. Ils contèrent naïvement leur histoire. Le peuple, frappé d'admiration, les conduisit à l'évêque, celui-ci au patriarche et le patriarche à l'empereur. Ses sept Dormants révélèrent les choses du monde les plus singulières, et en prédirent qui ne l'étaient pas moins. Ils annoncèrent entre autres, l'avénement de Mahomet, l'établissement et les succès de sa religion, comme devant avoir lieu deux cents ans après leur réveil.

Quand ils eurent satisfait la curiosité de l'empereur, ils se retirèrent de nouveau dans leur caverne et y moururent tout de bon : on montre encore cette grotte auprès d'Éphèse.

Quant à leur chien Kratim ou Katmir, il acheva sa carrière et vécut autant qu'on chien peut vivre, en. ne comptant pour rien les deux cents ans qu'il avait dormi en compagnie de ses maîtres. C'était un animal dont les connaissances surpassaient celles de tous les philosophes, les savants et les beaux-esprits de son siècle ; aussi s'empressait-on de le fêter et de le régaler ; et les musulmans le placent dans le paradis de Mahomet, entre l'âne de Balaam et celui qui portait Notre-Seigneur le jour des Rameaux.

Cette historiette a tout l'air d'une contrepartie de la fable d'Epiménides de Crète, qui, s'étant endormi sur le midi dans une caverne en cherchant une de ses brebis égarée, ne se réveilla que quatre-vingt-sept ans après, et se remit à chercher ses brebis comme s'il n'eût dormi qu'un peu de temps.

Delrio parle d'un paysan qui dormit un automne et un hiver sans se réveiller (1).

DOURDANS. — Voy. REVENANTS.

DOURLET (SIMONE). — Voy. POSSÉDÉES DE FLANDRE.

DOUZE, — c'est un nombre heureux. Les apôtres étaient douze, dit Césaire d'Hesterbach, parce que le nombre douze est composé de quatre fois trois, ou de trois fois quatre. Ils ont été élus douze, ajoute-t-il, pour annoncer aux quatre coins du monde la foi de la sainte Trinité. Les douze apôtres, dit-il encore, sont les douze signes du Zodiaque, les douze mois de l'année, les douze heures du jour, les douze étoiles de la couronne de l'épouse. Les douze apôtres sont encore les douze fils de Jacob, les douze fontaines du désert, les douze pierres du Jourdain, les douze bœufs de la mer d'airain, les douze fondements de la Jérusalem céleste.

DRAC. — Voy. OGRES.

DRACONITES ou DRACONTIA. — Pierre fabuleuse que Pline et quelques naturalistes anciens ont placée dans la tête du dragon ; pour se la procurer, il fallait l'endormir avant de lui couper la tête.

DRAGON. — Les dragons ont fait beaucoup de bruit ; et, parce que nous n'en voyons plus, les sceptiques les ont niés : mais Cuvier et les géologues modernes ont reconnu que les dragons avaient existé. C'est seulement une race perdue. C'étaient des sortes de serpents ailés. Philostrate dit que, pour devenir sorciers et devins, les Arabes mangeaient le cœur ou le foie d'un dragon volant.

On montre, auprès de Beyrouth, le lieu où saint Georges tua un monstrueux dragon ; il y avait sur ces lieux, consacrés par le courage de saint Georges, une église qui ne subsiste plus (2).

Il est fait mention de plusieurs dragons dans les légendes ; il est possible que quelques-unes soient des allégories, et que, par le dragon, il faille entendre le démon, que les saints ont vaincu. Le diable, en effet, porte souvent le nom d'*ancien dragon*, et quelquefois il a pris la forme de cet animal merveilleux : c'est ainsi qu'il se montra à sainte Marguerite.

On dit que le dragon, dont parle Possidonius, couvrait un arpent de terre, et qu'il avalait, comme une pilule, un cavalier tout armé ; mais ce n'était encore qu'un petit dragon en comparaison de celui qu'on découvrit dans l'Inde, et qui, suivant Maxime de Tyr, occupait cinq arpents de terrain.

Les Chinois rendent une espèce de culte aux dragons. On en voit sur leurs vêtements, dans leurs livres, dans leurs tableaux. Ils le regardent comme le principe de leur bonheur ; ils s'imaginent qu'il dispose des saisons et fait à son gré tomber la pluie et gronder le tonnerre. Ils sont persuadés que tous les biens de la terre ont été confiés à sa garde, et qu'il fait son séjour ordinaire sur les montagnes élevées.

Le dragon était aussi très-important chez nos aïeux ; et tous nos contes de dragons doivent remonter à une haute antiquité. Voici la chronique du dragon de Niort (3).

Un soldat avait été condamné à mort pour crime de désertion ; il apprit qu'à Niort, sa patrie, un énorme dragon faisait depuis trois mois des ravages, et qu'on promettait bonne récompense à celui qui pourrait en délivrer la contrée. Il se présente ; on l'admet à combattre le monstre, et on lui promet sa grâce s'il parvient à le détruire. Couvert d'un masque de verre et armé de toutes pièces, l'intrépide soldat va à l'antre obscur où se tient le monstre ailé, qu'il trouve endormi. Réveillé par une première blessure, il se lève, prend son essor et vole contre l'agresseur. Tous les spectateurs se retirent, lui seul reste et l'attend de pied ferme. Le dragon tombe sur lui et le terrasse de son poids ; mais au moment qu'il ouvre la gueule pour le dévorer, le soldat saisit l'instant de lui enfoncer son poignard dans la gorge. Le monstre tombe à ses pieds. Le brave soldat allait recueillir les fruits de sa victoire, lorsque, poussé par une fatale curiosité, il ôta son masque pour considérer à son aise le redoutable ennemi dont il venait de triompher. Déjà il en avait fait le tour, quand le monstre, blessé mortellement, et nageant dans son sang, recueille des forces qui paraissaient épuisées, s'élance subitement au cou de son vainqueur, et lui communique un venin si malfaisant qu'il périt au milieu de son triomphe. — On voyait encore, il y a peu de temps, dans le cimetière de l'hôpital de Niort, un ancien tombeau d'un homme *tué par le venin du serpent*. Est-ce aussi une allégorie ?

A Mons, on vous contera l'histoire du dragon qui dévastait le Hainaut (4), lorsqu'il fut tué par le vaillant Gilles de Chin, en 1132. Et que direz-vous du dragon de Rhodes, qui n'est certainement pas un conte ? — *Voy.* TROU DU CHATEAU DE CARNOET.

DRAGON ROUGE. — *Le Dragon rouge*, ou l'art de commander les esprits célestes, aériens, terrestres, infernaux, avec le vrai secret de faire parler les morts, de gagner toutes les fois qu'on met aux loteries, de découvrir les trésors cachés, etc., etc., in-18, 1521.

On a réimprimé très-fréquemment ce fatras

---

(1) Dans les Disquisitions magiques.
(2) Voyage de Monconis, de Thévenot et du P. Goujon.
(3) Voyage dans le Finistère, t. III, p. 112.

(4) Voyez cette légende dans *Les douze convives du chanoine de Tours*.

absurde. Nous en donnons ici quelques extraits, pris dans l'édition qui porte le nom de Gaude, imprimeur-libraire à *Nisme* (sic) 1823. On le vend à Paris sur les étalages publics, au grand scandale de ceux qui pensaient que nous étions dans le progrès

On lit textuellement en tête de ce livre, ce *prélude;* c'est le nom que le compilateur donne à sa préface :

« L'homme qui gémit sous le poids accablant des préjugés de la présomption, aura peine à se persuader qu'il m'ait été possible de renfermer dans un si petit Recueil l'essence de plus de vingt volumes, qui, par leurs dits, redits et ambiguïtés, rendaient l'accès des opérations philosophiques presque impraticable. Mais que l'incrédule et le prévenu se donnent la peine de suivre pas à pas la route que je leur trace, et ils verront la vérité bannir de leur esprit la crainte que peut avoir occasionnée un tas d'essais sans fruits, étant faits hors de saison, ou sur indices imparfaits.

« C'est encore en vain qu'on croit qu'il n'est pas possible de faire de semblables opérations sans engager sa conscience ; il ne faut, pour être convaincu du contraire, que jeter un clin d'œil sur la vie de saint Cyprien.

« J'ose me flatter que les savants attachés aux mystères de la science divine, surnommée occulte, regarderont ce livre comme le plus précieux trésor de l'univers...

« Ce livre est si rare, si recherché dans nos contrées, que pour sa rareté on le peut appeler, d'après les rabbins : le véritable GRAND OEUVRE, et c'est eux qui nous ont laissé ce précieux original que tant de charlatans ont voulu contrefaire inutilement, pour attraper de l'argent des simples. On a copié celui-ci d'après les véritables écrits de Salomon, que l'on a trouvés, par un pur effet du hasard, ce grand roi ayant passé tous les jours de sa vie dans les recherches les plus pénibles et dans les secrets les plus obscurs et les plus inespérés : mais enfin il a réussi dans toutes ses entreprises, et il est venu à bout de pénétrer jusqu'à la demeure la plus reculée des esprits, qu'il a tous fixés et forcés de lui obéir, par la puissance de son *Talisman* ou *Clavicule.* Quel autre homme que ce puissant génie aurait eu la hardiesse de mettre au jour les foudroyantes paroles dont Dieu se servit pour consterner et faire obéir les esprits rebelles, à sa première volonté; ayant pénétré jusqu'aux voûtes célestes pour approfondir les secrets et les puissantes paroles d'un Dieu terrible et respectable, il a, ce grand roi, pris l'essence de ces secrets, et nous a découvert les influences des astres, la constellation des planètes et la manière de faire paraître toutes sortes d'esprits, en récitant les grandes appellations que vous trouverez ci-après, de même que la véritable composition de la *Verge foudroyante,* et les effets qui font trembler les esprits. »

(1) On nous pardonnera de donner ces absurdités coupables et plus répandues qu'on ne croit.

Opérations pour forcer les esprits à paraître.

« Armez-vous d'intrépidité, de prudence, de sagesse et de vertu pour pouvoir entreprendre ce grand et immense ouvrage, dans lequel j'ai passé soixante-sept ans, travaillant jour et nuit ; il faut donc faire exactement ce qui est indiqué ci-après.

« Vous passerez un quart de lune entier sans fréquenter aucune compagnie.

Vous commencerez votre quart de lune, en promettant au grand *Adonay,* qui est le chef de tous les esprits, de ne faire que deux repas par jour, ou toutes les vingt-quatre heures dudit quart de lune, lesquels vous prendrez à midi et à minuit, ou, si vous aimez mieux, à sept heures du matin et à sept heures du soir, en faisant la prière (superstitieuse), ci-après, avant que de prendre vos repas, pendant tout ledit quartier (1) :

« Je t'implore, grand et puissant Adonay, maître de tous les esprits, je t'implore, ô Eloïm. Je t'implore, ô Jehovam. O grand Adonay ! je te donne mon âme, mon cœur, mes entrailles, mes mains, mes pieds, mes soupirs et mon être : ô grand Adonay, daigne m'être favorable. Ainsi soit-il. Amen.

« Prenez ensuite votre repas, et ne vous déshabillez ni ne dormez que le moins qu'il vous sera possible, pendant tout ledit quartier de lune, pensant continuellement à votre ouvrage ; le lendemain de la première nuit dudit quart de lune, vous irez chez un droguiste pour acheter une pierre sanguine dite *ématille* (2), que vous porterez continuellement avec vous, crainte d'accident, attendu que dès lors l'esprit que vous avez en vue de forcer et de contraindre, fait tout ce qu'il peut pour vous dégoûter par la crainte, pour faire échouer votre entreprise, croyant par cette voie se dégager des filets que vous commencez à lui tendre ; il ne faut être qu'un ou trois, y compris le *Karcist,* qui est celui qui doit parler à l'esprit, tenant en main la *verge foudroyante;* vous aurez soin de choisir pour l'endroit de l'action un lieu solitaire et écarté, afin que le *Karcist* ne soit pas interrompu ; après quoi vous achèterez un jeune chevreau vierge ; vous le décorerez, le troisième jour de la lune, d'une guirlande de verveine, que vous attacherez à son cou, avec un ruban vert ; vous le transporterez à l'endroit marqué pour l'apparition ; et là, le bras droit nu jusqu'à l'épaule, armé d'une lame de pur acier, le feu étant allumé avec du bois blanc, vous direz les paroles suivantes avec fermeté :

« Je t'offre cette victime, ô grand Eloïm, Ariel et Jehovam, et cela à l'honneur, gloire et puissance de ton être supérieur à tous les esprits ; daigne le prendre pour agréable. Amen.

« Ensuite vous égorgerez le chevreau et lui ôterez la peau, et mettrez le reste sur le feu, pour y être réduit en cendres que vous ramasserez, et les jetterez du côté du

(2) Ou *ématite.*

soleil levant, en disant les paroles suivantes : C'est pour l'honneur, gloire et puissance de ton nom, ô grand Eloïm, Ariel et Jehovam ! que je répands le sang de cette victime ; daigne recevoir ces cendres pour agréables.

« Pendant que la victime brûle, vous pouvez vous réjouir, ayant soin de conserver la peau de chevreau vierge, pour former le rond ou *cercle cabalistique*, dans lequel vous vous mettrez le jour de la grande entreprise.

« La veille de la grande entreprise, vous irez chercher une baguette ou verge de noisetier sauvage, qui n'ait jamais porté, ladite baguette devant faire fourche en haut; sa longueur doit être de dix-neuf pouces et demi; après que vous l'aurez trouvée, vous ne la toucherez que des yeux, attendant jusqu'au lendemain, jour de l'action, que vous irez la couper positivement au lever du soleil ; vous la dépouillerez de ses feuilles et petites branches, si elle en a, avec la même lame d'acier qui a servi à égorger la victime, qui sera encore teinte de son sang, attendu que vous devez faire attention de ne point essuyer ladite lame. Vous direz :

« Je te recommande, ô grand Eloïm, Ariel et Jehovam, de m'être favorable et de donner à cette baguette que je coupe, la force et la vertu de celle du grand Josué ; je te recommande aussi de renfermer dans cette baguette toute la force de Samson et les foudres du grand *Zariatnatmik*, qui vengera les injures des hommes. Amen.

« Après avoir prononcé ces terribles paroles, ayant toujours la vue du côté du soleil levant, vous achèverez de couper votre baguette, et l'emporterez chez un serrurier pour faire ferrer les deux branches fourchues avec la lame d'acier qui a servi à égorger la victime ; vous prendrez ensuite une pierre d'aimant que vous ferez chauffer pour aimanter les deux pointes de votre baguette; puis, vous vous réjouirez, étant sûr que vous possédez le plus grand trésor de lumière ; le soir, vous prendrez votre baguette, votre peau de chevreau, votre pierre ématille, deux couronnes de verveine, deux chandeliers et deux cierges de cire vierge, faits par une fille vierge. Vous prendrez aussi un batte-feu neuf, deux pierres neuves avec de l'amadou pour allumer votre feu, une demi-bouteille d'esprit de vin, du camphre, quatre clous qui aient servi à la bière d'un enfant mort ; vous vous transporterez à l'endroit où doit se faire le grand œuvre, et ferez ce qui suit :

« Vous commencerez par former un cercle avec la peau du chevreau, que vous clouerez avec les quatre clous ; vous prendrez votre pierre ématille et tracerez un triangle au dedans du cercle, en commençant du côté du levant ; vous tracerez aussi avec la pierre ématille le grand A, le petit E, le petit A, de même que le saint nom de Jésus au milieu de deux croix († JHS †), afin que les esprits ne vous puissent rien par derrière ; après quoi le Karcist fera rentrer ses confrères dans le triangle à leur place, y entrera lui-même sans s'épouvanter, quelque bruit qu'il entende, plaçant les deux chandeliers et les deux couronnes de verveine à la droite et à la gauche du triangle intérieur : cela fait, vous allumerez vos deux cierges et aurez un vase neuf devant vous, c'est-à-dire devant le Karcist, rempli de charbon de bois de saule, que l'on aura fait brûler le même jour; le Karcist l'allumera, y jetant une partie de l'esprit de vin et une partie du camphre que vous avez, réservant le reste pour entretenir un feu continuel pendant la durée de la chose ; tout ce qui est marqué ci-dessus étant fait, vous prononcerez les paroles suivantes :

« Je te présente, ô grand Ariel, ces charbons comme sortant du plus léger bois. Je l'offre au grand et puissant Eloïm, Ariel et Jehovam, de toute mon âme et de tout mon cœur; daigne le prendre pour agréable. Amen.

« Vous ferez aussi attention de n'avoir sur vous aucun métal impur, sinon de l'or ou de l'argent, pour offrir la pièce à l'esprit, la ployant dans un papier que vous lui jetterez, afin qu'il ne vous fasse aucun mal, quand il se présentera devant le cercle. Pendant qu'il ramassera la pièce, vous commencerez la prière suivante, en vous armant de courage, de force et de prudence ; faites attention qu'il n'y ait que le Karcist qui parle, les autres doivent garder le silence, quand même l'esprit les interrogerait et les menacerait.

« O grand Dieu vivant ! en une seule et même personne, le Père, le Fils et le Saint-Esprit, je vous adore avec le plus profond respect, et me soumets sous votre sainte et digne garde avec la plus vive confiance : je crois, avec la plus sincère foi, que vous êtes mon créateur, mon bienfaiteur, mon soutien et mon maître, et je vous déclare n'avoir d'autres volontés que celle de vous appartenir pendant toute l'éternité. Ainsi soit-il.

« O grand Dieu vivant ! qui avez créé l'homme, qui avez formé toute chose pour ses besoins, et qui avez dit : Tout sera soumis à l'homme, soyez-moi favorable, et ne permettez pas que des esprits rebelles possèdent des trésors qui ont été formés pour mes besoins temporels. Donnez-moi la puissance d'en disposer par les puissantes et terribles paroles de la clavicule. Adonay, Eloïm, Ariel, Jehovam, Tagla, Mathon, soyez-moi favorables. Amen.

Vous aurez soin d'entretenir votre feu avec l'esprit de vin et le camphre ; et vous reprendrez :

« Empereur Lucifer, prince et maître des esprits rebelles, je te prie de quitter la demeure dans quelque partie du monde qu'elle puisse être, pour venir me parler ; je te commande et conjure de la part du grand Dieu vivant, de venir sans faire aucune mauvaise odeur, pour me répondre à haute et intelligible voix, article par article, sur ce que je te demanderai, sans quoi tu y seras contraint par la puissance du grand Adonay, Eloïm, Ariel, Jehovam, Tagla, Mathon et de tous les autres esprits supérieurs qui t'y contraindront malgré toi.

« *Venite, Venite,*

« *Submiritillor* LUCIFUGE, ou tu vas être tourmenté éternellement par la grande force de cette baguette foudroyante. *In subito.*

« Je te commande et conjure, empereur Lucifer, de la part du grand Dieu vivant, et par la puissance d'Emmanuel, son fils unique, ton maître et le mien, je t'ordonne de quitter ta demeure dans quelque partie du monde qu'elle soit, jurant que je ne te donne qu'un quart d'heure de repos, si tu ne viens me parler au plus tôt à haute et intelligible voix ; ou si tu ne peux venir toi-même, m'envoyer ton messager Astarot en signe humain, sans bruit et mauvaise odeur, sans quoi je te vais frapper, toi et toute ta race, de la redoutable baguette foudroyante jusqu'au fond des abîmes, et ce, par la puissance de ces grandes paroles de la clavicule : *Par Adonay, Eloïm, Ariel, Jehovam, Tagla, Mathon, Almousin, Arios, Pythona, Magots, Silphæ, Cabost, Salamandræ, Gnomus, Terræ, Cœlis, Godens, Aqua.* In subito.

« Avant que de lire la troisième appellation, si l'esprit ne comparaît pas, vous frapperez tous les esprits en mettant les deux bouts fourchus de votre baguette dans le feu, et dans ce moment ne vous épouvantez pas des hurlements effroyables que vous entendrez, car tous les esprits paraîtront ; alors, pendant le bruit que vous entendrez, vous direz la troisième appellation.

« Je t'ordonne, cher Lucifer (1), de la part du grand Dieu vivant, de son cher fils et du Saint-Esprit, et par la puissance du grand Adonay, Eloïm, Ariel et Jehovam, de comparaître dans la minute, ou de m'envoyer ton messager Astarot, t'obligeant de quitter ta demeure, dans quelque partie du monde qu'elle soit, te déclarant que si tu ne parais pas dans ce moment, je vais te frapper derechef, toi et toute ta race, avec la baguette foudroyante du grand Adonay, Eloïm, Ariel et Jehovam.

« Si l'esprit ne paraît pas jusqu'ici, mettez encore les deux bouts de votre baguette au feu, et lisez les puissantes paroles ci-après de la grande clavicule de Salomon.

« Je te conjure, ô esprit ! de paraître dans la minute, par la force du grand Adonay, par Eloïm, par Ariel, par Jehovam, par Agla, Tagla, Mathon, Oarios, Almouzin, Arios, Membrot, Varios, Pithona, Magots, Silphæ, Cabost, Salamandræ, Tabots, Gnomus, Terræ, Gœlis, Godens, Gingua, Janua, Etituamus; Zariatnatmik.

« Après avoir répété deux fois ces grandes et puissantes paroles, vous êtes sûr que l'esprit paraîtra, disant :

« Me voici, que me demandes-tu ? pourquoi troubles-tu mon repos ? Ne me frappe plus de cette terrible baguette.

« Vous répliquerez :

« Si tu eusses paru quand je t'ai appelé, je ne t'aurais point frappé ; et si tu ne m'accordes ce que je vais te demander, je te tourmenterai éternellement.

« L'esprit dira :

« Ne me tourmente plus ; dis-moi au plus tôt ce que tu me demandes.

« Je te demande, reprendrez-vous, que tu me viennes parler deux fois tous les jours de la semaine, pendant la nuit, à moi ou à ceux qui auront mon présent livre, que tu approuveras et signeras, te laissant la volonté de choisir les heures qui te conviendront, si tu n'approuves pas celles qui sont marquées par moi.

« De plus, je te commande de me livrer le trésor le plus près d'ici, te promettant pour récompense la première pièce d'or ou d'argent que je toucherai tous les premiers jours de chaque mois : voilà ce que je te demande.

« L'esprit répondra :

« Je ne puis t'accorder ce que tu me demandes sous ces conditions ni sous aucune autre, si tu ne te donnes à moi dans cinquante ans, pour faire de ton corps et de ton âme ce qu'il me plaira.

« Vous remettrez ici le bout de la baguette foudroyante au feu, et relirez la grande appellation de la clavicule, jusqu'à ce que l'esprit se soumette à vos désirs, ce qu'il fera en disant : — Ne me frappe pas davantage, je te promets de faire tout ce que tu voudras, deux heures de nuit de chaque jour de la semaine.

« Je m'engage aussi à te livrer le trésor que tu me demandes, pourvu que tu gardes le secret, que tu sois charitable envers les pauvres, et que tu me donnes une pièce d'or ou d'argent tous les premiers jours de chaque mois ; si tu y manques, tu seras à moi pour toujours. » Voy. PACTES.

DRAMES. — Le théâtre n'a pas négligé les merveilleuses ressources que lui offraient les démons, les follets, les revenants, la magie et les sciences occultes. De nos jours on a fait les *Sept châteaux du Diable,* les *Pillules du Diable,* la *Part du Diable ;* on a même mis en vaudeville les *Mémoires du Diable,* de M. Soulié. L'*Esprit Follet* de Collé ; le spectre de Sémiramis, celui d'Hamlet, les sorcières de Macbeth ; la *Sylphide,* le magicien du *Pied-de-Mouton,* et une foule d'autres données sont prises, comme *Robin des bois,* le *Chasseur rouge, Trilby,* le *Vampire,* les *Wilis,* etc., etc., du vaste répertoire de prodiges qui alimentent ce dictionnaire.

L'un des drames les plus célèbres en ce genre est connu en Espagne sous le titre du *Diable prédicateur.* On ignore le poëte qui a produit ce singulier ouvrage, mais il l'a puisé, comme Gœthe a puisé *Faust,* dans les légendes populaires. Voy. FAUST. Nous devons donner une rapide analyse du *Diable prédicateur,* dans un livre où le diable, la magie et les sciences occultes développent toutes leurs phases. Nous emprunterons notre résumé aux curieuses études que M. Louis de Vieilcastel a publiées sur le théâtre espagnol.

---

(1) Nous transcrivons toujours fidèlement.

Le Diable prédicateur.

L'action du drame intitulé le *Diable prédicateur*, se passe à Lucques.

« Le prince de l'abîme, Lucifer, monté sur un dragon ailé, fait en ce moment un voyage autour du monde pour s'assurer par lui-même de l'étendue de sa puissance. Il appelle Asmodée, à qui il a laissé en son absence le gouvernement de l'empire infernal; il lui raconte ce qu'il a vu et les projets nouveaux que lui ont suggérés ses observations. Parmi les ordres religieux qui, par leurs prières, désarment la colère du Ciel, il en est un qui a surtout frappé l'attention de Lucifer, et dont il ne parle qu'avec un douloureux emportement, parce qu'il y voit le principal obstacle au succès de ses efforts : c'est l'ordre des Franciscains. Le poëte place ici dans la bouche du démon un résumé des légendes et des traditions qui ont popularisé dans la Péninsule la mémoire de saint François, et fait un magnifique éloge du zèle et de la piété des religieux franciscains. Il voit en eux ses plus redoutables ennemis. Son orgueil s'en irrite autant que son ambition :
— Il ne faut pas le dissimuler, Asmodée, dit-il à son confident ; si je ne me hâte d'y pourvoir, il n'y aura bientôt plus un seul lieu où ces mendiants déguenillés n'aient arboré la bannière de celui qui, par son héroïque humilité, a mérité d'être appelé le grand lieutenant du Christ, et d'occuper la place que m'a fait perdre jadis ma téméraire présomption. Voici l'entreprise où je t'appelle ; certes, elle n'est pas aisée. La règle que suivent ces hommes, c'est, tu ne l'ignores pas, la vie apostolique. Cette règle n'a pas été établie par une simple inspiration d'en haut ; c'est Dieu lui-même qui, de sa propre bouche, l'a dictée à François, et lorsque François, ému de pitié pour ses successeurs, lui demanda où des êtres soumis aux faiblesses humaines puiseraient la force nécessaire pour observer les vingt-cinq préceptes dont elle se compose, préceptes si rigoureux qu'aucun ne peut être enfreint sans péché mortel : Ne t'en inquiète pas, lui répondit le Seigneur ; je me charge de susciter ceux qui les garderont. — Mais il n'a pas dit que tous sans exception y seraient fidèles ; s'il l'eût dit, tous nos efforts seraient vains. Pars donc pour l'Espagne, dirige-toi sur Tolède, qui en est aujourd'hui la principale cité ; jettes-y les germes de l'impiété parmi les hommes d'une condition moyenne et dans le corps des marchands, auxquels ces moines doivent principalement les aumônes qui les font vivre ; empêche que la dévotion ne prenne racine dans leurs cœurs, car les Espagnols tiennent fortement aux impressions qu'ils ont une fois reçues. Quant aux riches, ne t'inquiète pas d'eux, leurs désirs immodérés agiront plus efficacement sur leur âme que toutes tes insinuations. Eussent-ils sous les yeux des milliers de pauvres, ils n'y feront aucune attention. Comme ils n'ont jamais vu de près le besoin, ils ne le comprennent pas : je parle du plus grand nombre ; on trouve partout des exceptions. Pour moi, je reste dans cette ville de Lucques, où je travaille, par mes artifices, à empêcher ces moines de conserver un couvent qu'ils y ont fondé. Je m'efforce de engager les habitants à changer en mauvais traitements et en injures les aumônes qu'ils leur accordaient. Pars donc pour l'Espagne. Ces malheureux ont beau implorer la protection divine : je ferai si bien que ce nouveau vaisseau de l'Église échouera contre les écueils impies et les cœurs rebelles. Se voyant refuser le strict nécessaire, ils auront peine à se défendre des entraînements de la faiblesse humaine. Leur confiance sera pour le moins ébranlée, et le navire qui les porte, s'il ne se perd pas tout à fait, sera au moins maltraité par la tempête ; il s'égarera dans les bas-fonds, s'il ne se brise complétement. »

« Asmodée, obéissant aux ordres de son souverain, s'éloigne à l'instant. Depuis ce moment, il n'est plus question de lui ni de sa mission. Toute l'action du drame se concentre dans l'attaque que Lucifer lui-même dirige contre les religieux de Lucques. Le plan qu'il vient d'annoncer s'exécute de point en point. Les bourgeois, cédant aux suggestions secrètes du démon, deviennent sourds aux prières des malheureux religieux ; les aumônes cessent complétement. Un certain Ludovic, le plus riche, mais aussi le plus impie des habitants de Lucques, se distingue surtout par la brutalité de ses refus. Vainement le père gardien s'efforce de ranimer par ses exhortations la ferveur des fidèles. Son insistance ne fait qu'irriter des esprits prévenus. Poursuivi, menacé, il se voit forcé de rentrer dans son couvent, dont les portes, se refermant à l'instant sur lui, peuvent à peine le soustraire, lui et ses moines, aux outrages de la foule. Le gouverneur lui-même, s'associant à la haine populaire, essaye d'abord d'engager les religieux à quitter une ville où on ne veut plus les supporter, et bientôt il prétend les y obliger. Privés de toutes ressources, épuisés par la faim qui les presse, le courage des religieux faiblit. Déjà on parle de vendre les vases sacrés, d'aller chercher ailleurs une terre plus hospitalière. Le père gardien, dont la pieuse et noble fermeté a jusqu'à ce moment résisté aux instances de ses frères, commence à chanceler. Lucifer triomphe. Il se croit au moment d'atteindre le but qu'il s'était proposé, mais sa joie est de courte durée. Tout à coup une clarté éclatante vient l'éblouir. L'Enfant-Jésus lui apparaît, le visage couvert d'un voile. Auprès de lui est saint Michel, qui apostrophe ainsi l'ange déchu.

SAINT MICHEL. — Serpent infernal, j'humilierai ton orgueil.
LUCIFER. — Michel !
SAINT MICHEL. — Comment, connaissant la promesse que le Créateur a faite à François, as-tu pu croire que tes fourberies enlèveraient à ces religieux leurs moyens d'existence ?
LUCIFER. — Nul ne sait mieux que moi que l'immense parole de Dieu ne peut manquer d'être accomplie, mais la confiance qu'on

place en elle peut faillir, et déjà il est bien sûr que, si ce sentiment n'est pas tout à fait détruit chez ces moines, il est au moins fort ébranlé. Il n'est pas indispensable, pour que je triomphe, qu'ils soient privés de ce qui leur est nécessaire ; il suffit que j'aie décidé le peuple à le leur refuser.

Saint Michel. — Eh bien ! tu déferas toi-même ton ouvrage. Pour punir ta faute, tu es chargé d'amener Ludovic à se repentir, à se soumettre à la loi sainte.

Lucifer. — Moi ! lutter contre moi-même, malheureux que je suis !

Saint Michel. — Ce n'est pas tout ; il faut encore que tu construises un autre couvent où en dépit de toi, François comptera d'autres disciples.

Lucifer. — Comment ?

Saint Michel. — Ne réplique pas. Il faut que tu fasses ce que ferait François. Entre dans son couvent. Reproche à ses moines d'avoir pu penser un instant à l'abandonner. C'est à toi qu'il appartient désormais d'assurer leur subsistance, et en outre de leur fournir des moyens de secourir un certain nombre de pauvres, comme le prescrit la règle que Dieu leur a dictée. Va donc, et jusqu'à ce que tu reçoives de nouveaux ordres, exécute scrupuleusement ceux que je viens de te donner. Tu apprendras ainsi à ne plus t'attaquer à François dans ses moines.

« Lucifer reste accablé. Son désespoir s'exhale en plaintes douloureuses contre la partialité du Très-Haut, qui, non content d'avoir donné aux hommes tant de moyens de résister à ses attaques, le force ainsi à se combattre lui-même. Cependant il faut obéir. Revêtu d'un froc de franciscain, il se présente à l'improviste au milieu des religieux, qui déjà se préparent à quitter leur retraite et à s'éloigner. »

Lucifer. — *Deo gratias*, mes frères. (*A part*.) Quel supplice !

Le père gardien. — Dieu me soit en aide ! Qui êtes-vous, mon père ? Comment êtes-vous entré ici ?

Frère Nicolas. — Il n'a pu entrer par la porte, je l'avais fermée.

Lucifer. — Aucune porte n'est fermée pour la puissance divine. C'est elle qui, sans que je pusse m'y refuser, m'a amené ici d'un pays tellement éloigné, que le soleil lui-même ignore son existence ou dédaigne de le visiter.

Le père gardien. — Votre nom ?

Lucifer. — Je m'appelle frère *Obéissant forcé*. On me nommait jadis Chérubin.

Le frère Antolin (*le gracioso*). — C'est sans doute un Basque.

Le père gardien. — Mon père, dites-nous ce qui vous amène. Vos paroles, le prodige de votre entrée dans ce couvent, malgré la clôture de ces portes, nous remplissent de trouble et d'inquiétude. Je crains quelque piège de notre grand ennemi.

Lucifer. — Ne craignez rien. C'est par l'ordre de Dieu que je viens, c'est lui qui m'a chargé de vous reprocher votre peu de foi. Les soldats enrôlés sous la bannière du grand lieutenant du Christ doivent-ils abandonner ainsi lâchement la place qu'il leur a confiée ? Il n'y a pas encore deux jours que l'ennemi vous tient assiégés, et déjà votre force, votre espérance, se sont évanouies ! Ceux qui devaient résister comme des rocs aux attaques de l'impiété, en qui la moindre hésitation serait déjà coupable, reculent ainsi à la simple menace du danger ! Sachant que Dieu a promis à notre père que le nécessaire ne manquerait jamais à ses enfants, ils ont pu se rendre coupables au point de douter de l'accomplissement d'une promesse divine ! (*A part*.) Est-il bien possible que ce soit moi qui parle ainsi ! Je me sens tout brûlant de colère. (*Haut*.) Croyez qu'alors même que dans l'univers entier les êtres raisonnables fermeraient sans exception leur cœur à la pitié, les anges vous apporteraient la nourriture qui vous a été promise ; le démon lui-même s'en chargerait au besoin.

Le frère Antolin. — Il parle avec tant de chaleur, que la flamme sort par ses yeux.

Le père gardien. — Mon père, je vois bien que vous êtes un envoyé de Dieu ; je le reconnais à l'empire que vos paroles exercent sur nous. Je sens que maintenant j'expirerais de faim mille fois plutôt que d'abandonner la maison de mon père saint François.

Le frère Pierre. — Il n'est pas un de ses vrais enfants qui ne soit prêt à donner sa vie pour Dieu.

Le frère Nicolas. — Et ils se repentent tous, mon père, d'avoir pu un seul instant penser à tourner le dos au danger.

Lucifer, *à part*. — Ainsi donc, la peur naturelle à laquelle ils ont un moment cédé devient pour eux une occasion de s'acquérir de nouveaux titres à la faveur du ciel ! Ceux que Dieu protège rentrent bien vite dans la bonne voie... (*Haut*.) Mes frères, apaisez par des sacrifices le juste mécontentement du Créateur, qui vous porte tant de tendresse. Pour moi, je me charge de pourvoir à votre subsistance ; je serai votre aumônier.

Le frère Antolin. — Vous espérez trouver des aumônes dans cette ville ? Vous me faites rire.

Lucifer. — Vous serez bientôt détrompé. Père gardien, ne craignez rien ; faites ouvrir ces portes.

Le père gardien. — C'est un ange, il faut lui obéir... Mais le ciel m'éclaire. Dieu me soit en aide... Cachons ce prodige à mes religieux.

Lucifer. — Allez tous au chœur, et cessez de craindre. Tant que je vous assisterai, le bercail de François sera à l'abri des attaques des loups.

Le père gardien. — Oui, puisque Dieu a changé le poison en contre-poison.

« Lucifer se met à l'œuvre, et tout a bientôt changé de face. Les aumônes arrivent de toutes parts au couvent, les moyens ordinaires ne suffisent plus pour les y transporter. Du surplus des produits de la charité publique, un autre monastère s'élève avec rapidité. Le prétendu moine se multiplie. On le voit partout à la fois, parcourant la ville pour stimuler la générosité des fidèles, dirigeant la construction du nouvel édifice, pressant les ouvriers, faisant preuve en tous lieux d'une activité, d'une adresse, d'une force miraculeuse. Les religieux, frappés de ces qualités extraordinaires auxquelles se mêle dans l'inconnu quelque chose d'étrange et de mystérieux, se demandent qui il peut être. L'un croit voir en lui un être étranger à l'humanité; l'autre, à son ton d'autorité et à une certaine âpreté de langage, le prend pour le prophète Elie. Le père gardien, qu'une révélation divine a instruit de la vérité, conseille à ses frères de ne pas chercher à pénétrer les secrets du ciel, et de se contenter d'obéir aux ordres de celui en qui ils ne peuvent méconnaître un envoyé de Dieu.

« Le rôle du père gardien est d'une grande beauté. La simplicité, l'abnégation du moins se réunissent en lui à la fermeté calme et prudente sans laquelle il n'est pas possible de diriger utilement d'autres hommes. Il y a entre lui et Lucifer une scène remarquable. »

Le père gardien. — Père Obéissant, le couvent que vous construisez est-il bien avancé ?

Lucifer. — Il est achevé.

Le père gardien. — Entièrement ?

Lucifer. — Il ne reste plus qu'à le blanchir.

Le père gardien. — La rapidité de cette construction me surprend, je l'avoue.

Lucifer. — Il y a pourtant cinq mois qu'on en a posé la première pierre, et ces cinq mois m'ont paru cent années. Je n'y ai contribué que par ma présence assidue aux travaux, en cherchant l'argent nécessaire et en traçant le plan de l'édifice; mais, si le Créateur me l'eût permis, j'eusse fait en cinq jours et en moins peut-être plus que cent hommes n'ont fait en cinq mois.

Le père gardien, à part. — Il vaut mieux ne pas paraître comprendre. (Haut.) Je vous crois; mais Dieu ne fait pas de miracles sans nécessité.

Lucifer. — Ce miracle, je l'aurais fait à moi seul ; je suis assez puissant pour cela, si Dieu ne m'en eût empêché.

Le père gardien. — Je sais qui vous êtes. Vous n'avez pas besoin de me le faire entendre.

Lucifer. — Je ne l'ignore pas.

Le père gardien. — Et je sais aussi que votre puissance n'égale pas celle de mon père saint François.

Lucifer. — Père gardien, la faveur dont votre père jouit auprès du roi du ciel fait toute sa force, et, sous ce rapport, elle est grande, je l'avoue ; mais ce n'est pas une puissance véritable que celle qui a besoin de recourir à la prière.

Le père gardien. — Quelle est donc la puissance qui ne procède pas de Dieu ?

Lucifer. — N'argumentons pas, soyez humble ; auprès de moi, le plus savant en sait bien peu.

Le père gardien. — Je n'en ai jamais douté ; mais il n'est pas moins vrai qu'avec toute sa puissance, avec toute sa science, celui qui me parle n'a pu atteindre l'objet de ses vœux les plus ardents.

Lucifer. — Non ? Eh bien ! mon père, pourquoi pensez-vous donc que Dieu me punit ?

Le père gardien. — Pour votre intention.

Lucifer. — Père gardien, vous êtes un bon religieux, mais votre intelligence est faible. Lorsque je suis venu vous trouver, vous et vos moines, n'étiez-vous pas résolus à abandonner lâchement le couvent ? En ce qui vous concerne, j'avais donc atteint mon but, puisque le Créateur ne s'est interposé que lorsqu'il vous a vus vaincus. Rendez-lui donc grâce de sa miraculeuse intervention ; mais croyez que si vous aviez eu plus de courage, mon châtiment serait moindre.

Le père gardien. — C'est en toute justice que vous m'avez humilié.

Lucifer. — Je suis condamné à faire ce que ferait François, s'il vivait encore. Jugez s'il était possible de m'imposer une mortification plus douloureuse, sans compter l'ignominie d'être contraint à me couvrir de sa bure.

Le père gardien. — Jamais vous n'avez été plus honoré depuis que vous êtes tombé du ciel.

Lucifer. — L'orgueil vous aveugle et vous fait perdre la mémoire. Oubliez-vous donc votre origine ? ignorez-vous que vous êtes sorti de la boue et de la poussière ?

Le père gardien. — Je ne l'oublie pas : je sais que Dieu a formé le premier homme de ses propres mains, avec un peu de terre ; mais la création de l'ange lui a coûté moins encore, puisque d'une seule parole...

Lucifer. — Laissons cela ; de telles matières ne peuvent être traitées entre nous : vous les ignorez, et il ne m'est pas permis de vous répondre. Quand voulez-vous que nous commencions la fondation nouvelle ?

Le père gardien. — Sur-le-champ, si vous le trouvez bon.

Lucifer. — C'est ce que je désire. Quels sont ceux des frères qui y travailleront ?

Le père gardien. — Je ne puis les désigner ; c'est à vous qu'il appartient de les choisir et d'en fixer le nombre. Mon devoir est seulement d'exécuter tout ce que vous aurez ordonné.

Lucifer. — Quelle hypocrite humilité ! Mais le temps viendra bientôt où on le verra passer d'un extrême à l'autre.

Le père gardien. — Dieu permettra que vos artifices nous fournissent de nouvelles occasions de mériter sa grâce.

Lucifer. — Si Dieu y intervient, cela sera facile sans doute. Autrement je sais par expérience comment vous combattez.

Le père gardien. — J'avoue que je ne suis que poussière.

Lucifer. — Allez, allez faire paître vos brebis. Je les vois qui attendent leur pasteur. Prenez garde qu'il ne s'en égare quelqu'une ; elle pourrait se perdre.

Le père gardien. — Ce soin serait superflu de ma part. C'est à vous de les garder s'il survient quelque danger, puisque Dieu ne vous a envoyé parmi nous que pour être le chien de garde de son troupeau. (Il sort.)

Lucifer. — Il le faut bien, hélas! puisqu'il ne m'est permis de mordre aucune de ces brebis. Mais un jour viendra où, le berger et moi, nous nous verrons d'une autre façon.

« Il y a, ce me semble, quelque chose d'éminemment dramatique dans cet étrange dialogue, où le ciel et l'enfer, forcés, pour ainsi dire, d'exister un moment à côté l'un de l'autre, de suspendre leurs hostilités, de concourir au même but, se dédommagent d'une aussi pénible contrainte par un assaut d'ironie amère si profondément empreint de leur insurmontable antipathie. C'est une très-belle idée, imparfaitement esquissée, il est vrai, par l'auteur espagnol, que de montrer la simplicité d'une âme ferme, pure et religieuse, luttant contre toutes les ressources du génie infernal, et le déconcertant même quelquefois par la seule force de la vertu et de la vérité. Ce qui, dans le texte, ajoute encore à l'effet de cette scène, mais ce que nous n'avons pu transporter dans la traduction, c'est que les deux interlocuteurs ne se parlent qu'à la troisième personne. Cette forme autorisée par le génie de la langue espagnole, donne à leur entretien une teinte vague et mystérieuse parfaitement appropriée au sujet.

« Cependant Lucifer, en raffermissant le courage des religieux, en leur élevant un nouveau couvent, en réchauffant la ferveur du peuple de Lucques, n'a accompli qu'une partie de sa tâche. Nous avons vu que saint Michel lui a aussi prescrit de travailler à convertir le mauvais riche Ludovic. Mais ici tous ses efforts échouent contre l'avarice de cet homme pervers, contre son impiété, et surtout contre la haine particulière qu'il porte à l'ordre de saint François. L'éloquence du démon réussit bien à le troubler, à l'effrayer, à le remplir d'une sorte de respect dont il ne sait comment se rendre compte; mais rien ne peut le déterminer à se départir de la moindre parcelle de son immense fortune.

« Ludovic vient de se marier. Sa jeune femme Octavie, douce, charmante, pieuse, forme avec lui le contraste le plus parfait. Avant d'épouser Ludovic, elle avait donné son cœur à un autre plus digne d'elle. Forcée de renoncer à lui, elle se consacre désormais tout entière à l'indigne époux que ses parents l'ont forcée d'accepter; elle ne se permet ni un regret, ni un souvenir. Néanmoins, la jalousie de Ludovic ne tarde pas à s'éveiller, et dans son emportement il se résout à donner la mort à la malheureuse Octavie. Avertie, par plusieurs indices, du sort qu'il lui prépare, elle se refuse à fuir : elle croirait se rendre coupable. Le scélérat l'attire dans un lieu écarté où il espère pouvoir cacher son crime; il la frappe d'un coup de poignard, elle tombe en invoquant le nom de la Vierge. Lucifer, qui avait ordre de la sauver, mais qui n'a pu y parvenir, est auprès d'elle; il reconnaît bientôt qu'un prodige va s'opérer. — Elle est morte, et cependant, dit-il, son âme n'est ni montée au ciel, ni descendue dans l'enfer, et elle n'est pas non plus entrée dans le purgatoire. — Tout à coup, au son d'une musique céleste, la Vierge apparaît au milieu d'un chœur d'anges; elle s'approche d'Octavie et la touche de ses mains. Le seul Lucifer a aperçu la reine des cieux, invisible pour les yeux mortels. A l'aspect de sa plus puissante ennemie, de celle qui a brisé son empire, de douloureux souvenirs s'agitent en lui; il sent plus vivement les angoisses du désespoir éternel, et pourtant, subjugué par une puissance surnaturelle, il se prosterne, il gémit de ne pouvoir s'associer au culte que l'univers rend à la mère de Dieu; il célèbre comme involontairement ses perfections infinies, sa puissance illimitée, les récompenses qu'elle accorde à ceux qui lui ont voué une dévotion particulière. Ses transports, le tremblement qui l'agite, le feu qui sort de ses yeux, les paroles entrecoupées qui s'échappent de sa bouche, étonnent et épouvantent un moine présent à cette scène, mais pour qui l'apparition céleste est restée non avenue. Le miracle est enfin accompli; la Vierge s'éloigne, et Octavie ressuscite.

« Irrité, mais non persuadé par ce miracle, Ludovic persiste dans son impiété. Vainement Lucifer tente un dernier effort pour le convertir; vainement il lui annonce la mort qui le menace, la damnation qui doit la suivre et qu'une aumône faite à saint François peut détourner. Ludovic, averti qu'il n'a plus qu'un moment pour se repentir, brave encore la puissance divine. Au signal enfin donné par saint Michel, Lucifer s'empare de sa proie, et Ludovic disparaît au milieu des flammes. Le démon croit avoir accompli toute sa mission; déjà il vient rejeter le froc qui pèse tant à son orgueil; mais saint Michel lui déclare qu'il lui reste encore à faire restituer aux pauvres tout ce que leur a dérobé le scélérat qui vient de périr. Pour exécuter ce nouvel ordre, Lucifer appelle Astaroth, un de ses lieutenants. Ce dernier prend la figure de Ludovic, fait convoquer tous ceux qui ont à se plaindre de ses spoliations, et leur partage ses richesses. Lorsque cette œuvre de réparation est terminée, Lucifer, dépouillant enfin le costume monacal, raconte en peu de mots au peuple, accouru de toutes parts sur le bruit de la prétendue conversion de Ludovic, les étranges événements qui viennent de se passer. — Demain, dit-il, le père gardien, qui a tout vu, à qui Dieu a tout révélé, vous donnera, dans un sermon, des explications plus complètes. Et maintenant, François, la trêve est expirée entre tes enfants et moi. Je redeviens ton plus grand ennemi. Veille sur eux : puisqu'il ne m'est pas permis de les priver de leur subsistance, c'est en attaquant leur vertu que je satisferai ma haine

« Ainsi se termine le *Diable prédicateur.* »

DRAPE. On donne à Aigues-Mortes le nom de *Lou Drapé* à un cheval fabuleux, qui est la terreur des enfants, qui les retient un peu sous l'aile de leurs parents, et réprime la négligence des mères. On assure que quand *Lou Drapé* vient à passer, il ramasse sur son dos, l'un après l'autre, tous les enfants égarés; et que sa croupe, d'abord de taille ordinaire, s'allonge au besoin jusqu'à contenir cinquante et cent enfants, qu'il emporte on ne sait où.

DRIFF, nom donné à la pierre de Buttler, à laquelle on attribuait la propriété d'attirer le venin ; elle était, dit-on, composée de mousse formée sur des têtes de mort, de sel marin, de vitriol cuivreux empâté avec de la colle de poisson. On a poussé le merveilleux jusqu'à prétendre qu'il suffisait de toucher cette pierre du bout de la langue pour être guéri des maladies les plus redoutables. Van-Helmont en fait de grands éloges.

DROLLES. Les drolles sont des démons ou lutins qui, dans certains pays du nord, prennent soin de panser les chevaux, font tout ce qu'on leur commande et avertissent des dangers. Voy. FARFADETS, BÉRITH, KOBOLD, etc.

DRUIDES, prêtres des Gaulois. Ils enseignaient la sagesse et la morale aux principaux personnages de la nation. Ils disaient que les âmes circulaient éternellement de ce monde-ci dans l'autre; c'est-à-dire que ce qu'on appelle la mort est l'entrée dans l'autre monde, et ce qu'on appelle la vie en est la sortie pour revenir dans ce monde-ci (1).

Les druides d'Autun attribuaient une grande vertu à l'œuf de serpent ; ils avaient pour armoiries dans leurs bannières, d'azur à la couchée de serpents d'argent, surmontée d'un gui de chêne garni de ses glands de sinople. Le chef des druides avait une clef pour symbole (2).

Dans la petite île de Sena, aujourd'hui Sein, vis-à-vis la côte de Quimper, il y avait un collége de druidesses, que les Gaulois appellent *Senes* (prophétesses). Elles étaient au nombre de neuf, gardaient une perpétuelle virginité, rendaient des oracles et avaient le pouvoir de retenir les vents et d'exciter les tempêtes ; elles pouvaient aussi prendre la forme de toute espèce d'animaux, guérir les maladies les plus invétérées et prédire l'avenir.

Il y avait d'autres druidesses qui se mariaient; mais elles ne sortaient qu'une fois dans l'année, et ne passaient qu'un seul jour avec leurs maris (3). Voyez aussi DIOCLÉTIEN, VELLÉDA, etc.

DRUSUS. Chargé par l'empereur Auguste du commandement de l'armée romaine qui faisait la guerre en Allemagne, Drusus se préparait à passer l'Elbe, après avoir déjà remporté plusieurs victoires, lorsqu'une femme majestueuse lui apparut et lui dit :
— Où cours-tu si vite, Drusus? Ne seras-tu jamais las de vaincre? Apprends que tes jours touchent à leur terme…

Drusus troublé tourna bride, fit sonner la retraite et mourut au bord du Rhin.

On vit en même temps deux chevaliers inconnus qui faisaient caracoler leurs chevaux autour des tranchées du camp romain, et on entendit aux environs des plaintes et des gémissements de femmes (1) ; — ce qui n'est pas merveille dans une déroute.

DRYDEN (JEAN), célèbre poëte anglais, mort en 1707. On rapporte qu'il tirait aux dés, le jour de la naissance de ses enfants, pour deviner s'il aurait un garçon ou une fille; et sa prédiction relative au sexe de son fils Charles se réalisa (2), ce qui n'est pas fort étonnant. Voy. ASTRAGALOMANCIE.

DUALISME. Il y a des tremblements de terre, des tempêtes, des ouragans, des débordements de rivières, des maladies pestilentielles, des bêtes venimeuses, des animaux féroces, des hommes naturellement méchants, perfides et cruels. Or, un être bienfaisant, disaient les dualistes, ne peut être l'auteur du mal. Donc il y a deux êtres, deux principes, l'un bon, l'autre mauvais, également puissants, coéternels, et qui ne cessent point de se combattre.

Dieu a donné à l'homme le libre arbitre : c'est à lui de choisir entre le bien et le mal; il n'en aurait pas le moyen, si le bien seul existait. L'homme sans passions et obligé de faire le bien sans pouvoir faire le mal, serait vertueux sans mérite. Dans un monde sans dangers et sans besoins, l'homme vivrait sans plaisirs. La vertu ne brille que par le contraste du vice; les hommes, mortels depuis leur chute, sont dans ce monde comme dans un lieu d'épreuves : on ne récompense point une machine qui ne va bien que parce qu'elle est montée de manière à ne pouvoir aller autrement.

Si l'on réfléchit bien sur le dualisme, dit Saint-Foix, je crois qu'on le trouvera encore plus absurde que l'idolâtrie.

Les Lapons disent que Dieu, avant de produire la terre, se consulta avec l'esprit malin, afin de déterminer comment il arrangerait chaque chose. Dieu se proposa donc de remplir les arbres de moelle, les lacs de lait, et de charger les plantes et les arbres de tous les plus beaux fruits. Par malheur, un plan si convenable à l'homme déplut à l'esprit malin, qui fit toutes sortes de niches; et il en résulta que Dieu n'établit pas les choses aussi bien qu'il l'aurait voulu…

Un certain Ptolomée soutenait que le grand Être avait deux femmes; que, par jalousie, elles se contrariaient sans cesse, et que le mal, tant dans le moral que dans le physique, venait uniquement de leur mésintelligence, l'une se plaisant à gâter, à changer ou à détruire tout ce que faisait l'autre… Voy. TRADITIONS.

DUENDE. « Le *Duende*, lutin espagnol, correspond au Gobelin normand et au Tomtegobbe suédois. Duende, selon Cobaruvias, est une contraction de *dueno de casa*, maître

---
(1) Diodore de Sicile.
(2) Saint-Foix, Essais, etc., t. II
(3) Saint-Foix, Essais sur Paris, t. III, p. 384.

(4) Dion Cassius.
(5) Bertin, Curiosités de la littérature, t. I, p. 248.

de la maison. Ce diable espagnol fut de tout temps cité pour la facilité de ses métamorphoses. »

DUERGARS. « Les *diables nains* ou duergars de la Scandinavie sont de la même famille que les elfs de la nuit. Les Norwégiens attribuent la forme régulière et le poli des pierres cristallisées aux travaux des petits habitants de la montagne, dont l'écho n'est autre chose que leur voix. Cette personnification poétique a donné naissance à un mètre particulier en Islande, appelé le *galdralag*, ou le lai diabolique, dans lequel le dernier vers de la première stance termine toutes les autres. Et lorsque, dans une saga d'Islande, le poëte introduit un esprit ou un fantôme qui chante, c'est toujours avec le *galdralag*. Dans une autre variété du *galdralag*, c'est le premier vers qui est répété de stance en stance. On retrouve ce système métrique dans quelques-unes des incantations superstitieuses des Anglo-Saxons. Ce rhythme a un son monotone, mais solennel, qui, sans le secours de la tradition mythologique, l'a fait employer par les poëtes, depuis Virgile jusqu'à Pope. Le Dante se sert du *galdralag* pour l'inscription placée sur les portes de l'enfer.

« On a dit que les véritables prototypes des *duergars* sont les habitants de la vieille Finlande. Nous commençons à douter de cette origine. Il est certain que les Finlandais se vantèrent longtemps de leur commerce intime avec le diable jusqu'à ce que ce commerce fût traité de contrebande. On n'a pas cessé de les redouter comme sorciers ; mais, malgré leur talent en magie et en métallurgie, on doit les distinguer des habiles ouvriers qui fabriquèrent le marteau de Thor, les tresses d'or de Siva et la bague d'Odin, toutes choses fameuses dans la bizarre cosmogonie des Asi. Si nous voulions interpréter ces mystères selon la sagesse hiéroglyphique des rose-croix, nous dirions que les duergars étaient des personnifications de l'élément métallique ou des gaz qui en sont les véhicules dans les entrailles de la terre, fécondant les veines de la mine et se mêlant à la circulation de la vie électrique et magnétique du macrocosme. Du reste, ce sont des êtres trop allégoriques pour qu'on les confonde avec les magiciens finlandais dispersés sur la surface des régions septentrionales. Leur cachet d'antiquité primitive paraît d'autant plus marqué, selon nous, qu'on les retrouve dans les vieilles traditions des Teutons, consacrées par les *Nibelungs* et le *Livre des Héros*. Or, les *Nibelungs* et le *Livre des Héros* nous viennent de pays où jamais le Finlandais errant ne dressa sa tente.

« Les pays de mines ont défendu très-longtemps leur mythologie populaire contre les lumières de la saine philosophie et de la religion. On peut citer, par exemple, le comté de Cornouailles ; et le Harzwald de Hanovre, reste de l'ancienne forêt d'Hercynie, est encore une terre enchantée. Les gobelins des mines ont toujours eu une très-mauvaise réputation. Le démonologue cité par Reginald Scott nous apprend « qu'ils sont très-jaloux de leurs trésors cachés ; qu'ils en veulent beaucoup à ceux qui les découvrent, et cherchent à tuer ou à blesser ceux qui viennent les leur enlever, hantant d'ailleurs avec persévérance les caves où l'argent est déposé. » Un nommé Peters, du comté de Devonshire, ayant trouvé le secret de deviner les lieux où les gobelins couvaient des trésors, fut brûlé et réduit en cendres par les démons irrités... Quant aux mineurs, ils ne peuvent trop se défier de ces esprits malveillants qui leur tendent toutes sortes de pièges pour les détruire : tantôt ils inondent leurs travaux, tantôt ils les étouffent par des vapeurs pestilentielles, parfois ils leur apparaissent sous des formes effrayantes. Tel était l'*annaberge*, animal terrible, qui fut si funeste aux ouvriers employés dans la plus riche mine d'argent de l'Allemagne, appelée *Corona Rosacea*.

« L'annaberge se montrait sous la forme d'un bouc avec des cornes d'or, et se précipitait sur les mineurs avec impétuosité, ou sous la forme d'un cheval, qui jetait la flamme et la peste par ses naseaux. » Ce terrible annaberge pouvait bien n'être qu'un esprit très-connu aujourd'hui des chimistes sous le nom de gaz hydrogène ou *feu grisou*. La lampe de sûreté d'Humphrey-Davy aurait été un talisman précieux aux mineurs de la Couronne de roses ; et James Watt, en leur prêtant une de ses machines à vapeur, les aurait certainement bien défendus contre les inondations suscitées par les kobolds (1). »

DUFAY (Charles-Jérome de Cisternay), chimiste, quoique homme de guerre. Il s'occupait du grand œuvre ; et il dépensa beaucoup d'argent à la recherche de la pierre philosophale. Il mourut en 1723.

DUFFUS, roi d'Ecosse. Pendant une maladie de ce prince, on arrêta plusieurs sorciers de son royaume, qui rôtissaient, auprès d'un petit feu, une image faite à la ressemblance du Roi, sortilége qui, selon leurs confessions, causait le mal du monarque. En effet, après leur arrestation, la santé de Duffus se rétablit (2).

DULOT, magicien. *Voy.* Marigny.

DUMONS (Antoine), sorcier du dix-septième siècle, accusé de fournir des chandelles au sabbat pour l'adoration du diable.

DUPLEIX (Scipion), conseiller d'Etat et historiographe de France, mort en 1661. Parmi ses ouvrages très-remarquables, on peut voir *la Cause de la veille et du sommeil, des songes de la vie et de la mort*. Paris, 1615, in-12 ; Lyon, 1620, in-8°.

DURANDAL, épée merveilleuse de Charlemagne. C'était, selon les romans de chevalerie, un ouvrage des fées.

DURER (Albert), peintre illustre, né à Nurenberg en 1471, mort en 1528, avec la gloire assez rare d'avoir laissé beaucoup de

(1) Quarterly revieuw. Essai sur les traditions populaires.
(2) Leloyer. Histoire et disc. des spectres, etc., liv. IV, ch. xv, p. 369

chefs-d'œuvre où son pinceau, son crayon et son burin n'ont jamais offensé en rien la religion, ni les mœurs. On raconte de lui une vision que nous rapporterons ici :

« Albert, le pieux artiste, rêvait quelque nouveau chef-d'œuvre; il voulait se surpasser lui-même, mais le génie de l'homme a ses limites que jamais il ne peut franchir sans se perdre dans les abîmes du monde intellectuel. Pendant une belle nuit d'été, Albert avait commencé et recommencé l'esquisse des quatre évangélistes. Il voulait retracer les traits des hommes inspirés qui furent trouvés dignes de devenir les historiens de l'Homme-Dieu.

« Mais rien de ce que sa main produisait ne rendait à son gré les traits qui se peignaient dans son âme. Comme nous parlons dans la musique une langue inconnue, et dont nous ne comprenons pas le sens, et dont nous ressentons néanmoins fortement les effets, de même nous possédons en nous un savoir que nous ne saurions rendre par des mots ; nous portons dans notre âme des images que nos mains souvent ne peuvent traduire matériellement. Las, épuisé par ce combat entre ses forces intellectuelles et ses forces matérielles, Albert jette son pinceau, ouvre la fenêtre et cherche à retremper son âme dans la contemplation de la nature. C'était à Nurenberg.

« La nuit était superbe, la lune éclairait de sa magique lumière les églises de Saint-Sébald et de Saint-Laurent, ainsi que d'autres grandes œuvres d'architecture qui se présentaient aux yeux de l'artiste. Des milliers d'étoiles brillaient à la voûte céleste au-dessus de cette ville silencieuse et de ses rues désertes. Dieu, s'écria Albert, a permis à des hommes de transformer ici des débris de rochers en bâtiments magnifiques, pleins d'harmonie dans leur ensemble et dans toutes leurs parties, élevant majestueusement leurs tours vers le ciel, et il ne me permettrait pas à moi de rendre sur la toile et en son honneur les portraits de ses saints envoyés, portraits que cependant je porte en mon âme! Albert se sent profondément ému, rapproché de la Divinité ; ses mains se rejoignent pour prier, son *âme adore.*

« Et en ce moment l'église de Saint-Sébald se colore de feu et de flamme ; des nuages bleus forment le fond sur lequel se dessinent les figures imposantes des quatre évangélistes. Oh! voilà, voilà, dit-il, les traits que j'ai en vain cherché à retracer, qui échappaient à mon art débile ! Il croit entendre les sons ravissants de l'harmonie des sphères ; il se voit entouré d'anges et de célestes esprits. Un d'eux lui présente sa toile abandonnée, l'autre ses pinceaux. Albert les saisit, travaille avec une ardeur surhumaine, bientôt l'esquisse est terminée. Il ne sera pas difficile au grand artiste d'achever dignement son œuvre.

« Enfin la vision disparaît ; il se retrouvait dans sa chambre solitaire, rafraîchie par l'air vif et pur de l'aurore. Il fixe ses regards sur son travail ; il prévoit que ses quatre évangélistes seront ce qu'il a voulu qu'ils fussent, un chef-d'œuvre. Un pressentiment lui dit qu'il a travaillé pour la postérité, pour les siècles futurs. Il termine par des actions de grâces la séance qu'il avait commencée par une prière d'invocation !

« Durer *croyait* et *voyait*. Voilà pourquoi il sut créer des chefs-d'œuvre d'une si pure spiritualité. Beaucoup de ceux qui voulurent marcher sur ses traces échouèrent souvent, non parce que le talent leur manquait, mais parce qu'ils n'avaient point sa foi naïve et inébranlable. Le ciel et ses merveilles restèrent cachés pour eux, derrière les sombres nuages du monde matériel (1). »

DSIGOFK, partie de l'enfer japonais, où les méchants sont tourmentés, suivant le nombre ou la qualité de leurs crimes. Leurs supplices ne durent qu'un certain temps, au bout duquel leurs âmes sont renvoyées dans le monde, pour animer les corps des animaux impurs dont les vices s'accordent avec ceux dont ces âmes s'étaient souillées. De là elles passent successivement dans les corps des animaux plus nobles, jusqu'à ce qu'elles rentrent dans les corps humains, où elles peuvent mériter ou démériter sur nouveaux frais.

DYSERS, déesses des anciens Celtes, que l'on supposait employées à conduire les âmes des héros au palais d'Odin, où ces âmes buvaient de la bière dans des coupes faites des crânes de leurs ennemis.

E

EATUAS, dieux subalternes des Otaïtiens, enfants de leur divinité suprême, Taroataihée-toomoo, et du rocher Lepapa. Les Eatuas, dit-on, engendrèrent le premier homme.

Ces dieux sont des deux sexes: les hommes adorent les dieux mâles, et les femmes les dieux femelles. Ils ont des temples où les personnes d'un sexe différent ne sont pas admises, quoiqu'ils en aient aussi d'autres où les hommes et les femmes peuvent entrer.

Le nom d'*Eatua* est aussi donné à des oiseaux, tels que le héron et le martin-pêcheur. Les Otaïtiens et les insulaires, leurs voisins, honorent ces oiseaux d'une attention particulière ; ils ne les tuent point et ne leur font aucun mal ; mais ils ne leur rendent pourtant aucune espèce de culte, et paraissent n'avoir à leur égard que des idées superstitieuses, relatives à la bonne ou mauvaise fortune, telles que le peuple parmi nous en a sur le rouge-gorge et sur l'hirondelle.

(1) Nouvelle revue de Bruxelles. Février 1844.

Les Otaïtiens croient que le grand Eatua lui-même est soumis en certains cas aux génies inférieurs à qui il a donné l'existence, qu'ils le dévorent souvent, mais qu'il a toujours le pouvoir de se recréer.

EAU. Presque tous les anciens peuples ont fait une divinité de cet élément, qui, suivant certains philosophes, était le principe de toute chose. Les Guèbres le respectent; un de leurs livres sacrés leur défend d'employer l'eau la nuit et de jamais emplir tout à fait un vase d'eau pour la faire bouillir, de peur d'en renverser quelques gouttes.

Les cabalistes peuplent l'eau d'Ondins. Voy. ce mot.

EAU AMÈRE (Épreuve de l'). Elle avait lieu ainsi chez les anciens Juifs: lorsqu'un homme soupçonnait sa femme en mal, il demandait qu'elle se purgeât selon la loi. Le juge envoyait les parties à Jérusalem, au grand consistoire, composé de soixante vieillards. La femme était exhortée à bien regarder sa conscience, avant de se soumettre au hasard de boire les eaux amères. Si elle persistait à dire qu'elle était nette de péché, on la menait à la porte du Saint des Saints, et on la promenait afin de la fatiguer et de lui laisser le loisir de songer en elle-même. On lui donnait alors un vêtement noir. Un prêtre était chargé d'écrire son nom et toutes les paroles qu'elle avait dites; puis, se faisant apporter un pot de terre, il versait dedans, avec une coquille, la valeur d'un grand verre d'eau; il prenait de la poudre du tabernacle, avec du jus d'herbes amères, raclait le nom écrit sur le parchemin, et le donnait à boire à la femme, qui, si elle était coupable, aussitôt blêmissait; les yeux lui tournaient, et elle ne tardait pas à mourir (1); mais il ne lui arrivait rien si elle était innocente.

EAU BENITE. C'est une coutume très-ancienne dans l'Église, et de tradition apostolique (2), de bénir, par des prières, des exorcismes et des cérémonies, de l'eau dont on fait des aspersions sur les fidèles et sur les choses qui sont à leur usage. Par cette bénédiction, l'Église demande à Dieu de purifier du péché ceux qui s'en serviront, d'écarter d'eux les embûches de l'ennemi du salut et les fléaux de ce monde (3). Dans les constitutions apostoliques, l'eau bénite est appelée un moyen d'expier le péché et de mettre en fuite le démon.

On se sert aussi au sabbat d'une eau bénite particulière. Le sorcier qui fait les fonctions sacriléges (qu'on appelle la messe du sabbat) est chargé d'en asperger les assistants (4).

EAU BOUILLANTE (Épreuve de l'). On l'employait autrefois pour découvrir la vérité dans les tortures qu'on appelait témérairement jugements de Dieu. L'accusé plongeait la main dans un vase plein d'eau bouillante, pour y prendre un anneau suspendu plus ou moins profondément. Ensuite on enveloppait la main du patient avec un linge sur lequel le juge et la partie adverse apposaient leurs sceaux. Au bout de trois jours on les levait; s'il ne paraissait point de marques de brûlure, l'accusé était renvoyé absous.

EAU D'ANGE. Pour faire de bonne eau d'ange, ayez un grand alambic, dans lequel vous mettez les drogues suivantes: benjoin, quatre onces; styrax, deux onces; sandal citrin, une once; clous de girofle, deux drachmes; deux ou trois morceaux d'iris de Florence; la moitié d'une écorce de citron; deux noix muscades; cannelle, demi-once; deux pintes de bonne eau de roche; chopine d'eau de fleurs d'orange; chopine d'eau de mélilot; vous mettez le tout dans un alambic bien scellé, et vous distillez au bain-marie; cette distillation sera une eau d'ange exquise (4), ainsi nommée parce que la recette en fut enseignée par un ange... Elle guérit beaucoup de maladies, disent ses prôneurs.

EAU FROIDE (Épreuve de l'). Elle était fort en usage au neuvième siècle, et s'étendait non-seulement aux sorciers et aux hérétiques, mais encore à tout accusé dont le crime n'était pas évident. Le coupable, ou prétendu tel, était jeté, la main droite liée au pied gauche, dans un bassin ou dans une grande cuve pleine d'eau, sur laquelle on priait pour qu'elle ne pût supporter un criminel: de façon que celui qui enfonçait était déclaré innocent.

EAU LUSTRALE. Eau commune dans laquelle, chez les peuples païens, on éteignait un tison ardent tiré du foyer des sacrifices. Quand il y avait un mort dans une maison, on mettait à la porte un grand vase rempli d'eau lustrale, apportée de quelque autre maison où il n'y avait point de mort. Tous ceux qui venaient à la maison en deuil s'aspergeaient de cette eau en sortant. — Les druides employaient l'eau lustrale à chasser les maléfices.

EBERARD, archevêque de Trèves, mort en 1067. Ayant menacé les Juifs de les chasser de sa ville, si dans un certain temps qu'il leur accorda pour se faire instruire, ils n'embrassaient pas le christianisme, ces misérables, qui se disaient réduits au désespoir, subornèrent un sorcier qui, pour de l'argent, leur baptisa du nom de l'évêque une image de cire, à laquelle ils attachèrent des mèches et des bougies; ils les allumèrent le samedi saint, comme le prélat allait donner le baptême. Pendant qu'il était occupé à cette sainte fonction, la statue étant à moitié consumée, Ebérard se sentit extrêmement mal; on le conduisit dans la sacristie, où (dit la chronique) il expira bientôt après (5).

EBLIS, nom que les mahométans donnent au diable. Ils disent qu'au moment de la naissance de leur prophète, le trône d'Eblis fut

---

(1) Leloyer, Hist. des spectres et des apparitions des esprits, liv. IV, ch. xxi, p. 408.
(2) Le P. Lebrun, Explication des cérém., t. I, p. 76.
(3) Bergier, Dict. théolog.
(4) Boguet, Discours des sorciers, ch. xxii, p. 141, et Delancre, Tableau de l'inconstance des démons, etc. liv. VI, disc. 3, p. 437.
(4) Secrets du Petit Albert, p. 162.
(5) Histoire des archevêques de Trèves, ch. lvii.

précipité au fond de l'enfer, et que les idoles des gentils furent renversées.

EBROIN. On lit ceci dans Jacques de Voragine (legenda 114) : — Une petite troupe de pieux cénobites regagnait de nuit le monastère. Ils arrivèrent au bord d'un grand fleuve, et s'arrêtèrent sur le gazon pour se reposer un instant. Bientôt ils entendirent plusieurs rameurs qui descendaient le fleuve avec une grande impétuosité. L'un des moines leur demanda qui ils étaient : « Nous sommes des démons, répondirent les rameurs, et nous emportons aux enfers l'âme d'Ebroïn, maire du palais, qui tyrannisa la France et qui abandonna le monastère de Saint-Gall pour rentrer dans le monde.

EBRON, démon honoré à Tournay, du temps de Clovis. Il est cité parmi les démons dans le roman de *Godefroid de Bouillon*, vieux poëme dont l'auteur était du Hainaut.

ECHO. Presque tous les physiciens ont attribué la formation de l'écho à une répercussion de son, semblable à celle qu'éprouve la lumière quand elle tombe sur un corps poli. L'écho est donc produit par le moyen d'un ou de plusieurs obstacles qui interceptent le son et le font rebrousser en arrière.

Il y a des échos simples et des échos composés. Dans les premiers, on entend une simple répétition du son, dans les autres, on l'entend une, deux, trois, quatre fois et davantage. Il en est qui répètent plusieurs mots de suite les uns après les autres; ce phénomène a lieu toutes les fois qu'on se trouve à une distance de l'écho, telle qu'on ait le temps de prononcer plusieurs mots avant que la répétition du premier soit parvenue à l'oreille. Dans la grande avenue du château de Villebertain, à deux lieues de Troyes, on entend un écho qui répète deux fois un vers de douze syllabes.

Quelques échos ont acquis une sorte de célébrité. On cite celui de la vigne Simonetta, qui répétait quarante fois le même mot. A Woodstock, en Angleterre, il y en avait un qui répétait le même son jusqu'à cinquante fois. A quelques lieues de Glascow, en Ecosse, il se trouve un écho encore plus singulier. Un homme joue un air de trompette de huit à dix notes; l'écho les répète fidèlement, mais une tierce plus bas, et cela jusqu'à trois fois, interrompues par un petit silence.

Il y eut des gens assez simples pour chercher des oracles dans les échos. Les écrivains des derniers siècles nous ont conservé quelques dialogues de mauvais goût sur ce sujet.

Un amant : Dis-moi, cruel amour, mon bonheur est-il évanoui?
L'écho : Oui.
L'amant : Tu ne parles pas ainsi, quand tu séduis nos cœurs, et que tes promesses les entraînent dans de funestes engagements.
L'écho : Je mens.
L'amant : Par pitié, ne ris pas de ma peine. Réponds-moi, me reste-t-il quelque espoir ou non?
L'écho : Non.
L'amant : Eh bien! c'en est fait, tu veux ma mort, j'y cours.
L'écho : Cours.
L'amant : La contrée, instruite de tes rigueurs, ne sera plus assez insensée pour dire de toi un mot d'éloges.
L'écho : Déloge.

Les anciens Écossais croyaient que l'écho était un esprit qui se plaisait à répéter les sons. Voy. LAVISARI.

ECLAIRS. On rendait autrefois une espèce de culte aux éclairs, en faisant du bruit avec la bouche; et les Romains honoraient, sous le nom de *Papysma*, une divinité champêtre, pour qu'elle en préservât les biens de la terre. Les Grecs de l'Orient les redoutent beaucoup.

ECLIPSES. C'était une opinion générale, chez les païens, que les éclipses de lune procédaient de la vertu magique de certaines paroles, par lesquelles on arrachait la lune du ciel, et on l'attirait vers la terre pour la contraindre de jeter l'écume sur les herbes, qui devenaient, par là, plus propres aux sortiléges des enchanteurs. Pour délivrer la lune de son tourment et pour éluder la force du charme, on empêchait qu'elle n'en entendît les paroles en faisant un bruit horrible.

Une éclipse annonçait ordinairement de grands malheurs, et on voit souvent, dans l'antiquité, des armées refuser de se battre à cause d'une éclipse.

Au Pérou, quand le soleil s'éclipsait, ceux du pays disaient qu'il était fâché contre eux, et se croyaient menacés d'un grand malheur. Ils avaient encore plus de crainte dans l'éclipse de lune. Ils la croyaient malade lorsqu'elle paraissait noire; ils comptaient qu'elle mourrait infailliblement si elle achevait de s'obscurcir; qu'alors elle tomberait du ciel, qu'ils périraient tous, et que la fin du monde arriverait. Ils en avaient une telle frayeur, qu'aussitôt qu'elle commençait à s'éclipser, ils faisaient un bruit terrible avec des trompettes, des cornets et des tambours; ils fouettaient des chiens pour les faire aboyer, dans l'espoir que la lune, qui avait de l'affection pour ces animaux, aurait pitié de leurs cris et s'éveillerait de l'assoupissement que sa maladie lui causait. En même temps, les hommes, les femmes et les enfants la suppliaient, les larmes aux yeux et avec de grands cris, de ne point se laisser mourir, de peur que sa mort ne fût cause de leur perte universelle. Tout ce bruit ne cessait que quand la lune, reparaissant, ramenait le calme dans les esprits épouvantés.

Les Talapoins prétendent que quand la lune s'éclipse, c'est un dragon qui la dévore; et que quand elle reparaît, c'est le dragon qui rend son dîner.

Dans les vieilles mythologies germaniques, deux loups poursuivaient sans cesse le soleil et la lune; les éclipses étaient des luttes contre ces monstres.

Les Européens, crédules aussi, regardaient autrefois les éclipses comme des signes fâcheux; une éclipse de soleil, qui eut lieu le 13 août 1664, fut annoncée comme l'avant-coureur d'un déluge semblable à celui qui était arrivé du temps de Noé, ou plutôt d'un déluge de feu, qui devait amener la fin du monde. Cette prédiction épouvanta tellement les masses, qu'un curé de campagne (c'est un petit conte que nous rapportons), ne pouvant suffire à confesser tous ses paroissiens, qui craignaient de mourir dans cette circonstance, et sachant que tout ce qu'il pourrait leur dire de raisonnable à cet égard ne prévaudrait pas contre les prédictions fâcheuses, fut contraint de leur annoncer au prône qu'ils ne se pressassent pas tant, et que l'éclipse avait été remise à quinzaine (1).

Dans les Indes, on est persuadé, quand le soleil ou la lune s'éclipse, qu'un certain démon aux griffes noires les étend sur l'astre dont il veut se saisir; pendant ce temps, on voit les rivières couvertes de têtes d'Indiens qui croient soulager l'astre menacé en se tenant dans l'eau jusqu'au cou.

Les Lapons sont convaincus aussi que les éclipses de lune sont l'ouvrage des démons.

Les Chinois prétendaient, avant l'arrivée des missionnaires jésuites, qui les éclairèrent, que les éclipses étaient occasionnées par un mauvais génie, lequel cachait le soleil de sa main droite et la lune de sa main gauche.

Cependant cette opinion n'était pas générale, puisque quelques-uns d'entre eux disaient qu'il y avait au milieu du soleil un grand trou, et que, quand la lune se rencontrait vis-à-vis, elle devait naturellement être privée de lumière.

Dieu, disent les Persans, tient le soleil enfermé dans un tuyau qui s'ouvre et se ferme au bout par un volet. Ce bel œil du monde éclaire l'univers et l'échauffe par ce trou; et quand Dieu veut punir les hommes par la privation de la lumière, il envoie l'ange Gabriel fermer le volet, ce qui produit les éclipses. Mais Dieu est si bon, qu'il n'est jamais fâché longtemps. Les Mandingues, nègres mahométans de l'intérieur de l'Afrique, attribuent les éclipses de lune à un chat gigantesque qui met sa patte entre la lune et la terre; et, pendant tout le temps que dure l'éclipse, ils ne cessent de chanter et de danser en l'honneur de Mahomet.

Les Mexicains, effrayés, jeûnaient pendant les éclipses. Les femmes se maltraitaient, et les filles se tiraient du sang des bras. Ils s'imaginaient que la lune avait été blessée par le soleil pour quelque querelle de ménage.

ECREGORES, pères des géants, suivant un livre apocryphe d'Enoch. Les anges qu'il nomme ainsi s'assemblèrent sur le mont Hémon du temps du patriarche Jared, et s'engagèrent par des anathèmes à ne se point séparer qu'ils n'eussent enlevé les filles des hommes.

ÉCRITURE. *Art de juger les hommes par leur écriture*, d'après Lavater. — Tous les mouvements de notre corps reçoivent leurs modifications du tempérament et du caractère. Le mouvement du sage n'est pas celui de l'idiot, le port et la démarche différent sensiblement du colérique au flegmatique, du sanguin au mélancolique.

(1) Legall., Calend. véritable, p. 46.

De tous les mouvements du corps, il n'en est point d'aussi variés que ceux de la main et des doigts, et de tous les mouvements de la main et des doigts, les plus diversifiés sont ceux que nous faisons en écrivant. Le moindre mot jeté sur le papier, combien de points, combien de courbes ne renferme-t-il pas!...

Il est évident encore, poursuit Lavater, que chaque tableau, chaque figure détachée et, aux yeux de l'observateur et du connaisseur, chaque trait, conservent et rappellent l'idée du peintre. — Que cent peintres, que tous les écoliers d'un même maître dessinent la même figure, que toutes ces copies ressemblent à l'original de la manière la plus frappante, elles n'en auront pas moins, chacune, un caractère particulier, une teinte et une touche qui les feront distinguer.

Si l'on est obligé d'admettre une expression caractéristique pour les ouvrages de peinture, pourquoi voudrait-on qu'elle disparût entièrement dans les dessins et dans les figures que nous traçons sur le papier? Chacun de nous a son écriture propre, individuelle et inimitable, ou qui du moins ne saurait être contrefaite que très-difficilement et très-imparfaitement. Les exceptions sont en trop petit nombre pour détruire la règle.

Cette diversité incontestable des écritures ne serait-elle point fondée sur la différence réelle du caractère moral?

On objectera que le même homme, qui pourtant, n'a qu'un seul et même caractère, peut diversifier son écriture. Mais cet homme, malgré son égalité de caractère, agit ou du moins paraît agir souvent de mille manières différentes. De même qu'un esprit doux se livre quelquefois à des emportements, de même aussi la plus belle main se permet, dans l'occasion, une écriture négligée; mais alors encore celle-ci aura un caractère tout à fait différent du griffonnage d'un homme qui écrit toujours mal. On reconnaîtra la belle main du premier jusque dans sa plus mauvaise écriture, tandis que l'écriture la plus soignée du second se ressentira toujours de son barbouillage.

Cette diversité de l'écriture d'une seule et même personne ne fait que confirmer la thèse ; il résulte de là que la disposition d'esprit où nous nous trouvons influe sur notre écriture. Avec la même encre, avec la même plume, et sur le même papier, l'homme façonnera tout autrement son écriture quand il traite une affaire désagréable, ou quand il s'entretient cordialement avec son ami.

Chaque nation, chaque pays, chaque ville a son écriture particulière, tout comme ils ont une physionomie et une forme qui leur sont propres (1). Tous ceux qui ont un commerce de lettres un peu étendu, pourront vérifier la justesse de cette remarque. L'observateur intelligent ira plus loin, et il jugera déjà du caractère de son correspondant sur la seule adresse (*j'entends l'écriture de l'a-*

(1) Quand Lavater écrivait, on n'avait pas encore introduit l'écriture mécanique, dite écriture anglaise ou américaine.

dresse, car le style fournit des indices plus positifs encore), à peu près comme le titre d'un livre nous fait connaître souvent la tournure d'esprit de l'auteur.

Une belle écriture suppose nécessairement une certaine justesse d'esprit, et en particulier l'amour de l'ordre. Pour écrire avec une belle main, il faut avoir du moins une veine d'énergie, d'industrie, de précision et de goût, chaque effet supposant une cause qui lui est analogue. Mais ces gens, dont l'écriture est si belle et si élégante, la peindraient peut-être encore mieux si leur esprit était plus cultivé et plus orné.

On distingue, dans l'écriture, la substance et le corps des lettres, leur forme et leur arrondissement, leur hauteur et leur longueur, leur position, leur liaison, l'intervalle qui les sépare, l'intervalle qui est entre les lignes, la netteté de l'écriture, sa légèreté ou sa pesanteur. Si tout cela se trouve dans une parfaite harmonie, il n'est nullement difficile de découvrir quelque chose d'assez précis dans le caractère fondamental de l'écrivain.

Une écriture de travers annonce un caractère faux, dissimulé, inégal. Il y a la plupart du temps une analogie admirable entre le langage, la démarche et l'écriture.

Des lettres inégales, mal jointes, mal séparées, mal alignées, et jetées en quelque sorte séparément sur le papier, annoncent un naturel flegmatique, lent, peu ami de l'ordre et de la propreté.

Une écriture plus liée, plus suivie, plus énergique et plus ferme annonce plus de vie, plus de chaleur, plus de goût. Il y a des écritures qui dénotent la lenteur d'un homme lourd et d'un esprit pesant.

Une écriture bien formée, bien arrondie, promet de l'ordre, de la précision et du goût. Une écriture *extraordinairement* soignée annonce plus de précision et plus de fermeté, mais peut-être moins d'esprit.

Une écriture lâche dans quelques-unes de ses parties, serrée dans quelques autres, puis longue, puis étroite, puis soignée, puis négligée, laisse entrevoir un caractère léger, incertain et flottant.

Une écriture lancée, des lettres jetées, pour ainsi dire, d'un seul trait, et qui annoncent la vivacité de l'écrivain, désignent un esprit ardent, du feu et des caprices.

Une écriture un peu penchée sur la droite, et bien coulante, annonce de l'activité et de la pénétration. — Une écriture bien liée, coulante et presque perpendiculaire, promet de la finesse et du goût. Une écriture originale et hasardée d'une certaine façon, sans méthode, mais belle et agréable, porte l'empreinte du génie, etc.

Il est inutile d'observer combien, avec quelques remarques judicieuses, ce système est plein de témérités et d'exagérations. Voy. PHYSIOGNOMONIE.

ECROUELLES. — Delancre dit que ceux qui naissent légitimement septièmes mâles, sans mélanges de filles, ont le don inné de guérir les écrouelles en les touchant.

Les anciens rois d'Angleterre, suivant certains auteurs, avaient ce pouvoir (1), mais d'une autre source. Quand Jacques II fut reconduit de Rochester à White-Hall, on proposa de lui laisser faire quelque acte de royauté, comme de toucher les écrouelles. Il ne se présenta personne.

On attribua aussi aux rois de France le don d'enlever les écrouelles par l'imposition des mains, accompagnée du signe de la croix. Louis XIII, en 1639, toucha, à Fontainebleau, douze cents scrofuleux, et les mémoires du temps attestent que plusieurs furent guéris. On fait remonter cette prérogative jusqu'à Clovis. Voy. LANCINET, CRACHAT, etc.

ECUREUILS. — Les Sirianes, peuplades de la Russie d'Europe, ont pour la chasse de l'écureuil une superstitieuse idée qu'on ne peut déraciner. Ils ne cherchent, dans toute la journée, les écureuils qu'au haut des sapins rouges, si le premier tué le matin s'est trouvé sur un arbre de cette espèce; et ils sont fermement convaincus qu'ils en chercheraient en vain ailleurs. Si c'est au contraire sur un sapin *sylvestris* qu'ils ont aperçu leur premier écureuil, ils ne porteront leurs regards que sur cette sorte d'arbres pendant tout le jour de chasse.

EDELINE (GUILLAUME), docteur en théologie du quinzième siècle, prieur de Saint-Germain-en-Laye. Il fut exposé et admonesté publiquement à Evreux, pour s'être donné au diable afin de satisfaire ses passions mondaines. Il avoua qu'il s'était transporté au sabbat sur un balai (2); que, de sa bonne volonté, il avait fait hommage à l'ennemi, qui était sous la forme d'un mouton; qu'il lui avait alors baisé brutalement sous la queue de derrière, en signe de révérence et d'hommage (3). Le jour du jugement étant arrivé, il fut conduit en place publique, ayant une mitre de papier sur la tête; l'inquisiteur l'engagea à se repentir, et lut la sentence qui le condamnait à la prison, au pain et à l'eau. « Lors ledit maître Guillaume commença à gémir et à condouloir de son méfait, criant merci à Dieu, à l'évêque et à justice (4). »

EDRIS, nom que les musulmans donnent à Enoch ou Hénoch, sur lequel ils ont forgé diverses traditions. Dans les guerres continuelles que se faisaient les enfants de Seth et de Caïn, Hénoch, disent-ils, fut le premier qui introduisit la coutume de faire des esclaves; il avait reçu du ciel, avec le don de science et de sagesse, trente volumes remplis des connaissances les plus abstraites; lui-même en composa beaucoup d'autres, aussi peu connus que les premiers. Dieu l'envoya aux Caïnites pour les ramener dans la bonne voie. Mais ceux-ci ayant refusé de

(1) Polydore Virgile.
(2) Edoctus scopam sumere, et inter femora equitis instar ponere, quo volebat brevi momento, etc. Gaguin, liv. X.
(3) Monstrelet, Alain Chartier, à l'année 1453.
(4) Monstrelet, cité par M. Garinet, Histoire de la magie en France, p. 107.

l'écouter, il leur fit la guerre, et réduisit leurs femmes et leurs enfants en esclavage.

Les Orientaux lui attribuent l'invention de la couture et de l'écriture, de l'astronomie, de l'arithmétique, et encore plus particulièrement de la géomancie. On dit de plus qu'il fut la cause innocente de l'idolâtrie. Un de ses amis, affligé de son enlèvement, forma de lui, par l'instigation du démon, une représentation si vivement exprimée, qu'il s'entretenait des jours entiers avec elle, et lui rendait des hommages particuliers, qui peu à peu dégénérèrent en superstition. Voy. HÉNOCH.

EFFRONTÉS, hérétiques qui parurent dans la première moitié du seizième siècle. Ils niaient le Saint-Esprit, pratiquaient diverses superstitions, rejetaient le baptême et le remplaçaient par une cérémonie qui consistait à se racler le front avec un clou jusqu'à effusion de sang, puis à le panser avec de l'huile. C'est cette marque qui leur restait au front qui leur a fait donner leur nom d'effrontés.

ÉGÉRIE, nymphe qui seconda Numa Pompilius dans son projet de civiliser les Romains. Les démonomanes en ont fait un démon succube, et les cabalistes un esprit élémentaire, une ondine selon les uns, une salamandre selon les autres, qui la disent fille de Vesta. Voy. ZOROASTRE et NUMA.

ÉGIPANS, démons que les païens disaient habiter les bois et les montagnes, et qu'ils représentaient comme de petits hommes velus, avec des cornes et des pieds de chèvre. Les anciens parlent de certains monstres de Libye, auxquels on donnait le même nom; ils avaient un museau de chèvre avec une queue de poisson : c'est ainsi qu'on représente le *capricorne*. On trouve cette même figure dans plusieurs monuments égyptiens et romains.

ÉGITHE, sorte d'épervier boiteux, dont une idée bizarre avait répandu l'opinion chez les anciens, que sa rencontre était du plus heureux présage pour les nouveaux mariés.

ÉLAIS, une des filles d'Annius, laquelle, en qualité de sorcière, changeait en huile tout ce qu'elle touchait.

ÉLASTICITÉ. Il y a des pierres élastiques et des grès flexibles. Une poutre en marbre, qui fait l'étonnement des curieux à la cathédrale de Lincoln, est élastique (1). De telles raretés ont passé autrefois pour œuvres de féerie.

ÉLÉAZAR, magicien, juif de nation, qui attachait au nez des possédés un anneau où était enchâssée une racine dont Salomon se servait, et que l'on présume être la squille (2). A peine le démon l'avait-il flairée, qu'il jetait le possédé par terre et l'abandonnait. Le magicien récitait ensuite des paroles que Salomon avait laissées par écrit; et, au nom de ce prince, il défendait au démon de revenir dans le même corps; après quoi il remplissait une cruche d'eau, et commandait audit démon de la renverser. L'esprit malin obéissait; ce signe était la preuve qu'il avait quitté son gîte.

ÉLÉAZAR DE GARNIZA, auteur hébreu, qui a laissé divers ouvrages dont plusieurs ont été imprimés, et d'autres sont restés manuscrits. On distingue de lui un *Traité de l'âme*, cité par Pic de La Mirandole dans son livre contre les Astrologues, et un *Commentaire cabalistique sur le Pentateuque*.

ÉLÉMENTS. Les éléments sont peuplés de substances spirituelles, selon les cabalistes. Le feu est la demeure des salamandres; l'air, celle des sylphes; les eaux, celle des ondins ou nymphes, et la terre celle des gnômes. — Selon les démonomanes, les éléments sont abondamment peuplés de démons et d'esprits. Et il est certain du moins que *les puissances de l'air* ne le laissent pas vide.

ÉLÉPHANT. On a dit des choses merveilleuses de l'éléphant. On lit encore dans de vieux livres qu'il n'a pas de jointures, et que, par cette raison, il est obligé de dormir debout, appuyé contre un arbre ou contre un mur; que s'il tombe, il ne peut se relever. Cette erreur a été accréditée par Diodore de Sicile, par Strabon et par d'autres écrivains.

Pline conte aussi que l'éléphant prend la fuite lorsqu'il entend un cochon : et, en effet, on a vu en 1769, qu'un cochon ayant été introduit dans la ménagerie de Versailles, son grognement causa une agitation si violente à un éléphant qui s'y trouvait, qu'il eût rompu ses barreaux, si l'on n'eût retiré aussitôt l'animal immonde.

Ælien assure qu'on a vu un éléphant qui avait écrit des sentences entières avec sa trompe, et même qui avait parlé. Christophe Acosta assure la même chose (3).

Dion Cassius prête à cet animal des sentiments religieux. Le matin, dit-il, il salue le soleil de sa trompe; le soir il s'agenouille; et, quand la nouvelle lune paraît sur l'horizon, il rassemble des fleurs pour lui en composer un bouquet.

On sait que les éléphants ont beaucoup de goût pour la musique; Arrien rapporte qu'il y en a eu un qui faisait danser ses camarades au son des cymbales. On vit à Rome des éléphants danser la pyrrhique, et exécuter des sauts périlleux sur la corde... Enfin, avant les fêtes données par Germanicus, douze éléphants en costume dramatique exécutèrent un ballet en action. On leur servit ensuite une collation; ils prirent place avec décence sur des lits qui leur avaient été préparés. Les éléphants mâles étaient revêtus de la toge; les femelles, de la tunique. Ils se comportèrent avec toute l'urbanité de convives bien élevés, choisirent les mets avec discernement, et ne se firent pas moins remarquer par leur sobriété que par leur politesse (4).

Au Bengale l'éléphant blanc a les honneurs de la divinité; il ne mange jamais que dans de la vaisselle de vermeil. Lorsqu'on le con-

---

(1) Monthly Magazine, oct. 1825, p. 224.
(2) Bodin, Démonomanie, etc., liv. I, ch. III, p. 88.
(3) Thomas Brown, Essais sur les erreurs populaires, liv. III, ch. I, p. 241.
(4) M. Salgues, des Erreurs, etc., t. III p. 196.

duit à la promenade, dix personnes de distinction portent un dais sur sa tête. Sa marche est une espèce de triomphe, et tous les instruments du pays l'accompagnent.

Les mêmes cérémonies s'observent lorsqu'on le mène boire. Au sortir de la rivière, un seigneur de la cour lui lave les pieds dans un bassin d'argent.

Voici, sur l'éléphant blanc, des détails plus étendus : — Un Européen, établi à Calcutta depuis deux ans, écrivait dernièrement au *Sémaphore* de Marseille une lettre dont le passage suivant rappelle une des plus étranges superstitions des peuples de l'Inde :

« Je veux vous envoyer le récit que vient de me faire M. Smithson, voyageur anglais, arrivé tout récemment de Juthia, capitale du royaume de Siam. M. Smithson m'a beaucoup amusé aux dépens de ces Siamois qui continuent toujours à adorer leurs éléphants blancs. Depuis plusieurs mois, la tristesse était à la cour et parmi tous les habitants de Juthia : un seul éléphant blanc avait survécu à une espèce de contagion qui s'était glissée dans les écuries sacrées. Le roi fit publier à son de trompe qu'il donnerait dix esclaves, autant d'arpents de terre qu'un éléphant pourrait en parcourir dans un jour, et une de ses filles en mariage à l'heureux Siamois qui trouverait un autre éléphant blanc. — M. Smithson avait pris à son service, pour lui faire quelques commissions dans la ville, un pauvre hère borgne, bossu, tout exténué de misère, qui s'appelle Tungug-Poura. Ce Tungug-Poura avait touché le cœur compatissant du voyageur anglais, qui l'avait fait laver, habiller, et le nourrissait dans sa cuisine. Tungug, malgré sa chétive et stupide apparence, nourrissait une vaste ambition dans sa chemise de toile, son unique vêtement ; il entendit la proclamation de l'empereur de Siam, et vint, d'un air recueilli se présenter à M. Smithson, qui rit beaucoup en l'entendant lui déclarer qu'il allait chercher un éléphant blanc, et qu'il était décidé à mourir, s'il ne trouvait pas l'animal sacré.

« Tungug-Poura ne faisait pas sur M. Smithson l'effet d'un chasseur bien habile : les éléphants blancs se trouvent en très-petit nombre dans des retraites d'eaux et de bois d'un accès difficile. Mais rien ne put changer la résolution de Tungug, qui, serrant avec reconnaissance une petite somme d'argent dont son maître le gratifia, partit avec un arc, des flèches et une mauvaise paire de pistolets. — M. Smithson, que je vais laisser parler, me disait donc l'autre soir :

« Cinq mois après, je me réveillai au bruit de tous les tambours de l'armée du Roi ; un tintamarre affreux remplissait la ville. Je m'habille et descends dans la rue, où des hommes, des femmes, des enfants couraient en poussant des cris de joie. Je m'informai de la cause de tous ces bruits ; on me répondit que l'éléphant blanc arrivait.

« Curieux d'assister à la réception de ce grand et haut personnage, je me rendis à la porte de la ville, que précède une place immense entourée d'arbres et de canaux ; la foule la remplissait. Sous un vaste dais, des officiers richement vêtus attendaient le monarque, qui a bientôt paru avec tous ses ministres et ses esclaves : on agitait devant lui un vaste éventail de plume. — L'éléphant sacré, arrivé la veille, avait passé la nuit sous une tente magnifique dont j'apercevais les banderolles. Peu après, les *gongs*, les tambours, les cymbales retentirent avec leurs sons aigres et perçants. J'étais assez commodément placé. Un cortège de talapoins commença à défiler ; ces prêtres avaient l'air grave et s'avançaient lentement. Une triple rangée de soldats entourait le noble animal, qui avait un air maladif et marchait difficilement. — On cria à mes côtés : — Voilà celui qui l'a pris.

« Je regardai et vis un petit homme borgne et bossu, qui tenait un des nombreux rubans dorés passés au cou de l'éléphant ; cet homme était mon domestique, Tungug-Poura.

« Le voilà donc gendre du roi.

« Il vint me voir un jour en palanquin et me parut fort content de sa nouvelle position. — L'éléphant blanc, qui a fait sa fortune, se présenta à lui à cinquante journées de marche de Juthia, dans un marais où il était couché, abattu par une fièvre à laquelle les animaux de cette espèce sont sujets ; car leur couleur blanche est, comme on sait, le résultat d'une maladie. Tungug-Poura s'approcha de l'éléphant, le nettoya, versa de l'eau sur les plaies et les boutons du dos, et prodigua tellement ses soins et ses caresses à l'intelligente bête, que celle-ci lécha Tungug de sa trompe, et se mit à le suivre avec la docilité d'un petit chien. Tungug est ainsi parvenu, favorisé d'abord par un hasard presque inespéré, à s'emparer d'un éléphant blanc. Le pauvre bossu a maintenant des esclaves, et possède la princesse dont le nom signifie en langue siamoise *les yeux de la nuit*. »

ELFES, génies scandinaves. On croit, aux bords de la Baltique, qu'il y a un roi des Elfes, qui règne à la fois sur l'île de Stern, sur celle de Mœ et sur celle de Rugen. Il a un char attelé de quatre étalons noirs. Il s'en va d'une île à l'autre en traversant les airs ; alors on distingue très-bien le hennissement de ses chevaux, et la mer est toute noire.

Ce roi a une grande armée à ses ordres ; ses soldats ne sont autre chose que les grands chênes qui parsèment l'île. Le jour, ils sont condamnés à vivre sous une écorce d'arbre ; mais la nuit, ils reprennent leur casque et leur épée, et se promènent fièrement au clair de la lune. Dans les temps de guerre, le roi les assemble autour de lui. On les voit errer au-dessus de la côte, et alors malheur à celui qui tenterait d'envahir le pays (1) ! Voy. ERCELDOUNE.

La tradition des bons et des mauvais anges est sensible dans les fictions de l'Edda. Snorro Sterlason nous apprend que les *elfs* de la lumière, dont Ben Johnson a fait les esprits blancs de ses Masques, séjournent dans Alf-Heim (demeure des Elfs), le palais du ciel, tandis que les *swart elfs*, elfs de la nuit, ha-

(1) M. Marmier, Traditions de la Baltique.

bitent les entrailles de la terre. Les premiers ne seront pas sujets à la mort; car les flammes de Surtur ne les consumeront pas, et leur dernière demeure sera Vid-Blain, le plus haut ciel des bienheureux; mais les *swart elfs* sont mortels et sujets à toutes les maladies, quels que soient d'ailleurs leurs attributs.

Les Islandais modernes considèrent aussi le peuple elf comme formant une monarchie; ou du moins ils le font gouverner par un vice-roi absolu qui, tous les ans, se rend en Norwége avec une députation de pucks (lutins), pour y renouveler son serment d'hommage-lige au souverain seigneur, qui réside dans la mère-patrie. Il est évident que les Islandais croient que les elfs sont, comme eux, une colonie transplantée dans l'île (1). Voy. Danses des esprits.

ELIE. — Les Orientaux en font un puissant magicien. Voyez *Alexandre le Grand.*

ELIGOR, le même qu'Abigor. Voy. Abigor.

ELINAS, roi d'Albanie. Voy. Mélusine.

ELIXIR DE VIE. L'élixir de vie n'est autre chose, selon le Trévisan, que la réduction de la pierre philosophale en eau mercurielle; on l'appelle aussi *or potable*. Il guérit toutes sortes de maladies et prolonge la vie bien au delà des bornes ordinaires. L'*élixir parfait au rouge* change le cuivre, le plomb, le fer et tous les métaux en or plus pur que celui des mines. L'*élixir parfait au blanc*, qu'on appelle encore *huile de talc*, change tous les métaux en argent très-fin.

Voici la recette d'un autre *élixir de vie.* Pour faire cet élixir, prenez huit livres de suc mercuriel; deux livres de suc de bourrache, tiges et feuilles, douze livres de miel de Narbonne ou autre, le meilleur du pays; mettez le tout à bouillir ensemble un bouillon pour l'écumer; passez-le par la chausse à hypocras, et clarifiez-le. Mettez à part infuser, pendant vingt-quatre heures, quatre onces de racine de gentiane coupée par tranches dans trois chopines de vin blanc, sur des cendres chaudes, agitant de temps en temps; vous passerez ce vin dans un linge sans l'exprimer; mettez cette colature dans lesdits sucs avec le miel, faisant bouillir doucement le tout et cuire en consistance de sirop; vous le ferez rafraîchir dans une terrine vernissée, ensuite le déposerez dans des bouteilles que vous conserverez en un lieu tempéré, pour vous en servir, en en prenant tous les matins une cuillerée. Ce sirop prolonge la vie, rétablit la santé contre toutes sortes de maladies, même la goutte, dissipe la chaleur des entrailles; et quand il ne resterait dans le corps qu'un petit morceau de poumon et que le reste serait gâté, il maintiendrait le bon et rétablirait le mauvais; il guérit les douleurs d'estomac, la sciatique, les vertiges, la migraine, et généralement les douleurs internes.

Ce secret a été donné par un pauvre paysan de Calabre à celui qui fut nommé par Charles-Quint pour général de cette armée navale qu'il envoya en Barbarie. Le bonhomme était âgé de cent trente-deux ans, à ce qu'il assura à ce général, lequel était allé loger chez lui, et, le voyant d'un si grand âge, s'était informé de sa manière de vivre et de celle de plusieurs de ses voisins, qui étaient presque tous âgés comme lui (2).

On conte qu'un charlatan apporta un jour à l'empereur de la Chine Li-con-pan, un élixir merveilleux, et l'exhorta à le boire, en lui promettant que ce breuvage le rendrait immortel. Un ministre, qui était présent, ayant tenté inutilement de désabuser le souverain, prit la coupe et but la liqueur. Li-con-pan, irrité de cette hardiesse, condamna à mort le mandarin, qui lui dit d'un air tranquille : — Si ce breuvage donne l'immortalité, vous ferez de vains efforts pour me faire mourir; et s'il ne la donne pas, auriez-vous l'injustice de me faire mourir pour un si frivole larcin ?

Ce discours calma l'empereur, qui loua la sagesse et la prudence de son ministre (3).

ÉLOGE DE L'ENFER, ouvrage critique, historique et moral; nouvelle édition, La Haye, 1759, 2 vol. in-12, fig. — C'est un livre satirique très-pesamment écrit, dans un esprit très-médiocre.

ELOSSITE, pierre qui a la vertu de guérir les maux de tête. On ne sait pas trop où elle se trouve.

ELXAI ou ELCESAI, chef des elcésaïtes, hérétique du deuxième siècle, qui faisait du Saint-Esprit une femme, et qui proposait une liturgie dont les prières étaient des jurements absurdes.

EMAGUINQUILLIERS, race de géants, serviteurs d'Iamen, dieu de la mort chez les Indiens. Ils sont chargés de tourmenter les méchants dans les enfers.

EMBARRER. Voy. Ligatures.

EMBUNGALA, prêtre idolâtre du Congo. Il passe chez les noirs de ces contrées pour un si grand sorcier, qu'il peut d'un coup de sifflet faire venir devant lui qui bon lui semble, s'en servir comme d'un esclave, et le vendre même s'il le juge à propos.

ÉMERAUDE. La superstition a longtemps attribué à cette pierre des vertus miraculeuses, telles entre autres que celle d'empêcher les symptômes du mal caduc, et de se briser lorsque la crise est trop violente pour qu'elle puisse la vaincre.

La poudre de franche émeraude arrêtait, disait-on, la dyssenterie et guérissait la morsure des animaux venimeux.

Les peuples de la vallée de Manta, au Pérou, adoraient une émeraude grosse comme un œuf d'autruche, et lui offraient d'autres émeraudes.

EMMA, fille de Richard II, duc de Normandie. Cette princesse épousa Ethelred, roi d'Angleterre, et en eut deux fils, dont l'un régna après la mort de son père; c'est saint Édouard. Ce prince écoutait avec déférence les pieux avis de sa mère; mais un ambitieux,

---

(1) Traditions populaires, dans le *Quarterly review.*
(2) Admirables secrets du Petit Albert, p. 165.
(3) Bibliothèque de société, t. III.

que l'histoire peint sous d'assez laides couleurs, Godwin, comte de Kent, qui était son ministre, et qui voyait avec peine son autorité partagée avec Emma, chercha à perdre cette princesse : il l'accusa de différents crimes, et il eut l'adresse de faire appuyer son accusation par plusieurs seigneurs, mécontents comme lui du pouvoir d'Emma. Le roi dépouilla sa mère de toutes ses richesses.

La princesse eut recours à Alwin, évêque de Winchester, son parent. Le comte de Kent, voulant écarter un protecteur aussi puissant, et ne reculant pas devant les moyens les plus infâmes, accusa la princesse d'un commerce coupable avec ce prélat : cette odieuse accusation, appuyée impudemment par les ennemis de la princesse et du saint évêque, fit impression sur l'esprit d'Edouard; il eut la faiblesse de mettre sa mère en jugement; elle fut condamnée à se purger par l'épreuve du feu.

La coutume de ce temps-là en Angleterre, voulait que l'accusé passât nu-pieds sur neuf coutres de charrue rougis au feu; et la condamnation portait qu'Emma ferait sur ces coutres neuf pas pour elle-même et cinq pour l'évêque de Winchester. Elle employa en prières la nuit qui précéda cette périlleuse épreuve; puis raffermie, elle marcha sur les neuf coutres, au milieu de deux évêques, habillée comme une simple bourgeoise et les jambes nues jusqu'aux genoux. Le feu ne lui fit aucun mal; de sorte que son innocence fut reconnue.

EMODÈS, l'un des démons qui possédaient Madeleine de la Palud.

EMOLE, génie que les basilidiens invoquaient dans leurs cérémonies magiques.

EMPUSE, démon de midi. Aristophane, dans sa comédie des *Grenouilles*, le représente comme un spectre horrible, qui prend diverses formes, de chien, de femme, de bœuf, de vipère, qui a le regard atroce, un pied d'âne et un pied d'airain, une flamme autour de la tête, et qui ne cherche qu'à faire du mal.

Les paysans grecs et russes ont conservé des idées populaires attachées à ce monstre; ils tremblent au temps des foins et des moissons à la seule pensée de l'Empuse, qui, dit-on, rompt bras et jambes aux faucheurs et aux moissonneurs, s'ils ne se jettent la face en terre lorsqu'ils l'aperçoivent. On dit même en Russie que l'Empuse et les démons de midi, qui sont soumis à cet horrible fantôme, parcourent quelquefois les rues à midi, en habits de veuve, et rompent les bras à ceux qui osent les regarder en face.

Le moyen de conjurer l'Empuse et de s'en faire obéir chez les anciens, c'était de lui dire des injures. Chacun a ses goûts.

Vasco de Gama, cité par Leloyer (1), rapporte qu'il y a dans la ville de Calicut un temple consacré à des démons qui sont des espèces d'Empuses. Personne n'ose entrer dans ces temples, surtout le mercredi, qu'après que le midi est passé; car si on y entrait à cette heure-là, on mourrait à l'instant même.

ENARQUE. Il revint de l'autre monde (ou d'une syncope) après avoir passé plusieurs jours en enfer, et raconta à Plutarque lui-même tout ce qui concernait Pluton, Minos, Eaque, les Parques, etc. (2).

ENCENS. « En la région Sachalite, qui n'est autre que le royaume de Tartas, l'encens qui s'y recueillait se mettait à grands monceaux en certaine place, non loin du port, où les marchands abordaient. Cet encens n'était gardé de personne, parce que le lieu était assez gardé des démons ; et ceux qui abordaient près de la place n'eussent osé, en cachette ni ouvertement, prendre un seul grain d'encens et le mettre en leur navire sans la licence et permission expresse du prince ; autrement leurs navires étaient retenus par la puissance secrète des démons, gardiens de l'encens, et ne pouvaient se mouvoir ni partir du port (3). »

ENCHANTEMENTS. On entend par enchantement l'art d'opérer des prodiges par des paroles chantées ; mais on a beaucoup étendu le sens de ce mot.

On voyait, au rapport de Léon l'Africain, tout au haut des principales tours de la citadelle de Maroc, trois pommes d'or d'un prix inestimable, si bien gardées par enchantement, que les rois de Fez n'y ont jamais pu toucher, quelques efforts qu'ils aient faits. Ces pommes d'or ne sont plus.

Marc Paul conte que des Tartares ayant pris huit insulaires de Zipangu, avec qui ils étaient en guerre, se disposaient à les décapiter; mais ils n'en purent venir à bout, parce que ces insulaires portaient au bras droit, entre cuir et chair, une petite pierre enchantée qui les rendait insensibles au tranchant du cimeterre : de sorte qu'il fallut les assommer pour les faire mourir. Voy. PAROLES MAGIQUES, CHARMES, FASCINATION, TOUR ENCHANTÉE, etc.

On entend souvent par enchantement quelque chose de merveilleux. Les arts ont aussi produit des enchantements, mais naturels, et regardés comme œuvre de magie par ceux-là seuls qui attribuent à la magie tout ce qui est extraordinaire. — M. Van Estin, dit Decremps, dans sa *Magie blanche dévoilée*, nous fit voir son cabinet de machines. Nous entrâmes dans une salle bien éclairée par de grandes fenêtres pratiquées dans le dôme.

— Vous voyez, nous dit-il, tout ce que j'ai pu rassembler de piquant et de curieux en mécaniques.

Cependant nous n'apercevions de tous côtés que des tapisseries, sur lesquelles étaient représentées des machines utiles, telles que des horloges, des pompes, des pressoirs, des moulins à vent, des vis d'Archimède, etc.

— Toutes ces pièces ont apparemment beaucoup de valeur, dit en riant M. Hill; elles peuvent récréer un instant la vue; mais

---

(1) Histoire des spectres, etc., liv. III, ch. xiv.
(2) M. Salgues, des Erreurs et des préjugés, t. I, p. 313.
(3) Leloyer, Disc. et hist. des spectres, p. 415.

il paraît qu'elles ne produiront jamais de grands effets par leurs mouvements.

M. Van Estin répondit par un coup de sifflet. Aussitôt les quatre tapisseries se lèvent et disparaissent ; la salle s'agrandit, et nos yeux éblouis voient ce que l'industrie humaine a inventé de plus étonnant. D'un côté, des serpents qui rampent, des fleurs qui s'épanouissent, des oiseaux qui chantent ; de l'autre, des cygnes qui nagent, des canards qui mangent et qui digèrent, des orgues jouant d'elles-mêmes, et des automates qui touchent du clavecin.

M. Van Estin donna un second coup de sifflet, et tous les mouvements furent suspendus.

Un instant après, nous vîmes un canard nageant et barbottant dans un vase, au milieu duquel était un arbre. Plusieurs serpents rampaient autour du tronc et allaient successivement se cacher dans les feuillages. Dans une cage voisine étaient deux serins qui chantaient en s'accompagnant, un homme qui jouait de la flûte, un autre qui dansait, un petit chasseur un sauteur chinois, tous artificiels et obéissant au commandement. Voy. MÉCANIQUE, BRIOCHÉ, etc.

Nos pères, qui croyaient si vivement aux fées, mêlaient à toute histoire des enchantements. Les traditions populaires en regorgeaient ; tous les romans de chevalerie, toutes les chroniques du moyen âge en étaient riches. Nous n'aurions que l'embarras du choix pour en allonger démesurément cet article. Nous nous bornons à reproduire ici une légende encore vive dans les souvenirs d'un peuple voisin, et qui a l'avantage, pour le plus grand nombre de nos lecteurs, de leur être peu connue.

Légende de la Dame enchantée.

Nous devons cette tradition populaire à la plume gracieuse de M. A. Van Hasselt.

« Quand, au sortir de Namur, on suit le cours de la Meuse, qu'on laisse à sa droite le village de Live, et à sa gauche celui de Beez, qu'on dépasse les trois îles qui verdoient au milieu du fleuve, un peu au-dessus de Brumaigne, et que le long du Moinil on se dirige tout droit vers le clocher de Vaux, on trouve entre Thon et Maizevet un rocher escarpé, sur lequel rampent quelques ruines informes, où croissent en été de jolies touffes de clochettes bleues, et où glissent au soleil de petits lézards tachetés qui s'enfuient au bruit de vos pas. Ce rocher, d'un accès difficile, regarde le village de Namêche, bâti sur une pointe de terre autour de laquelle la Meuse tourne en cet endroit. Ces ruines sont les restes d'un château fort dont l'origine remonte bien loin dans le moyen âge, et dont on attribue la fondation à Clodion le Chevelu, son nom est le château de Sanson. Philippe le Noble, comte de Namur, fit réparer en 1208 les murailles de cette forteresse, dont Waleram de Limbourg se rendit maître en 1216, et qui fut démolie sous le règne de Charles II, roi d'Espagne, après avoir survécu à la fureur de toutes ces formidables guerres dont le comté de Namur fut le théâtre durant le moyen âge. C'était un fief qui relevait de l'église de Liége, à laquelle Philippe le Noble l'avait donné.

« En 1237, la garde en fut confiée, par l'empereur Baudouin, comte de Namur, à des châtelains héréditaires, dignité dont furent d'abord revêtus les seigneurs de la maison de Gomigny, et qui, dans la suite, passa de cette maison dans celles d'Evre et d'Oultremont. Ce monument est remarquable par les ruines imposantes qu'il étale sur le coin du rocher où il est situé, et peut-être plus encore par les singulières légendes qu'on en raconte dans le pays. Les habitants de Maizeret et de Thon rivalisent de légendes étranges sur cette vieille forteresse. Voici une de ces traditions.

« C'est l'histoire de la *Dame enchantée*.

« Vis-à-vis de Sanson, sur la rive gauche de la Meuse et sur la hauteur au pied de laquelle est situé le village de Namêche, croît un arbre connu sous le nom d'arbre de Sainte-Anne. Il est très-vieux ; mais il n'est que le descendant d'une longue génération, qui remonte peut-être aussi haut que le château de Clodion le Chevelu. Cet arbre est le rendez-vous des fées, au milieu de la nuit de la Saint-Jean, du Vendredi-Saint et de saint Sylvestre. Les fées n'ont pas le pouvoir d'y toucher, parce que sainte Anne l'a pris sous sa protection spéciale ; mais elles dansent à l'entour, en chantant leurs refrains incompréhensibles et en chevauchant sur leurs manches à balais à demi roussis au feu. Cependant cette puissante protection ne put empêcher, sous le règne du comte de Namur Henri l'Aveugle, que dans cet arbre ne fût exilée l'âme d'une dame, appelée par les manants et par les nobles la *Dame bleue*, et qu'un sorcier, par d'étranges maléfices, avait changée en rossignol. Cet oiseau, perché l'hiver et l'été sur les branches de l'arbre de Sainte-Anne, chantait toujours les chants les plus tristes ; sa voix sonore retentissait souvent jusqu'à la rive droite du fleuve, et les bateliers qui montaient ou qui descendaient la Meuse ne manquaient jamais de faire un signe de croix quand ils l'entendaient, en se disant tout bas :

« — C'est la Dame bleue qui chante.

« Comment ce nom de dame bleue avait été donné à ce rossignol magique ? d'où cette femme enchantée était venue ? personne n'eût pu le dire. Seulement on savait qu'une demoiselle vêtue d'une robe bleue était arrivée au château noir de Sanson, conduite par le jeune châtelain qui l'avait amenée d'outremer. Là, il s'était épris pour elle, et avait résolu de vivre caché dans le calme solitude des remparts de son manoir. Il avait laissé là le tombeau du Sauveur et la défense de la Ville-Sainte, et ses compagnons d'armes, et toutes ces idées de gloire religieuse qui enflammaient les chevaliers à cette époque d'héroïsme et de croyance. Il s'en revint au rivage natal avec cette femme, qui n'avait promis d'être à lui que lorsqu'ils seraient entrés dans le château paternel. Ils y arrivèrent par une belle journée de mai.

« Les remparts de Sanson étaient bariolés de pennons étincelants; la porte était ouverte toute large; la herse, avec ses dents de fer, était levée, et le pont-levis était baissé pour livrer passage à une magnifique cavalcade qui allait entrer dans la demeure du jeune chevalier. Il marchait en tête du cortége, souriant à la belle étrangère, assise sur un palefroi blanc couvert d'une housse bleue; elle portait une robe de velours de même couleur. Après eux venait une longue suite de cavaliers et de dames, dont aucune n'était aussi belle que l'étrangère qui allait devenir l'épouse du châtelain de Sanson. Lorsqu'ils furent tous parvenus dans la grande salle, le chevalier prit par la main la belle étrangère et lui dit :

« — Montons dans la grande tour.

« Et ils montèrent dans la grande tour, d'où la vue s'étendait sur tout le château, sur les remparts crénelés, sur le cours de la Meuse, colorée, en ce moment, de bleu comme le ciel, comme la robe de l'étrangère.

« — Maintenant, dit le châtelain à la dame, tout cela est à vous; maintenant aussi, je vous rappelle une parole sacrée, une parole donnée en présence du tombeau du Christ. Le chapelain est là-bas, prêt à bénir notre amour au nom du ciel et à écrire nos noms sur le livre saint, d'où Dieu seul peut les effacer.

« Et l'étrangère le regarda, mais avec une tristesse infinie.

« Il vit une larme poindre dans ses yeux et rouler sur ses joues, qui devinrent pâles.

« Sans plus ajouter une parole, il prit l'étrangère par la main et l'entraîna vers la chapelle, où l'autel était paré et prêt à recevoir leurs serments. Les cierges étaient allumés; le prêtre, vêtu d'un surplis de dentelle, était sur les marches de l'autel. A ses pieds s'agenouillèrent la dame et le chevalier. Il les bénit au nom de Dieu et imposa sur eux ses mains tremblantes. Mais au moment où le châtelain voulut passer l'anneau d'or au doigt de sa bien-aimée, il sentit tout à coup cette main se rapetisser, et il vit (chose plus merveilleuse encore!) la robe bleue de la dame devenir grise, son corps devenir toujours plus petit, toujours plus petit, ses doigts s'aiguiser en forme de pattes d'oiseau, et deux ailes grises pousser à ses épaules. Ce fut l'affaire d'une minute. En un clin-d'œil, la dame était changée en oiseau, changée en rossignol. Elle ouvrit ses ailes et se mit à voler d'abord autour des cierges, puis contre les vitraux de la chapelle, qu'elle essaya vainement de traverser, jusqu'à ce qu'elle eût trouvé une issue par une vitre qu'un orage avait brisée. Alors elle s'assit sur la pointe d'un toit et se mit à chanter un chant si triste, qu'on n'en avait jamais entendu de pareil. Le chevalier eut beau se désespérer et rappeler la dame, le chant continuait toujours et devenait toujours plus triste et plus triste. Enfin le rossignol prit sa volée et disparut.

« Longtemps le châtelain fut inconsolable. En vain les chevaliers lui parlaient de guerre et de batailles : rien ne put le distraire du souvenir de la Dame bleue, jusqu'à ce qu'on lui eût dit que la voix du rossignol enchanté se faisait entendre dans l'arbre de Sainte-Anne. Depuis ce jour, il sortait tous les matins et ne rentrait que le soir, quand la lune était depuis longtemps levée. Il passait des heures entières à l'ombre de l'arbre de Sainte-Anne, à écouter le chant de l'oiseau; souvent, la nuit, il quittait brusquement son lit pour aller l'écouter encore.

« Un soir, une vieille bohémienne s'approcha de lui, tandis qu'il était encore là couché sur la mousse et les yeux fixés sur l'arbre.

« — Seigneur, lui dit-elle, Dieu gard! vous plaît-il savoir l'avenir, seigneur?

« — L'avenir, vieille sorcière? N'est-ce pas pour moi une vie désolée, puisque j'ai perdu ce que j'aime?

« — Ne désespérez pas, beau seigneur; l'avenir est une vie d'or pour vous.

« — Arrière, fille de Satan! sinon je te fais brûler vive dans une chaudière, comme on fait des faux monnayeurs.

« — Vous n'aurez garde, beau seigneur; car je vous rendrai la femme que vous avez perdue par les maléfices d'un magicien. Revenez ici après-demain à minuit, au milieu de la nuit de la Saint-Jean, et vous reverrez la Dame bleue.

« — Femme, si cela est possible, je te fais riche.

« — Eh bien! seigneur, après-demain à minuit...

« Et à peine eut-elle dit ces mots qu'elle disparut.

« Le chevalier ne dormit pas la nuit suivante.

« La deuxième nuit, à onze heures et demie, il descendit le sentier escarpé du rocher de Sanson. Au pied du sentier, il trouva la bohémienne.

« — Je vous attends, seigneur.

« — Allons, répondit le chevalier.

« Et ils passèrent la Meuse au clair de la lune.

« Quand ils furent parvenus au village de Namêche :

« — Par ici, c'est le chemin le plus court, dit la vieille,

« Ils prirent par le cimetière.

« Mais à peine se trouvèrent-ils au cimetière, que des voix étranges se firent entendre; des hommes armés sortirent de derrière les croix et de l'enfoncement du portail de l'église, et s'élancèrent vers le châtelain.

« — Ce sont des voleurs, pensa-t-il.

« Il tira sa grande épée de guerre, dont le tranchant avait fait tomber plus d'une tête de mécréant.

« Mais les assaillants étaient si nombreux, qu'il y avait une forêt de dagues autour de lui. Cependant il combattait vaillamment : plus d'un mordit la poussière sous les coups terribles de l'épée qu'il brandissait comme une faulx. Il allait succomber pourtant. Une idée singulière lui passa par la tête; il s'écria :

« — A moi les morts !

« Tous les tombeaux s'ouvrirent, et de chaque tombeau sortit un mort enveloppé dans un linceul et les yeux flamboyants, pour prêter secours au noble guerrier.

« Les brigands, épouvantés à cette effrayante apparition, s'enfuirent aussi vite que la terreur pouvait le leur permettre.

« Le chevalier avait reçu plus d'une blessure.

« — Vous saignez, dit la vieille.

« — Ce n'est rien, dit le châtelain.

« — Tenez, messire, mettez cette herbe sur vos blessures.

« Elle cueillit, dans un coin du cimetière, une herbe qu'elle posa sur les blessures : le sang s'étancha et les blessures se fermèrent aussitôt.

« — Chevalier, vous êtes brave; et ce combat ne fut qu'une épreuve que ma puissance vous a suscitée.

« Alors ils gravirent ensemble la hauteur, et ils parvinrent à l'arbre de Sainte-Anne. Il était minuit.

« Le rossignol chantait; mais son chant n'avait plus cet accent de tristesse que le châtelain de Sanson y avait remarqué jusqu'à cette heure.

« Il y avait comme un accent d'espérance.

« La vieille commença à tracer un cercle autour de l'arbre, sur la mousse humide de rosée.

« — Venez ici, messire, dit-elle.

« Tous deux se placèrent dans le cercle.

« Et la vieille, avec sa voix creuse, parla ainsi :

« — Veux-tu descendre de cet arbre, ô rossignol magique? Je te mettrai des plumes d'or à tes ailes et le passerai un collier de perles à ton col.

« Le rossignol répondit :

« — Que m'importent des plumes d'or à mes ailes? Que m'importe un collier de perles à mon col? Je suis dans le monde un oiseau sauvage; personne ne doit savoir qui je suis.

« La vieille reprit :

« — Si tu es un oiseau sauvage dans le monde, et que personne ne doive savoir qui tu es, laisse au moins cet homme te prendre en pitié; car tu dois souffrir de soif et de faim.

« De nouveau le rossignol répondit :

« — Je ne souffre ni de soif, ni de faim, mais d'une douleur secrète qui ronge mon cœur; car là-bas, sur le rocher escarpé, là-bas, dans le vieux castel, habite un chevalier que je ne puis oublier : voilà pourquoi je souffre et pourquoi mon chant est si triste. Je l'ai aimé sur la terre étrangère; j'ai quitté pour le suivre la demeure de ma mère chérie. Un magicien jaloux m'a changée en rossignol et m'a exilée sur cet arbre. Je serai ainsi, à moins que mon ami ne vienne me délivrer et ne verse trois fois de l'eau bénite sur mes ailes, en me disant : « Je t'aime. » Depuis que je gémis sous l'infernale puissance du sorcier, j'ai vu tous les jours mon ami et lui ai chanté chaque fois les douleurs dont mon âme est remplie. Il a souffert de me voir souffrir ainsi. Mais maintenant l'heure de ma délivrance est venue, si celui que j'aime veut verser trois fois de l'eau bénite sur mes ailes, en me disant chaque fois : « Je t'aime. »

« Quand l'oiseau eut ainsi parlé, la vieille fit signe au chevalier, qui tendit son doigt à l'oiseau. Et l'oiseau ouvrit ses ailes; d'un vol léger il descendit de la branche où il était et vint se percher sur le gant du châtelain.

« Il s'en alla avec l'oiseau et regagna son château au clair de la lune. Quand il y fut arrivé, la vieille bohémienne n'était plus là.

« Il entra dans la chapelle et versa sur les ailes du rossignol de l'eau bénite, en disant :

« — Je t'aime.

« L'oiseau frissonna et hérissa ses plumes grises.

« Pour la deuxième fois, le chevalier le mouille d'eau bénite, en disant : — Je t'aime.

« L'oiseau jeta un cri, comme si une barre de fer rouge l'eût touché !

« Quand l'eau bénite le toucha pour la troisième fois, il commença à reprendre forme humaine; et le châtelain dit :

« — Je t'aime.

« En ce moment la dame reparut devant lui avec sa robe de velours bleu, belle de toute sa beauté et ses longs cheveux flottants. Une larme roula dans ses yeux :

« — Maintenant, je suis à vous pour toujours, dit-elle, et aucune puissance humaine ne nous séparera. Maintenant je suis à vous pour toujours, et que le prêtre reçoive, au nom de Dieu, mes serments et les vôtres.

« Ils furent bénis au nom du ciel; et leurs noms furent écrits sur le livre saint, d'où Dieu seul peut les effacer.

« De ces époux si heureux descendit une lignée de vaillants chevaliers qui firent briller leur courage dans plus d'une bataille et leur nom dans plus d'une guerre. »

ENCHIRIDION. Voy. Léon III.

ÉNERGUMÈNE. On appelle énergumènes ceux qui sont possédés du démon.

ENFANTS. Croirait-on que des savants en démence et des médecins sans clientèle ont recherché les moyens de s'assurer du sexe d'un enfant qui n'était pas né, et qu'on a fait, autour de ce thème absurde, des livres niais qui trouvent de niais lecteurs? Voy. Sexe.

ENFANTS DU DIABLE. Voy. Cambions.

ENFERS, lieux inférieurs où les méchants subissent après leur mort le châtiment dû à leurs crimes. Nier qu'il y ait des peines et des récompenses après le trépas, c'est nier l'existence de Dieu, puisqu'il ne peut être que nécessairement juste. Mais les tableaux que certains poëtes et d'autres écrivains nous ont faits des enfers, ont été souvent les fruits de l'imagination. On doit croire ce que l'Église enseigne, sans s'égarer dans des détails que Dieu n'a pas jugé à propos de révéler.

Les anciens, la plupart des modernes, et surtout les cabalistes, placent les enfers au centre de la terre. Le docteur Swinden, dans ses Recherches sur le feu de l'enfer, prétend que l'enfer est dans le soleil, *parce que le soleil est le feu perpétuel.* Quelques-uns ont ajouté que les damnés entretiennent ce feu dans une activité continuelle, et que les taches qui paraissent dans le disque du soleil, après les grandes catastrophes, ne sont produites que par l'encombrement...

Dans Milton (c'est du moins de la poésie), l'abîme où fut précipité Satan est éloigné du ciel trois fois autant que le centre du monde l'est de l'extrémité du pôle; c'est-à-dire, selon les calculs des astronomes, à 990,000,000 de lieues (1). — L'enfer de Milton est un globe énorme, entouré d'une triple voûte de feux dévorants; il est placé dans le sein de l'antique chaos et de la nuit informe. On y voit cinq fleuves : le Styx, source exécrable consacrée à la Haine; l'Achéron, fleuve noir et profond qu'habite la Douleur; le Cocyte, ainsi nommé des sanglots perçants qui retentissent sur ses funèbres rivages; le fougueux Phlégéton, dont les flots précipités en torrents de feu portent la rage dans les cœurs; et le tranquille Léthé, qui roule dans un lit tortueux ses eaux silencieuses.

Au delà de ce fleuve s'étend une zone déserte, obscure et glacée, perpétuellement battue des tempêtes et d'un déluge de grêle énorme, qui, loin de se fondre en tombant, s'élève en monceaux, semblable aux ruines d'une antique pyramide. Tout autour sont des gouffres horribles, des abîmes de neige et de glace. Le froid y produit les effets du feu, et l'air gelé brûle et déchire. C'est là qu'à certains temps fixés, tous les réprouvés sont traînés par les Furies aux ailes de Harpies. Ils ressentent tour à tour les tourments des deux extrémités dans la température, tourments que leur succession rapide rend encore plus affreux. Arrachés de leur lit de feu dévorant, ils sont plongés dans des monceaux de glaces; immobiles, presque éteints, ils languissent, ils frissonnent et sont de nouveau rejetés au milieu du brasier infernal. Ils vont et reviennent ainsi de l'un à l'autre supplice; et pour le combler, ils franchissent à chaque fois le Léthé. Ils s'efforcent, en le traversant, d'atteindre l'onde enchanteresse; ils n'en désireraient qu'une seule goutte : elle suffirait pour leur faire perdre, dans un doux oubli, le sentiment de tous leurs maux. Hélas! Méduse, aux regards terribles, à la tête hérissée de serpents, s'oppose à leurs efforts; et semblable à celle que poursuivait si vainement Tantale, l'eau fugitive se dérobe aux lèvres qui l'aspirent...

A la porte de l'enfer, sont deux figures effroyables : l'une, qui représente une femme jusqu'à la ceinture, finit en une énorme queue de serpent recourbée, à longs replis écailleux, et armée à l'extrémité d'un aiguillon mortel. Autour de ses reins est une meute de chiens féroces, qui, sans cesse ouvrant leur large gueule de Cerbère, frappent perpétuellement les airs des plus odieux hurlements. Ce monstre est le Péché, fille sans mère, sortie du cerveau de Satan; il tient les clefs de l'enfer. L'autre figure (si l'on peut appeler ainsi un spectre informe, un fantôme dépourvu de substance et de membres distincts), noire comme la nuit, féroce comme les Furies, terrible comme l'enfer, agite un dard redoutable; et ce qui semble être sa tête porte l'apparence d'une couronne royale. Ce monstre est la Mort, fille de Satan et du Péché.

Nous suivons toujours Milton, ce grand poëte. Après que le premier homme fut devenu coupable, la Mort et le Péché construisirent un solide et large chemin sur l'abîme. Le gouffre enflammé reçut patiemment un pont, dont l'étonnante longueur s'étendit du bord des enfers au point le plus reculé de ce monde fragile. C'est à l'aide de cette facile communication que les esprits pervers passent et repassent sur la terre pour corrompre ou punir les hommes.

Mais si le séjour des réprouvés est un séjour hideux, ses hôtes ne le sont pas moins. Citons à présent le Tasse. Quand d'un son rauque et lugubre l'infernale trompette appelle les habitants des ombres éternelles, le Tartare s'ébranle dans ses gouffres noirs et profonds; l'air ténébreux répond par de longs gémissements. Soudain les puissances de l'abîme accourent à pas précipités : quels spectres étranges, horribles, épouvantables! La terreur et la mort habitent dans leurs yeux; quelques-uns, avec une figure humaine, ont des pieds de bêtes farouches; leurs cheveux sont entrelacés de serpents; leur croupe immense et fourchue se recourbe en replis tortueux. — On voit d'immondes Harpies, des Centaures, des Sphinx, des Gorgones, des Scylles qui aboient et dévorent; des Hydres, des Pythons, des Chimères qui vomissent des torrents de flamme et de fumée; des Polyphèmes, des Géryons, mille monstres plus bizarres que jamais n'en rêva l'imagination, mêlés et confondus ensemble. Ils se placent les uns à gauche, les autres à la droite de leur sombre monarque. Assis au milieu d'eux, il tient d'une main un sceptre rude et pesant; son front superbe, armé de cornes, surpasse en hauteur le roc le plus élevé, l'écueil le plus sourcilleux : Calpé, l'immense Atlas lui-même, ne seraient auprès de lui que de simples collines (2). — Une horrible majesté, empreinte sur son farouche aspect, accroît la terreur et redouble son orgueil; son regard, tel qu'une funeste comète, brille du feu des poisons dont ses yeux sont abreuvés; une barbe longue, épaisse, hideuse, enveloppe son menton et descend sur sa poitrine velue; sa bouche, dégouttante d'un sang impur, s'ouvre comme un vaste abîme : de cette bouche empestée s'exhalent un souffle empoisonné et des tourbillons de flamme et de fumée. Ainsi

---

(1) Le poëte dit que la chute de Satan dura neuf jours : d'où il suivrait que Satan aurait fait 1,200 lieues par seconde.

(2) Milton donne à Satan quarante mille pieds de haut.

l'Etna, de ses flancs embrasés, vomit avec un bruit affreux de noirs torrents de soufre et de bitume. Au son de sa voix terrible, l'abîme tremble, Cerbère se tait épouvanté, l'Hydre est muette, le Cocyte s'arrête immobile (1).

Voici quelques voyages aux enfers, empruntés aux chroniqueurs du moyen âge, et qui sont moins agréables que les tableaux des poëtes, mais qui ont pourtant aussi leur charme de naïveté.

Le landgrave de Thuringe venait de mourir. Il laissait après lui deux fils à peu près du même âge, Louis et Hermann. Louis, qui était l'aîné et le plus religieux (puisqu'il est mort dans la première croisade), publia cet édit après les funérailles de son père :

« Si quelqu'un peut m'apporter des nouvelles certaines de l'état où se trouve maintenant l'âme de mon père, je lui donnerai une bonne ferme... »

Un pauvre soldat, ayant entendu parler de cette promesse, alla trouver son frère, qui passait pour un clerc distingué, et qui avait exercé pendant quelque temps la nécromancie; il chercha à le séduire par l'espoir de la ferme qu'ils partageraient amicalement.

— J'ai quelquefois évoqué le diable, répondit le clerc, et j'en ai tiré ce que j'ai voulu ; mais le métier de nécromancien est trop dangereux, et il y a longtemps que j'y ai renoncé.

Cependant l'idée de devenir riche surmonta les scrupules du clerc : il appela le diable, qui parut aussitôt, et demanda ce qu'on lui voulait.

— Je suis honteux de t'avoir abandonné depuis tant de temps, répondit finement le nécromancien ; mais je reviens à toi. Indique-moi, je te prie, où est l'âme du landgrave, mon ancien maître ?

— Si tu veux venir avec moi, dit le diable, je te la montrerai.

— J'irais bien, répondit le clerc ; mais je crains trop de n'en pas revenir.

— Je te jure par le Très-Haut, et par ses décrets formidables, dit le démon, que si tu te fies à moi, je te conduirai sans méchef auprès du landgrave, et que je te ramènerai ici (2).

Le nécromancien, rassuré par un serment aussi solennel, monta sur les épaules du démon, qui prit son vol et le conduisit à l'entrée de l'enfer. Le clerc eut le courage de considérer à loisir ce qui s'y passait, mais il n'eut pas la force d'y entrer. Il n'aperçut qu'un pays horrible, et des damnés tourmentés de mille manières. Il remarqua surtout un grand diable, d'un aspect effroyable, assis sur l'ouverture d'un puits, qui était fermé d'un large couvercle, et ce spectacle le fit trembler. Cependant le grand diable cria au démon qui portait le clerc :

— Que portes-tu là sur tes épaules ? viens ici que je le décharge.

— Non, répondit le démon ; celui que je porte est un de mes amis ; je lui ai juré que je ne lui causerais aucun mal ; et je lui ai promis que vous auriez la bonté de lui faire voir l'âme du landgrave, son ancien maître, afin qu'à son retour dans le monde il publie partout votre puissance. Le grand diable ouvrit alors son puits, et sonna du cornet (3) avec tant de vigueur et de force, que la foudre et les tremblements de terre ne seraient qu'une musique fort douce en comparaison. En même temps le puits vomit des torrents de soufre enflammé, et, au bout d'une heure, l'âme du landgrave, qui remontait du gouffre au milieu des tourbillons étincelants, montra sa tête au-dessus du trou, et dit au clerc :

— Tu vois devant toi ce malheureux prince qui fut ton maître, et qui voudrait maintenant n'avoir jamais régné...

Le clerc répondit : — Votre fils est curieux de savoir ce que vous faites ici, et s'il peut vous aider en quelque chose ?

— Tu sais où j'en suis, reprit l'âme du landgrave, je n'ai guère d'espérance ; cependant, si mes fils veulent restituer certaines possessions que je te vais nommer, et qui m'appartenaient injustement, ils me soulageront.

Le clerc répondit : — Seigneur, vos fils ne me croiront pas.

— Je vais te dire un secret, répliqua le landgrave, qui n'est connu que de moi et de mes fils.

En même temps il nomma les possessions qu'il fallait restituer, et il donna le secret qui devait prouver la véracité du clerc.

Après cela, l'âme du landgrave rentra tristement dans le gouffre ; le puits se referma, et le nécromancien revint dans la Thuringe, monté sur son démon. Mais, à son retour de l'enfer, il était si défait et si pâle, qu'on avait peine à le reconnaître. Il raconta aux princes ce qu'il avait vu et entendu ; et cependant ils ne voulurent point consentir à restituer les possessions que leur père les priait de rendre. Seulement le landgrave Louis dit au clerc : — Je reconnais que tu as vu mon père, et que tu ne me trompes point; aussi te vais-je donner la récompense que j'ai promise.

— Gardez votre ferme, répondit le clerc ; pour moi je ne dois plus songer qu'à mon salut.

Et il se fit moine de Cîteaux (4)

On voit que le légendaire ne désigne pas bien si les lieux que son héros a cru visiter sont le purgatoire ou l'enfer. Citons encore un bon religieux anglais dont le voyage a été écrit par Pierre-le-Vénérable, abbé de Cluni, et par Denys-le-Chartreux (5). Ce voyageur parle à la première personne :

« J'avais saint Nicolas pour conducteur,

(1) Et phlegetonteæ requierunt murmura ripæ.
CLAUDIEN.
(2) Juro tibi per Altissimum, et per tremendum ejus judicium quia, si fidei meæ te commiseris, etc.
(3) Buccinavit tam valide.

(4) Césarius, moine d'Heisterbach, de l'ordre de Cîteaux, Miracles illustres, liv. I, ch. xxxiv.
(5) Petri Venerabilis, de miracul., et Dionysii Carthusiani, De quatuor novissimis, art. 47. — Disons pourtant que ce passage du bienheureux Denis-le-Chartreux paraît

dit-il ; il me fit parcourir un chemin plat jusqu'à un espace immense, horrible, peuplé de défunts qu'on tourmentait de mille manières affreuses. On me dit que ces gens-là n'étaient pas damnés, que leur supplice finirait avec le temps, et que je voyais le purgatoire. Je ne m'attendais pas à le trouver si rude ; tous ces malheureux pleuraient à chaudes larmes et poussaient de grands gémissements. Depuis que j'ai vu toutes ces choses, je sais bien que si j'avais quelque parent dans le purgatoire, je souffrirais mille morts pour l'en tirer.

Un peu plus loin, j'aperçus une vallée où coulait un épouvantable fleuve de feu, qui s'élevait en tourbillons à une hauteur énorme. Au bord de ce fleuve il faisait un froid si glacial qu'il est impossible de s'en faire une idée. Saint Nicolas m'y conduisit, et me fit remarquer les patients qui s'y trouvaient, en me disant que c'était encore le purgatoire.

En pénétrant plus avant, nous arrivâmes en enfer. C'était un champ aride couvert d'épaisses ténèbres, coupé de ruisseaux de soufre bouillant; on ne pouvait y faire un pas sans marcher sur des insectes hideux, difformes, extrêmement gros et jetant du feu par les narines. Ils étaient là pour le supplice des pécheurs, qu'ils tourmentaient de concert avec les démons. Ceux-ci, avec des crochets, happaient les âmes punies et les jetaient dans des chaudières, où ces âmes se fondaient parmi des matières liquides ; après cela on leur rendait leur forme pour de nouvelles tortures. — Ces tortures se faisaient en bon ordre et chacun était tourmenté selon ses crimes. »

Il voit ensuite des prélats, des chevaliers, des dames, des religieux, des princes. Mais toutes ces relations se ressemblent un peu. *Voy.* Vétin, Berthold, Charles-le-Chauve, Engelbrecht, etc.

Il serait très-long de rapporter les sentiments des différents peuples sur l'enfer. — Les Druses disent que tout ce qu'on mangera dans les enfers aura un goût de fiel et d'amertume, et que les damnés porteront sur la tête, en signe d'une éternelle réprobation, un bonnet de poil de cochon d'un pied et demi de long.

Les Grecs représentaient l'enfer comme un lieu vaste et obscur, partagé en plusieurs régions, l'une affreuse où l'on voyait des lacs dont l'eau infecte et bourbeuse exhalait des vapeurs mortelles, un fleuve de feu, des tours de fer et d'airain, des fournaises ardentes, des monstres et des furies acharnés à tourmenter les scélérats ; l'autre riante, paisible, destinée aux sages et aux héros. Le lieu le plus voisin de la terre était l'Erèbe; on y rencontrait le palais de la Nuit, celui du Sommeil et des Songes. C'était le séjour de Cerbère, des Furies et de la mort ; c'est là qu'erraient pendant cent ans les ombres infortunées dont le corps n'avait pas reçu les

interpolé, et que les critiques pensent qu'il n'est pas de lui.

honneurs de la sépulture; et lorsqu'Ulysse évoqua les morts, ceux qui apparurent ne sortirent que de l'Erèbe. L'autre enfer était l'enfer des méchants : là chaque crime était puni ; les remords dévoraient leurs victimes; et là se faisaient entendre les cris aigus de la douleur. Le Tartare proprement dit venait après l'enfer : c'était la prison des dieux. Environné d'un triple mur d'airain, il soutenait les vastes fondements de la terre et des mers. Les Champs-Elysées, séjour heureux des ombres vertueuses, formaient la quatrième division des enfers ; il fallait traverser l'Erèbe pour y parvenir.

Chez les Juifs modernes, les justes seront heureux, les méchants seront tourmentés en enfer, et ceux qui sont dans un état mitoyen, tant Juifs que gentils, descendront dans un abîme avec leurs corps, et ils pleureront pendant douze mois, en montant et en descendant d'un lieu moins pénible à un lieu plus rigoureux. Après ce terme, leurs corps seront consumés, leurs âmes brûlées, et le vent les dispersera sous les pieds des justes. Les rabbins ajoutent que, le premier jour de l'an, Dieu fait un examen du nombre et de l'état des âmes qui sont en enfer.

L'enfer des Romains était divisé en sept provinces différentes : la première renfermait les enfants morts-nés, comme ne devant être ni récompensés ni punis; la seconde était destinée aux innocents condamnés à mort; la troisième logeait les suicides; dans la quatrième erraient les parjures ; la cinquième province était habitée par les héros dont la gloire avait été souillée par la cruauté; la sixième était le Tartare ou lieu des tourments, et la septième les Champs-Elysées, comme chez les Grecs.

L'enfer des Musulmans a sept portes, et chacune a son supplice particulier. Cet enfer est rempli de torrents de feu et de soufre, où les damnés chargés de chaînes de soixante-dix coudées sont plongés et replongés continuellement par de mauvais anges. A chacune des sept portes, il y a une garde de dix-neuf démons, toujours prêts à exercer leur barbarie envers les damnés et surtout envers les infidèles, qui seront à jamais dans ces prisons souterraines, où les serpents, les grenouilles et les corneilles aggravent encore les tourments de ces malheureux. Les Mahométans n'y demeureront au plus que sept mille ans ; au bout de ce temps, le prophète obtiendra leur délivrance. On ne donne aux damnés de cet enfer que des fruits amers, ressemblant à des têtes de diables ; leur boisson se puise dans des sources d'eaux soufrées et brûlantes, qui leur procureront des tranchées douloureuses.

Quelques Japonais prétendent que la peine des méchants est de passer dans le corps d'un renard, qui est leur enfer.

Les Guèbres disent que les méchants sont les victimes d'un feu dévorant qui les brûle sans les consumer. Un des tourments de leur enfer est l'odeur infecte qu'exhalent les âmes scélérates; les unes habitent d'affreux cachots où elles sont étouffées par une fumée épaisse et dévorées par les morsures d'un nombre prodigieux d'insectes et de reptiles venimeux; les autres sont plongées jusqu'au cou dans les flots noirs et glacés d'un fleuve; celles-ci sont environnées de diables furieux qui les déchirent à coups de dents; celles-là sont suspendues par les pieds, et dans cet état on les perce dans tous les endroits du corps avec un poignard.

On croit, dans l'île Formose, que les hommes, après leur mort, passent sur un pont étroit de bambous, sous lequel il y a une fosse profonde pleine d'ordures. Le pont s'écroule sous les pas de ceux qui ont mal vécu, et ils sont précipités dans cette horrible fosse.

Les Musulmans ont aussi, au-dessus de leur enfer, un pont qui est fait en lame de rasoir. Toutes les âmes doivent passer sur ce tranchant; et il n'y a que les âmes justes qui le traversent sans tomber dans le gouffre.

Les Cafres admettent treize enfers et vingt-sept paradis, où chacun trouve la place qu'il a méritée d'occuper, suivant ses bonnes ou mauvaises actions. Les sauvages du Mississipi croient que les coupables iront dans un pays malheureux, où il n'y a point de chasse. Les Virginiens placent l'enfer à l'Occident, et précisément à l'un des bouts du monde. — Les Floridiens sont persuadés que les âmes criminelles sont transportées au milieu des montagnes du nord; qu'elles restent exposées à la voracité des ours et à la rigueur des neiges et des frimas.

Les Kalmouks ont un enfer pour les bêtes de somme; et celles qui ne s'acquittent pas bien de leurs devoirs ici-bas sont condamnées, selon eux, à porter sans relâche dans l'autre monde les fardeaux les plus pesants.

L'enfer du Dante est célèbre. La forme de cet enfer ressemble à un entonnoir ou à un cône renversé. L'espace qui se trouve depuis la porte de l'enfer jusqu'au fleuve Achéron se divise en deux parties : dans la première sont les âmes de ceux qui vécurent sans honneur; ils sont tourmentés par des frelons qui leur piquent le visage : ces damnés courent après une bannière qui tourne sans cesse autour d'un cercle. Dans la seconde se trouvent les enfants morts sans baptême; ces ombres poussent des gémissements continuels. Il y a des cercles concentriques autour de l'enfer. Le second cercle renferme les luxurieux; ils sont sans cesse agités, transportés çà et là sur des tourbillons de vent. Le troisième est rempli par les gourmands étendus dans la fange et continuellement exposés à un déluge épouvantable de pluie, de neige et de grêle. Le quatrième contient les prodigues et les avares; ils sont condamnés à rouler éternellement les uns contre les autres des poids énormes. Les autres cercles sont partagés aussi bien.

Les trouvères du moyen âge se sont exercés fréquemment sur l'enfer. Les fabliaux qui s'en occupent sont nombreux. Mais souvent le poëte ne fait qu'une critique de ce monde sous le masque de l'autre. Voy. Cyrano. Souvent aussi il sent l'hérésie à pleine gorge.

Dans le *Songe d'Enfer* de Houdan, le poëte arrive à la ville de Convoitise, il y voit Envie, Avarice, Rapine. Plus loin il s'arrête à la demeure de Filouterie, qui lui demande des nouvelles de certains Parisiens nommés là par leur nom. Il passe à Ville-Taverne, où il trouve Ivresse avec son fils, né en Angleterre. On voit que ce sont des allégories. Mais il parvient à la porte des enfers, gardée par Meurtre, Désespoir et Mort-Subite. Le roi d'Enfer tient table ouverte; et on lui sert de la chair d'usurier.

Rutebeuf fit la contre-partie en quelque sorte de ce fabliau, sous le titre du *Chemin de paradis*. Par une route étroite et raboteuse, il arrive à la ville de Pénitence, où il trouve Piété, qui veut bien le guider pour le garantir des différents ennemis qu'il doit rencontrer en voyage. Le premier est Orgueil, dont le palais, magnifique par devant, tombe en ruines par derrière. Il dédaigne tout le monde, quoique souvent son insolence lui ait attiré de cruelles humiliations. Ses courtisans sont vêtus de soie écarlate et portent en tout temps sur la tête un riche chapeau. Il les fixe auprès de lui en leur promettant des dignités et des honneurs.

Plus loin est Colère, le visage rouge, les yeux enflammés, grinçant des dents, et dans sa rage se déchirant et se frappant elle-même.

Au détour d'un vallon il voit Avarice. Elle a de vastes prisons dans lesquelles elle tient renfermés ses sujets, maigres et pâles, assis sur des monceaux d'or qu'attire un aimant particulier, dont sa maison est couverte. Chez elle tout est fermé à double serrure, et l'on n'y entre que par une seule porte, dont elle tient toujours la clef.

Tout au fond de la vallée s'est retirée Envie qui, selon Ovide, dit l'auteur, tient en main des serpents dont elle suce le venin. Toujours cachée dans l'ombre, elle n'en sort que pour venir secrètement épier ses voisins. Si alors elle entend des gémissements et voit couler des larmes, elle est dans la joie; mais s'ils rient ou s'ils chantent, elle pleure et se retire.

Près d'elle est le séjour de Paresse. Du lit où elle est couchée, elle entend le bruit des cloches qui l'appellent à l'église; elle maudit le sonneur et voudrait ne jamais se lever que pour se mettre à table.

Gourmandise, quoique malade encore d'une indigestion qu'elle a eue la veille, ne songe cependant qu'à retourner à la taverne.

Plus loin enfin est un manoir où l'on n'entre qu'avec honte, où l'on reste caché dans les ténèbres, et d'où l'on ne sort que mécontent. Le portier rebute ceux qui s'y présentent les mains vides; il ouvre à ceux-là seuls qui apportent. La maîtresse les accueille, mais c'est pour les voler. Ils y sont venus à cheval, ils s'en retournent à pied. Aussi très-rarement y reviennent-ils deux fois : ou, si leur faiblesse les y entraîne, ils savent que c'est se préparer un repentir.

Rutebeuf après avoir traversé heureusement le quartier des vices, arrive enfin dans celui des vertus. Il voit *Libéralité* qui est mourante ; *Franchise* dont la maison est presque déserte, etc. Enfin il parvient chez *Confession*, où il voulait aller ; et c'est là ce qu'il appelle la *voie de paradis* (1).

Un autre fabliau plus célèbre est celui *du Jongleur qui alla en enfer*, ou *de saint Pierre et du Jongleur.* — On en pardonnera le ton.

A Sens jadis vivait un ménétrier qui, pour un trésor, n'eût pas voulu avoir querelle avec un enfant, mais homme sans conduite et dérangé s'il en fut jamais. Il passait sa vie au jeu ou à la taverne. Gagnait-il quelque argent ? vite il le portait là. N'avait-il rien ? il y laissait son violon en gage. Aussi, toujours sans le sou, il vous eût fait compassion. Malgré cela, gai, content, la tête en tout temps couronnée d'un chapel de branches vertes, il chantait sans cesse et n'eût demandé à Dieu qu'une seule chose, de mettre toute la semaine en dimanches.

Il mourut enfin. Un jeune diable, novice encore, qui depuis un mois cherchait et courait partout pour escamoter quelque âme, sans avoir jusque-là, malgré toutes ses peines, pu réussir, s'étant trouvé là par hasard quand notre violonneur trépassa, le prit sur son dos et tout joyeux l'emporta en enfer.

C'était l'heure précisément où les démons revenaient de leur chasse. Lucifer s'était assis sur son trône pour les voir arriver ; et à mesure qu'ils entraient, chacun d'eux venait jeter à ses pieds ce que dans le jour il avait pu prendre ; celui-ci un huissier, celui-là un voleur, les uns des champions morts en champ clos, les autres des marchands, tous gens surpris au moment qu'ils s'y attendaient le moins. Le noir monarque arrêtait un instant ses captifs pour les examiner, et d'un signal aussitôt il les faisait jeter dans sa chaudière. Quand l'heure fut passée, il ordonna de fermer les portes et demanda si tout le monde était rentré : — Oui, répondit quelqu'un, excepté un idiot, qui est sorti depuis un mois, et qu'il ne faut pas encore attendre aujourd'hui probablement, parce qu'il aura honte de rentrer à vide.

Le railleur achevait à peine de parler, quand arriva le jeune diable, chargé de son ménétrier déguenillé qu'il présenta humblement à son souverain. — Approche, dit Lucifer au chanteur ; qui es-tu ? voleur ? espion ? soldat ? — Non, Sire, j'étais ménétrier, et vous voyez en moi quelqu'un qui possède toute la science qu'un homme sur la terre peut avoir. Malgré cela j'ai eu là-haut bien de la misère ; mais enfin, puisque vous voulez vous charger de mon logement, je chanterai, si cela vous amuse. — Oui, des chansons ! C'est bien là la musique qu'il me faut ici ! Ecoute ; tu vois cette chaudière, et te voici tout nu : je te charge de la faire chauffer ; et surtout qu'il y ait toujours bon feu.

(1) Le Grand d'Aussy. Nous lui empruntons le fabliau suivant.

— Volontiers, Sire ; au moins je serai sûr dorénavant de n'avoir pas froid. — Notre homme aussitôt se rendit à son poste, et, pendant quelque temps, il s'acquitta exactement de sa commission.

Mais un jour que Lucifer avait convoqué tous ses suppôts pour aller faire avec eux sur la terre une battue générale, avant de sortir il appela le chauffeur. — Je vais partir, lui dit-il, et je laisse ici sous ta garde, tous mes prisonniers ; mais songe que tu m'en répondras sur les yeux de ta tête, et que si, à mon retour, il en manquait un seul... — Sire, partez en paix, je réponds d'eux ; vous trouverez les choses en ordre quand vous reviendrez, et vous apprendrez à connaître ma fidélité. — Encore une fois prends bien garde, il y va de tout pour toi, et je te fais manger tout vif. — Ces précautions prises, l'armée infernale partit.

C'était là le moment qu'attendait le bon saint Pierre. Du haut du ciel il avait entendu ce discours, et se tenait aux aguets pour en profiter. Dès que les démons furent dehors, il se déguisa, prit une longue barbe noire, descendit en enfer, et s'accostant du ménétrier : — Ami, dit-il, veux-tu faire une partie nous deux ? Voilà des dés, et de bon argent à gagner. — En même temps il lui montra une longue bourse toute remplie d'esterlins. — Sire, répondit l'autre, c'est bien inutilement que vous venez ici me tenter ; il ne me reste rien au monde que cette chemise déchirée que vous me voyez. — Eh bien ! si tu n'as point d'argent, mets en place quelques âmes, je veux bien me contenter de cette monnaie, et tu ne dois point craindre ici d'en manquer de sitôt. — Tudieu ! je n'ai garde ; je sais trop ce que mon maître m'a promis en partant. Trouvez-moi quelque autre expédient, car pour celui-ci je suis votre serviteur. — Comment veux-tu qu'il le sache ? Sur une telle multitude, que sera-ce, dis-moi, que cinq ou six âmes de plus ou de moins ? Regarde, voilà de belles pièces toutes neuves. Il ne tient qu'à toi d'en faire passer quelques unes dans ta poche. Profite de l'occasion, tandis que me voilà, car une fois sorti, je ne reviens plus.... allons je mets vingt sous au jeu, amène quelque âme.

Le malheureux dévorait des yeux les dés. Il les prenait en main, les quittait, puis les reprenait de nouveau. Il n'y put tenir, et consentit à jouer quelques coups ; mais une âme seulement à la fois, de peur de s'exposer à trop perdre. — Tope pour une, répond l'apôtre, mets au jeu. — L'un va donc chercher quelques patients, l'autre étale ses esterlins ; ils s'asseoient au bord du fourneau et commencent. Mais le saint jouait à coup sûr ; aussi gagna-t-il constamment. Le chanteur, pour rattraper ce qu'il perdait, eut beau doubler, tripler les mises, il perdit toujours.

Ne concevant rien à un malheur si constant, il se fâcha, et déclara qu'il ne paierait point. Puis il proposa de recommencer la partie, si l'on voulait tenir la première pour nulle, offrant alors de donner à choisir dans la chaudière tout ce qu'on voudrait. A cette partie, il ne fut pas plus heureux qu'à la première. Il se piqua, joua cent âmes, mille âmes à la fois, changea de dés, changea de place, et n'en perdit pas moins à tous les coups. Enfin, de désespoir il se leva et quitta le jeu, maudissant sa mauvaise fortune qui le suivait jusqu'en enfer. Pierre alors s'approcha de la chaudière pour y choisir et en tirer ceux qu'il avait gagnés. Chacun d'eux implorait sa pitié afin d'être l'un des heureux. C'étaient des cris à ne pas s'entendre. Le ménétrier furieux y accourut, et résolut de s'acquitter ou de tout perdre. En homme qui ne veut plus rien ménager il proposa de jouer ce qui lui restait. L'apôtre ne demandait pas mieux. Ce va-tout si important se décida sur le lieu même ; et je n'ai pas besoin de vous dire quelles furent pendant ce temps les transes des patients qui en étaient les témoins. Leur sort heureusement se trouvait entre bonnes mains. Saint Pierre gagna encore, et partit avec eux tous pour le paradis.

Quelques heures après rentra Lucifer. Mais quelle fut sa douleur quand il vit ses brasiers éteints, sa chaudière vide, et pas une seule âme de tous ces milliards qu'il avait laissés. Il appela le chauffeur : — Scélérat, qu'as-tu fait de mes prisonniers ? — Ah ! sire, je me jette à vos genoux, ayez pitié de moi, je vais tout vous dire. — Et il conta son aventure, avouant qu'il n'était pas plus heureux en enfer qu'il ne l'avait été sur la terre. Quel est le butor qui nous a amené ce joueur ? dit le prince irrité ; qu'on lui donne les étrivières. Aussitôt on saisit le petit diablotin qui avait fait un si mauvais présent, et on l'étrilla si vertement qu'il promit bien de ne jamais se charger de ménétrier. — Chassez d'ici ce marchand de musique, ajouta le monarque ; on peut les recevoir dans le paradis, où l'on aime la joie ; moi je ne veux plus jamais entendre parler d'eux.

Le chanteur n'en demanda pas davantage. Il se sauva promptement, et vint en paradis où saint Pierre le reçut et le fit entrer avec les autres.

ENGASTRIMISME, art des ventriloques. On l'attribuait autrefois à la magie.

ENGASTRIMITHES ou ENGASTRIMANDRES, devins qui faisaient entendre leurs réponses dans leur ventre. Voy. VENTRILOQUES, CÉCILE, etc.

ENGELBRECHT (JEAN), visionnaire allemand, mort en 1642. Il était protestant et d'un naturel si mélancolique, qu'il tenta souvent de s'ôter la vie. Un soir, vers minuit, il lui sembla que son corps était transporté au milieu des airs avec la rapidité d'une flèche. Après un voyage très-court, il arriva à la porte de l'enfer, où régnait une obscurité profonde, et d'où s'exhalait une puanteur à laquelle il n'y a rien à comparer sur la terre. Il entendit les cris et les gémissements des damnés. Une légion de diables voulut l'entraîner dans l'abîme ; il se débarrassa de leurs griffes, pria, et tout cet horrible spectacle s'évanouit. Le Saint-Esprit lui apparut, dit-il, sous la forme d'un homme blanc et le conduisit en paradis. Quand Engelbrecht eut goûté les délices du séjour divin, un ange lui ordonna de retourner sur la terre pour annoncer ce qu'il avait vu, entendu et senti, avec la charge d'exhorter les hommes à la pénitence. Engelbrecht, revenu à la vie, raconta sa vision. Dans un de ses ouvrages, (car il a fait des ouvrages, quoiqu'il ne sût pas lire), il dit que tous les assistants, pendant son récit, sentirent la puanteur horrible de l'enfer, et que lui-même, en sortant de son lit, en était encore infecté ; mais personne, excepté lui, ne put jouir des parfums suaves de la demeure des bienheureux. Il annonça dès lors qu'il avait été mort et qu'il était ressuscité, et il fonda sur ce prodige la dignité de sa mission.

Il eut encore d'autres visions ; il entendit pendant quarante nuits une musique céleste si harmonieuse, qu'il ne put s'empêcher d'y joindre sa voix. Les ministres protestants crurent reconnaître en lui quelque chose de surnaturel. Mais dès qu'il leur eut reproché leur avarice, ils déclarèrent que tout n'était que l'œuvre du démon. Parcourant la Basse-Saxe, il prêchait, disait-il, comme il en avait reçu l'ordre d'en haut. Un jour qu'il racontait ses extases, il dit qu'il avait vu les âmes des bienheureux voltiger autour de lui, sous la forme d'étincelles, et que, voulant se mêler à leur danse, il avait pris le soleil d'une main et la lune de l'autre.

Ces absurdités ne l'empêchèrent pas de faire des prosélytes parmi les réformés. Il a laissé divers volumes : 1° *Véritable Vue et histoire du ciel*, Amsterdam, 1690, in-4° : c'est le récit de son excursion en enfer et en paradis ; 2° *Mandat et ordre divin et céleste délivrés par la chancellerie céleste*, Brême, 1625, in-4° ; cet écrit manque dans le recueil intitulé : *Œuvres, Visions et Révélations de Jean Engelbrecht*, Amsterdam, 1680, in-4°.

ENIGME. On lit dans de vieilles histoires de Naples que, sous le règne de Robert Guiscard, on trouva une statue qui avait eu la tête dorée, et sur laquelle était écrit : *Aux calendes de mai, quand le soleil se lèvera, j'aurai la tête toute d'or*. Robert chercha longtemps à deviner le sens de cette énigme ; mais ni lui ni les savants de son royaume ne purent la résoudre. Un prisonnier de guerre sarrazin promit de l'interpréter, si on lui accordait la liberté sans rançon. Il avertit donc le prince d'observer aux premiers jours de mai l'ombre de la tête de la statue, au lever du soleil, et de faire bêcher la terre à l'endroit où tomberait cette ombre. Robert suivit ce conseil et trouva de grands trésors, qui lui servirent dans ses guerres d'Italie. Il récompensa le Sarrazin, non-seulement en lui accordant la liberté, mais encore en lui donnant de bonnes sommes d'argent. Voy. RODERIK.

Il y a beaucoup d'énigmes dans les divinations. On peut voir le traité des énigmes du père Menestrier, de la compagnie de Jésus, intitulé : *la Philosophie des images énigmatiques*, où il est traité des énigmes, hiéroglyphiques, oracles, prophéties, sorts, divinations, loteries, talismans, songes, centuries de Nostradamus, et de la baguette. Lyon, 1694, in-12.

ENLÈVEMENT. Nous ne parlons ici que de ceux qui ont été enlevés par le diable.

Une Allemande avait contracté l'habitude de jurer et de dire des mots de corps-de-garde. Elle fut bientôt prise pour modèle par quelques femmes de son pays, et il fallut un exemple qui arrêtât le désordre. Un jour qu'elle prononçait avec énergie ces paroles, qui sont tristes surtout dans la bouche d'une femme : *Que le diable m'emporte!...* le diable arriva tout équipé et l'emporta (1).

On lit en beaucoup de livres qu'un certain comte de Mâcon, homme violent et impie, exerçait une espèce de tyrannie contre les ecclésiastiques et contre ce qui leur appartenait, sans se mettre en peine de cacher ni de colorer ses violences. Un jour qu'il était assis dans son palais, bien accompagné, on y vit entrer un inconnu à cheval, qui s'avança jusqu'auprès du comte, et lui dit : — Suivez-moi, j'ai à vous parler.

Le comte suit l'étranger, entraîné par un pouvoir surnaturel. Lorsqu'il arrive à la porte, il trouve un cheval préparé, le monte, et il est transporté dans les airs, criant d'une voix terrible, à ceux qui étaient présents : — A moi! au secours!... On le perdit de vue, et on ne put douter que le diable ne l'eût emporté.

Dans la même ville, il y eut un bailli qui fut aussi enlevé par le diable à l'heure de son dîner, et porté trois fois autour de Mâcon, à la vue de tous les habitants, qui assurent ne l'avoir pas vu revenir (2). Voy. AGRIPPA, SIMON, GABRIELLE D'ESTRÉES, LUTHER, DÉVOUEMENT, etc.

ENOCH. Voy. HÉNOCH.

ENSORCELLEMENT. Bien des gens se sont crus ensorcelés, qui n'étaient que le jouet de quelque hallucination. On lisait ce fait dans le *Journal des Débats* du 5 mars 1841. — « Il y a trois jours, M. Jacques Coquelin, demeurant rue du Marché Saint-Jean, n° 21, à Paris, logé au troisième étage, rentrait chez lui vers onze heures du soir, la tête échauffée par le vin. Arrivé sur le palier du deuxième étage, il se croit dans son domicile; il se déshabille tranquillement, jette une à une ses hardes par une large fenêtre donnant sur la cour et que dans son ivresse il prend pour son alcôve; puis il se fait un bonnet de nuit avec sa cravate, et n'ayant plus que sa chemise sur le corps, il se lance lui-même par la fenêtre, croyant se jeter sur son lit.. Ce ne fut que le lendemain, vers six heures du matin, que les autres habitants de la maison s'aperçurent de ce malheureux événement. Le corps de l'infortuné Coquelin était étendu sans mouvement sur les dalles de la cour. Pourtant cet homme, âgé seulement de vingt-sept ans, et doué d'une grande force physique, n'était pas mort, quoique son corps fût horriblement mutilé. Transporté chez lui, il vécut deux jours encore; mais son état était désespéré et il expira après soixante heures des plus cruelles souffrances. » — Dans d'autres temps ou dans d'autres pays, on eût vu là un ensorcellement. Voy. toutefois SORTILÈGES, PAROLES, BERGERS, etc., etc.

ENTERRÉS-VIVANTS. — Indépendamment de ce qu'elles ont d'effroyable pour ceux qui en sont victimes, les morts apparentes ont donné lieu à plus d'une terreur. Les soupirs entendus dans un cimetière ont passé pour la voix d'un revenant, quand ce n'était que le sanglot d'angoisse d'un infortuné enterré vivant. — Ces choses tiennent trop à la mort, pour que nous ne nous y arrêtions pas un peu. Mais, au lieu de donner des histoires de morts-vivants, nous croyons plus utile de rapporter ici la curieuse thèse du docteur Vinslow sur cette matière. Le lecteur sera bien aise de trouver en son entier cette petite pièce rare et intéressante. L'auteur l'a intitulée : *Terrible supplice et cruel désespoir des personnes enterrées vivantes*. — Rien de si certain que la mort, puisqu'elle est inévitable; rien de si incertain, puisque des personnes réputées mortes et qu'on avait ensevelies, sont sorties de leur cercueil, et même de leur tombeau. Combien de gens y sont morts, pour avoir été enterrés avec trop de précipitation! sort bien plus affreux, sans doute, que celui des misérables livrés aux derniers supplices. Il y a des exemples de personnes qui ont donné des marques certaines de vie, à l'instant où l'anatomiste imprudent, portant sur elles un fer meurtrier, se couvrait de honte, et excitait l'indignation de toute une famille (3). Direz-vous que tout cela est fabuleux? Croyez-vous qu'il soit faux que Scot se soit rongé les bras dans son tombeau, et que l'empereur Zénon en ait fait autant, après plusieurs gémissements que ses gardes ont entendus. Je le veux bien; mais rejetterez-vous le témoignage irréprochable de gens, dont la probité reconnue égale les lumières et le discernement. Ecoutez l'illustre Lancisi, premier médecin du pape Clément XI. « Ce n'est pas, dit-il, par de simples oui-dires, que j'ai su que plusieurs personnes que l'on allait enterrer, ont donné des signes qu'elles étaient vivantes; j'ai vu, il y a environ vingt ans, un gentilhomme qui vit encore, à qui le sentiment et le mouvement sont revenus dans l'église, pendant le service qu'on chantait à côté de son corps; ce qui fut au moins un sujet d'admiration que de frayeur pour les assistants.

Le P. Zacchias, très-habile médecin de Rome, rapporte qu'un jeune homme pestiféré tomba en syncope, et fut porté dans cet état parmi les morts; ceux qui se disposaient à l'enterrer, ayant découvert en lui quelques signes de vie, le reportèrent à l'hôpital. Deux jours après, étant de nouveau tombé en syncope, on le crut bien mort cette seconde fois. On le

---

(1) Wierus de Præst. dæm., lib. II; Bodin, Démonomanie, liv. III, ch. 1.
(2) Jean de Chassanion, huguenot, Des grands et redoutables jugements de Dieu advenus au monde, p. 116.
(3) L'abbé Prévost, que l'on croyait mort, fut tué ainsi par celui qui voulait l'ouvrir.

mit avec les cadavres pour être enterré. Il donna encore des marques de vie. Les secours qu'on lui administra eurent tout le succès imaginable. Ce jeune homme est encore vivant. Il y en a bien d'autres qui, pendant cette maladie contagieuse, ont été mis dans le tombeau sous de fausses apparences : nous en sommes certains. »

Philippe Peu, très-habile accoucheur, fait avec une franchise qu'on ne peut assez louer, l'aveu d'une faute qu'il a commise. Appelé pour faire l'opération césarienne à une femme que l'on croyait morte dans l'instant, il tâta la région du cœur et n'y aperçut aucun mouvement; le miroir approché de la bouche ne fut point terni. Sur ces indices, lui-même la crut morte. A peine eut-il commencé l'opération, qu'il s'aperçut d'un tremblement dans tout le corps de cette femme. Elle grinça des dents et remua les lèvres. Cet accident causa une telle frayeur à ce chirurgien, qu'il se promit bien de ne plus entreprendre une telle opération dans la suite, sans avoir des preuves bien certaines de la mort.

On assure que pareil malheur est arrivé, il n'y a pas longtemps, à un homme de la première distinction, que l'on voulait ouvrir avant l'expiration des vingt-quatre heures, depuis qu'il était réputé mort. On sait qu'un événement aussi funeste réduisit aux dernières extrémités le fameux Vesale, le plus grand anatomiste de son siècle.

Ces exemples ne suffisent-ils pas? Faut-il des témoins connus, et à qui l'on puisse s'informer de la vérité des faits? Le révérend père Lecler, ci-devant procureur de la maison des pensionnaires au collège de Louis-le-Grand, dont la probité est notoire, vous dira que la sœur de la première femme de son père, ayant été enterrée dans le cimetière public d'Orléans, avec une bague au doigt, un domestique, attiré par l'appât du gain, découvrit le cercueil la nuit suivante, et ne pouvant parvenir à ôter la bague, il se disposait à couper le doigt. La douleur fit jeter un grand cri à cette femme; ce qui effraya et mit en fuite le voleur. Elle se débarrassa des linges qui l'enveloppaient, et revint à sa maison. Elle n'est morte que dix ans après, ayant survécu à son mari, dont elle eut un enfant depuis cet accident.

M. Mareschal, prêtre très-digne de foi, chapelain de Notre-Dame à Paris, et prieur de Saint-Jean de la Motte, au Mans, dit que, vers l'année 1714, passant dans la rue Jean-Robert, il vit sur le pas d'une porte une femme enveloppée d'une grosse couverture de laine, assise dans un fauteuil, à côté d'un cercueil, dans lequel elle avait été apportée jusque-là, et d'où l'on venait de la tirer à l'instant. Il certifie aussi avoir vu, en 1722 ou 1723, des gens qui criaient aux porteurs de morts, qui s'avançaient vers la rue de Champ-Fleury, que celui qu'ils venaient chercher, était sorti de la bière, et qu'il n'était pas mort.

M. Bernard, chirurgien de Paris, assure qu'étant jeune, il a vu dans la paroisse de Réol, en présence de son père et de plusieurs personnes, tirer du tombeau un religieux de l'ordre de Saint-François, qui était enterré depuis trois ou quatre jours. Il était encore vivant; mais il mourut un instant après son exhumation, faite sur l'avis d'un de ses amis, qui manda qu'il était sujet à des attaques de catalepsie. La justice dressa un procès-verbal de ce fait.

Madame Landry, veuve du graveur de ce nom, rapporte que son père a été tenu pour mort pendant plusieurs heures sur une paillasse, et qu'il est revenu par le moyen de l'eau salée qu'on lui fit couler dans la bouche, par le conseil d'une de ses amies, qui soutint avec obstination qu'il n'était pas mort.

Tous ces faits suffisent pour convaincre de ce que dit Lancisi. « Qui ne sait qu'en temps de peste tout se fait en désordre, et que l'on ne donne pas l'attention nécessaire pour distinguer ceux qui sont réellement morts, de ceux qui ne le sont qu'en apparence ? » N'est-il pas permis de penser que cela se passe de même parmi nous, dans les temps où règne quelque maladie épidémique? Pouvons-nous en douter lorsque nous voyons dans les hôpitaux, dans les faubourgs et ailleurs, les enterrements si fréquents, et qui semblent demander vengeance de la mort violente qu'ils causent? Combien de gens à moitié morts, et même vivants, sont, surtout après les batailles, les victimes de l'usage terrible où l'on est de précipiter les enterrements!

Celse nous apprend que Démocrite, qui était, à juste titre, un homme de grande réputation, avait pensé que les signes de la mort n'étaient pas suffisamment certains. L'apoplexie, la syncope, la vraie suffocation, telle que celle des gens qu'on a étranglés ou étouffés, des noyés, de ceux qui ont été enfermés dans des lieux trop étroits, ou exposés à des vapeurs nuisibles ; la fausse suffocation des femmes hystériques, des hypocondriaques, de ceux qui sont saisis de violentes passions de l'âme ; tous ces cas, et plusieurs autres de la même nature, peuvent induire en erreur sur les signes de la mort; et ce n'est pas tant par l'imperfection de la médecine, que par l'ignorance ou la négligence de ceux qui l'exercent, ou par le peu d'attention, quelquefois même par la méchanceté de ceux qui ont soin des malades. La couleur vermeille du visage, la chaleur du corps, la flexibilité des membres, ne sont que des marques incertaines que l'on soit en vie. De même la pâleur du visage, le froid du corps, la raideur des extrémités, l'abolition des mouvements et des sens externes, sont des signes qui ne prouvent pas certainement que l'on soit mort. Le pouls et la respiration sont des signes indubitables de la vie, car elle ne peut subsister sans ces fonctions; mais ne croyez pas qu'elle soit entièrement éteinte, lorsque vous ne les apercevrez point. Examinez les choses avec soin ; en faisant fléchir le poignet, on trouve souvent le pouls, que l'on n'avait point senti quand le poignet était droit ou renversé. Par ce mouvement on relâche l'artère, et le sang qui n'est poussé que faiblement peut y parvenir. Quelquefois aussi on sent l'artère, entre le pouls et le premier os du métacarpe, lorsqu'on ne la trouve point au poignet. Il faut la tâter légèrement ; par une compression trop forte, vous en empêcheriez la pulsation. Le battement des petites artères de l'extrémité de vos doigts, peut aussi vous faire croire que le pouls bat, quoique la personne soit réellement morte : soyez également en garde contre ces illusions.

Tout n'est pas désespéré, lorsqu'on ne sent point le pouls où on le trouve ordinairement. On peut tâter l'artère temporale et les carotides. Celles-ci sont considérables et reçoivent le sang du cœur en ligne droite. Leur situation profonde exige que, pour les découvrir, on appuie les doigts avec assez de force, à côté du bord postérieur du muscle sternomastoïdien. On peut encore tâter le pouls avec succès aux artères crurales, vers la région des aines. Il faut aussi faire des recherches à la région du cœur ; mais pour les faire utilement, il faut que le corps soit sur le côté. Quand le corps est sur le dos, le cœur s'approche de l'épine, et s'éloigne des côtes au point qu'il ne frappe que très-faiblement, ou même point du tout, contre elles ; c'est ce que chacun peut éprouver sur lui-même. Le cœur bat ordinairement du côté gauche ; mais ses battements sont à droite, dans ceux dont les viscères sont transposés, singularité qui a peut-être été plus d'une fois une source d'erreur dans le traitement des maladies du foie, de la rate, de l'intestin colon, et du *cæcum*. Il faut donc avoir égard à la possibilité de cette transposition dans l'examen que nous indiquons.

Cependant le mouvement du cœur et des artères peut échapper à toutes ces recherches ; si l'on n'avait recours à d'autres signes, on jugerait mortes des personnes qui sont vivantes. L'examen de la respiration ne fournit pas, dans ces circonstances, des preuves plus certaines d'une mort douteuse. Ses mouvements peuvent être absolument imperceptibles. Lorsque les vibrations du cœur et de l'aorte sont languissantes, la vertu élastique des bronches et des vésicules du poumon, aidée par de légers frémissements du cœur et de l'artère pulmonaire, suffit alors pour la respiration, qui continue de se faire, quoique insensiblement. Les recherches qu'on a faites inutilement sur les organes de la circulation du sang, ne dispensent pas de celles qu'on doit faire sur les organes de la respiration, du sentiment et du mouvement. En les négligeant, on se rendrait coupable de la mort de ceux que l'on aurait privés de secours, d'après un jugement porté sur des apparences trompeuses.

Différents auteurs ont proposé différentes épreuves, pour distinguer ceux qui sont véritablement morts, de ceux dont la mort est douteuse. Les uns, pour découvrir s'il y a encore quelques mouvements de respiration, présentent d'une main sûre la flamme d'une bougie à la bouche et aux narines. Si la flamme vacille, sans qu'on puisse attribuer ce tremblement à quelque autre cause, ils jugent que la vie n'est point entièrement éteinte. Ils pensent le contraire, si la flamme n'est agitée en aucun sens. D'autres font la même expérience avec un fil très-délié de laine cardée, ou de coton. Il n'y a personne qui ne puisse se convaincre de l'insuffisance de cette épreuve, en modérant sa respiration. Ces signes ne sont donc rien moins que certains. Nous en disons autant de l'épreuve avec le miroir ; puisqu'il s'exhale de la bouche et des narines d'un cadavre encore chaud, des vapeurs capables de ternir la glace.

Selon quelques-uns, on peut juger qu'une personne n'est pas morte ; si l'on aperçoit du mouvement dans l'eau, dont on aura rempli un verre posé sur l'avance xiphoïde, le sujet étant couché sur le dos. Il serait, je pense, plus convenable qu'on fît cette expérience, en mettant le sujet sur le côté, de façon que l'extrémité du cartilage de l'avant dernière côte fut la partie la plus élevée, et sur laquelle on placerait le verre plein d'eau : il y serait mieux que sur le cartilage xiphoïde pour apercevoir le plus léger mouvement qui se ferait dans la poitrine. Mais de plus, ne sait-on pas que, pour entretenir la respiration dans le cas dont il s'agit, il suffit que le diaphragme ait du mouvement, et que ce mouvement peut être assez doux pour n'en causer aucun aux côtes ; ainsi le repos de la liqueur n'est pas une preuve que les fonctions vitales soient abolies ; et même l'agitation de cette liqueur ne prouve pas qu'elles subsistent, car la fermentation des humeurs pourrait exciter ce mouvement dans un mort.

Quels reproches n'aurait-on pas à se faire, si l'on abandonnait un sujet sur lequel ces moyens auraient été éprouvés sans succès ! On doit en tenter d'autres, qui sont efficaces pour rappeler d'une mort apparente à la vie. Il faut irriter l'intérieur du nez avec des sternutatoires, des sels et des liqueurs pénétrantes, de la moutarde, du jus d'oignon, d'ail, de raifort sauvage, avec les barbes d'une plume ou le bout d'un pinceau. Il faut frotter fréquemment et assez fortement les gencives, de la même drogues ; piquer les organes du tact avec des orties ; irriter les intestins avec des lavements, de la fumée qu'on y introduira ; agiter les membres par de fortes extensions et flexions, faire beaucoup de bruit, et crier aux oreilles. Il ne faut pas s'imaginer que la personne n'entend point, parce qu'elle aura paru ne pas entendre : car de même que le cœur est appelé le premier vivant, on peut dire que des organes sensitifs, celui de l'ouïe, est le dernier qui perde son action. On a là-dessus le témoignage de ceux qui, privés de l'usage de tous les autres sens, ont entendu très-distinctement, et rapporté ensuite tout ce qui avait été dit pendant leur léthargie. Un théologien avait toujours enseigné qu'on ne devait point donner l'absolution à un agonisant qui ne témoignait, par aucun signe extérieur, qu'il eût la faculté d'entendre; il changea de sentiment, parce que, privé lui-même de tout mouvement dans une faiblesse considérable, il avait entendu tout ce qui avait été dit à côté de lui.

De toutes les parties de la médecine, la chirurgie, comme Celse l'a remarqué il y a longtemps, est celle dont les effets sont les plus certains; c'est donc à elle qu'il faudra enfin avoir recours pour tâcher de trouver des signes de la vie ou de la mort. Les épreuves chirurgicales les plus convenables dans ce cas, sont des piqûres, des incisions, ou des brûlures. Par ces moyens on a quelquefois réussi à rappeler à la vie des personnes sur lesquelles les autres épreuves avaient été entièrement inutiles. L'irritation et la divulsion que les épreuves chirurgicales causent aux houpes nerveuses, dont l'organe du tact est formé, produisent une sensation douloureuse des plus vives; la communication au siège de l'âme s'en fait avec une vitesse étonnante, et d'une manière qu'on n'a pu expliquer jusqu'ici. C'est par cette raison que les piqûres dans les mains ou à la plante des pieds, les scarifications sur les épaules et les bras, etc., ont servi quelquefois à découvrir que les apparences de la mort étaient trompeuses. C'est aussi, par cette raison, qu'une femme a été tirée d'une attaque d'apoplexie, en lui faisant entrer profondément une longue aiguille sous l'ongle d'un des doigts du pied; moyen, dont le succès ne justifie pas la témérité. Les incisions peuvent produire le même effet : enfin, la cautérisation est regardée comme un moyen très-efficace.

Lancisi, dont le témoignage est si respectable, rapporte que des gens du peuple, que les remèdes les plus violents n'avaient pu réveiller d'un assoupissement apoplectique, ont été sur le champ rappelés à la vie par des fers rouges qu'on approcha de la plante de leurs pieds. Quelques autres conseillent de mettre des fers rouges sur le sommet de la tête. On peut exciter avec succès, sur les mains, les bras ou autres parties du corps, une sensation douloureuse avec l'eau bouillante, la cire ordinaire ou la cire d'Espagne brûlante, ou avec une mèche allumée. Les frictions violentes opèrent à peu près de la même manière. On lit, dans les ouvrages de l'Académie des Curieux de la Nature: « Qu'un médecin s'étant aperçu qu'un homme, qu'on croyait mort, avait encore les membres flexibles, quoiqu'on ne sentît point de pouls, que l'immobilité du colon déposât contre l'existence de la respiration, et que les lavements les plus âcres fussent sans effet, il fit frotter fortement la plante des pieds de cet homme avec une étoffe *de crin*, pénétrée d'une saumure très-forte, et, par ce moyen, il le rappela à la vie. »

Quelque utiles que ces épreuves paraissent, elles peuvent néanmoins être fautives. Entre plusieurs exemples qui le prouvent, il suffit de citer une observation communiquée à l'Académie royale des sciences. Un soldat ne sentait point la chaleur d'un fer rouge, quoiqu'il eût conservé la puissance motrice des parties, qui étaient devenues insensibles.

Que résultera-t-il, me direz-vous, de tout ce que vous proposez? à quoi bon piquer, inciser et brûler ainsi les corps? A quoi bon? le voici : l'exemple des autres m'épouvante, moi surtout qui, au jugement même de médecins, ai été réputé mort et enseveli deux fois, l'une dans mon enfance, et l'autre étant adolescent. « Au surplus le commun des hommes, comme l'a remarqué Zacchias, ne doit se moquer de l'habileté des médecins qui feraient des expériences sur ceux que l'on croirait morts, ou qui le seraient véritablement, pour tâcher de découvrir si la vie subsiste encore, ou si elle est entièrement éteinte. » Nous pouvons citer ici ce que Lancisi rapporte d'après Quintilien. « D'où croyez-vous que soit venue la coutume de différer les enterrements? Pourquoi troublons-nous les pompes funèbres, par nos pleurs, nos gémissements et nos cris, si ce n'est parce qu'on a vu souvent des gens qu'on croyait morts revenir à la vie contre toute espérance? C'est pourquoi, continue ce savant homme, on ne peut trop louer la sagesse de la loi, qui défend d'ensevelir précipitamment les morts, et surtout ceux dont la mort a été subite. Il prie ensuite les médecins, de même que les personnes pieuses, dont l'état est d'exhorter les mourants, de faire usage des moyens proposés. Il exhorte surtout les médecins à chercher de nouveaux moyens, par lesquels on puisse soustraire des victimes à la mort, ou du moins gagner assez de temps pour que ceux que l'on pourra réchapper puissent au moins se reconnaître et faire les actes de religion nécessaires. Riolan, un des flambeaux de l'Ecole de Médecine de Paris, a donné des marques à peu près pareilles de sa charité, en parlant des corps des justiciés, qu'on destine aux dissections anatomiques : « Il ne faut y procéder, dit-il, tant que le corps est chaud, et s'il n'y a pas longtemps que l'exécution soit faite; la religion et l'humanité exigent que l'on donne à ces malheureux tous les secours convenables pour les rappeler à la vie, afin qu'ils puissent faire pénitence de leurs crimes. » Mais comme il n'y a (surtout dans les cas dont nous parlons), aucun signe certain de la mort, que les taches livides du sujet, et l'odeur cadavéreuse qui en exhale, odeur bien différente de toutes celles qui émanent des excréments ou de certains ulcères, etc., le plus sûr sera de garder dans le lit, pendant deux ou trois jours, celui que l'on croira mort, avec ses draps, ses couvertures, et ses oreillers, comme s'il était vivant. On le laissera ainsi jusqu'à ce qu'il soit froid et devenu raide. Le sentiment du célèbre Terilli, médecin de Venise, mériterait d'être gravé en lettres d'or : « Comme il est très-certain, par tout ce qui a été dit, que les fonctions vitales peuvent être diminuées au point que le corps paraisse tout-à fait semblable à celui d'un mort, il est à propos de différer les enterrements assez de temps, pour que la vie puisse se manifester; la charité et la religion ne permettent pas qu'on s'expose, faute de cette précaution, à enterrer des personnes qui ne sont point réellement mortes. Selon tous les auteurs, il faut attendre trois jours naturels, ou soixante et douze heures (1). Si pendant ce temps on n'aperçoit aucun signe de vie, et qu'au contraire les corps exhalent une odeur fétide, c'est une preuve infaillible de la mort, et l'on peut les enterrer sans scrupule. » Zacchias est aussi de cet avis : « Un commencement de putréfaction est le seul signe certain de la mort. » Il ne faut donc pas être surpris si quelques personnes, dans la crainte d'être enterrées vivantes, ont ordonné par leur testament qu'on ne les enterrât qu'au bout de quarante-huit heures, et après qu'on aurait fait sur elles les épreuves chirurgicales qui peuvent servir à constater leur mort. Tout le monde sait que madame de Corbeville a prescrit ces précautions dans son testament; ce qui fut exécuté; et je désire bien fort qu'on ait les mêmes attentions pour moi lorsque je serai dans le même cas.

Donc les épreuves chirurgicales ne donnent pas des signes plus certains d'une mort douteuse que les autres épreuves.

Epreuves contre une mort apparente, pour prévenir les enterrements précipités.

I. Ne point retirer de son lit le malade que l'on présume être mort, et l'y laisser avec les mêmes draps, couvertures et oreillers qu'il avait dans le cours de sa maladie.

II. Souffler avec un tuyau ou chalumeau de l'air dans les poumons; pincer le nez et les lèvres contre le tuyau, afin que cet air ne revienne point par les lèvres et par les narines.

III. L'application d'un vésicatoire ou d'une pierre à cautère : si ce remède excite des vessies, c'est un signe certain de vie; car il n'agit point sur les parties mortes.

IV. La flexibilité des membres est un des principaux signes qu'une personne n'est pas morte, quoiqu'elle ne donne aucun signe de vie, à moins que la raideur des membres ne soit causée par une affection convulsive; ce qu'on connaîtra facilement, parce que le membre convulsif retourne avec violence vers le lieu où il était; on observe tout le contraire dans les cadavres; dès qu'on a forcé l'articulation, le membre est indifférent à telle ou telle situation, et il suit les règles des corps inanimés.

V. Tant que le globe de l'œil conserve sa fermeté naturelle, on ne peut pas prononcer que la personne est morte, quelles que soient les autres marques qui déterminent à le penser.

VI. La cornée transparente des morts est ordinairement couverte d'une toile glaireuse très-fine, qui se fend en plusieurs morceaux quand on y touche, et que l'on emporte facilement en essuyant la cornée; ce qui donne lieu de dire en différents pays que les yeux sont crevés, ou que le larmier est rompu.

VII. Un seul cadavre mort d'une maladie maligne, peut causer dans les églises une infection très-dangereuse à plusieurs, à qui la même maladie se peut communiquer facilement, si l'on n'a soin de bien sceller la tombe, sous laquelle on les aura inhumés.

Nous compléterons ce qu'on vient de lire par un *Mémoire présenté, en 1839, au Conseil central de Salubrité publique, à Bruxelles*, par MM. de Losen, Bigot et Vanderstraeten.

S'il est une question qui se rattache intimement à l'hygiène publique, et qui intéresse la société tout entière, c'est sans contredit celle des dangers des *inhumations précipitées*. En effet, arracher un grand nombre de victimes à la mort, n'est-ce point, d'une part, contribuer à la conservation de l'espèce humaine, en la préservant du plus terrible des malheurs, celui d'être enterré vivant, et de l'autre, *rassurer l'humanité contre les erreurs déplorables que peut entraîner une mort apparente*, garantir l'honneur et le repos des familles, et fournir à la justice les moyens de connaître des crimes qui resteraient impunis ou ignorés.

Les apparences de la mort ont été quelquefois si grandes, que la vérité n'a pu éclairer les yeux de médecins instruits; mais plus souvent l'ignorance, la précipitation et la cupidité placèrent dans le tombeau des malades qui n'avaient point perdu tous leurs droits à la vie. Winslow, Bruhier, Louis, etc., ont démontré l'incertitude des signes de la mort, et on ne saurait trop accorder d'éloges au zèle qui leur inspira leurs éloquentes réclamations. Aujourd'hui il n'est plus de médecin qui ne soit convaincu que les signes qui semblent être le cachet de la mort, n'en sont point une preuve évidente, et que leur ensemble même ne peut que la faire présumer sans l'établir d'une manière absolue; enfin que la putréfaction en est la seule preuve indubitable, parce que les nouvelles réactions chimiques, qui s'opèrent alors dans le corps, démontrent qu'il a cessé d'être sous l'influence du principe de la vie. Rien n'est donc plus difficile que de s'assurer de la mort réelle. Et puisque des exemples ont prouvé et prouvent encore tous les jours que la précipitation des inhumations a causé de grandes catastrophes, l'humanité n'ordonne-t-elle pas de prendre, pour l'éviter, toutes les précautions suggérées par la prudence humaine.

La plupart des peuples ont tellement senti l'importance de s'assurer de la mort réelle d'un individu, qu'ils ont pris des mesures pour éviter les inhumations précipitées. Le législateur des Hébreux, Moïse, à qui l'on doit plusieurs admirables préceptes d'hygiène, prescrivait de garder les morts pendant trois jours. Hérodote affirme qu'il était

---

(1) C'est ce qui se fait en Allemagne, en Hollande. A Paris, on attend à peine vingt-quatre heures....

défendu aux Égyptiens d'enterrer leurs morts avant le quatrième jour du décès. Les anciens Perses n'inhumaient aucun cadavre sans que son odeur putride n'eût attiré les oiseaux de proie. Lycurgue avait fixé à onze jours la durée des lamentations funéraires, et le corps du décédé ne pouvait être inhumé avant cette époque. A Athènes les corps, après avoir été lavés et parfumés, étaient exposés, la tête découverte, dans le vestibule des maisons, et ne recevaient les honneurs funèbres qu'après le troisième jour. Dans plusieurs autres villes de la Grèce, on attendait le sixième et même le septième. Les Romains conservaient leurs morts pendant sept jours, confiés à la garde de personnes chargées de les appeler plusieurs fois et à grands cris par leurs noms : cet usage se nommait la *conclamation*. Avant de déposer le corps sur le bûcher, on l'appelait une dernière fois, on lui coupait un doigt, et s'il ne donnait aucun signe d'existence, il était jugé privé de la vie pour jamais.

Avant Léopold Ier, on avait l'habitude, en Toscane, d'inhumer les morts dans les vingt-quatre heures. Ce sage souverain prorogea le délai à quarante-huit, et il prescrivit que, dans le cas où des circonstances particulières se présenteraient, on ne pourrait enterrer les corps avant qu'ils ne manifestassent des signes indubitables de mort réelle. Il fit à cet effet établir des gardiens pour veiller les décédés et pour faire appeler au besoin les hommes de l'art chargés de donner les secours nécessaires. Afin que toutes ces mesures fussent religieusement observées, ce prince préposa à Florence et dans toutes les communes du grand duché un magistrat à la surveillance exclusive des sépultures. Il ordonna en outre que, sans une permission écrite de ce magistrat, on ne pourrait procéder à aucune inhumation, et il commina des peines très-sévères pour les cas de contravention.

Les Anglais n'enterrent les personnes qualifiées qu'au bout de trois jours, et les autres dans le délai de vingt-quatre à trente-six heures : mais dans l'un et l'autre cas, ce n'est qu'après que les experts ont certifié que la mort n'a été produite ni par le fer ni par le poison.

En Portugal, la loi exige vingt-quatre heures entre le décès et la sépulture, qui néanmoins a lieu par fois cinq ou six heures après la mort.

L'Espagne est le pays où l'on garde le moins les morts : pour peu que vous dormiez trop longtemps, dit M. Langle, on vous met en terre.

En Allemagne, avant l'impératrice Marie-Thérèse, le temps entre la mort et l'inhumation était arbitraire ; elle remédia à cet état de choses en ordonnant que dans ses états on n'enterrerait désormais que quarante-huit heures après le décès. Aujourd'hui les Allemands soumettent leurs morts à une suite d'épreuves qui rendent toute surprise impossible, et ne les ensevelissent qu'après plusieurs jours.

En France, l'article 77 du code civil exige qu'aucune inhumation ne soit faite sans une autorisation de l'officier de l'état civil, qui ne pourra la délivrer qu'après s'être transporté auprès de la personne décédée, pour s'assurer du décès, et que *vingt-quatre heures* après le décès.

Les mesures administratives concernant les inhumations sont les mêmes pour la Belgique. Il est aisé de démontrer leur insuffisance. Nous avons vu que les peuples anciens conservaient les cadavres pendant plusieurs jours, et cependant, malgré tous les soins qu'ils prenaient pour s'assurer que la perte de la vie était réelle, Pline parle de plusieurs morts en apparence ressuscités sur le bûcher. A plus forte raison le terme de vingt-quatre, ou même de quarante-huit heures, est-il insuffisant, surtout dans les morts subites. Il est encore souvent abrégé par la précipitation des ensevelissements et de la mise dans la bière (à couvercle cloué), par les autopsies et les embaumements également précipités, enfin par les fausses déclarations de décès.

En effet, à peine quelqu'un est-il en état de mort, que parents, amis, tout le monde, l'abandonne ; une main mercenaire s'empresse de l'ensevelir ; il devient pour tout ce qui l'entoure un objet d'horreur dont on a hâte de se débarrasser ; aussi, ne manque-t-on presque jamais, dans les déclarations de décès, d'anticiper de cinq, six, et même de dix heures, l'heure de la mort, afin de pouvoir inhumer plus vite, sans s'inquiéter si l'on va confier à la terre un corps en *état de mort apparente*, ou un cadavre ; de telles déclarations sont répréhensibles, souvent même elles sont criminelles.

Encore si le médecin voyait son malade lorsqu'il a cessé d'exister ! Mais non ; l'homme de l'art qui craint pour la vie de son client, a soin de prendre des informations chez les voisins, et, selon leur réplique, il entre ou s'éloigne. S'il n'a pas prévu l'événement, pour l'ordinaire on le fait avertir que ses visites ne sont plus nécessaires, que le malade a succombé. Eh ! qui a prononcé qu'il est mort ? Des parents désespérés par une fausse apparence, ou des héritiers qui cachent leur satisfaction sous les dehors d'une feinte douleur, ou enfin des gardes-malades, souvent fort ignorantes.

En Belgique, M. le ministre de l'intérieur, frappé de la gravité des inhumations précipitées, a adressé, en juillet 1838, à tous les gouverneurs du pays, une circulaire pour s'assurer si, dans les différentes provinces, l'officier de l'état civil se transportait auprès de la personne décédée ; cette circulaire portait aussi que, dans le cas où l'article 77 ne serait pas exécuté, MM. les gouverneurs étaient priés de rechercher quelles seraient les mesures qu'il serait préférable d'adopter pour remédier à cet abus, et de les lui signaler. Or voici (si nos renseignements sont exacts, et nous avons tout lieu de le croire), les résultats qu'a obtenus M. le ministre :

A Anvers l'officier de l'état civil n'exécute

pas l'article 77 ; le collége communal considère cette disposition comme insuffisante ; il exige que la mort soit attestée par un médecin.

A Malines, un agent de police se transporte auprès du décédé, pour vérifier la mort.

A Turnhout, la loi ne s'exécute pas, ainsi que dans toutes les autres communes de la province.

A Bruxelles, à Louvain, à Nivelles, un commissaire de l'état civil est délégué pour constater les décès. Dans quelques communes le secrétaire de la régence, ou le garde-champêtre est chargé de la même fonction ; dans tout le reste de la province la loi n'est pas exécutée.

Pour la Flandre Orientale, M. le gouverneur a fait une singulière réponse. Depuis l'existence des dispositions de l'article 77, dit-il, aucune réclamation, aucune plainte ne s'est élevée dans cette province, signalant quelque abus ou quelque infraction à leur ponctuelle exécution. Est-ce parce que les morts ne réclament ni ne se plaignent ? Nous serions tentés de le croire.

M. le gouverneur du Hainaut y met beaucoup plus de franchise : il avoue que dans aucune ville ni commune de sa province la loi n'est exécutée (1).

Depuis quelque temps, à Liége et à Verviers, des médecins vérificateurs des décès ont été institués par le conseil communal ; dans tout le reste de la province la loi ne reçoit aucune exécution.

Dans les villes de la Flandre Occidentale, c'est un agent de police qui s'assure des décès. M. le gouverneur garde le silence sur toutes les autres communes.

Dans le Luxembourg, la loi n'est exécutée nulle part.

Il en est de même dans la province de Namur.

Dans le Limbourg, l'article 77 n'est observé que dans très-peu de communes.

Ainsi donc, presque partout la loi est ou inexécutée ou violée ; car une délégation, soit à un agent de police, soit à un garde-champêtre, ou même à un médecin, est une violation de l'article 77, puisqu'il y est dit textuellement que l'officier de l'état civil devra s'assurer en personne des décès. Ou la loi est bonne ou elle est mauvaise ; dans ce dernier cas, il faut la modifier.

Nous venons de voir que l'article 77 n'était exécuté nulle part ; mais fût-il observé partout, il serait encore illusoire. Voyons en effet de quelle utilité peut être l'officier de l'état civil, ou son délégué, pour constater les décès. D'abord le plus souvent il se dispense de cette pénible corvée ; en second lieu, si quelquefois il prend cette peine, ce n'est qu'avec un sentiment de dégoût ou même d'horreur pour un cadavre. Aussi que fait-il ? Muni d'un flacon de vinaigre ou d'un morceau de camphre, il entre avec les plus grandes précautions dans la chambre du défunt, et à peine l'a-t-il entrevu, qu'il le déclare *bien et dûment mort*. Supposons maintenant qu'il parvienne à vaincre cette répugnance ordinaire qu'a l'homme pour un cadavre, pense-t-on qu'il aille examiner scrupuleusement toutes les parties ? et quand bien même il se dévouerait à ce point, croit-on que son regard scrutateur puisse saisir les causes d'une mort violente, ou les signes caractéristiques de la mort réelle, signes qui échappent quelquefois à l'investigation des médecins ? Tout homme de bonne foi répondra sans hésiter : non. Nous ne craignons donc pas de dire que ces visites uniquement faites par des hommes étrangers à l'art médical, sont illusoires. Nous irons plus loin, nous dirons même que cette disposition est funeste à la société, car elle consacre en principe que toute mort apparente est une mort réelle. De là aucune tentative, aucune expérience pour rappeler à la vie tant de malheureux qui ne sont réellement pas morts. En effet, l'expérience ne démontre-t-elle pas que beaucoup d'états nerveux ou apoplectiques se trouvent dissipés par des secours convenablement administrés, et qui, abandonnés à eux-mêmes, auraient amené la mort réelle.

Bruhier, dans son *Traité sur l'incertitude des signes de la mort*, publié en 1740, a rassemblé 181 cas de méprises, parmi lesquels figurent 52 individus enterrés vivants, 4 ouverts avant leur mort, 53 de personnes revenues spontanément à la vie après avoir été enfermées dans un cercueil, et 72 autres réputées mortes sans l'être.

Tout en admettant qu'un grand nombre de ces faits ne présentent pas toute la garantie désirable, il n'en reste pas moins démontré que des erreurs nombreuses ont été commises. D'ailleurs, Bruhier n'est pas le seul auteur qui ait rapporté des faits de ce genre : Zacchias, Lancisi, Philippe Peu, Guillaume Fabri, Pechlin, Kirchmann, Kornmann, Winslow, Falconet, Rigodeaux, etc., ont cité des exemples analogues. On sait que sous Charles IX, François Civile, gentilhomme normand, se qualifiait dans ses actes de trois fois mort, trois fois enterré, et trois fois ressuscité par la grâce de Dieu.

Nous pourrions citer un grand nombre de cas de résurrections en quelque sorte miraculeuses ; nous nous contenterons de rapporter l'un des plus récents et des plus dignes de remarque, que nous empruntons au Journal des sciences physiques, chimiques, arts agricoles et industriels de France (cahier de mai 1838).

Philippe Marbois, cultivateur à Cysoin, village à quelques lieues de Lille, âgé de 58 ans, d'un caractère bon, d'une patience rare, à la suite d'une vive altercation avec sa femme et ses enfants, fut atteint tout à

---

(1) Depuis deux mois seulement la ville de Tournay, à l'instar de Paris et de la plupart des grandes villes de France où l'insuffisance de la constatation des décès par l'officier de l'état civil a été bien sentie, a institué des médecins inspecteurs pour s'assurer de la mort réelle. Mais outre la visite de ces médecins, il faudrait l'attestation signée du médecin qui a soigné le malade.

coup d'une attaque de catalepsie. On le crut mort. En conséquence *trois jours après* (le 16 janvier 1838), jour où le froid fut excessif, Philippe Marbois fut inhumé à très-peu de profondeur, à cause de la difficulté qu'on éprouvait pour creuser la terre. Le 23 janvier, le temps étant au dégel, l'exhumation fut entreprise pour procéder à une nouvelle inhumation du cadavre. Quel fut l'étonnement du fossoyeur d'entendre un soupir étouffé partir du cercueil; on ouvre la bière, on en sort Marbois, on le transporte dans une maison voisine où, à l'aide des secours qui lui sont prodigués par un homme de l'art, il ne tarde pas à être rappelé à la vie.

Nous lisons dans les *Notices de Froriep* (année 1829, n° 522) que, d'après une nouvelle mesure adoptée à New-York, on ne peut procéder à aucune inhumation avant d'avoir exposé le cercueil pendant huit jours, avec une ouverture pratiquée dans la région de la tête, et des cordons qui des pieds et des mains vont aboutir à une sonnette. Sur 1200 *individus* exposés de la sorte, il y en eut 6 en état de mort apparente. Ainsi ce n'est pas sur des millions ou des milliers de morts, mais bien sur 200 seulement *qu'un individu* aurait été enterré vivant. En vérité *cette proportion d'un demi pour cent* a de quoi effrayer, si elle est la même partout. Si nous en voulions faire par hasard l'application à Bruxelles, nous trouverions que depuis 1824 jusqu'en 1837 il est mort 51,805 personnes; or, il y en aurait donc eu 259 d'enterrées vivantes, et quand bien même nous réduirions ce nombre de moitié, le résultat n'en serait pas moins effrayant et digne d'appeler toute notre sollicitude.

Le danger d'ensevelir un vivant n'est pas la seule considération qui doit faire proscrire les inhumations précipitées, et engager à vérifier scrupuleusement le genre de mort. Il en est d'autres dont l'importance en matière criminelle et dans l'ordre moral est fort grande, puisqu'elles facilitent au crime les moyens de se soustraire aux regards des hommes, et de braver ainsi les lois.

En lisant les journaux français, et surtout la *Gazette des Tribunaux*, on est vraiment effrayé d'y rencontrer si souvent des crimes qui, d'abord ensevelis sous terre, n'ont dû leur découverte, et par suite leur punition, qu'à des soupçons qui ont forcé l'autorité judiciaire à exhumer les cadavres des victimes. Il est à regretter que l'administration de la justice, dans les comptes-rendus qu'elle publie, ne donne pas la statistique des exhumations judiciaires. Peut-être qu'effrayé par cet épouvantable résultat, le gouvernement aurait déjà depuis longtemps pris les mesures les plus minutieuses pour la constatation des décès. Pour vous convaincre de ce que nous avançons, nous avons pris au hasard quelques numéros de la *Gazette des Tribunaux* de 1838, et voici ce que nous y avons trouvé:

Dans le numero du 11 janvier, un nommé Delunet, meunier dans le département de la Meurthe, après avoir été exhumé, a été reconnu assassiné. Sa femme, son fils, sa fille et un domestique ont été condamnés comme les auteurs du crime.

Dans le numéro du 19 avril, Julien Rousseau, fermier dans le département de la Loire-Inférieure, a été reconnu pour avoir empoisonné sa quatrième femme, et l'instruction a en partie démontré qu'il s'était débarrassé violemment des trois autres.

Dans le numéro du 24 juin, la femme Hedrix, du département de l'Aube, a été condamnée pour avoir empoisonné son mari; le poison a été signalé dans l'estomac de la victime exhumée.

Dans le numéro du 13 septembre, Philippe Cros, tonnelier à Béziers, a empoisonné successivement ses deux femmes et son enfant. Après avoir exhumé les cadavres des trois victimes, on a reconnu chez toutes de l'arsenic; le criminel s'est tué en prison.

Dans le numéro du 19 septembre, Michel Mentes a été condamné pour avoir assassiné sa femme, ce dont on s'est convaincu après avoir exhumé le cadavre.

Dans le numéro du 22 du même mois, Marie Lamoure, veuve Malaurent, du département de la Corrèze, a été condamnée pour avoir empoisonné son enfant de 4 ans. De l'arsenic a été trouvé dans l'estomac du cadavre exhumé.

Dans le numéro du 4 octobre, madame N., de Paris, a empoisonné successivement son mari et deux enfants.

Dans le numéro du 7 du même mois, M. Savin, médecin à Pouilly, a été arrêté comme ayant empoisonné sa femme avec de l'opium. Depuis, Savin s'est suicidé en prison.

Dans le numéro du 31 du même mois. Lecocq, du département de l'Orne, a été condamné pour avoir assassiné sa tante. Le cadavre exhumé n'a laissé aucun doute à cet égard.

Dans le numéro du 7 décembre, Mariette Tollon, veuve Froquais, du département de l'Isère, est accusée d'avoir empoisonné son premier mari et la première femme de son second. Après avoir exhumé les victimes, on a trouvé de l'arsenic dans l'estomac de l'une des deux.

Dans le numéro du 8 du même mois, un enfant de cinq ans, de l'arrondissement de Fougères, a succombé sous les mauvais traitements de son tuteur: l'exhumation du cadavre en lambeaux ne laisse aucun doute à cet égard.

Dans le numéro du 23 du même mois, M. Camus, riche propriétaire du département de Loir-et-Cher, est mort à Orléans, et quelques soupçons ont donné lieu à l'exhumation; les viscères, soigneusement recueillis, ont été envoyés à Paris, pour être soumis à des analyses chimiques.

Il y a quelques jours, la gazette contenait encore le récit d'un triple empoisonnement commis successivement sur ses trois femmes par un habitant de Beaupréau, département de Maine-et-Loire. Après avoir été exhumés, l'examen des cadavres de deux des victimes a prouvé l'emploi manifeste de l'arsenic

Enfin, aujourd'hui 19 février 1839, nous lisons dans la gazette du 17 de ce mois, qu'à Saint-Genis, arrondissement de Libourne, l'exhumation du cadavre de la femme Bouricaut vient d'avoir lieu, et que de graves présomptions accusent son mari d'être l'auteur du crime qui a causé la mort de cette femme.

Nous avons trouvé dans un autre journal que Joseph Clémot, habitant de la commune de Neuvy (Maine et Loire), a empoisonné successivement avec de l'arsenic trois femmes et un enfant; la première, Anne Bourdier, en 1828, la seconde, Geneviève Brillonet, en 1837, et Marie Bondu, le 26 septembre 1838.

Le même journal rapporte qu'à Xaintrailles, arrondissement de Nancy, Jeanne Caseaux, femme Sourisseau, a empoisonné, le 2 octobre 1838, son mari avec de l'arsenic qui a été retrouvé dans l'estomac du cadavre exhumé. Les débats de la cour d'assises ont en partie démontré qu'elle avait empoisonné de la même manière son second et son premier mari.

Si nous avions eu à notre disposition la collection complète de la *Gazette des Tribunaux* de 1838, et le temps de la compulser, nous ne doutons pas que nous n'eussions pu signaler au moins cinquante à soixante crimes de la nature de ceux que nous venons de vous relater; or, en admettant que la gazette ne consigne que le quart des exhumations qui ont lieu dans toute la France, ce qui n'est certes pas exagéré, il en résulterait donc à peu près par an 200 exhumations par suite de suspicion de crime souvent justifié, n'est-ce pas là un chiffre effrayant? Et si maintenant nous réfléchissons à la quantité de crimes qui restent enfouis et impunis, et on n'en saurait douter, puisque, comme nous l'avons vu, un grand nombre de coupables, avant d'être découverts, en étaient à leur deuxième, troisième et quatrième crime; n'en devons-nous pas conclure avec douleur que les plus grands coupables ne sont pas toujours au bagne, qu'il n'y a que les plus effrontés et les plus maladroits, mais que les plus profonds scélérats vivent la plupart du temps à nos côtés et quelquefois sous notre propre toit.

En lisant les débats criminels, nous avons vu d'autres genres de crime, qui doivent échapper souvent à la justice en raison de la manière vicieuse avec laquelle on constate les décès; nous voulons parler de ces séquestrations pires qu'un assassinat, telles que les époux Wieland et plusieurs autres parents dénaturés nous ont fourni des exemples dans ces derniers temps. Qui aurait révélé le genre de mort de ces malheureux, s'ils étaient morts quelques jours avant la découverte du crime de séquestration? Qui peut nous dévoiler les manœuvres coupables employées pour produire l'avortement et qui amènent en même temps la mort de la mère? Qui peut nous signaler la mort de tant de jeunes enfants assassinés par leurs parents même légitimes ou qu'on laisse périr volontairement par un assassinat plus lent, mais non moins révoltant. Qui pourra nous faire connaître tous ces meurtres détournés que commettent des héritiers avides ou des enfants dénaturés, en ne donnant pas à des vieillards faibles ou infirmes les aliments nécessaires à leur conservation, ou en les privant des secours de la médecine et des remèdes qui pourraient leur conserver la vie.

Ne croyez pas que nous cherchions ici à rendre plus hideux, pour effrayer vos imaginations, un tableau déjà si horrible par lui-même, non; nous ne vous avons entretenus que de choses qui se passent tous les jours au milieu de nous. En faisant ressortir des faits qui passent inaperçus, nous n'avons en en vue qu'une seule chose, de vous signaler les vices de la législation actuelle concernant les inhumations, et de vous prier de vous joindre à nous pour engager le gouvernement et les différentes autorités communales à adopter des mesures qui puissent remédier à tous ces vices et combler les lacunes de la législation.

Les moyens qui nous paraissent les plus propres à remplir ce but, consistent, selon nous, 1° dans des améliorations à apporter à la législation sur la manière de vérifier et de constater les décès, et 2° dans l'établissement de dépôts ou maisons mortuaires à l'instar de celles qui existent dans plusieurs villes d'Allemagne.

Les maisons dont il s'agit, placées dans les cimetières, sont destinées à recevoir les morts qui, après y avoir été convenablement déposés, y sont observés jusqu'à l'apparition des signes non équivoques de la putréfaction.

Il y a déjà longtemps qu'en Allemagne, le célèbre Hufeland avait parlé avec chaleur contre l'insouciance, la superstition et la légèreté avec laquelle on traite les morts, et c'est à son mérite et à ses sollicitations qu'en 1791, on dut, à Weimar, l'établissement de la première maison mortuaire. Le grand-duc Charles-Auguste et sa famille s'étant intéressés à cette institution, une souscription fut ouverte, et les amis de l'humanité virent avec plaisir toutes les classes de la société saisir cette idée avec empressement; aussi, en peu de temps, tous les moyens furent réunis pour établir une maison qui répondît tout à fait au but qu'on s'était proposé. A l'occasion du nouveau cimetière de Weimar, on a construit en 1824 une nouvelle maison mortuaire qui est encore plus parfaite que l'ancienne, sur la porte de laquelle est placée l'inscription suivante: *Vitæ dubiæ asylum*.

C'est également à Hufeland qu'on doit la fondation d'une maison mortuaire à Berlin. Elle a été construite en 1797 par la société des Amis, et se distingue par sa construction; elle contient deux salles, une pour les hommes et l'autre pour les femmes.

A l'exemple de Weimar et de Berlin, et à l'instigation du professeur Ackermann, on a fondé à Mayence, en 1803, une maison mortuaire à laquelle on a donné depuis quelques années plus d'extension.

La maison mortuaire de Munich est construite sur un plan plus étendu et se distingue tant en raison de la magnificence de l'architecture qu'à cause de l'arrangement convenable de l'intérieur. Elle a été bâtie en 1818 sur le nouveau cimetière ; elle contient deux salles spacieuses, l'une est destinée aux riches, l'autre aux pauvres. Du centre de la maison s'étend à chaque côté une colonnade de 94 colonnes d'ordre corinthien ; au mur extérieur, on a ménagé des niches pour y mettre les bustes des hommes qui se sont distingués par leurs vertus et leurs connaissances.

On procéda à Bamberg à la construction d'une maison mortuaire, en 1821; à Wurzbourg et à Augsbourg se trouvent également de pareils établissements. Le plus nouveau a été élevé dans le cimetière à Francfort-sur-le-Mein ; il peut servir de modèle à tous les autres. Naguère les journaux ont annoncé que, convaincu de l'importance et de la nécessité de ces salutaires institutions, le roi de Prusse allait en créer plusieurs dans ses États.

Avant de terminer cet aperçu historique, nous ne devons pas passer sous silence une institution de ce genre créée en Belgique, en 1825. C'est *le caveau ou dépôt mortuaire* que la ville de Verviers doit à la générosité de madame Simonis de Sanzeilles.

Voici quelques autres faits.

En 1827, dans la séance du 10 avril de l'Académie royale de médecine de Paris, M. Chantourelle lut une note sur les dangers des inhumations précipitées. Cette lecture amena une discussion dans laquelle M. Desgenettes dit tenir de M. Thouret, qui avait présidé à la destruction du cimetière et du charnier des Innocents, que beaucoup de squelettes avaient été trouvés dans des positions annonçant que les individus s'étaient mus après leur inhumation. M. Thouret en avait été si frappé, qu'il en fit la matière d'une disposition testamentaire relative à son enterrement.

Meruac rapporte que la femme de M. Duhamel, avocat célèbre au parlement de Paris, regardée comme morte pendant vingt-quatre heures, fut placée sur une table pour être ensevelie. Son mari s'y oppose fortement, ne la croyant pas morte. Pour s'en convaincre, sachant qu'elle aimait beaucoup le son de la vielle et les chansons que chantent les vielleurs, il en fait monter un. Au son de l'instrument et de la voix, la défunte reprend le mouvement et la parole. Elle a survécu quarante ans à sa mort apparente.

M. Rousseau, de Rouen, avait épousé une femme de quatorze ans, qu'il laissa en parfaite santé pour faire un petit voyage à quatre lieues de la ville. Le troisième jour de son voyage, on vient lui annoncer que s'il ne part promptement il trouvera sa femme enterrée. En arrivant chez lui, il la voit exposée sur la porte, et le clergé prêt à l'emporter. Tout entier à son désespoir il fait porter la bière dans sa chambre, la fait déclouer, place la défunte dans son lit, lui fait faire vingt-cinq scarifications par un chirurgien, à la vingt-sixième plus douloureuse sans doute que les autres, la défunte s'écria : —

Ah ! que vous me faites mal ! on s'empressa de lui donner tous les secours de l'art. Cette femme a eu depuis vingt-six enfants.

ENTHOUSIASTES. On a donné ce nom à certains sectaires qui, étant agités du démon, se croyaient inspirés.

ENVOUTEMENT. Les sorciers font, dit-on, la figure en cire de leurs ennemis, la piquent, la tourmentent, la fondent devant le feu, afin que les originaux vivants et animés ressentent les mêmes douleurs. C'est ce que l'on appelle *envoûter*, du nom de la figure, vols ou vousl ; voyez ce mot. Voy. aussi DUFFUS, CHARLES IX, GLOCESTER, etc.

ÉON DE L'ÉTOILE. Dans le douzième siècle, un certain Éon de l'Étoile, gentilhomme breton, abusant de la manière dont on prononçait ces paroles : *Per eum qui venturus est* (on prononçait *per Eon*), prétendit qu'il était le Fils de Dieu qui doit venir juger les vivants et les morts, se donna pour tel, eut des adhérents qu'on appela Éoniens, et qui se mirent, comme tous les novateurs, à piller les églises et les monastères.

ÉONS. Selon les gnostiques, les Éons sont les êtres vivants et intelligents que nous appelons des esprits. Les Grecs les nommaient démons ; ce mot a le même sens. Ces Éons prétendus étaient ou des attributs de Dieu personnifiés, ou des mots hébreux tirés de l'Écriture, ou des mots barbares forgés à discrétion. Ainsi de *Pléroma* la divinité, sortaient *Sophia* la sagesse, *Nous* l'intelligence, *Sigé* le silence, *Logos* le verbe, *Achamoth* la prudence, etc. L'un de ces Éons avait formé le monde, l'autre avait gouverné les Juifs et fabriqué leur loi, un troisième était venu parmi les hommes, sous le nom de Fils de Dieu ou de Jésus-Christ. Il n'en coûtait rien pour les multiplier ; les uns étaient mâles et les autres femelles, et de leur mariage il était sorti une nombreuse famille. Les Éons étaient issus de Dieu par émanation et par nécessité de nature. Les inventeurs de ces rêveries disaient encore que l'homme a deux âmes, l'une sensitive qu'il a reçue des Éons, et l'autre intelligente et raisonnable que Dieu lui a donnée pour réparer les bévues des Éons maladroits (1).

ÉPAULE DE MOUTON. Giraud, cité par M. Gautrel, dans son Mémoire sur la part que les Flamands prirent à la conquête de l'Angleterre par les Normands, dit que les Flamands qui vinrent en Angleterre connaissaient l'avenir et le passé par l'inspection de l'épaule droite d'un mouton, dépouillée de la viande non rôtie, mais cuite à l'eau : « Par un art admirable et vraiment prophétique, ajoute le même écrivain, ils savent les choses qui, dans le moment même, se passent loin d'eux ; ils annoncent avec la plus grande certitude, d'après certains signes, la guerre et la paix, les massacres et les incendies, la maladie et la mort du roi. C'est à tel point qu'ils prévirent, un an auparavant, le bouleversement de l'État après la mort de Henri Ier, vendirent tous leurs biens et échappèrent à leur ruine en quittant le

(1) Bergier, Dict. théolog., au mot *Gnostiques*.

royaume avec leurs richesses. » — Pourtant on voit dans les historiens du temps que ce fait avancé par Giraud n'est pas exact, et qu'il arriva au contraire à ces Flamands beaucoup de choses qu'ils n'avaient pas prévues.

EPHIALTES ou **HYPHIALTES, ÉPHÉLÈS**, nom que donnaient les Eoliens à une sorte de démons incubes (1).

EPICURE. « Qui pourrait ne pas déplorer le sort d'Epicure, qui a le malheur de passer pour avoir attaché le souverain bien aux plaisirs des sens, et dont à cette occasion on a flétri la mémoire? Si l'on fait réflexion qu'il a vécu soixante-dix ans, qu'il a composé plus d'ouvrages qu'aucun des autres philosophes, qu'il se contentait de pain et d'eau, et que quand il voulait dîner avec Jupiter, il n'y faisait ajouter qu'un peu de fromage, on reviendra bientôt de cette fausse prévention. Que l'on consulte Diogène Laërce, on trouvera dans ses écrits la vie d'Epicure, ses lettres, son testament, et l'on se convaincra que les faits que l'on avance contre lui sont calomnieux. Ce qui a donné lieu à cette erreur, c'est que l'on a mal pris sa doctrine ; en effet, il ne faisait pas consister la félicité dans les plaisirs du corps, mais dans ceux de l'âme, et dans la tranquillité que selon lui on ne peut obtenir que de la sagesse et de la vertu (2). »

Voilà ce que disent quelques critiques, combattus par d'autres.

EPILEPSIE. Les rois d'Angleterre ne guérissaient pas seulement les écrouelles ; ils bénissaient encore des anneaux qui préservaient de la crampe et du mal caduc. Cette cérémonie se faisait le vendredi saint. Le roi, pour communiquer aux anneaux leur vertu salutaire, les frottait entre ses mains. Ces anneaux qui étaient d'or ou d'argent, étaient envoyés dans toute l'Europe, comme des préservatifs infaillibles; il en est fait mention dans différents monuments anciens (3).

Il y a d'autres moyens naïfs de traiter l'épilepsie, qui n'obligent pas à passer la mer. On croyait en guérir chez nos aïeux, en attachant au bras du malade un clou tiré d'un crucifix. La même cure s'opérait en lui mettant sur la poitrine ou dans la poche les noms des trois rois mages, *Gaspard, Balthazar, Melchior*. Cette recette est indiquée dans des livres anciens ;

Gaspar fert myrrham, thus Melchior, Balthasar aurum,
Hæc tria qui secum portabit nomina regum,
Solvitur a morbo, Christi pietate, caduco.

EPREUVES. L'épreuve gothique qui servait à reconnaître les sorciers a beaucoup de rapport avec la manière judicieuse que le peuple emploie pour s'assurer si un chien est enragé ou ne l'est pas. La foule se rassemble et tourmente, autant que possible, le chien qu'on accuse de rage. Si l'animal dévoué se défend et mord, il est condamné d'une voix unanime, d'après ce principe, qu'un chien enragé mord tout ce qu'il rencontre. S'il tâche, au contraire, de s'échapper et de fuir à toutes jambes, l'espérance de salut est perdue sans ressource : on sait de reste qu'un chien enragé court avec force et tout droit devant lui sans se détourner.

La sorcière soupçonnée était plongée dans l'eau, les mains et les pieds fortement liés ensemble. Surnageait-elle, on l'enlevait aussitôt pour la précipiter dans un bûcher, comme convaincue d'être criminelle, puisque l'eau des épreuves la rejetait de son sein. Enfonçait-elle, son innocence était dès lors irréprochable; mais cette justification lui coûtait la vie (4).

Il y avait bien d'autres épreuves. Celle de la croix consistait généralement, pour les deux adversaires, à demeurer les bras étendus devant une croix, celui qui y tenait le plus longtemps gagnait sa cause.

Mais le plus souvent les épreuves judiciaires se faisaient autrefois par l'eau ou le feu. Voy. EAU BOUILLANTE, CERCUEIL, FER CHAUD, ORDALIE, etc.

ERCELDOUNE. Les aventures merveilleuses de Thomas d'Erceldoune sont l'une des plus vieilles légendes de fées que l'on connaisse. Thomas d'Erceldoune, dans le Lauderdale, surnommé le Rimeur, parce qu'il avait composé un roman poétique sur Tristrem et Yseult, roman curieux comme l'échantillon de vers anglais le plus ancien qu'on sache exister, florissait sous le règne d'Alexandre III d'Ecosse. Ainsi que d'autres hommes de talent à cette époque, Thomas fut soupçonné de magie. On disait aussi qu'il avait le don de prophétiser; on va voir pourquoi.

Un jour qu'il était couché sur la colline appelée Huntley, dans les montagnes d'Eildon, qui dominent le monastère de Melrose, il vit une femme merveilleusement belle; son équipement était celui d'une amazone ou d'une divinité des bois ; son coursier é ait de la plus grande beauté, à sa crinière étaient suspendues trente-neuf sonnettes d'argent que le vent faisait retentir; la selle était d'*os royal*, c'est-à-dire d'ivoire, ornée d'orfèvrerie ; tout correspondait à la magnificence de cet équipement. La chasseresse avait un arc en main et des flèches à sa ceinture. Elle conduisait trois lévriers en laisse, et trois bassets la suivaient de près. Elle rejeta l'hommage féodal que Thomas voulut lui rendre, en disant qu'elle n'y avait aucun droit. Thomas, éperdument épris, lui proposa alors de l'épouser. La dame lui répondit qu'il ne pouvait être son époux sans devenir son esclave; et comme il l'acceptait, l'extérieur de la belle inconnue se changea aussitôt en celui de la plus hideuse sorcière : tout un côté de son visage était flétri et comme attaqué de paralysie; son teint, naguère si brillant, était maintenant de la couleur brune du plomb

---

(1) Leloyer, Hist. des spectres ou ap. des esprits, liv. II, ch. v, p. 197.
(2) Brown, Essais sur les erreurs, etc., liv. VII, ch. xxvii, p. 329.
(3) Lebrun, Hist. des pratiques superstitieuses, t. II, p. 128.
(4) Goldsmith, Essai sur les mœurs.

Tout affreuse qu'elle était, la passion de Thomas l'avait mis sous sa puissance, et quand elle lui ordonna de prendre congé du soleil et des feuilles qui poussent sur les arbres, il se sentit contraint de lui obéir. Ils pénétrèrent dans une caverne où il voyagea trois jours au milieu de l'obscurité, tantôt entendant le mugissement d'une mer lointaine, tantôt marchant à travers des ruisseaux de sang qui coupaient la route souterraine. Enfin il revit la lumière du jour, et arriva dans un beau verger. Epuisé, faute de nourriture, il avance la main vers les fruits magnifiques qui pendent de toute part autour de lui; mais sa conductrice lui défend d'y toucher, lui apprenant que ce sont les pommes fatales qui ont occasionné la chute de l'homme. Il s'aperçoit aussi que sa conductrice n'était pas plutôt entrée dans ce mystérieux jardin, n'en avait pas plutôt respiré l'air magique, qu'elle avait repris sa beauté, son riche équipage et toute sa splendeur; qu'elle était aussi belle, et même plus belle, que lorsqu'il l'avait vue pour la première fois sur la montagne. Elle se met alors à lui expliquer la nature du pays.

« Ce chemin à droite, dit-elle, mène les esprits des justes au paradis; cet autre à gauche, si bien battu, conduit les âmes pécheresses au lieu de leur éternel châtiment; la troisième route, par le noir souterrain, aboutit à un séjour de souffrances plus douces, d'où les prières peuvent retirer les pécheurs. Mais voyez-vous encore une quatrième voie qui serpente dans la plaine autour de ce château ? C'est la route d'Elfland, (le pays des Elfs) dont je suis la reine; c'est aussi celle que nous allons suivre maintenant. Quand nous entrerons dans ce château, observez le plus strict silence, ne répondez à aucune des questions qui vous seront adressées; j'expliquerai votre mutisme en disant que je vous ai retiré le don de la parole en vous arrachant au monde des humains. »

Après ces instructions, ils se dirigèrent vers le château. En entrant dans la cuisine, ils se trouvèrent au milieu d'une scène qui n'eût pas été mal placée dans la demeure d'un grand seigneur ou d'un prince. Trente cerfs étaient étendus sur la lourde table, et de nombreux cuisiniers travaillaient à les découper et à les apprêter. Ils passèrent ensuite dans le salon royal; des chevaliers et des dames, dansant par trois, occupaient le milieu. Thomas, oubliant ses fatigues, prit part aux amusements. Après un espace de temps qui lui sembla fort court, la reine le tenant à l'écart lui ordonna de se préparer à retourner dans son pays.

— Maintenant, ajouta-t-elle, combien croyez-vous être resté de temps ici?

— Assurément, belle dame, répondit Thomas, pas plus de sept jours.

— Vous êtes dans l'erreur, répondit-elle; vous y êtes demeuré sept ans, et il est bien temps que vous en sortiez. Sachez, Thomas, que le diable de l'enfer viendra demain demander son tribut, et un homme comme vous attirera ses regards; c'est pourquoi levons-nous et partons.

Cette terrible nouvelle réconcilia Thomas avec l'idée de son départ hors de la terre des fées; la reine ne fut pas longue à le replacer sur la colline d'Huntley, où chantaient les oiseaux. Elle lui fit ses adieux; et, pour lui assurer une réputation, le gratifia de la langue *qui ne peut mentir.*

Thomas, dès lors, toutes les fois que la conversation roulait sur l'avenir, acquit une réputation de prophète, car il ne pouvait rien dire qui ne dût infailliblement arriver; et s'il eût été législateur au lieu d'être poëte, nous aurions ici l'histoire de Numa et d'Egérie.

Thomas demeura plusieurs années dans sa tour près d'Erceldoune, et il jouissait tranquillement de la réputation que lui avaient faite ses prédictions, dont plusieurs sont encore aujourd'hui retenues par les gens de la campagne. Un jour qu'il traitait dans sa maison le comte de March, un cri d'étonnement s'éleva dans le village, à l'apparition d'un cerf et d'une biche qui sortirent de la forêt, et, contrairement à leur nature timide, continuèrent tranquillement leur chemin en se dirigeant vers la demeure de Thomas. Le prophète quitta aussitôt la table; voyant dans ce prodige un avertissement de son destin, il reconduisit le cerf et la biche dans la forêt, et depuis, quoiqu'il ait été revu accidentellement par des individus auxquels il voulait bien se montrer, il a rompu toute liaison avec l'espèce humaine...

On a supposé de temps en temps que Thomas d'Erceldoune, durant sa retraite, s'occupait à lever des troupes pour descendre dans les plaines, à quelque instant critique pour le sort de son pays. On a souvent répété l'histoire d'un audacieux jockey, lequel vendit un cheval à un vieillard très-vénérable d'extérieur, qui lui indiqua dans les montagnes d'Eildon Lucken-Hare, comme l'endroit où, à minuit sonnant, il recevrait son prix. Le marchand y alla, son argent lui fut payé en pièces antiques, et l'acheteur l'invita à visiter sa résidence. Il suivit avec étonnement plusieurs longues rangées de stalles, dans chacune desquelles un cheval se tenait immobile, tandis qu'un soldat armé de toutes pièces était couché, aussi sans mouvement, aux pieds de chaque noble animal. « Tous ces hommes, dit le sorcier à voix basse, s'éveilleront à la bataille de Sheriffmoor. »

A l'extrémité étaient suspendus une épée et un cor que le prophète montra au jockey comme renfermant les moyens de rompre le charme. Le jockey prit le cor et essaya d'en donner. Les chevaux tressaillirent aussitôt dans leurs stalles; les soldats se levèrent et firent retentir leurs armes, et le mortel épouvanté laissa échapper le cor de ses mains. Une voix forte prononça ces mots : « Malheur au lâche qui ne saisit pas le glaive avant d'enfler le cor. » Un tourbillon de vent chassa le marchand de chevaux de la caverne, dont il ne put jamais retrouver l'entrée (1).....

ÉRÈBE, fleuve des enfers : on le prend

(1) Walter Scott, *Démonologie.*

aussi pour une partie de l'enfer et pour l'enfer même. Il y avait chez les païens un sacerdoce particulier pour les âmes qui étaient dans l'Erèbe.

ERGENNA, devin d'Etrurie dans l'antiquité.

ÉRIC AU CHAPEAU VENTEUX. On lit dans Hector de Boëce que le roi de Suède, Eric ou Henri, surnommé le *Chapeau venteux*, faisait changer les vents, en tournant son bonnet ou chapeau sur sa tête, pour montrer au démon, avec qui il avait fait pacte, de quel côté il les voulait; et le démon était si exact à donner le vent que demandait le signal du bonnet, qu'on aurait pu, en toute sûreté, prendre le couvre-chef royal pour une girouette.

ERICHTHO, sorcière, qui, dans la guerre entre César et Pompée, évoqua un mort, lequel prédit toutes les circonstances de la bataille de Pharsale (1).

EROCONOPES, peuples imaginaires que Lucien représente comme d'habiles archers, montés sur des moucherons-monstres.

EROCORDACES, autre peuple imaginaire que le même auteur représente combattant avec des raves en guise de flèches.

EROMANTIE, une des six espèces de divinations pratiquées chez les Perses par le moyen de l'air. Ils s'enveloppaient la tête d'une serviette, exposaient à l'air un vase rempli d'eau, et proféraient à voix basse l'objet de leurs vœux. Si l'eau venait à bouillonner, c'était un pronostic heureux.

EROTYLOS, pierre fabuleuse dont Démocrite et Pline après lui vantent la propriété pour la divination.

ERREURS POPULAIRES. Lorsque le Dante publia son Enfer, la simplicité du son siècle le reçut comme une véritable narration de sa descente dans les sombres manoirs. A l'époque où l'Utopie de Thomas Morus parut pour la première fois, elle occasionna une plaisante méprise. Ce roman poétique donne le modèle d'une république imaginaire, dans une île qui est supposée avoir été nouvellement découverte en Amérique. Comme c'était le siècle, dit Granger, Buddœus et d'autres écrivains prirent le conte pour une histoire véritable, et regardèrent comme une chose importante qu'on envoyât des missionnaires dans cette île.

Ce ne fut que longtemps après la publication des Voyages de Gulliver, par Swift, qu'un grand nombre de ses lecteurs demeura convaincu qu'ils étaient fabuleux (2).

Les erreurs populaires sont en si grand nombre, qu'elles ne tiendraient pas toutes dans ce livre. Nous ne parlerons pas des erreurs physiques ou des erreurs d'ignorance : nous ne nous élèverons ici que contre les erreurs enfantées par les savants. Ainsi Cardan eut des partisans lorsqu'il débita que, dans le Nouveau-Monde, les gouttes d'eau se changent en petites grenouilles vertes. Cédrénus a écrit très-merveilleusement que tous les rois francs de la première race naissaient avec l'épine du dos couverte et hérissée d'un poil de sanglier. Le peuple croit fermement, dans certaines provinces, que la louve enfante, avec ses louveteaux, un petit chien qu'elle dévore aussitôt qu'il voit le jour. — Voyez la plupart des articles de ce Dictionnaire.

ERUS ou Er, fils de Zoroastre. Platon assure qu'il sortit de son tombeau douze jours après avoir été brûlé sur un bûcher, et qu'il conta beaucoup de choses sur le sort des bons et des méchants dans l'autre monde.

ESCALIBOR, épée merveilleuse du roi Arthus. Voy. ARTHUS.

ESCAMOTAGE. On l'a pris quelquefois pour la sorcellerie; le diable, dit Leloyer, s'en est souvent mêlé. Delrio (liv. 2, quest. 2) rapporte qu'on punit du dernier supplice, à Trèves, une sorcière très-connue qui faisait venir le lait de toutes les vaches du voisinage en un vase placé dans le mur. Sprenger assure pareillement que certaines sorcières se postent la nuit dans un coin de leur maison, tenant un vase devant elles ; qu'elles plantent un couteau ou tout autre instrument dans le mur ; qu'elles tendent la main pour traire, en invoquant le diable, qui travaille avec elles à traire telle ou telle vache qui paraît la plus grasse et la mieux fournie de lait ; que le démon s'empresse de presser les mamelles de la vache, et de porter le lait dans l'endroit où se trouve la sorcière qui l'escamote ainsi. Voy. FASCINATION, CHARMES, AGRIPPA, FAUST, etc.

Dans les villages, les escamoteurs ont encore le nom de sorciers. Voici toutefois d'un escamoteur un joli petit trait qu'on a rapporté dans la *Chronique de Courtray*, du 25 avril 1843.

« Dans une des baraques sur la Grand'Place, hier, pendant qu'un escamoteur exécutait ses tours, il vit un des assistants dérober fort adroitement le mouchoir de son voisin et s'en écarter aussitôt en allant se placer d'un autre côté. Il trouva là une occasion superbe de se donner du relief. Monsieur, dit l'escamoteur titulaire à la victime du larcin, prêtez-moi, s'il vous plaît, votre foulard, je vais faire un tour des plus surprenants. Celui-ci s'empressa de mettre la main dans la poche, et tout ébahi s'écria qu'il était volé, en dirigeant ses regards accusateurs sur ceux qui l'entouraient. — Volé ! s'écria l'opérateur tout étonné; eh bien ! tant mieux, mon tour en sera plus beau. — De quelle couleur est votre foulard ? Rouge et jaune.—Bon, soyez tranquille, s'il est encore dans la salle, il vous reviendra.—Et faisant tourner sa baguette sur le bout de ses doigts, il en arrêta le mouvement dans la direction de l'escamoteur de contrebande, et lui dit :
— Le foulard est dans ta poche, rends-le. Cette apostrophe consterna le voleur qui cependant se remit aussitôt, affecta une grande surprise, et passa le mouchoir à son propriétaire, aux acclamations des spectateurs saisis d'admiration. La police fut avertie, le filou mis en prison, et l'art du devin, prôné par toutes les bouches, ne cessa d'attirer une

---

(1) Wierus, de Præstig. dæm., lib. II, cap. IX.

(2) Berlin, Curiosités de la littérature, t. I, p. 304.

foule considérable à sa baraque pendant toute la journée.»

ESCHYLE,—tragique grec, à qui on avait prédit qu'il mourrait de la chute d'une maison; ce qui fit qu'il s'alla loger en pleine campagne; mais le conte ajoute qu'un aigle, qui portait une tortue dans ses serres, la laissa tomber sur la tête chauve du poëte, pensant que ce fût un rocher; et la prédiction s'accomplit.

ESDRAS. — Pour les écrits apocryphes qu'on lui attribue, voy. PIC DE LA MIRANDOLE.

ESPAGNET (JEAN D'),—philosophe hermétique, qui a fait deux traités intitulés : l'un *Enchiridion de la physique rétablie;* l'autre, *Secret de la philosophie hermétique* (1); encore lui conteste-t-on ce dernier que l'on attribue à un inconnu qui se faisait appeler le Chevalier Impérial (2).

Le *Secret de la philosophie* renferme la pratique du grand œuvre, et l'*Enchiridion* la théorie physique sur laquelle repose la transmutabilité des métaux.

D'Espagnet est encore auteur de la préface qui précède le *Traité de l'inconstance des démons* de Pierre Delancre. On lit dans cette préface que les sorcières ont coutume de voler les petits enfants pour les consacrer au démon.

ESPAGNOL (JEAN L'),—docteur en théologie, grand-prieur de Saint-Remi de Reims, auteur d'un livre intitulé : *Histoire notable de la conversion des Anglais,* etc., in-8°, Douai, 1614. La vingtième annotation, qui commence à la page 206 et va jusqu'à la 306°, est un traité sur les apparitions des esprits, où, avec des choses passables et médiocres, on trouve de bonnes observations (3).

ESPRITS. — Les anciens ont cru que les esprits, qu'ils appelaient démons ou génies, étaient des demi-dieux. Chaque nation, dit Apulée, même chaque famille et chaque homme, a son esprit qui le guide et qui veille sur sa conduite. Tous les peuples avaient du respect pour eux, et les Romains les révéraient. Ils n'assiégeaient les villes et n'entreprenaient leurs guerres qu'après que leurs prêtres avaient invoqué le génie du pays. Caligula même fit punir publiquement quelques-uns de ceux qui les avaient maudits (4).

Des philosophes se sont imaginé que ces esprits n'étaient que les âmes des morts qui, étant une fois séparées de leurs corps, erraient incessamment sur la terre. Ce sentiment leur paraissait d'autant plus vraisemblable, qu'ils se vantaient de voir des spectres auprès des tombeaux, dans les cimetières, dans les lieux où l'on avait tué quelques personnes.

«Les esprits, dit Wecker, sont les seigneurs de l'air; ils peuvent exciter les tempêtes, rompre les nues et les transporter où ils veulent, avec de grands tourbillons; enlever l'eau de la mer, en former la grêle et tout ce que bon leur semble.»

Il y a, dans l'intérieur de l'Amérique septentrionale, des peuplades sauvages qui croient que lorsqu'un homme est enterré, lui sans qu'on place auprès de lui tout ce qui a appartenu, son esprit revient sous forme humaine, et se montre sur les arbres les plus près de sa maison, armé d'un fusil; on ajoute qu'il ne peut jouir du repos qu'après que les objets qu'il réclame ont été déposés dans sa tombe.

Les Siamois admettent une multitude d'esprits répandus dans l'air, dont la puissance est fort grande, et qui sont très-malfaisants. Ils tracent certaines paroles magiques sur des feuilles de papier, pour se prémunir contre leur malice. Lorsqu'ils préparent une médecine, ils garnissent le bord du vase d'un grand nombre de ces papiers, de peur que les esprits n'emportent la vertu des remèdes.

Les autres cabalistiques ont prétendu que les esprits étaient des créatures matérielles, composées de la substance la plus pure des éléments; que plus cette matière était subtile, plus ils avaient de pouvoir et d'action. Ces auteurs en distinguent de deux sortes, de supérieurs et d'inférieurs; les supérieurs sont ou célestes ou aériens; les inférieurs sont ou aquatiques ou terrestres.

Ceux qui ont cru que ces esprits étaient des créatures matérielles, les ont assujettis à la mort comme les hommes. Cardan dit que les esprits qui apparurent à son père lui firent connaître qu'ils naissaient et qu'ils mouraient comme nous; mais que leur vie était plus longue et plus heureuse que la nôtre.

Voici de petits traits d'esprits.

Guillaume de Paris écrit que l'an 1447, il y avait un esprit à Poitiers, dans la paroisse de Saint-Paul, lequel rompait vitres et verrières, et frappait à coups de pierres sans blesser personne (5).

Cæsarius raconte que la fille d'un prévôt de Cologne était si tourmentée d'un esprit malin, qu'elle en devint frénétique. Le père fut averti de faire aller sa fille au delà du Rhin et de la changer de lieu; ce qu'il fit. L'esprit fut obligé d'abandonner la fille, mais il battit tant le père qu'il en mourut trois jours après (6).

Nous rapporterons d'autres histoires d'esprits. « Au commencement du règne de Charles IV, dit *le Bel,* l'esprit d'un bourgeois, mort depuis quelques années, parut sur la place publique d'Arles en Provence; il rapportait des choses merveilleuses de l'autre monde. Le prieur des Jacobins d'Arles, homme de bien, pensa que cet esprit pouvait bien

---

(1) Enchiridion physicæ restitutæ. Arcanum philosophiæ hermeticæ.
(2) Ce chevalier, très-révéré des alchimistes, est mentionné souvent dans la *Trompette française*, petit volume contenant une *Prophétie de Bombart sur la naissance de Louis XIV.* On a, du Chevalier Impérial, le *Miroir des Alchimistes*, avec instructions aux dames pour dorénavant être celles sans plus user de leurs dards venimeux, 1609.
In-16.
(3) Lenglet-Dufresnoy, Catalogue des auteurs qui ont écrit sur les apparitions.
(4) Discours sur les esprits follets, Mercure Galant, 1680.
(5) Bodin, Démonomanie des sorciers, liv. III, p. 395.
(6) *Id., ibid*

être un démon déguisé. Il se rendit sur la place; soudain l'esprit découvrit qui il était, et pria qu'on le tirât du purgatoire. Ayant ainsi parlé, il disparut; et, comme on pria pour son âme, *il ne fut oncques vu depuis*(1).»

En 1750, un officier du prince de Conti, étant couché dans le château de l'Ile-Adam, sentit tout à coup enlever sa couverture. Il la retire; on renouvelle le manége, tant qu'à la fin l'officier ennuyé jure d'exterminer le mauvais plaisant, met l'épée à la main, cherche dans tous les coins et ne trouve rien. Etonné, mais brave, il veut, avant de conter son aventure, éprouver encore le lendemain si l'importun reviendra. Il s'enferme avec soin, se couche, écoute longtemps et finit par s'endormir. Alors on lui joue le même tour que la veille. Il s'élance du lit, renouvelle ses menaces, et perd son temps en recherches. La crainte s'empare de lui; il appelle un frotteur, qu'il prie de coucher dans sa chambre, sans lui dire pour quel motif. Mais l'esprit qui avait fait son tour, ne paraît plus.

La nuit suivante, il se fait accompagner du frotteur, à qui il raconte ce qui lui est arrivé, et ils se couchent tous deux. Le fantôme vient bientôt, éteint la chandelle qu'ils avaient laissée allumée, les découvre et s'enfuit. Comme ils avaient entrevu cependant un monstre difforme, hideux et gambadant, le frotteur s'écria que c'était le diable, et courut chercher de l'eau bénite. Mais au moment qu'il levait le goupillon pour asperger la chambre, l'esprit le lui enlève et disparaît....

Les deux champions poussent des cris; on accourt; on passe la nuit en alarmes, et le matin on aperçoit sur le toit de la maison un gros singe qui, armé du goupillon, le plongeait dans l'eau de la gouttière et en arrosait les passants.

En 1210, un bourgeois d'Epinal, nommé Hugues, fut visité par un esprit qui faisait des choses merveilleuses, et qui parlait sans se montrer. On lui demanda son nom et de quel lieu il venait? Il répondit qu'il était l'esprit d'un jeune homme de Clérentine, village à sept lieues d'Epinal, et que sa femme vivait encore.

Un jour, Hugues ayant ordonné à son valet de seller son cheval et de lui donner à manger, le valet différa de faire ce qu'on lui commandait; l'esprit fit son ouvrage, au grand étonnement de tout le monde.

Un autre jour, Hugues, voulant se faire saigner, dit à sa fille de préparer des bandelettes. L'esprit alla prendre une chemise neuve dans une autre chambre, la déchira par bandes, et vint la présenter au maître, en lui disant de choisir les meilleures.

Un autre jour, la servante du logis ayant étendu du linge dans le jardin pour le faire sécher, l'esprit le porta au grenier et le plia plus proprement que n'aurait pu faire la plus habile blanchisseuse.

Ce qui est remarquable, c'est que, pendant six mois qu'il fréquenta cette maison, il n'y

(1) Leloyer, Hist. des spectres et apparitions des esprits.

fit aucun mal à personne, et ne rendit que de bons offices, contre l'ordinaire de ceux de son espèce. *Voy.* HECDEKIN.

Sur la fin de l'année 1746, on entendit comme des soupirs qui partaient d'un coin de l'imprimerie du sieur Lahard, l'un des conseillers de la ville de Constance. Les garçons de l'imprimerie n'en firent que rire d'abord. Mais dans les premiers jours de janvier, on distingua plus de bruit qu'auparavant. On frappait rudement contre la muraille, vers le même coin où l'on avait d'abord entendu des soupirs; on en vint jusqu'à donner des soufflets aux imprimeurs et à jeter leurs chapeaux par terre. L'esprit continua son manége pendant plusieurs jours, donnant des soufflets aux uns, jetant des pierres aux autres; en sorte que les compositeurs furent obligés d'abandonner ce coin de l'imprimerie. Il se fit alors beaucoup d'autres tours, dans lesquels les expériences de la physique amusante entrèrent probablement pour beaucoup; et enfin cette farce cessa sans explication. *Voy* REVENANTS, APPARITIONS, DROLLES, etc.

Voici l'histoire d'un esprit qui fut cité en justice.—En 1761, un fermier de Southams, dans le comté de Warwick (Angleterre), fut assassiné en revenant chez lui : le lendemain, un voisin vint trouver la femme de ce fermier et lui demanda si son mari était rentré; elle répondit que non, et qu'elle en était dans de grandes inquiétudes.

— Vos inquiétudes, répliqua cet homme, ne peuvent égaler les miennes ; car, comme j'étais couché cette nuit, sans être encore endormi, votre mari m'est apparu, couvert de blessures, et m'a dit qu'il avait été assassiné par son ami John Dick, et que son cadavre avait été jeté dans une marnière.

La fermière, alarmée, fit des perquisitions. On découvrit dans la marnière le corps blessé aux endroits que le voisin avait désignés. Celui que le revenant avait accusé fut saisi et mis entre les mains des juges, comme violemment soupçonné du meurtre. Son procès fut instruit à Warwick ; les jurés l'auraient condamné aussi témérairement que le juge de paix l'avait arrêté, si lord Raymond, le principal juge, n'avait suspendu l'arrêt.

— Messieurs, dit-il aux jurés, je crois que vous donnez plus de poids au témoignage d'un revenant qu'il n'en mérite. Quelque cas qu'on fasse de ces sortes d'histoires, nous n'avons aucun droit de suivre nos inclinations particulières sur ce point. Nous formons un tribunal de justice, et nous devons nous régler sur la loi ; or je ne connais aucune loi existante qui admette le témoignage d'un revenant ; et quand il y en aurait une qui l'admettrait, le revenant ne paraît pas pour faire sa déposition. Huissiers, ajouta-t-il, appelez le revenant.

Ce que l'huissier fit par trois fois, sans que le revenant parût.

— Messieurs, continua lord Raymond, le prisonnier qui est à la barre est, suivant le témoignage de gens irréprochables, d'une réputation sans tache; et il n'a point paru, dans le cours des informations, qu'il y ait eu aucune espèce de querelle entre lui et le mort. Je le crois absolument innocent, et, comme il n'y a nulle preuve contre lui, ni directe ni indirecte, il doit être renvoyé. Mais par plusieurs circonstances qui m'ont frappé dans le procès, je soupçonne fortement la personne qui a vu le revenant d'être le meurtrier; auquel cas il n'est pas difficile de concevoir qu'il ait pu désigner la place, les blessures, la manière et le reste, sans aucun secours surnaturel; en conséquence de ces soupçons, je me crois en droit de le faire arrêter, jusqu'à ce que l'on fasse de plus amples informations.

Cet homme fut effectivement arrêté; on fit des perquisitions dans sa maison; on trouva les preuves de son crime, qu'il avoua lui-même à la fin, et il fut exécuté aux assises suivantes. V. Génies, Kleudde, Démons, etc.

ESPRITS ÉLÉMENTAIRES. Les cabalistes peuplent les éléments, comme on l'a dit (1), d'esprits divers. Les Salamandres habitent le feu; les Sylphes, l'air; les Gnomes, la terre; l'eau est le séjour des Ondins ou Nymphes. Voy. ces mots.

ESPRITS FAMILIERS. Scaliger, Cecco d'Ascoli, Cardan et plusieurs autres visionnaires ont eu, comme Socrate, des esprits familiers. Bodin dit avoir connu un homme qui était toujours accompagné d'un esprit familier, lequel lui donnait un petit coup sur l'oreille gauche quand il faisait bien, et le tirait par l'oreille droite quand il faisait mal. Cet homme était averti de la même façon si ce qu'il voulait manger était bon ou mauvais, s'il se trouvait avec un honnête homme ou avec un coquin, etc. C'était très-avantageux.

ESPRITS FOLLETS. Voy. Feux follets.

ESSÉNIENS, secte célèbre parmi les Juifs. Les Esséniens avaient des superstitions particulières. Leurs devins prétendaient connaître l'avenir par l'étude des livres saints, faite avec certaines préparations. Ils y trouvaient même la médecine et toutes les sciences, par des combinaisons cabalistiques.

ESTERELLE. Voy. Fées.

ETANG DE LA VIE. Au sortir du pont où se fait la séparation des élus et des réprouvés, les docteurs persans font descendre les bienheureux dans cet étang, dont les eaux sont blanches et douces comme le miel. Pour la commodité des âmes, il y a tout le long de l'étang des cruches en forme d'étoiles, toujours pleines de cette eau : les fidèles en boiront avant d'entrer dans le paradis, parce que c'est l'eau de la vie éternelle, et que si l'on en boit seulement une goutte, on n'a plus rien à désirer.

ETERNITÉ. Boèce définit l'éternité : l'entière, parfaite et complète possession d'une manière d'exister, sans commencement, sans fin, sans aucune succession. Le latin est plus rapide : *Interminabilis vitæ tota simul et perfecta possessio.*

L'éternité n'a point de parties qui se succèdent; elle ne va point par le présent du

(1) Voyez l'article *Cabale.*

passé au futur, comme fait le temps. Elle est un présent continuel. Voilà pourquoi, comme le remarquent les théologiens, Dieu dit en parlant de lui-même : *Ego sum qui sum.*

L'éternité n'appartient qu'à Dieu; elle ne peut être communiquée à aucune créature; puisque ce qui est créé a un commencement.

Mais pourtant on dit *l'éternité*, pour désigner la vie future des intelligences créées, vie qui n'aura point de fin. Dans ce sens, il y aura dans le ciel l'éternité de bonheur pour les justes, et dans l'enfer l'éternité de peines pour les réprouvés. C'est un dogme que les cerveaux impies ont combattu, mais qu'ils n'ont pu ébranler; et saint Thomas d'Aquin en a démontré la nécessité équitable.

Légende de l'Eternité.

Nous transcrivons ici cette belle et singulière légende, qui a été publiée en France depuis peu.

Avant que Luther fût venu prêcher sa désastreuse réforme, on voyait des monastères au penchant de toutes les collines de l'Allemagne. C'étaient de grands édifices à l'aspect paisible, avec un clocher frêle qui s'élevait du milieu des bois et autour duquel voltigeaient des palombes. Là vivaient des hommes qui n'occupaient leur esprit que des choses du ciel.

A Olmutz, il en était un, que l'on citait dans la contrée pour sa piété et son instruction. C'était un homme simple, comme tous ceux qui savent beaucoup, car la science est semblable à la mer; plus on s'y avance, plus l'horizon devient large, et plus on se sent petit. Frère Alfus, après avoir ridé son front et blanchi ses cheveux dans la recherche de démonstrations inutiles, avait appelé à son secours *la foi des petits enfants*: puis, confiant sa vie à la prière, comme à une ancre de miséricorde, il l'avait laissée se balancer doucement au roulis des pures amours et des célestes espérances.

Cependant de mauvaises rafales agitaient encore par instants le saint navire. Par instants les tentations de l'intelligence revenaient, et la raison interrogeait la foi avec orgueil. Alors frère Alfus devenait triste; de grands nuages voilaient pour lui le soleil intérieur; son cœur avait froid. Errant dans les campagnes, il s'asseyait sur la mousse des rochers, s'arrêtait sous l'écume des torrents, marchait parmi les murmures de la forêt; mais il interrogeait vainement la nature. A toutes ses demandes, les montagnes, les flots et les fleuves ne répondaient qu'un seul mot : Dieu !

Frère Alfus était sorti victorieux de beaucoup de ces crises; chaque fois il s'était affermi dans ses croyances; car la tentation est la gymnastique de la conscience. Quand elle ne le brise point, elle la fortifie. Mais depuis quelque temps, une inquiétude plus poignante s'était emparée du frère. Il avait remarqué souvent que tout ce qui est beau perd son charme par le long usage, que l'œil se fatigue du plus merveilleux paysage, l'oreille de la plus douce voix, et il s'était demandé comment nous pourrions trouver, même dans les cieux, un aliment de joie éternelle ! Que deviendrait la mobilité de notre âme, au milieu de magnificences sans terme ? L'éternité !... quel mot pour une créature, qui ne connaît d'autre loi que celle de la diversité et du changement ! O mon Dieu ! plus de passé ni d'avenir, plus de souvenirs ni d'espérances ! L'éternité ! l'éternité !... O mot qui fais pleurer sur la terre, que peux-tu donc signifier dans le ciel ?

Ainsi pensait frère Alfus, et ses incertitudes étaient grandes. Un matin, il sortit du monastère avant le lever des frères et descendit dans la vallée. La campagne, encore toute moite de rosée, s'épanouissait aux premiers rayons de l'aube. Alfus suivait lentement les sentiers ombreux de la colline ; les oiseaux, qui venaient de s'éveiller, couraient dans les aubépines, secouant sur sa tête chauve une pluie de rosée ; et quelques papillons encore à demi endormis voltigeaient nonchalamment au soleil pour sécher leurs ailes. Alfus s'arrêta à regarder la campagne qui s'étendait sous ses yeux ; il se rappela combien elle lui avait semblé belle la première fois qu'il l'avait vue, et avec quelle ivresse il avait pensé à y finir ses jours. C'est que pour lui, pauvre enfant des villes, accoutumé aux ruelles sombres et aux tristes murailles des citadelles, ces fleurs, ces arbres, cet air, étaient nouveautés enivrantes. Aussi la douce année qu'avait été l'année de son noviciat ! Que de longues courses dans les vallées ! Que de découvertes charmantes ! Ruisseaux chantant parmi les glaïeuls, clairières habitées par le rossignol, églantines roses, fraisiers des bois, oh ! quel bonheur de vous trouver une première fois ! quelle joie de marcher par des sentiers inconnus que voilent les ramées, de rencontrer à chaque pas une source où l'on n'a point encore bu, une mousse que l'on n'a point encore foulée.

Mais, hélas ! ces plaisirs eux-mêmes durent peu ; bientôt vous avez parcouru toutes les routes de la forêt, vous avez entendu tous ses oiseaux, vous avez cueilli de toutes ses fleurs, et alors, adieu aux beautés de la campagne, à ses harmonies : l'habitude qui descend comme un voile entre vous et la création vous rend aveugle et sourd.

Hélas ! frère Alfus en était là ; semblable à ces hommes qui, après avoir abusé des liqueurs les plus enivrantes, n'en sentent plus la puissance, il regardait avec indifférence le spectacle naguère si ravissant à ses yeux. Quelles beautés célestes pourraient donc occuper éternellement cette âme, que les œuvres de Dieu sur la terre n'avaient pu charmer qu'un instant ?

Tout en se proposant à lui-même cette question, Alfus s'était enfoncé dans la vallée. La tête penchée sur sa poitrine et les bras pendants, il allait toujours sans rien voir, franchissant les ruisseaux, les bois, les collines. Déjà le clocher du monastère avait disparu ; Olmutz s'était enfoncé dans les brumes avec ses églises et ses fortifications ; les montagnes elles-mêmes ne se montraient plus à l'horizon que comme des nuages ; tout à coup le moine s'arrêta ; il était à l'entrée d'une grande forêt qui se déroulait à perte de vue, comme un océan de verdure ; mille rumeurs charmantes bourdonnaient à l'entour, et une brise odorante soupirait dans les feuilles. Après avoir plongé son regard étonné dans la molle obscurité des bois, Alfus y entra en hésitant, et comme s'il eût craint de faire quelque chose de défendu. Mais à mesure qu'il marchait, la forêt devenait plus grande ; il trouvait des arbres chargés de fleurs, qui exhalaient un parfum inconnu. Ce parfum n'avait rien d'enivrant comme ceux de la terre ; on eût dit une sorte d'émanation morale qui embaumait l'âme : c'était quelque chose de fortifiant et de délicieux à la fois, comme la vue d'une bonne action, ou comme l'approche d'un homme dévoué que l'on aime.

Bientôt Alfus entendit une harmonie qui remplissait la forêt ; il avança encore, et il aperçut de loin une clairière tout éblouissante d'une lumière merveilleuse. Ce qui le frappa surtout d'étonnement, c'est que le parfum, la mélodie et la lumière ne semblaient former qu'une même chose : tout se communiquait à lui par une seule perception, comme s'il eût cessé d'avoir des sens distincts, et comme s'il ne lui fût resté qu'une âme.

Cependant il était arrivé près de la clairière et s'était assis pour mieux jouir de ces merveilles, quand tout à coup une voix se fait entendre ; mais une voix telle que, ni le bruit des rames sur le lac, ni la brise riant dans les saules, ni le souffle d'un enfant qui dort, n'auraient pu donner une idée de sa douceur. Ce que l'eau, la terre et le ciel ont de murmures enchanteurs, ce que les langues et les musiques humaines ont de séductions semblait s'être fondu dans cette voix. Ce n'était point un chant, et cependant on eût dit des flots de mélodie ; ce n'était point un langage, et cependant la voix *parlait !* Science, poésie, sagesse, tout était en elle. Pareille à un souffle céleste, elle enlevait l'âme et la faisait onduler dans je ne sais quelle région ignorée. En l'écoutant, on savait tout, on sentait tout ; et comme le monde de la pensée qu'elle embrassait en entier est infini dans ses secrets, la voix toujours unique était pourtant toujours variée ; l'on eût pu l'entendre pendant des siècles sans la trouver moins nouvelle. Plus Alfus l'écoutait, plus il sentait grandir sa joie intérieure. Il semblait qu'il y découvrait à chaque instant quelques mystères ineffables ; c'était comme un horizon des Alpes à l'heure où les brouillards se lèvent et dévoilent tour à tour les lacs, les vals et les glaciers.

Mais enfin la lumière qui illuminait la forêt s'obscurcit, un long murmure retentit sous les arbres et la voix se tut. Alfus demeura quelque temps immobile, comme s'il fût sorti d'un sommeil enchanté. Il regarda d'abord autour de lui avec stupeur, puis voulut se lever pour reprendre sa route ; mais ses pieds étaient engourdis, ses membres avaient perdu leur agilité. Il parcourut avec peine le senlier par lequel il était venu, et se trouva bientôt hors du bois.

Alors il chercha le chemin du monastère; ayant cru le reconnaître, il hâta le pas, car la nuit allait venir; mais sa surprise augmentait à mesure qu'il avançait davantage : on eût dit que tout avait été changé dans la campagne depuis sa sortie du couvent. Là où il avait vu les arbres naissants, s'élevaient maintenant des chênes séculaires. Il chercha sur la rivière un petit pont de bois tapissé de ronces, qu'il avait coutume de traverser : il n'existait plus, et à sa place s'élançait une solide arche de pierre. En passant près d'un étang, des femmes, qui faisaient sécher leurs toiles sur les sureaux fleuris, s'interrompirent pour le voir et se dirent entre elles : — Voici un vieillard qui porte la robe des moines d'Olmutz; nous connaissons tous les frères, et cependant nous n'avons jamais vu celui-là.

— Ces femmes sont folles, se dit Alfus, et il passa outre.

Cependant il commençait à s'inquiéter, lorsque le clocher du couvent se montra dans les feuilles. Il pressa le pas, gravit le petit sentier, tourna la prairie et s'élança vers le seuil. Mais, ô surprise! la porte n'était plus à sa place accoutumée! Alfus leva les yeux et demeura immobile de stupeur. Le monastère d'Olmutz avait changé d'aspect; l'enceinte était plus grande, les édifices plus nombreux; un platane qu'il avait planté lui-même près de la chapelle quelques jours auparavant, couvrait maintenant l'asile saint de son large feuillage.

Le moine, hors de lui, se dirigea vers la nouvelle entrée et sonna doucement. Ce n'était plus la même cloche argentine dont il connaissait le son. Un jeune frère gardien vint ouvrir.

— Que s'est-il donc passé? demanda Alfus. Antoine n'est-il plus le portier du couvent?

— Je ne connais point Antoine, répondit le frère.

Alfus porta les mains à son front avec épouvante. — Suis-je devenu fou? dit-il; n'est-ce point ici le monastère d'Olmutz, d'où je suis parti ce matin?

Le jeune moine le regarda. — Voilà cinq années que je suis portier, répondit-il, et je ne vous connais pas.

Alfus promena autour de lui des yeux égarés; plusieurs moines parcouraient les cloîtres; il les appela, mais nul ne répondit aux noms qu'il prononçait; il courut à eux pour regarder leurs visages, il n'en connaissait aucun.

— Y a-t-il ici quelque grand miracle de Dieu? s'écria-t-il; au nom du ciel, mes frères, regardez-moi. Aucun de vous ne m'a-t-il déjà vu? N'y a-t-il personne qui connaisse le frère Alfus?

Tous le regardèrent avec étonnement

— Alfus! dit enfin le plus vieux, oui, il y eut autrefois à Olmutz un moine de ce nom, je l'ai entendu dire à mes anciens. C'était un homme savant et rêveur qui aimait la solitude. Un jour il descendit dans la vallée;

on le vit se perdre au loin derrière les bois, puis on l'attendit vainement, on ne sut jamais ce que frère Alfus était devenu. Depuis ce temps, il s'est écoulé un siècle entier.

A ces mots, Alfus jeta un grand cri, car il avait tout compris. Il se laissa tomber à genoux sur la terre, et joignant les mains avec ferveur : — O mon Dieu, dit-il, vous avez voulu me prouver combien j'étais insensé en comparant les joies de la terre à celles du ciel. Un siècle s'est écoulé pour moi comme un seul jour à entendre votre voix; je comprends maintenant le paradis et ses joies éternelles; soyez béni, ô mon Dieu! et pardonnez à votre indigne serviteur.

Après avoir parlé ainsi, frère Alfus étendit les bras, embrassa la terre et mourut.

L'histoire du moine Alfus fait partie d'un des ouvrages de Schubert, l'un des écrivains les plus populaires de l'Allemagne. Elle est dans le livre *De l'ancien et du nouveau*; son titre est *l'Oiseau du Paradis*. Nous avons donné ici la belle traduction de M. Emile Souvestre.

ETERNUMENT. — On vous salue quand vous éternuez, pour vous marquer, dit Aristote, qu'on honore votre cerveau, le siége du bon sens et de l'esprit. Cette politesse s'étend jusque chez les peuples que nous traitons de barbares. Quand l'empereur du Monomotapa éternuait, ses sujets en étaient avertis par un signal convenu, et il se faisait des acclamations générales dans tous ses états.

Le père Famien Strada prétend que, pour trouver l'origine de ces salutations, il faut remonter jusqu'à Prométhée; que cet illustre contrefacteur de Jupiter, ayant dérobé un rayon solaire dans une petite boîte pour animer sa statue, le lui insinua dans les narines comme une prise de tabac, ce qui la fit éternuer aussitôt.

Les rabbins soutiennent que c'est à Adam qu'il faut faire honneur du premier éternument. Dans l'origine des temps, c'était, dit-on, un mauvais pronostic et le présage de la mort. Cet état continua jusqu'à Jacob, qui, ne voulant pas mourir pour cause aussi légère, pria Dieu de changer cet ordre de choses; et c'est de là qu'est venu, selon ces docteurs, l'usage de faire des souhaits heureux quand on éternue.

On a trouvé une raison plus probable de cette politesse; c'est que, sous le pontificat de saint Grégoire le Grand, il y eut en Italie une sorte de peste qui se manifestait par des éternuments; tous les pestiférés éternuaient; on se recommanda à Dieu, et c'est de là qu'est venue l'opinion populaire que la coutume de se saluer tire son origine d'une maladie épidémique qui emportait ceux dont la membrane pituitaire était stimulée trop vivement.

En général, l'éternument chez les anciens était pris tantôt en bonne, tantôt en mauvaise part, suivant les temps, les lieux et les circonstances. Un bon éternument était celui qui arrivait depuis midi jusqu'à minuit, et quand la lune était dans les signes du taureau, du lion, de la balance, du capricorne et des poissons ; mais s'il venait de minuit à midi, si la lune était dans le signe de la vierge, du verseau, de l'écrevisse, du scorpion, si vous sortiez du lit ou de la table, c'était alors le cas de se recommander à Dieu (1).

L'éternument, quand on l'entendait à sa droite, était regardé chez les Grecs et les Romains, comme un heureux présage. Les Grecs, en parlant d'une belle personne, disaient que les amours avaient éternué à sa naissance.

Lorsque le roi de Sennaar éternuait, ses courtisans lui tournaient le dos, en se donnant de la main une claque sur la fesse droite.

ETHNOPHRONES, hérétiques du septième siècle, qui joignaient au christianisme les superstitions païennes, l'astrologie, les augures, les expiations, les jours heureux et malheureux, les divinations diverses.

Etienne. Un homme, qui s'appelait Etienne, avait la mauvaise habitude de parler à ses gens comme s'il eût parlé au diable ; ayant toujours le diable à la bouche. Un jour, qu'il revenait de voyage, il appela son valet en ces termes : — Viens çà, bon diable, tire-moi mes chausses.

A peine eut-il prononcé ces paroles, qu'une griffe invisible délia ses caleçons, fit tomber ses jarretières et descendit ses chausses jusqu'aux talons. Etienne, effrayé, s'écria : — Retire-toi, Satan, ce n'est pas toi, mais bien mon domestique que j'appelle. Le diable se retira sans se montrer, et maître Etienne n'invoqua plus ce nom (2).

Pour un autre Etienne, Voy. GUIDO.

ETNA. Le christianisme chassa de l'Etna et des îles de Lipari Vulcain, les Cyclopes et les Géants. Mais les démons se mirent à leur place ; et quand on institua la fête des morts, afin d'enlever au purgatoire et de rendre au paradis une foule d'âmes souffrantes, on entendit, comme le raconte un saint ermite, des bruits affreux dans l'Etna et des détonations étourdissantes dans les îles voisines. C'était Satan et toute sa cour, Satan et tout son peuple de démons qui hurlaient de désespoir et redemandaient à grands cris les âmes que la nouvelle foi venait de leur ravir (3).

ÉTOILES. Mahomet dit que les étoiles stables et les étoiles qui filent sont les sentinelles du ciel ; elles empêchent les diables d'en approcher et de connaître les secrets de Dieu.

Les Romains voyaient des divinités dans les étoiles.

Les Etéens observaient, un certain jour de l'année, le lever de l'étoile Sirius : si elle paraissait obscure, ils croyaient qu'elle annonçait la peste.

ETRAPHILL, l'un des anges des musulmans. Il se tient toujours debout : c'est lui qui embouchera la trompette pour annoncer le jour du jugement.

ÉTRENNES. Dans les temps reculés, chez nos pères, loin de se rien donner mutuellement dans les familles le premier jour de l'an, on n'osait même rien prêter à son voisin. Mais chacun mettait à sa porte des tables chargées de viandes pour les passants. On y plaçait aussi des présents superstitieux pour les esprits. Peut-être était-ce un reste de ce culte que les Romains rendaient, le premier jour de l'année, aux divinités qui présidaient aux petits cadeaux d'amis. Quoi qu'il en soit, l'Eglise fut obligée, sous Charlemagne, d'interdire les présents superstitieux que nos ancêtres déposaient sur leurs tables. Les canons donnent à ces présents le nom d'*étrennes du diable*.

ETTEILLA, On a publié sous ce nom déguisé, qui est l'anagramme d'Alliette, plusieurs traités de *cartomancie*.

EUBIUS, auteur d'un livre intitulé : *Apparitions d'Apollonius, ou Démonstration des apparitions d'aujourd'hui*. In-4°, Amsterdam, 1735. (En latin.)

EUCHARISTIE. « L'épreuve par l'Eucharistie se faisait en recevant la communion. Ainsi Lothaire, roi de Lotharingie, jura, en recevant la communion de la main du pape Adrien II, qu'il avait renvoyé Valdrade, sa concubine ; ce qui était faux. Comme Lothaire mourut un mois après, en 868, sa mort fut attribuée à ce parjure sacrilége. Cette épreuve fut supprimée par le pape Alexandre II (4). »

EUMÈCES, caillou fabuleux, ainsi nommé de sa forme oblongue, et que l'on disait se trouver dans la Bactriane ; on lui attribuait la vertu d'apprendre à une personne endormie ce qui s'était passé pendant son sommeil, si elle avait dormi avec cette pierre posée sur sa tête.

EURYNOME, démon supérieur, prince de la mort, selon quelques démonomanes. Il a de grandes et longues dents, un corps effroyable, tout rempli de plaies, et pour vêtement une peau de renard. Les païens le connaissaient. Pausanias dit qu'il se repaît de charognes et de corps morts. Il avait, dans le temple de Delphes, une statue qui le représentait avec un teint noir, montrant ses grandes dents comme un loup affamé et assis sur une peau de vautour.

ÉVANGILE DE SAINT JEAN. On croit dans les campagnes que celui qui porte sur soi l'évangile de saint Jean, *In principio erat verbum*, écrit sur du parchemin vierge, et renfermé dans un tuyau de plume d'oie, le premier dimanche de l'année, une heure avant le lever du soleil, sera invulnérable et se garantira de quantité de maux (5). Voy. CLÉIDOMANCIE.

ÈVE. Les Musulmans et les Talmudistes lui donnent, comme à notre premier père, une taille d'une lieue. Voy. ADAM, SAMAEL, etc.

ÉVOCATIONS. Celui qui veut évoquer le

---

(1) M. Salgues, Des erreurs et des préjugés, t. I, p. 391.
(2) Gregorii magni dialog., lib. III, cap. xx.
(3) M. Didron, Histoire du diable.
(4) Bergier, Dictionnaire théologique.
(5) Thiers, Traité des superstitions, t. I.

diable lui doit le sacrifice d'un chien, d'un chat ou d'une poule, à condition que ces trois animaux soient sa propriété. Il jure ensuite fidélité et obéissance éternelles, et reçoit une marque, au moyen de laquelle il jouit d'une puissance absolue sur trois esprits infernaux, l'un de la terre, l'autre de la mer, le troisième de l'air (1).

On se flatte de faire venir le diable en lisant certaines formules du grimoire. Voy. CONJURATIONS.

Deux chevaliers de Malte avaient un esclave qui se vantait de posséder le secret d'évoquer les démons et de les obliger à découvrir les choses cachées. On le conduisit dans un vieux château, où l'on soupçonnait des trésors enfouis. L'esclave descendit dans un souterrain, fit ses évocations : un rocher s'ouvrit, et il en sortit un coffre. Il tenta plusieurs fois de s'en emparer; mais il n'en put venir à bout, parce que le coffre rentrait dans le rocher dès qu'il s'en approchait. Il vint dire aux chevaliers ce qui lui arrivait, et demanda un peu de vin pour reprendre des forces. On lui en donna. Quelque temps après, comme il ne revenait point, on alla voir ce qu'il faisait; on le trouva étendu mort, ayant sur toute sa chair des coups de canif représentant une croix. Les chevaliers portèrent son corps au bord de la mer, et l'y précipitèrent avec une pierre au cou (2).

Pour l'évocation des âmes, voy. NÉCROMANCIE.

EXAEL, le dixième des premiers anges. Il apprit aux hommes, selon le livre d'Énoch, l'art de fabriquer les armes et les machines de guerre, les ouvrages d'or et d'argent qui plaisent aux femmes, et l'usage des pierres précieuses, ainsi que le fard.

EXCOMMUNICATION. Il y a eu quelquefois des abus, de la part des hommes, dans l'usage des excommunications; et on est parti de là pour crier contre ces excommunications, qui ont rendu cependant de si grands services à la société dans des siècles barbares. Mais on ne trouverait pas facilement, dans toute l'histoire, un excommunié frappé régulièrement par le Saint-Siége, qui ait prospéré jusqu'au bout. Napoléon même peut fournir un exemple récent (3).

On lit dans *les Menées des Grecs*, au 15 octobre, qu'un religieux du désert de Scété, ayant été excommunié par son supérieur pour quelque désobéissance, sortit du désert et vint à Alexandrie, où il fut arrêté par le gouvernement de la ville, dépouillé du saint habit, puis vivement sollicité de sacrifier aux faux dieux. Le solitaire résista généreusement; il fut tourmenté en diverses manières, jusqu'à ce qu'enfin on lui tranchât la tête; on jeta son corps hors de la ville. Les chrétiens l'enlevèrent la nuit, et l'ayant enveloppé de linceuls, l'enterrèrent dans l'église comme martyr. Mais pendant le saint sacrifice de la messe, le diacre ayant crié tout haut à l'ordinaire : Que les catéchumènes et ceux qui ne communient pas se retirent, on vit tout à coup le tombeau s'ouvrir de lui-même, et le corps du martyr se retirer dans le vestibule de l'église. Après la messe il rentra de lui-même dans son sépulcre. Un pieux vieillard ayant prié pendant trois jours, apprit par révélation que ce religieux avait encouru l'excommunication pour avoir désobéi à son supérieur, et qu'il demeurait lié jusqu'à ce que ce même supérieur lui eût donné l'absolution. On alla donc au désert; on en amena le supérieur, qui fit ouvrir le cercueil du martyr et lui donna l'absolution, après quoi il demeura en paix dans son tombeau (4).

C'est là un fait merveilleux, que nous ne prétendons pas donner comme incontestable.

Dans le second concile de Limoges, tenu en 1031, l'évêque de Cahors raconte une aventure qui lui était particulière, et qu'il présenta comme toute récente :

« Un chevalier de notre diocèse, dit ce prélat, ayant été tué dans l'excommunication, je ne voulus pas céder aux prières de ses amis, qui me suppliaient vivement de lui donner l'absolution : je voulais en faire un exemple, afin que les autres fussent touchés de crainte; il fut enterré par quelques gentilshommes, sans cérémonies ecclésiastiques et sans l'assistance des prêtres, dans une église dédiée à saint Pierre.

« Le lendemain matin, on trouva son corps hors de terre et jeté nu loin de son tombeau, qui était demeuré entier, et sans aucune marque qui prouvât qu'on y eût touché. Les gentilshommes qui l'avaient enterré n'y trouvèrent que les linges où il avait été enveloppé; ils l'enterrèrent une seconde fois, et couvrirent la fosse d'une énorme quantité de terre et de pierres.

« Le lendemain, ils trouvèrent de nouveau le corps hors du tombeau, sans qu'il parût qu'on y eût travaillé. La même chose arriva jusqu'à cinq fois. Enfin ils enterrèrent l'excommunié comme ils purent, loin du cimetière, dans une terre profane; ce qui remplit les seigneurs voisins d'une si grande terreur, qu'ils vinrent tous demander la paix (5). »

Jean Bromton raconte dans sa chronique que saint Augustin, apôtre de l'Angleterre, ayant dit devant tout le peuple, avant de commencer la messe : « Que nul excommunié n'assiste au saint sacrifice! » on vit sortir aussitôt de l'église un mort qui était enterré depuis longues années. Après la messe, saint Augustin, précédé de la croix, alla demander à ce mort pourquoi il était sorti? Le défunt répondit qu'il était mort dans l'excommunication. Le saint pria cet excommunié de lui dire où était enterré le prêtre qui avait porté contre lui la sentence. On s'y

---

(1) Danæus Fortianis.
(2) D. Calmet et Guyot-Delamarre.
(3) Voyez, dans les légendes des commandements de Dieu, la légende du *chanoine de Liége*, et dans *la Chronique de Godefroid de Bouillon* le chap. XVIII où se trouve la fin de l'abominable empereur Henri IV. Lisez dans le protestant Voigt l'histoire du saint pape Grégoire VII.
(4) D. Calmet, Dissertation sur les revenants, p. 329.
(5) Concil., t. IX, p. 902.

transporta. Augustin conjura le prêtre de se lever : il le fit; à la demande du saint évêque, il donna l'absolution à l'excommunié, et les deux morts retournèrent dans leurs tombeaux.

Les critiques vont ici se récrier et nous adresser quelque froide plaisanterie ; nous les avertissons que nous ne rapportons cette légende que comme une tradition populaire; qu'il peut nous convenir d'y ajouter foi, mais que pourtant nous ne la garantissons pas.

Les Grecs schismatiques croient que les corps excommuniés ne pourrissent pas en terre, mais qu'ils s'y conservent noirs et puants.

En Angleterre, le tribunal des *doctors commons* excommunie encore; et, en 1837, il a frappé de cette peine un marchand de pain d'épices, nommé Studberry, pour avoir dit une parole injurieuse à un autre paroissien, dans une sacristie anglicane. Voy. INTERDIT.

EXCREMENTS. On sait que le dalaï-lama, chef de la religion des Tartares indépendants, est regardé comme un dieu. Ses excréments sont conservés comme des choses sacrées. Après qu'on les a fait sécher et réduits en poudre, on les renferme dans des boîtes d'or enrichies de pierreries, et on les envoie aux plus grands princes. Son urine est un élixir propre à guérir toute espèce de maladie.

Dans le royaume de Boutan, on fait sécher également les plus grossières déjections du roi, et après les avoir renfermées dans de petites boîtes, on les vend dans les marchés pour saupoudrer les viandes. Voy. DÉJECTIONS, FIENTES, TANCHELM, etc.

EXORCISME, conjuration, prière à Dieu et commandement fait au démon de sortir du corps des personnes possédées. Souvent il est seulement destiné à les préserver du danger.

On regarde quelquefois *exorcisme* et *conjuration* comme synonymes; cependant la conjuration n'est que la formule par laquelle on commande au démon de s'éloigner; l'exorcisme est la cérémonie entière (1).

Les gens qui s'occupent de magie ont aussi leurs exorcismes pour évoquer et renvoyer. Voy. CONJURATIONS.

Voici une légende bizarre sur un exorcisme : on lit dans Césaire d'Hesterbach (2), que Guillaume, abbé de Sainte-Agathe, au diocèse de Liége, étant allé à Cologne avec deux de ses moines, fut obligé de tenir tête à une possédée. Il fit à l'esprit malin des questions auxquelles celui-ci répondit comme il lui plut. Le diable faisant autant de mensonges que de réponses, l'abbé s'en aperçut et le conjura de dire la vérité; il obéit. Il apprit au bon abbé comment se portaient plusieurs défunts dont il voulait savoir des nouvelles. Un des frères qui l'accompagnaient voulut lier conversation avec le diable. — Tais-toi, lui dit l'esprit malin, tu as volé hier douze sous à ton abbé; ces douze sous sont maintenant dans ta ceinture. — L'abbé ayant entendu ces choses, voulut bien en donner l'absolution à son moine ; après quoi il ordonna au diable de quitter la possédée.

— Où voulez-vous que j'aille? demanda le démon.

— Je vais ouvrir ma bouche, répondit l'abbé, tu entreras dedans, si tu peux.

— Il y fait trop chaud, répliqua le diable ; vous avez communié.

— Eh bien ! mets-toi ici; et l'abbé qui était gai tendait son pouce.

— Merci, vos doigts sont sanctifiés.

— En ce cas, va où tu voudras, mais pars.

— Pas si vite, répliqua le diable; j'ai permission de rester ici deux ans encore....

L'abbé dit alors au diable : — Montre-toi à nos yeux dans ta forme naturelle.

— Vous le voulez?

— Oui.

— Voyez.

En même temps la possédée commença de grandir et de grossir d'une manière effroyable. En deux minutes, elle était déjà haute comme une tour de trois cents pieds; ses yeux devinrent ardents comme des fournaises et ses traits épouvantables. Les deux moines tombèrent évanouis; l'abbé, qui seul avait conservé du courage, adjura le diable de rendre à la possédée la taille et la forme qu'elle avait d'abord. — Il obéit encore et dit à Guillaume : — Vous faites bien d'être pur ; car nul homme ne peut, sans mourir, me voir tel que je suis, s'il est souillé.

EXPIATION. — Les anciens Arabes coupaient l'oreille à quelque animal et le lâchaient au travers des champs en expiation de leurs péchés. — Un Juif, dit Saint-Foix, s'arme d'un couteau, prend un coq, le tourne trois fois autour de sa tête, et lui coupe la gorge en lui disant : — Je te charge de mes péchés ; ils sont à présent à toi : tu vas à la mort, et moi je suis rentré dans le chemin de la vie éternelle....

EXTASES. — L'extase (considérée comme crise matérielle) est un ravissement d'esprit, une suspension des sens causée par une forte contemplation de quelque objet extraordinaire et surnaturel. Les mélancoliques peuvent avoir des extases. Saint Augustin fait mention d'un prêtre qui paraissait mort à volonté, et qui resta mort, très-involontairement sans doute, dans une de ses expériences. S'il fit le mort, il le fit bien. Ce prêtre se nommait Prétextat ; il ne sentait rien de ce qu'on lui faisait souffrir pendant son extase.

Les démonomanes appellent l'extase *un transport en esprit seulement*, parce qu'ils reconnaissent le transport en chair et en os, par l'aide et assistance du diable. Une sorcière se frotta de graisse, puis tomba pâmée sans aucun sentiment: et trois heures après elle retourna en son corps, disant nouvelles de plusieurs pays *qu'elle ne connaissait point*, lesquelles nouvelles furent par la suite avérées (3).

Cardan dit avoir connu un homme d'église, qui tombait sans vie et sans haleine toutes

---

(1) Bergier, Dictionn. de théologie.
(2) Cæsarii Heisterbach Miracul., liv. V, ch. XXIX et Shellen, De Diabol., liv. VII.
(3) Bodin, dans la Démonomanie

les fois qu'il le voulait. Cet état durait ordinairement quelques heures ; on le tourmentait, on le frappait, on lui brûlait les chairs, sans qu'il éprouvât aucune douleur. Mais il entendait confusément, et comme à une distance très-éloignée, le bruit qu'on faisait autour de lui. Cardan assure encore qu'il tombait lui-même en extase à sa volonté ; qu'il entendait alors les voix sans y rien comprendre, et qu'il ne sentait aucunement les douleurs.

Le père de Prestantius, après avoir mangé un fromage maléficié, crut qu'étant devenu cheval il avait porté de très-pesantes charges, quoique son corps n'eût pas quitté le lit ; et l'on regarda comme une extase, produite par sortilége, ce qui n'était qu'un cauchemar causé par une indigestion.

Le magnétisme produit des extases.

EZECHIEL. — Les musulmans disent que les ossements desséchés que ranima le prophète Ezéchiel étaient les restes de la ville de Davardan, que la peste avait détruite et qu'il releva par une simple prière.

F

FAAL, nom que les habitants de Saint-Jean-d'Acre donnent à un recueil d'observations astrologiques, qu'ils consultent dans beaucoup d'occasions.

FABER (Albert-Othon), médecin de Hambourg au dix-septième siècle ; il a écrit quelques rêveries sur l'or potable.

FABERT (Abraham) ; de simple soldat, il devint maréchal de France, et s'illustra sous Louis XIV. C'était alors si extraordinaire, qu'on l'accusa de devoir ses succès à un commerce avec le diable.

FABRE (Pierre-Jean), médecin de Montpellier, qui fit faire des pas à la chimie au commencement du dix-septième siècle. Il y mêlait un peu d'alchimie. Il a écrit sur cette matière et sur la médecine spagyrique. Son plus curieux ouvrage est l'*Alchimiste chrétien* (*Alchimista christianus*), in 8° ; Toulouse, 1632.

Il a publié aussi l'*Hercules piochymicus*, Toulouse 1634, in 8°, livre où il soutient que les travaux d'Hercule ne sont que des emblèmes qui couvrent les secrets de la philosophie Hermétique.

FABRICIUS (Jean-Albert), bibliographe allemand, né à Leipsick en 1668. Il y a des choses curieuses sur les superstitions et les contes populaires de l'Orient dans son recueil des livres apocryphes que l'Eglise a repoussés de l'*Ancien* et du *Nouveau Testament* (1).

FAIRFAX (Edouard), poëte anglais du seizième siècle, auteur d'un livre intitulé *la Démonologie*, où il parle de la sorcellerie avec assez de crédulité.

FAIRFOLKS, espèce de farfadets qui se montrent en Écosse, et qui sont à peu près nos fées.

FAKONE, lac du Japon, où les habitants placent une espèce de limbes habités par tous les enfants morts avant l'âge de sept ans. Ils sont persuadés que les âmes de ces enfants souffrent quelques supplices dans ce lieu-là, et qu'elles y sont tourmentées jusqu'à ce qu'elles soient rachetées par les passants. Les bonzes vendent des papiers sur lesquels sont écrits les noms de Dieu. Comme ils assurent que les enfants éprouvent de l'allégement lorsqu'on jette ces papiers sur l'eau, on en voit les bords du lac couverts. — Il est aisé de reconnaître dans ces usages des traditions altérées de l'Eglise.

FALCONET (Noel), médecin, mort en 1734. Nous ne citerons de ses ouvrages que ses Lettres et remarques sur l'*or prétendu potable*; elles sont assez curieuses.

FANATISME. L'Eglise l'a toujours condamné, comme elle condamne tous ces excès. Les actes de fanatisme des conquérants du Nouveau-Monde étaient commis par des scélérats, contre lesquels le clergé s'élevait de toutes ses forces. On peut le voir dans la vie et dans les écrits de Barthélemi de Las Casas.

Les écrivains philosophes ont souvent appelé fanatisme ce qui ne l'était pas. Ils se sont trompés ou ils ont trompé lorsque, par exemple, ils ont attribué le massacre politique de la Saint-Barthélemi à la religion, qui y fut étrangère ; lorsqu'ils ont défendu les fanatiques des Cévennes, etc.

Il y a eu très-souvent du fanatisme outré dans les hérésies et même dans la sorcellerie.

Sous le règne de Louis XII, un écolier de l'université de Paris, persuadé que la religion d'Homère était la bonne, arracha la sainte hostie des mains d'un prêtre qui la consacrait, et la foula aux pieds. Voilà du fanatisme.

Les Juifs en ont fourni de nombreux exemples, et un très-grand fanatisme distingue beaucoup de philosophes modernes.

« Il y a un fanatisme politique, un fanatisme littéraire, un fanatisme guerrier, un fanatisme philosophique (2). »

On a nommé d'abord fanatiques les prétendus devins qui rendaient leurs oracles dans les temples, *fana*. Aujourd'hui on entend par fanatisme tout zèle aveugle.

FANNIUS (Caius), historien qui mourut de peur en composant un ouvrage contre Néron. Il en avait terminé trois livres, et il commençait le quatrième, lorsque Néron, dont il avait l'imagination remplie, lui apparut en songe, et, après avoir parcouru les trois premiers livres de son ouvrage, se re-

---

(1) Codex pseudepigraphus veteris Testamenti, collectus, castigatus, testimoniisque censoris et animadversionibus illustratus. In-8°. Hambourg et Leipsick, 1713. — Codex apocryphus novi Testamenti, etc. Hambourg, 1719. In-8°.

(2) Bergier, Dict. théol.

tira sans toucher au quatrième qui était en train. Ce rêve frappa Fannius; il crut y voir que son ouvrage ne serait pas achevé, et il mourut en effet peu après.

FANTASMAGORIANA, titre d'un recueil de contes populaires où les apparitions et les spectres jouent les premiers rôles. Ces contes prolixes sont, pour la plupart, traduits de l'allemand, 2 vol. in-12; Paris, 1812.

FANTASMAGORIE, spectacle d'optique, du genre des lanternes magiques perfectionnées, et qui, aux yeux des ignorants, peut paraître de la sorcellerie.

FANTOMES, esprits ou revenants de mauvais augure, qui effrayaient fort nos pères, quoiqu'ils sussent bien qu'on n'a aucunement peur des fantômes si l'on tient dans sa main de l'ortie avec du millefeuille (1).

Les Juifs prétendent que le fantôme qui apparaît ne peut reconnaître la personne qu'il doit effrayer si elle a un voile sur le visage; mais quand cette personne est coupable, ils prétendent, au rapport de Buxtorf, que le masque tombe, afin que l'ombre puisse la voir et la poursuivre.

On a vu souvent des fantômes venir annoncer la mort; un spectre se présenta pour cela aux noces du roi d'Ecosse Alexandre III, qui mourut peu après.

Camerarius rapporte que, de son temps, on voyait quelquefois dans les églises des fantômes sans tête, vêtus en moines et en religieuses, assis dans les stalles des vrais moines et des sœurs qui devaient bientôt mourir.

Un chevalier espagnol avait osé concevoir une passion criminelle pour une religieuse. Une nuit, qu'il traversait l'église du couvent dont il s'était procuré la clef, il vit des cierges allumés et des prêtres, qui lui étaient inconnus, occupés à célébrer l'office des morts autour d'un tombeau. Il s'approcha de l'un deux et demanda pour qui on faisait le service. «Pour vous,» lui dit le prêtre. Tous les autres lui firent la même réponse. Il sortit effrayé, monta à cheval, s'en retourna à sa maison, et deux chiens l'étranglèrent à sa porte (2).

Une dame voyageant seule dans une chaise de poste fut surprise par la nuit près d'un village où l'essieu de sa voiture s'était brisé. On était en automne, l'air était froid et pluvieux; il n'y avait point d'auberge dans le village; on lui indiqua le château. Comme elle ne connaissait le maître, elle n'hésita pas à s'y rendre. Le concierge alla la recevoir, et lui dit qu'il y avait au château dans ce moment beaucoup de monde qui était venu célébrer une noce, et qu'il allait informer le seigneur de son arrivée. La fatigue, le désordre de sa toilette et le désir de continuer son voyage engagèrent la voyageuse à prier le concierge de ne point déranger son maître. Elle lui demanda seulement une chambre. Toutes étaient occupées, à l'exception d'une seule, dans un coin écarté du château, qu'il n'osait lui proposer à cause de son délabrement; mais elle lui dit qu'elle s'en contenterait, pourvu qu'on lui fît un bon lit et un bon feu.

Après qu'on eut fait ce qu'elle désirait, elle soupa légèrement, et s'étant bien réchauffée, elle se mit au lit. Elle commençait à s'endormir, lorsqu'un bruit de chaînes et des sons lugubres la réveillèrent en sursaut. Le bruit approche, la porte s'ouvre, elle voit, à la clarté de son feu, entrer un fantôme couvert de lambeaux blanchâtres; sa figure pâle et maigre, sa barbe longue et touffue, les chaînes qu'il portait autour du corps, tout annonçait un habitant d'un autre monde. Le fantôme s'approche du feu, se couche auprès tout de son long, se tourne de tous côtés en gémissant, puis, à un léger mouvement qu'il entend près du lit, il se relève promptement et s'en approche. Quelle amazone eût bravé un tel adversaire? Quoique notre voyageuse ne manquât pas de courage, elle n'osa l'attendre, se glissa dans la ruelle du lit, et, avec une agilité dont la frayeur rend capables les moins légères, elle se sauve en chemise à toutes jambes, enfile de longs et obscurs corridors, toujours poursuivie par le terrible fantôme, dont elle entend le frottement des chaînes contre la muraille. Elle aperçoit enfin une faible clarté, et, reconnaissant la porte du concierge, elle y frappe et tombe évanouie sur le seuil. Il vient ouvrir, la fait transporter sur son lit et lui prodigue tous les secours qui sont en son pouvoir. Elle raconta ce qui lui était arrivé.

— Hélas! s'écria le concierge, notre fou aura brisé sa chaîne et se sera échappé!

Ce fou était un parent du maître du château, qu'on gardait depuis plusieurs années. Il avait effectivement profité de l'absence de ses gardiens, qui étaient à la noce, pour détacher ses chaînes, et le hasard avait conduit ses pas à la chambre de la voyageuse, qui en fut quitte pour une grande peur (3). Voy. APPARITIONS, VISIONS, HALLUCINATIONS, ESPRITS, REVENANTS, SPECTRES, DESHOULIÈRES, etc., etc.

FANTOME VOLANT. On croit, dans la Basse-Bretagne, entendre dans les airs, lorsqu'il fait un orage, un fantôme volant qu'on accuse de déraciner les arbres et de renverser les chaumières. Voy. VOLTIGEUR HOLLANDAIS.

FAPISIA, herbe fameuse chez les Portugais, qui l'employaient comme un excellent spécifique pour chasser les démons (4).

FAQUIR ou FAKIR. Il y a dans l'Inde des fakirs qui sont d'habiles et puissants jongleurs. On lit ce qui suit dans l'ouvrage de M. Osborne, intitulé: *la Cour et le Camp de Rundjet-Sing*:

« A la cour de ce prince indien, la mission anglaise eut l'occasion de voir un personnage appelé le Fakir, homme enterré et ressuscité, dont les prouesses avaient fait du bruit dans les provinces de Punjab.

« Ce Fakir est en grande vénération parmi

---

(1) Les Admirables secrets d'Albert le Grand.
(2) Torquemada, Hexaméron.
(3) Spectriana, p. 79.

(4) Delancre, Tableau de l'inconstance des démons, etc., liv. IV, p. 297.

les Sihks, à cause de la faculté qu'il a de s'enterrer tout vivant pendant un temps donné. Nous avions ouï raconter de lui tant d'histoires, que notre curiosité était excitée. Voilà plusieurs années qu'il fait le métier de se laisser enterrer. Le capitaine Wade me dit avoir été témoin d'une de ses résurrections, après un enterrement de quelques mois. La cérémonie préliminaire avait eu lieu en présence de Rundjet-Sing, du général Ventura et des principaux sirdars.

« Les préparatifs avaient duré plusieurs jours, on avait arrangé un caveau tout exprès. Le Fakir termina ses dispositions finales en présence du souverain; il se boucha avec de la cire les oreilles, le nez et tous les autres orifices par lesquels l'air aurait pu entrer dans son corps. Il n'excepta que la bouche. Cela fait, il fut déshabillé et mis dans un sac de toile, après qu'il se fut retourné la langue pour fermer le passage de la gorge, et qu'il se fut posé dans une espèce de léthargie; le sac fut fermé et cacheté du sceau de Rundjet-Sing et déposé dans une boîte de sapin, qui, fermée et scellée également, fut descendue dans le caveau. Par-dessus on répandit et on foula de la terre, on sema de l'orge et on plaça des sentinelles.

« Il paraît que le maha-rajah, très-sceptique sur cette mort, envoya deux fois des gens pour fouiller la terre, ouvrir le caveau et visiter le cercueil. On trouva chaque fois le Fakir dans la même position et avec tous les signes d'une suspension de vie.

« Au bout de dix mois, terme fixé, le capitaine Wade accompagna le maha-rajah pour assister à l'exhumation : il examina attentivement par lui-même l'intérieur de la tombe; il vit ouvrir les serrures, briser les sceaux et porter la boîte ou cercueil au grand air. Quand on en tira le Fakir, les doigts posés sur son artère et sur son cœur ne purent percevoir aucune pulsation. La première chose qui fut faite pour le rappeler à la vie, et la chose ne se fit pas sans peine, fut de ramener la langue à sa place naturelle. Le capitaine Wade remarqua que l'occiput était brûlant, mais le reste du corps très-frais et très-sain. On l'arrosa d'eau chaude, — et au bout de deux heures il ressuscité était aussi bien que dix mois auparavant.

« Il prétend faire dans son caveau les rêves les plus délicieux : aussi redoute-t-il d'être réveillé de sa léthargie. Ses ongles et ses cheveux cessent de croître : sa seule crainte est d'être entamé par des vers ou des insectes; c'est pour s'en préserver qu'il fait suspendre au centre du caveau la boîte où il repose.

« Ce Fakir eut la maladroite fantaisie de faire l'épreuve de sa mort et de sa résurrection devant la mission anglaise, lorsqu'elle arriva à Lahore. Mais les Anglais, avec une cruelle méfiance, proposèrent de lui imposer quelques précautions de plus : ils montrèrent des cadenas à eux appartenant, et parlèrent de mettre au tombeau des factionnaires européens. Le Fakir fit d'abord de la diplomatie; il se troubla, et finalement refusa de se soumettre aux conditions britanniques. Runjet-Sing se fâcha.

« — Je vois bien, dit le Fakir au capitaine Osborne, que vous voulez me perdre, et que je ne sortirai pas vivant de mon tombeau.

« Le capitaine, ne désirant pas du tout avoir à se reprocher la mort du pauvre charlatan, renonça à l'épreuve. » V. JAMAMBUXES.

FARFADETS, esprits ou lutins ou démons familiers, que les personnes simples croient voir ou entendre la nuit. Quelques-uns se montrent sous des figures d'animaux, le plus grand nombre restent invisibles. Ils rendent généralement de bons offices.

Des voyageurs crédules ont prétendu que les Indes étaient pleines de ces esprits bons ou mauvais, et qu'ils avaient un commerce habituel avec les hommes du pays.

Voici l'histoire d'un farfadet :

En l'année 1221, vers le temps des vendanges, le frère cuisinier d'un monastère de Citeaux chargea deux serviteurs de garder les vignes pendant la nuit. Un soir, l'un de ces deux hommes, ayant grande envie de dormir, appela le diable à haute voix et promit de le bien payer s'il voulait garder la vigne à sa place. Il achevait à peine ces mots, qu'un farfadet parut.

— Me voici prêt, dit-il à celui qui l'avait demandé. Que me donneras-tu si je remplis ta charge ?

— Je te donnerai un panier de raisin, répondit le serviteur, à condition que tu veilleras jusqu'au matin.

Le farfadet accepta l'offre; et le domestique rentra à la maison pour s'y reposer. Le frère cuisinier, qui était encore debout, lui demanda pourquoi il avait quitté la vigne ?

— Mon compagnon la garde, répondit-il, et il la gardera bien.

— Va, va, reprit le cuisinier, qui n'en savait pas davantage, ton compagnon peut avoir besoin de toi.

Le valet n'osa répliquer et sortit; mais il se garda bien de paraître dans la vigne. Il appela l'autre valet, lui conta le procédé dont il s'était avisé; et tous deux, se reposant sur la bonne garde du lutin, entrèrent dans une petite grotte qui était auprès de là, et s'y endormirent. Les choses se passèrent aussi bien qu'on pouvait l'espérer ; le farfadet fut fidèle à son poste jusqu'au matin, et on lui donna le panier de raisin promis. — Ainsi finit le conte (1). Voy. BERBIGUIER, BÉRITH, ESPRITS, FEUX FOLLETS, HECDEKIN, ORTHON, etc.

FARMER (HUGUES), théologien anglican, mort en 1787. On a de lui un *Essai sur les démoniaques du Nouveau Testament*, 1775, où il cherche à prouver, assez gauchement, que les maladies attribuées à des possessions du démon sont l'effet de causes naturelles, et non l'effet de l'action de quelque malin esprit.

FASCINATION, espèce de charme qui fait qu'on ne voit pas les choses telles qu'elles sont. Un Bohémien sorcier, cité par Boguet, changeait des bottes de foin en pourceaux, et les vendait comme tels, en avertissant tou-

(1) Cæsarius Heisterbachensis ill. miracul., lib. V.

tefois l'acheteur de ne laver ce bétail dans aucune eau. Un acquéreur de la denrée du Bohémien, n'ayant pas suivi ce conseil, vit, au lieu de pourceaux, des bottes de foin nager sur l'eau où il voulait décrasser ses bêtes.

Delrio conte qu'un certain magicien, au moyen d'un certain arc et d'une certaine corde tendue à cet arc, tirait une certaine flèche, faite d'un certain bois, et faisait tout d'un coup paraître devant lui un fleuve aussi large que le jet de cette flèche.

Et d'autres rapportent qu'un sorcier juif, par fascination, dévorait des hommes *et des charretées de foin*, coupait des têtes, et démembrait des personnes vivantes, puis remettait tout en fort bon état.

Dans la guerre du duc Vladislas contre Grémozislas, duc de Bohême, une vieille sorcière dit à son beau-fils, qui suivait le parti de Vladislas, que son maître mourrait dans la bataille avec la plus grande partie de son armée, et que, pour lui, il pouvait se sauver du carnage en faisant ce qu'elle lui conseillerait; c'est-à-dire, qu'il tuât le premier qu'il rencontrerait dans la mêlée; qu'il lui coupât les deux oreilles, et les mît dans sa poche; puis qu'il fît, avec la pointe de son épée, une croix sur la terre entre les pieds de devant de son cheval, et qu'après avoir baisé cette croix il se hâtât de fuir.

Le jeune homme, ayant accompli toutes ces choses singulières, revint sain et sauf de la bataille où périrent Vladislas et le plus grand nombre de ses troupes. Mais en rentrant dans la maison de sa marâtre, ce jeune guerrier trouva sa femme, qu'il chérissait uniquement, percée d'un coup d'épée, expirante et sans oreilles...

Les femmes maures s'imaginent qu'il y a des sorciers qui fascinent par leur seul regard, et tuent les enfants. Cette idée leur est commune avec les anciens Romains, qui honoraient le dieu Fascinus, à qui l'on attribuait le pouvoir de garantir les enfants des fascinations et maléfices. Voy. OEIL, CHARMES, ENCHANTEMENTS, FAUST, PRESTIGES, etc.

FATALISME, doctrine de ceux qui reconnaissent une destinée inévitable.

Si quelqu'un rencontre un voleur, les fatalistes disent que c'était sa destinée d'être tué par un voleur. Ainsi cette fatalité a assujetti le voyageur au fer du voleur, et a donné longtemps auparavant au voleur l'intention et la force, afin qu'il eût, au temps marqué, la volonté et le pouvoir de tuer celui-ci.

Et si quelqu'un est écrasé par la chute d'un bâtiment, le mur est tombé parce que cet homme était destiné à être enseveli sous les ruines de sa maison..... Dites plutôt qu'il a été accablé sous les ruines, parce que le mur est tombé (1).

Où serait la liberté des hommes, s'il leur était impossible d'éviter une fatalité aveugle, une destinée inévitable?

Est-il rien de plus libre que de se marier, de suivre tel ou tel genre de vie? Est-il rien de plus fortuit que de périr par le fer, de se noyer, d'être malade?... L'homme vertueux, qui parvient par de grands efforts à vaincre ses passions, n'a donc plus besoin de s'étudier à bien faire, puisqu'il ne peut être vicieux?... C'est un peu la doctrine de Calvin.

FAUNES, dieux rustiques inconnus aux Grecs. On les distingue des satyres et sylvains, quoiqu'ils aient aussi des cornes de chèvre ou de bouc, et la figure d'un bouc depuis la ceinture jusqu'en bas. Mais ils ont les traits moins hideux, une figure plus gaie que celle des satyres, et moins de brutalité. D'anciens Pères les regardent comme des démons incubes (2); et voici l'histoire qu'en donnent les docteurs juifs :

« Dieu avait déjà créé les âmes des faunes et des satyres, lorsqu'il fut interrompu par le jour du sabbat, en sorte qu'il ne put les unir à des corps, et qu'ils restèrent ainsi de purs esprits et des créatures imparfaites. Aussi, ajoutent-ils, ces esprits craignent le jour du sabbat, et se cachent dans les ténèbres jusqu'à ce qu'il soit passé; ils prennent quelquefois des corps pour épouvanter les hommes. Mais ils sont sujets à la mort. Cependant ils peuvent approcher si près des intelligences célestes, qu'ils leur dérobent quelquefois la connaissance de certains événements futurs, ce qui leur a fait produire des prophéties, au grand étonnement des amateurs. »

FAUST (JEAN), fameux magicien allemand, né à Weimar au commencement du seizième siècle. Un génie plein d'audace, une curiosité indomptable, un immense désir de savoir, telles étaient ses qualités prononcées. Il apprit la médecine, la jurisprudence, la théologie; il approfondit la science des astrologues; quand il eut épuisé les connaissances naturelles, il se jeta dans la magie : du moins toutes ses histoires le disent. — On le confond souvent avec Faust, l'associé de Guttemberg dans l'invention de l'imprimerie ; on sait que quand les premiers livres imprimés parurent, on cria à la magie! on soutint qu'ils étaient l'ouvrage du diable ; et sans la protection de Louis XI et de la Sorbonne, l'imprimerie, en naissant, était étouffée à Paris.

Quoi qu'il en soit, voici les principaux traits de la légende de Faust.

Curieux de se lier avec les êtres d'un monde supérieur, il découvrit la terrible formule qui évoque les démons. Il s'abstint d'abord d'en faire usage ; mais un jour, se promenant dans la campagne avec son ami Wagner, il aperçut un barbet noir qui formait des cercles rapides en courant autour de lui. Une trace ardente brillait à la suite du chien. Faust étonné s'arrête ; les cercles que formait l'animal étrange devenaient toujours plus petits ; il s'approche bientôt de Faust et le flatte... Le savant s'en retourne pensif, et le barbet le suit.

Faust ne se retrouva seul que pour se li-

(1) Barclai, dans l'Argenis.
(2) Delancre, Tableau de l'inconstance des démons, etc., p. 211.

vrer à de noires idées. Le chien, son nouveau compagnon, les interrompait par des hurlements. Faust le regarde, s'étonne de le voir grandir, s'aperçoit qu'il a reçu un démon, saisit son livre magique, se place dans un cercle, prononce la formule, et ordonne à l'esprit de se faire connaître.

Le chien s'agite, une fumée l'environne, et, à sa place, il voit un démon sous le costume d'un jeune seigneur, vêtu avec élégance. C'était le démon Méphistophelès, le second des archanges déchus, et, après Satan, le plus redoutable chef des légions infernales...

Les divers légendaires rapportent cet événement avec des variantes. Widman dit qu'étant décidé à évoquer un démon, Faust alla dans l'épaisse forêt de Mangeall, près de Wittemberg ; là, il fit à terre un cercle magique, il se plaça au milieu, et prononça la formule de conjuration avec tant de rapidité, qu'il se fit autour de lui un bruit effroyable. Toute la nature parut s'ébranler. Les arbres pliaient jusqu'à terre, de grands coups de tonnerre interrompaient les sons lointains d'une musique solennelle, à laquelle se mêlaient des cris, des gémissements, des cliquetis d'épées : de violents éclairs déchiraient le voile noir qui cachait le ciel. Une masse enflammée parut, se dessina peu à peu, et forma un spectre qui, s'approchant du cercle sans parler, se promena alentour, d'une marche inégale, pendant un quart d'heure. L'esprit revêtit enfin la figure et le costume d'un moine gris, et entra en conversation avec Faust.

Le docteur signa de son sang, sur un parchemin vierge, avec une plume de fer que lui présenta le démon, un pacte par lequel Méphistophelès s'obligeait à le servir vingt-quatre ans, après lesquels Faust appartiendrait à l'enfer.

Widman, dans son Histoire de Faust, rapporte les conditions de ce pacte, dont on assure qu'on trouva le double parmi les papiers du docteur. Il était écrit sur parchemin, en caractères d'un rouge foncé, et portait :

1° Que l'esprit viendrait toujours au commandement de Faust, lui apparaîtrait sous une figure sensible, et prendrait celle qu'il lui serait ordonné de revêtir ;

2° Que l'esprit ferait tout ce que Faust lui commanderait ;

3° Qu'il serait exact et soumis comme un serviteur ;

4° Qu'il arriverait à quelque heure qu'on l'appelât ;

5° Qu'à la maison, il ne serait vu ni reconnu que de lui.

De son côté, Faust s'abandonnait au diable, sans réserve d'aucun droit à la rédemption, ni de recours futur à la miséricorde divine.

Le démon lui donna, pour arrhes de ce traité, un coffre plein d'or. Dès lors, Faust fut maître du monde, qu'il parcourut avec éclat. Il allait partout, lorsqu'il ne voyageait pas à travers les airs, dans de riches équipages, accompagné de son démon. Il vit un jour, au village de Rosenthal, une jeune fille ingénue, que Widman représente comme surpassant en grâces toutes les beautés de la terre, et qu'il appelle Marguerite. Il en devint épris ; mais elle était vertueuse. Méphistophelès, pour le détourner de cette passion qu'il redoutait, le mena à la cour. Charles-Quint, sachant ses talents magiques, le pria de lui faire voir Alexandre le Grand. Faust obligea aussitôt le fameux roi de Macédoine à paraître. Il vint sous la figure d'un petit homme trapu, haut en couleur, avec une espèce de barbe rousse, le regard perçant et la contenance fière. Il fit à l'empereur une révérence, et lui adressa même quelques mots, dans une langue que Charles-Quint n'entendait point. D'ailleurs il lui était défendu de parler. Tout ce qu'il put faire fut de le bien considérer, ainsi que César et quelques autres que Faust ranima un instant pour lui.

L'enchanteur opéra mille merveilles semblables. A en croire ses historiens, il usait sans discrétion de son pouvoir surnaturel. Un jour, se rencontrant à table dans un cabaret, avec douze ou quinze buveurs qui avaient entendu parler de ses prestiges, ils le supplièrent de leur en faire voir quelque chose. Faust perça la table avec un foret, et en fit sortir les vins les plus délicats. Un des convives n'ayant pas mis la coupe assez vivement sous le jet, la liqueur prit feu en tombant à terre, et ce prodige effraya quelques-uns des assistants. Le docteur sut dissiper leur trouble. Ces gens, qui avaient la tête échauffée, lui demandèrent alors unanimement qu'il leur fît voir une vigne chargée de raisins mûrs.

Ils pensaient que, comme on était en décembre, il ne pourrait produire un tel prodige. Faust leur annonça qu'à l'instant, sans sortir de table, ils allaient voir une vigne telle qu'ils la souhaitaient ; mais à condition que tous ils resteraient à leurs places, et attendraient, pour couper les grappes de raisin, qu'il le leur commandât, les assurant que quiconque désobéirait, courait risque de la vie. Tous lui ayant promis d'obéir, le magicien fascina si bien les yeux de ces gens, qui étaient ivres, qu'il leur sembla voir une très-belle vigne, chargée d'autant de longues grappes de raisin qu'ils étaient de convives. Cette vue les ravit ; ils prirent leurs couteaux, et se mirent en devoir de couper les grappes, au premier signal de Faust. Il se donna le plaisir de les tenir quelque temps dans cette posture, puis, tout à coup, il fit disparaître la vigne et les raisins ; et chacun de ces buveurs, pensant avoir en main sa grappe pour la couper, se trouva tenant d'une main le nez de son voisin, et de l'autre le couteau levé, de sorte que, s'ils eussent coupé les grappes, sans attendre l'ordre de Faust, ils se seraient coupé le nez les uns aux autres.

On a dit que Faust avait, comme Agrippa, l'adresse de payer ses créanciers en monnaie de corne ou de bois, qui paraissait bonne au moment où elle sortait de sa bourse, et reprenait, au bout de quelques jours, sa véritable forme. Mais le diable lui donnait assez d'argent pour qu'il n'eût pas besoin d'user de ces fraudes.

Wecker dit qu'il n'aimait pas le bruit, et que souvent il faisait taire, par la force de sa magie, les gens qui le fatiguaient, « témoin ce certain jour qu'il lia la bouche à une demi-douzaine de paysans ivres, pour les empêcher de babiller et de piailler comme ils faisaient. »

Il n'avait pas renoncé à son projet chéri d'épouser Marguerite; mais le démon l'en détournait d'autant plus, comme dit Widman, qu'appartenant à l'enfer par son pacte, il n'avait plus le droit de disposer de lui ni de former un nouveau lien. Méphistophélès l'éloignait donc sans cesse.

Faust allait au sabbat; il poursuivait le cours de sa destinée infernale. Lorsque le temps du pacte fut accompli, il frissonna, à la pensée du sort qui lui était maintenant réservé. Il voulut s'enfuir dans une église ou dans tout autre lieu saint, pour implorer la miséricorde divine. Méphistophélès l'en empêcha; il le conduisit tremblant sur la plus haute montagne de la Saxe. Faust voulut se recommander à Dieu. — Désespère et meurs, lui dit le démon, tu es maintenant à nous.

A ces mots, l'esprit des ténèbres apparut aux yeux de Faust sous la forme d'un géant haut comme le firmament; ses yeux enflammés lançaient la foudre, sa bouche vomissait du feu, ses pieds d'airain ébranlaient la terre. Il saisit sa victime avec un éclat de rire qui retentit comme le tonnerre, déchira son corps en lambeaux, et précipita son âme dans les enfers.

Apprenez par là, frères, que tout n'est pas gain en mauvaise compagnie.

Nous avons dit que la découverte de l'imprimerie fit poursuivre Faust comme sorcier : on assurait que l'encre rouge de ses Bibles était du sang; il est vrai qu'elle a un éclat particulier, et qu'on a pu croire au moins, dans un siècle d'ignorance, que le secret en avait été donné par le diable.

On dit encore qu'il débitait en Allemagne des almanachs qui, dictés par Méphistophélès, prédisaient toujours juste; ils avaient, par conséquent, plus de succès encore que Matthieu Laensberg, qui se trompe quelquefois. Mais on ne retrouve aucun de ces almanachs.

La vie de Faust et de Christophe Wagner, son valet, sorcier comme lui, a été écrite par Widman, Francfort, 1587, in-8°, traduite en plusieurs langues, et en français par Victor Palma Cayet, Paris, 1603, in-12. Adelung lui a consacré un grand article dans son Histoire des folies humaines. Tous les démonographes ont parlé de lui : Gœthe a mis ses aventures en un drame bizarre ou chronique dialoguée. MM. Desaur et de Saint-Geniès ont publié, en 1825, les Aventures de Faust et sa descente aux enfers, roman en trois volumes in-12, où l'on ne trouve pas tout le merveilleux des légendes allemandes. M. Marmier a donné aussi une curieuse légende de Faust.

On trouve, dans les légendes populaires, plusieurs personnages qui font pendant avec Faust, en ce point du moins qu'ils se lient avec le diable au moyen d'un pacte. L'une des plus originales, parmi ces traditions, est celle du maréchal de Tamine, le Faust du pays wallon. Nous la rapporterons ici.

La légende du Maréchal de Tamine.

Dans ce beau village de Tamine, que baigne la Sambre, à quatre lieues de Namur, vivait, il y a un peu plus de trois siècles, — peut-être au temps de la jeunesse de Charles-Quint, — un maréchal-ferrant renommé pour sa bonne humeur. Son atelier florissait; il dormait sans soucis et menait joyeuse vie, lorsqu'un jour, en revenant d'une fête voisine, il trouva sa maison brûlée.

Adieu dès lors l'aisance et la gaîté.

Mais comment cette maison avait-elle été la proie des flammes? Les uns dirent que c'était un pur accident; ceux-ci un effet de quelque négligence; ceux-là un coup de malveillance sans doute; les autres, plus pénétrants, soutinrent que le diable seul avait fait le mal. C'était ajoutaient-ils, une épreuve offerte à la patience du maréchal de Tamine, qui avait ainsi l'occasion de se montrer le Job de la contrée.

Le Wallon, qui n'avait pas la vertu du sage Chaldéen, aima mieux, dans sa grossièreté matérielle, être le Faust du pays, moins savant et moins grave que l'Allemand, mais plus malin pourtant et plus habile.

— Si le diable veut de moi, dit-il, nous allons voir.

Selon l'usage populaire, qui déjà était bien connu de tout mauvais drôle, ayant quelque teinte des sciences de sorcellerie, le maréchal de Tamine s'en alla seul, le soir, hors de son village, s'arrêta dans un carrefour où venaient aboutir quatre chemins; et là, ayant tracé un cercle avec un bâton de coudrier, il se planta au milieu, puis au son des heures sinistres de minuit, il immola une poule noire, avec les cérémonies voulues. C'était le moyen d'obliger le diable à paraître.

Le diable accourut. Il trouva un homme qui avait la bourse vide, les dents longues, l'esprit inquiet, et qui se montrait disposé à traiter, dit la légende, mais qui ne voulait pas faire un marché de dupe.

Après des pourparlers qui durent être curieux, le Wallon vendit son âme, moyennant trois stipulations spéciales :

1° Qu'il pourrait, pendant le bail qu'il faisait avec le diable, retenir à son gré, sur un grand poirier qui s'élevait devant sa maison, tout imprudent qui se serait avisé d'y monter.

2° Que sa bourse de cuir, une fois fermée, ne s'ouvrirait plus sans sa permission.

3° Que son tablier de cuir aurait désormais cette vertu que jamais aucune puissance ne pourrait l'en détacher, s'il parvenait à s'y asseoir.

Le diable accorda tout; il rebâtit la maison et consentit, selon les clauses du marché, à ne réclamer l'âme du Wallon qu'au bout de dix ans.

Le maréchal de Tamine se reprit donc à mener plus joyeuse vie encore que par le passé, jouissant du présent et s'occupant très-peu de l'avenir. Les dix ans s'écoulèrent ainsi.

Le diable vint alors sommer son homme d'exécuter le contrat.

— Je suis prêt dit l'autre; et quoique la journée ne soit pas finie, je ne vous demanderai qu'une légère faveur, celle de manger encore une fois du fruit de mon poirier.

Le diable se montra charmé des dispositions du maréchal; il se prêta de bonne grâce à sa fantaisie et grimpa sur l'arbre; ce qui n'était pas difficile.

Mais il fallait en descendre. Nul ne le pouvait sans la permission du maître : c'était, comme on l'a vu, un des avantages du contrat. Le diable, cloué sur le poirier, n'obtint sa liberté que moyennant un sursis de dix ans.

Le temps passa, dans cette nouvelle période, aussi rapide que la première fois, entraîné par les plaisirs et l'insouciance.

Le diable revint, sur le soir du dernier jour.

— Je suis prêt, dit encore le Wallon.

—Marchons donc, répliqua le diable, d'un ton sérieux. Il s'était bien promis, cette fois, de ne plus être victime de sa complaisance.

Mais il ne savait pas à qui il avait affaire. Le maréchal de Tamine avait calculé une ressource nouvelle; il prit l'ange déchu par son faible, l'amour-propre.

—On raconte, dit-il d'un air bonhomme, que vous êtes très-puissant; et vous m'en avez donné quelques marques; c'est ce qui me rend joyeux de partir avec vous. Mais on me disait tout à l'heure une merveille que je n'ai pas pu croire. Est-il donc vrai que vous ayez le pouvoir de prendre la taille qui vous plaît ? que vous puissiez à l'instant paraître un géant énorme, et aussitôt après devenir le nain le plus exigu?

—C'est très-vrai, dit le diable avec importance; et tu vas le voir.

Pour prouver ce qu'il avançait, il se grandit tellement en quelques secondes, qu'il paraissait avoir trois cents pieds.

— C'est prodigieux ! dit le Wallon, c'est superbe; et je le répète, je suis ravi. Vous êtes plus grand que notre clocher. Ah ! c'est beau de s'élever si haut. Mais il doit être bien plus difficile de se faire petit, imperceptible, grand comme le pouce, petit à se loger là-dedans.

En disant ces mots, il tenait sa bourse entr'ouverte.

Il n'avait pas achevé, que le diable, étourdi par la vanité, se ramassait dans la forme la plus mignonne et se plongeait tout entier dans la bourse. Le maréchal de Tamine en serra les cordons. Tenant de nouveau son créancier, il rentra dans sa forge, mit sa bourse sur l'enclume et travailla à l'aplatir à grands coups de marteau.

Le diable hurlait. Pour sa délivrance, il accorda un nouveau sursis de dix ans, et s'en alla de mauvaise humeur.

Au bout de cet autre terme, le maréchal de Tamine, sentant qu'il vieillissait, n'attendit pas que le diable à qui il s'était vendu vînt le chercher. Il alla lui-même frapper à la porte de l'enfer. Son diable s'y trouvait de garde; mais dès qu'il le vit, craignant de nouvelles malices, il lui ferma la porte au nez.

Repoussé de la sorte, le Wallon, qui décidément s'ennuyait ici-bas, s'en alla chercher ailleurs. Nous suivons toujours la légende populaire. En rôdant, il parvint à l'entrée du paradis. Saint-Pierre le reconnut pour un homme en commerce avec le diable et lui refusa le passage.

Le maréchal de Tamine ne se rebutait pas d'un premier refus. Il demanda, de l'air le plus humble, qu'on lui permît seulement de regarder un peu, par la porte entr'ouverte, le bonheur des élus. Saint-Pierre, qui est bon, se laissa gagner, mais le rusé Wallon, jetant dans le paradis son tablier de cuir, se coucha dessus, et l'on ne put l'en arracher (1).

Sur quoi, les uns vous affirmeront que, malgré les murmures, il obtint, en récompense de son stratagème, une petite place parmi les bienheureux. Mais les traditions mieux informées portent que le tablier fut jeté dehors avec ce qu'il portait, rien d'impur ne pouvant entrer dans le ciel.

L'idée de l'arbre a été employée dans un sens plus neuf. Elle fait le fond de la charmante légende que voici, et qui a été donnée par M. Léopold de Monvert, dans le journal l'*Univers*.

Le bonhomme Misère.

Quelques années après la venue du Messie, on voyait sur le haut de la montagne Saint-Jean d'Alfretz un village isolé, assez peuplé, pauvre, quoique l'on y comptât quelques richards fort avares, un curé fort débonnaire et un cabaretier dont les profits étaient considérables et le vin mauvais : le vin ! chose rare en ce temps-là, les vignes du bas Languedoc n'étant pas encore plantées. On trouvait aussi à Saint-Jean de fraîches, de jolies paysannes fort coquettes, trois ou quatre dévotes, de méchantes langues, des coquins qui passaient pour honnêtes gens... A une certaine distance s'élevait, abritée du nord, une étroite cabane bâtie en pierre sèche, couverte en chaume, entourée de quelques toises de jardin où se faisait remarquer un fort beau poirier.

Là vivait, dans le plus grand désintéressement des biens de ce monde, c'est-à-dire dans une heureuse tranquillité, le bonhomme Misère. Poser quelques pierres sur la muraille qui défendait son petit terrain de la visite des loups, rafistoler la porte, la lucarne ou l'intérieur de sa demeure, donner parfois un coup de bêche au jardin, et de temps à autre prendre son bâton pour aller faire sa tournée des châteaux, suivi de *Farou*, chien maigre, peu doux, mais très-intelligent, telles étaient les vicissitudes de son existence.

Quand Misère avait rempli ses besaces et

(1) C'est à peu près ce que les rabbins racontent de Josué Ben-Lévi. Voyez Josué.

son armoire de légumes secs, de pain bien cuit et de laine à filer; quand il avait ramassé autour de la cabane quantité de branches mortes; quand il avait bouché avec soin dans son réduit les trous et les fentes, il attendait avec patience les rigueurs de la rude saison. L'hiver venu, son occupation était de filer sa laine, assez bon métier en ces temps heureux où l'on ne voyait pas de filature dans les vallons du pays. Sachant ainsi s'industrier, Misère ne mourait pas de faim : pour le froid, il était habitué, depuis longues années, à l'endurer; d'ailleurs on lui avait donné une vieille paillasse et une couverture bonne encore, quoique un peu trouée.

Certaine année, l'hiver, fort rigoureux, se prolongea plus longtemps que de coutume; Misère se trouvait à la fin de ses provisions : cela le tracassait peu; tant qu'il lui restait quelque chose, il n'en mangeait pas moins sa croûte et sa bouillie tranquillement et d'aussi bon appétit que le roi. Cependant le mauvais temps continua, et Misère, un beau soir, n'avait plus que deux morceaux de pain : il les divisa, pour les multiplier, en quatre parties, en prit un et dit en souriant : Dans trois jours nous verrons. Possédant encore du bois, il fit bon feu et se mit à filer, tout en chantant, d'une voix tremblante, les louanges du Seigneur.

Tout à coup l'on frappe à la porte. N'étant pas habitué à recevoir des visites, Misère ne se souciait pas d'ouvrir à pareille heure; mais pensant au froid que devait éprouver l'étranger, il se leva, et voyant le chien faire des bonds de joie à la porte, flairer, gratter dessous, donner mille signes du plus grand empressement, il n'hésita plus, certain que ce ne pouvait être un ennemi, puisque *Farou* avait si grande envie de le recevoir. Dès qu'il eut ouvert, un homme entra précipitamment, tout déguenillé, bleu de froid, l'air mourant de faim, et lui demandant d'une voix douce :

— N'es-tu pas Misère?

— C'est moi-même, répondit le vieillard.

— On m'a dit que tu me donnerais l'hospitalité, et je viens avec confiance.

— Vous avez bien fait, car il ne sera pas dit que Misère ait laissé périr par sa faute une créature du bon Dieu.

— Qu'il te bénisse donc, répondit l'inconnu, puisque tu l'aimes dans ses enfants.

A ces paroles, Misère se sentit tressaillir; quelque chose comme un charme puissant pénétra tout son corps; il lui semblait renaître à la vigueur, à la jeunesse.

— Avant de venir à la cabane, continua l'étranger, je suis allé d'abord chez le cabaretier; il m'a répondu qu'il ne logeait pas de voleurs, et de décamper sur-le-champ. J'ai frappé à toutes les maisons; on y dormait, on ne voulait pas se déranger, ou bien on ne se souciait pas de recevoir un inconnu : l'un m'a dit d'aller au diable, l'autre d'aller chez le voisin; le voisin a protesté n'avoir pas la plus petite place; le pain, le vin lui manquaient, il croyait même l'eau gelée; mais il m'a indiqué ta cabane : tu m'as ouvert, et je t'en remercie, car j'ai froid et tu as du feu.

Farou léchait en gémissant les pieds écorchés de l'étranger. Misère, étonné, s'écria :

— Je crois que vous avez charmé mon chien, si méchant pour tout le monde; mais n'importe, vous devez avoir faim, et voici ce que j'ai à vous donner.

Le vieillard tira de l'armoire les trois morceaux de pain, qu'il offrit à son malheureux convive; et quand celui-ci les eut dévorés, Misère, étendant sa paillasse, l'y fit coucher, enveloppé de la vieille couverture.

Le chien s'allongea aux pieds du nouvel hôte, et le maître de la cabane s'endormit sur l'escabeau, près des cendres chaudes.

Un moment avant l'aurore, les deux vieillards s'éveillèrent, et la première chose que fit Misère fut d'aller examiner le ciel pour savoir s'il lui serait possible de se mettre en quête.

A peine sur le seuil, la douce tiédeur d'une matinée de printemps vint le charmer; sa surprise était grande, ne comprenant rien à un si subit et si extraordinaire changement.

— Nous aurons un beau jour, lui dit en sortant l'étranger; je pense que tu sauras le mettre à profit; pour moi, je dois te quitter; adieu ! Mais, reprit-il sur un ton plus grave, tu m'as cédé ta couche, tu m'as donné ton dernier morceau de pain sans même savoir si tu pourrais te procurer quelque chose aujourd'hui, que te faut-il pour cela? demande ce que tu voudras, je puis tout t'accorder; tu as agi selon mes commandements, et tu recevras ta récompense : — Je suis — *Jésus-Christ !*

A ce nom, Misère se signa, et tombant à genoux, dit au Sauveur :

— Je ne m'étonne plus, bon Dieu ! des caresses de *Farou*...; quant à ce que je voudrais... Seigneur, je n'ai besoin de rien; je me trouve heureux comme je suis.

— Es-tu bien sûr de ne rien désirer? songes-y, Misère.

— Au fait, Seigneur Jésus, j'ai là un poirier qui porte beaucoup de poires et fort bonnes, mais les enfants du village me les viennent voler; je voudrais que quiconque montera dorénavant sur cet arbre ne puisse plus en descendre sans ma permission. Le Sauveur sourit, jeta sur Misère un regard paternel, lui donna le pouvoir qu'il demandait, sa bénédiction, et disparut.

Misère fit alors sa prière avec beaucoup de dévotion, prit joyeusement ses besaces, et, suivi de *Farou*, s'en fut quêter dans les châtellenies d'alentour.

Tout le monde se trouvait de bonne humeur ce jour-là, et le mendiant rencontra sur sa route la plupart des seigneurs qui chevauchaient. Dans la vallée, et tout couvert de ses armes, l'un accompagné de vassaux, criait d'une voix rude : — Misère ! passe au castel, dis que tu m'as rencontré et qu'on te donne ! N'oublie pas un *Pater* à mon intention.

Plus loin, sur l'étroite plaine dominant la hauteur, une jeune et jolie châtelaine arrivait au galop, suivie de ses pages et de son époux; elle arrête le fringant coursier, et, d'une voix caressante : — Misère, mon pauvre vieux, il y a longtemps que je ne t'ai vu! tu te portes toujours bien? Demande à Marianne, la gouvernante, ce que tu voudras; prie pour moi surtout! Et, vive et joyeuse, sans crainte, elle lançait son cheval dans le chemin étroit au bord des précipices...

Misère était rempli de bonheur, des larmes de reconnaissance et d'amour se mêlaient à ses rires : remerciant avec effusion *Jésus-Christ* de son beau jour, il rentra à la cabane, courbé sous le poids des aumônes dont il ne portait encore qu'une moitié.

De longues années s'écoulèrent sans que le pauvre vieillard reçût d'autres visites : mais chaque jour quelque petit polisson restait immobile sur l'arbre enchanté.

Un soir d'été, pendant qu'avec délices il prenait les derniers rayons du soleil, car Misère aima toujours beaucoup le soleil, du milieu de la campagne silencieuse une voix lugubre retentit tout à coup

— Misère! Misère!

Il en trembla de tous ses vieux membres sur le petit banc de pierre dont était orné le devant de sa porte. Mais quel n'est pas son effroi, quand, tournant la tête, il aperçoit à ses côtés la Mort, la Mort elle-même! Peu à peu cependant l'épouvante décroît, Misère revient à lui, son œil reprend bientôt une certaine vivacité, son air de quiétude reparaît, et il répond avec calme à la Mort :

— Que me voulez-vous?

— Ce que je veux? ne me reconnais-tu pas? je suis la Mort! Je viens te prendre!

— Comment, déjà?

— Tu dois m'en savoir gré; traînant depuis tant d'années une si misérable existence, fatigant les hommes de tes haillons repoussants, de tes sollicitations importunes, la vie doit te peser; viens donc! Viens, tu ne fus ni menteur, ni ivrogne, ni libertin, ni avare; tu aimas Dieu et ton prochain; que craindre de l'autre monde? Tu es vieux et cassé, que regretter de celui-ci? Laisse-moi t'emporter, ma main te sera douce: ami, la mort, c'est le repos.

— Je n'ai garde de vous contredire; mais, entre nous, les hommes se mettent peu en peine de moi; vous êtes mille fois trop bonne de vous en inquiéter : certes, je suis sensible à votre amitié! cependant, s'il vous était égal de me laisser encore quelque temps ici-bas, je vous le dis avec franchise, vous me paraîtriez beaucoup plus aimable : le fardeau de la vie est lourd, je n'en disconviens pas; mais, par suite de la longue habitude, j'aime à le porter.

— Se peut-il que les hommes soient si bizarres, et que précisément ceux qui devraient, à bon droit, me craindre, m'invoquent avec ferveur, tandis que d'autres, à qui je ne saurais apporter que des consolations, me repoussent? J'aurai pourtant pitié de Misère plus que Misère lui-même : prépare-toi donc à me suivre, et profite des quelques instants qu'il m'est ordonné, d'en haut, de t'accorder.

— Puisque vous ne voulez rien écouter, il faut bien en prendre son parti, et, au fait, peut-être dites-vous la vérité, répliqua Misère avec une feinte résignation; rendez-moi donc, s'il vous plaît, le service de m'aller quérir trois poires sur le poirier qui est là, afin que, pendant les moments accordés, je les mange en les offrant au Père, au Fils et au Saint-Esprit, comme un témoignage de ma gratitude pour tout ce qui m'a été donné de joie et de contentement sur la terre.

Par respect pour la très-sainte Trinité, la Mort voulut bien se prêter au désir de celui qui allait devenir sa proie; elle monta sur le poirier et cueillit les trois poires; mais, au moment de descendre, *bernicq*, elle se trouva prise comme un oiseau à la glu.

Il faisait beau la voir ainsi enchaînée, la main droite étendue portant les trois fruits, le bras gauche replié autour du poirier magique, les deux jambes pendantes comme deux longs fuseaux, son hideux visage se décomposant, et le rusé Misère lui faisant des *langues* et des *pans de nez* à n'en pas finir; il riait, riait, riait tant qu'il pouvait, certain qu'il n'en mourrait pas.

La Mort employa tour à tour les menaces et les supplications, rien ne fit; elle eut recours à la philosophie; mais à ses arguments, Misère répondait : *Ah bai! Ah bai!* tu me plais infiniment sur ce fruitier, je t'y trouve bien gentille, et t'y veux laisser passer au moins un mois. D'après ce que j'ai entendu dire, tu as tué beaucoup trop de monde depuis quelque temps; tu dois être fatiguée, ma chère : repose-toi donc; l'immobilité, c'est le repos.

— Tu ne te rendras point coupable de cette cruauté! s'écria la Mort. Tu crois peut-être que tout le monde me déteste? Oh! détrompe-toi; que ne peux-tu entendre, comme je les entends, les pensées, les désirs, les cris, les prières, les invocations qui, de toutes parts, me conjurent et m'appellent? De ce côté, des âmes choisies qui convoitent les trésors célestes; ailleurs, ceux que brûle la soif de la vengeance, ceux que tourmente une ambition jalouse, que dévore un amour impur; partout des cœurs ardents qui m'aiment, me prient, me désirent, toute laide et horrible que je suis, comme la jeune amante la plus aimable, la plus belle des fiancées. Ils sont là, suppliant avec larmes, avec fureur; il suffirait d'un geste pour m'entourer dans l'ombre de leur cortège passionné! — Délivre-moi, j'ai à remplir dans ce monde une haute fonction! Si je le quittais, le mensonge, le vice s'en empareraient; la terre deviendrait l'enfer, et il n'y aurait pas de ciel pour les hommes! Laisse, laisse donc sa liberté à la Mort. Ne faut-il pas que je conduise les bienheureux élus au pied du trône de l'Éternel? Ne faut-il pas purger la terre des méchants et livrer au démon ceux qui l'ont servi?

— Puisque tu es si désirée, si nécessaire, je veux bien consentir à te laisser aller, mais à une condition : tu ne viendras me prendre que sur ma demande ou sur un ordre du Sauveur.

— Tu as tort de m'imposer une semblable condition ; mieux te vaudrait partir maintenant ; au ciel tu seras heureux. — *Possible! possible!* je serai toujours à temps de t'appeler. Pour le moment, je trouve qu'il fait bon sur la terre. Jure donc, si tu veux quitter ce bel arbre, jure sur le saint Evangile de n'approcher de ma personne que lorsque je t'aurai appelée très-distinctement et par trois fois de suite, ou que lorsque Notre-Seigneur Jésus-Christ lui-même t'en aura signifié le commandement exprès.

Impatiente, la Mort jura ce serment ; Misère, alors, lui donna la permission de descendre du poirier enchanté ; d'un bond elle disparut par-dessus les montagnes.

Le Sauveur n'a jusqu'à présent donné à la Mort aucun ordre nouveau, et il n'est pas encore arrivé au vieux mendiant de l'appeler trois fois de suite ; voilà pourquoi *Misère* est toujours sur la terre.

FECHNER (JEAN), auteur d'un traité latin sur la pneumatique, ou doctrine des esprits selon les plus célèbres philosophes de son temps. Breslau, in-12, 1698.

FÉCONDITÉ. De graves écrivains affirment que le vent produit des poulains et des perdrix. Varron dit qu'en certaines saisons le vent rend fécondes les juments et les poules de Lusitanie. Virgile, Pline, Columelle, ont adopté ce conte, et le mettent au nombre des faits constamment vrais, quoiqu'on n'en puisse dire la raison.

On a soutenu autrefois beaucoup d'impertinences de ce genre, qui aujourd'hui sont reconnues des erreurs. On a publié un arrêt donné en 1537 par le parlement de Grenoble, qui aurait reconnu la fécondité d'une femme produite par la seule puissance de l'imagination. Cet arrêt supposé n'est qu'une assez mauvaise plaisanterie.

FÉCOR. Voy. ANARAZEL.

FÉES. Si les histoires des génies sont anciennes dans l'Orient, la Bretagne a peut-être le droit de réclamer les fées et les ogres. Nos fées ou fades (*fatidicæ*) sont assurément les druidesses de nos pères. Chez les Bretons, de temps immémorial, et dans tout le reste des Gaules, pendant la première race des rois francs, on croyait généralement que les druidesses pénétraient les secrets de la nature, et disparaissaient du monde visible. Elles ressemblaient en puissance aux magiciennes des Orientaux. On en a dit des fées. On disait qu'elles habitaient au fond des puits, au bord des torrents, dans des cavernes sombres.

Elles avaient le pouvoir de donner aux hommes des formes d'animaux, et faisaient quelquefois dans les forêts les mêmes fonctions que les nymphes du paganisme.

Elles avaient une reine qui les convoquait tous les ans en assemblée générale, pour punir celles qui avaient abusé de leur puissance et récompenser celles qui avaient fait du bien.

Dans certaines contrées de l'Ecosse, on dit que les fées sont chargées de conduire au ciel les âmes des enfants nouveau-nés, et qu'elles aident ceux qui les invoquent à rompre les maléfices de Satan.

On voit dans tous les contes et dans les vieux romans de chevalerie, où les fées jouent un si grand rôle, que, quoique immortelles, elles étaient assujetties à une loi qui les forçait à prendre tous les ans, pendant quelques jours, la forme d'un animal, et les exposait, sous cette métamorphose, à tous les hasards, même à la mort, qu'elles ne pouvaient recevoir que violente.

On les distinguait en bonnes et méchantes fées ; on était persuadé que leur amitié ou leur haine décidait du bonheur ou du malheur des familles.

A la naissance de leurs enfants, les Bretons avaient grand soin de dresser, dans une chambre écartée, une table abondamment servie, avec trois couverts, afin d'engager les mères, ou fées, à leur être favorables, à les honorer de leur visite, et à douer le nouveau-né de quelques qualités heureuses. Ils avaient pour ces êtres mystérieux le même respect que les premiers Romains pour les *carmentes*, déesses tutélaires des enfants, qui présidaient à leur naissance, chantaient leur horoscope et recevaient des parents un culte.

On trouve des fées chez tous les anciens peuples du Nord, et c'était une opinion partout adoptée que la grêle et les tempêtes ne gâtaient pas les fruits dans les lieux qu'elles habitaient. Elles venaient le soir, au clair de la lune, danser dans les prairies écartées. Elles se transportaient aussi vite que la pensée partout où elles souhaitaient, à cheval sur un griffon, ou sur un chat d'Espagne, ou sur un nuage.

On assurait même que, par un autre caprice de leur destin, les fées étaient aveugles chez elles, et avaient cent yeux dehors.

Frey remarque qu'il y avait entre les fées, comme parmi les hommes, inégalité de moyens et de puissance. Dans les romans de chevalerie et dans les contes, on voit souvent une bonne fée vaincue par une méchante, qui a plus de pouvoir.

Les cabalistes ont aussi adopté l'existence des fées, mais ils prétendent qu'elles sont des *sylphides*, ou esprits de l'air. On vit, sous Charlemagne et sous Louis-le-Débonnaire, une multitude de ces esprits, que les légendaires appelèrent des démons, les cabalistes des sylphes, et nos chroniqueurs des fées. Corneille de Kempen assure que, du temps de Lothaire, il y avait en Frise quantité de fées qui séjournaient dans les grottes, autour des montagnes, et qui ne sortaient qu'au clair de la lune. Olaüs Magnus dit qu'on en voyait beaucoup en Suède de son temps. « Elles ont pour demeure, ajoute-t-il, des antres obscurs, dans le plus profond des forêts ; elles se montrent quelquefois, parlent à ceux qui les consultent, et s'évanouissent subitement. »

On voit, dans Froissard, qu'il y avait également une multitude de fées dans l'île de

Céphalonie; qu'elles protégeaient le pays contre tout méchef, et qu'elles s'entretenaient familièrement avec les femmes de l'île.

Les *femmes blanches* de l'Allemagne sont encore des fées; mais celles-là étaient presque toujours dangereuses.

Leloyer conte que les Ecossais avaient des fées, ou *fairs*, ou *fairfolks*, qui venaient la nuit dans les prairies. Ces fées paraissent être les *striges*, ou magiciennes, dont parle Ausone. Hector de Boëce, dans ses *Annales d'Ecosse*, dit que trois de ces fées prophétisèrent à Banquo, chef des Stuarts, la grandeur future de sa maison. Shakspeare, dans son *Macbeth*, en a fait trois sorcières.

Il reste beaucoup de monuments de la croyance aux fées: telles sont les grottes du Chablais, qu'on appelle *les grottes des fées*. On n'y aborde qu'avec peine. Chacune des trois grottes a, dans le fond, un bassin dont l'eau passe pour avoir des vertus miraculeuses. L'eau qui distille dans la grotte supérieure, à travers le rocher, a formé, dans la voûte, la figure d'une poule qui couve ses poussins. A côté du bassin, on voit un rouet, ou tour à filer, avec la quenouille. « Les femmes des environs, dit un écrivain du dernier siècle, prétendent avoir vu autrefois, dans l'enfoncement, une femme pétrifiée au-dessus du rouet. Aussi on n'osait guère approcher de ces grottes; mais depuis que la figure de la femme a disparu, on est devenu moins timide. »

Auprès de Ganges, en Languedoc, on montre une autre grotte des fées, ou *grotte des demoiselles*, dont on fait des contes merveilleux. On voit à Merlingen, en Suisse, une citerne noire qu'on appelle *le puits de la fée*. Non loin de Bord-Saint-Georges, à deux lieues de Chambon, on respecte encore les débris d'un vieux puits qu'on appelle aussi *le puits des fées*, ou *fades*, et sept bassins qu'on a nommés *les creux des fades*. On voit près de là, sur la roche de Beaune, deux empreintes de pied humain: l'une est celle du pied de saint Martial, l'autre appartient, suivant la tradition, à la reine des fées, qui, dans un moment de fureur, frappa si fortement le rocher de son pied droit, qu'elle en laissa la marque. On ajoute que, mécontente des habitants du canton, elle tarit les sources minérales qui remplissaient les creux des fées, et les fit couler à Evaux, où elles sont encore.

On voyait, près de Domremy, *l'arbre des Fées*: Jeanne d'Arc fut même accusée d'avoir eu des relations avec les fées qui venaient danser sous cet arbre.

On remarque dans la petite île de Concourie, à une lieue de Saintes, une haute butte de terre, qu'on appelle *le Mont des Fées*. La Bretagne est pleine de vestiges semblables; plusieurs fontaines y sont encore consacrées à des fées, lesquelles métamorphosent en or, en diamant, la main des indiscrets qui souillent l'eau de leurs sources.

Tallemant des Réaux rapporte cette merveilleuse histoire de fée, qui se rattache à l'origine des maisons de Croy, de Salm et de Bassompierre:

Le comte d'Angeweiller, marié avec la comtesse de Kinspein, allait habituellement à la chasse. Quand il revenait tard ou qu'il voulait partir de grand matin sans réveiller sa femme, il couchait dans une petite chambre, au-dessus de la porte d'entrée de son château. On avait mis là pour lui une couchette de bois, bien travaillée selon le temps.

Or un lundi, en montant à sa chambre, sur le portail, il y trouva une fée endormie. Il ne la troubla point; et durant quinze ans elle revint là tous les lundis, jusqu'à un certain jour que la comtesse, étant entrée dans cette chambre, y vit le couvre-chef de la fée et le dérangea. La fée se voyant découverte, dit au comte qu'elle ne reviendrait plus, et lui donna un gobelet, une cuiller et une bague, lui recommandant de partager ces trois dons à trois filles qu'il avait.

— Ces gages, dit-elle, porteront le bonheur dans les maisons où ils entreront tant qu'on les y gardera; et tout malheur arrivera à qui dérobera un de ces objets précieux.

Après ces mots, la fée s'en alla, et le comte d'Angeweiller ne la revit jamais plus. Il maria ses trois filles avec trois seigneurs des maisons de Croy, de Salm et de Bassompierre, et leur donna à chacune une terre et un gage de la fée. Croy eut le gobelet et la terre d'Angeweiller; Salm eut la bague et la terre de Fenestrange, et Bassompierre eut la cuiller avec la terre d'Answeiller. Trois abbayes étaient dépositaires de ces gages quand les enfants étaient mineurs; Nivelles pour Croy, Remenecour pour Salm, Epinal pour Bassompierre; et en effet ces trois maisons prospérèrent longtemps.

Quant à l'autre prédiction de la fée, relativement au vol de ces objets, on en reconnut la vérité dans la maison de M. de Pange, seigneur lorrain, qui déroba au prince de Salm la bague qu'il avait au doigt, un jour qu'il le trouva assoupi pour avoir trop bu. Ce M. de Pange avait quarante mille écus de revenu; il avait de belles terres, il était surintendant des finances du duc de Lorraine. Cependant à son retour d'Espagne, où il ne réussit à rien, quoiqu'il y eût fait pendant longtemps bien de la dépense (il était ambassadeur chargé d'obtenir une fille du roi Philippe II pour son maître), il trouva tout son bien dissipé; il mourut de regret, et ses trois filles qu'il avait mariées furent abandonnées de leurs maris.

On ne saurait dire de quelle matière sont ces dons de la fée. Ils sont grossiers. On raconte que Diane de Dampmartin, marquise d'Havré, de la maison de Croy, ayant laissé tomber le gobelet en le montrant, il se cassa en plusieurs pièces. Elle les ramassa, les remit dans l'étui en disant:

Si je ne puis l'avoir entier, je l'aurai au moins par morceaux; et le lendemain, en ouvrant l'étui, elle trouva le gobelet aussi entier que devant... — Voilà, ajoute Tallemant, une belle petite fable.

On lit, dans la légende de saint Armentaire, écrite en l'an 1300, quelques détails sur la fée *Esterelle*, qui vivait auprès d'une fontaine où les Provençaux lui apportaient des offrandes. Elle donnait des breuvages enchantés aux femmes. Le monastère de Notre-Dame de l'Esterel était bâti sur le lieu qu'avait habité cette fée.

Mélusine était encore une fée; il y avait dans son destin cette particularité, qu'elle était obligée tous les samedis de prendre la forme d'un serpent dans la partie inférieure de son corps.

La fée qui épousa le seigneur d'Argouges, au commencement du quinzième siècle, l'avait, dit-on, averti de ne jamais parler de la mort devant elle; mais un jour qu'elle s'était fait longtemps attendre, son mari, impatienté, lui dit qu'elle serait bonne à aller chercher la mort. Aussitôt la fée disparut en laissant les traces de ses mains sur les murs, contre lesquels elle frappa plusieurs fois de dépit. C'est depuis ce temps que la noble maison d'Argouges porte dans ses armes trois mains posées en pal, et une fée pour cimier.

L'époux de Mélusine la vit également disparaître pour n'avoir pu vaincre la curiosité de la regarder à travers la porte dans sa métamorphose du samedi.

La reine des fées est Titania, épouse du roi Obéron, qui a inspiré à Wieland un poëme célèbre en Allemagne. Voyez ERCELDOUNE.

Les trois commères de Beauraing, tradition du temps des fées.

Tout passe; et comme dit Blaise Pascal, c'est une mort continuelle que ce changement de tous les instants, qui fait que les jours se suivent sans jamais se ressembler. Les rois absolus sont déjà loin; les hochets de nos pères sont remplacés par d'autres jouets; les sorciers font place aux charlatans; les magiciens sont remplacés par les magnétiseurs; les fées mêmes, dont le pouvoir en général fut si gracieux, ne se montrent plus depuis plusieurs siècles. Il paraît que, dès le douzième, elles étaient déjà en commencement de décadence.

Pendant que le pays de Namur obéissait à Henri l'aveugle et à sa noble épouse, Laurette d'Alsace, on vit s'éteindre en cette province la race des fées, dont la dernière, très-avancée en âge, laissait un fils, seul reste de cette mystérieuse famille, mais âgé de quatre-vingts ans, tout cassé et presque sans puissance; car les fées, lorsqu'elles se mariaient, léguaient leurs baguettes à leurs filles, et n'accordaient aux garçons que peu de chose.

Le fils de la fée du pays de Namur était donc un vieux bonhomme qui s'appelait Biron. C'est un nom comme un autre. Il n'avait pas d'argent et vivait de charités qu'il accrochait à droite et à gauche, et qu'il payait comme il pouvait, en faisant des souhaits, lesquels ne s'accomplissaient jamais qu'à l'égard des veuves de bonne vie; mais lui-même ignorait cette particularité, de sorte qu'il souhaitait à tout le monde, et ses vœux prospéraient si rarement, que presque toujours on se moquait de lui.

Or, un jour qu'il passait à Beauraing, il s'arrêta devant deux jolies maisonnettes bâties sur une hauteur, au sud de cette petite ville. Les deux maisonnettes étaient habitées par trois bonnes commères, toutes trois veuves, et dont les deux moins charitables demeuraient ensemble. La nuit venue, il heurta à la porte où logeaient ces deux femmes, qui étaient la commère Yolande et la commère Babet. Ce fut la commère Babet qui vint; le vieux Biron la pria de lui donner à coucher pour la nuit. Elle, qui était avare, s'excusa sur sa commère, disant qu'elle était chiche et grondeuse, et lui conseillant d'aller demander l'hospitalité à la voisine Symphoriane. Le bonhomme y alla, fut reçu honnêtement et bien traité par Symphoriane, qui pourtant n'était pas riche non plus.

Après avoir passé la nuit dans un bon lit:
— Ma bonne dame, dit-il le lendemain matin, je vous remercie du bien que vous m'avez fait; excusez-moi si vous n'en avez pas meilleur paiement.
— Je vous ai reçu, dit-elle, pour l'amour de Dieu, et quand vous n'aurez pas d'autre asile, vous serez encore le bien venu.
— Aussi, reprit le vieillard, je vous fais de bon cœur un souhait, que la première chose que vous ferez aujourd'hui soit si bonne, que vous ne puissiez de tout le jour faire autre chose.

Ayant parlé de la sorte, il partit; et la commère Symphoriane, ne donnant guère d'attention au souhait de son hôte, prit un peu de linge qu'elle avait blanchi la veille et se mit à le plier; mais tant plia, tant plia, que plus elle pliait, plus il y avait à plier; et plia tellement jusqu'au soir, qu'il y avait autour d'elle de grands monceaux de linge, lesquels emplissaient sa maison.

Sa servante alla conter ce prodige aux voisines. Les deux commères chiches accoururent et furent bien affligées de voir la grande fortune qui leur avait échappé et qui était survenue à Symphoriane. La commère Yolande en fit reproche assez aigrement à la commère Babet, comme elles s'en retournaient en leur maison.

— J'ai cru bien faire, dit l'autre; mais voici Biron qui revient de ce côté. Vous pouvez tout réparer, ma commère; allez au-devant de lui.

La commère Yolande ne se le fit pas dire deux fois. Elle courut à la rencontre de Biron. — Ah! mon père, lui dit-elle, que je suis aise de vous rencontrer. Ma commère Babet ne me connaît guère. Quand elle m'eut dit hier qu'elle ne vous avait pas hébergé, je pensai en mourir de peine. Je vous prie de ne point prendre en mauvaise part ce qu'elle a fait, et de nous accorder la faveur de venir ce soir loger chez nous.

Le bonhomme s'y rendit avec joie, fut comblé de soins et d'égards, et mis dans un bon lit, après un souper aussi recherché que purent le faire les deux veuves.

Le lendemain matin, il fit la même petite excuse qu'il avait exposée à Symphoriane, disant qu'il était marri de ne pouvoir payer l'hospitalité des deux commères.

— Eh! mon bon ami, dit Babet, nous ne l'avons pas fait par intérêt.

— Nous l'avons fait pour l'amour de Dieu, ajouta Yolande.

— Grand merci donc! répliqua le vieillard; et je souhaite bien sincèrement que la première besogne que vous ferez ce matin, se continue tant, que vous ne fassiez autre chose de tout le jour.

Les deux commères entendirent ce vœu avec joie, et désirèrent que le souhaiteur fût déjà loin, pour se mettre à l'ouvrage.

Aussitôt qu'il fut parti, elles dirent à leur servante :

— Allons, Bribrine, va prendre notre linge et l'apporte, que nous le puissions plier. En pliant à deux jusqu'au soir, nous en aurons le double de la voisine Symphoriane.

Pendant que Bribrine allait au grenier chercher le peu de linge des commères, Yolande dit : — Afin que nous puissions, sans en être aucunement détournées, plier tout le jour, je vais tirer de la bière et faire des tartines.

— Et moi, dit Babet, je me sens comme un petit besoin... Je ne veux pas être dérangée.

Les deux commères sortirent donc, très-affairées.

Bribrine cependant avait apporté le linge dans son tablier; mais elle attendit vainement la commère Babet et la commère Yolande, ses deux maîtresses, qui étaient, comme il fut prouvé là, deux veuves de bonne vie, malgré leur avarice; car le souhait que le bonhomme avait souhaité s'accomplit sur elles. Mais la joyeuse Yolande ayant commencé par boire un coup de sa bière pour se conforter, ne fit que boire jusqu'à la nuit, et vida le tonneau qui était plein; tandis que la prévoyante Babet s'étant accroupie en son jardin pour une de ces détestables petites nécessités qui sont pourtant infirmité commune et obligation universelle de nature, elle ne se put relever qu'au coucher du soleil, restituant en quelque sorte, par un très-singulier phénomène, tout ce que buvait sa commère Yolande et au delà.

Cette merveilleuse aventure, dont nous ne vous présentons les derniers détails qu'avec un humble embarras, produisit un petit ruisseau qui a conservé sa source à Beauraing, et qui coule toujours dans le pays, s'appelant le Biron, à cause du bonhomme-fée à qui on le doit.

Bel exemple et clair miroir, qui vous prouve que l'hospitalité, si bien récompensée quand elle est cordiale, amène pourtant encore des profits lors même qu'elle est faite par intérêt ou à contre-cœur.

FELGENHAVER (Paul), visionnaire allemand du seizième siècle. Il se vantait d'avoir reçu de Dieu la connaissance du présent, du passé et de l'avenir; il prêchait un esprit astral, soumis aux régénérés (ses disciples), lequel esprit astral, soumis aux régénérés, est celui qui a donné, disait-il, aux prophètes et aux apôtres le pouvoir d'opérer des prodiges et de chasser les démons. Ayant été mis en prison à cause de quelque scandale qu'il avait causé, il composa un livre où il prouvait la divinité de sa mission par ses souffrances. Il y raconte une révélation dont le Seigneur, à ce qu'il disait, l'avait favorisé. Ses principaux ouvrages sont :

1° *Chronologie ou efficacité des années du monde*, sans désignation du lieu d'impression, 1620, in-4°. Il prétend y démontrer que le monde est de 225 ans plus vieux qu'on ne le croit; que Jésus-Christ est né l'an 4235 de la création; et il trouve de grands mystères dans ce nombre, parce que le double septenaire y est contenu (1). Or, le monde ne pouvant pas subsister plus de six mille ans, il n'avait plus, en 1620, à compter que sur une durée de 145 ans. Le jugement dernier était très-proche, et Dieu lui en avait révélé l'époque, qui était 1765.

2° *Miroir des temps, dans lequel, indépendamment des admonitions adressées à tout le monde, on expose aux yeux ce qui a été et ce qui est parmi tous les Etats*, écrit par la grâce de Dieu et par l'inspiration du Saint-Esprit... 1620, in-4°.

3° *Postillon* ou *Nouveau calendrier et prognosticon astrologico-propheticum*, présenté *à tout l'univers et à toutes les créatures*, 1656, in-12 (en allemand). Felgenhaver, en résumé, nous paraît avoir été un rival de Matthieu Laensberg.

FEMMES. Il y eut une doctrine adoptée par quelques hérétiques, que les femmes étaient des brutes, *mulieres non esse homines*. Un concile de Mâcon foudroya cette extravagance.

Nous ne rapporterons pas ici toutes les mille et une erreurs qu'on a débitées contre les femmes. Delancre et Bodin assurent qu'elles sont bien plus aptes que les hommes à la sorcellerie, et que c'est une terrible chose qu'une femme qui s'entend avec le diable.

D'anciens philosophes disent aussi que la présence des femmes en certains jours fait tourner le lait, ternit les miroirs, dessèche les campagnes, engendre des serpents, et rend les chiens enragés. Les philosophes sont bien niais.

FEMMES BLANCHES. Quelques-uns donnent le nom de femmes blanches aux sylphides, aux nymphes et à des fées qui se montraient en Allemagne. D'autres entendent par

---

(1) C'est de la cabale comme en fait l'almanach prophétique si célèbre de M. Eug. Bareste; 4,235 se composent de 4 chiffres qu'on additionne :
4
2
3
5

14 ou deux fois 7.

Mais 4,136 donnent le même résultat, aussi bien qu'une foule d'autres combinaisons de quatre chiffres, par exemple, 5,243, 2,453, etc., à moins qu'on ne veuille prendre le premier et le troisième chiffre qui font 7, comme le second avec le quatrième; ce qui ne fait que diminuer le nombre des combinaisons.

là certains fantômes qui causent plus de peur que de mal.

Il y a une sorte de spectres peu dangereux, dit Delrio, qui apparaissent en femmes toutes blanches, dans les bois et les prairies ; quelquefois même on les voit dans les écuries, tenant des chandelles de cire allumées, dont elles laissent tomber des gouttes sur le toupet et le crin des chevaux, qu'elles peignent et qu'elles tressent ensuite fort proprement ; ces femmes blanches, ajoute le même auteur, sont aussi nommées sibylles et fées.

En Bretagne, des femmes blanches, qu'on appelle *lavandières* ou *chanteuses de nuit*, lavent leur linge en chantant, au clair de la lune, dans les fontaines écartées ; elles réclament l'aide des passants pour tordre leur linge, et cassent le bras à qui les aide de mauvaise grâce.

Erasme parle d'une femme blanche célèbre en Allemagne, et dont voici le conte : — « La chose qui est presque la plus remarquable dans notre Allemagne, dit-il, est la femme blanche, qui se fait voir quand la mort est prête à frapper à la porte de quelque prince, et non-seulement en Allemagne, mais aussi en Bohême. En effet, ce spectre s'est montré à la mort de la plupart des grands de Neuhaus et de Rosemberg, et il se montre encore aujourd'hui. Guillaume Slavata, chancelier de ce royaume, déclare que cette femme ne peut être retirée du purgatoire tant que le château de Neuhaus sera debout. Elle y apparaît, non-seulement quand quelqu'un doit mourir, mais aussi quand il se doit faire un mariage, ou qu'il doit naître un enfant ; avec cette différence que quand elle apparaît avec des vêtements noirs, c'est signe de mort ; et, au contraire, un témoignage de joie quand on la voit tout en blanc. Gerlanius témoigne aussi avoir ouï dire au baron d'Ungenaden, ambassadeur de l'empereur à la Porte, que cette femme blanche apparaît toujours en habit noir, lorsqu'elle prédit en Bohême la mort de quelqu'un de la famille de Rosemberg. Le seigneur Guillaume de Rosemberg s'étant allié aux quatre maisons souveraines de Brunswick, de Brandebourg, de Bade et de Pernstein, l'une après l'autre, et ayant fait pour cela de grands frais, surtout aux noces de la princesse de Brandebourg, la femme blanche s'est rendue familière à ces quatre maisons et à quelques autres qui lui sont alliées.

« A l'égard de ses manières d'agir, elle passe quelquefois très-vite de chambre en chambre, ayant à sa ceinture un grand trousseau de clefs, dont elle ouvre et ferme les portes aussi bien de jour que de nuit. S'il arrive que quelqu'un la salue, pourvu qu'on la laisse faire, elle prend un ton de voix de femme veuve, une gravité de personne noble, et, après avoir fait une honnête révérence de la tête, elle s'en va. Elle n'adresse jamais de mauvaises paroles à personne ; au contraire, elle regarde tout le monde avec modestie et avec pudeur. Il est vrai que souvent elle s'est fâchée, et que même elle a jeté des pierres à ceux à qui elle a entendu tenir des discours inconvenants, tant contre Dieu que contre son service ; elle se montre bonne envers les pauvres, et se tourmente fort quand on ne les aide pas à sa fantaisie. Elle en donna des marques lorsqu'après que les Suédois eurent pris le château, ils oublièrent de donner aux pauvres le repas de bouillie qu'elle a institué de son vivant. Elle fit un si grand charivari, que les soldats qui y faisaient la garde ne savaient où se cacher. Les généraux mêmes ne furent pas exempts de ses importunités, jusqu'à ce qu'enfin un d'eux rappelât aux autres qu'il fallait faire de la bouillie et la distribuer aux pauvres ; ce qui ayant été accompli, tout fut tranquille. » Voy. Fées.

FER CHAUD (Epreuve du). Celui qui voulait se justifier d'une accusation, ou prouver la vérité d'un fait contesté, et que l'on condamnait pour cela à l'épreuve du fer chaud, était obligé de porter, à neuf ou douze pas, une barre de fer rouge pesant environ trois livres. Cette épreuve se faisait aussi en mettant la main dans un gantelet de fer sortant de la fournaise, ou en marchant sur du fer rougi. Voy. Emma.

Un mari de Didymotèque, soupçonnant la fidélité de sa femme, lui proposa d'avouer son crime ou de prouver son innocence par l'attouchement d'un fer chaud. Si elle avouait, elle était morte ; si elle tentait l'épreuve, elle craignait d'être brûlée. Elle eut recours à l'évêque de Didymotèque, prélat recommandable ; elle lui avoua sa faute en pleurant et promit de la réparer. L'évêque, assuré de son repentir, et sachant que le repentir vrai restitue l'innocence, lui dit qu'elle pouvait sans crainte se soumettre à l'épreuve. Elle prit un fer rougi au feu, fit trois fois le tour d'une chaise, l'ayant toujours à la main ; et le mari fut pleinement rassuré. Ce trait eut lieu sous Jean Cantacuzène.

Sur la côte du Malabar, l'épreuve du fer chaud était aussi en usage. On couvrait la main du criminel d'une feuille de bananier, et l'on y appliquait un fer rouge ; après quoi le surintendant des blanchisseurs du roi enveloppait la main de l'accusé avec une serviette trempée dans de l'eau de riz ; il la liait avec des cordons ; puis le roi appliquait lui-même son cachet sur le nœud. Trois jours après on déliait la main, et on déclarait le prévenu innocent, s'il ne restait aucune marque de brûlure ; mais s'il en était autrement, il était envoyé au supplice.

Au reste, l'épreuve du fer chaud est fort ancienne ; car il en est question dans l'*Electre* de Sophocle.

FERDINAND IV (dit l'Ajourné), roi de Castille et de Léon, né en 1285. Ayant condamné à mort deux frères que l'on accusait d'avoir assassiné un seigneur castillan au sortir du palais, il voulut que la sentence fût exécutée, quoique les accusés protestassent de leur innocence, et quoiqu'il n'y eût aucune preuve solide contre eux. Alors, disent les historiens de ce temps, les deux frères ajournèrent *Ferdinand* à comparaître dans trente jours au tribunal du juge des rois : et, précisément trente jours après, le roi s'étant retiré, après le dîner, pour dormir, fut trouvé mort dans son lit. Voy. AJOURNEMENT.

FERNAND (ANTOINE), jésuite espagnol, auteur d'un commentaire assez curieux sur les visions et révélations de l'*Ancien Testament*, publié en 1617 (1).

FERRAGUS, géant dont parle la chronique de l'archevêque Turpin. Il avait douze pieds de haut, et la peau si dure, qu'aucune lance ou épée ne la pouvait percer. Il fut vaincu par l'un des preux de Charlemagne.

FERRIER (AUGER), médecin et astrologue, auteur d'un livre peu connu, intitulé : *Jugements d'astronomie sur les nativités, ou horoscopes*, in-16, qu'il dédia à la reine Catherine de Médicis. — Auger Ferrier a laissé encore un petit traité latin, *De somniis*, imprimé à Lyon en 1549, avec le traité d'Hippocrate sur les insomnies.

FÉTICHES, divinités des nègres de Guinée. Ces divinités varient : ce sont des animaux desséchés, des branches d'arbres, des arbres mêmes, des montagnes, ou toute autre chose. Ils en ont de petits qu'ils portent au cou ou au bras, tels que des coquillages. Ils honorent un arbre qu'ils appellent l'*arbre des fétiches*; ils placent au pied une table couverte de vins de palmier, de riz et de millet. — Cet arbre est un oracle que l'on consulte dans les occasions importantes ; il ne manque jamais de faire connaître sa réponse par l'organe d'un chêne noir, qui est le diable, selon nos démonographes. — Un énorme rocher nommé Tabra, qui s'avance dans la mer en forme de presqu'île, est le grand fétiche du cap Corse. On lui rend des honneurs particuliers, comme au plus puissant des fétiches. — Au Congo, personne ne boit sans faire une oblation à son principal fétiche, qui est souvent une défense d'éléphant.

FEU. Plusieurs nations ont adoré cet élément. En Perse, on faisait des enclos fermés de murailles et sans toit, où l'on entretenait du feu. Les grands y jetaient des essences et des parfums.

Quand un roi de Perse était à l'agonie, on éteignait le feu dans les villes principales du royaume, pour ne le rallumer qu'au couronnement de son successeur.

Certains Tartares n'abordent jamais les étrangers qu'ils n'aient passé entre deux feux pour se purifier ; ils ont bien soin de boire la face tournée vers le midi, en l'honneur du feu.

Les Jagous, peuple de Sibérie, croient qu'il existe dans le feu un être qui dispense le bien et le mal ; ils lui offrent des sacrifices perpétuels.

On sait que, selon les cabalistes, le feu est l'élément des Salamandres. Voy. ce mot.

Parmi les épreuves superstitieuses qu'on appelait jugements de Dieu, *l'épreuve du feu* ne doit pas être oubliée. Lorsqu'il fallut décider en Espagne si l'on y conserverait la liturgie mozarabique, ou si l'on suivrait le rit romain, on résolut d'abord de terminer le différend dans un combat où les deux liturgies seraient représentées par deux champions ; mais ensuite on jugea qu'il était plus convenable de jeter au feu les deux liturgies et de retenir celle que le feu ne consumerait pas ; ce prodige fut opéré, dit-on, en faveur de la liturgie mozarabique (2). Voy. FER CHAUD.

FEU DE LA SAINT-JEAN.— En 1634, à Quimper, en Bretagne, les habitants mettaient encore des sièges auprès des feux de joie de la Saint-Jean, pour que leurs parents morts pussent en jouir à leur aise.

On réserve, en Bretagne, un tison du feu de la Saint-Jean pour se préserver du tonnerre. Les jeunes filles, pour être sûres de se marier dans l'année, sont obligées de danser autour de neuf feux de joie dans cette même nuit : ce qui n'est pas difficile, car ces feux sont tellement multipliés dans la campagne, qu'elle paraît illuminée.

On conserve ailleurs la même opinion qu'il faut garder des tisons du feu de la Saint-Jean comme d'excellents préservatifs qui, de plus, portent bonheur.

A Paris, autrefois, on jetait deux douzaines de petits chats (emblèmes du diable sans doute) dans le feu de la Saint-Jean (3), parce qu'on était persuadé que les sorciers faisaient leur grand sabbat cette nuit-là.

On disait aussi que la nuit de la Saint-Jean était la plus propre aux maléfices, et qu'il fallait recueillir alors le trèfle à quatre feuilles, et toutes les autres herbes dont on avait besoin pour les sortilèges.

FEU GREGEOIS.— *Du terrible feu grégeois et de la manière de le composer.* « Ce feu est si violent, qu'il brûle tout ce qu'il touche, sans pouvoir être éteint, si ce n'est avec de l'urine, de fort vinaigre ou du sable. On le compose avec du soufre vif, du tartre, de la sarcocole, de la picole, du sel commun recuit, du pentréole et de l'huile commune ; on fait bien bouillir le tout, jusqu'à ce qu'un morceau de toile qu'on aura jeté dedans soit consumé ; on le remue avec une spatule de fer. Il ne faut pas s'exposer à faire cette composition dans une chambre, mais dans une cour ; parce que si le feu prenait, on serait très-embarrassé de l'éteindre (4). »

Ce n'est sans doute pas là le feu grégeois d'Archimède.

FEU SAINT-ELME , ou FEU SAINT-GERMAIN, ou FEU SAINT-ANSELME. — Le prince de Radzivill, dans son *Voyage de Jérusalem*, parle d'un feu qui parut plusieurs fois au haut du grand mât du vaisseau sur lequel il était monté ; il le nommait *feu Saint-Germain*, d'autres, *feu Saint-Elme*, et *feu Saint-Anselme*. Les païens attribuaient ce prodige à Castor et Pollux, parce que quelquefois il paraît double. Les physiciens disent que ce n'est qu'une exhalaison enflammée. Mais les anciens croyaient y voir quelque chose de surnaturel et de divin (5).

FEUX FOLLETS.—On appelle feux follets,

---

(1) Antonii Fernandii, etc. Commentarii in visione veteris Testamenti. Lugd., 1617.
(2) Bergier, Dict. théolog.
(3) Voyez l'article *Chat*.
(4) Admirables secrets du Petit Albert, p. 88.
(5) Dom Calmet, Dissertat. sur les apparitions, p. 88.

ou esprits follets, ces exhalaisons enflammées que la terre, échauffée par les ardeurs de l'été, laisse échapper de son sein, principalement dans les longues nuits de l'Avent ; et, comme ces flammes roulent naturellement vers les lieux bas et les marécages, les paysans, qui les prennent pour de malins esprits, s'imaginent qu'ils conduisent au précipice le voyageur égaré que leur éclat éblouit, et qui prend pour guide leur trompeuse lumière.

Olaüs Magnus dit que les voyageurs et les bergers de son temps rencontraient des esprits follets qui brûlaient tellement l'endroit où ils passaient, qu'on n'y voyait plus croître ni herbes ni verdure (1).

Un jeune homme, revenant de Milan pendant une nuit fort noire, fut surpris en chemin par un orage ; bientôt il crut apercevoir dans le lointain une lumière et entendre plusieurs voix à sa gauche ; peu après il distingua un char enflammé qui accourait à lui, conduit par des bouviers dont les cris répétés laissaient entendre ces mots : *Prends garde à toi !* Le jeune homme épouvanté pressa son cheval ; mais plus il courait, plus le char le serrait de près. Enfin, après une heure de course, il arriva, en se recommandant à Dieu de toutes ses forces, à la porte d'une église où tout s'engloutit. Cette vision, ajoute Cardan, était le présage d'une grande peste qui ne tarda pas à se faire sentir, accompagnée de plusieurs autres fléaux.

Cardan était enfant lorsqu'on lui raconta cette histoire, de sorte qu'il peut aisément l'avoir dénaturée. Le jeune homme qui eut la vision n'avait que vingt ans ; il était seul, il avait éprouvé une grande frayeur. Quant à la peste qui suivit, elle était occasionnée, aussi bien que l'exhalaison, par une année de chaleurs extraordinaires.

FÈVES.—Pythagore défendait à ses élèves de manger des fèves, légume pour lequel il avait une vénération particulière, parce qu'elles servaient à ses opérations magiques et qu'il savait bien qu'elles étaient animées. On dit qu'il les faisait bouillir ; qu'il les exposait ensuite quelques nuits à la lune, jusqu'à ce qu'elles vinssent à se convertir en sang, dont il se servait pour écrire sur un miroir convexe ce que bon lui semblait. Alors, opposant ces lettres à la face de la lune quand elle était pleine, il faisait voir à ses amis éloignés, dans le disque de cet astre, tout ce qu'il avait écrit sur son miroir......

Pythagore avait puisé ses idées sur les fèves chez les Egyptiens, qui ne touchaient pas à ce légume, s'imaginant qu'elles servaient de refuge à certaines âmes, comme les oignons de ce peuple servaient de logement à certains dieux. On conte qu'il aima mieux se laisser tuer par ceux qui le poursuivaient que de se sauver à travers un champ de fèves. C'est du moins une légende borgne très-répandue.

Quoi qu'il en soit, on offrait chez les anciens des fèves noires aux divinités infernales.

(1) Dom Calmet, Dissertation sur les apparitions, p. 109.

Il y avait en Egypte, aux bords du Nil, de petites pierres faites comme des fèves, lesquelles mettaient en fuite les démons. N'étaient-ce pas des fèves pétrifiées ? Festus prétend que la fleur de la fève a quelque chose de lugubre, et que le fruit ressemble exactement aux portes de l'enfer....

Dans *l'Incrédulité et mécréance du sortilége pleinement convaincue*, page 263, Delancre dit qu'en promenant une fève noire, avec les mains nettes, par une maison infestée, et la jetant ensuite derrière le dos en faisant du bruit avec un pot de cuivre, et priant neuf fois les fantômes de fuir, on les force de vider le terrain.

Les jeunes filles de Venise pratiquaient, avec des fèves noires, une divination qui n'est pas encore passée de mode. Quand on veut savoir de plusieurs cœurs quel sera le plus fidèle, on prend des fèves noires, on leur donne à chacune le nom d'un des jeunes gens par qui on est recherchée, on les jette ensuite sur le carreau : la fève qui se fixe en tombant, annonce l'amant certain ; celles qui s'écartent avec bruit sont des amants volages.

FIARD, auteur des *Lettres philosophiques sur la magie*, in-8° ; de *la France trompée par les magiciens et démonolâtres du dix-huitième siècle*, in-8° ; de la *Superstition et démonolâtrie des philosophes*, in-12, ouvrages publiés il y a quarante ans.

Rien de plus crédule, disent les critiques, que ce bon abbé, qui voit dans Cagliostro, Mesmer, Saint-Germain, ces charlatans, de vrais sorciers. Il met dans la même liste Robertson, Olivier et tous les escamoteurs. Il prétend aussi que Voltaire était un démon ; et qui sait ?

FICINO (MARSILE), philosophe florentin, né en 1433. Un jour qu'il disputait avec Michel Mercati, son disciple, sur l'immortalité de l'âme, comme ils ne s'entendaient pas, ils convinrent que le premier qui partirait du monde en viendrait donner des nouvelles à l'autre. Peu après ils se séparèrent.

Un soir que Michel Mercati, bien éveillé, s'occupait de ses études, il entendit le bruit d'un cheval qui venait en grande hâte à sa porte, et en même temps la voix de Marsile Ficino qui lui criait : Michel, rien n'est plus vrai que ce qu'on dit de l'autre vie.

Michel Mercati ouvrit la fenêtre, et vit son maître Ficino, monté sur un cheval blanc, qui s'éloignait au galop.

Il lui cria de s'arrêter ; mais Marsile Ficino continua sa course jusqu'à ce qu'on ne le vît plus.

Le jeune homme, stupéfait, envoya aussitôt chez Ficino, et apprit qu'il venait d'expirer.

Marsile Ficino a publié sur l'astrologie, sur l'alchimie, sur les apparitions et sur les songes, divers ouvrages devenus rares.

FIDÉLITÉ. — On lit dans les *Admirables secrets d'Albert le Grand*, qu'en mettant un diamant sur la tête d'une femme qui dort, on connaît si elle est fidèle ou infidèle ; parce que, si elle est infidèle, elle s'éveille en sursaut et de mauvaise humeur ; si, au contraire, elle est fidèle, elle a un réveil gracieux.

Le Petit Albert dit qu'on peut être bien sûr de la fidélité d'une femme, quand on lui a fait manger la moelle de l'épine du dos d'un loup (1).

FIEN (THOMAS), anversois, auteur d'un livre curieux sur les effets prodigieux de l'imagination, *De viribus imaginationis*, Londres, 1657.

FIENTES.—*Des vertus et propriétés de plusieurs sortes de fientes.* « Comme l'homme est la plus noble créature, ses excréments ont aussi une propriété particulière pour guérir plusieurs maladies. Dioscoride et Galien en font cas et assurent qu'ils enlèvent les maux de gosier ou esquinancies.

« Voici la manière de les préparer. On donnera à manger à un jeune homme de bon tempérament des lupins pendant trois jours et du pain bien cuit, où il y aura du levain et du sel ; on lui fera boire du vin clairet, et on gardera les excréments qu'il rendra après trois jours de ce régime. On les mêlera avec autant de miel, et on les fera boire et avaler comme de l'opiat, ou bien, si le malade n'est pas ragoûté d'un tel condiment, on les appliquera comme un cataplasme : le remède est infaillible. » Nous ne dirons pas s'il est agréable.

De la fiente de chien. « Si on enferme un chien et qu'on ne lui donne pendant trois jours que des os à ronger, on ramassera sa fiente, qui, séchée et réduite en poudre, est un admirable remède contre la dyssenterie.

« On prendra des cailloux de rivière qu'on fera chauffer ; ensuite on les jettera dans un vaisseau plein d'urine, dans lequel on mettra un peu de cette fiente de chien réduite en poudre ; on en donnera à boire au malade deux fois la journée, pendant trois jours, sans qu'il sache ce qu'on lui donne... Cette fiente est aussi un des meilleurs dessiccatifs pour les vieux ulcères malins et invétérés..... »

De la fiente de loup. « Comme on sait que cet animal dévore souvent les os avec la chair de sa proie, on prendra les os que l'on trouvera parmi sa fiente, parce que, pilés bien menus, bus dans du vin, c'est un spécifique contre la colique. »

De la fiente de bœuf et de vache. « La fiente de bœuf et de vache, récente et nouvelle, enveloppée dans des feuilles de vigne ou de chou, et chauffée dans les cendres, guérit les inflammations causées par les plaies. La même fiente apaise la sciatique. Si on la mêle avec du vinaigre, elle a la propriété de faire suppurer les glandes scrofuleuses et écrouelles. Galien dit qu'un médecin de Mysie guérissait toutes sortes d'hydropisies en mettant sur l'enflure de la fiente chaude de vache. Cette fiente aussi appliquée sur la piqûre des mouches à miel, frelons et autres, en enlève aussitôt la douleur. »

Fiente de porc. « Cette fiente guérit les crachements de sang. On la fricasse avec autant de crachats de sang du malade, y ajoutant du beurre frais, et on la lui donne à avaler. »

Fiente de chèvre. « La fiente de chèvre a la vertu de faire suppurer toutes sortes de tumeurs. Galien guérissait fort souvent ces tumeurs et les duretés des genoux, mêlant cette fiente avec de la farine d'orge et de l'oxycrat, et l'appliquant en forme de cataplasme sur la dureté ; elle est admirable pour les oreillons, mêlée avec du beurre frais et de la lie d'huile de noix. Ce secret semblera ridicule ; mais il est véritable, car on a guéri plus de vingt personnes de la jaunisse, leur faisant boire tous les matins, pendant huit jours, à jeun, cinq petites crottes de chèvre dans du vin blanc... »

De la fiente de brebis. « Il ne faut jamais prendre cette fiente par la bouche comme celle des autres animaux, mais l'appliquer extérieurement sur le mal : elle a les mêmes propriétés que la fiente de chèvre. Elle guérit toutes sortes de verrues, de furoncles durs et de clous, si on la détrempe avec du vinaigre, et qu'on l'applique sur la douleur. »

De la fiente des pigeons ramiers et des pigeons domestiques. « Pour les douleurs de l'os ischion, la fiente des pigeons ramiers ou domestiques est admirable, étant mêlée avec de la graine de cresson d'eau ; et lorsqu'on veut faire mûrir une tumeur ou une fluxion, on peut user d'un cataplasme dans lequel entre une once de cette fiente, deux drachmes de graine de moutarde et de cresson, une once d'huile distillée de vieilles tuiles. Il est sûr que plusieurs personnes ont été guéries par cette fiente, mêlée avec de l'huile de noyaux de pêches. »

Galien dit que la *fiente d'oie* est inutile, à cause de son âcreté ; mais on est certain qu'elle guérit aussi de la jaunisse, lorsqu'on la détrempe dans du vin blanc et qu'on en boit pendant neuf jours. »

« Dioscoride dit que la *fiente de poule* ne peut être efficace que pour guérir de la brûlure, lorsqu'elle est mêlée avec de l'huile rosat, mais Galien et Eginette assurent que, jointe avec de l'oxymel, cette fiente apaise la suffocation et soulage ceux qui ont mangé des champignons, car elle fait vomir tout ce qui embarrasse le cœur. Un médecin du temps de Galien guérissait la colique avec cette fiente, détrempée d'hypocras, fait de miel et de vin. »

« La *fiente de souris*, mêlée avec du miel, fait revenir le poil, lorsqu'il est tombé, pourvu qu'on en frotte l'endroit avec cette mixtion... »

« Pour conserver la beauté, voici un secret très-important au beau sexe : c'est une manière de faire le fard. On prendra de la fiente de petits lézards, du tartre de vin blanc, de la raclure de corne de cerf, du corail blanc et de la farine de riz, autant de l'un que de l'autre ; on broiera le tout dans un mortier, bien menu, on le fera tremper ensuite dans de l'eau distillée d'une semblable quantité d'amandes, de limaces de vigne ou de jardin, et de fleurs de bouillon blanc, après cela on y mêlera autant de miel blanc,

(1) Le Solide trésor du Petit Albert, p. 24.

et l'on broiera encore le tout ensemble. Cette composition doit être conservée dans un vase d'argent ou de verre, et l'on s'en servira pour se frotter le visage et les mains (1)... »

Voilà, convenez-en, une singulière pharmacopée.

FIÈVRE. Quelques personnes croient encore se guérir de la fièvre en buvant de l'eau bénite la veille de Pâques ou la veille de la Pentecôte. En Flandre, on croyait autrefois que ceux qui sont nés un vendredi ont reçu de Dieu le pouvoir de guérir la fièvre (2).

FIGURES DU DIABLE. Le diable change souvent de formes, selon le témoignage de quantité de sorcières. Marie d'Aguère confessa qu'il sortait en forme de bouc d'une cruche placée au milieu du sabbat. Françoise Secrétain déclara qu'il avait la forme d'un grand cadavre. D'autres sorcières ont dit qu'il se faisait voir sous les traits d'un tronc d'arbre, sans bras et sans pieds, assis dans une chaire, ayant cependant quelque forme de visage humain. Mais plus généralement c'est un bouc ayant deux cornes par devant et deux par derrière. Lorsqu'il n'a que trois cornes, on voit une espèce de lumière dans celle du milieu, laquelle sert à allumer les bougies du sabbat. Il a aussi une manière de bonnet ou chapeau au-dessus des cornes.

On a prétendu que le diable se présente souvent sous l'accoutrement d'un homme qui ne veut pas se laisser voir clairement, et qui a le visage rouge comme du feu (3). D'autres disent qu'il a deux visages à la tête, comme Janus.

Delancre rapporte que dans les procédures de la Tournelle, on l'a représenté en grand lévrier noir, et parfois comme un bœuf d'airain couché à terre. Il prend encore la forme d'un dragon.

Quelquefois c'est un gueux qui porte les livrées de la misère, dit Leloyer. D'autres fois il abuse de la figure des prophètes ; et, du temps de Théodose, il prit celle de Moïse pour noyer les Juifs de Candie, qui comptaient, selon ses promesses, traverser la mer à pied sec (4).

Le commentateur de Thomas Valsingham rapporte que le diable sortit du corps d'un diacre schismatique sous la figure d'un âne, et qu'un ivrogne du comté de Warwick fut longtemps poursuivi par un esprit malin déguisé en grenouille. Leloyer cite quelque part un démon qui se montra à Laon sous la figure d'une mouche ordinaire.

Ces figures diverses que prennent les démons, pour se faire voir aux hommes, sont multipliées à l'infini. Quand ils apparaissent avec un corps d'homme, on les reconnaît à leurs pieds de bouc ou de canard, à leurs griffes et à leurs cornes, qu'ils peuvent bien cacher en partie, mais qu'ils ne déposent jamais entièrement.

(1) Secrets d'Albert le Grand, p. 167.
(2) Delancre, Incrédulité et mécréance du sortilége pleinement convaincue, p. 157.
(3) Delancre, Tableau de l'Inconstance des démons, etc., liv. II p. 70.

Cæsarius d'Heisterbach ajoute à ce signalement qu'en prenant la forme humaine, le diable n'a ni dos ni derrière, de sorte qu'il se garde de montrer ses talons (*Miracul*, lib. 3).

Les Européens représentent ordinairement le diable avec un teint noir et brûlé ; les nègres au contraire soutiennent que le diable a la peau blanche. Un officier français se trouvant au dix-septième siècle dans le royaume d'Ardra, en Afrique, alla faire une visite au chef des prêtres du pays. Il aperçut dans la chambre du pontife une grande poupée blanche, et demanda ce qu'elle représentait. On lui répondit que c'était le diable.

— Vous vous trompez, dit bonnement le Français, le diable est noir.

— C'est vous qui êtes dans l'erreur, répliqua le vieux prêtre ; vous ne pouvez pas savoir aussi bien que moi quelle est la couleur du diable : *je le vois tous les jours*, et je vous assure qu'il est blanc comme vous (5). Voy. SABBAT, DÉMONS, etc.

FIL DE LA VIERGE. Les bonnes gens croient que ces flocons blancs cotonneux, qui nagent dans l'atmosphère et descendent du ciel, sont des présents que la Sainte Vierge nous fait, et que c'est de sa quenouille céleste qu'elle les détache. Ils annoncent le beau temps.

Le physicien Lamarck prétend que ce ne sont pas des toiles d'araignées ni d'autres insectes fileurs, mais des filaments atmosphériques qui se remarquent dans les jours qui n'ont pas offert de brouillard. Selon le résultat des observations de ce savant, les fils de la Vierge ne sont qu'un résidu des brouillards dissipés, et en quelque sorte réduits et condensés par l'action des rayons solaires, « de sorte qu'il ne nous faudrait qu'une certaine suite de beaux soleils et de brouillards secs pour approvisionner nos manufactures et nous fournir un coton tout filé, beaucoup plus beau que celui que nous tirons du Levant (6). »

FIN DU MONDE. Hérodote a prédit que le monde durerait 10,800 ans ; Dion, qu'il durerait 13,984 ans ; Orphée 120,000 ; Cassander, 1,800,000. Il serait peut-être mieux de croire à ces gens-là, dont les prédictions ne sont pas encore démenties, qu'à une foule de prophètes, maintenant réputés sots dans les annales astrologiques. Tel fut Aristarque, qui prédisait la débâcle générale du genre humain en l'an du monde 3484 ; Darétès en l'an 5552 ; Arnauld de Villeneuve, en l'an de Notre-Seigneur 1395 ; Jean Hilten, allemand, en 1651. L'Anglais Wistons, explicateur de l'Apocalypse, qu'il voulait éclaircir par la géométrie et l'algèbre, avait conclu après bien des supputations, que le jugement dernier aurait lieu en 1715, ou au plus tard en 1716. On nous a donné depuis bien

(4) Socrate, Hist. eccl., liv. VII, ch. xxvIII.
(5) Anecdotes africaines de la côte des Esclaves, p. 37.
(6) M. Salgues. Des Erreurs et des préjugés, t. III, p. 184.

DICTIONNAIRE DES SCIENCES OCCULTES. I.

d'autres frayeurs. Le 18 juillet 1816 devait être le dernier jour. M. de Krudener l'avait remis à 1819, M. de Libenstein à 1823, M. de Sallmard-Montfort à 1836, et d'autres prophètes, sans plus de succès, au 6 janvier 1840.

Attendons : mais si nous sommes sages, tenons-nous prêts.

Non loin d'Avignonet, village qui est auprès de Villefranche en Languedoc, est *un petit monticule* situé au milieu d'une des plus fertiles plaines de l'Europe ; au haut de ce monticule sont placées les pierres de Naurause ; c'est-à-dire deux énormes blocs de granit qui doivent avoir été transportés là du temps des druides. Or, il faut que vous sachiez (tous les gens du pays vous le diront) que quand ces deux pierres viendront à se baiser, ce sera le signal de la fin du monde.

Les vieilles gens disent que, depuis un siècle, elles se sont tellement rapprochées qu'un gros homme a tout au plus le passage libre, tandis qu'il y a cent ans un homme à cheval y passait sans difficulté... Voyez BERNARD DE THURINGE, FELGENHAVER, ECLIPSES, etc.

FINNES. On lit dans Albert Krantz (1), que les Finnes ou Finlandais sont sorciers, qu'ils ont le pouvoir de connaître l'avenir et les choses cachées ; qu'ils tombent en extase, que dans cet état ils font de longs voyages sans que leur corps se déplace, et qu'à leur réveil ils racontent ce qu'ils ont vu, apportant, en témoignage de la vérité, une bague, un bijou, que leur âme a pris en voyageant dans les pays éloignés.

Delancre dit que ces sorciers du Nord vendent les vents, dans des outres, aux navigateurs, lesquels se dirigent alors comme ils veulent. Mais un jour, un maladroit, qui ne savait ce que contenaient ces outres les ayant crevées, il en sortit une si furieuse tempête que le vaisseau y périt.

Olaüs Magnus rapporte que certains de ces magiciens vendaient aux navigateurs trois nœuds magiques, serrés avec une courroie. En dénouant le premier de ces nœuds, on avait les vents doux et favorables ; le second en élevait de plus véhéments ; le troisième excitait les plus furieux ouragans.

FINSKGALDEN, espèce de magie en usage chez les Islandais ; elle a été apportée en Islande par un magicien du pays, qui avait fait à ce dessein un voyage en Laponie. Elle consiste à maîtriser un esprit, qui suit le sorcier sous la forme d'un ver ou d'une mouche, et lui fait faire des merveilles.

FIORAVANTI (LÉONARD), médecin, chirurgien et alchimiste du seizième siècle. On remarque parmi ses ouvrages, qui sont nombreux, *le Résumé des secrets qui regardent la médecine, la chirurgie et l'alchimie* (2). Venise, 1571, in-8, 1666 ; Turin, 1580.

FIORINA. Voy. FLORINE.

FLAGA, fée malfaisante des Scandinaves. Quelques-uns disent que c'était qu'une magicienne, qui avait un aigle pour monture.

(1) Leloyer, Hist. des spectres et apparitions des esprits, liv. IV, p. 450.

FLAMBEAUX. Trois flambeaux allumés dans la même chambre sont un présage de mort. Ayez donc soin d'en avoir deux ou quatre.

FLAMEL (NICOLAS), célèbre alchimiste du quatorzième siècle. On ne connaît ni la date ni le lieu de sa naissance ; car il n'est pas certain qu'il soit né à Paris ou à Pontoise. Il fut écrivain public au charnier des Innocents, libraire juré, poëte, peintre, mathématicien, architecte ; enfin, de pauvre qu'il était, il devint riche ; et on attribua ses succès au bonheur qu'il eut de trouver la pierre philosophale.

Une nuit, dit-on, pendant son sommeil, un ange lui apparut, tenant un livre assez remarquable, couvert de cuivre bien ouvragé, *les feuillets d'écorce déliée, gravées d'une très-grande industrie*, et écrites avec une pointe de fer. Une inscription en grosses lettres dorées contenait une dédicace *faite à la gent des Juifs*, par *Abraham le Juif*, prince, prêtre, astrologue et philosophe.

— Flamel, dit l'ange, vois ce livre auquel tu ne comprends rien : pour bien d'autres que toi, il resterait inintelligible ; mais tu y verras un jour ce que tout autre n'y pourrait voir.

A ces mots, Flamel tend les mains pour saisir ce présent précieux ; mais l'ange et le livre disparaissent, et il voit des flots d'or rouler sur leur trace.

Nicolas se réveilla ; et le songe tarda si longtemps à s'accomplir, que son imagination s'était beaucoup refroidie, lorsqu'un jour, dans un livre qu'il venait d'acheter en bouquinant, il reconnut l'inscription du même livre qu'il avait vu en songe, la même couverture, la même dédicace, et le même nom d'auteur.

Ce livre avait pour objet la transmutation métallique, et les feuillets étaient au nombre de 21, qui font la mystérieuse combinaison cabalistique de trois fois sept. Nicolas se mit à étudier ; et ne pouvant comprendre les figures, il fit un vœu, disent les conteurs hermétiques, pour posséder l'interprétation d'icelles, qu'il n'obtint pourtant que d'un rabbin. Le pèlerinage à Saint-Jacques, qui était son vœu, eut lieu aussitôt ; Flamel en revint tout à fait illuminé.

Voici, selon les mêmes conteurs, la prière qu'il avait faite pour obtenir l'intelligence :

— « Dieu tout-puissant, éternel, père de la lumière, de qui viennent tous les biens et tous les dons parfaits, j'implore votre miséricorde infinie ; laissez-moi connaître votre éternelle sagesse ; c'est elle qui environne votre trône, qui a créé et fait, qui conduit et conserve tout. Daignez me l'envoyer du ciel, votre sanctuaire, et du trône de votre gloire, afin qu'elle soit et qu'elle travaille en moi ; car c'est elle qui est la maîtresse de tous les arts célestes et occultes, qui possède la science et l'intelligence de toutes choses. Faites qu'elle m'accompagne dans toutes mes œuvres ; que par son esprit j'aie la véri-

(2) Compendio dei secreti, etc.

table intelligence; que je procède infailliblement dans l'art noble auquel je me suis consacré, dans la recherche de la miraculeuse pierre des sages que vous avez cachée au monde, mais que vous avez coutume, au moins de découvrir à vos élus; que ce grand œuvre que j'ai à faire ici-bas, je le commence, je le poursuive et je l'achève heureusement; que, content, j'en jouisse à toujours. Je vous le demande par Jésus-Christ, la pierre céleste, angulaire, miraculeuse et fondée de toute éternité, qui commande et règne avec vous (1), » etc.

Cette prière eut tout son effet, puisque Flamel convertit d'abord du mercure en argent, et bientôt du cuivre en or. Il ne se vit pas plus tôt en possession de la pierre philosophale, qu'il voulut que des monuments publics attestassent sa piété et sa prospérité. Il n'oublia pas aussi de faire mettre partout ses statues et son image, sculptées, accompagnées d'un écusson où une main tenait une écritoire en forme d'armoirie. Il fit graver de plus le portrait de sa femme, Pernelle, qui l'accompagna dans ses travaux alchimiques.

Flamel fut enterré dans l'église de Saint-Jacques-la-Boucherie, à Paris. Après sa mort, plusieurs personnes se sont imaginé que toutes ces peintures et sculptures allégoriques étaient autant de symboles cabalistiques qui renfermaient un sens qu'on pouvait mettre à profit. Sa maison, vieille rue de Marivaux, n° 16, passa dans leur imagination, pour un lieu où l'on devait trouver des trésors enfouis : un ami du défunt s'engagea, dans cet espoir, à la restaurer gratis ; il brisa tout et ne trouva rien.

D'autres ont prétendu que Flamel n'était pas mort, et qu'il avait encore mille ans à vivre : il pourrait même vivre plus, en vertu du baume universel qu'il avait découvert. Quoi qu'il en soit, le voyageur Paul Lucas, affirme, dans une de ses relations, avoir parlé à un derviche ou moine turc, qui avait rencontré Nicolas Flamel et sa femme s'embarquant pour les Indes.

On ne s'est pas contenté de faire de Flamel un adepte, on en a fait aussi un auteur. En 1561, cent quarante-trois ans après sa mort, Jacques Gohorry publia, in-18, sous le titre de *Transformation métallique*, trois traités en rhythme français : *la Fontaine des amoureux des sciences ; les Remontrances de nature à l'alchimiste errant*, avec la réponse, par Jean de Meung, et *le Sommaire philosophique* attribué à Nicolas Flamel.

On met aussi sur son compte *le Désir désiré*, ou *Trésor de philosophie*, autrement *le Livre des six paroles*, qui se trouve avec le *Traité du soufre*, du cosmopolite, et l'œuvre royale de Charles VI, Paris, 1618, 1629, in-8°.

On le fait encore auteur du *grand Eclaircissement de la pierre philosophale pour la transmutation de tous métaux*, in-8°, Paris, 1628. L'éditeur promettait *la Foi parfaite de moi, Nicolas Flamel, et de Pernelle, ma femme*,

(1) Hydrolicus sophicus seu aquarium sapient. Bibl. chim. de Manget, t. II, p. 557.
(2) Mort en 1670.

lequel n'a point paru. On a donné enfin *la Musique chimique*, opuscule très-rare, et d'autres fatras qu'on ne recherche plus.

Au résumé, Flamel était un homme laborieux, qui sut acquérir de la fortune en travaillant avec les juifs, et comme il en fit mystère, on l'attribua à des moyens merveilleux.

L'abbé de Villars métamorphose Flamel, dans le *Comte de Gabalis*, en un chirurgien qui commerçait avec les esprits élémentaires.

On a débité sur lui mille contes singuliers; et de nos jours un chercheur de dupes, ou peut-être un plaisant, répandit en mai 1818, dans les cafés de Paris, une espèce d'avertissement où il déclarait qu'il était le fameux Nicolas Flamel, qui recherchait la pierre philosophale, au coin de la rue Marivaux, à Paris, il y a plus de quatre cents ans; qu'il avait voyagé dans tous les pays du monde, et qu'il prolongeait sa carrière depuis quatre siècles par le moyen de l'*élixir de vie*, qu'il avait le bonheur de posséder. Quatre siècles de recherches l'avaient rendu, disait-il, très-savant, et le plus savant des alchimistes. Il faisait de l'or à volonté. Les curieux pouvaient se présenter chez lui, rue de Cléry, n° 22, et y prendre une inscription qui coûtait *trois cent mille francs*, moyennant quoi ils seraient initiés aux secrets du maître, et se feraient sans peine *un million huit cent mille francs de rente*.

Nous sommes heureux de pouvoir citer ici sur Nicolas Flamel les curieuses recherches de M. Auguste Vallet, de l'école des Chartes. Elles résument une foule de livres et d'essais publiés sur ce sujet.

« Parmi les arcades qui composaient jadis les *Charniers des Innocents*, on en remarquait deux, qui se recommandaient plus particulièrement à la curiosité. Sur la première se voyait une peinture représentant un homme dans l'attitude d'un spectateur, portant un phylactère dont la légende témoignait de son admiration. La seconde offrait un tympan ogive décoré de sculptures et servait de monument tumulaire.

« Sauval (2) nous apprend que, de son temps, les alchimistes visitaient ces deux arcades, et se mettaient l'esprit à la torture pour découvrir le sens mystérieux des figures qu'on y avait peintes et sculptées.

C'est qu'elles avaient été construites par Nicolas Flamel.

« Ce Flamel, dit Sauval, est en telle véné-
« ration parmi eux qu'ils ne l'estiment pas
« moins que Guillaume de Paris (3), et veu-
« lent qu'en 1382 (4), il souffla de sorte que
« son creuset valut bien le sien. Aussi, ne
« sont-ils pas paresseux de visiter souvent
« tous les lieux qu'il a bâtis. Ils se distillent
« l'esprit pour quintessencier des vers gothi-
« ques et des figures, les unes en ronde bosse,
« les autres égratignées, comme on dit, sur
« les pierres, tant de la maison du coin de la
« rue Marivaux, que des deux hôpitaux qu'il

(3) Célèbre évêque de Paris, qui passait pour alchimiste, et dont la statue est, dit-on, celle qui se voit au trumeau du portail droit de Notre-Dame de Paris.
(4) Le texte porte 1332, mais évidemment par erreur.

« a fait faire à la rue de Montmorency. De là, ils vont à Sainte-Geneviève-des-Ardents, à l'hôpital Saint-Gervais, à Saint-Côme, à Saint-Martin, à Saint-Jacques-de-la-Boucherie, où l'on voit des portes qu'il a fait construire, et où presque à toutes, et encore ailleurs se remarquent des croix qu'ils tiennent pour mystérieuses.

« Quatre gros chenets de fer dressés près le portail Saint-Gervais et à la rue de la Ferronnerie, sont encore de lui, à ce qu'ils prétendent sans savoir pourquoi, ni ce qu'ils signifient ; ils en disent autant des demi-reliefs, des figures de ronde-bosse et de quelques peintures des charniers des Saints-Innocents, et que même il les a expliqués dans le *livre des figures hiéroglyfiques*... Cependant il est certain que ce livre est la traduction d'une pièce latine qu'on n'a jamais vue. »

« Le livre dont parle Sauval est un ouvrage assez rare aujourd'hui et recherché des bibliophiles. Il s'agit d'un petit in-4° de 98 pages, dont la première est entièrement occupée par le titre suivant :

« Trois traités de la philosophie naturelle, non encore imprimés. — Savoir, — le secret livre du très-ancien philosophe Artephius, traitant de l'art occulte et transmutation métallique, lat.-français. Plus. — Les figures hiéroglyphiques de Nicolas Flamel, ainsi qu'il les a mises en la quatrième arche qu'il a bâtie au cimetière des Innocents à Paris, entrant par la grande porte de la rue Saint-Denis, et prenant la main droite ; avec l'explication d'icelles, par iceluy Flamel. Ensemble — Le vrai livre du docte Synesius, abbé grec, tiré de la bibliothèque de l'Empereur, sur le même sujet, le tout traduit par P. Arnauld, sieur de la Chevallerie poitevin. — A Paris, chez la veuve Guillemot et S. Thiboust, au palais, en la galerie des prisonniers. MDCXII (1).

« La première partie de ce livre contient un traité d'alchimie, texte latin et français en regard, qui renferme une recette pour le grand œuvre. La seconde est précédée d'une planche composée de plusieurs pièces gravées sur bois et formant une arcade ogive, représentant celle que Nicolas Flamel fit élever aux charniers des Innocents. — Le sujet principal montre le Père éternel, tenant d'une main le globe surmonté d'une croix et levant l'autre pour bénir. A sa droite Nicolas Flamel, les mains jointes, est aux pieds de saint Paul qui intercède pour lui. Pernelle, sa femme, à gauche et dans la même attitude, paraît également protégée par son patron, saint Pierre. Au-dessous sont représentés divers sujets, parmi lesquels on remarque un Jugement dernier, et, dans la partie inférieure du tympan, le Massacre des Innocents. Dans les angles de l'ogive sont des anges ; chacune de ces figures est, en général, accompagnée de banderolles sur lesquelles se lisent des inscriptions.

« L'auteur entre en matière ; Nicolas Flamel est censé raconter lui-même son histoire

(1) Sauval écrivait en 1654.

et commenter les figures. Il expose que, tout en exerçant sa fonction d'écrivain, à Paris, en face la chapelle de Saint-Jacques-la-Boucherie, il n'a pas laissé d'entendre au long les livres des philosophes, et d'apprendre en iceux leurs tant occultes secrets: « Donc moi, Nicolas Flamel, dit-il, ainsi qu'après le décès de mes parents, je gagnais ma vie en notre Art de l'Ecriture, faisant des inventaires, dressant des comptes, et arrêtant les dépenses des tuteurs et mineurs, il me tomba entre les mains, pour la somme de deux florins, un livre doré fort vieux, et beaucoup large; il n'était point en papier ou parchemin comme sont les autres, mais était fait de déliées écorces, comme il me semble, de tendres arbrisseaux (2), sa couverture était de cuivre bien délié, toute gravée de lettres ou figures étranges. Quant à moi, je crois qu'elles pouvaient bien être des caractères Grecs ou d'autre semblable langue ancienne. Je ne les savais pas lire, et je sais qu'elles n'étaient lettres latines ou gauloises ; car nous y entendons un peu... Au premier des feuillets, il y avait écrit en lettres grosses capitales dorées. ABRAHAM LE JUIF, PRINCE, PRÊTRE, LÉVITE, ASTROLOGUE, et PHILOSOPHE, A LA GENT DES JUIFS, PAR L'IRE DE DIEU DISPERSÉE AUX GAULES, SALUT, etc. »

« Ce livre était rempli de figures peintes en diverses couleurs et dont Flamel ne pouvait découvrir le sens mystérieux. Au dernier revers du cinquième feuillet, il y avait, poursuit-il, un roi avec un grand coutelas, qui faisait tuer en sa présence par des soldats grande multitude de petits enfants, les mères desquels pleuraient aux pieds des impitoyables gendarmes. Le sang des petits enfants était puis après recueilli par d'autres soldats, et mis dans un grand vaisseau, dans lequel le soleil et la lune du ciel se venaient baigner. Et parce que cette histoire représentait la plupart de celle des Innocents, occis par Hérode, et qu'en ce livre-ci j'ai appris la plus part de l'Art, ça a été une des causes que j'ai mis en leur cimetière ces symboles hiéroglyfiques de cette secrète science. »

« Enchanté de posséder ce livre, Flamel l'étudiait avec ardeur. Mais tout en comprenant qu'il donnait la marche pour procéder au Grand Œuvre, il ne pouvait lever le voile énigmatique dont l'auteur, suivant l'usage des philosophes hermétiques, avait gazé ses sublimes prescriptions. En vain communiquait-il le sujet de ses peines à sa femme *Petrenelle*, « qu'il aimait autant que lui-même et laquelle il avait épousée depuis peu. » Pernelle, ainsi que son mari, prenait plaisir à contempler les ornements dont le livre était extérieurement et intérieurement embelli ; « mais, dit-il, elle y entendait aussi peu que moi. » Enfin il fit peindre dans son logis quelques-unes de ces figures, et les montra à plusieurs grands clercs, leur disant que ce livre contenait une recette pour trouver le Magistère. « Mais, dit-il encore, la plupart d'iceux se moquèrent de moi et de la bénite

(2) C'est ainsi qu'au moyen âge on décrivait les manuscrits sur papyrus.

pierre, » excepté toutefois un nommé maître Anseaulme, licencié en médecine, qui lui interpréta de la manière la plus satisfaisante les premières figures peintes au commencement de cet ouvrage.

« Cette première conquête ne fit que l'enflammer et fut cause « que, durant le long espace de vingt et un ans, il fit mille brouilleries.» Ne possédant qu'à moitié le critérium de ces préceptes cabalistiques, il était toujours à recommencer. Enfin, « ayant perdu espé-
» rance de jamais comprendre ces figures, il
» fit vœu à Dieu et à monsieur saint Jacques
» de Gallice pour demander l'interprétation
» d'icelles à quelque sacerdot juif, en quelque
» synagogue d'Espagne. » Prenant le bourdon, muni d'un extrait de son livre, Nicolas Flamel se mit en route pour le pèlerinage de Saint-Jacques de Compostelle. Il accomplit son vœu avec grande dévotion, et passant par Léon, pour revenir en France, il fit la connaissance d'un « médecin, juif de nation et lors chrétien, demeurant audit Léon, lequel était fort savant en sciences sublimes, appelé maître Canches. »

« Le docteur fut ravi d'entendre parler de ce livre merveilleux qu'il croyait à jamais perdu. Aussitôt que Flamel lui eut communiqué son extrait, le docteur lui donna l'explication des premières figures. Il fut décidé qu'ils reviendraient en compagnie, et ils s'embarquèrent pour la France. Le juif déjà avait expliqué la plupart de mes figures, où jusque même aux points il trouvait de grands mystères; quand arrivant à Orléans, ce docte juif tomba malade et mourut le septième jour. Du mieux que je pus, dit Flamel, je le fis enterrer en l'église de Sainte-Croix à Orléans, où il repose encore.

« Nicolas Flamel revint à Paris et reprit ses opérations chimiques; il ne tarda pas, à l'aide des instructions contenues dans son livre, à composer la sublime pierre. « J'accomplis aisément le Magistère, dit-il; aussi sachant la préparation des premiers agents, et suivant à la lettre mon livre, je n'eusse pu faillir encore que je l'eusse voulu. Donc la première fois que je fis la projection, ce fut sur du mercure, dont j'en convertis une demi-livre ou environ, en pur argent, meilleur que celui de la minière, comme j'ai essayé et fait essayer par plusieurs fois. Ce fut le 17 de janvier, un lundi environ à midi, en ma maison, présente Perrenelle seule, l'an mil trois cent quatre-vingt-deux. Et puis après, suivant toujours de mot à mot mon livre, je la fis avec la pierre rouge, sur semblable qualité de mercure, en présence encore de Perrenelle seule, en la même maison, le 25 d'avril suivant, sur les cinq heures du soir: je transmuai véritablement en quasi autant de pur or, meilleur très-certainement que l'or commun, plus doux et plus ployable. »

« Pour remercier Dieu de la grâce qu'il lui avait faite en lui accordant le don de la transmutation, Flamel de concert avec sa femme, se livra aux œuvres de charité. Il combla de bienfaits les pauvres, répara les églises et les cimetières, fonda des hôpitaux, etc. « Bâtissant donc, continue le récit, ces églises, cimetières, et hôpitaux, je me résolus de faire peindre en la quatrième arche du cimetière des Innocents, les plus vraies et essentielles marques de l'Art, sous néanmoins des voiles et couvertures hiéroglyfiques, à l'imitation du livre doré du juif Abraham, pouvant représenter deux choses, selon la capacité et savoir des contemplants, premièrement les mystères de notre résurrection future et indubitable, au jour du jugement et avénement du bon Jésus (auquel plaise nous faire miséricorde), histoire qui convient bien à un cimetière, et puis après encore, pouvant signifier à ceux qui sont entendus en la philosophie naturelle, toutes les principales et nécessaires opérations du Magistère. Ces figures hiéroglyfiques serviront comme de deux chemins pour mener à la vie céleste; le premier sens plus ouvert, enseignant les saints mystères de notre salut, l'autre enseignant à tout homme, pour peu entendu qu'il soit en la pierre, la voie linéaire de l'œuvre, laquelle étant parfaite par quelqu'un, le change de mauvais en bon, lui ôte la racine de tout péché (qui est l'avarice) le faisant libéral, doux, pieux, religieux, et craignant Dieu, quelque mauvais qu'il fût auparavant. Car dorénavant il demeure toujours ravi de la grande grâce et miséricorde qu'il a obtenue de Dieu. »

« Après ce long préliminaire, l'auteur prend une à une les diverses figures qui composent le dessin général mis en tête de son traité; puis les analysant successivement et en détail, il en montre le double sens *commun* ou *théologique*, et *hiéroglyfique* ou *hermétique*.

« Nous ne suivrons pas cette énumération dans laquelle il renchérit sur maître Canches lui-même qui, *jusque même aux points trouvait de grands mystères*. Dans cette dissertation alambiquée, il n'est pas jusqu'à l'écritoire de Flamel qui ne puisse, comme dit Sauval, se *quintessencier* en interprétations. Ainsi, cette écritoire doit être prise pour « un matras de verre plein des confections de l'art, comme de l'écume de la mer Rouge et de la graisse du vent mercurial que tu vois, dit le traité, peint en forme d'écritoire. » Et l'armoire (dans laquelle est contenue cette écritoire) qui se trouve répétée *trois fois* en signe de la *triplicité* de l'œuvre accompli par Flamel, doit elle-même être considérée comme *le Vaisseau philosophique, le Triple vaisseau, l'Athanor crible, le Fumier, le Bain Marie, la Fournaise, la Sphère, le Lyon verd, la Prison, le Sépulcre, la Phiole*, etc., etc., où doit s'enfanter le grand œuvre (1) !

« Vient ensuite le troisième livre qui contient un troisième et dernier traité de la pierre philosophale.

---

(1) « Il ne faut pas omettre de dire que cette interprétation et chacun des mots qui la composent, quelque absurdes qu'ils paraissent, ne sont pas, intrinsèquement, dé- pourvus de sens ni d'intérêt pour ceux qui se sont occupés d'études hermétiques. » Note de M. Aug. Vallet.

« Nous n'aurions pas arrêté si longtemps le lecteur sur ce livre, s'il ne contenait l'exposition à peu près complète de la *légende de Nicolas Flamel*, et s'il n'avait donné lieu, touchant cette légende, à des controverses qu'on nous saura peut-être gré d'avoir résumées ici.

« L'histoire fabuleuse que nous tentons d'éclaircir, nous a été transmise par deux voies : la tradition orale et la tradition écrite. Examinons d'abord la première.

« Le livre qu'on vient d'analyser, et que nous reprendrons comme monument de la tradition écrite, en contient à peu près la substance. On rapportait donc qu'au temps du roi Charles VI, un certain Nicolas Flamel, obscur écrivain, devint possesseur d'un livre mystérieux dans lequel il découvrit les secrets du grand œuvre, et qu'ayant le pouvoir de faire de l'or, il se trouva bientôt le maître d'une fortune de 1,500,000 écus, avec lesquels il construisit quatorze hôpitaux, fonda les deux charniers des Innocents, les portails de Saint-Jacques-la-Boucherie, de sainte Geneviève-des-Ardents, etc., etc.; sans compter les réparations innombrables des lieux saints, hôpitaux, églises, qu'il aida de ses richesses, ni les aumônes considérables qu'il répandait parmi les pauvres. On disait également qu'il avait déposé la science ineffable dont il était un adepte si fortuné, dans plusieurs ouvrages entre lesquels on citait *le Sommaire philosophique*, *le Désir désiré* ou *le Livre des six Paroles*, *le Livre des Lavures* et *la Vraie Pratique de la Science d'Alquimie* ou *les Lavures de Flamel*. Enfin, on allait jusqu'à dire que non content d'avoir fait servir le magistère à s'enrichir, il l'avait encore employé comme breuvage sous l'espèce d'*Elixir de longue vie*, et qu'un beau jour il avait disparu pour aller rejoindre Pernelle, censée morte et enterrée au cimetière des Innocents, mais qui, réellement, n'avait fait que partir pour des contrées lointaines où tous deux étaient allés couler les jours sans cesse renaissants de leur vie immortelle.

« Mais la tradition orale ne contribua pas seule à perpétuer le souvenir de notre Rose-Croix. Son histoire fut encore enregistrée dans un grand nombre de livres. Le premier ouvrage imprimé que nous trouvions sur cette matière est de la seconde moitié du seizième siècle. En 1572, Jacques Gohorry, dit le Solitaire, publia un petit traité, en vers, intitulé : *Le Livre de la Fontaine périlleuse* (1). Dans les notes de cet opuscule, il mentionne la peinture et les sculptures de Nicolas Flamel, en leur attribuant un sens hiéroglyphique.

« En 1561, il avait déjà paru un recueil anonyme, sous le titre de *Transformation métallique*, attribué au même Gohorry. Ce recueil contient trois petits traités, savoir : *La Fontaine des amoureux de science*, par Jean de la Fontaine, de Valenciennes; — *les Remontrances de Nature à l'Alchimiste errant*, avec la *Réponse de l'Alchimiste*, par Jean de Meung; — et le *Sommaire philosophique* de *Nicolas Flamel*. En tête de cet ouvrage se lit une préface relative à ces trois traités. Dans la partie de cette préface qui concerne Nicolas Flamel, l'auteur fait allusion à ses talents alchimiques, et parle des figures symboliques que l'on voyait sur les arches du cimetière qu'il avait fondées.

« Roch le Baillif, auteur breton, qui vivait à la fin du seizième siècle, dans un traité sur diverses matières, et entre autres sur les sciences alchimique et médicale, qui, de son temps, se trouvaient confondues, parle également de Nicolas Flamel, dont il rappelle la science féconde, les richesses et les constructions remarquables (2).

« Les ouvrages attribués à Nicolas Flamel sont encore mentionnés dans le tome II de la *Bibliothèque des Philosophes* de Salomon et Mangin (3), dans Manget (4), dans le *Museum hermeticum* de 1677, dans le recueil des écrivains alchimistes de l'abbé Lenglet du Fresnoy; en un mot, dans presque tous les catalogues de livres hermétiques.

« En 1612, Pierre Arnauld, seigneur de la Chevalerie, publia *le Livre des figures hiéroglyphiques*, dont nous avons donné l'analyse, ouvrage évidemment composé par le gentilhomme poitevin, mais contenant toutefois un exposé de la tradition dont Flamel était le héros.

« Le médecin Borel, dans un article plein d'inexactitude, et surtout empreint d'une crédulité puérile, qui le recule d'un siècle, Borel, dis-je, au mot *Ensement* de son dictionnaire (5), répète sans intelligence tout ce qu'on avait débité jusqu'à lui sur la science de Flamel, sur ses richesses, son livre, ses talents, ses constructions, ses ouvrages, etc.

« Quant au départ de Flamel et à son immortalité, rien de plus précieux ni de plus étendu n'a été dit sur cette matière, que ce qui en est rapporté par Paul Lucas, dans sa relation dédiée au roi Louis XIV de son voyage en Asie Mineure (6). On pourra s'en former une idée par le court extrait que nous allons en faire. Le voyageur raconte qu'à Bournous-Bachi le dervis des Usbecs vint lui rendre visite, et que s'entretenant tous deux de diverses matières, ils vinrent à parler de la philosophie et de l'alchimie. Le dervis lui dit entre autres choses de la même force que les vrais philosophes possédaient le

---

(1) *Livre de la Fontaine Périlleuse* : autrement intitulé le *Songe du Verger*, avec commentaire de I. G. P. (Jacques-Gohorry, Parisien). A Paris, par Jean Ruelle, libraire, in-8°, 1572.

(2) *Le Démostérion* de Roch le Baillif, Edelphe, médecin Spagiric, etc. — Rennes. Par Pierre Lebret. 1578. in-4°. — Voici son passage :... « Lequel (Nicolas Flamel) de pauvre escrivain qu'il estoit et ayant trouvé en un vieil livre une recepte métallique qu'il esprouva, fut l'un des plus riches de son temps, etc., etc. »

(3) *Bibliothèque des Philosophes chimiques*, par Guil. Salomon; augmentée par J. M. D. R. (Jean Mangin de Richebourg), in-12. Paris, 1741 et 1754.

(4) J.-J. Mangeti *Bibliotheca-chemica curiosa seu rerum ad alchemiam pertinentium thesaurus.* — Genevæ, 2 vol. in-folio.

(5) *Trésor des Recherches et Antiquités gauloises et françaises*; par P. Borel, médecin. Paris, in-4°. 1655.

(6) Paul Lucas. *Voyage dans la Grèce, l'Asie-mineure, la Macédoine et l'Afrique.* — Paris, 1712. 2 vol. in-12; p. 98 à 112, t. I.

moyen de prolonger jusqu'à mille ans le terme de leur existence, et de la préserver de toutes les maladies... « Enfin, poursuit Lucas, je lui parlai de l'illustre Flamel, et je lui dis que, malgré la pierre philosophale, il était mort dans toutes les formes. A ce nom il se mit à rire de ma simplicité. Comme j'avais presque commencé à le croire sur le reste, j'étais extrêmement étonné de le voir douter de ce que j'avançais. S'étant aperçu de ma surprise, il me demanda sur le même ton si j'étais assez bon pour croire que Flamel fût mort. « Non, non, me dit-il, vous
» vous trompez, Flamel est vivant; ni lui,
» ni sa femme ne savent encore ce que c'est
» que la mort. Il n'y a pas trois ans que je
» les ai laissés l'un et l'autre aux Indes, et
» c'est un de mes plus fidèles amis. » Il allait même me marquer le temps qu'ils avaient fait connaissance; mais il se retint et me dit qu'il voulait m'apprendre son histoire que sans doute on ne savait pas en mon pays. »

« Alors Lucas débite un roman à peu près calqué, pour la marche générale, sur le récit de Pierre Arnauld, mais évidemment modifié et augmenté de ce qu'il avait lu ou entendu dire d'après La Croix du Maine (1). Dans cette histoire figurent également, et l'acquisition du livre hermétique, qui, selon le narrateur provenait d'un juif très-savant, assassiné par un autre juif, et dont Flamel aurait hérité, et le voyage en Espagne qu'il raconte avec de nouvelles variantes. Il termine en disant que, pour se soustraire à l'envie et aux persécutions, Pernelle, d'intelligence avec son mari, fit enterrer à sa place un morceau de bois habillé, et se rendit en Suisse pour y attendre son mari, qui, après avoir fait son testament fit également ensevelir à sa place une bûche et vint rejoindre sa femme. « Depuis ce temps-là, continue le dervis, ils ont mené l'un et l'autre une vie philosophique, et ils sont tantôt dans un pays et tantôt dans un autre.... — Voilà la véritable histoire de Flamel, et non pas ce que vous en croyez, ni ce qu'on en pense follement à Paris, où peu de gens ont connaissance de la vraie sagesse. »

« Ce récit, ajoute Paul Lucas, me parut et il est en effet fort singulier. J'en fus d'autant plus surpris, qu'il m'était fait par un Turc que je croyais n'avoir jamais mis le pied en France. Au reste je ne le rapporte qu'en historien, et je passe même plusieurs choses encore moins croyables, qu'il me raconta cependant d'un ton affirmatif. Je me contenterai de remarquer que l'on a ordinairement une idée trop basse de la science des Turcs, et que celui dont je parle est un homme d'un génie supérieur. »

« Enfin vers le déclin du siècle dernier, un homme qui joignait à une érudition brillante, un esprit presque toujours droit et judicieux, l'abbé Vilain, entreprit d'examiner l'histoire de Nicolas Flamel, et de dissiper l'auréole nuageuse dont l'amour du merveilleux avait entouré sa mémoire. Il publia sur cette matière deux volumes (2), dans lesquels il prend l'une après l'autre, toutes les assertions hyperboliques émises sur le compte de Flamel, et il les réfute avec les trésors d'une vaste érudition, avec les traits acérés d'une logique qui sont parfois dignes d'une cause plus importante. Il résulte de l'examen critique auquel l'abbé Vilain soumet la légende de Nicolas Flamel, que ce dernier était simplement un bon bourgeois, qui, grâces à son économie et à son activité dans son métier d'écrivain, auquel il se livra lui et sa femme avec assiduité, avait acquis une fortune aisée, mais qui n'avait rien d'exorbitant ni dans son chiffre ni dans son origine; il résulte également que ces deux époux, s'abandonnant à un goût de bâtisse analogue à celui qui anime encore aux jours de notre dix-neuvième siècle les bourgeois de Paris, firent exécuter plusieurs constructions parmi lesquelles on remarque le portail de quelques églises, deux charniers au cimetière des Innocents et une maison hospitalière rue de Montmorency. Quand à ses prétendus traités sur l'alchimie, l'inexorable abbé les biffe impitoyablement jusqu'au dernier, et prononce cette sentence d'anéantissement avec une sévérité qui, toutefois, ne prête point à réplique.

« Cependant l'abbé Vilain, quel que soit le mérite incontestable de son œuvre, ne laisse point, son livre une fois clos, l'esprit de son lecteur dans une satisfaction pleine et complète; préoccupé de montrer ce qu'il y avait de faux et d'exagéré dans la chronique hermétique de Nicolas Flamel, il a négligé de faire voir ce qu'il y avait d'originairement vrai dans cette même chronique, et comment ce noyau de vérité s'était, chemin faisant, grossi et enveloppé d'un entourage d'erreurs, comme une pierre qui roule dans un sentier de neige. Ainsi, par exemple, sans prendre de conclusions formelles sur le fait et sans même l'élucider bien clairement, il admet la *possession* du fameux livre d'Abraham le juif, par Nicolas Flamel. Or ce fait prouverait, s'il était irrévocablement constaté, non pas que Flamel trouva une recette pour faire de l'or, mais qu'il cherchait cette recette et que, partant, il s'adonnait effectivement à l'alchimie (3), point qu'il était fort curieux d'éclaircir.

« Il existe à la bibliothèque du Roi un petit livre manuscrit (4), grossièrement relié, appartenant selon toute apparence à la fin du

---

(1) Voyez la Notice biographique consacrée à Flamel dans la *Bibliothèque* de la Croix du Maine et Duverdier.
(2) *Essai sur une histoire de Saint-Jacques-la-Boucherie*; par L... V... Paris, 1758, in-12. — *Histoire critique de Nicolas Flamel et de Pernel, sa femme*; par le même. Paris, in-12, 1782.
(3) Voici le passage de l'abbé Vilain, auquel nous faisons allusion. « Les Juifs, dit-il, chassés de Paris, y avaient laissé le magnifique livre dont on a lu la description. Mais, dit mademoiselle de Lussan, dans son histoire de Charles VI (t. VI, p. 560). *C'est une preuve certaine qu'il ne contenait que de vaines idées; car qu'eussent-ils pu emporter de plus précieux ?* » — Rien de si sensé que ce mot, ajoute l'abbé Vilain. Et jamais les Juifs, dépouillés de leurs biens et chassés, n'auraient négligé la ressource la plus prochaine et la plus abondante dans leur misère. — Hist. critique, etc., in-12. 1782; p. 22.
(4) Fonds de Saint-Germain-des-Prés, n° 1960.

quatorzième siècle et traitant des opérations alchimiques. Ce petit livre que nous avons attentivement parcouru, commence par ces mots :

« Cy commence *la vraie pratique de la noble science d'alkimie.*

« *Le désir désiré et le prix que nul ne peut priser, de tous les philosophes composé, et des livres des anciens pris et tiré,* etc.

« Il enseigne la manière de parvenir au grand œuvre, à l'aide d'opérations successives nommées dans ce traité *Lavures* et qui sont au nombre de six.

« Au dernier feuillet du manuscrit se lit cette indication écrite de la même main que le reste du texte :

« *Le présent livre est et appartient à Nicolas Flamel, de la paroisse Saint-Jacques-de-la-Boucherie, lequel il a écrit et relié de propre main.*

« Concluons : 1° Si Flamel avait transcrit et relié pour son propre usage un livre d'alchimie, c'était donc qu'il s'occupait effectivement de cette science ; 2° Si l'on rapproche des premières lignes formant le titre de ce petit livre, les désignations des ouvrages qui sont attribués à Nicolas Flamel comme étant de sa composition, et que l'exagération traditionnelle n'avait cessé de multiplier, l'on reconnaîtra comme nous, que tous ces noms, savoir : le *Sommaire philosophique,* le *Désir désiré* ou le *Livre des six paroles,* la *Vraie pratique de la science d'alquimie* ou les *Lavures* de Flamel, se trouvent tous plus ou moins textuellement compris dans le titre réel que nous venons de rapporter. N'est-il donc pas évident que toute cette bibliographie apocryphe a pour origine ce seul et même petit livre, qui fut sinon composé, du moins *écrit* et possédé par Nicolas Flamel ?

« Maintenant, résumons en parallèle, la chronique pure et la chronique amplifiée du héros qui nous occupe. — Flamel était un écrivain qui gagna sa fortune dans l'exercice de son métier et qui, probablement, en dépensa quelque partie à transcrire, à étudier, et à mettre en œuvre des livres d'alchimie ;

— Et ses contemporains, amis du merveilleux, se plurent à imputer à l'alchimie, en les exagérant, les richesses qu'il tenait de son travail. — Le hasard, ou une circonstance quelconque fit vraisemblablement tomber entre ses mains un livre d'alchimie réputé précieux ; — Et la rumeur traditionnelle répéta que dans ce livre il avait puisé le secret du grand œuvre, source hypothétique et censée de sa fortune réelle. — Il fit bâtir quelques édifices dont lui-même indiqua la décoration et dirigea la construction ;

— Et le bruit se répandit qu'il avait sous des signes mystérieux, et par de somptueux monuments, retracé les emblèmes de l'art qui l'avait enrichi, etc., etc.

« De ce petit travail il résulte encore une vérité. C'est qu'en général, là où vous voyez une *légende,* quelque erronée, quelque amplifiée qu'elle soit, vous pouvez être sûr, en allant au fond des choses, que vous y trouverez une *histoire.* »

FLAQUE (Louis-Eugène), — sorcier jugé à Amiens en 1825. On l'accusa d'escroqueries à l'aide d'opérations magiques et cabalistiques, de complicité avec Boury, teinturier, logé rue des Hautes-Cornes, au dit Amiens, et encore avec François Russe, laboureur de Conti. — Au mois de mars 1825, la cour royale d'Amiens confirma un jugement par lequel il appert que les trois individus susnommés ont, par des manœuvres frauduleuses, persuadé à des particuliers l'existence d'un pouvoir mystérieux surnaturel ; sur quoi, et pour en user, l'un de ces crédules particuliers remit à Boury la somme de cent quatre-vingt-douze francs ; Boury présenta le consultant à un individu déguisé en démon, dans le bois de Naours. Le démon promit au particulier huit cent mille francs, qui n'arrivèrent jamais. Boury, Flaque et Russe n'en gardèrent pas moins les cent quatre-vingt-douze francs ; mais le bailleur les poursuivit. Boury fut condamné à quinze mois de prison, Flaque et Russe à une année, à l'amende de cinquante francs, et au remboursement des frais, etc.

Voici ce qu'on apprit dans les débats. Boury exerçait l'état de chirurgien dans la commune de Mirvaux ; n'étant pas toujours heureux dans ses cures, il persuadait à ses malades que l'on avait jeté un sort sur eux ; il leur conseillait de chercher un devin plus savant que lui ; cependant il se faisait payer et se retirait. Ces escroqueries n'étaient que le prélude de facéties plus graves.

En 1820, le charron Louis Pâque, ayant besoin d'argent, se rendit à Amiens, là il en emprunta à un menuisier. Boury, qui sut la chose, dit qu'il procurerait de l'argent à meilleur compte, moyennant quelques avances. Le charron alla le trouver ; Boury lui déclara que le meilleur moyen d'avoir des fonds était de se vendre au diable ; et voyant que Pâque ne reculait pas à une telle proposition, il lui demanda deux cents francs pour assembler le conseil infernal ; Louis Pâque les donna.

Boury s'arrangea de façon à toucher ainsi pour frais préliminaires, sept à huit mille francs.

Enfin il fut convenu qu'en donnant encore quatre louis, Pâque obtiendrait cent mille francs ; malheureusement il s'était fort dépouillé ; il n'en put donner que deux. Il partit néanmoins avec Boury, Flaque, le chef sorcier, et un sieur de Noyencourt, pour le bois de Saint-Gervais. Boury tira d'une de ses poches un papier écrit qu'il fit tenir aux assistants, chacun par un coin. Il était minuit. Flaque fit aussitôt trois conjurations. le diable ne parut pas.

Noyencourt et Boury dirent alors que le diable était occupé ce jour-là ; on prit un autre rendez-vous au bois de Naours.

Pâque à cet autre rendez-vous mena sa fille avec lui ; pauvre fille ! Mais Boury lui avait dit qu'il fallait que son premier-né assistât à l'opération.

Flaque et Boury appelèrent le diable en

latin. Le diable enfin parut. Il avait une redingote *rougeâtre-bleuâtre*, un chapeau galonné. Il portait un sabre. Sa taille était d'environ cinq pieds six pouces. Le nom de ce démon était Robert; et celui du valet qui l'accompagnait, Saday.

Boury dit au diable : — Voici un homme que je te présente; il désire avoir quatre cent mille francs pour quatre louis, peux-tu les lui donner?

Le diable répondit : — Il les aura.

Pâque lui présenta l'argent; et le diable lui fit faire le tour du bois en quarante-cinq minutes, avec Boury et Flaque, avant de bailler les 400,000 francs. L'un des sorciers perdit même un de ses souliers dans la course. Pâque, à un détour, aperçut une table et des chandelles dessus; il poussa un cri :

Tais-toi, lui dit Flaque, ton cri a tout perdu; l'affaire est manquée.

Le stupide charron s'enfuit à travers le bois; puis reprenant courage il revint devant le diable, qui lui dit : — Scélérat, tu as traversé le bois au lieu d'en faire le tour. Retire-toi sans te retourner, ou je te tords le cou....

Mais ce n'était pas fini. Une autre opération eut encore lieu dans le même bois; quand Pâque cette fois demanda l'argent, le diable lui dit : — Adresse-toi au bureau.

C'était un buisson....

Comme il n'y avait rien dans ce buisson, le démon promit que la somme se trouverait le lendemain dans la cave même du charron; Pâque s'y rendit le lendemain, avec sa femme et celle du bonhomme qui avait donné les cent quatre-vingt-douze francs pour la première affaire. Mais néant encore; et pour surcroît, Boury, qu'ils prenaient à partie, les menaça de se plaindre au procureur du roi.... Pâque reconnut qu'il était trompé, et se retira avec son argent perdu....

Nous sommes cependant dans le dix-neuvième siècle, et nous avons les lumières du dix-huitième!...

FLAUROS, grand-général aux enfers. Il se fait voir sous la figure d'un terrible léopard. Lorsqu'il prend la forme humaine, il porte un visage affreux, avec des yeux enflammés. Il connaît le passé, le présent et l'avenir, soulève tous les démons ou esprits contre ses ennemis les exorcistes, et commande vingt légions (1).

FLAVIA-VENERIA-BESSA, femme qui fit bâtir une chapelle en l'honneur des anciens monarques de l'enfer, Pluton et Proserpine, par suite d'un avertissement qu'elle avait eu en songe (2).

FLAVIN, auteur d'un ouvrage intitulé *l'Etat des âmes trépassées*, in-8°, Paris, 1579.

FLAXBINDER. Le professeur Hanov, bibliothécaire à Dantzick, après avoir combattu les apparitions et les erreurs des différents peuples touchant les revenants et les spectres, raconte toutefois le fait suivant :

« Flaxbinder, plus connu sous le nom de *Johannes de Curiis*, passa les années de sa jeunesse dans l'intempérance et la débauche. Un soir, tandis qu'il se plongeait dans l'ivresse des plus sales plaisirs, sa mère vit un spectre qui ressemblait si fort, par la figure et la contenance, à son fils, qu'elle le prit pour lui-même. Ce spectre était assis près d'un bureau couvert de livres, et paraissait profondément occupé à méditer et à lire tour à tour. Persuadée qu'elle voyait son fils, et agréablement surprise, elle se livrait à la joie que lui donnait ce changement inattendu, lorsqu'elle entendit dans la rue la voix de ce même Flaxbinder, qui lui semblait être dans la chambre. Elle fut horriblement effrayée. On le serait à moins. Cependant, ayant observé que celui qui jouait le rôle de son fils ne parlait pas, qu'il avait l'air sombre, hagard et taciturne, elle conclut que ce devait être un spectre; et, cette conséquence redoublant sa terreur, elle se hâta de faire ouvrir la porte au véritable Flaxbinder. Il entre, il approche; le spectre ne se dérange pas. Flaxbinder pétrifié à ce spectacle, forme, en tremblant, la résolution de s'éloigner du vice, de renoncer à ses désordres, d'étudier enfin et d'imiter le fantôme. A peine a-t-il conçu ce louable dessein que le spectre sourit d'une manière un peu farouche, comme font les savants, ferme les livres et s'envole...»

FLÈCHES. Voici une divination qui se pratique chez les Turcs par le moyen des flèches. S'ils doivent aller à la guerre, entreprendre un voyage, ou acheter quelque marchandise, ils prennent quatre flèches qu'ils dressent en pointe l'une contre l'autre, et qu'ils font tenir par deux personnes, c'est-à-dire par quatre mains; puis ils mettent sur un coussin une épée nue devant eux, et lisent un certain chapitre du Koran. Alors les flèches se battent durant quelque temps, et enfin les unes montent sur les autres. Si, par exemple, les victorieuses ont été nommées chrétiennes (car dans les divinations relatives à la guerre ils appellent deux de ces flèches les Turcs, et donnent aux deux autres le nom de leur ennemi), c'est signe que les chrétiens vaincront; si autrement, c'est une marque du contraire (3)... Voy. BÉLOMANCIE.

FLINS. Les anciens Vandales adoraient sous ce nom une grosse pierre, qui représentait la Mort couverte d'un long drap, tenant un bâton à la main, et une peau de lion sur les épaules. Ces peuples croyaient que cette divinité, lorsqu'elle était de bonne humeur, pouvait les ressusciter après leur trépas.

FLORENT DE VILLIERS. Voy. VILLIERS.

FLORINE, Fiorina et Florinde, noms d'un démon familier qui, au rapport de Pic de La Mirandole, fréquenta longtemps un sorcier nommé Pinet.

FLORON, démon familier de Cecco d'As-

---

(1) Wierus, de Præstig. dæm., p. 929.
(2) Leloyer, Hist. des spectres ou apparitions, t. IV, p. 459.

(3) Lebrun, Hist. des pratiques superstitieuses, t. II, p. 405.

coli. Il est de l'ordre des chérubins damnés.

FLOTILDE. Ce personnage est inconnu ; mais ses *Visions* ont été conservées. On les trouve dans le Recueil de Duchesne (1).

FLOTS. Cambry parle d'un genre de divination assez curieux, qui se pratique dans les environs de Plougasnou : des devins interprètent les mouvements de la mer, les flots mourants sur la plage, et prédisent l'avenir d'après cette inspection (2).

FO ou FOÉ, l'un des principaux dieux des Chinois. Il naquit dans les Indes, environ mille ans avant notre ère. Sa mère, étant enceinte de lui, songea qu'elle avalait un éléphant blanc, conte qui peut-être a donné lieu aux honneurs que les rois indiens rendent aux éléphants de cette couleur. Il finit ses jours à soixante-dix-neuf ans. Les bonzes assurent qu'il est né huit mille fois, et qu'il a passé successivement dans le corps d'un grand nombre d'animaux, avant de s'élever à la divinité. Aussi est-il représenté dans les pagodes sous la forme d'un dragon, d'un éléphant, d'un singe, etc. Ses sectateurs l'adorent comme le législateur du genre humain.

FOCALOR, général aux enfers. Il se montre sous les traits d'un homme ayant des ailes de griffon. Sous cette forme il tue les bourgeois et les jette dans les flots. Il commande à la mer, aux vents, et renverse les vaisseaux de guerre. Il espère rentrer au ciel dans mille ans ; mais il se trompe. Il commande à trente légions, et obéit en rechignant à l'exorciste (3).

FOI. Un ministre suisse de la secte des dissidents méthodistes, persuadé que tout est possible à la foi et à l'esprit de Dieu, deux grâces qu'il se flattait vaniteusement de posséder, se vanta en 1832 qu'il marcherait sur le lac de Constance. Le résultat de cette épreuve insensée a été ce qu'on pouvait prévoir, sans que cette étrange confiance ait pu s'ébranler dans le cœur de celui qui s'y livrait. Il en tira la conséquence que sa foi était trop faible, que son cœur n'avait pas assez ressenti l'efficacité de l'esprit de Dieu ; et il se remit à l'année suivante pour recommencer sa tentative. Cette seconde épreuve faite en 1833 s'est terminée comme la première. Le ministre a pris un bain (4).

FOLLET, Voy. FEUX FOLLETS, LUTINS, FARFADETS, etc.

FONG-CHWI, Opération mystérieuse qui se pratique dans la Chine, dans la disposition des édifices, et surtout des tombeaux. Si quelqu'un bâtit par hasard dans une position contraire à ses voisins, et qu'un coin de sa maison soit opposé au côté de celle d'un autre, c'est assez pour faire croire que tout est perdu. Il en résulte des haines qui durent aussi longtemps que l'édifice. Le remède consiste à placer dans une chambre un dragon ou quelque autre monstre de terre cuite, qui jette un regard terrible sur le coin de la fatale maison, et qui repousse ainsi toutes les influences qu'on en peut appréhender. Les voisins qui prennent cette précaution contre le danger, ne manquent pas chaque jour de veiller à leur défense. Ils brûlent de l'encens devant lui, ou plutôt devant l'esprit qui le gouverne, et qu'ils croient sans cesse occupé de ce soin.

FONG-ONHANG, oiseau fabuleux auquel les Chinois attribuent à peu près les mêmes propriétés qu'au phénix. Les femmes se parent d'une figure de cet oiseau, qu'elles portent en or, en argent ou en cuivre, suivant leurs richesses et leurs qualités.

FONTAINES. On prétend encore dans la Bretagne que les fontaines bouillonnent quand le prêtre chante la préface le jour de la Sainte-Trinité (5). Voy. HYDROMANCIE.

Il y avait au château de Coucy, en Picardie, une fontaine appelée *Fontaine de la mort*, parce qu'elle se tarissait lorsqu'un seigneur de la maison de Coucy devait mourir.

FONTENETTES (CHARLES), auteur d'une *Dissertation sur une fille de Grenoble, qui depuis quatre ans ne boit ni ne mange*, 1737, in-4°, prodige qu'on attribuait au diable, et dont Fontenettes explique les causes moins ténébreuses.

FORAY ou MORAX. Voy. MORAX.

FORCAS, FORRAS ou FURCAS, chevalier, grand président des enfers ; il apparaît sous la forme d'un homme vigoureux, avec une longue barbe et des cheveux blancs ; il est monté sur un grand cheval et tient un dard aigu. Il connaît les vertus des herbes et des pierres précieuses ; il enseigne la logique, l'esthétique, la chiromancie, la pyromancie et la rhétorique. Il rend l'homme invisible, ingénieux et beau parleur. Il fait retrouver les choses perdues ; il découvre les trésors, et il a sous ses ordres vingt-neuf légions de démons (6).

FORCE. Milon de Crotone n'eut pas seul une force prodigieuse. Louis de Boufflers, surnommé le Fort, au quatorzième siècle, possédait une force et une agilité extraordinaires, s'il faut en croire les récits du temps. Quand il avait croisé ses deux pieds, il était impossible de le faire avancer ou reculer d'un pas. Il brisait sans peine un fer à cheval ; et lorsqu'il saisissait un taureau par la queue, il l'entraînait où il voulait. Il enlevait un cheval et l'emportait sur ses épaules. On l'a vu souvent, armé de toutes pièces, sauter à cheval sans s'appuyer et sans mettre le pied dans l'étrier. Sa vitesse à la course n'était pas moins remarquable, puisqu'il dépassait le cheval d'Espagne le plus léger, dans un espace de deux cents pas.

Un certain Barsabas, qui servait au commencement du dix-huitième siècle dans les armées françaises, emporta un jour, devant Louis XIV, un cheval chargé de son cavalier. Il alla trouver une autre fois un maréchal-ferrant ; il lui donna un fer de cheval à forger. Ce-

---

(1) Flotildæ visiones, in tom. II Script. Hist. franc., And. Duchesne, 1836.
(2) Voyage dans le Finistère, t. I, p. 195.
(3) Wierus, De præstigiis dæm., p. 926.
(4) Le libre Examen, journal protestant. Janvier 1834.
(5) Cambry, Voyage dans le Finistère, t. II, p. 15.
(6) Wierus, de Præstig., p. 921.

lui-ci s'étant un peu éloigné, Barsabas prit l'enclume et la cacha sous son manteau. Le maréchal se retourne bientôt pour battre le fer ; il est tout étonné de ne plus trouver son enclume, et bien plus surpris encore de voir cet officier la remettre sans difficulté à sa place. Un Gascon, que Barsabas avait offensé dans une compagnie, lui proposa un duel :
— Très-volontiers, répondit Barsabas ; touchez là. — Il prit la main du Gascon, et la lui serra si fort que tous les doigts en furent écrasés. Il le mit ainsi hors d'état de se battre.

Le maréchal de Saxe était de même calibre. — Dans les anciens jours, on regardait comme favorisés par le diable les gens doués d'une force extraordinaire.

FORÊTS. Les forêts sombres sont des lieux où, comme dit Leloyer (1), les diables se mêlent avec les sorciers. Ces diables y font leurs orgies commodément sous la feuillée, et il n'y a pas de lieux où ils se rendent plus volontiers visibles.

FORGE. — *La forge de Vivegnis*, légende liégeoise (2).

Quand, après avoir laissé derrière soi les deux tours lourdes et écrasées de Saint-Barthélemy, on prend par la rue au Potay et qu'on sort de la ville de Liège par la porte de Vivegnis, on trouve à peu près au milieu du faubourg à droite, une petite porte basse peinte en vert et surmontée d'une enseigne de fleuriste. Cette porte s'ouvre dans un jardin assez spacieux où croissent, en toute saison, soit en pleine terre, soit dans une vaste serre impénétrable au froid, les fleurs les plus riches et les plus variées. A côté de cette serre s'élève une modeste habitation occupée de père en fils par une dynastie de fleuristes renommés dans tout ce faubourg où cependant les fleuristes abondent ; une profonde solitude règne dans ce jardin ; les abeilles et les papillons des environs y font, durant la saison tout entière, une ample moisson de miel et de parfums. Rien n'y trouble leurs folâtres ébats, ni le roulement des lourds chariots qui ébranlent presque sans relâche le pavé de la rue, ni le retentissement continuel des marteaux qui frappent sur l'enclume d'une forge, située en face de la porte. Là un silence presque claustral, tandis qu'un bruit perpétuel gronde au dehors.

Dans cette solitude, dans ce silence, vivait, il y a quarante ans, le ménage le plus heureux de la terre ; plus d'une fois vous avez rêvé le bonheur qui régnait dans cet enclos. Vous eussiez envié le couple fortuné qui vivait là loin du monde, s'épanouissant parmi les fleurs ; lui né dans cette maison, elle rieuse enfant née dans le joyeux village de Jupille. L'hiver, ils restaient là cachés à tous les yeux comme les roses de leur serre ; chaque jour seulement, vers le soir, la porte s'ouvrait à demi pour livrer passage à de frais bouquets qui s'en allaient dans le monde, messagers embaumés qui disaient de si douces choses dans leur langage de parfums. Mais quand le souriant avril arrivait, quand les premières hirondelles, attirées par un tiède rayon du soleil, venaient à légers coups de becs frapper sur les vitres de la serre, comme pour inviter les fleurs à en sortir, ils en sortaient avec toute leur famille de roses, de lilas et toutes ces milles richesses variées du printemps, ils revenaient vivre au grand soleil.

Ainsi deux années s'étaient écoulées. Rien encore n'avait troublé cette vie charmante. Pas un nuage n'était venu obscurcir l'azur de leur beau ciel. Un matin de printemps, Maurice le jardinier dit à sa femme :

— Ma bonne Thérèse, il faut que je m'absente un jour tout entier. Il faut que je passe un jour à Argenteau, là-bas où les fleurs du comte m'appellent. Demain, avant midi, je serai de retour. Aie soin, jusque-là, de notre serre, car les nuits sont froides encore. Que le feu ne s'éteigne pas. Adieu, à demain !

— A demain ! répondit la jeune femme, triste comme si Maurice allait s'absenter pour un long voyage. Elle sentit son cœur se serrer quand elle eut entendu la porte du jardin se refermer ; elle pressa sur sa poitrine son fils en lui disant, à l'enfant qui ne comprenait pas encore :

— Nous prierons pour ton père.

Le jour se passa ; puis, le soir venu, elle mit son fils dans son berceau et l'endormit doucement en lui chantant sa plus belle chanson de nourrice. Mais cette chanson fut d'une singulière tristesse ce soir-là. L'enfant dormait profondément, et la mère, assise à côté de lui, le regardait, respirant à peine, et s'enivrait de cette délicieuse contemplation. Thérèse s'était oubliée ainsi à côté de l'enfant ; minuit était prêt à sonner quand elle se leva tout à coup pour s'assurer que le feu n'était pas éteint dans la serre. Elle vit que la houille était morte, que la cendre était froide, que les tuyaux étaient glacés comme le foyer lui-même. Les fleurs avaient froid. Elles grelottaient et se cachaient ; Thérèse en eut pitié.

Mais elle eut beau remuer l'âtre de la cuisine, pas une braise à rallumer le foyer de la serre.

— Les pauvres fleurs ! se disait-elle, lorsqu'elle avisa tout à coup, par la fenêtre, une vive clarté dans la forge d'en face.

Minuit sonnait en ce moment, et tout y paraissait déjà en pleine besogne ; le vaste soufflet animait la flamme du fourneau. Les compagnons, groupés autour de l'enclume, frappaient à grands coups de marteau sur le fer rouge dont les étincelles jaillissaient autour d'eux comme des gouttes de lumière.

Elle s'en alla donc à la forge.

— Maître Thomas, me permettriez-vous, dit-elle, de prendre quelques charbons à votre fourneau pour rallumer le feu de notre serre qui vient de s'éteindre ?

Une figure qui n'était pas celle de maître Thomas le forgeron, lui fit un signe affirmatif.

(1) Leloyer, Hist. des spectres ou apparitions, chap. 4, p. 344.

(²) Empruntée à M. A. Van-Hasselt.

Thérèse prit donc trois ou quatre charbons ardents, et courut à la serre. Mais elle y fut à peine arrivée, que les charbons étaient déjà éteints. Elle eut beau souffler, elle ne put parvenir à les rallumer. Ils étaient froids.

Elle retourna une seconde fois à la forge.

— Maître, vos charbons se sont éteints avant que je ne fusse entrée dans la serre; me permettez-vous d'en prendre d'autres?

La même figure lui répondit par le même signe de tête.

Elle prit de nouveau quelques charbons. Mais ils étaient éteints et froids comme les autres, avant qu'elle n'eût franchi le seuil du jardin.

Pour la troisième fois elle voulut retourner à la forge, lorsqu'au moment de mettre le pied dans l'ouvroir, elle fut prise soudain d'une grande épouvante. Elle s'aperçut d'une chose qu'elle n'avait pas remarquée d'abord, c'est que les marteaux qui forgeaient à grands coups le fer rougi ne produisaient pas le moindre bruit sur l'enclume et retombaient sur le métal pétillant comme des marteaux de ouate sur une barre de coton.

Les forgerons s'arrêtèrent aussi et se tournèrent vers la jeune femme avec des regards aussi flamboyants que la braise de leur fourneau. L'un d'eux lui cria d'une voix creuse comme si elle sortait d'un souterrain :

— Que je ne te revoie plus ici, car ce serait pour ton malheur.

Thérèse fut tellement effrayée, qu'un cri qu'elle voulut jeter s'éteignit sur ses lèvres. Au même instant elle reconnut que les forgerons n'étaient pas des vivants, mais des morts qui faisaient là leur travail nocturne et mystérieux. Elle vit qu'ils tenaient les marteaux dans leurs mains osseuses et décharnées, elle vit les linceuls qui enveloppaient ces corps de squelettes flotter d'une façon étrange, et ces figures funèbres éclairées comme des formes infernales et les orbites creux de leurs têtes où il n'y avait pas d'yeux, —elle s'enfuit comme un éclair, et tomba à côté du berceau de son enfant.

Combien de temps elle resta ainsi, elle l'ignora toujours. Elle revint à elle, dans les bras de Maurice, qui, rentré le matin, ne put comprendre comment sa femme était là couchée sur les dalles. Il l'avait crue morte au premier instant. Lentement elle reprit connaissance; et ses yeux, lorsqu'elle les rouvrit, se dirigèrent d'abord du côté de la forge, qui était fermée, où rien n'annonçait qu'on eût déjà travaillé. Cependant sur le plancher, autour d'elle, gisaient des scories et des charbons éteints.

Alors Thérèse lui raconta l'histoire de cette nuit.

— Ce sont de folles imaginations, un rêve sans doute, répondit Maurice. Toute la journée pourtant ils y pensèrent. Mais le lendemain tout était oublié.

Deux années s'étaient écoulées depuis cette inexplicable vision, et le forgeron voyait, de jour en jour, la misère gagner plus de terrain dans sa demeure. Son fourneau ne s'allumait plus tous les matins, faute de travail; le vent et la pluie y exerçaient à loisir leurs ravages. Comme la misère menaçait le maître, la ruine menaçait la forge.

Un soir, maître Thomas était tristement assis à sa porte, rêvant à son malheur et cherchant un moyen d'en sortir.

— Si vous me vendiez votre forge, maître Thomas? lui dit Maurice qui depuis longtemps convoitait la propriété de cette maison noire et détraquée, et du triste verger qui s'étendait derrière.

— La charité, s'il vous plaît, monsieur, interrompit en ce moment un vieux mendiant qui s'arrêta devant les interlocuteurs.

Il avait entendu Maurice proposer au forgeron l'achat de la forge.

— J'y penserai, voisin, répondit maître Thomas au fleuriste avec un accent plein de tristesse. Demain je vous dirai ma réponse. Une nuit ce n'est pas trop pour se décider à sortir d'une maison où l'on est né, où l'on a grandi, où l'on a été heureux et à laquelle la misère vous attache par un lien plus puissant encore.

— La charité, s'il vous plaît, monsieur, interrompit de nouveau le mendiant.

— Donc, à demain, voisin, répliqua Maurice.

Le forgeron rentra dans sa maison, verrouilla la porte, et s'en alla trouver le repos qu'il ne goûtait plus aussi bien depuis que le travail était devenu plus rare.

Maurice traversa lentement la rue, suivi par le mendiant, qui le prit par le bras :

— Vous voulez acheter cette forge? dit-il à Maurice, eh bien! ce n'est pas trop de tout ce que vous avez au monde pour payer cette bicoque, ce palais d'or. Vendez tout ce que vous avez, et achetez la forge; pour ce conseil, je ne vous demande que la vingtième partie du trésor que vous y trouverez, et je serai plus riche encore qu'un empereur.

— Un trésor dans la forge? Tu rêves, je pense, lui répondit le fleuriste.

— Ce n'est pas un rêve, reprit l'autre. Un trésor à payer un empire, et vingt diamants comme celui du Grand-Mogol. Vous n'êtes pas lettré. Mais je sais moi que les livres parlent de l'écrin de Charlemagne enfoui entre Liége et Herstall, dans un palais de Pépin, son aïeul. Ce palais, tombé en ruines, on bâtit une église à la même place, une église dont je ne me rappelle pas bien le nom.

— Sans doute l'église de Sainte-Foi.

— Cela se peut. Si vous avez vu cette église, vous avez dû remarquer, sur une dalle incrustée dans le mur, au fond du chœur, trois têtes taillées dans la pierre, et sous ces têtes, un fer à cheval, des ciseaux de tailleur et un cornet de berger.

— C'est vrai, j'ai vu tout cela, mais personne n'a pu m'expliquer le sens caché de ce singulier emblème.

— Je vous l'expliquerai, moi. Ces trois têtes signifient un maréchal-ferrant, un tailleur et un berger. Ils se réunirent, voilà bien longtemps déjà, pour déterrer le trésor. Par une nuit obscure, ils s'en allèrent creuser au milieu du cimetière et trouvèrent l'écrin impérial, dont ils firent trois parts. Le berger employa la sienne à s'acheter de riches métairies, des forêts, des campagnes, des châteaux. Le tailleur dissipa sa richesse en folles orgies. Le maréchal-ferrant enterra la sienne dans sa forge, sous l'enclume, vécut comme devant sous les semblants de la pauvreté, et mourut sans avoir touché à un diamant, sans avoir vendu un joyau, sans avoir échangé une pièce d'or. On dit que toutes les nuits il revient veiller à la garde de sa richesse. Mais n'importe, le trésor est à vous, si vous achetez la forge.

Les paroles du mendiant émurent le fleuriste. Toute la nuit, il vit devant ses yeux la dalle où étaient sculptées ces trois têtes, et l'écrin presque fabuleux. Et à propos du mystérieux gardien du trésor déposé dans la forge, il se rappela l'étrange apparition qui s'était révélée à Thérèse lorsque, pour rallumer le foyer éteint de la serre, la jeune femme avait été demander quelques charbons ardents à maître Thomas. Il trouva je ne sais quelle liaison intime entre l'histoire de l'écrin impérial et la vision nocturne de Thérèse.

Le lendemain il s'en fut trouver le forgeron.
— Eh bien, maître Thomas, votre résolution est-elle prise?
— C'est une chose bien triste de quitter la maison où l'on est né.
— Quatre mille francs pour votre forge.
— La maison où l'on a grandi.
— Six mille francs pour votre forge.
— Voisin, quitteriez-vous la maison ou vous avez été heureux?
— Huit mille francs pour votre forge.
— Huit mille francs, Maurice? Est-ce pour rire que vous dites cela?
— Non, maître Thomas. Ce prix je vous l'offre sérieusement.
— Tope donc, la forge est à vous.

L'argent fut compté et la maison vidée le même jour. Maurice attendit avec impatience le retour de la nuit pour se mettre en quête du trésor.

Onze heures du soir étaient sonnées; Maurice alluma une petite lanterne et descendit dans le jardin. Thérèse vit briller la lumière derrière les vitres de la serre, la regarda deux minutes, puis se mit au lit et ne tarda pas à s'endormir profondément. Maurice croyant, après une demi-heure écoulée, sa femme plongée dans le sommeil, cacha la lumière de sa lanterne, ouvrit la porte du jardin, traversa la rue à pas furtifs, et s'enferma dans la forge, armé d'une bêche et d'un levier. Il se mit aussitôt à l'œuvre; mais l'enclume tenait si bien, qu'on l'eût dite profondément enracinée dans la terre. Malgré les efforts inouïs du fleuriste, elle ne bougeait pas. La sueur lui coulait à grosses gouttes du front et des tempes. Toutes ses peines n'aboutissaient à rien.

Alors il se dit: — Si je creusais autour de l'enclume?

Et il se mit à creuser avec sa bêche.
Minuit sonnait en ce moment.

Aussitôt la forge s'illumina d'une grande clarté; le fourneau s'alluma, et quatre squelettes se rangèrent autour de l'enclume, avec de lourds marteaux à la main. Le chef de ces forgerons demanda à ses compagnons:
— Que ferons-nous de cet homme qui a voulu déterrer le trésor?
— Nous le jetterons dans le fourneau, dit le premier.
— Nous lui brûlerons, avec un fer chaud, un signe sur le front, dit le deuxième.
— Nous lui mettrons la main dans un étau ardent, dit le troisième.
— Non, reprit le maître, nous lui martellerons la tête.

Six mains formidables s'emparèrent de Maurice et placèrent sa tête sur l'enclume. Un cri déchirant s'échappa de sa bouche; mais ce cri fut étouffé presque aussitôt par un terrible coup de marteau.

Le lendemain on trouva la forge déserte, quelques charbons éteints dans le fourneau, et le corps de Maurice dont la tête écrasée reposait sur l'enclume, autour de laquelle la terre était fraîchement remuée. On assura que le malheureux avait été victime d'un guet-à-pens des *chauffeurs* qui régnaient à cette époque aux environs de Liège.

FORNEUS, marquis infernal, semblable à un monstre marin. Il instruit l'homme dans les plus hautes affaires, fait du bien à ses amis et du mal à ses ennemis; il a sous son pouvoir vingt-neuf légions de trônes et d'anges (1).

FORRAS. Voy. FORCAS.

FORTES EPAULES. Le peuple de Dijon croit à l'existence d'une espèce de lutin de ce nom, qui porte des fardeaux et qui rappelle le Forte-échine de madame d'Aulnoy, dans le conte du *Chevalier Fortuné*.

FOSITE. Saint Willibrord, au septième siècle, apôtre des Frisons, jeté par une tempête dans une petite île des côtes de la Frise, l'île d'Alemand, appelée alors Fositeland (2), vit avec douleur que ces pauvres peuples adoraient là le démon Fosite, qui donnait son nom au pays. Il y recevait un culte étendu. On regardait comme impie et sacrilège quiconque aurait osé tuer les animaux qui y vivaient, manger quelque chose de ce qu'elle produisait, et parler en puisant de l'eau à une fontaine qui y était. Le saint voulut détromper ces peuples aveuglés d'une superstition si grossière. Il fit tuer quelques animaux que lui et ses compagnons mangèrent; et il baptisa trois enfants dans la fontaine, en prononçant à haute voix les paroles prescrites par l'Eglise. Les insulaires s'attendaient à voir les saints punis de mort; mais ils durent reconnaître que leur dieu Fosite ne pouvait rien contre eux. Le roi Frison Radbod, furieux de l'audace des missionnaires, ordonna de tirer au sort trois jours de suite et trois fois chaque jour, déclarant qu'il ferait périr celui sur qui le sort tomberait. Il tomba sur un compagnon du

(1) Wierus, de Prestigiis.
(2) Land, dans l'idiome néerlandais, veut dire *pays*.

saint qui fut sacrifié à la superstition, et mourut martyr de la vérité. Mais il ne tomba jamais sur saint Willibrord.

FOSSILES. — Ce qu'on a découvert des fossiles, dans ce premier feuillet de la géologie, que nous n'avons encore tourné qu'à demi, est venu démolir toutes les tours de Babel que dressaient les philosophes du dernier siècle. Et Cuvier, qui n'est pas allé loin, a déjà fait voir, aux pauvres têtes étroites, qui n'ont pas place pour loger un peu de foi, que Moïse ne pouvait pas être attaqué. — Attendons. Et, en attendant, citons une découverte récente :

La *Gazette de Cassel* publiait (mai 1841) une lettre de Bombay, dans l'Etat de Missouri (Amérique du Nord), en date du 16 février même année, qui rendait compte d'une découverte très-intéressante faite tout fraîchement par M. Eugène Koch, naturaliste Wurtembergeois, domicilié à Saint-Louis, capitale du même Etat.

« M. Koch, dit cette lettre, se trouvant dernièrement dans la petite ville d'Occola, située près du fleuve d'Osage, apprit qu'une tradition fort ancienne et répandue parmi toutes les tribus indigènes de cette contrée, porte qu'il y avait existé une race d'animaux gigantesques et terribles, qui faisait les plus grands ravages; que ces animaux avaient fini par se faire entre eux une guerre acharnée, où ils avaient tous péri ; et qu'ensuite ils avaient été enterrés par le Grand-Esprit, dans le voisinage du ruisseau appelé actuellement Aschty. M. Kock fit exécuter des fouilles à cet endroit ; et, à la profondeur d'environ vingt pieds, il trouva en effet deux squelettes, dont un est entièrement complet, et l'autre l'est à peu de chose près, d'un animal d'une taille gigantesque et tout à fait inconnu jusqu'à présent. Ces squelettes ont seize à dix-sept pieds de hauteur sur trente-quatre pieds de longueur, et huit pieds de largeur. Les tibias ont quatre pieds de hauteur. La mâchoire supérieure a quinze pouces de saillie sur la mâchoire inférieure ; elle est armée de deux défenses recourbées. La tête, y comprises les deux dents, pèse onze cents livres. M. Koch a donné aux animaux auxquels ces ossements ont appartenu le nom de *Missourium*, et il a envoyé ceux-ci à Saint-Louis, où il possède un riche musée d'histoire naturelle. Il se propose d'en publier une description détaillée. »

On voudrait, il est vrai, des fossiles de géants, mais les enfants insensés n'ont pas tout ce qu'ils souhaitent.

FOUDRE. — L'empereur Auguste gardait soigneusement une peau de veau marin pour se mettre à l'abri de la foudre. — Tibère portait dans la même vue une couronne de laurier. — Quand la foudre était partie de l'orient, et que n'ayant fait qu'effleurer quelqu'un, elle retournait du même côté, c'était le signe d'un bonheur parfait. — Les Grecs modernes chassent les chiens et les chats quand il tonne, parce que leur présence est censée attirer la foudre sur les maisons.

FOUGÈRE. — Personne n'ignore les mauvaises et diaboliques façons dont on se sert pour cueillir la fougère. Le 23 juin, veille de la Saint-Jean-Baptiste, après un jeûne de quarante jours, plusieurs sorciers, conduits par Satan, recueillent pendant cette nuit la graine de cette herbe, qui n'a ni tige, ni fleur, ni semence, et qui renaît de la même racine; qui plus est, le malin se joue de ces misérables sorciers en leur apparaissant cette nuit-là, au milieu des tempêtes, sous quelque forme monstrueuse, pour les épouvanter davantage. Ils croient s'en défendre par leurs exorcismes, les cercles et caractères qu'ils font sur la terre autour d'eux, ensuite ils mettent une nappe neuve de fin lin ou de chanvre sous la fougère, qu'ils croient voir fleurir en une heure, pour en recevoir la graine. Ils la plient dans un taffetas ou dans du parchemin vierge, et la gardent soigneusement pour deviner les songes et faire paraître les esprits. Le démon, par ses malices et menteries, leur persuade que cette semence n'est pas seulement propre à deviner, et que si on met de l'or ou de l'argent dans la bourse où l'on doit garder la semence fougère, le nombre en sera doublé le jour suivant. Si l'événement n'a pas lieu, les magiciens vous accuseront de mauvaise foi, ou ils diront que vous avez commis quelque crime, tant nous nous laissons aller à ces abominables impostures de Satan (1).

FOULQUES. Au temps de la guerre des Albigeois, vivait un méchant comte Foulques, lequel avait la coutume détestable de jurer et maugréer. Un jour qu'étant à cheval, il blasphémait furieusement, il fut jeté à bas de sa monture, et ne se releva point. On pense qu'il avait été assommé par le diable, son grand ami.

FOURBERIES. *Voy.* SORCIERS, SABBAT, etc. — *Voy.* aussi CAGLIOSTRO et les autres imposteurs.

FOURMIS. Les Thessaliens honoraient ces animaux, dont ils croyaient tirer leur origine. Les Grecs étaient si sottement vains, qu'ils aimaient mieux descendre des fourmis de la forêt d'Egine, que de reconnaître qu'ils étaient des colonies de peuples étrangers. — La fourmi était un attribut de Cérès ; elle fournissait matière aux observations des augures.

FOUS. On sait le respect superstitieux que les Musulmans ont pour les fous. Nous citerons un passage du Voyage curieux de M. Drummond-Hay, dans la Barbarie occidentale (Western Barbary, London, 1844).

Malgré l'ignorante brutalité des populations assez peu civilisées de Tanger, un Européen ne court pas autant de dangers qu'il serait permis de le croire, lorsqu'il se hasarde dans ces régions inhospitalières ; mais il faut qu'il soit muni de lettres des autorités du lieu, il faut qu'il soit accompagné d'un soldat qui répond de lui sur sa tête. La police s'administre rigoureusement et promptement dans le Maroc : dans chaque ville, dans

(1) Delancre, Tableau de l'inconstance des dém., etc.; p. 151.

chaque bourg, un fonctionnaire public condamne, sans plaidoiries, sans phrases et sans appel, un délinquant à la bastonnade; l'on n'attend point, pour exécuter la sentence, qu'elle ait été rendue, et cette méthode rapide, énergique, impose un frein salutaire aux penchants désordonnés de la plèbe.

Il est toutefois un péril contre lequel la protection des gens en place devient insuffisante. Les fous sont nombreux dans le Maroc; ils sont l'objet d'une vénération universelle, ils sont parfois redoutables et féroces; c'est aux étrangers surtout qu'ils en veulent. Les Mores prétendent que Dieu a retenu au ciel la raison des aliénés, tandis que leur corps est sur la terre. Dès qu'un imbécile parle, on recueille avec soin les absurdités qu'il débite, comme étant paroles dictées par une inspiration surnaturelle. Un de ces saints personnages tomba à coups de bâton sur le consul de France, il y a une vingtaine d'années, et il s'en fallut de fort peu que le consul ne fût complètement assommé. Il porta plainte à l'Empereur, il demanda que le coupable lui fût livré : pareil outrage au droit des gens ne devait pas rester impuni. La réponse du monarque fut adroite : promesse de châtier exemplairement l'agresseur, si l'offensé l'exigeait; sermon sur le pardon des injures et sur l'obligation imposée à tout chrétien de pratiquer la miséricorde et de rendre le bien pour le mal; développement de la maxime du coran : « Il est trois sortes de personnes dont les actions ne peuvent s'imputer à crime, l'insensé, l'homme qui dort et le petit enfant. »

Le consul ne put s'empêcher de paraître touché d'une exhortation aussi adroitement calculée; il lui fallait faire grâce, et l'aliéné put impunément rôder en liberté, au grand désespoir des Juifs, qu'il se plaisait surtout à abreuver de mauvais traitements, et qui se seraient exposés aux plus cruels supplices, s'ils s'étaient permis le plus léger simulacre de résistance ou l'ombre d'une plainte. On ne saurait imaginer à quel point les enfants d'Israël sont vexés, humiliés, tyrannisés dans les états du Maroc. Regardés comme les esclaves des esclaves, ils ne peuvent sortir sans s'exposer à des volées d'injures, très-fréquemment accompagnées des indices les plus frappants de l'animadversion populaire. Les petits enfants et les vieilles femmes se plaisent surtout à les tourmenter; outrages et coups, l'Hébreu doit tout endurer avec un air de résignation parfaite...

M. Drummond se trouva un jour, grâce au zèle haineux d'un de ces fous dont nous venons de parler dans une situation éminemment critique. Laissons-le parler.

« Ma sœur et moi, nous étions sortis de la ville; nous nous promenions fort paisiblement sur la plage; soudain, à soixante pas de moi, j'aperçois un long fusil appuyé sur un petit mur et se dirigeant sur moi; dans le fond, près de ce fusil une tête que je reconnus pour celle de Sœdy-Fayeb, pour celle d'un fou que j'entendais à chaque heure, que j'évitais dix fois par jour, car il courait sans cesse les rues, poussant des cris terribles, faisant tourner un long bâton et entouré de femmes qui baisaient avec respect sa main ou sa robe. Nous étions près d'un rocher, nous nous réfugions en toute hâte dans une cavité qu'il nous offre et qui était tournée vers la mer. Nous restons quelque temps muets et immobiles dans l'espoir que la patience de ce maudit insensé se sera lassée. Je le crois parti, j'avance la tête et je vois juste vis-à-vis de mon œil le fusil qui avait suivi notre direction et qui nous attendait au passage. Une heure après, je regarde encore; Sœdy-Fayeb était aussi patient que son fusil; ni l'un ni l'autre n'avait bougé.

« Pour comble de désagrément, la marée montait; les flots lançaient leur écume dans l'asile sans issue où nous étions emprisonnés; si nous attendions encore, nous étions certains d'avoir bientôt vingt-cinq pieds d'eau par-dessus la tête; il n'y avait pas à hésiter; il fallait braver la fusillade; j'enjoins à ma sœur de me laisser partir le premier : je m'élance, le coup part, la balle siffle derrière ma tête; ma sœur s'élance aussitôt après moi; nous courons à toutes jambes, tandis que le fusil se recharge avec colère et trouve le temps de jeter à notre poursuite un plomb qui ne manque encore son but que de fort peu de chose. Nous touchons enfin à la porte de la ville; nous nous y précipitons, pâles, hors d'haleine. Ma sœur fut malade du saisissement qu'elle avait éprouvé. La chose s'était passée sous les yeux de bon nombre d'habitants qui, du haut des murs, avaient assisté avec quelque intérêt à ce spectacle; ils se seraient bien gardés de troubler, le moins du monde, le respectable aliéné dans ses meurtrières méditations, et si nous avions reçu un coup funeste, ç'aurait été pour nous beaucoup d'honneur et matière à félicitations. »

Légende de la franc-maçonnerie.

I.—Jacquemin initié aux premières notions de la maçonnerie.

Au mois de mars de l'année 1814, pendant que les alliés repoussaient Napoléon de province en province, il y avait à Paris, dans un modeste hôtel garni du quai des Orfèvres, un jeune homme qui était né dans un village du Tournaisis, et se nommait Jacquemin Claes.

Il faisait sa rhétorique à Tournai, lors de l'invasion de son pays. Plus intrépide dans les luttes où il s'agissait de vaincre par la version ou par le thème, que dans les combats d'alors où l'on hasardait autre chose que de l'encre, il avait filé prudemment devant les approches des gens de guerre. Avec une petite somme d'argent que lui avait donnée sa famille, fortifié des bons et sages avis de ses maîtres, il était parti, se proposant d'attendre doucement la paix, et de profiter en même temps de son séjour dans la capitale, pour s'instruire en toutes sortes de bonnes choses. Il emportait quelques lettres de recommandation qui lui furent inutiles; car, soit qu'ils fussent réellement absents, soit qu'ils se souciassent peu de s'embarrasser de lui, il ne put jamais trouver chez eux les personnages à qui il était adressé. Il vivait donc solitaire, dans sa petite chambre meublée, allant travailler aux bibliothèques, fréquentant les cours du collége de France, se préservant assez heureusement de la contagion morale qui dominait à Paris, et se contentant, pour distraction, du mouvement de la grande ville et de la variété des habitués qui venaient dîner dans la salle commune de son hôtel.

Jacquemin Claes avait déjà dix-huit ans. On s'effrayait, en ce temps-là, de la marche des années. C'est que aussi le pauvre garçon était dévolu à la conscription prochaine, et il faisait, comme tous les jeunes gens, comme toutes les mères, comme toutes les familles alors, des vœux ardents, mais bien secrets, pour la chute de cet horrible régime impérial, dont nous ne voyons plus aujourd'hui que le prisme.

L'empire tomba le 31 mars, et le lendemain, la restauration, poisson d'avril peu agréable à quelques gens en place, fut accueillie partout, il faut l'avouer, avec assez de joie. Jacquemin Claes respira plus librement. Il continua de vivre sans fracas, dans son petit hôtel qui était en même temps restaurant et cabaret. Il y venait des gens de toutes sortes. Il vit là l'ouvrier de Paris, l'émigré, le grognard, le soldat congédié, le bourgeois de la garde nationale, l'étudiant, tous pêle-mêle avec les Russes, les Prussiens, les Anglais et les uniformes blancs de l'Autriche.

Il y vit aussi beaucoup d'agents de police, que le voisinage de la rue de Jérusalem amenait là pour dîner. En recueillant quelques bribes des entretiens de ces hommes chargés de la sûreté publique, il se forma beaucoup dans l'appréciation des dangers que l'on doit éviter à Paris. Il était curieux et faisait des questions, sans que sa curiosité fût importune ni déplacée; car sa naïveté et sa jeunesse intéressaient à lui; et il tombait presque toujours sur cette classe de Parisiens parleurs, qui aiment, comme ils disent, à dégrossir un provincial. Mais sous le rapport des principes, Jacquemin se déforma un peu; il ne remarquait pas assez qu'il était généralement en mauvaise société. Les propos inconsidérés, les plaisanteries inconvenantes, les chansons hasardées, ne le choquaient pas autant qu'il aurait dû l'être; il se refroidissait dans l'accomplissement de ses devoirs de chrétien, dont il avait toujours chéri auparavant l'observation indispensable. Pourtant il ne se perdait pas encore, parce qu'en lui le fonds était bon.

Il venait surtout dans le petit hôtel beaucoup de gens qui se saluaient d'un air goguenard, avec des signes géométriques et des gestes singuliers. Après qu'il eut plusieurs fois observé cette bizarrerie, il demanda à madame Gersant, son hôtesse, ce que pouvaient être ces messieurs qui se disaient bonjour, en s'envoyant des triangles.

— Oh! répondit-elle simplement, ce sont des maçons, des imbéciles, comme dit la chanson.

Jacquemin, comprenant le mot au positif, s'étonna de voir des gens de bâtiment se parler en signes, et venir au cabaret, en si bonne tenue.

— Ce sont à coup sûr les chefs entrepreneurs, dit-il en lui-même; ou bien c'est que les maçons parisiens s'habillent en quittant leur ouvrage; car tous ceux que j'ai vus au Louvre sont vêtus de toile et souillés de plâtre; ils sont même fort sales.

Dans son pays, on ne supprimait pas encore aux maçons leur épithète; on disait *les francs-maçons*; et les bonnes gens voyaient, dans les hommes affiliés à cet ordre mystérieux, des êtres sinistres en plein commerce avec le diable. Ses professeurs lui avaient bien dit que les francs-maçons n'étaient ni si malins, ni si habiles qu'on le croyait dans les villages, et que leurs prestiges n'étaient que des farces plus ou moins ridicules. Toutefois ils avaient laissé, attachée à ce nom, une prévention nuageuse qui jusque-là lui avait fait redouter le contact des francs-maçons.

Dans une petite explication qu'il sollicita le lendemain, il apprit que les maçons, dont son hôtel paraissait être une des étapes, étaient non pas des ouvriers de bâtiment, mais de vrais francs-maçons. Il ressentit à cette nouvelle un certain frisson qui le troubla, moins cependant qu'il n'eût fait avant son séjour à Paris. Il se hasarda à demander si les francs-maçons n'étaient donc pas de mauvais drôles?

— Des imbéciles, répondit encore l'hôtesse.

— De mauvais drôles! reprit l'hôte en éclatant de rire; mais j'en suis, mon jeune monsieur; mais mon voisin, le marchand de tabac, le libraire à gauche, le sellier de la rue Sainte-Anne, les deux orfèvres que vous voyez devant leur porte, tout le monde en est. Si les femmes sont un peu contre nous, c'est à cause du serment qui nous oblige à garder des secrets qu'elles voudraient savoir.

Alors la maçonnerie était fort répandue à Paris surtout, mais dans les grades insignifiants. Napoléon, arrivant au pouvoir à la suite d'une révolution qui avait fait germer aussi toutes les idées factieuses, avait bien prévu qu'il pourrait avoir contre lui les sociétés secrètes, s'il ne s'en emparait pas; et il s'était empressé de réorganiser la franc-maçonnerie, sous la haute direction de l'Orient de Paris. Il y avait établi pour grand-maître un de ses frères, puis à son défaut le prince Cambacérès, ex-deuxième consul, archi-chancelier de l'Empire. Tous ses officiers, tous ses agents, tous ses fonctionnaires devaient se faire affilier aux loges, qui devenaient ainsi un auxiliaire de sa police. Mais des trente-deux degrés qui composent la hiérarchie obscure des francs-maçons, il était difficile aux bourgeois de s'élever plus haut que le troisième, qui confère la maîtrise. Ceux des habitants de Paris chez qui la religion n'était plus qu'un souvenir, n'étaient pas satisfaits de porter l'honorable uniforme de la garde nationale, s'ils ne pouvaient encore de temps en temps se décorer du tablier brodé et passer en sautoir le cordon bleu du maître, qui leur donnait l'agrément de jouer au dignitaire. Ils y tenaient; ils tenaient également aux dîners et aux petites fêtes de l'ordre; et pour donner quelque satisfaction aux femmes de Paris, qui sont très-opposées aux plaisirs dont elles sont exclues, ils avaient multiplié les loges d'adoption, où les femmes étaient admises à des conditions spéciales. Mais on avait soin de ne s'occuper en loges ni de la politique, ni des affaires de l'État, ni des événements publics, ni de l'empereur, ni des ministres, ni des gens en place, ni de rien qui fût sérieux. A cela près, on pouvait faire des parades en secret, pourvu que la police sût fidèlement de qui la loge était composée, et de quoi elle s'amusait.

M. Gersant vanta à Jacquemin, pour l'allécher, les vertus des francs-maçons, leur fraternité, leur égalité, leur union, leur fidélité à toute espèce d'engagement.

— Tous les ans, continua-t-il, notre loge est admise au Grand-Orient de Paris; et l'an passé, par exemple, moi qui vous parle, j'ai reçu l'accolade fraternelle du grand-maître, qui est son altesse sérénissime monseigneur le prince Cambacérès, archi-chancelier de l'Empire. C'est qu'en loge nous ne sommes plus que des frères, ni plus ni moins.

— Oh! mais, c'est très-avantageux, répondit Jacquemin, séduit; et si vous aviez besoin de recourir à son altesse sérénissime monseigneur le prince Cambacérès.....

— C'est clair. Cependant il n'en faut pas abuser. Ainsi, moi, après qu'il m'eut embrassé en m'appelant son frère, je me hasardai à lui demander par écrit, dans les formes maçonniques, une petite faveur qui dépendait de lui; il ne me répondit point. Et comme je m'en étonnais, M. Lassource, un de mes amis que vous voyez souvent à cette table du fond, me fit observer que j'avais été trop hardi, que si je m'étais présenté chez son altesse, elle m'eût certainement fait jeter à la porte, malgré l'accolade, attendu qu'on n'est frère qu'en loge. Ce sont des choses qu'il est bon de savoir.

Peu de jours après cet entretien, Jacquemin Claes, remontant à sa chambre, fut arrêté dans l'escalier par de grands éclats de joie, qui partaient d'une salle du premier étage. Il entendait l'hôte parler de truelles, de poudre, de barils, d'étoiles allumées; une autre voix proposait une santé au grand architecte de l'univers; puis on discutait sur une planche mal faite, et on interpellait les frères surveillants. Tout ce qui se disait s'exprimait dans un argot où Jacquemin ne comprit autre chose, sinon que c'était un dîner de francs-maçons.

Les allégresses bruyantes ont pour la jeunesse quelque chose d'engageant; le pauvre garçon eût voulu être de ce tumulte, qui lui paraissait de la gaîté. Il s'assit tout méditatif dans sa petite chambre, envahi par un certain désir de se faire recevoir maçon, combattant ses précédentes antipathies par la persuasion où il entrait que les francs-maçons n'étaient que de bons réjouis inoffensifs et calomniés.

Dans sa perplexité, il redescendit; et trouvant seule la bonne hôtesse, il entama une conversation qu'il ramena assez adroitement et assez vite sur la maçonnerie. Il lui demanda bientôt pourquoi l'autre jour elle avait traité les francs-maçons d'imbéciles, *comme dit la chanson.*

— Oh! c'est que vous ne connaissez pas, répondit-elle, la grande chanson des maçons. Eh bien! je vais vous la dire. Ce qu'elle fit aussitôt, selon l'usage des Parisiennes, qui ne se font pas prier pour chanter:

CHANSON MAÇONNIQUE.

AIR: *Rions, chantons, aimons, buvons.* DE SÉGUR.

A ma truelle de fer-blanc,
Sachez ma dignité suprême.
Je suis obtus; et cependant
J'ai le triangle pour emblème.
Lorsque j'étais petit garçon,
On me traitait comme un vrai Gille.
A présent que je suis maçon,
Ai-je encor l'air d'un imbécile? bis.

J'aime à produire de l'effet;
J'aime à me décorer,—pour cause:
J'ai le genou gros et mal fait,
Le tablier couvre la chose.
Mon dos à droite est un peu rond;
Le cordon là se montre utile.
A présent que je suis maçon,
Ai-je encor l'air d'un imbécile? bis

Quand j'ai mon équerre en sautoir,
Et que ma ceinture me sangle,
Chacun prend plaisir à me voir
Avec ma règle et mon triangle.
Vous qui m'appeliez cornichon,
Dans mes simples habits de ville,
A présent que je suis maçon,
Ai-je encor l'air d'un imbécile? bis.

Fringant comme un chapeau chinois,
Lorsque je me pavane en loge,
Je suis fier jusqu'au bout des doigts,
Étant très-sensible à l'éloge.
Qu'on me traite de polisson,
Ma réponse devient facile:
A présent que je suis maçon,
Ai-je encor l'air d'un imbécile? bis.

Ma femme dit que le compas,
Le point parfait et la truelle
Sont (je le répète tout bas)
D'une stupidité cruelle.
Le tablier n'est qu'un torchon,
Si je veux en croire sa bile.
Cependant je suis franc-maçon:
Ai-je donc l'air d'un imbécile? bis.

A table, au sein de mes amis,
On m'a souvent blâmé de prendre
Des tons qui ne sont pas permis.
J'étais un porc, à les entendre.
Je suis peut-être un peu glouton;
Mais quoiqu'à l'ivresse facile,
A présent que je suis maçon,
Ai-je encor l'air d'un imbécile? bis.

A ceux qui marchent de travers
Je puis me donner en exemple;
Sur mon tablier aux bords verts
J'ai les deux colonnes du temple.
Je vais, ferme sur mon arçon,
Appuyé de leur double pile.
A présent que je suis maçon,
Ai-je encor l'air d'un imbécile? bis.

On me croyait un sot. Parbleu,
Ce n'est plus qu'une calomnie,

Puisqu'au bout de mon cordon bleu
Brille l'étoile du génie.
C'est pour les sots une leçon.
J'aurai du moins ouvert la file.
A présent que je suis maçon,
Ai-je encor l'air d'un imbécile ? } bis.
Ainsi parlait un homme, vain
De son équerre et de sa règle.
—Frère, lui dit un écrivain
Qui passait pour un vieil espiègle,
Ton tablier et ton cordon
Ne t'ont pas rendu plus habile;
Et ceux qui t'ont fait franc-maçon,
T'ont fait doublement imbécile. } bis.

Cette chanson n'était pas faite pour fixer les esprits flottants du Tournaisien. Mais tout en la chantant, il paraît que l'hôtesse avait fait ses réflexions; car elle s'empressa d'ajouter que l'auteur était un homme qu'on n'avait pas voulu recevoir à la loge.

— Quoique je me permette d'en rire, dit-elle encore, c'est bon à connaître pour un jeune homme; c'est curieux, à ce qu'on dit; et dans les choses de la vie cela peut se trouver très-utile.

La bonne dame s'était rappelée que chaque admission amenait un repas, et que les festins de la loge de son mari se faisaient chez elle.

Jacquemin s'alla coucher, bercé par les chants des frères, qui poussèrent leur orgie jusqu'au delà de minuit.

Le lendemain matin, notre jeune homme s'ouvrit à son hôte sur les pensées qui l'agitaient, M. Gersant l'accueillit avec empressement, comme un digne cabaretier qu'il était. On arrivait au milieu de juin; l'époque des fêtes maçonniques approchait.

— Mon jeune monsieur, dit-il, vous pouvez certainement connaître la lumière, si vous remplissez quatre points, dont le premier est l'âge.

— Et quel âge faut-il avoir? demanda Jacquemin.

— Vingt et un ans.

— Alors je dois attendre : je n'en ai pas encore dix-neuf.

— Nous passerons là-dessus, répliqua l'hôte; je vous présenterai comme louveteau.

— Qu'est-ce que c'est qu'un louveteau?

— Ah! ah! c'est comme qui dirait un petit loup, un fils de maçon. (Le cabaretier estropiait le mot vrai *Loufton*, qu'on applique aux fils de maçons, et qui veut dire en effet, dans une vieille langue du nord, quelque chose comme *enfant de la balle*.) Un louveteau, poursuivit-il, a le privilège, entre autres passe-droits, d'être reçu à dix-huit ans, et même à quatorze dans certaines loges. Votre père, mon jeune monsieur, est-il maçon?

— Ah! grand Dieu! il s'en garderait bien. C'est un honnête fermier d'auprès de Tournay. Les francs-maçons pour lui ne sont que des excommuniés et des sorciers.

— Ah! ah! ah! s'écria l'hôte; nous sommes de trop bons diables nous-mêmes, pour avoir rien à faire avec le mauvais. Les francs-maçons, mon jeune monsieur, sont des frères. Si vous êtes franc-maçon, et qu'en voyage vous vous trouviez sans argent, vous allez en loge, vous vous faites tuiler (reconnaître, au moyen de signes), vous dites le mot de passe; et vous avez là des frères qui vous garnissent le gousset. Si vous avez une querelle, entre maçons le duel est interdit; aussitôt que vous signalez le fait, votre adversaire est obligé de mettre bas les armes.

— Mais, s'il en est ainsi, c'est superbe, dit Jacquemin; et volontiers je me ferais maçon si c'était possible.

— Ainsi nous dirons que vous êtes louveteau, mon jeune monsieur; et personne n'en doutera.

La seconde condition exigée dans les aspirants est de la conduite, de la fidélité aux engagements. Cela ne nous embarrassera pas; je serai votre parrain, et je répondrai de vous.

En troisième lieu, il faut du courage; les épreuves d'admission ne sont pas des jeux. Mais pourtant si on vous reçoit comme louveteau, vous ne subirez que les épreuves morales : c'est plus facile.

Enfin, la dernière condition, qui certainement n'est pas la moins importante, c'est le chapitre de l'argent. On ne peut pas être reçu par d'honnêtes gens que l'on dérange de leurs affaires, sans les régaler un peu. Il faut d'ailleurs que vous soyez initié aux usages des festins maçonniques; et il est juste que vous en payiez les frais.

Jacquemin Claes, à cette partie du discours, était devenu plus sérieux. Il avait de l'ordre. Il sentit que le festin, avec des gaillards comme son hôte, ferait une brèche à sa petite réserve.

— Je suis mal en fonds pour le moment, dit-il; je dois attendre que mes parents m'aient fait un envoi, et remettre ma réception à un autre temps.

Mais le marchand de vin était un ardent faiseur de prosélytes. Il ne se déconcerta que modérément. Après s'être échauffé sur la pensée d'amener un nouveau frère à la loge *des Amis réunis*, qui était assez mal composée, et sur l'espoir de présenter dans Jacquemin, qui avait fait ses études, un orateur, spécialité dont on manquait alors, il lui sembla dur de ne pas avoir les petits agréments qu'il s'était promis.

— Ecoutez, dit-il, en se frappant le front où il venait d'apercevoir une idée, je connais un juif, qui demande aussi à voir la lumière. S'il peut payer un dîner convenable, je vous ferai recevoir le même jour; et comme louveteau, vous serez exempt de frais.

Au moment où M. Gersant achevait ces mots, le juif lui-même entra.

— C'est vous, Gédéon, dit l'hôte; connaissez-vous l'acacia?

— Lequel? demanda le juif.

— Ah! l'innocent! ah! le profane, s'écria le marchand de vin, en riant aux éclats. Allons! nous vous donnerons un âge, selon vos dispositions : trois ans, cinq ans, sept ans....

— Oh! cette bêtise!

— Mon fils, car vous n'êtes pas encore

frère, dit très-gravement l'hôte, ce n'est point une bêtise ; on a sept ans et plus ; et si vous ricanez, nous ne vous donnerons que trois ans et quelque chose !

Alors encore l'entretien fut rompu par l'arrivée d'un maçon qui entra tout bouleversé. C'était le voisin Cavard, sellier en chambre, qui avait un duel. L'hôte, comprenant qu'on venait l'appeler pour être témoin, emmena vivement son voisin à l'écart, afin que les néophytes qu'il travaillait ne comprissent pas que, malgré leurs serments, les frères se battaient en duel. Le sellier en chambre avait cherché querelle à Delon, le boucher. Il accusait Delon d'avoir fait la cour à sa femme, nonobstant la fidélité promise en loge à toute espèce d'engagement ; et de scandaleuses récriminations avaient lieu de part et d'autre, en dépit des mœurs maçonniques.

On se battit le lendemain matin ; car celui qui eût refusé le duel eût été accusé de se retrancher par lâcheté derrière son titre de maçon.

Mais à la première égratignure qui déchira le pantalon de nankin du boucher, M. Gersant, qui avait intérêt à fournir un déjeuner d'amis, fit un signe qui arrêta le combat ; et les duellistes, ramenés par leurs témoins, se réconcilièrent à table.

II.—On fait à Jacquemin un cours d'histoire de la franc-maçonnerie.

Deux jours après le duel du frère Delon et du frère Cavard, le frère Gersant vint s'asseoir auprès de Jacquemin, qui achevait de dîner. Tous les habitués étaient partis ; il ne restait que M. Lassource, dans son coin.

— Mon jeune monsieur, dit l'hôte, avant d'entrer dans l'ordre, il est bon d'en savoir l'historique ; et voici notre ami, qui est savant et qui veut bien vous en faire le récit.

M. Lassource était un gros homme à la figure ouverte, qui aimait à se communiquer, mais qui ne se remuait pourtant qu'après avoir été annoncé d'une manière convenable. Il avait salué à l'épithète de savant ; il se leva dès que le frère Gersant eut fini de parler, et vint s'asseoir de l'autre côté de Jacquemin, attiré sans doute par les manières de l'hôte, qui tenait d'une main trois petits verres, et de l'autre un flacon d'une certaine liqueur qu'il appelait du cent-sept-ans. Il faisait cette liqueur avec les restes de toutes les bouteilles de cognac, d'anisette, de cassis, de curaçao et de kirsch que l'on vidait chez lui ; et personne ne disputait au cent-sept-ans un nom que personne ne comprenait.

Il versa trois petits verres. Jacquemin ayant salué M. Lassource, celui-ci toussa élégamment et dit :

— Mon jeune ami, comme l'a exprimé le chef, il est utile et péremptoire de connaître la chose. Il y a des gens qui deviennent francs-maçons et ne se doutent de rien. Ce n'est pas cela. Vous me paraissez être doué d'une éducation de collège. Vous avez fait certainement vos humanités. Je veux donc vous développer agréablement tout ce qui nous concerne ; et je procède dans le bon genre. Prenez ce poëme, mon jeune ami, vous le lirez ; vous verrez jusqu'où nous remontons. Demain j'aurai l'honneur de vous exposer le reste ; car vous n'avez ici que les premières origines.

Il donna à Jacquemin un vieux petit volume in-12 ; et il ajouta : — Du reste, c'est de la naïve poésie. Vous en serez charmé.

Là-dessus, il se jeta dans la littérature, cita trois strophes de l'ode à la Fortune, beugla une tirade de Mérope, hurla quatre passages d'Héraclius, s'appuya de Marmontel, de Laharpe, d'Armand Gouffé, de J.-J. Rousseau, de Désaugiers, de Planard et de Lacépède, et se retira après avoir parlé une heure tout seul, émerveillant M. Gersant, étourdissant Jacquemin.

— Un homme très-prodigieux, dit l'hôte après qu'il fut parti.
— Que fait-il ? demanda Jacquemin.
— Il est à la préfecture.
— De police ?
— De police, répondit le franc-maçon, avec une affirmation hésitative. Mais, soyez tranquille, continua-t-il en se raffermissant, il est employé dans les bureaux.
— Et il est de votre loge ?
— Certainement ; c'est un homme très-instruit, qui parle comme vous voyez, sans compter qu'il fait des chansons fort spirituelles.

Jacquemin, avant de se coucher, lut le poëme, qui lui sembla long, et dont nous sommes obligés de donner ici une rapide analyse. Ce poëme était intitulé : *Noblesse des francs-maçons*, ou *Institution de leur société avant le déluge universel et son rétablissement après le déluge* ; sans nom d'auteur. C'est un volume in-12 que l'on rencontre encore ; il a des sommaires aussi utiles qu'ingénieux sur les marges ; et il a été imprimé à Francfort-sur-le-Mein, chez Jean-Auguste Raspe, en 1756.

Ce poëme commence tout à fait comme un vrai poëme :

Des discrets francs-maçons je chante la noblesse......

L'action s'ouvre en Arménie. Avant de mourir, Noé, qui voit ses nombreux enfants prêts à se disperser, veut leur donner un lien, en rétablissant l'ordre des francs-maçons (1).

Un jour le patriarche à la fois les rassemble.
Après le sacrifice ils mangent tous ensemble.
Avant que de mourir, quelle joie!......
Au milieu du festin il leur tient ce discours:
Pourriez-vous, chers enfants, mettre en oubli les jours
Où d'un Dieu protecteur la bonté souveraine
Daigna vous arracher aux dents de la baleine,
Vous sauva du déluge et de l'abîme d'eau
Par qui le monde impur prit un être nouveau ?

Il ajoute à ces vers mélodieux qu'il faut *se séparer* ; à quoi Sem répond qu'on và *s'y préparer* ; et alors

A l'opulent, mais triste et tranquille festin
La nuit bien avancée et Noé mettent fin.

(1) On remarquera l'usage que les francs-maçons font de l'histoire sainte pour expliquer leur origine. Il est curieux de voir que les savants de l'ordre ne dédaignent pas, pour satisfaire des prétentions orgueilleuses, de recourir à ces mêmes livres sacrés que leurs frères les philosophes

Mais tout le monde est convoqué pour un sacrifice qui doit avoir lieu le lendemain au point du jour. Noé tombe en extase, au moment de rétablir la franc-maçonnerie ; l'avenir des frères lui apparaît ; il fait choix de ceux qu'il veut initier, il leur annonce qu'il va perpétuer un ordre dont il est le seul reste. Cet ordre, leur dit-il, fut fondé par Tubalcaïn, le même qui avait entrepris, dans ses soucis nouveaux,

De perfectionner tous les arts libéraux :
S'adonnant à la forge, aux plus durs exercices,
Sur une ardente enclume il trouvait des délices.

Tubalcaïn s'était vu secondé par trois hommes anté-diluviens : Jabel, qui méditait, dessinait, dressait des tentes et faisait le commerce de fourrure ; Jubal, père de la musique :

Des instruments à vent, dans son nouveau travail,
L'ingénieux Jubal invente le détail.

Il imagina même l'orgue, du premier coup. Le troisième personnage est un anonyme qui dota l'humanité de la poterie, ou, si vous l'aimez mieux, de l'art de faire des pots :

Et de cet art nouveau les fruits universels
Descendent jusqu'à nous et sur tous les mortels.

Après que Noé a raconté que Tubalcaïn et ses trois amis établirent, pour se reconnaître, les signes et les mots de passe, il ajoute que l'ordre des maçons s'est perpétué un certain temps, mais, que tombé en oubli, il n'avait plus que lui pour adepte au déluge ; qu'il l'a sauvé dans l'arche, et qu'il le reconstitue. Il en explique les règlements :

De nos lois la plus sainte et la plus nécessaire
Sera de les celer à l'aveugle vulgaire,

dit-il ; et il ne donne pas d'autres prescriptions. C'est peu de chose. Tous les assistants brûlent de connaître les grandeurs qu'il leur promet :

Sur le fameux détail des mystères sacrés
Tous veulent sur-le-champ être plus éclairés.
Le grand-maître attendri récite un formulaire
Terrible et de tout temps ignoré du vulgaire.
La vertueuse troupe, en élevant les mains,
Le répète ; et dès lors au reste des humains
Elle est supérieure ; elle en est séparée ;
Elle n'est désormais qu'une troupe sacrée.
Elle entre au temple, où luit la sublime clarté.
Des profanes sentiers ce temple est écarté.
Que d'objets variés la main qui le leur ouvre
Aux frères éblouis subitement découvre !

Le poëte ne décrit rien de ces objets variés, qui auraient eu de l'intérêt pour l'histoire de l'art ancien ; et comme il est embarrassé du costume, il fait descendre des cieux l'ange des maçons, apportant un coffre où Noé trouve des tabliers, des grands-cordons, des étoiles, des compas, des truelles, des équerres.

Sur un bureau prochain il fait en peu de temps
Des merveilleux bijoux trois monceaux éclatants.
Puis il tient un discours à ceux qui sont au temple :
Il met son tablier ; chacun suit son exemple.
Et des riches colliers qui sont sur le bureau,
Pour en vêtir Noé, l'ange prend le plus beau.

Le poëte tient à son bureau, mais il ne dit pas si c'était un bureau d'acajou à cylindre ou un bureau de palissandre à incrustations. Il se sauve du bureau par une apostrophe au cordon :

Noble cordon ! heureux qui s'en voit revêtu !
C'est un signe certain d'une haute vertu !
Cordon, qui produira mille fois plus de gloire
Que tout autre cordon renommé dans l'histoire !

Et pour lors Noé installe Sem en qualité de grand-maître des francs-maçons en Asie ; il nomme Cham grand-maître pour l'Afrique ; il proclame Japhet grand-maître en Europe, le tout rehaussé de longs discours en vers, aussi pompeux que ceux qu'on a lus. Seulement, avant de parler à Japhet, il y met un peu plus de façons.

Ici le patriarche, ayant repris haleine,
D'un prophétique écart, qu'il réprime avec peine,
S'abandonne au transport. Il bégaie ; il se tait ;
L'attention redouble aux mouvements qu'il fait.

Aussi il prédit à frère Japhet toutes sortes de succès maçonniques ; et il donne aux initiés l'accolade obligée.

En quittant ce séjour, ajoute le grand-maître,
Mille troupeaux chéris à votre ombre vont paître.
N'oubliez donc jamais cette infaillible loi,
Qu'un roi bon franc-maçon n'en est que meilleur roi.

Voilà qui est d'un à-propos très-ingénieux et parfait pour les rois. Enfin Noé recommande aux frères le langage des signes, qui leur sera nécessaire, dit-il, à la confusion des langues (il prévoit la tour de Babel) ; il annonce Lycurgue, qui sera un franc-maçon distingué, et fera de sa république une vaste loge ; il prophétise le grand éclat de l'ordre sous le règne de Salomon ; il salue de loin le frère Charlemagne ; les maçons anglais du dix-huitième siècle ; François Ier, empereur d'Allemagne et protecteur de la maçonnerie ; Frédéric II, grand-maître de Prusse et de Brandebourg, et tous les maçons futurs, suédois, danois, polonais, russes, français, belges, hollandais, etc. Il nomme Frère Jébus, son petit-fils, archiviste et secrétaire général de l'ordre ; après quoi le poëme finit, comme tout ce qui se fait dans la maçonnerie symbolique, par un nouveau repas, qui dure toute la nuit.

En rendant ce volume le lendemain à M. Lassource, Jacquemin témoigna qu'il en avait tiré peu de lumières précises.

—Je le sais, dit le frère : j'avoue même que dans quelques détails c'est un peu hasardé. Mais le fond est historique, et la forme est littéraire. J'ai voulu vous le faire lire, mon jeune ami, pour vous prouver, comme j'avais l'honneur de vous le dire hier, que nous datons d'assez loin.

—Je crois bien ; avant le déluge !

—A présent, je pourrai vous conter le reste.

Vous saurez donc que ceux mêmes qui nous contestent l'honorable antiquité dont nous parlons, reconnaissent au moins, pour fondateur de la maçonnerie symbolique, Hiram ou Adon-Hiram, que l'historien Josèphe appelle Adoram, architecte du temps de Salomon. On a raconté son histoire avec quelques variantes. Des savants ont écrit qu'il s'agissait là de Hiram, roi de Tyr, qui fit alliance avec Salomon, et lui fut d'un grand

ont attaqués avec tant d'acharnement. Du reste, ce poëme repose sur des fictions ridicules, bien qu'il ait été composé dans le but de glorifier la maçonnerie symbolique.

secours pour la construction du temple de Jérusalem. Mais nous avons nos archives ; le vénérable Hiram était un artiste éminemment distingué, fils d'un Tyrien et d'une femme de la tribu de Nephthali. Il est nommé dans le quatrième livre des Rois.

Salomon le fit donc venir pour diriger les travaux du temple. Il voulut montrer incontinent son habileté ; il construisit devant le portique deux merveilleuses colonnes de cuivre, qui avaient chacune vingt-sept pieds de haut et six pieds de diamètre ; il donna à l'une le nom de *Jakin*, à l'autre le nom de *Booz*. On payait les apprentis autour de la première, et les compagnons autour de la seconde.

Or, Adon-Hiram avait sous ses ordres un nombre immense d'ouvriers ; soixante-dix mille apprentis, quatre-vingt mille compagnons, et trois mille trois cents maîtres.

Ayant la direction de tout le personnel et ne pouvant connaître chaque individu par son nom, Hiram, pour ne pas être exposé à payer l'apprenti comme le compagnon et le compagnon comme le maître, convint avec les maîtres, de mots secrets, de signes et d'attouchements qui devaient servir à les distinguer de leurs subalternes. Il donna pareillement aux compagnons des signes de reconnaissance qui n'étaient pas sus des apprentis, et aux apprentis des mots et des signes qui les discernaient des profanes, étrangers au bâtiment.

Tout cela se fit dans un ordre si admirable, mon jeune ami, que Salomon en fut charmé et qu'il voulut être affilié lui-même à la confrérie des travailleurs. Dans son poëme intitulé : *Essai sur la franc-maçonnerie*, en trois chants, dédié à son altesse sérénissime monseigneur le prince Cambacérès, archi-chancelier du ci-devant empire, le frère Pillon du Chemin a tiré bon parti de cette glorieuse circonstance. Le frère Pillon du Chemin est membre de la loge *du Centre des Amis*. Il s'écrie :

> Vous peindrai-je, au milieu de ce peuple de frères,
> Le vénérable Hiram donnant à Salomon
> L'auguste caractère et l'habit de maçon?
> Et ce fils de David, le plus grand des monarques,
> Fier d'en porter sur lui les honorables marques,
> Et de sa vanité déchirant le bandeau,
> Éclairant ses sujets placés sous le niveau?

C'est très-maçonnique et fort délicat. Le poëme a été imprimé à Paris en 1807. Mais le frère Pillon du Chemin ne nous donne aucunement, ni dans son texte, ni dans ses notes, les détails dramatiques de l'histoire d'Hiram, que je dois vous achever.

Trois compagnons, peu satisfaits de leur paie, formèrent le dessein d'exiger d'Hiram le mot de passe des maîtres. Ils cherchèrent l'occasion de le rencontrer seul, résolus à obtenir ce qu'ils voudraient, de gré ou de force.

Vous me direz : C'étaient de mauvais frères. Il y en a.

Un soir, ils attendirent Hiram dans le temple, et se cachèrent, l'un à la porte du nord, l'autre à la porte du midi, et le troisième à la porte de l'orient. Hiram étant entré seul par la porte de l'occident, après qu'il eut fait sa ronde, voulut sortir par la porte du midi. Le compagnon qui l'attendait lui demanda le mot de maître, en levant sur lui le marteau qu'il tenait à la main. Hiram lui dit que le mot de maître ne s'obtenait pas de cette manière. Aussitôt le compagnon lui porta sur la tête un coup de marteau.

Ce coup n'ayant pas été assez violent pour le renverser, le grand-maître s'enfuit vers la porte du nord, où il trouva le second compagnon, qui lui en fit autant. Quoique fort blessé, il tenta de sortir alors par la porte de l'orient ; le troisième compagnon, après lui avoir fait la même demande que les deux premiers, acheva de l'assommer.

Les trois meurtriers, s'étant rapprochés, cachèrent le corps sanglant, et quand la nuit fut devenue sombre, ils le transportèrent sur une montagne voisine, où ils l'enterrèrent. Afin de reconnaître l'endroit, ils plantèrent une branche d'acacia sur la fosse. D'où est venue la question maçonnique : Connaissez-vous l'acacia ?

— A quoi le petit juif n'a pas su répondre.

— Ni vous non plus, sans doute ; car il n'y a qu'une seule formule de réponse, qui n'est donnée qu'aux maîtres, et qui est : *L'acacia m'est connu*.

Mais je vous livre le secret des loges. Il est vrai que vous allez être des nôtres. Reprenons.

Salomon ayant été sept jours sans voir Adon-Hiram, ordonna à neuf maîtres de le chercher.

Les neuf maîtres obéirent. A la suite de longues et vaines perquisitions, trois d'entre eux, qui se trouvaient un peu fatigués, s'étant assis près de l'endroit où le grand artiste avait été enterré, l'un des trois arracha machinalement la branche d'acacia. Il reconnut que la terre en ce lieu-là avait été remuée depuis peu ; il fouilla avec sa truelle et découvrit le corps d'Hiram. Il appela aussitôt les autres maîtres, qui examinèrent les plaies et soupçonnèrent les compagnons d'avoir commis le crime. Dans la pensée que peut-être ils avaient tiré du défunt le mot de maître, qui était *Jehovah*, ils le changèrent sur-le-champ en un autre, lequel signifiait *le corps corrompu*, et ils allèrent rendre compte à Salomon de l'aventure.

Ce prince, touché douloureusement, fit transporter le corps dans le temple, où les honneurs funèbres lui furent rendus avec la plus grande pompe. Tous les maîtres à cette triste cérémonie, portaient des tabliers et des gants de peau blanche, pour exprimer qu'aucun d'eux n'avait souillé ses mains dans le sang du chef. Et quand vous serez admis, comme je l'espère, mon jeune ami, à l'honorable dignité de maître, vous verrez que le souvenir de la mort d'Hiram est toujours présent à l'ordre. Les maîtres en loge ne marchent qu'en zigzag pour signifier leurs recherches ; ils font le geste de l'horreur à cause du meurtre ; ils ont la tête couverte pour marquer le deuil.

Ici, M. Lassource s'arrêta, probablement

ne sachant guère autre chose, et bornant son cours d'histoire à la légende d'Hiram, laquelle n'est bonne qu'à expliquer aux apprentis, aux compagnons et aux maîtres, l'origine merveilleuse de ces trois premiers grades de la maçonnerie.

Les adeptes, qui prétendent que la maçonnerie s'est conservée sans interruption jusqu'à nous, y rattachent tous les mystères et toutes les initiations de l'antiquité païenne, ainsi que toutes les associations secrètes du moyen âge et des temps modernes : les templiers ; les philosophes hermétiques ; les universités secrètes où se formaient les Agrippa, les Nostradamus et tous ceux que l'opinion publique appelait devins ou magiciens : les réunions infâmes de ceux qui dans le Midi se faisaient passer pour loups-garous; les affiliations qui jouaient le sabbat dans les campagnes; ce qui explique la raison que le peuple avait de traiter les francs-maçons de sorciers, comme il fait encore. Mais le nom de maçonnerie symbolique et de francs-maçons resta concentré en Angleterre jusqu'en 1721; ce fut alors qu'il se répandit au dehors, et voici comment les maçons anglais expliquent l'origine de l'ordre (1) :

Lorsque Carausius, ce vaillant enfant de la Gaule Belgique, qui battit tant de fois les Romains sur terre et sur mer, au troisième siècle, eut conquis la Grande-Bretagne et s'y fut fait proclamer empereur, voulant, comme quelques-uns des autres successeurs d'Auguste, doter ses nouveaux états de beaux édifices, il se déclara le protecteur des arts utiles, à la tête desquels il mit l'art de construire. Il donna à son ami Albanus la direction particulière des ouvriers maçons, leur accorda des franchises spéciales, des signes de reconnaissance, et leur permit de s'assembler en son nom. Ces hommes recevaient deux schellings par semaine, et chaque jour trois sous pour leur dîner. On les appelait les frères-maçons.

Ces prétendus règlements furent établis en l'année 287.

Dans les troubles qui suivirent la mort de Carausius, arrivée en 293, la société maçonnique s'obscurcit un peu. Athelstan, petit-fils d'Alfred le Grand, la rétablit en 924, mit son frère Edwin à la tête des maçons, leur accorda des franchises, une juridiction et le droit d'avoir des assemblées. La première grande loge s'ouvrit à Yorck en 926.

Robert, roi d'Ecosse en 1314, Edouard III, roi d'Angleterre en 1327, donnèrent de meilleures formes aux règlements des francs-maçons. Le roi Henri VI se fit admettre dans la maçonnerie. Mais alors il y avait partout des francs-maçons, comme il y avait des francs-archers, des francs-taupins, des francs-bourgeois. On encourageait par des franchises et des privilèges les arts utiles; et c'est à ces mesures que nous devons les cathédrales et les nombreux édifices religieux des treizième, quatorzième et quinzième siècles. Ces francs-maçons, positifs et non symboliques, étaient

(1) The constitutions of the ancient and honourable fraternity of free and accepted masons. Edition de 1767.

des hommes religieux, qui commençaient leurs travaux et les terminaient chaque jour par la prière en commun, qui campaient autour de l'église qu'ils construisaient et passaient joyeusement leurs soirées à chanter de pieux cantiques.

Plusieurs princes, sur le continent aussi, se firent un honneur de protéger les maçons et de s'affilier à leurs confréries. Jacques Iᵉʳ, couronné en 1424, fut grand-maître des loges ou assemblées des constructeurs de l'Ecosse. Les maçons de Saint-Pierre de Rome, sous Léon X, avaient des franchises pareillement et des privilèges qui leur donnaient aussi le nom de francs-maçons. Inigo-Jones, élève de Palladio, regardé par les Anglais comme leur Vitruve, fut grand-maître des francs-maçons d'Angleterre. Christophe Wren, grand surveillant, à la mort d'Inigo-Jones, est celui qui fit rétablir toutes les églises de Londres, après le terrible incendie de 1666, et spécialement la grande église de Saint-Paul, qui, après Saint-Pierre de Rome, passe pour la plus vaste église du monde. Il avait tenu en 1663 une loge ou assemblée générale, et fut grand-maître en 1685.

Après lui l'association s'écarta de son point de vue, qui était l'art. Lord Montague, ayant été élu grand-maître en 1721, résolut, avec quelques amis, de construire, non plus des édifices matériels, mais des systèmes philosophiques. Il fit imprimer en 1723, dans l'esprit de son projet, les constitutions de l'ordre, et s'occupa d'étendre l'affiliation au dehors comme un vaste réseau.

En 1725, lord Derwent-Waters établit une loge à Paris, d'autres se formèrent rapidement ailleurs. Des bruits étranges accueillirent ces réunions mystérieuses, que l'on vit se propager rapidement et ténébreusement en Allemagne, en Italie, en Hollande, en Pologne, en Russie, en Turquie même. Il devint bientôt évident que leur but principal était d'arrêter le catholicisme, et que leur esprit n'était autre chose que le protestantisme parvenu à l'état d'indifférence et ligué avec le déisme. Le pape Clément XII, en 1735, condamna la maçonnerie symbolique, ce qui décida les francs-maçons allemands à prendre le nom de *Mopses*. Ce mot signifie dogue; et sous cet emblème ils se piquaient de vigilance et de fidélité. D'autres donnèrent à leur association le nom imposant d'*Ordre de la liberté*, dont ils prétendirent que Moïse était le fondateur ; ils portaient à la boutonnière une petite plaque de métal figurant les tables de la loi. Mais ce n'était pas le nom seulement, c'était la chose que le saint-siège interdisait.

En 1737, le Châtelet de Paris jugea comme le souverain pontife et lança des ordonnances qui défendaient la maçonnerie symbolique.

Louis XV se montra irrité contre ceux des seigneurs de sa cour qui entrèrent dans un ordre mystérieux dont on ne pouvait appuyer les intentions d'aucun bon motif. Le duc d'Antin n'en accepta pas moins le titre de grand-maître en France; il fut remplacé en 1743 par le prince de Clermont, et ensuite par d'autres personnes dont nous parlerons tout à l'heure.

En 1793, la franc-maçonnerie fut supprimée en France, avec le carnaval; elle ne revint qu'à sa suite, six ou sept ans plus tard.

Jacquemin Claes ignorait toutes ces choses et beaucoup d'autres encore. On lui disait qu'une loge est le temple de l'amitié, à la porte duquel veille le silence, Il se disposait à y entrer, comme nous verrons bientôt.

III.—Digression historique.

L'histoire de la franc-maçonnerie symbolique, quoiqu'elle ne date que de cent vingt ans, est à peu près impossible à faire. On en aperçoit quelques sommets obscurs, comme ces chaînes de montagnes que la mer n'interrompt pas, mais qu'elle recouvre. Nous empruntons cette comparaison au petit essai de M. Edmond Leclerc sur la franc-maçonnerie. Ajoutons avec lui qu'il faut, en attendant mieux, se borner à signaler quelques faits, que les vénérables ont laissé surprendre. L'auteur allemand d'*Herman d'Unna*, malgré ses recherches, n'a recueilli pareillement sur les Francs-juges que des documents continuellement brisés; et il n'a pu nous montrer que la superficie de cet autre ordre mystérieux, qui du moins ne s'est pas élevé contre l'Eglise.

Nous chercherons seulement à présenter ici quelques notes sur les personnages éminents que les francs-maçons, au dernier siècle, ont reconnus pour leurs chefs. Des princes y furent admis. C'était une habileté propre à donner de la splendeur à la secte. Mais en général, grands-maîtres pour l'honneur (si l'honneur a jamais pu être là), ils étaient menés par des mains invisibles.

L'empereur François Ier dut à son initiation de grandes fautes et de grands revers; Frédéric II s'en moqua, comme il se moquait de tout; les autres potentats n'y trouvèrent rien de ce qu'on leur avait promis.

Lord Montague, le fondateur de la maçonnerie symbolique, était un fou, qui pour surcroît n'avait que des folies autour de lui. Sa femme était cette illustre aventurière qui visita le harem du sultan Achmet, publia des lettres prétentieuses, et nous rapporta par hasard l'inoculation. Dominée par l'orgueil, étrangère à la sensibilité, on ne la vit jamais contente d'elle-même, ni de sa position. M. Fiévée a retracé d'elle ce portrait exact:

« A seize ans, dit-il, elle regrette de n'être pas homme ; à trente, elle demande déjà dix années de moins ; mère de famille, elle fait l'éloge du célibat. La toilette des Françaises lui paraît ridicule ; et tant qu'elle a l'espoir de plaire, elle tire ses modes de France. A soixante-huit ans, il y avait déjà onze ans qu'elle n'avait osé se regarder dans un miroir; et lorsqu'on venait lui rendre visite, elle recevait en domino et en masque.»

Cette femme donna à lord Montague un fils, fameux aussi par la bizarrerie de ses aventures. Perdu à cinq ans, on le retrouva parmi les ramoneurs; et ce fut afin de perpétuer la joie causée par son retour, que ses parents fondèrent une rente pour que les ramoneurs de Londres eussent tous les ans un bon dîner dans les jardins de l'hôtel Montague. Ce dîner se fait encore le 1er mai; chaque convive reçoit, outre le petit repas, un schelling et la singulière permission d'emporter son couvert, qui n'est pas d'argent. Rentré chez ses parents, le jeune Edouard Wortley Montague fut mis à l'école de Westminster. Au bout de quelques années, il s'échappa encore. On le retrouva vendant du poisson sur le port de Blackwall. Il se laissa reconduire à regret dans sa famille, s'enfuit de nouveau (il avait alors dix ans), s'engagea comme mousse, se sauva du navire à Oporto, se mit au service d'un vigneron. Reconduit derechef, il commit d'autres extravagances qui ne peuvent tenir place dans ces notes, fit tous les métiers, professa toutes les religions, parcourut tous les pays du monde, et mourut sous le turban à Venise, étranglé par un os de perdrix (1).

Le père de ce fou, l'époux de lady Montague, seul chez lui, car en même temps que son fils disparaissait, sa femme faisait de petites absences de vingt-deux ans, imagina pour se désennuyer les formules de l'ordre maçonnique, qu'il institua en 1721, et que ses dîners consolidèrent.

Tel est le chef des francs-maçons mystérieux. Il avait succédé au poste de Christophe Wren, grand-maître des francs-maçons réels, de la manière usitée en Angleterre où l'aristocratie envahit tout, où l'on voit lord Wellington occuper le poste honorable de quelque vieux savant, sous le titre de chancelier de l'université de Cambridge.

A l'ombre de sa dignité, lord Montague, peu disposé à construire des édifices, bâtissait, ainsi qu'on l'a dit, des systèmes. Son plan de philosophie n'était pas très-spiritualiste ; il ne se proposait que la glorification du matérialisme, en plaçant toutes les religions à la même table sous le niveau. Sa fraternité se jurait le verre à la main.

Il n'avait d'abord institué que trois degrés, qui sont toujours la base de l'ordre : les as-

---

(1) Un autre descendant de lady Montague, que le prince Puckler-Muskau confond avec le ramoneur, a fait d'autres extravagances et de longs voyages aussi, à la suite desquels, « étant arrivé à Shaffhouse en 1790, ce lord eut la malheureuse idée de vouloir descendre la chute du Rhin dans un bateau. On fit tout au monde pour le retenir; mais il n'écouta rien. Il se rendit au bord du fleuve ; et après avoir envoyé en avant, comme essai, un bateau vide qui arriva au bas de la chute sans malencontre, il s'embarqua dans un second avec son ami, M. Barnett, qui ne s'en souciait guère.

Ils voguèrent d'abord lentement, puis avec une rapidité toujours croissante vers la chute, en présence de plusieurs centaines de spectateurs. Ce que tout le monde avait prévu arriva. Le bateau, ayant heurté contre des pointes de rocher, chavira ; les deux hommes ne reparurent qu'une seule fois sur la surface de l'eau. Le bruit assourdissant des flots étouffa leurs cris, qu'on n'entendait qu'indistinctement par intervalles. Ils disparurent bientôt tout à fait, et l'on ne put retrouver leurs corps.

Par une coïncidence extraordinaire, le jour même de leur mort, le château héréditaire de la famille Montagne, dans le comté de Sussex, fut totalement consumé par les flammes. »

pirants ou apprentis, sur lesquels on prenait des informations ; les novices ou compagnons, que l'on soumettait à des épreuves; les convives ou maîtres, qui étaient initiés aux plans et aux secrets. Tout cela se perfectionna ensuite.

Si lord Montague était une tête timbrée, un fou moitié turc, moitié bœuf, et le reste anglais, comme on a dit, — lord Derwent-Waters, qui vient après lui, n'était du moins qu'un homme faible ; et les malheurs de ses jeunes années excusent cette faiblesse. Son père, dévoué à la cause du prétendant, fut fait prisonnier à Preston, condamné à mort par George Ier, exécuté le 6 mars 1716, sur l'esplanade de la Tour de Londres. « Le comte de Derwent-Waters, dit Smollet, était un homme doué des plus belles qualités. Sa funeste destinée tira des larmes de tous les spectateurs, et fut très-préjudiciable au pays où il vivait ; il était catholique, et il faisait subsister par ses bienfaits une foule de malheureux. » En allant à la mort, il fit monter son fils sur l'échafaud ; il lui dit :—Sois couvert de mon sang et apprends à mourir pour ton roi.— Le shérif lui ayant demandé s'il ne voulait faire un discours, il répondit qu'il n'était pas venu là pour haranguer, mais pour mourir, et qu'il se bornait à protester hautement de son attachement à la religion catholique et à la cause de Jacques III. Après quoi il tendit la tête au bourreau.

L'enfant, qui n'avait que quinze ans, fut emporté évanoui de l'échafaud. Il conserva de cette scène un abattement et une timidité qui le fit tomber dans plus d'un piége.

Six ans après, ses amis, sachant qu'il ne songeait dans son cœur qu'à la cause pour laquelle son père lui avait recommandé de mourir, lui persuadèrent qu'il trouverait dans l'ordre mystérieux fondé par lord Montague, les moyens de relever les espérances des Stuarts. On le présenta à lord Montague. Un certain intérêt s'attachait à ce jeune homme. C'était un prosélyte important, dans une opinion qu'il était bon de mettre aussi sous le niveau. On le reçut sans effaroucher sa conscience ; d'ailleurs, rien alors n'interdisait encore la franc-maçonnerie aux catholiques. Le saint-siége, qui ne fait rien légèrement, ne connaissait pas encore le but des maçons. Dès qu'il se vit initié, Derwent-Waters passa en France, où il savait que les Stuarts avaient des amis. La bizarre institution de lord Montague commençait à faire grand bruit à Paris. Le jeune Anglais n'eut pas de peine à former une loge qui, dans le principe, se réunit rue des Boucheries-Saint-Honoré, et comme de juste chez un traiteur.

On ne parla bientôt plus que de cette assemblée secrète, où l'on n'admettait que quelques élus, où l'on employait un langage obscur, où l'on ne se faisait reconnaître par des signes singuliers, où l'on pratiquait, disait-on, de terribles cérémonies. Car l'ordre, à sa naissance, exigeait un grand déploiement de courage physique, dans des épreuves matérielles que lord Montague et ses amis avaient inventées, et dont la mèche n'est pas découverte encore.

Dans l'opulence du choix, on ne reçut d'abord à Paris que les grands seigneurs.

À la vue de cet ordre, dont tous les membres étaient liés par des serments terribles, dont les secrets ne pouvaient être trahis impunément, dont les affidés s'entendaient au loin par des mots de convention et des signes aussi incompréhensibles pour les étrangers que le langage des télégraphes, des ambitieux sentirent qu'il y avait dans la franc-maçonnerie un levier puissant. La loge de Paris, sous prétexte de simples festins, s'organisa ténébreusement ; bientôt Derwent-Waters lui-même ne fut plus initié à tous les secrets, et reconnut qu'on ne s'occuperait pas là de sa cause. On attira le duc d'Antin, qui se fit recevoir. C'était un personnage éminent, que deux petites anecdotes feront connaître.

On citait le duc d'Antin comme un des plus habiles courtisans de Louis XIV. Le monarque, un soir, alla coucher à Petit-Bourg ; il y critiqua une allée d'arbres qui cachait la vue de la rivière, et fut surpris de ne plus la voir le lendemain matin. Le duc d'Antin l'avait fait disparaître pendant la nuit ; et il dit au roi, qui témoignait son étonnement : Les arbres n'y sont plus, parce que Votre Majesté les a condamnés.

Il était intendant des bâtiments de la couronne.

Il fit plus à Fontainebleau. Sachant qu'un certain petit bois déplaisait à Louis XIV, il en fit scier tous les arbres, et posta derrière des hommes prêts au premier signal à tirer les cordes qui devaient les abattre. Le roi, allant se promener de ce côté-là, suivi de toute sa cour, ne manqua pas de répéter que le bois ne lui plaisait point. — Il disparaîtra, dit le duc d'Antin, aussitôt que Votre Majesté l'aura ordonné.

— Vraiment, repondit Louis XIV, le plus tôt sera le mieux.

Au même instant part un coup de sifflet, et la forêt tombe comme par enchantement.

C'est alors que la duchesse de Bourgogne s'écria émerveillée : — Ah ! mesdames, si le roi avait demandé nos têtes, M. d'Antin les eût fait tomber de même.

Le grand courtisan avait conservé, auprès de Louis XV, l'art particulier non de dire, mais de faire des choses flatteuses. Eh bien ! chose surprenante ! Louis XV, à qui la franc-maçonnerie donnait de l'ombrage, échoua, contre toute attente, dans la demande qu'il fit au duc d'Antin de ne plus fréquenter la loge.

Il était lié ; sans doute déjà on lui avait inculqué cette règle des initiations égyptiennes, qu'une fois engagé dans les sentiers de l'ordre, il n'est plus permis de se retourner.

Le duc d'Antin avait soixante ans. On le fit grand-maître de France.

On ne voit plus du tout, dans les premières lignes, lord Derwent-Waters, qui voyageait sans doute, agent désormais exploité ; il fondait un temple dans l'Artois ; des loges s'ouvraient partout, avec une activité incroyable. Il y en eut rapidement dans tous les États de l'Europe.

Mais quoique leurs menées fussent bien secrètes, ils ne purent dissimuler entièrement leur but. Par la bulle *in Eminenti*, lancée le 23 avril 1537, le pape Clément XII condamna la franc-maçonnerie. La bulle *Providas*, de Benoît XIV (18 mars 1751), confirma cet anathème. Ces mesures produisirent quelque effet. En France, toutefois, les maçons qui conservaient quelques dehors religieux se retranchèrent derrière le gallicanisme, et plusieurs allèrent leur train.

Le duc d'Antin étant mort en 1736, la grande-maîtrise fut donnée à un prince du sang, le comte de Clermont.

Louis de Bourbon-Condé, comte de Clermont, n'avait guère que trente ans ; c'était une de ces têtes qui ont besoin de mouvement et de nouveautés. Il avait été tonsuré pour les ordres ; il obtint des dispenses et entra dans la carrière militaire. Voyant qu'il y produisait peu de bruit, il voulut se faire recevoir membre de l'Académie française. Ce fut tout un bouleversement dont il triompha. Devenu académicien, il fut accablé d'épigrammes, parmi lesquelles nous ne citerons que celle-ci :

> Trente-neuf unis à zéro,
> Si j'entends bien mon numéro,
> N'ont jamais pu faire quarante ;
> D'où je conclus, troupe savante,
> Qu'ayant à vos côtés admis
> Clermont, cette masse pesante,
> Ce digne cousin de Louis,
> La place est encore vacante.

Cette épigramme est du poëte Roy, de qui elle causa la mort ; les gens du comte de Clermont le bâtonnèrent tellement, qu'il expira peu de jours après...

Le prince pourtant supporta d'autres crudités. Lorsqu'il battait en retraite après la journée de Crevelt, il demanda, en entrant à Nuytz, s'il avait paru des fuyards. Une bonne femme lui répondit : — Monseigneur, vous êtes le premier.

Voilà l'homme de poids que les maçons de France mirent à leur tête en 1743.

Disons pourtant que le comte de Clermont, qui avait aussi de bonnes qualités, qui pleura ses fautes et ses égarements, qui termina sa vie dans les bonnes œuvres et dans d'immenses aumônes, ne voulut rester qu'un an grand-maître des francs-maçons. Il fut remplacé par le banquier Baure, qui prit la chose sur une autre face et en fit une affaire d'argent.

Ce fut Baure qui imagina tous les grades honorifiques, chevaliers du Soleil, chevaliers Kadosch, chevaliers d'Asie, frères du poignard, templiers, frères du royal secret, Roses-Croix, etc. Il vendit ces dignités aux amateurs, trafiqua de tout et s'enrichit au moyen de la fraternité.

Les gros bonnets de l'ordre l'arrêtèrent dans cette voie; en 1746 ils le remplacèrent dans sa qualité de substitut du grand-maître; leur choix tomba sur un maître de danse, nommé Lacorne, qui sans doute avait donné des gages à l'ordre.

Celui-ci convertit la loge en salle de bals pour les initiés, fit sauter les frères, et, voulant amener les dames à ses fêtes, inventa les loges d'adoption. La duchesse de Bourbon fut la première grand'-maîtresse de ces loges de femmes, où l'on eut de petits signes, de petits mots d'argot, de petites truelles, de petits tabliers, de petits maillets; mais où l'on ne sut de l'ordre que les enfantillages et les petits mystères sans conséquence.

Pendant que ces joyeusetés se faisaient à Paris, le prétendant Charles-Édouard Stuart, se figurant que la loge d'Arras lui avait rendu des services, ou qu'elle pouvait lui en rendre, donna à cette loge le diplôme honorifique et splendide de Chapitre primordial, sous le nom de Loge d'Écosse-Jacobite ; il confia la direction de cette loge à deux avocats d'Arras, M. Lagneau et M. Robespierre, oncle de la terrible célébrité de 1793. Ceux-là se hâtèrent de constituer la maçonnerie dans les Pays-Bas.

On sait les tristes aventures de Charles-Édouard Stuart, à qui sa loge d'Écosse-Jacobite ne rendit pas le moindre service, et que peut-être elle perdit, en faisant répandre à Londres, sous prétexte de lui gagner des partisans, le bruit injurieux qu'il avait abjuré la religion catholique; ce qui était faux.

La grande loge de Paris, que l'on commençait à appeler le Grand-Orient, préparait dès lors, au milieu des bals et des fêtes, un hardi coup d'État. Helvétius, Voltaire, Diderot, d'Argens, Holbach, Boulanger, Dalembert, tous les philosophes et encyclopédistes, s'étaient affiliés à la maçonnerie; et l'esprit de cette institution n'était plus douteux pour personne. Les jésuites, devant qui les bulles des souverains pontifes étaient choses sérieuses, se croyaient tenus par leur devoir à combattre un ordre si dangereux pour l'Église. Ils en découvraient si précisément les intentions et la marche, ils en démasquaient si nettement les iniquités, que le Grand-Orient s'en troubla, prévoyant une lutte où l'une des deux armées devait tomber.

Le parti fut bientôt pris, et les batteries dressées. Les maçons se renforcèrent d'une grande troupe d'avocats, gens très-propres en France à la guerre d'intrigue. On accusa les jésuites de domination, que ceux-ci pouvaient reprocher à l'ordre ; les plans de bouleversements qui mûrissaient dans la loge leur furent rondement attribués. On mit en cause les petites difficultés ridicules que l'on est convenu d'appeler *libertés de l'église gallicane :* on attira dans l'ordre les philosophes du parlement, le corps de la chicane qui n'a jamais aimé l'esprit conciliant de l'Église romaine, et enfin les jansénistes, que les bulles des papes irritaient toujours.

La campagne fut si habilement conduite, que les jésuites furent supprimés; et le Grand-Orient triompha.

Les francs-maçons, dans leur gloire, élurent

pour grand-maître un autre prince du sang, le duc de Chartres, qui, plus tard, devenu duc d'Orléans, en dépit des arrestations, des menaces, de la crainte du poignard et des terreurs de toute espèce, se leva en pleine Convention, et renia publiquement la franc-maçonnerie.

Un regard de Robespierre, son collègue à l'assemblée, son frère à la loge, lui fit comprendre ce qui l'attendait. Le prince était perdu. Il alla le 6 novembre 1793 à l'échafaud. Sa mort expia les égarements qu'on lui reproche, car elle fut toute chrétienne.

Maximilien Robespierre avait hérité, de son oncle d'Arras, le secret et le pouvoir dans l'ordre maçonnique. Ce ne fut que quand cet homme, qui dirigeait tout par des ressorts incompris, tomba lui-même, que la franc-maçonnerie ferma ses temples.

Voilà, sur l'ordre mystérieux dont nous nous occupons, des aperçus et des faits rapidement indiqués à vos méditations. Les gouvernements, fussent-ils despotiques comme celui de Napoléon, ne peuvent pas maîtriser une institution qui échappe à tout. On ne peut lui opposer que la religion.

Et si vous repoussez la religion, vous serez comme cette peuplade de l'Orient qui, dans une sorte d'illuminisme, trouvant sa vue insuffisante, se creva les yeux et fut dévorée par les chacals.

En fait de religion, n'oubliez pas, lecteurs, qui que vous soyez, qu'il n'y en a qu'une. Si vous penchez pour les néo-chrétiens, permettez-moi de les comparer à ces gens qui vous disent : — Il y a assez longtemps qu'on fait du pain avec le grain, faisons-en avec la paille.

Si vous n'avez pas trop de honte des philosophes, rappelez-vous le mot de Napoléon, en quittant un philosophe illustre de son époque : — En vérité, il faut avec ces gens-là avoir les mains dans ses poches.

Ajoutons une parole illustre sur les francs-maçons; c'est aussi de l'histoire. Lorsque la France repoussa les jésuites, le grand Frédéric, dans son langage de philosophe, se mit à dire : — Les Français renvoient les renards; mais ils gardent les loups, et ils en seront dévorés.

Le vénérable Frédéric II, grand-maître des francs-maçons de Prusse et de Brandebourg, savait bien de quels loups il parlait.

IV. — Comment Jacquemin devient franc-maçon.

C'est quelque chose d'extraordinaire que l'approche du jour où l'on doit être reçu en loge : c'est ridicule, quand la loge est sans portée, comme la loge des Amis réunis ; c'est triste, quand cette loge, comme il arrive assez souvent, est un foyer de sombres projets.

Pour fixer le jour de la réception de Jacquemin, il fallait stipuler avec le juif Gédéon, qui, fidèle à sa nature, marchanda son admission comme toute autre chose. On lui demanda, pour le dîner, deux cents francs; il en offrit vingt-cinq; et comme il était le plus tenace dans les efforts que l'on fit pour se rapprocher, la chose finalement fut arrêtée à soixante francs; pour laquelle somme le frère Gersant promit un souper digne de l'ordre, avec une nappe blanche.

On avait annoncé au juif douze convives. On eut soin de ne convoquer que les sept frères de rigueur; car il faut au moins sept membres pour composer une loge; et comme il n'est pas permis d'être à table en nombre pair, on compta fort bien que les sept membres, le juif et le louveteau, feraient neuf.

Les sept frères maçons qui devaient former la loge, étaient l'hôte M. Gersant, à qui sa taille et sa physionomie prononcée, quoiqu'il fût bon homme, donnaient dans toutes les cérémonies d'admission le rôle du frère terrible; M. Lassource, que ses habitudes littéraires plaçaient au siège de vénérable ou président; M. Savoie, le marchand d'éponges, et M. Cavard, le sellier en chambre, que l'on ne manquait pas de nommer frères surveillants, parce qu'ils n'avaient pas d'autre indemnité; M. Félix, le peintre en bâtiments, qui était chargé de la décoration de la loge; M. Delon, le boucher, et M. Hulin, le fruitier, ou, pour parler plus à la parisienne, le mari de la fruitière; ils fournissaient dans les repas ce qui était de leur ressort.

La soirée pour la double réception fut mise au 15 juin. Il n'y avait plus que trois jours; on s'occupa des préparatifs; et tous les soirs, l'un ou l'autre des frères travaillait à l'éducation de Jacquemin, que l'hôte avait présenté comme louveteau. Quant à Gédéon, qui payait, il devait subir les épreuves.

— Mon jeune ami, dit M. Lassource au Tournaisien, nous vivons au milieu d'allégories sublimes, et voici l'explication que le vénérable Hiram en donna lui-même aux frères initiés à ses grands mystères.

Le *compas* et l'*équerre* avertissent le maçon que toutes ses actions doivent être réglées; le *niveau*, qu'il doit régner entre tous les frères une parfaite égalité, cimentée par la *truelle*.

Les *colonnes d'airain*, dont l'une signifie : *il donnera la fermeté*, et l'autre : *en lui se trouve la force*, annoncent que le grand architecte de l'univers est le principe de la force et de la persévérance maçonniques. Josèphe, au premier livre de ses Antiquités judaïques, parle de deux colonnes fameuses, l'une de briques et l'autre de pierres, sur lesquelles les enfants de Seth avaient gravé les sciences humaines en caractères hiéroglyphiques, afin qu'elles ne périssent point au déluge, qui avait été prédit par Adam. Il ajoute que ces deux colonnes, que n'endommagèrent pas les eaux, subsistèrent longtemps après Noé; il est probable, mon jeune ami, qu'Hiram, en élevant ces deux colonnes d'airain, voulut conserver ainsi le souvenir du monument antédiluvien, dont les mystères et les hiéroglyphes lui étaient parfaitement connus.

La *perpendiculaire*, dont l'usage est souvent rappelé, indique que tout vient d'en haut. Le *pavé mozaïque*, qui se voit dans les loges rigoureuses, est l'emblème de l'union qui règne, comme on sait, entre tous les maçons. Le *dais d'or et d'azur*, qui surmonte le siége du vénérable, signifie par l'or la richesse, et par l'azur la sagesse.

L'étoile flamboyante, continua-t-il, est l'emblème du génie qui élève aux grandes choses.

— C'est aussi, ajouta le sellier, la signification du grand architecte de l'univers.

— Et le *Delta*, poursuivit l'hôte, voilà qui est sublime; ça signifie tout.

On vous parlera encore de la *pierre angulaire*, symbole que vous connaîtrez plus tard.

Ce pathos, que l'orateur empruntait sans rien dire au frère Pillon du Chemin, ne paraissait pas à Jacquemin très-orthodoxe. Mais on ne lui laissa pas le temps d'entrer trop avant dans ses réflexions. Ces leçons se donnaient autour d'une table chargée de petits verres; le boucher avait pris un morceau de papier, et, avec une vraie plume d'auberge, il avait écrit une demi-page, où l'on ne voyait que des signes, comme il suit :

Au G∴ O∴ de P∴, le G∴ A∴ de l'U∴ a mis le N∴ sur les F∴ de l'O∴, sur les M∴ de la L∴ comme sur le V∴ et sur tous les F∴ M∴ La F∴ M∴ dans son T∴, sous l'E∴ F∴ qui est l'œil de J∴ unit tout avec la T∴ Ainsi vivons d'E∴, et que le C∴ nous règle à la G∴ du G∴ A∴ de l'U∴

— Lisez cela, jeune homme, dit-il, en poussant ce papier sous les yeux de Jacquemin. Voilà une langue qui devient la vôtre; et quand désormais vous écrirez à des frères, c'est ainsi que vous devez marquer vos mots, à moins de continuer à passer pour un profane.

Jacquemin avait déjà parcouru quelques livres de maçonnerie; cependant, le même signe étant employé pour diverses expressions, il ne se retrouvait pas bien.

— Voilà, fieu, reprit le boucher en lisant :

— « Au grand Orient de Paris, le grand architecte de l'univers a mis le niveau sur les frères de l'ordre, sur les maîtres de la loge comme sur le vénérable et sur tous les francs-maçons. La franc-maçonnerie, dans son temple, sous l'étoile flamboyante qui est l'œil de Jéhovah, unit tout avec la truelle. Ainsi, vivons d'équerre, et que le compas nous règle, à la gloire du grand architecte de l'univers. »

On ignore si Jacquemin eut la pensée que ce devait être encore là un sublime morceau pillé à quelque gros bonnet de l'ordre. Mais le boucher l'avait appelé fieu, et ce fut ce qui le frappa; car c'était un mot du patois de son pays.

— Vous m'avez appelé fieu, dit-il à Delon.

— Fieu ! certainement, reprit celui-ci, c'est que je suis de Lille, et de la rue des Chats-Bossus encore. Ainsi, nous sommes voisins; et c'est pour cela que je vous protège; et vous serez maître.

Jacquemin parut très-flatté. Il y avait cependant en lui quelque chose qu'il ne pouvait pas bien déterminer, et qui semblait lui dire qu'il s'embarquait dans une sotte affaire. Mais la curiosité l'entraînait. On l'entretenait de tout ce qui pouvait l'exciter : on lui parlait des trente-deux grades de la maçonnerie, chevaliers, templiers, frères du poignard, roses-croix; on lui disait que ces titres n'étaient qu'honorifiques, et qu'il n'y avait de grades réels que les trois premiers, qui devaient lui être conférés tout d'un coup. Ceux qui lui parlaient ne savaient rien encore des projets qui grondaient dans les hautes loges; ils lui dirent le peu qu'ils savaient des loges du rite écossais, des loges d'adoption, des loges d'élite, où l'on faisait un choix épuré des frères mêmes; et dans ces causeries, le jour de la réception arriva.

Le quinze juin, à sept heures du soir, tous les membres convoqués arrivèrent à l'hôtel du quai des Orfèvres. Jacquemin avait mis son habit noir et sa culotte courte, qui alors était de grande mode. Gédéon était éclatant, chamarré de chaînes d'or et de bijoux, à la manière des juifs. On n'attendait pour partir que M. Lassource, qui fit dire tout inopinément qu'il était indisposé et qu'on devait travailler sans lui.

La femme de M. Lassource n'aimait pas non plus que son mari allât en loge; cela lui semblait ténébreux, et elle ne manquait pas de lui jouer des tours lorsqu'elle le voyait tirer de la commode son tablier de maçon et le mettre à l'air dans le projet de s'en parer le soir. Ce jour-là, elle avait mis de la rhubarbe dans une omelette aux fines herbes que M. Lassource avait mangée pour son déjeuner. Il en était devenu si relâché et si fade, qu'il devait garder la chambre.

Les frères se fussent trouvés dans un grand embarras, si l'hôte n'eût songé aussitôt au voisin Guenaud, le marchand de tabac, chez qui il courut, et qui fut prêt en cinq minutes, dès qu'il apprit qu'il y avait un souper.

On partit donc courageusement pour la rue Saint-Merry.

Comme la troupe maçonnique enfilait cette rue avec une grande vigueur de jarrets, le hasard, qui est souvent original et quelquefois plaisant, voulut qu'un gamin de Paris croisât les frères en chantant une joyeuse chanson, dont ils attrappèrent ce couplet :

> Cadet Rousselle a un cochon,
> Cadet Rousselle a un cochon,
> Que l'on a reçu franc-maçon,
> Que l'on a reçu franc-maçon;
> Il fait caca sur la truelle.
> Que dites-vous d' Cadet Rousselle ?
> Ah ! ah ! ah ! oui vraiment,
> Cadet Rousselle est bon enfant.

— Polisson ! cria, de ses solides poumons, M. Cavard en s'arrêtant. Mais le gamin avait passé, et il poursuivait :

> Cadet Rousselle a un cheval,
> Cadet Rousselle a un cheval
> Qu'est officier municipal,
> Qu'est officier municipal,
> Et qui ne va plus à la s. lle....

Un fiacre qui arrivait avec fracas empêcha d'entendre le reste.

— Ne voyez-vous pas, dit M. Gersant, pour calmer le sellier, que c'est une chanson du temps de la Terreur?

— Il est fâcheux, ajouta le peintre en bâtiments, que M. Lassource ne soit pas des nôtres. C'est celui-là qui à table sait de belles chansons!

Cependant on était arrivé au n° 22, où se trouvait la loge des *Amis réunis*. On entra. Jacquemin était un peu honteux. Après qu'on eut monté trois étages, on s'arrêta devant une porte sur laquelle le frère Félix avait peint ces mots en lettres rouges :

Lauge des Francs-Maçons.

Les amis réunis.

Félix s'approcha de Jacquemin, qu'il savait être un jeune homme ayant fait ses études, et lui montrant l'inscription : — Je suis en discussion, lui dit-il, avec le frère Lassource, à propos de mon orthographe. Il prétend qu'il faut, au premier mot, une apostrophe après l'L.

Ces paroles furent pour le Tournaisien un coup de foudre. Il était évident que M. Lassource se moquait de la maçonnerie.

La porte cependant s'était ouverte.

— Vous causerez à table, interrompit le marchand d'éponges, en poussant Jacquemin dans l'antichambre de la loge.

Il y avait à droite et à gauche de cette antichambre, des cabinets, et au fond, une porte qui ouvrait dans le temple, ou du moins dans la pièce qu'on nommait ainsi. Les frères Savoie et Cavard, en qualité de frères surveillants, s'emparèrent des deux néophytes et les conduisirent aux cabinets de réflexion. Jacquemin, sous la garde du frère Savoie, entra dans le cabinet de droite, qui était barbouillé ou tendu de noir jusqu'au plafond. Une seule chandelle brûlait sur une petite table. Devant cette chandelle on avait préparé une feuille de papier, une plume et de l'encre ; et sur cette feuille, en guise de serre-papier, une tête de mort.

Le marchand d'éponges dépouilla Jacquemin de ses bijoux, de son argent, de tout ce qu'il avait sur lui de métallique ; puis il lui dit :

— Ce que je fais là est pour marquer l'abnégation que tout franc-maçon doit faire des richesses et des vanités de ce monde. A présent, vous allez rester seul un moment, pour faire vos réflexions avant les engagements qu'il s'agit de contracter. Vous allez voir la lumière ; considérez que c'est une vie nouvelle pour vous. En sortant des ténèbres où végètent les profanes, nos statuts veulent que vous fassiez votre testament : on entend par là l'expression de vos plus intimes sentiments.

Tout ce discours du frère était une formule apprise ; et la même chose fut dite avec les mêmes accompagnements à Gédéon le juif, dans le cabinet de gauche.

Jacquemin, laissé seul, ne se trouva pas à son aise. — Qu'est-ce que tout cela? dit-il ; c'est stupide ou c'est mal. J'aurais dû rechercher quelque bon conseil ; et puisque je ne connais ici personne, j'aurais dû écrire à mes maîtres ou à des personnes vraiment éclairées.

Cependant il était là, devant la tête de mort, qui n'est jamais chose réjouissante. La peur, l'embarras, la fausse honte, la curiosité le ballottaient. N'osant pas ôter la tête de mort, il tira doucement le papier, écrivit à la hâte quelques lignes, puis frappa trois coups, ainsi qu'on le lui avait prescrit.

Le frère surveillant rentra aussitôt :

— Vous êtes déjà prêt, dit-il ; à la bonne heure. J'aime cela.

Il mit à Jacquemin un bandeau sur les yeux, le prit par la main et le conduisit, avec le papier qu'il appelait son testament, à la porte du temple, où il frappa trois fois trois coups.

— Qui frappe là? demanda une voix de l'intérieur.

— Un frère.

— Que demandez-vous?

— Je demande à présenter au temple un candidat, fils de maçon.

Dans cette circonstance solennelle, le mensonge, quoiqu'il fût convenu, fit battre le cœur de Jacquemin, qui pourtant se bornait à le tolérer.

— Quel est le nom du louveteau? reprit la voix.

— Jacquemin Claes, jusqu'à ce qu'il lui soit permis de s'appeler le frère Jacquemin.

— Que désire-t-il?

— Voir la lumière.

— A-t-il fait son testament?

— Je l'apporte.

— Qu'il soit introduit ; il a ici un parrain.

Tout cela n'était pas très-régulier de forme. Néanmoins la porte s'ouvrit, et Jacquemin entra, mais sans rien voir ; car il avait sur les yeux une serviette épaisse.

Après qu'il eut fait trois pas dans la loge, il sentit que la main du frère surveillant le lâchait et qu'il était abandonné à lui-même. La feuille de papier qu'on appelait son testament fut remise au frère Félix, qui la lut à haute voix. Elle contenait ce qui suit :

« Je suis sous la garde de Dieu. Que sa main me dirige : si je m'égare, qu'elle me fasse rentrer dans la voie. »

Cette lecture fut suivie d'un moment de silence, que le frère Gersant rompit en disant :

— C'est fort bien ; ce n'est pas le style maçonnique : aussi le candidat n'est-il pas encore initié. Je suis son répondant, corps pour corps ; et je demande que, comme louveteau, il soit exempté des épreuves matérielles et physiques.

— C'est accordé, répondit le vénérable. Qu'il subisse donc la question morale. Commencez, frère Félix.

— Jeune candidat, dit le peintre en bâtiments en se tournant du côté de Jacquemin, qui avait toujours les yeux bandés, que feriez-vous si vous étiez au haut d'une échelle et qu'on menaçât de vous en précipiter, à moins de renier la franc-maçonnerie?

— Je me dépêcherais de descendre, répondit Jacquemin, et je me moquerais de la menace.

— C'est finement répondu, s'écria le parrain. A vous, frère Guenaud.

— Que feriez-vous, jeune candidat, dit celui-ci, si l'on voulait vous faire dîner gras un vendredi, à moins de révéler les secrets de l'ordre, qui vont vous être confiés?

— Je ne dînerais pas du tout, répondit Jacquemin.

— Voilà qui vous la coupe, dit le parrain; vous faites des questions insidieuses à ce jeune homme, que vous effarouchez. A vous, vénérable, la troisième question.

— Je ne ferai pas une simple question, dit le boucher. Le candidat est chrétien catholique. C'est une religion intolérante. Je propose donc que le jeune homme abjure devant nous, s'il veut être admis; ou bien qu'on le rejette dans les ténèbres.

— Si ce qu'on dit là est sérieux, répondit Jacquemin, on aurait dû m'en prévenir...

— Supérieurement parlé, interrompit le parrain; nous avons du caractère. C'est ce qu'il faut dans notre ordre. — Puis, se retournant vers l'auteur de la proposition, il lui dit à voix basse: — Nous ferons son éducation.

S'adressant à Jacquemin, il ajouta: Vous avez glorieusement subi les épreuves. Sortez des ténèbres.

En disant ces mots, le frère Gersant enleva le bandeau qui couvrait les yeux du néophyte; et Jacquemin vit la lumière.

Il se trouvait au milieu d'une grande pièce longue, barbouillée d'une couleur qui pouvait avoir la prétention d'être bleue. Le plafond se trouvait peint en azur, avec des étoiles, une lune et un soleil en découpures de papier doré. Dans le haut de la salle étaient deux colonnes, et entre les deux colonnes le siége du vénérable, surmonté d'un dais en papier azur et en papier doré. Au-dessus du dais l'étoile flamboyante en clinquant; au milieu de l'étoile, qui avait trois pieds de diamètre, un delta, et au milieu du delta un G, première lettre du nom de Dieu (God) en anglais.

Au-dessous du vénérable, des siéges adossés aux murs à droite et à gauche. Les frères, décorés de leurs tabliers et de leurs cordons, étaient tous assis, ayant aux mains des gants qu'ils croyaient blancs. Tous tenaient l'épée nue à la main gauche; il y avait devant chaque siége un petit bureau, sur lequel reposaient la truelle et le maillet. Ils se servaient de ce dernier instrument en frappant trois coups, pour approuver, pour applaudir, ou pour demander la parole.

A quelques pas devant le vénérable, s'élevait un petit autel triangulaire, sur lequel on avait mis quelques fleurs dans un vase de verre bleu.

Tout ce que nous venons de décrire occupait la partie gauche du temple, qui avait un aspect assez misérable. La partie droite avait l'air d'un magasin, étant remplie et obstruée d'objets singuliers en usage dans les épreuves.

— Voilà donc ce que c'est qu'une loge, dit en lui-même Jacquemin singulièrement préoccupé. Il avait cru que c'était plus curieux. Il se consola en se promettant quelque agrément à voir les épreuves du juif.

Cependant tous les frères s'étaient assis au moment où son parrain lui avait ôté le bandeau; ils voulaient le frapper par un imposant spectacle; ils quittèrent bientôt leurs siéges, aussi bien que le vénérable, et firent cercle autour de lui, pour l'initier.

Ce fut son hôte, le frère terrible, qui avait déposé son formidable ministère pour être son parrain, qui fut chargé aussi de lui ouvrir le trésor des secrets. Il lui apprit d'abord la marche en loge des apprentis et des compagnons, qui consiste à n'avancer que du pied droit, en traînant le pied gauche et le frappant à chaque pas, par le travers, contre le talon de l'autre; puis la marche des maîtres, car on lui conférait à la fois les trois grades. Son parrain marcha en maître devant lui, avançant le pied droit sur la droite et frappant le talon du flanc du pied gauche, avançant ensuite le pied gauche sur la gauche, et frappant pareillement le talon du flanc du pied droit; puis repartant de ce pied droit, et toujours de même en zigzags à angles parfaits.

A l'enseignement de la marche succéda l'enseignement des attouchements. Il lui apprit que reconnaître un maçon par l'attouchement, cela s'appelle le tuiler. Il lui fit l'attouchement de l'apprenti, qui se pratique en se prenant mutuellement la main droite, plaçant le pouce sur l'os de la racine du doigt du milieu de la main que l'on serre, et poussant cet os trois fois, les deux premières rapidement, la troisième avec un peu plus de lenteur.

Il exécuta les autres attouchements, qui varient peu, indiqua les signes triangulaires et le signal du niveau que l'on fait devant sa figure pour saluer; il dit les mots sacrés, depuis le Jakin et le Tubalcain des apprentis jusqu'au Sisboleth des maîtres, et ajouta que les mots de passe variaient selon les saisons, donnés qu'ils sont par le Grand-Orient.

On lui dit beaucoup d'autres choses: que, par exemple, en langage maçonnique un apprenti avait trois ans et plus, un compagnon cinq ans et plus, un maître sept ans et plus, et qu'il fallait, dans les questions relatives à ce point, répondre conformément à la règle, qui ne varie pas avec les années, un maître n'ayant jamais que son âge de maître, et un apprenti que son âge d'apprenti. On lui fit noter qu'à la demande: *Connaissez-vous la lumière?* qui se fait à tous les frères, et à la demande: *Connaissez-vous l'acacia?* qui ne s'adresse qu'aux maîtres, on devait répondre textuellement et invariablement: *La lumière m'est connue; l'acacia m'est connu.*

On lui expliqua que le rôle du frère terrible était de faire peur aux candidats et de les maltraiter pour éprouver leur courage. On lui dit encore que ce qu'on appelait *loges d'adoption* étaient des tenues de fêtes où les femmes étaient admises au temple, avec le tablier et le cordon en sautoir, et le titre de sœurs, mais pour des bals ou des gueuletons seulement; et que dans ces occasions il y avait des mots de passe de circonstance et des signes de convention particuliers, qui ne compromettaient rien des secrets fondamentaux.

Ce cours, dont les détails, si nous les allongions, pourraient sembler fastidieux, dura tout un quart d'heure.

Cependant Gédéon avait déjà frappé trois fois. Le frère surveillant qui l'avait mis au cabinet des réflexions alla le prendre enfin. Tout le monde rentra dans le silence.

On heurta trois fois trois coups à la porte, comme on avait fait pour Jacquemin; seulement, au lieu de répondre que celui qui demandait à être admis était un fils de maçon, on répondit que c'était un profane. Le frère Gersant reprit son personnage de frère terrible et demanda si le postulant s'était préparé à supporter courageusement les épreuves. Sur la réponse affirmative du frère surveillant, qui consentait à être parrain, on introduisit Gédéon, pâle, défait, les yeux bandés selon l'usage.

Son testament, qui occupait toute une page, eût pu se résumer en ce peu de mots, qu'il léguait la direction de sa conduite aux frères. On en fut assez content.

Pendant qu'on lisait, Jacquemin continuait son examen de la loge. Il vit alors que le temple était éclairé par un lustre en bois, chargé de sept chandelles allumées. Il remarquait partout la consécration du nombre impair, et surtout des nombres trois, sept et neuf.

Il jeta aussi les yeux sur ses nouveaux frères. Le marchand de tabac avait un tablier tout gâté, et un cordon privé de son étoile. Il lui en fit l'observation.

— Vous savez ce qu'on dit, répliqua ingénument le frère Guenaud, que les cordonniers sont toujours les plus mal chaussés. C'est que je vends des attributs; et j'espère bien que vous me donnerez votre pratique. C'est un de nos frères, qui va demain à la loge du Pélican, qui est venu changer son tablier et son cordon contre des neufs. Ce que c'est que d'avoir des enfants! son petit garçon avait pendu un polichinelle au bout du cordon, à la place de l'étoile qu'il a égarée, et sa fille avait collé des mâts de cocagne, des soldats et des canards sur le tablier. J'ai mis cela pour aujourd'hui, ne voulant pas en compromettre de neufs.

En riant de tout cela, le frère Guenaud alluma un cigare. Le frère Félix vint lui faire observer que ce n'était pas permis et qu'il gâtait le temple.

— Ce n'est pas le Pérou que ton temple, répondit le frère en éteignant son cigare.

Il marmotta pour se consoler qu'il fumerait en sortant, et qu'il revaudrait l'affront au peintre.

On commençait alors les épreuves, qui attirèrent l'attention de Jacquemin.

On fit monter le juif sur une échelle qui, à chaque échelon qu'il montait, descendait dans un trou de la valeur d'un échelon. Après qu'il eut fait vingt-cinq échelons, ce qui devait lui faire croire qu'il était à une certaine hauteur, on lui commanda de se précipiter. Apparemment qu'il avait confiance ou qu'il était prévenu; car il sauta sans hésiter. Toutefois il parut surpris, ayant pris un certain élan, de tomber seulement de la hauteur d'un tabouret.

On lui présenta alors une planche hérissée de clous, en lui ordonnant de se laisser tomber dessus. Après qu'il l'eut bien tâtée, il se laissa choir; mais on avait substitué à la planche un matelas.

On lui dit ensuite que, pour arriver au temple, il fallait faire un périlleux voyage souterrain. On le fit tourner quatre fois autour d'une longue table, sur laquelle des frères, armés d'épées de théâtre, faisaient un cliquetis épouvantable; le frère terrible hurla à ses oreilles, simulant les cris des bêtes féroces avec une effroyable vigueur; on cornait dans des instruments sinistres; on agita de grandes crécelles; c'était un vacarme infernal. On brûla autour du visage de Gédéon des étoupes imprégnées d'esprit de vin; le petit juif suait à grosses gouttes. Mais il allait son chemin.

A la fin on lui dit qu'il était au bout du souterrain et qu'il fallait descendre dans un précipice. Le juif, pensant probablement que quoique en loge il était sous la protection des cinq codes, se laissa faire. On l'attacha sur une bascule, que l'on fit tourner avec vitesse.

Quand on arrêta la roue, il était temps. Le candidat se soutenait à peine. On lui ôta son bandeau et on le fit asseoir, en lui déclarant qu'il était reçu; le courage qu'il avait montré le dispensait des épreuves morales, qui d'ailleurs pour les frères présents étaient plus embarrassantes que les épreuves physiques.

La joie le remit bien vite.

Aussitôt qu'on le vit ranimé, on lui demanda de faire le serment, circonstance que, dans la préoccupation des frères, on avait oubliée pour Jacquemin. Celui-ci s'en réjouit vivement, lorsqu'il en entendit la formule. Gédéon prit cette formule qu'on lui présentait, et la prononça, la main droite posée sur l'autel triangulaire:

« Je jure sur les statuts généraux de l'or-
» dre et sur le glaive, symbole de l'honneur,
» de garder inviolablement tous les secrets
» qui me seront confiés. Je promets d'aimer
» mes frères et de les secourir selon mes fa-
» cultés. Je consens, si je deviens parjure, à
» avoir la gorge coupée, le cœur et les en-
» trailles arrachés, le corps brûlé et réduit
» en cendres, mes cendres jetées au vent; et
» que ma mémoire soit en exécration à tous
» les francs-maçons. Que le grand architecte
» de l'univers me soit en aide! »

Le bandeau n'eût dû tomber de ses yeux qu'après ce serment, dont nous donnons le texte officiel, mais on avait craint que Gédéon ne se trouvât mal.

On lui dit alors qu'il devait se féliciter de n'avoir pas subi de plus violentes épreuves; on promit de lui en conter de curieuses à table; on lui apprit tout ce qu'on avait appris à Jacquemin. Après cela, on ferma la loge; et la bande, enrichie de deux nouveaux frères, s'en alla souper.

Dans le chemin, ils se trouvèrent, par un jeu du hasard, escortés par une bande d'ouvriers ivres, dont l'un chantait à gorge déployée la chanson suivante. Tous les efforts des frères ne purent obliger cet insolent au silence.

LA TRUELLE.

Air du ménage de garçon :
Je loge au quatrième étage.

Je suis un avocat sans cause,
Quoiqu'à l'affût comme un requin.
Sur mon compte le bourgeois glose;
On m'ose traiter de coquin.
La médisance est bien cruelle.
Mais quelque jour on se taira.
Je suis maçon; j'ai ma truelle
Le reste ira comme il pourra.

On me fait des reproches graves,
A moi qui suis fort et puissant,
De n'être point parmi nos braves
Et d'avoir pris un remplaçant.
Mais le courage en moi chancelle;
Jamais il ne s'affermira.
Je suis maçon; j'ai ma truelle;
Le reste ira comme il pourra.

J'ai fait souvent pleurer ma mère;
Tout petit je battais mes sœurs;
J'ai cent fois chagriné mon père;
J'ai désolé mes professeurs.
A l'étude j'étais rebelle,
Mais âpre aux jeux, *et cœtera*.
Je suis maçon; j'ai ma truelle;
Le reste ira comme il pourra.

Je vivais mal avec ma femme;
J'ai planté là mes deux enfants.
Mes voisins m'appellent infâme,
Avec d'autres mots étouffants.
Au diable leur triste cervelle!
Nargue de tout ce qu'on dira!
Je suis maçon; j'ai ma truelle;
Le reste ira comme il pourra.

Pour moi la chicane est une ombre
Qui m'a toujours accompagné.
Aussi j'eus des procès sans nombre :
Mais je n'en ai jamais gagné.
Je n'ai plus rien dans l'escarcelle;
Et quand mon crédit s'éteindra,
Je suis maçon; j'ai ma truelle;
Le reste ira comme il pourra.

Mon crédit se meurt assez vite :
Mes plus beaux jours sont terminés.
On dirait que chacun m'évite;
On me ferme la porte au nez.
Je vais à ma loge fidèle.
Là du moins on me recevra.
Je suis maçon; j'ai ma truelle;
Le reste ira comme il pourra.

J'ai fait des tours de passe-passe;
Dans plus d'un j'eus un vrai bonheur;
Et pour un trait qui les surpasse,
On dit que j'ai perdu l'honneur.
Mais de cette autre bagatelle
Le souvenir s'amortira.
Je suis maçon; j'ai ma truelle;
Le reste ira comme il pourra.

Maçon, sans que rien te déroute,
Va, moque-toi des préjugés.
Mais que la mort t'attrappe en route,
Tes comptes sont mal arrangés.
Satan te tient par la ficelle.
Si tu dis, quand il te prendra :—
« Je suis maçon; j'ai ma truelle, »—
Le reste ira comme il pourra.

V. — Souper maçonnique.

En arrivant à l'hôtel du quai des Orfévres, désagréablement préoccupé des couplets dont on venait de leur emplir les oreilles, les frères montèrent sans s'arrêter, à la salle du premier étage, où le festin se dressait. La table fut garnie en un clin d'œil. Les étoiles, qu'on appelle dans le langage humain des chandelles, étaient au nombre de neuf, rangées trois par trois et en triangles, selon le devoir. Le vénérable, conservant sa dignité toute la soirée, prit le siège du milieu et cria : — Frères, à l'ouvrage! — Ce qui veut dire : — Messieurs, à table !

Tout le monde le comprit Les frères anciens tracèrent en l'air devant leur nez des triangles plus ou moins corrects; Jacquemin fit le signe de la croix et dit son *Benedicite*.

— Le frère Louveteau fait des triangles quadrangulaires, dit le juif en se penchant vers l'hôte.

— Faites vos triangles comme vous l'entendez, répondit le frère Gersant; vous n'êtes pas frère surveillant.

— Cette planche est mal travaillée, dit le frère Savoie en changeant la disposition de quelques plats. — Il critiquait la manière dont la table était servie.

— A vous la truelle, vénérable, interrompit le frère Hullin, qui dévorait des yeux un morceau de veau aux petits pois.

Le vénérable prit la truelle, c'est-à-dire la grande cuiller, et servit le potage.

A ce mot de truelle ainsi appliqué, Jacquemin pensa malgré lui au cochon de Cadet Rousselle; ce qui fit qu'il ne mangea que la moitié de sa soupe.

Avant d'attaquer les plats de viande, le vénérable ordonna que l'on chargeât les barils; ce que vous autres, bons et honnêtes lecteurs, vous appelleriez emplir les verres. Il se leva ensuite, en proposant un toast aux deux frères initiés.

Ce toast obligé fut accueilli par des triangles horizontaux, que tracèrent les barils dans l'espace, avant de se choquer. Après cela, chacun joua des dents.

Dès que la conversation se ranima, elle ne roula, comme de juste, que sur l'admission qui était la cause du repas. On reféliticita les nouveaux frères; on leur fit valoir l'agrément qu'ils auraient désormais dans leurs voyages de pouvoir se dire en mettant le pied dans une ville : — J'ai ici des frères.

— Il ne faut plus aux jeunes initiés, pour être en règle, que deux petites dépenses, dit le marchand de tabac; la première est l'acquisition du tablier, du cordon bleu et des autres attributs; pour cela je me recommande aux frères de notre loge, je fais des remises qu'ils n'auront pas ailleurs.

— Nous nous entendrons, dit le juif.

— J'achèterai certainement chez vous, dit Jacquemin. Il ajouta tout bas : Quand j'achèterai; — car sa conscience éprouvait quelque trouble.

— La seconde dépense aura lieu, reprit Hullin, quand les frères se présenteront au Grand-Orient pour avoir leur diplôme.

— Mais, demanda Gédéon surpris, est-ce qu'on a besoin d'un diplôme écrit? On ne m'avait pas dit cela. Les mots et les signes qui viennent de nous être appris ne suffisent-ils pas?

— Ils suffisent pour la loge, dit le vénérable. Il est indispensable que vous les sachiez pour prouver au Grand-Orient, à qui nous vous présenterons, que vous êtes initiés. Mais sans un diplôme du Grand-Orient, avec lequel on vous donnera en même temps les mots de passe, vous ne pouvez entrer ni pénétrer dans aucune loge étrangère.

— Et quelle est, demanda Gédéon, le montant de cette dépense?

— Le diplôme est très-flatteur, répondit Félix, je vous ferai voir le mien; c'est un parchemin avec gravures allégoriques.

— Et cela coûte?

— Les colonnes et tous les attributs y éclatent.

— Mais le prix?

— Oh! le prix varie, dit l'hôte, de cent à trois cents francs.

— Bon! répliqua le juif, on peut s'arranger.

— Mais on ne peut pas avoir cela d'occasion, ajouta malicieusement le frère Cavard; c'est personnel.

— Quant à vous, mon jeune frère, interrompit le vénérable en changeant la conversation et s'adressant à Jacquemin, à la première assemblée, nous vous ferons orateur de la loge.

— Je suis trop timide, répondit Jacquemin.

— Bah! vous nous connaissez tous; vous parlerez de devoirs et de morale, de fidélité et de bienfaisance. Vous y mettrez de la sensibilité; cela fait toujours bien. Vous pourriez écrire vos discours. Est-ce que pour la solennité de ce jour vous n'avez pas fait une petite chanson?

— Une chanson, répliqua le Tournaisien, mais je ne sais pas faire de chansons.

— Eh bien! si c'est cela que vous voulez, dit le peintre en bâtiments, je vais, moi, vous chanter la chanson de M. Lassource, vu qu'il n'est pas là pour la chanter lui-même. Et le frère chanta à plein gosier, après qu'on eut fermé les fenêtres, à cause de l'air patriotique que la Restauration n'aimait guère.

PLANCHE DE TABLE.
Sur l'air de la Marseillaise.

Allons, enfants de la truelle,
Voici le moment du dîner.
Si la faim nous semble cruelle,
Nos dents vont pouvoir s'en donner. (bis.)
Voyez-vous la tourte imprévue.....

Mais on n'avait pas remarqué jusqu'alors que le frère Guenaud, qui buvait sans relâche, s'était enivré en silence, et qu'un très-grand scandale se préparait. Ce frère se mit à faire sa partie dans la chanson:

— Je n'ai pas vu la tourte, dit-il en interrompant le chanteur.

On lui cria unanimement le chut solennel. Le frère Félix poursuivit:

Les poulets à la Marengo.....

— Les poulets à la quoi?... demanda pareillement Guenaud, pendant que Félix imperturbable achevait son couplet:

Ils viennent, flanqués du gigot,
Nous ravir le nez et la vue.

— Oh! la frime! il était fier le gigot pour le ravir le nez, dit encore l'ivrogne, dont le murmure fut couvert par le refrain:

A table! chers amis! en dignes francs-maçons,
Buvons, mangeons!
Et qu'un vin pur anime nos chansons!

Quel est ce grand plat d'écrevisses,
De crêtes et de champignons?.....

— Où ça des écrevisses? où ça des champignons? interrompit derechef le frère Guenaud, à qui son voisin mit la main sur la bouche, pour ne pas déranger le chanteur, qui allait toujours:

Pour qui la choucroûte aux saucisses
Et la friture de goujons? (bis.)

— Oh! la friture! les tas de menteurs, grommela le frère ivre en dépit des efforts de son voisin. C'est le vénérable qui l'aura pêchée, la friture.

Mais le peintre en bâtiments continuait sans s'ébranler:

Maçons, pour nous! Et le champagne,
Le clos-vougeot, le chambertin.....

— C'est ça! hurla Guenaud en frappant la table; donnez-en, versez-en; chargez les barils!

Et ici, pendant que le frère Savoie gourmandait rudement l'interrupteur, le frère Félix se vit obligé de reprendre:

Maçons, pour nous! Et le champagne,
Le clos-vougeot, le chambertin,
Viennent rehausser le festin!
Cédons au transport qui nous gagne.
A table! chers amis! en dignes francs-maçons,
Buvons, mangeons!
Et qu'un vin pur anime nos chansons!

Maçons, en gourmets pleins d'adresse,
Sachons diriger nos travaux.
Luttons un peu contre l'ivresse;
Mangeons sans presser les morceaux. (bis.)

— Il n'y a plus rien, vieux blagueur! grogna le marchand de tabac, sans empêcher la chanson de marcher:

Mais dehors les bouteilles vides!
Mais loin de nous le plat désert!
Et sur l'agréable dessert
Tombons en colonnes avides.

— Oui, tu tomberas sur ton Prussien, avec tes colonnes, dit encore le frère Guenaud.

Heureusement le chorus couvrit cette nouvelle incongruité:

A table! chers amis! en dignes francs-maçons,
Buvons, mangeons!
Et qu'un vin pur anime nos chansons!

Fi donc de ces bourgeois austères,
Craignant toujours de s'oublier!
Ah! s'ils connaissaient nos mystères,
Ils prendraient tous le tablier. (bis.)

— Pour des festins pareils, il y a presse, intercala l'obstiné contradicteur.

— Cet homme a le vin mauvais, dit le vénérable.

— Chut! crièrent les autres frères, en répétant le bis:

Ils prendraient tous le tablier.
Aux maçons la vive allégresse
Le bouquet de ce jus divin,
Et les ragoûts et le bon vin!
Aux maçons la table et l'ivresse!

— Je crois qu'il nous insulte ce loriot-là, dit le frère Guenaud.

Après quoi il se mêla au chœur d'une voix creuse :

> A boire, chers amis ! en dignes francs-maçons,
> Buvons, mangeons !
> Et qu'un vin pur anime nos chansons !
>
> Amour sacré de la cuisine,
> Conduis, soutiens nos appétits.

— En voilà une bonne ! en voilà une salée ! On te dit qu'il n'y a plus rien, glapit le malencontreux frère ivre.

Le peintre en bâtiments suivit son chemin avec onction :

> Que les rôtis aient bonne mine !
> Que tout soit digne des rôtis ! (bis.)
> Fais que ce banquet délectable
> Jusqu'au bout soit un vrai festin !
> Que le soleil, demain matin,
> Nous retrouve encor tous à table.

— Quand il n'y a plus rien dessus, on peut bien être dessous, marmotta le frère Guenaud; et il coula sous la table en effet, et se mit à ronfler comme une cloche au bruit du refrain :

> A table, chers amis ! en dignes francs-maçons,
> Buvons, mangeons !
> Et qu'un vin pur anime nos chansons !

— Le frère Guenaud est sujet à ces inconvenances, dit l'hôte à Jacquemin. Aussi nous ne l'avions pas engagé. Il n'est venu que grâce à l'indisposition du frère Lassource. Mais n'en concevez pas mauvaise opinion de nos assemblées. Si nous n'étions pas comme ce soir en petit comité, en famille, pour ainsi dire, on l'eût mis dehors. Excepté lui, tous les autres frères ont bon genre et se respectent.

Malheureusement, pendant que le frère Gersant faisait ainsi l'apologie de sa loge, le vin, qu'il n'avait pas ménagé (on n'avait bu que du vin ordinaire), lui préparait de cruels démentis. Le boucher et le mari de la fruitière se tenaient calmes; mais les frères Savoie et Cavard, à qui la chanson avait fait venir l'eau à la bouche en évoquant toutes sortes de bonnes choses dont ils avaient été privés, commencèrent à se plaindre de la mesquinerie du dîner.

— C'est lui qui ordonne la chose, dit le frère Cavard, en désignant l'hôte, et c'est lui qui empoche l'argent ; voilà l'injustice.

— Le mal vient de là, ajouta le frère Savoie, que tous les dîners se font chez lui.

— Voulez-vous, dit le boucher en venant à l'aide du frère Gersant, qu'on les fasse chez le sellier ?

— Ou chez le marchand d'éponges ? ajouta le frère Hullin.

— Vous me faites de la peine, dit l'hôte avec componction, dès qu'il se vit appuyé; vous êtes des ingrats ; je suis seul de la loge restaurant-traiteur, faut-il porter notre argent à des profanes ? Faut-il vous exposer chez des gens qui vous verront, quand vous vous oubliez, comme le marchand de tabac, sous la table ? Qu'est-ce qu'on dira de l'ordre ?

— L'ordre ne va déjà pas si bien, reprit Cavard; vous n'avez pas besoin de nous regarder avec votre mine de frère terrible; on ne fait pas d'épreuves ici. Mais, si on se jette dans le chapitre des reproches, je ne trouve pas qu'on administre comme il faut. Notre loge est sale et décorée sans goût.

— Sans goût, releva le peintre; donnez de l'argent, et vous aurez du goût. Tiens ! on me passe cinq francs par réception pour l'entretien de la loge, et on veut du luxe ! Vous êtes trop sur votre gueule. Tout l'argent qui rentre, vous le mangez.

— Tu n'en laisses pas ta part aux chiens, toi, riposta le frère Delon en colère.

— Cela n'empêche pas, cria Savoie, que le souper que nous avons fait ne vaut pas ce qu'il coûte. J'ai encore faim.

L'hôte poussa un pain de quatre livres devant le plaignant, mit la main sur son cœur pour se contenir, agita la tête pour secouer sa douleur; puis il frappa trois fois la table du manche de son couteau.

— Je demande la parole, dit-il

— Vous l'avez, répondit le vénérable; et il promena sur les convives un regard qui imposa silence.

— Frères, reprit l'hôte, expliquons-nous. Comptez les bouteilles. On en a bu quarante. J'en ai fait monter quarante-cinq. C'est cinq bouteilles par travailleur; du vin à douze; je ne le fais pas. Cinq bouteilles à douze font trois francs. De cinq francs que nous allouons par tête dans nos dîners de corps, ôtez trois, reste deux ; deux francs, mes frères, pour le potage, la viande, les légumes, le poisson, le rôti, les ragoûts, le beurre, le sel, le poivre, la moutarde, le pain, les chandelles et le dessert ; jugez.

Tous les frères, à ce discours, furent attendris. Des excuses furent faites; la paix se remonta; l'hôte, pour la cimenter, alla prendre une bouteille de cent sept ans; et à minuit, Jacquemin, qui n'avait travaillé qu'avec une extrême modération dans l'exploitation des bouteilles, put s'aller coucher, seul entre tous, de sang-froid et méditant sur tout ce qu'il venait de voir et d'entendre.

Les scènes qui avaient été jouées devant lui, et dans lesquelles il avait eu son personnage, se représentèrent dans ses rêves agités, comme une fantasmagorie absurde. Il s'éveilla le lendemain très-fatigué ; il descendit bientôt pour déjeuner.

L'hôte lui fit de nouvelles excuses, d'un air tout penaud.

— J'aurai soin, ajouta-t-il, que la prochaine loge soit mieux composée; et j'espère que nous aurons le plaisir de travailler de nouveau à la Saint-Jean. Je me suis rappelé un singulier oubli qu'on a fait hier ; cela ne s'est peut-être jamais vu; et je désire que personne ne l'ait remarqué. Dans la précipitation qui nous dominait, on n'a pas pensé à vous demander le serment. Vous n'êtes ainsi frère qu'à demi, car vous n'êtes pas lié à nous. C'est comme un mariage dont une des parties n'aurait pas donné son consentement. Heureusement que nous sommes gens de revue. Nous réparerons cela à la tenue prochaine.

Plus heureusement pour Jacquemin, il fut dispensé de répondre, par l'arrivée d'une lettre que la servante du marchand de tabac apportait.

— Qu'est-ce que peut avoir cet animal-là pour m'écrire? dit le marchand de vin, en tournant la lettre entre ses doigts. Il se décida à l'ouvrir.

Mais comme le frère Guenaud écrivait fort mal et que le frère Gersant ne lisait pas très-bien, Jacquemin fut prié de lire cette missive, dont voici le contenu:

Paris, le 16 juin 1814.

« Monsieur Gersant,

« Ayant été insulté hier, avec ma figure tachée de vin, que le frère Cavard ou autre avait marché sur ma cravate et sur la poitrine de ma chemise, et même que des petits pois au lard étaient collés au dos de mon habit, ma femme a dit que cela n'avait pas de bon sens ni de sens commun, et que ça ne pouvait pas continuer, et que nous n'étions tous que des bêtes, des serins, des vrais jocrisses. Attendu que les petites loges comme nous passent pour des pas-grand'choses, et les grandes, des conspirateurs, vu que tous les amis du tyran s'en mettent; que sa majesté Louis le Désiré ne veut plus de francs-maçons, qui sont les agents de l'ogre de Corse et ceux qui trament pour réintégrer l'usurpateur et la république. Avec çà que la police a l'œil dessus; et que nous ne faisons que des bêtises, dont un enfant rougirait de les faire, comme dit ma femme. Si bien que je ne tiens plus l'article. »

— Tant mieux, interrompit l'hôte. Il ne nous vendait que du rebut, qu'il achetait aux ventes du mont-de-piété.

« Et je donne ma retraite et démission de la loge, abdiquant mon titre et dignité de franc-maçon. Et si on veut me tuer et me couper en morceaux pour me jeter au vent, comme franc-maçon réfractaire, j'ai l'autorité qui me protége. Et je me moque de vous. Et quant à la franc-maçonnerie et tout le bataclan, je fais comme le cochon de Cadet Rousselle.

« Etant en cette qualité, monsieur, votre voisin très-obligé,   U. GUENAUD. »

Après la lecture de cette lettre, l'hôte la prit avec consternation, la regarda, la retourna, s'assura de son mieux que tout ce qu'il venait d'entendre y était bien; puis il marmotta en soupirant:

— J'avais toujours bien dit qu'il n'y avait pas de fond à faire sur cet homme-là. Mais il se taira et ne nous trahira pas. Il sait ce qui lui en reviendrait.

Le frère Gersant sortit avec la lettre, que sans doute il allait communiquer aux autres frères; et Jacquemin retomba dans une perplexité pire que toutes celles qu'il avait éprouvées avant son admission. Il en fut tiré agréablement, deux heures après, par une lettre de son père, qui lui envoyait un peu d'argent et l'engageait à revenir, attendu que la paix était faite entre les alliés, et que le pays était tranquille. Jacquemin saisit l'occasion sans hésiter; il paya son compte, fit sa malle, et monta le jour même, à quatre heures, dans la diligence de Lille, avant le retour de son hôte.

Il prit à Lille la voiture de Tournay et arriva sans accident à son village, déjà remis et calmé par la certitude que là enfin il verrait véritablement la lumière.

Après les premiers embrassements et les mille questions qui accompagnent le retour d'un enfant dans sa famille, à la suite de quatre ou cinq mois d'absence, Jacquemin conta à son père comment il était devenu franc-maçon. Aux détails qu'il donna, son père trouva que les gens des villes, qui s'occupent sérieusement de stupidités si grandes, devaient cacher là-dessous quelque but secret; et il conseilla à son fils d'aller consulter son curé, qui était un savant homme.

Quand le bon curé eut tout appris, il tint ce langage à Jacquemin Claes:

— La franc-maçonnerie s'est élevée au dernier siècle, dans des projets anti-chrétiens; et dès qu'on eut vu sa marche, les papes Clément XII et Benoît XIV la condamnèrent (1).

Indépendamment de l'infaillibilité du saint-siége, qui est un dogme pour nous, n'admettez-vous pas que le pape et ses cardinaux ont aussi, humainement parlant, quelque importance; et que les avis qui viennent de là valent bien les jugements isolés de notre intelligence?

Nous devons nous soumettre à l'autorité; et dans le cas dont il s'agit, nous pouvons même marcher droit en ne nous soumettant qu'à la raison. Quand bien même la franc-maçonnerie ne serait pas instituée dans le but secret de démolir ce qui vient de Dieu, pour édifier à sa place ce qui vient de l'orgueil humain (et vous savez qui est le père de l'orgueil!), n'est-il pas vrai que l'ordre maçonnique, dans la grossièreté où vous l'avez connu, est au moins une occasion de péché? Car il ouvre la porte aux mascarades, à la vanité, aux excès de la table, à l'ivrognerie, aux querelles, à l'oubli de Dieu: on ne saurait être à la fois franc-maçon et catholique. C'est à vous de choisir.

— Je resterai catholique, répondit Jacquemin Claes, et que Dieu me soit en aide!

VI.—Le mystère du chevalier Prussien.

Le curé, qui avait à souper un de ses parents, retint Jacquemin qu'il aimait. Lorsqu'on fut à table, il lui dit:

— Je vais, mon enfant, vous raconter une piquante aventure de maçonnerie. Elle vous instruira; le principal personnage est le grand Frédéric:

Le jeudi 15 mars 1753, Frédéric II soupait en petit comité à Postdam, avec Voltaire, qui était alors en disgrâce et qui demandait

---

(1) Les francs-maçons ont été condamnés par Clément XII, bulle *In eminenti*, le 23 avril 1738;—par Benoît XIV, bulle *Providas*, le 18 mars 1751. Les carbonari ont été condamnés par Pie VII, bulle *Ecclesiam a Jesu Christo*, 13 septembre 1821;—les francs-maçons et tous ordres secrets condamnés par le pape Léon XII, bulle du 13 mars 1825. Les évêques de Belgique n'ont émis leur circulaire contre les francs-maçons qu'en décembre 1837.

à s'en aller; avec Maupertuis, qui se réjouissait de la disgrâce de Voltaire, avec le marquis d'Argens qui, un peu revenu de ses extravagances, ne cherchait plus qu'à vivre en paix. Tous ces illustres convives, à l'exemple du roi, dont l'appétit était formidable, avaient mangé copieusement et bu en amateurs; la conversation avait prodigué ses épigrammes sur tout ce qui avait un nom, sur tout ce qui était respectable; elle tomba enfin sur la franc-maçonnerie.

— Épuisons un peu cette matière flamboyante, dit Frédéric; les francs-maçons se propagent; il y en a partout; il s'en glisse jusque dans mes États. Ces sociétés secrètes nous joueront quelque tour, si nous ne leur donnons un croc-en-jambe. Vous, messieurs les philosophes, vous ne devez pas approuver des mystères qui se font dans l'ombre, quand vous répandez si généreusement la lumière.

— La franc-maçonnerie, dit Voltaire, n'est qu'un amas de stupidités imaginées il y a trente ans par un Anglais ivrogne, propagées par des fous. Si vous redoutez ces platitudes, faites-les jouer sur le théâtre. C'est le conseil qu'on donnait au lieutenant de police à propos des convulsions de Saint-Médard.

— Cependant, interrompit Maupertuis, vous vous êtes fait recevoir.

— Vous aussi, répliqua Voltaire; on dit même que vous cherchez en loge les moyens de faire votre puits qui descendra aux antipodes.

— Allons, messieurs, dit d'Argens, en remarquant la pâleur subite de Maupertuis et se hâtant d'intervenir, ne querellons point. Moi aussi je suis maçon, et j'avoue qu'en apparence c'est un peu enfant, mais...

— Mais, poursuivit le roi, ces enfantillages joués par des hommes me paraissent suspects. Si j'avais été à la place de ce gros bœuf de comte de Clermont, qu'on a fait grand maître en France, j'en saurais plus que lui. Il paraît qu'ils sont excommuniés; c'est une preuve, messieurs, que la chose n'est pas si innocente. Eh bien! ils se font remonter au temple de Salomon; je veux faire dans mon royaume un ordre qui aura des titres plus anciens.

— Au delà du temple de Salomon! s'écria d'Argens, je ne vois rien en fait de maçonnerie, sinon les pyramides.

— J'ai mieux que cela, répondit Frédéric. Je veux que les maçons prussiens n'aient rien à envier; ils remonteront à la tour de Babel.

— Bien trouvé, dit Maupertuis. Mais c'est une entreprise de rébellion que cette tour.

— N'importe, cria Voltaire, le roi arrangera cela comme vous arrangez vos étoiles, qui ont la forme d'une meule de moulin.

— Soyons d'accord, interrompit encore d'Argens; nous aiderons Sa Majesté. Les choses maçonniques me plaisent à moi, à cause des festins.

Eh bien! mon cher d'Argens, je vous ferai faire une collation qui aura du moins le mérite de la singularité. Voici mes bases, messieurs, continua Frédéric, nos frères s'appelleront Noachites ou enfants de Noé; ils s'appelleront même patriarches; ils s'appelleront encore chevaliers prussiens. Depuis trois cents ans, mes ancêtres sont les protecteurs de ce grade....

— Est-ce que c'est vrai? demanda naïvement d'Argens.

— Vous ne voyez pas, répliqua Maupertuis, que Sa Majesté s'amuse, comme M. de Voltaire quand il écrit l'histoire?

— C'est aussi vrai, dit Frédéric, que ce qu'on vous a dit dans les loges adoniramites. Les chevaliers prussiens étaient célèbres déjà dans la mythologie sous le nom de Titans; ils voulurent escalader le ciel. Nous qui connaissons le grand architecte de l'univers, nous laissons les Titans dans les fables; nous ne remontons, comme je l'ai dit, qu'à la tour de Babel. Nous célébrerons notre grande tenue dans la nuit de la pleine lune de mars, anniversaire de la confusion des langues et de la dispersion des ouvriers rebelles. Et comme c'est là un châtiment de l'orgueil, ce qui est toujours de bon exemple, les chevaliers prussiens ne s'assembleront que dans un lieu retiré et n'auront en loge d'autre lumière que la lune.

— Ce sera fort commode en campagne, dit d'Argens.

— Et si le roi, ajouta Voltaire, permet à ses officiers de connaître la lumière—de la lune, —ils le feront à peu de frais.

— Ainsi, messieurs, reprit le roi, nous devons arranger cela entre nous. Comme il est bon de savoir ce qui se fera en loge, le grand maître général de l'ordre sera à perpétuité le roi de Prusse.

— A perpétuité veut dire, interrompit Maupertuis, tant que durera le grade des chevaliers prussiens.

— Si c'est fort stupide, dit d'Argens, il en sera d'eux comme des sorciers, qui durent toujours.

Le roi reprit:—Le grand maître général de l'ordre s'appellera en loge grand commandeur; le premier surveillant, grand inspecteur; le second surveillant, grand introducteur; le secrétaire, grand chancelier; le trésorier, grand trésorier.

— Vous leur donnerez bien de la grandeur! dit d'Argens en riant.

— Ce sont des grandeurs qui ne coûtent rien à Sa Majesté, riposta Voltaire.

— L'orateur, poursuivit Frédéric, s'appellera chevalier d'éloquence. C'est un titre que nous vous eussions conféré avec joie, monsieur de Voltaire; mais vous êtes résolu à nous quitter.

— Sire, répondit le philosophe, donnez cette dignité à Maupertuis. Au clair de la lune il sera plus pathétique qu'à l'Académie.

— Ainsi donc, reprit encore le roi, nous descendons de Phaleg, grand architecte de la tour de Babel, qui s'éleva plusieurs siècles avant le temple de Salomon. Nous établissons cette origine, avec les statuts du grade, qui seront déposés dans nos archives royales; et il sera expressément défendu aux chevaliers prussiens, de recevoir aucun candidat qui ne pourrait pas prouver qu'il est au moins maître et qu'il a rempli des fonctions d'officier dignitaire dans une loge complète et régulière. De la sorte, sans que nous allions à personne, les maçons qui se trouvent déjà dans nos états seront obligés de venir à nous. Si c'est votre bon plaisir, messieurs, nous allons, ce soir même, établir ce que vous appelez le rituel, fixer les cérémonies, arrêter les signes et les mots de reconnaissance, déterminer le costume et les insignes. Demain nous nommerons les dignitaires, avec de simples frères en nombre suffisant pour composer une loge. Nous ferons préparer le temple; et lundi prochain, 19 mars, jour de la pleine lune, nous tiendrons loge, avec un aplomb suffisant pour nous montrer constitués. Nous ferons la veille une répétition générale.

— Mais, observa d'Argens, rien ne sera prêt; nous n'avons que trois jours.

— Comme nous ne pouvons pas reculer la pleine lune de mars, dit le roi, il faudra bien que nous soyons prêts. Je me charge du temple. Les costumes seront des vestes d'ouvriers. De vrais maçons n'ont pas de robes.

— Et quel sera le degré du grade? demanda Maupertuis.

— Le vingt-et-unième, répondit le roi.

— Mais c'est superbe, s'écria d'Argens, ils n'ont encore que onze degrés à Paris; et on n'en compte que huit dans le rit écossais (1).

— Les grades intermédiaires se feront, dit le roi. Travaillons.

Les quatre philosophes, occupés par l'activité de leur chef, se couchèrent fort tard. Le lendemain et les jours suivants, leur unique affaire fut de suivre le bizarre projet du roi; et le lundi 19 mars, assuré par une répétition très-étudiée que tout irait bien, le roi s'en alla, au lever de l'astre de la nuit, suivi de quatorze courtisans inaugurés maçons du grade de chevalier prussien, à l'orangerie du palais, dont il avait pris une partie, exposée en plein au clair de la lune, pour en faire son temple.

Nous rapporterons les détails de cette tenue, où le marquis d'Argens devait jouer le rôle de récipiendaire.

Les quinze maçons entrèrent dans une salle où ils déposèrent leurs habits et leurs armes ou insignes pour endosser des vestes d'ouvriers qu'on avait faites à la hâte. Tous ceignirent l'épée antique et se passèrent au cou le cordon ou ruban, en soie noire unie, auquel pendait le bijou; ce bijou est un triangle équilatéral dont la bande inférieure est traversée par une flèche, la pointe en bas. Il est en or lorsqu'on le porte au bout du cordon, et en argent lorsqu'il se met à la boutonnière de la veste. Ayant lié leurs tabliers de peau jaune, mis leurs gants jaunes, et tenant d'une main l'inévitable truelle, de l'autre le maillet, les frères entrèrent dans le temple, que la lune éclairait par trois grandes fenêtres, et qui était régulièrement composé de deux appartements. Le firmament était badigeonné au plafond de la première pièce, destinée aux travaux. Il y avait dans un coin une grotte factice, et sur l'un des côtés de la grotte un cercueil vide.

Le roi, en qualité de grand commandeur, se plaça à l'opposé de la lune, qui éclairait en plein son visage. Les frères s'approchèrent de lui, pour être à portée d'entendre ses ordres, n'ayant point de places fixes, pour faire voir qu'ils étaient tous égaux. Le grand commandeur ayant frappé trois coups, et le grand inspecteur ayant répondu par un coup de maillet frappé sur le pommeau de son épée, car les chevaliers prussiens n'avaient ni table ni bureau, le grand commandeur dit:—A l'ordre, mes frères!

Aussitôt, tous les maçons furent debout, élevant les bras, les doigts étendus vers la lune.

Alors le grand commandeur, procédant à l'instruction, qui doit se faire à chaque tenue, lorsqu'il n'y a pas de planche déterminée, s'adressa à l'un des frères. C'était, sous sa veste, un grave général prussien; il lui demanda:—qui êtes-vous?

Le frère répondit selon la formule:—Dites-moi qui vous êtes, et je vous dirai qui je suis.

—Connaissez-vous les enfants de Noé? reprit le grand commandeur.

—J'en connais trois.

—Qui sont-ils?

—S. dit le général.

—C. poursuivit le roi.

—J. continua l'autre.

—Que signifient ces lettres?

—Ce sont les initiales du mot sacré (Sem, Cham, Japhet).

—Donnez-moi l'attouchement.

—Le voici. Et comme le grand commandeur présentait les deux premiers doigts de la main droite étendus, l'autre les prit avec le pouce et les deux doigts suivants, les pressa trois fois en disant: Sem, Cham; à quoi le roi répliqua: Japhet; puis il reprit:—Faites-moi le signe.

—J'y satisfais, répondit le frère. Il éleva les mains ouvertes, les pouces formant l'équerre avec l'index, mit les pouces contre ses oreilles et fit trois génuflexions du genou gauche.

—C'est le signe général, dit Frédéric. Faites le signe d'entrée ou signe de passe.

---

(1) Pour donner une idée de tous ces degrés, qui viennent après les titres d'apprenti, compagnon et maître, nous citerons ici les qualités honorifiques d'un maçon à qui on vient de décerner récemment le titre insigne de sublime prince royal. Il est—maître des loges symboliques,—maître secret,—maître parfait,—maître anglais,—maître irlandais,—maître en Israël,—maître élu des neuf,—illustre des quinze,—sublime chevalier élu,—grand-maître architecte,—templier et précepteur d'Asie,—sublime-écossais ou grand pontife,—noachite ou chevalier prussien,—royale hache ou prince du Liban,—chef du tabernacle,—prince du tabernacle,—chevalier de l'Orient ou de l'épée,—prince de Jérusalem,—souverain prince rose-croix,—chevalier du pélican,—chevalier du serpent d'airain,—prince de Mercy,—souverain commandeur du temple,—chevalier du soleil,—chevalier Kadosch,—grand inquisiteur souverain,—patriarche des croisades,—prince souverain du royal secret,—grand écossais de saint André d'Ecosse, etc., etc., etc.—Et ces gens-là se moquent des titres!

Le chevalier frappa trois coups égaux avec son maillet sur le manche de sa truelle; puis il avança les trois premiers doigts allongés de la main droite en disant : Noé. Le grand commandeur empoigna ces trois doigts en répondant: Noé, Noé. Et il continua :—dites-moi le mot de passe.
— Phaleg.
— Connaissez-vous le grand architecte de la tour de Babel?
— Phaleg est son nom.
— Qui vous a appris son histoire ?
— Le chevalier d'éloquence des chevaliers noachites.
— En quelle loge ?
— Dans une loge que la lune éclairait.
— N'aviez-vous pas d'autre lumière ?
— Non.
— Cet édifice de la tour de Babel était-il louable ?
— Non, la perfection en était impossible.
— Pourquoi ?
— Parce que l'orgueil en était le fondement.
— Est-ce pour imiter les enfants de Noé que vous en gardez la mémoire ?
— Non, c'est pour avoir leurs fautes devant les yeux.
— Où repose le corps de Phaleg ?
— Dans un tombeau.
— A-t-il été réprouvé ?
— Non ; la pierre d'agate dit que Dieu a eu pitié de lui, parce qu'il est devenu humble.
— Comment avez-vous été reçu ?
— Par trois génuflexions, après avoir baisé le pommeau de l'épée du grand commandeur.
— Pourquoi vous a-t-il fait faire des génuflexions ?
— Pour me rappeler que je dois être humble.
— Pourquoi les chevaliers prussiens portent-ils un triangle?
— En mémoire du temple de Phaleg.
— Pourquoi la flèche renversée ?
— En mémoire de ce qui arriva à la tour de Babel.
— Les ouvriers travaillent-ils jour et nuit ?
— Oui, le jour à la clarté du soleil, la nuit à la faveur des rayons de la lune.

Pendant cette dernière question, le grand introducteur était sorti. Aussitôt que le frère interrogé eut terminé sa réponse, le grand introducteur frappa trois coups lents à la porte.

Le grand inspecteur répondit par un seul coup violent, en disant : Qui êtes-vous ?

— Un chevalier qui demande l'entrée, répondit la voix du dehors.

Le grand inspecteur ouvrit la porte, reçut les attouchements, signes et mots de passe du grand introducteur, le fit entrer seul, quoiqu'il eût un compagnon avec lui et referma la porte.

— Grand commandeur, dit alors en s'adressant au roi le frère grand introducteur, un candidat maître maçon demande la faveur de participer à nos travaux.

— En répondez-vous ? dit Frédéric.
— Comme de moi-même.
— Introduisez-le ; et qu'il entre en maître, après avoir donné les signes et mots de passe de son grade.

On fit avancer le marquis d'Argens, dans ses habits de ville, sans épée, portant le tablier de maçon du troisième degré et les gants blancs.

— Chevaliers, dit le grand commandeur, celui qui vous est présenté est un maître maçon, descendant d'Adoniram, qui demande à être reçu chevalier prussien. Y consentez-vous ?

Tous les chevaliers ensemble tirèrent leurs épées, en dirigèrent la pointe vers le récipiendaire et lui demandèrent s'il persistait dans ses serments. Après qu'il eut répondu: J'y persiste, tout le monde rengaîna, et le roi dit au marquis d'Argens :

— Mon frère, le désir de parvenir à escalader le ciel nous en fait chercher les moyens. Promettez-vous de nous seconder et de travailler avec nous ?

— Je le promets.

— Frère grand introducteur, mettez-le à l'ouvrage et dirigez-le.

Aussitôt on donna au candidat une truelle; et tous les frères, Voltaire et Maupertuis comme les autres, se mirent avec lui à faire semblant de maçonner, manœuvre fictive qu'ils exécutaient avec une gravité inexplicable.

Ils maçonnaient ainsi dans le vague, sans trop de fatigue, depuis trois minutes, quand dans la seconde pièce on entendit un bruit qui imitait le fracas du tonnerre. Toutes les truelles tombèrent à la fois des mains des chevaliers, qui aussitôt se remirent à l'ordre, faisant des cornes à la lune.

— Frère grand introducteur, cria le roi, prenez cet orgueilleux (il désignait le marquis d'Argens) dont l'ostentation nourrit un projet qui ne tend à rien moins qu'à défier le grand architecte de l'univers. Conduisez-le au nord, qu'il y pleure sa faute ; qu'il traverse, pour y parvenir, les déserts les plus affreux.

Le grand introducteur fit donc faire à d'Argens le tour de la loge, ce qui passa pour les plus affreux déserts ; il le conduisit à la grotte factice, le fit asseoir dans le cercueil, lui servit une cruche d'eau dont il lui fit boire un coup, et une assiette de carottes crues qu'il lui fit manger.

— C'est là sans doute, dit d'Argens, le friand festin que Sa Majesté m'avait promis. La surprise est frugale.

Pendant que le marquis d'Argens croquait son assiette de carottes, s'exécutant assez mal, tous les frères passèrent dans le second appartement.

— Frère grand inspecteur, dit alors le roi, qu'est devenu Phaleg ?

Le frère répondit:—Il est dans les déserts, cherchant par sa pénitence à apaiser la colère du ciel.

— Patriarches, mes frères, reprit le grand commandeur, allons à sa recherche. Espérons que le grand architecte de l'univers lui aura accordé son pardon.

Sur ces paroles, le grand commandeur, suivi de tous les chevaliers, fit le tour de la seconde pièce, qui n'avait aucune décoration, revint dans la première, en fit le tour également, sans avoir l'air de rien remarquer à cette promenade silencieuse.

Mais dans un second tour qui se fit avec la même gravité, le grand commandeur parut apercevoir la grotte; il y entra; il fit des gestes d'étonnement en découvrant le cercueil. Il le montra aux frères avec des signes d'intelligence; et tous se mirent à l'ordre.

En baissant les yeux, le grand commandeur aperçut à terre un bijou de chevalier prussien; il le ramassa, tandis que le grand inspecteur en ramassait un autre.

Frédéric chercha dès lors plus soigneusement; il vit dans le cercueil le candidat qui, après avoir mangé ses carottes, s'était étendu tout de son long; il le fit lever, en lui disant:

— Mon frère, mettez votre confiance dans la bonté du grand architecte de l'univers. Fiez-vous à lui; il vous conduira par des voies sûres au but où vous aspirez.

Le grand commandeur et tous les frères retournèrent ensuite dans la seconde pièce, dont ils fermèrent la porte.

Le grand introducteur était resté seul avec le candidat; il le prit par la main et alla frapper trois coups, auxquels trois coups pareils répondirent.

— Voyez qui frappe, dit le grand commandeur.

— C'est, répondit le frère introducteur, un enfant de Noé, parfait maçon, qui, après avoir fait pénitence, demande la faveur d'être admis parmi les patriarches noachites.

— Donnez-lui l'entrée, dit le grand commandeur. Consent-il à se dépouiller, dès ce moment et pour toujours, de toute ostentation et de tout orgueil?

— Je le promets, répondit d'Argens introduit.

— Que demandez-vous? reprit Frédéric.

— La faveur d'être admis parmi vous.

— Y consentez-vous, mes frères?

Tous les patriarches tirèrent de nouveau leurs épées, et les abaissèrent vers le candidat, en signe de consentement.

— Faites approcher le candidat de l'autel, dit le roi.

Le frère introducteur fit faire au candidat trois génuflexions du genou gauche et le conduisit à l'autel triangulaire.

— Mon frère, dit le grand commandeur, commencez par un acte d'humilité.

Il lui présenta le pommeau de son épée, que d'Argens baisa trois fois. Puis s'étant mis à genoux, les mains étendues sur l'autel, il prêta le serment en ces termes:

« Moi Jean-Baptiste de Boyer, marquis d'Argens, je promets et jure, *sous les peines portées dans mes précédentes obligations*, de ne jamais révéler les secrets des noachites ou chevaliers prussiens, à aucun frère d'un grade inférieur, ni à aucun profane, et à me soumettre aux statuts et réglements du grade, appelant sur moi là vengeance si j'y manque; ce dont me préserve le grand architecte de l'univers! »

Dès que ce serment fut achevé, le grand commandeur fit passer la truelle sur la tête du récipiendaire et lui dit:

— En vertu des pouvoirs dont je suis revêtu, et au nom du sublime conseil des chevaliers prussiens, je vous reçois chevalier noachite.

Sur quoi il lui donna le baiser de paix, lui communiqua, avec dignité et précision, les signes, attouchements et mots de passe, et reprit:

— Promettez-vous, foi de maître maçon, de garder les secrets que je vous ai confiés?

— Je le promets.

— Vous soumettez-vous aux trois obligations que je vais énoncer: 1° De ne jamais révéler à aucun des enfants d'Adam les mystères de notre ordre, à moins que vous ne les connaissiez pour maçons; 2° d'être officieux et compatissant pour tous les chevaliers de notre grade; 3° de ne souffrir jamais, *même au péril de votre vie*, qu'aucun homme porte le bijou de chevalier prussien, à moins qu'il ne se fasse reconnaître de vous comme tel?

— Je le jure et je m'engage sous serment à ces conditions.

Alors le grand inspecteur et le grand introducteur ôtèrent à d'Argens son habit, et lui mirent la veste, qui, avec sa haute taille, lui donnait un air très-singulier. On le fit asseoir, et le chevalier d'éloquence, qui était en effet Maupertuis, fit le discours historique.

« Les enfants de Noé, dit-il, nonobstant l'arc-en-ciel, qui était le signe de réconciliation que le Seigneur avait donné aux hommes, pour les assurer qu'il ne se vengerait plus d'eux par un déluge universel, résolurent toutefois de construire une tour assez élevée pour se mettre à l'abri d'un désastre nouveau. Ils choisirent pour cela une plaine nommée Sennaar, dans l'Asie. Dix ans après qu'ils eurent assis les fondements de cet édifice, et comme ils étaient déjà à une grande hauteur, le Seigneur, dit l'Ecriture, jeta les yeux sur la terre et vit l'orgueil des hommes. Pour les punir, il mit la confusion dans leurs langues; c'est pourquoi on appela cette tour Babel, qui veut dire confusion.

« Quelque temps après, Nemrod, qui a été le premier à établir des distinctions parmi les hommes, fonda, dans le même lieu, une ville qui pour cela fut appelée Babylone, c'est-à-dire enceinte de confusion.

« Ce fut dans la nuit de la pleine lune de mars que le Seigneur opéra la merveille de la confusion des langues. C'est en mémoire de cet événement que les noachites font tous les ans leur grande assemblée dans la pleine lune de mars, et leurs assemblées d'instruction tous les mois, le soir de la pleine lune, attendu qu'ils ne peuvent avoir d'autre lumière en loge.

« Les ouvriers de la tour de Babel ne s'entendant plus, furent obligés de se séparer. Chacun prit son parti; il le fallait bien. Phaleg, qui avait donné l'idée et le plan du bâtiment, et qui en avait dirigé les travaux, était le plus coupable. Il se condamna à une pénitence rigoureuse. Il se retira jusqu'au nord de l'Allemagne, dans des déserts où il ne trouva, pour toute nourriture, que des racines ou des fruits sauvages. »

— Voilà pourquoi, pensa d'Argens, on fait manger au récipiendaire des carottes; mais on pourrait encore le traiter plus mal.

« Phaleg vint, reprit le chevalier d'éloquence, dans cette partie de la Germanie qu'on nomme aujourd'hui la Prusse. Il construisit quelques cabanes pour se mettre lui et les siens à l'abri des injures du temps; il éleva aussi un temple en forme de triangle, et il s'y enferma personnellement, pour solliciter le pardon de son péché.

« Or, en l'an 553, en faisant des fouilles non loin d'ici, on déterra un édifice triangulaire, dans lequel se trouvait une table de marbre blanc. Toute cette histoire était écrite sur cette table en caractères hébraïques. A côté se trouvait un tombeau de pierre de grès, et une agate chargée de l'inscription suivante:

« Ici reposent les cendres du grand architecte de la tour de Babel; le Seigneur eut pitié de lui, parce qu'il était devenu humble. »

— Du moins on ne dira pas, interrompit Frédéric, en se penchant d'un air goguenard vers son voisin, que nous enseignons une morale de vanité.

« Tous ces monuments, poursuivit l'orateur, sont conservés chez Sa Majesté le roi de Prusse. L'épitaphe n'exprime pas le nom du grand architecte de la tour de Babel; mais la table de marbre le mentionne formellement; et elle nous apprend que Phaleg était fils d'Héber, fils d'Arpaxad, fils de Sem, fils aîné de Noé. »

Le discours historique étant fini, le grand commandeur fit donner une épée au récipiendaire et lui attacha le bijou de l'ordre en argent à la troisième boutonnière de la veste. Puis il ajouta:

— Quittez, mon frère, les ornements de maître; et portez comme nous l'humble tablier de compagnon.

D'Argens ôta ses gants et son tablier blanc et prit les gants et le tablier de peau jaune qu'on lui offrait.

— C'est, en effet, moins salissant, répondit-il, en admirant comme le roi avait tout prévu.

— Quelle heure est-il, frère grand'inspecteur? demanda alors Frédéric, en frappant un coup.

Le grand inspecteur répondit: — Il est l'heure du repentir; le soleil est levé.

— Puisque le soleil est levé, répliqua le grand commandeur, frères, le chapitre est fermé.

Il frappa trois coups; les deux surveillants répétèrent:

— Le chapitre est fermé.

Tous les chevaliers prussiens, se mettant à l'ordre, gémirent trois fois d'une voix lugubre: Phaleg!

Et comme il était neuf heures du soir, toute la société alla souper, après avoir déposé la veste et les insignes de patriarches.

— Avouez, dit tout bas d'Argens à Voltaire, auprès de qui il cheminait, regagnant le palais, avouez que c'est encore plus bête que le reste.

— N'importe, répondit l'autre, les chevaliers prussiens n'en seront pas moins fiers.

— Mais nous nous prêtons à ces folies; et puis nous combattons les cérémonies religieuses, qui sont si augustes et si imposantes.

— Ah! je vous vois venir, poltron! s'écria Voltaire en s'arrêtant; vous nous quitterez, je l'avais prévu; vous vous convertirez...

— Mais ce ne sera peut-être pas ce que je ferai de plus mal, répliqua froidement d'Argens.

— Et Maupertuis, ce rêveur, nous tournera aussi casaque; j'en suis sûr. Eh bien! quand si peu de têtes ont la force de nous suivre jusqu'au bout, il nous faut d'autres appuis. Avec ses stupidités, la maçonnerie au moins nous soutiendra.

— Mais, reprit d'Argens étonné, après un moment de silence; vous êtes donc Satan?

— Sous certains rapports, répondit Voltaire en riant, je ne dis pas non.

VII. — Le Comédien Franc-Maçon.

1ᵉʳ CITOYEN. Prends garde, citoyen Melon, tu trahis les secrets.

2ᵉ CITOYEN. C'est grand'chose que tes secrets!

3ᵉ CITOYEN. Des saloperies de secrets comme ceux-là, citoyen Rateau, j'en ai plein le dos. D'ailleurs la franc-maçonnerie est encore une invention des aristocrates et des avocats, avec leurs cordons et dorures à trois pointes. C'est encore plus bête que le carnaval, pour des Français qui ont reconquis leurs droits de l'homme et consenti à l'existence de l'Être suprême. Ça ne peut servir qu'à des conspirateurs.

Aneries révolutionnaires.

Voici autre chose.

Le comédien Morel, bien connu à Marseille où il joua quarante ans la comédie classique, faisait, sous la république et sous l'empire, la joie des enfants de cette ville, parce qu'il portait des bas rouges et qu'il se promenait dans les rues avec ses habits de théâtre. A la scène il jouait souvent les charges; hors de la scène il conservait de la gravité. On le regardait au reste comme un assez bon homme. Il dînait habituellement chez un petit traiteur voisin du théâtre. Par convention formelle, quoiqu'il mangeât toujours seul, on ne manquait jamais de lui mettre deux couverts, l'un pour lui, l'autre pour *le grand Architecte de l'univers*.

Avant de s'asseoir à table, il saluait son convive invisible; il lui servait le potage, après quoi il se servait; quand il avait absorbé son assiette, il prenait doucement celle du grand architecte de l'univers, et l'avalait très-dignement. Il servait au grand architecte le premier verre de vin, se versait le second, lui portait une santé, et dînait, partageant exactement toutes ses portions en deux, ne se servant jamais que le dernier, mais mangeant toujours la part de son convive à la suite de la sienne; au bout du dîner, sa bouteille vide, il prenait modestement le vin versé au grand architecte de l'univers, le buvait et s'en allait.

Qu'il fût seul ou entouré d'autres dîneurs, Morel ne se gênait point; il divertissait souvent les étrangers, qui le voyaient faire toutes sortes d'offres obligeantes et polies à une assiette devant laquelle on n'apercevait jamais personne.

A ceux qui demandaient si cet homme n'était pas fou, le traiteur répondait:
— Non, il est franc-maçon.

Il était arrivé à Morel, en 1799, à l'époque où l'on s'occupait de réorganiser en France la maçonnerie, une aventure assez fâcheuse pour l'ordre. Ce pauvre homme voyait dans la suppression des francs-maçons, qui avait eu lieu sous la Terreur, le plus grand délit de la révolution. Il ne parlait qu'en pâlissant de l'audace d'un écrivain qui avait traduit les loges sur la scène dans la comédie des *Francs-Maçons*. Il soupirait après le rétablissement de la société, où il avait occupé un grade très-éminent; car il était grand pontife ou sublime maçon écossais, dix-neuvième degré de la hiérarchie maçonnique.

Il regrettait amèrement les jours où il avait figuré en loge, voyant fièrement au-dessous de lui dix-huit grades.

Aussi, dès que le vent de la réorganisation souffla, il se mit en mouvement pour reconstituer son existence de dignitaire. Mais après les longs bouleversements qui venaient d'avoir lieu, si les simples maçons de *sept ans et plus* avaient déjà grande peine à se retrouver, les chevaliers *hors d'âge* étaient bien plus empêchés. Comment rassembler une loge de grands pontifes à Marseille? Deux mois de recherches ne lui avaient déterré que quatre membres; il en fallait douze pour composer une loge de perfection. On lui joua un tour indigne.

Des farceurs, qui savaient son embarras, et dont quelques-uns avaient été maçons du troisième degré, mais se moquaient alors de l'institution, vinrent le trouver solennellement et lui dirent, avec effronterie, qu'avant quatre-vingt-treize ils avaient eu la dignité de grands-pontifes; ils s'appuyèrent de quelques secrets que l'un d'eux avait accrochés dans la grande débâcle; ils lui demandèrent le rétablissement d'une loge dont ils lui offrirent la présidence.

Très-flatté de cette démarche, de l'honneur qu'on lui faisait, et du bonheur de s'appeler *le trois-fois-puissant*, qui est le titre officiel du président des loges de grands pontifes, Morel accepta; et comme il possédait le livre des formules, que les francs-maçons appellent *leur rituel*, il se mit à l'œuvre, fit préparer le temple, fit faire les costumes; et au bout de trois mois la loge s'installa. Il lui avait fallu tout ce temps pour les préparatifs spéciaux, et pour refaire l'instruction des nouveaux frères, à qui la curiosité donnait une forte dose de patience.

Sans doute qu'ils s'étaient attendus à plus de merveilles qu'on ne leur en donna; car il y en eut qui regrettèrent leur temps perdu et leurs dépenses; et des dépits éclatèrent comme on le verra. Mais nous devons procéder avec ordre.

La loge s'ouvrit un vendredi du mois de septembre. C'était une vaste salle tendue de bleu parsemé d'étoiles d'or. Morel, le trois-fois-puissant, vêtu d'une robe de satin blanc, portant sur le front un bandeau de velours bleu où étaient brodées en or douze étoiles, ayant un sceptre à la main, s'assit sur un trône bleu, surmonté d'un dais de même couleur. Au-dessus de sa tête pendait un transparent, où l'on avait peint le delta. Ce transparent, éclairé par une énorme lampe à trois becs, était la seule lumière du temple, le rituel n'en permettant pas d'autres. Tous les frères étaient vêtus de robes blanches; ils portaient tous le même bandeau que le trois-fois-puissant, mais lui seul avait le sceptre. Tous avaient aussi le cordon, placé de l'épaule droite à la hanche gauche; c'était un large ruban cramoisi, liseré de blanc, sur lequel étaient brodés les mots *Alpha* par devant, *Omega* par derrière, séparés par douze étoiles d'or. Au bout du cordon pendait ce que les maçons appellent le *bijou*; c'était un carré long doré, portant d'un côté la première lettre de l'alphabet grec et de l'autre côté la dernière.

Il n'y avait, selon le règlement de cette loge, qu'un surveillant, assis à l'ouest, à l'opposé du trois-fois-puissant. Il tenait à la main une étoile d'or au bout d'une baguette.

On voyait dans la loge une peinture qu'on appelle le tableau. C'était la représentation d'une ville carrée qui semblait descendre du ciel sur des nuages et se disposer à écraser un serpent à trois têtes. Le serpent se trouvait façonné en carton. La ville carrée avait douze portes, trois sur chaque face: on remarquait au centre un arbre qui portait douze sortes de fruits. En avant du tableau était une montagne haute de six pieds, construite en planches recouvertes de toile peinte comme au théâtre.

Après que les frères eurent admiré la dignité de leur temple, le trois-fois-puissant frappa douze coups avec son sceptre, et tout le monde s'étant assis, il dit:
— Fidèles et vrais frères (c'est ainsi qu'on parle aux maçons grands pontifes), quelle heure est-il?

On répondit:
— Il est l'heure prescrite
— Fidèles et vrais frères, reprit Morel, tout est Alpha, Omega et Emmanuel. Travaillons.

Sur quoi, le frère surveillant frappa douze coups à son tour avec son étoile et dit:
— Fidèles et vrais frères, la loge des grands

pontifes est ouverte. Faites l'applaudissement.

Chacun des assistants cria trois fois : — Alleluia !

Pour comprendre ce mélange de choses sacrées à des choses absurdes, il faut assister à toute la séance. Morel y déploya toute sa science et tout son savoir-faire.

Il avait pensé que le meilleur moyen de remettre tous les assistants sur la voie des bonnes doctrines, était de repasser toutes les instructions, en interrogeant le frère qu'il savait le plus solide. C'était un vieil armateur, qu'il interpella ainsi, avec la gravité convenable :

— Qui êtes-vous ?

— Grand pontife, ou sublime écossais, à qui rien n'est inconnu.

— Où avez-vous été reçu ?

— En un lieu qui n'a besoin, pour être éclairé, ni du soleil ni de la lune.

— Expliquez-vous là-dessus.

— De même que la loge de sublime écossais n'emprunte point de lumière extérieure pour être éclairée, de même le fidèle et vrai frère n'a besoin ni de richesse ni de naissance pour être admis en loge. Mais il doit faire preuve de son attachement à la maçonnerie, de son dévouement pour ses frères.

— Que représente le tableau de la loge ?

Une ville carrée avec trois portes à chaque face. Au milieu est un arbre qui porte douze espèces de fruits. La ville sur des nuages est suspendue au-dessus d'une autre ville détruite d'où sort un serpent à trois têtes.

— Expliquez-vous là-dessus.

La ville carrée représente la nouvelle maçonnerie, du titre de Sublime-Écossais; elle vient remplacer l'ancienne, qui est détruite, et elle écrasera le serpent à trois têtes qui est enchaîné.

— Comment la maçonnerie ancienne est-elle tombée en ruines, puisque ses liens sont indissolubles ?

— Cela fut ainsi décrété de tous temps; nous l'apprenons par saint Jean, que nous reconnaissons pour le premier maçon qui tint une loge de perfection.

— Où saint Jean dit-il cela ?

— Dans la Révélation ou Apocalypse, lorsqu'il parle de Babylone et de la Jérusalem céleste.

(Dans tous ces détails, remarquez qu'on se borne à transcrire scrupuleusement un procès-verbal et des pièces authentiques.)

— Que signifie, continua Morel, l'arbre qui est au milieu de la ville et qui porte douze espèces de fruits?—C'est l'arbre de vie placé là pour faire comprendre que c'est dans la loge sublime écossaise, parmi les grands pontifes, fidèles et vrais frères, qu'on trouve les douceurs de la vie ici-bas. Les douze espèces de fruits signifient que nous devons nous rassembler tous les mois en tenue pour nous faire part de nos mutuelles lumières et nous soutenir contre nos ennemis.

— Quelle étendue doit avoir la Jérusalem céleste, et combien de portes aura son enceinte ?

— Chacune des quatre faces aura trois portes comme au tableau ; l'étendue totale de la ville sera de douze mille stades. Les douze portes indiquent qu'on s'y rendra de toutes les parties du monde.

— Comment y parviendra-t-on ?

— En suivant des routes étroites et difficiles et en combattant les ennemis qui en défendent l'entrée.

— Pourquoi portez-vous ce bandeau ?

— Parce qu'on ne peut, sans ce bandeau, être admis dans les sublimes loges écossaises, et qu'il faudra le porter pour être admis dans la Jérusalem céleste, ainsi que saint Jean s'en est expliqué.

— Que signifient les douze étoiles que porte votre bandeau ?

— Elles représentent les douze anges qui gardent les douze portes de la Jérusalem céleste.

— Que faut-il entendre par la couleur bleue?

— La douceur, qui doit être le partage des fidèles et vrais frères.

— Quel âge avez-vous ?

— Je ne compte plus.

— Comment vous nommez-vous ?

— Fidèle et vrai frère.

Après cette réponse, il y eut un moment de silence. Le trois-fois-puissant reprit bientôt :

— Ce que vous venez d'entendre est une instruction. Pour achever de rappeler aux usages les frères dont tant d'années d'exil ont affaibli la mémoire, je vous ai ménagé aussi une réception.

Frère préparateur, continua Morel en s'adressant à l'un des assistants, allez prendre l'aspirant qui est du grade des rose-croix. Vous, frère expert, dit-il à un autre grand pontife, recueillez-vous.

Le frère préparateur entra dans une chambre voisine, où était l'aspirant, vêtu de la chasuble de rose-croix. Il l'amena à la porte du temple et frappa onze coups. Tous les frères étaient attentifs et reconnaissants de la bonne idée de Morel.

— On a frappé en chevalier rose-croix, dit le frère expert qui avait compté les onze coups.

— Voyez qui frappe ainsi, dit le trois-fois-puissant, et demandez ce qu'on veut.

— Frère préparateur, dit alors le frère expert, pourquoi frappez-vous ainsi ? qui est celui qui vous accompagne, et que cherche-t-il ?

— Je frappe, répondit le frère préparateur, pour présenter au trois-fois-puissant un chevalier rose-croix, qui désire, pour acquérir de nouvelles vertus, être admis au grade de sublime écossais.

— S'il en est ainsi, qu'il soit introduit pour être soumis aux épreuves.

On fit entrer alors le récipiendaire, chargé de sa chasuble de rose-croix, toute bariolée de hiéroglyphes. Le trois-fois-puissant l'interrogea aussitôt :

— D'où venez-vous, mon frère?

— De la Judée.

— Par quelle ville avez-vous passé?
— Par Nazareth.
— Qui vous a conduit?
— Raphaël.
— De quelle tribu êtes-vous?
— De celle de Juda.
— Qu'avez-vous appris dans vos voyages?
— A croire, à espérer, à aimer.
— Mon frère, ne croyez pas aux perfides insinuations des flatteurs; n'espérez pas dans ce monde un bonheur parfait; n'aimez pas les objets frivoles. Mais aimez nos cérémonies, détestez les traîtres et rompez avec eux. Le promettez-vous?
— Je le promets et je le jure.

Vous avez manifesté le désir de parvenir à la Jérusalem céleste. Une seule route y conduit. Un guide éclairé vous serait utile; mais ce serait nuire à votre mérite. Ne devez qu'à vous seul la gloire du succès; et choisissez le chemin qui vous séduira.

Aussitôt la voix du frère préparateur, qui avait disparu derrière un rideau, se fit entendre avec solennité, elle prononça ces mots:
— Qu'il gravisse la montagne, s'il veut parvenir à son but.

Pour arriver au sommet de la montagne de planches, qui était haute de six pieds, il y avait deux chemins, un chemin fleuri et un chemin raboteux. Il fallait, pour la leçon, qu'il prît le chemin fleuri; ce qu'il ne manqua pas de faire. Quand il l'eut parcouru en cinq ou six pas, il fut contraint de s'arrêter, la montagne étant coupée à pic en face du trois-fois-puissant.

— Que ne continuez-vous votre route, mon frère? lui dit Morel.
— Je ne puis aller plus loin.
— Le trois-fois-puissant frappa trois coups et s'écria:
— Fidèle surveillant, volez au secours de ce présomptueux, qui a pris la route fleurie, et montrez-lui comment on parvient à la perfection.

Le frère appelé monta aussitôt par le sentier difficile qui était opposé au premier, prit le récipiendaire par les deux mains, le fit descendre à reculons et le reconduisit à sa place.

— Frère imprudent, reprit Morel, vous avez choisi, pour arriver à la Jérusalem céleste, une route facile et jonchée de fleurs. La perfection ne peut s'acquérir ainsi. Vous marchiez vers un précipice affreux; votre perte était infaillible, si une main généreuse n'était venue à votre secours. Ce guide précieux vous a fait franchir des routes escarpées et vous a garanti des dangers qui vous entouraient. Mais ne croyez pas avoir surmonté toutes les difficultés; un ennemi puissant s'oppose à votre passage. Plusieurs avant vous ont succombé sous ses coups. Regardez; il est sous vos yeux et vous attend pour vous dévorer. Pour arriver jusqu'à moi, opposez-lui le bijou que vous portez.

Alors le serpent à trois têtes, qui était une machine prêtée par le théâtre, se mit à remuer la queue assez lourdement; il siffla de son mieux au moyen d'un sifflet que le trois-fois-puissant dirigeait avec une corde attachée à son pied; il agita ses trois têtes de carton. Le récipiendaire présenta son bijou de rose-croix; incontinent le monstre devint immobile; et le frère préparateur, reparaissant, fit marcher le nouveau frère sur le serpent.

— Vous avez atteint la perfection, s'écria Morel; vous avez dompté votre ennemi, dont les trois têtes vomissent trois venins. Prosternez-vous devant l'Eternel, qui vient de vous accorder la victoire.

Le récipiendaire fit trois génuflexions; et le trois-fois-puissant reprit encore:
— Mon frère, vous voyez sous vos yeux le plan de la Jérusalem céleste que vous désirez habiter. Un jour vous y serez admis. Remarquez sa vaste étendue; elle est ouverte à tous les peuples de la terre. L'arbre qui est au centre porte autant d'espèces de fruits que l'enceinte a d'ouvertures, pour marquer que chacun y trouvera la nourriture qui lui convient. Approchez, mon frère, et venez prendre l'engagement du grade sublime qui va vous être conféré.

Nous avons négligé de dire qu'il y avait devant le président, comme dans toutes les loges, un autel triangulaire sur une estrade de trois marches. Le frère admis fut conduit à l'autel par le frère préparateur, qui lui fit mettre le genou droit sur la troisième marche et la main droite sur le chapitre XXI de l'Apocalypse. Tous les frères s'étaient approchés. Le trois-fois-puissant posa sa main gauche sur la main étendue du récipiendaire; et de la droite qui tenait le glaive, il forma avec les glaives élevés de tous les membres présents, une sorte de berceau au-dessus de la tête du frère à genoux. C'est le berceau que les maçons appellent la *voûte d'acier*.

Dans cet appareil, le nouveau frère prononça ce serment:
— « Moi, Pierre Scœvola d'H......, de ma libre volonté, en présence du grand architecte de l'univers et des fidèles et vrais frères ici rassemblés, je jure sur ce livre sacré, *sous toutes les peines portées par mes précédentes obligations*, de garder religieusement le secret des sublimes écossais, tant envers les maçons des grades inférieurs qu'envers les profanes.

« Je promets de ne consulter dans mes liaisons d'amitié ni la naissance, ni le rang, de n'estimer les hommes qu'en raison de leur attachement à la maçonnerie, qui est la pratique des vertus civiles et morales, de protéger, accueillir et rechercher les vrais maçons, enfin de me montrer digne d'habiter un jour la Jérusalem céleste. Amen. »

Tous les assistants dirent trois fois: Amen. Puis le trois-fois-puissant, couvrant seul le récipiendaire de son glaive, le constitua grand pontife en disant:

— Je reçois votre serment, et convaincu que vous le tiendrez, je vous reconnais et vous proclame sublime écossais de la Jérusalem céleste.

Après ces mots, le digne Morel, posant son glaive sur la tête du nouveau frère, frappa douze coups de son sceptre sur le dit glaive; puis il mit bas les armes, embrassa le frère reçu, lui fit ôter la chasuble de rose-croix, lui fit revêtir une robe blanche avec les ornements du grade, puis lui donna les signes, mots et attouchements, lesquels consistent, savoir : le signe d'ordre, à élever perpendiculairement le bras droit vers le ciel, que l'on semble montrer avec le pouce et l'index, les trois autres doigts étant pliés, mais non fermés; le signe de reconnaissance, à tenir le bras droit horizontalement, les doigts demeurant comme au signe d'ordre; l'attouchement, à se mettre réciproquement (le frère qui tuile et le frère qui est tuilé) la main droite sur le front, en disant, le second : Alleluia; le premier : Louez le Seigneur, qui sont les mots sacrés; puis le second : Emmanuel; le premier : Dieu vous assiste; les deux ensemble : Amen, qui sont les mots de passe.

Après avoir ajouté que la réponse à l'âge demandé est pour les grands pontifes ou sublimes écossais, *je ne compte plus*, le trois-fois-puissant retourna à son trône, tous les frères à leurs siéges; on fit asseoir le nouveau venu; et le trois-fois-puissant ayant frappé trois coups demanda :

— Quelle heure est-il?

Le frère expert répondit :

— L'heure est accomplie.

— Alpha et Oméga, reprit Morel, réjouissons-nous, mes frères. Il frappa douze coups, le frère surveillant les répéta et dit en se levant :

— Fidèles et vrais frères, la loge des grands pontifes est fermée.

Sur quoi, la loge alla dîner, travail des mâchoires qui est la conséquence obligée de toute réunion maçonnique.

Morel était triomphant et superbe; ce qui ne l'empêcha pas, sous un costume moins imposant, de jouer Crispin, le soir même, dans le *Légataire universel*.

Mais au bout d'un mois il paya sa joie par une grande douleur. Quatre des plaisants qu'il avait admis dans sa loge avec un peu de légèreté, n'étaient pas même maçons. L'un d'eux était libraire. Dans l'espoir de retrouver ainsi les frais qu'ils avaient faits pour être initiés, ils publièrent une brochure qui se vendit rapidement, et qui révélait tous les secrets qu'on avait fait passer devant leurs yeux. Cette brochure était intitulée : *Une séance à la loge des grands pontifes, sous la présidence du père Morel, trois-fois-puissant, sublime écossais et artiste dramatique*; tout cela en toutes lettres.

Le Grand-Orient de Paris, qui se réorganisait, envoya l'ordre à tous les maçons de supprimer cette brochure; il interdit au pauvre Morel toute présidence de loge; il défendit pour dix ans à Marseille toute tenue de loge des grands pontifes. On fit comprendre au libraire qu'il ne fallait pas jouer avec la maçonnerie, de sorte qu'il n'osa pas réimprimer sa brochure épuisée; elle est devenue fort rare; nous avons suivi cette relation comme un procès-verbal, séchement et sans commentaire, vous laissant le soin d'apprécier les doctrines de ces pontifes.

Quant à Morel, il devint à moitié fou de son aventure. Comme preuve de cette assertion, on raconte que depuis, lorsqu'il était sifflé, il donnait en rentrant chez lui son souper à son chien et mangeait lui le souper du barbet. Quand il était mécontent de la manière dont il avait joué les pères ganaches, car on l'avait fait passer à ces rôles (terme de comédien), il faisait coucher son chien sur son lit et se couchait dessous comme indigne. On assure même qu'il y eut souvent, entre ces deux amis, des débats de politesse, et que le chien, dans ces circonstances, voulait à toute force coucher aussi sous le lit, à côté de son maître.

On parla un jour de remercier Morel du théâtre, parce qu'il était très-vieux. Mais après plus de quarante ans de services, il avait tellement habitué le public à le voir, que la majorité des abonnés demanda qu'il fût maintenu dans la troupe. Le directeur du théâtre, pour faire sa cour aux jeunes gens, annonça donc à Morel que non-seulement on le conservait, mais qu'au lieu de deux mille cent francs qu'il avait eus jusqu'alors pour appointements, on lui donnerait cent louis.

Le pauvre homme, habitué comme une machine à ses deux mille cent francs, ne vit qu'un dérangement dans l'offre qu'on lui faisait; il répondit qu'il désirait qu'on le gardât sans rien changer à son traitement; qu'il s'était habitué à le distribuer de manière à s'y reconnaître; qu'à son âge il ne pouvait plus se rompre la tête à faire de nouveaux calculs, et qu'il demandait à rester dans le cercle de ses *vingt et un cents francs* : c'était sa manière de s'exprimer. Comme on ne put lui faire comprendre qu'au delà de cette somme il trouvait encore trois cents francs dans les cent louis proposés, on lui laissa ses vingt et un cents francs, qu'il toucha jusqu'à sa mort, arrivée au commencement de la restauration; et cette puissance intellectuelle de la franc-maçonnerie continua de porter tous les jours ses toasts et d'offrir ses politesses en dînant, — au grand architecte de l'univers.

VIII. — Jacquemin au Grand-Orient.

C'est du Grand-Orient la merveille incomprise,
Où vous allez marcher de surprise en surprise.

P. LEBLANC, *Les Symboles maçonniques*.

Jacquemin Claes, sur l'honnête avis de son curé, abandonna donc sa dignité de maître, renonçant à cette pompe de Satan, qui est à la fois plus périlleuse qu'on ne pense et plus stupide encore qu'elle n'en a l'air. Mais vous allez voir comment un piége attire un autre piége, et comme il n'est pas bon d'avoir connu la mauvaise compagnie.

Jacquemin, revenu chez son père, se mit à faire du commerce. Pour l'apprendre autrement qu'à ses dépens, il se plaça dans une maison honorable de Tournay. Par son exactitude et sa bonne conduite, il gagna promptement la confiance de son chef, ou si ce mot ne vous va pas, de son patron. Il fut chargé bientôt de voyages importants, intéressé dans la maison, investi de pouvoirs; et il méritait l'estime qu'on faisait de lui, car il avait de la probité; et son ardeur était tempérée par une timidité rassurante.

En 1822, il avait gagné une petite somme assez ronde, soigneusement économisée par sa mère; il se décida à se marier. Il devait faire à l'automne le voyage de Paris, pour de nombreux recouvrements, mêlés de quelques achats; il comptait rapporter de là ses plus élégants présents de noces.

Il partit, l'esprit tranquille, le cœur en paix, comme un honnête garçon qu'il était. Il arriva sans accident, fit rapidement ses affaires; et il n'avait plus que deux jours à demeurer dans la grande ville, lorsqu'en passant sur le quai des Orfévres, il se rappela tout à coup le séjour qu'il y avait fait et sa réception à la loge des *Amis réunis*. Il lui vint, je ne sais comment, la capricieuse idée de savoir ce qu'étaient devenus ses anciens frères; il se dirigea vers le petit hôtel qu'il avait habité; mais il reconnut à l'enseigne qu'il avait changé de maître. Au même instant, il aperçut dans sa boutique le marchand de tabac, et il entra. Tout en achetant de mauvais cigares, il demanda à M. Guenaud s'il ne le reconnaissait pas?

— Mais attendez donc, répondit M. Guenaud, en rejetant sa tête en arrière, je crois qu'il me semble en effet que je pourrais bien vous avoir vu !... Tout juste, continua-t-il, en se remettant, c'est à vous que je dois le bonheur d'avoir été si vertement houspillé par ma femme, qui m'a fait planter là les bêtises des francs-maçons. Est-ce que vous en êtes encore?

— Non certainement, répliqua Jacquemin. J'ai donné ma démission le même jour que vous.

— Touchez là, dit le marchand, vous êtes un homme. C'était en vérité trop absurde. Est-ce qu'il y a des francs-maçons dans votre pays? Quoique je ne sache pas de quel pays vous êtes, vous devez être d'un pays quelconque.

— Je suis de Tournay. Il y a en effet des francs-maçons chez nous, qui font les mêmes singeries qu'ici. On les dit inoffensifs. Cependant n'est-ce pas quelque chose de louche qu'ils soient toujours en lutte avec le clergé?

— C'est plus que louche, c'est obscur. Et puis, que dites-vous de la sorte de défiance qu'ils inspirent aux villageois? la mauvaise renommée qu'ils ont chez les simples gens? Généralement il n'y a point de fumée sans feu. Je suis allé récemment dans le pays de ma femme, qui est Gonesse-au-bon-beurre; j'étais allé auparavant dans mon propre pays, qui est Longjumeau; j'ai vu que partout les paysans regardent encore les francs-maçons comme des sorciers. Pour moi qui ne le suis pas, je ne me suis point vanté d'avoir été de la clique. Je pense qu'il n'est jamais agréable d'être vu de travers.

— On a tout à fait les mêmes opinions dans nos contrées, reprit Jacquemin; et dernièrement il est même arrivé quelque chose de singulier à ce sujet.

Un paysan des environs de Tournay, cœur perverti, comme il y en a malheureusement quelques-uns en tout pays, se trouvant pressé d'un besoin d'argent, un mauvais plaisant s'avisa de lui dire qu'en se faisant recevoir franc-maçon, il deviendrait tout d'un coup riche. Mais, ajouta-t-il, vous risquerez votre âme. Le paysan savait bien que les francs-maçons passaient pour être en commerce avec le diable; il songea sans doute qu'il s'occuperait de son âme un peu plus tard; car il se résolut à tenter le chemin de fortune qui lui était présenté.

Il vint à Tournay, se promena sans rien dire devant le bâtiment où les maçons tiennent leur loge, l'examina d'un œil d'envie; puis il entra dans un petit cabaret voisin, et tout en buvant sa pinte de bière, il demanda au cabaretier ce qu'on faisait dans ce bâtiment.

— On y fait de la franc-maçonnerie, répondit l'autre, qui était aussi un goguenard, et il faut qu'il s'y passe de terribles choses; car toutes les fois qu'ils tiennent loge, s'ils entrent trente, ils ne sortent que vingt-neuf.

— Comment cela? demanda le paysan intrigué.

— C'est, répondit le cabaretier en baissant mystérieusement la voix, qu'on tue un homme à chaque assemblée. Tenez, comptez, les voici qui entrent.

Le paysan compta vingt-quatre personnes; et la porte s'étant refermée, il n'ajouta pas un mot. Il tomba dans une profonde méditation. Au bout d'un quart-d'heure, il demanda une autre pinte, et reprit : — Restent-ils longtemps là?

Il désignait la loge.

— Ce n'est pas grande assemblée aujourd'hui, répondit le cabaretier, fier de l'effet qu'il avait produit sur son homme, ils resteront une heure.

Le villageois, décidé à attendre, retomba de nouveau dans le silence.

Dès que les maçons sortirent, il les compta d'un œil ardent, et la porte s'étant refermée sur le vingt-troisième, parce que le surveillant restait pour remettre les choses en ordre : — Ils en ont vraiment tué un, dit-il. Mais quel profit ont-ils à cela?

— Oh! c'est une épreuve; celui qui la fait reçoit, dit-on, une bonne somme.

Le paysan paya ses deux pintes et s'en alla. Comme il était fin, il s'informa dans une autre maison de la demeure de l'un des principaux maçons; et il alla le trouver tout rondement.

— Je voudrais être reçu, monsieur, lui dit-il; j'ai besoin d'argent; je suis prêt à tout. On conte que vous tuez un homme à chaque séance; je ne recule pas pour cela, si cela me profite.

Le maçon, un peu surpris d'une pareille ouverture, voulut en réjouir ses frères.

— Nous avons assemblée samedi, dit-il au paysan; venez me voir au coucher du soleil. Je vous dirai si vous pouvez être reçu; mais aujourd'hui écrivez là-dessus votre nom et votre village.

Il lui présenta en même temps une tête de lettre chargée des hiéroglyphes de la maçonnerie. Le villageois ne savait pas écrire, mais il dicta son nom et avoua sa demeure.

Les maçons consentirent à s'amuser du personnage, qui vint exactement le samedi, à l'heure prescrite, fut conduit en loge, introduit les yeux bandés, et placé ensuite au milieu du temple, où il fut surpris de ne voir que des bourgeois et des chandelles. Il s'attendait un peu à voir le diable. On lui demanda s'il voulait être reçu maçon ; il répondit que oui ; s'il voulait vendre son âme, il répondit qu'il la vendrait pour dix ans ; s'il voulait tuer un homme, il répondit que cela dépendait du prix.

Alors on lui demanda quelle somme il voulait. — Il me faut six mille francs, répondit-il.

— Nous ne nous arrangerons pas, dit un maçon, car nous ne payons que trois mille francs par homme.

Pendant que ces mots se disaient, pour achever d'exciter le villageois, un frère apportait et remuait des corbeilles d'écus.

—Je tuerai donc deux hommes, dit le néophyte, car je veux six mille francs.

Les maçons commencèrent à trouver l'amateur un peu féroce. Ils le firent boire et l'enivrèrent, à quoi il se prêta de son mieux. Puis on le mit dans une voiture, sous prétexte d'épreuves ; on le reconduisit à sa maison. Le lendemain matin on prévint les autorités, qui firent savoir à l'ambitieux paysan qu'il était désormais surveillé. — Il n'en est rien arrivé de plus. Mais vous avouerez qu'il n'est pas très-doux d'être d'une société qui donne lieu à des opinions comme celles de ce malheureux enragé.

— Mais encore, monsieur, si vous n'êtes venu en loge que le jour où nous vous avons reçu, vous ne savez que peu de chose. Il faut connaître les doctrines. Voici par exemple, en opposition aux commandements de Dieu, les commandements de quelques loges :

> Adore ce que tu voudras;
> C'est ton affaire entièrement
>
> Serments de maçon tu tiendras ;
> Mais des autres fais librement.
>
> Tous les dimanches tu feras
> Ce qui te plaira seulement.
>
> Le Grand-Orient serviras,
> Si tu veux vivre sûrement.
>
> Dispute et meurtre empêcheras
> Entre maçons fidèlement.
>
> Dans tes amours éviteras
> Tout scandale publiquement.
>
> Aux frères nul tort ne feras
> Et ne leur nuiras nullement
>
> Jamais rien ne révèleras
> De nos secrets imprudemment
>
> Amour d'autrui ne troubleras
> En loge principalement.
>
> Le bien des frères n'envieras,
> Faisant tout délicatement......

Et je vois avec plaisir, poursuivit le marchand de tabac, que cette poésie-là ne vous plaît guère. Du reste, il est arrivé de nouvelles phases qui ajoutent à la joie que j'éprouve de n'être plus porte-tablier. Depuis 1815, la politique s'est jetée parmi les frères; plusieurs loges sont devenues des foyers de conspiration ; de sociétés secrètes permises, quelques-unes se sont faites sociétés secrètes prohibées. Il en est même qui se sont transformées en *ventes*.

— Qu'est-ce que vous entendez par là? demanda Jacquemin.

— Les *ventes* sont les loges des carbonari, attendu qu'une loge de carbonari s'appelle une *vente*, une *venta*; c'est un mot étranger. Là, c'est bien pis. On ne s'assemble que pour conspirer ; et je sais beaucoup de maçons qui n'étaient, comme dit la chanson, que des imbéciles, et qui se sont laissé entraîner dans le carbonarisme, où ce ne sera pas leur faute s'ils ne deviennent pas criminels, puisqu'ils doivent à leurs chefs l'obéissance absolue et passive.

— Mais, reprit Jacquemin étonné, me diriez-vous des nouvelles de vos anciens confrères, de ceux qui vous ont aidé à me recevoir ?

— Difficilement. Tous se sont dispersés : je crois que tous ont fait de mauvaises affaires. L'argent qu'on sème dans les loges ne produit rien de bon.

Il n'y a qu'une chose que je regrette, monsieur, reprit Guenaud, après un petit silence, c'est de n'avoir pas été admis, une fois du moins, dans les cérémonies du Grand-Orient.

— N'est-ce pas la chef-loge de la franc-maçonnerie?

— Si vous voulez. Toutefois, on ne s'y occupe que de la distribution des grades et insignes, de l'organisation des choses, de la fixation des mots d'ordre solennels, de la confection des diplômes, et on y donne continuellement de fort belles fêtes.

— Mais, reprit le Tournaisien, l'Eglise, qui repousse la franc-maçonnerie, en excepte-t-elle le Grand-Orient ?

— C'est probable, dit le marchand de tabac, puisqu'on y voit des personnages de la cour.

De singulières idées se heurtèrent dans la tête de Jacquemin, qui ne sentit pas l'absurdité des raisonnements du marchand de tabac, et qui ne tarda pas à sortir en songeant au Grand-Orient.

Il n'avait pas remarqué que pendant l'éloge du Grand-Orient par l'ancien frère Guenaud, un homme était entré dans la boutique pour allumer son cigare. Cet homme, convenablement vêtu, le suivit jusqu'au Pont-Neuf et l'accosta alors, en lui disant aussi :

— Vous ne me reconnaissez pas ?

— Mais, mais, mais, répondit Jacquemin, absolument comme le marchand de tabac, il me semble que je vous ai vu autrefois.

— En loge, frère ; vous ne remettez pas Félix, alors peintre, et aujourd'hui spéculateur ? Je suis bien charmé de vous revoir ; vous me rappelez tout un heureux temps ; et vous accepterez un petit verre.

— Je suis très-pressé, dit Jacquemin : je n'ai plus que deux jours à rester ici.

— Cinq minutes ne vous retarderont pas.

On était devant le café Dauphine ; le spéculateur avait l'air si décent, que Jacquemin céda.

— Comme vous êtes pressé, reprit Félix, après avoir demandé un demi-bol de punch, qu'il paya de suite très-délicatement, je ne veux pas vous retenir. Mais je me fais une fête de vous procurer à la volée le plaisir que désirait tant le marchand de tabac.

— Quel plaisir ? demanda Jacquemin.

— Le plaisir de voir le Grand-Orient, où je suis officier introducteur.

— Mais vous ignorez que je ne suis plus maçon.

— Qu'importe ! je ne vous offre qu'un spectacle. Il ne s'agit là ni d'épreuves, ni de serment ; vous n'aurez rien à dire ; vous vous bornerez à voir. Il se trouve qu'en ce moment il y a solennité. Du moins vous aurez joui du plus piquant spectacle et de la pompe la plus bizarre qu'on puisse voir à Paris. Vidons nos verres ; nous sommes à deux pas ; c'est l'affaire d'un quart-d'heure. Garçon, une voiture !

Jacquemin, comme nous l'avons dit déjà, était timide et faible ; il était de plus un peu curieux. Des sentiments divers se débattaient dans son esprit. Félix ne lui laissa pas le temps de se reconnaître. Les gens qui, à Paris surtout, n'ont pas la décision prompte, les gens qui ne savent pas dire non, doivent s'attendre à être menés. Jacquemin fut enlevé, mis en fiacre et conduit plus loin qu'il ne devait penser, car la course dura dix minutes, pendant lesquelles son ancien frère acheva d'enflammer sa curiosité et de gagner sa confiance.

On s'arrêta enfin devant une maison de bonne apparence ; on monta au premier étage ; on entra dans un petit salon bien meublé. — Réjouissez-vous, dit Félix, nous voici à la porte du grand temple. Vous n'aurez à remplir qu'une seule cérémonie, qui est de rigueur ; c'est de revêtir une robe comme la mienne.

L'introducteur tira d'une armoire deux robes d'avocat ; il avait sonné, deux domestiques en grande livrée entrèrent. Félix ôta son habit, sa montre, sa bourse, qu'il remit au valet de chambre venu pour lui, et que celui-ci plaça soigneusement dans l'armoire. Mais en même temps, voyant que Jacquemin endossait sa robe par-dessus son habit de ville, il lui dit en riant, avec une bonhomie qui ne permit pas la défiance.

— Mais vous ne pouvez pas entrer ainsi. Les maréchaux et les princes qui viennent d'être introduits ne sont pas plus exempts que nous de la formalité exigée. Il faut ôter seulement votre habit et vous dépouiller de tout métal. Si vous avez des clefs, une montre, quelque argent, mettez tout cela avec ma défroque ; c'est l'usage.

Jacquemin n'osa ni hésiter, ni reculer. Il fit comme ceux qui se montrent braves lorsqu'il ne leur est plus possible de trouver une autre issue ; il déposa son habit, sa montre, sa bourse, qui contenait deux mille francs en or. Son portefeuille, où il avait ses recouvrements en papier, montant à une quarantaine de mille francs, était dans une poche intérieure de son gilet ; il l'y laissa ; d'ailleurs, il ne contenait d'autres métaux qu'un crayon. Il endossa la robe ; et il fut introduit dans un second salon, fort propre aussi. Félix lui demanda la permission de le laisser un moment seul pour l'annoncer ; puis il ouvrit une petite porte et disparut.

Alors seulement Jacquemin put se recueillir ; alors seulement, se retrouvant seul avec lui-même, il put se demander s'il ne faisait pas des extravagances ? s'il avait besoin de voir le Grand-Orient ? s'il n'avait pas été bien faible ? s'il devait se fier à Félix ? s'il ne s'exposait pas à mille périls ? Il put songer tout à son aise, car un quart d'heure se passa sans que le silence où on le laissait fût interrompu. Il prit enfin une résolution :

— Il est possible que je fasse mal, dit-il ; je dois oser me montrer ce que je suis et refuser de mettre le pied dans ce qu'ils appellent le temple.

Il tourna donc la clef du premier salon pour reprendre ce qu'il y avait déposé, remettre son habit et partir ; mais la porte se trouvait fermée.

Il se dirigea vers celle que Félix avait prise pour aller au temple ; elle était fermée aussi.

La pièce n'avait pas d'autre issue. Une seule fenêtre donnait sur une cour déserte.

— Serais-je pris par des filous, se demanda-t-il, ou par des maçons qui veulent me punir d'avoir abandonné l'ordre ?

Il ressentit une petite terreur inquiète ; et voyant le cordon d'une sonnette, il le tira. Des pas bientôt se firent entendre ; quelqu'un vint, qui tourna la clef dans tous les sens et ne put ouvrir la porte.

— Est-ce vous qui avez sonné ? dit une voix.

— Oui, c'est moi ; ouvrez.

— Mais je ne le puis ; vous êtes enfermé.

— Je suis enfermé en dehors.

— C'est vrai, dit la voix, qui était celle d'un concierge. Il tira un petit verrou qu'on avait poussé sans bruit, et il entra. Surpris de voir un avocat à l'air effaré, seul dans le salon : — Qui êtes-vous ? lui demanda-t-il.

— Je suis Jacquemin.

— Je ne connais pas Jacquemin. Comment vous trouvez-vous ici ?

— J'y suis venu avec M. Félix.

— Je ne connais pas M. Félix.

— C'est l'officier introducteur.

— Quel introducteur ?

— L'introducteur du Grand-Orient. Ne sommes-nous pas ici au Grand-Orient ?

— Ni à l'Orient, ni à l'Occident ; vous êtes dans un hôtel garni.

— Mais qui occupe cet appartement ?

— Trois messieurs, qui n'y sont que d'hier.

— Enfin, dit Jacquemin, je suis fait ; et jetant sa robe, il ouvrit l'armoire de la première pièce :

— J'ai laissé là, dit-il, mon habit, ma montre et ma bourse.

Il pâlit en reconnaissant que l'armoire était vide.

— Il me semblait bien, dit le portier, comprenant enfin, que ces messieurs étaient trois voleurs. Vous devez rester, monsieur, pour ma décharge. Marie, cria-t-il par la fenêtre, va chercher le commissaire.

Le pauvre Jacquemin, en manche de chemise, aida le concierge à visiter l'appartement, qui consistait en quatre pièces; ils eurent bientôt reconnu que les locataires avaient tout dévalisé de leur mieux. Dans sa détresse, le Tournaisien remercia Dieu du bonheur qu'il avait eu de sauver son portefeuille, dont la perte eût été sa ruine entière. Il fut obligé de conter au commissaire toute son histoire. Le magistrat vit bien qu'il n'avait devant lui qu'une honnête victime; il la fit reconduire en fiacre à son hôtel; car, il ne pouvait même lui laisser la robe d'avocat, qui devait être jointe comme pièce au procès-verbal.

Quand Jacquemin, de retour à Tournay, dit son malheur au bon curé dont il ne s'était peut-être pas souvenu assez tôt: — C'est une seconde leçon que vous eussiez pu éviter, lui répondit le vieillard. Mais remerciez Dieu de n'y avoir perdu que votre argent.

Dans l'histoire que vous venez de parcourir, vous avez vu, du moins, le côté grotesque de la franc-maçonnerie; et vous avez pu en juger les aspects coupables.

Nous croyons devoir rapporter encore deux pièces intéressantes.

F∴ M∴

Initiation au grade de chevalier de l'Asie.

« On prépare, dans une maison de campagne écartée, un caveau lugubre et une chambre tendue de noir. Les frères qui reçoivent le nouveau venu sont au nombre de cinq. Aussitôt qu'il arrive, on l'enferme dans une chambre de réflexion, décorée lugubrement et où se trouvent plusieurs emblèmes relatifs aux droits de l'homme et aux crimes commis par la tyrannie et par le fanatisme. Des questions lui sont proposées par écrit sur ces objets, et on attend ses réponses pour voir s'il est digne de l'honneur auquel il aspire. Les réponses étant satisfaisantes, on lui bande les yeux, on lui lie les mains, on lui met la corde au cou; il est nu-tête, et il a pour tout vêtement une robe blanche teinte de sang; tous les frères sont en deuil. Une musique funèbre se fait entendre. Le récipiendaire subit différentes épreuves physiques, et les frères le repoussent tour à tour avec le plus grand mépris. Finalement, il est introduit dans le caveau, éclairé seulement par la flamme bleuâtre d'un vase rempli d'esprit de vin. Là se trouvent un squelette, différents ossements et un cadavre couvert d'un drap mortuaire. De nouvelles questions sont adressées au candidat; et tous les frères lui mettent le glaive sur le cœur, prêts à le percer. On saisit sa main droite, et on la pose sur le cadavre : de sa gauche il touche les statuts de l'ordre, et, dans cette attitude, on lui fait prêter le serment suivant :

« Je jure par tout ce que j'ai de plus sacré, par les statuts du grade auxquels je m'engage, de m'y conformer en tout temps et en tous lieux, et, au péril de ma vie, de garder avec une fidélité à toute épreuve les secrets qui me seront confiés par cet illustre conseil. Je jure de coopérer à la destruction des traîtres et des persécuteurs de la franc-maçonnerie, de les écraser par tous les moyens qui seront en mon pouvoir. Je jure haine éternelle à la servitude, aux oppresseurs de l'humanité et de la saine philosophie; de reconnaître comme le fléau du malheureux et du monde les rois et les fanatiques religieux, et de les avoir toujours en horreur. Je jure de ne jamais me faire connaître comme chevalier de l'Asie qu'à celui qui possède ce grade; je jure de prêcher partout où je me trouverai les droits de l'homme, et de ne suivre d'autre religion que celle que la nature a gravée dans nos cœurs; je m'engage à la répandre sur les deux hémisphères. Je jure de ne jamais admettre à ce grade aucun individu couronné ou régnant, aucun ecclésiastique, ni aucun homme qui ne soit maçon et initié régulièrement dans le grade de kadosch, et qui n'ait toutes les qualités requises par les statuts du grade des chevaliers de l'Asie. Je jure obéissance sans restriction au chef de ce conseil ou à celui qui le représentera. Je jure de ne reconnaître aucun mortel supérieur à moi, et de travailler de toutes mes forces à établir la liberté et l'égalité parmi les hommes, de ne voir dans les hommes que les enfants d'une même famille dont Dieu seul est le souverain. Que toutes les épées tournées contre moi s'enfoncent dans mon cœur, si jamais j'avais le malheur de m'écarter de mes engagements, pris de ma pleine et libre volonté. Ainsi soit-il. »

« Dès que le candidat a prononcé ces paroles, on le délivre de ses liens, on lui arrache son bandeau et on lui ordonne d'examiner tout ce qui l'entoure. Tous les frères se jettent de nouveau sur lui: on lui ouvre une veine et on lui fait écrire de son sang ce même serment au grand livre de l'architecture et de la correspondance secrète. Après cela, le grand maître lui dit : Toi que le ciel envoie sur la terre pour amener le bonheur parmi les hommes, ton courage et ta fermeté méritent notre estime; nous te créons à perpétuité chevalier de l'Asie. Sois discret et n'oublie jamais les engagements que tu as contractés parmi nous. »

« Ces cérémonies sont suivies de réjouissances. On complimente le nouveau chevalier, on lui jette des fleurs, on s'embrasse, on danse au bruit d'une musique gaie et légère. L'initié reprend ses habits et met par-dessus une robe noire, en mémoire de la mort de Jacques Molai. Alors commencent les travaux dans une chambre où tout respire le deuil. Le grand maître siège sur un trône couvert d'une étoffe noire. Devant lui, sur la table également couverte d'un tapis noir, sont deux épées en croix. Au milieu de la chambre est un tombeau, éclairé par trois vases d'esprit de vin allumé. Alors a lieu une sorte de catéchisme ou d'instruction par demandes et par réponses.

« Entre autres questions du grand maître, on remarque celle-ci : — A quelle époque sommes-nous ? — Rép. A la régénération du monde.

« A la clôture, le grand maître prononce les mots suivants : « Mes frères, retirons-nous ; allons éclairer les hommes et exterminer les serpents qui régissent l'ignorance humaine.

« La décoration du chevalier de l'Asie est un large sautoir noir, liséré de blanc, au milieu duquel sont brodées les lettres initiales de Jacques Molai, entourées de six larmes. Au bas du sautoir est le bijou ; c'est un poignard traversant un cœur. La parole du grade est *Melchisedech* ; le mot de passe *Synedrion*, mot grec qui signifie *conseil, assemblée*. Le signe consiste à tirer la main droite en arrière, comme si on voulait enfoncer un poignard dans le ventre de quelqu'un. L'attouchement se fait en mettant d'abord la main sur le cœur, en se donnant ensuite mutuellement un fort coup dans la main droite, en disant : « Sauvons le genre humain opprimé. »

(*Journal historique et littéraire à Liége*. Janvier 1841.)

Installation à Bruxelles de la loge maçonnique *le Travail*.

« Le 17 août 1840, à deux heures de relevée, les frères de la loge *le Travail*, qui étaient en instance pour se faire agréger au Grand-Orient de Bruxelles, se réunirent au Parc, dans le local provisoire du Waux-Hall, sous le maillet du très-illustre frère de Wargny, vénérable. Quarante frères, dont trente-huit maçons et deux apprentis, répondirent à l'appel. Deux frères étaient absents pour affaires profanes indispensables. Aussitôt furent introduits les frères visiteurs et les députations de différentes loges, ainsi que les trois commissaires installateurs, chargés par le Grand-Orient de constituer la nouvelle loge et de lui donner ses pouvoirs. Ces trois commissaires étaient les très-illustres frères Defrenne, Wouters et Leroy. L'assemblée se composait en tout de quatre-vingt et une personnes. Deux loges de Bruxelles n'avaient pas accepté l'invitation de la nouvelle, et n'y étaient pas représentées. Les deux grands maîtres du rit écossais, les illustres frères Walter et Stevens, n'avaient pu venir, à cause de quelques affaires profanes. Quant au sérénissime grand maître de l'ordre, le frère de Stassart, il était en ambassade à Turin ; et son représentant, l'illustre frère Verhaegen, était à Paris. A cela près, la réunion était belle, gaie et contente.

« La loge *le Travail* existait provisoirement depuis neuf mois. Pour être reconnue et installée par le Grand-Orient, il fallait qu'elle commençât par fermer son temple et ses travaux, par mourir en quelque sorte. Cette cérémonie a lieu d'une manière ingénieuse et fort simple. Tous les frères éteignent successivement leurs étoiles, c'est-à-dire leurs chandelles, et le vénérable souffle la sienne le dernier. Tout est dit alors ; la loge est morte.

« Immédiatement après commencent les travaux du Grand-Orient, les cérémonies de la résurrection, de la vie. Les commissaires installateurs vont d'abord *tuiler* chacun des membres présents, c'est-à-dire les passent en revue, examinant sévèrement s'ils sont vraiment maçons, et si les frères députés et visiteurs ont le mot d'ordre annuel. Cela fait, et tout ayant été trouvé en règle, le premier des trois commissaires, qui a le titre de président, fait donner lecture des pouvoirs qui leur sont accordés par le Grand-Orient et des lettres de constitutions. Ces lettres portent expressément que le Grand-Orient agit sous la protection spéciale de sa majesté Lépold 1er, roi des Belges. Elles confèrent à la nouvelle loge le pouvoir de se livrer aux travaux de l'art royal. Ensuite le président ayant reçu de chaque frère séparément la promesse de fidélité et d'obéissance au Grand-Orient, procède aux cérémonies de l'installation et de la résurrection. Cela se fait ainsi :

« Le président se procure du feu en battant le briquet, allume une étoile vierge, c'est-à-dire une chandelle neuve ; celle-ci communique la flamme à deux autres étoiles vierges. Puis il annonce, le plus sérieusement et le plus gravement qu'il lui est possible, que la loge est installée. Ces paroles se répètent trois fois ; et on y répond par trois applaudissements. Le président ouvre alors la porte du temple, et s'écrie : « Loin d'ici, profanes ! ce lieu est consacré au grand architecte de l'univers. » Il referme le temple ; encore trois applaudissements. Tous les frères se donnent la main et forment la chaîne ; le président leur communique le mot annuel, on rouvre le temple, et tous les frères y entrent. Puis le président prononce un discours.

« Le très-illustre frère Defrenne, chargé de présider, parla longuement. Vu son âge, sa qualité et sa longue expérience, il prit la liberté de donner quelques leçons aux novices, et c'est à eux surtout qu'il s'adressa. Il leur recommande, entre autres vertus, une discrétion rigoureuse et un courage à toute épreuve. « La discrétion, dit-il, parce que la durée de notre existence maçonnique dépend de la conservation rigoureuse de nos secrets ; et le courage, pour se moquer du diable et de l'enfer... Combien n'en a-t-on pas vu, ajoute-t-il tristement, abjurer au lit de la mort, par crainte des tourments de l'enfer, le titre de maçon, plus efficace, d'après moi devant le trône des miséricordes, que des prières salariées ? » Il fait observer que le courage est indispensable à tout initié, et que c'est pour voir s'ils ont du courage qu'on soumet les candidats à diverses épreuves physiques ; qu'on leur bande les yeux, qu'on les tire, qu'on les houspille, qu'on les introduit dans des caveaux faiblement éclairés par quelque lueur satanique, qu'on présente tout à coup à leurs regards étonnés des cadavres, des squelettes, qu'on se jette sur eux le poignard à la main, qu'on les tourmente enfin par toutes sortes de fantasmagories et de diableries, le tout pour s'assurer qu'ils sont hommes à se rire plus tard du diable en personne....

« Après le discours où l'on dit encore que la maçonnerie ne s'occupe pas de politique, tout en s'occupant chaudement de l'instruction publique, des élections, des moyens d'entraver l'action du clergé, les trois illustres commissaires installateurs vont s'asseoir, et les travaux du Grand-Orient sont fermés. La nouvelle loge est constituée; c'est elle qui entre en fonctions. Le vénérable se lève, remercie les commissaires, les députés du Grand-Orient et des diverses loges étrangères, les frères visiteurs, et accorde la parole au frère orateur. Celui-ci prononce un discours où il considère la franc-maçonnerie comme une œuvre de propagande et de haute moralisation. Le discours est suivi d'une prière à l'Éternel, avec accompagnement de piano. La maçonnerie y célèbre son triomphe sur Rome et sur l'Église catholique.

« Cependant il est tard, et, en dépit de la joie et des plus douces émotions, on s'aperçoit finalement qu'on a faim. Les frères maîtres des cérémonies viennent annoncer que le dîner est servi. L'assemblée ne se le fait pas dire deux fois, elle se rend, en défilant sur deux colonnes, dans la salle du banquet, où la table est dressée en forme de fer à cheval. La réunion se trouve accrue. Le tracé, autrement dit procès-verbal, ne comptait que quatre-vingt-un frères dans la salle d'installation; il en compte cent autour des plats et des bouteilles. Musique, appétit, chansons, toasts, santés, etc. »

(*Journal historique et littéraire*. Mars 1841.)

FRANK (CHRISTIAN), visionnaire qui mourut en 1590 ; il changea souvent de religion, ce qui le fit surnommer *Girouette*. Il croyait la religion japonaise meilleure que les autres, parce qu'il avait lu que ses ministres avaient des extases.

FRANK (SÉBASTIEN), autre visionnaire du seizième siècle, sur la vie duquel on a peu de données positives, quoiqu'il ait dans son temps excité l'attention du public. Il donna en 1531 un traité de l'*Arbre de la science du bien et du mal, dont Adam a mangé la mort, et dont encore aujourd'hui tous les hommes la mangent*. Le péché d'Adam n'est selon lui qu'une allégorie, et l'arbre que la personne, la volonté, la science, la vie d'Adam. Frank mourut en 1545.

On a encore de lui une traduction allemande de l'*Eloge de la folie*, par Érasme : le *Traité de la vanité des sciences*, et l'*Eloge de l'âne*, traduit d'Agrippa, en allemand ; *Paradoxa* ou *deux cent quatre-vingts discours miraculeux*, tirés de l'Écriture sainte, Ulm, 1533, in-8°. *Témoignage de l'Ecriture sur les bons et les mauvais anges*, 1535, in-8°, etc. N'était-il pas le père du précédent ?

FRANZOTIUS, auteur d'un ouvrage intitulé : *De la divination des anges*, in-4°. Francfort ou Venise, 1632.

FRAYEUR. Piron racontait souvent qu'il avait environ dix ans, lorsqu'un soir d'hiver, soupant en famille chez son père, on entendit des cris affreux qui partaient de chez un tonnelier voisin ; on alla voir ce que c'était. Un petit garçon, transi de peur, conduisit les curieux dans la chambre d'où venaient les cris, qui redoublèrent bientôt.

Ah ! messieurs, dit le tonnelier tremblant, couché en travers sur son lit, daignez au plus tôt faire appeler un chirurgien, car je sens que je n'ai pas longtemps à vivre.

Le père de Piron, après avoir chargé un domestique de remplir les intentions du prétendu malade, s'étant approché de lui, et l'ayant interrogé sur la cause de sa maladie :

Vous voyez, mon cher voisin, répondit le tonnelier, l'homme le plus misérable ! Ah ! maudite femme ! on m'avait bien dit que les liaisons avec la plus détestable sorcière de la Bourgogne, ne tarderaient guère à m'être fatales....

Ces propos faisant soupçonner que la tête de cet homme était dérangée, on attendit que le chirurgien fût arrivé.

Monsieur, s'écria le tonnelier, lorsqu'il le vit entrer, j'implore votre secours, je suis un homme mort !

Sachons d'abord, lui dit le chirurgien, de quoi il s'agit.

Ah ! faut-il que je sois forcé, en vous disant d'où partent mes douleurs, de déshonorer ma femme même ! répondit le pauvre homme. Mais elle le mérite, et, dans mon état, je n'ai plus rien à ménager. Apprenez donc qu'en rentrant chez moi ce soir, après avoir passé deux heures au plus chez le marchand de vin du coin, ma femme, qui me croit toujours ivre, m'ayant trop poussé à bout, je me suis vu forcé, pour pouvoir me coucher en paix, d'être un peu rude à son égard ; sur quoi, après m'avoir menacé de sa vengeance, elle s'est sauvée du logis ; je me suis déshabillé pour gagner mon lit ; mais au moment d'y monter... Dieu ! la méchante créature ! une main, pour ne pas dire une barre de fer, plus brûlante qu'un tison, est tombée sur ma fesse droite, et la douleur que j'en ai ressentie, jointe à la peur qui m'a saisi, m'a fait manquer le cœur au point que je ne crois pas y survivre !.... Mais vous en riez, je crois ? eh bien ! messieurs, voyez si toute autre main que celle de Lucifer même pût jamais appliquer une pareille claque !

Au premier aspect de la plaie, de sa noirceur et des griffes qui semblaient y être imprimées, la plupart des assistants furent saisis, et le petit Piron voulut se sauver. Mais on rassura le malade sur les idées qu'il avait conçues, tant contre sa femme que contre la prétendue sorcière ; le chirurgien lui appliqua les remèdes convenables : on le laissa un

DICTIONN. DES SCIENCES OCCULTES. I.

peu dans son effroi, ce qui le corrigea légèrement de son ivrognerie.

Ce remède avait été employé par la femme (au moyen d'un parent qu'elle avait fait cacher dans la maison), pour corriger l'intempérance du tonnelier.

FRÉDÉRIC-BARBEROUSSE. Nous ne voulons pas juger ici cet empereur. Nous nous bornons à rapporter sa légende ; nous la prenons dans les curieuses recherches que la *Quarterly review* a publiées sur les traditions populaires.

Dans les siècles de la chevalerie, une immortalité romanesque fut souvent décernée aux hommes supérieurs, par la reconnaissance ou l'admiration populaire. Ceux qui avaient vu leur chef ou leur roi dans sa gloire, après une bataille où sa bravoure le distinguait encore plus que sa couronne, ne pouvaient se faire à l'idée de le voir mourir comme le dernier de ses soldats. Le rêve d'un serviteur fidèle et la fiction d'un poëte, d'accord avec la pompe des funérailles, avec l'intérêt d'une famille, avec la crédulité du peuple, tout concourait à prolonger au delà de la tombe l'influence du héros. Peu à peu les honneurs rendus à sa cendre devenaient le culte d'un demi-dieu qui ne pouvait être sujet à la mort. Achille reçut des Grecs cette apothéose. De même les Bretons attendirent longtemps le réveil d'Arthur assoupi à Avalon ; et, presque de nos jours, les Portugais se flattaient de l'espoir que le roi Sébastien reviendrait réclamer son royaume usurpé.

C'est ainsi que les trois fondateurs de la confédération helvétique dorment dans une caverne près du lac de Lucerne. Les bergers les appellent les *trois Tell*, et disent qu'ils reposent là, revêtus de leur costume antique ; si l'heure du danger de la Suisse sonnait, on les verrait debout, toujours prêts à combattre encore pour reconquérir sa liberté.

Frédéric-Barberousse a obtenu la même illustration. Lorsqu'il mourut dans la Pouille, dernier souverain de la dynastie de Souabe, l'Allemagne se montra si incrédule à sa mort, que cinq imposteurs, qui prirent successivement son nom, virent accourir autour de leur bannière tous ceux qui avaient applaudi au règne de Rodolphe de Hapsbourg. Les faux Frédéric furent successivement démasqués et punis ; cependant le peuple s'obstinait à croire que Frédéric vivait, et répétait qu'il avait prudemment abdiqué la couronne impériale. C'est un sage, disait-on ; il sait lire dans les astres : il voyage dans les pays lointains avec ses astrologues et ses fidèles compagnons, pour éviter les malheurs qui l'auraient accablé s'il fût resté sur le trône ; quand les temps seront favorables, nous le verrons reparaître plus fort et plus redoutable que jamais.

On citait à l'appui de cette supposition des prophéties obscures, qui annonçaient que Frédéric était destiné à réunir l'Orient à l'Occident ; ces prophéties prétendent que les Turcs et les païens seront défaits par lui dans une bataille sanglante, près de Cologne, et qu'il ira reconquérir la terre sainte. Jusqu'au jour fixé par le destin, le grand empereur s'est retiré dans le château de Kiffhausen, au milieu de la forêt d'Hercynie ; c'est là qu'il vit à peu près de la vie des habitants de la caverne de Montésinos, telle que Cervantès nous l'a décrite. Il dort sur son trône ; sa barbe rousse a poussé à travers la table de marbre sur laquelle s'appuie son bras droit, ou, selon une autre version, ses poils touffus ont enveloppé la pierre comme l'acanthe enveloppe un chapiteau de colonne.

On trouve en Danemark une variante de la même fiction, arrangée d'après la localité, où il est dit que Holger Dansvre, dont les romans français ont fait Ogier le Danois, est endormi sous les voûtes sépulcrales du château de Cronenbourg. Quelqu'un avait promis à un paysan une forte somme s'il osait descendre dans le caveau et y rendre visite au héros assoupi. Le paysan se laissa tenter ; au bruit de ses pas, Ogier, à demi renversé, lui demanda la main ; le paysan présenta à Ogier une barre de fer. Ogier la saisit et y laissa l'empreinte de ses doigts.—C'est bien ! ajouta-t-il, croyant avoir pressé le poignet de l'étranger et éprouvé sa force. C'est bien, il y a encore des hommes en Danemark.

Cela dit, Ogier retomba dans son sommeil.

Frédéric-Barberousse aime la musique et il l'écoute volontiers. Il y a quelques années qu'une troupe de musiciens ambulants crut faire une bonne œuvre en donnant une sérénade au vieil empereur. Se plaçant donc sur son rocher tumulaire, ils se mirent à exécuter un air de chasse, au moment où l'horloge de l'église de Tilleda sonnait minuit.

A la seconde aubade, on vit des lumières autour du rocher, étincelant à travers les feuilles du taillis et illuminant les troncs gigantesques des chênes. Bientôt après, la fille de l'empereur s'avança gracieusement vers les musiciens ; elle leur fit signe de la suivre ; la roche s'ouvrit, et les artistes entrèrent dans la caverne en continuant leur concert. On les reçut à merveille dans la chambre impériale, où ils jouèrent jusqu'au matin. Frédéric leur adressa un sourire plein de douceur, et sa fille leur offrit à chacun une branche verte. Le cadeau était un peu trop champêtre pour des artistes modernes, qui n'avaient peut-être pas entendu dire que les vainqueurs des jeux olympiques ne recevaient d'autre récompense qu'une couronne de laurier. Mais, tout en trouvant qu'on payait mal la bonne musique chez le défunt monarque, leur respect pour sa sépulcrale majesté les empêcha de refuser. Ils s'en allèrent sans murmurer, et quand ils se virent de nouveau en plein air, tous, à l'exception d'un seul, jetèrent dédaigneusement les rameaux qui leur avaient été si gracieusement donnés par la fille de l'empereur. Le musicien qui conserva son rameau ne l'emportait chez lui que comme un souvenir de cette aventure. Mais, lorsqu'il fut près de sa maison, il lui sembla que la branche devenait plus lourde dans sa main : il regarde, et voit chaque feuille briller d'un éclat métallique..... Chaque feuille était changée en un ducat d'or. Ses compagnons, ayant appris sa bonne fortune, coururent aux rochers où ils avaient jeté leurs rameaux...... Hélas ! il était trop tard ; ils ne les trouvèrent plus, et s'en revinrent honteux de leur dédain pour la munificence impériale.

L'empereur Frédéric, avec ses branches aux feuilles d'or, n'est, selon quelques-uns, que le démon gardien d'un de ces trésors du moyen âge dont la recherche devenait un métier pour certains charlatans de cette époque, prototypes du Dousterswivel de l'illustre romancier d'Écosse. Ces adeptes faisaient surtout des merveilles dans les pays de mines, où ils ont encore des successeurs. Chacun d'eux avait sa manière d'opérer : c'était d'abord le théurgiste qui priait et jeûnait jusqu'à ce que l'inspiration lui vînt. A côté de lui venait le magicien de la nature. Le seul talisman dont il armait sa main était une baguette de coudrier, qui lui révélait, par une sorte d'attraction magnétique, tantôt les sources d'eau vive (1), tantôt les métaux ensevelis sous les couches épaisses de la terre. « Illusions ! s'écriait l'élève de Cornélius Agrippa ; toute la science est dans ce livre du grand philosophe : heureux qui sait y lire pour apprendre à charmer le miroir dont la glace miraculeuse vous montre, sous les climats les plus lointains, les personnes que la mer et les déserts séparent de vous. Venez, vous qui osez y fixer les yeux : ce miroir magique a été enterré trois jours sous un gibet où pendait un voleur ; et j'ai ouvert les tombeaux pour présenter son cristal à la face d'un mort, qui s'est agité convulsivement ! »

Si vous alliez consulter le cabaliste espagnol ou italien, il vous recevait paré de son costume, qui n'existe plus que dans les mascarades de notre carnaval : une ceinture particulière lui ceignait les reins ; vous ne compreniez rien à ses telesmes et à ses pentacles. Il s'aidait aussi des idoles constellées, dont l'anecdote suivante vous révélera la merveilleuse action.

Un cabaliste savait que, s'il pouvait se procurer un certain métal, qui était peut-être le platine, et profiter de l'aspect favorable des planètes pour en faire la figure d'un homme avec des ailes, cette figure lui découvrirait tous les trésors cachés. Après bien des recherches, il est assez heureux pour trouver le talisman, et il le confie à un ouvrier qui, peu à peu, le convertit en la forme astrale, ne travaillant avec ses outils que les jours que lui indique le maître, qui consultait avec soin pour cela les tables alfonsines. Or, il arriva que l'ouvrier, étant laissé seul avec la statue presque achevée, eut la bonne inspiration de lui donner la dernière main dans un moment où toutes les constellations étaient d'accord pour la douer de ses propriétés magiques. En effet, à peine avait-elle reçu le dernier coup de marteau,

(1) Voyez BAGUETTE DIVINATOIRE.

que l'image s'échappe de l'enclume et saute sur le plancher de l'atelier. Aucun effort ne put l'en arracher ; mais l'orfévre, devinant la nature de l'influence attractive, creusa sous la statue et découvrit un vase rempli d'or qui avait été caché là par quelque ancien propriétaire de la maison. Il est facile de deviner le bonheur de l'artiste : — Me voici donc maître de tous les trésors de la terre, s'écria-t-il ; mais hâtons-nous avant que le cabaliste ne vienne réclamer sa statue.

Résolu de s'approprier le talisman, l'orfévre l'emporte et s'embarque sur un navire qui mettait justement à la voile. Le vent était favorable, et en peu de temps on fut en pleine mer. Tout à coup, le navire ayant passé sur un abîme où quelque riche trésor avait été perdu par l'effet d'un naufrage, le talisman obéit à son irrésistible influence, et se précipita de lui-même dans les vagues, au grand désappointement de l'orfévre.

Ce n'est pas la seule légende qui porte avec elle sa moralité. L'avarice humaine nous y est représentée courant après l'or et le demandant à l'enfer comme au ciel : son vœu est-il exaucé, c'est au prix d'une malédiction qui en corrompt la jouissance ; mais plus souvent la destinée la tourmente, comme Tantale, par une continuelle déception.

FRIBOURG. M. Lucien Brun a publié cette curieuse légende des deux Fribourg. Wilfrid de Thanenburg, un des riches gentilshommes de Fribourg en Brisgaw, fêtait ses accordailles avec la noble héritière de Rosenberg. Les vins du Rhin, des meilleurs crus, coulaient largement dans des coupes souvent vidées. — Le vieux bourgmestre Conrad de Blumenthal céda doucement à une impulsion communicative, et ne manqua pas, après des révélations que l'histoire n'a pas conservées, d'épancher quelque dose de mauvaise humeur contre l'archevêque Adhémar, qui lui rognait ses priviléges. Les convives se récrièrent sur ce courage inconnu, dont ils firent, du reste, tous les honneurs au tokay, et chacun de rappeler au bourgmestre les prétentions de l'archevêque, suivies d'autant de soumissions du digne magistrat.

— Par saint Conrad, Messeigneurs ! s'écria-t-il aiguillonné, ne saurai-je donc pas mettre un frein à ses empiétements ?

— Eh ! mais, nous avons tout lieu de le croire ! lui dit un de ses voisins.

— Eh bien ! je veux que Satan nous emporte, et avec nous la moitié de notre bonne ville, si hier déjà je ne lui ai fait sentir combien son arrogance me déplaît, et si demain....

En ce moment un éclat de rire moqueur, la chute de quelques vases et d'un riche bahut, interrompirent le bourgmestre :

— Qui ose rire ? s'écria-t-il exaspéré, quoiqu'un peu inquiet du mensonge qu'il venait de faire ; qui veut que je lui prouve ce que j'avance ?

— C'est toi qui fais tout ce bruit ! dit Wilfrid à un vieux serviteur effrayé.

— Non, monseigneur, mais quand on a parlé du diable, j'ai senti....

— Le brûlé, je parie, s'écria Wilfrid en riant; eh bien! donne-nous du vin, et laisse le diable en paix, s'il peut y rester.

Cette saillie détourna l'attention; et les convives eurent bientôt oublié la colère de Blumenthal et le court incident qui en était résulté; ils s'amusèrent beaucoup toutefois de la figure bouleversée du vieil échanson, qui affirma très-positivement qu'il avait vu fuir les forêts et failli se heurter à la lune, qui n'était pas à hauteur d'homme.

Or voici ce qui se passait.

Le bourgmestre avait été pris au mot par Satan lui-même, qui faisait voyager, pour son instruction, un jeune diable.

— Mon fils, lui avait-il dit, quand tu sauras qu'il y a chez un jeune fou un projet de fête, invite-toi sans crainte, le diable n'est jamais déplacé dans une orgie, au contraire.

Et ils s'en étaient allés chez Wilfrid de Thanenburg. — On a su ce qui précéda et suivit les paroles du bourgmestre. Satan fit un signe à un élève, et l'un de droite, et l'autre de gauche, ils prirent joyeusement la moitié de Fribourg la plus éloignée de la cathédrale, et s'enfuirent comme des larrons. C'étaient leur joie et ce brusque mouvement qui avaient interrompu le bourgmestre.

Les deux démons ne savaient trop que faire de ce riche butin; ils avaient enlevé Fribourg en vrais voleurs qui prennent par goût, par instinct, sans songer que la porte de l'enfer, quelque vaste qu'elle fût, et quoique donnant passage à des consciences d'une largeur remarquable, ouvrait inutilement ses deux battants devant une demi-ville d'une dimension presque égale et d'une nature beaucoup moins élastique et compressible. Ils suivaient donc leur route aérienne sans but arrêté et en devisant de choses et d'autres. Ils remontèrent ainsi le Rhin jusqu'à Bâle, non sans admirer les riches plaines de l'Alsace; puis, prenant un peu à droite, ils s'avancèrent dans la Suisse.

Satan discourait toujours. — Il est tout à coup interrompu par un ébranlement subit du fardeau que son jeune compagnon avait cessé de soutenir. A la vue du gouffre au-dessus duquel il planait, tout entouré de rochers à pic et de noires forêts suspendues sur l'abîme au fond duquel grondait un torrent écumant, Satan comprit que l'élève avait été soudainement effrayé de l'aspect sauvage de cette nature inculte, et que ce mouvement d'horreur avait causé sa chute. Il se précipita tête baissée avec lui; Fribourg les suivait. — La malheureuse ville ne fut cependant pas gravement endommagée. Elle se posa un peu rudement sur le flanc du ravin et roula de-ci de-là au fond de l'entonnoir. Cette ville est maintenant Fribourg en Suisse, où vous voyez (chose parfaitement inexplicable sans légende) des maisons superposées et des rues courant sur les toits.

Satan et son compagnon, voyant la ville prendre possession de l'endroit, trouvèrent original d'être les fondateurs de cette cité qui tombait des nues, et laissèrent les convives et la colonie reconnaître leurs domaines.

Et cependant vous lirez partout qu'en l'an 1178 Berthold V de Zæhringen érigea en ville Fribourg, dans l'OEchtland, sans que des ouvrages, du reste fort estimables, vous disent un mot du fondateur. — Ce que c'est que l'histoire!

FRISSON DES CHEVEUX. On disait autrefois dans certaines provinces que le frisson des cheveux annonçait la présence ou le passage d'un démon.

FRONT. Divination par les rides du front. Voy. Métoposcopie.

FROTHON. On lit dans Albert Krantz que Frothon, roi de Danemark, fut tué par une sorcière transformée en vache. Ce roi croyait à la magie, et entretenait à sa cour une insigne sorcière qui prenait à son gré la forme des animaux. Elle avait un fils aussi méchant qu'elle, avec qui elle déroba les trésors du roi, et se retira ensuite. Frothon s'étant aperçu du larcin et ayant appris que la sorcière et son fils s'étaient absentés, ne douta plus qu'ils n'en fussent coupables. Il résolut d'aller dans la maison de la vieille. La sorcière, voyant entrer le roi chez elle, eut recours aussitôt à son art, se changea en vache et son fils en bœuf. Le roi s'étant baissé pour contempler la vache plus à son aise, pensant bien que c'était la sorcière, la vache se rua avec impétuosité sur lui, et lui donna un si grand coup dans les flancs qu'elle le tua sur-le-champ (1).

FRUIT DÉFENDU. Voy. Tabac, Pomme d'Adam, Adam, etc.

FRUITIER. Celui qui fait le fromage et le beurre dans le Jura est le docteur du canton. On l'appelle le fruitier; il est sorcier, comme de juste. La richesse publique est dans ses mains; il peut à volonté faire avorter les fromages, et en accuser les éléments. Son autorité suffit pour ouvrir ou fermer en ce pays les sources du Pactole; on sent quelle considération ce pouvoir doit lui donner, et quels ménagements on a pour lui! Si vous ajoutez à cela qu'il est nourri dans l'abondance, et qu'une moitié du jour il n'a rien à faire qu'à songer aux moyens d'accaparer encore plus de confiance; qu'il voit tour à tour, en particulier, les personnes de chaque maison, qui viennent faire le beurre à la *fruiterie;* qu'il passe avec elles une matinée tout entière; qu'il peut les faire jaser sans peine, et par elles apprendre, sans même qu'elles s'en doutent, les plus intimes secrets de leurs familles ou de leurs voisins; si vous joignez bien toutes ces circonstances, vous ne serez point étonné d'apprendre qu'il est presque toujours sorcier, au moins devin; qu'il est consulté quand on a perdu quelque chose, qu'il prédit l'avenir, qu'il jouit enfin, dans le canton, d'un crédit très-grand, et que c'est l'homme qu'on appréhende le plus d'offenser (2).

FUMÉE. Dans toutes les communes du Fi-

(1) Leloyer, Hist. et Disc. des spectres, etc., p. 142.

(2) Lequinio, Voyage dans le Jura, t. II, p. 366.

nistère, on voit à chaque pas, dit Cambry, des usages antérieurs à la religion catholique. Quand un individu va cesser d'être, on consulte la fumée. S'élève-t-elle avec facilité, le mourant doit habiter la demeure des bienheureux. Est-elle épaisse, il doit descendre dans les antres du désespoir, dans les cavernes de l'enfer.

C'est une espèce de proverbe en Angleterre que la fumée s'adresse toujours à la plus belle personne. Et quoique cette opinion ne semble avoir aucun fondement dans la nature, elle est pourtant fort ancienne. Victorin et Casaubon en ont fait la remarque à l'occasion d'un personnage d'Athénée, où un parasite se dépeint ainsi : — Je suis toujours le premier arrivé aux bonnes tables, d'où quelques-uns se sont avisés de m'appeler soupe. il n'y a point de porte que je n'ouvre comme un bélier; semblable à un fouet, je m'attache à tout, et, comme la fumée, je me lie toujours à la plus belle (1).

On dit en Champagne que la fumée du foyer, quand elle s'échappe, s'adresse aux plus gourmands.

FUMÉE (MARTIN), sieur de Génillé; il a publié, comme traduit d'Athénagore, un roman dont il est l'auteur, intitulé : *Du vrai et parfait amour*. Tout insipide qu'est ce roman, Fumée trouva le moyen de le faire rechercher des adeptes, par diverses allusions, et surtout par un passage curieux où, sous le voile de l'allégorie, il peint la confection du grand œuvre. Ce passage, devenu célèbre chez les enfants de l'art, se trouve à la page 345, de l'édition de 1612, moins rare que la première, ainsi que dans l'*Harmonie mystique* de David Laigneau, Paris, 1636, in-8°.

FUMIGATIONS. Quelques doctes pensent que les bonnes odeurs chassent les démons, *gens qui puent et qui ne peuvent aimer*, comme a dit une grande sainte.

Les exorcistes emploient diverses fumigations pour chasser les démons; les magiciens les appellent également par des fumigations de fougère et de verveine; mais ce ne sont que des cérémonies accessoires.

FUNÉRAILLES. Voy. DEUIL, MORT.

FURCAS (le même que *Forcas*). Voy. ce nom.

FURFUR, comte aux enfers. Il se fait voir sous la forme d'un cerf avec une queue enflammée; il ne dit que des mensonges, à moins qu'il ne soit enfermé dans un triangle. Il prend souvent la figure d'un ange, parle d'une voix rauque, et entretient l'union entre les maris et les femmes. Il fait tomber la foudre, luire les éclairs et gronder le tonnerre dans les lieux où il en reçoit l'ordre. Il répond sur les choses abstraites. Vingt-six légions sont sous ses ordres (2).

FURIES, divinités infernales chez les anciens, ministres de la vengeance des dieux, et chargées d'exécuter les sentences des juges de l'enfer.

FUZELY (HENRI), célèbre artiste anglais. Il ressemblait un peu à nos peintres de l'école romantique : il affectionnait les sujets hideux et sauvages. C'est pour cela, sans doute, qu'il aimait beaucoup la mythologie barbare des Scandinaves : il l'a prouvé par plusieurs tableaux, *la Descente d'Odin au Nastrund*, *Lock, dieu des jours noirs, dévorant des victimes humaines*, etc. Fusely avait tant de prédilection pour son *Thor combattant le serpent*, qu'il le présenta à l'académie royale, comme son tableau d'admission. Il était embarrassé quand il avait à peindre la beauté tranquille ou les grâces paisibles. Dans les sujets chrétiens, il introduit toujours Satan ou Lucifer. Son goût pour les sujets effrayants était si connu de ses confrères, qu'ils l'avaient surnommé *le peintre ordinaire du diable*. Il en riait lui-même en causant avec eux. — C'est vrai, disait-il, le diable a souvent posé pour moi.

Un jour qu'il dînait chez le libraire Johnson, un des convives lui dit : — M. Fuzely, j'ai acheté un de vos tableaux.

— Quel en est le sujet ?

— Ma foi, je n'en sais rien.

— Vous êtes un homme étrange, d'acheter un tableau sans connaître ce qu'il représente.

— Je l'ai acheté sur votre réputation; cela m'a suffi; mais je ne sais quel *diable* de sujet c'est.

— C'est cela, c'est sans doute le diable, répliqua Fuzely, je l'ai peint si souvent.

A ce propos, quelqu'un de la compagnie se mit à dire pour changer la conversation qui s'échauffait : — Fuzely, il y a un membre de votre académie qui a une singulière figure; il est aussi original que vous dans le choix de ses sujets.

— C'est vrai, répliqua le professeur; il ne peint que des voleurs et des assassins, et quand il manque de modèle, il se regarde dans la glace.

A la mort de Wilton, Fuzely devint le chef de l'académie royale. Son talent, son originalité même lui attirèrent un grand nombre d'élèves. La salle des leçons était ordinairement pleine. Il était caustique et dur dans ses propos, au demeurant le meilleur des hommes, fou de la folie des artistes, c'est-à-dire, qu'il y avait toujours dans ses extravagances un grand fonds de raison.

Un élève lui montrait un dessin qu'il venait d'achever, en lui disant avec complaisance : — Voyez, je l'ai fini sans employer un seul morceau de pain. — Tant pis pour votre dessin, répliqua Fuzely; achetez un pain de deux sous, et effacez-le tout entier. Où il n'y a point de fautes, il n'y a point de talent.

— Que voyez-vous ? dit-il un autre jour à un élève qui, son papier devant lui et son crayon à la main, regardait d'un air fixe.

— Rien, monsieur, répondit le jeune homme.

— Rien ? reprit le maître; eh bien, vous ne ferez jamais que des croûtes. Pour être habile artiste, il faut voir quelque chose Le type idéal de votre dessin doit vous apparaître distinctement. Quant à moi, j'ai devant les yeux la représentation de tout ce que je peins : et plût au ciel qu'il me fût donné de

---

(1) Thomas Brown, Essais sur les erreurs, etc., ch. XXII, p. 80.

(2) Wierus, In Pseudomonarchia dæm.

reproduire sur la toile ce que m'offre mon imagination! Ah! si j'avais pu rendre le diable comme je l'ai vu, j'aurais surpassé Michel-Ange, et en le voyant, vous seriez tous morts de peur et d'admiration (1).

G

GAAP (autrement dit *Tap*). Voy. TAP.

GABINIUS ou GABIENUS. Dans la guerre de Sicile, entre Octave et Sextus Pompée, un des gens d'Octave, nommé *Gabinius*, ayant été fait prisonnier, eut la tête coupée. Un loup emporta cette tête; on l'arracha au loup, et sur le soir on entendit ladite tête qui se plaignait et demandait à parler à quelqu'un.

On s'assembla autour; alors la bouche de cette tête dit aux assistants qu'elle était revenue des enfers pour révéler à Pompée des choses importantes. Pompée envoya aussitôt un de ses lieutenants, à qui le mort déclara que ledit Pompée serait vainqueur. La tête chanta ensuite dans un poëme les malheurs qui menaçaient Rome; après quoi elle se tut, à ce que disent Pline et Valère Maxime.

Si ce trait a quelque fondement, c'était sans doute une fourberie exécutée au moyen d'un ventriloque, et imaginée pour relever le courage des troupes. Mais elle n'eut point de succès: Sextus Pompée, vaincu et sans ressource, s'enfuit en Asie, où il fut tué par les gens de Marc-Antoine.

GABKAR. Les Orientaux croient à une ville fabuleuse appelée Gabkar, qu'ils disent située dans les déserts habités par les génies.

GABRIEL (GILLES), a écrit au dix-septième siècle un essai de la morale chrétienne comparée à la morale du diable: *Specimina moralis christianæ et moralis diabolicæ in praxi*. Bruxelles, 1675, in-12.

GABRIELLE. Dans le Vexin français, le bourgeois qui a quatre filles et veut avoir un garçon, nomme la dernière Gabrielle; charme qu'il croit de nature à lui amener infailliblement un fils.

GABRIELLE D'ESTRÉES, maîtresse de Henri IV, morte en 1599. Elle cherchait à épouser le Roi, et se trouvait logée dans la maison de Zamet, riche financier de ce temps. Comme elle se promenait dans les jardins, elle fut frappée d'une apoplexie foudroyante. On la porta chez sa tante, madame de Sourdis. Elle eut une mauvaise nuit; le lendemain elle éprouva des convulsions qui la firent devenir toute noire: sa bouche se contourna, et elle expira horriblement défigurée. On parla diversement de sa mort; plusieurs en chargèrent le diable; on publia qu'il l'avait étranglée; et au fait il en était bien capable.

GABRIELLE DE P., auteur de l'*Histoire des Fantômes et des Démons qui se sont montrés parmi les hommes*, in-12, 1819, et du *Démoniana, ou Anecdotes sur les apparitions de démons, de lutins et de spectres*, in-18, 1820.

(1) Notice publiée dans plusieurs journaux et signée G.

GAETH, dieu des morts chez les Kamtschadales. Voy. LÉZARDS.

GAFFAREL (JACQUES), hébraïsant et orientaliste, né en Provence en 1601, mort en 1681. Ses principaux ouvrages sont:

Mystères secrets de la cabale divine, défendus contre les paradoxes des sophistes, Paris, 1825, in-4°.

Curiosités inouïes sur la sculpture talismanique des Persans, l'horoscope des patriarches et la Lecture des Etoiles. Paris, 1629, in-8°.

Index de 19 cahiers cabalistiques dont s'est servi Jean Pic de La Mirandole, Paris, 1651, in-8°.

Histoire universelle du monde souterrain, contenant la description des plus beaux antres et des plus rares grottes, caves, voûtes, cavernes et spélonques de la terre. Le prospectus de ce dernier ouvrage fut imprimé à Paris, 1666, in-folio de 8 feuillets: il est très-rare. Quant au livre, il ne parut pas à cause de la mort de l'auteur. On dit que c'était un monument de folie et d'érudition. Il voyait des grottes jusque dans l'homme, dont le corps présente mille cavités; il parcourait les cavernes de l'enfer, du purgatoire et des limbes, etc.

GAILAN. Les Arabes appellent ainsi une espèce de démon des forêts, qui tue les hommes et les animaux.

GAILLARD, Voy. COIRIÈRES.

GAIUS, aveugle guéri par un prodige, du temps d'Antonin. Esculape l'avertit, dans un songe, de venir devant son autel, de s'y prosterner, de passer ensuite de la droite à la gauche, de poser ses cinq doigts sur l'autel, de lever la main, et de la mettre sur ses yeux. Il obéit, et recouvra la vue en présence du peuple, qui applaudit avec transport.

C'était une singerie qu'on faisait pour balancer les miracles réels du christianisme.

GALACHIDE ou GARACHIDE, pierre noirâtre, à laquelle des auteurs ont attribué plusieurs vertus merveilleuses, celle entre autres de garantir celui qui la tenait, des mouches et autres insectes. Pour en faire épreuve, on frottait un homme de miel pendant l'été, et on lui faisait porter cette pierre dans la main droite: quand cette épreuve réussissait, on reconnaissait que la pierre était véritable. On prétendait aussi qu'en la portant dans sa bouche, on découvrait les secrets des autres.

GALANTA, sorcière du seizième siècle. Elle donna un jour une pomme à goûter à la fille du suisse de l'église du Saint-Esprit à Bayonne, qui désirait avoir trois paniers de ces pommes. Cette fille n'eut pas plutôt mordu la pomme, qu'elle tomba du haut-mal:

et la force du maléfice fut telle, qu'elle en fut tourmentée toute sa vie. Aussitôt qu'elle voyait la sorcière, les accès lui prenaient très-violemment : « ce qui a été confirmé devant nos yeux, » comme dit Delancre. De nos jours, on n'attribuerait peut-être pas cela au sortilége ; mais alors on poursuivit la sorcière.

GALIEN. Le plus grand médecin des temps passés après Hippocrate. On lui attribue un *Traité des enchantements*, et les médecins empiriques ont souvent abusé de son nom.

GALIGAÏ (LÉONORA), épouse du maréchal d'Ancre Concino Concini, qui fut tué par la populace en 1617. On la crut sorcière ; et en effet, elle s'occupait de sciences occultes et de charmes. On publia que par ses maléfices elle avait ensorcelé la Reine ; surtout lorsqu'on eut trouvé chez elle trois volumes pleins de caractères magiques, cinq rouleaux de velours destinés à dominer les esprits des grands, des amulettes qu'elle se mettait au cou, des agnus que l'on prit pour des talismans, car elle mêlait les choses saintes aux abominations magiques, et une lettre que Léonora avait ordonné d'écrire à une sorcière nommée Isabelle. Il fut établi au procès que le maréchal et sa femme se servaient, pour envoûter, d'images de cire qu'ils gardaient dans de petits cercueils ; qu'ils consultaient des magiciens, des astrologues et des sorciers ; qu'ils en avaient fait venir de Nancy pour sacrifier des coqs aux démons, et que dans ces cérémonies Galigaï ne mangeait que des crêtes de coq et des rognons de bélier qu'elle faisait charmer auparavant. Elle fut encore convaincue de s'être fait exorciser par un certain Mathieu de Montanay, charlatan sorcier. Sur ses propres aveux, dit-on, elle eut la tête tranchée, et fut brûlée en 1617. Cependant le président Courtin lui demandant par quel charme elle avait ensorcelé la Reine, elle répondit fièrement : « Mon sortilége a été le pouvoir que les âmes fortes ont sur les âmes faibles. »

GALILÉE. Les protestants, copiés par les jansénistes, ont beaucoup déclamé contre la prétendue persécution qu'essuya Galilée, à *cause de ses découvertes astronomiques*. On a fait fracas de ce qu'on appelle sa condamnation au tribunal de l'inquisition romaine. Mais il est prouvé, il est constant, il est avéré, il est établi, depuis longtemps déjà, qu'on en impose effrontément dans ces récits infidèles : ce qui n'empêche pas les écrivailleurs de les répéter toujours.

Galilée ne fut pas censuré comme astronome, mais comme mauvais théologien. Il voulait expliquer la Bible. — Ses découvertes, à l'appui du système de Copernic, ne lui eussent pas fait plus d'ennemis qu'à cet autre savant. Ce fut son entêtement à vouloir concilier, à sa manière, la Bible et Copernic, qui le fit rechercher par l'inquisition. En même temps que lui vivaient à Rome un grand nombre d'hommes célèbres, et le saint-siége n'était pas entouré d'ignorants. En 1611, pendant son premier voyage dans la capitale du monde chrétien, Galilée fut admiré et comblé d'honneurs par les cardinaux et les grands seigneurs auxquels il montra ses découvertes. Lorsqu'il y retourna, en 1615, le cardinal Delmonte lui traça le cercle savant dans lequel il devait se renfermer. Mais son ardeur et sa vanité l'emportèrent. « *Il exigeait*, dit Guichardin, que le Pape et le saint-office déclarassent le système de Copernic fondé sur la Bible. » Il écrivit à ce sujet mémoires sur mémoires. Paul V, fatigué de ses instances, accorda que cette controverse fût jugée dans une congrégation. Malgré tout l'emportement qu'y mit Galilée, il ne fut point intéressé dans le décret rendu par la congrégation, qui déclara seulement que le système de Copernic ne paraissait pas s'accorder avec les expressions de la Bible.

Avant son départ, il eut une audience très-gracieuse du Pape ; et Bellarmin se borna, sans lui interdire aucune hypothèse astronomique, à lui interdire ses prétentions théologiques.

Quinze ans après, en 1632, sous le pontificat d'Urbain VIII, Galilée imprima ses célèbres dialogues *Delle due massime systeme del mondo*, avec une permission et une approbation supposées. Personne ne réclama. Il fit reparaître ses mémoires écrits en 1616, où il s'efforçait d'ériger la rotation du globe sur son axe *en question de dogme*. Ses bravades le firent citer à Rome. Il y arriva le 3 février 1633. Il ne fut point logé à l'inquisition, mais au palais de l'envoyé de Toscane.

Un mois après, il fut mis, — non dans les prisons de l'inquisition, — comme tant de menteurs l'ont écrit, mais dans l'appartement du fiscal. Au bout de dix-huit mois, s'étant rétracté, c'est-à-dire ayant renoncé à sa conciliation de Copernic et de la sainte Bible, seule question qui fût en cause, il s'en retourna dans sa patrie.

Voici ce qu'il écrivait en 1633, au P. Récénéri, son disciple : — « Le Pape me croyait digne de son estime. Je fus logé dans le délicieux palais de la Trinité-du-Mont. Quand j'arrivai au saint-office, deux pères dominicains m'invitèrent très-honnêtement à faire mon apologie. J'ai été obligé de rétracter mon opinion en bon catholique. Pour me punir, on m'a défendu les dialogues, et congédié après cinq mois de séjour à Rome. Comme la peste régnait à Florence, on m'a assuré pour demeure le palais de mon meilleur ami, monseigneur Piccolomini, archevêque de Sienne ; j'y ai joui d'une pleine tranquillité. Aujourd'hui je suis à ma campagne d'Arcêtre, où je respire un air pur auprès de ma chère patrie (1). »

Néanmoins les philosophes rebelles continueront à faire de Galilée une victime de la superstition et du fanatisme. On citera le conte de Galilée en prison, écrivant sur la muraille, autour d'un cercle, *e puer se muove* ; et pourtant elle tourne ! Comme si jamais on lui eût interdit d'avancer cela. On consacrera cette malice absurde par la peinture et la gravure ; et on citera avec em-

(1) Bergier, Dict. de théologie, au mot SCIENCES.

phase la même fausseté malveillante illustrée par les beaux vers de Louis Racine, dans le poëme de *la religion :*

La terre cependant, à sa marche fidèle,
Emporte Galilée et son juge avec elle.

Tant il est difficile de déraciner une erreur passionnée !

Dans tout cela, nous ne jugeons pas le système de Galilée, sur lequel il n'est pas impossible que le dernier mot ne soit pas dit.

On vient de retrouver les manuscrits de Galilée, que l'on avait dit brûlés par l'inquisition. Que ne peut-on retrouver, à l'usage des ennemis de l'Église, la bonne foi !

GAMAHÉ ou CAMAIEU, espèce de talisman qui consiste dans des images ou des caractères naturellement gravés sur certaines pierres, auxquels la superstition a fait attribuer de grandes vertus, parce qu'elle les croit produits par l'influence des esprits. Gaffarel dit qu'Albert le Grand avait une de ces pierres, sur laquelle était un serpent qui possédait cette admirable vertu d'attirer les autres serpents lorsqu'on la plaçait dans le lieu où ils venaient. D'autres pierres, ajoute-t-il, guérissent les morsures et chassent les venins. George Agricola rapporte qu'on voit des Gamahés de la forme de quelques parties du corps, ou de quelques plantes, et qui ont des vertus merveilleuses ; ainsi celles qui représentent du sang arrêtent les pertes, etc.

GAMOULIS, esprits qui, selon les habitants du Kamtschatka, produisent les éclairs en se lançant dans leurs querelles les tisons à demi consumés qui ont chauffé leurs huttes. Lorsqu'il tombe de la pluie, ce sont les Gamoulis qui rejettent le superflu de la boisson.

GAMYGYN, grand marquis des enfers. C'est un puissant démon. On le voit sous la forme d'un petit cheval. Mais dès qu'il prend celle d'un homme, il a une voix rauque et discourt sur les arts libéraux. Il fait paraître aussi devant l'exorciste les âmes qui ont péri dans la mer, et celles qui souffrent dans cette partie du purgatoire qui est appelée Cartagra (c'est-à-dire, affliction des âmes). Il répond clairement à toutes les questions qu'on lui fait ; il reste auprès de l'exorciste jusqu'à ce qu'il ait exécuté tout ce qu'on lui ordonne ; cependant là-bas, trente légions lui sont soumises (1).

GANDILLON (Pierre), sorcier de la Franche-Comté, qui fut brûlé vers 1610, pour avoir couru la nuit en forme de lièvre (2).

GANDREID, sorte de magie en usage chez les Islandais, laquelle magie donne la faculté de voyager dans les airs ; elle est, dit-on, d'invention nouvelle, quoique le nom en soit connu depuis des temps reculés. Mais on attribuait autrefois les cavalcades aériennes au diable et à de certains esprits. Les Islandais prétendent aujourd'hui que ce sont des sorcières montées sur des côtes de cheval et des tibias, en guise de manche à balais, qui se promènent par les airs.

Les sorcières de Basse-Saxe et du duché de Brunswick se mettent à califourchon sur la même monture ; et tous les autres ossements qui se trouvent dans la campagne, se pulvérisent à l'approche de l'un de ces cavaliers nocturnes. L'art de préparer leur équipage consiste dans une courroie d'une espèce de cuir qu'ils appellent Gandreid-Jaum, sur laquelle ils impriment leurs runes ou caractères magiques (3).

GANGA-GRAMMA, démon femelle que les Indiens craignent beaucoup, et par conséquent auquel ils rendent de grands honneurs. Il a une seule tête et quatre bras ; il tient dans la main gauche une petite jatte, et dans la droite une fourchette à trois pointes.

On le mène en procession sur un char avec beaucoup de pompe ; quelquefois il se trouve des fanatiques qui se font écraser par dévotion sous ses roues. Les boucs sont les victimes ordinaires qu'on lui immole.

Dans les maladies ou dans quelque autre danger, il se trouve des Indiens qui font vœu, s'ils en réchappent, de pratiquer en l'honneur de Ganga-Gramma la cérémonie suivante. On leur enfonce dans la peau du dos des crochets, par le moyen desquels on les élève en l'air ; là ils font quelques tours d'adresse, comme des entrechats, en présence des spectateurs. Il se trouve des femmes simples et crédules, à qui l'on persuade que cette cérémonie est agréable à Ganga-Gramma, et qu'elle ne cause aucune douleur. Lorsqu'elles la sentent, il n'est plus temps de s'en dédire, elles sont déjà en l'air, et les cris des assistants étouffent leurs plaintes.

Une autre sorte de pénitence, toujours en l'honneur du même démon, consiste à se laisser passer une ficelle dans la chair, et à danser pendant que d'autres personnes tirent cette ficelle.

La nuit qui suit sa fête, on lui sacrifie un buffle dont on recueille le sang dans un vase ; on le place devant l'idole, et l'on assure que le lendemain il se trouve vide. Des auteurs disent qu'autrefois, au lieu d'un buffle, on immolait une victime humaine.

GANGUY (Simone), dite la Petite-Mère, sorcière, amie de Madeleine Bavan. Il ne paraît pas qu'elle ait été brûlée.

GANNA, devineresse germaine ; elle avait succédé à Velléda ; elle fit un voyage à Rome, où elle reçut de grands honneurs de Domitien (4).

GANTIÈRE, sorcière. En 1582, le parlement de Paris confirma la sentence de mort du bailli de la Ferté contre la femme Gantière. Elle avouait que la Lofarde l'avait transporté au sabbat ; que le diable l'avait marquée ; qu'il était vêtu d'un habit jaune ; qu'il lui avait donné huit sous pour payer sa taille ; mais que, de retour dans son logis, elle ne les avait plus trouvés dans son mouchoir.

GARDE DES TROUPEAUX, Voy. Troupeaux.

(1) Wierus, de Præst. dæm., p. 926.
(2) M. Garinet, Histoire de la magie en France, p. 166.
(3) Voyage en Islande, traduit du danois, etc., 1802.
(4) Tacite, Annales, 55.

GARDEMAIN. Voyez GLOCESTER.

GARGANTUA. « Histoire merveilleuse de Gargantua, dans laquelle on verra son origine surprenante, sa naissance, ses prodigieux faits pendant ses voyages, et ses actions éclatantes au service du roi Arthus, dans toutes les victoires qu'il a remportées sur ses ennemis. »

Il y avait du temps du roi Arthus, un philosophe, le plus habile du monde en nécromancie, appelé Merlin, lequel faisait des merveilles. Il avait sauvé le roi et toute la noblesse de la cour d'une maladie contagieuse. Il avait imaginé de faire un navire qui voguait sur la terre ferme avec autant de facilité et de vitesse que ceux qu'on voit sur la mer. Mais un de ses plus grands services fut de découvrir au roi, par son art, une guerre qui le menaçait. Arthus, pour en détourner l'orage, donna à Merlin tous ses pouvoirs. Ce dernier se fit transporter sur la plus haute montagne de l'Orient ; il avait avec lui une grande fiole pleine du sang de Lancelot du Lac, avec les rognures des ongles de Genièvre, la femme du roi Arthus. Étant arrivé à cette montagne, il fit une enclume d'acier, de la grosseur d'une tour ; il avait trois marteaux qui, par la puissance de son art, frappèrent d'eux-mêmes sur cette enclume avec tant de force, que l'on eût dit que c'était le tonnerre qui tombait du ciel. Il se fit ensuite apporter un os de baleine, et l'ayant arrosé du sang de la fiole, il le mit sur l'enclume, où il le réduisit en cendres ; de cette poudre fut formé le père de Gargantua......

Voilà ce que dit le vieux conte populaire, fidèlement conservé dans la bibliothèque bleue, que Rabelais n'a pas toujours suivie, mais qui lui a fourni son canevas.

Merlin fit de nouveau une semblable opération avec les ongles de la reine, desquels naquit la mère de Gargantua.

Après avoir achevé ce grand ouvrage, l'enchanteur vit devant lui deux géants sur lesquels il jeta un sort qui les endormit pendant neuf jours ; dans l'espace duquel temps il forma sur son enclume une jument assez forte pour porter ces deux créatures colossales ; après quoi il rompit son enchantement.

—Que fais-tu là, Galemelle ? dit l'homme à la femme. Elle répondit : — Je t'attends, Grand-Gosier.

Merlin rit beaucoup, et voulut d'abord qu'ils gardassent tous deux ces noms qu'ils venaient de se donner. Il leur prédit qu'ils auraient un fils qui serait invincible et redouté de ses ennemis ; qu'il était destiné à être l'appui du trône d'Arthus, qu'il fallait le bien traiter, et qu'à l'âge de sept ans on devait le mener à la cour du prince qui avait sa résidence dans la Grande-Bretagne. Ils répondirent qu'ils ignoraient où était ce pays. Mais Merlin leur signifia qu'ils n'avaient qu'à tourner la tête de leur jument du côté de l'Occident, et se laisser conduire par elle. Après laquelle explication il disparut ; ce qui leur fit pousser des cris si violents, qu'on les entendait de dix lieues, et verser des larmes si abondantes qu'elles auraient fait tourner six gros moulins.

Ce couple allait à la chasse pour dissiper ses chagrins. Mais la femme de Grand-Gosier devint mère ; elle donna le jour à un gros garçon qu'ils élevèrent et qu'ils aimèrent beaucoup. Ils lui firent un tambour de douze peaux de bœufs, des baguettes de deux arbres de médiocre grandeur. On l'exerçait à jeter de petites pierres de la grosseur d'un homme.

Le terme prescrit par Merlin étant arrivé, Grand-Gosier et Galemelle se disposèrent au voyage pour la cour du roi Arthus. La jument était haute comme un mât de navire ; Gargantua, monté dessus, tenait une perche à la main, en guise de cravache ; ses parents avaient deux rochers sur leur tête, pour montrer leur force au prince. Ils traversèrent ainsi l'Allemagne et la Lorraine. Parvenus en Champagne, qui était alors pays de forêts, il se trouva que des mouches, ayant piqué la jument, la firent caracoler avec une telle violence, qu'elle renversait avec sa queue les plus gros arbres, de manière qu'il n'en resta pas un debout dans toute cette contrée. Gargantua, cherchant à arrêter sa jument, se mit un fétu au coin de l'œil, c'était un grand sapin, et une accroche au petit doigt du pied, qui pesait plus de deux cents livres. Contraint de s'arrêter pour dormir, on dit que la vaste plaine où il se reposa fut abaissée de soixante coudées par la pesanteur de son corps. Les brebis de cette plaine couraient sur lui, il en fut éveillé, crut que c'étaient des insectes, les mit sous ses ongles, et en écrasa ainsi près de deux cents. Le berger qui courait après le loup qu'il accusait de les avoir mangées, tomba dans la bouche de Gargantua ; mais s'étant logé dans une de ses dents creuses, il y demeura jusqu'à ce que le géant se fût rendormi ; car il dormait toujours la bouche ouverte ; le berger profita du premier moment pour sortir.

Gargantua, à son réveil, continua sa route avec ses parents, qui moururent d'une fièvre violente occasionnée par les grandes chaleurs. Gargantua, au désespoir, donnait de la tête contre les montagnes, dont il sortit trente tonneaux de sang. Quand sa tristesse fut calmée, il voulut visiter Paris, où il jeta la terreur et l'admiration. Il alla s'asseoir sur les grosses tours de l'église de Notre-Dame, les jambes lui pendaient de là, depuis la rivière de Seine jusqu'à la place Maubert. Ensuite il fit sonner les deux grosses cloches, ce qui attira une grande foule qui fut bien surprise de lui voir mettre ces cloches dans ses poches, pour les attacher au cou de sa jument comme des grelots. Mais il les remit à leur place, sur le présent que lui firent les Parisiens, de trois cents bœufs, trois cents moutons, trois cents tonneaux de vin, et trois cents fournées de pain pour son dîner.

Merlin s'étant présenté alors à Gargantua, lui conseilla d'achever son voyage, et le conduisit à la cour du roi Arthus. Le roi l'ayant reçu favorablement, lui fit faire une massue de soixante toises de long, dont le bout était trois fois de la grosseur d'un tonneau. Arthus lui dit que ses ennemis, les Goths et les Magots, étaient de terribles gens, armés de pierres de taille, et lui montra un prisonnier. Mais Gargantua, loin d'être épouvanté, le jeta si haut dans les airs, par le collet, qu'on le perdit de vue, et que quelques heures après on le vit tomber les bras et les jambes rompus.

La massue achevée, on conduisit Gargantua à l'ennemi; il fit un ravage affreux, semblable à un loup parmi des brebis. Après sa victoire il revint à la cour, où il fut loué et choyé. Le roi fit préparer une magnifique collation. On servit pour entrée et pour réveiller son appétit les jambons de quatre cents pourceaux, sans compter les andouilles et les boudins. La soupe fut faite dans cinquante grandes chaudières. Il y avait encore quatre cents pains de cinquante livres chacun. Il mangea plus de deux cents bœufs, et tout le temps du dîner il y avait quatre hommes forts et robustes, qui, à chaque morceau qu'il mangeait, lui jetaient une pelle de moutarde dans la gorge. Son dessert fut une tonne de pommes cuites. Il but à son dîner six tonnes de cidre et autant de bière. Au reste, sa fourchette et son couteau pesaient trois cents livres chacun.

Le roi le fit ensuite habiller: huit cent deux aunes un tiers de toile furent employées pour sa chemise; cent cinq aunes un quart de satin moitié cramoisi et moitié jaune, pour son pourpoint, avec trente-deux aunes et demi-quart de franges pour la bordure; deux cents aunes et trois quarts d'écarlate pour des chausses; trente-cinq aunes et un quart de taffetas, moitié noir et moitié gris, pour des jarretières. Pour les galons de livrée, neuf cent trois aunes et un demi-quart, rouge et jaune; pour la bordure, soixante-dix aunes deux pouces de velours cramoisi; pour son manteau, quatre cents aunes et un quart de drap de Hollande; quatre cent cinquante aunes de frise pour une robe de chambre; deux mille cinq cents peaux de renards pour la fourrure de cette robe; cinquante-cinq peaux de vache pour les souliers, dont les semelles employèrent les cuirs de quarante bœufs; pour un bonnet à la dragonne, deux cents quintaux de laine de Ségovie; la houppe pesait plus de trois cents livres.

Il avait à un de ses doigts un cachet d'or qui pesait trois cents marcs et dix onces, avec un rubis du poids de trois cents livres; sa gibecière avait absorbé trois cents peaux de maroquin.

Gargantua, ainsi équipé, se disposa à combattre les Irlandais et les Hollandais, qui venaient de se soulever contre Arthus. Merlin fit une nuée sur laquelle le géant avec sa massue passa la mer. Il marcha vers la ville ennemie; voyant un homme armé et à cheval, il les mit tous deux dans sa gibecière. Arrivé à la ville, tout le peuple se sauva à la vue de ce monstre; et on sonna le tocsin. Le roi d'Irlande, qui se trouvait dans la ville, sortit avec cinq cents hommes pour attaquer Gargantua. Mais quand celui-ci les vit venir, il ouvrit une bouche fendue de quatorze brassées. Ceux-ci tirèrent leurs flèches contre lui; Gargantua les prit avec la main, les enferma au fond de ses chausses, et s'en retourna vers ses gens qui l'attendaient au bord de la mer.

Le nombre des prisonniers montait à huit cent neuf, et un qui était mort d'un vent qu'avait fait Gargantua dans ses chausses, car il est à remarquer qu'il soufflait si fort, qu'avec ce souffle il renversait trois charrettes de foin, et faisait tourner plusieurs moulins. Cela ne paraîtra pas étonnant lorsqu'on saura qu'un de ses crachats noyait six hommes.

Le roi d'Irlande, effrayé, fit demander une trêve de quinze jours, promettant de livrer deux vaisseaux de harengs frais, deux cents caques de sardines salées, avec de la moutarde à proportion. Le géant s'en accommoda, et il consomma ces vivres dans un déjeuner.

Gargantua étant couché après cela à une demi-lieue de la ville, les magistrats conclurent, dans un conseil, qu'on irait l'attaquer de nuit, et qu'on le tuerait. Quand on fut arrivé au lieu où il dormait, du côté de la tête, car des pieds à la tête il y avait cent soixante-trois toises cinq pieds quatre pouces, ils pensaient descendre dans une vallée et tombèrent au nombre de deux cent dix-sept dans sa bouche qu'il tenait ouverte selon son usage. Gargantua, les ayant avalés, se trouva si altéré à son réveil, qu'il mit à sec la rivière où il alla boire. Il engloutit même en buvant un bateau chargé de poudre à canon, pour le secours de la ville. Il s'en trouva un peu incommodé; c'est pourquoi il se mit à siffler le signal convenu, pour faire venir ses gens. Il envoya avertir le roi Arthus de sa position. Merlin se transporta dans un nuage avec quatre médecins, qui descendirent dans son gosier, et de là dans le corps, pour découvrir la source du mal. Après la visite, les médecins ordonnèrent à Gargantua de tourner le derrière du côté de la ville: cette disposition ayant été exécutée, on lui fit ouvrir la bouche, où on jeta une charretée d'allumettes, qui prirent feu dans son corps au moyen d'une torche qu'un des médecins y avait glissée. Gargantua ferma la bouche en même temps; alors on entendit un effroyable tonnerre; et du feu qui sortit de son derrière, la ville et ses faubourgs furent saccagés: le roi d'Irlande s'avança enfin avec toutes ses forces, consistant en 900,000 hommes armés, qui furent mis en déroute: le roi et ses barons furent prisonniers, placés dans une dent creuse, et présentés à la cour, au retour de l'armée victorieuse. Le fils de Grand-Gosier purgea ensuite le pays d'un géant qui avait pris le parti des Goths, ennemis d'Arthus; il l'enferma dans sa gibecière.

Telle est la véridique histoire d'un des héros les plus célèbres. On ne s'accorde pas trop sur le genre de sa mort; mais si on conteste quelques-uns de ses hauts faits, à cause du prodigieux qui les entoure, tout le monde sait qu'au moins il se signala dans les environs d'Aigues-Mortes; car on montre près de cette ville une vieille tour qu'on appelle la tour de Gargantua. La nuit on aperçoit de loin cette tour qui se dessine dans l'ombre comme un géant; on croit même distinguer une tête monstrueuse; et les bonnes gens du voisinage sont persuadés que si on entrait après le coucher du soleil dans la tour de Gargantua, un grand bras de vingt-cinq mètres descendrait d'en haut et saisirait les téméraires pour les étouffer.

GARGOUILLE. « Que vous dire de la gargouille de Rouen? Il est certain que, tous les ans, le chapitre métropolitain de cette ville présentait au parlement, le jour de l'Ascension, un criminel qui obtenait sa grâce, en l'honneur de saint Romain et de la gargouille. La tradition portait qu'à l'époque où saint Romain occupait le siège épiscopal de Rouen, un dragon, embusqué à quelque distance de la ville, s'élançait sur les passants et les dévorait. C'est ce dragon qu'on appelle la gargouille. Saint Romain, accompagné d'un criminel condamné à mort, alla attaquer le monstre jusque dans sa caverne; il l'enchaîna et le conduisit sur la place publique, où il fut brûlé, à la grande satisfaction des diocésains (1). »

On a contesté cette légende en niant les dragons, dont les géologues actuels reconnaissent pourtant que l'existence a été réelle. Il se peut toutefois que ce dragon soit ici une allégorie. Des historiens rapportent que, du temps de saint Romain, la ville de Rouen fut menacée d'une inondation; que ce saint prélat eut le bonheur de l'arrêter par ses soins et par ses prières. Voilà l'explication toute simple du miracle de la gargouille. Ce mot, dans notre vieille langue, signifie irruption, bouillonnement de l'eau. Des savants auront rendu le mot *hydra* par celui de dragon.

GARIBAUT (JEANNE), sorcière, Voy. GRENIER, et PIERRE LABOURANT.

GARINET (JULES), auteur de l'*Histoire de la magie en France*, Paris, 1818, in-8°. On trouve à la tête de cet ouvrage curieux une description du sabbat, une dissertation sur les démons, un discours sur les superstitions qui se rattachent à la magie chez les anciens et chez les modernes. Beaucoup de faits intéressants mériteraient à ce livre une nouvelle édition; mais l'auteur, fort jeune lorsqu'il le publia, lui a donné une teinte philosophique et peu morale que son esprit élevé et ses vastes études doivent lui faire désapprouver aujourd'hui. Une nouvelle édition serait donc épurée.

GARNIER (GILLES), loup-garou, condamné à Dôle sous Louis XIII, comme ayant dévoré plusieurs enfants. On le brûla vif, et son corps réduit en cendres fut dispersé au vent.

« Henri Camus, docteur en droit et conseiller du roi, exposa que Gilles Garnier avait pris dans une vigne une jeune fille de dix ans, l'avait tuée et occise, l'avait traînée jusqu'au bois de La Serre, et que, non content d'en manger, il en avait apporté à sa femme;

(1) M. Salgues, Des Erreurs, t. III, p. 570.

qu'un autre jour étant en forme de loup (travestissement horrible qu'il prenait sans doute pour sa chasse), il avait également tué et dévoré un jeune garçon, à une lieue de Dôle, entre Grédisans et Monotée; qu'en sa forme d'homme et non de loup il avait pris un autre jeune garçon de l'âge de douze à treize ans, et qu'il l'avait emporté dans le bois pour l'étrangler.... (2). »

GARNIZA, Voy. ELÉAZAR.
GAROSMANCIE, Voy. GASTROMANCIE.

GARUDA, oiseau fabuleux qu'on représente souvent avec la tête d'un beau jeune homme, un collier blanc et le corps d'un aigle. Il sert de monture à Wishnou, comme l'aigle servait de véhicule à Jupiter. Les Indiens racontent qu'il naquit d'un œuf que sa mère Diti avait pondu et qu'elle couva cinq ans.

GASTROCNÉMIE, pays imaginaire dont parle Lucien, où les enfants étaient portés dans le gras de la jambe; ils en étaient extraits au moyen d'une incision.

GASTROMANCIE ou GAROSMANCIE, divination qui se pratiquait en plaçant entre plusieurs bougies allumées, des vases de verre ronds et pleins d'eau claire; après avoir invoqué et interrogé les démons à voix basse, on faisait regarder attentivement la superficie de ces vases par un jeune garçon ou par une jeune femme; puis on lisait la réponse dans des images tracées par la réfraction de la lumière dans les verres. Cagliostro employait cette divination. Une autre espèce de Gastromancie se pratiquait par le devin qui répondait sans remuer les lèvres, en sorte qu'on croyait entendre une voix aérienne. Le nom de cette divination signifie divination par le ventre; aussi, pour l'exercer, il faut être ventriloque, ou possédé, ou sorcier. Dans le dernier cas, on allume des flambeaux autour de quelques verres d'eau limpide, puis on agite l'eau en invoquant un esprit qui ne tarde pas à répondre d'une voix grêle dans le ventre du sorcier en fonction.

Les charlatans trouvant, dans les moindres choses, des moyens sûrs d'en imposer au peuple et de réussir dans leurs fourberies, la ventriloquie doit être pour eux d'un grand avantage.

Un marchand de Lyon, étant un jour à la campagne avec son valet, entendit une voix qui lui ordonnait, de la part du ciel, de donner une partie de ses biens aux pauvres, et de récompenser son serviteur. Il obéit, et regarda comme miraculeuses les paroles qui sortaient du ventre de son domestique. On savait si peu autrefois ce que c'était qu'un ventriloque, que les plus grands personnages attribuaient toujours ce talent à la présence des démons. Photius, patriarche de Constantinople, dit, dans une de ses lettres: « On a entendu le malin esprit parler dans le ventre d'une personne, et il mérite bien d'avoir l'ordure pour logis. »

GATEAU DES ROIS. La part des absents, quand on partage le gâteau des rois, se garde précieusement; dans certaines maisons su-

(2) M. Jules Garinet, Hist. de la magie en France, p. 129

perstitieuses, elle indique l'état de la santé de ces personnes absentes, par sa bonne conservation; une maladie, par des taches ou des ruptures.

GATEAU TRIANGULAIRE DE SAINT-LOUP. Les personnes superstitieuses font ce gâteau le 29 juillet, avant le lever du soleil; il est composé de pure farine de froment, de seigle et d'orge, pétrie avec trois œufs et trois cuillerées de sel, en forme triangulaire. On le donne, par aumône, au premier pauvre qu'on rencontre, pour rompre les maléfices.

GAUFRIDI (Louis-Jean-Baptiste), curé de Marseille qui, infidèle à ses devoirs, tomba dans le désordre et se fit passer pour sorcier vers la fin du seizième siècle.

On raconte que le diable lui apparut un jour, pendant qu'il lisait un livre de magie; ils entrèrent en conversation et firent connaissance. Le prêtre se livra au diable par un pacte en règle, à condition qu'il lui donnerait le pouvoir de suborner et de séduire, en soufflant au visage. Le diable y consentit d'autant plus volontiers, qu'il trouvait dans ce marché un double avantage.

L'apostat s'éprit de la fille d'un gentilhomme, Madeleine de La Palud, dont l'histoire est devenue célèbre. Mais bientôt la demoiselle effrayée se retira dans un couvent d'Ursulines. Gaufridi furieux y envoya, disent les relations du temps, une légion de diables; la sorcellerie du prêtre fut prouvée. Un arrêt du parlement de Provence le condamna au feu, en avril 1611.

GAURIC, génie ou lutin que la superstition des villageois bas-bretons croit voir danser autour des amas de pierres, ou monuments druidiques, désignés dans la langue des anciens insulaires par le mot *chiorgaur*, que l'on a traduits par ceux-ci : *chorea gigantum*, ou danse des géants, mais qu'il serait peut-être plus exact d'entendre *chorea Gauricorum*, danse des Gaurics.

GAURIC (Luc), astrologue napolitain, né en 1476, qui, selon Mézeray et le président de Thou, annonça positivement que le roi Henri II serait tué dans un duel et mourrait d'une blessure à l'œil; ce qui fut vrai. Mais ne prédit-il pas après coup?

Catherine de Médecis avait en Luc Gauric la confiance la plus entière. Bentivoglio, seigneur de Bologne, le condamna à cinq tours d'estrapade, pour avoir eu la hardiesse de lui prédire qu'il serait chassé de ses Etats; ce qui n'était pas difficile à prévoir, vu la disposition des esprits qui détestaient ce seigneur. Gauric mourut en 1558.

On a de lui une *Description de la sphère céleste*, publiée dans ses Œuvres, Bâle, 1575, 3. vol. in-fol. On y trouve aussi un *Éloge de l'astrologie*.

On attribue à son frère Pomponius Gauric un livre dans lequel on traite *de la physiognomonie*, *de l'astrologie naturelle*, etc. (1);

mais il ne paraît pas que cet ouvrage soit de Pomponius, il serait plutôt de Luc.

Le traité astrologique (2) de Luc Gauric est un livre assez curieux. Pour prouver la vérité de l'astrologie, il dresse l'horoscope de tous les personnages illustres, dont il a pu découvrir l'heure de la naissance; il démontre que tout ce qui leur est arrivé se trouvait prédit dans leur horoscope, — comme si on n'y trouvait pas tout ce qu'on veut!

GAUTHIER (Jean), alchimiste. Charles IX, trompé par ses promesses, lui fit donner, pour faire de l'or, cent vingt mille livres, et l'adepte se mit à l'ouvrage. Mais après avoir travaillé huit jours, il se sauva avec l'argent du monarque : on courut à sa poursuite, on l'attrapa et il fut pendu.

GAUTHIER, conspirateur écossais, Voy. WALTER.

GAUTHIER DE BRUGES. On conte que ce cordelier, nommé évêque par le pape Nicolas III, et déposé par Clément V, appela à Dieu de cette déposition et demanda qu'en l'inhumant on lui mît son acte d'appel à la main. Quelque temps après sa mort, le pape Clément V étant venu à Poitiers, et se trouvant logé au couvent des Cordeliers, désira visiter les restes de celui qu'il avait déposé; on ajoute qu'il se fit ouvrir le tombeau, et qu'il fut effrayé en voyant Gauthier de Bruges agitant son acte d'appel d'une main desséchée (3). » Conte imaginé par les ennemis du pape.

GAZARDIEL, ange qui, selon le Talmud, préside à l'Orient, afin d'avoir soin que le soleil se lève, et de l'éveiller s'il ne se levait pas.

GAZE (Théodore de), propriétaire d'une ferme dans la Campanie, au seizième siècle; il la faisait cultiver par un fermier. Comme ce bonhomme travaillait un jour dans un champ, il découvrit un vase rond où étaient enfermées les cendres d'un mort. Aussitôt il lui apparut un spectre qui lui commanda de remettre en terre le même vase avec ce qu'il contenait, sinon qu'il ferait mourir son fils aîné. Le fermier ne tint compte de ces menaces, et, peu de jours après, son fils aîné fut trouvé mort dans son lit.

Quelque temps plus tard, le même spectre lui apparut, lui réitérant le même commandement, et le menaça de faire mourir son second fils. Le laboureur avertit de tout ceci Théodore de Gaze, qui vint lui-même à sa métairie, et fit remettre le tout à sa place : sachant bien, dit Leloyer, qu'il fait mauvais jouer avec les morts.....

GAZIEL, démon chargé de la garde des trésors souterrains, qu'il transporte d'un lieu à un autre pour les soustraire aux hommes. C'est lui qui ébranle les fondements des maisons et fait souffler des vents accompagnés de flammes. Quelquefois il forme des danses qui disparaissent tout à coup; il ins-

---

(1) Pomponii Gaurici Neapolitani tractatus de symmetriis, lineamentis et physiognomonia, ejusque speciebus, etc., Argentor., 1630, avec la Chiromancie de Jean ab Indagine.
(2) Lucæ Gaurici geophonensis episcopi civitatensis tractatus astrologicus, in quo agitur de præteritis multorum hominum accidentibus per proprias eorum genituras, ad unguem examinatis Venetiis. In-4°, 1552.
(3) M. de Marchangy, Tristan le voyageur, ou la France au quatorzième siècle, t. Ier, chap. 4, p. 63.

pire la terreur par un grand bruit de cloches et de clochettes; il ranime les cadavres, mais pour un moment. Voy. ANARAZEL, son compagnon.

GÉANTS. Les géants de la fable avaient le regard farouche et effrayant, de longs cheveux, une grande barbe, des jambes et des pieds de serpent, et quelques-uns cent bras et cinquante têtes.

Homère représente les Aloïdes, géants remarquables, comme étant d'une taille si prodigieuse, qu'à l'âge de neuf ans ils avaient neuf coudées de grosseur, trente-six de hauteur, et croissaient chaque année d'une coudée de circonférence et d'un mètre de haut.

Les talmudistes assurent qu'il y avait des géants dans l'arche. Comme ils y tenaient beaucoup de place, on fut obligé, disent-ils, de faire sortir le rhinocéros, qui suivit l'arche à la nage.

Aux noces de Charles le Bel, roi de France, on vit une femme de Zélande d'une taille extraordinaire, auprès de qui les hommes les plus hauts paraissaient des enfants; elle était si forte, qu'elle enlevait de chaque main deux tonneaux de bière, et portait aisément huit hommes sur une poutre (1).

Il est certain qu'il y a eu, de tout temps, des hommes d'une taille et d'une force au-dessus de l'ordinaire. On trouva au Mexique des os d'hommes trois fois aussi grands que nous, et, dit-on, dans l'île de Crète un cadavre de quarante cinq pieds..... Hector de Boëce dit avoir vu les restes d'un homme qui avait quatorze pieds.

Pour la force nous citerons Milon de Crotone, tant de fois vainqueur aux jeux olympiques; ce Suédois qui, sans armes, tua dix soldats armés; ce Milanais qui portait un cheval chargé de blé; ce Barsabas qui, du temps de Louis XIV, enlevait un cavalier avec son équipage et sa monture; ces géants et ces hercules qu'on montre tous les jours au public. Mais la différence qu'il y a entre eux et le reste des hommes est petite, si on compare leur taille réelle à la taille prodigieuse que les traditions donnent aux anciens géants. Voyez GARGANTUA.

GEBER, roi des Indes, et grand magicien, auquel on attribue un traité absurde, Du rapport des sept planètes aux sept noms de Dieu, et quelques autres opuscules inconnus (2).

GEDI, pierre merveilleuse qui, dans l'opinion des Gètes, avait la vertu, lorsqu'on la trempait dans l'eau, de changer l'air et d'exciter des vents et des pluies orageuses. On ne connaît plus la forme de cette pierre.

GELLO ou GILO, c'était une fille qui avait la manie d'enlever des petits enfants. On dit même que parfois elle les mangeait, et qu'elle emporta un jour le petit empereur Maurice; mais qu'elle ne put lui faire aucun mal, parce qu'il avait sur lui des amulettes. Son fantôme errait dans l'île de Lesbos, où, comme elle était jalouse de toutes les mères, elle faisait mourir dans leur sein les enfants qu'elles portaient, un peu avant qu'ils fussent à terme (3). On voit que c'était l'épouvantail du sixième siècle.

GELOSCOPIE, Espèce de divination qui se tire du rire. On prétend acquérir ainsi la connaissance du caractère d'une personne, et de ses penchants bons ou mauvais. Un rire franc n'annonce certainement pas une âme fausse, et on peut se défier quelquefois d'un rire forcé. Voy. PHYSIOGNOMONIE.

GEMATRIE. C'est une des divisions de la cabale, chez les juifs. Elle consiste à prendre les lettres d'un mot hébreu pour des chiffres ou nombres arithmétiques, et à expliquer chaque mot par la valeur arithmétique des lettres qui le composent. Selon d'autres, c'est une interprétation qui se fait par la transposition des lettres.

GEMMA (CORNÉLIUS), savant professeur de Louvain, auteur d'un livre intitulé: Des caractères divins et des choses admirables (4), publié à Anvers; chez Christophe Plantin, architypographe du roi; 1575, in-12.

GÉNÉRATION, Voy. ENFANTS.

GENGUES, devins japonais qui font profession de découvrir les choses cachées et de retrouver les choses perdues. Ils habitent des huttes perchées sur le sommet des montagnes, et sont tous extrêmement laids. Il leur est permis de se marier, mais seulement avec des femmes de leur caste et de leur secte. Un voyageur prétend que le signe caractéristique de ces devins est une corne qui leur pousse sur la tête. Il ajoute qu'ils sont tous vendus au diable qui leur souffle leurs oracles; quand leur bail est fini, le diable leur ordonne de l'attendre sur une certaine roche. A midi, ou plus souvent vers le soir, il passe au milieu de l'assemblée; sa présence cause une vive émotion. Une force irrésistible entraîne alors ces malheureux, qui sont précipités à sa suite et ne reparaissent plus.

GÉNIANE, pierre fabuleuse à laquelle on attribuait la vertu de chagriner les ennemis de ceux qui la portaient. On pouvait de très-loin, en frottant sa pierre, vexer de toute façon les amis dont on avait à se plaindre, et se venger sans se compromettre. Les doctes n'indiquent pas où se trouve cette pierre curieuse.

GÉNIES. La tradition des anges, parvenue altérée chez les païens, en a fait des génies. Chacun avait son génie. Un magicien d'Egypte avertit Marc-Antoine que son génie était vaincu par celui d'Octave; et Antoine intimidé se retira vers Cléopâtre (5). Néron, dans *Britannicus*, dit en parlant de sa mère:

Mon génie étonné tremble devant le sien.

Les borborites, hérétiques des premiers siècles de l'Eglise, enseignaient que Dieu ne peut être l'auteur du mal; que, pour gouverner le cours du soleil, des étoiles et des planètes, il a créé une multitude innombrable

---

(1) Jonsthoni thaumatographia.
(2) Naudé, Apologie pour tous les grands personnages soupçonnés de magie, chap. 14, p. 500.
(3) Delrio, Disquisitions magiques; Wierus, de Præst., p. 466.

(4) De naturæ divinis characterismis; seu raris et admirandis spectaculis, causis, indiciis, proprietatibus rerum in partibus singulis universi libri 2, auctore Cornelio Gemma, etc.
(5) Plutarque, Vie de Marc-Antoine.

de génies, qui ont été, qui sont et seront toujours bons et bienfaisants; qu'il créa l'homme indifféremment avec tous les autres animaux, et que l'homme n'avait que des pattes comme les chiens; que la paix et la concorde régnèrent sur la terre pendant plusieurs siècles, et qu'il ne s'y commettait aucun désordre; que malheureusement un génie prit l'espèce humaine en affection, lui donna des mains, et que voilà l'origine et l'époque du mal.

L'homme alors se procura des forces artificielles, se fabriqua des armes, attaqua les autres animaux, fit des ouvrages surprenants; et l'adresse de ses mains le rendit orgueilleux; l'orgueil lui inspira le désir de la propriété, et la vanité de posséder certaines choses à l'exclusion des autres; les querelles et les guerres commencèrent; la victoire fit des tyrans et des esclaves, des riches et des pauvres.

Il est vrai, ajoutent les borborites, que si l'homme n'avait jamais eu que des pattes, il n'aurait point bâti des villes, ni des palais, ni des vaisseaux; qu'il n'aurait pas couru les mers; qu'il n'aurait pas inventé l'écriture, ni composé des livres; et qu'ainsi les connaissances de son esprit ne seraient point étendues. Mais aussi il n'aurait éprouvé que les maux physiques et corporels, qui ne sont pas comparables à ceux d'une âme agitée par l'ambition, l'orgueil, l'avarice, par les inquiétudes et les soins qu'on se donne pour élever une famille, et par la crainte de l'opprobre, du déshonneur, de la misère et des châtiments.

Aristote observe que l'homme n'est pas supérieur aux animaux parce qu'il a une main; mais qu'il a une main parce qu'il est supérieur aux animaux.

Les Arabes ne croient pas qu'Adam ait été le premier être raisonnable qui ait habité la terre, mais seulement le père de tous les hommes actuellement existants. Ils pensent que la terre était peuplée, avant la création d'Adam, par des êtres d'une espèce supérieure à la nôtre; que dans la composition de ces êtres, créés de Dieu comme nous, il entrait plus de feu divin et moins de limon. Ces êtres, qui ont habité la terre pendant plusieurs milliers de siècles, sont les génies, qui ensuite furent renvoyés dans une région particulière, mais d'où il n'est pas impossible de les évoquer et de les voir paraître encore quelquefois, par la force des paroles magiques et des talismans.

Il y a deux sortes de génies, ajoutent-ils, les péris, ou génies bienfaisants, et les dives, ou génies malfaisants. Gian-ben-gian, du nom de qui ils furent appelés ginnes ou génies, est le premier comme le plus fameux de leurs rois. Le Ginnistan est un pays de délices et de merveilles, où ils ont été relégués par Taymurat, l'un des plus anciens rois de Perse.

Ce sont encore là des vestiges altérés de l'ancienne tradition.

Les Chinois ont des génies qui président aux eaux, aux montagnes; et chacun d'eux est honoré par des sacrifices solennels. — Voy. Fées, Anges, Esprits, etc.

GÉNIRADE, médecin matérialiste, ami de saint Augustin et très-connu à Carthage pour sa grande capacité. Il doutait qu'il y eût un autre monde que celui-ci. Mais une nuit il vit en songe un jeune homme qui lui dit : — Suivez-moi. — Il le suivit et se trouva dans une ville où il entendit une mélodie admirable.

— Une autre fois il vit le même jeune homme qui lui dit : — Me connaissez-vous ? Fort bien, lui répondit-il. — Et d'où me connaissez-vous ? — Génirade lui raconta ce qu'il lui avait fait voir dans la ville où il l'avait conduit. Le jeune homme ajouta : — Est-ce en songe ou éveillé que vous avez vu tout cela ? — C'est en songe, répondit le médecin. Le jeune homme dit : — Où est à présent votre corps ? — Dans mon lit. — Savez-vous bien que vous ne voyez rien à présent des yeux du corps ? — Je le sais. — Quels sont donc les yeux par lesquels vous me voyez ?....

Comme le médecin hésitait et ne savait quoi répondre, le jeune homme lui dit encore : — De même que vous me voyez et m'entendez, à présent que vos yeux sont fermés et vos sens engourdis; ainsi après votre mort vous vivrez, vous verrez, vous entendrez, mais des yeux de l'esprit. Ne doutez donc plus.

Génirade conclut que si l'âme pouvait voyager ainsi dans le sommeil, elle n'était donc pas liée à la matière; et il se convertit.

GENNADIUS, patriarche de Constantinople. Allant à son église, il rencontra un spectre hideux. Il reconnut que c'était le diable, le conjura et entendit une voix qui lui dit : — Je t'avertis, Gennadius, que durant ta vie je ne pourrai nuire à l'église grecque; mais après ta mort je la ruinerai.

Le patriarche se mit à genoux, pria pour son église, et mourut peu après (1). Ceci se passait tandis que Mahomet II faisait la conquête de l'empire.

GEOFFROI D'IDEN. Au treizième siècle le seigneur Humbert, fils de Guichard de Bélioc, dans le diocèse de Mâcon, ayant déclaré la guerre à d'autres seigneurs de son voisinage, Geoffroi d'Iden reçut dans la mêlée une blessure dont il mourut sur-le-champ. Environ deux mois après, Geoffroi apparut à Milon d'Anta, et le pria de dire à Humbert de Bélioc, au service duquel il avait perdu la vie, qu'il était dans les tourments pour l'avoir aidé dans une guerre injuste, et pour n'avoir pas expié avant sa mort ses péchés par la pénitence; qu'il le priait d'avoir compassion de lui et de son propre père Guichard, qui lui avait laissé de grands biens dont il abusait, et dont une grande partie était mal acquise; qu'à la vérité, Guichard, père de Humbert, avait embrassé la vie religieuse à Cluny, mais qu'il n'avait eu le temps ni de satisfaire entièrement à la justice de Dieu, ni de réparer ses torts envers le prochain; qu'il le conjurait donc de faire offrir pour son père et pour lui, le saint sacrifice de la messe, de

(1) Leloyer, Hist. des spectres et apparitions des esprits, p. 270.

faire des aumônes et d'employer les prières des gens de bien pour leur procurer à l'un et à l'autre une prompte délivrance des peines qu'ils enduraient. Il ajouta : — Dites-lui que s'il ne vous écoute pas, je serai contraint d'aller-moi-même lui annoncer ce que je viens de vous prescrire.

Milon d'Anta s'acquitta de sa commission; Humbert en fut effrayé, mais il n'en devint pas meilleur. Toutefois, craignant que Guichard, son père, ou Geoffroi d'Iden, ne vinssent l'inquiéter, il n'osait demeurer seul, surtout pendant la nuit; il voulait toujours avoir auprès de lui quelqu'un de ses gens.

Un matin donc qu'il était tout éveillé dans son lit, il vit paraître en sa présence Geoffroi, armé comme un jour de bataille, qui lui montrait la blessure mortelle qu'il avait reçue, et qui paraissait encore toute fraîche. Il lui fit de vifs reproches de son peu de pitié envers lui et envers son propre père, qui gémissait dans les tourments. — Prends garde, ajouta-t-il, que Dieu ne te traite dans sa rigueur, et ne te retire la miséricorde que tu nous refuses, et surtout garde-toi bien d'exécuter la résolution que tu as prise d'aller à la guerre avec le comte Amédée ; si tu y vas, tu y perdras la vie et les biens.

Humbert se disposait à répondre au fantôme, lorsque l'écuyer Richard de Marsay, conseiller de Humbert, arriva venant de la messe; aussitôt le mort disparut. Dès ce moment Humbert travailla sérieusement à soulager son père et Geoffroi, et il fit le voyage de Jérusalem pour expier ses péchés. — Ce fait est rapporté par Pierre le Vénérable.

GÉOMANCIE ou GÉOMANCE, divination par la terre. Elle consiste à jeter une poignée de poussière ou de terre au hasard, sur une table, pour juger des événements futurs, par les lignes et les figures qui en résultent : c'est à peu près la même chose que le marc de café. Voy. MARC DE CAFÉ.

Selon d'autres, la géomancie se pratique, tantôt en traçant par terre des lignes et des cercles, sur lesquels on croit pouvoir deviner ce qu'on a envie d'apprendre ; tantôt en faisant au hasard, par terre ou sur le papier, plusieurs points sans garder aucun ordre; les figures que le hasard forme alors fondent un jugement sur l'avenir ; tantôt enfin en observant les fentes et les crevasses qui se font naturellement à la surface de la terre, d'où sortent, dit-on, des exhalaisons prophétiques, comme de l'autre de Delphes.

GERBERT. Voy. SYLVESTRE II.

GÉRÉAHS. Les habitants de Ceylan croient les planètes occupées par des esprits qui sont les arbitres de leur sort. Ils leur attribuent le pouvoir de rendre leurs favoris heureux en dépit des démons. Ils forment autant d'images d'argile appelées Géréahs, qu'ils supposent d'esprits mal disposés; ils leur donnent des figures monstrueuses et les honorent en mangeant et buvant; le festin est accompagné de tambours et de danses jusqu'au point du jour ; les images sont jetées alors sur les grands chemins, où elles reçoivent les coups et épuisent la colère des démons malintentionnés.

GERMANICUS, général romain qui fut empoisonné par Plancine. On ne dit pas si ce fut par des parfums ou par un poison plus direct, ou par des maléfices; mais ce qui est certain, dit Tacite, c'est que l'on trouva dans sa demeure des ossements et des cendres de morts arrachés aux tombeaux, et le nom de Germanicus écrit sur une lame de plomb qu'on avait dévouée à l'enfer (1).

GERSON (JEAN CHARLIER DE), chancelier, pieux et savant, de l'université de Paris, mort en 1429, auteur de l'*Examen des esprits* (2), où l'on trouve des règles pour discerner les fausses révélations des véritables, et de l'*Astrologie réformée*, qui eut un grand succès. Nous ne parlons pas ici de ses ouvrages de piété.

GERT (BERTHOMINE DE), sorcière de la ville de Préchac en Gascogne, qui confessa vers 1608 que lorsqu'une sorcière revenant du sabbat était tuée dans le chemin, le diable avait l'habitude de prendre sa figure, et de la faire reparaître et mourir dans son logis pour la tenir en bonne réputation. Mais si celui qui l'a tuée a quelque bougie ou chandelle de cire sur lui, et qu'il en fasse une croix sur la morte, le diable ne peut, malgré toute sa puissance, la tirer de là, et par conséquent est forcé de l'y laisser (3).

GERVAIS, archevêque de Reims, mort en 1067, dont on conte cette aventure. Un chevalier normand qui le connaissait voulant, pour le besoin de son âme, aller à Rome visiter les tombeaux des saints apôtres, passa par Reims, où il demanda à l'archevêque sa bénédiction, puis il reprit son chemin, dont il s'était écarté. Il arriva à Rome, et fit ses oraisons.

Il voulut ensuite aller au mont Saint-Ange. Dans son chemin, il rencontra un ermite qui lui demanda s'il connaissait Gervais, archevêque de Reims ; à quoi le voyageur répondit qu'il le connaissait.

— Gervais est mort, reprit l'ermite.

Le Normand demeura stupéfait ; il pria l'inconnu de lui dire comment il savait cette nouvelle.

L'ermite lui répondit, qu'ayant passé la nuit en prière dans sa cellule, il avait entendu le bruit d'une foule de gens qui marchaient le long de son corridor en faisant beaucoup de bruit; qu'il avait ouvert sa fenêtre, et demandé où ils allaient; que l'un d'eux lui avait répondu : Nous sommes les anges de Satan ; nous venons de Reims. Nous emportions l'âme de Gervais ; mais à cause de ses bonnes œuvres, on vient de nous l'enlever, ce qui nous fâche rudement.

Le pèlerin remarqua le temps et le jour où il avait appris tout cela, et de retour à Reims,

---

(1) Leloyer, Hist. des spectres et apparitions des esprits, p. 370.
(2) De probatione spirituum, etc.

(3) Delancre, Tableau de l'inconstance des démons, etc., p. 455.

il trouva que l'archevêque Gervais était mort à la même heure (1).

GEYSERIC, démoniaque goth, dont l'âme fut emportée par le diable en enfer, après que son corps eut crevé, comme ceux de Bucer et d'Arius pendant qu'il était au lit (2).

GHILCUL ou GILGUL. Chez les Juifs modernes, c'est la métempsycose ou transmigration des âmes en d'autres corps, doctrine reçue dans quelques-unes de leurs sectes.

GHIRARDELLI (CORNEILLE), franciscain, né à Bologne vers la fin du seizième siècle. Il étudia l'astrologie et la métoposcopie ; on connaît de lui des discours astrologiques, des almanachs comme celui de Mathieu Læensberg, enfin, la Céphalonie physionomique, avec cent têtes dessinées, et des jugements sur chaque figure, lesquels jugements sont renfermés en un sonnet rehaussé d'un distique ; in-4°, 1630.

GHOLES. La croyance aux vampires, aux gholes, aux lamies, qui sont à peu près le même genre de spectres, est répandue de temps immémorial chez les Arabes, chez les Perses, dans la Grèce moderne et dans tout l'Orient. *Les Mille et une Nuits*, et plusieurs autres contes arabes, roulent sur cette matière, et maintenant encore, cette terrible superstition porte l'épouvante dans plusieurs contrées de la Grèce moderne et de l'Arabie.

Les Gholes sont du sexe féminin. On en cite des histoires qui remontent jusqu'au dixième siècle et même jusqu'au règne d'Haroun al Raschild. Elles mangent la chair et boivent le sang comme les loups-garous plutôt que comme les vampires, car elles n'ont pas toujours besoin d'être mortes pour se livrer à leurs festins funèbres.

Dans un faubourg de Bagdad vivait, dit-on, au commencement du quinzième siècle, un vieux marchand qui avait amassé une fortune considérable et qui n'avait pour héritier de ses biens, qu'un fils qu'il aimait tendrement. Il avait résolu de le marier à la fille d'un de ses confrères, marchand comme lui, et avec qui il avait lié un commerce d'amitié dans ses fréquents voyages.—Cette jeune fille était riche, mais laide; et Abdul (c'est le nom du jeune homme), à qui on montra son portrait, demanda du temps pour se décider à ce mariage.

Un soir qu'il se promenait seul, à la clarté de la lune, dans les campagnes voisines de Bagdad, il entendit une voix fraîche qui chantait quelque versets du Koran en s'accompagnant d'une guitare. Il traversa le bosquet qui lui cachait la chanteuse, et se trouva au pied d'une maisonnette où il vit, sur un balcon ombragé d'herbes traînantes, une belle jeune femme.—Il n'osa se faire remarquer que par des signes de respect; la fenêtre s'étant refermée, il regagna la maison paternelle, sans savoir si seulement il avait été vu.

Le lendemain matin, après la prière du lever du soleil, il revint dans les mêmes lieux, fit d'ardentes recherches, et découvrit, non sans peine, que celle qui l'avait frappé était fille d'un sage qui n'avait point d'or à lui donner, mais qui l'avait élevée dans toutes les sciences sublimes : ces nouvelles achevèrent de l'enflammer.—Dès lors, le mariage projeté par son père devint impossible. Il alla trouver le vieillard et lui dit :

— Mon père, vous savez que jusqu'ici je n'ai su que vous obéir : aujourd'hui je viens vous supplier de m'accorder une épouse de mon choix.

Il exposa sa répugnance pour la femme qu'on lui proposait, et son amour pour l'inconnue.—Le vieillard fit quelques objections, mais, voyant que son fils était entraîné par ce que les musulmans regardent comme une fatalité irrésistible, il ne mit plus d'obstacle à son désir : il alla trouver le vieux sage et lui demanda sa fille.

Le mariage se fit, dit le conte.

Au bout de trois mois, Abdul s'étant éveillé une certaine nuit, s'aperçut que sa jeune épouse avait quitté la couche nuptiale. Il crut d'abord qu'un accident imprévu ou une indisposition subite avait causé cette absence: il résolut toutefois d'attendre ; mais Nadila (c'était la jeune femme) ne revint qu'une heure avant le jour. Abdul remarquant qu'elle rentrait avec l'air effaré et la démarche mystérieuse, fit semblant de dormir, et ne témoigna rien de ses inquiétudes, résolu de s'éclaircir un peu plus tard.

Nadila ne lui parla point de son absence nocturne; la nuit suivante, elle s'échappa de nouveau, croyant Abdul endormi, et sortit selon sa coutume.—Abdul se hâta de s'habiller, il la suivit de loin par de longs détours.

Il la vit entrer enfin dans un cimetière ; il y entra pareillement.

Nadila s'enfonça sous un grand tombeau éclairé de trois lampes.—Quelle fut la surprise d'Abdul, lorsqu'il vit sa jeune et belle épouse, qu'il chérissait si tendrement, entourée de plusieurs gholes, qui se réunissaient là toutes les nuits pour leurs festins effroyables !

Il avait remarqué, depuis son mariage, que sa femme ne mangeait rien le soir ; mais il n'avait tiré de cette observation aucune conséquence fâcheuse.

Il vit bientôt une de ces gholes apportant un cadavre encore frais, autour duquel toutes les autres se rangèrent. L'idée lui vint de se montrer, de dissiper ces hideuses sorcières ; mais il n'eût pas été le plus fort: il se décida à dévorer son indignation.—Le cadavre fut coupé en pièces, et les gholes le mangèrent en chantant des chansons infernales. Ensuite, elles enterrèrent les os, et se séparèrent après s'être embrassées.

Abdul, qui ne voulait pas être vu, se hâta de regagner son lit, où il feignit de dormir jusqu'au matin. De toute la journée, il ne témoigna rien de ce qu'il avait vu; mais, la nuit venue, il engagea sa jeune épouse à prendre sa part d'une légère collation. Na-

(1) Manuscrit de la Bibliothèque royale, rapporté par Lenglet-Dufresnoy, Dissertations, t. I⁺.

(2) Delancre, Tableau de l'inconstance des démons, etc., p. 5.

dila s'excusa selon sa coutume; il insista longtemps et s'écria enfin avec colère : Vous aimez mieux aller souper avec les gholes! Nadila ne répondit rien, pâlit, trembla de fureur, et alla en silence se mettre au lit avec son époux.

Au milieu de la nuit, lorsqu'elle le crut plongé dans un profond sommeil, elle lui dit d'une voix sombre : Tiens, expie ta curiosité.

En même temps elle se mit à genoux sur sa poitrine, le saisit à la gorge, lui ouvrit une veine, et se disposa à boire son sang. Tout cela fut l'ouvrage d'un instant. Le jeune homme qui ne dormait point, s'échappa avec violence des bras de la furie, et la frappa d'un coup de poignard qui la laissa mourante à ses côtés. Aussitôt il appela du secours, on pansa la plaie qu'il avait à la gorge, et le lendemain, on porta en terre la jeune ghole.

Trois jours après, au milieu de la nuit, elle apparut à son époux, se jeta sur lui, et voulut l'étouffer de nouveau. Le poignard d'Abdul fut inutile dans ses mains; il ne trouva de salut que dans une prompte fuite.—Il fit ouvrir le tombeau de Nadila qu'on trouva comme vivante, et qui semblait respirer dans son cercueil. On alla à la maison du sage qui passait pour le père de cette malheureuse. Il avoua que sa fille, mariée deux ans auparavant à un officier du Calife, avait été tuée par son mari; mais qu'elle avait retrouvé la vie dans son sépulcre, qu'elle était revenue chez son père; en un mot, que c'était une femme vampire. On exhuma le corps; on le brûla sur un bûcher de bois de senteur; on jeta ses cendres dans le Tigre, et le pauvre époux fut délivré.

On sent bien que cette histoire n'est qu'un pur conte; mais il peut donner une idée des croyances des Arabes.

On voit dans certains contes orientaux une espèce de vampire qui ne peut conserver son odieuse vie qu'en avalant de temps en temps le cœur d'un jeune homme. On pourrait citer une foule de traits de même sorte dans les contes traduits de l'arabe : ces contes prouvent que les horribles idées du vampirisme sont anciennes en Arabie.

GHOOLÉE-BEENBAN, vampire, ou lamie, ou ghole. Les Afghans croient que chaque solitude, chaque désert de leur pays, est habité par un démon, qu'ils appellent le Ghoolée-Beenban, ou le spectre de la solitude. Ils désignent souvent la férocité d'une tribu en disant qu'elle est sauvage comme le démon du désert.

GIALL, fleuve des enfers scandinaves; on le passe sur un pont appelé *Giallar*.

GIAN-BEN-GIAN, voy. GÉNIES.

GIBEL, montagne volcanique, au sommet de laquelle se trouve un cratère d'où l'on entend, lorsqu'on prête l'oreille, des gémissements et un bouillonnement effroyable. Les Grecs jetaient, dans ce soupirail, des vases d'or et d'argent, et regardaient comme un bon présage lorsque la flamme ne les repoussait pas; car ils pensaient apaiser par là les dieux de l'enfer, dont ils croyaient que cette ouverture était l'entrée (1).

GILBERT, démon dont parle Olaus Magnus. Il se montrait chez les Ostrogoths, et il avait enchaîné dans une caverne le savant Catillus, nécromancien suédois qui l'avait insulté (2).

GILO, voy. GELLO.

GIMI ou GIMIN, génies que les musulmans croient d'une nature mitoyenne entre l'ange et l'homme. Ce sont nos esprits follets.

GINGUÉRERS, cinquième tribu des géants ou génies malfaisants, chez les Orientaux.

GINNES, génies femelles chez les Persans, qui les disent maudites par Salomon, et formées d'un feu liquide et bouillonnant, avant la création de l'homme.

GINNISTAN, pays imaginaire, où les génies soumis à Salomon font leur résidence, selon les opinions populaires des Persans. Voy. GÉNIES.

GINNUNGAGAP, nom de l'abîme, partie de l'enfer, chez les Scandinaves.

GIOERNINCA-VEDUR. Les Islandais appellent de ce nom le pouvoir magique d'exciter des orages et des tempêtes, et de faire périr des barques et des bâtiments en mer. Cette idée superstitieuse appartient autant à la magie moderne qu'à l'ancienne. Les ustensiles que les initiés emploient sont très-simples : par exemple, une bajoue de tête de poisson, sur laquelle ils peignent ou gravent différents caractères magiques, entre autres la tête du dieu Thor, de qui ils ont emprunté cette espèce de magie. Le grand art consiste à n'employer qu'un ou deux caractères, et tout leur secret est que les mots *Thor*, *hafot* ou *hafut* puissent être lus devant eux ou en leur absence sans être compris de ceux qui ne sont pas admis à la connaissance de ces mystères.

GIOURTASCH, pierre mystérieuse que les Turcs orientaux croient avoir reçue de main en main de leurs ancêtres, et remontant jusqu'à Japhet, fils de Noé, et qu'ils prétendent avoir la vertu de leur procurer de la pluie, quand ils en ont besoin.

GIRARD, (JEAN-BAPTISTE), jésuite né à Dôle en 1680. Les ennemis de la société de Jésus n'ont négligé aucun effort pour le présenter comme un homme de scandale. Ils l'ont accusé d'avoir séduit une fille nommée Catherine Cadière; et sur ce thème, ils ont bâti tous les plus hideux romans. Cette fille, folle ou malade, sembla possédée dans les idées du temps, ou le fut peut-être, et on dut l'enfermer aux Ursulines de Brest. Sur quelques divagations qu'elle débita, un procès fut intenté par le parlement d'Aix. Mais toutes choses examinées et pesées, il fallut se borner à rendre Catherine Cadière à sa famille. On ne put pas même trouver moyen d'impliquer le père Girard dans cette affaire, comme coupable, quoiqu'on eût ameuté trois

---

(1) Leloyer, Histoire des spectres ou apparitions des esprits, p. 50.

(2) Wierus, de Præst., p. 466.

partis violents contre lui, les jansénistes, le parlement et les philosophes. — Ce qui n'a pas empêché les écrivains anti-religieux de faire revivre sur son compte des calomnies condamnées.

GIRTANNER, docteur de Gottingue, qui a annoncé que dans le dix-neuvième siècle tout le monde aurait le secret de la transmutation des métaux; que chaque chimiste saurait faire de l'or; que les instruments de cuisine seraient d'or et d'argent; ce qui contribuera beaucoup, dit-il, à prolonger la vie, qui se trouve aujourd'hui compromise par les oxydes de cuivre, de plomb et de fer que nous avalons avec notre nourriture (1). Les bons chimistes actuels partagent cet avis.

GITANOS, mot espagnol, qui veut dire Egyptiens. Voy. Bohémiens.

GIWON, esprit japonais. Les habitants croient qu'il veille particulièrement à la conservation de leur vie, et qu'il peut les préserver de tout accident fâcheux, comme des chutes, des mauvaises rencontres, des maladies, et surtout de la petite vérole. Aussi ont-ils coutume de placer sur la porte de leurs maisons l'image de Giwon.

GRANVILLE, curé anglican d'Abbey-Church à Bath, mort en 1680. On lui attribue un traité des Visions et apparitions, in-8°, Londres, 1700; mais il est certainement auteur d'un ouvrage intitulé: *Considérations philosophiques touchant l'existence des sorciers et la sorcellerie*, 1666, in-4°.

GLAPHYRA, épouse d'Alexandre, fils de cet effroyable Hérode, qu'on a appelé Hérode le Grand. Cette princesse ayant perdu Alexandre, se maria avec Archélaüs, son beau-frère, et mourut la nuit même de ses noces, l'imagination troublée par la vision de son premier époux, qui semblait lui reprocher ses secondes noces avec son frère (2).

GLASIALABOLAS, Voy. Caacrinolaas.

GLOCESTER. Sous Henri VI, les ennemis de la duchesse de Glocester voulant la perdre, l'accusèrent d'être sorcière. On prétendit qu'elle avait eu des entretiens secrets avec Roger Bolingbrocke, soupçonné de nécromancie, et Marie Gardemain, réputée sorcière. On déclara que ces trois personnes réunies avaient, à l'aide de cérémonies diaboliques, placé sur un feu lent une effigie du roi, faite en cire, dans l'idée que les forces de ce prince s'épuiseraient à mesure que la cire fondrait, et qu'à sa totale dissolution, la vie de Henri VI serait terminée. Une telle accusation devait s'accréditer sans peine dans ce siècle crédule; plus elle s'éloignait du bon sens, plus elle semblait digne de foi. Tous trois furent déclarés coupables, et ni le rang ni l'innocence ne purent les sauver. La duchesse fut condamnée à un emprisonnement perpétuel, Roger Bolingbrocke pendu, et Marie Gardemain brûlée à Smitfield (3).

GLUBBDUBDRIB. Si le fragment de Cyrano-Bergerac sur Agrippa présente l'idée qu'on avait des sorciers en France sous Louis XIII, le passage que Swift leur a consacré au siècle suivant ne mérite pas moins d'être mis sous les yeux du lecteur. On le trouve aux chapitres VII et VIII du troisième Voyage de Gulliver.

« Glubbdubdrib, si j'interprète exactement le mot, signifie l'île des sorciers ou des magiciens. Elle a trois fois l'étendue de l'île de Wight; elle est très-fertile. Cette île est sous la puissance d'un chef d'une tribu toute composée de sorciers, qui ne s'allient qu'entre eux, et dont le prince est toujours le plus ancien de la tribu.

« Ce prince ou gouverneur a un palais magnifique et un parc d'environ trois mille acres, entouré d'un mur de pierres de taille haut de vingt pieds. Ce parc renferme d'autres petits enclos pour les bestiaux, le blé et les jardins. — Le gouverneur et sa famille sont servis par des domestiques d'une espèce assez extraordinaire. Par la connaissance qu'il a de la nécromancie, il possède le pouvoir d'évoquer les morts et de les obliger à le servir pendant vingt-quatre heures, jamais plus longtemps; et il ne peut évoquer le même esprit qu'à trois mois d'intervalle, à moins que ce ne soit pour quelque grande occasion.

« Lorsque nous abordâmes à l'île, il était environ onze heures du matin. Un de mes deux compagnons alla trouver le gouverneur, et lui dit qu'un étranger souhaitait avoir l'honneur de saluer son altesse. Ce compliment fut bien reçu. Nous entrâmes tous trois dans la cour du palais, et nous passâmes au milieu d'une haie de gardes armés et habillés d'une manière très-ancienne, et dont la physionomie avait quelque chose qui me causait une horreur indicible. Nous traversâmes les appartements, et rencontrâmes une foule de domestiques de la même sorte, avant de parvenir jusqu'à la chambre du gouverneur.

« Après que nous eûmes fait trois révérences profondes, il nous fit asseoir sur de petits tabourets au pied de son trône. Il m'adressa différentes questions au sujet de mes voyages; et, pour marquer qu'il voulait en agir avec moi sans cérémonie, il fit signe avec le doigt à tous ses gens de se retirer; et en un instant, ce qui m'étonna beaucoup, ils disparurent comme les visions d'un rêve.

« J'eus de la peine à me rassurer. Mais le gouverneur m'ayant dit que je n'avais rien à craindre, et voyant mes deux compagnons parfaitement tranquilles, parce qu'ils étaient faits à ce spectacle, je commençai à prendre courage, et racontai à son altesse les différentes aventures de mes voyages, non sans un peu d'hésitation, ni sans regarder plus d'une fois derrière moi la place où j'avais vu les fantômes disparaître.

« J'eus l'honneur de dîner avec le gouverneur, qui nous fit servir par une nouvelle

(1) Philosophie magique, t. VI, p. 383, citée dans les Curiosités de la littérature, t. Ier, p. 262.
(2) Leloyer, Hist. des spectres et des apparitions des esprits, chap. 23, p. 436.
(3) Goldsmith, Histoire d'Angleterre

troupe de spectres. Je remarquai que ma frayeur était moins grande à cette seconde apparition. Nous fûmes à table jusqu'au coucher du soleil. Je priai son altesse de permettre que je ne couchasse pas dans son palais, comme il avait la bonté de m'y engager; et mes deux amis et moi nous allâmes chercher un lit dans la ville voisine, capitale de la petite île.

« Le lendemain matin, nous revînmes rendre nos devoirs au gouverneur, comme il avait bien voulu nous le recommander; et nous passâmes de cette manière une dizaine de jours dans cette île, demeurant la plus grande partie de la journée avec le gouverneur, et la nuit à notre auberge. Je parvins à me familiariser tellement avec les esprits, que je n'en eus plus peur du tout, ou du moins, s'il m'en restait encore un peu, elle cédait à ma curiosité.

« Son altesse me dit un jour de lui nommer tels morts qu'il me plairait, qu'il me les ferait venir et les obligerait de répondre à toutes les questions que je leur voudrais faire, à condition toutefois que je ne les interrogerais que sur ce qui s'était passé de leur temps, et que je pourrais être bien assuré qu'ils me diraient toujours vrai; car le mensonge est un talent inutile dans l'autre monde. — J'acceptai avec de très-humbles actions de grâces l'offre de son altesse.

« Nous étions dans une pièce d'où l'on avait une très-belle vue sur le parc; et, comme mon premier souhait fut de voir des scènes pompeuses et magnifiques, je demandai à voir Alexandre le Grand à la tête de son armée, tel qu'il était à la bataille d'Arbelles. Aussitôt, sur un signe du gouverneur, le prince grec parut sur un vaste champ au-dessous de la fenêtre où nous étions.

« Alexandre fut invité à monter dans la chambre. J'eus beaucoup de peine à entendre son grec, n'étant pas moi-même très-versé dans cette langue. Il m'assura, sur son honneur, qu'il n'avait pas été empoisonné, mais qu'il était mort d'une fièvre causée par un excès de boisson.

« Je vis ensuite Annibal passant les Alpes; et il me dit qu'il n'avait pas une seule goutte de vinaigre dans son camp.

« Je vis César et Pompée à la tête de leurs troupes prêtes à se charger. Je vis le premier dans son grand triomphe. Je voulus voir le sénat romain dans une grande salle, avec une assemblée législative moderne rangée de l'autre côté. Le sénat me sembla une réunion de héros et de demi-dieux; l'autre assemblée m'avait l'air d'un tas de porte-balles, de filous, de voleurs de grand chemin et de matamores.

« Je fatiguerais le lecteur si je citais le grand nombre de personnages illustres qui fut évoqué pour satisfaire au désir insatiable que j'avais de voir toutes les périodes de l'antiquité, mises sous mes yeux. Je me réjouis principalement par la contemplation des destructeurs, des tyrans, des usurpateurs et des libérateurs des nations opprimées. Mais il me serait impossible d'exprimer la satisfaction que j'éprouvai, de manière à la faire partager à ceux qui liront ces pages.

« Désirant voir les anciens les plus renommés pour l'esprit et la science, je voulus leur consacrer un jour. Je demandai que l'on fît apparaître Homère et Aristote à la tête de leurs commentateurs; mais ceux-ci étaient tellement nombreux, qu'il y en eut plusieurs centaines qui furent obligés d'attendre dans les antichambres et dans les cours du palais. Au premier coup d'œil, je reconnus ces deux grands hommes, et les distinguai non-seulement de la foule, mais aussi l'un de l'autre. Homère était le plus grand et avait meilleure mine qu'Aristote. Il se tenait très-droit pour son âge, et ses yeux étaient les plus vifs, les plus perçants que j'eusse jamais vus. Aristote se courbait beaucoup et il se servait d'une canne. Son visage était maigre, ses cheveux rares et lisses, sa voix creuse. Je m'aperçus bientôt qu'ils étaient l'un et l'autre parfaitement étrangers au reste de la compagnie, et n'en avaient pas entendu parler auparavant.

« Un spectre, que je ne nommerai point, me dit à l'oreille que ces commentateurs se tenaient toujours le plus loin qu'ils pouvaient de leurs auteurs dans le monde souterrain, parce qu'ils étaient honteux d'avoir si indignement représenté à la postérité les pensées de ces grands écrivains.

« Je priai le gouverneur d'évoquer Descartes et Gassendi, et j'engageai ceux-ci à expliquer leurs systèmes à Aristote. Ce grand philosophe reconnut ses erreurs dans la physique, lesquelles provenaient de ce qu'il avait raisonné d'après des conjectures, comme tous les hommes doivent le faire; et il nous fit remarquer que Gassendi et les tourbillons de Descartes avaient été à leur tour rejetés. Il prédit le même sort à l'attraction, que les savants de nos jours soutiennent avec tant d'ardeur. Il disait que tout système nouveau sur les choses naturelles n'était qu'une mode nouvelle et devait varier à chaque siècle, et que ceux qui prétendaient les appuyer sur des démonstrations mathématiques, auraient de même une vogue momentanée et tomberaient ensuite dans l'oubli.

« Je passai cinq jours à converser avec d'autres savants hommes de l'antiquité. Je vis la plupart des empereurs romains. Le gouverneur eut la complaisance d'évoquer les cuisiniers d'Héliogabale pour apprêter notre dîner; mais ils ne purent nous montrer toute leur habileté, faute de matériaux. Un ilote d'Agésilas nous fit un plat de brouet noir lacédémonien, et nous ne pûmes avaler la seconde cuillerée de ce mets.

« Mes découvertes sur l'histoire moderne furent mortifiantes. Je reconnus que des historiens ont transformé des guerriers imbéciles et lâches en grands capitaines, des insensés et de petits génies en grands politiques, des flatteurs et des courtisans en gens de bien, des athées en hommes pleins de religion, d'infâmes débauchés en gens chastes, et des délateurs de profession en hommes vrais et sincères. Un général d'armée m'avoua qu'il avait une fois remporté une victoire par sa poltronnerie et son imprudence ; et un amiral me dit qu'il avait battu malgré lui une flotte ennemie, lorsqu'il avait envie de laisser battre la sienne.

« Comme chacun des personnages qu'on évoquait paraissait tel qu'il avait été dans le monde, je vis avec douleur, combien le genre humain avait dégénéré... »

GNOMES, esprits élémentaires amis de l'homme, composés des plus subtiles parties de la terre, dont ils habitent les entrailles, selon les cabalistes. — La terre, disent-ils, est presque jusqu'au centre remplie de gnomes, gens de petite stature, gardiens des trésors, des mines et des pierreries. Ils aiment les hommes, sont ingénieux et faciles à gouverner. Ils fournissent aux cabalistes tout l'argent qui leur est nécessaire, et ne demandent guère, pour prix de leurs services, que la gloire d'être commandés. Les gnomides, leurs femmes sont petites, mais agréables, et vêtues d'une manière fort curieuse (1).

Les gnomes vivent et meurent à peu près comme les hommes ; ils ont des villes et se rassemblent en sociétés. Les cabalistes prétendent que ces bruits qu'on entendait, au rapport d'Aristote, dans certaines îles, où pourtant on ne voyait personne, n'étaient autre chose que les réjouissances et les fêtes de noces de quelque gnome. Ils ont une âme mortelle ; mais ils peuvent se procurer l'immortalité en contractant des alliances avec les hommes. Voy. CABALE, PYGMÉES, NAINS, GOBELINS, KOBOLD, etc.

GNOSTIQUES, hérétiques qui admettaient une foule de génies producteurs de tout dans le monde. Leur nom signifie illuminés ; ils l'avaient pris parce qu'ils se croyaient plus éclairés que les autres hommes. Ils parurent au premier et au second siècle, principalement dans l'Orient. Ils honoraient, parmi les génies, ceux qu'ils croyaient avoir rendu au genre humain les bons offices les plus importants. Ils disaient que le génie qui avait appris aux hommes à manger le fruit de l'arbre de la science du bien et du mal avait fait pour nous quelque chose de très-signalé.... Ils l'honoraient sous la figure qu'il avait prise, et tenaient un serpent enfermé dans une cage : lorsqu'ils célébraient leurs mystères, ils ouvraient la cage et appelaient le serpent, qui montait sur une table où étaient les pains, et s'entortillait alentour. C'est ce qu'ils appelaient leur eucharistie...

Les gnostiques, auxquels se rattachaient les basilidiens, les ophites, les simoniens, les carpocratiens, etc., tentèrent contre le catholicisme de grands efforts. Leur serpent, non plus que les autres, n'y put faire qu'user ses dents. Voy. TÊTE DE BOPHOMET, ÉONS, etc.

GOAP, roi des démons de midi. On peut l'évoquer de trois heures du matin à midi, et de neuf heures du soir à minuit (2).

GOBBINO, Voy. IMAGINATION.

GOBELINS, espèce de lutins domestiques qui se retirent dans les endroits cachés de la maison, sous des tas de bois. On les nourrit des mets les plus délicats, parce qu'ils apportent à leurs maîtres du blé volé dans les greniers d'autrui.

On dit que la manufacture des Gobelins à Paris doit son nom à quelques follets qui, dans l'origine, venaient travailler avec les ouvriers et leur apprendre à faire de beaux tapis. C'est d'eux, ajoute-t-on, qu'on tient le secret des riches couleurs.

On appelait Gobelin ce démon d'Évreux que saint Taurin expulsa, mais qui, ayant montré un respect particulier au saint exorciste, obtint la permission de ne pas retourner en enfer, et continua de hanter la ville sous diverses formes, à condition qu'il se contenterait de jouer des tours innocents aux bons chrétiens de l'Eure.

Le Gobelin d'Évreux semble s'être ennuyé de ses espiègleries depuis quelques années, et il a rompu son ban pour aller tourmenter les habitants de Caen. L'un de ces derniers hivers, les bourgeois de la bonne ville de Guillaume le Bâtard furent souvent effrayés de ses apparitions. Il s'était affublé d'une armure blanche, et se grandissait jusqu'à pouvoir regarder à travers les fenêtres des étages les plus élevés. Un vieux général rencontra ce diable importun dans un impasse et le défia, mais Gobelin lui répondit : — Ce n'est pas de toi que j'ai reçu ma mission, ce n'est pas à toi que je dois en rendre compte. Le général ayant insisté, six diables blancs de la même taille sortirent tout à coup de terre, et le général jugea prudent de battre en retraite devant le nombre. Le journal du département rendit justice à son courage : mais le général n'eut pas moins besoin de se faire saigner par le docteur Vastel. Voy. LUTINS, FOLLETS, KOBOLD, etc.

GOBES. On appelle gobes, dans la campagne, des boules sphériques que l'on trouve quelquefois dans l'estomac des animaux ruminants, et qui sont formées de poils avalés spontanément, mêlés de fourrages et agglutinés par les sucs gastriques. On persuaderait difficilement à la plupart des gens de la campagne, que ces boules ne sont pas l'effet d'un sort (3).

GODESLAS. Lorsqu'on prêcha la première croisade dans le diocèse de Maëstricht, une bulle permettant aux vieillards et aux infirmes de s'exempter du voyage de Terre-Sainte moyennant une certaine contribution, un meunier, nommé Godeslas, qui était en même temps riche, vieux et usurier, s'arrangea de manière qu'il ne donna que cinq marcs d'argent pour avoir la liberté de rester à son moulin. Ses voisins rapportèrent à celui qui levait l'impôt que le meunier Godeslas

---

(1) Il y a apparence que ces contes de gnomes doivent leur origine aux relations de quelques anciens voyageurs en Laponie.

(2) Wierus, In Pseudomonarchia dæmon.

(3) Salgues, des Erreurs et des préjugés, t. II. p, 14.

pouvait donner quarante marcs sans se gêner, et sans diminuer l'héritage de ses enfants; mais il soutint le contraire, et persuada si bien le dispensateur, qu'on le laissa tranquille. Son imposture, dit la légende, fut punie.

Un soir que, dans le cabaret, il avait raillé les pèlerins qui faisaient le saint voyage, leur disant : — Il faut convenir que vous êtes fous d'aller traverser les mers et risquer votre vie, tandis que, pour cinq marcs d'argent, je reste dans ma maison, et que j'aurai autant de mérite que vous; — il advint ce qui suit :

De retour en son logis, le meunier s'étant couché, entendit tourner la meule de son moulin, et toute la machine se mettre en mouvement d'elle-même, avec le bruit accoutumé. Il appela le garçon, et lui dit d'aller voir qui faisait tourner le moulin. Celui-ci y alla, mais il fut si effrayé, qu'il rentra sans trop savoir ce qu'il avait vu. — Ce qui se passe dans votre moulin m'a tellement épouvanté, répondit-il, que, quand on m'assommerait, je n'y retournerais point.

— Fût-ce le diable, s'écria le meunier, j'irai et je le verrai.

Il saute donc à bas du lit; il met ses chausses, il ouvre la porte de son moulin, il entre et voit deux grands chevaux noirs gardés par un nègre, qui lui dit : — Monte ce cheval, il est préparé pour toi.

Le meunier, tremblant, cherchait à s'esquiver; le diable lui cria d'une voix terrible : — Plus de retard ! Ôte ta robe, et suis-moi...

Or, Godeslas portait une petite croix attachée à sa robe; il ne réfléchit point que ce signe le garantissait; il fit ce qu'on lui commandait, et grimpa sur le cheval noir, ou plutôt sur le démon qu'on lui disait de monter. Le diable se jeta sur l'autre cheval, et ces quatre personnages s'éloignèrent, allant aux enfers. Là on fit voir au meunier une chaise enflammée, où l'on ne pouvait attendre ni tranquillité, ni repos, et on lui dit : — Tu vas retourner dans ta maison, tu mourras dans trois jours, et tu reviendras ici pour y passer l'éternité tout entière sur cette chaise brûlante.

A ces paroles, le diable reconduisit Godeslas à son moulin. Sa femme, qui trouvait son absence longue, se leva enfin, et fut étonnée de le voir étendu sur le carreau, mourant de peur. Comme il parlait de l'enfer, du diable, de la mort, d'une chaise ardente, on envoya chercher un prêtre pour le rassurer. — Je n'ai pas besoin de me confesser, dit-il au prêtre, mon sort est fixé. Ma chaise est prête, ma mort arrive dans trois jours; ma peine est inévitable. — Et ce malheureux mourut sans vouloir se reconnaître (1).

GODWIN, — écrivain anglais qui a publié la *Vie des Nécromanciens*, ou histoire des personnages les plus célèbres auxquels on a attribué, dans les différents âges, une puissance surnaturelle.

GOETHE, auteur du drame de *Faust*. Voy. FAUST.

GOÉTIE, art d'évoquer les esprits malfaisants, pendant la nuit obscure, dans des cavernes souterraines à la proximité des tombeaux et des ossements des morts, avec sacrifice de victimes noires, herbes magiques, lamentations, gémissements et offrande de jeunes enfants dans les entrailles desquels on cherchait l'avenir. Voy. THÉURGIE.

GOGUIS, démons de forme humaine qui accompagnent les pèlerins du Japon dans leurs voyages, les font entrer dans une balance et les contraignent de dire leurs péchés. Si les pèlerins taisent une de leurs fautes dans cet examen, les diables font pencher la balance de sorte qu'ils ne peuvent éviter de tomber dans un précipice où ils se rompent tous les membres (2).

GOHORRY (JACQUES), écrivain alchimiste. Voy. FLAMEL.

GOITRES. Les Arabes prétendent guérir cette infirmité avec des amulettes. Le docteur Abernethy, que l'on consultait sur la manière de dissiper un goître, répondit : « Je crois que le meilleur topique serait de siffler... »

GOMORY, fort et puissant duc des enfers; il apparaît sous la forme d'une femme, une couronne ducale sur la tête, et monté sur un chameau; il répond sur le présent, le passé et l'avenir; il fait découvrir les trésors cachés; il commande à vingt-six légions (3).

GONDERIC, roi des Vandales, qui fut, à l'exemple de Geyseric et de Bucer, éventré par le diable, et dont l'âme, selon les chroniqueurs, fut conduite en enfer (4).

GONIN. Les Français d'autrefois donnaient le nom de maître-gonin à leurs petits sorciers, charmeurs, escamoteurs et faiseurs de tours de passe-passe (5).

GONTRAN. Hélinand conte qu'un soldat nommé Gontran, de la suite de Henry, archevêque de Reims, s'étant endormi en pleine campagne, après le dîner, comme il dormait la bouche ouverte, ceux qui l'accompagnaient, et qui étaient éveillés, virent sortir de sa bouche une bête blanche semblable à une petite belette, qui s'en alla droit à un ruisseau assez près de là. Un homme d'armes la voyant monter et descendre le bord du ruisseau pour trouver un passage, tira son épée et en fit un petit pont sur lequel elle passa et courut plus loin....

Peu après, on la vit revenir, et le même homme d'armes lui fit de nouveau un pont de son épée. La bête passa une seconde fois et s'en retourna à la bouche du dormeur, où elle rentra....

Il se réveilla alors; et comme on lui demandait s'il n'avait point rêvé pendant son sommeil, il répondit qu'il se trouvait fatigué et pesant, ayant fait une longue course et passé deux fois sur un pont de fer.

---

(1) Cæsarii Heisterbach. de Contritione, lib. 2 Mirac., cap. 7.
(2) Leloyer, Hist. des spectres ou appar. des esprits, ch. II, p. 336.
(3) Wierus, In Pseudomon. dæmonum.
(4) Delancre, Tabl. de l'inconstance des démons, etc., p. 5.
(5) Bodin, Démonomanie, p 148.

Mais ce qui est plus merveilleux, c'est qu'il alla par le chemin qu'avait suivi la belette; qu'il bêcha au pied d'une petite colline et qu'il déterra un trésor que son âme avait vu en songe.

Le diable, dit Wierus, se sert souvent de ces machinations pour tromper les hommes et leur faire croire que l'âme, quoique invisible, est corporelle et meurt avec le corps; car beaucoup de gens ont cru que cette bête blanche était l'âme de ce soldat, tandis que c'était une imposture du diable....

GOO, épreuve par le moyen de pilules de papier que les *jammabos*, fakirs du Japon, font avaler aux personnes soupçonnées d'un vol ou de quelque autre délit. Ce papier est rempli de caractères magiques et de représentations d'oiseaux noirs; le Jammabos y met ordinairement son cachet. Le peuple est persuadé que si celui qui prend cette pilule est coupable, il ne peut la digérer et souffre cruellement jusqu'à ce qu'il confesse son crime. Voy. Khumano-Goo.

GORSON, l'un des principaux démons, roi de l'Occident; il est visible le matin à neuf heures (1).

GOUFFRES, on en a souvent fait des objets d'effroi. Sur une montagne voisine de Villefranche, on trouve trois gouffres ou étangs considérables, qui sont toujours le théâtre des orages; les habitants du pays croient que le diable est au fond, et qu'il ne faut qu'y jeter une pierre pour qu'il s'élève aussitôt sur ces étangs une tempête.

GOUL, espèce de larves ou sorcières-vampires qui répondent aux empuses des anciens. C'est la même chose que *ghole*.

GOULEHO, génie de la mort chez les habitants des *îles des Amis*. Il gouverne une sorte de royaume sombre où se rendent les âmes.

GRAA, sorte d'immortelle (plante) que les Islandais employaient autrefois à la magie, et qui servait aussi à écarter les sorciers.

GRAINS BENITS. On se sert encore dans les campagnes (et cette coutume est désapprouvée par l'Eglise comme superstitieuse) de certains grains bénits qui ont la propriété de délivrer les possédés par l'attouchement, d'éteindre les incendies et les embrasements, de garantir du tonnerre, d'apaiser les tempêtes, de guérir la peste, la fièvre, la paralysie, de délivrer des scrupules, des inquiétudes d'esprit, des tentations contre la foi, du désespoir, des magiciens et des sorciers (2).

GRAINS DE BLÉ, divination du jour de Noël. Dans plusieurs provinces du Nord, on fait, le jour de Noël, une cérémonie qui ne doit pas manquer d'apprendre au juste combien on aura de peine à vivre dans le courant de l'année. Les paysans surtout pratiquent cette divination. On se rassemble auprès d'un grand feu, on fait rougir une plaque de fer ronde, et, lorsqu'elle est brûlante, on y place douze grains de blé sur douze points marqués à la craie, auxquels on a donné les noms des douze mois de l'année. Chaque grain qui brûle annonce disette et cherté dans le mois qu'il désigne; et si tous les grains disparaissent, c'est le signe assuré d'une année de misères. Triste divination!

GRAISSE DES SORCIERS. On assure que le diable se sert de graisse humaine pour ses maléfices. Les sorcières se frottent de cette graisse pour aller au sabbat par la cheminée; mais celles de France croient qu'en se mettant un balai entre les jambes, elles sont transportées sans graisse ni onguents. Celles d'Italie ont toujours un bouc à la porte pour les transporter.

GRALON, Voy. Is.

GRANDIER (Urbain). L'histoire d'Urbain Grandier est encore une de ces tristes intrigues dont nous n'avions pas eu jusqu'ici la clef. La relation des possessions où il fut impliqué a été entreprise par plusieurs écrivains, presque tous ignorants ou malintentionnés, surtout le calviniste Saint-Aubin, dont l'*Histoire des diables de Loudun* a trompé beaucoup de monde. Heureusement aujourd'hui nous avons d'autres guides. On a publié en 1839, du bon et pieux père Surin, un livre jusque-là resté inédit (3), et qui, laissé par un témoin irréprochable, nous permettra d'être plus véridique.

Un couvent d'Ursulines avait été établi à Loudun en 1626. Sept ans après, il y éclata de sinistres symptômes. Il y avait eu de grands procès entre deux chanoines de la collégiale de Sainte-Croix de Loudun. L'un était M. Mignon, homme sage et vertueux, et l'autre Urbain Grandier, homme lettré, spirituel, caustique et plus dissipé que ne comportait sa condition, comme disent les écrits du temps. Il se répandait dans le monde, n'affectait pas des mœurs fort rigoureuses, et faisait sous le voile de l'anonyme des chansons et des pamphlets; ce qui convient assez peu à un prêtre. On lui attribue la brochure politique intitulée *la Cordonnière de Loudun*, petit écrit dirigé contre Richelieu.

Mignon, généralement reconnu pour un homme de bien, fut choisi par les religieuses pour la direction de leurs consciences. Grandier, qui eût voulu avoir accès auprès de ces dames, échoua dans tous ses efforts: aucune ne voulut même le voir. La haine qu'il portait à Mignon et le dépit qu'il conçut dès-lors contre les Ursulines l'entraînèrent dans une manœuvre dont on ne le croyait pas capable. Le procès qui survint l'en convainquit, bien qu'il n'ait jamais avoué que son fait fût une œuvre de magie noire.

Citons ici une réflexion de l'éditeur du livre que nous suivons (4): « Le principal motif qui faisait nier la possession de Loudun, était l'impossibilité ou l'absurdité prétendue des phénomènes allégués en preuve. Cette impossibilité ou cette absurdité peut-elle être légitimement opposée, maintenant que les plus incrédules reconnaissent, ou du moins n'osent pas contester la réalité de tant d'autres phénomènes analogues, tout aussi extraor-

---

(1) Wierus, Pseudom. dæm., p. 931.
(2) Lebrun, Hist. des superstitions, t. Ier, p. 597.
(3) Triomphe de l'Amour divin sur les puissances de l'enfer. Avignon, Seguin aîné, 1839. 1 vol. in-12.
(4) Triomphe de l'Amour divin, etc. Avis de l'éditeur, p. xi.

dinaires, tout aussi bizarres, tout aussi prodigieux, qui, dit-on, se produisent chaque jour par le moyen du magnétisme? »

Donc, pour trancher le mot, Urbain Grandier résolut, non pas de magnétiser les Ursulines (le mot n'existait pas encore), mais de les ensorceler, de leur donner des diables, de les rendre possédées, de les livrer à des convulsions, et d'amener surtout cet effet qu'elles devinssent éprises de lui, quoiqu'elles ne le connussent pas. Il exécuta son dessein de cette sorte : une branche de rosier chargée de plusieurs roses charmées (les magnétiseurs comprendront parfaitement ce fait) fut jetée dans le couvent. Toutes celles qui les flairèrent furent saisies d'esprits malins, et livrées à un ensorcellement qui les faisait soupirer après Urbain Grandier, qu'elles n'avaient jamais vu, — Dieu permettant ainsi cette plaie et cette perturbation de leurs sens, pour des raisons que nous n'avons ni le droit ni le besoin d'approfondir. Elles étaient comme en démence, se retiraient dans les lieux écartés, appelaient Grandier; et lorsque, soit par une hallucination, soit par un acte de Satan, la figure imaginaire ou réelle de Grandier paraissait devant elles subitement, elles le fuyaient avec horreur; car le cœur de ces pauvres filles restait pur; leurs sens étaient seuls assiégés.

Aucune d'elles ne consentit jamais aux suggestions qui les éprouvaient.

Mignon, assisté d'un sage curé, exorcisa la prieure, qui était en proie à d'étranges crises, et dont le corps parfois restait élevé de terre par une puissance occulte. La chose fit bientôt tant de bruit, qu'on dut la déférer aux magistrats ordinaires. Le roi même, instruit de ce qui se passait, ordonna à Martin de Laubardemont, intendant de la justice dans la province, de prendre la conduite du procès.

Cet homme, trop noirci, mit dans l'instruction la lenteur et la modération la plus louable. Il assembla pour juger un cas si grave quatorze juges de divers présidiaux voisins, Poitiers, Angers, Tours, Orléans, Chinon, La Flèche, etc. Un bon religieux récollet, le père Lactance, exorcisait les possédées en présence de l'évêque de Poitiers et d'un grand concours d'hommes éclairés, pendant que les juges recueillaient les dépositions à la charge de Grandier. On trouva sur son corps, chose singulière! les marques dont les sorciers ne manquaient jamais d'être tatoués. Il fut démontré qu'il était l'auteur de la possession des pauvres sœurs, et quand même il n'eût pas été sorcier, l'enquête eût prouvé du moins sa mauvaise vie et ses mauvaises mœurs. On saisit dans ses papiers un livre scandaleux qu'il écrivait contre le célibat des prêtres. Mais on n'y trouva pas, comme l'ont dit de mauvais plaisants, l'original du pacte qu'il avait pu faire avec le diable; et les pièces qu'on a publiées dans ce genre ont été fabriquées après coup.

Grandier fredonnait dans sa prison une chanson du temps : *L'heureux séjour de Parthénice et d'Alidor*, lorsqu'on vint lui annoncer qu'il était condamné au feu; ce qui fut exécuté sur le grand marché de Loudun.

Une bande de corbeaux, dont quelques-uns ont fait une troupe de pigeons, voltigeait autour du bûcher. Il paraît qu'il mourut mal.

Après sa mort, la possession n'étant pas vaincue, les exorcismes continuèrent. Les démons qu'il fallait chasser sont nommés : Asmodée, Léviathan, Béhémoth, Elimi, Grésil, Aman, Easas, Astaroth, Zabulon, etc. Le père Lactance mourut de fatigue; il fut remplacé par le père Dupin; et enfin le roi chargea des jésuites de dompter cette hydre. Un très-saint homme et très-instruit, le père Surin, qui prêchait avec grands succès à Marennes, fut délégué à cette opération difficile. C'était un homme frêle et maladif, mais d'une grande piété. Il finit par obtenir une victoire complète. Toutefois il ne sortit pas de cette lutte sans en porter de rudes cicatrices ; car pendant longues années, par la permission de Dieu, dont les secrets ne nous sont pas tous connus, le père Surin vécut obsédé et souffrit des peines qui ont fait de sa vie un martyre. Voy. son livre que nous avons indiqué.

GRANGE DU DIABLE. On voit encore, à la ferme d'Hamelghem, qui appartient à M. d'Hoogsvorth, et qui est tenue par M. Sterckx, frère de l'archevêque de Malines, ferme dépendante de la commune d'Ossell, entre Meysse et Ophem, à une bonne lieue de Vilvorde, à trois lieues de Bruxelles ; en allant par Laeken, on voit, dis-je, dans cette ferme une grange, qui passe pour la plus vaste du pays, mais qui en est assurément la plus remarquable, et qu'on appelle la Grange du Diable (*Duyvel's dak*).

Voici l'histoire de cette grange, qui n'est appuyée au reste que sur des récits populaires. Il est vrai que ces récits ont été peu contestés, et que la tradition orale, qui a conservé l'origine et le nom de la Grange du Diable, est une croyance à peu près universelle dans la contrée.

Il y a longtemps que cette grange est debout ; ceux qui l'ont vu construire ne sont plus de ce monde. Il ne nous a pas été possible de découvrir l'époque précise où elle fut bâtie. Alors la ferme d'Hamelghem était occupée par un homme laborieux et actif, qui se nommait Jean Meulens. Il vivait heureux, du produit de sa ferme, qu'il cultivait avec ses frères dont il était l'appui. Il avait épousé une jeune femme qu'il aimait, et qui pour la seconde fois était enceinte ; les moissons étaient venues riches et abondantes ; rarement il s'était présenté une année aussi belle ; les récoltes étaient splendides ; la situation de Jean était prospère, et son sort digne d'envie, lorsque par une cruelle nuit du mois d'août, le tonnerre tomba sur sa grange, et la réduisit en cendres, sans laisser un débris de chevron.

C'était le moment où l'on allait rentrer les grains ; de belles moissons, fruits heureux d'une année de travaux, d'un ciel indulgent, d'une saison magnifique, étaient amoncelées dans les champs dépouillés. Et tout à coup il leur manquait un abri. Jean Meulens, qui s'était couché heureux et opulent, se levait avec la cruelle perspective d'une ruine complète; car toute sa fortune était là, exposée aux pluies et à l'orage; il n'était riche que de ses récoltes. Il n'avait pas d'argent pour refaire une construction assez vaste. Et quand même il eût tenu une bourse bien garnie, il n'avait plus le temps de faire bâtir. Le mois de septembre approchait à grands pas, amenant la saison des pluies. Jean ne savait à qui recourir, à quel saint se vouer, ni quelle résolution prendre.

Trois jours après l'incendie de sa grange, n'ayant pu jusque-là que se désoler, sans aviser un parti, Jean se promenait seul, à l'entrée de la nuit, sur un chemin croisé, à quelque distance de sa maison, rêvant tristement à la situation embarrassante où il se trouvait, lorsqu'il vit venir à lui un homme de moyenne taille, vêtu de velours gris de fer, avec un chapeau à cornes galonné d'argent, les pieds courts, difformes, emboîtés dans de légères bottines, les mains couvertes de gants noirs, et marchant si lestement que, dans l'ombre du crépuscule, il paraissait glisser sur le chemin de traverse.

Il s'approcha de Jean, le salua avec politesse et lui demanda le chemin de Meysse.

— Nous n'en sommes pas loin, dit le fermier en sortant de sa rêverie; je vais vous y conduire.

L'inconnu remercia vivement; il fit à son guide diverses questions qui témoignaient de l'intérêt pour lui. Jean répondait assez vaguement. Il y avait quelque chose qui le glaçait dans l'extrême pâleur de l'étranger, et dans ses regards fixes et ardents. Il semblait pourtant s'apercevoir si bien des inquiétudes du fermier, que s'arrêtant tout à coup au pied d'un vieux noyer séculaire, en s'appuyant sur sa canne pesante, il lui demanda d'une manière formelle, le sujet des soucis qui paraissaient le dévorer. Jean, subjugué en quelque sorte, n'hésita plus. Il conta à l'inconnu toute sa peine.

—N'est-ce que cela? dit lentement l'homme vêtu de gris. Il fallait le dire plus tôt. Je suis riche et puissant; je puis vous tirer du pas fâcheux où vous êtes.

—Oh! soyez béni, si vous le faites, répliqua le fermier, à ces paroles consolantes, je ne l'oublierai de ma vie; et Dieu vous verra.

L'inconnu tressaillit; il baissa les yeux, garda un moment le silence. Puis reprenant la parole, comme s'il eût fait un effort :—Je puis fournir aux frais de la construction de votre grange, dit-il, et vous la faire même si belle, qu'elle sera la plus grande du pays.

—J'aurais besoin qu'elle fût grande en effet, répliqua Jean; mais le temps presse. Comment avoir fini assez tôt?

—J'ai des ouvriers en nombre suffisant. S'il le faut, elle sera terminée demain matin, avant le lever de l'aurore, avant le premier chant du coq.

Le fermier recula de surprise. Il se demanda en lui-même qui pouvait être cet homme? Il avait ouï parler d'entrepreneurs habiles. Jamais une activité comme celle qu'on lui offrait ne lui avait semblé possible.

—Et quel prix mettez-vous à ce service? demanda-t-il; car je dois aller selon mes forces.

—Un prix assez modeste, répondit l'étranger. Je suis un original, et j'ai mes idées. Vous me donnerez votre second fils, qui va bientôt naître.

—Vous donner mon fils! dites-vous, et qu'en voulez-vous faire?

—Il sera sous mes ordres, j'en prendrai soin. Que pouvez-vous craindre, en le confiant à un seigneur puissant qui vous enrichit?

—Pardon, interrompit le fermier. Où peuvent être vos domaines?

—Nous y serions en moins d'une heure, si nous allions un peu vite.

Le fermier garda de nouveau le silence. Puis il dit:—Je ne puis donner mon enfant.

—Réfléchissez, répliqua froidement l'inconnu; et revenez ici dans trois jours.

Jean rentra chez lui, excessivement préoccupé. Il ne dit rien à sa femme, rien à personne; mais il ne dormit pas de toute la nuit. Il se creusa la tête à chercher qui pouvait être cet homme extraordinaire. Etait-ce un prince? un riche négociant? un sorcier? un démon? Il repoussa ces dernières suppositions, pour s'attacher à l'idée qu'il avait affaire à quelque seigneur capricieux. Il se sentait de trop tendres entrailles de père pour livrer cependant ainsi son fils au hasard; il se promit de ne pas retourner au rendez-vous.

Mais le second jour, un grand orage vint encore. Des torrents de pluie fondirent sur la terre. Les récoltes qui restaient sans abri en souffrirent cruellement. Jean pleura de douleur; et songeant que sa femme et son fils premier-né allaient bientôt languir dans la misère, il vit avec moins d'effroi le sacrifice de son second enfant; il pensa que peut-être l'étranger, qui l'achetait si cher, voulait faire son bonheur, sa fortune; qu'il avait tort de le repousser; et il arriva au rendez-vous le premier.

Ses réflexions étaient amères. Il était presque nuit sombre, lorsqu'il entendit un léger bruit; les feuilles du vieux noyer s'agitèrent brusquement, comme s'il eût fait un vent de tempête, quoique l'air fût tout à fait calme; et aussitôt Jean vit venir à lui l'homme au chapeau galonné d'argent.

—Je n'ai qu'un instant à vous donner, dit-il, je retourne à Vilvorde. Que décidez-vous?

—Je ne suis pas encore maître de mon étonnement, dit le fermier. Vous pourriez rebâtir ma grange, et la faire la plus vaste du Brabant, et l'avoir finie dans la nuit?

—Avant le premier chant du coq, je le répète. Si la grange n'est pas parfaite, et si je manque à quelqu'une de mes conventions, je n'exigerai pas l'exécution des vôtres.

—Et mes blés, que les pluies viennent de gâter, vous pourriez les faire étendre, les sécher, les rentrer?

—Tout se fera en même temps. De plus, voici une bourse qui renferme en or 1000 florins. Suffira-t-elle à payer les dégâts de l'orage d'hier?

—Oh! certainement, dit le fermier avec des palpitations.

—Acceptez donc et finissons-en

—Mais, mon fils! encore qu'en voulez-vous faire?

—Ce que je fais de ceux qui vivent sous mes ordres et qui vont construire pour vous.

Il se fit un silence nouveau; après quoi, Jean Meulens reprit:

—Quand faudra-t-il vous le remettre?

—Je viendrai vous le demander.

—Je.... je consens, dit enfin Jean, avec un long soupir.

—Signez ceci; et tout sera fait, répliqua l'homme, en sortant de sa poche une petite feuille de parchemin, dont l'extrême blancheur faisait ressortir l'écriture, dans l'obscurité qui commençait à devenir profonde.

—Il n'y a là que ce que nous avons dit? demanda Meulens d'une voix tremblante.

—Pas autre chose... Le fermier lut cependant; les caractères étaient rouges et brillants. En même temps l'inconnu présentait une petite plume de fer.

—Mais nous n'avons pas d'encre, dit Jean Meulens.

—C'est vrai. Nous y suppléerons.

Aussitôt, par un mouvement si vif qu'on eût pu à grand'peine le remarquer, l'inconnu, de la pointe de sa plume de fer, piqua la main gauche du fermier sous le doigt annulaire; un peu de sang en jaillit. Il le recueillit dans le bec de la plume: et le fermier signa d'une main tremblante.

Dès qu'il eut fini, l'étranger serra le parchemin et disparut, comme s'il se fût envolé.

Le fermier se croyait le jouet d'un prestige. Il redevint convaincu que son aventure était réelle, en sentant sous sa main la bourse de mille florins. Il retourna à sa maison, moitié craignant, moitié espérant, et sentant dans son cœur ce trouble inexprimable que doit éprouver un homme qui, sans savoir pourquoi, n'est pas content de lui.

Il était nuit noire lorsqu'il rentra dans la cour de sa ferme. Il la trouva déjà remplie d'une foule de petits êtres, minces et fluets, mais singulièrement agiles, qui portaient des poutres, des briques, du chaume, du mortier, des planches. Ils travaillaient avec une ardeur incroyable, et dans un silence si prodigieux, qu'on les voyait scier, fendre, frapper, sans entendre le moindre bruit. Le ciment des briques se séchait aussitôt qu'il était posé. On apercevait leurs travaux, qui montaient à vue d'œil, à la lumière que jetaient leurs visages, d'où semblaient jaillir des lueurs de feu.

Jean Meulens s'épouvanta. Il crut remarquer de petites cornes sur le front des ouvriers lestes qui travaillaient à sa grange. Il lui sembla qu'ils avaient des griffes au lieu de mains, et qu'ils voltigeaient plutôt qu'ils ne montaient à l'échelle.

—Aurais-je fait pacte avec le démon? dit-il en lui-même, le cœur navré.

La rapidité de la besogne qui se faisait sous ses yeux, et mille petites circonstances inouïes ne lui permirent bientôt plus d'en douter. Frémissant à cette pensée, désespéré de l'horreur d'avoir vendu son fils, il ouvrit hors de lui la porte de sa maison, où sa femme l'attendait pour souper.

Il avait les traits si décomposés, qu'elle lui demanda pourquoi il ne montrait pas plus de courage; car elle attribuait encore sa douleur aux fléaux dont il était victime. Il ne répondit rien, sinon qu'il était malade et qu'il ne pouvait rien prendre. La pauvre jeune femme l'imita; elle pleura des peines de son mari, et après une demi-heure de silence pénible, l'époux et la femme se mirent au lit.

Le fermier ressentait des angoisses qui l'étouffaient; en songeant à son fils qui n'était pas né et qui devait être la proie du démon, il s'arrachait les cheveux et frappait sa poitrine pleine de sanglots. Sa douleur était si énergique, que sa femme ne pouvant en soutenir plus longtemps le spectacle, lui dit:

—Jean, il y a quelque chose que tu me caches. Tout n'est-il plus commun entre nous?

Le fermier hésita à répondre. Mais enfin, il conta tout à sa femme, la rencontre de l'inconnu, le pacte signé, et la grange qui s'élevait. La fermière tressaillit d'horreur. Elle se leva et fit lever son mari. Minuit venait de sonner dans les paroisses voisines. En mettant le pied dans leur cour, Jean et sa femme virent avec terreur leur vaste grange achevée, les grains rangés, et cent ouvriers agiles occupés à couvrir le toit de chaume avec une vitesse effrayante. Sans perdre un instant, la jeune femme, heureusement inspirée, courut à la porte du poulailler et frappa dans ses mains. Il ne restait plus au haut du toit qu'un trou d'une aune à fermer. La botte de chaume qui devait le clore s'élançait, portée par un agent actif, quand aussitôt le coq chanta....

Toute la bande infernale disparut en hurlant....

Le jour vint; la grange était complétement terminée, sauf le trou de deux pieds de diamètre; et le diable avait perdu.

On a essayé vainement jusqu'à ce jour de fermer l'ouverture, laissée au haut de cette grange. Tout ce qu'on y met le jour disparaît la nuit. Mais cette imperfection n'a rien d'incommode, si ce qu'on ajoute est bien exact, que la grêle, la neige et la pluie s'y arrêtent, comme si la grange était close par une glace, et que rien ne pût passer à travers.

Il n'y a presque pas de province où l'on ne montre dans quelque ferme écartée une grange mal famée, qu'on appelle la Grange du diable. Par suite d'un pacte avec un paysan dans l'embarras, c'est toujours le diable qui l'a bâtie en une nuit, et partout le chant du coq l'a fait fuir, avant qu'il n'eût gagné son pari; car il y a un trou qui n'est pas couvert, ou quelque autre chose qui manque à toutes ces granges.

Voici une autre version de la même légende (et nous pourrions en citer un grand nombre); nous empruntons celle-ci aux *promenades d'un antiquaire dans l'ancien duché de Brabant*, par M. Eugène Gens.

« Il y a à Bierbeeck, et dans tous les villages environnants, dans un rayon très-étendu, une locution qui dit, quand un travail s'est exécuté avec une grande rapidité : « Ils ont travaillé comme les diables à la Grange-Bleue. » Or, c'est à Bierbeeck que s'est passée l'histoire qui a donné lieu à ce proverbe. Le conte fantastique de la *Grange-Bleue* est populaire dans tout le Brabant; il a bercé l'enfance de tous nos campagnards, et la terreur que me causait son récit est demeurée avec la complainte de Malborough, parmi les plus vives impressions de mes premières années. Cette tradition se reproduit, avec de légères variantes, dans beaucoup de pays; mais un fait remarquable, c'est que la *Grange-Bleue* de Bierbeeck est célèbre en Allemagne; les paysans de Bierbeeck furent très-étonnés, lors de l'invasion des alliés, en 1814, de voir accourir par bandes, chez eux, des soldats autrichiens et prussiens qui venaient rendre visite à leur Grange-Bleue. Il est probable que ce furent les Autrichiens qui emportèrent cette tradition dans leur pays, quand ils évacuèrent la Belgique. Le génie mystique de l'Allemagne s'en est emparé, comme d'une rêverie d'Hoffmann ou de Jean-Paul. La voici telle qu'elle charma plus d'une fois les veillées de notre enfance :

La Grange-Bleue.

« Il y avait une fois un paysan, très-riche et très-avare, qui s'appelait Walter. Il avait un caractère dur et bourru qui le faisait détester de tous ses voisins; jamais il n'avait donné une aumône aux pauvres : quand ils s'adressaient à lui, il ne les accueillait qu'avec des blasphèmes, et les chassait avec dureté. Quand on lui disait que cela lui porterait malheur, qu'il pourrait bien un jour trouver sa ferme en flammes, et qu'à chaque jurement qu'il faisait, le diable était là qui guettait son âme, il ne faisait que rire de ces propos, et quant au diable, disait-il, il s'en moquait. Il fallut bien cependant qu'il reconnût la vérité de ces sages discours : son avarice faillit occasionner sa perte, si la sainte Vierge n'avait eu pitié de sa femme et de ses enfants.

« Il arriva qu'une année ses champs furent couverts d'une moisson si abondante, que le temps de la récolte étant arrivé, il ne sut où placer tout son grain. Déjà sa maison, ses greniers et sa grange étaient encombrés, et une bonne partie restait encore dans la campagne. Cependant la saison des pluies allait approcher, et il fallait bien prendre une résolution. Laisser pourrir son grain dans les champs était chose impossible; donner son superflu aux pauvres était un acte au-dessus de ses forces, et bâtir une nouvelle grange répugnait à son avarice; et d'ailleurs, avant qu'elle n'eût été faite, les pluies auraient détruit son blé; aller demander à un voisin de pouvoir le placer chez lui, c'eût été s'exposer à un refus certain, car il n'ignorait pas que tout le monde le détestait. Il était donc dans une grande perplexité, et ne savait plus où donner de la tête.

« Un soir qu'il s'en revenait seul vers le village, plus sombre encore que de coutume, il repassait tristement dans sa tête toutes les causes de son chagrin, et tout à coup il se tordit les poings avec rage, frappa la terre avec violence et laissa échapper un épouvantable blasphème. Alors il entendit un éclat de rire qui retentit derrière lui; il se retourna, et il vit un étranger qui avait de fort beaux habits. Celui-ci l'aborda en riant et lui dit :

« — Camarade, il paraît que tu as du chagrin et que ta patience n'est pas longue.

« — Elle l'est si peu, répondit Walter avec colère, que je n'ai jamais souffert qu'on se moquât de moi. — Et déjà il serrait son bâton en signe de menace; mais quand il eut rencontré les yeux de l'étranger, son bâton lui tomba des mains. Il continua d'un ton brusque : — Passez votre chemin; si j'ai du chagrin, cela ne regarde que moi seul.

« — Allons, allons, camarade, tu n'as pas plus de raison qu'un poulain qu'on veut ferrer. Calme-toi et conte-moi plutôt tes embarras; nous aviserons ensemble au moyen d'y remédier.

« — Ce serait inutile; mon malheur est tel que personne ne pourrait y remédier, et vous pas plus que moi.

« — Voilà la première fois qu'on me dit cela. Je peux tout.

« — Tout? dit Walter en riant à son tour.

« — Tout, reprit gravement l'étranger.

« — Eh bien! si vous pouvez tout, voyons si vous sauverez mon grain!

« — Pour sauver ton grain, il ne te faut qu'une grange, et je puis t'en faire une.

« — Oui, mais il m'en faudrait une pour demain.

« — Tu l'auras.

« — Pour demain matin?

« — Pour demain matin, mais à une condition : il me faut ton âme.

« — Mon âme! s'écria Walter qui ne riait plus, mais qui donc êtes-vous?

« — Satan.

« Et alors Walter le regarda avec terreur, et il vit que les yeux de l'étranger luisaient dans l'ombre comme deux charbons ardents, et qu'au lieu de pieds, il avait de grandes griffes d'oiseau. Un moment son avarice fut balancée par la peur, mais ce fut l'avarice qui l'emporta.

« Eh bien! dit-il, après un moment de silence, j'accepte ton marché, Satan! mais il faut que ma grange soit faite demain, avant le premier chant du coq; alors je te livrerai mon âme. Dis-moi ce qu'il faut faire pour conclure notre pacte.

« — Revenez ici ce soir, à l'endroit où ces deux chemins se croisent; tracez un cercle dont le centre se trouve au milieu des deux chemins; faites trois fois le tour du cercle à reculons, en récitant le *Pater* à rebours; tuez une poule noire, et répétez à haute voix les termes et les conditions de notre marché.

« A l'instant même, l'étranger disparut, et une odeur de fumée se répandit dans les environs.

« Walter fit ce que Satan lui avait ordonné; il retourna au carrefour, traça un cercle, le parcourut trois fois à reculons et récita le *Pater* à rebours. Il tua une poule noire, et répéta les termes du marché.

« Mais la nuit venue, Walter ne pouvait dormir; le fatal marché lui revenait sans cesse à la mémoire. Encore quelques heures, pensait-il, et il allait être damné sans rémission; plus de joie, plus de repos pour lui; sa pauvre âme était perdue! Et pourquoi? pour quelques misérables gerbes de blé! Que fera-t-il désormais de sa richesse? pourra-t-il en jouir encore quand il aura toujours devant lui Satan prêt à saisir sa proie? Et il se retournait dans son lit, ne pouvant demeurer un instant dans la même position, et il gémissait douloureusement. Sa femme qui s'aperçut de son agitation, lui demanda ce qu'il avait, et pourquoi il soupirait ainsi. Il conta alors à sa femme tout ce qui était arrivé. En entendant ce récit, elle fit un grand signe de croix, et elle dit à son mari :

« — Comment, Walter, tu as vendu ton âme pour avoir une grange!

« — Oui, femme; au premier chant du coq ma grange sera faite, mais je serai damné!

« — Malheureux! dit-elle, je vais prier pour toi.

« Alors elle récita une courte prière, et la sainte Vierge (comme elle l'a avoué) lui inspira un projet qui lui donna l'espoir de sauver l'âme de son mari. Elle s'habilla et descendit dans la cour, tenant d'une main une lanterne et de l'autre un tablier. Elle vit de loin dans le jardin la grange qui s'élevait, et les ouvriers infernaux qui travaillaient avec une ardeur incroyable, dans un silence de mort. Elle marcha droit au poulailler, tenant sa lanterne derrière le tablier, et, comme elle l'avait prévu, le coq, trompé par cette lumière qu'il prit pour celle de l'aurore, se mit à chanter. Aussitôt on entendit un bruit épouvantable; tout le jardin parut en feu; les démons descendirent précipitamment de la grange en se renversant les uns les autres et en poussant des clameurs de rage, parce qu'ils n'avaient pu achever la grange avant le premier chant du coq. La terre s'entr'ouvrit et les démons s'y engloutirent.

« Ainsi fut sauvée l'âme de Walter.

« Sa grange était sur le point d'être achevée; il ne restait plus qu'une ouverture près du toit et personne n'a jamais pu boucher cette ouverture. Si vous allez à Bierbeeck, vous la verrez vous-même.

« Telle est l'histoire de la Grange-Bleue.

« La Grange-Bleue existe encore à Bierbeeck; elle est située près d'une ferme sur le chemin d'Opvelp. C'est une construction fort surprenante. La charpente est formée d'arbres entiers, employés avec leurs branches et leurs racines; tous les angles, même ceux de la jonction du toit et des murs, sont arrondis. Vers le haut est une ouverture, et les paysans affirment gravement qu'il est impossible de la fermer; que chaque fois qu'on l'a essayé, ils ont trouvé détruit le lendemain l'ouvrage de la veille. J'ai vu la grange et l'ouverture, mais je n'ai pas essayé de vérifier cette dernière assertion.

« Un fait qui paraît certain, c'est que cette grange fut élevée dans l'espace d'une nuit. J'avoue que je serais fort embarrassé d'assigner à cette étrange construction une origine plus raisonnable que celle que la tradition lui assigne.

« Mais pourquoi cette grange s'appelle-t-elle « *la Grange-Bleue?* » C'est ce que personne n'a pu me dire. »

GRANSON. Paul Diacre (*Hist. Longob.*) fait ce conte : Deux seigneurs lombards, nommés Aldon et Granson, ayant déplu à Cunibert, roi de Lombardie, ce prince résolut de les faire mourir. Il s'entretenait de ce projet avec son favori, lorsqu'une grosse mouche vint se planter sur son front et le piqua vivement; Cunibert chassa l'insecte, qui revint à la charge, et qui l'importuna jusqu'à le mettre dans une grande colère. Le favori, voyant son maître irrité, ferma la fenêtre pour empêcher l'ennemi de sortir, et se mit à poursuivre la mouche, pendant que le roi tira son poignard pour la tuer. Après avoir sué bien longtemps, Cunibert joignit l'insecte fugitif, le frappa; mais il ne lui coupa qu'une patte, et la mouche disparut. — Au même instant Aldon et Granson, qui étaient ensemble, virent apparaître devant eux une espèce d'homme qui semblait épuisé de fatigue et qui avait une jambe de bois. Cet homme les avertit du projet du roi Cunibert, leur conseilla de fuir, et s'évanouit tout aussitôt. Les deux seigneurs rendirent grâces à l'esprit de ce qu'il faisait pour eux; après quoi ils s'éloignèrent comme l'exigeaient les circonstances.

GRATAROLE (GUILLAUME), médecin du seizième siècle, mort en 1568. Il est auteur d'un ouvrage intitulé : *Observations des différentes parties du corps de l'homme pour juger de ses facultés morales* (1). Bâle, 1554, in-8°. Il a composé aussi un l'Antechrist un ouvrage que nous ne connaissons pas; enfin des traités sur l'alchimie et sur l'art de faire des almanachs.

GRATIANNE (JEANNETTE), habitante de Sibour ou Siboro, au commencement du dix-septième siècle; accusée de sorcellerie à l'âge de seize ans, elle déposa qu'elle avait été menée au sabbat; qu'un jour le diable lui avait arraché un bijou de cuivre qu'elle portait au cou; ce bijou avait la forme d'un poing serré, le pouce passé entre les doigts, ce que les femmes du pays regardaient comme un préservatif contre toute fascination et sortilège. Aussi le diable ne le put emporter, mais le laissa près de la porte. Elle assura aussi qu'en revenant un jour du sabbat, elle avait vu le diable en forme d'homme noir, avec six cornes sur la tête, une queue au der-

(1) De prædictione morum naturarumque hominum facili ex inspectione partium corporis.

rière, deux visages, etc.; qu'ayant été présentée à lui; elle en avait reçu une grosse poignée d'or; qu'il l'avait fait renoncer à son Créateur, à la sainte Vierge, à tous les saints et à tous ses parents (1)....

GRATIDIA, devineresse qui trompa Pompée, comme le rapporte Horace: car lui ayant demandé l'issue de la guerre de Pharsale, elle l'assura qu'il serait victorieux; néanmoins il fut vaincu (2).

GRATOULET, insigne sorcier qui apprenait le secret d'embarrer ou nouer l'aiguillette, et qui s'était vendu à Belzébuth. Il donna des leçons de sorcellerie à Pierre Aupetit, condamné en 1598.

GREATRAKES (Valentin), empirique qui fit du bruit en Angleterre dans le dix-septième siècle; il était né en Irlande en 1628. On ignore la date de sa mort. Il remplit de brillants emplois, mais il avait la tête dérangée. En 1662, il lui sembla entendre une voix lui dire qu'il avait le don de guérir les écrouelles; il voulut en user et se crut même appelé à traiter toutes les maladies: ce qui lui attira une grande célébrité. Cependant une sentence de la cour de l'évêque de Lismore lui défendit de guérir.

Sa méthode consistait à appliquer les mains sur la partie malade et à faire de légères frictions de haut en bas; était-ce du magnétisme? Il touchait même les possédés, qui tombaient dans des convulsions aussitôt qu'ils le voyaient ou l'entendaient parler. Plusieurs écrivains se moquèrent de lui. Saint-Évremont écrivit contre la crédulité qu'on lui accordait. Mais Greatrakes a eu des défenseurs, et Deleuze, dans son *Histoire du magnétisme animal*, l'a présenté sous un jour qui fait voir que c'était en effet un magnétiseur.

GRÉGOIRE VII (saint), l'un des plus grands papes, sauva l'Europe au onzième siècle. Comme il fit de grandes choses pour l'unité, il eut des ennemis dans tous les hérétiques, et en dernier lieu dans les protestants, qui l'accusèrent de magie et même de commerce avec le diable. Leurs mensonges furent stupidement répétés par les catholiques. Ce saint pape vient d'être bien vengé; car l'histoire qui lui rend justice enfin est écrite par un protestant (Voigt).

GRÊLE. Chez les Romains, lorsqu'une nuée paraissait disposée à se résoudre en grêle, on immolait des agneaux; ou par quelque incision à un doigt on en faisait sortir du sang, dont la vapeur, montant jusqu'à la nuée, l'écartait ou la dissipait entièrement: ce que Sénèque réfute comme une folie (3).

GRENIER (Jean), loup-garou qui florissait vers l'an 1600. Accusé d'avoir mangé des enfants, par Jeanne Garibaut et par d'autres, quoiqu'il eût à peine quinze ans, il avoua qu'il était fils d'une prêtre noir

(1) Delancre, Tabl. de l'inconstance des démons, etc., liv. IV, p. 132.
(2) Idem, ibid., liv. II, p. 53.
(3) Lebrun, t. Ier, p. 376.
(4) M. Jules Garinet, Histoire de la magie en France,

(prêtre du sabbat), qui portait une peau de loup (4), et qui lui avait appris le métier. On ne sait ce que devint ce jeune homme. Voy. Poirier et Pierre Labourant.

GRENOUILLE. On n'ignore pas cet admirable secret des paysans, que la grenouille des buissons, coupée et mise sur les reins, fait tellement uriner, que les hydropiques en sont guéris..... Voy. Messie des Juifs, Tremblement de terre, etc.

Mais il y a sur les grenouilles d'autres curiosités. Nous allons exposer ici les singulières excentricités qu'elles ont inspirées à des philosophes allemands (5).

On sait qu'en général ces philosophes qui repoussent la révélation ne repoussent jamais aucune rêverie.

« Lavater a calculé d'instinct, disent-ils, lorsqu'il a fait voir combien peu de transitions deviennent nécessaires pour conduire un profil de grenouille au profil magnifique de l'Apollon du Belvédère, qui est, dit-on, le beau idéal. Vingt-quatre générations qui se perfectionneraient avec persévérance arriveraient en effet du type crapaud au type Apollon; et l'on voit tous les jours, à l'appui de cette assertion, des villages où l'espèce est laide, s'embellir progressivement, dès qu'il arrive quelques circonstances favorables qui pressent le résultat.

« Il est vrai que l'étude de Lavater eût pu se faire sur un chien ou sur un canard, aussi bien que sur une grenouille; mais suivons nos philosophes.

« Ainsi en y réfléchissant, pour peu que vous soyez disposé à admettre la nouvelle doctrine d'un grand savant de l'Allemagne, vous pourrez bien supposer avec lui que le monde autrefois était couvert par les eaux; qu'il n'avait que des habitants aquatiques, et qu'après qu'il se fut un peu solidifié, les premiers hôtes de l'élément solide furent des grenouilles. Il raisonne très-curieusement là-dessus; et les suppositions sont un champ vaste et commode.

« Ainsi, il ne faut plus que nous soyons surpris de voir tant de nos frères ressembler à des crapauds. La figure s'est un peu arrondie: mais nous avons encore les bras et les jambes de notre origine; nous nageons comme la grenouille; nous avons pris pour l'agilité un juste milieu entre la grenouille et le crapaud; nous avons fait des idiomes; inventé l'imprimerie et les voitures à vapeur; mais nous avons perdu l'habitude de la vie amphibie. Voilà du moins ce que dit le docte allemand.

« Un autre savant, Christian-Emmanuel Hoppius, nous assignait, au dernier siècle, une origine différente. Dans une dissertation que ce savant lut à l'Académie d'Upsal, le 6 septembre 1766, Académie où présidait alors Charles Linné, Hoppius démontra que nous descendons du singe.... Notre devoir

p. 173.
(5) Le morceau qui suit est détaché d'un préambule du nouveau dictionnaire des athées et des philosophes, publié par l'auteur de cet ouvrage.

d'impartialité, dans la recherche des belles choses, nous oblige à faire connaître les idées profondes du penseur Hoppius.

« Il appelle anthropomorphes, de deux mots grecs qui veulent dire *figure d'homme*, les singes qui nous ressemblent, c'est-à-dire, selon lui, les singes sans queue. De tous les êtres qui existent sur la terre, dit-il, aucun genre ne se rapproche plus de l'homme que celui des singes. Leur face, leurs mains, leurs pieds, leurs bras, leurs jambes, leur poitrine, leur intérieur, ont une grande similitude avec les nôtres. Leurs mœurs, les tours et les espiègleries qu'ils inventent, surtout leur penchant à l'imitation, tout concourt à les présenter si semblables à nous, qu'il serait difficile en certain cas d'établir la différence entre l'homme et le singe...

« Quelques personnes ne seront pas de mon avis, poursuit le savant. Si ces hommes difficiles veulent comparer les jeunes élégants de l'Europe aux Hottentots qui habitent le cap de Bonne-Espérance, s'ils mettent une belle dame de la cour auprès d'une hideuse sauvage, ils trouveront dans ces deux espèces plus de différence qu'entre l'homme et le singe pris généralement. Une poire des bois, âcre et pierreuse, ce fruit horrible qui vous étrangle, ressemble-t-il à la succulente poire de St-Germain, à la poire sucrée de Messire-Jean? C'est pourtant le même arbre.

« Venons en aide au savant profond, puisqu'on dit que les Allemands le sont. On a trouvé en Hongrie, il y a peu d'années, une jeune fille élevée par une ourse. Nous en espérions des nouvelles qui ont manqué. Mais un semblable cas eut lieu en 1661, dans une forêt de la Lithuanie, et Valmont-de-Bomare (article homme sauvage) dit qu'on ne put jamais apprivoiser le féroce petit Lithuanien pris parmi les ours. Beaucoup de faits pareils prouvent que l'homme, dans l'état brut, est quelque chose comme le singe de mauvaise espèce (nous continuons à ne pas raisonner de nous-même). Philippe Camérarius raconte qu'en 1551, on trouva dans la Hesse, parmi les loups, un petit garçon que les loups avaient élevé. Ils le nourrissaient, dit-il, des meilleurs morceaux de leur proie; ils l'avaient naturellement laissé marcher à quatre pattes; il courait avec eux, les suivait au trot et faisait les sauts les plus légers : il se couchait dans un trou avec ses camarades les loups. On le prit, on le mena à la cour du landgrave de Hesse; mais il préféra toujours la manière de vivre des loups à celle des hommes. On ne put pas l'accoutumer à marcher sur deux pieds, et on ne le forçait à se tenir debout, qu'en lui liant des morceaux de bois autour du corps....

« Le même Camérarius parle d'un autre enfant, trouvé à Bamberg, parmi des bœufs sauvages, à la fin du seizième siècle ; il ne marchait qu'à quatre pattes. Dans cette attitude, il se battait à coups de dents avec les plus grands chiens, et les mettait en fuite. Nicolas Tulp cite un autre enfant, élevé par des brebis sauvages, et trouvé dans une contrée déserte de l'Islande. Il mangeait de l'herbe et du foin qu'il choisissait à l'odorat ; au lieu de parler, il bêlait, comme les petits Egyptiens que Psammélicus avait fait nourrir par des chèvres. On ne l'apprivoisa que difficilement et fort tard. Tulp dit l'avoir vu, à seize ans, à Amsterdam.

« Nous citerions une foule d'histoires semblables. Tout le monde a lu, dans Racine fils, le récit de la jeune fille sauvage, trouvée en 1731, à Châlons-sur-Marne ; elle avait dix ans : elle grimpait aux arbres, sautait de branches en branches, comme un écureuil, se nourrissait de fruits, de grenouilles et de poissons qu'elle attrapait : on put la civiliser un peu, et elle apprit le français.

« On a tiré grand parti de cette dernière circonstance, poursuivent nos savants. On a soutenu qu'un singe n'aurait jamais pu parler ; cela n'est pas démontré complètement... Linné dit avoir connu un chien qui parlait. Assurément ce chien en progrès n'aurait pas fait des discours de tribune, et n'aurait pas pu jouer la comédie. Il ne devinait pas de charades et ne faisait pas de calembourgs ; mais il demandait du café, du chocolat, du pain.... (c'est-à-dire, qu'il faisait entendre quelques sons qu'on voulait bien interpréter).

« Des renseignements que des doctes ont pris là-dessus, avec assez de peine, leur ont fait connaître que ce chien-parleur, qu'ils n'ont pas entendu, avait la bouche petite ; et c'est là, disent-ils, tout le secret. Cousez la bouche trop grande d'un chien, et soyez sûr qu'il parlera ; fendez la bouche d'un homme, jusqu'aux oreilles, et vous verrez s'il peut faire autre chose qu'aboyer. Les singes ont, comme les chiens, la bouche faite de manière à perdre les sons et à n'exhaler que des cris....

« On voit que les savants de la Germanie vont un peu devant eux. Ils ne songent pas que, chez les hommes, les sourds-muets parlent sans le secours de la bouche.

« Revenons à nos petits sauvages. Il est constant que tous ceux qu'on trouva étaient velus, qu'ils marchaient à quatre pattes, qu'ils se servaient également des pieds et des mains, pour courir ; qu'ils grimpaient aux arbres avec une agilité singulière ; qu'ils étaient stupéfaits d'étonnement, à l'aspect des hommes, et qu'il était difficile de les distinguer des singes. On voit qu'ici nous ne raisonnons qu'avec nos doctes que matière et physique. Des naturalistes ont voulu trouver des différences, en disant que dans les singes, les mains et les pieds se ressemblaient, et ils ont appelé les singes quadrumanes ; mais il en était à peu près ainsi des enfants trouvés dans les bois. L'*à peu près* est naïf.

« Et de même qu'il y a dans l'espèce humaine plusieurs degrés, depuis l'homme de cour jusqu'au Hottentot, comme nous avons dit, il y a dans les singes plusieurs classes dont les dernières sont plus éloignées de nous ressembler. Nous ne voulons pas encore comparer les hommes au singe à grande queue ;

mais les singes sans queue n'ont qu'un pas à faire pour être des hommes sauvages, et les hommes sauvages ont de grands échelons à monter pour devenir fashionables. Seulement il est singulier que les singes sans queue ne fassent point le seul pas qu'ils ont à faire pour être des hommes.

« On jugera par des détails de la ressemblance physique qui se trouve entre le singe et l'homme. Le singe a les épaules partagées par des clavicules, les mains divisées en doigts armés d'ongles arrondis ; il marche fréquemment sur ses seuls pieds de derrière ; il prend sa nourriture avec les mains, et la porte à sa bouche. Il est, comme nous, carnivore, hardi, voleur, effronté, rancunier, méchant : comparaison flatteuse dans le fond et dans la forme.

« A l'encontre des autres bêtes, les singes connaissent et chérissent leurs enfants, quand leurs enfants n'ont plus besoin d'eux (l'exception est fausse).

« Nicolas Tulp décrit une guenon de la classe dite des satyres, qui fut amenée en Hollande à la fin du seizième siècle : elle avait près de cinq pieds de haut ; elle prenait un vase à boire d'une main, soulevait le couvercle de l'autre, et s'essuyait la bouche, après avoir bu. En s'allant coucher, elle posait sa tête sur l'oreiller, s'enveloppait d'une couverture, et dormait tranquille, comme une femme bien élevée...

« Une autre famille de singes, les troglodytes, ne nous ressemblent pas moins. Dans plusieurs contrées des Indes orientales, on s'en sert comme de demi-domestiques (1). Kopping dit en avoir vu un qui suivait comme un laquais un capitaine de vaisseau ; il levait les pieds très-haut en marchant, parce que, venant des montagnes, il n'avait pas l'habitude de marcher sur un pavé plat. Rumphius raconte qu'il a possédé huit ans un de ces singes ; mais les observations qu'il avait écrites sur ces animaux sont perdues.

« Buffon parle d'un orang-outang qui se tenait gravement sur ses deux pieds et vivait à Paris. Je l'ai vu, dit-il, s'asseoir à table, déployer sa serviette, s'en essuyer les lèvres, se servir de la cuiller et de la fourchette pour porter les mets à sa bouche, verser lui-même sa boisson dans un verre, le choquer lorsqu'il y était invité, aller prendre une tasse et une soucoupe, l'apporter sur la table, y mettre du sucre, y verser du thé, le laisser refroidir pour le boire, et tout cela sans autre instigation que les signes et la parole de son maître, et souvent de lui-même. J'ai vu cet animal présenter sa main pour reconduire les gens qui venaient le visiter, se promener gravement avec eux et comme de compagnie : il ne faisait de mal à personne ; s'approchait même avec circonspection, et se présentait comme pour demander des caresses. Il aimait prodigieusement les bonbons ; tout le monde lui en donnait, et comme il avait une toux fréquente et la poitrine attaquée, cette grande quantité de

(1) Les Kangurous font le même office à la Nouvelle Zélande.

choses sucrées contribua sans doute à abréger sa vie. Il ne vécut à Paris qu'un été, et mourut l'hiver suivant à Londres.

« Leguat cite une guenon qu'il connut et qui, lorsqu'elle avait mal à la tête, se la serrait d'un mouchoir et s'allait coucher dans son lit, qu'elle faisait elle-même...

« On citerait des volumes de ces anecdotes exagérées. Il n'y avait pas longtemps qu'on voyait dans les rues de Paris un singe de deux pieds et demi, connu sous le nom de Jean-Bonhomme. Il balayait les pavés, brossait les habits, cirait les bottes, sollicitait une pièce de monnaie, envoyait un baiser pour remercîment, saluait en ôtant sa toque, présentait son passeport quand on lui demandait ses papiers, et le remettait soigneusement dans sa poche, car il était habillé. Ce singe a même fait, par ses gentillesses, la joie de plusieurs bals. On n'a pas pensé en France que ce fût un homme. Les penseurs allemands se fussent extasiés.

« Il est surprenant, disent-ils, qu'on ne se soit pas plus occupé d'étudier ce qui fait l'objet de cet article. Ce n'est qu'aux Indes qu'on peut observer les troglodytes ; il serait facile à un roi à qui tant d'hommes cherchent à plaire, de posséder quelques familles de cette espèce de singes, et d'ordonner là-dessus des élucubrations ; mais on les a faites, et on a trouvé qu'il fallait renvoyer les philosophes de Germanie aux Javanais, lesquels disent que les singes pourraient parler, mais qu'ils ne le veulent pas, de peur d'être obligés à travailler...

« Nous avons cité Hoppius, qui a de très-larges épaules. C'est au lecteur à se faire sur lui une opinion. Nous n'avons ajouté à la doctrine du savant que des anecdotes.

« Nous pourrions être bien plus longs si nous voulions suivre complétement dans tous leurs détails les raisonnements de Hoppius. Millin s'était proposé de lui répondre. Persuadé que l'élève de Linné avait une manière de voir très-arriérée, Millin comptait à son tour prouver que l'homme perfectionné ne ressemble pas le moins du monde au singe.

« Mais voici que M. Schneitz, un autre Allemand, adoptant le système qui nous fait descendre des grenouilles, épouse en même temps l'opinion de Hoppius. Seulement, à l'exemple du conciliateur dans la querelle des deux frères, de Collin d'Harleville :

Allons chez le notaire en passant par le mail,

« M. Schneitz nous fait descendre de la grenouille en passant par le singe, qui est, dit-il, le crapaud un peu avancé, comme nous sommes, nous autres, des singes très-améliorés.

« Les pauvres savants, en rejetant la révélation, n'ont pas vu qu'ils ne pouvaient que déraisonner. La parole les arrêtera toujours. Dans les premières années du dix-neuvième siècle, M. de Bonald émit sur le langage une théorie qui posait admirablement la question en faveur de la tradition chrétienne.

« Cette question du langage avait été, dit M. Camille Baxton, un grand embarras pour les philosophes matérialistes du dix-huitième siècle qui, bien que très-différents de Descartes, relevaient de lui cependant en ce qu'ils prenaient pour point de départ de tous leurs systèmes la faculté qu'à l'individu de trouver la vérité par lui-même et sans secours extérieur (1). Dans leurs tentatives pour prouver que l'homme était né du limon de la terre, comme en naissent encore aujourd'hui les plus vils des reptiles et des insectes, qu'il avait passé par un état d'animalité absolue, et de cet état s'était élevé par de lents degrés jusqu'à son état présent, ils ne purent réussir à expliquer comment il avait inventé le langage; ce fut comme une impasse où tous leurs efforts ne purent leur faire découvrir une issue.

« M. de Bonald, les reprenant par ce côté faible, posa comme un point incontestable l'impossibilité de l'invention du langage, et comme conséquence nécessaire la révélation de la parole. Mais ce ne fut pas tout. Après avoir ainsi remis aux mains de Dieu et à celles de la société, héritière des traditions que Dieu a déposées dans son sein, cette belle faculté du langage parlé, qui distingue extérieurement l'homme de la brute, et qui est, on le savait déjà, l'élément le plus indispensable du progrès, M. de Bonald lui donna encore une valeur bien supérieure. Il l'identifia complétement avec la pensée. Celle-ci, selon lui, sommeillerait éternellement, si elle n'était éveillée par la parole extérieure; et une fois éveillée, ce n'est encore qu'à l'aide de cette parole apprise qu'elle peut se produire, même dans l'homme intérieur, qui n'a d'idées qu'à condition de se parler à lui-même. On connaît la phrase de M. de Bonald : « L'homme pense sa parole avant de parler sa pensée. » Ainsi par cette théorie l'homme se trouva dépendant, non-seulement pour l'expression de la pensée, mais pour la pensée même, de la société. Sans son secours il resterait toujours dans un état de torpeur, d'immobilité ; il serait enfin comme s'il n'était pas. M. de Bonald ne niait pourtant pas les idées innées. « Notre entendement, dit-il dans un des plus beaux passages de son livre, est un lieu obscur où nous n'apercevons aucune idée, pas même celle de notre intelligence, jusqu'à ce que la parole, pénétrant par les sens de l'ouïe et de la vue, porte la lumière dans les ténèbres, et appelle pour ainsi dire chaque idée qui répond, comme les étoiles dans Job : Me voilà ! »

« Mais sur ses traces apparut bientôt un autre esprit doué d'une faculté d'expression supérieure, d'une dialectique encore plus pressante, d'une originalité de pensée égale peut-être, l'abbé de Lamennais. Celui-ci fit l'*Essai sur l'indifférence*, pour prouver que la règle de la certitude est dans le sens commun, c'est-à-dire, dans les croyances universelles,
dans les croyances de la société, en donnant à ce mot son acception la plus étendue. « Appelons vérité, dit-il, ce à quoi l'esprit de la généralité adhère partout et toujours. » Ce n'était là que poser la conséquence immédiate et nécessaire du système de M. de Bonald ; mais celui qui la posait agit avec une bien plus grande audace que ne l'avaient fait ses devanciers. M. de Bonald avait respecté Descartes ; l'abbé de Lamennais le saisit corps à corps et engagea avec lui une lutte dont il ne se reposa que quand il crut l'avoir terrassé. M. de Bonald avait reconnu dans l'individu, en le paralysant, il est vrai, la faculté innée de penser. L'abbé de Lamennais, pour l'individu, la réalité de la sensation, du sentiment, de la pensée, ou ce qui revient au même, la possibilité de se convaincre de cette réalité (2). » Vous avouerez que le singe et la grenouille sont un peu loin de tout cela.

GRIFFON. Brown assure qu'il y a des griffons, c'est-à-dire, des animaux mixtes, qui par devant ressemblent à l'aigle et par derrière au lion, avec des oreilles droites, quatre pieds et une large queue.

GRIGRI. Démon familier que l'on voit chez les Américains, et surtout dans les forêts du Canada et de la Guinée.

GRILLANDUS (PAUL), Castillan, auteur d'un traité des Maléfices (*De maleficiis*), publié à Lyon en 1555, d'un traité des Sortilèges, des Lamies, de la Torture, etc., Lyon, 1536, et de quelques autres ouvrages de ce genre. Il conte quelque part qu'un avocat ayant été noué par un puissant maléfice, que nul art de médecine ne pouvait secourir, eut recours à un magicien qui lui fit prendre, avant de dormir, une certaine potion, et lui dit de ne s'effrayer de rien. A onze heures et demie de la nuit survint un violent orage accompagné d'éclairs ; l'avocat crut d'abord que la maison lui tombait sur le dos ; il entendit bientôt de grands cris, des gémissements, et vit dans sa chambre une multitude de personnes qui se meurtrissaient à coups de poing et à coups de pied, et se déchiraient avec les ongles et les dents ; il reconnut une certaine femme d'un village voisin, qui avait la réputation de sorcière, et qu'il soupçonnait de lui avoir donné son mal ; elle se plaignait plus que tous et s'était elle-même déchiré la face et arraché les cheveux. Ce mystère dura jusqu'à minuit, après quoi le maître sorcier entra ; tout disparut ; il déclara au malade qu'il était guéri : ce qui fut vrai (3).

GRILLON. Dans beaucoup de villages et surtout en Angleterre, on regarde les grillons qui animent le foyer à la campagne et qui chantent si joyeusement la nuit, comme de petits esprits familiers d'une nature bienveillante, qui empruntent leur forme exiguë pour échapper aux malices humaines. Beau-

---

(1) Il y a deux siècles que Réné Descartes, mettant de côté toutes les doctrines de l'école, toute autorité, toute tradition, tout enseignement extérieur, toute notion reçue du dehors, posa en principe que chaque individu trouvait, dans la conscience de sa faculté de penser, la puissance de conclure à la réalité de son existence, puis de celle-ci aux existences extérieures, puis des existences extérieures à celle de Dieu. Descartes arrivait ainsi à la possession de toute certitude et de toute vérité.
(*Note* de M. Baxton.)
(2) M. Camille Baxton, des nouvelles publications religieuses. Revue de Paris, décembre 1840.
(3) Delancre, Tab. de l'inconstance des démons, etc., p. 556.

coup de villageois se figurent que leur présence porte bonheur dans la famille, et qu'on ne les tue pas impunément. Aussi, en général, ne voit-on point d'un bon œil le pied brutal qui les écrase.

« Toute la tribu des grillons se compose de puissants esprits, bien que cela soit ignoré des gens qui ont affaire à eux ; et il n'est pas dans le monde invisible de voix plus gentilles et plus sincères, à qui on puisse se fier davantage ou dont les conseils soient plus dévoués et plus sûrs que les voix qu'empruntent ces esprits de l'âtre et du foyer pour s'adresser à l'espèce humaine (1). »

GRIMALDI. Sous le règne de Louis le Débonnaire, il y eut dans toute l'Europe une maladie épidémique qui s'étendit sur les troupeaux. Le bruit se répandit dans le peuple que Grimaldi, duc de Bénévent, ennemi de Charlemagne, avait occasionné ce dégât en faisant répandre de tous côtés une poudre meurtrière par ses affidés. On arrêta un grand nombre de malheureux, soupçonnés de ce crime ; la crainte et la torture leur firent confesser qu'ils avaient en effet répandu cette poudre qui faisait mourir les troupeaux. Saint Agobard, archevêque de Lyon, prit leur défense et démontra que nulle poudre n'avait la vertu d'infecter l'air ; et qu'en supposant même que tous les habitants de Bénévent, hommes, femmes, jeunes gens, vieillards et enfants, se fussent dispersés dans toute l'Europe, chacun suivi de trois chariots de cette poudre, ils n'auraient jamais pu causer le mal qu'on leur attribuait (2).

GRIMOIRE. — Tout le monde sait qu'on fait venir le diable en lisant le *Grimoire* ; mais il faut avoir soin, dès qu'il paraît, de lui jeter quelque chose à la tête, une savate, une souris, un chiffon ; autrement on risque d'avoir le cou tordu.

Le terrible petit volume, connu sous le nom de *Grimoire*, autrefois tenu secret, était brûlé très-justement dès qu'il était saisi. Nous donnerons ici quelques notes sur les trois *Grimoires* les plus connus.

Grémoire (sic) *du pape Honorius, avec un recueil des plus rares secrets ;* sous la rubrique de Rome, 1670, in-16, orné de figures et de cercles. Les cinquante premières pages ne contiennent que des conjurations. Voy. Conjurations et Évocations.

Dans le *Recueil des plus rares secrets*, on trouve celui qui force trois demoiselles à venir danser le soir dans une chambre. Il faut que tout soit lavé dans cette chambre ; qu'on n'y remarque rien d'accroché ni de pendu, qu'on mette sur la table une nappe blanche, trois pains de froment, trois siéges, trois verres d'eau ; on récite ensuite une certaine formule de conjuration (3), et les trois personnes qu'on veut voir viennent, se mettent à table et dansent, mais au coup de minuit tout disparaît.

On trouve dans le même livre beaucoup de bêtises de ce genre, que nous rapportons en leur lieu.

Grimorium verum, vel probatissimæ Salomonis claviculæ rabbini Hebraici, in quibus tum naturalia, tum supernaturalia secreta, licet abditissima, inpromptu apparent, modo operator pernecessaria et contenta faciat ; sciat tamen oportet dæmonum potentia dumtaxat peragantur : traduit de l'hébreu, par Plaingière, avec un recueil de secrets curieux. A. Memphis, chez Alibeck l'Égyptien, 1517, in-16 (sic omnia), et sur le revers du titre : *Les véritables clavicules de Salomon*, à Memphis, chez Alibeck l'Égyptien, 1517.

Le grand Grimoire avec la grande clavicule de Salomon, et la magie noire ou les forces infernales du grand Agrippa, pour découvrir les trésors cachés et se faire obéir à tous les esprits ; suivis de tous les arts magiques, in-18, sans date ni nom de lieu.

Ces deux grimoires contiennent, comme l'autre, des secrets que nous donnons ici aux divers articles qu'ils concernent.

Voici une anecdote sur le grimoire :—Un petit seigneur de village venait d'emprunter à son berger le livre du grimoire, avec lequel celui-ci se vantait de forcer le diable à paraître. Le seigneur, curieux de voir le diable, se retira dans sa chambre et se mit à lire les paroles qui obligent l'esprit de ténèbres à se montrer. Au moment où il prononçait, avec agitation, ces syllabes niaises qu'il croyait puissantes, la porte, qui était mal fermée, s'ouvre brusquement : le diable paraît, armé de ses longues cornes et tout couvert de poils noirs... Le curieux seigneur perd connaissance et tombe mourant de peur sur le carreau, en faisant le signe de la croix.

Il resta longtemps sans que personne vînt le relever. Enfin il rouvrit les yeux et se retrouva avec surprise dans sa chambre. Il visita les meubles pour voir s'il n'y avait rien de dégradé : un grand miroir qui était sur une chaise se trouvait brisé ; c'était l'œuvre du diable. Malheureusement pour la beauté du conte, on vint dire un instant après à ce pauvre seigneur que son bouc s'était échappé, et qu'on l'avait repris devant la porte de cette même pièce où il avait si bien représenté le diable. Il avait vu dans le miroir un bouc semblable à lui et avait brisé la glace en voulant combattre son ombre (4).

GRISGRIS, nom de certains fétiches chez les Maures d'Afrique, qui les regardent comme des puissances subalternes. Ce sont de petits billets sur lesquels sont tracées des figures magiques ou des pages du Koran en caractères arabes ; ces billets sont vendus assez cher, et les habitants les croient des préservatifs assurés contre tous les maux. Chaque grisgris a sa forme et sa propriété. Voy. Goo.

GRISOU. Le feu Grisou est un gaz qui

---

(1) M. Ch. Dyckens, *le Grillon du foyer*, conte de Noël.
(2) M. Salgues, *des Erreurs et des préjugés*, t. I, p. 298.
(3) Voici les paroles de cette conjuration : « Besticirum consolation, viens à moi. Vertu créon, créon, créon... Je ne mens pas ; je suis maître du parchemin ; par ta louange, prince de la montagne, fais taire mes ennemis et donne-moi ce que tu sais. »
(4) *Histoire des fantômes et des démons*, p. 214.

s'enflamme spontanément ou par occasion dans les mines de houille, et qui produit souvent de grands désastres. — Beaucoup de mineurs regardent le grisou comme un lutin de méchante espèce.

GROENJETTE. Il y a, sur les côtes de la Baltique, comme dans la plupart des contrées montagneuses de l'Europe, des chasseurs défunts, condamnés pour leurs méfaits à courir éternellement à travers les marais et les taillis. Les habitants du Sternsklint entendent souvent le soir les aboiements des chiens de Grœnjette ; ils le voient passer dans la vallée, le chasseur réprouvé, la pique à la main ; et ils déposent devant leur porte un peu d'avoine pour son cheval, afin que dans ses courses il ne foule pas aux pieds leurs moissons (1). Voy. Veneur.

GROSSESSE. On a cru longtemps à Paris qu'une femme enceinte qui se regarde dans un miroir, croit voir le diable : fable autorisée par la peur qu'eut de son ombre une femme grosse, dans le temps qu'elle s'y mirait, et persuadée par son accoucheur qui lui dit qu'il était toujours dangereux de se regarder enceinte.

On assure aussi qu'une femme grosse qui regarde un cadavre, aura un enfant pâle et livide (2).

Dans certains cantons du Brésil, aucun mari ne tue d'animal pendant la grossesse de sa femme, dans l'opinion que le fruit qu'elle porte s'en ressentirait. Voy. Imagination.

On ignore encore le motif pour lequel certaines églises particulières refusèrent longtemps la sépulture aux femmes qui mouraient enceintes ; c'était sans doute pour engager les femmes à redoubler de soins envers leurs enfants. Un concile tenu à Rouen en 1074, a ordonné que la sépulture en terre sainte ne fût nulle part refusée aux femmes enceintes ou mortes pendant l'accouchement.

GROSSE-TÊTE (Robert), évêque de Lincoln, auquel Gouvérus donne une androïde comme celle d'Albert le Grand.

GUACHARO. Dans la montagne de Tuméréquiri, située à quelque distance de Cumana, se trouve la caverne de Guacharo, fameuse parmi les Indiens. Elle est immense et sert d'habitation à des milliers d'oiseaux nocturnes dont la graisse donne l'huile de guacharo. Il en sort une assez grande rivière ; on entend dans l'intérieur le cri lugubre de ces oiseaux, cri que les Indiens attribuent aux âmes, qu'ils croient forcées d'entrer dans cette caverne, pour passer dans l'autre monde. Ce séjour ténébreux, disent-ils, leur arrache les gémissements plaintifs qu'on entend au dehors. Les Indiens du gouvernement de Cumana, non convertis à la foi, ont encore du respect pour cette opinion. Parmi ces peuples, jusqu'à deux cents lieues de la caverne, *descendre au Guacharo* est synonyme de mourir.

GUAYOTTA, mauvais génie que les habitants de l'île Ténériffe opposent à Achguaya-Xérac, qui est chez eux le principe du bien.

GUECUBA, esprit du mal chez les Araucans. Voy. Toqui.

GUELDRE. On trouve ce récit dans les historiens hollandais : « Un monstre affreux d'une grandeur prodigieuse ravageait la campagne, dévorant les bestiaux et les hommes même ; il empoisonnait le pays de son souffle empesté. Deux braves gens, Wichard et Lupold, entreprirent de délivrer la contrée d'un fléau si terrible, et y réussirent. Le monstre, en mourant, jeta plusieurs fois un soupir qui semblait exprimer le mot *ghelre*. Les deux vainqueurs voulurent qu'en mémoire de leur triomphe, la ville qu'ils bâtirent prît le nom de Ghelre, dont nous avons fait *Gueldre*. »

GUI DE CHÊNE, plante parasite qui s'attache au chêne, et qui était regardée comme sacrée chez les druides. Au mois de décembre, qu'on appelait le mois sacré, ils allaient la cueillir en grande cérémonie. Les devins marchaient les premiers en chantant, puis le héraut venait, suivi de trois druides portant les choses nécessaires pour le sacrifice. Enfin paraissait le chef des druides, accompagné de tout le peuple ; il montait sur le chêne, coupait le gui avec une faucille d'or, le plongeait dans l'eau lustrale et criait : « Au gui de l'an neuf (ou du nouvel an). » On croyait que l'eau charmée ainsi par le gui de chêne était très-efficace contre le sortilége et guérissait de plusieurs maladies. Voyez Gutheyl.

Dans plusieurs provinces, on est persuadé que si on pend le gui de chêne à un arbre avec une aile d'hirondelle, tous les oiseaux s'y rassembleront de deux lieues et demie.

GUIDO. Un seigneur, nommé Guido, blessé à mort dans un combat, apparut autrefois tout armé à un prêtre nommé Etienne, quelque temps après son décès, et le pria de dire à son frère Anselme de rendre un bœuf que lui Guido avait pris à un paysan, et de réparer le dommage qu'il avait fait à un village qui ne lui appartenait pas, ajoutant qu'il avait oublié de déclarer ces deux péchés dans sa dernière confession, et qu'il en était tourmenté. — Pour assurance de ce que je vous dis, continua-t-il, quand vous serez retourné à votre logis, vous trouverez qu'on vous a volé l'argent que vous destiniez à faire le pèlerinage de Saint-Jacques.

Etienne, de retour, trouva en effet son coffre forcé et son argent enlevé ; mais il ne put s'acquitter de sa commission, parce qu'Anselme était absent.

Peu de jours après, le même Guido lui apparut de nouveau et lui reprocha sa négligence. Etienne s'excusa comme il put, et il alla trouver Anselme, qui lui répondit durement qu'il n'était pas obligé de faire pénitence pour les péchés de son frère.

Le mort apparut une troisième fois au prêtre, et lui témoigna son déplaisir du peu de compassion que son frère avait de lui ; puis il le pria de le secourir lui-même dans cette extrémité. Etienne restitua le prix de

(1) Marmier, Trad. de la Baltique.

(2) Brown, Essai sur les erreurs popul., p 101.

bœuf, dit des prières, fit des aumônes, recommanda l'âme aux gens de bien de sa connaissance ; et Guido ne reparut plus (1).

GUILLAUME, domestique de Mynheer Clatz, gentilhomme du duché de Juliers, au quinzième siècle. Ce Guillaume fut possédé du diable, et demanda pour exorciste un pasteur hérétique, nommé Bartholomée Panen, homme qui se faisait payer pour chasser le diable, et qui, dans cette circonstance, fut penaud.

Comme le démoniaque pâlissait, que son gosier enflait, et qu'on craignait qu'il ne fût suffoqué entièrement, l'épouse du seigneur Clatz, dame pieuse, ainsi que toute sa famille, se mit à réciter la prière de Judith. Guillaume alors se prit à vomir, entre autres débris, la ceinture d'un bouvier, des pierres, des pelotons de fil, du sel, des aiguilles, des lambeaux de l'habit d'un enfant, des plumes de paon que huit jours auparavant il avait arrachées de la queue du paon même.

On lui demanda la cause de son mal. Il répondit que, passant sur un chemin, il avait rencontré une femme inconnue qui lui avait soufflé au visage, et que tout son mal datait de ce moment. Cependant, lorsqu'il fut rétabli, il nia le fait, et ajouta que le démon l'avait forcé à faire cet aveu, et que toutes ces matières n'étaient pas dans son corps ; mais qu'à mesure qu'il vomissait, le démon changeait ce qui sortait de sa bouche (2)....

GUILLAUME DE CARPENTRAS, astrologue qui fit pour le roi René de Sicile, et pour le duc de Milan, des sphères astrologiques sur lesquelles on tirait les horoscopes. Il en fit une pour le roi Charles VIII, qui lui coûta douze cents écus ; cette sphère contenait *plusieurs utilités*, et était fabriquée de telle manière que tous les mouvements des planètes, à toutes heures de jour et de nuit, s'y pouvaient trouver ; il l'a depuis rédigée par écrit en tables astrologiques (3).

GUILLAUME LE ROUX, fils de Guillaume le Conquérant, et tyran de l'Angleterre dans le onzième siècle. C'était un prince abominable, sans foi, sans mœurs, blasphémateur et cruel. Il fit beaucoup de mal à l'Eglise en Angleterre ; il chassa l'archevêque de Cantorbéry, et ne voulut point que ce siége fût rempli de son vivant, afin de profiter des revenus qui y étaient attachés. Il laissa les prêtres dans la misère et condamna les moines à la dernière pauvreté. Il entreprit des guerres injustes et se fit généralement détester.

Un jour qu'il était à la chasse (en l'année 1100, dans la quarante-quatrième de son âge et la treizième de son règne), il fut tué d'une flèche lancée par une main invisible. Pendant qu'il rendait le dernier soupir, le comte de Cornouailles, qui s'était un peu écarté de la chasse, vit un grand bouc noir et velu, qui emportait un homme défiguré et percé d'un trait de part en part.... Le comte, troublé de ce spectacle, cria pourtant au bouc de s'arrêter, et lui demanda qui il était, qui il portait, où il allait ? Le bouc répondit : — « Je suis le diable ; j'emporte Guillaume le Roux, et je vais le présenter au tribunal de Dieu, où il sera condamné pour sa tyrannie ; et il viendra avec nous (4). »

GUILLAUME DE PARIS. Il est cité par les démonographes pour avoir fait des statues parlantes, à l'exemple de Roger Bacon, chose qui ne peut être faite que par les opérations diaboliques (5).

GUINEFORT. Tout le monde connaît le fabliau intéressant du chien et du serpent (6). Il est fondé sur une anecdote qui a produit de graves superstitions. Legrand d'Aussy, qui a publié ces détails, les doit au père Etienne Bourbon, dominicain, mort en 1262 (*Traité des différentes matières de sermons, divisées selon les sept dons du Saint-Esprit, avec les causes, effets, raisons et exemples pour édifier*. (Scriptores ordinis prædicatorum, tome 1er, page 193).

Le P. Bourbon raconte que, prêchant et confessant dans le diocèse de Lyon, plusieurs femmes vinrent à lui s'accuser d'avoir porté leurs enfants à saint Guinefort. Curieux de connaître quel était ce saint dont le culte devenait un objet de confession, il fit des informations, examina et découvrit que c'était un chien. Voici, selon lui, comment arriva l'événement.

« Ce chien appartenait au seigneur de Villar. Un jour que ce gentilhomme était sorti avec sa femme, la nourrice qui allaitait leur fils ayant quitté un instant son nourrisson, un serpent entre dans la chambre pour le dévorer. Le chien l'attaque et le tue. La nourrice, à son retour croit l'enfant étranglé. A ses cris, le père et la mère accourent ; et celui-ci, sans rien examiner, tue son chien. Mais bientôt, convaincu de son injustice, il ensevelit par reconnaissance l'animal dans un puits, qui était devant la porte du château : il le couvre de pierres ; et, pour éterniser sa mémoire, il fait planter un arbre auprès de ce monument.

« Peu de temps après, le château ayant été détruit de fond en comble, le lieu devint désert ; mais les paysans des environs, instruits de l'aventure et de la mort malheureuse du chien, l'honorèrent comme martyr, sous le nom de saint Guinefort, et, séduits par le diable, ils vinrent à son tombeau l'invoquer dans leurs infortunes et leurs infirmités.

« Les femmes surtout y apportaient leurs enfants quand ils étaient malades. Elles s'y faisaient conduire par une vieille sorcière qui habitait à une lieue de là, et qui était habile dans l'art d'évoquer les démons. D'abord la mère et la sorcière offraient à Guinefort du sel ou quelque autre don ; et toutes deux enfonçaient des aiguilles dans les ar-

---

(1) Pierre le Vénérable, Livre des Miracles.
(2) Wierus, de Præst., lib. III, cap. VI.
(3) Extrait d'un ancien manuscrit, cité à la fin des remarques de Joly sur Bayle.
(4) Matthæi Tympii Præmia virtutum.— Matthieu Paris, Historia major, t. II.
(5) Naudé, Apol. pour les grands personnages accusés de magie, ch. XVII, p. 493.
(6) Voyez *les Fabliaux du moyen âge*, recueillis par J. Loyseau ; chez Perisse, 1846, p. 26.

bres du lieu. Puis, après avoir dépouillé l'enfant et posé ses drapeaux sur les buissons voisins, elles se le jetaient l'une à l'autre, en le faisant passer entre deux arbres. Pendant ce temps, elles invoquaient les démons et surtout *les faunes de la forêt Rimite*, qu'elles conjuraient de prendre cet enfant malade qui leur appartenait, et de leur rendre le leur, qui naguère était sain et bien portant. L'enfant, après cet exercice meurtrier, était posé nu au pied d'un arbre, sur la paille de son berceau. Les deux femmes alors allumaient deux cierges, gros comme le pouce, qu'elles posaient, à sa tête et à ses pieds, sur une des branches de l'arbre. Puis elles se retiraient, ne s'arrêtant et ne cessant de marcher que quand elles ne pouvaient plus le voir ni entendre ses cris. Lorsque les cierges étaient consumés, elles se rapprochaient. Mais souvent il arrivait qu'en tombant, les cierges mettaient le feu à la paille, et l'enfant alors se trouvait brûlé. J'ai même ouï dire à une mère, continue le bon dominicain, que, tandis qu'elles se retiraient en invoquant les faunes, un loup sorti de la forêt, était accouru et aurait infailliblement dévoré son fils, si elle n'était venue au secours.

« Enfin, quand les femmes, à leur retour, retrouvaient l'enfant vivant, elles le portaient à un ruisseau voisin, nommé Chalarone, et là elles le plongeaient dans l'eau neuf fois de suite. Peu d'enfants étaient capables de résister à tant d'épreuves meurtrières, et ordinairement ils périssaient à l'endroit même, ou peu d'heures après.

« Je me suis rendu sur le lieu, poursuit le père Bourbon ; j'y ai assemblé le peuple, et j'ai prêché contre cette superstition. Par mon ordre, on a détruit le bois, on a exhumé le mort, on a brûlé ses os, et le seigneur a rendu une ordonnance qui défendait de venir là pour pareil motif, sous peine d'une confiscation générale de tous les biens. »

Il y a un autre récit, assez semblable à ce qu'on vient de lire ; seulement l'aventure a lieu en Auvergne, sous le règne de Louis le Débonnaire ; le chien périt dans le combat avec le serpent. Ce chien s'appelait Ganelon. Son maître, par reconnaissance, lui fait élever un tombeau près d'une fontaine. Deux ou trois siècles ayant aboli la mémoire de l'événement, et la fontaine s'étant trouvée médicinale, les guérisons qu'opérèrent ses eaux furent attribuées à la vertu du tombeau, et l'on y bâtit, sous l'invocation de saint Ganelon, une sorte de chapelle que longtemps le concours des peuples rendit célèbre. Enfin un évêque, après bien des recherches, découvre dans les archives du château l'anecdote du chien, et il abolit la superstition.

Cette dernière histoire se trouve citée dans un ouvrage imprimé en 1713, sur *la vénération rendue aux reliques des saints selon l'esprit de l'Église, et purgée de toute superstition populaire*. En 1714, les *Mémoires de Trévoux* ayant rendu compte du livre, ils citèrent l'histoire de Ganelon ; et depuis, le P. Feijoo bénédictin espagnol, l'a rapportée dans son *Théâtre critique des erreurs communes* (1).

GULLETS ou BONASSES, démons qui servent les hommes dans la Norwége, et qui se louent pour peu de chose. Ils pansent les chevaux, les étrillent, les frottent, les brident, les sellent, dressent leurs crins et leurs queues, comme le meilleur palefrenier : ils font même les plus viles fonctions de la maison. Voy. BÉRITH, HECDEKIN, etc.

GURME, chien redoutable, espèce de Cerbère de l'enfer des Celtes. Pendant l'existence du monde, ce chien est attaché à l'entrée d'une caverne ; mais au dernier jour il doit être lâché, attaquer le dieu Tyr ou Thor, et le tuer.

GUSOYN, grand-duc aux enfers. Il apparaît sous la forme d'un chameau. Il répond sur le présent, le passé, l'avenir, et découvre les choses cachées. Il augmente les dignités et affermit les honneurs. Il commande à quarante-cinq légions (2).

GUSTAPH. Voy. ZOROASTRE

GUTHEYL ou GUTHYL, nom sous lequel les Germains vénéraient le gui de chêne. Ils lui attribuaient des vertus merveilleuses, particulièrement contre l'épilepsie, et le cueillaient avec les mêmes cérémonies que les Gaulois.

Dans certains endroits de la Haute-Allemagne, cette superstition s'est conservée, et les habitants sont encore aujourd'hui dans l'usage de courir de maison en maison et de ville en ville, en criant : « Gutheyl ! Gutheyl ! »

Des Septentrionaux s'imaginaient qu'un homme, muni de gui de chêne, non-seulement ne pouvait être blessé, mais était sûr de blesser tous ceux contre lesquels il lançait une flèche. C'est à cause de ces vertus magiques, attribuées au gui de chêne, qu'on l'appelle en Alsace *Marentakein*, c'est-à-dire arbrisseau des spectres.

GUYMOND DE LA TOUCHE. Le règne de Voltaire, en 1757, brillait de toute sa fausse splendeur. Des souverains philosophes ou indifférents l'encourageaient, sans prévoir, dans leurs vues bornées, ce qui sortirait de ces doctrines. La société, tombée dans un grand relâchement de mœurs, applaudissait une philosophie qui mettait les consciences à l'aise. Une morale facile, vague, arbitraire, toujours pliée aux passions humaines, remplaçait les grands enseignements de la religion. On n'allait plus guère au sermon ; mais il y avait des prêches au théâtre. Voltaire avait mis à la mode les tirades philosophiques sur la scène ; et dans toutes les tragédies si froides de ce temps-là, on était sûr de rencontrer, parmi les personnages, un prédicant qui débitait des axiomes à tort et à travers. Tous les jeunes poëtes fourvoyés avaient soin

---

(1) Le *Journal de Paris*, 26 octobre 1786, donne l'histoire d'un interprète grec à Constantinople, dont la maison était devenue la proie des flammes, et dont le fils fut sauvé de l'incendie par un chien qui l'emporta dans sa gueule. Cet homme, dit l'auteur cité par le journaliste, tua son chien en reconnaissance de ce bienfait, et le fit manger par ses amis, prétendant qu'un pareil animal ne devait pas être, à sa mort, la proie des vers.

(2) Wierus, in Pseudomonarchia dæm.

de moraliser ainsi, quelquefois de la manière la plus grotesque.

On représenta en 1757, le 4 juin, une tragédie intitulée : *Iphigénie en Tauride*, imitation des anciens. Ceux qui connaissent la littérature dramatique, savent que dans cette pièce, Iphigénie, devenue vieille, rompue au métier de bourrelle, comme prêtresse de Diane, immolait de sa main, dans d'horribles sacrifices, tous les étrangers que la mer jetait sur son affreux rivage. Eh bien! l'auteur lui faisait faire à cette femme un discours moral, le couperet sanglant au poing. Et quel était le thème de ce hors-d'œuvre si singulièrement placé? l'éloge de la loi naturelle, qu'elle violait tous les jours. C'est, disait-elle,

C'est la première loi, c'est la seule peut-être...
C'est la seule du moins qui se fasse connaître,
Qui soit de tous les temps, qui soit de tous les lieux,
Et qui règle à la fois les hommes et les dieux...

et malgré la critique de Gilbert, qui s'écriait indigné :

La muse de Sophocle, en robe doctorale,
Sur des tréteaux sanglants professe la morale...

malgré la spirituelle parodie de Favart et Voisenon (les Rêveries renouvelées des Grecs), qui est une si bonne critique, malgré le sens commun, le public d'alors applaudissait ; et de nos jours, car il n'y a pas longtemps qu'on jouait encore cette pièce, ceux qui vont au théâtre ont vu de tels vers accueillis dans une telle bouche et dans une telle situation.

L'auteur de cette tragédie était Guymond de la Touche, poëte de 38 ans, né à Châteauroux en 1719. Comme il n'a fait que cette pièce, et que le jour de la représentation un avocat au parlement de Paris, nommé Vaubertrand, fit vendre tout imprimée une tragédie de lui, intitulée pareillement *Iphigénie en Tauride*, laquelle n'a pas été jouée, on a voulu contester à Guymond l'invention de sa fable. Mais il n'y avait invention pour personne, puisque c'était, comme nous l'avons dit, une imitation. Les sorties philosophiques seules étaient nouvelles et sont bien de Guymond de la Touche. Cet homme qui, d'abord plein d'un zèle ardent et peut-être mal réglé, était entré dans une maison religieuse, voulant se faire missionnaire, avait ensuite rencontré dans le monde des philosophes dont il avait trouvé la condition plus douce; et il s'était laissé entraîner dans leur tourbillon. Il leur avait donné un de ces gages qu'ils demandent souvent à ceux de qui ils s'emparent ; il avait publié une mauvaise épître intitulée *les Soupirs du cloître*, ou le Triomphe du fanatisme, fruit d'une colère aveugle et injuste, dit un biographe. Lié avec les incrédules, il y avait quinze ans qu'il s'était rayé lui-même de la liste des chrétiens. Il n'avait plus de joug, disait-il, que la loi naturelle, qui n'est ni un joug ni un frein, puisqu'elle permet tout, qu'elle se plie à tout, et qu'elle est la licence. Il vivait donc en esprit fort, ne croyant à rien, méprisant les préjugés, raillant la foi, se moquant de la foule, au-dessus, disait-il, de la superstition, des faiblesses et de l'erreur, ferme dans ses convictions philosophiques, niant sans réserve tout ce qu'il ne comprenait pas, prétendant tout expliquer par la seule puissance de la raison humaine, et se promettant bien de mourir enveloppé dans sa philosophie, —manteau un peu troué.— Mais hélas! ainsi raisonnait l'anglais Johnson, qui avait peur des revenants.

Dans ces stoïques dispositions, le 11 février 1760, tout préoccupé d'une tragédie de Régulus, dont il venait de terminer le plan, Guymond s'en alla rendre ses devoirs à une très-grande dame qui l'accueillait à ses soirées. Au lieu d'arriver dans une société nombreuse, comme il s'y était attendu, il ne trouva que la princesse, laquelle, en compagnie de deux de ses amies, se disposait à se rendre incognito chez une sorcière. Telles étaient les mœurs d'alors; on n'avait pas de religion, et on consultait les devineresses. Des femmes qui repoussaient le catéchisme, ouvraient les livres qui expliquent les songes. Qu'on se rappelle, un peu plus tard, les succès de Cagliostro ; et, sous l'Empire, l'impératrice Joséphine se faisant tirer les cartes par mademoiselle Lenormand.

La sagesse philosophique de Guymond se révolta d'abord. Malgré son respect pour la grande dame, il osa dire : — Quoi! votre esprit élevé, madame, peut-il croire aux sorcières?

—C'est fort curieux, répondit la princesse; et puis nous ne vous mettons point dans nos secrets pour subir votre critique.

—Mais vous n'ignorez pas, madame, qu'un vain charlatanisme est toute la science de ces femmes.

—Que vous importe? les philosophes sont des charlatans aussi.

— Mais nous sommes sous le règne de la raison, dans le siècle des lumières.

— Notre sorcière travaille la nuit; et pour vous punir de vos observations, vous allez venir avec nous.

— Ce sera toujours un grand honneur pour moi. Mais au moins, madame, me sera-t-il permis de rire des choses que je verrai?

— Tant qu'il vous plaira, si vous pouvez.

— Je suis donc à vos ordres.

Il partit avec les dames, et se promit, en y réfléchissant plus mûrement, une soirée amusante. Toutefois, il ne pouvait se tenir en lui-même d'avoir orgueilleusement pitié de la princesse à l'esprit faible.

On arriva chez la sorcière. C'était une devineresse de haute société. Les salons, mystérieusement décorés, avaient quelque chose de solennel et d'imposant. La tenture était une étoffe brune, sur laquelle on avait brodé en gris des chauves-souris, des scarabées et des hiéroglyphes. Une seule lampe, dont la clarté était fort vive, éclairait la salle d'audience. Cette lampe reposait sur une table carrée, couverte d'un tapis de serge noire qui traînait jusqu'à terre. Tout auprès était assise, sur un trépied de fer, la sorcière en vogue. Elle était vêtue d'une robe pourpre, avec son capuchon bordé de bandes blanches et semée d'étoiles; des bandelettes égyptiennes encadraient son visage sérieux et régulier. Cette femme avait cinquante ans; elle était forte et puissante, relevée encore par une haute taille et par un grand air de dignité.

Les ricanements de Guymond de la Touche expirèrent un peu sur ses lèvres, à ce spectacle qu'il n'avait pas prévu. Venu pour railler, il ne sentait plus dans son esprit qu'une curiosité vivement excitée. Se reprochant cette sorte de concession, il détourna les yeux de la sorcière, cherchant à sourire au moins des assistants, qui étaient nombreux. C'était une séance de cette maçonnerie égyptienne que des Juifs vagabonds avaient depuis peu importée à Paris. Mais tous les spectateurs étaient immobiles et gardaient le plus profond silence.

Une manière de Cophte entra, sans dire un mot, vêtu d'une longue robe blanche, le front ceint d'une banderole d'argent. Il opérait avec la devineresse. Ce personnage ne s'annonça qu'en traçant dans l'air un alpha avec une baguette noire. Il amenait une jeune fille vêtue de noir et couronnée de fougère, de trèfle et de verveine, laquelle s'arrêta devant la table. Un des assistants déposa un papier, qui sans doute contenait une question; la princesse, que le poëte dramatique accompagnait, en déposa un autre. Aucun bruit, aucun mot ne rompait le silence.

Le Cophte, qui procédait avec une extrême gravité, se mit à enfoncer des épingles dans le cou de la jeune fille, dont le visage n'exprimait pas la moindre sensibilité. Parmi les spectateurs, les uns témoignaient une terreur muette, les autres une singulière vénération; la princesse et ses amies demeuraient calmes.

Guymond cherchait une figure qui du moins échangeât avec lui un regard; mais personne n'était distrait du spectacle extraordinaire de la jeune fille piquée.

Quand les épingles qu'on lui enfonçait dans le cou eurent formé un triangle enfermé dans un cercle, elle prit sur une console qui était derrière la sorcière une cloche de verre parfaitement transparent, et la posa sur les deux papiers pliés qui étaient déposés devant la lampe. Tout le monde redoubla d'attention. Le Cophte se retira pendant qu'on admirait le phénomène des deux billets agités d'un léger mouvement. Guymond frappé s'approcha davantage. Il voulait chercher des ressorts à cette magie qu'il voyait.

La sorcière alors ouvrit enfin la bouche et prononça sourdement, mais distinctement, ces paroles en s'adressant au poëte :

— Vous êtes bien empressé à vous éclaircir de ce qu'on fait ici !

Guymond releva la tête. Personne ne détourna les yeux de la cloche de verre qu'un nuage gris remplissait. On voyait à travers les deux billets danser. Le nuage s'épaissit; un moment on ne vit plus rien. La lumière de la lampe devint plus rouge et plus concentrée.

Le poëte, surpris de l'insolence de la devineresse, ne savait s'il devait la recevoir au sérieux ou s'il devait en rire. Elle reprit sur le même ton théâtral :

— Curieux étranger, qui voulez pénétrer des mystères fermés pour vous, et qui ne voyez pas ce qui vous touche, je vais vous apprendre un avenir que vous ne veniez pas chercher ici....

La cloche était redevenue transparente; le nuage s'était évanoui. A la place des deux billets qu'elle couvrait, et qu'on avait mis là pliés en carré, se trouvaient deux autres billets pliés en triangle. C'étaient les réponses demandées.

La jeune fille, qui devait les prendre, resta immobile, respectant l'action de la sorcière. Celle-ci fixait sur Guymond un œil ardent; et tous les regards s'étaient arrêtés sur lui.

— Vous portez au front, poursuivit-elle, un signe qui ne me trompera point. Vous ne reviendrez pas deux fois devant le trépied de fer...

Le poëte fit un mouvement.

— Apprenez, dit-elle enfin, que vous mourrez dans trois jours.

Un cri étouffé sortit de la poitrine de Guymond. A ce cri, la cloche bondit sur la table et se brisa en retombant. Ce fait acheva de l'épouvanter; et cet homme, qui ne croyait à rien, qui niait tout, qui voulait tout comprendre, s'affaissa sur lui-même et chercha un siége où il tomba.

Le Cophte, reparaissant subitement alors, pour rappeler aux autres assistants la nécessité du silence, avait tracé en l'air un losange avec sa baguette. Tous les habitués savaient qu'un mot, un cri prononcé par un profane pendant les expériences, détruisait les charmes.

La jeune fille remit au Cophte les deux billets; celui-ci les rendit à leur adresse. La demande de la princesse était :

— Qu'est devenu un ami bien cher que j'ai perdu?

La réponse se formulait ainsi :

— Il vous attend, plein de tendresse, dans votre salon.

Une grande joie se manifesta sur le visage de la haute dame. Sans attendre autre chose, elle glissa dans la main de la jeune fille aux épingles une riche récompense, fit un signe au poëte, qui se leva chancelant, et sortit avec ses deux amies. Guymond était tombé dans une si profonde rêverie et dans un si sombre abattement, qu'il fut impossible aux trois dames de le ramener à d'autres idées, et qu'il se tint comme un malade dans un coin de la voiture.

En vain la princesse fit un appel à sa philosophie, à son esprit fort; il était la preuve encore vivante de la faiblesse des sophistes.

La dame avait hâte de revoir son cher Lauzun. Dès qu'elle rentra dans son salon, sa femme de chambre lui remit entre les bras. C'était un joli épagneul anglais, qui s'était perdu et qui, disait-on à sa louange, était revenu seul, depuis un quart d'heure.

Cet incident acheva de confondre le philosophe; il fit ses révérences et se retira chez lui. Il se mit au lit. La révolution que la dernière parole de la sorcière avait opérée dans son cerveau lui donna une fièvre telle que le troisième jour en effet, — 14 février 1760, — Guymond de la Touche mourut de terreur. — Nous ignorons dans quels sentiments il rendit l'esprit. Mais s'il y avait une porte au cerveau des incrédules, on y verrait ainsi de surprenantes pusillanimités.

Vous seriez mal satisfaits, si nous vous laissions dans le doute sur les merveilles auxquelles nous vous avons fait assister, quand nous en avons la clef et l'explication.

Quinze jours après la visite dont nous venons de voir les conséquences, le lieutenant de police découvrit l'antre de la sibylle, qui exerçait sans permission une profession prohibée. On l'arrêta, avec le Cophte, la jeune fille aux piqûres et un petit nain très-futé qui les servait. C'était une famille de Bohémiens d'Alsace, qui gagnait beaucoup d'argent. On reconnut que la table au tapis noir était adroitement percée au milieu; que le nain se tenait dessous pendant les séances; qu'il introduisait par un tube une fumigation dans la cloche, au moyen de laquelle il établissait l'obscurité; qu'il enlevait alors la bonde parfaitement ajustée, retirait les billets et les passait, au moyen d'une coulisse, dans le réduit voisin où le Cophte faisait les courtes réponses. Quand ces réponses étaient remises sous la cloche, le nain replaçait la bonde et par une petite machine aspirante retirait la fumée. Il produisait par les mêmes agents des commotions et d'autres prodiges. Ces opérations se faisaient avec une grande habileté.

On apprit aussi le secret des épingles. Elles étaient disposées sur une large pelote. Le Cophte, n'ayant l'air d'en prendre qu'une, les prenait deux par deux, une très-grande que les assistants voyaient fort bien, une très-petite que l'on ne voyait pas. Il laissait couler la grande dans sa manche, disposée pour la recevoir, et n'enfonçait que la petite, qui n'avait qu'une ligne de longueur et qui était tellement fine avec une très-grosse tête, qu'elle entrait dans la peau sans y causer aucun dégât.

Enfin on sut que les nouvelles données sur le tendre ami à quatre pattes de la princesse n'avaient rien non plus de surprenant; c'était le Cophte lui-même qui l'avait volé, sachant bien ce qu'il faisait, et qui l'avait fait reporter à l'heure convenable. On découvrit bien d'autres choses; et il s'agissait de faire le procès à cette petite bande d'imposteurs. Mais comme les grandes dames, qui ne sont jamais les dernières à fréquenter les galetas où se fabriquent des singeries mystérieuses, craignaient de se voir compromises, on obtint du lieutenant de police qu'il se contentât de chasser de Paris la sorcière et ses aides, qui allèrent ailleurs faire d'autres dupes.

On eût pu éclairer Guymond de la Touche et le faire rougir de sa petitesse d'esprit. Mais il n'était plus temps.

GYMNOSOPHISTES, philosophes ainsi nommés parce qu'ils allaient nus ou sans habits. Chez les démonomanes, les gymnosophistes sont des magiciens qui obligeaient les arbres à s'incliner et à parler aux gens comme des créatures raisonnables. Thespesion, l'un de ces sages, ayant commandé à un arbre de saluer Apollonius, il s'inclina, et, rabaissant le sommet de sa tête et ses branches les plus hautes, il lui fit des compliments d'une voix distincte, mais féminine, ce qui surpasse la magie naturelle (1).

GYROMANCIE, sorte de divination qui se pratiquait en marchant en rond, ou en tournant autour d'un cercle, sur la circonférence duquel étaient tracées des lettres. A force de tourner on s'étourdissait jusqu'à se laisser tomber, et de l'assemblage des caractères qui se rencontraient aux divers endroits où l'on avait fait des chutes, on tirait des présages pour l'avenir. Voy. ALECTRYOMANCIE.

H

HAAGENTI, grand-président aux enfers. Il paraît sous la figure d'un taureau avec des ailes de griffon. Lorsqu'il se montre portant face humaine, il rend l'homme habile à toutes choses; il enseigne en perfection l'art de transmuer tous les métaux en or, et de faire d'excellent vin avec de l'eau claire. Il commande trente-trois légions.

HABONDIA, reine des fées, des femmes blanches, des bonnes, des sorcières, des larves, des furies et des harpies, comme l'assure Pierre Delancre en son livre de l'Inconstance des démons.

HABORYM, démon des incendies, appelé aussi Aym. Il porte aux enfers le titre de duc; il se montre à cheval sur une vipère, avec trois têtes, l'une de serpent, l'autre d'homme, la troisième de chat. Il tient à la main une torche allumée. Il commande vingt-six légions. Quelques-uns disent que c'est le même que Raum; ce qui nous paraît douteux.

HACELDAMA ou HAKELDAMA, qui signifie *héritage* ou *portion de sang*. Ce mot est devenu commun à toutes les langues du christianisme, depuis le récit sacré qui nous apprend qu'après que Judas se fut pendu, les prêtres juifs achetèrent, des trente pièces d'argent qu'ils lui avaient données pour trahir Notre-Seigneur, un champ qui fut destiné à la sépulture des étrangers, et qui porta le nom d'Haceldama. On montre encore

(1) Delancre, Incrédulité et mécréance du sortilège pleinement convaincue p. 55.

ce champ aux étrangers. Il est petit et couvert d'une voûte, sous laquelle on prétend que les corps qu'on y dépose sont consumés dans l'espace de trois ou quatre heures.

HAKELBERG. « L'origine du nom de *Woden* ou Odin se révèle par la racine étymologique de l'anglo-saxon Woodin, qui signifie le *féroce* ou le *furieux*. Aussi l'appelle-t-on dans le Nord le *chasseur féroce*, et en Allemagne *Groden's heer* ou *Woden's heer*. Woden, dans le duché de Brunswick, se retrouve sous le nom du *chasseur Hakelberg*. Hakelberg, seigneur de Rodenstein, était un chevalier pervers qui renonça à sa part des joies du paradis, pourvu qu'il lui fût permis de chasser toute sa vie en ce monde : le diable lui promit qu'il chasserait jusqu'au jour du jugement dernier. On montre son tombeau dans la forêt d'Usslar : c'est une énorme pierre brute, un de ces vieux monuments appelés vulgairement pierres druidiques ; nouvelle circonstance qui servirait encore à confirmer l'alliance des traditions populaires avec l'ancienne religion du pays. Selon les paysans, cette pierre est gardée par les chiens de l'enfer, qui y restent sans cesse accroupis. En l'an 1558, Hans Kirchof eut le malheur de la rencontrer par hasard ; car il faut dire que personne ne la trouve en se rendant exprès dans la forêt avec l'intention de la chercher. Hans raconte qu'à son extrême surprise, il ne vit pas les chiens, quoiqu'il avoue que ses cheveux se dressèrent sur sa tête lorsqu'il aperçut le mystérieux mausolée de ce chasseur félon.

« Le silence règne autour de la pierre de la forêt d'Usslar ; mais l'esprit agité du chevalier Hakelberg, ou du démon qui a pris ce nom, est aujourd'hui tout-puissant dans le voisinage d'Oden-Wald, ou forêt d'Odin, au milieu des ruines du manoir de Rodenstein. Son apparition est un pronostic de guerre. C'est à minuit qu'il sort de la tour gardée par son armée : les trompettes sonnent, les tambours battent ; on distingue les paroles de commandement adressées par le chef à ses soldats fantastiques ; et, si le vent souffle, on entend le frôlement des bannières ; mais, dès que la paix doit se conclure, Rodenstein retourne aux ruines de son château, sans bruit, ou à pas mesurés, et aux sons d'une musique harmonieuse.

« Rodenstein peut être évoqué, si on veut lui parler. Il y a quelques années, un garde forestier passait près de la tour à minuit ; il venait d'une orgie et avait une dose plus qu'ordinaire d'intrépidité : *Rodenstein, ziche heraus!* s'écria-t-il ; Rodenstein parut avec son armée : hélas! telle fut la violence du choc dans l'air, que le garde tomba par terre comme si un coup de vent l'avait frappé : il se releva plein d'effroi et n'osa plus répéter : *Rodenstein, ziche heraus!* (1) »

HALEINE. Une haleine forte et violente est la marque d'un grand esprit, dit un savant, et au contraire, ajoute-t-il, une haleine faible est la marque d'un tempérament usé et d'un esprit faible.

HALLUCINATION. Walter Scott, dans sa démonologie, voit la plupart des apparitions comme de véritables hallucinations. Il a raison en général. Mais il ne faut pas faire de cette explication un système, à la manière des esprits qui veulent tout comprendre, dans un monde où nous sommes environnés de tant de choses que nous ne comprenons pas.

C'est une hallucination épidémique que l'exemple qu'il cite de l'Ecossais Patrick Walker, si, en effet, il n'y avait là que les phénomènes d'une aurore boréale. — « En l'année 1686, aux mois de juin et de juillet, dit l'honnête Walker, plusieurs personnages encore vivants peuvent attester que, près le bac de Crosford, à deux milles au-dessous de Lanark, et particulièrement aux Mains, sur la rivière de la Clyde, une grande foule de curieux se rassembla plusieurs fois après midi pour voir une pluie de bonnets, de chapeaux, de fusils et d'épées ; les arbres et le terrain en étaient couverts ; des compagnies d'hommes armés marchaient en l'air le long de la rivière, se ruaient les unes contre les autres, et disparaissaient pour faire place à d'autres bandes aériennes. Je suis allé là trois fois consécutivement dans l'après-midi, et j'ai observé que les deux tiers des témoins avaient vu, et que l'autre tiers n'avait rien vu.

« *Quoique je n'eusse rien vu* moi-même, ceux qui voyaient avaient une telle frayeur et un tel tremblement, que ceux qui ne voyaient pas s'en apercevaient bien. Un gentilhomme, tout près de moi, disait : — Ces damnés sorciers ont une *seconde vue* ; car le diable m'emporte si je vois quelque chose ! — Et sur le champ il s'opéra un changement dans sa physionomie. Il voyait...

« Plus effrayé que les autres, il s'écria : —Vous tous qui ne voyez rien, ne dites rien ; car je vous assure que c'est un fait visible pour tous ceux qui ne sont pas aveugles. — Ceux qui voyaient ces choses-là pouvaient décrire les espèces de batterie des fusils, leur longueur et leur largeur, et la poignée des épées, les gauses des bonnets, etc. »

Ce phénomène singulier, auquel la multitude croit, bien que seulement les deux tiers eussent vu, peut se comparer, ajoute Walter Scott, à l'action de ce plaisant qui, se posant dans l'attitude de l'étonnement, les yeux fixés sur le lion de bronze bien connu qui orne la façade de l'hôtel de Northumberland dans le Strand (à Londres), attira l'attention de ceux qui le regardaient en disant : — Par le ciel, il remue !... il remue de nouveau ! — et réussit ainsi, en peu de minutes, à faire obstruer la rue par une foule immense ; les uns s'imaginant avoir effectivement aperçu le lion de Percy remuer la queue ; les autres attendant pour admirer la même merveille.

De véritables hallucinations sont enfantées par une funeste maladie, que diverses causes peuvent faire naître. La source la plus fréquente est produite par les habitudes

---

(1) Traditions populaires. Quarterly Review.

d'intempérance de ceux qui, à la suite d'excès de boissons, contractent ce que le peuple nomme les *diables bleus*, sorte de spleen ou désorganisation mentale. Les joyeuses illusions que, dans les commencements, enfante l'ivresse, s'évanouissent avec le temps, et dégénèrent en impression d'effroi. Le fait qui va suivre fut raconté à l'auteur par un ami du patient.

Un jeune homme riche, qui avait mené une vie de nature à compromettre à la fois sa santé et sa fortune, se vit obligé de consulter un médecin. Une des choses dont il se plaignait le plus, était la présence habituelle d'une suite de fantômes habillés de vert, exécutant dans sa chambre une danse bizarre, dont il était forcé de supporter la vue, quoique bien convaincu que tout le *corps de ballet* n'existait que dans son cerveau. — Le médecin lui prescrivit un régime; il lui recommanda de se retirer à la campagne, d'y observer une diète calmante, de se lever de bonne heure, de faire un exercice modéré, d'éviter une trop grande fatigue. Le malade se conforma à cette prescription et se rétablit.

Un autre exemple d'hallucinations est celui de M. Nicolaï, célèbre libraire de Berlin. Cet homme ne se bornait pas à vendre des livres, c'était encore un littérateur; il eut le courage moral d'exposer à la Société philosophique de Berlin le récit de ses souffrances, et d'avouer qu'il était sujet à une suite d'illusions fantastiques. Les circonstances de ce fait peuvent être exposées très-brièvement, comme elles l'ont été au public, attestées par les docteurs Ferriar, Hibbert et autres qui ont écrit sur la démonologie. Nicolaï fait remonter sa maladie à une série de désagréments qui lui arrivèrent au commencement de 1791. L'affaissement d'esprit occasionné par ces événements, fut encore aggravé par ce fait, qu'il négligea l'usage de saignées périodiques auxquelles il était accoutumé; un tel état de santé créa en lui la disposition à voir des groupes de fantômes qui se mouvaient et agissaient devant lui, et quelquefois même lui parlaient. Ces fantômes n'offraient rien de désagréable à son imagination, soit par leur forme, soit par leurs actions; et le visionnaire possédait trop de force d'âme pour être saisi, à leur présence, d'un sentiment autre que celui de la curiosité, convaincu qu'il était, pendant toute la durée de l'accès, que ce singulier effet n'était que la conséquence de sa mauvaise santé, et ne devait sous aucun autre rapport être considéré comme sujet de frayeur. Au bout d'un certain temps, les fantômes parurent moins distincts dans leurs formes, prirent des couleurs moins vives, s'affaiblirent aux yeux du malade, et finirent par disparaître entièrement.

Un malade du docteur Gregory d'Edimbourg, l'ayant fait appeler, lui raconta, dans les termes suivants, ses singulières souffrances : — J'ai l'habitude, dit-il, de dîner à cinq heures; et lorsque six heures précises arrivent, je suis sujet à une visite fantastique. La porte de la chambre, même lorsque j'ai eu la faiblesse de la verrouiller, ce qui m'est arrivé souvent, s'ouvre tout à coup. une vieille sorcière, semblable à celles qui hantaient les bruyères de Forrès, entre d'un air menaçant, s'approche, se jette sur moi, mais si brusquement, que je ne puis l'éviter, et alors me donne un violent coup de sa béquille; je tombe de ma chaise sans connaissance, et je reste ainsi plus ou moins longtemps. Je suis tous les jours sous la puissance de cette apparition...

Le docteur demanda au malade s'il avait jamais invité quelqu'un à être avec lui témoin d'une semblable visite. Il répondit que non. Son mal était si particulier, on devait si naturellement l'imputer à un dérangement mental, qu'il lui avait toujours répugné d'en parler à qui que ce fût. — Si vous le permettez, dit le docteur, je dînerai avec vous aujourd'hui tête à tête, et nous verrons si votre méchante vieille viendra troubler notre société.

Le malade accepta avec gratitude. Ils dînèrent, et le docteur, qui supposait l'existence de quelque maladie nerveuse, employa le charme de sa brillante conversation à captiver l'attention de son hôte, pour l'empêcher de penser à l'heure fatale qu'il avait coutume d'attendre avec terreur. Il réussit d'abord. Six heures arrivèrent sans qu'on y fît attention. Mais à peine quelques minutes étaient-elles écoulées, que le monomane s'écria d'une voix troublée : — Voici la sorcière! — et, se renversant sur sa chaise, il perdit connaissance.

Le médecin lui tira un peu de sang, et se convainquit que cet accident périodique, dont se plaignait le malade, était une tendance à l'apoplexie. Le fantôme à la béquille était simplement une sorte de combinaison analogue à celle dont la fantaisie produit le dérangement appelé éphialte, ou cauchemar, ou toute autre impression extérieure exercée sur nos organes pendant le sommeil.

Un autre exemple encore me fut cité, dit Walter Scott, par le médecin qui avait été dans le cas de l'observer. Le malade était un honorable magistrat, lequel avait conservé entière sa réputation d'intégrité, d'assiduité et de bon sens. — Au moment des visites du médecin, il en était réduit à garder la chambre, quelquefois le lit; cependant, de temps à autre, appliqué aux affaires, de manière que rien n'indiquait à un observateur superficiel la moindre altération dans ses facultés morales; aucun symptôme ne faisait craindre une maladie aiguë ou alarmante; mais la faiblesse du pouls, l'absence de l'appétit, le constant affaiblissement des esprits, semblaient prendre leur origine dans une cause cachée que le malade était résolu à taire. Le sens obscur des paroles de cet infortuné, la brièveté et la contrainte de ses réponses aux questions du médecin, le déterminèrent à une sorte d'enquête. Il eut recours à la famille : personne ne devinait la cause du mal.

L'état des affaires du patient était prospère ; aucune perte n'avait pu lui occasionner un chagrin ; aucun désappointement dans ses affections ne pouvait se supposer à son âge ; aucune idée de remords ne s'alliait à son caractère.

Le médecin eut donc recours avec le monomane à une explication ; il lui parla de la folie qu'il y avait à se vouer à une mort triste et lente, plutôt que de dévoiler la douleur qui le minait. Il insista sur l'atteinte qu'il portait à sa réputation, en laissant soupçonner que son abattement pût provenir d'une cause scandaleuse, peut-être même trop déshonorante pour être pénétrée ; il lui fit voir qu'ainsi il léguerait à sa famille un nom suspect et terni. Le malade frappé exprima le désir de s'expliquer franchement avec le docteur, et, la porte de la chambre fermée, il entreprit sa confession en ces termes :

— Vous ne pouvez comprendre la nature de mes souffrances, et votre zèle ni votre habileté ne peuvent m'apporter de soulagement. La situation où je me trouve n'est pourtant pas nouvelle, puisqu'on la retrouve dans le célèbre roman de Lesage. Vous vous souvenez sans doute de la maladie dont il y est dit que mourut le duc d'Olivarès : l'idée qu'il était visité par une apparition, à l'existence de laquelle il n'ajoutait aucunement foi ; mais il en mourut néanmoins, vaincu et terrassé par son imagination. — Je suis dans la même position ; la vision acharnée qui me poursuit est si pénible et si odieuse, que ma raison ne suffit pas à combattre mon cerveau affecté : bref, je suis victime d'une maladie imaginaire.

Le médecin écoutait avec anxiété.

— Mes visions, reprit le malade, ont commencé il y a deux ou trois ans. Je me trouvais de temps en temps troublé par la présence d'un gros chat qui entrait et sortait sans que je pusse dire comment, jusqu'à ce qu'enfin la vérité me fût démontrée, et que je me visse forcé à ne plus le regarder comme un animal domestique, mais bien comme un jeu, qui n'avait d'existence que dans mes organes visuels en désordre, ou dans mon imagination déréglée. Jusque-là, je n'avais nullement pour cet animal l'aversion absolue de ce brave chef écossais, qu'on a vu passer par les différentes couleurs de son plaid, lorsque par hasard un chat se trouvait dans un appartement avec lui. Au contraire, je suis ami des chats, et je supportais avec tranquillité la présence de mon visiteur imaginaire, lorsqu'un spectre d'une grande importance lui succéda. Ce n'était autre chose que l'apparition d'un huissier de la cour.

Ce personnage, avec la bourse et l'épée, une veste brodée et le chapeau sous le bras, se glissait à mes côtés, et, chez moi ou chez les autres, montait l'escalier devant moi, comme pour m'annoncer dans un salon, puis se mêlait à la société, quoiqu'il fût évident que personne ne remarquât sa présence, et que seul je fusse sensible aux chimériques honneurs qu'il me voulait rendre. Cette bizarrerie ne produisit pas beaucoup d'effet sur moi ; cependant elle m'alarma, à cause de l'influence qu'elle pouvait avoir sur mes facultés.

Après quelques mois, je n'aperçus plus le fantôme de l'huissier. Il fut remplacé par un autre, horrible à la vue, puisque ce n'est autre chose que l'image de la mort elle-même, un squelette. Seul ou en compagnie, la présence de ce fantôme ne m'abandonne jamais. En vain je me suis répété cent fois que ce n'est qu'une image équivoque et l'effet d'un dérangement dans l'organe de ma vue ; lorsque je me vois, en idée à la vérité, le compagnon d'un tel fantôme, rien n'a de pouvoir contre un pareil malheur, et je sens que je dois mourir victime d'une affection aussi mélancolique, bien que je ne croie pas à la réalité du spectre qui est devant mes yeux.

Le médecin affligé fit au malade, alors au lit, plusieurs questions. Ce squelette, dit-il, semble donc toujours là ?

— Mon malheureux destin est de le voir toujours.

— Je comprends ; il est, à l'instant même, présent à votre imagination ?

— Il est présent à l'instant même.

— Et dans quelle partie de votre chambre le voyez-vous ?

— Au pied de mon lit ; lorsque les rideaux sont entr'ouverts, il se place entre eux, et remplit l'espace vide.

— Aurez-vous assez de courage pour vous lever et pour vous placer à l'endroit qui vous semble occupé, afin de vous convaincre de la déception ?

Le pauvre homme soupira et secoua la tête d'une manière négative.

— Eh bien ! dit le docteur, nous ferons l'expérience une autre fois.

Alors il quitta sa chaise aux côtés du lit ; et se plaçant entre les deux rideaux entr'ouverts, indiqués comme la place occupée par le fantôme, il demanda si le spectre était encore visible.

— Non entièrement, dit le malade, parce que votre personne est entre lui et moi ; mais j'aperçois sa tête par-dessus vos épaules.

Le docteur tressaillit un moment, malgré sa philosophie, à une réponse qui affirmait d'une manière si précise que le spectre le touchait de si près. Il recourut à d'autres moyens d'investigation, mais sans succès. Le malade tomba dans un marasme encore plus profond ; il en mourut, et son histoire laissa un douloureux exemple du pouvoir que le moral a sur le physique, lors même que les terreurs fantastiques ne parviennent pas à absorber l'intelligence de la personne qu'elles tourmentent.

Rapportons encore, comme fait attribué à l'hallucination, la célèbre apparition de Maupertuis à un de ses confrères, professeur à Berlin. Elle est décrite dans les Actes de la Société royale de Berlin, et se trouve rapportée par M. Thiébaut dans ses *Souvenirs de Frédéric le Grand*. Il est essentiel de prévenir que M. Gleditch, à qui elle est arrivée, était un botaniste distingué, professeur de philosophie naturelle, et regardé comme un homme d'un caractère sérieux, simple et tranquille.

Peu de temps après la mort de Maupertuis, M. Gleditch, obligé de traverser la salle dans laquelle l'académie tenait ses séances, ayant quelques arrangements à faire dans le cabinet d'histoire naturelle, qui était de son ressort, aperçut, en entrant dans la salle, l'ombre de M. de Maupertuis, debout et fixe dans le premier angle à main gauche, et ses yeux braqués sur lui.

Il était trois heures de l'après-midi. Le professeur de philosophie en savait trop sur sa physique pour supposer que son président, mort à Bâle dans la famille de Bernouilli, serait revenu à Berlin en personne. Il ne regarda la chose que comme une illusion provenant d'un dérangement de ses organes. Il continua de s'occuper de ses affaires, sans s'arrêter plus longtemps à cet objet. Mais il raconta cette vision à ses confrères, les assurant qu'il avait vu une figure aussi bien formée et aussi parfaite que M. de Maupertuis lui-même aurait pu la présenter.

Après avoir montré par ces récits les illusions que la vue peut causer, Walter Scott s'occupe des déceptions que produit quelquefois l'organe de l'ouïe. Le docteur Johnson conserva, dit-il, une impression profonde de ce que, un jour qu'il ouvrait les portes de son collége, il entendit la voix de sa mère, à plusieurs milles de distance, l'appeler par son nom; et il paraît surpris de ce qu'aucun événement de quelque importance n'ait suivi cet avertissement.

Le fait que voici fera connaître encore par quels incidents futiles l'oreille humaine peut être abusée. Walter Scott lui-même marchait dans un lieu solitaire et sauvage, avec un jeune homme frappé de surdité, lorsqu'il entendit ce qu'il crut être les aboiements d'une meute, répétés par intervalles. C'était dans la saison de l'été; ce qui, après une courte réflexion, persuada l'illustre écrivain que ce ne pouvait être le bruit d'une chasse. Cependant ses oreilles lui reproduisaient continuellement les mêmes sons. Il rappela ses chiens, dont deux ou trois le suivaient; ils s'approchèrent parfaitement tranquilles, et ne paraissaient évidemment point frappés des sons qui attiraient l'attention de leur maître, au point qu'il ne put s'empêcher de dire à son compagnon: J'éprouve en ce moment un double chagrin de votre infirmité, car elle vous empêche d'entendre le cri du chasseur sauvage.

Comme ce jeune homme faisait usage d'un cornet acoustique, il l'ajusta pendant que je lui parlais, poursuit le narrateur; et dans ce mouvement, je vis la cause du phénomène. Ces aboiements n'existant pas; c'était simplement le sifflement de l'air dans l'instrument dont se servait le jeune homme, mais qui, pour la première fois, produisait cet effet à mon oreille.

Les autres sens trompent aussi, mais surtout dans le sommeil ou dans la folie.

La vision du suicide

Ceci est un conte fantastique extrait de *Nicolas Nikleby*, de M. Charles Dickens.

Le baron von Koeldwethout de Grogzwig (Allemagne) était au désespoir: sa femme venait de lui donner son treizième enfant, et à chaque nouveau-né elle était plus grondeuse. De plus, il venait de reconnaître que ses coffres étaient vides. Le baron ne chassait plus, ne riait plus: — Je ne sais que faire, dit-il, j'ai envie de me tuer.

C'était une brillante idée!

Le baron prit dans une armoire un vieux couteau de chasse, et l'ayant repassé sur sa botte, il fit mine de l'approcher de sa gorge.

—Hem! dit-il, s'arrêtant tout court, il n'est peut-être pas assez affilé.

Le baron le repassa de nouveau; et il faisait une seconde tentative, quand il fut interrompu par les clameurs bruyantes des jeunes barons et des petites baronnes; car leur chambre était dans une tour voisine, dont les fenêtres étaient garnies de barres de fer, pour les empêcher de tomber dans le fossé.—O délices du célibat! s'écria-t-il en soupirant, si j'avais été garçon, j'aurais pu me tuer cinquante fois sans être dérangé. Holà! mettez un flacon de vin et la plus grande de mes pipes dans la petite chambre voûtée, derrière la salle d'armes.

Un valet, qui s'appelait Jean, exécuta l'ordre du baron dans l'espace d'une demi-heure ou à peu près; et le sire de Grogzwig, informé que tout était prêt, passa dans la chambre voûtée, dont les boiseries sombres étincelaient à la lueur des bûches amoncelées dans le foyer.

La bouteille et la pipe étaient prêtes, et, somme toute, la pièce avait un air confortable.

—Laisse la lampe, dit le baron.

—Vous faut-il encore autre chose, monseigneur? demanda le valet.

—Va-t'en.

Jean obéit et le baron ferma la porte.

—Je vais fumer une dernière pipe, dit-il, et tout sera fini.

Mettant de côté le couteau de chasse en attendant qu'il en eût besoin, et se versant un grand verre de vin, le sire de Grogzwig s'étendit sur son fauteuil, allongea les jambes sur les chenets et se mit à fumer.

Le baron eût été certainement romantique, si le romantisme eût été inventé à cette époque; mais il était doublement disposé à la rêverie, par sa qualité d'Allemand et de fumeur. Rien n'est plus favorable que la pipe aux hallucinations. La monotonie du mouvement d'aspiration et d'expiration jette l'esprit et les sens dans une espèce de somnolence. Les vapeurs narcotiques du tabac surexcitent et exaltent l'imagination. Il semble que du foyer de la pipe s'échappe une multitude d'êtres aériens qui flottent et tourbillonnent avec la fumée, se cherchent et se saisissent au milieu du nuage azuré, et montent au ciel en dansant.

Le baron songea à une foule de choses, à ses peines présentes, à ses jours de célibat et aux gentilshommes vert-pomme, depuis longtemps dispersés dans le pays, sans qu'on sût ce qu'ils étaient devenus, à l'exception de deux qui avaient eu le malheur d'être décapités, et de quatre autres qui s'étaient tués à force de boire. Son esprit errait au milieu des ours et des sangliers, lorsque, en vidant son verre jusqu'au fond, il leva les yeux et crut s'apercevoir qu'il n'était pas seul.

A travers l'atmosphère brumeuse dont il s'était entouré, le baron distingua un être hideux et ridé, avec des yeux creux et sanglants, une figure cadavéreuse et d'une longueur démesurée, ombragée de boucles éparses de cheveux noirs. Ce personnage fantastique était assis de l'autre côté du feu, et, plus le baron le regarda, plus il demeura convaincu de la réalité de sa présence. L'apparition était affublée d'une espèce de tunique de couleur bleuâtre, qui parut au baron décorée d'os en croix. En guise de cuissards, ses jambes étaient encaissées dans des planches de cercueil, et sur son épaule gauche, était jeté un manteau court et poudreux, qui semblait fabriqué d'un morceau de linceul. Elle ne faisait aucune attention au baron, mais contemplait fixement le feu.

—Ohé! s'écria le baron, frappant du pied pour attirer les regards de l'inconnu.

—Ohé! répéta celui-ci, levant les yeux vers le baron, mais sans bouger.

—Qu'est-ce? dit le baron sans s'effrayer de cette voix creuse et de ces yeux mornes, je dois vous adresser une question. Comment êtes-vous entré ici?

—Par la porte.

—Qui êtes-vous?

—Un homme.

—Je ne le crois pas.

—Comme vous voudrez.

L'intrus regarda quelque temps le hardi baron de Grogzwig, et lui dit familièrement:

—Il n'y a pas moyen de vous tromper, à ce que je vois. Je ne suis pas un homme.

—Qui êtes-vous donc?

—Un génie.

—Vous n'en avez pas l'air, repartit dédaigneusement le baron.

—Je suis le génie du désespoir et du suicide, dit l'apparition; vous me connaissez à présent.

A ces mots, l'apparition se tourna vers le baron, comme si elle se fût préparée à agir; et ce qu'il y eut de remarquable, ce fut de la voir mettre de côté son manteau, exhiber un pieu ferré qui lui traversait le milieu du corps, l'arracher brusquement et le poser sur la table aussi tranquillement que si c'eût été une canne de voyage.

—Maintenant, dit le génie, jetant un coup d'œil sur le couteau de chasse, êtes-vous prêt?

—Pas encore, il faut que j'achève ma pipe.

—Dépêchez-vous.

—Vous semblez pressé.

—Mais oui, je le suis; par ces temps de misère et d'ennui, j'ai beaucoup à faire en Angleterre et en France où je vais de ce pas, et tout mon temps est pris.

—Buvez-vous? dit le baron, touchant la bouteille avec la tête de sa pipe.

—Neuf fois sur dix et largement, reprit le génie d'un ton sec.

—Jamais avec modération?

—Jamais, répliqua le génie en frissonnant, cela engendre la gaieté.

Le baron examina encore son nouvel hôte qu'il regardait comme un visiteur extraordinairement fantasque, et lui demanda enfin s'il prenait une part active à tous les simples arrangements du genre de ceux dont il s'agissait en ce moment. —Non, répondit évasivement le génie; mais je suis toujours présent.

—Pour voir si l'affaire va bien? je suppose.

—Précisément, répondit le génie en jouant avec son pieu dont il examinait le fer. Ne perdez pas une minute, je vous prie, car je suis mandé par un jeune homme affligé de trop de loisir et de trop d'argent.

—Se tuer parce qu'on a trop d'argent! s'écria le baron, en se laissant aller à une violente envie de rire. Ah! ah! ah! voilà qui est bon!

C'était la première fois que le baron riait depuis longtemps.

—Dites donc, reprit le génie d'un ton suppliant et d'un air d'anxiété, ne recommencez pas, s'il vous plaît.

—Pourquoi?

—Vos rires me font mal. Soupirez tant que vous voudrez, je m'en trouverai bien.

Le baron soupira machinalement, et le génie, reprenant son courage, lui tendit le couteau de chasse avec la plus séduisante politesse.

—Ah! ce n'est pas une mauvaise idée, dit le baron, sentant la froide pointe de l'acier, se tuer parce qu'on a trop d'argent!

—Bah! dit l'apparition avec pétulance, est-ce une meilleure idée de se tuer parce qu'on n'en a pas assez?

Je ne sais si le génie s'était compromis par mégarde en prononçant ces mots, ou s'il croyait la résolution du baron assez bien arrêtée pour n'avoir pas besoin de faire attention à ce qu'il disait; je sais seulement que le sire de Grogzwig s'arrêta tout à coup, ouvrit de grands yeux, et parut envisager l'affaire sous un jour complètement nouveau.—Mais, en effet, dit-il, rien n'est encore désespéré.

—Vos coffres sont vides, s'écria le génie.

—On peut les remplir.

—Votre femme gronde.

—On la fera taire.

—Vous avez treize enfants.

—Ils ne peuvent tous mal tourner.

Le génie s'irritait évidemment des opinions avancées par le baron; mais il affecta d'en rire, et le pria de lui faire savoir quand il aurait fini de plaisanter.—Mais je ne plaisante pas, au contraire, reprit le baron.

—Eh bien! j'en suis charmé, dit le génie,

parce que, je l'avoue franchement, toute plaisanterie est mortelle pour moi. Allons, quittez ce monde de misères.

— J'hésite, dit le baron, jouant avec le couteau de chasse ; ce monde ne vaut pas grand'chose, mais....

— Dépêchez-vous ! s'écria le génie en grinçant des dents.

— Laissez-moi, dit le baron ; je cesserai de broyer du noir, je prendrai gaîment les choses, je respirerai le frais, j'irai à la chasse aux ours, et, si l'on me contrarie, j'enverrai promener les gens.

A ces mots, le baron tomba en arrière dans son fauteuil, et partit d'un éclat de rire si désordonné, que la chambre en retentit.

Le génie recula de deux pas, regarda le baron avec une expression de terreur, reprit son pieu ferré, se l'enfonça violemment au travers du corps, poussa un hurlement d'effroi et disparut.

Le sire de Grogzwig, comme le bûcheron de la fable, ne revit plus le génie de mort. Conformant ses actions à ses paroles, il vécut longtemps après sans beaucoup de fortune, mais heureux, laissant une nombreuse famille exercée sous ses yeux à la chasse aux ours.

Bonnes gens, si de semblables motifs vous rendent jamais hypocondres et mélancoliques, je vous conseille d'examiner les deux faces de la question, en appliquant à la meilleure un verre grossissant. Voy. Visions.

HALPHAS, grand comte des enfers. Il paraît sous la forme d'une cigogne, avec une voix bruyante. Il bâtit des villes, ordonne les guerres et commande vingt-six légions (1). C'est peut-être le même que Malphas.

HALTIAS. Les Lapons donnent ce nom aux vapeurs qui s'élèvent des lacs, et qu'ils prennent pour les esprits auxquels est commise la garde des montagnes.

HAMELN. Voy. Magiciens.

HAMLET, prince de Danemark, à qui apparut le spectre de son père, pour demander une vengeance dont il se chargea. Shakspeare a illustré cette sombre histoire. On montre toujours sur une colline voisine d'Elseneur la tombe d'Hamlet, que des croyances peureuses entourent et protégent.

HANDEL, célèbre musicien saxon. Se trouvant en 1700 à Venise, dans le temps du carnaval, il joua de la harpe dans une mascarade. Il n'avait alors que seize ans, mais son nom dans la musique était déjà très-connu. Dominique Scarlati, habile musicien d'alors sur cet instrument, l'entendit et s'écria : Il n'y a que le Saxon Handel, ou le diable, qui puisse jouer ainsi....

HANNETON. Il y a, dans la Cafrerie, une sorte de hanneton qui porte bonheur quand il entre dans une hutte. On lui sacrifie des brebis. S'il se pose sur un nègre, le nègre en devient tout fier.

HANNON, général carthaginois, distingué

(1) Wierus in Pseudomonarchia dæm.

par cette fourberie : il nourrissait des oiseaux à qui il apprenait à dire : *Hannon est un dieu.* Puis il leur donnait la liberté.

HAQUIN. Les anciennes histoires scandinaves font mention d'un vieux roi de Suède, nommé Haquin, qui commença à régner au troisième siècle, et ne mourut qu'au cinquième, âgé de deux cent dix ans, dont cent quatre-vingt-dix de règne. Il avait déjà cent ans, lorsque ses sujets s'étant révoltés contre lui, il consulta l'oracle d'Odin qu'on révérait auprès d'Upsal. Il lui fut répondu que s'il voulait sacrifier le seul fils qui lui restait, il vivrait et régnerait encore soixante ans. Il y consentit, et ses dieux lui tinrent parole. Bien plus, sa vigueur se ranima à l'âge de cent cinquante ans ; il eut un fils et successivement cinq autres, depuis cent cinquante ans jusqu'à cent soixante.

Se voyant près d'arriver à son terme, il tâcha encore de le prolonger ; et les oracles lui répondirent que s'il sacrifiait l'aîné de ses enfants, il régnerait encore dix ans ; il le fit. Le second lui valut dix autres années de règne, et ainsi de suite jusqu'au cinquième. Enfin il ne lui restait plus que celui-là ; il était d'une caducité extrême, mais il vivait toujours ; lorsqu'ayant voulu sacrifier ce dernier rejeton de sa race, le peuple, lassé du monarque et de sa barbarie, le chassa du trône ; il mourut, et son fils lui succéda.

Delancre dit que ce monarque était grand sorcier, et qu'il combattait ses ennemis à l'aide des éléments. Par exemple, il leur envoyait de la pluie ou de la grêle.

HARIDI, serpent honoré à Akhmin, ville de la Haute-Égypte. Il y a quelques siècles qu'un derviche, nommé Haridi, y mourut ; on lui éleva un tombeau, surmonté d'une coupole, au pied de la montagne ; les peuples vinrent lui adresser des prières. Un autre derviche profita de la crédulité des bonnes gens, et leur dit que Dieu avait fait passer l'esprit du défunt dans le corps d'un serpent. Il en avait apprivoisé un de ceux qui sont communs dans la Thébaïde et qui ne font point de mal ; ce reptile obéissait à sa voix. Le derviche mit à l'apparition de son serpent tout l'appareil du charlatanisme, éblouit le vulgaire, et prétendit guérir toutes les maladies. Quelques succès lui donnèrent la vogue. Ses successeurs n'eurent pas de peine à soutenir une imposture lucrative ; ils enchérirent en donnant à leur serpent l'immortalité, et poussèrent l'impudence jusqu'à en faire un essai public ; le serpent fut coupé en morceaux en présence de l'émir, et déposé sous un vase pendant deux heures. A l'instant où le vase fut levé, les serviteurs du derviche eurent sans doute l'adresse d'en substituer un semblable ; on cria au prodige, et l'immortel Haridi acquit un nouveau degré de considération.

Paul Lucas raconte que, voulant s'assurer des choses merveilleuses que l'on racontait de cet animal, il fit pour le voir le voyage d'Akhmin ; qu'il s'adressa à Assan-Bey, lequel fit venir le derviche avec le serpent ou l'ange, car tel est le nom qu'on lui donnait ;

et que ce derviche tira de son sein, en sa présence, l'animal merveilleux. C'était, ajoute-t-il, une couleuvre de médiocre grosseur, et qui paraissait fort douce.

HARO. Le diable a souvent fait parler de lui en Espagne comme partout; citons la légende relative à l'origine démoniaque de la noble famille de Haro.

Don Diégo Lopez, seigneur de Biscaye, était à l'affût du sanglier, lorsqu'il entendit les accords d'une délicieuse voix de femme. Il regarde et il aperçoit la chanteuse debout sur un rocher. Il en devint épris et lui proposa de l'épouser.

J'accepte votre main, répondit-elle, beau chevalier, car ma naissance est noble; mais à une condition: jurez-moi que vous ne prononcerez jamais devant moi un nom sacré.

Le chevalier le jura; et, quand le mariage fut consommé, il s'aperçut que sa fiancée avait un pied de chèvre. Heureusement c'était son seul défaut. Personne n'est parfait. Par une convention tacite, le pied de chèvre ne fut bientôt qu'un pied de biche, ce qui était plus poétique. Don Diégo n'en eut pas moins d'attachement pour sa femme, qui devint mère de deux enfants, une fille et un fils nommé Iniguez Guerra.

Or, un jour qu'ils étaient à table, le seigneur de Biscaye jeta un os à ses chiens: un mâtin et un épagneul se prirent de querelle; l'épagneul saisit le mâtin à la gorge et l'étrangla: « Sainte vierge Marie! s'écria don Diégo; qui a jamais vu chose pareille?»

La dame au pied de biche saisit aussitôt les mains de ses enfants. Diégo retint le garçon, mais la mère s'échappa à travers les airs avec la fille...

Par la suite, don Diégo Lopez envahit les terres des Maures: il fut malheureux dans un combat et fait prisonnier; les vainqueurs lui lièrent les mains et l'emmenèrent à Tolède. Iniguez Guerra était triste de la captivité de son père. Quelqu'un lui dit alors: — Pourquoi n'iriez-vous pas invoquer la fée qui vous a donné le jour? elle seule peut vous indiquer un moyen de délivrer don Diégo.

Iniguez monta à cheval, se rendit à la montagne; la fée était sur le rocher. Elle reconnut son fils: — Viens à moi, lui dit-elle; je sais ce qui t'amène et je te promets aide et protection. Laisse là ton cheval, il ne te serait d'aucun service. Je veux le remplacer par un autre qui en quelques heures te portera à Tolède; mais tu ne lui mettras pas de bride; tu ne le feras pas ferrer; tu ne lui donneras ni nourriture ni eau. La fée Pied-de-Biche appela Pardalo; c'était le nom de ce coursier extraordinaire.

Iniguez s'élança sur sa croupe, et ramena bientôt son père.

La fée Pied-de-Biche était si bien un démon, que la conclusion de la légende, en mentionnant ses autres apparitions en Biscaye, nous dit qu'elle se montre sous les traits qui caractérisent le diable (1).

HAROLD. Comme tous les anciens peuples, les Scandinaves croyaient volontiers à l'exi-

(1) Traditions populaires. Quarterly Review.

stence de démons tutélaires; et les Islandais leur avaient voué une reconnaissance particulière pour avoir fait avorter les noirs desseins du roi Harold-Germson. Ce roi de Norwège, dit la Saga, désirant connaître la situation intérieure de l'Ile, qu'il avait l'intention de punir, chargea un habile troldman ou magicien de s'y rendre, sous la forme qu'il voudrait prendre.

Pour mieux se déguiser, le troldman se changea en baleine et nagea jusqu'à l'Ile; mais les rochers et les montagnes étaient couverts de ladwaiturs ou génies propices qui faisaient bonne garde.

Sans en avoir peur, l'espion d'Harold nagea vers le golfe de Vapna, et essaya de débarquer; mais un énorme dragon déroula les longs anneaux de sa queue sur les rochers, et, suivi d'une armée innombrable de serpents, descendit dans le détroit, arrosant la baleine d'une trombe de venin.

La baleine ne put leur résister, et nagea à l'ouest vers la baie d'Ove; mais là elle trouva un immense oiseau qui étendit ses ailes comme un rideau sur le rivage, et l'armée des esprits s'abattit à ses côtés sous la même forme.

Le troldman voulut alors pénétrer par Bridaford, au sud. Un taureau vint à sa rencontre et se précipita dans les flots, escorté d'un troupeau qui mugit autour de son chef d'une manière épouvantable.

Cette nouvelle rencontre ne découragea pas l'ennemi, qui se dirigea vers Urekarskinda; mais là un géant se présenta, un géant dont la tête dépassait le sommet de la plus haute montagne, un géant armé d'une massue de fer, et accompagné d'une troupe de géants de la même taille.

Cette tradition est remarquable, parce qu'elle nous fait voir que les Scandinaves classaient leurs esprits élémentaires d'après la doctrine cabalistique de Paracelse. La terre envoie ses génies sous la forme de géants; les sylphes apparaissent en oiseaux; le taureau est le type de l'eau; le dragon procède de la sphère du feu.

Le mont Hécla fait partie, en quelque sorte, de la mythologie des Skaldes. Les hommes du Nord furent convertis peu de temps après qu'ils eurent fait connaissance avec ses terreurs; et, lorsqu'ils devinrent chrétiens, ils en firent la bouche de l'enfer. L'Hécla ne pouvait manquer surtout d'être le refuge des esprits du feu, que la tradition avait probablement connus en Scandinavie et à Asgard. Leur grand ennemi était Luridan. On lit dans le livre de Vanagastus, le Norwégien, que Luridan, l'esprit de l'air, « voyage par ordre du magicien en Laponie, en Finlande, en Skrikfinlande et jusqu'à la mer Glaciale. —C'est sa nature d'être toujours en opposition avec le feu et de faire une guerre continuelle aux esprits du mont Hécla. Dans cette guerre à mort, les deux partis se déchirent l'un l'autre, heurtant leurs bataillons à travers les airs. Luridan cherche à livrer le combat au-dessus de l'Océan où les blessés de l'armée contraire tombent sans ressource; mais si l'action a lieu sur la montagne, l'avantage est souvent aux esprits du feu, et l'on entend de grandes lamentations en Islande, en Russie, en Norwége (1), etc. »

HARPE. Chez les Calédoniens, lorsqu'un guerrier célèbre était exposé à un grand péril, les harpes rendaient d'elles-mêmes un son lugubre et prophétique; souvent les ombres des aïeux du guerrier en pinçaient les cordes. Les bardes alors commençaient un chant de mort, sans lequel aucun guerrier n'était admis dans le palais de nuages, et dont l'effet était si salutaire que les fantômes retournaient dans leur demeure pour y recevoir avec empressement et revêtir de ses armes fantastiques le héros décédé.

HARPPE. Thomas Bartholin, qui écrivait au dix-septième siècle, raconte, après une ancienne magicienne nommée Landela, dont l'ouvrage n'a jamais été imprimé, un trait qui doit être du treizième siècle ou du quatorzième.

Un homme du nord, qui se nommait Harppe, étant à l'article de la mort, ordonna à sa femme de le faire enterrer tout debout devant la porte de sa cuisine, afin qu'il ne perdît pas tout à fait l'odeur des ragoûts qui lui étaient chers, et qu'il pût voir à son aise ce qui se passerait dans sa maison.

La veuve exécuta docilement et fidèlement ce que son mari lui avait commandé.

Quelques semaines après la mort de Harppe, on le vit souvent apparaître, sous la forme d'un fantôme hideux, qui tuait les ouvriers et molestait tellement les voisins, que personne n'osait plus demeurer dans le village. Un paysan, nommé Olaus Pa, fut assez hardi pour attaquer ce vampire, car c'en était un; il lui porta un grand coup de lance, et laissa la lance dans la plaie. Le spectre disparut.

Le lendemain, Olaus fit ouvrir le tombeau du mort; il trouva sa lance dans le corps de Harppe, au même endroit où il avait frappé le fantôme. Le cadavre n'était pas corrompu; on le tira de terre; on le brûla, on jeta ses cendres à la mer, et on fut délivré de ses funestes apparitions (2).

« Le corps de Harppe, dit ici Dom Calmet (si l'on admet la vérité de ce fait), était donc réellement sorti de terre lorsqu'il apparaissait. Ce corps devait être palpable et vulnérable, puisqu'on trouva la lance dans la plaie. Comment sortit-il de son tombeau, et comment y rentra-t-il? C'est la difficulté; car qu'on ait trouvé la lance et la blessure sur son corps, cela ne doit pas surprendre, puisqu'on assure que les sorciers, qui se métamorphosent en chiens, en loups-garous, en chats, etc., portent dans leurs corps humains les blessures qu'ils ont reçues aux mêmes parties des corps dont ils se sont revêtus, et dans lesquels ils apparaissent. » Le plus croyable sur cette histoire peu avérée est probablement que c'est un conte. Voy. VAMPIRES.

HARVILLIERS (JEANNE), sorcière des environs de Compiègne, au commencement du seizième siècle. Dans son procès, elle raconta que sa mère l'avait présentée au diable dès l'âge de douze ans; que c'était un grand nègre vêtu de noir; qu'il arrivait quand elle le voulait, botté, éperonné et ceint d'une épée; qu'elle seule le voyait, ainsi que son cheval, qu'il laissait à la porte.

La mère de Jeanne avait été brûlée comme sorcière. Elle, qui du reste avait commis d'autres crimes, fut également brûlée, à l'âge de cinquante ans, le dernier jour d'avril de l'année 1578 (3). Voy. SORCIERS.

HARVIS. C'est le nom qu'on donne aux sorciers de l'Egypte moderne.

« De tout temps, dit M. Théodore Pavie, l'Egypte a eu des sorciers. Les devins qui luttèrent contre Moïse firent tant de prodiges, qu'il fallut au législateur des Hébreux la puissance invincible dont Jéhovah l'avait doué, pour triompher de ses ennemis. La cabalistique, la magie, les sciences occultes, importées par les Arabes en Espagne, puis dans toute l'Europe, où déjà elles avaient paru sous d'autres formes à la suite des barbares venus d'Orient par le Nord, n'étaient que des tentatives pour retrouver ces pouvoirs surnaturels, premier apanage de l'homme, alors qu'il commandait aux choses de la création en les appelant du nom que la voix de l'Éternel leur avait imposé.

« Désormais, soit que les lumières de la vérité, plus répandues, rendent moins faciles les expériences des sorciers dégénérés, soit que l'homme en avançant dans les siècles perde peu à peu de ce reste d'empire sur la matière, qu'il cherche aujourd'hui à dompter par l'analyse des lois auxquelles elle obéit, toujours est-il que la magie est une science perdue ou considérée comme telle.

« L'Egypte cependant prétend en avoir conservé la tradition; et les devins du Caire jouissent encore, sur les bords du Nil, d'une réputation colossale. Il ne s'agit pas pour eux précisément de jeter des sorts, de prédire des malheurs; ils n'ont pas la *seconde vue* du Tyrol ou de l'Ecosse; leur science consiste à évoquer, dans le creux de la main d'un enfant pris au hasard, telle personne éloignée dont le nom est prononcé dans l'assemblée, et de la faire dépeindre par ce même enfant, sans qu'il l'ait jamais vue, sous des traits impossibles à méconnaître.

« Le plus célèbre des *harvis* a eu l'honneur de travailler devant plusieurs voyageurs européens, dont les écrits ont été lus avec avidité, et il a généralement assez bien réussi pour que sa gloire n'ait eu rien à souffrir de ces rencontres périlleuses. Voir cet homme, assister à une séance de magie, juger par mes propres yeux de l'état de la sorcellerie en Orient, trois choses qui me tentaient violemment: l'occasion s'en présenta.

« C'était au Caire, dans une des hôtelleries de cette capitale de l'Egypte. A la suite de quelques discussions qui s'étaient élevées entre nous au sujet du grand harvi, il fut

---

(1) Traditions populaires. Quartely Review.
(2) Bartholini, de Causa contemptus mortis, etc., lib II, cap. 2.
(3) Histoire de la magie en France, p. 153.

unanimement résolu de le faire appeler. La table était presque toute composée d'Anglais.

« Vers la fin du dîner, le sorcier arriva. Il entre, fait un léger signe de tête, et va s'asseoir au coin du divan, dans le fond du salon. Bientôt, après avoir accepté le café et la pipe, comme chose due à son importance, il se recueille, tout en parcourant l'assemblée d'un regard scrutateur. Le devin est né à Alger; sa physionomie n'a rien de gracieux, son œil est perçant et peu ouvert; sa barbe grisonnante laisse voir une bouche petite, à lèvres minces et serrées; ses traits, plus fins que ceux d'un Egyptien, n'ont pas non plus le calme impassible et sauvage du Bédouin; il est grand, fier, dédaigneux, et se pose en homme supérieur.

« Tandis que nous achevions de fumer, celui-ci son chibouk, celui-là son narguilé, le harvi, immobile dans son coin, cherchait à lire sur nos visages le degré de croyance que nous étions disposés à lui accorder; puis tout à coup il tira de sa poche un *calam* (sorte de plume) et de l'encre, demanda un réchaud, et se mit à écrire ligne à ligne, sur un long morceau de papier, de mystérieuses sentences. Dès qu'il eut jeté dans le feu quelques-unes de ces lignes, déchirées successivement, le charme commençant à opérer, un enfant fut introduit. C'était un Nubien de sept à huit ans, esclave au service de l'un de nos convives, récemment arrivé de son pays, noir comme l'encre du harvi, et affublé du plus ample costume turc. Le sorcier prit la main de l'enfant, y laissa tomber une goutte du liquide magique, l'étendit avec sa plume de roseau, et abaissant la tête du patient sur ses doigts, de manière à ce qu'il ne pût rien voir, il le plaça dans un coin de l'appartement, près de lui, le dos tourné à l'assemblée.

« Lady K...! s'écria le plus impétueux des spectateurs. — Et l'enfant, après avoir hésité quelques instants, prit la parole d'une voix faible. — Que vois-tu? lui demanda son maître, tandis que le harvi, de plus en plus sérieux, marmottait des vers magiques, tout en brûlant ses papiers, dont il tira une grande poignée de dessous sa robe.

« — Je vois, répondit le petit Nubien; je vois des bannières, des mosquées, des chevaux, des cavaliers, des musiciens, des chameaux...

« — Toutes choses qui n'ont rien à faire avec lady K..., me dit tout bas un esprit fort.

« — *Shouf ta' ib! Shouf ta' ib!* regarde bien! criait le spectateur qui voulait évoquer lady K...

« L'enfant se taisait, balbutiait; puis il déclara qu'il voyait une personne.

« — Est-ce une dame, un monsieur?

« — Une dame!

« — Le harvi s'aperçut à nos regards qu'il avait déjà converti à moitié les plus incrédules.

« — Et comment est cette dame?

« — Elle est belle, reprit l'enfant, bien vêtue et bien blanche; elle a un bouquet à la main; elle est près d'un balcon, et regarde un beau jardin.

« — On dirait que ce négrillon a vu quelquefois les portraits de Lawrence, dit le maître de l'esclave à son voisin; il a deviné juste, et pourtant jamais rien de semblable ne s'est présenté à ses yeux.

« — Et puis, reprit l'enfant après quelques secondes, car il parlait lentement et par mots entrecoupés, cette belle dame a *trois jambes!*

« L'effort que fit le harvi pour ne pas anéantir le négrillon d'un coup de poing se trahit par un sourire forcé. Il lui répéta avec une douceur contrainte, une grâce pleine de rage : — *Shouf ta' ib!* regarde bien!

« L'enfant tremblait; toutefois il affirma que le personnage évoqué dans le creux de sa main avait trois jambes.

« Aucun de nous ne put se rendre compte de l'illusion; mais on fit retirer le petit nègre, qui fut remplacé par un autre en tout semblable. Durant cette interruption, le sorcier avait marmotté bon nombre de phrases magiques et brûlé force papiers. L'assemblée fumait, le café circulait sans cesse: l'animation allait croissant. On convint d'évoquer cette fois sir F. S...., facile à reconnaître, puisqu'il a perdu un bras. Le nouveau négrillon prit la place du premier, abaissa de même sa tête sur la goutte d'encre, et l'on fit silence.

« — Sir F. S....! dit une voix dans l'assemblée, et l'enfant répéta, syllabe par syllabe, ce nom tout à fait barbare pour lui. Ainsi que son prédécesseur, il déclara voir des chevaux, des chameaux, des bannières et des troupes de musiciens : c'est le prélude ordinaire, le chaos qui se débrouille avant que la lumière magique de la goutte d'encre éclaire le personnage demandé.

« — Le harvi ne comprend ni le français, ni l'anglais, ni l'italien; mais, habitué à lire dans les regards du public, il devina qu'on lui proposait un *sujet* marqué par quelque signe particulier. Jadis on lui avait demandé de faire paraître Nelson, à qui, comme chacun sait, il manquait un bras et une jambe, et il avait rencontré juste, grâce à la célébrité du héros. Cette fois, il eut vent de quelque tour de ce genre; aussi, après bien des réponses confuses, l'enfant s'écria :

« — Je vois un monsieur! c'est un chrétien, il n'a pas de turban; son habit est vert... Je ne vois qu'un bras!

« A ces mots, nous échangeâmes un sourire, comme des gens qui s'avouent vaincus : il fallait croire à la magie... Mais mon voisin l'esprit fort, après avoir fait bouillonner l'eau de son narguilé avec un bruit effroyable, regarda le harvi. Je remarquai que notre pensée avait été mal interprétée par le devin, et qu'il chancelait dans son affirmation, supposant que nous avions ri de pitié. Il demanda donc à l'enfant :

« — Tu ne vois qu'un bras? Et l'autre?

« L'enfant ne répondit pas, et il se fit un grand silence. On entendit les petits papiers s'enflammer plus vivement sur le réchaud

« — L'autre bras, reprit le négrillon... je le vois : ce monsieur le met devant son dos, et il tient un gant de cette main!... »

Ainsi le harvi qui opéra devant M. Th. Pavie ne fut pas heureux ou ne fut pas adroit (1). M. Léon de Laborde avait été plus favorisé; car voici un fragment curieux qu'il a publié en 1833 dans la *Revue des deux Mondes*, et qu'on retrouve dans ses *Commentaires géographiques* sur la Genèse.

« L'Orient, cet antique pays, ce vieux berceau de tous les arts et de toutes les sciences, fut aussi et de tout temps le domaine du savoir occulte et des secrets puissants qui frappent l'imagination des peuples.

« J'étais établi au Caire depuis plusieurs mois (1827), quand je fus averti un matin par lord Prudhoe qu'un Algérien (2), sorcier de son métier, devait venir chez lui pour lui montrer un tour de magie qu'on disait extraordinaire. Bien que j'eusse alors peu de confiance dans la magie orientale, j'acceptai l'invitation; c'était d'ailleurs une occasion de me trouver en compagnie fort agréable. Lord Prudhoe me reçut avec sa bonté ordinaire et cette humeur enjouée qu'il avait su conserver au milieu de ses connaissances si variées et de ses recherches assidues dans les contrées les plus difficiles à parcourir.

« Un homme grand et beau, portant turban vert et benisch de même couleur, entra : c'était l'Algérien. Il laissa ses souliers sur le bout du tapis, alla s'asseoir sur un divan et nous salua tous, à tour de rôle, de la formule en usage en Egypte. Il avait une physionomie douce et affable, un regard vif, perçant, je dirai même accablant, et qu'il semblait éviter de fixer, dirigeant ses yeux à droite et à gauche plutôt que sur la personne à laquelle il parlait; du reste, n'ayant rien de ces airs étranges qui dénotent des talents surnaturels et le métier de magicien. Habillé comme les écrivains ou les hommes de loi, il parlait fort simplement de toutes choses et même de sa science, sans emphase ni mystère, surtout de ses expériences, qu'il faisait ainsi en public et qui semblaient à ses yeux plutôt un jeu, à côté de ses autres secrets qu'il ne faisait qu'indiquer dans la conversation. On lui apporta la pipe et le café, et pendant qu'il parlait, on fit venir deux enfants sur lesquels il devait opérer.

« Le spectacle alors commença. Toute la société se rangea en cercle autour de l'Algérien, qui fit asseoir un des enfants près de lui, lui prit la main et sembla le regarder attentivement. Cet enfant, fils d'un Européen, était âgé de onze ans et parlait facilement l'arabe. Achmed, voyant son inquiétude au moment où il tirait de son écritoire sa plume de jonc, lui dit : — N'aie pas peur, enfant, je vais t'écrire quelques mots dans la main, tu y regarderas et voilà tout.

L'enfant se remit de sa frayeur, et l'Algérien lui traça dans la main un carré, entremêlé bizarrement de lettres et de chiffres, versa au milieu une encre épaisse et lui dit de chercher le reflet de son visage. L'enfant répondit qu'il le voyait. Le magicien demanda un réchaud qui fut apporté sur-le-champ;

(1) L'extrait qu'on vient de lire de M. Théodore Pavie a vu le jour en 1839.

puis il déroula trois petits cornets de papier qui contenaient différents ingrédients, qu'il jeta en proportion calculée sur le feu. Il l'engagea de nouveau à chercher dans l'encre le reflet de ses yeux, à regarder bien attentivement, et à l'avertir dès qu'il verrait paraître un soldat turc balayant une place.

« L'enfant baissa la tête; les parfums pétillèrent au milieu des charbons: et le magicien, d'abord à voix basse, puis l'élevant davantage, prononça une kyrielle de mots dont à peine quelques-uns arrivèrent distinctement à nos oreilles.—Le silence était profond; l'enfant avait les yeux fixés sur sa main; la fumée s'éleva en larges flocons, répandant une odeur forte et aromatique. Achmed, impassible, semblait vouloir stimuler de sa voix, qui de douce devenait saccadée, une apparition trop tardive, quand tout à coup, jetant sa tête en arrière, poussant des cris et pleurant amèrement, l'enfant nous dit, à travers les sanglots qui le suffoquaient, qu'il ne voulait plus regarder, qu'il avait vu une figure affreuse; il semblait terrifié. L'Algérien n'en parut point étonné, il dit simplement : — Cet enfant a eu peur, laissez-le; en le forçant, on pourrait lui frapper trop vivement l'imagination.

On amena un petit arabe au service de la maison et qui n'avait jamais vu ni rencontré le magicien; peu intimidé de tout ce qui venait de se passer, il se prêta gaiement aux préparatifs et fixa bientôt ses regards dans le creux de sa main, sur le reflet de sa figure, qu'on apercevait même de côté, vacillant dans l'encre.— Les parfums recommencèrent à s'élancer en fumée épaisse, et les formules parlées en un chant monotone, se renforçant et diminuant par intervalles, semblaient devoir soutenir son attention :— Le voilà, s'écria-t-il, et nous remarquâmes l'émotion soudaine avec laquelle il porta ses regards sur le centre des signes magiques.

—Comment est-il habillé?

—Il a une veste rouge brodée d'argent, un turban et des pistolets à sa ceinture.

—Que fait-il?

—Il balaie une place devant une grande tente riche et belle; elle est rayée de rouge et de vert avec des boules d'or en haut.

—Regarde qui vient à présent?

—C'est le sultan suivi de tout son monde. Oh! que c'est beau!...

« Et l'enfant regardait à droite et à gauche, comme dans les verres d'une optique dont on cherche à étendre l'espace.

—Comment est son cheval?

—Blanc, avec des plumes sur la tête.

—Et le sultan?

—Il a une barbe noire, un benisch vert.

Ensuite l'Algérien nous dit : Maintenant, messieurs, nommez la personne que vous désirez faire paraître; ayez soin seulement de bien articuler les noms, afin qu'il ne puisse pas y avoir d'erreur.

« Nous nous regardâmes tous, et comme

(2) Ce n'était pas celui que vit plus tard M. Pavie.

toujours dans ce moment personne ne retrouva un nom dans sa mémoire.

« —Shakspeare, dit enfin le major Félix, compagnon de voyage de lord Prudhoe.

« —Ordonnez au soldat d'amener Shakspeare, dit l'Algérien.

« —Amène Shakspeare ! cria l'enfant d'une voix de maître.

« —Le voilà ! » ajouta-t-il après le temps nécessaire pour écouter quelques-unes des formules inintelligibles du sorcier. Notre étonnement serait difficile à décrire, aussi bien que la fixité de notre attention aux réponses de l'enfant.

« —Comment est-il ?

« —Il porte un benisch noir; il est tout habillé de noir, il a une barbe.

« —Est-ce lui ? nous demanda le magicien d'un air fort naturel, vous pouvez d'ailleurs vous informer de son pays, de son âge.

« —Eh bien ! où est-il né ? dis-je.

« —Dans un pays tout entouré d'eau.

« Cette réponse nous étonna encore davantage.

« —Faites venir Cradock, ajouta lord Prudhoe, avec cette impatience d'un homme qui craint de se fier trop facilement à une supercherie.

—Le Caouas (soldat turc) l'amena.

« —Comment est-il habillé ?

« —Il a un habit rouge, sur sa tête un grand tarbousch noir, et quelles drôles de bottes ! je n'en ai jamais vu de pareilles : elles sont noires et lui viennent par-dessus les jambes.

« Toutes ces réponses dont on retrouvait la vérité sous un embarras naturel d'expressions qu'il aurait été impossible de feindre, étaient d'autant plus extraordinaires qu'elles indiquaient d'une manière évidente que l'enfant avait sous les yeux des choses entièrement neuves pour lui. Ainsi, Shakspeare avait le petit manteau noir de l'époque, qu'on appelait benisch, et tout le costume de couleur noir qui ne pouvait se rapporter qu'à un Européen, puisque le noir ne se porte pas en Orient, et en y ajoutant une barbe que les Européens ne portent pas avec le costume franc, c'était une nouveauté aux yeux de l'enfant. Le lieu de sa naissance, expliqué par un pays tout entouré d'eau, est à lui seul surprenant. Quant à l'apparition de M. Cradock, qui était alors en mission diplomatique près du pacha, elle est encore plus singulière; car le grand tarbousch noir, qui est le chapeau militaire à trois cornes, et ces bottes noires qui se portent par-dessus la culotte, étaient des choses que l'enfant avouait n'avoir jamais vues auparavant; et pourtant elles lui apparaissaient.

« Nous fîmes encore apparaître plusieurs personnes; et chaque réponse, au milieu de son irrégularité, nous laissait toujours une profonde impression. Enfin le magicien nous avertit que l'enfant se fatiguait; il lui releva la tête, en lui appliquant ses pouces sur les yeux et en prononçant des paroles mystérieuses; puis il le laissa.

« L'enfant était comme ivre : ses yeux n'avaient point une direction fixe, son front était couvert de sueur; tout son être semblait violemment attaqué. Cependant il se remit peu à peu, devint gai, content de ce qu'il avait vu ; il se plaisait à le raconter, à en rappeler toutes les circonstances, et y ajoutait des détails comme à un événement qui se serait réellement passé sous ses yeux.

« Mon étonnement avait surpassé mon attente; mais j'y joignais une appréhension plus grande encore : je craignais une mystification et je résolus d'examiner par moi-même ce qui, dans ces apparitions en apparence si réelles et certainement si faciles à obtenir, appartenait au métier de charlatan, et ce qui pouvait résulter d'une influence *magnétique* quelconque. Je me retirai dans le fond de la chambre et j'appelai Bellier, mon drogman. Je lui dis de prendre à part Achmed et de lui demander si pour une somme d'argent, qu'il fixerait, il voulait me dévoiler son secret; à la condition, bien entendu, que je m'engagerais à le tenir caché de son vivant. —Le spectacle terminé, Achmed, tout en fumant, s'était mis à causer avec quelques-uns des spectateurs, encore surpris de son talent; puis après il partit. J'étais à peine seul avec Bellier, que je m'informai de la réponse qu'il avait obtenue. Achmed lui avait dit qu'il consentait à m'apprendre son secret.

« Le lendemain nous arrivâmes à la grande mosquée El-Ahzar, près de laquelle demeurait Achmed l'Algérien. Le magicien nous reçut poliment et avec une gaîté affable ; un enfant jouait près de lui : c'était son fils. Peu d'instants après, un petit noir d'une bizarre tournure nous apporta les pipes.

« La conversation s'engagea. Achmed nous apprit qu'il tenait sa science de deux cheicks célèbres de son pays, et ajouta qu'il ne nous avait montré que bien peu de ce qu'il pouvait faire.

« —Je puis, dit-il, endormir quelqu'un sur-le-champ, le faire tomber, rouler, entrer en rage, et au milieu de ses accès le forcer de répondre à mes demandes et de me dévoiler tous les secrets. Quand je veux aussi, je fais asseoir la personne sur un tabouret isolé, et, tournant autour avec des gestes particuliers, je l'endors immédiatement; mais elle reste les yeux ouverts, parle et gesticule comme dans l'état de veille.

« Nous réglâmes nos conditions ; il demanda quarante piastres d'Espagne et le serment sur le Koran de ne révéler ce secret à personne. La somme fut réduite à trente piastres; et le serment fait ou plutôt chanté, il fit monter son petit garçon et prépara, pendant que nous fumions, tous les ingrédients nécessaires à son opération. Après avoir coupé dans un grand rouleau un petit morceau de papier, il traça dessus les signes à dessiner dans la main et les lettres qui y ont rapport; puis, après un moment d'hésitation, il me le donna.

« J'écrivis la prière que voici sous sa dictée : « Anzilou-Aiouha-el-Djenni-Aiouha-el-Djennoun-Anzilou-Betakki-Matalahoutou-

DICTIONN. DES SCIENCES OCCULTES. I.

hou-Aleikoum-Taricki, Anzilou, Taricki.»
— Les trois parfums sont : « Takeh-Mabachi,
— Ambar-Indi. — Kousombra-Djaou. »

« L'Algérien opéra sur son enfant devant moi. Ce petit garçon en avait une telle habitude que les apparitions se succédaient sans difficulté. Il nous raconta des choses fort extraordinaires, et dans lesquelles on remarquait une originalité qui ôtait toute crainte de supercherie.

« J'opérai le lendemain devant Achmed avec beaucoup de succès, et avec toute l'émotion que peut donner le pouvoir étrange qu'il venait de me communiquer. A Alexandrie je fis de nouvelles expériences, pensant bien qu'à cette distance je ne pourrais avoir de doute sur l'absence d'intelligence entre le magicien et les enfants que j'employais, et, pour en être encore plus sûr, je les allai chercher dans les quartiers les plus reculés ou sur les routes, au moment où ils arrivaient de la campagne. J'obtins des révélations surprenantes, qui toutes avaient un caractère d'originalité encore plus extraordinaire que l'eût été celui d'une vérité abstraite. Une fois entre autres, je fis apparaître lord Prudhoe, qui était au Caire, et l'enfant, dans la description de son costume, se mit à dire : — Tiens, c'est fort drôle, il a un sabre d'argent.

« Or, lord Prudhoe était le seul peut-être en Egypte qui portât un sabre avec un fourreau de ce métal.

« De retour au Caire, je sus qu'on parlait déjà de ma science, et un matin, à mon grand étonnement, les domestiques de M. Msarra, drogman du consulat de France, vinrent chez moi pour me prier de leur faire retrouver un manteau qui avait été volé à l'un d'eux. Je ne commençai cette opération qu'avec une certaine crainte. J'étais aussi inquiet des réponses de l'enfant que les Arabes qui attendaient le recouvrement de leur bien. Pour comble de malheur, le caouas ne voulait pas paraître, malgré force parfums que je précipitais dans le feu, et les violentes aspirations de mes invocations aux génies les plus favorables ; enfin il arriva, et après les préliminaires nécessaires, nous évoquâmes le voleur. Il parut.

« Il fallait voir les têtes tendues, les bouches ouvertes, les yeux fixes de mes spectateurs, attendant la réponse de l'oracle, qui en effet nous donna une description de sa figure, de son turban, de sa barbe : — C'est Ibrahim, oui, c'est lui, bien sûr ! — s'écriat-on de tous côtés ; et je vis que je n'avais plus qu'à appuyer mes pouces sur les yeux de mon patient ; car ils m'avaient tous quitté pour courir après Ibrahim. Je souhaite qu'il ait été coupable ; car j'ai entendu vaguement parler de quelques coups de bâton qu'il reçut à cette occasion. »

HASARD. Le hasard, que les anciens appelaient la Fortune, a toujours eu un culte étendu, quoiqu'il ne soit rien par lui-même. Les joueurs, les guerriers, les coureurs d'aventures, ceux qui cherchent la fortune dans les roues de la loterie, dans l'ordre des cartes, dans la chute des dés, dans un tour de roulette, ne soupirent qu'après le hasard. Qu'est-ce donc que le hasard? Un événement fortuit amené par l'occasion ou par des causes qu'on n'a pas su prévoir, heureux pour les uns, malheureux pour les autres. — Un Allemand sautant en la ville d'Agen sur le gravier, l'an 1597, au saut de l'Allemand, mourut tout roide au troisième saut. Admirez le hasard, la bizarrerie et la rencontre du nom, du saut et du sauteur, dit gravement Delancre : *Un Allemand saute au saut de l'Allemand, et la mort, au troisième saut, lui fait faire le saut de la mort...* On voit qu'au seizième siècle même, on trouvait aussi des hasards merveilleux dans des jeux de mots.

HATTON II, surnommé BONOSE, usurpateur du siége archiépiscopal de Mayence, qui vécut en 1074. Il avait refusé de nourrir les pauvres dans un temps de famine, et avait même fait brûler une grange pleine de gens qui lui demandaient du pain : il périt misérablement. On rapporte que cet intrus, étant tombé malade dans une tour qui est située en une petite île sur les bords du Rhin, y avait été visité de tant de rats, qu'il fut impossible de les chasser. Il se fit transporter ailleurs, dans l'espoir d'en être délivré, mais les rats s'étant multipliés, passèrent à la nage, le joignirent et le dévorèrent.

Poppiel II, roi de Pologne, souillé de crimes, fut pareillement dévoré par les rats.

HAUSSY (MARIE DE), sorcière du seizième siècle, qu'une autre sorcière déclara dans sa confession avoir vue danser au sabbat avec un sorcier de la paroisse de Faks, lequel adorait le diable (1).

HÉCATE, diablesse qui préside aux rues et aux carrefours. Elle est chargée, aux enfers, de la police des chemins et de la voie publique. Elle a trois visages : le droit de cheval, le gauche de chien, le mitoyen de femme. Delrio dit : « Sa présence fait trembler la terre, éclater les feux, et aboyer les chiens. »

Hécate, chez les anciens, était aussi la triple Hécate : Diane sur la terre, Proserpine aux enfers, la Lune dans le ciel. Ce sont, au dire des astronomes, les trois phases de la lune.

HÉCLA. Les Islandais prétendaient autrefois que l'enfer était dans leur île, et le plaçaient dans le gouffre du mont Hécla. Ils croyaient aussi que le bruit produit par les glaces, quand elles se choquent et s'amoncellent sur leurs rivages, vient des cris des damnés tourmentés par un froid excessif, et qu'il y a des âmes condamnées à geler éternellement, comme il y en a qui brûlent dans des feux éternels.

Cardan dit que cette montagne est célèbre par l'apparition des spectres et des esprits. Il pense avec Leloyer (2) que c'est dans cette montagne d'Hécla que les âmes des sorciers sont punies après leur mort. Voy. HAROLD.

HECDEKIN. En l'année 1130, un démon

(1) Delancre, Tableau de l'inconstance des démons, p.

(2) Histoire des spectres, p. 519.

que les Saxons appelaient Hecdekin, ou Ĥodeken, c'est-à-dire l'*esprit au bonnet*, à cause du bonnet dont il était coiffé, vint passer quelques mois dans la ville d'Hildesheim, en Basse-Saxe. L'évêque d'Hildesheim en était aussi le souverain. En raison de ces deux titres, le démon crut devoir s'attacher à sa maison. Il se posta donc dans le palais et s'y fit bientôt connaître avantageusement, soit en se montrant avec complaisance à ceux qui avaient besoin de lui, soit en disparaissant avec prudence lorsqu'il devenait importun, soit en faisant des choses remarquables et difficiles. — Il donnait de bons conseils dans les affaires diplomatiques, portait de l'eau à la cuisine et servait les cuisiniers. La chose s'est passée dans le douzième siècle : les mœurs étaient alors plus simples qu'aujourd'hui.

Il fréquentait donc la cuisine et le salon ; et les marmitons, le voyant de jour en jour plus familier, se divertissaient en sa compagnie. — Mais un soir, un d'eux se porta contre lui aux injures, quelques-uns disent même aux voies de fait. Le démon en colère s'alla plaindre au maître d'hôtel, de qui il ne reçut aucune satisfaction ; alors il crut pouvoir se venger. Il étouffa le marmiton, en assomma quelques autres, rossa le maître d'hôtel, et sortit de la maison pour n'y plus reparaître (1).

HÉRODIADE. On dit en Catalogne que la danseuse homicide d'Hérode, l'infâme Hérodiade, ayant longtemps couru le monde, se noya dans le Ségré, fleuve qui passe à Lérida, et cause de temps en temps des dévastations. Les bonnes femmes ajoutent qu'Hérode y est enseveli avec elle.

D'autres traditions noient Hérodiade dans un lac glacé sur lequel elle dansait ; ce qu'elle n'avait cessé de faire depuis son affreuse aventure. La glace se creva sous ses pieds, et, se refermant pendant qu'elle s'enfonçait, lui trancha la tête. Ce lac est en Suisse, et cette tête danse toujours. Mais peu de gens la peuvent voir.

HÉHUGASTE, sylphide qui se familiarisait avec l'empereur Auguste. Les cabalistes disent qu'Ovide fut relégué à Tomes pour avoir surpris Auguste en tête à tête avec elle ; que la sylphide fut si piquée de ce que ce prince n'avait pas donné d'assez bons ordres pour qu'on ne la vît point, qu'elle l'abandonna pour toujours (2).

HÉKACONTALITHOS. Pierre qui en renferme soixante autres diverses, que les Troglodytes offraient au diable dans leurs sorcelleries (3).

HÉLA, reine des trépassés chez les anciens Germains. Son gosier toujours ouvert ne se remplissait jamais. Elle avait le même nom que l'enfer. Voy. Angerbode.

La mythologie scandinave donne le pouvoir de la mort à *Héla*, qui gouverne les neuf mondes de Nifleheim. Ce nom signifie mystère, secret, abîme. Selon la croyance populaire des paysans de l'antique Cimbrie, Héla répand au loin la peste et laisse tomber tous les fléaux de ses terribles mains en voyageant, la nuit, sur le cheval à trois pieds de l'enfer (Helhest). Héla et les loups de la guerre ont longtemps exercé leur empire en Normandie. Cependant, lorsque les *hommes du Nord* de Hastings devinrent les *Normands* de Rollon, ils semblent avoir perdu le souvenir de leurs vieilles superstitions aussi rapidement que celui de leur langue maternelle.

D'Héla naquit Hellequin, nom dans lequel il est facile de reconnaître Hela-Kyon, la race d'Héla déguisée sous l'orthographe romaine. Ce fut le fils d'Héla que Richard sans Peur, fils de Robert le Diable, duc de Normandie, rencontra chassant dans la forêt. Le roman raconte qu'Hellequin était un cavalier qui avait dépensé toute sa fortune dans les guerres de Charles Martel contre les Sarrasins païens. La guerre finie, Hellequin et ses fils, n'ayant plus de quoi soutenir leur rang, se jetèrent dans de mauvaises voies. Devenus de vrais bandits, ils n'épargnaient rien ; leurs victimes demandèrent vengeance au ciel, et leurs cris furent entendus. Hellequin tomba malade et mourut ; ses péchés l'avaient mis en danger de damnation éternelle : heureusement ses mérites, comme champion de la foi contre les païens, lui servirent. Son bon ange plaida pour lui, et obtint qu'en expiation de ses derniers crimes, la famille d'Hellequin errerait après sa mort, gémissante et malheureuse, tantôt dans une forêt, tantôt dans une autre, n'ayant d'autres distractions que la chasse au sanglier, mais souvent poursuivie elle-même par une meute d'enfer ; punition qui durera jusqu'au jugement dernier.

HÉLÈNE, reine des Adiabénites, dont le tombeau se voyait à Jérusalem, non sans artifice, car on ne pouvait l'ouvrir et le fermer qu'à certain jour de l'année. Si on l'essayait dans un autre temps, tout était rompu (4).

HÉLÉNÉION, plante que Pline fait naître des larmes d'Hélène auprès du chêne où elle fut pendue, et qui avait la vertu d'embellir les femmes et de rendre gais ceux qui en mettaient dans leur vin.

HELGAFELL, montagne et canton d'Islande, qui a joui longtemps d'une grande réputation dans l'esprit des Islandais. Lorsque des parties plaidaient sur des objets douteux, et qu'elles ne pouvaient s'accorder, elles s'en allaient à Helgafell pour y prendre conseil ; on s'imaginait que tout ce qui s'y décidait devait avoir une pleine réussite. Certaines familles avaient aussi la persuasion qu'après leur mort elles devaient revenir habiter ce canton. La montagne passait pour un lieu saint. Personne n'osait la regarder qu'il ne se fût lavé le visage et les mains.

HELIAS. « Apparition admirable et prodigieuse arrivée à Jean Hélias, le premier jour de l'an 1623, au faubourg Saint-Germain

---
(1) Trithème, Chronique d'Hirsange.
(2) Lettres cabalistiques, t. Ier, p. 64.
(3) Delancre, Tableau de l'inconstance des démons, etc., p. 18.
(4) Leloyer, Hist. des spectres et apparitions des esprits, p. 61.

à Paris. » — C'est un gentilhomme qui conte (1) :

Etant allé le dimanche, premier jour de l'année 1623, sur les quatre heures après midi, à Notre-Dame, pour parler à M. le grand-pénitencier sur la conversion de Jean Hélias, mon laquais, ayant décidé d'une heure pour le faire instruire, parce qu'il quittait son hérésie pour embrasser la vraie religion, je m'en fus passer le reste du jour chez M. de Sainte-Foy, docteur en Sorbonne, et me retirai sur les six heures. Lorsque je rentrai, j'appelai mon laquais avant de monter dans ma chambre; il ne me répondit point. Je demandai s'il n'était pas à l'écurie; on ne m'en sut rien dire. Je montai, éclairé d'une servante, je trouvai les deux portes fermées, les clefs sur les serrures. En entrant dans la première chambre, j'appelai encore mon laquais, qui ne répondit point; je le trouvai à demi couché auprès du feu, la tête appuyée contre la muraille, les yeux et la bouche ouverts; je crus qu'il avait du vin dans la tête; et le poussant du pied, je lui dis : Levez-vous, ivrogne!

Lui, tournant les yeux sur moi : — Monsieur, me dit-il, je suis perdu; je suis mort; le diable tout à l'heure voulait m'emporter. Il poursuivit qu'étant entré dans la chambre, ayant fermé les portes sur lui et allumé le feu, il s'assit auprès, tira son chapelet de sa poche et vit tomber de la cheminée un gros charbon ardent entre les chenets. Aussitôt on lui dit : — Eh bien, vous voulez donc me quitter?

Croyant d'abord que c'était moi qui parlais, il répondit : — Pardonnez-moi, monsieur, qui vous a dit cela?

— Je l'ai bien vu, dit le diable; vous êtes allé tantôt à l'église. Pourquoi voulez-vous me quitter? je suis bon maître; tenez, voilà de l'argent : prenez-en tant qu'il vous plaira.

— Je n'en veux point, répondit Hélias.

Le diable, voyant qu'il refusait son argent, voulut lui faire donner son chapelet.

Donnez-moi ces grains que vous avez dans la main, dit-il, ou bien jetez-les au feu.

Mon laquais répondit : — Dieu ne commande point cela; je ne veux pas vous obéir.

Alors le diable se montra à lui; et voyant qu'il était tout noir, Hélias lui dit : Vous n'êtes pas mon maître; car il porte une fraise blanche et du clinquant à ses habits.

Au même instant, il fit le signe de la croix et le diable incontinent disparut.

HÉLIOGABALE, empereur de Rome; il s'occupait de nécromancie, quoiqu'il méprisât toute religion. Bodin assure qu'il allait au sabbat et qu'il y adorait le diable.

HÉLIOTROPE. On donnait ce nom à une pierre précieuse, verte et tachetée ou veinée de rouge, à laquelle les anciens ont attribué un grand nombre de vertus fabuleuses, comme de rendre invisibles ceux qui la portaient.

L'héliotrope, plante qui suit, dit-on, le cours du soleil, a été aussi l'objet de plusieurs contes populaires.

(1) Recueil de Dissertations de Lenglet-Dufresnoy, t. II, p. 159.

HELLEQUIN. — Voy. ELA.

HÉNOCH. Les rabbins croient qu'Hénoch, transporté au ciel, fut reçu au nombre des anges, et que c'est lui qui est connu sous le nom de Métraton et de Michel, l'un des premiers princes du ciel, lequel tient registre des mérites et des péchés des Israélites. Ils ajoutent qu'il eut Dieu et Adam pour maîtres.

Saint Jude, dans son Epître, parlant de plusieurs chrétiens mal convertis, dit : « C'est d'eux qu'Hénoch, qui a été le septième depuis Adam, a prophétisé en ces termes : Voilà le Seigneur qui va venir avec la multitude de ses saints pour exercer son jugement sur tous les hommes, et pour convaincre tous les impies. » Ces paroles de Saint Jude ont donné lieu de forger, dans le deuxième siècle, un prétendu *Livre d'Hénoch*, rempli de visions et de fables touchant la chute des anges (2). Voy. EDRIS.

HENRI III. Fils de Catherine de Médicis; il était infatué des superstitions de sa mère. Ses contemporains le représentent comme sorcier. Dans un des pamphlets qu'on répandit contre lui, on lui reproche d'avoir tenu au Louvre des écoles de magie et d'avoir reçu, en présent, des magiciens, un esprit familier, nommé Terragon, du nombre des soixante esprits nourris en l'école de Soliman. Cette accusation de sorcellerie est, dit-on, ce qui mit le poignard dans les mains de Jacques Clément. Les ennemis de ce mauvais prince avaient tenté auparavant de le faire mourir en piquant ses images en cire, ce qui s'appelait *envoûter*.

Voici l'extrait d'un pamphlet intitulé : *Les sorcelleries de Henri de Valois, et les oblations qu'il faisait au diable dans le bois de Vincennes* (Didier-Millot, 1589), pamphlet qui parut quelques mois avant l'assassinat de Henri III.

«Henri de Valois, d'Epernon, et les autres mignons, faisaient quasi publiquement profession de sorcellerie, étant commune à la cour entre iceux et plusieurs personnes dévoyées de la sainte religion catholique; on a trouvé chez d'Epernon un coffre plein de papiers de sorcellerie, auxquels il y avait divers mots hébreux, chaldaïques, latins, et plusieurs caractères inconnus, des rondeaux ou cernes, desquels alentour il y avait diverses figures et écritures, même des miroirs, onguents ou drogues, avec des verges blanches, lesquelles semblaient être de coudrier, que l'on a incontinent brûlés pour l'horreur qu'on en avait.

« On a encore trouvé dernièrement au bois de Vincennes deux satyres d'argent, de la hauteur de quatre pieds. Ils étaient au-devant d'une croix d'or, au milieu de laquelle on avait enchâssé du bois de la vraie croix de Notre-Seigneur Jésus-Christ. Les politiques disent que c'étaient des chandeliers. Ce qui fait croire le contraire, c'est que, dans ces vases, il n'y avait point d'aiguille qui passât pour y mettre un cierge ou une petite chan-

(2) Bergier, Dictionnaire théologique.

delle. Ces monstres diaboliques ont été vus par messieurs de la ville.

« Outre ces deux diables, on a trouvé une peau d'enfant, laquelle avait été corroyée, et sur icelle y avait aussi plusieurs mots de sorcellerie et divers caractères..... »

Le fait est que les Valois s'occupaient de sciences occultes. Voy. TERRAGON.

On fit l'anagramme du nom de Henri III. — *Henri de Valois*, où l'on trouve *Vilain Hérode*.

HENRI III, empereur d'Allemagne. Étant encore très-jeune, Henri III obtint d'un clerc une petite canule d'argent avec laquelle les enfants s'amusent à jeter de l'eau. Pour l'engager à lui faire ce modique présent, il avait promis à ce clerc que, dès qu'il serait monté sur le trône, il ne manquerait pas de le faire évêque. C'était à une époque où le Saint-Siége ne cessait de travailler à éteindre la Simonie, fréquente surtout en Allemagne. Henri devint empereur en 1139; il se souvint de sa parole et l'exécuta. Mais il ne tarda guère à tomber dans une fâcheuse maladie; il fut trois jours à l'extrémité sans aucun sentiment. Un faible mouvement du pouls fit juger seulement qu'il y avait encore quelque lueur d'espérance de le ramener à la vie. Le prince recouvra en effet la santé. Aussitôt il fit appeler ce prélat, qu'il avait fait si précipitamment évêque, et, de l'avis de son conseil, il le déposa. Afin de justifier un jugement aussi bizarre, il assura que, pendant les trois jours de sa léthargie, les démons se servaient de cette même canule d'argent, qui avait été le prix de l'évêché, pour lui souffler un feu si violent que notre feu élémentaire ne saurait lui être comparé.

Ce fait singulier est rapporté par Guillaume de Malmesbury, historien du douzième siècle.

HENRI IV, roi d'Angleterre. Il poursuivit les sorciers, mais il encouragea d'autres philosophes. Au rapport d'Evelyn, dans ses *Numismata*, Henri IV fut réduit à un tel degré de besoin par ses folles dépenses, qu'il chercha à remplir ses coffres avec les secours de l'alchimie. L'enregistrement de ce singulier projet contient les protestations les plus solennelles et les plus sérieuses de l'existence et des vertus de la pierre philosophale, avec des encouragements à ceux qui s'occuperont de sa recherche, et leur affranchissement de toute espèce de contrariétés de la part des statuts et prohibitions antérieures.

On avait prédit à ce roi Henri IV qu'il mourrait à Jérusalem. Il se garda bien d'y aller. Mais il tomba malade subitement dans l'abbaye de Westminster et y mourut dans une chambre appelée *Jérusalem*....

HENRI IV, roi de France. On fit une recherche assez curieuse sur le nombre quatorze relativement à Henri IV. Il naquit quatorze siècles, quatorze décades, et quatorze ans après l'ère chrétienne. Il vint au monde le 14 décembre et mourut le 14 mai. Il a vécu quatre fois quatorze ans, quatorze semaines, quatorze jours. Enfin, dans son nom de *Henri de Bourbon*, il y a quatorze lettres.

HENRI LE LION. Nous empruntons sa légende à Musæus, dont les contes populaires sont riches de tant de traditions merveilleuses.

Pendant que la croisade de Frédéric Barberousse occupait le monde chrétien, il y eut grand bruit dans toute l'Allemagne de l'aventure merveilleuse arrivée au duc Henri de Brunswick. — Il s'était embarqué pour la Terre-Sainte. Une tempête le jeta sur la côte d'Afrique. Échappé seul du naufrage, il trouva un asile dans l'antre d'un lion. L'animal, couché à terre, lui témoigna tant de douceur qu'il osa s'en approcher; il reconnut que cette humeur hospitalière du redoutable animal provenait de l'extrême douleur qu'il ressentait à la patte gauche de derrière; il s'y était enfoncé une grosse épine, et la douleur le faisait souffrir à un tel point qu'il ne pouvait se lever et qu'il avait complétement perdu l'appétit. La première connaissance faite et la confiance réciproque établie, le duc remplit auprès du roi des animaux les fonctions de chirurgien; il lui arracha l'épine et lui pansa le pied (1).

Le lion guérit. Reconnaissant du service que lui avait rendu son hôte, il le nourrit abondamment de sa chasse, et le combla de toutes les caresses qu'un chien a coutume de faire à son maître.

C'était fort bien. Mais le duc ne tarda pas à se lasser de l'ordinaire du lion, qui, avec toute sa bonne volonté, ne lui servait pas la venaison aussi bien apprêtée que le faisait son cuisinier. Il désirait ardemment de retourner dans sa résidence; la maladie du pays le tourmentait nuit et jour; mais il ne voyait aucun moyen de pouvoir jamais regagner ses états.

Le tentateur s'approcha alors du duc, que la tristesse accablait. Il avait pris la forme d'un petit homme noir. Henri d'abord crut voir un orang-outang; mais c'était bien Satan en personne qui lui rendait visite. — Duc Henri, lui dit-il, pourquoi te lamentes-tu? Si tu veux prendre confiance en moi, je mettrai fin à tes peines, je te ramènerai près de ton épouse. Aujourd'hui même, tu souperas à Brunswick, où l'on prépare ce soir un grand festin; car la duchesse, qui te croit mort, donne sa main à un nouvel époux.

Cette nouvelle fut un coup de foudre pour le duc : la fureur étincelait dans ses yeux, son cœur était en proie au désespoir. Il aurait pu songer qu'on avait, depuis trois ans qu'on avait annoncé son naufrage et sa mort, il était bien permis à la duchesse de se croire veuve. Il ne s'arrêta qu'à l'idée qu'il était outragé.

— Si le ciel m'abandonne, pensa-t-il, je prendrai conseil de l'enfer.

Il était dans une de ces situations dont le diable sait profiter. Sans perdre le temps en délibérations, il chaussa ses éperons, ceignit son épée, et s'écria : — En route, camarade.

---

(1) C'est ainsi que commença l'aventure d'Androclès, qui trouva, comme le duc de Brunswick, un ami dans son lion.

— A l'instant, répliqua le démon; mais convenons des frais de transport.

— Demande ce que tu voudras, dit le duc, je te le donnerai, sur ma parole.

— Eh bien! il faut que ton âme m'appartienne dans l'autre monde.

— Soit, répondit le duc, dominé par la colère; et il toucha la main du petit homme noir.

Le marché se trouva donc conclu entre les parties intéressées. Satan prit la forme d'un griffon, saisit dans une de ses serres le duc Henri, dans l'autre, le fidèle lion, et les transporta, des côtes de la Libye, dans la ville de Brunswick, où il les déposa sur la place du marché, au moment où le guet venait de crier l'heure de minuit. Puis il disparut.

Le palais ducal et la ville entière étaient illuminés; toutes les rues fourmillaient d'habitants qui se livraient à une bruyante gaîté, et couraient au château, pour y voir la fiancée, et pour être spectateurs de la danse des flambeaux, qui devait terminer les fêtes du jour.

Le voyageur aérien, ne ressentant pas la moindre fatigue, se glissa à travers la foule, sous le portail du palais, et, accompagné de son lion fidèle, il fit retentir ses éperons d'or sur l'escalier, entra dans la salle du festin, tira son épée, et s'écria: — A moi ceux qui sont fidèles au duc Henri! mort et malédiction aux traîtres.

En même temps, le lion rugit, secouant sa crinière et agitant sa queue. On croyait entendre les éclats du tonnerre. Les trompettes et les trombones se turent; mais les voûtes antiques retentirent du fracas des armes, et les murs du château en tremblèrent.— Le fiancé aux boucles d'or, et la troupe bigarrée de ses courtisans tombèrent sous l'épée de Henri. Ceux qui échappaient au glaive étaient déchirés par le lion.

Après que le pauvre fiancé, ses chevaliers et ses valets eurent mordu la poussière, et que le duc se fut montré le maître de la maison d'une manière aussi énergique que jadis Ulysse avec les prétendants de Pénélope, il prit place à table, à côté de son épouse. Elle commençait à peine à se remettre de la frayeur mortelle que lui avaient causée ces massacres.

Tout en mangeant avec grand appétit des mets que son cuisinier avait apprêtés pour d'autres convives, et en régalant son compagnon de ragoûts qui ne paraissaient pas non plus lui déplaire, Henri jetait les yeux de temps en temps sur sa femme, qu'il voyait baignée de larmes. Ces pleurs pouvaient s'expliquer de deux manières; mais, en homme qui sait vivre, le duc leur donna l'interprétation la plus favorable. Il adressa à la dame, d'un ton affectueux, quelques reproches sur sa précipitation à former de nouveaux nœuds, et il reprit ses vieilles habitudes.

Henri le Lion, surnommé ainsi à cause de son aventure, disparut, ajoute-t-on, en 1195, emporté par le petit homme noir.

HEPATOSCOPIE ou HIEROSCOPIE, divination qui avait lieu par l'inspection du foie des victimes dans les sacrifices, chez les Romains.

Quelques sorciers modernes cherchaient aussi l'avenir dans les entrailles des animaux. Ces animaux étaient ordinairement ou un chat, ou une taupe, ou un lézard, ou une chauve-souris, ou un crapaud, ou une poule noire. Voy. Aruspices.

HÉRAIDE. Voy. Hermaphrodites.

HERBADILLA. Autrefois, il y avait à la place du lac de Grand-Lieu en Bretagne, un vallon délicieux et fertile, qu'ombrageait la forêt de Vertave ou Vertou. Ce fut là que se réfugièrent les plus riches citoyens de Nantes, et qu'ils sauvèrent leurs trésors de la rapacité des légions de César. Ils y bâtirent une cité qu'on nomma *Herbadilla*, à cause de la beauté des prairies qui l'environnaient. Le commerce centupla leurs richesses; mais en même temps le luxe charria jusqu'au sein de leurs murs les vices des Romains. Ils provoquèrent le courroux du ciel. Un jour que saint Martin de Vertou, fatigué de ses courses apostoliques, se reposait près d'Herbadilla, à l'ombre d'un chêne, une voix lui cria: *Fidèle confesseur de la foi, éloigne-toi de la cité pécheresse.*

Saint Martin s'éloigne, et soudain jaillissent, avec un bruit affreux, des eaux jusqu'alors inaperçues, et qui faisaient irruption d'une caverne profonde. Le vallon où s'élevait la Babylone des Bretons fut tout à coup submergé. A la surface de cette onde sépulcrale vinrent aboutir par milliers des bulles d'air, derniers soupirs de ceux qui expiraient dans l'abîme.

Pour perpétuer le souvenir du châtiment, Dieu permet que l'on entende encore au fond de cet abîme les cloches de la ville engloutie, et que l'orage y vive familièrement. Auprès est une île au milieu de laquelle s'élève une pierre en forme d'obélisque. Cette pierre ferme l'entrée du gouffre qui a vomi les eaux du lac, et ce gouffre est la prison d'un géant formidable qui pousse d'horribles rugissements.

A quatre lieues de cet endroit, vers l'est, on trouve une grande pierre qu'on appelle *la vieille de saint Martin;* car il est bon de savoir que cette pierre, qui pour bonne raison garde figure humaine, fut jadis une femme véritable, laquelle, s'étant retournée malgré la défense en sortant de la ville d'Herbadilla, fut transformée en statue (1). *Voy.* Is.

HERBE MAUDITE. Les paysans normands croient qu'il existe une fleur qu'on appelle l'*herbe maudite :* celui qui marche dessus ne cesse de tourner dans un même cercle, et il s'imagine qu'il continue son chemin sans avancer d'un pas au-delà du lieu où l'herbe magique l'a enchaîné.

HERBE QUI EGARE. Il y a, dit-on aussi, dans le Périgord, une certaine herbe qu'on ne peut fouler sans s'égarer ensuite de manière à ne plus retrouver son chemin. Cette

(1) M. de Marchangy, Tristan le voyageur, tom. I, p. 115.

herbe qui n'est pas connue, se trouvait abondamment aux environs du château de Lusignan, bâti par Mélusine; ceux qui marchaient dessus erraient dans de longs circuits, s'efforçaient en vain de s'éloigner, et se retrouvaient dans l'enceinte redoutée jusqu'à ce qu'un guide préservé de l'enchantement les remît dans la bonne voie

HERBE DE COQ. Les habitants de Panama vantent beaucoup une herbe qu'ils appellent herbe de coq, et dont ils prétendent que l'application est capable de guérir sur-le-champ un poulet à qui l'on aurait coupé la tête, en respectant une seule vertèbre du cou. Des voyageurs sollicitèrent en vain ceux qui faisaient ce récit de leur montrer l'herbe; ils ne purent l'obtenir, quoiqu'on leur assurât qu'elle était commune : d'où l'on doit conclure que ce n'est qu'un conte populaire (1).

HÉRENBERG (JEAN-CHRISTOPHE), auteur de *Pensées philosophiques et chrétiennes sur les Vampires*, 1733. Voy. VAMPIRES.

HERMAPHRODITES. Longtemps avant Antoinette Bourignon, qui soutint cette singulière thèse au dix-septième siècle, il s'était élevé, sous le pontificat d'Innocent III, une secte de novateurs qui enseignait qu'Adam était à sa naissance homme et femme tout à la fois.

Pline assure qu'il existait en Afrique, au delà du désert de Zara, un peuple d'androgynes.

Les lois romaines mettaient les hermaphrodites au nombre des monstres, et les condamnaient à mort.

Tite Live et Eutrope rapportent qu'il naquit auprès de Rome, sous le consulat de Claudius Néron, un enfant pourvu de deux sexes; que le sénat, effrayé de ce prodige, décréta qu'il fallait le noyer. On enferma l'enfant dans un coffre ; on l'embarqua sur un bâtiment et on le jeta en pleine mer.

Leloyer parle longuement d'une femme de Macédoine, nommée Héraïde, qui se maria comme femme, et devint homme ensuite dans une absence de son mari. C'était, dans les vieilles opinions, un hermaphrodite. Mais on ne voit plus d'hermaphrodites aujourd'hui.

Les hermaphrodites, dans les contes plus anciens, avaient les deux sexes, deux têtes quatre bras et quatre pieds. Les dieux, dit Platon, avaient d'abord formé l'homme avec deux corps et les deux sexes. Ces hommes doubles étaient d'une force si extraordinaire qu'ils résolurent de faire la guerre aux dieux. Jupiter irrité les partagea pour les affaiblir, et Apollon seconda le père des dieux dans l'exécution de ses volontés. Voy. POLYCRITE.

HERMELINE, démon familier qui s'appelait aussi Hermione et Hermelinde, et qui fréquenta quarante ans Benedetto Berna, dont François Pic de la Mirandole rapporte lui-même l'histoire. « Cet homme, dit-il, buvait, mangeait, parlait avec son démon, qui l'accompagnait partout sans qu'on le vît; de sorte que le vulgaire ne pouvant comprendre le mystère de ces choses, se persuadait qu'il était fou. » Le vulgaire n'avait peut-être pas tort.

HERMÈS. On vous dira qu'il a laissé beaucoup de livres merveilleux ; qu'il a écrit sur les démons et sur l'astrologie. C'est lui qui a décidé que, comme il y a sept trous à la tête, il y aussi sept planètes qui président à ces trous, savoir : Saturne et Jupiter aux deux oreilles, Mars et Vénus aux deux narines, le soleil et la lune aux deux yeux, et Mercure à la bouche.

HERMIALITES, ou Hermiens, disciples d'un hérétique du deuxième siècle, nommé Hermas ; ils honoraient l'Univers-Dieu, disant à la fois que ce monde est Dieu et que ce monde est l'enfer.

HERMIONE, voy. HERMELINE.

HERMOTIME. On sait que Cardan et une foule d'autres se vantaient de faire voyager leur âme sans que le corps fût de la partie. L'âme d'Hermotime de Clazomène s'absentait de son corps lorsqu'il le voulait, parcourait des pays éloignés, et racontait à son retour des choses surprenantes. Apparemment que Hermotime eut des ennemis. Un jour que son âme était allée en course, et que son corps était comme de coutume semblable à un cadavre, ses ennemis le brûlèrent et ôtèrent ainsi à l'âme le moyen de rentrer dans son étui.

Mais, dans d'autres versions, Hermotime est un vampire. Voy. HUET.

HÉRON, ermite qui, après avoir passé plus de cinquante ans dans les déserts de la Thébaïde, se laissa persuader par le diable, sous la figure d'un ange, de se jeter dans un puits, attendu que, comme il était en bonne grâce avec Dieu, il ne se ferait point de mal. Il ajouta foi, dit Leloyer, aux paroles du diable, et, se précipitant d'un lieu élevé, dans la persuasion que les anges le soutiendraient, il tomba dans le puits, d'où on le retira disloqué ; il mourut trois jours après (2).

HERVILLIERS (JEANNE). C'est la même que Jeanne Harvilliers.

HÈSE (JEAN de), voyageur du quinzième siècle, qui a écrit de singulières choses. M. de Reiffenberg a consacré à ses récits un article curieux, dans le *Recueil encyclopédique Belge*. Nous en rapporterons quelques passages. Jean de Hèse débute à peu près en ces termes :

« L'an du seigneur 1489, moi, Jean de Hèse, du diocèse d'Utrecht, j'ai été à Jérusalem au mois de mai, visitant les lieux saints. Et, dans la mer Rouge, j'ai vu des poissons volant aussi loin qu'une baliste aurait pu les lancer. Ces poissons-là sont rouges, longs de plus de deux pieds ; ils ont la tête ronde comme des chats, avec un bec comme l'aigle ; desquels poissons moi, Jean de Hèse susdit, j'ai mangé.... Et attendu que ces poissons sont gros, il faut les faire bouillir pendant longtemps.

---

(1) La Harpe, Abrégé de l'Hist. générale des Voyages, t. XVI, p. 106 de l'édit. in-12.

(2) Lenglet-Dufresnoy, Dissertations sur les apparit., tom. Ier, p. 159, et Bodin, Démonomanie des sorciers, p. 279.

« De la ville d'Hermopolis, il y a huit jours de marche jusqu'à la ville appelée Amra, qui est assise sur la mer Rouge que l'on y traverse; et en sept jours on arrive à pied au mont Sinaï, où le corps de sainte Catherine est conservé dans un couvent de chanoines réguliers, vivant fort dévotement et ne mangeant qu'une fois dans la journée. Ces chanoines sont au nombre de treize; et dans leur église, il y a treize lampes ardentes, qu'on ne peut éteindre et qui brûlent toujours, quoique sans aliments. Mais lorsqu'un des chanoines vient à mourir, une des lampes cesse de briller, jusqu'à ce qu'il soit remplacé; et alors elle se rallume d'elle-même....

« Du mont Sinaï, on arrive en quatre jours au camp d'Helym, duquel les animaux venimeux ne peuvent approcher. Dans le voisinage est la rivière Marath, dont les eaux ayant été frappées par la baguette de Moïse devinrent douces, de très-amères qu'elles étaient. Et aujourd'hui, tous les matins, après le lever du soleil, vient une licorne (*unicornus*) qui exprime dans l'eau le poison que sa corne contient; ce que j'ai vu moi-même...

« Après trois mois de navigation dans la mer Océane, nous arrivâmes en Ethiopie, dite l'Inde intérieure, où prêcha saint Barthélemi. Là habitent les nègres. Plus loin on pénètre parmi les Pygmées, qui n'ont qu'une coudée de haut; ils sont difformes, n'ont point de maisons, et habitent dans les grottes, cavernes et couches marines, et l'on raconte dans ce lieu que les Pygmées combattent souvent contre les cigognes qui tuent quelquefois leurs enfants. Ces nains vivent au plus douze ans...

« Passant de la mer d'Ethiopie dans la mer de Jécor (*mare Jecoreum*), et dans la mer de sable, on parvient au bout de quatre jours dans le pays de Monocules (qui n'ont qu'un œil). La mer de Jécor a la propriété d'attirer les vaisseaux dans ses abîmes, à cause de leur ferrure, et parce que son fond est pavé d'aimant qui attire le fer. De l'autre côté est la mer de sable. Et c'est un sable qui coule comme l'eau, et qui a son flux et son reflux. Les Monocules, qui y entrent à pied, y prennent des poissons...

« Les susdits Monocules sont gros, forts, anthropophages; ils ont au milieu du front un œil unique, étincelant comme une escarboucle, et ne vaquent à leurs affaires que la nuit. »

Ici M. de Reiffenberg cesse de traduire pour résumer. (Ce voyage, écrit en latin, a été publié en 1499, imprimé à Deventer.)

« De là notre véridique voyageur vient à Andrinople, ville où il y a plus de cinq cents ponts de pierre. Après huit semaines de captivité chez le roi Brandican, de Hèse et ses compagnons s'embarquèrent de nouveau; en dix jours ils furent en vue d'une montagne de pierre, très-haute, sortant de la mer, et percée d'un trou de trois milles de longueur, à travers lequel il leur fallut passer. Ce trou était si noir qu'ils eurent continuellement besoin de chandelle. Au sortir du trou, force fut de descendre le navire d'environ vingt coudées, parce que la mer était plus basse...

« Après un mois de navigation, et vingt-quatre jours de marche, ils arrivèrent à Edesse, où le prêtre Jean fait sa résidence. Cette ville est la capitale de tout l'empire et plus grande que vingt-quatre villes comme Cologne... Au milieu est le palais du prêtre Jean, lequel a environ deux milles d'Allemagne en longueur. Il est soutenu par neuf cents colonnes; et à celles du milieu sont adossés quatre géants de pierres précieuses dorées, qui semblent soutenir le palais sur leur front incliné....

« Les merveilles se multiplient; on n'a que le choix des prodiges. Tels sont une horloge, qui rend un son effrayant lorsqu'il s'introduit dans le palais quelqu'un de suspect; une table de pierres précieuses et dorée, aussi légère que si elle était de bois, et qui paralyse les effets des mets empoisonnés que l'on pourrait poser dessus; une cloche que fit fondre saint Thomas et dont le son guérit les possédés; des appartements tournant comme une roue; une chapelle où le prêtre Jean, qui est chrétien, entend la messe, et qui suit tous les mouvements du ciel; un miroir orné de trois pierres précieuses, dont l'une fortifie la vue, l'autre rend plus exquise la sensibilité, et la troisième augmente l'expérience; miroir que quatre docteurs choisis *ad hoc* regardent sans cesse, pour savoir tout ce qui se passe dans le monde. Ces raretés et beaucoup d'autres sont répandues dans sept palais différents, aussi riches que celui du soleil décrit par Ovide.

« Et remarquez bien que de Hèse a été dans ces lieux en personne. Il visite ensuite une île où Gog et Magog étaient enfermés, disait-on, entre deux montagnes. Les insulaires étaient singulièrement conformés, car ils avaient deux visages sur une seule tête, l'un devant et l'autre derrière.

« Après cet itinéraire vient une lettre du prêtre Jean à son ami Emmanuel, gouverneur de Rome. Il lui fait un détail de sa puissance, et se met à conter de nouvelles merveilles: une pierre qui guérit tous les malades pourvu qu'ils soient chrétiens; des vers qui ne vivent que dans le feu; une table toujours couverte pour trente mille personnes, sans compter les survenants, etc...

« Ce livre est terminé par un petit traité sur la vie et les mœurs du prêtre Jean et par trois chapitres sur les curiosités de l'Inde. J'ignore, dit M. de Reiffenberg, si ces fables ont été recueillies par de Hèse; du moins l'auteur ne se met plus en scène; il ne dit plus: « J'ai vu; j'ai été là. » Le phénix, des poissons de forme humaine, des hommes à tête de chiens, des satyres, des peuples exempts de vieillesse et de décrépitude sont mis sous la garantie de Pline le naturaliste. C'est peut-être là que notre voyageur les aura prises, ou plutôt dans quelques-unes de ces compilations du moyen âge où l'antiquité était ridiculement travestie, et dont l'auteur de la chronique Margaritique, Julien Hossetier, d'Ath, extrayait encore, vers 1508, les contes puérils dont il a farci son ouvrage. »

HEURE. Voy. Minuit. Anges ou démons des heures. Voy. Pierre d'Apone.

HIBOU, oiseau de mauvais augure. On le regarde vulgairement comme le messager de la mort; et les personnes superstitieuses, qui perdent quelque parent ou quelque ami, se ressouviennent toujours d'avoir entendu le cri du hibou. Sa présence, selon Pline, présage la stérilité. Son œuf, mangé en omelette, guérit un ivrogne de l'ivrognerie.

Cet oiseau est mystérieux, parce qu'il recherche la solitude, qu'il hante les clochers, les tours et les cimetières. On redoute son cri, parce qu'on ne l'entend que dans les ténèbres; et, si on l'a vu quelquefois sur la maison d'un mourant, il y était peut-être attiré par l'odeur cadavéreuse, ou par le silence qui régnait dans cette maison.

Un philosophe arabe, se promenant dans la campagne avec un de ses disciples, entendit une voix détestable qui chantait un air plus détestable encore. — Les gens superstitieux, dit-il, prétendent que le chant du hibou annonce la mort d'un homme; si cela était vrai, le chant de cet homme annoncerait la mort d'un hibou.

Cependant si le hibou est regardé comme un mauvais présage chez les gens de la campagne, quand on le voit perché sur le haut d'une maison, il est aussi regardé comme d'un bon augure quand il vient se réfugier dans un colombier. Les anciens Francs condamnaient à une forte amende quiconque tuait ou volait le hibou qui s'était réfugié dans le colombier de son voisin (1).

On ne peut passer sous silence les vertus surprenantes de cet oiseau. Si l'on met son cœur avec son pied droit sur une personne endormie, elle dira aussitôt ce qu'elle aura fait et répondra aux demandes qu'on lui adressera; de plus, si on met les mêmes parties de cet oiseau sous les aisselles, les chiens ne pourront aboyer après la personne qui les portera; et enfin, si on pend le foie à un arbre, tous les oiseaux se rassembleront dessus (2).

HIERARCHIE. Agrippa disait qu'il y avait autant de mauvais anges que de bons, qu'il y en avait neuf hiérarchies de bons et neuf de mauvais. Wierus, son disciple, a fait l'inventaire de la monarchie de Satan, avec les noms et surnoms de soixante-douze princes et de plusieurs millions de diables, nombres fantastiques, qui ne sont appuyés sur d'autres raisons que sur la révélation de Satan même. Voy. Cour infernale.

HIEROGLYPHES. Les Egyptiens avaient beaucoup d'idées superstitieuses, s'il faut les juger par leurs hiéroglyphes. Ils expriment le sexe masculin par un vautour, dit un ancien, parce que tous les vautours sont femelles, et que le vent seul féconde leurs œufs; ils représentaient le cœur par deux drachmes, parce que le cœur d'un enfant d'un an ne pèse que deux gros. Une femme qui n'avait qu'un enfant, ils la figuraient par une lionne, parce que cet animal ne fait qu'un petit (du moins ils le croyaient de la sorte). Ils figuraient l'avortement par un cheval qui donne un coup de pied à un loup, parce que, disaient-ils, une cavale avorte si elle marche sur les traces d'un loup (3), etc. M. Champollion donne d'autres explications.

HIEROMNENON, pierre que les anciens employaient dans leurs divinations, mais dont ils ne nous ont laissé aucune description.

HIEROSCOPIE. Voy. Hépatoscopie.

HIPOKINDO, mot qui, prononcé d'une certaine façon, charme les serpents et les empêche de nuire. Paracelse en parle.

HIPPARCHUS. On lui attribue un ouvrage intitulé : le Livre des Esprits.

HIPPOCRATE, père de la médecine. Les légendes du moyen âge font de lui un grand magicien, et lui prêtent des aventures dans le genre de celles qu'elles attribuent à Virgile. On met sous son nom un Traité des songes, dont on recherche les éditions accompagnées des commentaires de Jules-César Scaliger; in-8°, Gnesne, 1610; et un autre livre intitulé les Aspects des étoiles.

Légende d'Hippocrate.

Du temps que César-Auguste était empereur de Rome, son neveu Gatus, qu'il aimait par-dessus toutes choses et qui devait hériter de l'empire, tomba malade. Les médecins ne purent le guérir. Il y avait trois jours et trois nuits qu'il ne parlait plus; toute la cour était dans une grande tristesse. Sur ces entrefaites, Hippocrate entra dans Rome, qu'il fut surpris de trouver en deuil. Il avait beau interroger les passants, personne ne lui parlait. Il monta au palais de l'empereur, pour savoir la cause de cette douleur publique. Il se fraya passage jusqu'à la chambre où le malade était couché, comprit alors la douleur publique, mit la main sur le cœur de Gatus, et dit à César-Auguste : Quelle faveur m'accorderez-vous, si je rends la vie à ce malade? L'empereur promit tout; et le savant médecin, prenant dans son aumônière une herbe et un breuvage, en composa une potion qu'il fit avaler au malade, en lui ouvrant doucement la bouche. L'enfant ouvrit les yeux aussitôt, dit quelques paroles. En moins de trente jours, Hippocrate le remit en bonne santé.

Auguste combla de biens l'habile docteur et fit élever deux piliers, sur lesquels il mit la statue d'Hippocrate et celle de Gatus. Il admit le savant à sa table et lui donna place dans son amitié.

Peu de temps après, des habitants du pays de Galles vinrent s'établir à Rome. Il y avait parmi eux une dame d'une grande beauté. Un jour que de la fenêtre du palais elle regardait la statue d'Hippocrate, comme on lui vantait le philosophe : — Tout philosophe

---

(1) M. Salgues, Des erreurs et des préjugés, etc., t. Ier, p. 439.

(2) Des admirables Secrets d'Albert le Grand, p. 107.

(3) Brown, Essai sur les erreurs populaires; tom. II, p. 69.

qu'il est, dit-elle, je gage qu'en un jour je le ferai tenir pour le plus grand fou du monde.

Le savant médecin, ayant appris ce propos, voulut connaître la belle Galloise. A sa vue, il en devint si épris, qu'il tomba malade. L'empereur, inquiet, envoya toute sa cour auprès de lui; la Galloise y vint, reçut les aveux du philosophe, s'y montra sensible, et Hippocrate recouvra la santé.

Mais la belle dame, qu'il croyait épouser, était une malicieuse. Comme Hippocrate la pressait : — Venez cette nuit sous ma fenêtre, lui dit-elle; je descendrai une corbeille attachée à une corde, et avec l'aide de ma servante, je vous monterai dans la tour, où je vous ferai savoir mes conditions.

Le savant fut exact : au milieu de la nuit il se plaça dans la corbeille, que la Galloise et sa servante élevèrent au sommet de la tour, beaucoup plus haut que leur fenêtre; puis, attachant la corde à un croc, elles laissèrent le malheureux Hippocrate suspendu au milieu des airs.

Or, cette corbeille était à Rome une espèce de pilori où l'on exposait les malfaiteurs. Quand il fut jour et que l'on vit là Hippocrate, tout le monde chercha quel pouvait être son crime. L'empereur était à la chasse, d'où il ne revint que le soir : et ainsi la corbeille ne fut descendue qu'à la nuit.

Le savant, dont le cœur n'était pas guéri, ne voulut pas faire connaître l'auteur de son triste accident, de peur d'exposer celle qu'il aimait à la colère de l'empereur et sa passion à la risée des courtisans. La Galloise lui fit donc d'autres mauvais tours; si bien que, pour se venger alors, il la rendit éprise, au moyen d'un philtre, d'un vieux nain bossu et contrefait, avec lequel on fut bien surpris de la voir se marier.

Quelque temps après, un chevalier vint à Rome annoncer à César-Auguste qu'un homme de Nazareth, appelé Jésus, guérissait tous les malades, ressuscitait les morts et faisait d'autres merveilles. Hippocrate aussitôt quitta Rome, en disant qu'il allait chercher Jésus et apprendre de lui ce qu'il ne savait pas.

En cheminant, guérissant partout les malades, mais ne ressuscitant pas les morts, il arriva chez Antoine, roi de Perse, dont il rendit le fils à la santé. Antoine, pour récompense, lui fit épouser la fille du roi de Syrie.

Pour recevoir dignement la belle princesse, le philosophe, qui était magicien, comme vous voyez, fit construire un palais magnifique, où éclataient l'or, l'argent et les pierreries; son art, d'ailleurs, l'avait rendu puissamment riche. Il construisit aussi un lit qui guérissait de toutes maladies ceux qu'il y faisait coucher.

Cependant la princesse ne l'aimait point, parce qu'il n'était pas de race royale. Hippocrate s'en aperçut, et il se fit une coupe d'or, à laquelle il fixa des pierres précieuses qui neutralisaient l'effet des poisons. Plusieurs fois la méchante femme essaya de l'empoisonner, mais inutilement : le charme de la coupe était supérieur à la puissance des venins. Irritée de cet obstacle, la princesse déroba la coupe et la jeta dans la mer.

Hippocrate s'aperçut donc de ses mauvais desseins ; aussi refit-il, au plus vite, une autre coupe moins belle, mais qui avait la même vertu. Cependant il oubliait d'aller chercher Jésus de Nazareth, et pour ses passions, comme tant d'autres, il se perdait.

Sur ces entrefaites, le roi Antoine tint une cour plénière, à laquelle Hippocrate s'empressa de se rendre avec la princesse sa femme. Un soir, après souper, le roi, le philosophe et la méchante femme étaient à une fenêtre qui donnait sur la cour du château. Ils virent dans cette cour une jeune truie qui mangeait un grand ver. Hippocrate s'écria :

— Celui qui mangerait la tête de cet animal périrait sur-le-champ, nul remède ne pourrait le sauver.

— Nul remède? demanda la princesse.

— Nul remède, répéta le philosophe, excepté s'il buvait l'eau dans laquelle cette tête aurait été cuite.

— Cela est bien étrange, ajouta la femme ; puis elle parut s'occuper de tout autre sujet. Mais, aussitôt qu'elle fut libre, elle alla trouver le cuisinier du palais et lui ordonna de servir à Hippocrate la tête de cette truie, qu'elle désigna, et elle recommanda de jeter l'eau qui aurait servi à faire cuire l'animal. Le cuisinier exécuta ponctuellement les ordres qu'il avait reçus; et à peine le philosophe eut-il mangé une partie de la tête de la truie, que, devinant la trahison de sa femme, il s'écria :

— Hélas! je suis mort.

Il s'empressa d'aller aux cuisines demander l'eau dans laquelle avait été cuite la tête de l'animal venimeux ; on lui indiqua le fumier sur lequel cette eau avait été jetée. Il s'y coucha, mais inutilement : le poison était plus fort et le brûlait peu à peu.

La princesse qui l'avait trahi ne put jouir de sa mort ; car malgré les prières de son mari, qui lui pardonnait et demandait grâce pour elle, le roi Antoine la fit exposer sur un rocher du rivage. Elle y resta trois jours et y mourut.

Hippocrate cherchait à force de soins à prolonger son existence ; mais la vie le quittait d'heure en heure. Il fit creuser sa tombe sous un rocher ; et avant de mourir, il fit une chose qui étonna beaucoup tous ceux qui la virent : il prit un panier de jonc et le remplit d'herbes ; puis il jeta dessus beaucoup d'eau, qu'il fit sortir par un seul jet, sans laisser une goutte s'échapper d'un autre côté. On eût dit qu'elle coulait d'un tonneau bien fermé. On lui demanda pourquoi il agissait ainsi.

— Je le fais, dit-il, pour vous montrer combien c'est une grande chose que la mort d'un homme, quand elle est résolue. Aucune médecine ne peut l'empêcher ; car, si je devais guérir, je pourrais arrêter la dyssenterie qui me travaille, comme j'ai ôté de ce panier l'eau qui s'y trouvait.

Après avoir ainsi parlé, le fils d'Esculape ne tarda pas à mourir ; il expira le quinzième jour de septembre, quinze années avant la mort de Notre-Seigneur...

Nous avons emprunté cette notice à un extrait plus étendu que M. Leroux de Lincy a publié. Ce savant y ajoute un fragment du roman des *Sept sages de Rome*, où Hippocrate joue un rôle peu glorieux :

Hippocrate, dit l'une des histoires de ce livre, fut le plus savant médecin de la terre. De toute sa famille, il ne lui resta qu'un neveu, auquel il se garda bien de découvrir la science qu'il possédait. Malgré tout, le jeune homme étudia en silence, et devint aussi habile que son oncle, qui, ayant reconnu son talent, n'en parut nullement contrarié. Il arriva que le fils du roi de Hongrie tomba malade. Hippocrate fut mandé aussitôt; mais d'importantes affaires l'empêchaient d'entreprendre un aussi long voyage. Il répondit au roi que ne pouvant obéir à ses ordres, il lui enverrait un sien neveu. Ce dernier se rendit à la cour de Hongrie.

Le roi et la reine présentèrent le malade au jeune médecin, qui regarda l'enfant, regarda le père, regarda la mère, puis demanda à voir leurs urines : on les lui montra. Après avoir longtemps réfléchi, le jeune médecin dit : — Donnez à manger à cet enfant de la chair de bœuf. On obéit à la prescription, et le fils du roi de Hongrie guérit aussitôt. Le jeune médecin, richement payé par le roi, retourna près de son oncle. Hippocrate lui demanda : As-tu guéri l'enfant ?

— Oui, sire.
— Que lui as-tu donné?
— Chair de bœuf.
— Tu es bien savant, dit Hippocrate; — et de ce moment il roula dans son esprit des pensées de mort et de trahison à l'égard de son neveu.

Il l'appela un jour et l'emmena avec lui dans un jardin. Je vois une belle herbe, dit le jeune homme; et il s'empressa de la cueillir et de la présenter à son oncle.

— C'est vrai, répliqua Hippocrate, mais je crois en sentir une autre meilleure.

Le neveu s'agenouilla pour la cueillir; aussitôt Hippocrate tira un couteau qu'il avait caché sous sa robe, s'approcha du jeune homme, le frappa et le tua. Il fit plus : rentré chez lui, il prit tous les livres qui étaient en sa possession et les brûla.

Hippocrate, dit le même livre, sentant qu'il allait bientôt mourir, se fit apporter une tonne remplie d'eau pure, qu'il fit percer en divers endroits, et qu'il boucha hermétiquement. Puis, ayant séché l'eau de la tonne avec une poudre, il appela ses amis : — Voici une tonne, leur dit-il, que j'ai remplie d'eau claire; or, débouchez-la.

Les amis d'Hippocrate tirèrent les chevilles; mais l'eau ne coula pas : — J'ai pu étancher toute l'eau de cette tonne, reprit le médecin; mais je ne puis arrêter celle qui coule de mon corps : c'est pourquoi je vais mourir. Et il ne se trompait pas; il ne tarda pas à rendre le dernier soupir.

Legrand d'Aussy, dans ses fabliaux, où il

(1) Manuel lexique de l'abbé Prévost.

ménage si peu la délicatesse de son lecteur, a donné aussi d'Hippocrate l'aventure de la corbeille, qui du reste est copiée de la légende de Virgile.

HIPPOGRIFFE, animal fabuleux, composé du cheval et du griffon, que l'Arioste et les autres romanciers donnent quelquefois pour monture aux héros des romans de chevalerie.

HIPPOMANE, excroissance charnue que les poulains apportent à la tête en naissant, et que la mère mange aussitôt.

Les anciens donnaient le nom d'*hippomane* à certains philtres, parce qu'on prétend qu'il y entrait de cette excroissance.

Hippomane est aussi le nom d'une herbe qui fait entrer les chevaux en fureur lorsqu'ils la broutent (1). — On raconte qu'une cavale de bronze, placée auprès du temple de Jupiter olympien, faisait hennir les chevaux comme si elle eût été vivante, vertu qui lui était communiquée par l'hippomane qu'on avait mêlée avec le cuivre en la fondant. Voy. PHILTRES.

HIPPOMANCIE, divination des Celtes. Ils formaient leurs pronostics sur le hennissement et le trémoussement de certains chevaux blancs, nourris aux dépens du public dans des forêts consacrées, où ils n'avaient d'autre couvert que les arbres. On les faisait marcher immédiatement après le char sacré. Le prêtre et le roi ou chef du canton observaient tous leurs mouvements, et en tiraient des augures auxquels ils donnaient une ferme confiance, persuadés que ces animaux étaient confidents du secret des dieux, tandis qu'ils n'étaient eux-mêmes que leurs ministres.

Les Saxons tiraient aussi des pronostics d'un cheval sacré, nourri dans le temple de leurs dieux, et qu'ils en faisaient sortir avant de déclarer la guerre à leurs ennemis. Quand le cheval avançait d'abord le pied droit, l'augure était favorable; sinon, le présage était mauvais, et ils renonçaient à leur entreprise.

HIPPOMYRMECES, peuple imaginaire, placé par Lucien dans le globe du soleil. C'étaient des hommes montés sur des fourmis ailées, qui couvraient deux arpents de leur ombre, et qui combattaient de leurs cornes.

HIPPOPODES, peuple fabuleux qui avait des pieds de cheval, et que les anciens géographes placent au nord de l'Europe.

HIRIGOYEN, sorcier du commencement du dix-septième siècle, que l'on a vu danser au sabbat avec le diable, qu'il adorait (2)

HIRONDELLES. Plutarque cite l'histoire d'un nommé Bessus qui avait tué son père et dont on ignorait le crime. Etant un jour près d'aller à un souper, il prit une perche avec laquelle il abattit un nid d'hirondelles. Ceux qui le virent en furent indignés, et lui demandèrent pourquoi il maltraitait ainsi ces pauvres oiseaux. Il leur répondit qu'il y avait assez longtemps qu'elles lui criaient qu'il avait tué son père. Toutes stupéfaites de cette réponse, ces personnes la rapportèrent au juge, qui ordonna de prendre Bessus et

(2) De l'inconstance des démons, etc., p. 144.

de le mettre à la torture. Il avoua son crime et fut pendu (1).

Brown, dans son *Essai sur les erreurs populaires*, dit que l'on craint de tuer les hirondelles quoiqu'elles soient incommodes, parce qu'on est persuadé qu'il en résulterait quelque malheur. Elien nous apprend que les hirondelles étaient consacrées aux dieux Pénates, et que par cette raison on s'abstenait de les tuer. On les honorait, dit-il, comme les hérauts du printemps ; et, à Rhodes, on avait une espèce de chant pour célébrer le retour des hirondelles.

HISTOIRE. Il y a, dans la bibliographie infernale, beaucoup d'histoires prodigieuses publiées sans nom d'auteur. Nous n'en citerons que quelques-unes :

Histoire d'une apparition, avec des réflexions qui prouvent la difficulté de savoir la vérité sur le retour des esprits, in-8°; Paris, chez Saugrin, 1722, brochure de 24 pages.

Histoire prodigieuse nouvellement arrivée à Paris, d'une jeune fille agitée d'un esprit fantastique, in-8°.

Histoire du diable, in-12, Amsterdam, 1729, 2 vol.; et Rouen, 1730, 2 vol.

Histoire miraculeuse advenue en La Rochette, ville de Maurienne en Savoie, d'une jeune fille ayant été enterrée dans un jardin en temps de peste, l'espace de quinze ans, par lequel un esprit est venu rechercher ses os par plusieurs évidents signes miraculeux ; in-8°. Lyon.

Histoire remarquable d'une femme décédée depuis cinq ans, laquelle est revenue trouver son mari, et parler à lui au faubourg Saint-Marcel, Paris, 1618, etc. Voy. APPARITIONS.

Histoires à faire peur.

Les lecteurs qui aiment les violentes émotions recherchent beaucoup les histoires ; et on en a fait plusieurs recueils. Voici deux histoires à faire peur, racontées par Desforges, l'auteur du *Sourd* ou *l'Auberge pleine*, et encadrées dans un des jolis récits que M. Henri Berthoud a semés si abondamment sur la presse périodique :

Encore enfant, dit le lugubre narrateur, j'habitais avec mon père une maison de campagne dans les environs de Paris, et il se trouvait dans cette maison de campagne un bon gros réjoui Champenois, nommé Antoine. Il avait dix-huit ans à l'époque que je cite. Ce garçon était extrêmement robuste pour son âge. On l'employait aux commissions et aux transports de provisions de Paris à la campagne et de la campagne à Paris. Il travaillait au jardin, avait soin du cheval et de la basse-cour ; enfin, c'était un trésor pour l'utilité ; ajoutez à cela qu'il était doux, complaisant, toujours de la meilleure humeur du monde ; nous nous aimions, dans toute la force du terme, comme deux frères. Le bon jeune homme se serait vraiment mis au feu pour moi, et malgré mon extrême familiarité avec lui, jamais il n'oublia que j'étais le fils de son maître.

(1) Taillepied, Apparitions des esprits, p. 40.

Depuis quelques semaines, Antoine, tourmenté de ce qu'on appelle la maladie du pays, m'avait confié le désir ardent qu'il éprouvait d'aller passer quelques jours dans sa famille. Il n'osait pas en demander la permission à mon père ; je m'en chargeai, sur la promesse qu'il me fit de revenir bien vite, et je n'eus pas de peine à obtenir la grâce désirée. Antoine était absent depuis une vingtaine de jours et je commençais à m'impatienter un peu de ne pas le voir revenir. Il n'avait pas même écrit, et je me sentais fâché contre lui.

A quelques nuits de là, à peine étais-je endormi, que je crus entendre du bruit. J'écoutai et n'entendis qu'un murmure confus. Puis je crus sentir quelque chose de pesant qui s'appuyait sur mon estomac. Cela ressemblait à un coude plié, avec lequel on me pressait très-fort..... Je me mets à crier, ou plutôt je veux crier :
— Qui est là ?
— C'est moi, me répond très-distinctement une voix basse qui semblait s'approcher de mon oreille ; c'est le pauvre Antoine qui vient vous dire adieu, et border votre lit pour la dernière fois!

Et au même instant je me sens soulevé de tous les côtés de mon lit, comme si effectivement on le bordait, et je vois très-distinctement, avec son chapeau rabattu, son gilet rouge et sa veste grise, Antoine dont le visage s'approchait du mien. Cela fait, il s'arrêta devant moi les bras croisés, fixa un instant sur mes yeux ses yeux pleins de larmes, et s'évanouit comme la fumée d'une lampe qui s'éteint.

Tout trempé d'une sueur froide, je tirai mes rideaux d'une main tremblante et glacée. La lune pénétrait dans ma chambre ; sa lueur mate donnait aux objets sur lesquels elle portait, une clarté fixe et immobile qui avait quelque chose d'effrayant. Je referme mes rideaux ; mais tout à coup j'entends, assez près de notre corps de logis, de ces gémissements plaintifs qui souvent retentissent la nuit dans les bois, et que je ne savais point alors être les cris de certains oiseaux nocturnes. Cela mit le comble à mon effroi ; la terreur enchaîna mes facultés ; je n'osais ni respirer, ni rester dans mon lit, ni en sortir, ni faire le moindre mouvement, et je demeurai quelques heures ainsi, douloureusement suspendu entre l'existence et le néant.

Ce n'est pas sans raison que je raconte les événements fantastiques de cette nuit, une des plus pénibles de ma vie : c'était la nuit du 9 au 10 septembre, et du vendredi au samedi, l'an 1760 ; il était à peu près une heure et demie du matin, lorsqu'il me sembla qu'Antoine venait me rendre le dernier service que je viens de décrire. Je voudrais bien savoir maintenant quel sera le génie supérieur qui m'expliquera ce qui va suivre.

Tout plein de ma nocturne frayeur, je ne manquai pas, aux premiers rayons du jour, de fuir le théâtre des scènes qui m'avaient tant épouvanté, et d'aller courant conter non pas mon rêve, mais ma vision, à ceux qui, par état, se levaient dans la maison avec le soleil, tels que le jardinier et sa femme. Ces bonnes gens, comme on sait, qui nourrissent une foule de petits préjugés superstitieux, parce qu'on les en a nourris, ne manquèrent pas de me dire que c'était mauvais signe; et moi de les croire, et moi de pleurer par anticipation mon pauvre Antoine.

Ma mère s'éveille. Je vais tout triste l'embrasser à son chevet. Elle m'interroge; je réponds, je raconte, et je fonds en larmes volontaires. On me console, on cherche à me désabuser. La douleur d'un enfant de quatorze ans ne saurait être longue; et dans la matinée même, un autre événement la dissipa.

Le dimanche suivant, dix jours après ma vision, mon père reçut une lettre de Champagne. Il l'ouvrit et la lut devant moi à voix basse.

— Oh! dit-il, voilà qui est particulier.
— Qu'est-ce donc? dit ma mère.

« De Chaumont, en Bassigny, le 14 septembre 1760.

« Mes chers monsieur et dame,

« Je vous écris ces lignes pour vous annoncer que notre pauvre Antoine est mort d'une fluxion de poitrine, la nuit du 9 au 10 de ce mois, entre une et deux heures du matin, en se recommandant à votre bon souvenir et à vos prières. »

Un frisson mortel me saisit, je pensai tomber à la renverse; ma mère me soutint dans ses bras.

« Le pauvre garçon n'avait qu'un regret en mourant; c'était de ne plus vous voir, mes chers monsieur et dame, et surtout, bien pardon, excusé, monsieur votre petit bonhomme, auquel il n'a décessé de penser jusqu'à son dernier soupir. »

Mon cœur alors se gonfla de telle façon, qu'infailliblement j'aurais étouffé sans un cri terrible qui m'échappa, et avec lequel sortirent mes sanglots et mes larmes, ce qui me soulagea et me sauva. Je laisse aux plus savants le soin d'expliquer ce fait; je me contente de l'attester....

Quand il eut fait son récit, le conteur porta les yeux autour de lui, et vit avec satisfaction l'impression vive qu'il avait produite sur son auditoire. Les femmes surtout étaient pâles et agitées. Il reprit sans leur laisser le temps de respirer.

— Quelque extraordinaire que soit cette aventure, il en est une encore non moins étrange et dont j'ai été pour ainsi dire également le témoin. Je l'ai apprise l'année qui suivit l'apparition d'Antoine. J'étais au collége et nous avions depuis quelque temps parmi nos camarades un fort aimable garçon d'une très-bonne famille de Versailles, nommé Pierret. Sorti de pension et maître d'une grande fortune, son premier soin fut de venir à Paris pour y acheter un cheval de main; il aimait beaucoup cet exercice. N'ayant pu faire affaire, il quitta le marché, et s'enfonça seul dans les sentiers écartés et déserts qui se trouvent derrière. Il était, selon sa coutume plongé dans une profonde rêverie,

lorsqu'il en fut distrait par des cris redoublés : *Au secours, à moi! au secours, on m'assassine!* Il tire son épée et court de toute sa force vers l'endroit d'où les cris semblent partir. Il arrive et voit un infortuné que trois scélérats poignardaient. Ceux-ci prennent la fuite à la vue de Pierret. Le jeune homme, que cet affreux spectacle avait mis hors de lui, se précipite sur leurs traces, et, tenant son épée comme on tient un poignard, il en atteint un des voleurs et le renverse mort à ses pieds. Sans ralentir sa course, il arrive au second assassin et le punit de même; il était près du troisième, lorsque la maréchaussée, accourue enfin aux cris de la malheureuse victime des trois bandits, arrive au grand galop. Le scélérat, poursuivi par Pierret, se retourne alors vers la maréchaussée, et supplie les cavaliers de le prendre sous leur protection contre la fureur de ce jeune homme, qui venait déjà, disait-il, d'assassiner trois de ses camarades. On se saisit de tous les deux : Pierret, sans dire un mot, rend son épée sanglante, se laisse mettre les menottes, et suit paisiblement la cavalcade, qui s'arrête auprès de celui qu'il avait secouru. La quantité de sang que cet homme avait perdu lui avait absolument ôté toute connaissance. On fit venir des brancards, et les vivants, ainsi que les morts, furent tous, ou conduits ou portés dans la prison. Pierret et le misérable furent placés dans la chambre de l'assassiné, que les chirurgiens avaient avoué n'être pas évanoui.

Pierret, interrogé, avait naïvement raconté les faits comme ils s'étaient passés; il avait dit son nom, et avait demandé qu'on donnât avis à sa famille de sa malheureuse affaire, ce qui lui avait été accordé sur-le-champ.

Cependant le blessé, percé ou pour mieux dire criblé de coups de couteau, ne donnait encore aucun signe de vie. De lui seul on pouvait attendre quelque lumière sur cet événement; et s'il périssait sans avoir donné aucun éclaircissement, que devenait son libérateur, toujours effrontément accusé par l'exécrable assassin? La figure douce et honnête de Pierret, son maintien assuré, son air distingué, ses discours sages et sensés, son calme, sa résignation héroïque à son sort, tout cela avait beau parler en sa faveur, et intéresser à lui tous ceux qui l'environnaient, il n'en était pas moins dans un péril effrayant, si le blessé mourait sans pouvoir parler.

Enfin le ciel, qui le réservait à d'autres destinées sans doute, le ciel permit qu'un profond soupir de la victime annonçât son retour à la vie. Les gens de l'art aidèrent cette lueur d'espérance à se changer en certitude: tous les secours, tous les soins furent prodigués. Le malade commença à rouvrir les yeux faiblement; ensuite il en retrouva plus complétement l'usage et parvint à pouvoir les tourner sur les objets qui l'environnaient et qu'on avait entourés d'une lumière suffisante. Tous les assistants attendaient, sans oser respirer, le premier geste, le premier mouvement, le premier mot de l'infortuné..... D'abord il promène des regards égarés et incertains autour de lui. Peu à peu sa vue se raffermit, le premier objet qu'il distingue est son assassin aux pieds de son lit. Il fait un geste d'horreur, jette un cri d'effroi, et referme les yeux pour un instant. On redouble les secours, on parvient à le ressusciter encore, on lui parle doucement; on le console; on l'exhorte au courage; on l'assure qu'il est sauvé; en un mot, on parvient à lui rendre du calme et quelques forces. Il recommence à faire la revue de tout ce qui l'entourait; et, rencontrant enfin des yeux le jeune Pierret, assis au chevet de son lit, il s'écrie : *Ah! le voilà! c'est lui!* et en même temps il le serre dans ses bras autant que ses forces peuvent le lui permettre. Un témoignage aussi authentique, aussi irrécusable, devait, ce me semble, suffire pour attester l'innocence de notre ami et lui faire rendre sur-le-champ la liberté; mais ce n'est pas ainsi que marche la justice, qui ne veut rien faire avec précipitation, et ne lâche ce qu'elle tient que quand il ne lui est plus possible de le retenir.

Sur ces entrefaites, la mère de Pierret était accourue sans délai au secours de son fils. Bien informée du fait, munie d'une grande quantité de lettres de recommandation, elle sollicite et obtient que le blessé soit transporté chez elle à sa maison de Paris, et que son fils ne quitte pas sa chambre qui sera soigneusement gardée.

De jour en jour le malade reprenait ses forces, et la connaissance avec elles. Quand les chirurgiens eurent déclaré qu'il était en état de parler, il se fit une assemblée nombreuse de juges, et de tous les intéressés à l'affaire dans la chambre de l'assassiné. Le meurtrier, resté vivant, fut amené chargé de fers, les cadavres de ses complices avec leurs mêmes habits furent apportés aussi; on avait eu soin de les mettre à l'abri de la corruption par des moyens connus. Quand tout fut dans l'état convenable, le blessé, se soulevant sur son coude, prit la parole et déposa :

«Que tel jour, à telle heure du matin, il avait rencontré au marché aux chevaux ces trois hommes avec lesquels il était lié d'intérêts de commerce; qu'ils lui avaient vu faire de très-bonnes affaires, et recevoir beaucoup d'or et beaucoup de billets au porteur; qu'ils l'avaient invité à dîner; que lui, ne se doutant de rien, et ne se méfiant pas d'eux, avait accepté : qu'ils avaient essayé de le faire boire, mais qu'il n'avait pas soupçonné leur dessein; qu'après le dîner, où en effet il avait un peu passé les bornes, ils l'avaient invité à faire un tour de promenade, et l'avaient conduit à l'endroit écarté où on avait dû le trouver; que là ils s'étaient jetés sur lui armés de couteaux, l'avaient dépouillé de son or, de son argent, de ses billets; qu'il leur avait demandé au moins la vie, que les scélérats pour réponse l'avaient criblé de coups de couteau; que ses cris redoublés avaient attiré ce jeune homme qui l'avait délivré et dont les traits s'étaient sur-le-champ gravés dans sa mémoire d'une manière ineffaçable; qu'ensuite il avait perdu connaissance, et ne se souvenait plus de rien jusqu'à son retour à la vie.

Une déposition aussi claire et aussi précise ne laissait plus aucun nuage sur l'innocence de Pierret, et l'environnait même de tout l'éclat attaché au courage : le jeune homme fut déchargé de l'accusation, les procès-verbaux firent de sa belle action la mention la plus honorable, et il revint en triomphe avec sa mère au sein de sa famille. Ce ne furent que fêtes et réjouissances à Versailles pendant quelques jours parmi ses parents et leurs nombreuses connaissances.

Au milieu de cet enthousiasme universel et de tous ces transports d'allégresse, lui seul conservait un fond de mélancolie dont rien ne pouvait le tirer, et que la tendresse de sa mère combattait en vain. Un jour qu'elle le pressait plus vivement que de coutume de lui ouvrir son cœur et de lui confier la peine secrète dont il semblait dévoré, il lui dit en l'embrassant avec tendresse :

— O ma bonne mère! pardonne à ton pauvre fils dont la tête faible nourrit des idées noires que rien ne peut dissiper et qui reviennent sans cesse agiter son âme. Je ne sais si elles sont la suite de la funeste aventure à laquelle je viens d'échapper; mais j'ai le pressentiment que cette année ne se passera pas sans qu'il m'arrive quelque chose de fatal.

Sa mère employa tout ce que la tendresse et la raison ont de plus efficace pour détruire cette chimère, si funeste à son repos et à celui de son fils. Elle ne put y parvenir. Elle fut réduite à compter les jours de cette dangereuse année, à ne pas quitter son fils d'un instant, ni d'un pas; à l'entourer jour et nuit de tous les soins de la surveillance maternelle, et en un mot, à jouer le rôle de ces mères dont les enfants, dans les contes des fées, se trouvent menacés d'un grand danger jusqu'à une certaine époque. L'année fatale arrivait enfin à son dernier terme; la tendre mère avait rassemblé toute la famille pour célébrer un si grand jour, quoiqu'elle et son fils fussent seuls dans la confidence de ces craintes malheureuses. Quand le dîner fut fini, comme il faisait un temps superbe, et qu'on pouvait disposer encore de quelques heures, on proposa de mettre les chevaux aux voitures et d'aller faire un tour à la chasse dans le parc jusqu'à la nuit. La proposition est accueillie; hommes et femmes partent tous, et laissent le jeune Pierret peu ami de ces plaisirs bruyants, dans la compagnie de sa mère.

— Eh bien! lui disait la vieille dame, la voilà enfin révolue cette terrible année que tu craignais tant, et que tu m'as tant fait craindre! Elle sera finie, elle l'est...

— Bientôt, mais pas encore, répondit-il sérieusement.

Madame Pierret se mit à rire et haussa les épaules. Cependant, peu à peu le jour tombait, et la compagnie, dont le rendez-vous était à la maison, se rassemblait insensiblement. Ils arrivaient les uns après les autres, et se trouvèrent bientôt en nombre assez

considérable pour essayer des jeux de société. On proposa la *main chaude :* aussitôt acceptée que proposée. On commence, on frappe tour à tour ; très peu occupé du jeu, et n'y trouvant de plaisir que celui que sa complaisance pouvait faire aux autres, Pierret, bientôt la tête cachée sur les genoux de sa mère, se trompait à tous les coups et ne devinait jamais. Il y avait une apparence qu'il ne quitterait pas la place de la soirée, lorsqu'un de ses beaux-frères, arrivé de la chasse avec son fusil à la main, s'approche du jeune homme et le chatouille dans le creux de la main avec le bout du fusil.... Le coup éclate aussitôt, par je ne sais quelle fatalité, et brise les reins du malheureux Pierret, sur le sein de sa mère plus malheureuse encore. Je n'entreprendrai pas de vous décrire cette scène d'horreur à laquelle j'assistai. Je ne dirai pas non plus que les derniers mots de l'infortuné furent cette exclamation murmurée avec douceur :
— Eh bien ! ma mère !
Et il retomba mourant à ses pieds.

HOCQUE. Après l'édit de 1682 pour la punition des maléfices, la race des sorciers malfaisants diminua sensiblement en France. Mais il restait encore, dans la Brie, aux environs de Paris, une cabale de bergers qui faisaient mourir les bestiaux, attentaient à la vie des hommes, commettaient plusieurs autres crimes, et s'étaient rendus formidables à la province. Il y en eut enfin d'arrêtés ; le juge de Pacy instruisit le procès ; et par les preuves, il parut évident que tous ces maux étaient commis par maléfices et sortilèges.

Les sorts et les poisons dont ces bandits se servaient pour faire mourir les bestiaux consistaient dans une composition qu'ils avouèrent au procès, et qui est rapportée dans les factums, mais remplie de sacrilèges, d'impiétés, d'abominations et d'horreurs, en même temps que de poisons. Ils mettaient cette composition dans un pot de terre, et l'enterraient, ou sous le seuil de la porte des étables aux bestiaux, ou dans le chemin par où ils passaient ; et tant que ce sort demeurait en ce lieu, ou que celui qui l'avait posé était en vie, la mortalité ne cessait point ; c'est ainsi qu'ils s'en expliquèrent dans leurs interrogatoires.

Une circonstance singulière de leur procès fit croire qu'il y avait un vrai pacte entre eux et le diable, pour commettre tous ces maléfices. Ils avouèrent qu'ils avaient jeté les sorts sur les bestiaux du fermier de la terre de Pacy, près de Brie-Comte-Robert, pour venger l'un d'eux que ce fermier avait chassé et mis hors de son service. Ils firent le récit exact de leur composition, mais jamais aucun d'eux ne voulut découvrir le lieu où ils avaient enterré le sort, et on ne savait, après de semblables aveux, d'où pouvait venir leur réticence sur ce dernier fait. Le juge les pressa de s'en expliquer ; ils dirent que s'ils découvraient ce lieu, et qu'on levât le sort, celui qui l'avait posé mourrait à l'instant.

L'un de leurs complices, nommé Etienne Hocque, moins coupable que les autres, et qui n'avait été condamné qu'aux galères, était à la chaîne dans les prisons de la Tournelle. On gagna un autre forçat nommé Béatrix, qui était attaché avec lui. Ce dernier, à qui le seigneur de Pacy avait fait tenir de l'argent, fit un jour tant boire Hocque qu'il l'enivra et en cet état le mit sur le chapitre du sort de Pacy. Il tira de lui le secret qu'il n'y avait qu'un berger nommé Bras-de-Fer, qui demeurait près de Sens, qui pût lever le sort par ses conjurations.

Béatrix, profitant de ce commencement de confidence, engagea le vieux berger à écrire à son fils une lettre par laquelle il lui mandait d'aller trouver Bras-de-Fer, pour le prier de lever ce sort, et lui défendait surtout de dire à Bras-de-Fer qu'il fût condamné et emprisonné, ni que c'était lui, Hocque, qui avait posé le sort.

Cette lettre écrite, Hocque s'endormit. Mais à son réveil, les fumées du vin étant dissipées, et réfléchissant sur ce qu'il avait fait, il poussa des cris et des hurlements épouvantables, se plaignant que Béatrix l'avait trompé, et qu'il serait cause de sa mort. Il se jeta en même temps sur lui, et voulut l'étrangler, ce qui excita les autres forçats contre Béatrix, en sorte qu'il fallut que le commandant de la Tournelle vînt avec ses gardes pour apaiser ce désordre, et tirer Béatrix de leurs mains.

Cependant la lettre fut envoyée au seigneur, qui la fit remettre à son adresse. Bras-de-Fer vint à Pacy, entra dans les écuries, et, après avoir fait des figures et des imprécations, il trouva effectivement le sort qui avait été jeté sur les chevaux et les vaches ; il le leva et le jeta au feu, en présence du fermier et de ses domestiques. Mais à l'instant il parut chagrin, témoigna du regret de ce qu'il venait de faire, et dit que le diable lui avait révélé que c'était Hocque, son ami, qui avait posé le sort en cet endroit, et qu'il était mort à six lieues de Pacy, au moment que ce sort venait d'être levé...

En effet, par les observations qui furent faites au château de la Tournelle, il y a preuve qu'au même jour et à la même heure que Bras-de-Fer avait commencé à lever le sort, Hocque, qui était un homme des plus forts et des plus robustes, était mort en un instant dans des convulsions étranges, et se tourmentant comme un possédé, sans vouloir entendre parler de Dieu ni de confession.....

Bras-de-Fer avait été pressé de lever aussi le sort jeté sur les moutons, mais il dit qu'il n'en ferait rien, parce qu'il venait d'apprendre que ce sort avait été posé par les enfants de Hocque, et qu'il ne voulait pas les faire mourir comme leur père. Sur ce refus, le fermier eut recours aux juges du lieu. Bras-de-Fer, les deux fils et la fille de Hocque furent arrêtés avec deux autres bergers, leurs complices, nommés Jardin et le Petit-Pierre ; leur procès instruit, Bras-de-Fer, Jardin et le Petit-Pierre furent condamnés à être pendus et brûlés, et les trois enfants de Hocque bannis pour neuf ans (1)...

On lira ici avec plaisir la légende suivante de M. Edouard d'Anglemont :

LE BERGER DE LA BRIE.—1230.

Aux temps peu reculés de la sorcellerie,
Ah! qu'ils étaient puissants les bergers de la Brie!
Il n'était point prudent d'allumer leur courroux!
Tantôt on les voyait, changés en loups-garoux,
Rôder dans les hameaux, y chercher aventure,
Enlever les enfants, en faire leur pâture;
Tantôt de flots de grêle ils frappaient les moissons
Ou dans les tas de blé semaient des charançons.
Avaient-ils à franchir un immense intervalle,
Le manche d'un balai leur servait de cavale;
Leur regard rendait pâle un visage vermeil
Avec un œil de pie ils ôtaient le sommeil.....
Pour répandre l'effroi, pour troubler les esprits,
Leur fallait-il un spectre, une chauve-souris
Leur baguette aussitôt les faisait apparaître;
Voulaient-ils mettre obstacle au sermon d'un saint prêtre;
D'un pêcheur repentant arrêter les aveux,
Ils jetaient sous leurs pieds des crins ou des cheveux.
Mais s'ils étaient connus par de noirs maléfices
Ils rendaient quelquefois aussi de bons offices ;
Souvent avec une herbe, un signe, quelques mots,
Mieux que tout l'art d'un mire, ils guérissaient les maux.
En ces champs où, parmi les glayeuls et les aunes,
La Marne vers Lagny roule ses ondes jaunes,
Atteint d'un mal sans nom et qui semblait mortel,
Un baron languissait au sein de son castel.
Soudain la renommée apporte à son oreille
Le bruit d'une science à nulle autre pareille ;
Aussitôt par son ordre un varlet va chercher
Celui qui la possède, au fond de son rocher.
Il accourt au manoir; il entre; la rosée
Luit sur ses longs sourcils, sur sa barbe frisée.
Et sur ses cheveux roux au hasard ondoyants.
Ses yeux sont tour à tour ternes ou flamboyants :
Il porte sur son front et verveine et sélage (2),
Sur son dos une peau d'un noirâtre pelage ;
Un sarreau de lin gris couvre ses reins pressés
De rameaux de fougère en ceinture tressés ;
Il tient de la main droite une baguette blanche:
Un coffret de fer-blanc, qui sonne sur sa hanche,
Contient l'herbe qui tue et l'herbe qui guérit ;
Un livre en traits de sang par Lucifer écrit.
Autour de son cou brille un carcan planétaire ;
Et ses pieds, tout fangeux, sont empreints d'une terre,
Qu'on ne peut rencontrer ailleurs qu'en un grand bois,
D'où partent nuit et jour des cris et des abois :
On est mort, si l'on ose en passer les barrières!

LE BARON.
Approche. N'es-tu pas le berger des carrières?

LE BERGER.
Oui. Que demandez-vous de moi ?

LE BARON.
De me guérir.

LE BERGER.
Vous êtes en effet en danger de mourir.

LE BARON.
Ton art n'aurait-il point de ressources ?

LE BERGER.
J'y pense.

LE BARON.
Sauve-moi ; tout cet or sera ta récompense

LE BERGER.
Oui, je puis vous sauver, mais si vous consentez
A remettre en mes mains....

LE BARON.
Eh! quoi donc?

LE BERGER.
Écoutez:
Vous avez, monseigneur, un enfant en bas-âge.
Eh bien! comme l'enfer ne veut aucun dommage,
Il faudrait que le sort que l'on vous a jeté
Sur cet être innocent fût par moi transporté.

LE BARON.
Que me proposes-tu? retire-toi.

LE BERGER.
Je reste.
Vous sentez, je le vois, s'accroître un mal funeste

(1) Le commissaire Delamarre, Traité de la police.
(2) Le sélage est une plante dont se paraient autrefois les druidesses et dont les sorciers ont fait depuis le même

LE BARON.
Quel feu dans ma poitrine! Ah! quels déchirements!
On ne peut supporter de semblables tourments!
Ah! je me meurs! l'enfer!... Sauve-moi; je le livre....

LE BERGER.
Monseigneur, hâtez-vous; jurez-le sur ce livre.
Et le baron, en proie à son égarement,
Sur le livre magique en fait l'affreux serment
Et le berger dans l'air agite sa houssine
Dont le signe infernal lentement se dessine
En s'écriant : « Alpha, Rello, Jaldérichel ! »

LE BARON.
Je me sens bien.

LE BERGER.
Tenez votre serment

LE BARON.
Lequel?

LE BERGER.
Livrez-moi votre enfant, car je ne puis attendre.

LE BARON.
Tu me perces le cœur, je ne saurais t'entendre.
Prends cet or, fuis, mets fin à ces cruels débats.

LE BERGER.
L'enfant de monseigneur !

UN VARLET entrant.
Le voyez-vous là-bas?
Sur la blanche jument sa nourrice l'emporte ;
Elle a, m'a-t-elle dit, écouté de la porte ;
Courez; si vous voulez les atteindre, il est temps!
Et roulant des regards de colère éclatants,
Le berger aussitôt avec des cris de rage:
« Devais-je retirer ce fruit de mon ouvrage?
Belzébuth de ses droits ne peut être frustré!
Il faut que quelqu'un meure, et c'est moi qui mourrai
Déjà des doigts de plomb pèsent sur ma paupière ;
Ah ! femme de malheur ! » Et, froid comme la pierre,
Il s'enfuit de la salle ; il veut franchir le pas,
Et tombe consumé d'un feu qu'on ne voit pas.

HODEKEN. Voy. HECDEKIN. Voy. aussi DIABLE.

HOFFMANN. Célèbre auteur allemand de contes fantastiques, où le surnaturel occupe, d'une manière très-originale, la plus grande place.

HOLDA. La holda était, chez les anciens Gaulois, une espèce de sabbat nocturne, où des sorciers faisaient leurs orgies avec des démons transformés en danseuses. Voy. BENSOZIA.

On parle encore en Allemagne de *holda, la bonne fileuse* (sorte de fée qui remplace, dans les opinions populaires, une divinité antique). Elle visite sans être vue la maison du laboureur, elle charge de laine les fuseaux des ménagères diligentes, et répand l'abondance autour d'elle (3).

HOLGER-DANSVRE, ou Ogier le Danois. Voy. FRÉDÉRIC.

HOLLANDAIS ERRANT. C'est un vaisseau fantastique qui apparaît, dit-on, dans les parages du cap de Bonne-Espérance. Ce vaisseau déploie toutes ses voiles lorsque aucun navire n'oserait en risquer une seule. On est partagé d'opinions sur la cause de ce prodige; d'après la version la plus répandue, c'était, dans l'origine, un navire richement chargé à bord duquel se commit un horrible forfait. La peste s'y déclara, et les coupables errèrent vainement de port en port, offrant leur riche cargaison pour prix d'un asile. On les repoussait partout, de peur de la contagion. Les matelots disent que la Providence, pour perpétuer le souvenir de ce châtiment, per-

usage.

(3) M. Ozanam, De l'établissement du Christianisme en Allemagne.

met que le *Hollandais errant* apparaisse encore dans ces mers où la catastrophe eut lieu. Cette apparition est considérée comme un mauvais augure par les navigateurs (1).

Le Hollandais errant, sujet de beaucoup de traditions, s'appelle aussi le *Voltigeur hollandais*. Voyez ce mot.

HOLLERE. Magicien danois qui s'était acquis, au treizième siècle, la réputation d'un homme à miracles, et qui n'était qu'un sorcier adroit. Pour passer la mer, il se servait d'un os gigantesque marqué de quelques charmes et caractères magiques. Sur ce singulier esquif il traversait l'océan comme s'il eût été aidé de voiles et poussé par les vents. Il fut maltraité par les autres sorciers, ses envieux, qui l'obligèrent à quitter le pays (2).

HOLZHAUSER (Barthélemy), visionnaire allemand, né en 1613. Le diable apparut à sa naissance, sous la forme d'un laid chien noir; le nouveau-né s'écria qu'il ne le craignait point, et le diable décampa.

En étudiant le latin, il fut attaqué de la peste qui régnait à Cologne. Comme il était sur son lit, il sentit quelqu'un lui donner un soufflet. Il se tourna, ne vit personne, mais le soufflet l'avait guéri; il retourna en classe.

Il alla faire sa philosophie à Ingolstadt, eut des visions sans nombre, fut vexé par les démons, pourchassé par des spectres. Il délivra des possédés, prophétisa et publia ses visions.

Et d'abord il mit au jour son Voyage aux enfers. — Il fit paraître ensuite un recueil de diverses petites visions peu remarquables, et son Explication de l'Apocalypse, dont il trouva toutes les prédictions en train de s'accomplir. Il mourut en 1658.

Ses visions sont très-bizarres. Il vit un jour sept animaux : un crapaud qui chantait comme un perroquet; un chameau qui portait des reliques; un être qui tenait du cheval hennissant et du chien aboyant; un grand serpent plein de fiel, qui avalait des âmes; un pourceau énorme qui se vautrait dans la fange et qui allait de travers; un sanglier qui exécrait, et enfin une septième bête, morte et sans nom.

Barthélemy vit ensuite une monarchie, deux siéges et un archange qui se promenait entre plusieurs fauteuils; il vit un roi à cheval sur le Danube, puis plusieurs petits vers qui allaient en manger un grand, lorsqu'un chat vint qui chassa tous les petits vers et délivra le grand (3)...

Nous ne pouvons rien prononcer sur ces visions.

HOMMES. Il paraît qu'il n'y a que l'homme à qui la nature ait donné une figure droite et la faculté de contempler les cieux. Seul parmi les animaux il a l'épine du dos et l'os de la cuisse en ligne droite. C'est un fait, dit Aristote, que si l'homme est le seul à qui il arrive des illusions nocturnes, c'est parce qu'il n'y a proprement que lui qui se couche sur le dos, c'est-à-dire de manière que l'épine et la cuisse fassent une ligne droite, et que l'une et l'autre, avec les bras, soient parallèles à l'horizon. Or les animaux ne peuvent pas se coucher ainsi ; quoique leur épine soit parallèle à l'horizon, leurs épaules sont détournées et forment deux angles.

Lisez Xénophon, Hérodote, Plutarque et autres historiens, vous verrez qu'il existe des contrées fabuleuses où les hommes ont une tête de dogue ou de bichon, des pays où ils n'ont qu'un œil, d'autres où ils n'ont qu'un pied, sur lequel ils sautent, de sorte que quand ils veulent courir, ils sont obligés de se mettre deux et de se tenir par le bras; d'autres enfin où ils n'ont point de tête, etc. (4). Voyez Hèse.

HOMME NOIR. L'homme noir qui promet aux pauvres de les faire riches s'ils veulent se donner à lui, n'est autre que le diable. — On lit ce qui suit dans la légende dorée : — Un chevalier qui jouissait d'une grande fortune, et qui la dépensait en libéralités, devint bientôt si pauvre, qu'il manquait du nécessaire. Comme il n'avait pas le courage de recourir à ses amis, et que ses amis ne paraissaient pas disposés à se souvenir de lui, il tomba dans une grande tristesse, qui redoubla encore à l'approche de son jour natal, où il avait coutume de faire le magnifique. Occupé de ses chagrins, il s'égara dans une solitude ; il y vit bientôt paraître devant lui un homme vêtu de noir, d'une taille haute, monté sur un cheval superbe. Ce cavalier qu'il ne connaissait pas lui demanda la cause de sa douleur. Après qu'il l'eut apprise, il ajouta : — Si vous voulez me rendre hommage, je vous donnerai plus de richesses que vous n'en avez perdu.

— Cette proposition n'avait rien d'extraordinaire dans un temps où la féodalité était en usage. Le chevalier promit à l'étranger de faire ce qu'il exigerait, s'il pouvait lui rendre sa fortune. — Eh bien ! reprit le diable (car c'était lui), retournez à votre maison, vous trouverez dans tel endroit de grandes sommes d'or et une quantité de pierres précieuses. Quant à l'hommage que j'attends de vous, c'est que vous ameniez votre femme ici dans un an.

— Le chevalier s'engagea, regagna sa maison, trouva les trésors indiqués, et reprit son habitude de largesses qui lui ramena ses bons amis.

— A la fin de l'année, il songea à tenir sa promesse. Il appela sa femme. — Vous allez monter à cheval et venir avec moi, lui dit-il, car nous avons un petit voyage à faire.

C'était une dame pieuse, qui avait grande dévotion à la sainte Vierge. Elle fit sa prière, et suivit son mari sans demander où il la conduisait.

---

(1) Walter Scott, Mathilde de Rokeby, chant 2º.
(2) Jugements de Dieu, de Chassagnon, p. 114.
(3) Biographia venerabilis servi Dei Bartholomæi Holzhauser, etc., Bambergæ, 1784, in-8º. Accedunt ejusdem in Apocalypsim commentarii plane admirabiles.—Visiones venerabilis servi Dei Bartholomæi Holzhauser, etc., digna ævi nostri memoria ad ejus Biographiam appendix, Bambergæ, 1795, in-8º.
(4) M. Salgues, des Erreurs et des préjugés, t. Ier; p. 10.

— Après avoir marché plus d'une heure, les deux époux rencontrèrent une église. La dame voulant y entrer, descendit de cheval ; son mari l'attendit à la porte. A peine fut-elle entrée dans l'église qu'elle s'endormit en commençant à prier ; la sainte Vierge ayant pris sa figure, rejoignit le chevalier et partit avec lui au rendez-vous.

— Lorsqu'ils arrivèrent au lieu désigné, le prince des démons y parut avec fracas. Mais dès qu'il aperçut la dame que le chevalier lui amenait, il commença à trembler de tous ses membres, et ne trouva plus de force pour s'avancer au-devant d'elle. — Homme perfide, s'écria-t-il, est-ce ainsi que tu devais reconnaître mes bienfaits ? Je t'avais prié de m'amener ta femme, et tu viens ici avec la mère de Dieu, qui va me renvoyer aux enfers !....

Le chevalier, stupéfait, ne savait quelle contenance garder ; la sainte Vierge dit au diable : — Méchant esprit, oserais-tu bien faire du mal à une femme que je protège ? Rentre dans l'abîme, et souviens-toi de ne jamais chercher à nuire à ceux qui mettent en moi leur confiance...

Le diable se retira. Le chevalier éperdu se jeta à genoux devant Notre-Dame, qui, après lui avoir reproché son égarement indigne, le reconduisit à l'église où sa femme dormait encore. Les deux époux rentrèrent chez eux ; ils se dépouillèrent des richesses qu'ils tenaient du diable ; mais ils n'en furent pas plus pauvres, parce qu'ils reconnurent que les biens matériels ne sont pas les vraies richesses (1).

Le père Abram rapporte l'anecdote suivante, dans son histoire manuscrite de l'université de Pont-à-Mousson :

« Un jeune garçon de bonne famille, mais peu fourni d'argent, se mit à servir dans l'armée parmi les valets. De là ses parents l'envoyèrent aux écoles ; mais ne s'accommodant pas de l'assujettissement que demandent les études, il résolut de retourner à son premier genre de vie. En chemin il rencontra un homme vêtu d'un habit de soie noire, au reste de mauvaise mine, qui lui demanda où il allait, et pourquoi il avait l'air si triste ? — Je suis, ajouta-t-il, en état de vous mettre à votre aise, si vous voulez vous donner à moi.

Le jeune homme, croyant qu'il parlait de l'engager à son service, lui demanda un moment pour y penser. Mais, commençant à se défier des magnifiques promesses que l'étranger lui faisait, il le considéra de plus près, et ayant remarqué qu'il avait le pied gauche fendu comme celui d'un bœuf, il fut saisi de frayeur, fit le signe de la croix et invoqua le nom de Jésus. Aussitôt le spectre s'évanouit.

« Trois jours après, la même figure lui apparut de nouveau, et lui demanda s'il avait pris sa résolution ? le jeune homme répondit qu'il n'avait pas besoin de maître. L'homme noir jeta à ses pieds une bourse pleine d'é-

(1) Voyez cette légende curieuse plus développée dans les *légendes de la sainte Vierge*, où elle est intitulée : le

cus, dont quelques-uns paraissaient d'or et nouvellement frappés. Dans la même bourse il y avait une poudre que le spectre disait très-subtile. Il lui donna ensuite des conseils abominables, et l'exhorta à renoncer à l'usage de l'eau bénite et à l'adoration de l'hostie. Le jeune homme eut horreur de ces propositions ; il fit le signe de la croix sur son cœur, et en même temps il se sentit jeté si rudement contre terre, qu'il y demeura une demi-heure. S'étant relevé, il retourna chez ses parents, fit pénitence et changea de conduite. Les pièces qui paraissaient d'or et nouvellement frappées, ayant été mises au feu, ne se trouvèrent être que du cuivre. » Ainsi, bonnes gens, défiez-vous de l'homme noir. *Voy.* ARGENT. *Voy.* aussi HUGUES.

HOMME ROUGE, — démon des tempêtes. « La nuit, dans les affreux déserts des côtes de la Bretagne, près Saint-Paul-de-Léon (2), des fantômes hurlants parcourent le rivage. L'homme rouge en fureur commande aux éléments et précipite dans les ondes le voyageur qui trouble ses secrets et la solitude qu'il aime. »

On croit dans le peuple qu'un petit *homme rouge* mystérieux apparut à Napoléon pour lui annoncer ses revers.

HONGROIS, *Voy.* OGRES.

HONORIUS, *Voy.* GRIMOIRE.

HOREY, nom que les nègres de la côte occidentale d'Afrique donnent au diable, qui n'est sans doute qu'un nègre aposté par les marabouts. Les cérémonies de la circoncision ne manquent jamais d'être accompagnées des mugissements du Horey. Ce bruit ressemble au son le plus bas de la voix humaine. Il se fait entendre à peu de distance, et cause une frayeur extrême aux jeunes gens. Dès qu'il commence, les nègres préparent des aliments pour le diable, et les lui portent sous un arbre. Tout ce qu'on lui présente est dévoré, dit-on, sur-le-champ, sans qu'il en reste un os. Si la provision ne lui suffit pas, il trouve le moyen d'enlever quelque jeune homme non encore circoncis. Les nègres prétendent qu'il garde sa proie dans son ventre, et que plusieurs jeunes gens y ont passé jusqu'à dix ou douze jours. Après sa délivrance, la victime qui a été avalée demeure muette autant de jours qu'elle en a passé dans le ventre du diable.

Les nègres parlent avec effroi de cet esprit malin ; et l'on ne peut qu'être surpris de la confiance avec laquelle ils assurent avoir été non-seulement enlevés, mais avalés par ce monstre.

HOROSCOPES. Un maréchal ferrant de Beauvais avait fait tirer l'horoscope de son fils. L'astrologue, après avoir examiné les divers aspects des astres, découvrit que l'enfant était menacé de mourir à quinze ans d'un coup de tonnerre. Il désigna en même temps le mois, le jour et l'heure où l'événement devait avoir lieu ; mais il ajouta qu'une cage de fer sauverait le jeune homme.

Quand le temps arriva, le père chercha

Sire de Champ-Fleury.
(2) Cambry, Voyage dans le Finistère, t. *I*.

comment la cage de fer pourrait éviter à son fils une mort si prématurée; il pensa que le sens de l'oracle était probablement d'enfermer ce jour-là son enfant dans une cage de fer bien fermée. Il se mit à travailler à la construction de cette cage sans en parler à personne. Le moment arriva. Une nuée paraissait se former dans le ciel, et justifiait jusqu'alors le dire de l'astrologue. Il appelle donc son fils et lui annonce que son étoile le condamnait à être tué du tonnerre, un peu avant midi, s'il n'avait heureusement trouvé le moyen de le soustraire à sa mauvaise planète; il le pria d'entrer dans la cage de fer.

Le fils, un peu plus instruit que son père, pensa que, loin de le garantir du tonnerre, cette cage ne servirait au contraire qu'à l'attirer; il s'obstina à rester dans sa chambre, où il se mit à réciter l'Evangile de saint Jean. Cependant les nuages s'amoncellent, le temps se couvre, le tonnerre gronde, l'éclair brille, la foudre tombe sur la cage de fer et la réduit en poudre. Le maréchal surpris bénit pour la première fois le ciel d'avoir rendu son fils désobéissant, et vit toutefois l'oracle accompli. Du moins tel est le conte. Voy. ASTROLOGIE.

Horoscopes tout faits, ou moyen de connaître sa destinée par les constellations de la naissance.

Nous empruntons ces plaisanteries, qui ont été si sérieuses pour nos pères, et que l'Eglise a toujours combattues, aux divers livres sur la matière, traitée par Jacques de Hagen et par cent autres, du ton le plus grave.

Les auteurs qui ont écrit sur les horoscopes ont établi plusieurs systèmes semblables à celui-ci pour la forme, et tout différents pour les choses. Les personnes qui se trouvent ici avec le plus heureux naturel, seront ailleurs des êtres abominables. Les astrologues ont fondé leurs oracles sur le caprice de leur imagination, et chacun d'eux nous a donné les passions qui se sont rencontrées sous sa plume au moment qu'il écrivait. Qui croira aux présages de sa constellation, devra croire aussi à tous les pronostics de l'almanach journalier, et avec plus de raison encore, puisque les astres ont sur la température une influence qu'ils n'ont pas tant sur nous. Enfin, si la divination qu'on va lire était fondée, il n'y aurait dans les hommes et dans les femmes que douze sortes de naturels, dès lors que tous ceux qui naissent sous le même signe ont les mêmes passions et doivent subir les mêmes accidents; et tout le monde sait si dans les millions de mortels qui habitent la surface du globe, il s'en trouve souvent deux dont les destinées et les caractères se ressemblent.

1° *La Balance*. (C'est la balance de Thémis qu'on a mise au nombre des constellations. Elle donne les procès.) La Balance domine dans le ciel depuis le 22 septembre jusqu'au 21 octobre.

Les hommes qui naissent dans cet espace de temps, naissent sous le signe de la Balance. — Ils sont ordinairement querelleurs. Ils aiment les plaisirs, réussissent dans le commerce, principalement sur les mers, et feront de grands voyages. Ils ont en partage la beauté, des manières aisées, des talents pour la parole; cependant ils manquent à leurs promesses, et ont plus de bonheur que de soin. Ils auront de grands héritages.

Ils seront veufs de leur première femme, et n'auront pas beaucoup d'enfants. Qu'ils se défient des incendies et de l'eau chaude.

La femme qui naît sous cette constellation sera aimable, gaie, agréable, enjouée, assez heureuse. Elle aimera les fleurs; elle aura de bonnes manières; la douce persuasion coulera de ses lèvres. Elle sera cependant susceptible et querelleuse. — Elle se mariera à dix-sept ou à vingt-trois ans. Qu'elle se défie du feu et de l'eau chaude.

2° *Le Scorpion*. (C'est Orion, que Diane changea en cet animal, et qu'on a mis au nombre des constellations. Il donne la malice et la fourberie.) Le Scorpion domine dans le ciel du 22 octobre au 21 novembre.

Ceux qui naissent sous cette constellation seront hardis, effrontés, flatteurs, fourbes et cachant la méchanceté sous une aimable apparence. On les entendra dire une chose, tandis qu'ils en penseront une autre. Ils seront généralement secrets et dissimulés. Leur naturel emporté les rendra inconstants. Ils jugeront mal des autres, conserveront rancune, parleront beaucoup, et auront des accès de mélancolie. Ils n'aimeront à rire qu'aux dépens d'autrui, auront quelques amis, et l'emporteront sur leurs ennemis. — Ils seront sujets aux coliques, et peuvent s'attendre à de grands héritages.

La femme qui naît sous cette constellation sera adroite et trompeuse. Elle se conduira moins bien avec son premier mari qu'avec son second. Elle aura des paroles plus douces que le cœur. Elle sera enjouée, gaie, aimant à rire, mais aussi aux dépens des autres. Elle fera des inconséquences, parlera beaucoup, pensera mal de tout le monde. Elle deviendra mélancolique avec l'âge. — Elle aura un cautère aux épaules à la suite d'une maladie d'humeurs.

3° *Le Sagittaire*. (C'est Chiron le Centaure, qui apprit à Achille à tirer de l'arc, et qui fut mis au nombre des constellations. Il donne l'amour de la chasse et des voyages.) Le Sagittaire domine dans le ciel, du 22 novembre au 21 décembre.

L'homme qui naît sous cette constellation aimera les voyages et s'enrichira sur les mers. Il sera d'un tempérament robuste, aura de l'agilité et se montrera d'un esprit attentif. Il se fera des amis dont il dépensera l'argent. Il aura un goût déterminé pour l'équitation, la chasse, les courses, les jeux de force et d'adresse, et les combats. Il sera juste, secret, fidèle, laborieux, sociable, et aura autant d'amour-propre que d'esprit.

La femme qui naît sous cette constellation sera d'un esprit inquiet et remuant; elle aimera le travail. Son âme s'ouvrira aisément à la pitié; elle aura du goût pour les voyages, et ne pourra rester longtemps dans le même pays. Elle sera présomptueuse et douée de quelques qualités tant de l'esprit que du cœur. — Elle se mariera à dix-neuf ou à vingt-quatre ans. Elle sera bonne mère.

4° *Le Capricorne.* (C'est la chèvre Amalthée qui allaita Jupiter, et qui fut mise au nombre des constellations. Elle donne l'étourderie.) Le Capricorne domine dans le ciel du 22 décembre au 21 janvier.

Celui qui naît sous cette constellation sera d'un naturel irascible, léger, soupçonneux, ami des procès et des querelles; il aimera le travail, mais il hantera de mauvaises sociétés. Ses excès le rendront malade. Rien n'est plus inconstant que cet homme, s'il est né dans la nuit. Il sera enjoué, actif et fera quelquefois du bien. Son étoile le rendra heureux sur mer. Il parlera modérément, aura la tête petite et les yeux enfoncés.

Il deviendra riche et avare dans les dernières années de sa vie. Les bains, dans ses maladies, pourront lui rendre la santé.

La femme qui naît sous cette constellation sera vive, légère, et cependant tellement timide dans ses jeunes années, qu'un rien pourra la faire rougir. Mais son caractère deviendra plus ferme et plus hardi dans l'âge plus avancé. Elle se montrera jalouse, tout en voulant cacher sa jalousie. Elle parlera beaucoup, et fera des inconséquences. Elle aimera à voyager. Elle ne sera pas d'une grande beauté.

5° *Le Verseau.* (C'est Ganymède, fils de Tros, que Jupiter enleva pour verser le nectar aux dieux, et qu'on a mis au nombre des constellations. Il donne la gaîté.) Le Verseau domine dans le ciel du 22 janvier au 21 février.

L'homme qui naît sous cette constellation sera aimable, spirituel, ami de la joie, curieux, sujet à la fièvre, facile aux projets, pauvre dans la première partie de sa vie, riche ensuite, mais modérément. Il sera bavard et léger, quoique discret. Il fera des maladies, courra des dangers. Il aimera la gloire; il vivra longtemps. Il aura peu d'enfants.

La femme qui naît sous cette constellation sera constante, généreuse, sincère et libérale. Elle aura des chagrins, sera en butte aux adversités, et fera de longs voyages. Elle sera fidèle, sage et enjouée.

6° *Les Poissons.* (Les dauphins qui amenèrent Amphitrite à Neptune furent mis au nombre des constellations. Ils donnent la douceur.) Les Poissons dominent dans le ciel du 22 février au 22 mars.

Celui qui naît sous cette constellation sera officieux, gai, aimant à jouer, d'un bon naturel, heureux hors de sa maison. Il ne sera pas riche dans sa jeunesse. Devenu plus aisé, il prendra peu de soin de sa fortune, et ne profitera pas des leçons de l'expérience. Des paroles indiscrètes lui attireront quelques désagréments. Il sera présomptueux.

La femme qui naît sous cette constellation sera belle. Elle éprouvera des ennuis et des peines dans sa jeunesse. Elle aimera à faire du bien. Elle sera sensée, discrète, économe, médiocrement sensible, et fuira le monde. Sa santé, faible jusqu'à vingt-huit ans, deviendra alors plus robuste. Elle aura cependant de temps en temps des coliques.

7° *Le Bélier.* (C'est le bélier qui portait la toison d'or, et qui fut mis au nombre des constellations. Il donne les emportements.) Le bélier domine dans le ciel du 23 mars au 21 avril.

Ceux qui naissent sous cette constellation sont irascibles, prompts, vifs, éloquents, studieux, violents, menteurs, enclins à l'inconstance. Ils tiennent rarement leur parole et oublient leurs promesses. Ils courront des dangers avec les chevaux. Ils aimeront la pêche et la chasse.

La femme qui naît sous cette constellation sera jolie, vive et curieuse. Elle aimera les nouvelles, aura un grand penchant pour le mensonge, et ne sera pas ennemie de la bonne chère. Elle aura des colères, sera médisante dans sa vieillesse et jugera sévèrement les femmes. Elle se mariera de bonne heure et aura beaucoup d'enfants.

8° *Le Taureau.* (C'est le taureau dont Jupiter prit la forme pour enlever Europe, et qui fut mis au nombre des constellations. Il donne la hardiesse et la force.) Le Taureau domine dans le ciel du 22 avril au 21 mai.

L'homme qui naît sous cette constellation est audacieux; il aura des ennemis qu'il saura mettre hors d'état de lui nuire. Le bonheur ne lui sera pas étranger. Il voyagera dans des pays lointains. Sa vie sera longue et peu sujette aux maladies.

La femme qui naît sous cette constellation est douée de force et d'énergie. Elle aura du courage; mais elle sera violente et emportée. Néanmoins elle saura se plier à son devoir et obéir à son mari. On trouvera dans cette femme un fonds de raison et de bon sens. Elle parlera pourtant un peu trop. Elle sera plusieurs fois veuve et aura quelques enfants, à qui elle laissera des richesses.

9° *Les Gémeaux.* (Les Gémeaux sont Castor et Pollux qu'on a mis au nombre des constellations. Ils donnent l'amitié.) Les Gémeaux dominent le ciel du 22 mai au 21 juin.

Celui qui naît sous cette constellation aura un bon cœur, une belle figure, de l'esprit, de la prudence et de la générosité. Il sera présomptueux, aimera les courses et les voyages, et ne cherchera pas beaucoup à augmenter sa fortune; cependant il ne s'appauvrira point. Il sera rusé, gai, enjoué; il aura des dispositions pour les arts.

La femme qui naît sous cette constellation est aimante et belle. Elle aura le cœur doux et simple. Elle négligera peut-être un peu trop ses affaires. Les beaux-arts, principalement le dessin et la musique, auront beaucoup de charmes pour elle.

10° *L'Ecrevisse.* (C'est le cancre ou l'écrevisse qui piqua Hercule tandis qu'il tuait l'hydre du marais de Lerne, et qui fut mise au nombre des constellations. Elle donne les désagréments.) L'Ecrevisse domine dans le ciel du 22 juin au 21 juillet.

Les hommes qui naissent sous cette constellation sont sensuels. Ils auront des procès et des querelles, dont ils sortiront souvent à leur avantage; ils éprouveront de grands périls sur mer. Cet horoscope donne ordinairement un penchant à la gourmandise; quelquefois aussi de la prudence, de l'esprit, une certaine dose de modestie.

La femme qui naît sous cette constellation est assez belle, active, emportée, mais facile à apaiser. Elle ne deviendra jamais très-grasse; elle aimera à rendre service, sera timide et un peu trompeuse.

11° *Le Lion.* (C'est le lion de la forêt de Némée, qu'Hercule parvint à étouffer, et qui fut mis au nombre des constellations. Il donne le courage.) Le Lion domine dans le ciel du 22 juillet au 21 août.

Celui qui naît sous cette constellation est brave, hardi, magnanime, fier, éloquent et orgueilleux. Il aime la raillerie. Il sera souvent entouré de dangers; ses enfants feront sa consolation et son bonheur. Il s'abandonnera à sa colère et s'en repentira toujours. Les honneurs et les dignités viendront le trouver; mais auparavant il les aura cherchés longtemps. Il aura de gros mollets.

La femme qui naît sous cette constellation sera vive, colère et hardie. Elle gardera rancune. Elle parlera beaucoup, et ses paroles seront souvent amères. Au reste, elle sera belle; elle aura la tête grosse. — Qu'elle se tienne en garde contre l'eau bouillante et le feu. Elle sera sujette aux coliques d'estomac. Elle aura peu d'enfants.

12° *La Vierge.* (C'est Astrée qu'on a mise au nombre des constellations. Elle donne la pudeur.) La Vierge domine dans le ciel du 22 août au 21 septembre.

L'homme qui naît sous cette constellation est bien fait, sincère, généreux, spirituel, aimant les honneurs. Il sera volé. Il ne saura garder le secret des autres ni le sien. Il aura de l'orgueil, sera décent dans son maintien, dans son langage, et fera du bien à ses amis. Il sera compatissant aux maux des autres. Il aimera la propreté et la toilette.

La femme qui naît sous cette constellation sera chaste, honnête, timide, prévoyante et spirituelle. Elle aimera à faire et à dire du bien. Elle rendra service toutes les fois qu'elle le pourra; mais elle sera un peu irascible. Cependant sa colère ne sera ni dangereuse ni de longue durée....

On peut espérer que le lecteur ne s'arrêtera à cette ridicule prescience, que pour se divertir un instant.

HORTILOPITS (JEANNE), sorcière du pays de Labour, arrêtée comme telle en 1603, dès l'âge de 14 ans, et châtiée pour avoir été au sabbat.

HOTELS DE VILLE. Plusieurs hôtels de ville, plusieurs cathédrales et beaucoup d'autres monuments qui surprennent, (sans parler de divers ponts), passent pour avoir été faits avec l'aide du diable. Nous donnerons ici la légende de l'hôtel de ville de Bruxelles.

Regnard, le poëte comique, n'était connu dans le monde à l'âge de trente-quatre ans, époque où il vint à Bruxelles, que par ses dissipations et ses folies. Un immense besoin d'activité le portait aux voyages. Fils d'un riche marchand, qui lui avait laissé de la fortune, il avait visité l'Italie, jouant partout gros jeu, et préparant déjà, du fruit de ses observations et de ses sensations propres, sa comédie du *Joueur.* Revenant par mer en France, avec une dame dont il faisait grande estime, il fut pris par des corsaires algériens, emmené à Constantinople, où une circonstance le vexa beaucoup, c'est que la dame, dont il faisait tant de cas, fut vendue cinq cents francs moins que lui. Esclave avec elle chez le même patron, il sut adoucir les rigueurs de la captivité par les talents qu'il possédait dans l'art culinaire. Enfin une somme de douze mille francs, que lui envoya sa famille, lui rendit la liberté, ainsi qu'à la dame, sa compagne, qu'il voulait épouser en arrivant en France, quand le mari de cette dame, qu'on croyait mort, reparut tout à coup, pour lui inspirer la comédie du *Retour imprévu.*

Reprenant alors ses voyages, il se dirigea vers les Pays-Bas, et arriva à Bruxelles, le 12 mai 1681.

Il visitait les monuments, les édifices publics, les objets curieux. Il alla voir Sainte-Gudule, l'église du Sablon, Notre-Dame de la Chapelle, le palais de l'ancienne cour, qui fut brûlé cinquante ans plus tard; il s'arrêta devant le Manneken-Pis; mais la plus grande part de son admiration fut donnée à l'hôtel de ville de Bruxelles, ce chef-d'œuvre lombard-gothique, d'une architecture que rien ne semble pouvoir reproduire aujourd'hui.

Regnard s'était présenté avec des lettres de recommandation chez maître Simon de Fierlant, chancelier de Brabant, chez maître Jean Locquet, président au grand conseil, et chez messire Mathias de Crumpippen, conseiller du prince de Parme, gouverneur des Pays-Bas pour Charles II. Ces trois graves personnages faisaient au poëte voyageur les honneurs de Bruxelles.

Pendant qu'il considérait les quatre-vingts lucarnes du toit de l'hôtel-de-ville, les quarante fenêtres de la façade, séparées par des niches qui attendent encore leurs hommes illustres, les deux lions du perron qui gardent l'écusson du sénat et du peuple bruxellois, les six tourelles exagones qui décorent l'édifice, Jean Locquet lui demanda s'il n'était pas étonné de la pompeuse tour de Saint-Michel, haute de trois cent soixante-quatre pieds, percée à jour dans toute son élévation avec tant de hardiesse et de grâce, surmontée de la statue dorée de saint Michel, girouette gigantesque de dix-sept pieds, jetée dans les airs, sur une pierre-plate de douze pieds de diamètre, au désespoir de tous les architectes à venir ?

— C'est admirable, dit Regnard; et l'hôtel de ville de Bruxelles est le plus beau monument de ce genre que j'aie vu jamais. Pourquoi faut-il que sa prodigieuse tour soit placée de travers ?

— Oh! c'est toute une histoire, dit Simon de Fierlant.

— Cela tient à l'aventure de l'architecte, ajouta Jean Locquet. Cette belle place où nous sommes était autrefois un étang. Lorsqu'en 1380 on l'eut desséché et comblé par des remblais successifs, on décida que cet endroit, comme point central, serait la Grande-Place. Elle était précédemment au Marché-aux-Herbes. On ne commença l'hôtel de Ville qu'en 1400. On amenait les matériaux par une rue qui est ici près, et qui depuis s'est toujours appelée la rue des Pierres, parce que durant quarante ans elle en fut constamment obstruée. Un bâtiment comme celui-ci en absorbe!

— Par monseigneur de Parme! s'écria Mathias de Crumpippen, vous n'arrivez pas à l'aventure de l'architecte.

— N'était-ce pas un Italien, demanda Jean Locquet?

— L'architecte de ceci, riposta vivement Simon de Fierlant! Pour un président au grand conseil, vous êtes merveilleux! Oubliez-vous que ce grand homme était Jean de Ruysbroeck, notre compatriote? Lorsqu'il voulut placer sa tour, où l'on devait, selon le vœu du bon duc Henri Ier, élever l'effigie du saint archange qui est le patron de notre ville, un religieux proposa de s'en rapporter au saint lui-même. On jeta une plume au vent; elle s'arrêta à l'endroit où vous admirez l'élégant obélisque.

— Je voudrais savoir si c'est à la chancellerie que vous avez pris cela, interrompit Jean Locquet. Il n'en fut pas ainsi; mais Jean de Ruysbroeck, étant allé consulter une sainte femme, qui vivait en recluse près de Saint-Nicolas, paroisse de l'hôtel de ville, elle lui dit de fouiller ses fondations et de poser sa tour, comme centre parfait de la ville, à l'endroit où il trouverait, vers une profondeur de 27 pieds, deux petits lions de pierres, emblêmes de Bruxelles et du Brabant. Vous pouvez les voir dans la rue de l'Ami, où ils jettent de l'eau sur des coquilles. On les déterra à 27 pieds 6 pouces du sol, à l'endroit où vous contemplez la magnifique tour.

— Mille pardons, messieurs, dit alors Crumpippen, en saisissant brusquement la parole. Mais vous défigurez complétement les faits. Par Marie-Louise d'Orléans, notre digne reine! C'est, comme a dit maître Simon de Fierlant, toute une grande histoire. Je puis heureusement la conter à notre jeune ami, car je descends par ma mère de Jean de Ruysbroeck.

— Je vous entendrai avec plaisir, dit Regnard, tout enfoncé dans la contemplation du chef-d'œuvre qu'il avait devant les yeux.

— Or donc, reprit Mathias, vous saurez que Jean de Ruysbroeck, jeune architecte qui avait visité le monde, fut chargé en 1400 de faire le plan de l'hôtel de ville de Bruxelles et d'en diriger les travaux. Ayez maintenant l'extrême bonté de diviser l'édifice en deux parties; la première comprend la façade qui est devant nous, depuis la tourelle où vous voyez une vieille horloge placée là en 1441, jusqu'à la grande tour de Saint-Michel inclusivement. Si vous en ôtiez cette tour, l'escalier des lions ferait tout juste le milieu de cette façade, qui a, comme vous voyez, onze cintres au rez-de-chaussée et dix fenêtres en ligne au premier étage. L'autre partie qui est à droite, ayant six arcades seulement surmontées de huit fenêtres, n'est plus de lui. Jean de Ruysbroeck commençait à la rue de l'Etoile et s'arrêtait à sa bonne tour.

Néanmoins, comme il voulait élever son monument et le rendre durable, il s'aperçut bientôt que la ville ne lui donnait pas assez de fonds, et reconnut qu'il ne viendrait jamais à bout de son œuvre. Il ne se découragea pourtant point : il avait coutume de dire (ce qui est un propos blâmable) qu'il se donnerait au diable, plutôt que de laisser l'édifice inachevé.

Un jour qu'il manquait tout à fait d'argent, et qu'il ne savait plus que devenir, il vit entrer dans sa maison un frère Sachet, qui descendait la rue de la Madelaine...

— Qu'est-ce qu'un frère Sachet, demanda le poëte?

— C'étaient, dit le président Locquet, de bons petits religieux auxquels on avait donné la maison des Templiers, après leur suppression, maison située rue de la Madelaine, auprès de la chapelle, et qui s'appelaient Sachets, parce que leur habit avait la forme d'un sac.

— Mais celui-là, reprit vivement Crumpippen, était un faux frère sachet; il est même constant que ce n'était pas autre chose qu'un démon véritable, mon cher monsieur. Il dit à Jean : — Vous avez faute d'argent, et moi, j'ai besoin d'un serviteur dévoué. Si vous voulez être à moi, signez ce contrat sur parchemin rouge, et voici de l'or.

Le prétendu frère portait sous sa vaste robe une valise plus grosse que lui, une valise que dix hommes n'eussent pas soulevée. Jean vit tout de suite à qui il avait affaire; il leva la main pour se munir d'un signe de croix, car il était encore bon chrétien, et n'avait tenu le propos malavisé que j'ai dit, que dans un de ces moments de légèreté malheureusement fréquents chez les artistes. Mais il ne fait pas bon jouer avec le diable; on y est souvent pris. Le malin qui était là, avec sa lourde sacoche, arrêta la main qui l'allait éconduire, et demandant à l'architecte s'il était fou, il le railla si ingénieusement et toucha si bien dans son cœur les cordes de l'amour-propre et de la vanité, que le pauvre Jean succomba à la tentation et tomba dans le piége.

— Le marché va, dit-il brusquement, si vous me donnez le moyen de faire l'autre aile et de compléter mon édifice, de manière que la tour soit au milieu.

— Non pas, répliqua le Sachet; puisque tu me reconnais, tu dois savoir que nous ne pouvons rien faire de régulier. Mais tu élèveras la tour bien haut dans les airs, et ton nom vivra.

Les yeux du faux moine brillaient sur son visage pâle, comme deux charbons ardents sur un monceau de cendres.

Jean de Ruysbroeck signa le pacte; et tout alla si bien qu'en 1420, pendant qu'on n'avait plus à élever que la tour, à laquelle il voulait donner cinq cents pieds, il fit faire les fondations de la seconde partie de l'hôtel de ville, malgré les formelles défenses du Sachet. Mais il ne trouva qu'un sol marécageux et des fondrières qui se remplissaient d'eau toutes les nuits. Il fit pourtant commencer la base, qu'on assit sur des sablières enveloppées de cuirs de bœufs, mais qu'on ne put pousser plus loin que ce que vous voyez: car un gouffre se trouvait au bout, à l'endroit où vous avez maintenant une rue.

Le démon, craignant qu'il ne parvînt à le combler, quoique le terme du pacte ne fût pas échu, s'empara de Jean de Ruysbroeck, et le remplit d'un désespoir de vanité si violent, que le pauvre architecte se pendit à sa porte. Sa maison était là, dans la rue de l'Étoile, qui devrait s'appeler rue de l'Étole. Mais on dénature tout, ainsi que vous allez en juger. Un bon frère Bogard vint à passer; il était religieux du tiers ordre de Saint-François et venait dire la sainte messe aux ouvriers. Il aperçut l'architecte, le détacha, lui mit son étole autour du cou et l'exorcisa, voyant bien que le diable l'avait envahi. Jean revint à la vie et se mit à hurler, mais le digne moine ne se rebuta point; d'autres saints religieux étaient accourus. Le diable, solidement assiégé, délogea enfin et s'alla précipiter dans le gouffre dont nous parlions. L'architecte délivré tomba à genoux plein de repentance; il alla finir ses jours au couvent des Bogards; et son fils continua ses travaux.

On fouilla le gouffre où le démon s'était jeté; on en retira une immense tête dorée, qu'on apporta sur là place, et qui fit faire bien des contes; d'autant plus que le lendemain elle avait perdu sa dorure et n'était plus qu'un bronze très-compact. On en fit la grande effigie du diable, qui est là haut, aux pieds de l'archange.

Le nouvel architecte, pour laisser à son père toute sa gloire, ne poussa pas les travaux plus loin sur l'aile droite, qu'il acheva ainsi irrégulière et différente dans plusieurs détails de la première construction. Il perça sur le gouffre qu'on parvint à remplir, une rue qui s'appelle encore rue de la Tête-d'Or. Jean de Ruysbroeck était mort en 1440; l'hôtel de ville fut achevé, tel que vous le voyez, avec sa tour, en 1442; en 1445, le jour de l'Ascension, on plaça au sommet de la flèche la statue dorée de saint Michel terrassant le diable, en bronze vert antique, sur une base de pierre, de trente-six pieds de circonférence, taillée à l'endroit qu'on nomme rue de la Pierre-Plate. En 1448 on érigea dans l'hôtel une chapelle, où l'on dit encore la messe tous les jours, pour le repos de l'âme de Jean de Ruysbroeck. Et voilà l'histoire.

Regnard, qui fut lui-même le type de son *Joueur*, se peignit sans doute aussi dans le *Distrait*; car il entendit ce récit tellement de travers, que dans la relation de son Voyage en Flandre, il se borne à dire que « l'hôtel de ville de Bruxelles fut fait par un Italien, qui se pendit de dépit d'avoir manqué à mettre la tour au milieu, comme son épitaphe le fait connaître... » Cette épitaphe n'existe pas.

HOUILLE. Le charbon de terre qui se trouve dans le Hainaut et dans le pays de Liége, et que l'on y brûle communément, porte le nom de houille, à cause d'un certain maréchal nommé *Prudhomme-le-Houilleux*, qui, dit-on, en fit la première découverte au onzième siècle; et des doctes assurent qu'un fantôme, sous la figure d'un vieillard habillé de blanc, ou d'un ange, lui montra la première mine et disparut.

D'autres contes populaires font intervenir un gnome ou un gobelin dans la découverte de la houille, qui eut lieu au douzième siècle, selon les uns, au onzième, selon d'autres, mais qui est beaucoup plus ancienne.

La Légende du houilleur.

Il y avait cinquante-cinq ans que le pieux Ansfride, dernier comte de Huy, avait donné ses domaines à l'évêque de Liége, lorsque le pauvre Tiel, son petit-fils et son dernier descendant, parvint à sa vingt-deuxième année, vers la fin de l'été de l'année 1040. Il se fêta tout seul d'un petit esturgeon, qu'il avait pêché dans la Meuse. Le brave garçon, se trouvant sans fortune, habitait solitairement, dans le village de Plenevaux, une petite cabane où il ne possédait qu'un arc, une cognée, une pioche et quelques instruments de pêche. Il gagnait sa vie au métier de maréchal ferrant, qu'un vieux forgeron du village avait eu la compassion de lui apprendre. Il était si sage et si doux, que tout le monde l'aimait et qu'on ne l'appelait pas autrement que Tiel le Prud'homme. Les vieillards l'estimaient pour sa bonne conduite: toutes les jeunes filles du village, des hameaux voisins et de tout le Condros l'eussent volontiers pris pour mari, malgré sa pauvreté Mais Tiel ne se pressait pas de donner son cœur.

Un beau soir du 17 de septembre 1042, qu'il revenait de faire ses dévotions à Seraing, devant la sainte châsse de l'abbaye du Val-Saint-Lambert, il s'égara parmi les bois de Plenevaux et de Brion. La nuit était belle; il chercha longtemps son chemin avec patience; il éprouva enfin une singulière émotion de joie, en apercevant une lumière assez vive à l'endroit qu'on nomme aujourd'hui le Champ de Boeur. Il s'en approcha; et peu à peu il découvrit que cette lumière, qui s'élevait par une petite cheminée comme une gerbe de flamme, au-dessus de la cime des vieux chênes, partait d'une cabane isolée, laquelle paraissait construite à peine depuis quelques jours. Il n'y trouva point de porte; mais la vaste baie qui servait de fenêtre et qui descendait fort bas n'étant fermée ni par vitrail, ni par rideaux, il put voir tout à son aise ce qui se passait dans l'intérieur.

L'ameublement n'était pas considérable.

Il consistait en deux tabourets noirs, une petite table d'ardoise, et deux lits de feuillage. La lumière, que Tiel avait aperçue, était produite par un grand feu, qui flambait et pétillait joyeusement dans le foyer, mais dont le jeune prud'homme ne put reconnaître l'aliment, car il n'y avait dans l'âtre, bois, paille, ni rameaux. C'était une masse de feu de nature inconnue, qui lançait une vive lumière, et jetait jusqu'au dehors une chaleur suave et confortante.

Les reflets de ce feu surnaturel (alors on ne connaissait pas l'usage du charbon de terre) éclairaient assez pour laisser voir parfaitement les deux seuls habitants de la cabane; c'étaient un vieillard et sa fille. Le vieillard n'avait pas quatre pieds de haut; ses jambes étaient contournées; sa tête profondément enfoncée dans ses solides épaules; ses yeux étincelants; sa figure extrêmement grave. Ses cheveux épais devenaient gris. Il était vêtu d'un hoqueton rouge bariolé de bandes noires. Tiel le vit tout entier, d'un seul coup d'œil; et cet aspect lui inspira un tel sentiment d'embarras ou de crainte, qu'il n'osait avancer, lorsque ses regards distinguèrent la jeune fille.

Elle paraissait avoir dix-huit ans. Un instant Tiel se crut en présence d'un ange. Il n'avait d'abord remarqué qu'une jolie main, blanche comme la neige, sortant d'une robe de soie noire. Bientôt elle se tourna vers la baie, et Tiel le Prud'homme perdit le repos, en contemplant une jeune tête, éblouissante de fraîcheur, une longue chevelure noire relevée en nattes par derrière, une peau comme l'albâtre, des yeux grands et doux, un sourire capable de réveiller le monde éteint.

Oui, le cœur de Tiel s'ébranla avec violence; un grand amour se saisit de lui. Mais la sorte de gêne que lui inspirait le vieillard, le tumulte de ses idées, et peut-être la pensée de sa misère, pensée qui rend si timide, ne lui laissèrent pas la force d'entrer dans la cabane.

Le nain et sa fille ne parlaient point. Tiel le Prud'homme était depuis longtemps contre un arbre dans l'extase, quand le vieillard se levant, prit par le bras la jeune fille, qui le dépassait de la tête, et s'avança vers la baie comme pour sortir.

Tiel, effrayé, s'enfonça rapidement dans un taillis. Pour tout au monde, par une de ces inexplicables faiblesses de l'esprit humain, il n'eût voulu être vu en ce moment.

Après avoir couru quelques minutes, il se retourna, n'entendant et ne voyant plus rien; il écouta un moment; il hésita; et ne distinguant, dans le silence qui l'entourait, que les palpitations de son cœur, qui lui semblait prêt à s'échapper de sa poitrine, il se hasarda à revenir sur ses pas; mais il s'égara de nouveau, et il eut beau marcher jusqu'au jour, il ne put retrouver ni la cabane, ni sa lumière, ni ses hôtes.

Il revint à Plenevaux, harassé de fatigue et gonflé d'un sentiment qui devait désormais le dominer. Le soir venu, à demi reposé, il retourna dans le bois. Il y alla tous les jours suivants. Jamais il ne put revoir la chaumière, et personne ne sut lui en apprendre aucune nouvelle; car lui seul, sans doute, l'avait vue.

De vieilles femmes et de pauvres bûcherons lui dirent pourtant que parfois, en traversant les bois de Brion, ils avaient entendu des chants sauvages, aperçu des lueurs, et cru voir des follets; mais qu'ils n'avaient eu garde de s'en approcher, parce que le bruit courait que des lutins et des démons faisaient leur sabbat dans les bruyères de ces bois.

Tiel ne se rebuta point et continua ses recherches.

Cependant les seigneurs du pays se faisaient alors de ces guerres de destruction, si fréquentes au moyen âge. En 1044, presque tous les villages qui n'étaient pas fortifiés furent détruits, et beaucoup de forêts brûlées. La désolation était grande sur les bords de la Meuse. Un hiver s'avançait, que l'on présumait devoir être rigoureux; les bonnes gens se voyaient forcées d'aller chercher le bois, alors seul moyen de chauffage, jusqu'à la forêt des Ardennes. Tiel le Prud'homme ne méritait plus guère ce surnom; car il paraissait vivre isolé au milieu de ses voisins, ne rêvant qu'à sa vision, et oubliant tout le reste. Néanmoins, le 17 septembre 1044, jour de la fête du saint prélat de Maestricht, il se souvint que c'était à pareil jour, en revenant d'honorer la châsse miraculeuse de saint Lambert, qu'il avait fait son heureuse rencontre. Il partit donc pour Seraing, s'agenouilla humblement devant l'autel de l'abbaye, et pria avec tendresse jusqu'à la nuit.

Il s'en revint, comme la première fois, prenant son chemin à d'aventure, dans la direction des bois de Brion et de Plenevaux, qui avaient été brûlés. Ceux qui ont ressenti les angoisses d'un grand sentiment que d'épaisses ténèbres environnent, comprendront seuls l'immense battement de cœur qui l'assaillit, lorsqu'en traversant cette campagne de cendres, il aperçut, de l'autre côté d'une masse sombre qui était devant lui, une lueur vive, qui s'allongeait sur le Champ de Boeur. Cette masse était la cabane. Il la tourna en prenant le large, dans un tremblement extrême. Dès qu'il fut en face de la baie, il revit le même feu que la première fois, le même vieillard un peu plus gris, la même jeune fille un peu plus radieuse. Il se mit à genoux, leva les mains au ciel, et rendit grâces à saint Lambert.

Après qu'il eut prié, il se leva; il s'acheminait, décidé à franchir la baie de la cabane, à se jeter aux genoux du vieillard, à obtenir la main de sa fille. Il n'était plus qu'à quelques pas, lorsqu'il entendit le nain commencer une chanson, tout en remuant la braise pétillante avec un crochet de fer; la jeune fille, dont la voix seule l'eût ravi, accompagnait les accents bizarres de son père; ils chantaient en vieux langage wallon, ces couplets, que nous avons cru devoir traduire :

LE CHANT DES HOUILLEURS.

Avec ardeur vous cherchez la fortune,
Disait la terre, aux manants du bassin,

Mais cherchez mieux, car son poids m'importune;
Cherchez toujours, car elle est dans mon sein.
> Pour vous je me dépouille
> De mes feux les plus chers;
> Tirez, tirez la houille:
> Réchauffez l'univers.

La terre seule est mère de largesse,
Disait la houille, en prenant son essor ;
Venez à moi, car je suis la richesse,
Et mon teint noir cache un vaste trésor.
> Que le pic se dérouille,
> Frappez, lancez vos fers;
> Tirez, tirez la houille:
> Ranimez l'univers.

Triomphez donc, peuples de la vallée,
Houilleurs constants, votre travail est bon,
Dit la fortune, au grand jour étalée,
En se montrant sur la fosse au charbon
> Houilleur, fouille et refouille ;
> Et répète ces vers:
> Tirons, tirons la houille;
> Éclairons l'univers.

Dès que les chants eurent cessé, et que la cabane fut retombée dans le silence, Tiel le Prud'homme, qui n'avait rien compris à la chanson, s'élança vers la baie. Mais il s'arrêta encore au moment de la franchir :

— Seigneur et noble demoiselle, dit-il d'une voix émue, m'accorderez-vous de m'arrêter un instant à votre foyer?

La jeune fille sourit et rougit, avec la plus gracieuse expression de bienveillance. Elle indiqua du doigt au pauvre Tiel un troisième siège qu'il n'avait pas aperçu, pendant que le nain lui disait doucement :

— Soyez le bien venu, si vous nous aimez.

Tiel sentit son cœur se relever à ces paroles.

— Si je vous aime! dit-il...

La jeune fille reposait sur lui un regard si bon, qu'il s'affermit ; il osa se lancer tout d'un coup; et se jetant à genoux entre le nain et sa fille :

— Si je vous aime! reprit-il. Il y a deux ans que j'eus le bonheur de vous voir, ici même. Depuis deux ans je ne vis que de mon souvenir. Je suis venu ici pour y mourir, et je ne puis obtenir la main de l'ange, dont sans doute vous êtes le père.

Le cœur du jeune homme bondit ; car, en finissant ces mots, il ne vit pas le front de la jeune fille se rembrunir. Le nain le releva en disant :

— Asseyez-vous. Ce que vous demandez est possible...

Peut-être faut-il ici nous arrêter un instant ; car vous devez éprouver de la surprise. En effet, les mœurs que nous essayons de décrire ne sont pas habituelles. On procède avec moins d'abandon parmi les hommes. Mais la naïveté du nain et de sa fille, leur empressement à accueillir Tiel, ont fait soupçonner aux savants que ce mystérieux personnage était de l'espèce aujourd'hui peu connue, que les anciens appelaient Gnomes, ou habitants de l'intérieur de la terre, et gardiens de ses mines, petits êtres qui tenaient à grand honneur d'être recherchés par les hommes.

Quoi qu'il en soit, Tiel baisa avec transport la main du vieillard ; après quoi il saisit celle de la jeune fille.

C'est possible, reprit le vieillard ; car je vois que Florine vous aimera.

La jeune fille rougit de nouveau, comme pour ne pas démentir son père. Le pauvre garçon eut besoin de toutes ses forces pour ne pas extravaguer de joie.

— Mais qui êtes-vous, dit le nain?

— Je suis le petit-fils du comte Ansfride. On m'appelle Tiel le Prud'homme.

— C'était un noble et digne seigneur que le comte Ansfride. Mais ma fille aura de moi une riche dot. Et n'est-il pas vrai, Florine, que lorsqu'il sera votre époux, il faudra qu'il s'appelle Tiel le Houilleur ?

Florine répondit par un signe de tête. Tiel ne s'était pas attendu à un tel accueil. Mais ces mots : « Ma fille aura une riche dot » vinrent le troubler. Le nain s'en aperçut.

— Ce nom de Tiel le Houilleur vous déplairait-il, mon fils, dit le vieillard ?

Alors, comme nous l'avons dit, la houille n'était pas connue. Tiel ne comprenait pas ce nom, qui lui devenait cher s'il plaisait à Florine. Il expliqua donc la cause de son embarras, qui était sa pauvreté. Le vieillard lui dit :

— L'homme est fait de chair et d'os ; tous naissent également pauvres ; et aucun n'a dans lui-même la mine d'or. Mais la fortune est là (il frappa la terre du pied), dans le sein de leur mère commune. Il faut la conquérir. Voici l'immense trésor qui sera votre présent de noces, ajouta-t-il, en remuant avec son crochet un gros morceau de houille, que Tiel n'avait pas remarqué dans un coin de la cheminée, et dont il était loin de soupçonner les propriétés.

Tiel ouvrait de grands yeux, sans oser faire de questions. Le vieillard reprit :

— Ceci, mon fils, vous enrichira, vous, vos enfants et les enfants de vos enfants, vos parents, vos amis et vos concitoyens ; c'est une fortune inépuisable, qui doublera un jour la prospérité de ces contrées ; elle répandra ses bienfaits sur le reste du monde. Quand la civilisation aura détruit les forêts, dans les cruels hivers, on demandera à la terre la houille bienfaisante.

— Mais qu'est-ce que ce trésor ? demanda en tremblant Tiel le Prud'homme.

— C'est le feu et la lumière, dit le nain. En même temps il brisa le morceau de houille qui était devant lui ; il en jeta une partie dans la flamme qui devint plus pétillante et plus vive. Tiel comprit que la houille pouvait remplacer le bois, et qu'elle avait bien plus de chaleur.

Après cela, le nain mit l'autre morceau enflammé dans un alambic ; il l'arrosa d'un peu d'eau, qui rendit son ardeur plus active ; il le distilla ; il en tira une sorte de bitume babylonien, un cock ou charbon qui pouvait brûler longtemps encore, et dans un tube il recueillit un léger gaz auquel il mit le feu. Une lumière immense éclaira la cabane. Tiel se croyait dans un pays de prestiges.

— Cette lumière, dit le nain, viendra plus tard. Ne vous occupez maintenant que de tirer la houille et de remplacer le bois qui manqué. Je vais vous conduire à la mine.

Le nain, portant à la main le tube enflammé, se mit en marche. Tiel, au comble du bonheur, donna le bras à la belle Florine, et le suivit. Arrivés au bord de la Meuse, le vieillard siffla; une barque descendit, conduite par six hommes trapus, hauts de quatre pieds, qui ramèrent en silence et déposèrent nos trois personnages dans un endroit que le nain leur indiquait. La lumière et le vieillard marchaient devant. Tiel suivait toujours avec Florine. Quand le nain s'arrêta, Tiel s'aperçut que les six petits hommes du bateau, dont il n'avait point entendu les pas, étaient avec eux. La terre en cet endroit était couverte de quelques grès tachetés de noir. Les six hommes de quatre pieds se mirent à piocher avec une vitesse surhumaine; la terre s'ouvrait, et on les y voyait descendre, comme des masses pesantes qui s'enfonceraient dans la neige. Bientôt ils découvrirent la houille.

— Voici, dit le nain, ce que je vous ai promis. Amenez ici demain des hommes, et devenez heureux. Vous n'aurez à redouter dans l'exploitation de la houille que deux sortes d'ennemis formidables. D'abord la Mehaigne, le Hoyoux, la Meuse et plusieurs autres fluents qui, sans doute irrités de vous voir au-dessous de leur lit, chercheront à s'infiltrer dans vos galeries, à détruire vos mines, à étouffer vos ouvriers. Prévoyez ces affreux désastres. Craignez ensuite le Grisou, démon mauvais, rapide comme l'éclair, irritable et funeste, que l'on dit gardien de certains métaux et qui, dès qu'il croit qu'on en approche, vomit la flamme dans les gaz, produit d'épouvantables détonations, ébranle les conduits souterrains et tue les mineurs. Veillez à ce que la lumière qui éclairera vos travaux ne soit pas en contact avec le gaz inflammatoire. Adieu; que le Très-Haut vous protège ! Et vous, ma fille, maintenant que vous avez un époux, embrassez votre père et me faites vos adieux.

La jolie fille du nain se mit alors à pleurer. Tiel la consolait encore, lorsqu'il s'aperçut que tout avait disparu autour de lui. Le nain et ses compagnons étaient partis.

Tiel emmena à sa chaumière la fille du mystérieux vieillard, qu'il ne revit plus. Il épousa Florine le lendemain, à l'abbaye du Val-Saint-Lambert; et le même jour il mit des ouvriers à la fosse. Il devint bientôt riche. Il établit des usines et de hauts-fourneaux. Il laissa des enfants dans la splendeur.

Le commerce de la houille devint si considérable, qu'au quatorzième siècle les houilleurs formaient une très-grande partie de la puissante armée liégeoise.

Il serait inutile d'énumérer tout ce qu'on doit aujourd'hui à cette grande et précieuse découverte. Tiel le Houilleur fut avec Florine le plus heureux, et avec sa dot le plus opulent des hommes de son siècle. Son bonheur le préserva, tant qu'il vécut, des inondations et du feu grisou. Fasse le bon saint Lambert que ces deux fléaux horribles épargnent toujours désormais les braves houilleurs !

HOUMANI, génie femelle qui gouverne la région des astres chez les Orientaux. Voy. Schada-Schivaoun.

HOURIS, vierges merveilleuses du paradis de Mahomet; elles naîtront des pepins de toutes les oranges servies aux fidèles croyants dans ce séjour fabuleux. Il y en aura de blanches, de jaunes, de vertes et de rouges. Leur crachat sera nécessairement parfumé.

HUBNER (Étienne), revenant de Bohême. Plusieurs auteurs ont dit qu'il parut, quelque temps après sa mort, dans sa ville, et qu'il embrassa même de ses amis qu'il rencontra (1).

HUET (Pierre-Daniel), célèbre évêque d'Avranches, mort en 1721. — On trouve ce qui suit dans le *Huetiana*, ou Pensées diverses de M. Huet, évêque d'Avranches (2), touchant les broucolaques et les tympanites des îles de l'Archipel.

« C'est une chose assez étrange que ce qu'on rapporte des broucolaques des îles de l'Archipel. On dit que ceux qui, après une méchante vie, sont morts dans le péché, paraissent en divers lieux avec la même figure qu'ils portaient pendant leur vie; qu'ils font souvent du désordre parmi les vivants, frappant les uns, tuant les autres; rendant quelquefois des services utiles, et donnant toujours beaucoup d'effroi. Ils croient que ces corps sont abandonnés à la puissance du démon qui les conserve, les anime et s'en sert pour la vexation des hommes. Le Père Richard, jésuite, employé aux missions de ces îles, il y a environ cinquante ans, donna au public une relation de l'île de Sant-Erini ou de Sainte-Irène, qui était la *Thera* des anciens, dont la fameuse Cyrène fut une colonie. Il a fait un grand chapitre de l'histoire des broucolaques. Il dit que, lorsque le peuple est infesté de ces apparitions, on va déterrer le corps, qu'on trouve entier et sans corruption, qu'on le brûle, ou qu'on le met en pièces, principalement le (3) cœur; après quoi les apparitions cessent et le corps se corrompt. Le mot de *Broucolaques* vient du Grec moderne *Bourcos* qui signifie *de la boue*, et de *Laucos* qui signifie *fosse, cloaque*, parce qu'on trouve ordinairement, comme on l'assure, les tombeaux où l'on a mis ces corps, pleins de boue.

« Je n'examine point si les faits que l'on rapporte sont véritables, où si c'est une erreur populaire; mais il est certain qu'ils sont rapportés par tant d'auteurs habiles et dignes de foi, et par tant de témoins oculaires, qu'on ne doit pas prendre parti sans beaucoup d'attention. Il est certain aussi que cette opinion, vraie ou fausse, est fort ancienne, et les auteurs en sont pleins. Lorsqu'on avait tué quelqu'un frauduleusement et par surprise, les anciens habitants croyaient ôter au mort le moyen de s'en venger en lui coupant les pieds, les mains, le

---

(1) Lenglet-Dufresnoy, Dissertat., tom. I.
(2) In-12, Paris, 1722.

(3) Relation de l'Ile Santerini, par le P. Richard, c. 18.

nez et les oreilles. Cela s'appelait *Acroteriazein*. Ils pendaient tout cela au cou des défunts, ou ils le plaçaient sous leurs aisselles, d'où s'est formé le mot *Mascalizein* qui signifie la même chose. On en lit un témoignage exprès dans les Scholies grecques (1) de Sophocle. C'est ainsi que fut traité par Ménélas Déiphobe, mari d'Hélène, et ce fut en cet état qu'il fut vu d'Énée dans les enfers.

> Atque hic Priamidem laniatum corpore toto
> Deiphobum vidit, lacerum crudeliter ora,
> Ora, manusque ambas, populataque tempora raptis
> Auribus, et truncas inhonesto vulnere nares.

« Les anciens ont traité de fable l'histoire d'Hermotime de Clazomènes, dont on dit que l'âme sortait souvent de son corps pour voyager dans les régions éloignées, et s'instruire de ce qui s'y passait et de ce qui s'y préparait ; qu'à son retour il instruisait ses compagnons de l'avenir. Mais qu'enfin ses ennemis ayant obtenu de sa femme la liberté de brûler son corps, l'âme, à son retour, se trouvant privée de sa retraite ordinaire, s'était retirée pour ne plus revenir.

« Suétone écrit qu'après la mort violente de Caligula, son corps n'ayant été brûlé qu'à moitié et enterré fort superficiellement, la maison où on l'avait tué et les jardins où il était mis en terre, furent inquiétés de spectres toutes les nuits, jusqu'à ce que cette maison fût brûlée, et que les sœurs du défunt eussent rendu plus régulièrement à son corps les derniers devoirs. Servius (2) marque expressément que les âmes des morts (dans l'opinion des anciens) ne trouvaient le lieu de leur repos qu'après que le corps était entièrement consumé. Les Grecs aujourd'hui sont encore persuadés que les corps des excommuniés ne se corrompent point, mais s'enflent comme un tambour et en expriment le bruit quand on les frappe ou qu'on les roule sur le pavé. C'est ce qui les fait appeler *toupi* ou *tympanites*. »

HUGON, espèce de fantôme malfaisant, à l'existence duquel le peuple de Tours croit très-fermement. Il servait d'épouvantail aux petits enfants, pour qui il était une manière de Croquemitaine. C'est de lui, dit-on, que les *réformés* sont appelés *huguenots*, à cause du mal qu'ils faisaient et de l'effroi que semait leur passage au seizième siècle, qu'ils ont ensanglanté et couvert de débris.

HUGUES, bourgeois d'Epinal. *Voy.* ESPRITS.

HUGUES LE GRAND, chef des Français, père de Hugues Capet. Gualbert Radulphe rapporte qu'il était guetté par le diable à l'heure de la mort. Une grande troupe d'hommes noirs se présentent à lui, le plus apparent lui dit : Me connais-tu ?

— Non, répondit Hugues ; qui peux-tu être ?

— Je suis, dit l'homme noir, le puissant des puissants, le riche des riches ; si tu veux croire en moi, je te ferai vivre. »

Quoique ce capitaine eût été assez dérangé dans sa vie, il fit le signe de la croix. Aussitôt cette bande de diables se dissipa en fumée (3).

HUILE BOUILLANTE. Les habitants de Ceylan et des côtes de Malabar emploient l'huile bouillante comme épreuve. Les premiers ne s'en servent que dans les affaires de grande importance, comme lorsqu'ils ont des procès pour leurs terres, et qu'il n'y a point de témoins.

On se servait autrefois en Europe de l'épreuve par l'huile bouillante pour les causes obscures. L'accusé mettait le poing dans la chaudière ; s'il le retirait sans brûlure, il était acquitté.

HUILE DE BAUME. L'huile de baume, extraite du marc de l'eau céleste, dissipera la surdité, si on en met dans les oreilles trois gouttes de temps en temps, en bouchant les dites oreilles avec du coton imbibé de ce baume. Il guérit toute sorte de gale et de teigne les plus invétérées, apostèmes, plaies, cicatrices, ulcères vieux et nouveaux, de morsures venimeuses de serpents, de scorpions, etc., fistules, crampes et érysipèles, palpitation de cœur et des autres membres, le tout par fomentation et emplâtre. Crollius en fait tant d'estime, qu'il le nomme par excellence *huile mère de baume* (4).

HUILE DE TALC. Le talc est la pierre philosophale fixée au blanc. Les anciens ont beaucoup parlé de l'huile de talc, à laquelle ils attribuaient tant de vertus, que presque tous les alchimistes ont mis en œuvre tout leur savoir pour la composer. Ils ont calciné, purifié, sublimé le talc, et n'en ont jamais pu extraire cette huile précieuse.

Quelques-uns entendent, sous ce nom, l'élixir des philosophes hermétiques.

HU-JUM-SIN, célèbre alchimiste chinois qui trouva, dit-on, la pierre philosophale. Ayant tué un horrible dragon qui ravageait le pays, Hu-Jum-Sin attacha ce monstre à une colonne qui se voit encore aujourd'hui, et s'éleva ensuite dans le ciel. Les Chinois, par reconnaissance, lui érigèrent un temple dans l'endroit même où il avait tué le dragon.

HULIN, petit marchand de bois d'Orléans ; étant ensorcelé à mort, il envoya chercher un sorcier qui se vantait d'enlever toutes les maladies. Le sorcier répondit qu'il ne pouvait le guérir, s'il ne donnait la maladie à son fils qui était encore à la mamelle. Le père y consentit. La nourrice, ayant entendu cela, s'enfuit avec l'enfant pendant que le sorcier touchait le père pour lui ôter le mal. Quand il eut fait, il demanda où était l'enfant. Ne le trouvant pas, il commença à s'écrier : — Je suis mort, où est l'enfant ? — Puis il s'en alla très-piteux : mais il n'eut pas plutôt mis les pieds hors la porte, que le diable le tua soudain. Il devint aussi noir que si on l'eût noirci de propos délibéré ; car la maladie était restée sur lui (5).

---

(1) Vide Electr. v. 448 ; Meursium in Lycophonem, pag. 309 ; Stanleium in Æschil. Cœph. v. 437.
(2) In Æneid., liv. iv, vers. 418.
(3) Leloyer, Histoire des spectres ou apparitions des esprits, liv. iii, p. 273.

(4) Le Petit Albert, p. 112.
(5) Bodin, Démonomanie, p. 330. C'est le trait du berger de Brie. Voyez les vers cités à la fin de l'article *Hocque*.

HUMMA, dieu souverain des Cafres, qui fait tomber la pluie, souffler les vents, et qui donne le froid et le chaud. Ils ne croient pas qu'on soit obligé de lui rendre hommage, parce que, disent-ils, il les brûle de chaleur et de sécheresse sans garder la moindre proportion.

HUNERIC. Avant la persécution d'Hunéric, fils de Genseric, roi des Vandales, qui fut si violente contre les catholiques d'Afrique, plusieurs signes annoncèrent, dit-on, cet orage. On aperçut sur le mont Ziquen un homme de haute stature, qui criait à droite et à gauche : « Sortez, sortez. » On vit aussi à Carthage, dans l'église de Saint-Fauste, une grande troupe d'Éthiopiens qui chassaient les saints comme le berger chasse ses brebis. Il n'y eut guère de persécution d'hérétiques contre les catholiques plus forte que celle-là (1).

HUNS. Les anciens historiens donnent à ces peuples l'origine la plus monstrueuse. Jornandès raconte (2) que Philimer, roi des Goths, entrant dans les terres gétiques, n'y trouva que des sorcières d'une laideur affreuse; qu'il les repoussa loin de son armée; qu'elles errèrent seules dans les déserts, où des démons s'unirent avec elles. C'est de ce commerce infernal que naquirent les Huns, si souvent appelés *les enfants du diable*. Ils étaient d'une difformité horrible. Les historiens disent qu'à leurs yeux louches et sauvages, à leur figure torse, à leur barbe de bouc, on ne pouvait s'empêcher de les reconnaître pour enfants de démons. Besoldus prétend, après Servin, que le nom de *Huns* vient d'un mot tudesque, ou celtique, ou barbare, qui signifie *puissants par la magie, grands magiciens*. De Bonnaire dit, dans son *Histoire de France*, que les Huns, venant faire la guerre à Cherebert, ou Caribert, furent attaqués près de la rivière d'Elbe par Sigebert, roi de Metz, et que les Francs furent obligés de combattre contre les Huns et contre les spectres dont ces barbares avaient rempli l'air, par un effet de la magie ; ce qui rendit leur victoire plus distinguée. Voy. OGRES.

HUPPE, oiseau commun, nommé par les Chaldéens *Bori*, et par les Grecs *Isan*. Celui qui le regarde devient gros ; si on porte les yeux de la huppe sur l'estomac, on se réconciliera avec tous ses ennemis. Enfin, c'est de peur d'être trompé par quelque marchand, qu'un homme de précaution a sa tête dans une bourse (3).

HUTGIN, démon qui trouve du plaisir à obliger les hommes, se plaisant en leur société, répondant à leurs questions, et leur rendant service quand il le peut, selon les traditions de la Saxe. Voici une des nombreuses complaisances qu'on lui attribue :
— Un Saxon partant pour un voyage, et se trouvant fort inquiet sur la conduite de sa femme, dit à Hutgin : — Compagnon, je te recommande ma femme; aie soin de la garder jusqu'à mon retour.

La femme, aussitôt que son mari fut parti, voulut se donner des licences ; mais le démon l'en empêcha. Enfin le mari revint ; Hutgin courut au-devant de lui et lui dit :
— Tu fais bien de revenir, car je commence à me lasser de la commission que tu m'as donnée. Je l'ai remplie avec toutes les peines du monde ; et je te prie de ne plus t'absenter, parce que j'aimerais mieux garder tous les pourceaux de la Saxe que ta femme (4).

On voit que ce démon ne ressemble guère aux autres.

HVERGELMER, fontaine infernale. Voy. NIFLHEIM.

HYACINTHE, pierre précieuse que l'on pendait au cou pour se défendre de la peste. De plus, elle fortifiait le cœur, garantissait de la foudre, et augmentait les richesses et les honneurs.

HYDRAOTH, magicien célébré par le Tasse ; il était père du soudan de Damas, et oncle d'Armide, qu'il instruisit dans les arts magiques (5).

HYDROMANCIE ou HYDROSCOPIE, art de prédire l'avenir par le moyen de l'eau ; on en attribue l'invention aux Perses. Les doctes en distinguent plusieurs espèces :

1° Lorsqu'à la suite des invocations et autres cérémonies magiques, on voyait écrits sur l'eau les noms des personnes ou des choses qu'on désirait connaître ; et ces noms se trouvaient écrits à rebours ;

2° On se servait d'un vase plein d'eau et d'un anneau suspendu à un fil, avec lequel on frappait un certain nombre de fois les côtés du vase;

3° On jetait successivement et à de courts intervalles, trois petites pierres dans une eau tranquille et dormante ; et des cercles qu'en formait la surface, ainsi que de leur intersection, on tirait des présages ;

4° On examinait attentivement les divers mouvements et l'agitation des flots de la mer. Les Siciliens et les Eubéens étaient fort adonnés à cette superstition;

5° On tirait des présages de la couleur de l'eau et des figures qu'on croyait y voir. C'est ainsi, selon Varron, qu'on apprit à Rome quelle serait l'issue de la guerre contre Mithridate. Certaines rivières ou fontaines passaient chez les anciens pour être plus propres que d'autres à ces opérations ;

6° C'était encore par une espèce d'hydromancie que les anciens Germains éclaircissaient leurs soupçons sur la fidélité des femmes : ils jetaient dans le Rhin, sur un bouclier, les enfants dont elles venaient d'accoucher ; s'ils surnageaient, ils les tenaient pour légitimes, et pour bâtards s'ils allaient au fond (6) ;

7° On remplissait d'eau une coupe ou une tasse, et, après avoir prononcé dessus certaines paroles, on examinait si l'eau bouillonnait et se répandait par-dessus les bords ;

8° On mettait de l'eau dans un bassin de verre ou de cristal ; puis on y jetait une goutte

---

(1) Leloyer, Hist. des spectres, p. 272
(2) De rebus gothicis.
(3) Secrets d'Albert le Grand, p. 111.
(4) Wierus, De Præstigiis dæm., etc.

(5) Delancre, Tableau de l'inconstance des démons, etc., liv. 1, p. 57.
(6) Voyez, dans les légendes de l'histoire de France, *une famille gauloise avant César*.

d'huile, et l'on s'imaginait voir dans cette eau, comme dans un miroir, ce dont on désirait d'être instruit;

9° Les femmes des Germains pratiquaient une neuvième sorte d'hydromancie, en examinant, pour y deviner l'avenir, les tours et détours, et le bruit que faisaient les eaux des fleuves dans les gouffres ou tourbillons qu'ils formaient;

10° Enfin, on peut rapporter à l'hydromancie une superstition qui a longtemps été en usage en Italie. Lorsqu'on soupçonnait des personnes d'un vol, on écrivait leurs noms sur autant de petits cailloux qu'on jetait dans l'eau. Le nom du voleur ne s'effaçait pas. *Voy.* OOMANCIE, CAGLIOSTRO, etc.

HYENE. Les Egyptiens croyaient que la hyène changeait de sexe chaque année.

On donnait le nom de pierres de la hyène à des pierres qui, au rapport de Pline, se trouvent dans le corps de la hyène, lesquelles, placées sous la langue, attribuaient à celui qui les portait le don de prédire l'avenir.

HYMERA. — Une femme de Syracuse, nommée Hyméra, eut un songe, pendant lequel elle crut monter au ciel, conduite par un jeune homme qu'elle ne connaissait point. Après qu'elle eut vu tous les dieux et admiré les beautés de leur séjour, elle aperçut, attaché avec des chaînes de fer, sous le trône de Jupiter, un homme robuste, d'un teint roux, le visage tacheté de lentilles. Elle demanda à son guide quel était cet homme ainsi enchaîné? Il lui fut répondu que c'était le *mauvais destin* de l'Italie et de la Sicile, et que, lorsqu'il serait délivré de ses fers, il causerait de grands maux. Hyméra s'éveilla là-dessus, et le lendemain elle divulgua son rêve.

Quelque temps après, quand Denys le Tyran se fut emparé du trône de la Sicile, Hyméra le vit entrer à Syracuse, et s'écria que c'était l'homme qu'elle avait remarqué si bien enchaîné dans le ciel. Le tyran ayant appris cette singulière circonstance, fit mourir la songeuse (1).

HYPHIALTES. — Voyez EPHIALTES.

I

JALYSIENS, peuple dont parle Ovide, et dont les regards avaient la vertu magique de gâter tout ce qu'ils fixaient. Jupiter les changea en rochers et les exposa aux fureurs des flots.

IAMEN, dieu de la mort chez les Indiens.

IBIS, oiseau d'Egypte, qui ressemble à la cigogne. Quand il met sa tête et son cou sous ses ailes, dit Elien, sa figure est à peu près celle du cœur humain.

On dit que cet oiseau a introduit l'usage des lavements, honneur qui est réclamé aussi par les cigognes. Les Egyptiens autrefois lui rendaient les honneurs divins, et il y avait peine de mort pour ceux qui tuaient un ibis, même par mégarde. De nos jours, les Egyptiens regardent encore comme sacrilège celui qui tue l'ibis blanc, dont la présence bénit, disent-ils, les travaux champêtres, et qu'ils révèrent comme un symbole d'innocence.

IBLIS, le même qu'Eblis. Voyez ce mot. Voyez aussi ALEXANDRE LE GRAND.

ICHNEUMON, rat du Nil, auquel les Egyptiens rendaient un culte particulier; il avait ses prêtres et ses autels. Buffon dit qu'il vit dans l'état de domesticité, et qu'il sert comme les chats à prendre les souris. Il est plus fort que le chat, s'accommode de tout, chasse aux oiseaux, aux quadrupèdes, aux serpents et aux lézards.

Pline conte qu'il fait la guerre au crocodile, qu'il l'épie pendant son sommeil, et que, si ce vaste reptile était assez imprudent pour dormir la gueule ouverte, l'ichneumon s'introduirait dans son estomac et lui rongerait les entrailles. M. Denon assure que c'est une fable. Ces deux animaux n'ont jamais rien à démêler ensemble, ajoute-t-il, puisqu'ils n'habitent pas les mêmes parages. On ne voit pas de crocodiles dans la basse Egypte : on ne voit pas non plus d'ichneumons dans la haute (2).

ICHTHYOMANCIE, divination très-ancienne qui se pratique par l'inspection des entrailles des poissons. Polydamas, pendant la guerre de Troie, et Tirésias s'en sont servis.

On dit que les poissons de la fontaine d'Apollon à Miré, étaient prophètes, et Apulée fut aussi accusé de s'en être servi (3).

IDA. On voit dans la légende de la bienheureuse Ida de Louvain quelques pâles apparitions du diable, qui cherche à la troubler et qui n'y parvient pas. (*Bollandistes*, 13 avril.)

IDIOT. En Ecosse, les gens du peuple ne voient pas comme un malheur un enfant idiot dans une famille. Ils voient là, au contraire, un signe de bénédiction. Cette opinion est partagée par plusieurs peuples de l'Orient. Nous nous bornons à la mentionner sans la juger.

IDOLES. L'idole est une image, une figure, une représentation d'un être imaginaire ou réel. Le culte d'adoration rendu à quelque idole s'appelle idolâtrie.

Si les idoles ont fait chez les païens des choses qu'on pouvait appeler prodiges, ces prodiges n'ont eu lieu que par le pouvoir des démons ou par le charlatanisme.

Saint Grégoire le thaumaturge, se rendant à Néocésarée, fut surpris par la nuit et par une pluie violente qui l'obligea d'entrer dans

---

(1) Valère-Maxime.
(2) M. Salgues, Des Erreurs, etc., t. III, p. 361.

(3) Delancre, Incrédulité et mécréance, etc., p. 267.

un temple d'idoles, fameux dans le pays à cause des oracles qui s'y rendaient. Il invoqua le nom de Jésus-Christ, fit le signe de la croix pour purifier le temple, et passa une partie de la nuit à chanter les louanges de Dieu, suivant son habitude. Après qu'il fut parti, le prêtre des idoles vint au temple, se disposant à faire les cérémonies de son culte. Les démons, dit-on, lui apparurent aussitôt, et lui dirent qu'ils ne pouvaient plus habiter ce lieu, depuis qu'un saint évêque y avait séjourné. Il promit bien des sacrifices pour les engager à tenir ferme sur leurs autels; mais la puissance de Satan s'était éclipsée devant Grégoire. Le prêtre, furieux, poursuivit l'évêque de Néocésarée, et le menaça de le faire punir juridiquement s'il ne réparait le mal qu'il venait de causer. Grégoire, qui l'écoutait sans s'émouvoir, lui répondit : — Avec l'aide de Dieu, qui chasse les démons, ils pourront revenir s'il le permet.

Il prit alors un papier sur lequel il écrivit : — Grégoire à Satan. Rentre.

Le sacrificateur étonné porta ce billet dans son temple, fit ses sacrifices, et les démons y revinrent. Réfléchissant alors à la puissance de Grégoire, il retourna vers lui à la hâte, se fit instruire dans la religion chrétienne, et convaincu par un nouveau miracle du saint thaumaturge, il devint son disciple.

Porphyre avoue que les démons s'enfermaient dans les idoles pour recevoir le culte des gentils. « Parmi les idoles, dit-il, il y a des esprits impurs, trompeurs et malfaisants, qui veulent passer pour des dieux et se faire adorer par les hommes; il faut les apaiser, de peur qu'ils ne nous nuisent. Les uns, gais et enjoués, se laissent gagner par des spectacles et des jeux ; l'humeur sombre des autres veut l'odeur de la graisse et se repaît des sacrifices sanglants. »

IFURIN, enfer des Gaulois. C'était une région sombre et terrible, inaccessible aux rayons du soleil, infectée d'insectes venimeux, de reptiles, de lions rugissants et de loups carnassiers.

Les grands criminels étaient enchaînés dans des cavernes encore plus horribles, plongés dans un étang plein de couleuvres et brûlés par les poisons qui distillaient sans cesse de la voûte. Les gens inutiles, ceux qui n'avaient fait ni bien ni mal, résidaient au milieu des vapeurs épaisses et pénétrantes, élevées au-dessus de ces hideuses prisons. Le plus grand supplice était un froid très-rigoureux.

IGNORANCE. Ceux qui enseignèrent que l'Océan était salé de peur qu'il ne se corrompît, et que les marées étaient faites pour conduire nos vaisseaux dans les ports, ne savaient sûrement pas que la Méditerranée a des ports et point de reflux. Voy. ERREURS, MERVEILLES, PRODIGES, etc., etc., etc.

ILES. Il y a, dans la Baltique, des îles rapprochées que les pécheurs croient avoir été faites par des enchanteurs, qui voulaient s'en aller plus facilement d'un lieu à un autre, et qui établissaient ainsi des stations sur leur route (1).

ILLUMINÉS, sorte de francs-maçons d'Allemagne, qui croient avoir la seconde vue et qui prophétisent. On connaît peu leur doctrine, qui est vague et libre; mais ils ont eu des prédécesseurs. En 1575, Jean de Villalpando et une carmélite, nommée Catherine de Jésus, établirent une secte d'illuminés, que l'inquisition de Cordoue dispersa. Pierre Guérin les ramena en France en 1634. Ils prétendaient que Dieu avait révélé à l'un d'entre eux, le frère Antoine Bocquet, une pratique de vie et de foi surémínente, au moyen de laquelle on devenait tellement saint, qu'on ne faisait plus qu'un avec Dieu, et qu'alors on pouvait sans péché se livrer à toutes ses passions. Ils se flattaient d'en remonter aux apôtres, à tous les saints et à toute l'Eglise. Louis XIII dissipa cette secte de fous. Voy. BLOEMARDINE.

IMAGES DE CIRE. Voy. ENVOUTEMENT.

IMAGINATION. Les rêves, les songes, les chimères, les terreurs paniques, les superstitions, les préjugés, les prodiges, les châteaux en Espagne, le bonheur, la gloire et tous ces contes d'esprits et de revenants, de sorciers et de diables, sont ordinairement les enfantements de l'imagination. Son domaine est immense, son empire est despotique; une grande force d'esprit peut seule en réprimer les écarts. Un Athénien, ayant rêvé qu'il était devenu fou, en eut l'imagination tellement frappée, qu'à son réveil il fit des folies comme il croyait devoir en faire, et perdit en effet la raison.

On connaît l'origine de la fièvre de Saint-Vallier. A cette occasion Pasquier parle de la mort d'un bouffon du marquis de Ferrare, nommé Gonelle, qui, ayant entendu dire qu'une grande peur guérissait de la fièvre, voulut guérir de la fièvre quarte le prince son maître, qui en était tourmenté. Pour cet effet, passant avec lui sur un pont assez étroit, il le poussa et le fit tomber dans l'eau au péril de sa vie. On repêcha le souverain, et il fut guéri. Mais, jugeant que l'indiscrétion de Gonelle méritait quelque punition, il le condamna à avoir la tête coupée, bien résolu cependant de ne pas le faire mourir. Le jour de l'exécution, il lui fit bander les yeux, et ordonna qu'au lieu d'un coup de sabre on ne lui donnât qu'un petit coup de serviette mouillée ; l'ordre fut exécuté et Gonelle délié aussitôt après ; mais le malheureux bouffon était mort de peur. Est-ce vrai ? Ce Pasquier a fait tant de contes !

Héquet parle d'un homme qui, s'étant couché avec les cheveux noirs, se leva le matin avec les cheveux blancs, parce qu'il avait rêvé qu'il était condamné à un supplice cruel et infamant. Dans le *Dictionnaire de police* de Des Essarts, on trouve l'histoire d'une jeune fille à qui une sorcière prédit qu'elle serait pendue ; ce qui produisit un tel effet sur son esprit, qu'elle mourut suffoquée la nuit suivante.

Athénée raconte que quelques jeunes gens

(1) Marmier, Tradition de la mer Baltique.

d'Agrigente étant ivres, dans une chambre de cabaret, se crurent sur une galère, au milieu de la mer en furie, et jetèrent par les fenêtres tous les meubles de la maison, pour soulager le bâtiment.

Il y avait à Athènes, un fou qui se croyait maître de tous les navires qui entraient dans le Pirée, et donnait ses ordres en conséquence. Horace parle d'un autre fou, qui croyait toujours assister à un spectacle, et qui, suivi d'une troupe de comédiens imaginaires, portait un théâtre dans sa tête, où il était tout à la fois et l'acteur et le spectateur.

On voit, dans les maniaques, des choses aussi singulières ; tel s'imagine être un moineau, un vase de terre, un serpent ; tel autre se croit un dieu, un orateur, un Hercule. Et parmi les gens qu'on dit sensés, en est-il beaucoup qui maîtrisent leur imagination, et se montrent exempts de faiblesses et d'erreurs ?

Plusieurs personnes mordues par des chiens ont été très-malades parce que, les supposant atteints de la rage, elles se croyaient menacées ou déjà affectées du même mal. La Société royale des sciences de Montpellier rapporte, dans un mémoire publié en 1730, que deux frères ayant été mordus par un chien enragé, l'un d'eux partit pour la Hollande, d'où il ne revint qu'au bout de dix ans. Ayant appris, à son retour, que son frère, depuis longtemps, était mort hydrophobe, il se sentit malade et mourut lui-même enragé par la crainte de l'être.

Voici un fait qui n'est pas moins extraordinaire : un jardinier rêva qu'un grand chien noir l'avait mordu. Il ne pouvait montrer aucune trace de morsure ; sa femme, qui s'était levée au premier cri, lui assura que toutes les portes étaient bien fermées et qu'aucun chien n'avait pu entrer. Ce fut en vain ; l'idée du gros chien noir restait toujours présente à son imagination ; il croyait le voir sans cesse : il en perdit le sommeil et l'appétit, devint triste, rêveur, languissant. Sa femme, qui, raisonnable au commencement, avait fait tous ses efforts pour le calmer et le guérir de son illusion, finit par s'imaginer que, puisqu'elle n'avait pas réussi, il y avait quelque chose de réel dans l'idée de son mari, et qu'ayant été couchée à côté de lui, il était fort possible qu'elle eût été aussi mordue. Cette disposition d'esprit développa chez elle les mêmes symptômes que chez son mari, abattement, lassitude, frayeur, insomnie. Le médecin, voyant échouer toutes les ressources ordinaires de son art contre cette maladie de l'imagination, leur conseilla d'aller en pèlerinage à Saint-Hubert. Dès ce moment les deux malades furent plus tranquilles : ils allèrent à Saint-Hubert, y subirent le traitement usité, et revinrent guéris (1).

Un homme pauvre et malheureux s'était tellement frappé l'imagination de l'idée des richesses, qu'il avait fini par se croire dans la plus grande opulence. Un médecin le guérit, et il regretta sa folie.

On a vu, en Angleterre, un homme qui voulait absolument que rien ne l'affligeât dans ce monde. En vain on lui annonçait un événement fâcheux ; il s'obstinait à le nier. Sa femme étant morte, il n'en voulut rien croire. Il faisait mettre à table le couvert de la défunte, et s'entretenait avec elle, comme si elle eût été présente ; il en agissait de même lorsque son fils était absent. Près de sa dernière heure, il soutint qu'il n'était pas malade, et mourut avant d'en avoir eu le démenti.

Voici une autre anecdote : Un maçon, sous l'empire d'une monomanie qui pouvait dégénérer en folie absolue, croyait avoir avalé une couleuvre ; il disait la sentir remuer dans son ventre. M. Jules Cloquet, chirurgien de l'hôpital Saint-Louis, à qui il fut amené, pensa que le meilleur, peut-être le seul moyen pour guérir ce monomane, était de se prêter à sa folie. Il offrit en conséquence d'extraire la couleuvre par une opération chirurgicale. Le maçon y consent ; une incision longue, mais superficielle, est faite à la région de l'estomac, des linges, des compresses, des bandages rougis par le sang sont appliqués. La tête d'une couleuvre dont on s'était précautionné est passée avec adresse entre les bandes et la plaie. « Nous la tenons enfin, s'écrie l'adroit chirurgien ; la voici. » En même temps, le patient arrache son bandeau ; il veut voir le reptile qu'il a nourri dans son sein. Quelque temps après une nouvelle mélancolie s'empare de lui ; il gémit, il soupire ; le médecin est rappelé : « Monsieur, lui dit-il avec anxiété, si elle avait fait des petits ? — Impossible ! c'est un mâle. »

On attribue ordinairement à l'imagination des femmes la production des fœtus monstrueux. M. Salgues a voulu prouver que l'imagination n'y avait aucune part, en citant quelques animaux qui ont produit des monstres, et par d'autres preuves insuffisantes. Plessman, dans sa *Médecine puerpérale* ; Harting, dans une thèse ; Demangeon, dans ses *Considérations physiologiques sur le pouvoir de l'imagination maternelle dans la grossesse*, soutiennent l'opinion générale. Les femmes enceintes défigurent leurs enfants, quoique déjà formés, lorsque leur imagination est violemment frappée. Malebranche parle d'une femme qui, ayant assisté à l'exécution d'un malheureux condamné à la roue, en fut si affectée, qu'elle mit au monde un enfant dont les bras, les cuisses et les jambes étaient rompus à l'endroit où la barre de l'exécuteur avait frappé le condamné. Le peintre Jean-Baptiste Rossi fut surnommé Gobbino parce qu'il était agréablement *gobbo*, c'est-à-dire bossu. Sa mère était enceinte de lui lorsque son père sculptait le gobho, bénitier devenu célèbre, et qui a fait le pendant du pasquino, autre bénitier de Gabriel Cagliari.

Une femme enceinte jouait aux cartes. En

---

(1) Cette anecdote ne doit infirmer en rien la juste réputation du pèlerinage de Saint-Hubert, où il est avéré (comme il est facile aux curieux de s'en convaincre) qu'aucun malade n'est allé sans trouver la guérison.

relevant son jeu, elle voit que, pour faire un grand coup, il lui manque l'as de pique. La dernière carte qui lui rentre était effectivement celle qu'elle attendait. Une joie immodérée s'empare de son esprit, se communique, comme un choc électrique, à toute son existence; et l'enfant qu'elle mit au monde porta dans la prunelle de l'œil la forme d'un as de pique, sans que l'organe de la vue fût d'ailleurs offensé par cette conformation extraordinaire.

« Le trait suivant est encore plus étonnant, dit Lavater. Un de mes amis m'en a garanti l'authenticité. Une dame de condition du Rhinthal voulut assister, dans sa grossesse, au supplice d'un criminel qui avait été condamné à avoir la tête tranchée et la main droite coupée. Le coup qui abattit la main effraya tellement la femme enceinte, qu'elle détourna la tête avec un mouvement d'horreur, et se retira sans attendre la fin de l'exécution. Elle accoucha d'une fille qui n'eut qu'une main, et qui vivait encore lorsque mon ami me fit part de cette anecdote; l'autre main sortit séparément, d'abord après l'enfantement. »

Il y a du reste, sur les accouchements prodigieux, bien des contes. « J'ai lu, dans un recueil de faits merveilleux, dit M. Salgues (*Des erreurs et des préjugés répandus dans la société*), qu'en 1778, un chat, né à Stap en Normandie, devint épris d'une poule du voisinage et qu'il lui fit une cour assidue. La fermière ayant mis sous les ailes de la poule des œufs de cane qu'elle voulait faire couver, le chat s'associa à ses travaux maternels. Il détourna une partie des œufs et les couva si tendrement, qu'au bout de vingt-cinq jours il en sortit de petits êtres amphibies, participant de la cane et du chat, tandis que ceux de la poule étaient des canards ordinaires. Le docteur Vimoud atteste qu'il a vu, connu, tenu le père et la mère de cette singulière famille, et les petits eux-mêmes. Mais on dit au docteur Vimoud : « Aviez-vous la vue bien nette quand vous avez examiné vos canards amphibies? vous avez trouvé l'animal vêtu d'un poil noirâtre, touffu et soyeux; mais ne savez-vous pas que c'est le premier duvet des canards? Croyez-vous que l'incubation d'un chat puisse dénaturer le germe renfermé dans l'œuf? Alors pourquoi l'incubation de la poule aurait-elle été moins efficace et n'aurait-elle pas produit des êtres moitié poules et moitié canards? »

On rit aujourd'hui de ces contes, on n'oserait plus écrire ce que publiaient les journaux de Paris, il y a soixante ans, qu'une chienne du faubourg Saint-Honoré venait de mettre au jour quatre chats et trois chiens. — Elien, dans le vieux temps, a pu parler d'une truie qui mit bas un cochon ayant une tête d'éléphant, et d'une brebis qui mit bas un lion. Nous la rangerons à côté de Torquémada, qui rapporte, dans la sixième journée de son *Examéron*, qu'en un lieu d'Espagne, qu'il ne nomme pas, une jument était tellement pleine, qu'au temps de mettre bas son fruit, elle creva, et qu'il sortit d'elle une mule qui mourut incontinent, ayant comme sa mère le ventre si gros et si enflé, que le maître voulut voir ce qui était dedans. On l'ouvrit et on y trouva une autre mule de laquelle elle était pleine....

Autre anecdote. Un duc de Mantoue avait dans ses écuries une cavale pleine qui mit bas un mulet. Il envoya aussitôt aux plus célèbres astrologues d'Italie l'heure de la naissance de cette bête, les priant de lui faire l'horoscope d'un bâtard né dans son palais sous les conditions qu'il indiquait. Il prit bien soin qu'ils ne sussent pas que c'était d'un mulet qu'il voulait parler. Les devins firent de leur mieux pour flatter le prince, ne doutant pas que ce bâtard ne fût du prince. Les uns dirent qu'il serait général d'armée; les autres en firent mieux encore, et tous le comblèrent de dignités. — Mais rentrons dans les accouchements prodigieux.

On publia au seizième siècle qu'une femme ensorcelée venait d'enfanter plusieurs grenouilles. De telles nouveautés étaient reçues alors sans opposition. Au commencement du dix-huitième siècle, les gazettes d'Angleterre annoncèrent, d'après le certificat du chirurgien accoucheur, appuyé de l'anatomiste du roi, qu'une paysanne venait d'accoucher de beaucoup de lapins; et le public le crut, jusqu'au moment où l'anatomiste avoua qu'il s'était prêté à une mystification.

On fit courir le bruit, en 1471, qu'une femme, à Pavie, avait mis bas un chien; on cita la Suissesse qui, en 1278, avait donné le jour à un lion, et la femme que Pline dit avoir été mère d'un éléphant. — On voit dans d'autres conteurs anciens qu'une autre Suissesse se délivra d'un lièvre; une Thuringienne, d'un crapaud; que d'autres femmes mirent bas des poulets [1].

Ambroise Paré cite, sur ouï-dire, un jeune cochon napolitain qui portait une tête d'homme sur son corps de cochon.

Boguet assure, dans ses *Discours des exécrables sorciers*, qu'une femme maléficiée mit au jour à la fois, en 1531, une tête d'homme, un serpent à deux pieds et un petit pourceau. Bayle parle d'une femme qui passa pour être accouchée d'un chat noir; le chat fut brûlé comme produit d'un démon (2).

Le même Torquémada que nous avons cité, énumère beaucoup d'accouchements extraordinaires : une femme qui mit au monde sept enfants à la fois, à Médina del Campo; une autre femme de Salamanque qui en eut neuf d'une seule couche; puis une Italienne qui donna le jour à soixante-dix enfants d'une même portée. Et comme on pourrait être surpris du nombre, il rappelle ce que conte Albert le Grand, qu'une Allemande enfanta, d'une seule couche, cent cinquante enfants, grands comme le doigt, très-bien

---

(1) Bayle, République des lettres, 1684, t. III, p. 472, cité par M. Salgues.

(2) Bayle, République des lettres, 1686, tom. III, pag. 1018.

formés et tous enveloppés dans une pellicule. On ne dit pas ce que devint cette petite famille. Mais avouez qu'il n'y a que l'Allemagne pour ces choses-là. — Une Hollandaise pourtant fit plus encore. Voy. MARGUERITE.

Ces faits sont difficiles à croire à qui ne les a pas vus, » dit Torquémada; et il parle *de visu*, d'un enfant né en Italie avec une barbe de bouc; comment a-t-il reconnu que cette barbe était précisément une barbe de bouc? — Volaterranus se préoccupe d'un enfant qui naquit homme jusqu'à la ceinture, et chien dans la partie inférieure du corps. Un autre enfant monstrueux vint au monde sous le règne de Constance, avec deux bouches, quatre yeux, deux petites oreilles et de la barbe.

Un savant professeur de Louvain, Cornélius Gemma, écrivant à une époque où l'on admettait beaucoup de choses, rapporte qu'en 1545 une dame de noble lignée mit au monde, dans la Belgique, un garçon qui avait, au dire des experts, la tête d'un démon avec une trompe d'éléphant au lieu de nez, des pattes d'oie au lieu de mains, des yeux de chat au milieu du ventre, une tête de chien à chaque genou, deux visages de singe sur l'estomac et une queue de scorpion longue d'une demi-aune de Brabant (trente-cinq centimètres). Ce petit monstre ne vécut que quatre heures, et poussa des cris en mourant par les deux gueules de chien qu'il avait aux genoux (1).

Nous pourrions multiplier ces contes ridicules, fondés sur quelques phénomènes naturels que l'imagination des femmes enceintes a produits. Arrêtons-nous un moment aux faits prodigieux plus réels. Tels sont les enfants nés sans tête, ou plutôt dont la tête n'est pas distincte des épaules. Un de ces enfants vint au monde au village de Schmechten, près de Paderborn, le 16 mai 1565; il avait la bouche à l'épaule gauche et une seule oreille à l'épaule droite. Mais en compensation de ces enfants sans tête, une Normande accoucha, le 20 juillet 1684, d'un enfant mâle dont la tête semblait double. Il avait quatre yeux, deux nez crochus, deux bouches, deux langues et seulement deux oreilles. L'intérieur renfermait deux cerveaux, deux cervelets et trois cœurs; les autres viscères étaient simples. Ce garçon vécut une heure; et peut-être eût-il vécu plus longtemps, si la sage-femme qui en avait peur ne l'eût laissé tomber.

Le phénomène des êtres bicéphales est moins rare que celui des acéphales. On présenta en 1779, à l'Académie des sciences de Paris, un lézard à deux têtes, qui se servait également bien de toutes les deux. Le Journal de médecine du mois de février 1808 donne des détails curieux sur un enfant né avec deux têtes, mais placées l'une au-dessus de l'autre, de sorte que la première en portait une seconde; cet enfant était né au Bengale. A son entrée dans le monde, il effraya tellement la sage-femme que, croyant tenir le diable dans les mains, elle le jeta au feu. On

(1) Cornelii Gemmæ cosmocriticæ, lib. I, cap. 8.

DICTIONN. DES SCIENCES OCCULTES. I.

se hâta de l'en retirer, mais il eut les oreilles endommagées. Ce qui rendait le cas encore plus singulier, c'est que la seconde tête était renversée, le front en bas et le menton en haut. Lorsque l'enfant eut atteint l'âge de six mois, les deux têtes se couvrirent d'une quantité à peu près égale de cheveux noirs. On remarqua que la tête supérieure ne s'accordait pas avec l'inférieure; qu'elle fermait les yeux quand l'autre les ouvrait, et s'éveillait quand la tête principale était endormie; elle avait alternativement des mouvements indépendants et des mouvements sympathiques. Le rire de la bonne tête s'épanouissait sur la tête d'en haut; mais la douleur de cette dernière ne passait pas à l'autre, de sorte qu'on pouvait la pincer sans occasionner la moindre sensation à la tête d'en bas. Cet enfant mourut d'un accident à sa quatrième année.

Ce que nous venons de rapporter n'est peut-être pas impossible. Mais remarquez que ces merveilles viennent toujours de très-loin. Cependant nous avons vu de nos jours Ritta-Christina, cette jeune fille à deux têtes, ou plutôt ces deux jeunes filles accouplées. Nous avons vu aussi les jumeaux Siamois, deux hommes qu'une partie du ventre rendait inséparables et semblait réunir en un seul être. Pour le reste, le plus sûr est de rejeter en ces matières ce qui n'est pas certifié par de suffisants témoignages.

Dans ce genre de faits, on attribuait autrefois au diable tout ce qui sortait du cours ordinaire de la nature.

Il est certain qu'on exagère ordinairement ces phénomènes. On a vu des fœtus monstrueux, à qui on donnait gratuitement la forme d'un mouton, et qui étaient aussi bien un chien, un cochon, un lièvre, etc., puisqu'ils n'avaient aucune figure distincte. On prend souvent pour une cerise, ou pour une fraise, ou pour un bouton de rose, ce qui n'est qu'un seing plus large et plus coloré qu'ils ne le sont ordinairement. Voy. FRAYEURS, HALLUCINATIONS, etc.

IME, géant. Voy. NAINS.

IMMORTALITÉ. Ménandre, disciple de Simon le Magicien, se vantait de donner un baptême qui rendait immortel. On fut bien vite détrompé.

Les Chinois sont persuadés qu'il y a quelque part une eau qui empêche de mourir; et ils cherchent toujours ce breuvage d'immortalité, qui n'est pas trouvé encore.

Les Struldbruggs, ou immortels de Gulliver, sont fort malheureux de leur immortalité. La même pensée se retrouve dans cette légende des bords de la Baltique : — A Falster, il y avait autrefois une femme fort riche qui n'avait point d'enfants. Elle voulut faire un pieux usage de sa fortune, et elle bâtit une église. L'édifice achevé, elle le trouva si bien, qu'elle se crut en droit de demander à Dieu une récompense. Elle le pria donc de la laisser vivre aussi longtemps que son église subsisterait. Son vœu fut exaucé. La mort passa devant sa porte sans entrer; la mort frappa autour d'elle voisins, parents, amis, et ne lui montra pas seulement le bout de sa faux. Elle vécut au milieu de toutes les guerres, de toutes les pestes, de tous les fléaux qui traversèrent le pays. Elle vécut si longtemps, qu'elle ne trouva plus un ami avec qui elle pût s'entretenir. Elle parlait toujours d'une époque si ancienne, que personne ne la comprenait. Elle avait bien demandé une vie perpétuelle; mais elle avait oublié de demander aussi la jeunesse; le ciel ne lui donna que juste ce qu'elle voulait avoir, et la pauvre femme vieillit; elle perdit ses forces, puis la vue, et l'ouïe et la parole. Alors elle se fit enfermer dans une caisse de chêne et porter dans l'église. Chaque année, à Noël, elle recouvre, pendant une heure, l'usage de ses sens; et chaque année, à cette heure-là, le prêtre s'approche d'elle pour prendre ses ordres. La malheureuse se lève à demi dans son cercueil, et s'écrie : — Mon église subsiste-t-elle encore?

— Oui, répond le prêtre.

— Hélas ! dit-elle. Et elle s'affaisse en poussant un profond soupir, et le coffre de chêne se referme sur elle (1).

IMPAIR. Une crédulité superstitieuse a attribué, dans tous les temps, bien des prérogatives au nombre impair (2). Le nombre pair passait, chez les Romains, pour mauvais, parce que ce nombre, pouvant être divisé également, est le symbole de la mortalité et de la destruction ; c'est pourquoi Numa, corrigeant l'année de Romulus, y ajouta un jour, afin de rendre impair le nombre de ceux qu'elle contenait. C'est en nombre impair que les livres magiques prescrivent leurs opérations les plus mystérieuses. L'alchimiste d'Espagnet, dans sa Description du Jardin des Sages, place à l'entrée une fontaine qui a sept sources. Il faut, dit-il, y faire boire le dragon par le nombre magique de trois fois sept, et l'on doit y chercher trois sortes de fleurs, qu'il faut y trouver nécessairement pour réussir au grand œuvre. Le crédit du nombre impair s'est établi jusque dans la médecine : l'année climatérique est, dans la vie humaine, une année impaire.

IMPOSTURES. On lit dans Leloyer qu'un valet, par le moyen d'une sarbacane, engagea une veuve d'Angers à l'épouser, en le lui conseillant de la part de son mari défunt. Plus d'un imposteur a employé ce stratagème.

Un roi d'Ecosse, voyant que ses troupes ne voulaient point combattre contre les Pictes, suborna des gens habillés d'écailles brillantes, ayant en main des bâtons de bois luisant, qui les excitèrent à combattre, comme s'ils avaient été des anges, ce qui eut le succès qu'il souhaitait (3).

Nous aurions un gros volume à faire, si nous voulions citer ici toutes les impostures de l'histoire. On y pourrait joindre maints stratagèmes et ruses de guerre. Voy. APPARITIONS, FANTOMES, BOHÉMIENS, JETZER, etc.

IMPRECATIONS. Ce qui va suivre est de Chassanion, huguenot, en ses *Grands jugements de Dieu*: « Quant à ceux qui sont adonnés à maugréer, et qui, comme des gueules d'enfer, à tout propos dépitent Dieu par d'horribles exécrations, et sont si forcenés que de le renier pour se donner au diable, ils méritent bien d'être abandonnés de Dieu et d'être livrés entre les mains de Satan pour aller avec lui en perdition ; ce qui est advenu visiblement à certains malheureux de notre temps, qui ont été emportés par le diable, auquel ils s'étaient donnés.

« Il y a quelque temps qu'en Allemagne un homme de mauvaise vie était si mal embouché, que jamais il ne parlait sans nommer les diables. Si en cheminant il lui advenait de faire quelque faux pas ou de se heurter, aussitôt il avait les diables dans sa gueule. De quoi, combien que plusieurs fois il eût été repris par ses voisins, et admonesté de se châtier d'un si méchant et détestable vice, toutefois ce fut en vain. Continuant dans cette mauvaise et damnable coutume, il advint un jour qu'en passant sur un pont il trébucha et, étant tombé du haut en bas, proféra ces paroles : — Lève-toi par tous les cent diables.

« Soudain, voici celui qu'il avait tant de fois appelé qui le vint étrangler, et l'emporta.

« L'an mil cinq cent cinquante et un, près Mégalopole, joignant Voilstadt, il advint encore, durant les fêtes de la Pentecôte, ainsi que le peuple s'amusait à boire, qu'une femme, qui était de la campagne, nommait ordinairement le diable parmi ses jurements : lequel, à cette heure, en la présence d'un chacun, l'enleva par la porte de la maison, et l'emporta en l'air. Ceux qui étaient présents sortirent incontinent, tout étonnés, pour voir où cette femme était ainsi transportée : laquelle ils virent, hors du village, pendue quelque temps en l'air bien haut, dont elle tomba en bas, et la trouvèrent à peu près morte au milieu d'un champ.

« Environ ce temps-là, il y eut un grand jureur en une maison de Savoie, homme fort vicieux et qui donnait beaucoup de peine aux gens de bien, qui, pour le devoir de leur charge, s'employèrent à le reprendre et l'admonestèrent bien souvent, afin qu'il s'amendât : à quoi il ne voulut oncques entendre. Or, advint que, la peste étant en la ville, il en fut frappé et se retira en un sien jardin, avec sa femme et quelques parents. Là, les ministres de l'Eglise ne cessèrent de l'exhorter à repentance, lui remontrant ses fautes et péchés pour le réduire au bon chemin. Mais tant s'en fallut qu'il fût touché par tant de bonnes et saintes remontrances, qu'au contraire il ne fit que s'endurcir davantage en ses péchés. Avançant donc son malheur, un jour, comme ce méchant reniait Dieu et se donnait au diable et l'appelait tant qu'il pouvait, voilà le diable qui le ravit soudainement et l'emporta en l'air ; sa femme et sa parente le virent passer par-dessus leurs

(1) Marmier, Tradition de la Baltique.
(2) *Numero Deus impare gaudet.*
(3) Hector de Boëce.

têtes. Etant ainsi transporté, son bonnet lui tomba de dessus la tête, et fut trouvé auprès du Rhône. Le magistrat, averti de cela, vint sur le lieu, et s'informa du fait, prenant attestation de ces deux femmes de ce qu'elles avaient vu.

« Voilà des événements terribles, épouvantables, pour donner crainte et frayeur à tels ou semblables jureurs et renieurs de Dieu, desquels le monde n'est que trop rempli aujourd'hui. Refrénez donc, misérables que vous êtes, vos langues infernales; départez-vous de toutes méchantes paroles et exécrations, et vous accoutumez à louer et glorifier Dieu tant de bouche que de fait » (1).

Quand les femmes grecques entendent des imprécations, comme il s'en fait dans les chaudes colères de leur pays, elles se hâtent de mouiller leurs seins avec leur salive, de peur qu'une partie de ces malédictions ne tombent sur elles (2). Voy. JUREMENTS.

INCENDIE. En 1807, un professeur de Brunswick annonça qu'il vendait de la poudre aux incendies, comme un apothicaire vend de la poudre aux vers; il ne s'agissait, pour sauver un édifice, que de le saupoudrer de quelques pincées de cette poudre; deux onces suffisaient par pied carré : et comme la livre ne coûtait que sept à huit sous, et qu'un homme n'a que quatorze pieds de superficie, on pouvait, pour 17 sous ou six deniers (vieux style), se rendre incombustible. Quelques gens crédules achetèrent la poudre du docteur. Les gens raisonnables crurent qu'il voulait attraper le public, et se moquèrent de lui (3).

INCOMBUSTIBLES. Il y avait jadis en Espagne des hommes d'une trempe supérieure qu'on appelait *Saludadores*, *Santiguadores*, *Ensalmadores*. Ils avaient non-seulement la vertu de guérir toutes les maladies avec leur salive, mais ils maniaient le feu impunément; ils pouvaient avaler de l'huile bouillante, marcher sur les charbons ardents, se promener à l'aise au milieu des bûchers enflammés. Ils se disaient parents de sainte Catherine, et montraient sur leur chair l'empreinte d'une roue, signe manifeste de leur glorieuse origine.

Il existe aujourd'hui en France, en Allemagne et dans presque toute l'Europe, des hommes qui ont les mêmes priviléges, et qui pourtant évitent avec soin l'examen des savants et des docteurs. Léonard Vair conte qu'un de ces hommes incombustibles ayant été sérieusement enfermé dans un four très-chaud, on le trouva calciné quand on rouvrit le four. Il y a quelques années qu'on vit à Paris un Espagnol marcher pieds nus sur des barres de fer rougies au feu, promener des lames ardentes sur ses bras et sur sa langue, se laver les mains avec du plomb fondu, etc.; on publia ces merveilles. Dans un autre temps, l'Espagnol eût passé pour un homme qui avait des relations avec le démon; alors, on se contenta de citer Virgile, qui dit que les prêtres d'Apollon, au mont Soracte, marchaient sur des charbons ardents; on cita Varron, qui affirme que ces prêtres avaient le secret d'une composition qui les rendait pour quelques instants inaccessibles à l'action du feu.

Le P. Regnault, qui a fait quelques recherches pour découvrir les secrets de ces procédés, en a publié un dans ses Entretiens sur la physique expérimentale.

Ceux qui font métier, dit-il, de manier le feu et d'en tenir à la bouche, emploient quelquefois un mélange égal d'esprit de soufre, de sel ammoniac, d'essence de romarin et de suc d'oignon. L'oignon est, en effet, regardé, par les gens de la campagne, comme un préservatif contre la brûlure.

Dans le temps où le P. Regnault s'occupait de ces recherches, un chimiste anglais, nommé Richardson, remplissait toute l'Europe du bruit de ses expériences merveilleuses. Il mâchait des charbons ardents sans se brûler; il faisait fondre du soufre, le plaçait tout animé sur sa main, et le reportait sur sa langue, où il achevait de se consumer; il mettait aussi sur sa langue des charbons embrasés, y faisait cuire un morceau de viande ou une huître, et soufflait, sans sourciller, qu'on excitât le feu avec un soufflet; il tenait un fer rouge dans ses mains, sans qu'il y restât aucune trace de brûlure, prenait ce fer dans ses dents, et le lançait au loin avec une force étonnante; il avalait de la poix et du verre fondus, du soufre et de la cire mêlés ensemble et tout ardents, de sorte que la flamme sortait de sa bouche comme d'une fournaise. Jamais, dans toutes ces épreuves, il ne donnait le moindre signe de douleur.

Depuis le chimiste Richardson, plusieurs hommes ont essayé comme lui de manier le feu impunément. En 1774, on vit à la forge de Laune un homme qui marchait sans se brûler, sur des barres de fer ardentes, tenait sur sa main des charbons, et les soufflait avec sa bouche; sa peau était épaisse et enduite d'une sueur grasse, onctueuse, mais il n'employait aucun spécifique. Tant d'exemples prouvent qu'il n'est pas nécessaire d'être parent de sainte Catherine pour braver les effets du feu. Mais il fallait que quelqu'un prît la peine de prouver, par des expériences décisives, qu'on peut aisément opérer tous les prodiges dont l'Espagnol incombustible a grossi sa réputation; ce physicien s'est trouvé à Naples.

M. Sementini, premier professeur de chimie à l'université de cette ville, a publié à ce sujet des recherches qui ne laissent rien à désirer. Ses premières tentatives ne furent pas heureuses; mais il ne se découragea point. Il conçut que ses chairs ne pouvaient acquérir subitement les mêmes facultés que celles du fameux Lionetti, qui était alors incombustible; qu'il était nécessaire de répéter longtemps les mêmes tentatives, et que, pour obtenir les résultats qu'il cherchait, il fallait beaucoup de constance. A force de

(1) Chassanion, Jugements de Dieu, p. 169.
(2) Mac-Farlane, Souvenirs du Levant.
(3) M. Salgues, des Erreurs et des préjugés, t. III, p. 213.

soins, il réussit. Il se fit sur le corps des frictions sulfureuses, et les répéta si souvent, qu'enfin il put y promener impunément une lame de fer rouge. Il essaya de produire le même effet avec une dissolution d'alun, l'une des substances les plus propres à repousser l'action du feu : le succès fut encore plus complet.

Mais quand M. Sementini avait lavé la partie incombustible, il perdait aussitôt tous ses avantages, et devenait aussi périssable que le commun des mortels. Il fallut donc tenter de nouvelles expériences.

Le hasard servit à souhait M. Sementini. En cherchant jusqu'à quel point l'énergie du spécifique qu'il avait employé pouvait se conserver, il passa sur la partie frottée un morceau de savon dur, et l'essuya avec un linge : il y porta ensuite une lame de fer. Quel fut son étonnement de voir que sa peau avait non-seulement conservé sa première insensibilité, mais qu'elle en avait acquis une bien plus grande encore ! Quand on est heureux, on devient entreprenant : M. Sementini tenta sur sa langue ce qu'il venait d'éprouver sur son bras, et sa langue répondit parfaitement à son attente; elle soutint l'épreuve sans murmurer ; un fer étincelant n'y laissa pas la moindre empreinte de brûlure. — Voilà donc les prodiges de l'incombustibilité réduits à des actes naturels et vulgaires (1). Voy. FEU.

INCRÉDULES. On a remarqué, par de tristes expériences, que les incrédules, qui nient les faits de la religion, croient aux fables superstitieuses, aux songes, aux cartes, aux présages, aux plus vains pronostics, — comme pour montrer que l'esprit fort est surtout un esprit faible.

INCUBES, démons qui séduisaient les femmes. Servius Tullius, qui fut roi des Romains, était le fils d'une esclave et de Vulcain, selon d'anciens auteurs ; d'un salamandre, selon les cabalistes ; d'un démon incube, selon les démonographes.

INCUBO, génie gardien des trésors de la terre. Le petit peuple de l'ancienne Rome croyait que les trésors cachés dans les entrailles de la terre étaient gardés par des esprits nommés *Incubones*, qui avaient de petits chapeaux dont il fallait d'abord se saisir. Si on avait ce bonheur, on devenait leur maître, et on les contraignait à déclarer et à découvrir où étaient ces trésors. Ces esprits sont nos gnomes et nos lutins.

INFERNAUX. On nomma ainsi, dans le seizième siècle, les partisans de Nicolas Gallus et de Jacques Smidelin, qui soutenaient que, pendant les trois jours de la sépulture de Notre-Seigneur, son âme, descendue dans le lieu où les damnés souffrent, y avait été tourmentée avec ces malheureux (2).

INFIDÉLITÉ. Quand les hommes de certaines peuplades d'Égypte soupçonnaient leurs femmes d'infidélité, ils leur faisaient avaler de l'eau soufrée, dans laquelle ils mettaient de la poussière et de l'huile de lampe, prétendant que, si elles étaient coupables, ce breuvage leur ferait souffrir des douleurs insupportables : espèce d'épreuve connue sous le nom de *calice du soupçon*.

INFLUENCE DES ASTRES. Le Taureau domine sur le cou ; les Gémeaux sur les épaules ; l'Écrevisse sur les bras et sur les mains ; le Lion sur la poitrine, le cœur et le diaphragme ; la Vierge sur l'estomac, les intestins, les côtes et les muscles ; la Balance sur les reins ; le Scorpion sur les parties secrètes ; le Sagittaire sur le nez et les excréments ; le Capricorne sur les genoux ; le Verseau sur les cuisses ; le Poisson sur les pieds.

Voilà en peu de mots ce qui regarde les douze signes du Zodiaque touchant les différentes parties du corps. Il est donc très-dangereux d'offenser quelque membre, lorsque la lune est dans le signe qui le domine, parce que la lune en augmente l'humidité, comme on le verra si on expose de la chair fraîche pendant la nuit aux rayons de la lune : il s'y engendrera des vers, et surtout dans la pleine lune (3). Voy. ASTROLOGIE.

INIS-FAIL, nom d'une pierre fameuse attachée encore aujourd'hui sous le siège où l'on couronnait, dans l'église de Westminster, les rois de la Grande-Bretagne. Cette pierre du destin, que dans la légende héroïque de ces peuples les anciens Écossais avaient apportée d'Irlande, au quatrième siècle, devait les faire régner partout où elle serait placée au milieu d'eux.

INQUISITION. Ce fut vers l'an 1200 que le pape Innocent III établit le tribunal de l'inquisition pour procéder contre les Albigeois, hérétiques perfides, qui bouleversaient la société. Déjà, en 1184, le concile de Vérone avait ordonné aux évêques de Lombardie de rechercher les hérétiques rebelles, et de livrer au magistrat civil ceux qui seraient opiniâtres. Le comte de Toulouse adopta ce tribunal en 1229 ; Grégoire IX, en 1233, le confia aux dominicains. Les écrivains qui ont dit que saint Dominique fut le premier inquisiteur général, ont dit là la chose qui n'est pas. Saint Dominique ne fut jamais inquisiteur ; il était mort en 1221. Le premier inquisiteur général fut le pieux légat Pierre de Castelnau, que les Albigeois assassinèrent.

Le pape Innocent IV étendit l'inquisition dans toute l'Italie, à l'exception de Naples. L'Espagne y fut soumise de 1480 à 1484, sous le règne de Ferdinand et d'Isabelle ; le Portugal l'établit en 1557. L'inquisition parut depuis dans les pays où ces puissances dominèrent ; mais elle ne s'est exercée dans aucun royaume que du consentement et le plus souvent à la demande des souverains (4). Elle a été repoussée en France et en Belgique.

« Si l'on excepte un très-petit nombre d'hommes instruits, dit Joseph de Maistre, il ne vous arrivera guère de parler de l'inquisition sans rencontrer dans chaque tête

---

(1) M. Salgues, des Erreurs et des préjugés, t. II, p. 186 et suiv.
(2) Bergier, Dict. théolog.

(3) Admirables secrets d'Albert le Grand, p. 18.
(4) Bergier, Dict. théolog.

trois erreurs capitales, plantées et comme rivées dans les esprits, au point qu'elles cèdent à peine aux démonstrations les plus évidentes.

« On croit que l'inquisition est un tribunal purement ecclésiastique : cela est faux. On croit que les ecclésiastiques qui siégent dans ce tribunal condamnent certains accusés à la peine de mort : cela est faux. On croit qu'ils les condamnent pour de simples opinions : cela est faux.

« Le tribunal espagnol de l'inquisition était purement royal. C'était le roi qui désignait l'inquisiteur général, et celui-ci nommait à son tour les inquisiteurs particuliers, avec l'agrément du roi. Le règlement constitutif de ce tribunal fut publié en l'année 1484 par le cardinal Torquémada, de concert avec le roi (1).

« Doux, tolérant, charitable, consolateur dans tous les pays du monde, par quelle magie le gouvernement ecclésiastique sévirait-il en Espagne, au milieu d'une nation éminemment noble et généreuse? Dans l'examen de toutes les questions possibles, il n'y a rien de si essentiel que d'éviter la confusion des idées. Séparons donc et distinguons bien exactement, lorsque nous raisonnons sur l'inquisition, la part du gouvernement de celle de l'Eglise. Tout ce que le tribunal montre de sévère et d'effrayant, et la peine de mort surtout, appartient au gouvernement; c'est son affaire; c'est à lui, et c'est à lui seul qu'il faut en demander compte. Toute la clémence, au contraire, qui joue un si grand rôle dans le tribunal de l'inquisition, est l'action de l'Eglise, qui ne se mêle de supplices que pour les supprimer ou les adoucir. Ce caractère indélébile n'a jamais varié. Aujourd'hui, ce n'est plus une erreur, c'est un crime de soutenir, d'imaginer seulement que des prêtres puissent prononcer des jugements de mort.

« Il y a dans l'histoire de France un grand fait qui n'est pas assez observé, c'est celui des templiers; ces infortunés, coupables ou non (ce n'est point de quoi il s'agit ici), demandèrent expressément d'être jugés par le tribunal de l'inquisition; car ils savaient bien, disent les historiens, que s'ils obtenaient de tels juges, ils ne pouvaient plus être condamnés à mort....

« Le tribunal de l'inquisition était composé d'un chef nommé grand inquisiteur, qui était toujours archevêque ou évêque; de huit conseillers ecclésiastiques, dont six étaient toujours séculiers, et de deux réguliers, dont l'un était toujours dominicain, en vertu d'un privilége accordé par le roi Philippe III » (2).

Ainsi les dominicains ne dirigeaient donc pas l'inquisition, puisque l'un d'eux seulement en faisait partie par privilége.

« On ne voit pas bien précisément, dit encore Joseph de Maistre, à quelle époque le tribunal de l'inquisition commença à prononcer la peine de mort. Mais peu nous importe; il nous suffit de savoir, ce qui est incontestable, qu'il ne put acquérir ce droit qu'en devenant royal, et que tout jugement de mort demeure, par sa nature, étranger au sacerdoce.

« La teneur des jugements établit ensuite que les confiscations étaient faites *au profit de la chambre royale et du fisc de Sa Majesté.*

« Ainsi, encore un coup, ce tribunal était purement royal, malgré la fiction ecclésiastique; et toutes les belles phrases sur l'avidité sacerdotale tombent à terre (3). Ainsi l'inquisition religieuse n'était, dans le fond, comme dit Garnier, qu'une inquisition politique (4). Le rapport des cortès de 1812 appuie ce jugement.

« Philippe II, le plus absurde des princes, dit ce rapport, fut le véritable fondateur de l'inquisition. Ce fut sa politique raffinée qui la porta à ce point de hauteur où elle était montée. Les rois ont toujours repoussé les avis qui leur étaient adressés contre ce tribunal, parce qu'ils sont, dans tous les cas, maîtres absolus de nommer, de suspendre ou de renvoyer les inquisiteurs, et qu'ils n'ont, d'ailleurs, rien à craindre de l'inquisition, qui n'est terrible que pour leurs sujets.... »

Ainsi tombent ces contes bleus de rois d'Espagne qui s'apitoyaient sur des condamnés sans pouvoir leur faire grâce, quand il est démontré que c'étaient ces rois eux-mêmes qui condamnaient.

On a dit que depuis trois siècles l'histoire était une vaste conspiration contre le catholicisme. On ferait un volume effrayant du catalogue des mensonges qui ont été prodigués dans ce cens par les historiens. La plupart viennent de la réforme; mais les écrivains catholiques les copient tous les jours sans réflexion. C'est la réforme qui la première a écrit l'histoire de l'inquisition; on a trouvé commode de transcrire son odieux roman, qui épargnait des recherches. Vous trouverez donc partout des faits inventés qui se présentent avec une effronterie incroyable. Nous en citerons deux ou trois.

« Si l'on en croit quelques historiens, Philippe III, roi d'Espagne, obligé d'assister à un auto-da-fé (c'est le nom qu'on donne aux exécutions des inquisiteurs), frémit, et ne put retenir ses larmes en voyant une jeune Juive et une jeune Maure de quinze à seize ans qu'on livrait aux flammes, et qui n'étaient coupables que d'avoir été élevées dans la religion de leurs pères et d'y croire. Ces historiens ajoutent que l'inquisition fit un crime à ce prince d'une compassion si naturelle; que le grand inquisiteur osa lui dire que pour l'expier il fallait qu'il lui en coûtât du sang; que Philippe III se laissa saigner, et que le sang qu'on lui tira fut brûlé par la main du bourreau.....

---

(1) Voyez le rapport officiel en vertu duquel l'inquisition fut supprimée par les cortès de 1812.
(2) Joseph de Maistre, Lettres à un gentilhomme russe sur l'inquisition espagnole.
(3) Id., ibid.
(4) Hist. de François Ier, t. II, chap. 3

C'est Saint-Foix qui rapporte ce tissu d'absurdes faussetés, dans ses *Essais sur Paris*, sans songer qu'aucun historien n'est là pour appuyer ces faits ; qu'ils ont été imaginés quatre-vingts ans après la mort de Philippe III ; que Philippe III était maître de faire grâce et de condamner ; que l'inquisition ne brûlait pas les Juifs et les Maures, coupables seulement d'avoir été élevés dans la religion de leurs pères et d'y croire ; qu'elle se contentait de les bannir pour raisons politiques, etc.

Vous lirez ailleurs que le cardinal Torquémada, qui remplit dix-huit ans les fonctions de grand inquisiteur, condamnait dix mille victimes par an, ce qui ferait cent quatre-vingt mille victimes. Mais vous verrez pourtant ensuite qu'il mourut ayant fait dans sa vie six mille poursuites, ce qui n'est pas cent quatre-vingt mille ; que le pape lui fit trois fois des représentations pour arrêter sa sévérité ; vous trouverez dans les jugements assez peu de condamnations à mort. Les auto-da-fé ne se faisaient que tous les deux ans ; les condamnés à mort attendaient longuement leur exécution, parce qu'on espérait toujours leur conversion ; et vous regretterez de rencontrer si rarement la vérité dans les livres.

Un gros ouvrage qui vient de paraître (le Dictionnaire universel de la Géographie et de l'Histoire) porte à cinq millions le nombre des personnes que l'inquisition a fait périr en Espagne..... C'est, de plus de quatre millions et neuf cent mille, une erreur, — pour ne pas dire plus.

Rapportons maintenant quelque procédure de l'inquisition. Le fait qui va suivre est tiré de l'histoire de l'inquisition d'Espagne, faite à Paris sur les matériaux fournis par D. Llorente, matériaux qu'on n'a pas toujours employés comme Llorente l'eût voulu ; car on a fait de son livre un pamphlet.

« L'inquisition faisait naturellement la guerre aux francs-maçons et aux sorciers. A la fin du dernier siècle, un artisan fut arrêté au nom du saint-office pour avoir dit dans quelques entretiens qu'il n'y avait ni diables, ni aucune autre espèce d'esprits infernaux capables de se rendre maîtres des âmes humaines. Il avoua, dans la première audience, tout ce qui lui était imputé, ajouta qu'il en était alors persuadé pour les raisons qu'il exposa, et déclara qu'il était prêt à détester de bonne foi son erreur, à en recevoir l'absolution, et à faire la pénitence qui lui serait imposée.

«J'avais vu (dit-il en se justifiant) un si grand nombre de malheurs, dans ma personne, ma famille, mes biens et mes affaires, que j'en perdis patience, et que, dans un moment de désespoir, j'appelai le diable à mon secours : je lui offris en retour ma personne et mon âme. Je renouvelai plusieurs fois mon invocation dans l'espace de quelques jours, mais inutilement, car le diable ne vint point. Je m'adressai à un pauvre homme qui passait pour sorcier ; je lui fis part de ma situation. Il me conduisit chez une femme, qu'il disait beaucoup plus habile que lui dans les opérations de la sorcellerie. Cette femme me conseilla de me rendre, trois nuits de suite, sur la colline des *Vistillas* de saint François, et d'appeler à grands cris Lucifer, sous le nom d'*ange de lumière*, en reniant Dieu et la religion chrétienne, et en lui offrant mon âme. Je fis tout ce que cette femme m'avait conseillé, mais je ne vis rien : alors elle me dit de quitter le rosaire, le scapulaire et les autres signes de chrétien que j'avais coutume de porter sur moi, et de renoncer franchement et de toute mon âme à la foi de Dieu, pour embrasser le parti de Lucifer, en déclarant que je reconnaissais sa divinité et sa puissance pour supérieures à celles de Dieu même ; et après m'être assuré que j'étais véritablement dans ces dispositions, de répéter, pendant trois autres nuits, ce que j'avais fait la première fois.

J'exécutai ponctuellement ce que cette femme venait de me prescrire ; cependant l'*ange de lumière* ne m'apparut point. La vieille me recommanda de prendre de mon sang, et de m'en servir pour écrire sur du papier que j'engageais mon âme à Lucifer, comme à son maître et à son souverain ; de porter cet écrit au lieu où j'avais fait mes invocations, et, pendant que je le tiendrais à la main, de répéter mes anciennes paroles : je fis tout ce qui m'avait été recommandé, mais toujours sans résultat.

« Me rappelant alors tout ce qui venait de se passer, je raisonnai ainsi : S'il y avait des diables, et s'il était vrai qu'ils désirassent de s'emparer des âmes humaines, il serait impossible de leur en offrir une plus belle occasion que celle-ci, puisque j'ai véritablement désiré de leur donner la mienne. Il n'est donc pas vrai qu'il y ait des démons ; le sorcier et la sorcière n'ont donc fait aucun pacte avec le diable, et ils ne peuvent être que des fourbes et des charlatans l'un et l'autre. »

Telles étaient en substance les raisons qui avaient fait apostasier l'artisan Jean Pérez. Il les exposa, en confessant sincèrement son péché. On entreprit de lui prouver que tout ce qui s'était passé ne prouvait rien contre l'existence des démons, mais faisait voir seulement que le diable avait manqué de se rendre à l'appel, Dieu le lui défendant quelquefois, pour récompenser le coupable de quelques bonnes œuvres qu'il a pu faire avant de tomber dans l'apostasie. Il se soumit, reçut l'absolution et fut condamné à une année de prison, à se confesser et à communier aux fêtes de Noël, de Pâques et de la Pentecôte, pendant le reste de ses jours, sous la conduite d'un prêtre qui lui serait donné pour directeur spirituel ; à réciter une partie du rosaire et à faire tous les jours des actes de foi, d'espérance, de charité, de contrition, etc. Tel fut son châtiment.

Voici maintenant l'histoire d'un autre épouvantable auto-da-fé, extraite du Voyage fait en Espagne pendant les années 1786 et

1787, par Joseph Fownsend, recteur de Pewsey :

« Un mendiant, nommé Ignazio Rodriguez, fut mis en jugement au tribunal de l'inquisition pour avoir distribué des philtres amoureux, dont les ingrédients étaient tels que *l'honnêteté ne permet pas de les désigner.* En administrant le *ridicule* remède (il paraît que le prédicant anglais n'est pas sévère), il prononçait quelques paroles de nécromancie. Il fut bien constaté que la poudre avait été administrée à des personnes de tout rang. Rodriguez fut condamné à être conduit dans les rues de Madrid, monté sur un âne, et à être fouetté. On lui imposa de plus quelques pratiques de religion et l'exil de la capitale pour cinq ans. La lecture de la sentence fut souvent interrompue par de grands éclats de rire, auxquels se joignait le mendiant lui-même. Le coupable fut, en effet, promené par les rues, mais non fouetté; et pendant la route, on lui offrait du vin et des biscuits pour se rafraîchir.... »

Nous pourrions rassembler beaucoup de traits pareils, qui peindraient l'inquisition tout autrement que ne la montrent des livres infiniment trop menteurs. Voy. TRIBUNAL SECRET.

INSENSIBILITE. On prétendait que le diable rendait les sorciers insensibles à la question ou torture. Mais ce fait ne s'est jamais vu, ou du moins avec certitude.

INTERDIT, censure de l'Eglise qui suspend les ecclésiastiques de leurs fonctions, et qui prive le peuple de l'usage des sacrements, du service divin et de la sépulture en terre sainte. L'objet de l'interdit n'était, dans son origine, que de punir ceux qui avaient causé quelque scandale public, et de les ramener au devoir en les obligeant à demander la levée de l'interdit.

Ordinairement l'interdit arrêtait les déréglements des monastères, empêchait les hérésies de s'étendre, mettait un frein aux excès des seigneurs tyranniques, des criminels puissants, des perturbateurs de la paix publique. Ainsi, après le massacre des vêpres siciliennes, le pape Martin IV mit en interdit la Sicile et les Etats de Pierre d'Aragon. Grégoire VII, qui fit grand usage de l'interdit, sauva plus d'une fois par cette mesure la cause de l'humanité, qui sans lui périssait de toutes parts.

L'interdit doit être prononcé dans les mêmes formes que l'excommunication, par écrit, nommément, avec l'expression de la cause et après trois monitions. La peine de ceux qui violent l'interdit est de tomber dans l'excommunication.

INVISIBILITE. Pour être invisible, il ne faut que mettre devant soi le contraire de la lumière; un mur, par exemple (1).

Mais le Petit Albert et les Clavicules de Salomon nous découvrent des secrets plus rares et plus importants pour l'invisibilité. On se rend invisible, par exemple, en portant sous son bras droit le cœur d'une chauve-souris, celui d'une poule noire ou celui d'une grenouille. Ou bien, disent ces infâmes petits livres de secrets stupides, volez un chat noir, achetez un pot neuf, un miroir, un briquet, une pierre d'agate, du charbon et de l'amadou, observant d'aller prendre de l'eau au coup de minuit à une fontaine; après quoi allumez votre feu, mettez le chat dans le pot, et tenez-le couvert de la main gauche sans jamais bouger ni regarder derrière vous, quelque bruit que vous entendiez; et après l'avoir fait bouillir vingt-quatre heures, toujours sans bouger, sans regarder derrière vous, sans boire ni manger, mettez-le dans un plat neuf, prenez la viande et la jetez par-dessus l'épaule gauche, en disant ces paroles : *Accipe quod tibi do et nihil amplius;* puis mettez les os l'un après l'autre sous les dents, du côté gauche, en vous regardant dans le miroir; et si l'os que vous tenez n'est pas le bon, jetez-le successivement, en disant les mêmes paroles jusqu'à ce que vous l'ayez trouvé; sitôt que vous ne vous verrez plus dans le miroir, retirez-vous à reculons. La possession de cet os vous rendra invisible toutes les fois que vous le prendrez entre les dents.

On peut encore, pour se rendre invisible, faire cette opération que l'on commence un mercredi, avant le soleil levé. On se munit de sept fèves noires; puis on prend une tête de mort; on met une fève dans la bouche, deux dans les narines, deux dans les yeux et deux dans les oreilles; on fait ensuite sur cette tête la figure d'un triangle, puis on l'enterre la face vers le ciel; on l'arrose pendant neuf jours avec d'excellente eau-de-vie, de bon matin, avant le soleil levé. Au huitième jour, vous y trouverez un esprit ou démon qui vous demandera : — Que fais-tu là ?

Vous lui répondrez : — J'arrose ma plante.

Il vous dira : — Donne-moi cette bouteille, je l'arroserai moi-même.

Vous lui répondrez que vous ne le voulez pas. Il vous la demandera encore; vous la lui refuserez jusqu'à ce qu'il tende la main, où vous verrez une figure semblable à celle que vous avez faite sur la tête; vous devez être assuré dès lors que c'est l'esprit véritable de la tête.

N'ayant plus de surprise à craindre, vous lui donnerez votre fiole, il arrosera lui-même, et vous vous en irez.

Le lendemain, qui est le neuvième jour, vous y retournerez; vous y trouverez vos fèves mûres, vous les prendrez, vous en mettrez une dans votre bouche, puis vous regarderez dans un miroir : si vous ne vous y voyez pas, elle sera bonne. Vous en ferez de même de toutes les autres; celles qui ne vaudront rien doivent être enterrées au lieu où est la tête. — Pour cette expérience, ayez toutes les choses bien préparées avec diligence et avec toutes les solennités requises...

Il y a encore de malheureux niais qui croient à ces procédés. Voy. ANNEAU.

INVOCATIONS. Agrippa dit que, pour invoquer le diable et l'obliger à paraître, on

---

(1) Le comte de Gabalis.

se sert des paroles magiques : *Dies mies, jesquet benedo efet douvema enitemaüs!* Mais Pierre Leloyer dit que ceux qui ont des rousseurs au visage ne peuvent faire venir les démons, quoiqu'ils les invoquent. Voy. Évocations et Conjurations.

10. Cette femme que Junon changea en genisse est traitée de sorcière dans les démonographes. Delancre assure (1) que c'était une magicienne qui se faisait voir tantôt sous les traits d'une femme, tantôt sous ceux d'une vache avec ses cornes.

IPÈS ou AYPEROS, prince et comte de l'enfer; il apparaît sous la forme d'un ange, quelquefois sous celle d'un lion, avec la tête et les pattes d'une oie et une queue de lièvre, ce qui est un peu court; il connaît le passé et l'avenir, donne du génie et de l'audace aux hommes, et commande trente-six légions (2).

IRLANDE. Parmi beaucoup d'opinions poétiques ou bizarres, les Irlandais croient qu'une personne qui doit mourir naturellement ou par accident, se montre la nuit à quelqu'un, ou plutôt son image, dans un drap mortuaire. Cette apparition a lieu dans les trois jours qui précèdent la mort annoncée.

IS. Ville bretonne, gouvernée par le roi Gralon ; toute espèce de luxe et de débauche régnait dans cette opulente cité. Les plus saints personnages y prêchaient en vain les mœurs et la réforme. La princesse Dahut, fille du roi, oubliant la pudeur et la modération naturelle à son sexe, y donnait l'exemple de tout genre de dépravation. L'heure de la vengeance approchait : le calme qui précède les plus horribles tempêtes, les chants, la musique le vin, toute espèce de spectacle et de débauche enivraient, endormaient les habitants endurcis de la grande ville. Le roi Gralon seul n'était pas insensible à la voix du ciel ; un jour le prophète Guénolé prononça d'une voix sombre ces mots devant le roi Gralon :

— Prince, le désordre est au comble, le bras de l'Éternel se lève, la mer se gonfle, la cité il s'en va disparaître : partout.

Gralon monte aussitôt à cheval et s'éloigne à toute bride ; sa fille Dahut le suit en croupe......... La main de l'Éternel s'abaisse ; les plus hautes tours de la ville sont englouties, les flots pressent en grondant le coursier du saint roi, qui ne peut s'en dégager ; une voix terrible se fait entendre : — *Prince, si tu veux te sauver, renvoie le diable qui te suit en croupe.*

La belle Dahut perdit la vie, elle se noya près du lieu qu'on nomme Poul-Dahut. La tempête cessa, l'air devint calme, le ciel serein ; mais depuis ce moment le vaste bassin sur lequel s'étendait une partie de la ville d'Is fut couvert d'eau. C'est maintenant la baie de Douarnenez (3).

ISAACARUM, l'un des adjoints de Leviathan dans la possession de Loudun.

ISLANDAIS. Les Islandais sont si experts dans l'art magique, dit un voyageur du dernier siècle, qu'ils font voir aux étrangers ce qui se passe dans leurs maisons, même leurs pères, mères, parents et amis, vivants ou morts (4).

ISLE EN JOURDAIN (Mainfroy de l'), habile devin qui découvrit par l'astrologie l'horrible conduite de deux chevaliers, Philippe et Gauthier d'Aunoy, lesquels étaient amants, l'un de Marguerite de Navarre, femme de Louis le Hutin, et l'autre de Blanche, femme de Charles le Bel ; on prouva encore qu'ils envoûtaient les maris de ces deux dames. C'étaient les deux frères de Philippe de Valois. Le roi Philippe en fit justice : les deux chevaliers furent écorchés vifs et pendus, et les deux dames périrent en prison (5).

ISPARETTA, idole principale des habitants de la côte du Malabar. Antérieurement à toute création, Isparetta se changea en un œuf d'où sortirent le ciel et la terre et tout ce qu'ils contiennent. On le représente avec trois yeux et huit mains, une sonnette pendue au cou, une demi-lune et des serpents sur le front.

ISRAFIL, ou ASRAFIL. Voy. Asrafil.

ITHYPHALLE, nom d'une espèce d'amulettes que l'on pendait au cou des enfants et des vestales ; on lui attribuait de grandes vertus. Pline dit que c'était un préservatif pour les empereurs mêmes, qu'il protégeait contre les effets de l'envie.

IWAN-BASILOWITZ. Voy. Jean.

IWANGIS, sorciers des îles Moluques, qui font aussi le métier d'empoisonneurs. On prétend qu'ils déterrent les corps morts et s'en nourrissent, ce qui oblige les Moluquois à monter la garde auprès des sépultures, jusqu'à ce que les cadavres soient pourris.

J

JABAMIAH, mot puissant de la cabale élémentaire, lequel, prononcé par un sage cabaliste, restitue les membres tronqués.

JACOB. Voy. Eternument.

JACOBINS DE BERNE. Voy. Jetzer.

JACK. Parmi les démons inférieurs de la sphère du feu, nous ne saurions oublier le follet appelé vulgairement en Angleterre *Jack with the lantern*, Jack à la lanterne, que Milton nomme aussi *le moine des marais* (6). Selon la chronique de l'abbaye de Corweg, ce *moine* en séduisit un autre, frère Sébas-

---

(1) Tableau de l'inconstance des démons, p. 48.
(2) Wierus, in Pseudomonarchia dæm.
(3) M. Cambry, Voyage dans le Finistère, tom. II, pag. 284.
(4) Nouv. voyage vers le septent., 1708. chap. 66
(5) Manuscrit de la Bibliothèque, cité par Joly dans ses *Remarques sur Bayle.*
(6) Un romancier américain a fait un volume sur Jack à la lanterne.

tien, qui, revenant de prêcher la fête de saint Jean, se laissa conduire à travers champs par la fatale lanterne jusqu'au bord d'un précipice où il périt. C'était en l'année 1034; nous ne saurions vérifier le fait.

Les paysans allemands regardent ce diable de feu comme très-irritable ; pourtant ils ont quelquefois la malice de lui chanter un couplet qui le met en fureur. — Il n'y a pas trente ans qu'une fille du village de Lorsch eut l'imprudence de chanter ce refrain, au moment où le follet dansait sur une prairie marécageuse : aussitôt il poursuivit la chanteuse ; celle-ci se mit à courir de toute la vitesse de ses jambes ; elle se croyait déjà sauvée en apercevant sa maison, mais à peine franchissait-elle le seuil que Jack à la lanterne le franchit aussi, et frappa si violemment de ses ailes tous ceux qui étaient présents qu'ils en furent éblouis. Quant à la pauvre fille, elle en perdit la vue ; elle ne chanta plus que sur le banc de sa porte, lorsqu'on lui assurait que le ciel était pur. Telle est du moins la légende.

Il ne faut pas être un très-fort chimiste pour deviner la nature de ce démon électrique; mais on peut le classer avec les démons du feu qui dénoncent les trésors cachés par les flammes livides qu'ils font exhaler de la terre, et avec ceux qui parcourent les cimetières par un temps d'orage. Maintes fois, autour des sources sulfureuses où les petites maîtresses vont chaque année réconforter leurs poitrines délicates, le montagnard des Pyrénées voit voltiger des gobelins de la même famille : ils agitent leurs aigrettes bleuâtres pendant la nuit, et font même entendre de légères détonations.

Le plus terrible de ces démons est celui qui fond son essence vivante dans les liqueurs fermentées, qui s'introduit sous cette forme liquide dans les veines d'un buveur, et y allume à la longue un incendie qui le dévore, en fournissant aux médecins un exemple de plus de ce qu'ils appellent scientifiquement une *combustion spontanée* (1).

JACQUES Ier. Le roi d'Angleterre Jacques premier , que Henri IV appelait si plaisamment maître Jacques , ne se contentait pas de faire brûler les sorciers : il a produit encore, sous le titre de *Démonologie*, un gros volume pour prouver que les sorciers entretiennent un commerce exécrable avec le diable. On trouve dans ce livre toutes les idées de son temps, dont quelques-unes sont assez étroites.

JADE. Pierre à laquelle les Indiens attribuaient, entre autres propriétés merveilleuses, celles de soulager les douleurs de reins, quand on l'y appliquait, et de faire écouler le sable de la vessie. Ils la regardaient aussi comme un remède souverain contre l'épilepsie, et s'étaient persuadé que , portée en amulette, elle était un préservatif contre les morsures des bêtes venimeuses. Ces prétendues propriétés lui avaient donné la vogue à Paris, il y a quelques années ; mais cette pierre prodigieuse a perdu sa réputation, et ses grandes vertus sont mises au rang des fables.

JAKISES, esprits malins répandus dans l'air chez les Japonais. On célèbre des fêtes pour obtenir leurs bonnes grâces.

JAMAMBUXES, ou JAMMABOS, espèce de fanatiques japonais, du genre des fakirs, qui errent dans les campagnes et prétendent converser familièrement avec le diable. Quand ils vont aux enterrements , ils enlèvent, dit-on, le corps sans qu'on s'en aperçoive, et ressuscitent les morts. Après s'être meurtris de coups de bâton pendant trois mois, ils entrent en nombre dans une barque, s'avancent en pleine mer, font un trou à la barque et se noient en l'honneur de leurs dieux.

Cette sorte de fakirs fait sa profession, à ce qu'on assure , entre les mains du diable même, qui se montre à eux sous une forme terrible. Ils découvrent les objets perdus ou dérobés ; pour cela, ils font asseoir un petit garçon à terre , les deux pieds croisés ; ensuite ils conjurent le diable d'entrer dans le corps du jeune homme, qui écume , tourne les yeux, et fait des contorsions effrayantes. Le jamambuxe, après l'avoir laissé se débattre, lui recommande de s'arrêter et de dire où est ce qu'on cherche ; le jeune homme obéit : il prononce d'une voix enrouée le nom du voleur, le lieu où il a mis l'objet volé, le temps où il l'a pris, et la manière dont on peut le faire rendre. Voy. Goo.

JAMBLIQUE, philosophe platonicien du quatrième siècle, né en Syrie sous le règne de Constantin le Grand. Il fut disciple d'Anatole et de Porphyre. Il admettait l'existence d'une classe de démons ou esprits d'un ordre inférieur, médiateurs entre Dieu et les hommes. Il s'occupait des divinations, et on a vu, à l'article *Alectryomancie*, que c'est lui qui prédit par cette divination l'avénement au trône de Théodose. On ignore où , quand et comment il mourut ; mais Bodin assure qu'il s'empoisonna lui-même pour éviter le supplice que Valens réservait aux magiciens.

On conte qu'étant un jour dans la ville de Gadare en Syrie, pour faire voir sa science magique, il fit sortir en présence du peuple deux génies ou démons d'une fontaine ; il les nommait Amour et Contre-Amour (2) ; l'Amour avait les cheveux dorés, tressés et flottants sur les épaules ; ils paraissaient éclatants comme les rayons du soleil ; l'autre était moins brillant ; ce qui attira l'admiration de toute la populace.

Leloyer dit (3) encore que c'est Jamblique et Maximus qui ont perdu Julien l'Apostat.— On recherche de Jamblique le traité des *Mystères des Egyptiens, des Chaldéens et des Assyriens* (4). Il s'y montre crédule pour toutes les rêveries des astrologues.

JAMBRÈS et JAMNÈS , sorciers égyptiens les plus anciens que les saints livres nous

---

(1) Traditions populaires. *Quarterly Review.*
(2) Éros et Antéros.
(3) Hist. des spectres ou apparitions des esprits, liv. IV, p. 312.
(4) Jamblichus, De mysteriis Ægyptiorum, Chaldæorum, Assyriorum , avec d'autres opuscules. In-16, 1607.

fassent connaître par leur nom après Cham. Ils faisaient apparaître des grenouilles, des serpents; ils changaient l'eau du Nil en sang, et tâchaient d'anéantir par leurs prestiges la vérité des miracles que Dieu faisait par l'organe de Moïse (1).

JAMMA-LOCON, enfer indien d'où, après un certain temps de peines et de souffrances, les âmes reviennent en ce monde pour y animer le premier corps où elles peuvent entrer.

JARRETIÈRE. *Secret de la jarretière pour les voyageurs.* Vous cueillerez de l'herbe que l'on appelle armoise, dans le temps que le soleil fait son entrée au premier signe du Capricorne; vous la laisserez un peu sécher à l'ombre, et en ferez des jarretières avec la peau d'un jeune lièvre, c'est-à-dire qu'ayant coupé la peau du lièvre en courroie de la largeur de deux pouces, vous en ferez un redoublé dans lequel vous coudrez ladite herbe, et les porterez aux jambes. Il n'y a point de cheval qui puisse suivre longtemps un homme de pied qui est muni de ces jarretières.

Ou bien vous prendrez un morceau de cuir de la peau d'un jeune loup, dont vous ferez deux jarretières, sur lesquelles vous écrirez avec votre sang les paroles suivantes : *Abumalith cados;* vous serez étonné de la vitesse avec laquelle vous cheminerez, étant muni de ces jarretières à vos jambes. De peur que les caractères écrits ne s'effacent, il sera bon de doubler la jarretière d'un padoue de fil blanc du côté de l'écriture.

« Il y a encore une manière de faire la jarretière, que j'ai lue dans un vieux manuscrit en lettres gothiques. En voici la recette. Vous aurez les cheveux d'un larron pendu, desquels vous ferez des tresses dont vous formerez des jarretières que vous coudrez entre deux toiles de telle couleur qu'il vous plaira; vous les attacherez aux jambes de derrière d'un jeune poulain; puis vous laisserez échapper le poulain, le ferez courir à perte d'haleine, et vous vous servirez avec plaisir de ces jarretières » (2).

On prétendait autrefois que les magiciens pouvaient donner une jarretière enchantée, avec laquelle on faisait beaucoup de chemin en peu de temps. C'est là peut-être l'origine des bottes de sept lieues.

JAUNISSE. Les rois de Hongrie croyaient avoir le privilége de guérir la jaunisse par l'attouchement (3).

JAYET d'ISLANDE. Les anciens Islandais attribuaient des vertus surnaturelles à ce jayet, qu'ils regardaient comme un ambre noir. Sa principale qualité était de préserver de tout sortilège celui qui en portait sur soi. En second lieu, ils le croyaient un antidote contre le poison. Sa troisième propriété était de chasser les esprits et les fantômes, lorsqu'on en brûlait dans une maison ; la quatrième, de préserver de maladies épidémiques les appartements qui en étaient parfumés.

La plupart de ces idées superstitieuses subsistent encore.

JEAN (Evangile de saint). Voy. Bibliomancie.

JEAN, magicien sectateur d'Apollonius de Tyane. Il courait de ville en ville, faisant le métier de charlatan, et portait une chaîne de fer au cou. Après avoir séjourné quelque temps à Lyon, il acquit une si grande célébrité par ses cures merveilleuses, que le souverain du pays l'admit en sa présence. Jean donna à ce prince une superbe épée enchantée; elle s'entourait merveilleusement, dans le combat, de cent quatre-vingts couteaux tirés. Il lui donna aussi un bouclier portant un miroir, qu'il disait avoir la vertu de divulguer les plus grands secrets. Ces armes disparurent un jour ou furent volées; sur quoi Delancre conclut (4) que si les rois de France dressaient, comme les ducs d'Italie, des arsenaux de vieilleries (ce qu'ils font à présent), on y trouverait de ces armes enchantées et fabriquées par quelque magicien ou sorcier.

JEAN, patriarche schismatique de Constantinople. Zonaras conte que l'empereur grec Théophile, se voyant obligé de mettre à la raison une province révoltée sous la conduite de trois capitaines, consulta le patriarche Jean, habile enchanteur. Celui-ci fit faire trois gros marteaux d'airain, les mit entre les mains de trois hommes robustes, et conduisit ces hommes au milieu du cirque, devant une statue de bronze à trois têtes. Ils abattirent deux de ces têtes avec leurs marteaux, et firent pencher le cou à la troisième sans l'abattre. Peu après, une bataille se donna entre Théophile et les rebelles : deux des capitaines furent tués, le troisième fut blessé et mis hors de combat, et tout rentra dans l'ordre.

JEAN XXII, pape, mort en 1334, après un pontificat de dix-huit ans. On lui attribue les *Taxes de la chambre apostolique,* traduites en français sous le titre de *Taxes des parties casuelles de la boutique du pape.* Ce texte, presque partout, est une supposition d'un protestant faussaire. On donne encore à Jean XXII l'*Elixir des philosophes* ou *Art transmutatoire des métaux,* livre qu'il n'a pas fait. Ce livre a été traduit du latin en français ; in-12, Lyon, 1557.

On dit enfin que Jean XXII ou Jean XXI s'occupait d'astrologie et s'amusait à supputer les changements de temps. On a fait là-dessus de petits contes assez dépourvus de sel.

JEAN ou IWAN BASILOWITZ, grand-duc de Moscovie, au quatorzième siècle, tyran cruel. A l'article de la mort, il tomba, dit-on, dans des pamoisons terribles, et son âme fit de pénibles voyages. Dans le premier, il fut tourmenté en un lieu obscur, pour avoir tenu au cachot des prisonniers innocents ; dans la seconde excursion, il fut encore plus tourmenté pour avoir accablé le peuple

---
(1) Leloyer, Hist. des spectres ou apparit. des esprits, liv ii, p. 129.
(2) Secrets du Petit Albert, p. 90.
(3) Salgues, Des erreurs et des préjugés, t. I, p. 272.
(4) Tableau de l'inconstance des démons, etc., liv v, p. 343.

d'impôts; et son successeur Théodore eut soin de l'en décharger en partie. Iwan mourut à son troisième voyage; son corps jeta une puanteur si infecte qu'on ne pouvait l'approcher; ce qui fit penser que son âme avait été emportée par le diable; d'autant plus que son cadavre avait disparu, quand vint le jour fixé pour l'enterrement (1).

JEAN-BAPTISTE. Il y a des paysans qui croient, on ne sait sur quelle autorité, que saint Jean-Baptiste est né dans un chameau...

JEAN d'ARRAS, écrivain français du quatorzième siècle, qui compila le roman de *Mélusine*. Voy. ce mot.

JEAN d'ESTAMPES. D'anciennes chroniques rapportent que Jean d'Estampes, l'un des gardes de Charlemagne, mourut en 1139, après avoir vécu 336 ans; mais d'autres disent qu'il ne vécut que 250 ans: malheureusement son secret de longévité n'est connu de personne (2).

JEAN DE MEUNG, astrologue qui composa le roman de la *Rose*, où il montre bien son savoir, quoiqu'il ne fût âgé que de dix-neuf ans lorsqu'il le fit. Il est aussi l'auteur d'un livre intitulé : *Traité sur la direction des nativités et révolutions des ans;* il traduisit le livre des *Merveilles d'Irlande*.

On prétend que c'est lui qui a prédit les hauts faits d'armes du connétable de France Bertrand du Guesclin (3).

JEAN DE MILAN, astrologue du quinzième siècle, qui prédit à Velasquez, gouverneur d'Hispaniola ou Saint-Domingue, l'heureuse issue de la guerre du Pérou, entreprise par Fernand Cortez.

JEAN DE SICILE, habile astrologue et théologien qui prédit le couronnement de l'empereur Sigismond. C'est encore lui qui annonça à Boucicault ce qui lui devait advenir, et qui l'avertit de la trahison que firent aux Français le marquis de Montferrat et le comte Francisque, trahison qu'il évita en fuyant (4).

JEANNE d'ARC, dite la *Pucelle d'Orléans*, née en Champagne, à Domrémi près de Vaucouleurs sur la lisière de la Lorraine, en 1410. Jamais la France ne fut accablée de calamités aussi grandes que durant le demi-siècle qui précéda l'année mémorable où l'on vit le courage abattu de ses guerriers près de subir complétement le joug de l'étranger, se ranimer à la voix d'une jeune fille de dix-huit ans.

Charles VII était sur le point de céder Chinon, sa dernière place, à l'ennemi, lorsque Jeanne d'Arc parut vers la fin de février 1429. Ce n'était qu'une simple paysanne. Son père se nommait Jacques d'Arc; sa mère, Isabelle Romée. Dès sa plus tendre enfance elle avait montré une timidité sans exemple et fuyait le plaisir pour se livrer tout entière à Dieu; mais en même temps elle s'exerçait, dit-on, à manier les chevaux, et l'on remarquait déjà en elle l'ardeur martiale qui devait signaler la libératrice des Français. A l'âge de seize ans, le cœur de Jeanne s'exalta. Vers l'heure de midi, elle vit un jour (était-ce en imagination ou en réalité?) dans le jardin de son père, l'archange Michel, l'ange Gabriel, sainte Catherine et sainte Marguerite, resplendissants de lumière. Ces saints, depuis, la guidèrent dans ses actions. Les *voix* (car elle s'exprimait ainsi) lui ordonnèrent d'aller en aide au roi de France, et de faire lever le siége d'Orléans. Malgré les avis contraires, elle obéit aux *voix* et se rendit d'abord à Vaucouleurs. Jean de Metz, frappé de ce qu'elle lui dit, se chargea de la présenter au roi.

Ils arrivèrent tous deux, le 24 février 1429, à Chinon, où Charles tenait sa petite cour. Jeanne s'agenouilla devant lui.

— Je ne suis pas le roi, lui dit-il pour l'éprouver; le voici, ajouta-t-il en lui montrant un des seigneurs de sa suite.

— Gentil prince, répliqua la jeune vierge, c'est vous et non un autre. Je suis envoyée, de la part de Dieu, pour prêter secours à vous et à votre royaume; et vous mande le Roi des cieux par moi que vous serez sauvé, et couronné en la ville de Reims, et serez lieutenant du Roi des cieux, qui est le vrai roi de France.

Charles surpris tira Jeanne à l'écart; et, après un court entretien, il déclara qu'elle lui avait dit des choses si secrètes, que nul ne pouvait les savoir que Dieu et lui : ce qui attira sur-le-champ à la mystérieuse jeune fille la confiance de la cour. Cependant un doute restait à éclaircir, c'était de savoir si elle était pure : ce qui fut reconnu; si elle était inspirée du ciel ou de l'enfer : ce qui sembla devoir être interprété en faveur du ciel.

Après plusieurs consultations, on lui donna des chevaux et des hommes; on l'arma d'une épée que, sur sa révélation, on trouva enterrée dans l'Eglise de Sainte-Catherine de Fierbois. Elle se rendit aussitôt sous les murs d'Orléans, et combattit dès le premier jour avec un courage qui éclipsa celui des plus grands capitaines. Elle chassa les Anglais d'Orléans, fit ensuite, selon l'ordre qu'elle avait reçu, sacrer son roi à Reims, lui rendit Troyes, Châlons, Auxerre, et la plus grande partie de son royaume. Après quoi, elle voulut se retirer, disant formellement que sa mission était accomplie.

Mais elle avait donné trop de preuves de sa vaillance, et l'armée avait trop de confiance en elle, pour qu'on voulût sitôt lui accorder sa liberté. Ce fut la cause de ses malheurs; elle les prévit, les annonça en pleurant; et bientôt, s'étant jetée dans Compiègne pour défendre cette place contre le duc de Bourgogne, elle fut prise par un gentilhomme picard qui la vendit à Jean de Luxembourg, lequel la revendit aux Anglais.

Pour se venger de ce qu'elle les avait trop

---

(1) Leloyer, Hist. des spectres et des apparitions des esprits, liv. IV, p. 301.
(2) Legall, Calend. véritab., p. 140.
(3) Manuscrit de la Bibliothèque du roi, cité dans les Remarques sur Bayle.
(4) Manuscrit de la Bibliothèque du roi; extrait du livre de Joly.

souvent vaincus, ceux-ci l'accusèrent d'avoir employé les sortiléges et la magie à ses triomphes. On la traduisit devant un tribunal corrompu, qui la déclara fanatique et sorcière. Ce procès serait ridicule s'il n'était atroce. Ce qu'il y a de plus horrible, c'est que l'ingrat monarque qui lui devait sa couronne l'abandonna; il crut n'avoir plus besoin d'elle.

Le procès se poursuivit avec activité; à la treizième séance, on voulut lui faire comprendre la différence qui existait entre l'église triomphante et l'église militante. On lui demanda ce qu'elle en pensait. — Je me soumets au jugement du Saint-Siége, répondit-elle.

On lui demanda si, dès son enfance, les saints qui lui apparaissaient parlaient anglais ou français? s'ils avaient des boucles d'oreilles? des bagues? etc. — Vous m'en avez pris une, dit-elle pour toute réponse, rendez-la moi.

— Les saints sont-ils nus ou habillés?

— Pensez-vous que Dieu n'ait pas de quoi les vêtir?

Comme on insistait sur la chevelure de saint Michel, elle dit : — Pourquoi la lui aurait-on coupée?

— Avez-vous vu des fées?

— Je n'en ai point vu, j'en ai entendu parler; mais je n'y ajoute aucune foi.

— Avez-vous une mandragore? qu'en avez vous fait?

— Je n'en ai point eu; je ne sais ce que c'est. On dit que c'est une chose dangereuse et criminelle.

Quelquefois plusieurs juges l'interrogeaient à la fois. — Beaux pères, disait-elle, l'un après l'autre, s'il vous plaît.

Durant l'instruction, Ligny-Luxembourg vint la voir, accompagné de Warwick et de Straffort : — Je sais bien, leur dit-elle, que ces Anglais me feront mourir, croyant qu'après ma mort ils gagneront le royaume de France. Mais, seraient-ils cent mille, avec ce qu'ils sont à présent, ils n'auront pas ce royaume.

Fatiguée de mauvais traitements, elle tomba dangereusement malade. Bedfort, Wincester, Warwick chargèrent deux médecins d'en avoir soin, et leur enjoignirent de prendre bien garde qu'elle ne mourût de sa mort naturelle, le roi d'Angleterre l'avait trop cher achetée pour être privé de la joie de la faire brûler.

Le 24 mai, on la conduisit à la place du cimetière de l'abbaye de Rouen. Guillaume Érard déclama contre le roi de France et contre les Français; puis, s'adressant à la Pucelle : — C'est à toi, Jeanne, que je parle, et te dis que ton roi est hérétique et schismatique.

L'exécuteur attendait la victime à l'extrémité de la place, avec une charrette, pour la conduire au bûcher. Mais tout cet effrayant appareil n'avait pour but que de lui arracher des aveux. On lui lut une formule par laquelle elle promettait de ne jamais monter à cheval, de laisser croître ses cheveux, de ne plus porter les armes à l'avenir. Il fallait mourir ou signer cet écrit. Elle signa. Mais on avait substitué une cédule, par laquelle elle se reconnaissait dissolue, hérétique, séditieuse, invocatrice des démons et sorcière. Cette supercherie servit de base au jugement. Elle fut condamnée à passer le reste de ses jours dans une prison perpétuelle, au pain de douleur et à l'eau d'angoisse.

Les juges, après l'arrêt, furent poursuivis à coups de pierres par le peuple qui aimait Jeanne; en même temps, les Anglais voulaient les exterminer, les accusant de n'avoir reçu l'argent du roi d'Angleterre que pour le tromper.

— Ne vous embarrassez pas, dit l'un d'eux; nous la rattraperons bien.

Jeanne avait promis de ne plus porter d'habits d'homme; elle avait repris ceux de son sexe. La nuit, les gardes de sa prison enlevèrent ses vêtements, et y substituèrent des habits d'homme. Lorsque le jour vint, elle demanda qu'on la déferrât, c'est-à-dire qu'on relâchât la chaîne qui l'attachait par le milieu du corps. Puis, voyant des habits d'homme, elle supplia qu'on lui rendît ses vêtements du jour précédent : on les lui refusa ; elle resta couchée jusqu'à midi. Alors elle fut forcée de s'habiller avec les seuls vêtements qu'elle eût à sa disposition. Des témoins apostés entrèrent pour constater sa désobéissance; les juges accoururent. Incontinent elle fut condamnée comme relapse, hérétique, sorcière, excommuniée, rejetée du sein de l'Église.

On lui lut sa sentence de mort, qu'elle entendit avec constance. Elle demanda qu'il lui fût permis de s'approcher de l'eucharistie ; ce qui lui fut accordé. Massieu, curé de Saint-Claude de Rouen, qui avait la charge de la conduire devant ses juges, lui permettait de faire sa prière devant la chapelle. Cette indulgence lui attira de sanglants reproches.

Jeanne alla au supplice le 30 mai, sous l'escorte de cent vingt hommes. On l'avait revêtue d'un habit de femme; sa tête était chargée d'une mitre en carton, sur laquelle étaient écrits ces mots : Hérétique, relapse, apostate, idolâtre. Deux pères dominicains la soutenaient; elle s'écriait sur la route : Ah! Rouen, Rouen, seras-tu ma dernière demeure?

On avait élevé deux échafauds sur la place du Vieux-Marché. Les juges attendaient leur victime chargée de fers. Son visage était baigné de pleurs : on la fit monter sur le bûcher, qui était fort élevé, pour que le peuple entier pût la voir.

Lorsqu'elle sentit que la flamme approchait, elle avertit les deux religieux de se retirer. Tant qu'elle conserva un reste de vie, au milieu des gémissements que lui arrachait la douleur, on l'entendit prononcer le nom de Jésus, en baisant une croix de bois qu'elle tenait de ses mains enchaînées. Un dernier soupir, longuement prolongé, avertit qu'elle venait d'expirer.

Alors le cardinal de Wincester fit rassembler ses cendres, et ordonna qu'elles fussent jetées dans la Seine. Son cœur, dit-on, fut respecté par les flammes : on le trouva sain et entier.

En face du bûcher, se trouvait un tableau portant une inscription qui qualifiait Jeanne de meurderesse, invocatrice des démons, apostate et mal créante de la foi de Jésus-Christ (1).

Louis XI fit réhabiliter la mémoire de Jeanne d'Arc. Deux de ses juges furent brûlés vifs, deux autres exhumés, pour expier aussi dans les flammes leur jugement inique. Mais le procès de la Pucelle n'en sera pas moins à jamais un sujet d'opprobre pour les Anglais et aussi pour le roi Charles VII.

JEANNE DIBISSON, sorcière, arrêtée à l'âge de vingt-neuf ans. On l'avait vue plusieurs fois danser au sabbat ; elle disait que ceux qui y vont trouvent le temps si court, qu'ils n'en peuvent sortir sans regret. Il ne paraît pas qu'elle ait été brûlée (2).

JEANNE DU HARD, sorcière, saisie à l'âge de cinquante-six ans. On la trouve impliquée dans l'affaire de Marie Chorropique, pour lui avoir touché le bras, lequel devint comme mort. Nous ne dirons pas si elle fut brûlée (3).

JEANNE (MÈRE). Une vieille fille vénitienne, connue sous le nom de mère Jeanne, infatua tellement Guillaume Postel de ses rêveries, qu'il soutint, dans un livre écrit à son sujet, que la rédemption des femmes n'avait pas encore été achevée, et que cette Vénitienne devait accomplir le grand ouvrage. C'était la *mère* que cherchent aujourd'hui les saints-simoniens.

JEANNE SOUTHCOTE. Voy. SOUTHCOTE.

JÉCHIEL, rabbin et cabaliste. Voy. LAMPE MERVEILLEUSE.

JEHOVAH. Ce nom auguste est employé souvent chez les cabalistes juifs. On le trouve dans les odieuses et absurdes conjurations de la magie noire.

JENNÈS, célèbre enchanteur de l'Egypte, un de ceux que Moïse confondit par ses miracles (4).

JENOUNES. Quelques Arabes nomment ainsi une sorte de génies intermédiaires entre les anges et les diables : ils fréquentent les bosquets et les fontaines, cachés sous la forme de divers reptiles, exposés à être foulés sous les pieds des passants. La plupart des maladies sont le résultat de leurs vengeances. Lorsqu'un Arabe est indisposé, il s'imagine avoir outragé un de ces agents invisibles ; il a aussitôt recours à une magicienne qui se rend à quelque source voisine, y brûle de l'encens, et sacrifie un coq ou une poule, un bélier ou une brebis, suivant le sexe, la qualité du malade, ou la nature de la maladie.

JEROME (SAINT). On a eu le front de lui attribuer des livres de nécromancie, et particulièrement l'*Art notoire*. Voy. ce mot.

JÉRUSALEM. Avant la destruction de Jérusalem par Titus, fils de Vespasien, on distingua, dit-on, une éclipse de lune qui se répéta douze nuits de suite. Un soir, vers le coucher du soleil, on aperçut dans l'air des chariots de guerre, des cavaliers, des cohortes de gens armés, qui, mêlés aux nuages, couvraient toute la ville et l'environnaient de leurs bataillons. Pendant le siège, et peu de jours avant la ruine de la ville, on vit tout à coup paraître un homme absolument inconnu, qui se mit à parcourir les rues et les places publiques, criant sans cesse : « Malheur à toi, Jérusalem » ! On le fit battre de verges ; on le déchira de coups, pour lui faire dire d'où il sortait ; mais sans pousser une seule plainte, sans répondre un seul mot, sans donner le moindre témoignage de souffrance, il criait toujours et sans relâche : « Malheur à toi, Jérusalem ! » Enfin, un jour qu'il se trouvait sur le rempart, il s'écria : « Malheur à moi-même ! » et un instant après, il fut écrasé par une pierre que lançaient les assiégeants (5).

JÉSABEL, reine des Israélites, que Jéhu fit manger aux chiens après l'avoir fait précipiter du haut d'une tour, et que Bodin met au nombre des sorcières.

JETZER. Cette affaire des jacobins de Berne a fait un grand bruit ; et les ennemis de la religion l'ont travestie avec une insigne mauvaise foi. Voici toute l'histoire :

Les dominicains ou jacobins ne s'accordaient pas entièrement avec les cordeliers sur le fait auguste de l'immaculée conception de la très-sainte Vierge. Les dominicains ne l'admettaient pas absolument. Or, au commencement du seizième siècle, il y avait, au couvent des dominicains de Berne, alors fort relâché, quatre mauvais moines, qui imaginèrent une affreuse jonglerie, pour faire croire que la sainte Vierge se prononçait contre les cordeliers, qui défendaient une de ses plus belles prérogatives. Ils avaient parmi eux un jeune moine, simple et crédule, nommé Jetzer ; ils lui firent apparaître pendant la nuit des âmes du purgatoire, et lui persuadèrent qu'il les délivrerait en restant couché en croix dans une chapelle, pendant le temps qu'on célébrerait la sainte messe. On lui fit voir ensuite sainte Barbe, à laquelle il avait beaucoup de dévotion, et qui lui annonça qu'il était destiné à de grandes choses. Par une nouvelle imposture sacrilège, le sous-prieur, qui était un des quatre moines criminels, fit le personnage de la sainte Vierge, s'approcha la nuit de Jetzer et lui donna trois gouttes de sang, disant que c'étaient trois larmes que Jésus-Christ avaient répandues sur Jérusalem. Ces trois larmes signifiaient que la sainte Vierge était restée trois heures dans le péché originel.... Cette explication était rehaussée de diatribes contre les cordeliers. Jetzer, qui

---

(1) Voyez dans les légendes de l'histoire de France *les noces d'Arlon*.
(2) Delancre, Tableau de l'inconstance des démons, etc., liv. II, p. 127.
(3) Delancre, Tableau de l'inconstance des démons, etc., liv. II, p. 107.
(4) Saint Paul. II Tim., chap. 3, v. 8.
(5) Voyez Josèphe, Hist. de la guerre de Judée. Bossuet, Discours sur l'hist. universelle, 2ᵉ part., chap. 8.

était de bonne foi et qui avait l'âme droite, s'inquiétait de la passion qui perçait dans cette affaire, et se troublait surtout de reconnaître la voix du sous-prieur dans la voix de la sainte Vierge. Pour le raffermir, on l'endormit avec un breuvage et on voulut le stigmatiser ; puis, comme il ne répondait pas à l'espoir qu'on avait mis en lui, on chercha, dit-on, à l'empoisonner, et on l'enferma ; mais il trouva moyen de s'échapper; il s'enfuit à Rome, où il révéla toute l'intrigue. Le Saint-Siége fit poursuivre les moines scélérats et les fit livrer au bras séculier. Les quatre dominicains coupables furent brûlés le 31 mars 1509, à la porte de Berne. Mais le malheur de ces grandes profanations, c'est que les ennemis de l'Eglise oublient la réparation ou la taisent, et n'en gardent que le scandale.

JEUDI. Les sorciers font ce jour-là un de leurs plus abominables sabbats, s'il faut en croire les démonomanes.

JEU. Prenez une anguille morte par faute d'eau ; prenez le fiel d'un taureau qui aura été tué par la fureur des chiens ; mettez-le dans la peau de cette anguille, joignez-y un drachme de sang de vautour ; liez la peau d'anguille par les deux bouts avec de la corde de pendu, et cachez cela dans du fumier chaud l'espace de quinze jours ; puis vous le ferez sécher dans un four chauffé avec de la fougère cueillie la veille de la Saint-Jean; puis vous en ferez un bracelet, sur lequel vous écrirez avec une plume de corbeau et de votre propre sang ces quatre lettres HVTV, et, portant ce bracelet autour de votre bras, vous ferez fortune dans tous les jeux (1). Voy. ROITELET.

JOACHIM, abbé de Flore, en Calabre, passa pour prophète pendant sa vie, et laissa des livres de prédictions qui ont été condamnés en 1215, par le concile de Latran. On lui attribue aussi l'ouvrage intitulé : l'*Evangile éternel*.

JOB. Des alchimistes disent que Job, après son affliction, connut le secret de la pierre philosophale, et devint si puissant, qu'il pleuvait chez lui du sel d'or : idée analogue à celle des Arabes, qui tiennent que la neige et les pluies qui tombaient chez lui étaient précieuses.

Isidore place dans l'Idumée la fontaine de Job, claire trois mois de l'année, trouble trois mois, verte trois mois, et rouge trois autres mois. C'est peut-être cette fontaine que, selon les musulmans, l'ange Gabriel fit sortir en frappant du pied, et dont il lava Job et le guérit.

JOCABA. Voy. CINCINNATULUS.

JOHNSON (SAMUEL). Johnson, incrédule pour tout ce qui n'était qu'extraordinaire, adoptait avec plus de confiance tout ce qui sentait le miracle, traitant de fable, par exemple, un phénomène de la nature, et écoutant volontiers le récit d'un songe; doutant du tremblement de terre de Lisbonne pendant six mois, et allant à la chasse du revenant de Cock-Lane ; rejetant les généalogies et les poëmes celtiques, et se déclarant prêt à ajouter foi à la *seconde vue* des montagnards d'Ecosse. En religion, plusieurs de ses opinions étaient plus que libérales, et en même temps il vivait sous la tyrannie de certaines pratiques superstitieuses (2). Voy. HALLUCINATION.

JOLI-BOIS. Voy. VERDELET

JONGLEURS. « Faisant route de Bombay à Pounah (en 1839), dit M. Théodore Pavie (3), je m'arrêtai à Karli, pour visiter le temple souterrain creusé dans la colline qui fait face au village ; et, pendant la chaleur du jour, je me reposais sous l'ombrage des cocotiers, si beaux en ce lieu, quand je vis s'avancer, au bruit d'instruments discordants, une bande d'Hindous. L'un d'eux tenait dans chaque main une *cobra-capella*, la plus terrible espèce de serpents dont l'Inde puisse se vanter, et en outre il portait en sautoir un énorme *boa*.

« Arrivé près de moi, le *jongleur* jeta ses serpents à terre, les fit courir, irrita les cobras, qui déroulaient leurs anneaux d'une manière effrayante, embrassa son boa ; puis il se prit à les faire danser tous les trois au son d'un flageolet singulier, qui se touchait comme une vielle, bien qu'il fût formé d'une calebasse. Pendant ce temps, ses acolytes avaient disposé tout leur établissement sur la poussière ; le tambourin rassemblait les enfants du village, et bientôt se forma un cercle considérable de spectateurs de dix ans et au-dessous : les plus petits nus, les autres portant une ceinture, et tous accroupis, dans l'attente des grandes choses qui se préparaient.

« Ce jongleur avait toute la volubilité d'expressions d'un saltimbanque européen. Il s'exprimait très-clairement, en bon hindoustani, bien qu'il se trouvât en pays mahratte ; mais le public semblait n'y rien perdre, tant ses gestes et ses gambades étaient inintelligibles.

« D'abord il posa par terre une marionnette, soldat portant le sabre et l'arc. A l'entendre, c'était un *sipahi*, un grand chasseur, un tueur de lions, de tigres, de gazelles... Bientôt, à son commandement, la marionnette lança une flèche et renversa le but disposé devant elle, non pas une fois, mais à plusieurs reprises, à la satisfaction évidente de la jeune assemblée.

« Ce n'était là qu'un préambule, *les bagatelles de la porte!* Le jongleur prit une poignée de blé noir (*djouari*), la mit dans un manteau ; puis, quand on eut bien secoué le manteau, bien vanné le grain, il se trouva changé en un beau riz blanc, pur, prêt à faire un *karry*.

« Je n'y avais rien compris, et je commençais à rentrer dans mes habitudes de crédulité, lorsque l'escamoteur ambulant étala une seconde marionnette, longue de six pou-

---

(1) Admirables secrets du Petit Albert, p. 25.
(2) J. Macaulay, Samuel Johnson et ses contemporains.

(3) Les harvis et les jongleurs, écrit daté de Pounah, chez les Mahrattes, le 25 décembre 1839, publié par la *Revue des deux-mondes*.

ces au plus et de la grosseur du poignet. Cette informe poupée épouvanta grandement la partie la plus naïve du public; mais quelle ne fut pas la surprise générale, quand de ce morceau de bois, caché sous un mouchoir, sortirent successivement jusqu'à quatre gros pigeons! Ils devaient y être contenus d'avance, à moins de sortilége... Quant à moi, j'aurais eu peine à y introduire quatre moineaux.

« Notre jongleur accompagnait ses tours de *mantras* (prières magiques), et traçait des cercles avec sa baguette. Mais il avait sur ses confrères d'Europe un avantage, ou plutôt une supériorité bien marquée ; car il opérait sur le sol, sans table ni gobelets, et complétement nu, sauf le turban et la ceinture, que les Hindous ne quittent jamais : donc, pas de manches, pas de gibecière. Son cabinet consistait en quelques mauvais paniers de bambou, destinés à porter les serpents, qu'il escamotait aussi et faisait paraître et disparaître avec une telle adresse, que le plus fin n'y eût rien compris. Ainsi, d'un mouchoir déroulé, secoué et mis au vent comme un pavillon, je le vis faire sortir une de ces cobras, laissée dans un panier près de moi, à une très-grande distance du lieu où il se trouvait; en sorte que, voyant le nid de l'animal entièrement vide, je soupçonnai qu'il s'était frayé un chemin sous terre.

« Ce qui donnait à cette représentation un caractère pittoresque et animé, c'étaient les physionomies enfantines de ces petits groupes si franchement effrayés et si franchement réjouis ; puis ici une jeune fille, revenant de puiser de l'eau au pied de la pagode, s'arrêtait, la cruche sur la tête, et, après avoir prêté un instant d'attention au spectacle, reprenait sa route vers le village; là un vieux Mahratte, le bouclier sur l'épaule, la lance au poing, se levait sur l'étrier, et bientôt retombait dédaigneusement sur sa selle; plus loin, de jeunes enfants attardés accouraient si vite, que quelques-uns tombaient en chemin. L'aîné plaçait le plus jeune sur sa hanche, à la manière des Hindous, et, pliant sous le faix, traînait par la main le reste de la famille.

« C'était une scène de nature, sans manière ni affectation ; et en vérité je ne sais rien de si gracieux que ces figures plus ou moins brunes penchées en avant, ces têtes étranges chargées de pendants d'oreilles et d'anneaux passés dans le nez, appuyées sur deux petites mains couvertes de bracelets, ces genoux pliés sous le menton et ces pieds ornés de *gougouroux* sonores : car tel est le vêtement des habitants de l'Inde, jusqu'à ce que l'âge leur apprenne à porter quelque chose de plus que des ornements.

« Cependant les tours de magie continuaient sans interruption. Le jongleur tenait à la main une cruche aussi impossible à vider que le tonneau des Danaïdes l'était à remplir : il versait l'eau à terre, la jetait dans son oreille et la rendait par la bouche, s'administrait des douches sur la tête, et toujours le vase était plein jusqu'au bord.

« Ensuite il tira de son sac une paire de pantoufles de bois plus larges que la plante de ses pieds. Après bien des discours et des charges, il finit par faire adhérer à ses talons nus ces semelles très-polies, et fit plus de gambades avec de telles chaussures que n'en pourraient faire à l'Opéra de jolis petits pieds chaussés d'élégants escarpins. Tantôt il s'élevait en l'air; tantôt il frappait la pantoufle sur la terre, de manière à la faire tomber, mais jamais elle ne glissait. Ce fut encore là une chose inexplicable pour moi ; car il n'avait appliqué à ses pieds aucune substance collante, et il pouvait à volonté lâcher ces pantoufles unies comme la glace.

« Enfin la séance se termina par une expérience plus surprenante encore, que, par cette raison sans doute, notre magicien gardait pour la dernière. L'un des joueurs de tambourins, grand garçon d'une belle taille, se laissa attacher les pieds, lier les mains derrière le cou, et enfermer dans un filet à poissons bien serré par une douzaine de nœuds. Dans cet état, après l'avoir promené autour du cercle des spectateurs, on le conduisit près d'un panier de deux pieds de haut sur quatorze pouces de large.

« — Voulez-vous que je le jette dans l'étang? demanda le chef de bande. C'est un vaurien; le voilà bien lié; l'occasion est bonne : j'ai envie de m'en défaire !

« Et l'auditoire crédule se tournait déjà du côté de cette pièce d'eau, ombragée d'arbres magnifiques et creusée au bas de la pagode pour les ablutions et les besoins du village.

« — Non, dit en s'interrompant le jongleur, après une minute de réflexion; je vais l'escamoter, l'envoyer... où vous voudrez : à Pounah, à Delhi, à Ahmed-Nagar, à Bénarès !

« Et sur-le-champ il enleva le patient, toujours incarcéré dans son filet, et le plaça au fond du panier, en rabattant le couvercle sur sa tête; il s'en fallait de plus de trois pieds que les bords se joignissent. On jeta un manteau sur le tout.

« Insensiblement le volume diminua, s'affaissa; on vit voler en l'air le filet et les cordes qui paraissaient le lier au jeune Hindou; puis le panier se ferma de lui-même, et une voix qui semblait sortir des nues cria : Adieu !

« — Il est parti pour Ahmed-Nagar, il est envolé : *Our-Gaya! Our-Gaya!* répéta le jongleur avec transport; il ne saurait tenir dans un aussi petit espace (et cela paraissait physiquement impossible). Je vais donc attacher le panier et prendre congé de l'assemblée.

« Le paquet fut ficelé; il ne restait plus qu'à le mettre sur le dos du buffle destiné à porter les bagages de la troupe.

« — Un instant ! reprit subitement le jongleur; si pourtant il était dans le panier ! Qui sait?

« Et là-dessus, tirant un long sabre, il traversa le panier presque par le milieu... Le sang coula en abondance... l'anxiété était à son comble... lorsque tout à coup le couvercle se lève de nouveau, et d'un bond le grand garçon saute hors de sa niche, frais et dispos, sans la moindre égratignure !

« Ce tour est simple, très-simple, dira-t-on ; mais se débarrasser des cordes et du filet, se cacher dans un si petit espace, y rester un quart d'heure sans broncher, et de telle façon que le sabre ne puisse rencontrer quelque membre à entamer, ce sont là des prodiges de dextérité, de souplesse et de patience que l'on ne peut concevoir, surtout quand on les a vus.

« Après ce *nec plus ultra* de la science, les jongleurs firent leurs paquets et se mirent en marche vers Nagapour, leur patrie. Je les vis se perdre dans la foule de bœufs chargés que des troupes de mahrattes, tribus ambulantes traînant avec eux armes et bagages, femmes et enfants, conduisent dans l'intérieur.

« La foule se dispersa peu à peu. Le soleil déclinait derrière les montagnes, le peuple se rendait à l'étang pour les ablutions, et le gros oiseau pêcheur, hôte de ces eaux tranquilles, était si sérieux à la pointe de la pagode, qu'on l'eût pris pour le dieu de ce temple idolâtre.

« Pour moi, je remontai sur mon petit cheval, et, tout en trottant au milieu des nuages d'une poussière dorée par les derniers feux du jour, je ne pus m'empêcher de reconnaître que ces jongleurs errants battaient complétement non-seulement les harvis du Caire, mais encore les plus fameux escamoteurs de l'Europe, et que, si la magie n'est pas morte, c'est dans l'Inde qu'il faut la chercher. »

JOURS. Les magiciens et sorciers ne peuvent rien deviner le vendredi ni le dimanche. Quelques-uns disent même que le diable ne fait pas ordinairement ses orgies et ses assemblées ces jours-là ; mais ce sentiment n'est pas général.

Si on rogne ses ongles les jours de la semaine qui ont un r, comme le mardi, le mercredi et le vendredi, il viendra des envies aux doigts. Il n'est pas facile d'en donner la raison.

Suivant une autre croyance, en ne coupant ses ongles que le vendredi, on n'a jamais mal aux dents.

On a fait des tables des jours heureux et malheureux pour chaque mois. Mais comme elles varient toutes, le jour heureux de l'une étant malheureux dans l'autre, nous laissons aux amateurs le soin de dresser ces tables à leur gré pour leur usage.

JOSUÉ BEN-LEVI, rabbin si rusé et si sage, qu'il trompa le ciel et l'enfer tout ensemble. Comme il était près de trépasser, il gagna si bien le diable, qu'il lui fit promettre de le porter jusqu'à l'entrée du paradis, lui disant qu'il ne voulait que voir le lieu de l'habitation divine, et qu'il sortirait du monde plus content. Le diable, ne voulant pas lui refuser cette satisfaction, le porta jusqu'au guichet du paradis ; mais Josué s'en voyant si près se jeta dedans avec vitesse, laissant le diable derrière, et jura par le Dieu vivant qu'il n'en sortirait point. Dieu, disent les rabbins, fit conscience que le rabbin se parjurât, et consentit qu'il demeurât avec les justes.

Voy. MESSIE DES JUIFS, et à la suite de l'article FAUST, la légende du maréchal de Tamine.

JUDAS ISCARIOTE. Après sa trahison infâme, il fut possédé du diable et se pendit à un sureau. Les Flamands appellent encore les excroissances parasites de l'écorce du sureau sueur de Judas.

Dans le *Mystère de la Passion*, recueilli par Jean Michel et joué à Angers en 1486, on trouve réunies les traditions les plus célèbres relatives à Judas. Suivant les légendaires, l'affreux Judas avait épousé sa mère et tué son père. Au moment du grand sacrifice qui rachète le genre humain sur le Calvaire, les auteurs des *Mystères de la Passion* nous montrent Judas, saisi de rage et de désespoir, errant autour du gibet où étaient exposés les cadavres des suppliciés, dans un lieu souillé d'immondices et de décombres. Il entend de loin les cris de la multitude autour du Christ qu'il a livré. En proie à des tortures effroyables, courant çà et là comme un insensé, il invoque l'enfer. Le démon, sous une forme hideuse, sort aussitôt de l'abîme.

LE DÉMON.
Méchant, que veux-tu qu'on te fasse ?
A quel mort veux-tu aborder ?
JUDAS.
Je ne sais ; je n'ay œil en face,
Qui daigne les cieux regarder.
Qui es-tu ?
LE DÉMON.
Sans plus demander,
Je suis pour venger ton offense.
JUDAS.
D'où viens-tu ?
LE DÉMON.
Je viens de l'enfer.
JUDAS
Ton nom ?
LE DÉMON.
Mon nom ? Désespérance.
JUDAS.
Approche et me donne allégeance.
LE DÉMON.
Oui ; mais il nous faut abréger...

Cet infernal dialogue continue. Judas hésite encore. Il voudrait invoquer Dieu, Jésus et la Vierge Marie. Mais la présence de son impitoyable compagnon l'arrête. Le démon le presse d'en finir ; il lui présente alternativement une dague, une corde à nœud coulant, et ne lui laisse que le choix de la mort. Un arbre peu élevé croît près d'eux dans les fentes d'un rocher. Désespérance le montre à Judas, le pousse, l'aide à y monter. Une légion de démons apparaît alors sur la scène. Ils forment au pied de l'arbre une ronde effroyable. Désormais le traître leur appartient ; du haut de ce nouveau gibet, il hurle son exécrable testament.

Moi Judas, jadis traître apôtre
Me donne à vous comme le vôtre,
Et ne veux point requérir grâce,
Ni que Dieu vrai pardon me fasse.
Mais renonce Dieu et les anges,
Et saint Michel et les archanges ;
Je renie la Vierge Marie,
Et Jésus et sa compagnie...
Item recommande mon âme
A Lucifer ord et infâme.
Et veux que mon corps soit ravi
Eu enfer au plus près de lui...
Bref, me donne âme, corps et bien.
Sans jamais en excepter rien,

En dépit de Dieu qui me fit,
A tous les diables.

LUCIFER.

Il suffit.

Tu renonces à tout pardon.

Le dernier crime est consommé. Judas a devancé la justice de Dieu ; mais son âme immonde s'arrête sur ses lèvres, chaudes encore du baiser du Sauveur. Lucifer s'étonne de cette circonstance :

Que diable est l'âme devenue ?
Il n'est donc pas mort ?

Si est, si est, répondent les démons. Et une odeur infecte s'exhale du cadavre du réprouvé. Ses entrailles se répandent sur le sol ; l'âme s'échappe avec elles ;

Car par sa bouche orde et maligne
Qui baisa son maistre tant digne,
Elle ne peut, ni doit passer.

Avant que les diables emportent l'âme, elle dit :

Ah ! maudite âme malheurée,
Enragée et désespérée !...
Le ver de dur et vif remord,
Sans fin me poingt et mord,
Et je reste obstinée ;
Mais en mon dolent tort
Je ne quiers reconfort,
Puisque je suis damnée....

JUGEMENT DE DIEU. Voy. Epreuves.

JUIF ERRANT. On voit dans la légende du Juif errant que ce personnage était cordonnier de sa profession et qu'il se nommait Ahasvérus ; mais la complainte l'appelle Isaac Laquedem. A l'âge de dix ans, il avait entendu dire que trois rois cherchaient le nouveau roi d'Israël ; il les suivit et visita avec eux la sainte étable de Bethléem. Il allait souvent entendre Notre-Seigneur. Lorsque Judas eut vendu son maître, Ahasvérus abandonna aussi celui qu'on trahissait.

Comme on conduisait Jésus au Calvaire chargé de l'instrument de sa mort, le bon Sauveur voulut se reposer un instant devant la boutique du cordonnier, qui, craignant de se compromettre, lui dit : — Allez plus loin, je ne veux pas qu'un criminel se repose à ma porte.

Jésus le regarda et lui répondit : — Je vais, et reposerai ; mais vous marcherez et vous ne reposerez pas ; vous marcherez tant que le monde durera ; et au jugement dernier vous me verrez assis à la droite de mon Père.

Le cordonnier prit aussitôt un bâton à la main et se mit à marcher sans pouvoir s'arrêter nulle part. Depuis dix-huit siècles il a parcouru toutes les contrées du globe, sous le nom du Juif errant. Il a affronté les combats, les naufrages, les incendies. Il a cherché partout la mort et ne l'a pas trouvée.

Il a toujours cinq sous dans sa bourse. Personne ne peut se vanter de l'avoir vu ; mais nos grands-pères nous disent que leurs grands-pères l'ont connu, et qu'il a paru, il y a plus de cent ans, dans certaines villes. Les aïeux de nos grands-pères en disaient autant, et les bonnes gens croient à l'existence personnelle du Juif errant.

Ce n'est pourtant qu'une allégorie ingénieuse, qui représente toute la nation juive, errante et dispersée depuis l'anathème tombé sur elle. Leur race ne se perd point, quoique confondue avec les nations diverses, et leurs richesses sont à peu près les mêmes dans tous les temps aussi bien que leurs forces. La religion qu'ils professent les a jusqu'ici distingués des autres hommes, et en fera toujours un peuple isolé au milieu du monde.

JUIFS. Indépendamment de ce coup de foudre qui marque partout les Juifs et les fait partout reconnaître ; il y a sur eux plusieurs signes de l'abandon où les a jetés la malédiction de Dieu. Tant qu'ils ont été le peuple fidèle, ils ont conservé intact le dépôt des saintes Ecritures. Depuis leur crime, les enseignements de Moïse sont étouffés chez eux par les incroyables absurdités du Talmud, et le sens n'est plus avec eux.

La Terre-Sainte, qui était le plus fertile et le plus beau pays du monde, maudite avec la nation qu'elle portait, est devenue si horrible, qu'elle ne nourrit plus ses rares habitants.

Partout en exécration, les Juifs, qui avaient massacré et torturé les chrétiens toutes les fois qu'ils avaient été les plus forts, se sont vus en tous lieux haïs et mal tolérés. On vous dira que souvent on les poursuivit pour des crimes imaginaires ; mais on ne prête qu'aux riches, et leur histoire est sérieusement pleine de crimes trop réels. On les chassa violemment de l'Espagne, qu'ils voulaient dominer ; mais sans les mesures violentes des rois chrétiens la Péninsule serait aujourd'hui la proie des Juifs et des Maures.

Quelquefois, sans doute, on mit peu d'humanité dans les poursuites exercées contre eux ; mais on ne les bannissait pas sans leur donner trois mois pour s'expatrier, et ils s'obstinaient à demeurer dans les pays où leurs têtes étaient proscrites.

Parmi les moyens que l'on employait pour les découvrir il en est un singulier que rapporte Tostat dans son livre des Démons ; c'était une tête d'airain, une androïde, qui, en Espagne, dit-il, révélait les Juifs cachés....

Ils faisaient l'usure et dépouillaient largement les chrétiens dans les contrées où ils étaient soufferts ; puis, quand ils avaient tout ravi, les princes qui avaient besoin d'argent les faisaient regorger avec violence. Dans de tels cas, ils essuyèrent surtout de grandes vexations chez les Anglais. Le roi Jean fit un jour emprisonner les riches Juifs de son royaume pour les forcer à lui donner de l'argent ; un d'eux, à qui on arracha sept dents l'une après l'autre, l'engageant de la sorte à contribuer, paya mille marcs d'argent à la huitième. Henri III tira d'Aaron, Juif d'York, quatorze mille marcs d'argent, et dix mille pour la reine. Il vendit les autres Juifs de son pays à son frère Richard pour le terme d'une année, afin que le comte éventrât ceux qu'il avait déjà écorchés, comme dit Matthieu Pâris.....

En général, lorsqu'on tolérait les Juifs, on

les distinguait des autres habitants par des marques infamantes. Philippe III les obligea en France à porter une corne sur la tête : il leur était défendu de se baigner dans la Seine ; et, quand on les pendait, c'était entre deux chiens.

Le jour de la fête de Pâques, c'était un vieil usage à Toulouse de donner un soufflet à un Juif de la ville. On raconte qu'Aymeric, vicomte de Rochechouart, accompagné de Hugues son chapelain, se trouvant à Toulouse le dimanche de Pâques, les chanoines chargèrent Hugues de cette cérémonie ; que le chapelain donna un coup si violent au Juif, qu'il lui fit sauter la cervelle ; que ce malheureux tomba mort. Mais il paraît que ce conte est faux. Les Juifs de Toulouse enlevèrent leur mort de la cathédrale, et l'inhumèrent dans le cimetière de leur synagogue sans oser se plaindre, ajoute Dulaure(1), qui était un menteur. Le vrai de ce fait, et nous sommes loin de l'excuser, c'est que le soufflet renversa le Juif. Voy. BOHÉMIENS.

« Avant de quitter Jaffa, je vous parlerai d'une coutume que vous ignorez peut-être et qui est établie chez les Grecs de cette ville. Chaque soir, pendant le carême, les petits enfants des familles grecques vont à la porte des maisons chrétiennes, et demandent avec des cris monotones, qu'on prendrait pour une complainte, du bois ou des paras (liards) pour acheter du bois. — Donnez, donnez, disent-ils ; et l'an prochain vos enfants seront mariés ; et leurs jours seront heureux ; et vous jouirez longtemps de leur bonheur.

« Le bois que sollicitent ces enfants est destiné à *brûler les Juifs*. C'est le soir du jeudi saint des Grecs qu'on allume les feux ; chaque petite troupe allume le sien. On fabrique un homme de paille avec le costume juif, et la victime en effigie est ainsi conduite devant le feu, au milieu des clameurs et des huées. Les enfants délibèrent gravement sur le genre de supplice auquel il faut condamner l'Israélite ; les uns disent : Crucifions-le, il a crucifié Jésus-Christ ; les autres : Coupons-lui la barbe et les bras, puis la tête ; d'autres enfin : Fendons-le, déchirons-lui les entrailles, car il a tué notre Dieu. Le chef de la troupe, prenant alors la parole : — Qu'est-il besoin, dit-il, de recourir à tous ces supplices ? Il y a là un feu tout allumé ; brûlons le Juif.

« Et le Juif est jeté dans les flammes. — Feu, feu, s'écrient les enfants, ne l'épargne pas, dévore-le ; il a soufflété Jésus-Christ ; il lui a cloué les pieds et les mains. — Les enfants énumèrent ainsi toutes les souffrances que les Juifs firent endurer au Sauveur.

« Quand la victime est consumée, on jette au vent ses cendres avec des imprécations ; et puis chacun se retire, satisfait d'avoir puni le bourreau du Christ. — De semblables coutumes portent avec elles leur caractère, et n'ont pas besoin d'être accompagnées de réflexions (2). »

Les diverses religions sont plus ou moins tolérées dans les Etats des Turcs et des Persans. Des Juifs, à Constantinople, s'avisèrent de dire, en conversation, qu'ils seraient les seuls qui entreraient dans le paradis. — Où serons-nous donc, nous autres ? leur demandèrent quelques Turcs avec qui ils s'entretenaient. — Les Juifs, n'osant pas leur dire ouvertement qu'ils en seraient exclus, leur répondirent qu'ils seraient dans les cours. Le grand vizir, informé de cette dispute, envoya chercher les chefs de la synagogue, et leur dit que, puisqu'ils plaçaient les musulmans dans les cours du paradis, il était juste qu'ils leur fournissent des tentes, afin qu'ils ne fussent pas éternellement exposés aux injures de l'air. On prétend que c'est depuis ce temps-là que les Juifs, outre le tribut ordinaire, payent une somme considérable pour les tentes du grand-seigneur et de toute sa maison, quand il va à l'armée (3).

Nous ne réveillerons pas ici les accusations portées contre les Juifs à propos de l'assassinat commis à Damas, le 5 février 1840, contre le père Thomas et son domestique. Ceux qui ont lu les pièces officielles de ce triste procès savent ce qu'ils doivent en penser. Mais nous extrairons du savant *Journal historique et littéraire* de Liége (janvier 1841) un passage relatif à la doctrine des Juifs sur le meurtre :

Le célèbre rabbin Maimonides, mort en 1205, écrivait à l'époque où les Juifs furent le plus accusés de meurtres sur les chrétiens. Un de ses principaux ouvrages est le *Jad Chazakah* ou *la Main forte*, qui est un abrégé substantiel du Talmud. Voici ce qu'il dit :

« Il nous est ordonné de tuer les hérétiques (*minim*), c'est-à-dire ceux des Israélites qui se livrent à l'idolâtrie, ou celui qui pêche pour irriter le Seigneur, et les épicuriens, c'est-à-dire ceux des Israélites qui n'ajoutent pas foi à la loi et à la prophétie. Si quelqu'un a la puissance de les tuer publiquement par le duel, qu'il les tue de cette manière. S'il ne peut faire ainsi, qu'il tâche de les circonvenir par fraude jusqu'à ce qu'il leur ait donné la mort. Mais de quelle manière ? Je réponds : S'il voit l'un d'eux tombé au fond d'un puits dans lequel une échelle avait été placée auparavant, qu'il la retire et dise : Je suis obligé de faire descendre du toit mon fils qui est en danger ; quand je l'aurai sauvé, je vous remettrai l'échelle. Et ainsi des autres circonstances. »

Ce passage n'est qu'une paraphrase du texte talmudique de l'*Avoda-Sara*, chap. 2, qui prescrit les mêmes manœuvres pour faire périr les hérétiques. Il ajoute un autre expédient ; celui de fermer le puits au moyen d'une pierre, et de dire qu'on l'a couvert de crainte que le bétail n'y tombât. L'objet de ces homicides est moins déterminé dans le Talmud que dans le passage de Maïmonides ; il laisse plus de latitude aux coups meurtriers. Tous les *minim* sont désignés au fer assassin ; et il est notoire que les chrétiens sont appelés de ce nom. Le Talmud appelle les Evangiles le

(1) Dulaure, Principaux Lieux de France, tom. II, page 258.
(2) Michaud et Poujoulat, Correspondance de l'Orient.
(3) Saint-Foix, Essais, t. II.

livre des *minim*. Maimonides compte parmi les hérétiques (*minim*) ceux qui prétendent que Dieu a pris un corps et qui adorent, outre le Seigneur, un médiateur entre lui et nous, c'est-à-dire les chrétiens.

La haine des Juifs contre les chrétiens est ancienne. Sans remonter au premier siècle, tout plein d'exemples sanglants, Chosroès, roi de Perse, fit, en 615, une irruption sur la Palestine ; il comptait sur les Juifs pour se défaire des chrétiens. Il prit Jérusalem, et fit une multitude de prisonniers chrétiens qu'il abandonna aux Juifs. Ceux-ci les massacrèrent, dit-on, au nombre de quatre-vingt-dix mille. L'empressement des Juifs fut tel, que chacun consacrait une partie de son patrimoine à l'achat des prisonniers chrétiens, qu'il massacrait aussitôt. Basnage, dans son Histoire des Juifs, raconte ces massacres sans élever le moindre doute sur leur authenticité.

Des Juifs convertis ont avoué plusieurs fois que chez eux on massacrait des enfants volés ou achetés, sous prétexte qu'en les tuant on empêchait toute une race idolâtre de naître. On peut aller loin avec ce principe.

Leurs rabbins disent que le précepte du Décalogue : *Non occides*, vous ne tuerez point, n'oblige qu'à l'égard des Israélites. Lévi ben Gersom, dans son commentaire sur le Pentateuque, dit : « Les paroles *Vous ne tuerez point* signifient : vous ne tuerez point parmi les Israélites ; car il nous est permis de tuer les animaux, et il nous est aussi ordonné de tuer une partie des nations, comme Amalech et les autres nations à qui il nous est commandé de ne pas laisser la vie. Il est donc clair que le commandement défend seulement de tuer les Israélites. »

Maimonides dit aussi qu'on viole ce commandement lorsqu'on tue un Israélite, laissant assez entendre qu'on ne le viole pas en tuant un chrétien ou un gentil. « Un Israélite qui a tué un étranger habitant parmi nous, dit-il ailleurs, ne peut d'aucune manière être condamné à mort. » Dans le *Bava mezia*, il est encore dit que les Juifs sont des hommes et que les autres peuples du monde sont des brutes. Les rabbins enseignent que les autres peuples du monde n'ont pas d'âme humaine; et ils les traitent, surtout les chrétiens, de porcs, de chiens, d'ânes et de sangliers. Dès lors le précepte : Vous ne tuerez point, n'obligeant pas envers les animaux, n'oblige pas envers les chrétiens.

Ces doctrines ne sont ni celles de Moïse, ni celles des autres livres saints. Ce sont les doctrines des talmudistes, rabbins ou scribes. Mais Buxtorf assure (*in Synagoga Judaica*) que cet axiome est vulgaire : Mon fils, faites plus attention aux paroles des scribes (ou rabbins) qu'à celles de la loi. Salomon Jarchi, un des plus fameux docteurs juifs, écrit dans ses commentaires sur le Deutéronome : « Vous ne vous écarterez pas des paroles des rabbins, quand même ils vous diraient que votre main droite est votre main gauche, ou que votre gauche est votre droite.

Vous le ferez donc bien moins lorsqu'ils appelleront votre droite, droite, et votre gauche, gauche. »

JULIEN L'APOSTAT, né en 331, empereur romain, mort en 363. Variable dans sa philosophie, inconstant dans sa manière de penser, après avoir été chrétien, il retomba dans le paganisme. Les ennemis seuls de l'Eglise ont trouvé, dans quelques qualités apparentes, des prétextes pour faire son éloge. Ce sage consultait Apollon et sacrifiait aux dieux de pierre, quoiqu'il connût la vérité. Les démonomanes l'ont mis au nombre des magiciens; et il est vrai qu'il croyait fermement à la magie, qu'il attribuait à cette puissance les miracles de Notre-Seigneur, dont il n'était pas assez stupide pour nier l'évidence; et il expliquait de la même manière les prodiges que Dieu accordait alors encore à la foi ferme des chrétiens. Enfin avec Maximus et Jamblique il évoquait les esprits et recherchait l'avenir par la nécromancie.

Il avait des visions : Ammien Marcellin rapporte que peu avant sa mort, comme il écrivait dans sa tente, à l'imitation de Jules César, il vit paraître devant lui le génie de Rome avec un visage blême.

Il fut tué par un trait que personne ne vit venir, à l'âge de trente-deux ans. Ennemi acharné de Jésus-Christ, il recueillit, dit-on, en tombant un peu de son sang dans sa main et le lança vers le ciel, en disant : — Tu as vaincu, Galiléen !

Après sa mort, on trouva, dans le palais qu'il habitait, des charniers et des cercueils pleins de têtes et de corps morts. En la ville de Carres de Mésopotamie, dans un temple d'idoles, on trouva une femme morte pendue par les cheveux, les bras étendus, le ventre ouvert et vide. On prétend que Julien l'avait immolée pour apaiser les dieux infernaux auxquels il s'était voué, et pour apprendre par l'inspection du foie de cette femme le résultat de la guerre qu'il faisait alors contre les Perses.

La mort de l'Apostat fut signifiée, dit-on, dans plusieurs lieux à la fois, et au même moment qu'elle advint. Un de ses domestiques, qui allait le trouver en Perse, ayant été surpris par la nuit, et obligé de s'arrêter dans une église faute d'auberge, vit en songe des apôtres et des prophètes assemblés qui déploraient les calamités de l'Eglise sous un prince aussi impie que Julien; et un d'entre eux s'étant levé assura les autres qu'il allait y porter remède. La nuit suivante, ce valet, ayant vu dans son sommeil la même assemblée, vit venir l'homme de la veille qui annonça la mort de Julien.

Le philosophe Didyme d'Alexandrie vit aussi en songe des hommes montés sur des chevaux blancs, et courant dans les airs en disant : — Annoncez à Didyme qu'à cette heure Julien l'Apostat est tué.

JUNG, auteur allemand, vivant encore sans doute : il a écrit sur les esprits un ouvrage intitulé : *Théorie de Geister-Kunder*, Nuremberg, 1808, in-8°.

JUPITER AMMON. Les Egyptiens portaient

sur le cœur, comme un puissant préservatif, une amulette ou philactère, qui était une lame sur laquelle ils écrivaient le nom de Jupiter Ammon. Ce nom était si grand dans leur esprit, et même chez les Romains, qu'on en croyait l'invocation suffisante pour obtenir toutes sortes de biens.

On sait que Jupiter Ammon avait des cornes de bélier. Sa statue, adorée à Thèbes, dans la haute Egypte, était un automate qui faisait des signes de tête.

JUREMENT. « C'est une chose honteuse, dit un bon légendaire, que d'entendre si souvent répéter le nom du diable sans nécessité. Un père en colère dit à ses enfants : — Venez ici, mauvais diables! Un autre s'écrie : — Te voilà, bon diable! Celui-ci, qui a froid, vous l'apprend en disant : — Diable! le temps est rude. Celui-là, qui soupire après la table, dit qu'il a une faim de diable. Un autre, qui s'impatiente, souhaite que le diable l'emporte. Un savant de société, quand il a proposé une énigme, s'écrie bravement : — Je me donne au diable si vous devinez cela. Une chose paraît-elle embrouillée, on vous avertit que le diable s'en mêle. Une bagatelle est-elle perdue, on dit qu'elle est à tous les diables. Un homme laborieux prend-il quelque sommeil, un plaisant vient vous dire que le diable le berce. — Ce qu'il y a de pis, c'est que des gens emploient le nom du diable en bonne part; ainsi on vous dira d'une chose médiocre : — Ce n'est pas le diable. Un homme fait-il plus qu'on ne demande, on dit qu'il travaille comme le valet du diable. Que l'on voie passer un grenadier de cinq pieds dix pouces, on s'écrie : — Quel grand diable! D'un qui vous étonne par son esprit, par son adresse ou par ses talents, vous dites : — Quel diable d'homme! On dit encore : — Une force de diable, un esprit de diable, un courage de diable ; un homme franc est un bon diable ; un homme qu'on plaint, un pauvre diable ; un homme divertissant a de l'esprit en diable, etc., et une foule de mots semblables. Ce sont de grandes aberrations. »

Un père en colère dit un jour à son fils : — Va-t'en au diable! Le fils étant sorti peu après, rencontra le diable, qui l'emmena; et on ne le revit plus (1).

Un autre homme, irrité contre sa fille qui mangeait trop avidement une écuelle de lait, eut l'imprudence de lui dire : — Puisses-tu avaler le diable dans ton ventre! La jeune fille sentit aussitôt la présence du démon, et elle fut possédée plusieurs mois (2).

Un mari de mauvaise humeur donna sa femme au diable; au même instant, comme s'il fût sorti de la bouche de l'époux, le démon entra par l'oreille dans le corps de cette pauvre dame. Ces contes vous font rire ; puissent-ils vous corriger (3) !

Un avocat gascon avait recours aux grandes figures, pour émouvoir ses juges. Il plaidait au quinzième siècle, dans ces temps où les jugements de Dieu étaient encore en usage. Un jour qu'il défendait la cause d'un Manceau cité en justice pour une somme d'argent dont il niait la dette, comme il n'y avait aucun témoin pour éclaircir l'affaire, les juges déclarèrent qu'on aurait recours à une épreuve judiciaire. L'avocat de la partie adverse, connaissant l'humeur peu belliqueuse du Gascon, demanda que les avocats subissent l'épreuve, aussi bien que leurs clients ; le Gascon n'y consentit qu'à condition que l'épreuve fût à son choix. — La chose se passait au Mans.

Le jour venu, l'avocat gascon ayant longuement réfléchi sur les moyens qu'il avait à prendre pour ne courir aucun péril, s'avança devant les juges, et demanda qu'avant de recourir à une plus violente ordalie, on lui permît d'abord d'essayer celle-ci, c'est-à-dire qu'il se donnait hautement et fermement au diable, lui et sa partie, s'ils avaient touché l'argent dont ils niaient la dette. Les juges, étonnés de l'audace du Gascon, se persuadèrent là-dessus qu'il était nécessairement fort de son innocence et se disposaient à l'absoudre ; mais auparavant ils ordonnèrent à l'avocat de la partie adverse de prononcer le même dévouement que venait de faire l'avocat gascon.

— Il n'en est pas besoin, s'écria aussitôt du fond de la salle une voix rauque.

En même temps on vit paraître un monstre noir, hideux, ayant des cornes au front, des ailes de chauve-souris aux épaules, et avançant les griffes sur l'avocat gascon..... Le champion, tremblant, se hâta de révoquer sa parole, en suppliant les juges et les assistants de le tirer des griffes de l'ange de ténèbres.

— Je ne céderai, répondit le diable, que quand le crime sera révélé...

Disant ces mots, il s'avança encore sur le plaideur manceau et sur l'avocat gascon. Les deux menteurs, interdits, se hâtèrent d'avouer, l'un, qu'il devait la somme qu'on lui demandait ; l'autre, qu'il soutenait sciemment une mauvaise cause. Alors le diable se retira, mais on sut par la suite que le second avocat, sachant combien le Gascon était peureux, avait été instruit de son idée ; qu'il avait en conséquence affublé son domestique d'un habit noir bizarrement taillé, et l'avait équipé d'ailes et de cornes, pour découvrir la vérité par ce ministère.

KAABA. Ce lieu célèbre à La Mecque, dans l'enceinte du temple, est, dit-on, la

---

(1) Cæsarii Heisterb. miracul., lib. 5, cap. 12.
(2) Ejusdem, cap. 2, ibid.

(3) Ejusdem, cap. 2, ibid.

maison d'Abraham, bâtie par lui, selon les croyances musulmanes. Le seuil est un bloc de pierre qui a été, disent les Arabes, la statue de Saturne, autrefois élevée sur la Kaaba même, et renversée par un prodige, ainsi que toutes les autres idoles du lieu, au moment de la naissance de Mahomet.

La Kaaba est un petit édifice d'une quinzaine de pieds. Les musulmans l'appellent la maison carrée et la maison de Dieu; dans le Koran elle est désignée comme le lieu le plus saint de la terre : aussi les bons musulmans se tournent-ils toujours dans leurs prières vers la Kaaba ; et il faut être peu dévot pour n'en pas faire au moins une fois en sa vie le pèlerinage. On y révère la fameuse pierre noire qui servait d'échafaud à Abraham lorsqu'il maçonnait la maison carrée. On conte qu'elle se haussait et se baissait d'elle-même, selon les désirs du patriarche. Elle lui avait été apportée par l'ange Gabriel : et on ajoute que cette pierre, se voyant abandonnée après qu'on n'eut plus besoin d'elle, se mit à pleurer; Abraham la consola en lui promettant qu'elle serait extrêmement vénérée des musulmans; et il la plaça en effet près de la porte, où elle est baisée par tous les pèlerins

KABOTERMANNEKENS, petits lutins flamands qui font des niches aux femmes de la campagne, surtout en ce qui touche le laitage et le beurre.

KACHER, vieux magicien qui, dans l'histoire fabuleuse des anciens rois de Kachemire, transforma le lac qui occupait ce beau pays en un vallon délicieux, et donna aux eaux une issue miraculeuse en coupant une montagne nommée Baraboulé.

KAF, montagne prodigieuse qui entoure l'horizon de tous côtés, à ce que disent les musulmans. La terre se trouve au milieu de cette montagne, ajoutent-ils, comme le doigt au milieu de l'anneau. Elle a pour fondement la pierre Sakhrat, dont le moindre fragment opère les plus grands miracles. C'est cette pierre, faite d'une seule émeraude, qui excite les tremblements de terre, en s'agitant selon que Dieu le lui ordonne.

Pour arriver à la montagne de Kaf, il faut traverser de vastes régions ténébreuses, ce qu'on ne peut faire que sous la conduite d'un être supérieur. C'est, dit-on, la demeure des génies. Il est souvent parlé de cette montagne dans les contes orientaux. Voy. SAKHRAT.

KAHA, maléfice employé aux îles Marquises. Les habitants attribuent au Kaha la plupart de leurs maladies. Voici comment il se pratique : « Quelque sorcier aura attrapé de votre salive, et puis il vous a lié du terrible Kaha ou maléfice du pays, en enveloppant cette salive dans un morceau de feuille d'arbre et la conservant en sa puissance. Il tient là votre âme et votre vie enchaînées.— A ce mal voici le remède : ceux qui ont eu le pouvoir de vous jeter le charme ont aussi le pouvoir de vous l'ôter, moyennant quelque présent. Le sorcier vient donc se coucher près de vous ; il voit ou il entend le génie du mal ou de la maladie quand il entre en vous et quand il en sort, car il paraît que ces génies se promènent souvent ; et il l'attrape comme au vol, ou bien il le saisit en vous frottant le bras, et il l'enferme à son tour dans une feuille, où il peut le détruire (1). »

KAIDMORDS, nom du premier homme qui sortit de la jambe de devant d'un taureau, selon la doctrine des mages ; il fut tué par les Dives ; mais il ressuscitera le jour du jugement. On invoque son âme chez les Guèbres. Voy. BOUNDSCHESCH.

KAIOMERS, le premier roi de l'antique dynastie des Pichadiens ; il était, suivant les historiens persans, le petit-fils de Noé. C'est lui qui vainquit les Dives ou mauvais génies à la puissance desquels le pays était soumis.

KAKOS, démon invoqué dans les litanies du sabbat.

KALMOUCKS. Les Kalmoucks rendent hommage à deux êtres puissants : au génie du bien et au génie du mal, sacrifiant sur le sommet des montagnes, sur les bords des rivières, ou dans l'intérieur des cabanes, à l'un comme à l'autre, mais le plus souvent à la divinité malfaisante, parce qu'ils jugent nécessaire de la fléchir et d'en apaiser le courroux.

Le soleil, ou comme ils l'appellent, l'œil de Dieu, est pour eux l'objet d'un culte particulier. Quelque dégénérée que soit cette fausse religion, on voit cependant le rapport qui existe entre elle et l'une des plus anciennes, celle des disciples de Zoroastre, qui avait étendu son influence non-seulement sur l'Inde et la Perse, mais encore sur les peuples nomades des steppes mongoles ; et nous voyons encore de nos jours des tribus, telles que les Kalmoucks, qui en ont conservé le souvenir pendant une suite de siècles.

Aujourd'hui, comme au moyen âge, les Kalmoucks ont des *schamanes* qui, abusant de leur crédulité, leur persuadent qu'ils possèdent un empire magique sur une foule de génies invisibles dont ils se disent accompagnés et qui leur révèlent l'avenir et les choses secrètes. Comme au moyen âge, le mort et même le malade leur inspirent une horreur qu'ils n'ont garde de cacher. Après avoir placé près de lui tout ce dont il peut avoir besoin à leur avis, ils s'éloignent du malade, fût-ce leur père ; la couche du mourant, s'il est riche, est gardée tout au plus par un schamane ; la famille se contente d'envoyer de temps en temps demander de ses nouvelles.

Cette indifférence inhumaine ne les empêche pas de rendre après la mort tous les honneurs possibles à celui qu'ils viennent de perdre. Le défunt, vêtu de ses plus beaux habits, est quelquefois enterré au fond des bois, avec son arc et ses flèches, sa pipe, sa selle et son fouet. D'autres suspendent leurs morts dans des couvertures de feutre au

(1) Lettres du P. Mathias Gracia sur les îles Marquises; lettre 6ᵉ.

haut des arbres les plus élevés; d'autres enfin en brûlent les restes mortels sur un bûcher pour garder leurs cendres. Dans ce cas le cheval favori du défunt est brûlé avec lui.

Ce sont encore les mœurs dont parlent les chroniques et les voyageurs du moyen âge. En général cette peuplade offre jusqu'à présent l'image fidèle de ce qu'étaient les Mongols à une époque malheureusement trop glorieuse pour cette nation, lorsque, conduits par Tchinguis-Khan, ils portèrent de victoire en victoire la terreur et la désolation jusqu'au centre de l'Europe, jusque dans les plaines riantes de la Silésie.

KALPA-TAROU, arbre fabuleux sur lequel les Indiens d'autrefois cueillaient tout ce qu'ils pouvaient désirer.

KAMLAT, opération magique en usage chez les Tartares de Sibérie, et qui consiste à évoquer le diable au moyen d'un tambour magique ayant la forme d'un tamis ou plutôt d'un tambour de basque. Le sorcier qui fait le kamlat marmotte quelques mots tartares, court de côté et d'autre, s'assied, se relève, fait d'épouvantables grimaces et d'horribles contorsions, roulant les yeux, les fermant, et gesticulant comme un insensé. Au bout d'un quart d'heure, il fait croire que, par ses conjurations, il évoque le diable, qui vient toujours du côté de l'occident en forme d'ours, pour lui révéler ce qu'il doit répondre; il fait entendre qu'il est quelquefois maltraité cruellement par le démon, et tourmenté jusque dans le sommeil. Pour en convaincre ses auditeurs, il feint de s'éveiller en sursaut en criant comme un possédé.

KAMOSCH et KEMOSCH.—Voy. CHAMOS.

KANTIUS LE SILÉSIEN. L'histoire de Jean Kantius, racontée au docteur More par un médecin de la Silésie, est un des exemples les plus frappants de cette croyance aux vampires, qui a régné en souveraine sur certains esprits au dernier siècle. — On dit que Kantius, sortant du tombeau, apparut dans la ville qui l'a vu naître; mais ce qui est positif, c'est que de nombreuses rumeurs, relatives à ce même fait, jetèrent une agitation violente et une terreur profonde parmi ses concitoyens et dans toute l'étendue de la Silésie.

Jean Kantius était un des échevins de la ville de Pesth; sa réputation de probité et son jugement droit lui avaient acquis une grande considération. Un jour le maire l'envoya chercher pour l'aider à terminer une affaire qui venait de s'élever entre des voituriers et un négociant pannonien. L'affaire arrangée, le maire invita Kantius, et l'invitation fut acceptée. Or le repas était excellent, et cette circonstance n'était pas d'un médiocre intérêt pour Kantius, qui savait jouir en connaisseur des plaisirs de la table; aussi était-il de très-bonne humeur.

Cependant sa gaieté paraissait ce soir-là plus folle que réelle; tout en sablant un grand verre de vieux vin du Rhin, il prononça ces mots: — Plongeons-nous dans les joies de ce monde, car un malheur peut arriver à tout moment. — Ce qui était d'une morale médiocre.

Kantius fut obligé de quitter la société de bonne heure, pour veiller aux préparatifs d'un voyage. Arrivé chez lui, il alla à l'écurie, examina son cheval, qui lui sembla avoir perdu le fer de l'un des pieds de derrière; il voulut lui prendre la jambe pour voir le sabot, et reçut une violente ruade dans l'estomac. Il s'écria sur-le-champ: — C'est fait de moi.

On le porta au lit; bientôt sa situation fut désespérée. Pendant son agonie, il fut en proie à une grande tourmente d'esprit; il répétait souvent : — Mes péchés sont tels, que le Tout-Puissant ne me les pardonnera jamais ! — Cet aveu était si étrangement contraire à l'opinion qu'on avait de lui, que les assistants ne savaient comment s'en rendre compte. On en vint à soupçonner qu'il s'était vendu au prince des ténèbres, et ce soupçon subit ne laissait pas d'être appuyé sur quelques faits auxquels on n'avait pas encore songé, entre autres sur ceux-ci: qu'il avait acquis ses immenses richesses avec une soudaineté inconcevable, et qu'il possédait dans son logis un chat noir d'une grosseur extraordinaire.

L'heure de la mort de Kantius fut signalée par un orage qui ne cessa qu'après ses funérailles. Aussitôt que le cadavre fut trouvé déposé dans la fosse, les éléments rentrèrent dans le calme, comme si la terre eût été délivrée de la présence de quelque démon.

Bientôt le bruit courut qu'un spectre se promenait dans les appartements du défunt. Le garde de nuit du quartier avait, disait-il, entendu un étrange tumulte dans la maison de Kantius; il lui avait semblé qu'on jetait çà et là sur le parquet les glaces et les meubles, en riant aux éclats d'un rire aigu et satanique. Des grilles de fer, qui chaque soir étaient fermées aux verrous, se trouvaient ouvertes le lendemain sans que personne eût passé par là. — Ce bouleversement surnaturel s'étendit même aux écuries de l'échevin défunt : tous les matins les chevaux étaient couverts d'écume, comme s'ils eussent fait une excursion dans de lointaines contrées; et cependant, à entendre les trépignements extraordinaires dont toute la nuit ils ébranlaient le sol, on pouvait être assuré qu'ils n'avaient pas quitté l'écurie. Les chiens ne cessaient d'aboyer et de hurler de la manière la plus pitoyable. Les habitants de Pesth ne pouvaient fermer l'œil de la nuit.

Une vieille domestique, qui prêtait une grande attention à tout ce qui se passait, jura avoir ouï quelqu'un monter et descendre les escaliers à cheval, et parcourir les appartements au galop. L'acquéreur de la maison de Kantius, épouvanté de tout ce vacarme, se promenait un jour dans les environs de la ville; il vit distinctement sur la terre couverte de neige l'empreinte de pas qui n'appartenaient à aucune créature humaine, à aucun animal terrestre.

L'inquiétude devint inexprimable, lorsqu'on acquit la certitude, par le témoignage de personnes dignes de foi, que Kantius se promenait à cheval non-seulement dans la cour de son ancienne maison, mais encore dans les rues de la ville, dans les vallées et sur les collines des environs, courant avec la rapidité de l'éclair, comme si quelque chasseur infernal eût été à sa poursuite.

Un Juif prétendit que Kantius avait engagé une lutte avec lui et lui avait fait souffrir une torture inouïe. Un charretier déclara qu'en approchant de Pesth il avait rencontré Kantius, qui lui avait vomi à la figure de longues flammes bleues et rouges.

Mais voici qui est plus surprenant. Tous les soirs, lorsque le pasteur se mettait au lit, Kantius venait le rouler dans les draps en avant et en arrière, jusqu'à ce que l'uniformité du mouvement et la fatigue le fissent succomber au sommeil. Il se glissait auprès de lui sous la forme d'un nain à travers les fentes de la cloison.

Il arriva encore que les lèvres d'un enfant furent tellement collées ensemble, qu'on ne put les séparer : c'était l'œuvre de Kantius. A certaines heures de la soirée, la lumière des flambeaux devenait tout à coup blanche et triste : c'était le signe infaillible de la visite de Kantius. — Des vases qui contenaient du lait la veille furent trouvés le lendemain vides ou remplis de sang. L'eau des fontaines devint insalubre et corrompue ; des vieillards furent étranglés dans leurs lits sans que l'on parvînt à découvrir les auteurs de ces crimes répétés. Tous ces événements irréguliers, et bien d'autres encore qu'il serait trop long d'énumérer, ne devaient-ils pas être attribués à Kantius?

Qu'il nous suffise, pour dernier trait, de dire qu'à la funèbre clarté de la lune apparaissait, à la lucarne d'une vieille tour, une tête aux yeux étincelants, qui tout à coup prenait la forme d'un manche à balai ou d'une chauve-souris. Cette tête était celle de Kantius, et ne pouvait être celle d'un autre.

Enfin la frayeur et le désespoir des habitants de Pesth furent poussés au dernier point. Les voyageurs évitaient la ville ; le commerce s'anéantissait : les citoyens finirent par chercher un remède à cet état de choses ; il fut résolu en conseil de commune que l'on commencerait par s'assurer si l'échevin était bien mort. — En conséquence les plus courageux des habitants se mirent en route pour le cimetière, où ils ouvrirent plusieurs fosses avec précaution. Ils remarquèrent, non sans surprise, que les voisins de Kantius, qui avaient été enterrés avant ou après lui, étaient tous réduits en poussière, tandis que sa peau à lui était tendue et vermeille. On lui mit un bâton dans la main, il le saisit fortement, ouvrit les yeux et les referma aussitôt. On lui piqua une veine de la jambe, et le sang coula en abondance. Cependant il y avait six mois qu'il avait été mis en terre. Le maire fit sur son compte une enquête en règle. Le tribunal condamna Jean Kantius, échevin de Pesth, à être brûlé comme vampire.

Mais l'exécution rencontra un obstacle étonnant. On ne put tirer le corps de la fosse, tant il était pesant.

Enfin les citoyens de Pesth, bien inspirés, cherchèrent et découvrirent le cheval dont la ruade avait tué Kantius ; ce cheval parvint à grand'peine à amener hors de terre les restes de son ancien maître. Mais lorsqu'il s'agit d'anéantir ces restes, une autre difficulté se présenta. On mit le corps sur un bûcher allumé, et il ne se consuma pas..... On fut obligé de le couper en morceaux que l'on réduisit partiellement en cendres, et depuis lors l'échevin Jean Kantius cessa de faire des apparitions dans sa ville natale (1).

KARCIST, nom qu'on donne, dans le *Dragon rouge*, à l'adepte ou sorcier qui parle avec les esprits.

KARRA-KALF, le plus haut degré de la magie en Islande. Dans les temps modernes, lorsqu'on pratiquait le karra-kalf, le diable paraissait sous la forme d'un veau nouvellement né et non encore nettoyé par sa mère. Celui qui désirait d'être initié parmi les magiciens était obligé de nettoyer le veau avec sa langue ; par ce moyen, il parvenait à la connaissance des plus grands mystères.

KATAKHANÈS. C'est le nom que les habitants de l'île de Candie donnent à leurs vampires. En aucune contrée du Levant la croyance aux vampires ou katakhanès n'est aussi générale que dans cette île, où l'on croit aussi aux démons des montagnes, de l'air et des eaux. Voici un récit fait il n'y a pas longtemps à un voyageur anglais, M. Pashley, qui le rapporte comme il lui a été raconté. Nous l'empruntons à la *Revue britannique* (mars 1837) :

« Un jour le village de Kalikrati, dans le district de Sfakia, fut visité par un katakhanès ; les habitants s'efforcèrent de découvrir qui il était et d'où il venait. Ce katakhanès tuait non-seulement les enfants, mais encore les adultes, et il étendait ses ravages jusqu'aux villages des environs. Il avait été enterré dans l'église de Saint-Georges à Kalikrati, et une arche avait été construite au-dessus de sa tombe. Un berger, gardant ses moutons et ses chèvres auprès de l'église, fut surpris par une averse, et vint se réfugier sous cette arche. Après avoir ôté ses armes pour prendre du repos, il les posa en croix à côté de la pierre qui lui tenait lieu d'oreiller. — La nuit vint. Le katakhanès, sentant alors le besoin de sortir pour faire du mal aux hommes, dit au berger :

Compère, lève-toi de là, car j'ai des affaires qui m'obligent de sortir.

Le berger ne répondit ni la première fois, ni la seconde, ni la troisième ; il supposa que le mort inhumé dans cette tombe était le katakhanès auteur de tous les meurtres commis dans la contrée. En conséquence, la qua-

---

(1) Nous avons recueilli cette histoire dans un feuilleton de la presse périodique. Nous regrettons de n'être pas en mesure de citer l'auteur.

trième fois qu'il lui adressa la parole, le berger répondit :

Je ne me lèverai point de là, compère, car je crains que tu ne vailles pas grand'chose, et tu pourrais me faire du mal; mais s'il faut que je me lève, jure par ton linceul que tu ne me toucheras pas; alors je me lèverai.

Le katakhanès ne prononça pas d'abord les paroles qu'on lui demandait; mais le berger persistant à ne point se lever, il finit par faire le serment exigé. Sur cela le berger se leva et ôta ses armes du tombeau; le katakhanès sortit aussitôt; après avoir salué le berger, il lui dit :

— Compère, il ne faut pas que tu t'en ailles; reste assis là; j'ai des affaires dont il est nécessaire que je m'occupe; mais je reviendrai dans une heure, et je te dirai quelque chose.

Le berger donc attendit; le katakhanès s'en alla à environ dix milles de là, où vivaient deux jeunes époux nouvellement mariés; il les égorgea tous deux. A son retour, le berger s'aperçut que les mains du vampire étaient souillées de sang, et qu'il rapportait un foie dans lequel il soufflait, comme font les bouchers, pour le faire paraître plus grand.

Asseyons-nous, compère, lui dit le katakhanès, et mangeons le foie que j'apporte.

Mais le berger fit semblant de manger; il n'avalait que le pain et laissait tomber les morceaux de foie sur ses genoux.

Or, quand le moment de se séparer fut venu, le katakhanès dit au berger :

Compère, ce que tu as vu, il ne faut point en parler; car, si tu le fais, mes vingt ongles se fixeront dans ta figure et dans celles de tes enfants.

Malgré cela, le berger ne perdit point de temps; il alla sur-le-champ tout déclarer à des prêtres et à d'autres personnes; et on se rendit au tombeau, dans lequel on trouva le corps du katakhanès précisément dans l'état où il était quand on l'avait enterré : tout le monde fut convaincu que c'était lui qui était cause des maux qui pesaient sur le pays. On rassembla une grande quantité de bois que l'on jeta dans la tombe, et on brûla le cadavre. Le berger n'était pas présent; mais, quand le katakhanès fut à moitié consumé, il arriva pour voir la fin de la cérémonie; et alors le vampire lança un crachat : c'était une goutte de sang qui tomba sur le pied du berger; ce pied se dessécha comme s'il eût été consumé par le feu.

Quand on vit cela, on fouilla avec soin dans les cendres; on y trouva encore l'ongle du petit doigt du katakhanès; on le réduisit en poussière.

Telle est la terrible histoire du vampire de Kalikatri. C'est sans doute au goût qu'on suppose à ces êtres malfaisants pour le foie humain qu'il faut attribuer cette exclamation que Tavernier attribue à une femme candiote : — J'aimerais mieux manger le foie de mon enfant ! Voy. Vampires.

KATMIR — Voy. Dormants, à la fin.

KAYBORA, esprit des forêts, à l'existence duquel croient encore les Américains; ils disent que cet esprit enlève les enfants, les cache dans les creux des arbres et les y nourrit (1).

KELBY, esprit qu'une superstition écossaise suppose habiter les rivières sous différentes formes, mais plus fréquemment sous celle du cheval. Il est regardé comme malfaisant et porte quelquefois une torche. On attribue aussi à ses regards un pouvoir de fascination.

KELEN et NYSROCK, démons que les démonographes font présider aux débauches, aux danses, aux orgies.

KENNE, pierre fabuleuse qui se forme dans l'œil d'un cerf, et à laquelle on attribue des vertus contre les venins.

KEPHALONOMANCIE, divination qui se pratiquait en faisant diverses cérémonies sur la tête cuite d'un âne. Elle était familière aux Germains. Les Lombards y substituèrent une tête de chèvre.

Delrio soupçonne que ce genre de divination, en usage chez les Juifs infidèles, donna lieu à l'imputation qui leur fut faite d'adorer un âne. Les anciens la pratiquaient en mettant sur des charbons allumés la tête d'un âne, en récitant des prières superstitieuses, en prononçant les noms de ceux qu'on soupçonnait d'un crime, et en observant le moment où les mâchoires se rapprochaient avec un léger craquement. Le nom prononcé en cet instant désignait le coupable.

Le diable arrivait aussi quelquefois sans se montrer pour répondre aux questions qu'on avait à lui faire.

KHUMANO-GOO, sorte d'épreuve en usage au Japon. On appelle goo un petit papier rempli de caractères magiques, de figures de corbeau et d'autres oiseaux noirs. On prétend que ce papier est un préservatif assuré contre la puissance des esprits malins; et les Japonais ont soin d'en acheter pour les exposer à l'entrée de leurs maisons. Mais parmi ces goos, ceux qui ont la plus grande vertu viennent d'un certain endroit nommé Khumano; ce qui fait qu'on les appelle Khumano-goos.

Lorsque quelqu'un est accusé d'un crime et qu'il n'y a pas de preuves suffisantes pour le condamner, on le force à boire une certaine quantité d'eau dans laquelle on met un morceau de khumano-goo. Si l'accusé est innocent, cette boisson ne produit sur lui aucun effet; mais s'il est coupable, il se sent attaqué de coliques qui le forcent à avouer. Quelquefois on fait avaler le Goo. Voy. ce mot.

KIJOUN, nom d'une idole que les Israélites honorèrent dans le désert, et qui paraît avoir été le soleil. Le prophète Amos en parle au chap. V.

KIONES, idoles communes en Grèce, qui ne consistaient qu'en pierres oblongues en forme de colonnes; d'où vient leur nom.

KIRGHIS. Les Kirghis, voisins des Kalmoucks, sont d'une taille médiocre, ont presque tous les jambes cagneuses, présentent une physionomie assez agréable lorsqu'ils sont jeunes; ils ne portent alors que la moustache,

(1) Voyage au Brésil, par le père Neuwied, t. II, c. 12

mais en vieillissant ils laissent croître leur barbe à partir de la pointe du menton, et l'embonpoint effrayant qu'ils atteignent, par suite d'une constante oisiveté, leur donne un aspect hideux.

Les Kirghis sont mahométans; ils ont un grand prêtre appelé *Achoun*, qui réside près du khan; ignorants et superstitieux, ils croient aux sortiléges et possèdent cinq classes de magiciens : les uns font leurs prédictions avec des livres, d'autres se servent de l'omoplate d'une brebis, dépouillée avec un couteau, car elle serait sans vertu si quelqu'un y avait porté les dents; une troisième classe, pour lire dans l'avenir, sacrifie un cheval, un mouton ou un bouc sans défaut; la quatrième enfin consulte la flamme qui s'élève du beurre ou de la graisse jetée dans le feu. Enfin il y a des sorcières qui ensorcèlent les esclaves, persuadent aux maîtres que si l'esclave ensorcelé venait à déserter, il s'égarerait indubitablement dans sa fuite et retomberait dans les mains de son maître; que s'il s'échappait, il rentrerait au moins dans l'esclavage du même peuple.

Pallas rapporte, d'après le récit même qu'il en a entendu faire par les Kirghis, un fait assez ingénieusement inventé :

Un parti de Kirghis se mit un jour en campagne avec un des devins de la seconde classe pour attaquer les Kalmoucks; ceux-ci avaient également un devin qui, employant toute sa science, avertit ses compatriotes de l'arrivée des Kirghis, et les engagea à s'éloigner à mesure que ceux-ci avançaient. Le devin kirghis, voyant que son frère le Kalmouck allait faire échouer l'entreprise, employa la ruse; il dit aux Kirghis de seller leurs chevaux à reculons et de monter dessus. Le Kalmouck, ainsi induit en erreur, vit sur son os que les Kirghis rétrogradaient; il conseilla donc à son parti de revenir sur ses pas. Les Kirghis joignirent par ce moyen les Kalmoucks et les firent prisonniers (1).

KLEUDDE (2). Kleudde, tout barbare, tout cacophonique que doit vous paraître ce nom, est un lutin, et un lutin national, un lutin vivant des brouillards de la Flandre et du Brabant, un lutin belge en un mot. — Si vous avez quelque feu dans l'imagination, sans doute qu'à ce seul nom de lutin vous vous formez déjà toute une cour fantastique, idéale, surnaturelle, composée de gnomes aux yeux malins, de sylphes aux ailes d'azur, aux cheveux d'or, de salamandres aux pieds de feu. — Poëtes, jeunes filles, enfants, Kleudde, avec son enveloppe sombre, avec son nom aussi affreux que son être; Kleudde doit d'un seul mot tuer l'échafaudage de vos songes. Kleudde est un lutin malfaisant, qui a les regards du basilic et la bouche du vampire, l'agilité du follet et la *hideur* du griffon.

Kleudde aime les nuits froides et brumeuses, les prairies désertes et arides, les champs incultes et blanchis par des os de morts, les arbres frappés de la foudre, l'if et le cyprès; il se plaît au milieu des ruines couvertes de mousse; il fuit les saints lieux où reposent des chrétiens, l'aspect d'une croix l'éblouit et le torture; il ne boit qu'une eau verte croupissant au fond d'un étang desséché : le pain n'approche jamais de ses lèvres.

Kleudde évite la foule; la lumière du grand jour lui brûle les yeux; il n'apparaît qu'aux heures où le hibou gémit dans la tour abandonnée; une caverne souterraine est sa demeure; ses pieds n'ont jamais souillé le seuil d'une habitation humaine : le mystère et l'horreur entourent son existence maudite. Vagues comme les atomes de l'air, ses formes échappent aux doigts et ne laissent aux mains de l'imprudent qui essayerait de les étreindre qu'une ligne noire et douloureuse comme une brûlure.

Son rire est semblable à celui des damnés; son cri, rauque et indéfinissable, fait tressaillir jusqu'au fond des entrailles; Kleudde a du sang de démon dans les veines. Malheur à qui, le soir, dans sa route, rencontre Kleudde, le lutin noir !

Dans certains villages du Brabant le nom seul de Kleudde exerce sur l'esprit des paysans un empire si redoutable, qu'il serait impossible de les faire sortir de leur maison à une heure avancée de la nuit pour les envoyer dans un champ, un bois, une prairie où la croyance populaire place ce lutin. Les enfants en ont une grande peur; on les menace de la présence de Kleudde lorsqu'ils font mal. La frayeur des jeunes filles n'est pas moins enracinée pour cette espèce de loup-garou; plus d'une le soir arrive essoufflée au foyer paternel raconter en tremblant qu'elle a aperçu Kleudde agitant ses chaînes dans l'ombre.

Au dire des campagnards, ce lutin est un véritable protée, prenant les formes les plus diverses, les plus bizarres: Tantôt c'est un arbre d'abord très-petit, ensuite s'allongeant peu à peu à une hauteur prodigieuse; puis, se mouvant tout à coup, il s'élève de terre et disparaît dans les nuages. Le seul mal que Kleudde fasse réellement sous cette forme, c'est de déraciner et de renverser les autres arbres qu'il rencontre sur son passage.

Tantôt il se revêt de la peau d'un chien noir; il marche sur ses pattes de derrière, agite une chaîne qu'il porte au cou et saute à l'improviste sur les épaules de celui qu'il voit la nuit dans un sentier isolé, l'étreint, le jette par terre et s'enfuit.

Souvent Kleudde est un cheval maigre et efflanqué; alors il devient l'épouvantail des garçons d'écurie. On sait que c'est l'usage dans les grandes fermes de mettre pendant la nuit les chevaux en pâture dans les prairies; les domestiques rapportent avec une bonne foi rustique qu'il leur arrive parfois, lorsqu'ils croient monter sur une de leurs juments, d'enfourcher Kleudde, qui aussitôt se met à courir de toutes ses forces, jusqu'à ce que, arrivé près d'un étang ou d'un ruisseau, il se cabre et y précipite son cavalier : ensuite,

---

(1) La Russie pittoresque.
(2) Cette notice est de M. le baron Jules de Saint-Genois, qui l'a donnée, il y a quelques années, dans le *Journal des Flandres*.

pendant que la victime se débat dans l'eau, il se couche un instant à plat ventre, pousse un éclat de rire et disparaît au moment où le cavalier sort de son bain.

Selon les circonstances, Kleudde se change en chat, en crapaud, en chauve-souris, en tout autre animal. Les paysans prétendent pouvoir reconnaître son approche à deux petites flammes bleues qui vacillent et s'avancent en sautillant, mais toujours en ligne droite; ces petites flammes sont les prunelles de ses deux yeux. Le seul moyen alors d'éviter Kleudde, c'est de s'enfuir en zigzag, comme ferait celui que poursuit un serpent.

Il y a de cela trois mois, je logeais par hasard dans une ferme à Ternath, aux environs de Bruxelles. C'était le soir; je me trouvais en compagnie avec tout le personnel de la ferme, réuni autour d'un large foyer d'hiver. En société de ces bons et simples paysans, c'était pour moi une nouveauté d'autant plus piquante que je comptais mettre la soirée à profit pour recueillir quelques renseignements sur Kleudde. J'amenai la causerie sur ce sujet, sur les lutins, sur les kabotermannekens et autres follets dont le nom m'échappe.

— Monsieur, savez-vous l'origine de Kleudde? me dit un vieux domestique.

— Non, lui répondis-je, ravi de son interpellation.

— C'est affreux à entendre, continua le vieillard. Voici comme on le raconte dans notre endroit. Il y a bien cent ans, on voyait au bout du bois qui borde la partie nord du village une petite et chétive maison habitée par une femme si décrépite, si hideuse, qu'on songea plus d'une fois à s'emparer d'elle afin de la brûler comme sorcière; car tout le monde disait qu'elle avait des rapports avec le diable et que sa baraque servait de lieu de réunion pour le sabbat. Un soir qu'un orage, tel qu'on n'en avait entendu de mémoire d'homme, ébranlait toutes les habitations, le feu du ciel tomba sur la masure suspecte et la consuma ainsi que la vieille femme, dont on aperçut le lendemain le corps noirci gisant dans les cendres. Pendant trois jours personne n'osa approcher du lieu de l'incendie; mais enfin comme le propriétaire du bois voulait utiliser cette portion de son terrain, il prit avec lui quelques-uns de ses plus courageux domestiques munis de longs crochets pour retirer la sorcière des décombres. Les valets de ferme se mirent en tremblant à l'ouvrage; à peine eurent-ils touché la sorcière de leurs crocs, qu'ils entendirent un grand bruit et reçurent dans tous les membres une violente commotion; ils virent un petit homme noir sortir du corps de la vieille, grandir tout à coup et s'échapper des ruines, en criant: *Kleudde, Kleudde, Kleudde!* Tous les domestiques perdirent connaissance, et lorsqu'ils revinrent à eux, ils n'aperçurent plus rien sur le théâtre de l'incendie qu'un étang rempli d'une eau croupissante dont l'odeur soulevait le cœur.

L'âme damnée de la sorcière était passée dans le corps de cet homme noir, ou, pour mieux dire, dans le corps de ce diable, qui depuis, n'ayant plus aucun repos, parcourt les campagnes et les plaines cherchant à nuire à tout ce qu'il rencontre...

KOBAL, démon perfide qui mord en riant, directeur général des farces de l'enfer, qui doivent être peu joyeuses; patron des comédiens.

KOBOLD, esprit de la classe des lutins. « C'est un petit nain étrange, de forme rabougrie, avec des habits bariolés, un bonnet rouge sur la tête. Honoré par les valets, les servantes et les cuisinières de l'Allemagne, il leur rend de bons offices; il étrille leurs chevaux, il lave la maison, tient la cuisine en bon ordre et veille à tout. Qu'on ne s'avise pas de le négliger. Si c'est une cuisinière, rien ne lui réussit; elle se brûle dans l'eau bouillante; elle brise la vaisselle; elle renverse ou gâte les sauces; et quand le maître du logis la gronde, elle entend le Kobold rire aux éclats derrière elle. S'il a reçu quelque insulte, la scène devient plus tragique, il verse dans les plats du poison ou du sang de vipère; quelquefois même il tord le cou à l'imprudent valet qui l'a harcelé (1) » — Il est de la famille des *Cobales* et des *Coboli*; peut-être leur tige. — Voy. ces mots.

KORAN. Voy. MAORIDATH.

KOUGHAS, démons ou esprits malfaisants, redoutés des Aléotes, insulaires voisins du Kamtschatka. Ils attribuent leur état d'asservissement et leur détresse à la supériorité des koughas russes sur les leurs; ils s'imaginent aussi que les étrangers, qui paraissent curieux de voir leurs cérémonies, n'ont d'autre intention que d'insulter à leurs koughas, et de les engager à retirer leur protection aux gens du pays.

KRATIM ou KATMIR. C'est le nom qu'on donne au chien des sept Dormants. Voy. DORMANTS.

KUHLMANN (QUIRINUS), l'un des visionnaires du dix-septième siècle, né à Breslau en 1651. Il était doué d'un esprit vif; étant tombé malade à l'âge de huit ans, il éprouva un dérangement dans ses organes, et crut avoir des visions. Une fois il s'imagina voir le diable, escorté d'une foule de démons subalternes; un autre jour il se persuada que Dieu lui avait apparu: dès ce moment il ne cessa de voir à côté de lui une auréole éclatante de lumière. Il parcourut le Nord escorté d'une très-mauvaise réputation. Il escroquait de l'argent à ceux qui lui montraient quelque confiance, pour l'employer, disait-il, à l'avancement du royaume de Dieu.

Il fut chassé de Hollande au commencement de l'année 1675, et voulut se lier avec Antoinette Bourguignon, qui rejeta ses avances. Il fut arrêté en Russie pour des prédictions séditieuses, et brûlé à Moscou le 3 octobre 1689. Il a publié à Lubeck un *Traité de la sagesse infuse d'Adam et de Salomon* (2);

---

(1) Extrait d'un article signé XX. dans l'*Ami de la religion*, n° du 29 octobre 1844.
(2) De Sapientia infusa Adamea Salomoneaque.—Arcanum microcosmicum; Paris, 1681.—Prodromus quinquennii mirabilis. In-8°; Leyde, 1674. On n'a qu'un volume de cet ouvrage, qui devait en avoir trois et contenir cent mille inventions curieuses, etc.

on lui doit une quarantaine d'opuscules qui n'ont d'autre mérite que leur rareté.

KUPAY, nom qui chez les Péruviens désignait le diable. Quand ils prononçaient ce nom, ils crachaient par terre en signe d'exécration. On l'écrit aussi Cupai, et c'est encore le nom que les Floridiens donnent au souverain de l'enfer.

KURDES, habitants de l'Asie qui adorent le diable.

KUTUKTUS. Les Tartares Kalkas croient que leur souverain pontife, le kutuktus, est immortel; et, dans le dernier siècle, leurs fakirs firent déterrer et jeter à la voirie le corps d'un savant qui dans ses écrits avait paru en douter.

L

LABADIE (Jean), fanatique du dix-septième siècle, né en 1610 à Bourg sur la Dordogne. Il se crut un nouveau Jean-Baptiste, envoyé pour annoncer la seconde venue du Messie, et s'imagina qu'il avait des révélations. Il assurait que Jésus-Christ lui avait déclaré qu'il l'envoyait sur la terre comme son prophète. Il poussa bientôt la suffisance jusqu'à se dire revêtu de la divinité et participant du nom et de la substance de Notre-Seigneur. Mais il joignit à l'ambition d'un sectaire le goût des plaisirs; il faisait servir à ses odieux projets le masque de la religion, et il ne fut qu'un détestable hypocrite. Il mourut en 1674.

Voici quelques-unes de ses productions : *Le Hérauld du grand roi Jésus*, Amsterdam, 1667, in-12. *Le Véritable Exorcisme, ou l'unique moyen de chasser le diable du monde chrétien.* — *Le Chant royal du roi Jésus-Christ.* Ces ouvrages sont condamnés.

LABOUR, pays de Gascogne dont les habitants s'adonnaient au commerce et entreprenaient de longs voyages, où ils croyaient que le diable les protégeait. Pendant que les hommes étaient absents, Delancre dit que les femmes devenaient d'habiles sorcières. Henri IV envoya en 1609 ledit Pierre Delancre, conseiller au parlement de Bordeaux, pour purger le pays de ces sorciers, qui, instruits de son arrivée, s'enfuirent en Espagne. Il en fit toutefois brûler quelques-uns.

LABOURANT. Voy. Pierre Labourant.

LAC. Grégoire de Tours rapporte que dans le Gévaudan il y avait une montagne appelée Hélanie, au pied de laquelle était un grand lac; à certaines époques de l'année les villageois s'y rendaient de toutes parts pour y faire des festins, offrir des sacrifices, et jeter dans le lac, pendant trois jours, une infinité d'offrandes de toute espèce. Quand ce temps était expiré, selon la tradition que rapporte Grégoire de Tours, un orage mêlé d'éclairs et de tonnerre s'élevait; il était suivi d'un déluge d'eau et de pierres. Ces scènes durèrent jusqu'à la fin du quatrième siècle.

Cent ans avant l'ère chrétienne il y avait aussi à Toulouse un lac célèbre, consacré au dieu du jour, et dans lequel les Tectosages jetaient en offrandes de l'or et de l'argent en profusion, tant en lingots et monnayé que mis en œuvre et façonné.

On lit dans la Vie de saint Sulpice, évêque de Bourges, qu'il y avait de son temps dans le Berry un lac de mauvaise renommée, qu'on appelait le *lac des Démons*. Voy. Pilate, Her badilla, Is, etc.

LACAILLE (Denyse de). En 1612 la ville de Beauvais fut le théâtre d'un exorcisme sur lequel on n'a écrit que des facéties sans autorité. La possédée était une vieille, nommée Denyse de Lacaille. Nous donnons de cette affaire la pièce suivante en résumé; nous la croyons supposée par quelque farceur.

Extrait de la sentence donnée contre les démons qui sont sortis du corps de Denyse de Lacaille.

« Nous, étant dûment informés que plusieurs démons et malins esprits vexaient et tourmentaient une certaine femme, nommée Denyse de Lacaille, de la Landelle, nous avons donné à Laurent Lepot toute puissance de conjurer lesdits malins esprits. Ledit Lepot, ayant pris la charge, a fait plusieurs exorcismes et conjurations, desquels plusieurs démons sont sortis, comme le procès-verbal le démontre. Voyant que, de jour en jour, plusieurs diables se présentaient; comme il est certain qu'un certain démon, nommé Lissi, a dit posséder ladite Denyse, nous commandons, voulons, mandons, ordonnons audit Lissi de descendre aux enfers, sortir hors du corps de ladite Denyse, sans jamais y rentrer; et, pour obvier à la revenue des autres démons, nous commandons, voulons, mandons et ordonnons que Belzébuth, Satan, Motelu et Briffault, les quatre chefs, et aussi les quatre légions qui sont sous leur puissance, et tous les autres, tant ceux qui sont de l'air, de l'eau, du feu, de la terre et autres lieux, qui ont encore quelque puissance de ladite Denyse de Lacaille, comparaissent maintenant et sans délai, qu'ils aient à parler les uns après les autres, à dire leurs noms de façon qu'on les puisse entendre, pour les faire mettre par écrit.

« Et à défaut de comparoir, nous les mettons et les jetons en la puissance de l'enfer, pour être tourmentés davantage que de coutume; et faute de nous obéir, après les avoir appelés par trois fois, commandons, voulons, mandons que chacun d'eux reçoive les peines imposées ci-dessus, défendant au même Lissi, et à tous ceux qui auraient possédé le corps de ladite Denyse de Lacaille, d'entrer jamais dans aucun corps, tant de créatures raisonnables que d'autres.

« Suivant quoi ledit Lissi, malin esprit,

prêt à sortir, a signé ces présentes. Belzébuth paraissant, Lissi s'est retiré au bras droit; lequel Belzébuth a signé; pareillement Belzébuth s'étant retiré, Satan apparut, et a signé pour sa légion, se retirant au bras gauche; Motelu, paraissant, a signé pour toute la sienne, s'étant retiré à l'oreille droite; incontinent Briffault est comparu, et a signé ces présentes. — *Signé* LISSI; BELZÉBUTH; SATAN; MOTELU; BRIFFAULT.

« Le signe et la marque de ces cinq démons sont apposés à l'original du procès-verbal.

« Beauvais, le 12 décembre 1612. »

LACHANOPTERES, animaux imaginaires que Lucien place dans le globe de la lune. C'étaient de grands oiseaux couverts d'herbes au lieu de plumes.

LACHUS, génie céleste, dont les Basilidiens gravaient le nom sur leurs pierres d'aimant magique; ce talisman préservait des enchantements.

LACI (JEAN), auteur d'un ouvrage intitulé *Avertissements prophétiques*, publié en 1708, un vol. in-8°; il parut différents ouvrages de cette sorte à l'occasion des prétendus prophètes des Cévennes.

LAENSBERGH (MATHIEU), Liégeois célèbre qui passe parmi le peuple pour le plus grand mathématicien, astrologue et prophète des temps modernes. Ses prédictions trouvent encore, dans les campagnes, de bonnes gens qui se feraient scrupule d'en douter, et qui, quand son almanach prédit de la pluie pour un jour de beau temps, se contentent de dire: « Il pleut ailleurs. » Le premier almanach de Mathieu Laensbergh a paru en 1636.

LAFIN (JACQUES), sorcier qui fut accusé d'envoûtement; on dit même qu'on trouva sur lui des images de cire qu'il faisait parler (1).

LAICA. Nom de fées chez les Péruviens. Les laïcas étaient ordinairement bienfaisantes, au lieu que la plupart des autres magiciennes mettaient leur plaisir à faire du mal.

LAMIA, reine de Libye, qui fendait le ventre des femmes grosses pour dévorer leurs fruits. Elle a donné son nom aux lamies.

LAMIES, démons mauvais, qu'on trouve dans les déserts sous des figures de femmes, ayant des têtes de dragon au bout des pieds. Elles hantent aussi les cimetières, y déterrent les cadavres, les mangent, et ne laissent des morts que les ossements.

A la suite d'une longue guerre, on aperçut dans la Syrie, pendant plusieurs nuits, des troupes de lamies qui dévoraient les cadavres des soldats inhumés à fleur de terre. On s'avisa de leur donner la chasse, et quelques jeunes gens en tuèrent plusieurs à coups d'arquebuse; il se trouva le lendemain que ces lamies n'étaient plus que des loups et des hyènes.

Il se rencontre des lamies, très-agiles à la course, dans l'ancienne Libye; leur voix est un sifflement de serpent. Quelle que soit leur demeure, il est certain, ajoute Leloyer, qu'il en existe, « puisque cette croyance était en vigueur chez les anciens.... » Le philosophe Ménippe fut épris d'une lamie. Elle l'attirait à elle; heureusement qu'il fut averti de s'en défier, sans quoi il eût été dévoré.

Semblables aux sorcières, dit encore Leloyer (2), ces démons sont très-friands du sang des petits enfants.

Tous les démonomanes ne sont pas d'accord sur la forme des lamies: Torquemada, dans son Hexameron, dit qu'elles ont une figure de femme et des pieds de cheval; qu'on les nomme aussi chevesches, à cause du cri et de la friandise de ces oiseaux pour la chair fraîche. Ce sont des espèces de sirènes selon les uns; d'autres les comparent aux gholes de l'Arabie.

On a dit bien des bizarreries sur ces femmes singulières. Quelques-uns prétendent qu'elles ne voient qu'à travers une lunette (3). Wierus parle beaucoup de ces monstres dans le troisième livre de son ouvrage sur les *Prestiges*. Il a même consacré aux *lamies* un traité particulier (4).

LAMOTTE LE VAYER (FRANÇOIS), littérateur, né à Paris en 1588, et mort en 1672. C'était, selon Naudé, le Plutarque de la France, ressemblant aux anciens par ses opinions et ses mœurs. Il a laissé des *Opuscules sur le Sommeil et les Songes*, in-8°, Paris, 1643.

LAMPADOMANCIE, divination dans laquelle on observait la forme, la couleur et les divers mouvements de la lumière d'une lampe, afin d'en tirer des présages pour l'avenir.

LAMPE MERVEILLEUSE. Il y avait à Paris, du temps de saint Louis, un rabbin fameux, nommé Jéchiel, grand faiseur de prodiges, et si habile à fasciner les yeux par les illusions de la magie ou de la physique, que les Juifs le regardaient comme un de leurs saints, et les Parisiens comme un sorcier. La nuit, quand tout le monde était couché, il travaillait à la clarté d'une lampe merveilleuse, qui répandait dans sa chambre une lumière aussi pure que celle du jour. Il n'y mettait point d'huile; elle éclairait continuellement, sans jamais s'éteindre, et sans avoir besoin d'aucun aliment.

On disait que le diable entretenait cette lampe et venait passer la nuit avec Jéchiel. Aussi tous les passants heurtaient à sa porte pour l'interrompre. Quand des seigneurs ou d'honnêtes gens frappaient, la lampe jetait une lueur éclatante, et le rabbin allait ouvrir; mais toutes les fois que des importuns faisaient du bruit pour le troubler dans son travail, la lampe pâlissait; le rabbin, averti, donnait un coup de marteau sur un grand clou fiché au milieu de la chambre; aussitôt la terre s'entr'ouvrait et engloutissait les mauvais plaisants (5).

---

(1) M. Garinet, Hist. de la magie en France, p. 173.
(2) Hist. des spectres, ou Apparit. des esprits, liv. III, p. 199.
(3) Naudé, Apol. pour les grands personnages, etc., chap. 8.
(4) J. Wieri de Lamiis liber. In-4°; Bale, 1577.
(5) Sauval, Antiquités de Paris, etc.

Les miracles de la lampe inextinguible étonnaient tout Paris. Saint Louis, en ayant entendu parler, fit venir Jéchiel, afin de le voir; il fut content, disent les Juifs, de la science étonnante de ce rabbin.

LAMPES PERPÉTUELLES. En ouvrant quelques anciens tombeaux, tels que celui de la fille de Cicéron, on trouva des lampes qui répandirent un peu de lumière pendant quelques moments, et même pendant quelques heures; d'où l'on a prétendu que ces lampes avaient toujours brûlé dans les tombeaux.

Mais comment le prouver? dit le père Lebrun; on n'a vu paraître des lueurs qu'après que les sépulcres ont été ouverts et qu'on leur a donné de l'air. Or il n'est pas surprenant que dans les urnes qu'on a prises pour des lampes il y eût une matière qui, étant exposée à l'air, devînt lumineuse comme les phosphores. On sait qu'il s'excite quelquefois des flammes dans les caves, dans les cimetières et dans tous les endroits où il y a beaucoup de sel et de salpêtre. L'eau de la mer, l'urine et certains bois produisent de la lumière et même des flammes, et l'on ne doute pas que cet effet ne vienne des sels qui sont en abondance dans ces sortes de corps.

Mais d'ailleurs Ferrari a montré clairement, dans une savante dissertation, que ce qu'on débitait sur ces lampes éternelles n'était appuyé que sur des contes et des histoires fabuleuses.

LAMPON, devin d'Athènes. On apporta un jour à Périclès, de sa maison de campagne, un bélier qui n'avait qu'une corne très-forte au milieu du front; sur quoi Lampon pronostiqua (ce que tout le monde prévoyait) que la puissance, jusqu'alors partagée en deux factions, celle de Thucydide et celle de Périclès, se réunirait dans la personne de celui chez qui ce prodige était arrivé.

LAMPROIES, poisson à qui on a donné neuf yeux; mais on a reconnu que c'était une erreur populaire, fondée sur ce que les lamproies ont sur le côté de la tête des cavités, qui n'ont aucune communication avec le cerveau (1).

LANCINET. Les rois de France ont de temps immémorial revendiqué l'honneur de guérir les écrouelles. Le premier qui fut guéri fut un chevalier nommé Lancinet. Voici comment le fait est conté :

Il était un chevalier nommé Lancinet, de l'avis duquel le roi Clovis se servait ordinairement lorsqu'il était question de faire la guerre à ses ennemis. Etant affligé de cette maladie des écrouelles, et s'étant voulu servir de la recette dont parle Cornélius Celsus, qui dit que les écrouelles se guérissent si l'on mange un serpent, l'ayant essayée par deux fois, et ce remède ne lui ayant point réussi, un jour, comme le roi Clovis sommeillait, il lui fut avis qu'il touchait doucement le cou à Lancinet, et qu'au même instant ledit Lancinet se trouva guéri sans que même il parût aucune cicatrice.

Le roi, s'étant levé plus joyeux qu'à l'ordinaire, tout aussitôt qu'il fit jour, manda Lancinet et essaya de le guérir en le touchant, ce qui fut fait; et toujours depuis cette vertu et faculté a été comme héréditaire aux rois de France, et s'est transmise à leur postérité (2).

Voilà, sans contredit, un prodige : mais on représentera que personne ne se nommait Lancinet du temps de Clovis ; que ni Clovis, ni Clotaire, ni le roi Dagobert, ni aucun des Mérovingiens ne se vantèrent de guérir les humeurs froides; que ce secret fut également inconnu aux Carlovingiens, et qu'il faut descendre aux Capétiens pour en trouver l'origine (3).

LANDELA, magicienne. Voy. HARPE.

LANGEAC, ministre de France, qui employait beaucoup d'espions, et qui fut souvent accusé de communiquer avec le diable (4).

LANGUE. On lit dans Diodore de Sicile que les anciens peuples de la Taprobane avaient une langue double, fendue jusqu'à la racine, ce qui animait singulièrement leur conversation et leur facilitait le plaisir de parler à deux personnes en même temps (5).

Mahomet vit dans son paradis des anges bien plus merveilleux; car ils avaient chacun soixante-dix mille têtes, à chaque tête soixante-dix mille bouches, et dans chaque bouche soixante-dix mille langues qui parlaient chacune soixante-dix mille idiomes différents.

LANGUE PRIMITIVE. On a cru autrefois que si on abandonnait les enfants à l'instruction de la nature ils apprendraient d'eux-mêmes la langue primitive, c'est-à-dire celle que parlait Adam, que l'on croit être l'hébreu. Mais malheureusement l'expérience a prouvé que cette assertion n'était qu'une erreur populaire (6). Les enfants élevés par des chèvres parlent l'idiome des boucs, et il est impossible d'établir que le langage n'a pas été révélé.

LANGUET, curé de Saint-Sulpice, qui avait un talent tout particulier pour l'expulsion de certains esprits malins. Quand on lui amenait une de ces prétendues possédées que les convulsionnaires ont produites, et qui ont donné matière à tant de scandales, il accourait avec un grand bénitier plein d'eau commune, qu'il lui versait sur la tête, en disant: — Je t'adjure de te rendre tout à l'heure à la Salpêtrière, sans quoi je t'y ferai conduire à l'instant. — La possédée ne reparaissait plus.

---

(1) Brown, Des Erreurs popul., tom. Ier, liv. III, pag. 349.
(2) Delancre, Traité de l'attouchement, p. 159; Forcatel, De Imper. et philosop. gall.
(3) M. Salgues, Des Erreurs et des préjugés, etc., tom. Ier, p. 273.

(4) Bertin, Curiosités de la littérature, t. Ier, p. 51.
(5) M. Salgues, Des Erreurs et des préjugés, tom. III, p. 119.
(6) Thomas Brown, Essais sur les erreurs, t. II, ch. 25, p. 95.

LANTHILA, nom que les habitants des Moluques donnent à un être supérieur qui commande à tous les Nitos ou génies malfaisants.

LAPALUD. Voy. Palud.

LAPONS. Les Lapons se distinguent un peu des autres peuples : la hauteur des plus grands n'excède pas un mètre et demi; ils ont la tête grosse, le visage plat, le nez écrasé, les yeux petits, la bouche large, une barbe épaisse qui leur pend sur l'estomac. Leur habit d'hiver est une peau de renne, taillée comme un sac, descendant sur les genoux, et rehaussée sur les hanches avec une ceinture ornée de plaques d'argent; ce qui a donné lieu à plusieurs historiens de dire qu'il y avait des hommes vers le Nord velus comme des bêtes, et qui ne se servaient point d'autres habits que ceux que la nature leur avait donnés.

On dit qu'il y a chez eux une école de magie où les pères envoient leurs enfants, persuadés que la magie leur est nécessaire pour éviter les embûches de leurs ennemis, qui sont eux-mêmes grands magiciens. Ils font passer les démons familiers dont ils se servent en héritage à leurs enfants, afin qu'ils les emploient à surmonter les démons des autres familles qui leur sont contraires.

Ils se servent souvent du tambour dans les opérations de leur magie. Quand ils ont envie d'apprendre ce qui se passe en pays étranger, un d'entre eux bat ce tambour, mettant dessus, à l'endroit où l'image du soleil est dessinée, des anneaux de laiton attachés ensemble par une chaîne de même métal. Il frappe sur ce tambour avec un marteau fourchu, fait d'un os, de telle sorte, que ces anneaux se remuent. Le curieux chante en même temps d'une voix distincte une chanson que les Lapons nomment jonk; tous ceux qui sont présents, hommes et femmes, y ajoutent chacun son couplet, exprimant de temps en temps le nom du lieu dont ils désirent savoir quelque chose. Le Lapon qui frappe le tambour le met ensuite sur sa tête d'une certaine façon, et tombe aussitôt par terre, immobile, sans donner aucune marque de vie; les assistants continuent de chanter jusqu'à ce qu'il soit revenu à lui, car si on cesse de chanter, l'homme meurt, disent-ils, ce qui lui arrive également si quelqu'un essaye de l'éveiller en le touchant de la main ou du pied. On éloigne même de lui les mouches et les autres animaux qui pourraient le faire revenir.

Quand il reprend ses sens de lui-même, il répond aux questions qu'on lui fait sur le lieu où il a été envoyé. Quelquefois il ne se réveille qu'au bout de vingt-quatre heures, selon que le chemin qu'il lui a fallu parcourir a été long ou court; et, pour ne laisser aucun doute sur la vérité de ce qu'il raconte, il se vante d'avoir rapporté du pays où il a été la marque qu'on lui a demandée, comme un couteau, un anneau, un soulier ou quelque autre chose.

Les Lapons se servent aussi du même tambour pour savoir la cause d'une maladie, ou pour faire perdre la vie ou la santé à leurs ennemis.

Parmi ces peuples, certains magiciens ont une espèce de gibecière de cuir, dans laquelle ils tiennent des mouches magiques ou des démons, qu'ils lâchent de temps en temps contre leurs ennemis, ou contre le bétail, ou simplement pour exciter des tempêtes et faire lever des vents orageux. Enfin ils ont une sorte de dard qu'ils jettent en l'air, et qui, dans leur opinion, cause la mort à tout ce qu'il rencontre. Ils se servent encore, pour ce même effet, d'une pelote nommée tyre, de la grosseur d'une noix, fort légère, presque ronde; qu'ils envoient contre leurs ennemis pour les faire périr; si par malheur cette pelote rencontre en chemin quelque autre personne ou quelque animal, elle ne manque pas de leur causer la mort (1). Voy. Finnes.

LARES. Les lares étaient, chez les anciens, des démons ou des génies gardiens du foyer. Cicéron, traduisant le *Timée* de Platon, appelle lares ce que Platon nomme démons. Festus les appelle dieux ou démons inférieurs, gardiens des toits et des maisons. Apulée dit que les lares n'étaient autre chose que les âmes de ceux qui avaient bien vécu et bien rempli leur carrière. Au contraire ceux qui avaient mal vécu erraient vagabonds et épouvantaient les hommes.

Selon Servius, le culte des dieux lares est venu de ce qu'on avait coutume autrefois d'enterrer les corps dans les maisons, ce qui donna occasion au peuple crédule de s'imaginer que leurs âmes y demeuraient aussi, comme des génies secourables et propices, et de les honorer en cette qualité.

On peut ajouter que la coutume s'étant introduite plus tard d'inhumer les morts sur les grands chemins, ce pouvait bien être de là qu'on prit occasion de les regarder comme les dieux des chemins. C'était le sentiment des platoniciens, qui des âmes des bons faisaient les lares, et des lémures des âmes des méchants. On plaçait leurs statues dans un oratoire que l'on avait soin de tenir proprement. Cependant quelquefois on perdait le respect à leur égard, comme à la mort de quelques personnes chères; on les accusait de n'avoir pas bien veillé à leur conservation, et de s'être laissé surprendre par les esprits malfaisants. Caligula fit jeter les siens par la fenêtre, parce que, disait-il, il était mécontent de leurs services.

Quand les jeunes garçons étaient devenus assez grands pour quitter les bulles qu'on ne portait que dans la première jeunesse, ils les pendaient au cou des dieux lares. Les esclaves y pendaient aussi leurs chaînes, lorsqu'ils recevaient la liberté. Voy. Larves.

LARMES. Les femmes accusées de sorcellerie étaient regardées comme véritablement sorcières lorsqu'elles voulaient pleurer et qu'elles ne le pouvaient. Une sorcière dont parle Boguet dans son premier avis ne put jeter aucune larme, bien qu'elle se fût plu-

(1) Dom Calmet, Sur les Vampires.

sieurs fois efforcée devant son juge : « Car il a été reconnu par expérience que les sorciers ne jettent point de larmes : ce qui a donné occasion à Spranger, Grilland et Bodin de dire que l'une des plus fortes présomptions que l'on puisse élever contre le sorcier est qu'il ne larmoie point (1). »

LARRIVEY (Pierre), ancien poëte dramatique du seizième siècle, né à Troyes en 1596. Il s'est fait connaître par un *Almanach avec grandes prédictions*, le tout diligemment calculé, qu'il publia de 1618 à 1647. Il précéda ainsi Mathieu Laensbergh. Il ne mangeait point de poisson, parce que, selon son horoscope, il devait mourir étranglé par une arête, prédiction qui ne fut pas accomplie.

Les almanachs qui continuent de porter son nom sont encore très-estimés dans le midi de la France, comme ceux de Mathieu Laensbergh dans le nord.

LARVES, âmes des méchants que l'on dit errer çà et là pour épouvanter les vivants; on les confond souvent avec les lémures, mais les larves ont quelque chose de plus effrayant.

Lorsque Caligula fut assassiné, on dit que son palais devint inhabitable, à cause des larves qui l'occupaient, jusqu'à ce qu'on lui eût décerné une pompe funèbre. Voy. Fantomes, Spectres, etc.

LAUNAY (Jean), célèbre docteur de Sorbonne, né le 21 décembre 1603 à Valdéric, diocèse de Coutances. Il a laissé une dissertation pédantesque *sur la vision de saint Simon Stock*, qu'il n'a pas su comprendre, étant un peu janséniste; un vol. in-8°; Paris, 1633 et 1663.

LAURIER, arbre qu'Apulée met au rang des plantes qui préservent les hommes des esprits malins. On croyait aussi chez les anciens qu'il garantissait de la foudre.

LAUTHU, magicien tunquinois, qui prétendait avoir été porté soixante-dix ans dans le sein de sa mère. Ses disciples le regardaient comme le créateur de toutes choses. Sa morale est très-relâchée; c'est celle que suit le peuple, tandis que la cour suit celle de Confucius.

LAVATER (Louis), théologien protestant, né à Kibourg en 1527, auteur d'un traité sur *les spectres, les lémures*(2), etc., Zurich, 1570, in-12, plusieurs fois réimprimé.

LAVATER (Jean-Gaspard), né à Zurich en 1741, mort en 1801, auteur célèbre de l'Art de juger les hommes par la physionomie. Voy. Physiognomonie.

LAVISARI. Cardan écrit qu'un Italien nommé Lavisari, conseiller et secrétaire d'un prince, se trouvant une nuit seul dans un sentier, le long d'une rivière, et ne sachant où était le gué pour la passer, poussa un cri, dans l'espoir d'être entendu des environs. Son cri ayant été répété par une voix de l'autre côté de l'eau, il se persuada que quelqu'un lui répondait, et demanda : — *Dois-je passer ici ?*

La voix lui répondit : — *Ici.*

Il vit alors qu'il était sur le bord d'un gouffre où l'eau se jetait en tournoyant. Épouvanté du danger que ce gouffre lui présentait, il s'écrie encore une fois : — *Faut-il que je passe ici ?*

La voix lui répondit : — *Passe ici.*

Il n'osa s'y hasarder, et, prenant l'écho pour le diable, il crut qu'il voulait le faire périr et retourna sur ses pas (3).

LAZARE, — tzar des Serviens dans leurs temps héroïques. On lit sur ce prince, dans les chants populaires des Serviens (ces barbares qui seront opprimés tant qu'ils outrageront les femmes, tant qu'ils diront grossièrement qu'elles ont les cheveux longs et le jugement court, tant qu'ils les écarteront de leurs conseils et les traiteront en esclaves,) on lit sur lui de singulières légendes.

Leur grand cycle poétique, c'est l'ère fatale de la conquête, c'est la bataille de Kossowo, où périt le roi Lazare, trahi par son gendre Wuk et par ses douze mille guerriers. À cette bataille, le poëte, c'est-à-dire, le peuple (car le poëte qui l'a chantée ne fait que poser une tradition) le peuple fait assister et mourir, par un touchant anachronisme, les héros serviens qui naquirent plus tard, comme s'il manquait à leur gloire d'avoir sanctifié de leur présence et de leur mort cette mémorable défaite des Serviens que n'eût pu détourner tout le courage des temps passés, rassemblé dans ce moment triste et solennel de leur histoire. Dans un premier récit du poëte intitulé les *Apprêts religieux*, le saint prophète Élie vient annoncer au tzar la volonté de Dieu, et l'avertir qu'il est temps de choisir entre le royaume du ciel et celui de la terre.

« Lazare mande le patriarche de Servie et les douze grands archevêques, pour qu'ils donnent la sainte communion à ses braves, et que purifiés ils se préparent à la mort..... »

« Comme il mène la bataille, le vaillant Lazare ! et avec lui périt l'armée entière des Serviens ; soixante dix-sept mille vaillants guerriers ! maintenant tous pleins d'honneur et de sainteté, ils sont admis auprès du Tout-Puissant ! »

Voilà le christianisme dans sa mâle austérité, et le paradis chrétien dans son plus beau contraste, avec les joies sauvages du Walhalla et le paradis de Mahomet.

Dans un second récit, au moment où les troupes défilent en bon ordre pour aller mourir aux champs de Kossowo, la tzarine Militza demande à son noble époux qu'au moins un de ses frères, un des neuf Iugowitz, reste avec elle dans la forteresse de Kruschwatz. C'est bien le moment de tenir compagnie aux femmes ! Ils refusent tous de se déshonorer. Golabun, le serviteur, reçoit l'ordre de rester près de Militza, et des larmes ruissellent sur ses joues. Dès que l'aube du matin paraît, deux corbeaux messagers, dans les chants populaires de la Grèce moderne, arrivent auprès de la tzarine qui se

---

(1) Boguet, Premier avis, n° 60, p. 26.
(2) De spectris, lemuribus et magnis atque insolitis fragoribus et praesagitionibus quae obitum hominum clades, mutationesque imperiorum praecedent, etc.
(3) Lenglet-Dufresnoy, Dissert., t. I, p. 169.

trouble ; puis le guerrier Milutine, couvert de dix-sept blessures et portant sa main gauche dans sa droite, vient conter à Militza comment l'illustre tzar, son époux, est tombé, comment est tombé le vieux Iug, son père, comment sont tombés les neuf Iugowitz (1), et comment est tombé Milosch le waiwode.

« Que Dieu bénisse Milosch et tous les siens ! Son nom vivra dans les cœurs serviens, dans les chants des femmes, dans les récits des vieillards. »

Et comme le refrain lugubre de la chanson, la malédiction tombe, avec le son monotone de la gusla (2), sur l'infâme Wuk. Dans le troisième récit, une jeune fille d'Amsel, le dimanche au matin, parcourt à pas lents le champ de carnage, le Waterloo de la Servie, lave avec de l'eau fraîche le visage des blessés, et leur verse dans la bouche quelques gouttes de vin. Sous cette main charitable, Paul Orlowitz, le jeune porte-étendard des princes de Servie, reprend assez de force pour dire à la jeune fille d'Amsel où est tombé son fiancé, entre le waiwode Milosch et le kossantschitz Iwan :

« Chère sœur, jeune vierge d'Amsel, vois-tu là-bas cet amas de lances de bataille ? Là où elles sont plus hautes et plus pressées, là ruisselait à grands flots le sang des héros. Les coursiers en avaient jusqu'aux étriers et aux sangles. Mais les héros en avaient jusqu'à la ceinture ; c'est là que tous trois sont tombés, les braves ! Pour toi, retourne à ta blanche demeure, et ne souille pas ta robe dans le sang. »

On n'avait pu retrouver sur la sanglante plaine la tête de Lazare. Un jeune Turc, né d'une Servienne, l'avait jetée dans une source d'eau vive ; elle y resta quarante ans, et elle brillait comme la lune sur l'eau. Tirée de là enfin et jetée sur le gazon, elle va rejoindre son corps, qui fut déposé par les douze grands archevêques dans le beau monastère de Rawanitza en Macédoine, « fondé par Lazare de son propre argent, sans qu'il en coûtât un para ou une larme à son pauvre peuple (3). »

LAZARE (Denys), prince de Servie, qui vivait en l'année de l'hégire 788. Il est auteur d'un ouvrage intitulé *les Songes*, publié en 1686, 1 vol. in-8°. Il prétend avoir eu des visions nocturnes dans les royaumes de Stéphan, de Mélisch et de Prague.

LEAUPARTIE, seigneur normand d'un esprit épais, qui fit paraître en 1735 un mémoire pour établir la possession et l'obsession de ses enfants et de quelques autres filles qui avaient copié les extravagances de ces jeunes demoiselles.—Il envoya à la Sorbonne et à la faculté de médecine de Paris des observations pour savoir si l'état des possédées pouvait s'expliquer naturellement. Il exposa que les possédées entendaient le latin ; qu'elles étaient malicieuses ; qu'elles parlaient en hérétiques ; qu'elles n'aimaient pas le son des cloches ; qu'elles aboyaient comme des chiennes ; que l'aboiement de l'une d'elles ressemblait à celui d'un dogue ; que leur servante Anne Néel, quoique fortement liée, s'était dégagée pour se jeter dans le puits : ce qu'elle ne put exécuter, parce qu'une personne la suivait ; mais que, pour échapper à cette poursuite, elle s'élança contre une porte fermée et passa au travers, etc. —Le bruit s'étant répandu que les demoiselles de Leaupartie étaient possédées, un curé nommé Heurtin, faible ou intrigant, s'empara de l'affaire, causa du scandale, fit des extravagances. Mais M. de Luynes, évêque de Bayeux, le fit renfermer dans un séminaire ; et les demoiselles, ayant été placées dans des communautés religieuses, se trouvèrent immédiatement paisibles.

LEBRUN (Charles), célèbre peintre, né à Paris en 1619, mort en 1690. On lui doit un *Traité sur la physionomie humaine comparée avec celle des animaux*, 1 vol. in-folio.

LEBRUN (Pierre), oratorien, né à Brignolles en 1661, mort en 1729. On a de lui : 1° *Lettres qui découvrent l'illusion des philosophes sur la baguette, et qui détruisent leurs systèmes*, 1693, in-12 ; 2° *Histoire critique des pratiques superstitieuses qui ont séduit les peuples et embarrassé les savants*, 1702, 3 vol. in-12, avec un supplément, 1737, in-12. Nous avons occasion de le citer souvent.

LÉCANOMANCIE, divination par le moyen de l'eau. On écrivait des paroles magiques sur des lames de cuivre, qu'on mettait dans un vase plein d'eau, et une vierge qui regardait dans cette eau y voyait ce qu'on voulait savoir, ou ce qu'elle voulait y voir.

Ou bien on remplissait d'eau un vase d'argent pendant un beau clair de lune ; ensuite on réfléchissait la lumière d'une chandelle dans le vase avec la lame d'un couteau, et l'on y voyait ce qu'on cherchait à connaître.

C'est encore par la lécanomancie que chez les anciens on mettait dans un bassin plein d'eau des pierres précieuses et des lames d'or et d'argent, gravées de certains caractères, dont on faisait offrande aux démons. Après les avoir conjurées par certaines paroles, on leur proposait la question à laquelle on désirait une réponse. Alors il sortait du fond de l'eau une voix basse, semblable à un sifflement de serpent, qui donnait la solution désirée. Glycas rapporte que Nectanébus, roi d'Egypte, connut par ce moyen qu'il serait détrôné ; et Delrio ajoute que de son temps cette divination était encore en vogue parmi les Turcs.

Elle était anciennement familière aux Chaldéens, aux Assyriens et aux Egyptiens. Vigenère dit qu'on jetait aussi du plomb fondu tout bouillant dans un bassin plein d'eau ; et par les figures qui s'en formaient on avait la réponse à ce qu'on demandait (4).

---

(1) Iugowitz, enfants de Iug.
(2) Guitare à une seule corde.
(3) Extraits des comptes rendus par la presse périodique sur les légendes de la Servie.

(4) Delancre, Incrédulité et mécréance du sortilége pleinement convaincues, p. 268.

LECHIES, démons des bois, espèces de satyres chez les Russes, qui leur donnent un corps humain, depuis la partie supérieure jusqu'à la ceinture, avec des cornes, des oreilles, une barbe de chèvre ; et, de la ceinture en bas, des formes de bouc. Quand ils marchent dans les champs, ils se rapetissent au niveau des herbages ; mais lorsqu'ils courent dans les forêts, ils égalent en hauteur les arbres les plus élevés. Leurs cris sont effroyables. Ils errent sans cesse autour des promeneurs, empruntent une voix qui leur est connue, et les égarent vers leurs cavernes, où ils prennent plaisir à les chatouiller jusqu'à la mort.

LECOQ, sorcier qui fut exécuté à Saumur, au XVI° siècle, pour avoir composé des vénéfices et poisons exécrables contre les enfants. Le bruit courait dans ce temps-là que, lui et d'autres sorciers ayant jeté leurs sorts diaboliques sur les lits de plume, il devait s'y engendrer certains serpents qui piqueraient et tueraient les bonnes gens endormis ; si bien qu'on n'osait plus se coucher. On attrapa Lecoq, et on le brûla, après quoi on alla dormir (1) : ce que vous pouvez faire aussi.

LEDOUX (Mademoiselle), tireuse de cartes, dont on fit le procès à Paris le 14 juillet 1818. Elle fut condamnée à deux ans d'emprisonnement et à douze francs d'amende, pour avoir prescrit à une jeune demoiselle d'aller la nuit en pèlerinage au Calvaire du Mont-Valérien, près Paris, et d'y porter quatre queues de morue enveloppées dans quatre morceaux d'un drap coupé en quatre, afin de détacher, par ce moyen cabalistique, le cœur d'un jeune homme riche, de neuf veuves et demoiselles qui le poursuivaient en mariage (2).

LÉGENDES. Nous avons rapporté plusieurs légendes qui tiennent aux sciences occultes et aux croyances merveilleuses. Nous pourrions ici en réunir un grand nombre qui sont sur plusieurs points à la fois de ces croyances. Nous nous contenterons de celles qui suivent.

La Montayne-du-Géant.

Si c'est possible, c'est fait ; si c'est impossible cela se fera.

LE DUC DE BUCKINGHAM.

Il est fâcheux que les hommes ne sachent garder aucune mesure dans leurs opinions et leurs croyances. Autrefois on croyait tout ; maintenant on ne croit plus rien. Personne chez nos pères ne doutait des géants, que vous regardez à tort aujourd'hui comme une chimère. Il y a eu des géants, et même de très-grands géants.

Madeleine de Niquezza, pauvre Espagnole de Carthagène, prise par les Chiquitos, tomba successivement des mains de divers peuplades sauvages dans une tribu de géants qui avaient neuf pieds de haut. Le doute s'est emparé de cette aventure ; cependant l'empereur Maximin avait huit pieds. Guillaume de Malmesbury dit qu'Odorwpa, fils du comte de Devon, dont il mesura le tombeau, faisait des enjambées de cinq aunes. Lecat découvrit en 1754, dans un cimetière de Bordeaux, des os de géants qui avaient plus de neuf pieds ; et il est constant qu'on a trouvé en Sicile des squelettes d'hommes qui ont eu douze coudées ; c'est la mesure que donnent au géant Ferragus les chroniques de Charlemagne.

Nous ne prétendons pas croire qu'il y ait eu, depuis le déluge, des géants beaucoup plus hauts que ceux-là. Nous ne pensons pas avec les musulmans que notre premier père ait porté une lieue de hauteur ; nous serions trop dégénérés. Nous trouvons de l'exagération dans le peuple de Douai qui donne à Gayant, l'un de ses aïeux, une taille de vingt mètres ; mais nous admettons les géants ; et nos pères étaient plus grands que nous.

Dans les cavalcades de fêtes que les provinces du Nord ont toujours aimées, on voit partout des géants. A Douai, c'est donc le brave Gayant, avec sa famille colossale ; à Lille, c'était Lyderick et sa femme, fondateurs de cette ville, hauts de soixante pieds. A Bruges, à Anvers, à Liége, à Malines, à Mons, à Bruxelles, on promène ainsi des géants populaires. Charles-Quint trouvait du grandiose dans ces usages qu'il favorisait ; comme lui, la plupart des souverains les encouragèrent.

Mais abordons notre chronique, qui s'appuie sur un géant, et qui nous reporte à des jours un peu éloignés.

Il y avait, en 860, auprès de Bruxelles, une sorte de petit château bâti en bois, situé à l'endroit même que l'on gravit encore par les ruelles escarpées, qui se nomment toujours la Montagne-du-Géant ; il occupait les lieux où le dernier siècle a encore vu la *Steenpoort*, et s'étendait de la rue des Alexiens à l'allée des Trois-Perdrix, tout en haut de la voie rapide dite rue de l'Escalier. Ce petit château était occupé par un géant dont le vrai nom n'a pas été conservé, mais que l'on appelait l'Omméganck, d'un mot du pays qui voulait dire alors protecteur des chemins, et qui signifie aujourd'hui quelque chose comme procession par les rues. Les langues ont aussi leurs changements. Il n'avait que neuf pieds de haut.

Son manoir, bâti sur une colline plus élevée de quatre-vingts pieds que le sol environnant, était alors inabordable ; la montagne était de tous côtés abrupte, taillée à pic ; le géant n'y remontait qu'à l'aide d'un rude escalier tourné vers la rue à laquelle il a donné son nom. Il s'y plaisait néanmoins. Il y était respecté. On conte qu'il était bizarre, sauvage, ne parlant point, brusque en ses manières, mais ne faisant mal à personne, comme c'est l'ordinaire des gens forts et braves. Il n'employait sa puissance et sa bonne armure qu'à redresser les torts dans le pays, pourchassant les voleurs, défendant les marchands et purgeant la contrée des brigands vagabonds qui infestaient les routes.

(1) Nynauld, Discours de la Lycanthropie, p. 5.

(2) M. J. Garinet, Hist. de la Magie en France, p. 291.

Or, ce géant n'avait plus de femme, mais il avait une fille qui lui ressemblait peu, car elle était petite, gracieuse, ravissante. Il la tenait enfermée pendant toutes ses excursions, et jamais elle n'était descendue dans la vallée de Rollebeck (aujourd'hui comblée).

Un vaillant chevalier, qui s'était couvert de gloire en repoussant les Normands, était revenu depuis peu dans le pays. Il avait trente ans. Il succédait à son père qui avait occupé de nombreux ouvriers dans ses mines de cuivre de la forêt de Soigne. On le nommait Hans de Huysteen.

Un jour que le géant, sorti pour ses courses, avait laissé seule au manoir sa fille Hélène, la jeune beauté mit la tête à une petite fenêtre qui donnait sur Bruxelles alors naissante. Le chevalier de Huysteen passait en ce moment au pied de la montagne; il aperçut la charmante fille; un éclair n'est pas plus rapide que le trait violent qui se jeta dans son cœur. Hors d'état de l'arracher, il monta l'escalier du géant; mais au moment où il entrait dans le château, l'Ommeganck parut. Sa fille courut au-devant de lui, le front beau de rougeur; après quoi elle salua l'étranger. Le géant fronça le sourcil:

— Qui t'a rendu assez téméraire pour mettre les pieds dans ce manoir? dit-il.

— Seigneur, répondit Huysteen, excusez-moi. J'ai vu votre fille, et l'admiration m'amenait à ses genoux.

Hélène tremblait.

— Qui es-tu? dit le géant.

Son ton brusque et mécontent fit frémir la demoiselle.

— Je suis Hans de Huysteen, répondit le jeune homme. Lothaire m'a fait chevalier.

— Tu n'es pas indigne de nous, reprit le géant, avec un sourire qui annonçait quelque chose de bizarre. Mais j'ai fait un vœu: tu ne seras l'époux de ma fille, que si tu peux, demain, à la première heure du jour, venir ici la chercher à cheval, à travers un portique de pierres, pour la conduire à l'église de Saint-Géry.

Là-dessus le géant rentra, ferma sa porte, et laissa le pauvre jeune homme sur le plateau de la montagne. Un regard qu'Hélène ne lui avait pu refuser en s'éloignant lui mettait au cœur un bon courage. Mais lorsqu'en s'approchant de l'escalier il vit ce qu'on lui avait prescrit, quand il y songea, quand il réfléchit qu'on lui donnait la nuit seulement pour une entreprise immense; quand il eut mesuré les quatre-vingts pieds d'escarpement sur lesquels il fallait faire une route, et l'impossibilité de monter des pierres pour bâtir là un portique, il vit bien que le géant l'avait raillé. Et tout le monde savait qu'il ne revenait jamais sur une parole dite.

Cependant le cœur touché voit rarement un obstacle insurmontable. Hans courut à ses mines, où travaillaient six cents ouvriers. Il appela leurs chefs et leur demanda s'ils ne pourraient pas en une nuit construire un chemin qui, de Bruxelles, dont la limite était alors vers la Grande-Place, conduisît à la montagne du géant. Les maîtres mineurs lui répondirent qu'il fallait plus d'une année pour de si vastes travaux.

Hans n'ajouta rien, et se mit à soupirer. Comme il errait, pensif et désolé, dans les sombres galeries, il vit un petit homme à cheveux blancs, haut de quatre pieds, qui le regardait d'un œil fixe et ardent:

— Vous êtes dans la douleur, dit-il; si vous le voulez, je vous tirerai de peine.

— Oh! je ferai tout au monde, dit le chevalier. Mais qui êtes-vous?

— Vos gens, dit le petit homme, m'appellent le lutin. Mais moi et les miens, quels que nous soyons, nous habitons ces demeures souterraines que vos fouilles viennent troubler. Si vous me jurez de fermer cette mine et de nous y laisser, sire de Huysteen, nous ferons cette nuit le chemin; nous bâtirons la porte de pierre; et demain, au point du jour, vous serez l'époux d'Hélène.

Pour ne pas nuire à votre fortune, poursuivit le nain, je vous indiquerai ailleurs une autre mine plus abondante, et je vous donnerai le secret d'étamer le cuivre.

Le chevalier promit tout, bondissant d'allégresse.

Pendant ce temps-là, le géant, voyant venir la nuit, s'entretenait avec sa fille. Il riait de toutes ses forces, aux dépens du sire de Huysteen. Mais Hélène soupirait.

Vers minuit, il se fit une grande tempête. Les vents ébranlaient le manoir; les arbres voisins se rompaient en criant; des tonnerres lointains faisaient entendre sans relâche leur grondement formidable. Hélène eut peur; le géant ouvrit la fenêtre:

— C'est sans doute, dit-il, le démon de la chasse qui sort de la forêt.

Mais la nuit était si noire qu'il ne vit rien; seulement il entendait le bruit des marteaux, le cliquetis des pioches, le roulement des brouettes et les voix confuses des travailleurs. C'était un vacarme sourd et un immense bourdonnement, comme si cent mille hommes actifs, pressés, haletants, eussent été rassemblés là.

Il poussa un nouvel éclat de rire: — Huysteen est fou, s'écria-t-il; il a entrepris le chemin.

Il referma la fenêtre, car le vent venait d'éteindre la lampe. Hélène ne put prendre aucun repos. Aux premiers rayons de l'aurore, elle courut à la verrière. Quelle fut sa surprise et sa joie, en voyant devant le manoir une magnifique porte de pierres (Steenpoort)! elle poussa un cri si retentissant que le géant accourut.

En ce moment, le chevalier Hans de Huysteen parut à cheval sous le portique, conduisant à la main un élégant palefroi pour Hélène. Tout ce que le géant avait demandé était fait.

Il embrassa le chevalier qui, ce jour-là même, heureux époux d'Hélène, tint fidèlement parole au petit homme à cheveux blancs. Il devint puissamment riche. Cent ans plus tard, un de ses descendants, sire Rodolphe de Huysteen, qui fut chef des deux grandes familles patriciennes de Huysteen et de Steenhuys, établit pour la première fois, en l'honneur du commerce, la procession de l'Ommégançk, que Jean Ier, duc de Brabant, remit en vogue au treizième siècle.

Les légendes, dans le Nord et dans le Midi, à l'Est et à l'Ouest, contiennent tant de traditions piquantes, que l'on pourrait en citer ici un grand nombre. Nous donnerons d'abord quelques-unes de celles que Schreiber et ses amis ont publiées à Heidelberg, il y a une trentaine d'années. On a publié celles de Grimm et de Musœus, qu'il faudrait toutes reproduire, mais souvent elles sont trop longues.

Le burg d'Eppstein.

On trouve dans les montagnes du Taunus quatre charmants vallons que le printemps orne annuellement de ses plus belles fleurs, de ses plantes les plus salutaires ; sur ces vallons domine tristement une roche escarpée où fut le burg (forteresse) solitaire d'*Eppstein*. Eppo l'a bâti dans un temps dont il ne reste plus de traces. Un jour il s'y était égaré à la chasse ; car alors toute la contrée était sauvage et n'inspirait que de l'horreur. Eppo fatigué se couche négligemment au pied du rocher sur un tapis de verdure arrosé d'une source qui sort de la fente de cette masse informe. Il s'endort, se réveille, et reposé il se relève pour chercher son chemin, lorsqu'il entend la voix mélodieuse d'une femme ; l'air et les paroles étaient mélancoliques et paraissaient sortir du sein des rochers. Le chevalier se met en marche à travers les ronces et les buissons, et se fraye un sentier vers le lieu d'où part la voix qui l'a charmé. Il se trouve enfin à l'entrée d'une grotte où est assise une demoiselle d'une éblouissante beauté. La romance plaintive était achevée ; des larmes amères inondaient son visage qu'elle essuyait avec les boucles des longs cheveux châtains qui flottaient sur son cou. Elle voit le chevalier, et implore son secours d'une voix faible et tremblante.

Eppo lui demande qui elle est et ce qui l'a conduite dans ce désert.

Je ne puis vous en dire qu'un mot, dit-elle, car bientôt l'heure qui retient mon tyran dans un sommeil léthargique est écoulée. Je suis Bertha, née au Bremthal, burg qui est là-bas. Le géant qui domine dans ces contrées, a tué mon père et mes frères et me retient prisonnière dans ces lieux où il me veut contraindre à l'épouser. Heureusement dès que je me mets à prier à haute voix, il perd ses forces et il est hors d'état de me faire aucun mal. Tous les jours à midi il est surpris d'un sommeil dont aucune puissance humaine ne peut le tirer. C'est à ce moment qu'il repose sur cette pointe de rocher.

Eppo tire son sabre ; — Je vais, dit-il, envoyer ce monstre dans les abîmes infernaux.

— Ah ! reprit Bertha, nul fer n'a de pouvoir sur lui.

— Je vais le précipiter du rocher.

— C'est impossible ; s'il dort, mille bras ne peuvent le tirer de sa place.

— Fuyez avec moi !

— Ne voyez-vous pas que je suis enchaînée (son pied était attaché aux parois de la roche) ? Chaque fois qu'il va dormir, il me retient ainsi sous son odieux joug.

— Je vous délivrerai, belle inconnue, dût-il m'en coûter la vie.

Un regard de reconnaissance exprime les sentiments de Bertha. — Si vous y êtes déterminé, dit-elle, allez au burg mon père. Le châtelain vous donnera le filet en mailles de fer que mon père a rapporté en trophée de la Palestine. Il est tissu d'un art merveilleux ; nous y prendrons le monstre qui me persécute.

Ils convinrent encore d'autres mesures. Eppo courut au burg de Bremthal, et en rapporta le filet le lendemain, au lieu du rendez-vous indiqué par Bertha. Il n'avait pas attendu l'espace d'une heure dans le bosquet que Bertha lui cria de l'entrée de la caverne :

— Dieu nous envoie le moment favorable, le voilà vers la montagne qui se fait un chalumeau ; vite le filet, et ne bougez que je ne vous appelle.

Le chevalier passe à travers la grille qui enfermait Bertha le filet souple ; il se prête à toutes sortes de formes. Bertha grimpe promptement sur la haute roche, et l'étend sur la place où le monstre a coutume de prendre son repos. Elle a soin de le couvrir de mousse, elle le jonche encore des fleurs champêtres qui y croissent abondamment.

Midi approche ; le géant à demi endormi s'avance vers le lit parfumé et croit voir là les douces attentions de sa captive. La joie qu'il en a lui fait oublier de l'attacher comme d'ordinaire ; il chancelle et tombe endormi sur la couche traîtreusement apprêtée.

A peine est-il endormi, que Bertha accourt replier sur lui tous les pans du filet ; elle appelle Eppo, qui n'arrive qu'après beaucoup de fatigues, car le vrai chemin passait par la grotte fermée ; il lui faut se faire voie à travers les ronces et les épines ; enfin il arrive.

Bertha le prie de la ramener au burg de son père dans le Bremthal.

Volontiers, dit Eppo, mais vous n'y seriez pas en sûreté contre le monstre, qui enfin parviendra à briser son filet. Qui pourrait lui résister ? Qu'il meure ! Bertha craint tout. Mais Eppo la conduit au pied de la montagne, la prie de l'attendre, sans se livrer aux inquiétudes, remonte et s'efforce en vain de précipiter le monstre dans l'abîme, sur le penchant duquel il était couché. Ses efforts étaient sans succès. L'affreux colosse immobile ouvre les yeux, et se voyant dans les lacets, hurle des cris effroyables dont tous les vallons retentissent. Comme il fait un mouvement pour tâcher de rompre les mailles, Eppo en profite, et le lance avec tant de vigueur vers les bords du rocher, que le poids du monstre l'entraîne en roulant jusqu'au fond du vallon. Tous ses membres sont brisés et suspendus aux pointes des rochers; longtemps il lutte contre la mort, qui enfin délivre la terre de son pouvoir tyrannique. Les oiseaux de proie se précipitent en foule sur ses membres palpitants, et mêlent les cris funèbres de leur voracité à ses accents de mort.

Eppo conduisit la captive au burg de ses pères. Après quelques semaines elle est son épouse. Il bâtit le château d'Eppstein, et suspend à ses chaînes les mains du géant, comme un éternel souvenir.

Le chevalier Brœmser de Rudesheim.

Comme saint Bernard prêchait la croisade à Spire, Jean Brœmser de Rudesheim prit la croix avec beaucoup d'autres gentilshommes et alla en Palestine. Là il fit de grands traits de valeur; son nom y fut honoré des Français et redouté des Sarrasins.

Il y avait dans un vallon sauvage et pierreux un dragon, qui s'était rendu redoutable à toute l'armée chrétienne; il égorgeait les bonnes gens qu'on envoyait pour faire du bois et de l'eau; de sorte que personne ne voulait plus se rendre dans le voisinage de ce monstre. Brœmser met son casque, prend l'écu et l'épée, se rend au repaire du dragon et le tue, comme il rampait hors de sa caverne.

Le brave chevalier fut assailli dans ce moment par des infidèles qui étaient en embuscade et qui le firent prisonnier. Il languit longtemps dans les fers. Se voyant sans aucune espérance d'être racheté, il fit vœu que, s'il revenait au beau Rhin, il consacrerait au ciel Gisèle, sa fille unique, et lui donnerait le voile. Bientôt après la ville où Brœmser était prisonnier fut prise par ses compatriotes. Libre alors, il échangea ses armes contre le bourdon et la calebasse du pèlerin; il parcourut la France, aborda en Allemagne, et parvint à Rudesheim sans éprouver aucun accident. Les larmes coulèrent de ses yeux en entrant dans le burg; sa fille venait au-devant de lui, avec les serviteurs de la maison, et il ne pouvait exprimer que par des regards levés au ciel ce qui se passait dans son âme. La belle Gisèle avait, pendant les trois années qu'avait duré son absence, acquis la force de la jeunesse; la joie de son retour l'embellissait encore.

Lorsque le vieux Brœmser lui parla de son vœu, Gisèle, comme frappée du coup de la mort, pâlit, et tous ses traits s'altérèrent. Sans nouvelles de son père, elle avait depuis quelques mois promis sa main à un jeune chevalier du voisinage, parfaitement digne de son choix. En revoyant son père, elle avait espéré le voir approuver par lui. Elle se jeta à ses pieds, embrassa ses genoux, et les arrosa de ses larmes; elle lui représenta qu'elle voulait bien renoncer à ce mariage, mais qu'elle le priait de ne pas la repousser de la maison où elle était née, promettant qu'elle se ferait un devoir bien doux de soigner sa vieillesse et d'adoucir ses infirmités. Elle lui rappelait le temps où il la portait, encore enfant, dans ses bras; elle lui parlait de sa mère qu'ils avaient perdue, et dont le souvenir était toujours si cher au chevalier. Mais ni larmes ni paroles ne purent fléchir le vieux guerrier; il menaça Gisèle de maudire les cendres de sa mère, si elle n'obéissait pas. Le cœur de la jeune fille se brisa, ses sens se troublèrent; elle se lève, ouvre la porte de la salle bâtie sur le Rhin; la tempête mugit dans l'enceinte du vallon; la malédiction de son père la trouble comme un spectre. Voulant s'en délivrer, dans un transport de démence, elle se précipite.

On trouva le lendemain le corps de Gisèle rejeté par le Rhin, près de la tour d'Hatton; et, disent encore les bateliers allemands, souvent le nautonnier voit dans le calme de la soirée son ombre planer sur les vieux murs du burg; il entend des accents plaintifs se mêler aux sifflements des vents.

Le vieux Brœmser, inconsolable, fit vœu alors de bâtir une église pour le repos de l'âme de sa fille, car il espérait qu'avant d'expirer elle avait pu se repentir et mériter le pardon d'un crime commis dans un accès de folie; mais il oublia bientôt cet autre vœu.

Un soir à minuit il fut éveillé par un songe horrible; le dragon qu'il avait tué autrefois en Palestine lui apparut ouvrant la gueule et menaçant de le dévorer; mais tout à coup il vint une figure pâle et jeune, qu'il reconnaît pour sa Gisèle. A son aspect le monstre s'éloigna, et au moment même les chaînes qu'il avait portées en Palestine tombèrent du mur avec fracas, et le réveillèrent tremblant de frayeur. Le matin du même jour, un valet arriva de la campagne avec une image de la sainte Vierge : un bœuf l'avait déterrée en labourant, et l'image avait fait entendre, disait-on, un cri d'appel. Aussitôt Brœmser prit ses mesures pour l'accomplissement de son vœu. Il fit bâtir à l'endroit où l'image avait été trouvée une église et un couvent qu'on nomme encore *Nothgott* (secours de Dieu). On montre dans cette église les chaînes de Brœmser et la langue du dragon qu'il avait vaincu. Son burg, que possède aujourd'hui le comte de Metternich, garde encore des monuments de cette vieille époque. La grande salle d'honneur est ornée des tableaux de famille des Brœmser, hommes et femmes, peints sur une seule pièce de bois avec les noms, l'année, les armoiries et quelques rimes. Dans la chapelle on voit les cornes du bœuf qui a déterré la sainte image. La chambre à coucher est décorée de toutes sortes de figures, et le lit, qui est très-ample, a des sculptures peintes qui retracent des sujets de l'Ancien Testament, et qui font allusion à la foi conjugale. Près du lit se trouvent divers meubles, chaises, marchepieds, etc., tous fort simples et sans apprêt, mais faits pour une longue durée, comme l'était encore alors la vie des hommes.

L'échelle du diable.

On voit à Lorch, sur les confins du Rhingau, quelques débris d'un vieux burg. C fut la demeure de Sibo de Lorch, forte épée, d'une humeur bizarre et peu sociable. On frappa à sa porte pendant une nuit fort orageuse. C'était un petit vieux bonhomme qui demandait l'hospitalité. Le chevalier refusa brutalement de recevoir l'étranger sans apparence. — Tu me le payeras, rumine dans sa barbe le petit bonhomme, et il se retire.

Le sire de Sibo oublie bientôt cette insignifiante visite; mais le lendemain, lorsqu'on sonne le dîner, sa fille, dont les beaux traits commençaient à se développer, son unique enfant, qui n'a que douze ans, a disparu. Il la fait chercher partout; lui-même se fatigue en inutiles perquisitions. Il rencontre enfin un jeune pâtre qui lui raconte qu'il a vu le matin une petite fille cueillant des fleurs là-bas au pied de la montagne escarpée de l'inaccessible Kedrich; que tout à coup étaient venus de petits hommes bien vieux, qui avaient pris la jeune fille par les bras et l'avaient emportée en grimpant en haut de la montagne aussi facilement qu'un autre aurait couru dans les prés. — Ah! mon Dieu! ajouta-t-il, faisant un signe de croix, ce sont sûrement les terribles lutins qui tiennent leur sabbat là-haut sur le Kedrich, et qu'il est si aisé de fâcher. Le chevalier regarde avec effroi la montagne; il lève les yeux jusqu'en haut, et voit effectivement sa fille Garlinde, qui, tout au faîte, semblait lui tendre les bras.

Il rassemble aussitôt ses gens, espérant en trouver un qui saura grimper à la cime, mais inutilement. Il leur fait apporter des outils pour pratiquer un chemin. Ils s'empressent d'y travailler; mais à peine se sont-ils mis à l'œuvre qu'une énorme roche roule du haut en bas, les force de prendre la fuite, et une grosse voix se fait entendre : — C'est ainsi que se venge le refus d'hospitalité.

Le sire de Sibo se mord les lèvres, mais il ne renonce pas à l'espoir de tirer sa fille des mains de ces esprits malfaisants. Il fait des vœux; il répand à pleines mains des aumônes, donne aux pauvres, aux couvents, et ne sait plus que faire encore. Les jours, cependant, les semaines, les mois s'écoulent; sa seule consolation est de savoir que sa fille vit encore; car le matin et le soir, ses premiers et ses derniers regards sont fixés sur le Kedrich, et toujours il la voit; elle est là, regardant au fond du vallon.

Dans le fait, les lutins n'épargnent rien de ce qui peut conserver sa fraîcheur et sa santé. Un petit pavillon tapissé de coquilles, de cristaux, de pierres brillantes, lui sert de demeure. Elle a des robes, des colliers de corail et toutes sortes de joyaux. Des chants mélodieux, des contes agréables, une table abondamment pourvue de laitage et de fruits, rien n'est négligé pour rendre doux les jours de sa captivité. Une sorte de vieille petite fée surtout prend à tâche de lui plaire, et lui dit souvent à l'oreille : — Courage, ma fille, nous vous marierons avec un des nôtres. Je vous prépare un bon trousseau; une reine n'en donne pas tant à sa fille.

Il y avait déjà quatre ans que la pauvre Garlinde avait été enlevée, et son père commençait à perdre toute espérance de la revoir de près, lorsque Ruthelm, jeune et brave chevalier, revint de Hongrie, où il avait acquis beaucoup de gloire en combattant contre les infidèles. Son burg n'était qu'à une demi-lieue de Lorch. Dès qu'il apprit le malheureux sort de Garlinde, sa grande âme conçut le dessein de la délivrer. Il vint donc trouver le père désolé, et lui fit part de son projet.

Sibo lui présente la main. — Je suis riche, dit-il, je n'ai que cette enfant; si tu peux me la rendre, elle est à toi.

Aussitôt Ruthelm va sonder les alentours du rocher; il examine s'il y a moyen d'y parvenir, mais ce n'était qu'un mur uni comme une planche et qui ne présentait aucun accès. Pensif et consterné, il se tient là debout jusqu'à l'entrée de la nuit; déjà il reprenait le chemin de son burg, lorsqu'un petit nain l'aborde et lui dit :

— N'est-ce pas, beau sire, que vous avez aussi ouï parler de la belle Garlinde qui est là-haut sur cette roche? C'est ma pupille; si vous la voulez pour épouse, je vous l'accorderai.

— Tôpe! dit le chevalier en lui tendant la main.

— Je ne suis qu'un nain à vos yeux, reprit le petit bonhomme, mais je tiens parole de géant. La belle enfant est à vous, si le chemin qui conduit à elle ne vous paraît pas trop difficile. Mais vraiment, le prix vaut le travail; car, foi de nain! pas une fille du Rhingau ne la vaudrait pour la beauté, pour l'esprit, la gentillesse et la retenue.

Le petit vieillard sourit et disparaît dans le bois. Cela donna bien à Ruthelm sujet de penser qu'il se moquait de lui. Il jette encore les yeux sur le rocher, murmurant à demi-voix : — Ah! si l'on avait des ailes pour planer jusqu'à la cime!

— On peut y parvenir sans ailes, dit une voix.

Le chevalier stupéfait regarde autour de lui, et voit une petite vieille qui lui frappe familièrement sur l'épaule.

— C'est mon frère qui vient de vous parler, j'ai entendu tout ce qu'il vous a dit. Le père de Garlinde l'a offensé, mais il en est bien puni depuis quatre ans, et la pauvre fille n'y peut rien. C'est une belle et bonne petite enfant, douce et compatissante, qui ne serait pas capable de refuser le couvert. Je l'aime comme ma fille, et je ne souhaiterais rien tant que de savoir un bon chevalier qui en ferait son épouse. Mon frère vous a donné sa parole, et nous ne manquons jamais à nos promesses. Prenez cette clochette, descendez au Wisperthal. Vous trouverez là l'entrée d'une mine ombragée d'un hêtre et d'un sapin qui croissent du même tronc. Entrez-y sans crainte, et sonnez trois fois la clochette. Mon frère le jeune y demeure, et vient dès qu'il entend ce signal. Vous lui direz, pour vous faire connaître, que c'est moi qui vous envoie. Priez-le de vous faire une échelle aussi haute que le Kedrich, et vous pourrez parvenir au sommet sans danger.

Ruthelm suivit ponctuellement ce conseil, courut au Wisperthal, trouva la mine abandonnée et donna trois coups de sonnette. Au troisième parut du fond de la mine un petit nain vieux et grison, une lampe de mineur à la main; il demanda à Ruthelm ce qu'il voulait. Le chevalier lui exposa le sujet de sa visite; il fut bien accueilli et reçut l'ordre de se trouver le lendemain matin au point du jour au pied du Kedrich : le nain en même temps tire un sifflet du fond de sa gibecière, siffle trois fois; et voilà que toute la vallée fourmilla de gnomes armés de cognées, de scies, de marteaux. Le chevalier entend encore dans l'éloignement le fracas des arbres renversés, le bruit des haches qui taillent et équarrissent, le choc des marteaux qui rassemblent les pièces et enfoncent les chevilles; son cœur palpite d'espérance et de joie. Dès qu'il entend le chant du coq, il se rend au Kedrich; il y trouve l'échelle posée et bien affermie. Il frémit aux premiers échelons; mais il prend courage à mesure qu'il avance. Enfin il est à la cime, au moment où l'aurore commence à dorer les montagnes; Garlinde est là couchée sur un lit de mousse que l'églantine épineuse environne et que parfument les fleurs les plus éclatantes de la montagne. Elle était profondément assoupie. Elle se réveille et voit le chevalier : — Je suis venu, lui dit-il, pour vous reconduire à votre père.

Garlinde verse des larmes de joie. Et alors paraît le vieux nain qui l'avait enlevée, et derrière lui la bonne vieille qui a voulu lui servir de mère. Le nain fronce un peu le sourcil à la vue du chevalier; mais il voit l'échelle; il devine tout, rit aux éclats et dit : — Ce sont sûrement ces vieux cœurs amollis qui ont tout comploté. Prends celle que tu cherches, et sois plus hospitalier que son père; mais il faut que de nouveaux périls payent sa rançon. Va-t'en par où tu es venu; et pour la jeune fille nous saurons bien te la renvoyer par un chemin plus commode.

Ruthelm ne se le fait pas dire deux fois, il descend vaillamment sa périlleuse échelle, pendant que le vieillard et sa sœur conduisent Garlinde par un souterrain jusqu'au pied du roc où est ménagée une secrète sortie; en quittant sa protégée la vieille lui remit une cassette de pierreries et lui dit : Prends, mon enfant, voilà ta dot que je t'ai amassée. — Garlinde la remercia, les larmes aux yeux.

Ruthelm, trouvant la jeune fille au pied du roc, la mena au burg. Qui pourrait décrire la joie et les transports de son heureux père en la revoyant? Corrigé par cette longue épreuve, son cœur s'ouvrit au plaisir d'obliger ses semblables; depuis ce temps, tout étranger qui se présentait à Lorch y était reçu et bien traité pendant huit jours.

Ruthelm obtint la main de Garlinde et vécut longtemps avec elle dans un bonheur non interrompu; à chaque enfant que le ciel leur donnait, la bonne vieille apporta un présent au nouveau-né.

L'échelle merveilleuse subsista longtemps au rocher impénétrable. Les voisins la regardaient comme l'ouvrage d'un esprit malfaisant. C'est ce qui fait qu'ils ont donné le nom d'échelle du diable au rocher de Kedrich.

Le Wisperthal

Il y a derrière Lorch un vallon sauvage et solitaire où ne se rencontrent que quelques pauvres chaumières : longtemps ce n'était qu'un désert; car si quelquefois les voisins venaient à y pénétrer, ils y éprouvaient des angoisses et se trouvaient tellement harcelés par des lutins qu'ils s'enfuyaient au plus vite. On dit même que plusieurs y firent une malheureuse fin.

Dans un siècle qui est déjà loin de nous, trois jeunes garçons de Nuremberg faisaient en partie de plaisir un voyage du Rhin; leurs pères étaient de riches marchands. Arrivés à Lorch, ils entendirent parler de la vallée merveilleuse : ils se déterminèrent à en tenter la visite. Ils franchirent en moins d'une demi-heure un chemin qui y conduisait. Couvert de ronces et d'épines, ce chemin avait à peine des traces. Ils virent bientôt devant eux une énorme masse de roche qui avait presque la figure d'un château; de grandes ouvertures, semblables de loin aux croisées gothiques d'un vieux dôme, achevaient l'illusion. A l'une de ces prétendues fenêtres parurent en un groupe trois têtes de femmes. Des bst! bst! bien prononcés partirent de là, comme un signe d'appel. — Oh! oh! dirent les jeunes gens, ce manoir n'est pas si effrayant qu'on nous l'avait annoncé. Ces dames s'ennuient sans doute, allons leur demander l'hospitalité. Ils aperçoivent une porte étroite. Ils entrent et ne craignent pas de traverser une longue allée qui les conduit à un vaste et grand vestibule. Tout à coup ils se trouvent enveloppés de ténèbres si épaisses, qu'ils ne voient plus leur main quoiqu'ils l'approchent de leurs yeux. A force de tâtonner, l'un d'eux rencontre une porte qu'il s'empresse d'ouvrir. La lumière de mille bougies les éblouit; c'était l'entrée d'une magnifique salle dont les parois étaient couvertes de glaces depuis le plafond jusqu'à terre. Chaque trumeau n'était séparé de l'autre que par des girandoles qui portaient d'innombrables flambeaux. — Soyez les bienvenus, s'écrient les trois jeunes filles. Mais elles ne sont plus trois seulement; elles se multiplient en un clin d'œil; elles circulent par centaines, répétées dans les glaces limpides, et rient aux éclats de leur étonnement.

Enfin s'ouvre une porte à glaces placée dans une niche. Il en sort un grand vieillard vêtu de noir, la barbe plus blanche que la neige. — Soyez les bienvenus, dit-il; vous venez sans doute épouser mes trois filles? Je ne marchanderai pas avec vous, car je ne suis pas avare; je leur donne à chacune mille livres pesant d'or.

Et toutes les filles de rire avec plus de bruit; et nos trois compagnons de ne savoir que penser de tout cela. — Eh bien! que chacun de vous choisisse celle qui lui convient pour épouse, dit d'une voix de tonnerre le vieillard impérieux.

Les trois voyageurs s'avancent en tremblant; chacun d'eux présente la main à la figure qui lui plaît et ne touche que l'informe superficie d'une glace inanimée.

Le vieillard se prit à rire, comme toutes les nymphes; sa voix faisait trembler la salle. — J'oubliais une condition, dit-il, avant de pouvoir être mes gendres, il faut que vous le méritiez. Mes filles ont perdu leurs oiseaux favoris: c'est un étourneau, un corbeau, une pie. Ils sont sûrement là-bas dans le bois et très-faciles à reconnaître. L'étourneau propose des énigmes, le corbeau croasse sa chanson, la pie jase l'histoire de sa grand'-mère, aussitôt qu'on les fait parler. Allez, braves prétendants, et nous rapportez ces bons amis emplumés, qui sont dociles et se laissent facilement saisir.

Les trois compagnons s'empressent d'obéir aux ordres du vieillard. Ils s'avancent dans le bois et trouvent en effet les trois oiseaux perchés sur les branches d'un chêne à demi desséché.

— Étourneau, dit l'un d'eux, propose-moi ton énigme.

L'étourneau vole sur son épaule et lui dit:

> Quelle chose imprimée en ton ignoble face
> Ne peut pourtant se voir dans la meilleure glace?

— Corbeau! corbeau! la petite chanson! dit le second jeune homme; et le corbeau de chanter d'un ton enroué:

> Sur un cheval du pays de Cocagne
> Trois jeunes gens visitent la campagne.
> Force ortolans volent de toute part,
> Bien potelés et rôtis avec art.
> Mais aucun d'eux des trois Nurembergeois
> Ne peut franchir les gosiers trop étroits.
> Mourant de faim, les trois gaillards s'en vont
> En leurs pays, et peu contents ils sont.
> Ils se disaient : Ce pays que l'on vante
> Mérite mal le renom qu'on lui chante;
> Ils sont trop gros ses friands ortolans,
> Ou nos gosiers ne sont pas assez grands.

Le corbeau n'a pas plutôt fini sa chanson ingénieuse, qu'il s'élance de l'arbre et vient se percher sur l'épaule du second compagnon.

— Margot! margot! raconte-moi l'histoire de ta grand'mère, dit le troisième. La pie se rengorge et se met à conter:

> « Ma grand'mère était une pie qui pondait des œufs d'où
> [sortaient des pies,
> « Et si elle n'était pas morte, elle serait encore en vie..»

En parlant sans s'arrêter, elle bat des ailes et va se jucher sur l'épaule du troisième.

Quelle joie pour nos jeunes marchands d'avoir mis si heureusement fin à leur tentative! Ils courent à toutes jambes au château-rocher qu'ils atteignent encore avant la fin de la nuit.

Mais, ô surprise! ce n'était plus ce salon magnifique tapissé de glaces, resplendissant de lumière; ce n'étaient plus ces enchanteresses qui devaient couronner leur périlleuse aventure. Les vieux murs gris, les piliers massifs de l'énorme voûte sont d'une horrible nudité. Trois tables étaient couvertes, richement fournies de vins et de mets de toute espèce. Trois vieilles tout édentées viennent au-devant d'eux. — Ah! voici nos chers amants, criaillaient-elles toutes ensemble. Et les voilà à nasillonner, à gazouiller, à marmotter entre leurs dents; et l'étourneau de les accompagner de son énigme, le corbeau de son vaudeville, la pie de son conte de grand'mère. C'était une jaserie, une piaillerie, un gazouillement, un bavardage tels que personne ne s'entendait. Les oiseaux croassaient, jasaient, volaient d'épaule à épaule, et ne faisaient pas la partie la moins bruyante de ce tintamarre infernal. Car les trois vieilles étaient trois sorcières. Nos trois coureurs d'aventures n'avaient plus ni faim ni soif.

Cependant il leur fallut décemment prendre un doigt de vin; le verre vidé, ils tombèrent dans un sommeil léthargique.

Lorsqu'ils se réveillèrent le soleil était en son midi. Ils se trouvèrent couchés dans d'épaisses broussailles, au pied d'une roche sillonnée par les ouragans, les jambes si pesantes qu'ils eurent peine à gagner un terrain découvert. Honteux, épuisés, ils reprennent le chemin du vallon; mais de nouveau le maudit hst! hst! se fait entendre de tous les côtés de la cime touffue de tous les arbres; et il leur semblait voir percer à travers toutes les branches la tête d'une des vieilles guenons. Les trois oiseaux perchés sur un vieil orme à la lisière du bois, escortèrent le retour de cette glorieuse caravane. L'étourneau disait son énigme, le corbeau croassait sa chanson, la pie récitait son conte de grand'mère.

Un des compagnons plus éveillé que les autres, et dont le grand air avait ranimé le courage, demanda à un paysan que le hasard amenait: — L'ami, que penses-tu que veuillent dire sérieusement ces maudits oiseaux? — Je vous le dirai, mais ne vous fâchez pas, dit le villageois. L'énigme signifie un pied de nez qu'on a reçu et dont personne ne s'aperçoit. Le corbeau vous avertit de prendre les oiseaux à la main au lieu de les attendre la bouche béante, et la pie fait un conte tel que vos arrière-neveux en feront peut-être un de vous.

Ce qu'on vient de lire est, comme on voit, un de ces contes de village que les Allemands admirent beaucoup.

Le Drachenfels.

Le Drachenfels est un des sept monts; ses ruines dominent avec le plus de hardiesse sur les contrées du Rhin qui l'avoisinent. Dans les vieux temps, dit une ancienne tradition, la caverne qu'on y voit servait de retraite à un monstrueux dragon, auquel les habitants du voisinage rendaient les honneurs divins et offraient des victimes humaines. On choisissait à cet effet les prisonniers dont la guerre avait forgé les chaînes; c'était, au dire des habitants, le culte le plus cher à l'horrible divinité.

Un jour il se trouva parmi les captifs une

jeune fille des meilleures maisons du pays; elle avait été élevée dans le christianisme; elle était d'une si rare beauté que deux des chefs se la disputèrent. Les anciens les mirent d'accord en décidant qu'ils ne l'épouseraient ni l'un ni l'autre, mais qu'elle serait offerte au dragon, puisque sa beauté devenait une pomme de discorde.

Vêtue de blanc, couronnée de fleurs, la belle captive fut conduite à la cime de la montagne où gisait le monstre, et liée à un arbre auprès duquel était une pierre qui tenait lieu d'autel. Un nombreux peuple s'était rassemblé à peu de distance pour être témoin de l'affreux spectacle. Tous les cœurs sensibles à la pitié plaignaient le sort de la malheureuse jeune fille. Elle cependant, calme et résignée, fixait ses pieux regards vers le ciel.

Le soleil lançait ses premiers rayons derrière les sommets des montagnes; et ces avant-coureurs d'un beau jour traversaient l'obscure entrée de la caverne. Bientôt, les ailes déployées, le monstre rampe hors de son repaire; il redouble l'active lourdeur de ses replis tortueux dès qu'il s'approche davantage du lieu où il a coutume d'assouvir sa voracité. La jeune fille n'est pas émue; elle tire de son sein le crucifix, l'unique objet de sa confiance; elle l'oppose à son effroyable ennemi. Le dragon recule avec épouvante; et, poussant d'horribles sifflements, il se précipite dans l'abîme profond des bois voisins; jamais depuis, dit la tradition, personne ne le revit.

Le peuple, stupéfait de cette miraculeuse délivrance, s'empresse de rompre les liens de la jeune chrétienne; la foule voit avec étonnement le petit crucifix qui a produit cette grande merveille. La captive alors les instruit de sa sainte croyance et du pouvoir de celui qu'elle adore.

Ils se prosternent à ses pieds, la supplient de retourner chez les siens, et de leur envoyer un prêtre qui les instruise et les baptise au nom de ce Dieu tout-puissant. Ainsi le Drachenfels fut le berceau de la foi dans ces cantons, et une chapelle fut érigée dans le lieu où la pierre avait servi d'autel.

La vierge de Lurley.

Dans les vieux temps il apparaissait quelquefois sur le Lurley, au déclin du jour et au clair de la lune, une jeune fille qui chantait d'une voix si agréable que tous ceux qui l'entendaient en étaient ravis. Plus d'un batelier, en descendant le Rhin, allait se briser contre les écueils, ou se perdre dans le gouffre, parce que, tout absorbé dans l'admiration de ces sons divins, il devenait incapable de mouvement et négligeait la conduite de son navire. Personne n'avait encore vu la nymphe de près, sinon quelques jeunes pêcheurs qu'elle favorisait et à qui elle montrait, aux rapides instants du crépuscule, le lieu où ils devaient jeter leurs filets. Ils faisaient bonne capture lorsqu'ils suivaient son conseil. Ils avaient tant vanté partout l'inconnue, que le fils d'un comte palatin, qui tenait sa cour dans la contrée, voulut la voir. Prétextant une course à Wesel, il monte dans un batelet et se fait descendre jusqu'au lieu où se montrait l'ondine, car c'en était une sans doute. Il y arriva au coucher du soleil, et l'étoile du berger dépassait l'horizon lorsqu'il se trouva au Lurley.

— La voyez-vous, la maudite magicienne? dirent en ramant les bateliers : la voilà.

Le jeune comte l'aperçoit effectivement, assise sur le revers de la roche; les boucles de ses cheveux plus éclatants que l'or, étaient retenues par une couronne de fleurs. Il entend ses mélodieux accents; il n'est plus maître de lui-même; il force les matelots à s'approcher du rivage, et veut franchir l'espace pour courir à la nymphe. Mais son pied mal assuré glisse, et il disparaît dans les flots écumants qui l'enveloppent de toutes parts.

La nouvelle de l'événement funeste ne tarde pas à se répandre, elle arrive aux oreilles du malheureux père. La douleur et la colère déchirent son cœur; il ordonne aussitôt qu'on s'empare de la sorcière et qu'on la lui livre morte ou vive.

Le plus hardi de ses capitaines est chargé de la dangereuse expédition; il ne demande que la permission de précipiter dans les flots la magicienne, aussitôt qu'il l'aura saisie; il craint que dans le trajet elle n'emploie la ruse ou la magie pour briser ses fers et se mettre en liberté. Le comte permet tout. A l'entrée de la nuit, la roche est environnée d'un nombreux corps de cavaliers qui forment un demi-cercle jusqu'à la rive du fleuve. Trois des plus courageux accompagnent le capitaine au sommet du Lurley. L'ondine malfaisante est à la cime, ses mains se jouent avec une ceinture de coraux; elle voit arriver les ravisseurs et leur demande ce qu'ils cherchent.

— C'est toi, magicienne empestée; viens faire le saut périlleux dans les larges bords du Rhin.

— Eh bien! que le capitaine vienne lui-même à moi, dit la jeune fille en souriant.

En disant ces mots, elle jette sa ceinture dans le fleuve et chante d'un ton formidable :
« Entends ma voix, père des eaux : lance tes coursiers rapides; qu'ils emmènent ta fille dans les grottes profondes.... »

Sa voix est étouffée aussitôt par les mugissements d'un violent ouragan. Le Rhin bouillonne; des flots écumants couvrent la plaine et les hauteurs de leur blanche écume. Deux vagues qui ont la forme d'un beau couple de chevaux blancs, s'élèvent à la cime du rocher et entraînent dans l'abîme des eaux la nymphe qui disparaît à jamais.

A cet aspect, le capitaine reconnaît que la magicienne est vraiment une de ces puissantes ondines sur lesquelles aucun homme n'a de puissance.

Depuis ce temps, l'ondine de Lurley ne s'est plus montrée; mais elle continue de fréquenter la montagne et de se jouer des bateliers dont elle s'amuse à contrefaire la voix, absolument comme un écho.

Le Mummelsee.

Sur une haute montagne de la Forêt-Noire, non loin de Bade, il y a un lac dont on ne trouve pas le fond. Si l'on noue dans un linge des pois, de petites pierres ou d'autres choses pareilles en nombre impair, et qu'on suspende ce linge au-dessus du lac, ce qui est impair devient pair, et ce qu'on met pair devient impair. Telle est la croyance du lieu. Si l'on jette dans ce lac une pierre ou deux, le ciel se trouble ; il se fait un orage avec des grêlons et un grand vent de tempête.

Un jour que des pâtres gardaient leurs troupeaux autour du lac, il en sortit un taureau brun qui vint se mêler aux troupeaux. Un petit homme inconnu parut peu après (sortait-il aussi du lac? on l'ignore; mais personne ne l'avait jamais vu). Il voulut remmener son taureau ; et comme l'animal refusa de le suivre, il le laissa, le maudit, et retournant au lac, il y disparut. C'est là un des contes du Mummelsee. On ne dit rien de plus de ce taureau; mais il y a bien d'autres récits.

Un paysan passa un jour sur le lac alors glacé ; il menait ses bœufs qui conduisaient quelques troncs d'arbres. Il ne courut aucun danger : mais son petit chien, qui suivait son lourd chariot vit la glace se rompre sous ses pattes, et se noya.

Un chasseur, passant près du lac en hiver, aperçut un homme des bois qui, assis sur la glace du lac, s'amusait à jouer tout seul avec une grande sacoche de pièces d'or étincelantes. Le chasseur avide coucha le bon homme en joue pour le tuer et avoir son argent. L'homme des bois plongea aussitôt avec sa sacoche ; puis il releva la tête sur le lac et cria au chasseur que s'il l'en avait prié, il aurait eu bientôt fait de le rendre riche, mais qu'il resterait pauvre, lui et toute sa postérité.

Un jour un petit homme vint demander à coucher dans la ferme d'un paysan, voisine du Mummelsee. Le paysan n'ayant pas de lit lui offrit un banc de bois et une jonchée de paille dans la grange. Mais le petit homme voulait coucher dans la fosse au chanvre.
— Comme tu voudras, répondit le paysan ; si cela te fait plaisir, tu pourras même coucher dans le réservoir du lac dans l'auge de la fontaine. Voyant que le paysan y consentait, le petit homme alla se coucher dans les joncs bourbeux où était le chanvre et s'y enfonça comme dans un lit de bon foin pour s'y réchauffer. Le lendemain il se leva des habits tout secs. Comme le paysan marquait sa surprise, le petit homme lui dit qu'il se pouvait bien qu'aucun de ses pareils ne revînt coucher dans la ferme avant des centaines d'années. Il lui confia alors qu'il était un homme des eaux ; qu'il allait chercher sa femme dans le Mummelsee, et il le pria de l'accompagner. Il lui raconta en chemin bien des merveilles, comment déjà il avait cherché sa femme dans plusieurs lacs, et comment tout était fait dans ces demeures-là.

Arrivé au Mummelsee il s'y plongea, priant le paysan d'attendre qu'il revînt, ou au moins qu'il lui fît un signal. Au bout de deux heures, le villageois vit le bâton du petit homme surnager, avec deux poignées de pièces d'or, au-dessus du lac, et le venir à lui. Il comprit que c'était là le signal promis, prit les pièces d'or et s'en alla.

Un duc de Wurtemberg fit construire un radeau pour aller sur le lac et en sonder la profondeur. Ayant jeté la sonde à neuf pelotons de fil sans trouver le fond, il remarqua que le radeau, quoiqu'il fût de bois, commençait à s'enfoncer ; il se hâta de renoncer à son entreprise, lâcha sa sonde et ne pensa plus qu'à se sauver. On montre encore au bord du Mummelsee quelques débris de ce radeau.

L'origine du monastère de Frauenalb.

Le comte d'Erchingen habitait son château de Magenheim ou Monheim dans le Zaberngau, canton voisin de ceux de Craich et du Nècre. Il reçut un jour la visite de Frédéric, duc de Souabe, d'Albert de Suinnern, de Bertold d'Eberstein et d'autres seigneurs qui venaient se divertir avec lui. La forêt de Stromberg, pleine de gibier, n'est pas éloignée du château. Il y paraissait de temps en temps un grand cerf, que ni le comte ni ses gens n'avaient jamais pu forcer. Le comte était à table avec ses convives, lorsqu'un serviteur vint annoncer que le cerf venait de paraître. Toute la compagnie fut ravie, et tous les seigneurs avec leurs gens accoururent pour prendre le cerf mort ou vif. Albert de Suinnern poussait son cheval plus que les autres dans la direction qu'on lui désignait comme celle que sa proie avait suivie. En avant de tout le monde, il aperçut tout à coup le grand cerf : il était tel qu'il n'en avait de sa vie vu un pareil. Il redouble son galop, le poursuit longtemps, et tout à coup le perd de vue sans pouvoir deviner ses erres. Au même instant paraît devant lui un homme qui portait une figure effrayante. Albert frémit à son aspect, quoiqu'il fût bien le moins peureux des chevaliers. Il fit le signe de la croix. Sans se troubler de ce signe, l'homme l'aborde et lui dit : Ne craignez point, mais suivez-moi. Je suis envoyé pour vous faire voir des choses surprenantes. — Marche donc, dit Albert sans peur. Et l'homme alla devant lui jusqu'au sortir de la forêt ; le chevalier se vit alors dans une prairie émaillée de fleurs ; devant lui s'élevait un château magnifique qu'il n'avait vu de sa vie. Il suivit son guide jusqu'à la porte d'honneur. Plusieurs domestiques venaient au-devant d'eux, et aucun ne disait mot ; mais ils prirent en silence la bride du cheval. Le guide laid dit à Albert de ne pas s'étonner de la taciturnité de ces gens, de ne pas leur parler, mais de le suivre et de faire ce qu'il lui dirait. Ils furent introduits dans une grande salle où siégeait un grand seigneur au milieu de ses courtisans. Tous se levèrent à la vue d'Albert, le saluèrent, se rassirent, et se mirent à boire et à manger. Albert avait l'épée à la main et ne voulait pas la remettre dans le fourreau. Il considérait avec admiration les vases d'argent précieusement travaillés, et contemplait le mouvement du festin qui se dévorait, mais toujours en silence.

Après qu'il fut resté là longtemps sans que les convives parussent s'inquiéter davantage de lui, son guide lui fit signe de se retirer. Albert salua la compagnie qui lui rendit le salut; il suivit l'homme affreux jusqu'à la cour d'honneur, où les domestiques muets, qui gardaient son cheval, lui tinrent les éperons. Ils rentrèrent sans ouvrir la bouche, dès qu'il eut piqué.

L'homme étrange qui avait conduit Albert le ramena par le même chemin à la forêt de Stromberg, et lui confia alors le mot de ce mystère qui excitait si vivement sa curiosité. — Le seigneur que vous avez vu à table, dit-il, est votre oncle Frédéric, qui a vaillamment combattu les infidèles. Mais comme il opprimait ses vassaux, et que nous, ses serviteurs, nous l'aidions servilement dans ses exactions, nous souffrons avec lui une juste peine jusqu'à ce qu'il plaise à Dieu de nous accorder pardon. Je vous fais connaître ces choses, afin que vous ne souilliez pas votre cœur généreux des mêmes vices. Rejoignez vos amis: mais regardez encore un peu en arrière, et voyez l'état vrai du château que vous venez de visiter.

En disant ces mots, le fantôme s'évanouit. Albert se retourne, et ne voit que des tourbillons de flammes, à la place qu'il avait vue occupée par un château splendide; il y entend de longs gémissements qui paraissent sortir du sein de l'embrasement. Saisi d'effroi, il galope jusqu'à Monheim; mais il ne fut reconnu qu'avec peine par le duc Frédéric, son oncle, tant sa barbe et ses cheveux avaient blanchi. Il raconta son aventure, et demanda au comte d'Erchingen la permission de bâtir une église à la place où il avait eu l'apparition. Il y consentit, et Bertold d'Eberstein, qui était présent, fit aussitôt vœu de fonder un couvent de femmes dans la vallée, qui s'appelait la vallée de l'Alb. Telle fut l'origine du monastère de Frauenalb.

La légende de messire Pierre de Stauffenberg.

Pierre d'Irminger, qui habitait son burg de Stauffen dans l'Ortenau, et se nommait messire de Stauffen, revenait un jour de la chasse, au coucher du soleil, lorsque, arrivé au village de Nussbach, il se trouva accablé de soif et épuisé de fatigues. Il descendit à une source qui était sur le chemin, ombragée de beaux chênes. Il y trouva une jeune fille assise : elle avait l'air noble et royal; elle lui rendit modestement son salut, en le nommant par son nom. Le chevalier, stupéfait, demande à l'inconnue qui elle est et d'où elle vient. Je demeure près d'ici, répondit-elle; je vous ai vu plusieurs fois venir avec vos chasseurs à cette fontaine; c'est ce qui m'a fait connaître votre nom.

Stauffen, encore sans engagement, fut émerveillé; son cœur se préoccupa, et les jours suivants, à la même heure, il revint à la source agreste; mais l'inconnue n'y était pas. Le soir du quatrième jour, comme il était là, livré à des pensées inquiètes, seul, appuyé contre un chêne, il entendit subitement une voix mélodieuse qui chantait et qui semblait venir du fond de l'eau. Il s'approche doucement, regarde partout avec une impatiente curiosité, ne peut rien découvrir, et bientôt la voix cesse de se faire entendre. Il s'en retournait à son chêne, avec l'espoir que peut-être la voix reprendrait ses chants. Tout à coup il voit l'inconnue, assise sur la pierre qu'il venait de quitter; elle paraissait d'une humeur enjouée. A chaque question qu'il lui adressait, elle ne faisait, tout en riant, que des réponses évasives, qui l'embarrassaient. Il en obtint cependant un rendez-vous pour le lendemain, au même endroit. Le chevalier s'y trouva de bonne heure. L'inconnue sortit du taillis, si gracieuse, que le chevalier crut voir une fée : les boucles de ses beaux cheveux blonds paraissaient humides; une tresse de bleuets éclatants, mêlés de roses, entourait sa tête. Ebloui, il lui prit la main, et lui avoua la passion qu'elle avait fait naître en son cœur.

Je ne suis pas une enfant des hommes, lui dit-elle; les eaux m'ont donné naissance. Je suis une nymphe, une ondine, une fée des eaux, ou tout ce que vous voudrez bien m'appeler. Nous n'accordons notre cœur qu'avec notre main. Pensez-y, sire chevalier. Si vous me donnez votre foi, votre fidélité doit être pure comme cette eau limpide, et ferme comme l'acier de votre épée. Une seule inconstance causerait votre mort et à moi des regrets éternels; car et nos affections et nos douleurs n'ont point de terme.

Le chevalier confirma par serment ce qu'il avait déjà dit, qu'il lui était impossible de vivre sans elle, et que jamais il ne pourrait l'offenser sans mourir. L'ondine lui donne alors un anneau précieux. Il lui parle de la charmante situation de son burg, lui dépeint le bonheur qu'elle aura à y vivre dans la paix; il fixe avec elle le lendemain pour la conduire à l'autel.

Le lendemain matin, au point du jour, le chevalier, entrant dans la salle d'honneur de son manoir que l'on s'était hâté de parer, vit sur la table trois corbeilles artistement tressées. L'une était pleine d'or, l'autre pleine d'argent, et la troisième pleine de pierreries de toutes valeurs : c'était la dot de l'épouse. Elle parut bientôt elle-même suivie de nombreuses compagnes, inconnues comme elle dans la contrée. Avant la célébration du mariage, elle voulut encore parler au chevalier. Elle le pria de songer une dernière fois à ce qu'il allait faire; elle lui rappela ce qu'elle lui avait déjà dit, que si jamais il devenait inconstant, il serait perdu : qu'il aurait alors un signe de sa mort prochaine; qu'il serait à jamais séparé d'elle, son épouse; et, ajouta-t-elle, vous ne verrez plus rien de toute ma personne que ce pied droit que voilà.

Le chevalier renouvela ses serments sans hésiter, et le mariage se fit. Ce jour et les suivants, et beaucoup d'autres, s'écoulèrent dans les plaisirs et la sérénité. La jeune épouse était une fleur qui se développait toujours avec de nouvelles grâces. L'année n'était pas encore révolue lorsqu'elle donna un fils au chevalier.

Mais bientôt après une guerre terrible eut lieu vers les frontières du pays des Francs. Pierre était brave et il aimait la gloire. L'ambition l'entraîna. La mystérieuse comtesse ne crut pas convenable de s'opposer aux nobles désirs de son époux; elle le laissa partir, mais en le conjurant de n'oublier ni sa femme ni le gage chéri de leur tendresse.

Pierre passa le Rhin à la tête d'une troupe d'élite, et alla combattre sous les enseignes de Charles Martel, duc des Francs. Dès la première affaire il montra sa valeur, sa force et son intelligence. Le duc le remarqua, et dans une forte mêlée, ce fut au chevalier Pierre qu'il fut redevable de la vie. Ce fut aussi la bravoure du chevalier qui décida la victoire. Le duc, plein de reconnaissance, crut ne pas trop faire en lui proposant la plus jeune de ses filles; c'était aussi la plus belle. Pierre en fut frappé, et se montra sensible à l'honneur d'une alliance aussi illustre; mais il n'était pas assez vil pour dissimuler son mariage : il raconta naïvement tout ce qui lui était arrivé. Le duc l'entendit en secouant la tête, dit que l'esprit malin s'en mêlait, que le chevalier n'était pas tenu de garder parole à des fantômes, et que pour le bien de son âme il désirerait le voir dégagé d'une si dangereuse liaison. On consulta des hommes habiles, qui assurèrent que le chapelain qui avait uni Pierre à la fée des eaux s'était trouvé abusé par une puissance occulte, et que dès qu'il aurait reçu d'un saint prêtre la bénédiction de l'Eglise, cette illusion magique s'évanouirait. L'infidèle Pierre n'eut pas de peine à se laisser persuader, et l'on fit les fiançailles. La noce fut remise à la quinzaine.

La veille du jour fixé, il arriva un des gens de Stauffenberg, apportant au chevalier la nouvelle que son enfant et sa femme avaient disparu du burg. Pierre s'informa des circonstances, et il apprit que c'avait été justement à l'instant des fiançailles. Ce rapport le confirma dans le soupçon de magie qu'on lui avait inspiré. Il alla donc, le cœur assez dégagé, célébrer son nouveau mariage.

Comme on était gaîment à table, le chevalier, alors en joyeuse humeur, jeta par hasard les yeux devant lui, sur le mur de la salle. Il y vit paraître, comme sortant de la muraille, un joli petit pied de femme. Il se frotte les yeux, mais reconnaît clairement et longtemps ce funeste signe. Saisi de trouble, il boit coup sur coup pour dissiper de noirs pressentiments; il y réussit en quelque sorte. Le soir on rentre au château. Il fallait traverser un petit pont; Pierre, qui se défiait, aima mieux faire passer son cheval à gué. A peine était-il au milieu de l'eau qu'elle s'agite, écume et bouillonne, comme s'il y eût un une tempête; les flots se soulèvent; le cheval s'effraye, se cabre, renverse le chevalier, et gagne le rivage. La tempête augmente, à l'instant se calme; les eaux reprennent leur limpidité et leur paisible cours.

Mais le chevalier avait disparu; et jamais on ne put retrouver son corps. — Ce qui fait bien voir que les ondines et autres esprits élémentaires sont des démons et rien plus.

La grotte de Sainte-Odille près de Fribourg.

Odille était fille d'Attich, duc d'Alsace. Elle avait été élevée au couvent de Mayenfeld et s'était promis dans son cœur de prendre le voile. Un jour qu'elle vint du couvent à la cour du duc son père, tous les jeunes seigneurs furent épris de ses grâces. Un prince allemand demanda sa main. Le duc, approuvant cette riche alliance, ordonna à sa fille de considérer le prince comme son époux, et de se préparer à le suivre à l'autel. Mais Odille pensait à son vœu; ne sachant d'autre moyen que la fuite pour être libre de le remplir, elle se dépouilla de ses précieux vêtements, prit des habits pauvres et gagna le Rhin. Une nacelle la passa heureusement à l'autre rivage. Sa fuite fut bientôt découverte. Le duc envoya partout ses gens à sa recherche. Il monta lui-même à cheval et prit par hasard le même chemin que la jeune princesse avait suivi. Le batelier qui l'avait passée la dépeignit si bien, qu'il ne laissa point de doute; le père traversa le fleuve avec toute sa suite.

Odille était déjà arrivée à mi-côte de la montagne qui domine le Rhin : fatiguée d'une route à laquelle elle était si peu accoutumée, elle s'était assise sur une roche; les yeux levés au ciel et les mains jointes, elle priait. Tout à coup elle entend du bruit; elle voit une troupe de cavaliers; elle reconnaît les couleurs de son père. Elle se lève et s'enfonce dans les épais buissons pour s'y cacher. La crainte, d'abord, lui donnait des ailes; mais bientôt elle perdit ses forces, et tomba tout épuisée derrière une roche qui la dérobait aux yeux de ceux qui la cherchaient. Odille tremblante étend les mains vers le ciel, implorant sa délivrance; la roche s'ouvre subitement, Odille s'y jette, et la pierre se referme.

Au même instant, le trot des chevaux frappe la roche. Odille entend la voix de son père qui l'appelle par son nom. —Mon père, répond-elle. —Attich, surpris de reconnaître la parole de sa fille résonnant à travers la roche sans ouverture, crie de nouveau ·· —Odille! —et frémit en entendant une seconde fois la voix de sa fille percer le rocher.

—Vous persécutez celui qui me protége, dit la princesse. Je ne puis être l'épouse d'un homme.

Attich comprend la généreuse résolution de sa fille timide. Il révère dans ce qui se passe la main de Dieu; il jure de respecter le vœu de la pieuse Odille, et de lui bâtir un couvent à Hohenbourg.

La roche se rouvre alors. La jeune fille reparaît. Elle semble rayonnante d'une lumière céleste en tombant dans les bras de son père.

La roche de sainte Odille est restée ouverte jusqu'à ce jour. Dans la grotte qui l'avait cachée jaillit une source, qui rend la lumière aux yeux malades. Les pèlerins y vont en grand nombre.

Légende du Vieux Chasseur.

On voit encore dans une contrée sauvage et déserte du Schwarzwald (champ noir) les ruines d'un burg dont le nom même est ignoré. Mais on en raconte l'histoire suivante :

Le dernier seigneur qui l'habita était un comte fort riche qui passait sa vie à la chasse. Il ménageait tellement son gibier que les terres de ses vassaux en étaient dévastées, et que ces pauvres gens mouraient de faim.

Une veille de fête qu'il chassait à son ordinaire, il s'égara dans la forêt sans pouvoir retrouver son chemin. En vain espère-t-il reconnaître un sentier : les bois, à mesure qu'il marche, deviennent plus épais et plus sombres. Bientôt il n'a plus qu'à grande peine la force de se retirer des buissons et des ronces qui couvrent la terre. Enfin, à minuit, il parvient à une clairière qu'il n'a jamais vue au milieu des bois où il se sent étranger. Il se jette par terre pour reprendre haleine. Il entend remuer alors dans les feuillages ; il prend son javelot pour se défendre, mais ses chiens se mettent à gémir d'un ton douloureux. Le bruit croissant, il est pris de peur ; il rentre dans les buissons épais. Tout intrépide qu'il était, le comte se sent trembler en voyant apparaître un homme de haute taille, l'arc en main et le cor à la ceinture, accourant, hors d'haleine et haletant, du fond du bois. Derrière lui venait avec ardeur une grande troupe de squelettes, tous montés sur de vieux cerfs seize cors.

L'homme cherchait à leur échapper, mais de quelque côté qu'il tournât sa course, il était assailli par ses redoutables poursuivants. Le comte, éperdu, fit le signe de la croix et se mit à invoquer le nom du Sauveur. Tous les fantômes montés sur les cerfs disparurent aussitôt. L'homme traqué s'approcha alors du chasseur égaré : — Que ma rencontre te profite, lui dit-il ; je suis un de tes ancêtres. Comme toi j'ai aimé passionnément le brutal plaisir de la chasse ; comme toi j'ai tyrannisé mes vassaux. J'ai fait enchaîner sur des cerfs plus de cent de ces malheureux que j'appelais braconniers ; je les ai fait poursuivre par mes chiens jusqu'à ce qu'ils tombassent quelque part, et que le malheureux qu'ils portaient rendît l'âme au milieu des tortures. C'est en punition de cette longue barbarie que j'erre maintenant dans mes forêts ; et chaque nuit la troupe de ceux que j'ai fait périr me poursuit et me fait subir mille fois ce que je leur ai fait endurer. Rentrez dans votre manoir et que mon exemple soit votre leçon.

A ces mots le malheureux disparut. Le comte, saisi d'effroi, ne pouvait plus se mouvoir. Ses gens le trouvèrent le lendemain, mais si défiguré qu'ils ne le reconnaissaient pas. Ils voulaient le ramener au burg ; il leur déclara la résolution qu'il avait prise de bâtir une cellule en cet endroit, et de se retirer dans la plus proche caverne jusqu'à ce qu'elle fût achevée. Il distribua ses meubles aux pauvres, fit murer toutes les avenues du burg, afin que jamais créature humaine n'y pût pénétrer, et que le nom de sa race fût à jamais effacé de la mémoire des hommes. Et c'est ce qui arriva, et ce qui fait que personne ne sait plus le nom de ce burg.

La cloche de Wunnenstein.

L'appel aux nobles guerres de la terre sainte pour la délivrance du saint sépulcre avait retenti dans toutes les contrées de l'Allemagne. Maint chevalier aux cheveux gris reprenait son armure et voulait donner de nouvelles preuves de valeur dans les combats sacrés qui allaient se livrer en l'honneur de la croix.

Le chevalier de Stein aperçut de son donjon de Wunnenstein un convoi de chevaliers et d'écuyers, qui remontaient la vallée du Nècre. Il leur envoie demander le sujet de leur marche ; il apprend que tous n'avaient qu'un but, le but gravé dans les cœurs de tous les vrais fidèles, celui de venger l'ignominie où se trouvait le sépulcre du Sauveur.

A ces mots, il selle son cheval, et va se joindre aux héroïques pèlerins qui se rendent à la terre sainte. Ce ne fut qu'après un long et pénible voyage, qu'avec ses compagnons il aborde en Palestine. Chacun se prosterne spontanément ; toutes les bouches des hommes de cœur supplient humblement et avec larmes le Tout-Puissant de daigner couronner l'œuvre difficile qu'ils entreprennent pour sa gloire. Ce ne fut qu'au mois de mai de l'an 1099, après bien des combats et bien des peines, qu'ils aperçurent dans le lointain les créneaux de la sainte cité. Ils pressent leur marche ; un cri général remplit les airs ; des torrents de larmes de joie inondent tous les visages. Mais il leur restait à fournir de grands coups de lance avant de jouir de la conquête tant désirée. Maint valeureux chevalier, et surtout le pieux sire de Stein, malgré toute l'ardeur avec laquelle il se prépare au combat, ne manque pas de faire le vœu solennel de bâtir une église dans le burg qu'il a hérité de ses ancêtres, si Dieu lui fait la faveur de couronner ses fatigues par le succès et de le ramener à sa terre, où il remerciera tous les jours l'auteur de tout bien.

Enfin commencèrent les combats décisifs autour des murs de Jérusalem, et ce fut une horrible effusion de sang. Quand l'étendard de la croix fut arboré sur les créneaux, le glaive du vainqueur immola tout ce qui avait vie parmi les Sarrasins. Ce ne fut qu'après que l'effervescence des premiers moments de la victoire fut un peu calmée, que les croisés et notre chevalier avec eux pensèrent à purifier leurs épées souillées du sang infidèle. Puis, la tête découverte et les pieds nus, ils s'approchèrent du saint sépulcre ; et cette ville où venaient de se faire entendre les cris du désespoir et les hurlements du massacre retentit de ferventes prières et de pieux cantiques.

Quelques mois encore s'écoulèrent avant

que le chevalier de Stein fût de retour dans sa patrie ; mais pourtant il rentra un jour dans Wunnenstein, le burg de ses pères, et son premier soin fut d'élever le saint édifice dont il avait fait vœu. L'église dédiée à saint Michel fut bientôt célèbre par les miracles qui s'y opéraient. Le puissant archange protégeait la contrée contre les ravages du tonnerre. La foudre épargnait les campagnes voisines au son de la cloche d'une grandeur démesurée suspendue dans la tour de son église.

Souvent, pendant un temps calme, ses sons harmonieux se faisaient entendre aux habitants d'Heilbronn, mais leur bénédiction ne s'étendait pas sur tous les nobles de Wunnenstein, qui souvent offensaient le ciel. Aussi les bonnes gens d'Heilbronn cherchèrent-ils tous les moyens de se rendre maîtres de la cloche. Mais toutes leurs démarches furent inutiles, jusqu'à ce qu'enfin les chanoinesses d'Obristenfeld, auxquelles l'église et la commune appartinrent pendant un certain temps, la cédèrent à ceux d'Heilbronn pour une grosse somme d'argent.

Tous les villages qui environnaient Wunnenstein furent plongés dans la tristesse, quand ils n'entendirent plus le son de leur cloche protectrice, pendant que les habitants d'Heilbronn l'introduisaient en triomphe dans leur ville. Ils la reçurent avec la plus grande solennité, la firent bénir derechef et la placèrent dans leur grande église. Le sénat et la bourgeoisie s'étaient rassemblés pour entendre les premiers sons qu'elle rendrait parmi eux, mais inutilement : elle resta muette. En vain les exorcistes prononcèrent-ils les formules les plus puissantes, la cloche persista dans son silence. Confus et repentants, les bourgeois, saisis de crainte, ramenèrent eux-mêmes la cloche dans son sanctuaire favori. Des troupes nombreuses de campagnards, comblés de joie, l'attendirent aux limites de Wunnenstein, et la reçurent comme s'ils avaient retrouvé la plus tendre des mères. Pour ne point perdre de temps, un laboureur qui revenait des champs la prit sur son chariot ; et comme si le ciel eût voulu mettre le comble à la joie commune, il permit que deux bœufs franchissent à pas précipités la montagne escarpée, conduisant une masse que douze des meilleurs chevaux d'Heilbronn n'avaient pu faire avancer d'un pas.

Dès que la cloche fut replacée sur son beffroi, elle reprit ses sons puissants ; le peuple se prosterna en chantant des cantiques d'actions de grâces. Et depuis ce temps la cloche de Wunnenstein n'a jamais cessé d'annoncer harmonieusement aux campagnes l'abondance des bénédictions que le pieux chevalier avait rapportées de son pèlerinage.

Le chevalier de Rodenstein.

Le burg de Rodenstein dans l'Odenwald était occupé, à l'une des plus rudes époques du droit féodal, par le vaillant chevalier qui portait son nom. Sa figure était gracieuse et belle, et pourtant il était redouté de tous ses voisins. C'est qu'il n'aimait que la guerre et la chasse, et que, disait-on, son cœur n'avait pas battu encore d'un sentiment tendre.

Il vint à un tournoi où le comte palatin avait invité tous les barons du voisinage. Sa fière jeunesse et sa figure brillante fixèrent tous les yeux sur lui ; dans les joutes il démonta tous ses adversaires comme il l'avait fait en mille autres occasions ; et il reçut le prix du tournoi des belles mains de Marie, fille du comte de Hochberg.

Rodenstein, comblé de gloire, fut frappé en même temps des grâces de l'aimable personne qui l'avait couronné publiquement. Né avec des passions impétueuses, il n'était pas de caractère à cacher sa passion. Il la déclara à la jeune comtesse. Bien fait et renommé, il se vit accueilli. Il épousa Marie, et la conduisit en triomphe à son burg, à Rodenstein. Ce fut une joie générale dans la contrée, que de voir le chevalier au cœur de fer subjugué enfin. Les premiers mois de son mariage furent pleins de bonheur. Marie paraissait avoir adouci l'humeur sauvage et turbulente de son époux : on ne le voyait plus rêver sans cesse à la chasse et à la guerre ; mais ses passions bouillantes reprirent bientôt le dessus ; une querelle avec un baron voisin, par qui il se croyait offensé, lui fit reprendre les armes, et il se prépara à l'attaque.

Sa jeune épouse pria, pleura, se désola, mais en vain. Le chevalier emporté lui imposa le plus strict silence, alléguant qu'il s'agissait là de son honneur. Il part donc armé, et Marie, éperdue, s'étant couchée, pour le retenir, à travers la porte du burg, en l'assurant qu'un pressentiment l'avait avertie qu'il ne reverrait pas le seuil de sa porte, il la saisit, furieux, la repoussa brutalement, monta à cheval, et s'éloigna. La pauvre épouse cependant, tombée évanouie, accoucha, avant terme, d'un enfant mort, et succomba elle-même, suivant son premier-né au cercueil.

Rodenstein ne savait pas cette double perte. Il se met en embuscade dans les épais taillis du burg de Schnellert, son ennemi ; burg infesté d'esprits qui, la nuit, faisaient des rondes infernales, avec grand fracas. Là, couché sur la mousse, Rodenstein passe sans sommeil une nuit redoutable. Tout à coup il voit venir de Rodenstein au-devant des esprits de Schnellert, un fantôme noir, qui tient un enfant dans ses bras. Jusqu'alors inaccessible à la peur, il sent ses cheveux se dresser sur sa tête ; car il reconnaît sa femme dans le fantôme. Elle est à l'instant devant lui, avec les pâleurs de la mort ; mais il reconnaît bien ses traits. Elle se redresse avec lenteur, et prononce ces mots, d'une voix sépulcrale : — Ma tendresse n'a pu qu'exciter votre fureur. Vous avez oublié ces droits sacrés qui me rendaient respectable à vos yeux ! Avec la mère, vous avez conduit au tombeau notre enfant, doux espoir d'un bon père. Vous serez puni, et vous n'aurez point de repos, même après votre mort. Jusqu'à la fin des temps, vous errerez de montagne en montagne, et votre spectre sera, dans ces villages, l'annonce de la guerre et de la désolation. »

Elle dit, et disparaît, et bientôt le sort du chevalier est accompli. Il est blessé à mort dans le premier choc de l'ennemi qu'il guettait. On le porte mourant chez le châtelain de Schnellert; il expire.

Il fut, il est vrai, inhumé en terre sainte, mais la prédiction de Marie s'accomplit en lui : son esprit errant est condamné à précéder les fléaux cruels; et jusqu'à nos jours, dès que la guerre doit se lever, l'esprit de Rodenstein, qui semble avoir l'odorat du sang, six mois avant les hostilités, sort de son tombeau de Schnellert, à la tête d'une troupe guerrière et nombreuse, que les cris des soldats, le bruit des chariots, le galop des chevaux ardents, le son des tambours et des fifres, des cors et des fouets accompagne toujours ; ce tumulte mystérieux remplit toute la contrée, fait frissonner le cultivateur qui rentre chez lui à la hâte. Rodenstein, dit-on, traversant les vallées et les forêts, se rend à son burg où il veille à la garde de ses trésors enfouis, et séjourne là jusqu'à ce que les prières des peuples aient ramené la paix. Six mois avant les traités, il rentre avec le même vacarme dans son repos du Schnellert.

On montre dans le hameau d'Oberkriesbach une grange par laquelle le chasseur sauvage, comme l'appellent les gens du pays, passe toujours quand il se rend à Rodenstein.

La Fosse à la poule.

Au temps où le grand doyen de Strasbourg était étroitement resserré dans le château de Windeck, une cabane couverte de mousse au Wolfshag était habitée par une bonne vieille que les voisins appelaient la *petite femme des bois*. Elle avait une profonde connaissance des choses cachées, ainsi que de la vertu des plantes et des racines. Les bêtes féroces de la forêt, loin de lui faire aucun mal, paraissaient au contraire obéir à sa voix. Son unique avoir consistait en quelques poules blanches d'une taille peu commune, qui allaient à la picorée dans les taillis.

Un jour qu'elle était assise devant sa hutte, elle vit s'avancer deux jeunes garçons d'une beauté remarquable. Ils étaient égarés et venaient lui demander le chemin du burg ; elle les accueillit avec bienveillance, les fit reposer dans sa cabane, leur offrit de son pain et des fruits. Le plus jeune, qui n'avait que treize ans, mangeait de bon appétit; l'autre, qui pouvait en avoir dix-huit, tenait négligemment sa pomme à la main et laissait échapper quelques larmes, que cependant il cherchait à cacher. Il alla même se laver les yeux à la fontaine fraîche et limpide qui coulait de la roche voisine : ce rafraîchissement rendit à son visage tout l'incarnat de la jeunesse. La femme des bois prit plaisir à le voir et lui dit : — Vous n'êtes pas un garçon, mon enfant; vous êtes assurément une jeune fille déguisée; prenez confiance en moi, mes enfants : dites-moi où demeurent vos parents et ce que vous voulez faire à Windeck.

Les jeunes pèlerins se mirent à pleurer ; l'aîné répondit : — il est vrai que je suis une fille; on m'appelle Emma d'Erstein, et l'enfant qui m'accompagne est mon frère. Le grand doyen de Strasbourg, notre oncle, a eu pour nous les soins d'un père; il languit là-haut dans les fers; nous venons implorer sa délivrance auprès du seigneur du château.

— Apportez-vous donc une rançon? dit la bonne vieille.

— Hélas! répondit Emma en tirant une croix de diamants de sa poitrine, voilà tout ce que je possède, mais nous prierons tant ce seigneur, qu'il nous prendra pour ôtages, jusqu'à ce que mon oncle ait pu fournir sa rançon.

— Eh bien! dit la vieille, en caressant les cheveux bouclés de la jeune fille, c'est moi qui payerai la rançon. Tenez, mes enfants, ceux de Strasbourg se préparent au siége du château; j'ai vu cette nuit deux espions qui se tenaient cachés dans l'épaisseur du bois. Ils avaient soigneusement observé les issues du château et bien reconnu le côté faible, au bois des sapins, devant la croix sépulcrale. Allez vite au manoir; dites à sire Renaud, le jeune chevalier de Windeck, qu'il y fasse creuser un fossé profond dès aujourd'hui; car je crains que l'ennemi ne vienne le surprendre à la chute du jour.

— Mais le chevalier nous rendra-t-il notre oncle? dirent les enfants.

— Je vais aussi vous donner de quoi payer la rançon.

Elle fit claquer ses doigts; et aussitôt ses poules blanches accoururent de toutes parts. Elle en prit une et la donna à Emma : — Portez-la, dit-elle, au chevalier Renaud de Windeck, afin qu'il relâche le grand doyen, sire d'Oxenstein.

Les enfants, très-surpris, la regardaient avec de grands yeux.

— Faites ce que je vous dis, continua-t-elle; vous lui recommanderez qu'au coucher du soleil il ait soin de poser la poule à la croix, où les ennemis ont médité l'attaque; car, j'y réfléchis, il n'a pas assez de gens au château pour creuser si vite un fossé large et profond.

A ces mots la bonne femme se mit à gratter la poule, en chantant à voix basse et peu intelligible :

M'entends-tu bien, poule blanchette?
Ce soir, au cri de la chouette,
Que le fossé soit prolongé
Jusqu'au fer que rien n'a rongé.
Gratte et creuse de long en large,
Jusqu'au charnier. Moi qui t'en charge,
Je te sais capable du fait,
Et qu'à minuit tout soit parfait.

Emma prit la poule, non sans frémir un peu; mais la bonne vieille était si caressante, si engageante, qu'enfin elle lui inspira de la confiance. Le petit frère n'avait pas peur; il se réjouissait au contraire de voir le spectacle si merveilleux d'une poule creusant un large fossé.

A peine furent-ils à mi-chemin de la montagne, qu'ils rencontrèrent le jeune chevalier. C'était un guerrier d'un port noble. Quoique d'abord la jeune demoiselle fût inquiète de la gravité de ses manières, le ton de douceur avec lequel il lui parla l'eut bientôt rassurée.

Il leur demanda qui ils étaient, ce qu'ils venaient faire dans son burg.

Emma répondit : — Noble seigneur, vous retenez prisonnier le grand doyen de Strasbourg. C'est notre oncle. Il nous tient lieu de père, car nous sommes orphelins. C'est pourquoi nous venons vous supplier de lui rendre la liberté; et vous nous retiendrez en otages.

Le chevalier ne put dissimuler son émotion. Il considérait avec attention l'un et l'autre enfant, et sans qu'il y pensât ses yeux se fixèrent spontanément sur la poule blanche que tenait Emma. Celle-ci était là toute confuse, et elle ne put lui expliquer qu'avec des paroles entrecoupées ce à quoi il pourrait s'en servir.

Le chevalier prêtait une oreille attentive : il pensait, il réfléchissait, il tâchait de pénétrer jusqu'au fond le secret de la poule, de lire les pensées les plus intimes d'Emma, dont les discours étaient sans liaison. Son frère enfin crut devoir s'en mêler. — Emma, interrompit-il, ce n'est pas ainsi qu'a dit la bonne vieille.

A ces mots Emma devint brûlante comme si le feu lui eût monté au visage. — Mes beaux enfants, dit Windeck, c'est Dieu qui vous a conduits ici, jouissez-y de toute ma protection. Entrez dans mon burg, dont vous sortirez quand il vous plaira; venez et faites à votre oncle la plus agréable surprise.

Le chevalier les laisse dans les bras du doyen et se hâte de faire les préparatifs de la plus vigoureuse défense. Il n'ignorait pas que le côté de la sapinière était le moins bien à couvert d'une attaque, et depuis quelques jours il employait ses gens à y faire un fossé, mais c'était un travail de longue haleine auquel ils n'auraient pu suffire. Aussi savait-il bon gré de sa mission imprévue à la vieille des bois, en qui il avait confiance. Dès que parut l'étoile du berger, il alla porter la poule à la croix des morts où son aïeul avait succombé vaillamment dans un combat et où reposaient ses cendres. Il y revint à minuit sonnant, et quelle fut sa surprise d'y trouver un profond et large fossé, garni de son parapet, et d'apercevoir à la lueur des étoiles l'épée resplendissante qu'on avait ensevelie avec le héros! La poule blanche avait disparu.

Avant l'aurore on vit s'avancer les courageuses bandes de la garnison de Strasbourg. Elles montaient hardiment à l'assaut, mais le fossé leur opposa un obstacle insurmontable. Le merveilleux travail de la poule avait déconcerté leurs projets; elles furent repoussées avec une grande perte.

Cependant Emma avait fait impression sur le cœur du chevalier. Le doyen ne consentit à leur union qu'après un traité avantageux qui rétablit la concorde entre les familles; lui-même leur donna la bénédiction nuptiale, et libre désormais il demeura pourtant avec eux pour jouir de leur bonheur. — Le nom de la *Fosse à la poule* s'est perpétué jusqu'à nos jours.

Hohenrechberg.

A une lieue de Schwœbich-Gemund, ville du Wurtemberg, et à une lieue de Hohenstaufen, berceau des illustres empereurs de la maison de Souabe, est le célèbre burg de Hohenrechberg, qui a donné naissance au comte de Rechberg et à ceux de Rothen-Lœwen. C'est un des sites les plus élevés des Alpes de Souabe, isolé des hauteurs de l'Albach, auquel il ne tient que par ses racines et par un rideau d'une lieue qui le met en liaison avec Hohenstaufen. Il a 2167 pieds d'élévation au-dessus du niveau de la mer.

Ce vieux burg, dont les possesseurs sont connus dans l'histoire dès le temps de Charlemagne, domine donc une des plus belles contrées de la Souabe. Mais ce qui fait surtout sa réputation, c'est la petite chapelle, où demeura autrefois un ermite qui apporta là une miraculeuse image de la vierge Marie, but révéré de grands pèlerinages. D'autres traditions s'y rattachent : entre autres celle du Klopferlé et celle de l'esprit du Stauf.

Le Klopferlé est un grand mystère. On entend frapper comme du heurtoir lorsque la mort va choisir une proie dans la famille de Rechberg. Ce bruit inconnu commence aussitôt que le malade ne donne plus d'espérance de guérison, et dure jusqu'à sa mort. Il a lieu non-seulement dans le burg, mais encore dans toutes les maisons des Rechberg, même dans celles qu'ils ont aliénées. Et voici comme on raconte l'origine de ce heurtement.

Ulrich de Rechberg, celui qui a établi le *fidéi-commis* de la famille, eut un grand chien, tellement dressé que lorsqu'il faisait quelque absence, il s'en servait comme d'un courrier, lui attachant au cou une bourse de cuir qui contenait ses lettres à sa femme, restée dans le burg. On voyait autrefois ce chien intelligent, peint, dans ses fonctions de messager, sur un vieux lambris du château de Weissenstein. Il arriva qu'Ulrich, étant en voyage en 1496, fut longtemps sans envoyer de lettres à sa femme, Anne de Venningen. Elle eut de vives inquiétudes, et tous les jours elle allait prier pieusement à la chapelle. Un jour qu'elle répandait ainsi ses larmes devant le Seigneur, elle entendit frapper à la porte de l'humble sanctuaire. Elle se fâcha de cette importunité, croyant que c'était le fait d'un domestique, et tous savaient qu'elle n'aimait pas à être interrompue dans ses pieux exercices. Le bruit ne cessant pas, elle se leva de son prie-dieu, et dit cette parole répréhensible : — Puisses-tu à jamais frapper ainsi! — Elle ouvrit en même temps la porte pour réprimander le domestique. Quel fut son effroi de n'y trouver que le chien, revenu sans lettre, et s'approchant tristement pour la caresser ! — Elle reçut peu après la fatale nouvelle de la mort du comte, et depuis ce temps on entend ainsi frapper dans le burg chaque fois que la mort enlève un Rechberg. Le fait est rapporté ainsi depuis plus de trois cents ans; il est enregistré dans les papiers de la famille, et confirmé par les officiers du château.

Un autre récit des gens du pays explique la tradition du Stauf, *Staufengeist;* en voici le résumé fidèle. L'esprit du Stauf est une lumière qui, aux temps d'orage, paraît poindre du Staufen dans la direction opposée au Rechberg. On la voit, après le repos de la cloche qui sonne l'*Angelus* du soir, sur le château d'Hohenstaufen; elle a tout l'aspect de la bouche d'un four embrasé. Tout à coup l'esprit (les bonnes gens du pays lui donnent ce nom) s'élève et s'avance au-dessus du rideau qui sépare les deux châteaux, tantôt planant lentement, tantôt sautillant sur la cime des sapins; puis, laissant à gauche le Rechberg, il se porte jusqu'au Herge, reprend ensuite son chemin vers le Staufen, où il cesse d'être visible à l'*Angelus* du matin.

Ce phénomène ne paraît pas tous les jours, mais de temps à autre, surtout en automne. Le nom d'*esprit* que lui donnent les habitants indique qu'ils y trouvent quelque chose de surnaturel. C'est au reste un esprit bienfaisant, qui ne fait de mal à personne.

Passons à d'autres légendes. Celle qui suit est empruntée au *Bentley's Miscellany*.

L'île de Saint-Brandan.

« Il y a ici-bas plus de choses que n'en a rêvé notre philosophie, » comme dit Hamlet. Parmi ces choses inconnues il faut placer l'île de Saint-Brandan, la merveille et le mystère des mers. Tout le monde connaît les Canaries, les îles Fortunées des anciens, fragment, dit-on, et débris de cette immense Atlantide engloutie par l'Océan, comme nous le voyons dans Platon. Ceux qui ont lu l'histoire de ces îles se rappelleront les récits prodigieux d'une autre plus belle encore, dont on aperçoit de temps en temps, de leurs rivages, les longs promontoires brumeux et les pics dorés par les feux du soleil. Que de navigateurs sont partis des Canaries à la découverte de cette île ! Mais à mesure qu'ils avançaient, les montagnes et les promontoires s'évanouissaient peu à peu, et enfin rien ne frappait plus les regards des navigateurs, si ce n'est le ciel d'azur au-dessus de leurs têtes, et le bleu sombre des flots sous leurs pieds. Aussi les anciens géographes ont-ils appelé cette terre fantastique l'Inaccessible; les modernes ont révoqué en doute son existence, et l'ont traitée d'illusion, comme les *Fana morgana* du détroit de Messine, le *Cap fugitif* et la *Terre des Nuages*.

Pourtant son existence a été très-gravement attestée par les poëtes, race douée d'une espèce de seconde vue, pour qui c'est l'île où fleurissait jadis et où fleurit encore sans doute le jardin des Hespérides, avec les fruits d'or; c'est là aussi que s'épanouissait le jardin enchanté d'Armide.

On voit sur ses rives l'énorme Kraken soulever la masse de son corps, et couvrir, en se vautrant, un espace immense ; là est aussi le serpent de mer, replié sur lui-même dans l'intervalle de ses apparitions, si mal à propos contestées ; là enfin le pélage bleu trouve un port, jette son ancre, déroule sa voile vaporeuse, et se repose un moment de sa course éternelle.

Là sont conservés les trésors engloutis par la mer, des lingots d'or, des caisses de perles, de riches ballots d'étoffes orientales ; on y voit scintiller le diamant et briller l'escarboucle ; là mouillent dans des baies profondes des vaisseaux enchaînés par un charme, et depuis longtemps oubliés.

On raconte de cette île bien d'autres merveilles; ce que nous en avons dit répandra au moins quelque lumière sur la légende qui va suivre :

Au commencement du XVᵉ siècle, lorsque le prince Henri de Portugal, de digne mémoire, poursuivait le cours de ses explorations le long de la côte occidentale d'Afrique, et que le monde entier retentissait des récits de continents tout semés d'or et d'îles récemment découvertes, il arriva à Lisbonne un vieux pilote égaré, que des tempêtes avaient poussé hors de toute voie, et qui, fort éloigné dans les mers, avait trouvé une île inconnue, habitée par des chrétiens et couronnée de nobles villes.

Les habitants, qui n'avaient jamais eu la moindre visite d'un vaisseau européen, s'étaient, disait-il, rassemblés autour de lui, et ils lui avaient dit être les descendants de quelques chrétiens qui s'étaient enfuis d'Espagne à l'époque de la conquête de ce pays par les Maures. Ils avaient demandé des nouvelles de leur patrie, et s'étaient fort affligés en apprenant que le royaume de Grenade appartenait encore à leurs ennemis. Ils avaient voulu mener le vieux marin à leur église, pour le bien convaincre de leur foi ; mais il avait cru devoir retourner immédiatement à son bord. Il en avait été puni : une tempête furieuse s'était élevée, l'avait fait chasser sur son ancre, l'avait jeté au large, et il n'avait plus vu l'île inconnue.

Cet étrange récit causa une grande surprise. Les hommes instruits se rappelaient en effet qu'ils avaient lu, dans une ancienne chronique, qu'à l'époque du VIIIᵉ siècle, où la croix sainte fut, en Espagne, renversée par le croissant, et les églises chrétiennes transformées en mosquées, sept évêques, à la tête de pieux exilés, s'étaient enfuis de la Péninsule, et mis en mer à la recherche de quelque île de l'Océan, où ils pourraient fonder sept villes chrétiennes.

Le sort de ces pieux aventuriers était ignoré depuis. Le récit du vieux loup de mer ressuscita ce souvenir. On en conclut que l'île, ainsi découverte par le hasard, était certainement la retraite des évêques errants et de leur fidèle troupeau. L'île des Sept-Villes excita alors autant d'intérêt parmi les chrétiens qu'en souleva la fameuse cité de Tombouctou parmi les touristes modernes. Mais personne ne prit la chose à cœur autant que don Fernand de Ulmo, jeune cavalier portugais, d'un esprit ardent et romanesque. L'Ile des Sept-Villes devint l'unique objet de ses pensées pendant le jour et de ses rêves pendant la nuit. Elle balança même sa passion pour une riche Lisbonnaise à laquelle il était fiancé. Il s'enflamma tellement, qu'il résolut de faire une expédition à la recherche de cette ville sainte. Ce ne pouvait pas être une excursion bien longue, puisque, sur les calculs du pilote, l'île en question devait être dans les parages des Canaries ; à cette époque où le nouveau monde n'était pas encore découvert, les Canaries étaient la limite des navigateurs sur l'Océan. Fernand réclama pour son projet la protection royale ; comme il était aimé, il obtint du roi don Juan II une commission qui l'instituait *adelantado* ou gouverneur militaire des pays qu'il pourrait découvrir, à la seule condition que tous les frais de son entreprise seraient à sa charge, et qu'il abandonnerait à la couronne un dixième de ses bénéfices.

Don Fernand se mit à l'œuvre, vendit ses terres et en convertit le produit en navires, en canons, en munitions et en vivres. Beaucoup de chercheurs d'aventures s'engagèrent dans sa troupe.

Un seul homme désapprouvait le projet : c'était don Ramire Alvarez, le père de Sérafina, la fiancée de don Fernand, vieillard positif. Il ne croyait pas à l'île des Sept-Villes ; il voyait avec colère son gendre futur vendre de bonnes terres pour des châteaux en l'air, et il l'avait baptisé du sobriquet d'Adelantado du pays des niais.

L'engagement de Fernand avec Sérafina le jeta quelque temps dans un embarras extrême. Il était très-attaché à la jeune dame ; mais il était plus épris encore de son projet. Comment concilier ces deux passions? Une facile combinaison se présentait : épouser Sérafina avant son départ. Il proposa cet arrangement à don Ramire ; mais alors le vieux cavalier laissa éclater la tempête de sa mauvaise humeur, et reprocha à Fernand ce qu'il appelait sa sotte crédulité ; Fernand était trop jeune pour écouter paisiblement un tel langage. Une querelle s'ensuivit ; don Ramire le traita de fou, et lui interdit sa maison jusqu'à ce qu'il ait prouvé son retour à des idées plus raisonnables. Le jeune homme sortit plus obstiné que jamais dans sa résolution.

Les apprêts de l'expédition se terminèrent. Deux élégantes caravelles étaient à l'ancre dans le Tage, prêtes à mettre à la voile dès l'aurore. Le jeune homme écrivit à Sérafina: « Quelques mois, et je reviens triomphant. Votre père rougira alors de son incrédulité, et m'appellera le bienvenu chez lui, lorsque je franchirai le seuil de sa porte, riche comme un puissant monarque et adalantado des Sept-Villes. » Et au point du jour les caravelles gagnèrent la mer. Elles gouvernèrent vers les Canaries.

A peine avaient-elles atteint ces parages, qu'il s'éleva une violente tempête qui les sépara. Fernand, sur le seul navire qui lui restait, fut plusieurs jours et plusieurs nuits le jouet des éléments ; un soir enfin la tempête se calma, les nuages se dissipèrent comme si un rideau placé devant le ciel s'était écarté tout à coup ; le soleil couchant brilla sur une belle île montueuse. Les matelots, se frottant les yeux, contemplaient, sans savoir encore si ce n'était pas une hallucination, cette terre si soudainement sortie des ténèbres profondes. Mais elle était là, avec ses ravissants points de vue, ses villages, ses tours et ses clochers ; et la mer calmée roulait ses flots paisibles jusque sur le rivage. A une lieue environ l'œil distinguait fort bien, baignée par une rivière, une superbe ville, avec des tours et des murailles élevées, un fort qui la protégeait. Fernand jeta l'ancre à l'embouchure de la rivière, qui paraissait former un port spacieux. Bientôt on vit s'avancer une embarcation d'apparat ; elle était ornée de dorures fort riches, quoique bizarres. Une bannière qui portait l'emblème sacré de la croix flottait au vent. Cette chaloupe, montée par seize rameurs qui marquaient avec leurs avirons la cadence d'un vieux chant espagnol, était commandée par un cavalier vêtu d'un pourpoint très-riche, de forme ancienne, et coiffé d'un vaste sombrero, qu'une plume légère décorait.

Lorsque le canot eut abordé la caravelle, le cavalier monta à bord. Il était grand ; il portait une longue figure espagnole avec une gravité fière ; ses moustaches frisées se relevaient jusqu'aux oreilles ; sa barbe était régulière et partagée en deux, ses gantelets lui montaient jusqu'aux coudes, et il laissait traîner derrière lui une lame de Tolède dont l'énorme poignée était faite en corbeille. Il salua Fernand par son nom et lui souhaita sa bienvenue avec l'antique courtoisie castillane. Étonné de s'entendre appeler par son nom dans un pays étranger, Fernand demanda en quelles régions il était arrivé.

— Dans l'île des Sept-Villes.

La tempête l'avait ainsi poussé vers la terre même qu'il cherchait. Son autre caravelle, dont la tempête l'avait séparé, était entrée dans un port voisin, et avait annoncé l'expédition qui venait réunir ce pays à la grande unité chrétienne. L'île entière célébrait cet événement par des réjouissances ; et on n'attendait que sa présence pour jurer fidélité à la couronne de Portugal et le saluer adelantado des Sept-Villes.

Un grand festin devait avoir lieu le soir même au palais de l'alcade ou gouverneur, qui avait envoyé son grand chambellan dans sa chaloupe d'honneur pour conduire l'adalantado à la cérémonie.

Fernand se crut bercé par un rêve. Il fixa un œil scrutateur sur le grand chambellan, qui, son message accompli, restait debout, dans une grande dignité. Le jeune homme, voyant bien que ce qui se passait ne pouvait être une fiction, revêtit ses plus beaux habits. Il voulait mettre son canot à la mer et débarquer avec ses hommes; mais on lui dit que la chaloupe avait été disposée pour lui; qu'après la fête on le ramènerait à son navire et que le jour suivant il ferait, dans l'appareil convenable, son entrée au port. Il se jeta donc dans l'embarcation. Le grand chambellan s'assit sur un coussin en face de lui, et les rameurs se penchèrent sur leurs avirons.

La nuit vint avant qu'ils entrassent dans la rivière. Ils doublèrent le promontoire défendu par une tour; et les sentinelles crièrent : Qui va là?
— L'adelantado des Sept-Villes.
— Il est le bienvenu. Passez.

En entrant dans le port, ils ramèrent le long d'une galère d'un modèle fort ancien. Des soldats armés d'arbalètes étaient en faction sur le pont.
— Qui va là? demanda-t-on de nouveau.
— L'adelantado des Sept-Villes.
— Il est le bienvenu. Passez.

Ils abordèrent à un escalier de pierre conduisant, entre deux tours massives, à une porte où ils frappèrent. Une sentinelle cria : Qui est là?
— L'adalantado des Sept-Villes.
La porte tourna sur ses gonds.

Ils entrèrent entre deux rangs de guerriers, cuirassés de fer battu, portant des arbalètes, des haches d'armes, et des masses. Ils firent le salut militaire en silence. La ville était illuminée, mais sombre; on voyait dans les rues des feux de joie autour desquels se groupaient des costumes qui rappelaient le carnaval; les dames très-parées, que l'on apercevait aux balcons tendus de vieilles tapisseries, ressemblaient plutôt à des figures bénites qu'à des femmes en toilette. Tout portait l'empreinte des anciens temps, ou plutôt c'était le monde espagnol rétrogradé de plusieurs siècles. On avait surtout conservé dans l'île des Sept-Villes la vieille gravité castillane : quoiqu'on célébrât des réjouissances publiques et que Fernand fût l'objet de leurs félicitations, partout où il se montrait, au lieu d'acclamations, ce n'étaient que révérences officielles et sombreros silencieusement agités dans les airs.

En arrivant au palais de l'alcade, on répéta la formalité ordinaire :
— Qui est là?
— L'adelantado des Sept-Villes.
Il est le bienvenu. Passez.

On entra dans un salon magnifique, illuminé aux flambeaux. L'alcade et les dignitaires de la ville attendaient leur hôte illustre; ils le reçurent avec l'étiquette officielle remarquée partout.

Le banquet se composait de mets inconnus, de friandises oubliées; un paon fut servi dans son plumage, sur un plat d'or, au haut bout de la table.

La fille de l'alcade était assise à côté de Fernand. Sa toilette à la vérité avait pu être de mode huit ou neuf cents ans auparavant; mais elle avait de beaux yeux noirs, une charmante figure andalouse, et une voix pleine de douceur. Le jeune homme, à qui la brusque et complète réalisation de ses espérances avait presque tourné la tête, et qui avait plusieurs fois vidé la coupe que des pages attentifs lui présentaient à chaque instant, n'était pas arrivé à la moitié du banquet, que, très-épris, il sollicita l'honneur de sa main. La demoiselle baissa la tête d'une manière qui signifiait un consentement, et Fernand allait la demander à son père sans se ressouvenir de Sérafina, lorsque le chambellan vint lui annoncer que la chaloupe l'attendait pour le conduire à sa caravelle. Don Fernand prit congé de la noble compagnie dans toutes les règles du cérémonial, dit un tendre adieu jusqu'au lendemain à la fille de l'alcade, et fut reconduit à son vaisseau. Rentré dans sa chambre, et pris d'une sorte de vertige causé par tout ce qu'il avait vu, il se jeta sur son lit, et tomba bien vite dans un sommeil fiévreux, agité de rêves vagues et sans suite. Combien dura ce sommeil? Il ne le sut jamais. En se réveillant, il se trouva dans une cabine inconnue, entouré de personnes qu'il n'avait vues de sa vie. Dormait-il encore? Il se frotta les yeux. En réponse à ses questions, on lui apprit qu'il était sur un navire portugais faisant voile pour Lisbonne, et qu'il avait été recueilli sans connaissance sur un débris de navire flottant à la merci des vagues au milieu de l'Océan.

Fernand fut fort étonné; il se rappelait parfaitement tout ce qui lui était arrivé dans l'île des Sept-Villes et ce qu'il y avait vu. On prit ses discours pour des divagations; et, dans leur sollicitude, les gens du navire lui administrèrent des remèdes si violents, qu'il se crut obligé de garder le silence. Le vaisseau entra dans le Tage, et jeta l'ancre devant Lisbonne. Fernand, s'élançant sur le rivage, courut au manoir de ses ancêtres. A sa grande stupéfaction, il le trouva habité par des étrangers; et lorsqu'il demanda des nouvelles de sa famille, personne ne put lui en donner.

Il se dirigea alors vers la demeure de don Ramire, car sa passion pour Sérafina s'était ranimée. Il s'approcha du balcon sous lequel il lui avait donné tant de sérénades. Sérafina elle-même était au balcon. Il poussa un cri de ravissement en tendant les bras vers elle. Elle lui lança un regard d'indignation, se retira et ferma la fenêtre. La porte était ouverte. Il franchit rapidement l'escalier, et en entrant dans la chambre il se jeta à ses pieds; elle recula avec effroi. Un jeune cavalier qui était présent s'avança :

— M'expliquerez-vous, monsieur, ce que vous venez faire ici? dit-il.

— De quel droit, demanda Fernand, me faites-vous cette question?

— Du droit d'un fiancé.

Fernand tressaillit et pâlit. — O Sérafina! Sérafina! s'écria-t-il avec l'accent du désespoir, est-ce là la foi que vous m'aviez promise? — Sérafina! Que voulez-vous dire? Cette jeune dame s'appelle Maria.

— N'est-elle pas Séraſina Alvarez? et ne vois-je pas là son portrait?

— Sainte Vierge, s'écria la jeune fille, il parle de ma bisaïeule!

Le malheureux Fernand se trouvait dans un embarras nouveau : s'il s'en rapportait au témoignage de ses yeux, il voyait devant lui Séraſina; s'il en croyait ses oreilles, ce n'étaient que ses traits héréditaires, perpétués dans la personne de sa petite-fille. Sa cervelle commença à s'embrouiller. Il sortit brusquement; il courut au bureau du ministère de la marine, et fit un rapport sur son expédition et sur l'île des Sept-Villes. Personne n'avait entendu parler de rien de semblable. Il déclara qu'il avait formé cette entreprise après avoir reçu une commission officielle qui le constituait adelantado. Ces paroles attirèrent l'attention d'un vieil employé à cheveux blancs, dont la mémoire n'était qu'un catalogue de faits officiels et de documents. Après avoir regardé quelque temps le navigateur du haut de son tabouret, il se mit la plume derrière l'oreille et descendit. Il se souvenait d'avoir entendu son prédécesseur parler d'une expédition semblable à celle dont il était question. Mais elle était partie sous le règne de Juan II, mort depuis plus de cent ans. Pour éclaircir la chose, il fit d'actives recherches dans les archives, il y trouva l'indication d'un contrat entre la couronne et un certain Fernand de Ulmo pour la découverte de l'île des Sept-Villes, ainsi que d'une commission qui lui avait été donnée comme adelantado du pays qu'il pouvait découvrir.

— Eh bien! s'écria Fernand triomphant, vous avez sous les yeux la preuve de ce que j'ai dit. Je suis ce Fernand de Ulmo nommé dans cette pièce, j'ai découvert l'île des Sept-Villes, et j'ai droit d'en être adelantado.

Le récit de don Fernand avait la meilleure autorité historique, le témoignage des documents. Mais comment un homme à la fleur de la jeunesse parlait-il d'événements qui dataient de plus d'un siècle? On le regarda comme un fou.

Le vieux commis haussa les épaules et se gratta le menton, remonta sur son tabouret et se remit à copier. Ainsi abandonné, Fernand s'élança hors du bureau la tête égarée. Dans son trouble il se dirigea de nouveau vers la demeure d'Alvarez; mais elle lui fut fermée. Pour le convaincre que Séraſina était vraiment morte, on le conduisit à sa tombe, qui portait l'empreinte du temps; car les mains du cavalier son époux avaient perdu leurs doigts, et la figure de la belle Séraſina n'avait plus de nez. Il fit réparer par un habile statuaire le nez de Séraſina, et dit adieu à ce monument.

Il ne pouvait plus douter désormais qu'il n'eût franchi un siècle pendant la nuit qu'il avait passée dans l'île des Sept-Villes. Il se trouvait aussi étranger au milieu de sa patrie que s'il n'y eût jamais été. Il souhaita de se retrouver dans ces vieilles salles où il avait reçu un accueil si courtois; et il aurait bien voulu entreprendre une autre expédition à la recherche de l'île; mais il n'avait plus aucunes ressources, et personne ne voulait ajouter foi à ses récits, que l'on regardait comme les rêves d'un naufragé.

Il s'embarqua pour les Canaries, parce qu'elles étaient dans la latitude de son ancienne principauté, et que les habitants aimaient assez à courir les aventures. Il trouva là de dociles auditeurs; les vieux pilotes et les vieux marins étaient là des chercheurs d'îles, et croyaient à toutes les merveilles des mers. Tous regardèrent ce qui lui était arrivé comme une circonstance ordinaire et se dirent en branlant la tête : « Il a été à l'île de Saint-Brandan. »

Ils lui parlèrent alors de cette énigme de l'Océan, de ses apparitions fréquentes et des nombreuses expéditions parties vainement à sa recherche. Ils le menèrent à un promontoire d'où l'on avait le plus souvent aperçu l'île mystérieuse.

Fernand ne doutait plus que ce ne fût là le port où une influence surnaturelle avait agi sur lui pour resserrer dans l'espace d'une nuit l'événement d'un siècle. Il ne réussit pas à engager les insulaires dans une nouvelle tentative de découverte; ils avaient renoncé tous à l'île inaccessible. Fernand néanmoins ne se décourageait pas. Assis au promontoire de Palma, il y restait de longues journées, s'attendant toujours à voir poindre les magiques montagnes de Saint-Brandan; puis il s'en revenait désappointé, mais il retournait à son poste le lendemain. Ses cheveux y blanchirent; et un jour on l'y trouva mort.

AUTRES LÉGENDES.

Il y aurait une foule de légendes bizarres à rassembler dans les mythologies anciennes. Voici par exemple la fable que les Egyptiens racontaient au sujet de Rhéa, la fille du Ciel et de la Terre; pour expliquer les changements qu'ils avaient dû faire à leur année, qui n'avait d'abord que 360 jours.

Rhéa étant devenue grosse de Saturne, le Soleil, irrité, la chargea de malédictions et jura qu'elle n'accoucherait dans aucun des douze mois de l'année. Elle fit part de son embarras à Mercure, qui entreprit de la garantir des fureurs du Soleil. La souplesse d'esprit qui le caractérisait lui fournit pour y parvenir un expédient. Un jour qu'il jouait aux dés avec la Lune, il lui proposa de jouer la soixante-douzième partie de chaque jour de l'année. Il gagna, et, profitant de son gain, il en composa cinq jours qu'il ajouta aux douze mois. Ce fut pendant ces cinq jours que Rhéa accoucha; elle mit au monde Isis, Osiris, Orus, Typhon et Nephthé. Ainsi l'année égyptienne, qui n'était d'abord que de trois cent soixante jours, reçut les cinq jours complémentaires qui lui manquaient.

C'est aussi une légende que l'histoire de Cadmus et de son dragon. Cadmus, fils d'Agénor et de Téléphassa, avant d'offrir un sacrifice à Pallas, envoya ses compagnons puiser de l'eau dans un bois consacré à Mars; mais un dragon, fils de ce dieu et de Vénus, les dévora. Cadmus vengea leur mort en tuant le monstre, et en sema les dents, par le conseil de Minerve. Il en sortit dix hommes tout armés, qui l'assaillirent d'abord, mais tournèrent bientôt leur fureur contre eux-mêmes et s'entre-tuèrent, à l'exception de cinq, qui lui aidèrent à bâtir la ville que l'oracle de Delphes avait ordonné de construire.

En voici une autre :

Anius, roi de Délos, et grand prêtre d'Apollon, eut de Dorippe trois filles, qui avaient reçu de Bacchus le don de changer tout ce qu'elles touchaient, l'une en vin, l'autre en blé, et la troisième en huile. La première se nommait OEno ; la deuxième Spermo ; et la troisième Elaïs. Agamemnon, allant au siége de Troie, voulut les contraindre de l'y suivre, comptant qu'avec leur secours il pourrait se passer de provisions. Mais Bacchus, qu'elles implorèrent, les changea en colombes.

Il y en aurait mille.

Laodamie, fille d'Acaste, épousa Protésilas. Son mari ayant été tué par Hector, Laodamie fit faire une statue qui lui ressemblait : un valet l'ayant vue devant cette statue, alla dire à Acaste que sa fille était avec un homme ; il y courut. Ayant trouvé la statue, il la fit brûler pour ôter à sa fille ce triste souvenir. Mais Léodamie, s'étant approchée du bûcher, s'y jeta et y périt. C'est là ce qui a fait dire aux poëtes que les dieux avaient rendu la vie à Protésilas pour trois heures seulement, et que se voyant obligé de rentrer dans le royaume de Pluton, il avait persuadé à sa femme de le suivre.

On voit en Provence, entre Arles et Marseille, une très-grande plaine couverte de pierres d'égale grosseur dont chacune peut remplir la main. C'est aujourd'hui la Crau, petit pays de Provence, à l'embouchure du Rhône. Voici la fable que les anciens ont imaginée pour expliquer comment cette plaine avait pris un tel aspect. Albion et Bergion, géants, enfants de Neptune, eurent l'audace d'attaquer Hercule, et voulurent l'empêcher de passer le Rhône. Ce héros ayant épuisé ses flèches contre eux, Jupiter les accabla d'une grêle de pierres, et le champ où les pierres tombèrent fut appelé *campus lapideus.*

Mais laissons les vieilles fables. Le sujet d'Hamzah, dans l'Orient, a donné lieu aux plus curieux récits.

Hamzah, prophète d'Harem, divinité des Druses, est, disent-ils, descendu sept fois sur la terre. Dans l'âge d'Adam, il a paru sous le nom de Chatnil ; dans l'âge de Noé, sous celui de Pythagore ; dans l'âge d'Abraham, sous celui de David ; dans l'âge de Moïse, sous celui de Chaïl ; dans l'âge de Notre-Seigneur, sous celui de Messie ou d'Héliasar ; dans l'âge de Mahomet, sous celui de Selman et de Farsi ; dans l'âge de Saïd, sous celui de Salih. Les livres des Druses l'appellent le plus grand de tous les prophètes, et la cause des causes.

Le bogaha est un arbre de l'île de Ceylan, que les Européens ont nommé l'arbre Dieu, en raison du culte qu'ils lui ont vu rendre. Le bogaha le plus renommé se trouve à Annarodgburro, ville ruinée dans la partie septentrionale des Etats du roi de Candy, dont les sujets ont seuls la faculté de s'approcher de ce sanctuaire. Selon la tradition reçue, le bogaha traversa les airs pour se rendre à Ceylan de quelque pays éloigné, et enfonça lui-même ses racines en terre à la place qu'il occupe actuellement. Il fit ce voyage pour servir d'abri au dieu Bouddha, qui se reposa à son ombre tout le temps qu'il demeura sur la terre. Quatre vingt-dix-neuf rois, qui, par les temples et les images qu'ils ont dédiés à Bouddha, ont mérité que leur âme fût reçue dans le séjour de la félicité, ont été enterrés sous l'arbre sacré. Transformés en bons génies, ils sont chargés de veiller à la sûreté des adorateurs de ce dieu, et surtout de les préserver du joug des Européens.

Cambadaxus était un bonze dont les Japonais racontent l'anecdote suivante : A huit ans, il fit construire un temple magnifique, et, se prétendant las de la vie, il annonça qu'il voulait se retirer dans une caverne, et y dormir dix mille millions d'années. En conséquence il entra dans une caverne dont l'issue fut scellée sur-le-champ. Les Japonais le croient encore vivant, et l'invoquent comme un dieu. C'est bien plus hardi que nos sept dormants.

Voici comme le Shastah indien trace l'origine de la métempsycose ou de la transmigration des âmes. Les debtahs ou anges rebelles ayant encouru la disgrâce de l'Eternel, l'univers fut créé pour leur servir de séjour. Le dieu forma des corps qui devaient leur tenir lieu de prison et de demeure, assujettit ces corps au changement, à la décadence, à la mort, et soumit les debtahs coupables à quatre-vingt-neuf transmigrations. Les quatre-vingt-sept premières transmigrations devaient être leur châtiment ; à la quatre-vingt-huitième ils devaient animer le corps d'une vache, et enfin à la quatre-vingt-neuvième celui de l'homme ; et cette dernière épreuve devait être la plus forte de toutes.

Lauthu était un magicien tunquinois qui prétendait avoir été formé et porté soixante et dix ans dans le sein de sa mère ; ses disciples le regardaient comme le créateur de toutes choses ; c'est cette religion que suit le peuple, tandis que la cour suit celle de Confutzée.

Mais le philosophe Tao-Kium, auquel les Chinois ont décerné les honneurs divins, est encore plus surprenant. Porté quatre-vingt-dix ans dans les flancs de sa mère, il s'ouvrit un passage par le côté gauche, et causa la mort de celle qui l'avait conçu : « Tao, ou la raison et plutôt le raisonnement, disent-ils, produisit un, un produisit deux, deux produisirent trois, et trois ont produit toutes choses... » Voyez la plupart des récits de ce dictionnaire.

LEGENDRE (GILBERT-CHARLES), marquis de Saint-Aubin-sur-Loire, né à Paris en

1688, mort en 1746. On a de lui un *Traité de l'opinion, ou Mémoires pour servir à l'histoire de l'esprit humain*, Paris, 1733, 6 vol. in-12 : ouvrage dont M. Salgues a tiré très-grand parti pour son livre *Des erreurs et des préjugés répandus dans la société*.

LÉGIONS. Il y a aux enfers six mille six cent soixante-six légions de démons. Chaque légion de l'enfer se compose de six mille six cent soixante-six diables, ce qui porte le nombre de tous ces démons à quarante-quatre millions quatre cent trente-cinq mille cinq cent cinquante-six, à la tête desquels se trouvent soixante-douze chefs, selon le calcul de Wierus. Mais d'autres doctes mieux informés élèvent bien plus haut le nombre des démons.

LELEU (Augustin), contrôleur des droits du duc de Chaulnes sur la chaîne de Piquigny, qui demeurait à Amiens, rue de l'Aventure, et dont la maison fut infestée de démons pendant quatorze ans. Après s'être plaint, il avait obtenu qu'on fît la bénédiction des maisons infestées ; ce qui força les diables à détaler (1).

LEMIA, sorcière d'Athènes, qui fut punie du dernier supplice, au rapport de Démosthène, pour avoir enchanté, charmé et fait périr le bétail ; car dans cette république on avait établi une chambre de justice destinée à poursuivre les sorciers (2).

LEMNIUS ou LEMMENS (Lievin), né en 1505 à Ziriczée en Zélande, médecin et théologien, publia un livre sur ce qu'il y a de vrai et de faux en astrologie, et un autre sur les merveilles occultes de la nature (3).

LÉMURES, génies malfaisants ou âmes des morts damnés qui (selon les croyances superstitieuses) reviennent tourmenter les vivants, et dans la classe desquels il faut mettre les vampires. On prétend que le nom de Lémure est une corruption de Rémure, qui vient à son tour du nom de Rémus, tué par Romulus, fondateur de Rome ; car après sa mort les esprits malfaisants se répandirent dans Rome (4). *Voy.* Lares, Larves, Spectres, Vampires, etc.

LENGLET-DUFRESNOY (Nicolas), né à Beauvais en 1674, et mort en 1755. On lui doit, 1° une *Histoire de la philosophie hermétique, accompagnée d'un catalogue raisonné des écrivains de cette science, avec le véritable philalète*, revu sur les originaux, 1742, 3 vol. in-12 ;

2° Un *Traité historique et dogmatique sur les apparitions, visions et révélations particulières*, avec des observations sur les dissertations du R. P. Dom Calmet sur les apparitions et les revenants, 1751, 2. vol. in-12 ;

3° Un *Recueil de dissertations* anciennes et nouvelles sur les apparitions, les visions et les songes, avec une préface historique et un catalogue des auteurs qui ont écrit sur les esprits, les visions, les apparitions, les songes et les sortilèges ; 1752, 4 vol. in-12.

Nous avons puisé constamment dans ces ouvrages.

Nous donnerons une idée de ses compilations, en empruntant à son Traité historique et dogmatique sur les apparitions et les visions un assez curieux morceau qui termine le tome second. C'est la reproduction, avec observations critiques, d'un opuscule intitulé : *Le retour des morts*, ou Traité qui prouve, par plusieurs histoires authentiques, que les âmes des trépassés reviennent quelquefois par la permission de Dieu. Sur l'imprimé à Toulouse en 1694.

LE RETOUR DES MORTS.

Première apparition. Drithelme. (Beda lib. V Gentis Anglor. cap. 13.)

Entre les choses extraordinaires qui sont arrivées en Angleterre, l'une des plus mémorables est l'aventure d'un nommé Drithelme, dont le vénérable Bède nous a laissé l'histoire. Il la rapporte comme un fait dont il était très-bien informé, et qui arriva de son temps avec l'étonnement de tout le monde ; il le raconte ainsi dans le cinquième livre de l'Histoire d'Angleterre.

De notre temps, dit-il, il y eut en Angleterre un miracle des plus mémorables, et qui sans doute est pareil à ceux qui se faisaient anciennement ; car pour la résurrection de l'âme de plusieurs personnes mortes par le péché, l'on a vu ressusciter un homme mort de la vie du corps. Cet homme rendu à la vie raconta plusieurs choses très-considérables, et j'ai cru en devoir citer quelques-unes en cet endroit.

Il y avait un homme dans le pays de Northumberland qui vivait fort saintement avec toute sa famille ; il fut atteint d'une maladie qui augmenta toujours de plus en plus et le mit si bas, qu'il mourut vers l'entrée de la nuit. Mais sur le point du jour ressuscitant et se levant tout à coup, il remplit de frayeur l'esprit de ceux qui, avec beaucoup de larmes, avaient veillé auprès de son corps, si bien qu'ils s'enfuirent tous, à la réserve de femme, qui, l'aimant beaucoup, resta seule, quoique tout effrayée. Le défunt pour la rassurer lui dit : — Ne craignez rien, je suis vraiment ressuscité, et l'on m'a permis de vivre encore une fois parmi les hommes, non pas néanmoins ainsi que j'avais accoutumé, mais d'une bien différente manière.

Ayant dit ce peu de paroles, il se retira soudain dans une petite chapelle qu'il avait à sa métairie, où sans cesse il s'occupait à la prière ; et peu de temps après il divisa tout ce qu'il avait de bien en trois parties, dont il donna l'une à sa femme, l'autre à ses enfants, et la troisième il la distribua aussitôt aux pauvres. Ainsi délivré de l'embarras et des inquiétudes du siècle, il s'en vint au mo-

---

(1) Lenglet-Dufresnoy, Dissertations sur les apparit., t. III, p. 213.
(2) M. Garinet, Hist. de la magie en France, p. 14.
(3) De Astrologia liber unus, in quo obiter indicatur quid illa veri, quid ficti falsique habeat, et quatenus arti sit ha-

benda fides ; Anvers, 1554, in-8°. — De occultis naturæ miraculis libri II ; Anvers, 1559, in-12. Réimprimé chez Plantin en quatre livres ; Anvers, 1564.
(4) Leloyer, Hist. des spectres ou appar. des esprits, ch. 5.

nastère de Mailros, où il se fit raser, et se logea dans une petite cellule que l'abbé lui marqua, et où il passa le reste de ses jours dans un si grand regret de ses offenses passées, qu'il était aisé de juger par la vie qu'il menait, plus que par ses paroles, qu'assurément il avait vu d'étranges choses capables de réveiller nos désirs, ou d'exciter nos craintes.

Il racontait donc ainsi ce qu'il avait vu. — Mon conducteur, disait-il, était merveilleusement éclatant en son visage et en ses habits. Nous arrivâmes d'abord dans une vallée également large et profonde, et d'une longueur presque infinie; le côté gauche était horrible à voir, à cause des flammes dévorantes qui en sortaient, et le droit ne l'était pas moins par la grêle dont il était incessamment battu, par des neiges continuelles, et un vent froid et piquant qui y règne toujours : l'un et l'autre de ces deux lieux était tout rempli d'âmes, emportées comme par un tourbillon, qui se lançaient tantôt dans l'un et tantôt dans l'autre; car ne pouvant d'une part souffrir l'ardeur et la violence des flammes qui les dévoraient, elles se jetaient au milieu de ces froids cuisants; et de l'autre n'y trouvant pas le soulagement qu'elles en avaient espéré, elles s'élançaient dans des feux qui ne s'éteindront jamais.

Voyant une multitude incroyable d'esprits tourmentés sans relâche, je n'hésitai pas à croire que c'était là cet enfer, dont j'avais ouï dire des choses si effroyables. Mais mon guide, qui s'aperçut assez de ma pensée, me dit aussitôt : — Non, ce n'est pas l'enfer, et savez-vous bien ce que c'est que vous avez vu ? — Non vraiment, dis-je. — Eh bien ! répliqua-t-il, cette vallée, que vous avez vue si terrible par les flammes dévorantes qui en sortent et par le froid si rude qu'on y sent, est justement le lieu où sont punis ceux qui ont toujours différé la confession de leurs péchés et l'amendement de leur vie, et qui enfin à l'heure de la mort ont eu recours au sacrement de pénitence; ces gens-là, parce qu'ils se sont confessés de leurs péchés, du moins à l'instant de leur mort, seront reçus dans le ciel au jour du jugement; il est vrai que, par des prières, des jeûnes et des aumônes, et surtout par le sacrifice auguste de l'autel, les personnes qui vivent encore dans le monde peuvent leur abréger ce temps.

Le vénérable Bède ajoute que, comme ce saint homme ne cessait de se tourmenter par de grandes austérités, que souvent il priait Dieu et chantait ses louanges plongé dans des fleuves tout glacés, ses confrères, surpris d'une si étrange conduite, lui dirent : — C'est merveille, frère Drithelme, que vous puissiez endurer la rigueur de ce froid; il ne répondait autre chose sinon : — Le froid que j'ai vu est encore plus grand; et comme on lui répétait souvent : C'est merveille que vous ayez entrepris de mener une vie si austère, il ne disait autre chose sinon : J'ai vu de plus grandes austérités; et il persista jusqu'à la mort dans la pratique de ces pénibles exercices, et dans un très-ardent désir de posséder un jour les biens éternels. Il matait son corps par des jeûnes continuels, quoiqu'il fût déjà cassé de vieillesse : enfin par ses paroles et par ses exemples, il contribua beaucoup au salut de plusieurs personnes.

Observation.

Ce fait, raconté avec tant d'assurance par le vénérable Bède, caractérise sa crédulité. Peut-on regarder comme une résurrection la syncope d'un homme qui s'évanouit le soir, et qui le matin revient à lui ? N'est-ce pas donner dans l'excès que de qualifier ce réveil du nom de résurrection ? Eh ! que raconte cet homme ? Il ne fait que rapporter ce qu'une pieuse imagination lui a conservé des récits journaliers du purgatoire. Que l'on examine toutes les peintures que ces prétendus revenants ou ressuscités font du purgatoire, on n'en verra pas deux qui se ressemblent; parce qu'elles sont, non les portraits de la chose, mais de l'imagination de ceux qui en font le récit. Or les imaginations ne sont pas moins variées que les physionomies. Cependant le purgatoire est toujours le même pour toutes les âmes que la justice divine y envoie. Pourquoi donc le peindre si différemment ? Il ne saurait l'être que d'une seule manière. Je n'en veux pas davantage pour réfuter une historiette si mal appuyée. D'ailleurs la conduite de ce prétendu ressuscité n'est pas conforme à son devoir. Dieu l'avait appelé à l'état de mariage, et l'y avait fait prospérer; il devait en suivant la loi, et non pas son imagination, rester dans le monde pour y sanctifier sa femme et ses enfants, et il aurait agi conformément à sa première vocation. Satisfaire aux devoirs généraux est la voie de la sanctification, sans s'aller précipiter dans des abîmes d'imaginations scrupuleuses, qui ne sont pas de l'ordre de Dieu.

Deuxième apparition. Adelhard, religieux de Fulde. (Joannes Trithemius in Vita B. Rabani Mauri, archiepiscopi Moguntini, lib. II, cap. 3.)

L'histoire de Raban Maur, premièrement abbé de Fulde, et ensuite archevêque de Mayence, raconte que ce saint prélat avait beaucoup de charité pour les pauvres; en sorte que la bonté avec laquelle il tâchait de les secourir, et même de prévenir leurs nécessités, lui avait acquis à juste titre la qualité de père et protecteur des misérables. Il est vrai que ses largesses passèrent dans l'esprit de quelques-uns de ses religieux pour prodigalité, et qu'il s'en trouva d'assez avaricieux pour plaindre ce qu'on donnait aux membres de Jésus-Christ. On remarque que ceux-ci n'étaient pas les studieux, mais ceux qui avaient soin du temporel. Le chef de cette troupe fut un certain Adelhard, cellérier et économe du monastère; mais Dieu fit de sa personne un exemple formidable, qui apprit aux autres à ne pas regretter le pain qu'on donne aux pauvres.

Le saint abbé avait fait une ordonnance qui n'était pas moins avantageuse pour les religieux décédés que pour les indigents :

elle portait qu'après la mort de chaque religieux on donnât, l'espace de trente jours, sa portion tout entière aux pauvres. Il arriva que, plusieurs de ces religieux étant morts en même temps, l'abbé, qui connaissait l'humeur trop ménagère de son cellérier, commanda très-expressément, en présence des autres, d'accomplir ce qu'il avait ordonné. Adelhard l'assura qu'il n'y manquerait pas; cependant son avarice prévalut sur l'obéissance ; de sorte qu'il retrancha plus de la moitié des aumônes, et enfin il n'en donna plus du tout.

Un soir, étant occupé fort tard à son office, et la communauté étant retirée, comme il passait devant le chapitre pour aller au dortoir, il aperçut, à la faveur de la lumière qu'il portait, quantité de religieux assis aux deux côtés du chapitre; ce qui le surprit d'autant plus, que c'était pendant la nuit. Regardant d'un peu plus près, il reconnut que c'étaient tous ceux dont il avait retenu les aumônes. Alors saisi de crainte, il aurait bien voulu prendre la fuite; mais sa frayeur était si grande qu'il demeura immobile sans pouvoir avancer un pas. Dans ce moment, toutes ces ombres s'approchant de lui, le renversèrent par terre, et l'ayant dépouillé : — Voici, lui dirent-elles, le commencement des peines préparées à votre cruauté : dans trois jours, vous serez des nôtres, et vous apprendrez par une funeste expérience qu'il n'y a point de miséricorde pour ceux qui la refusent au prochain. Ils lui donnèrent ensuite la discipline jusqu'au sang, et le laissèrent évanoui sur la place, où il demeura jusqu'à minuit, que les religieux s'étant assemblés pour matines, le trouvèrent en ce pitoyable état. Il fut porté à l'infirmerie, où, par les soins des religieux étant revenu à soi, il leur exposa ce qui lui était arrivé, et l'arrêt irrévocable de la mort qu'il devait subir dans trois jours.

Toute la communauté fut fort touchée de l'infortune du cellérier, mais surtout le trèssaint abbé. Il essaya de fortifier ce malade et de le disposer à une sérieuse pénitence, l'assurant que Dieu lui serait propice, quoiqu'il le châtiât, et qu'il importait peu qu'il ne fît point de miséricorde en cette vie au corps, pourvu qu'il ne le refusât pas éternellement à l'âme. Enfin, ayant reçu les derniers sacrements, il décéda avec des marques d'une véritable contrition.

Le saint père Raban ne termina pas ses inquiétudes à sa mort ; au contraire, comme il jugeait bien que ses peines étaient extrêmes dans le purgatoire, il offrit beaucoup plus de sacrifices et d'aumônes pour son soulagement qu'il n'avait fait pour les autres qui l'avaient précédé. Il ordonna des jeûnes et des oraisons plus longues et plus fréquentes, et n'oublia rien de ce qui pouvait fléchir la justice de Dieu en sa faveur.

Trente jours après son décès, le vénérable abbé étant en oraison pour lui après matines, le défunt lui apparut triste, défiguré, portant même jusque sur son habit les signes de son tourment. Le saint homme ne s'épouvanta point de cette apparition ; mais, rempli de confiance en Dieu, il interrogea ce frère sur son état, et si les pénitences et les oraisons qu'on avait faites pour lui l'avaient soulagé. Mon père, répond le mort, vos bonnes œuvres sont aussi agréables à NotreSeigneur qu'utiles aux âmes du purgatoire Hé ! plût à Dieu que mon avarice n'en eût point retardé l'effet pour moi ! Mais vous saurez, mon père, que j'endure des tourments inexplicables, et que Dieu, par un juste jugement, me fera souffrir jusqu'à l'entière délivrance de tous nos frères, dont mon avarice a retardé le bonheur, en sorte que le mérite des aumônes qu'on fait pour moi leur est appliqué : je vous demande donc la grâce de les redoubler, puisque c'est l'unique moyen de me tirer de ces brasiers ardents, où je suis tourmenté plus qu'on ne peut jamais se l'imaginer. Le bon père lui promit tout ce qu'il désirait, et l'exécuta avec une fidélité nonpareille. Trente jours depuis cette apparition, le même se présenta une seconde fois à son abbé ; mais dans un état bien différent ; car il témoignait sur son visage autant de joie et de gloire qu'il avait auparavant fait paraître de douleur et de tristesse. Il l'assura de sa béatitude et lui rendit grâces de lui en avoir procuré l'avancement par ses charitables soins. Il n'est pas besoin d'expliquer combien cette rencontre opéra de fruit dans ce monastère, ni si l'on donnait libéralement l'aumône aux pauvres. Chaque religieux se retranchait tous les jours une partie de sa nourriture pour ce sujet, et leur saint abbé avait plus de peine à modérer leur ferveur en ce point qu'à l'exciter.

Observation.

Cette seconde apparition n'est pas moins singulière que la première. Trithème, quoique habile, vivait dans un temps où ces sortes de merveilles étaient à la mode. Et quand la rapporte-t-il ? Près de 700 ans après Raban Maur, abbé de Fulde. Raban Maur vivait au milieu du neuvième siècle, et Trithème sur la fin du quinzième. Or, sur un fait de cette nature, je croirais difficilement Raban luimême. Voici la raison que j'ai de rejeter cette apparition. Il est certain que ceux que l'on suppose en purgatoire sont morts dans la grâce de Dieu et avec la charité dans le cœur, ainsi, avec la douceur et la modération qui convient au vrai chrétien. Il leur reste seulement quelque temps de pénitence à accomplir. Au lieu qu'on nous représente dans les moines de cette apparition des furieux qui se jettent sur ce pauvre cellérier et qui le réduisent à la mort. Il avait fait mal à la vérité ; mais ce n'est point par des coups mortels que les âmes prédestinées corrigent ou doivent corriger les défauts d'autrui. C'est par de sages et utiles instructions. Ce seul manque de charité me fait voir que cette apparition est fausse : le cellérier se sera sans doute livré à quelque excès ; cela arrivait quelquefois chez les moines allemands de ces anciens temps. Pour couvrir sa turpitude, il aura feint cette apparition :

ou peut-être quelque moine mécontent de son cellérier aura imaginé ce conte. C'était le caractère du temps. Voulait-on prouver une vérité de morale, ou établir une règle de conduite, on apportait, quand on le pouvait, les témoignages de l'Ecriture et des Pères, que l'on accompagnait de faits historiques ; si l'on ne trouvait pas de traits d'histoire propres à prouver ce qu'on voulait, on inventait ou l'on copiait une historiette, qui pouvait s'y rapporter. C'est ce qui nous en a produit un si grand nombre. Mais dans de si graves questions, nous voulons du vrai, et du vrai solidement appuyé.

Troisième apparition. Arnould, prêtre. (Ex actis sancti Ramberti, archiepiscopi Hamburgensis, apud Henschenium, cap. 3.)

L'auteur de la Vie de saint Rambert, archevêque de Hambourg, rapporte qu'un prêtre, nommé Arnould, étant décédé depuis déjà longtemps, apparut à saint Rambert, lorsqu'il était encore sous la discipline de saint Anschaire, son prédécesseur. Dans cette apparition, Rambert interrogea Arnould sur l'état de son âme en l'autre vie ; il répondit en soupirant : Pendant que j'étais au monde, j'ai vécu dans une grande négligence de mon salut, et sans application à ce que Dieu demandait de moi dans l'état sacerdotal ; au lieu d'aspirer à la sainteté et de pratiquer les bonnes œuvres, qui en sont le chemin, j'ai passé ma vie dans l'oisiveté et souvent dans le désordre, jusqu'à rompre l'abstinence aux jours défendus : c'est ce qui m'a empêché de voir Dieu, et ce qui me retient dans une prison de feu, où j'expie avec des tourments inexplicables mes fautes passées. Si vous voulez, ajouta-t-il, entreprendre un jeûne de quarante jours pour moi, ne mangeant que du pain et du sel, et ne buvant que de l'eau, je crois que Dieu me fera miséricorde et me délivrera du purgatoire.

Le saint lui promit d'accomplir sa prière ; et en ayant conféré avec saint Anschaire, son maître, il commença ce rigoureux carême, pendant lequel il fut tourmenté d'un mal de dents si violent, qu'il ne pouvait pas seulement manger son pain, ce qui rendait sa pénitence encore plus longue et plus difficile : de sorte qu'il était contraint de le tremper dans l'eau pour pouvoir prendre sa nourriture.

Son jeûne expiré, le prêtre apparut à une sainte femme, paralytique depuis plusieurs années, laquelle endurait son mal avec tant d'égalité d'esprit, qu'il ne l'empêchait pas de se faire porter tous les jours à l'église pour participer aux saints sacrements et entendre la parole de Dieu. Elle apprit dans cette vision que la pénitence de saint Rambert avait délivré l'âme de ce prêtre du purgatoire, et qu'il la priait de l'en remercier de sa part, ajoutant qu'il était du nombre des justes dont parle le Sage, qui portent le feu et la lumière partout où ils se rencontrent, et qu'il avançait tous les jours notablement dans les voies de la grâce.

Observation.

Cette historiette conduirait à l'impénitence, en nous représentant un prêtre qui néglige ses devoirs, sans que l'on aperçoive qu'il en ait fait une pénitence commencée. Il se contente de la faire faire à saint Rambert. C'était pourtant la moindre chose que le crédule auteur nous dît quelques mots de la conversion d'Arnould. On le suppose, je le veux croire ; mais ce ne sont point là des choses seulement à supposer. Il faut, pour l'instruction et l'édification des lecteurs, en donner sinon le détail, du moins le principe et l'idée générale.

Autre peinture du purgatoire : c'est ici une prison de feu. Apparemment que celui qui a écrit cette apparition était un homme sombre, à qui l'imagination représentait des prisons. Enfin, Arnould devait-il faire connaître à d'autres qu'à saint Rambert, son bienfaiteur, l'état de félicité où il avait été élevé par la pénitence du saint ? N'était-ce pas lui qu'il devait remercier en personne, puisque c'était à lui qu'il s'était personnellement adressé pour faire en son lieu et place une pénitence volontaire ?

Quatrième apparition. Saint Odilon, abbé de Cluny. (B. Petrus Damianus, in Vita sancti Odilonis, cap. 10 et 11).

Nous lisons dans la Vie de saint Odilon, abbé de Cluny, qui a été écrite par le B. Pierre Damien, cardinal de l'Eglise romaine, personnage très-grave et digne de foi, qu'un religieux français venant du voyage de Jérusalem, fut jeté par une tempête dans une île proche de la Sicile, où il fit rencontre d'un ermite, qui passait là ses jours dans une austère pénitence au-dessous d'une caverne. Ce solitaire le reçut fort charitablement dans sa cellule, en attendant que la mer fût calme et les vents propres à la navigation ; et ayant appris qu'il était Français de nation, il lui demanda s'il connaissait l'abbé Odilon et le monastère de Cluny. Le religieux français lui ayant dit qu'il connaissait l'un et l'autre, il ajouta que proche de sa retraite il y avait un certain lieu où, dit-il, j'ai vu souvent des flammes effroyables et des feux qui semblent être capables de dévorer tout ce pays ; sortant des abîmes de la terre, ils élèvent avec eux un million d'âmes tout ardentes, qui endurent des tourments insupportables, et purgent leurs péchés dans cet embrasement avec des cris lamentables, parmi lesquels j'ai encore entendu les hurlements horribles des démons exécuteurs de la divine justice : je les ai vus sous des figures affreuses ; transportés de rage, ils se plaignent de ce que plusieurs de ces âmes leur sont ravies avant le temps, et sont conduites au ciel en triomphe par les prières, sacrifices et pénitences de tous les fidèles, et spécialement par les continuelles mortifications, les sacrifices et les prières de l'abbé de Cluny et de ses religieux, qui s'emploie à cette œuvre de charité avec beaucoup de zèle et de ferveur.

Cela dit, il conjura le religieux, au nom de Dieu, d'aller trouver Odilon de sa part, aussitôt qu'il serait de retour en France, de lui rapporter fidèlement tout ce qu'il venait de lui dire, et de le supplier, au nom de toutes les âmes du purgatoire, de redoubler sa ferveur à les secourir, puisque ses prières et ses bonnes œuvres leur étaient si efficaces, ce qui paraissait visiblement par la rage de l'enfer contre eux.

Le religieux s'acquitta fidèlement d'une commission si importante; et, après avoir expliqué à saint Odilon son aventure, ce saint tâcha autant qu'il put de soulager encore davantage les âmes souffrantes. Il n'eut pas grande peine à se laisser persuader une chose à laquelle il avait déjà une vive inclination. Ainsi, depuis cette rencontre, son zèle parut encore plus ardent, afin que l'embrasement de sa charité éteignît celui du purgatoire; car dès ce jour-là il fit un décret qu'il envoya par toutes les maisons dépendantes de Cluny, et dans lequel il ordonne que tous les ans on ferait la commémoration des fidèles trépassés, commençant leur office après les vêpres du jour de la fête de tous les saints; qu'en ce même jour le doyen et le cellérier du monastère donneraient l'aumône générale à tous les pauvres, de pain et de vin, selon la pratique du jeudi saint, et que l'aumônier aurait soin de distribuer les restes des frères, sans rien réserver pour le lendemain; que les prêtres offriraient le saint sacrifice de la messe à leur intention, et qu'on donnerait à manger à douze pauvres.

Il promet à ceux qui voudront imiter sa charité de participer aux bonnes œuvres faites par tous les religieux de la congrégation de Cluny, et conclut en exhortant ses disciples d'avoir un soin particulier de soulager par leurs prières et par leurs pénitences les enfants de Saint-Benoît, puisqu'on est plus obligé aux domestiques qu'aux étrangers. Il recommande aussi l'empereur Henri, insigne bienfaiteur de l'ordre, et marque quelques prières qu'on doit dire à son intention.

Voyons, dans un exemple très-illustre, l'effet des prières de ce saint.

Le pape Benoît VIII étant décédé, saint Odilon, qui lui avait des obligations infinies, ressentit vivement sa perte, et ne manqua pas de lui rendre devant Dieu tout le secours que la nécessité de ce pape mort et son zèle lui inspirèrent. Il offrit quantité de sacrifices, veilla et pria pour lui; il fit des aumônes extraordinaires, et intéressa les enfants dans le soulagement du pontife universel de l'Eglise. Benoît connut, par la permission de Dieu, au milieu de ses peines (car il était en purgatoire), les pénitences et les oraisons que saint Odilon faisait pour en accourcir la durée. Il apparut ensuite à trois personnes différentes, desquelles le nom est supprimé, excepté celui de Jean, évêque de Porto. Il leur déclara la violence de ses tourments, dont il espérait néanmoins être délivré par les prières de l'abbé Odilon, selon les promesses que Dieu lui en avait faites: il les conjura instamment d'envoyer en diligence à Cluny, pour prier le saint homme de sa part, de ne rien épargner pour avancer sa béatitude; qu'il attendait ce dernier témoignage de son amitié, et que sa reconnaissance en serait éternelle.

Je ne prétends pas expliquer de quelle manière notre saint s'employa pour procurer la délivrance du pape. On le peut bien penser, mais non pas écrire. Je dis seulement qu'il ne se donna pas un moment de repos, et qu'essayant d'animer ses religieux du même zèle dont il brûlait, c'était à qui s'imposerait à soi-même de plus sévères pénitences. Bientôt après, Dieu délivra le pape du purgatoire, et alors il en vint remercier son libérateur. Un des religieux le vit entrer dans le chapitre, suivi d'une grande multitude de personnes vêtues de blanc qui portaient, dans la joie imprimée sur leurs fronts, les marques assurées de leur béatitude. Le principal de cette heureuse troupe fit une inclination profonde à l'abbé, le remerciant des grâces qu'il avait reçues par son moyen. Le religieux s'étant informé de son nom par un de la compagnie, il apprit que c'était l'âme du pape Benoît que saint Odilon avait délivrée du purgatoire, et qu'il était venu exprès pour lui en témoigner sa reconnaissance, et l'avertir qu'il entrait dans la gloire. On peut connaître par cet exemple combien les prières, les aumônes et le saint sacrifice de la messe sont utiles à ces âmes qui payent au milieu des feux allumés la peine due à leurs péchés.

Observation.

Pierre Damien, bon chrétien, et même sage et vertueux ecclésiastique, était très-crédule, mais il vivait dans un siècle où l'on aimait les choses merveilleuses. Il nous en donne ici deux preuves : celle de l'ermite des environs de la Sicile est formée sur les flammes du mont Etna, que les païens aussi bien que le bon ermite regardaient comme une des bouches de l'enfer ; et le bruit des flammes de ce volcan, qui varie souvent de diverses manières, lui représentait les plaintes de tant de personnes dans la peine et dans les souffrances. C'est encore une autre peinture du purgatoire. Mais qui avait dit à ce bon ermite que c'étaient les diables qui châtiaient les âmes détenues dans ce lieu d'attente et de souffrances ? N'est-ce pas une imagination ?

L'apparition du pape Benoît VIII n'est pas mieux imaginée, puisque la fête des Trépassés, que l'on en regarde comme une suite, fut fondée en 998, ainsi 26 ans avant la mort de Benoît VIII, qui mourut seulement en 1024, et qui fut pape l'an 1012, ainsi 14 ans après l'établissement de cette fête.

Cinquième apparition. Pierre d'Engebert.
(Petr. Cluniac. lib. II de Miraculis, cap. 28.)

Pierre de Cluny, surnommé le Vénérable, fut regardé de son temps comme l'oracle de la France ; c'était un homme qui procédait en toutes choses avec considération, sans avancer rien de frivole ni de léger. Voilà pourquoi je me servirai volontiers de son autorité. Il raconte qu'en une bourgade d'Espagne nommée Estella il y avait un personnage de condition appelé Pierre d'Engebert, qui était fort estimé dans le monde pour ses belles qualités et ses grandes richesses. Néanmoins, l'esprit de Dieu lui ayant fait reconnaître la vanité de toutes les choses humaines, lorsqu'il était dans un âge mûr, il se rendit dans un monastère de l'ordre de Cluny, pour y passer le reste de ses jours plus saintement, comme on dit que le meilleur encens vient des vieux arbres. Il parlait assez souvent avec ses frères d'une vision qui lui était arrivée étant encore dans le monde, et qui n'avait pas peu servi à sa conversion. Ce bruit vint aux oreilles du vénérable Pierre, qui était son général, et qui pour les affaires de son ordre, s'était alors transporté en Espagne : voilà pourquoi, comme il ne permettait jamais qu'on avançât des discours de choses extraordinaires, s'ils n'étaient bien vérifiés, il prit la peine d'aller jusqu'en un petit monastère de Navarre où était Engebert, et l'interrogea en présence des évêques d'Oleron et d'Osma, le conjurant en vertu de la sainte obéissance, toute puissante dans l'état monastique, de dire exactement la vérité touchant cette vision qu'il avait eue étant encore dans la vie séculière.

Il parla ainsi : Du temps qu'Alphonse le Jeune, héritier du grand Alphonse, faisait la guerre en Castille contre quelques factieux, qui s'étaient soustraits à son obéissance, il porta un édit qui obligeait chaque maison de son royaume de lui fournir un homme de guerre. Pour obéir à ce commandement, j'envoyai à l'armée un de mes domestiques, qui se nommait Sanche. Depuis, la paix étant faite et les troupes congédiées, il revint dans ma maison où, après avoir séjourné quelque temps, il fut atteint d'une maladie qui l'emporta en peu de jours. Nous lui rendîmes les devoirs qu'on a coutume de rendre aux morts ; et quatre mois étaient déjà passés, que nous n'avions appris aucune nouvelle de l'état de son âme, quand voici qu'une nuit d'hiver, étant dans mon lit bien éveillé, j'aperçois un homme qui, remuant les cendres de mon foyer, découvrit les braises ardentes, à la lueur desquelles je le vis. Quoique je me sentisse un peu surpris à la vue de ce spectre, Dieu me donna cependant la hardiesse de lui demander qui il était, et à quel dessein il venait découvrir mon feu. Il me répond d'une voix assez basse : — Mon maître, ne craignez point, je suis Sanche, votre pauvre serviteur. Je m'en vais en Castille, avec bonne compagnie de soldats pour expier mes péchés au lieu même où je les ai commis.

Je lui réplique d'une voix assurée : — Si le commandement de Dieu vous appelle là, à quel propos êtes-vous venu ici ? — Mon maître, dit-il, ne le trouvez pas mauvais ; cela ne se fait point sans la permission divine. Je suis dans un état qui n'est point désespéré, et où vous pouvez me secourir, si vous avez encore quelque bonté pour moi.

Sur cela, je m'informe quelle était sa nécessité, et quel secours il prétendait de moi. Vous savez, répondit-il, mon maître, que peu avant ma mort vous m'aviez envoyé en un lieu où l'on n'a pas coutume de se sanctifier (à la guerre) ; la liberté, le mauvais exemple, la jeunesse et la témérité, tout conspire à perdre l'âme d'un soldat qui n'a point de conduite. J'ai fait des excès à la guerre dernière, volant et pillant jusqu'aux biens des églises, pour lesquels je suis à présent grièvement tourmenté : mais mon bon maître, si vous m'avez aimé pendant ma vie, comme vous appartenant, ne m'oubliez point après la mort. Je ne vous demande rien de vos grandes richesses, mais seulement vos prières et quelques aumônes en ma considération, qui aideront beaucoup à soulager mes peines. Ma maîtresse me doit encore environ huit francs du reste d'un compte qu'elle fit avec moi ; qu'elle emploie cela, non pour le corps, qui n'en a aucun besoin, mais au soulagement de mon âme, qui attend cela de votre charité.

Je ne sais comment je me trouvais encouragé par ce discours ; mais j'avais plus de désir de m'entretenir que je n'avais de crainte de cette apparition. Je lui demandai s'il ne savait point de nouvelles d'un de mes compatriotes nommé Pierre Dejaca, qui était mort depuis peu de temps. A quoi il fit réponse que je n'avais que faire de m'en mettre en peine et qu'il était déjà au nombre des bienheureux, vu les grandes aumônes qu'il avait faites en la famine dernière, et qui lui avaient acquis le ciel. De là j'entrai en une autre question, curieux de savoir ce qui était arrivé à un certain juge que je connaissais fort bien, et qui était passé depuis peu en l'autre vie. Il me réplique là-dessus :

— Mon maître, ne parlez point de ce misérable, car l'enfer le possède pour les corruptions de la justice qu'il a exercées par de damnables pratiques, ayant l'honneur et l'âme vénale au préjudice de sa conscience.

Ma curiosité monta plus haut et je m'enquis de ce qu'était devenue l'âme du roi Alphonse le Grand. Alors j'entendis une autre voix qui venait d'une fenêtre derrière ma tête, qui dit assez intelligiblement : — Ce n'est pas à Sanche que vous devez demander cela, d'autant qu'il ne peut rien savoir encore de l'état de ce prince ; mais j'en puis avoir plus d'expérience que lui, étant mort depuis cinq ans, et m'étant trouvé à une rencontre qui m'a donné quelque éclaircissement là-dessus.

Je fus surpris d'entendre inopinément cette voix ; et me tournant, je vis à la clarté de la lune, qui donnait dans ma chambre, un homme appuyé sur ma fenêtre ; je le suppliai de me dire où était donc le roi Alphonse. Sur quoi il repartit qu'il savait bien qu'au sortir de la vie il avait été fort tourmenté, et que les prières des bons religieux lui avaient bien servi ; mais qu'il ne pouvait pas dire à présent en quel état il était. Et après qu'il eut dit cela, il se tourna vers Sanche, qui s'était assis auprès du feu, et lui dit : — Allons, il est temps de partir. A quoi Sanche, sans lui rien répondre, se leva promptement et redoubla ses plaintes d'une voix pitoyable, disant : — Mon maître, je vous en supplie pour la dernière fois, souvenez-vous de moi, et que ma maîtresse exécute la requête que je vous ai faite.

Le lendemain, Engebert apprit à sa femme ce que cet esprit lui avait dit, et se mit en devoir de satisfaire promptement et charitablement à tout ce qu'il avait demandé.

Observation.

Nous avons maintenant affaire à Pierre le Vénérable, abbé de Cluny, homme très-distingué dans l'Eglise, tant par sa haute naissance que par ses talents dans le gouvernement. Cet illustre abbé était de la maison de Montboissier, dont il subsiste encore plusieurs branches avec dignité; mais s'il primait dans le gouvernement d'un ordre célèbre et fort étendu, il vivait dans le douzième siècle, siècle éclairé pour la doctrine, mais où l'on se laissait aisément séduire sur des faits réputés miraculeux. Examinons celui de Pierre Engebert.

Sanche, qui paraît si bien instruit sur quelques âmes ou bienheureuses ou damnées, ne l'est nullement sur ce qui regarde celle du roi Alphonse. Cependant ce dernier fait était de plus grande importance que les autres. Mais Pierre de Cluny devait savoir que les âmes séparées du corps sont autant d'êtres indépendants les uns des autres, qui ne savent ce que la Divinité leur découvre; elle ne le fait même qu'en ce qui leur est nécessaire de ne pas ignorer; et de quelle utilité était à Sanche de savoir la damnation du juge dont il est ici question?

Sixième apparition. Eusèbe, duc de Sardaigne. (Roa, Pinelli, et alii.)

Quelques auteurs célèbres rapportent que deux ducs se faisaient la guerre avec des succès fort différents; l'un était Eusèbe, duc de Sardaigne; l'autre Ostorge, duc de Silésie. Eusèbe avait une dévotion incomparable au secours des âmes des défunts : il faisait offrir pour elles tous les jours des sacrifices, il donnait d'amples aumônes, et ne manquait point à faire payer la dîme de tous ses biens pour leur soulagement.

Il fut jusqu'à cet excès de piété, qu'il voua à Dieu la plus grosse et la plus riche de ses villes pour la délivrance de ces âmes, n'en voulant rien tirer pour son usage, et destinant tout le revenu qu'il en recevait à procurer les moyens de les aider. Il y nourrissait et entretenait une grande multitude de pauvres à ce dessein; il y faisait dire tous les jours dans toutes les églises un grand nombre de messes, de sorte que cette ville se nommait communément la ville de Dieu.

Ostorge, son ennemi, s'attachant à cette ville, la prit et s'en rendit maître; de quoi Eusèbe eut un si sensible déplaisir, qu'il protestait qu'il lui eût été plus supportable d'avoir perdu la moitié de ses Etats que cette seule ville de Dieu.

Il amasse des troupes, il se met en campagne contre le victorieux; son armée campe, et ceux qui faisaient la garde du camp regardaient de tous côtés pour découvrir ce qui se passait. Alors une armée leur apparaît de loin; elle était composée d'hommes tous vêtus de blanc, qui s'avançaient à grands pas vers eux sur des chevaux blancs, avec des armes blanches et des drapeaux tout blancs; ce que les sentinelles coururent dire au prince.

Il ne sait que penser et que faire à cette étrange nouvelle; il craint et espère tout ensemble; il tient conseil, et de l'avis de ses gens, il dépêche quatre hommes vers cette armée pour demander s'ils viennent comme ennemis ou comme amis. A la demande des ambassadeurs, les chefs de l'armée répondent : — Nous sommes de la maison du Roi des rois, et nous venons offrir notre service à votre maître contre son ennemi.

Eusèbe n'eut pas sitôt appris une si favorable réponse, qu'il marche en assurance contre Ostorge, dont l'armée était trois fois plus grosse que la sienne; mais son armée cependant ne laissait pas de paraître égale à l'autre, parce que l'armée blanche, qui lui servait d'avant-garde ou de troupes avancées, paraissait de quarante mille hommes.

Ostorge se trouva fort effrayé; ces cavaliers blancs l'épouvantaient terriblement par leurs postures et leurs menaces. Il demande la paix, il s'offre à donner toute satisfaction à Eusèbe. La paix se conclut, il rend et paye au double tout ce qu'il avait pris, et se soumet avec tous ses Etats au duc de Sardaigne.

Alors l'armée blanche voulant contenter la curiosité d'Eusèbe, qui demandait à ces troupes qui elles étaient, on lui répondit : — Nous sommes les âmes de ces défunts que par vos bienfaits et par vos aumônes vous avez mises dans le repos éternel. Travaillez incessamment à ce que toutes les autres, que vous rachèterez de leurs peines reposent en paix avec nous, afin que tant de bons amis que vous aurez délivrés vous gagnent la faveur du grand Juge et l'obligent à vous faire miséricorde. Et cela dit, ils parurent tous s'en aller dans le chemin par où ils étaient venus.

Nous savons que cette histoire a été avérée dans les deux provinces, et sur la relation d'un saint abbé de grande autorité, qui, dans la guerre de ces deux princes, fut prisonnier, pendant qu'il visitait quelques abbayes qui étaient sur les confins de leurs terres. Et vraiment si cet abbé ou celui qui le fait auteur de cette aventure, eût voulu mentir ou faire un conte, il est croyable qu'il n'eût pas pris autant de témoins de son mensonge qu'il y avait de soldats dans les deux armées, et d'habitants dans la Silésie et dans la Sardaigne. Car une chose si merveilleuse n'a pu arriver sans que ces provinces en eussent la connaissance.

Observation.

Voici une historiette qu'il ne sera pas difficile de détruire : la géographie seule en va montrer la fausseté. On y fait paraître comme voisins un duc de Sardaigne et un duc de Silésie; et entre les deux, il y a non-seulement un peu plus de trois cents lieues de distance; mais outre l'éloignement, on y trouve encore de terribles barrières, savoir :

toute la Bohême, l'Autriche, les Alpes, l'Apennin, l'Italie et une partie de la mer Méditerranée, et l'on appelle cela des princes voisins et limitrophes! Et puis, où l'auteur a-t-il pris un Eusèbe, duc de Sardaigne, et un Ostorge, duc de Silésie? La Sardaigne a passé des Sarrasins aux Génois, puis fut gouvernée par des juges, et enfin elle eut des rois ; mais dans tout cela point de duc. A moins que les écrivains qui ont traduit *Sardaigne*, aient mal traduit, et qu'il s'agisse d'une autre contrée.

Septième apparition. Sainte Christine. (Thom. Cantapritanus in Vita sanctæ Christinæ.)

Sainte Christine, qui a mérité le surnom d'Admirable, pour la vie tout à fait merveilleuse qu'elle mena en faveur des âmes du purgatoire, raconte d'elle-même qu'étant morte son âme fut aussitôt portée, par le ministère des anges, en un lieu obscur, horrible et rempli d'âmes. Or les tourments, dit-elle, qu'on faisait endurer à ces pauvres âmes me parurent si effroyables, que je ne pense pas qu'on en puisse jamais donner une juste idée. Je vis dans ce lieu les âmes de plusieurs personnes que j'avais connues durant leur vie. Etant donc touchée d'une extrême compassion à l'égard de ces pauvres infortunées, je demandai quel était ce lieu, dans la pensée que ce ne pouvait être que l'enfer. Mais mes conducteurs me dirent d'abord que c'était le lieu du purgatoire, où les pécheurs, qui à la vérité se sont repentis durant leur vie de leurs offenses, mais qui n'ont pas encore satisfait à la justice de Dieu par des peines proportionnées à l'énormité de leurs crimes, achèvent d'expier leurs fautes. De là ils me conduisirent dans l'enfer, où je vis encore quelques personnes que j'avais connues autrefois. Ensuite je fus portée dans le paradis, devant le trône de la divine majesté, où, me voyant bien accueillie du Seigneur, j'en conçus une incroyable joie, dans la créance où j'étais que j'y demeurerais éternellement avec lui en ce lieu de délices.

Mais Dieu, qui voyait les désirs de mon cœur, me dit aussitôt : — Il est vrai, ma chère fille, que vous serez un jour éternellement avec moi ; mais avant cela, je veux vous donner le choix de deux choses bien différentes, ou de demeurer ici avec moi durant toute l'éternité, ou de vous en retourner en terre, pour y endurer de grandes peines en un corps mortel, et par ce moyen délivrer ces pauvres âmes, dont vous regrettiez si fort le malheur, et pour qui vous aviez tant de compassion; en même temps aussi, par les exemples de votre vie pénitente, vous porterez les pécheurs à abandonner leurs crimes et à se convertir sincèrement à moi ; ensuite vous reviendrez, après avoir accru vos mérites jusqu'à l'infini.

A cette proposition, je ne balançai pas un moment, et dis d'abord que je voulais bien reprendre mon corps. Le Seigneur, après m'avoir félicitée de m'être si promptement offerte, commanda qu'on remît mon âme dans son corps ; et on ne saurait assez admirer l'extrême vitesse avec laquelle ces esprits bienheureux exécutèrent cet ordre ; car comme on prononçait pour la première fois l'*Agnus Dei* de la messe qu'on offrait pour moi, je fus présentée devant le trône de Dieu, et quand on le dit pour la troisième fois, mon âme se trouva réunie à mon corps.

C'est ainsi que les choses se sont passées dans ma mort et dans ma résurrection. Je suis donc revenue pour l'amendement des hommes ; ainsi je vous conjure de n'être pas surpris des choses que vous verrez en moi, quoiqu'on n'ait jamais rien vu de pareil dans le monde.

C'est ainsi qu'elle parla. L'auteur de sa Vie ajoute que pour lors elle commença à exécuter les choses pour lesquelles Dieu l'avait renvoyée. On la voyait tout d'un coup se lancer dans des fournaises ardentes ; et quoiqu'elle fût horriblement tourmentée au milieu de ces brasiers, ce qui paraissait par les cris pitoyables qu'elle jetait, néanmoins étant sortie de là, il ne paraissait sur son corps aucune marque de brûlure. Ensuite elle se plongeait dans les eaux toutes glacées de la Meuse, et y demeurait l'espace de six jours et quelquefois davantage.

Un peu plus bas il ajoute que, priant au milieu des eaux, elle en était entraînée jusque dans les moulins, où, étant froissée par les roues, elle en sortait sans qu'il en parût rien sur sa personne. Elle se levait quelquefois à minuit, et parcourant toutes les rues de la ville de Saint-Trond, elle agaçait les chiens, qui la déchiraient avec leurs dents comme une bête féroce ; quelquefois elle courait parmi les épines et les ronces, et en était tellement percée, qu'il n'y avait point de partie en tout son corps qui n'en fût ensanglantée. Cependant après avoir répandu bien du sang, on ne voyait en elle nulle apparence de blessure.

Observation.

Voilà des choses merveilleuses. N'y voit-on pas l'effet d'une léthargie de vingt-quatre heures ou environ ? Il s'en trouve encore de plus longues, et la sainte, dont on peint ici l'imagination, était frappée des peintures que l'on fait et des discours que l'on tient et que l'on a raison de tenir sur les peines des âmes du purgatoire, et encore plus sur celles des damnés : elle en est attendrie. Cela était de sa charité ; mais après avoir été promenée en songe dans ces endroits de tristesse et de peines, on lui fait apercevoir enfin ce lieu de délices et de repos où doivent aspirer tous les chrétiens, et où elle aspirait elle-même. Revenue de sa léthargie, elle raconte tout ce qu'elle a imaginé, ou plutôt tous les tableaux que lui a présentés son imagination. Elle les raconte vraisemblablement comme des songes, et l'enthousiasme de ses auditeurs va si loin, que l'on réalise en histoire tout ce qu'elle a pieusement imaginé dans le sommeil. Il en est beaucoup d'autres de la même espèce. Je ne crois pas non plus tous les tourments que l'on prétend qu'elle s'imposa volontairement.

Huitième apparition. Frère Pelerin d'Osma. (Petrus Montrab. et alii in Vita S. Nicolai de Tolentino.)

Pendant que saint Nicolas de Tolentino demeurait au monastère de Valmanant, étant un samedi bien avant dans la nuit couché sur son grabat, il ouït une voix qui semblait être arrachée des plus profondes entrailles de quelque personne réduite à l'extrémité, qui se plaignait amèrement, et disait : —Père Nicolas, ayez pitié de moi ; grand serviteur de Dieu, écoutez-moi. Le saint, qui ne reconnaissait pas la voix, voulut savoir qui l'appelait. — Je suis, dit cette même voix, l'âme de frère Pelerin d'Osma, qui expie dans les flammes du purgatoire les lâchetés que j'ai commises en l'observance de mes règles : je vous conjure, par l'amour que vous portez à Dieu et la sainte amitié que vous m'avez autrefois témoignée, d'offrir vos sacrifices à Notre-Seigneur, afin qu'il plaise à sa bonté de me retirer de ces brasiers et de me conduire en un lieu de rafraîchissement.

Saint Nicolas, qui devait cette semaine-là dire chaque jour la messe conventuelle, voulant s'en excuser, —Eh ! mon père, répliqua cette âme, ne m'abandonnez point en la nécessité, et ne fermez pas à une pauvre âme qui n'espère du soulagement que par la vertu de vos suffrages, les entrailles de votre charité, que vous tenez toujours ouvertes à tous ceux qui implorent votre secours ; et afin que vous voyiez combien ma requête est juste et civile, prenez la peine de venir avec moi ; vous verrez un spectacle qui sans doute arrachera les larmes de vos yeux et la pitié de votre cœur.

Le saint suivit cette âme, et vint à une vallée située à l'autre côté du désert, où il découvrit un grand nombre d'âmes toutes couvertes de flammes, et lesquelles, d'aussi loin qu'elles l'eurent aperçu, se prirent à crier à haute voix : — Père Nicolas, père Nicolas, ayez pitié de nous, puisque c'est en vous seul que gît l'espoir de notre délivrance.

A ce piteux spectacle, le cœur du saint se trouva touché d'un si intime ressentiment, qu'il passa le reste de la nuit fondant en larmes, et priant Notre-Seigneur pour le soulagement de ces pauvres âmes. Le jour venu, du consentement de son supérieur, il commit son office à un autre, pour octroyer à ces âmes ce qu'elles lui avaient demandé ; il redoubla la rigueur de ses exercices religieux, jeûnant, pleurant, priant, et surtout offrant avec une extraordinaire ferveur le saint sacrifice de la messe ; si bien qu'au bout de huit jours l'âme de frère Pelerin lui apparaissant derechef, le vint remercier de la part de toutes les autres, et de la grâce que Dieu leur avait faite par l'oblation de ses sacrifices, les ayant retirées du purgatoire et logées dans le ciel, pour jouir dans ce bienheureux séjour d'un repos à jamais durable.

Observation.

Je serai moins long sur ce récit que sur les précédents. Celui qui l'a imaginé ne connaissait pas l'efficacité du saint sacrifice de la messe. Il représente saint Nicolas de Tolentino, qui refuse d'en être le ministre actuel, parce qu'il veut faire quelque acte particulier de pénitence, pour retirer une âme du purgatoire. Mais en est-il un plus efficace que celui de la prière, qui se fait à la vue et en vertu de Jésus crucifié ; prière même qui est soutenue des vœux ardents de toute une pieuse communauté ? Elle n'assiste aux divins offices que pour y offrir conjointement avec le prêtre les prières des fidèles, pour la gloire de Dieu et pour les besoins de toute l'Eglise, dont les âmes du purgatoire font une des plus nobles parties. C'est même la seule manière de bien et réellement assister à ce redoutable sacrifice, que de s'unir au célébrant qui prie, et avant et après la consécration, pour les fidèles qui sont décédés dans la foi et dans la charité, afin que Dieu abrège le temps de leur pénitence. Jésus-Christ est mort pour le salut de tous les hommes nés et à naître ; il nous a ordonné de renouveler continuellement son même sacrifice, et de le faire dans les mêmes vues. Ce serait donc s'écarter, que de substituer des pénitences particulières et arbitraires à ce sacrifice, si nécessaire aux âmes de tous les fidèles, et qui n'a été institué que pour leur bien spirituel, et pour leur procurer les secours dont ils ont besoin.

A la suite de ce traité, l'auteur donne une curieuse pièce que voici :

Lettre de M. Mollinger, premier secrétaire du sérénissime électeur palatin, à M. Schœpfflin, de l'académie royale des inscriptions et belles-lettres, historiographe du roi, professeur d'histoire et de belles-lettres à Strasbourg.

Les bontés infinies que vous m'avez toujours prodiguées depuis que j'ai le bonheur d'être connu de vous, Monsieur, me font espérer que vous daignerez recevoir les vœux que je fais pour vous au sujet du renouvellement de l'année. Vous devez assez connaître la source d'où ils partent, pour être convaincu, Monsieur, que personne au monde n'en forme ni de plus ardents, ni de plus sincères que moi.

A l'exemple des anciens, qui avaient coutume d'entretenir leur amitié par de petits présents, j'ose prendre la liberté, Monsieur, de vous joindre ici un échantillon du petit trésor, que je tiens sans doute de la main de la Providence ou du hasard, suivant les dogmes des esprits forts de notre siècle. Heureux ! si vous vouliez bien lui accorder une place dans votre cabinet.

Comme nous avons la permission de creuser aussi longtemps que nous le jugerons à propos, et que suivant les apparences, il y a encore bien des choses cachées par ici, je compte que nous n'en resterons pas là, et que ce n'est que le commencement d'une espèce de fortune. L'histoire de ce trésor s'est passée fort uniment. Il y a plus d'un an que M. Cavallari, premier musicien de mon sérénissime maître, et Vénitien de nation, avait envie de faire creuser à Rothenkirchen à une demi-lieue d'ici, qui était autrefois une abbaye ou couvent fort renommé, et qui fut ruiné du temps de la réformation. L'occasion lui en fut fournie par une apparition que la femme du ensier dudit Rohenkirchen avait eue plus d'une fois en plein midi, et surtout le 7 mai, pendant deux ans consécutifs. Elle jure et veut prêter serment d'avoir vu un prêtre vénérable en habits pontificaux, brodés en or, qui jeta devant lui un grand tas de pierres. Et quoiqu'elle soit luthérienne, par conséquent peu crédule sur ces sortes de choses-là, elle croit pourtant, que si elle avait eu la présence d'esprit d'y mettre un mouchoir ou un tablier, toutes ces pierres seraient devenues de l'argent. Quelle folie! M. Cavallari demanda donc la permission de creuser. C'est ce qui lui fut d'autant plus facilement accordé, moyennant le dixième qui en est dû au souverain, qu'on le traita de visionnaire, et qu'on regarda l'affaire des trésors comme une chose inouïe. Cependant il se moqua du qu'en dira-t-on et me demanda si je voulais être de moitié avec lui. Passionné que je suis pour les antiquités, je n'ai pas hésité un moment à accepter cette proposition : mais j'ai été bien surpris de trouver, au lieu des urnes avec de la cendre, de petits pots de terre remplis d'or. Toutes ces pièces, plus fines que les ducats, sont pour la plupart du XIV° et du XV° siècle, à ce que je crois. Il m'en est échu pour ma part six cent soixante-six, trouvées à trois différentes reprises. Il y en a des archevêques de Mayence, de Trèves et de Cologne ; des villes d'Oppenheim, de Bacharac, de Bingen, de Coblence. Il y en a aussi de Rupert palatin, de Frédéric, burgrave de Nuremberg, quelques-unes de Wenceslas, et une de l'empereur Charles IV, etc.

Je me propose d'en faire une petite description, et je ferai graver en taille-douce une de chaque espèce. Je me regarderais comme sacrilége envers le monde savant, si je ne faisais pas cette petite opération. Oserai-je me flatter, Monsieur, que vous voudriez bien m'indiquer l'auteur le plus convenable qui me pourrait servir de guide en cette carrière ? J'aurais déjà pu faire la vente de plusieurs de ces pièces dont on m'a offert neuf à dix florins. d'Allemagne. Mais je ne veux pas m'en défaire séparément. J'en tirerai peut-être davantage.

J'ai l'honneur d'être avec un respect infini, Monsieur,

Votre très-humble et très-
obéissant serviteur.
J.-F. MOLLINGER.

A *Kirchheim*, ce 1er janvier 1747.

LENORMAND (Marie-Anne), née en 1772 à Alençon, morte à Paris en 1843, dite la sibylle du faubourg Saint-Germain.

C'est toujours une spéculation productive que celle qui s'attache aux faiblesses de l'esprit humain ; et les devineresses qui savent exploiter les passions plus ou moins cachées, ont toujours prospéré lorsqu'on les a laissées faire. Mademoiselle Lenormand, qui est morte depuis peu, est une preuve de cette vérité peu flatteuse pour les lumières du siècle.

Ceux qui ne connaissent la sibylle parisienne que par les réclames des journaux, les canards et les poufs qui se sont propagés sur son compte, les mystérieux prospectus qu'elle a publiés en forme de mémoires, ne seront peut-être pas fâchés d'avoir sur cette femme une notice plus complète. Elle a mis au jour des souvenirs prophétiques et des mémoires qu'elle n'a pourtant guère vendus qu'à ceux qui allaient la consulter ; et d'après ces autorités sans garanties on a écrit et arrangé sur elle des anecdotes que nous réduirons à leur juste valeur.

Ce qui a fait la célébrité de mademoiselle Lenormand, c'est qu'elle tirait les cartes à l'impératrice Joséphine, comme nous le dirons.

Mais on vous contera qu'étant petite elle fut illuminée et douée de bonne heure de l'art divinatoire ; qu'elle prédit aux bonnes religieuses qui lui apprenaient à lire le déplacement de leur supérieure, et d'autres particularités merveilleuses ; qu'en 1793 elle tenait déjà, à vingt-deux ans, un antre de sibylle ; qu'elle reçut trois hommes qui vinrent savoir chez elle leur destinée ; qu'elle prédit à tous trois une mort violente, avec des funérailles éclatantes pour l'un, et pour les deux autres les insultes de la populace ; que ces trois hommes étaient Marat, Robespierre et Saint-Just ; qu'elle osa dire à d'autres terroristes des choses aussi formidables ; que ses imprudences la firent mettre en prison, et que la réaction thermidorienne la sauva. Tous ces récits, faits après coup, sont des contes sans ombre de fondement. Mademoiselle Lenormand n'était pas connue encore sous le Directoire.

C'était en 1796 une grosse fille d'une éducation très-négligée, d'une fortune assise sur les brouillards de la mer, qui, voulant un mari pour avoir une position quelconque, le cherchait dans les cartes, comme font à Paris, aujourd'hui encore, tant de jeunes filles incomprises.

A force de remuer le jeu de piquet, de lire nuit et jour les livres variés qui expliquent le jeu de cartes, les horoscopes et les songes, d'étudier les rêveries publiées par Alliette sous l'anagramme d'Etteila, concernant la cartomancie et l'art de trouver les choses cachées dans les tarots, elle était parvenue à se faire un bon babil qui en imposait.

Elle était reçue dans une de ces maisons très-mêlées que fréquentait la veuve Beauharnais, créole citoyenne, à qui une vieille négresse avait promis aux colonies, comme le promettent toutes les vieilles négresses, qu'elle monterait sur un trône. La citoyenne Beauharnais venait d'épouser un simple officier, le jeune Bonaparte, dont on ne prévoyait guère alors la splendeur future ; car lui-même cherchait du service en Corse. Curieuse et crédule, elle se tirait les cartes elle-même. Elle n'eut pas plutôt appris que mademoiselle Lenormand avait dans cet art un talent de société de quelque force, qu'elle la pria de lui faire le jeu. La grosse fille, sachant le prix que madame Bonaparte attachait, tout en riant, à son horoscope de la négresse, rencontra intrépidement le même horoscope dans le jeu de piquet, et protesta fermement que la dame de trèfle porterait la couronne. Bonaparte, qui était le roi de trèfle, rit beaucoup du pronostic. Mais il avait si bien pris que la devineresse promit depuis des royaumes à tout le monde. Si tous ces royaumes n'arrivèrent pas, Bonaparte devint premier consul; et quand sa femme fut l'impératrice Joséphine, comme elle n'avait cessé de cultiver mademoiselle Lenormand, et qu'elle la consultait tous les mois, la sibylle se trouva à la mode.

Elle n'attrapait toujours point de mari, quoiqu'elle en vît sans cesse dans ses cartes. Elle s'en consola de son mieux, en établissant, à la rue de Tournon (à Paris), un salon où elle disait la bonne aventure, sous le nom un peu classique de *sibylle du faubourg Saint-Germain*. Dix ans d'études l'avaient préparée; et c'était un état...

1° Elle tirait les cartes. Ce qui consiste à extraire, suivant diverses méthodes, d'un jeu de piquet, sept, treize ou dix-sept cartes, qui font le petit, le moyen et le grand jeu, et à juger leur signification.

Les cœurs sont excellents et les trèfles fort bons; les carreaux et les piques sont dangereux. Puis les combinaisons amènent des nuances. Chaque carte sait ce qu'elle veut dire : un dix de trèfle est la campagne, un sept de carreau un voyage, un huit de pique une querelle, un as de carreau une lettre, un as de pique un chagrin; et autres belles choses.

Puis encore, pour ne pas se borner à la première disposition des cartes étalées, on les mêle; on les relève deux ou trois fois dans d'autres arrangements, on y voit encore tout ce qu'on veut.

2° Elle faisait les tarots ; c'est le jeu de cartes allemand, avec des coupes, des épées, des fleurs et des bâtons, au lieu de nos cœurs, de nos piques, de nos carreaux et de nos trèfles. Mais comme il y a dans ce jeu soixante-dix-huit cartes, contenant beaucoup de figures, il offre un grimoire qui donne à la devineresse plus de latitude.

3° Elle disait la bonne aventure par le marc de café. Voici le procédé. On verse le marc d'une once de café sur une grande assiette blanche très-plate, percée au milieu d'un seul petit trou par lequel l'eau s'en va. On laisse le marc s'assécher un quart d'heure. Il s'est formé alors des figures capricieuses, qui, à vos yeux, peut-être, ne diraient rien, mais qui sont tout un livre pour les personnes dressées à lire dans les assiettes sales.

4° Elle pronostiquait par le blanc d'œuf, autre recette qu'elle disait tenir de Cagliostro. Elle prenait un œuf frais, le cassait, en séparait le jaune, laissait tomber ce jaune dans un grand verre d'eau; s'il ne se divisait pas dans la chute, c'était signe de succès. Elle le remuait ensuite, et voyait, dans la forme des ondulations, ce qu'on ne soupçonnerait jamais dans un jaune d'œuf.

5° Elle donnait des horoscopes, c'est-à-dire des thèmes tout faits, suivant les enseignements des vieux astrologues, qui ont trouvé tant de lumières dans les douze signes du zodiaque. Ils déclarent que ceux qui sont nés sous le Sagittaire (du 22 novembre au 21 décembre) feront des voyages maritimes, tandis que ceux qui ont vu le jour sous le Capricorne (du 22 décembre au 21 janvier) auront de petits yeux, et que les personnes venues au monde sous le Verseau (du 22 janvier au 21 février) vivront longtemps. Il y en a ainsi pour toute l'année.

Si votre acte de naissance vous place sous les Poissons (du 22 février au 21 mars), vous serez présomptueux. Sous le Bélier (du 22 mars au 21 avril) naissent les gens qui ont la migraine. Sous le Taureau (du 22 avril au 21 mai) on ne se marie qu'à vingt-quatre ans. Soyez né sous les Gémeaux (du 22 mai au 21 juin), vous négligerez vos affaires et vous pourrez bien être artiste. Mais si l'Écrevisse a présidé à votre première heure (du 22 juin au 21 juillet), vous risquez d'être gourmand; et si c'est le Lion (du 22 juillet au 21 août), vous n'aurez pas de mollets.

Sous la Vierge (du 22 août au 21 septembre) on naît très discret; mais on aura la chance d'être volé dans sa poche. Sous la Balance (du 22 septembre au 21 octobre) vous aurez le don de dire la bonne aventure. Sous le Scorpion enfin (du 22 octobre au 21 novembre) on sera goguenard, sournois, et on gagnera un ventre ballonné. Voilà. — Nous ne donnons ici qu'un sommaire.

Avec toutes ces cordes à son arc, mademoiselle Lenormand pouvait contenter les plus difficiles. Elle travaillait pour cinq francs, pour dix francs, pour vingt francs, pour quatre cents francs. Moyennant cette somme on avait un horoscope écrit. Beaucoup de têtes faibles vinrent la consulter en effet. De grands personnages, grands par leur position, mais petits du reste, lui demandèrent leur bonne aventure. Comme elle était très-fine, lorsqu'elle avait à répondre à des gens de bonne mine qu'elle ne connaissait pas, elle les remettait au lendemain, les faisait suivre et savait ainsi ce qu'elle devait dire.

Voici deux anecdotes qui feront apprécier la hauteur de son talent. Un banquier qui en doutait lui mena son fils, âgé de quinze ans et habillé en jeune fille. La sibylle y fut trompée, comme l'avait été le docteur Gall en pareille occasion, et promit un époux merveilleux avec toutes sortes de choses qui convenaient au sexe dont le déguisement l'abusait.

Une dame, voulant savoir si les cartes disaient la vérité, déjeuna parfaitement; puis, désignant sous le nom d'une opération le repas qu'elle venait de faire, elle alla demander à la sibylle si l'opération dont elle s'était occupée tout à l'heure avait été menée à fin; les cartes dirent que non. On citerait mille faits pareils. Mais le public bénin des niais ne les remarquait pas plus que les prédictions d'une grande fortune aux gens qui se ruinaient le mois suivant, et d'une longue vie aux infortunés qui se hâtaient de mourir pour lui donner un démenti.

Cependant elle assaisonnait ses consultations d'accessoires et de précautions qui auraient dû la rendre plus heureuse.

Elle avait soin de demander au consultant: Quel âge avez-vous? Quelle couleur préférez-vous? Quel est la fleur que vous aimez? Quel est l'animal que vous ne pouvez souffrir? Mangez-vous des ognons? et d'autres questions bizarres qui lui fournissaient matière à des inductions, et qu'elle faisait d'un air nonchalant, tout en recommandant de couper les cartes de la main gauche et de garder telle ou telle position.

Si l'on s'étonne de l'espèce de renommée où s'est vue sous l'empire mademoiselle Lenormand, si l'on est surpris de la voir visiter par de grandes dames et par des personnages notables, il faut en dire les deux raisons. La première est dans la petitesse de l'esprit humain, qui lui amena Talma, madame de Staël elle-même, en dépit de sa superbe philosophie, et le peintre David qui faisait l'incrédule, et qui se battait les flancs pour l'être. La seconde raison était une idée de l'empereur, qui en tirait très-grand parti pour sa police. Tous les mois, et plus souvent au besoin l'impératrice Joséphine, qui pouvait bien être de concert avec son illustre époux et jouer un jeu en simulant une grande confiance dans la sibylle, savait d'elle les visites qu'elle avait reçues et les secrets qu'elle avait dépistés. C'est qui explique la protection intéressée que Napoléon donnait à ces jongleries.

Mais en même temps qu'il employait mademoiselle Lenormand à l'éclaircir sur une foule de détails, il la faisait espionner elle-même. Lorsqu'il projeta son divorce avec Joséphine, ce projet fut longtemps connu avant que Napoléon voulût l'annoncer à sa femme. Il était formellement recommandé à ceux qui approchaient l'impératrice de ne rien éventer d'une telle intention. Napoléon ne songeait pas à la sibylle; elle ne manqua pas de dévoiler le fait à Joséphine comme une prophétie. Le lendemain, Fouché, qui dirigeait la police, fit venir mademoiselle Lenormand.

— Savez-vous, lui dit-il, pourquoi je vous ai demandée?

— Pour une consultation, sans doute, répondit-elle. J'ai apporté le grand jeu.

Fouché et Talleyrand l'appelaient quelquefois ainsi, sous prétexte de son art, mais pour la faire parler d'autre chose que des cartes.

— Vous n'avez pas regardé dans votre main, ou vos tarots sont embrouillés, reprit Fouché, car vous êtes arrêtée; et de ce pas vous allez en prison. Vous ne l'aviez pas prévu?

— Mais pourquoi en prison? demanda-t-elle.

— Vous qui savez tant de choses, vous ne savez pas cela? Cherchez dans vos cartes.

Au bout de peu de jours, comme on ne voulait donner qu'une leçon à la sorcière, et qu'on avait besoin d'elle, on la remit en liberté. Mais plus tard, quand vinrent pour Napoléon les jours de revers, la sibylle ayant caressé quelques espérances des légitimistes, fut emprisonnée de nouveau, toujours sans l'avoir prévu.

Après la chute de l'empereur, elle fut visitée par Alexandre et par le duc de Berry, qui croyaient ramasser dans son entretien quelques piquantes anecdotes. Mais ce qu'elle savait de détails conservait peu d'intérêt. Ils n'y retournèrent pas. Ces visites toutefois lui firent tirer beaucoup d'argent des Russes, des Prussiens et des Anglais.

Quand Joséphine fut morte et Napoléon à Sainte-Hélène, elle se mit à rédiger ses souvenirs et ses mémoires, où elle débita tout ce qu'elle voulut. Elle écrivit même, ou fit écrire, une réponse à Hoffmann, qui s'était moqué d'elle dans le *Journal des Débats*. Et comme dans la suite la police ne pouvait guère souffrir une devineresse exerçant publiquement, elle prit une patente de librairie, et donna son adresse en mettant sur sa porte: *Mademoiselle Lenormand, libraire*. On ne trouvait chez elle que des brochures. Mais ce n'était pas pour se meubler l'esprit qu'on y allait.

Son astre pâlissait dans le calme de quinze ans qui suivit les cent jours. Pour ramener sur elle l'intérêt public, elle fit quelques voyages à l'étranger. On se rappelle son arrivée à Bruxelles, où elle se proposait de tirer l'horoscope du prince d'Orange. Elle avait fait des progrès; elle joignait depuis longtemps déjà à ses anciens procédés la chiromancie, ou l'art de lire les destinées dans les lignes de la main gauche. Elle prétendait savoir que le prince d'Orange avait dans la main une ligne de fortune qui se développait avec de beaux accroissements; elle se proposait de lui annoncer des conquêtes.

Pour seconde ressource, elle faisait un peu la contrebande; et les douaniers belges, plus fins que son jeu de cartes, ayant saisi, dans ses boîtes à double fond, des montres qu'elle fraudait, la sibylle fit dans les Pays-Bas son entrée triomphante en prison. Elle n'avait pas compté là-dessus. Elle en sortit pour dire la bonne aventure au prince d'Orange, qui en effet l'accueillit, dit-on; et elle ne vit pas que la ligne de fortune du prince était rompue en un certain point.

Depuis 1830, Mlle Lenormand était presque oubliée, lorsque les journaux ont annoncé sa mort, arrivée le 25 juin 1843. Elle n'avait que soixante-douze ans, quoiqu'elle eût prophétisé qu'elle en vivrait cent et un. Elle a laissé une fortune assez ronde. On dit qu'avant de mourir elle a reconnu les vanités stupides et condamnées son charlatanisme dangereux, et qu'elle a terminé sa vie dans les sentiments chrétiens. Il paraît même que cent pauvres femmes qui ont suivi son convoi, un cierge à la main, de l'église Saint-Jacques-du-Haut-Pas au cimetière du Père-Lachaise, sont des infortunées à qui elle a laissé de petits legs.

Quant à ce qu'ont dit les journaux parisiens qu'on voyait aussi à la suite du corbillard les élèves de la devineresse, c'est une plaisanterie; elle n'avait rien à apprendre à personne, et depuis plusieurs années ne pratiquait plus.

C'était, dans ses derniers temps, une courte et grosse femme, à l'air commun, qui parlait du nez, qui débitait ses oracles avec la volubilité d'une actrice répétant un rôle, et qui se coiffait d'un vieux turban sur une perruque blonde, mise du reste comme une femme de chambre.

Si les Parisiens ont de l'esprit, la vogue de Mlle Lenormand fait voir qu'ils n'en ont pas toujours.

LE NORMANT (Martin), astrologue qui fut apprécié par le roi Jean, auquel il prédit la victoire qu'il gagna contre les Flamands (1).

LÉON III, élu pape en 795. On a eu l'effronterie de lui attribuer un recueil de platitudes et de choses ridicules, embrouillées dans des figures et des mots mystiques et inintelligibles, composé par un visionnaire, plus de trois cents ans après lui, sous le titre d'*Enchiridion Leonis papæ* (2). On a ajouté qu'il avait envoyé ce livre à Charlemagne.

Voici le titre exact de cet ouvrage : *Enchiridion du pape Léon*, donné comme un présent précieux au sérénissime empereur Charlemagne; récemment purgé de toutes ses fautes. Rome, 1670, in-12 long, avec un cercle coupé d'un triangle pour vignette, et à l'entour ces mots en légende : *Formation, réformation, transformation*. Après un avis aux sages cabalistes, le livre commence par l'Evangile de saint Jean, que suivent les secrets et oraisons pour conjurer le diable. Voy. Conjurations, etc.

LÉONARD, démon du premier ordre, grand maître des sabbats, chef des démons subalternes, inspecteur général de la sorcellerie, de la magie noire et des sorciers. On l'appelle souvent *le Grand Nègre*. Il préside au sabbat sous la figure d'un bouc de haute taille; il a trois cornes sur la tête, deux oreilles de renard, les cheveux hérissés, les yeux ronds, enflammés et fort ouverts, une barbe de chèvre et un visage au derrière. Les sorciers l'adorent en lui baisant ce visage inférieur avec une chandelle verte à la main.

Quelquefois il ressemble à un lévrier ou à un bœuf, ou à un grand oiseau noir, ou à un tronc d'arbre surmonté d'un visage ténébreux. Ses pieds, quand il en porte au sabbat, sont toujours des pattes d'oie. Cependant les experts qui ont vu le diable au sabbat observent qu'il n'a pas de pieds quand il prend la forme d'un tronc d'arbre, et dans d'autres circonstances extraordinaires.

Léonard est taciturne et mélancolique; mais dans toutes les assemblées de sorciers et de diables où il est obligé de figurer, il se montre avantageusement et déploie une gravité superbe (3).

LÉOPOLD, fils naturel de l'empereur Rodolphe II. Il embrassa la magie et étudia les arts du diable, qui lui apparut plus d'une fois. Il arriva que son frère Frédéric fut pris en bataille en combattant contre Louis de Bavière. Léopold, voulant lui envoyer un magicien pour le délivrer de la prison de Louis sans payer rançon, s'enferma avec ce magicien dans une chambre, en conjurant et appelant le diable, qui se présenta à eux sous forme et costume d'un messager de pied, ayant ses souliers usés et rompus, le chaperon en tête; quant au visage, il avait les yeux chassieux.

Il leur promit, sans que le magicien se dérangeât, de tirer Frédéric d'embarras, pourvu qu'il y consentît. Il se transporta de suite dans la prison, changea d'habit et de forme, prit celle d'un écolier, avec une nappe autour du cou, et invita Frédéric à entrer dans la nappe, ce qu'il refusa en faisant le signe de la croix.

Le diable s'en retourna confus chez Léopold, qui ne le quitta point pour cela; car, pendant la maladie à la suite de laquelle il mourut, s'étant levé un jour sur son séant, il commanda à son magicien, qu'il tenait à gages, d'appeler le diable, lequel se montra sous la forme d'un homme noir et hideux; Léopold ne l'eut pas plutôt vu, qu'il dit : — C'est assez, — et il demanda qu'on le recouchât dans son lit, où il trépassa (4).

LESAGE. Voy. Luxembourg.

LESCORIÈRE (Marie), vieille sorcière arrêtée au seizième siècle, à l'âge de quatre-vingt-dix ans. Elle répondit dans son interrogatoire qu'elle passait pour sorcière sans l'être; qu'elle croyait en Dieu, l'avait prié journellement, et avait quitté le diable depuis longtemps; qu'il y avait quarante ans qu'elle n'avait été au sabbat. Interrogée sur le sabbat, elle dit qu'elle avait vu le diable en forme d'homme et de bouc, qu'elle lui avait cédé les galons dont elle liait ses cheveux, que le diable lui avait donné un écu qu'elle avait mis dans sa bourse; que le diable lui avait surtout recommandé de ne pas prier Dieu, de nuire aux gens de bien, et lui avait donné pour cela de la poudre dans une boîte; qu'il était venu la trouver en forme de chat, et que, parce qu'elle avait cessé d'aller au sabbat, il l'avait meurtrie à coups de pierres; que quand elle appelait le diable, il venait à elle en figure de chien pendant le jour et en figure de chat pendant la nuit; qu'une fois elle l'avait prié de faire mourir une voisine, ce qu'il avait fait; qu'une autre fois passant par

---

(1) Manuscrit cité à la fin des rem. de Joly sur Bayle.
(2) Enchiridion Leonis papæ serenissimo imperatori Carolo Magno in munus pretiosum datum, nuperrime mendis omnibus purgatum, etc.
(3) Delrio, Delancre, Bodin, etc.
(4) Leloyer, Hist. des spectres, p. 304.

un village, les chiens l'avaient suivie et mordue; que dans l'instant elle avait appelé le diable, qui les avait tués. Elle dit aussi qu'il ne se faisait autre chose au sabbat sinon honneur au diable, qui promettait ce qu'on lui demandait; qu'on lui faisait offrande le baisant au derrière, ayant chacun une chandelle à la main (1).

LESCOT, devin de Parme qui disait indifféremment à tout homme qui en voulait faire l'essai : « Pensez ce que vous voudrez, et je devinerai ce que vous pensez, » parce qu'il était servi par un démon (2).

LESPÈCE, Italien qui fut avalé pendant le séjour de la flotte française au port de Zante, sous le règne de Louis XII. Il était dans le brigandin de François de Grammont. Un jour, après avoir bien bu, il se mit à jouer aux dés, et perdit tout son argent. Il maugréa Dieu, les saints, la bienheureuse Vierge Marie, mère de Dieu, et invoqua le diable à son aide. La nuit venue, comme l'impie commençait à ronfler, un gros et horrible monstre, aux yeux étincelants, approcha du brigandin. Quelques matelots prirent cette bête pour un monstre marin, et voulurent l'éloigner; mais elle aborda le navire, et alla droit à l'hérétique, qui fuyait de tous côtés. Dans sa fuite il trébucha, et tomba dans la gueule de cet horrible serpent (3).

LÉTHÉ, fleuve qui arrosait une partie du Tartare, et allait jusqu'à l'Élysée. Ses ondes faisaient oublier aux ombres, forcées d'en boire, les plaisirs et les peines de la vie qu'elles avaient quittée.

On surnommait le Léthé le fleuve d'Huile, parce que son cours était paisible, et par la même raison Lucain l'appelle *deus Tacitus*, le dieu du silence; car il ne faisait entendre aucun murmure.

C'était aux bords du Léthé que les âmes des méchants, après avoir expié leurs crimes par de longs tourments, venaient perdre le souvenir de leurs maux et puiser une nouvelle vie. Sur ses rives, comme sur celles du Cocyte, on voyait une porte qui communiquait au Tartare (4).

LETTRES *sur les diverses apparitions d'un bénédictin de Toulouse*, in-4°, 1679. Ces apparitions étaient, dit-on, des supercheries de quelques novices de la congrégation de Saint-Maur, qui voulaient tromper leurs supérieurs. On les fit sortir de l'ordre.

LETTRES INFERNALES, ou *Lettres des campagnes infernales*, publiées en 1734. Ce n'est qu'une satire contre les fermiers généraux.

LEUCE-CARIN, hérétique du second siècle, auteur apocryphe d'un livre intitulé : *Voyages des apôtres*. Il y conte des absurdités.

LEUCOPHYLLE, plante fabuleuse qui, selon les anciens, croissait dans le Phase, fleuve de la Colchide. On lui attribuait la vertu d'empêcher les infidélités; mais il fallait la cueillir avec de certaines précautions, et on ne la trouvait qu'au point du jour, vers le commencement du printemps, lorsqu'on célébrait les mystères d'Hécate.

LÉVIATHAN, grand amiral de l'enfer, selon les démonomanes. Wierus l'appelle le grand menteur. Il s'est mêlé de posséder, de tous temps, les gens qui courent le monde. Il leur apprend à mentir et à en imposer. Il est tenace, ferme à son poste et difficile à exorciser.

On donne aussi le nom de Léviathan à un poisson immense que les rabbins disent destiné au repas du Messie. Ce poisson est si monstrueux, qu'il en avale d'un coup un autre lequel, pour être moins grand que lui, ne laisse pas d'avoir trois lieues de long. Toute la masse des eaux est portée sur Léviathan. Dieu, au commencement, en créa deux, l'un mâle et l'autre femelle ; mais de peur qu'ils ne renversassent la terre et qu'ils ne remplissent l'univers de leurs semblables, Dieu, disent encore les rabbins, tua la femelle, et la sala pour le repas du Messie qui doit venir.

En hébreu, Léviathan veut dire monstre des eaux. Il paraît que c'est le nom de la baleine dans le livre de Job, chap. LXI. Samuel Bochard croit que c'est aussi le nom du crocodile.

LEWIS (MATHIEU-GRÉGOIRE), auteur de romans et de pièces de théâtre, né en 1773 et mort en 1818. On a de lui *le Moine*, 1795, 3 vol. in-12, production effroyable et dangereuse, qui fit plus de bruit qu'elle ne mérite; *le Spectre du château*, opéra ou drame en musique, etc.

LÉZARDS. Les Kamtschadales en ont une crainte superstitieuse. Ce sont, disent-ils, les espions de Gaeth (dieu des morts), qui viennent leur prédire la fin de leurs jours. Si on les attrape, on les coupe en petits morceaux pour qu'ils n'aillent rien dire au dieu des morts. Si un lézard échappe, l'homme qui l'a vu tombe dans la tristesse, et meurt quelquefois de la peur qu'il a de mourir.

Les nègres qui habitent les deux bords du Sénégal ne veulent pas souffrir au contraire qu'on tue les lézards autour de leurs maisons. Ils sont persuadés que ce sont les âmes de leurs pères, de leurs mères et de leurs proches parents, qui viennent faire le folgar, c'est-à-dire se réjouir avec eux (5).

LIBANIUS, magicien né en Asie, qui, pendant le siège de Rayenne par Constance, envoyait des moyens magiques en place d'armes pour vaincre les ennemis (6).

LIBANOMANCIE, divination qui se faisait par le moyen de l'encens. Voici, selon Dion Cassius, les cérémonies que les anciens pratiquaient dans la libanomancie. On prend, dit-il, de l'encens, et, après avoir fait des prières relatives aux choses que l'on demande, on jette cet encens dans le feu, afin que sa fumée porte les prières jusqu'au ciel. Si

---

(1) Discours des sortilèges et vénéfices, tirés des procès criminels, p. 32.
(2) Delancre, Incrédulité et mécréance de la divination, du sortilège, p. 504.
(3) D'Auton, Histoire de Louis XII.
(4) Delandine, l'Enfer des anciens, p. 281.
(5) Abrégé des voyages, par de Laharpe, t. II, p. 131.
(6) Leloyer, Hist. et Disc. des spectres, etc., p. 726.

ce qu'on souhaite doit arriver, l'encens s'allume sur-le-champ, quand même il serait tombé hors du feu ; le feu semble l'aller chercher pour le consumer. Mais si les vœux qu'on a formés ne doivent pas être remplis, ou l'encens ne tombe pas dans le feu, ou le feu s'en éloigne et ne le consume pas. Cet oracle, ajoute-t-il, prédit tout, excepté ce qui regarde la mort et le mariage.

LIBERTINS, fanatiques qui s'élevèrent en Flandre au milieu du seizième siècle et qui se répandirent en France, où ils eurent pour chef un tailleur picard nommé Quintin. Ils professaient exactement le panthéisme des philosophes de nos jours, et les rêveurs allemands les copient. Ils regardaient le paradis et l'enfer comme des illusions, et se livraient à leurs sens. Le nom qu'ils se donnaient, comme affranchis, est devenu une injure.

LICORNE. La corne de licorne préserve des sortilèges. Le cardinal Torquemada, dit-on, en avait toujours une sur sa table. Les licornes du cap de Bonne-Espérance sont décrites avec des têtes de cheval, d'autres avec des têtes de cerf. On dit que le puits du palais de Saint-Marc ne peut être empoisonné, parce qu'on y a jeté des cornes de licornes. On est d'ailleurs indécis sur ce qui concerne ces animaux, dont la race semble perdue. Voy. Cornes.

LIERRE. Nous ne savons pourquoi les Flamands appellent le lierre *fil du diable* (Duivels-Naaigaren).

LIÈVRE. On raconte des choses merveilleuses du lièvre. Évax et Aaron disent que si l'on joint ses pieds avec la tête d'un merle, ils rendront l'homme qui les portera si hardi, qu'il ne craindra pas même la mort.

Celui qui se les attachera au bras ira partout où il voudra, et s'en retournera sans danger.

Que si on en fait manger à un chien, avec le cœur d'une belette, il est sûr qu'il n'obéira jamais, quand même on le tuerait (1).

Si des vieillards aperçoivent un lièvre traversant un grand chemin, ils ne manquent guère d'en augurer quelque mal. Ce n'est pourtant, au fond, qu'une menace des anciens augures exprimée en ces termes : *Inauspicatum dat iter oblatus lepus*. Cette idée n'avait apparemment d'autre fondement, si ce n'est que nous devons craindre quand un animal timide passe devant nous ; comme un renard, s'il y passe aussi, nous présage quelque imposture.

Ces observations superstitieuses étaient défendues aux Juifs, comme on le voit dans Maimonide, qui les rapporte à l'art de ceux qui abusent des événements pour les convertir en signes heureux ou sinistres.

Chez les Grecs modernes, si un lièvre croise le chemin d'une caravane, elle fera halte jusqu'à ce qu'un passant qui ne l'ait pas vu coupe le charme en traversant la même route (2).

A l'honneur des lièvres, voyez encore Sakimouni.

(1) Secrets d'Albert le Grand, p. 108.
(2) Brown, Erreurs populaires.

LIÈVRE (Le Grand). Les Chipiouyans, peuplade sauvage qui habite l'intérieur de l'Amérique septentrionale, croient que le Grand Lièvre, nom qu'ils donnent à l'Être suprême, étant porté sur les eaux avec tous les quadrupèdes qui composaient sa cour, forma la terre d'un grain de sable tiré de l'Océan, et tira les hommes des corps des animaux. Mais le Grand Tigre, dieu des eaux, s'opposa aux desseins du Grand Lièvre. Voilà, suivant eux, les principes qui se combattent perpétuellement.

LIGATURE. On donne ce nom à un maléfice spécial, par lequel on liait et on paralysait quelque faculté physique de l'homme ou de la femme.

On appelait chevillement le sortilège qui fermait un conduit et empêchait par exemple les déjections naturelles. On appelait embarrer l'empêchement magique qui empêchait un mouvement. On appelait plus spécialement ligaturé le maléfice qui affectait d'impuissance un bras, un pied ou tout autre membre.

Le plus fameux de ces sortilèges est celui qui est appelé dans tous les livres où il s'agit de superstitions, dans le curé Thiers, dans le père Lebrun et dans tous les autres, le *nouement de l'aiguillette* ou l'aiguillette nouée, désignation honnête d'une chose honteuse. C'est au reste le terme populaire.

Cette matière si délicate, que nous aurions voulu pouvoir éviter, tient trop de place dans les abominations superstitieuses pour être passée sous silence.

Les rabbins attribuent à Cham l'invention du nouement de l'aiguillette. Les Grecs connaissaient ce maléfice. Platon conseille à ceux qui se marient de prendre garde à ces charmes ou ligatures qui troublent la paix des ménages (3). On nouait aussi l'aiguillette chez les Romains ; cet usage passa des magiciens du paganisme aux sorciers modernes. On nouait surtout beaucoup au moyen âge. Plusieurs conciles frappèrent d'anathème les noueurs d'aiguillettes ; le cardinal du Perron fit même insérer dans le rituel d'Evreux des prières contre l'aiguillette nouée ; car jamais ce maléfice ne fut plus fréquent qu'au seizième siècle.

« Le nouement de l'aiguillette devient si commun, dit Pierre Delancre, qu'il n'y a guère d'hommes qui s'osent marier, sinon à la dérobée. On se trouve lié sans savoir par qui, et de tant de façons, que le plus rusé n'y comprend rien. Tantôt le maléfice est pour l'homme, tantôt pour la femme, ou pour tous les deux. Il dure un jour, un mois, un an. L'un aime et n'est pas aimé ; les époux se mordent, s'égratignent et se repoussent ; ou bien le diable interposent entre eux un fantôme, etc. »

Le démonologue expose tous les cas bizarres et embarrassants d'une si fâcheuse circonstance.

Mais l'imagination, frappée de la peur du sortilège, faisait le plus souvent tout le mal.

(3) Platon, Des lois, liv. II.

On attribuait aux sorciers les accidents qu'on ne comprenait point, sans se donner la peine d'en chercher la véritable cause. L'impuissance n'était donc généralement occasionnée que par la peur du maléfice, qui frappait les esprits et affaiblissait les organes; et cet état ne cessait que lorsque la sorcière soupçonnée voulait bien guérir l'imagination du malade en lui disant qu'elle le restituait.

Une nouvelle épousée de Niort, dit Bodin (1), accusa sa voisine de l'avoir liée. Le juge fit mettre la voisine au cachot. Au bout de deux jours, elle commença à s'y ennuyer, et s'avisa de faire dire aux mariés qu'ils étaient déliés; et dès lors ils furent déliés.

Les détails de ce désordre sont presque toujours si ignobles, qu'on ne peut mettre sous les yeux d'un lecteur honnête cet enchenillement, comme l'appelle Delancre (2).

Les mariages ont rarement lieu en Russie sans quelque frayeur de ce genre. « J'ai vu un jeune homme, dit un voyageur (3), sortir comme un furieux de la chambre de sa femme, s'arracher les cheveux et crier qu'il était ensorcelé. On eut recours au remède employé chez les Russes, qui est de s'adresser à des magiciennes blanches, lesquelles, pour un peu d'argent, rompent le charme et dénouent l'aiguillette; ce qui était la cause de l'état où je vis ce jeune homme. »

Nouement de l'aiguillette.

Nous croyons devoir rapporter comme spécimen des bêtises de l'homme la stupide formule suivante, qu'on lit au chapitre premier des *Admirables secrets du Petit Albert*:

« Qu'on prenne la verge d'un loup nouvellement tué; qu'on aille à la porte de celui qu'on veut lier, et qu'on l'appelle par son propre nom. Aussitôt qu'il aura répondu, on liera la verge avec un lacet de fil blanc, et le pauvre homme sera impuissant aussitôt. »

Ce qui est surprenant, c'est que les gens de village croient de telles formules, qu'ils les emploient, et qu'on laisse vendre publiquement des livres qui les donnent avec de scandaleux détails.

On trouve dans Ovide et dans Virgile les procédés employés par les noueurs d'aiguillette de leur temps. Ils prenaient une petite figure de cire qu'ils entouraient de rubans ou de cordons; ils prononçaient sur sa tête des conjurations, en serrant les cordons l'un après l'autre; ils lui enfonçaient ensuite, à la place du foie, des aiguilles ou des clous, et le charme était achevé.

Bodin assure qu'il y a plus de cinquante moyens de nouer l'aiguillette. Le curé Thiers rapporte plusieurs de ces sortes de moyens, qui sont encore usités dans les villages.

Contre l'aiguillette nouée.

On prévient le maléfice en portant un anneau dans lequel soit enchâssé l'œil droit d'une belette; ou en mettant du sel dans sa poche, ou des sous marqués dans ses souliers, lorsqu'on sort du lit; ou, selon Pline, en frottant de graisse de loup le seuil et les poteaux de la porte qui ferme la chambre à coucher.

Hincmar, archevêque de Reims, conseille avec raison aux époux qui se croient maléficiés du nouement de l'aiguillette, la pratique des sacrements comme un remède efficace; d'autres ordonnaient le jeûne et l'aumône.

Le *Petit Albert* conseille contre l'aiguillette nouée de manger un pivert rôti avec du sel bénit, ou de respirer la fumée de la dent d'un mort jetée dans un réchaud.

Dans quelques pays on se flatte de dénouer l'aiguillette en mettant deux chemises à l'envers l'une sur l'autre. Ailleurs, on perce un tonneau de vin blanc, dont on fait passer le premier jet par la bague de la mariée. Ou bien, pendant neuf jours, avant le soleil levé, on écrit sur du parchemin vierge le mot *avigazirtor*. Il n'y a, comme on voit, aucune extravagance qui n'ait été imaginée.

Voici, avant de finir, un exemple curieux d'une manière peu usitée de nouer l'aiguillette : « Une sorcière, voulant exciter une haine mortelle entre deux futurs époux, écrivit sur deux billets des caractères inconnus, et les leur fit porter sur eux. Comme ce charme ne produisait pas assez vite l'effet qu'elle désirait, elle écrivit les mêmes caractères sur du fromage qu'elle leur fit manger; puis elle prit un poulet noir qu'elle coupa par le milieu, en offrit une partie au diable, et leur donna l'autre, dont ils firent leur souper. Cela les anima tellement, qu'ils ne pouvaient plus se regarder l'un l'autre. — Y a-t-il rien de si ridicule? ajoute Delancre, persuadé pourtant de la vérité du fait, et peut-on reconnaître en cela quelque chose qui puisse forcer deux personnes qui s'entr'aiment à se haïr à mort ? »

On dit que les sorciers ont coutume d'enterrer des têtes et des peaux de serpent sous le seuil de la porte des mariés, ou dans les coins de leur maison, afin d'y semer la haine et les dissensions. Mais ce ne sont que les marques visibles des conventions qu'ils ont faites avec Satan, lequel est le maître et l'auteur du maléfice de la haine.

Parfois, continue Delancre, le diable ne va pas si avant, et se contente, au lieu de la haine, d'apporter seulement de l'oubli, mettant les maris en tel oubli de leurs femmes, qu'ils en perdent tout à fait la mémoire, comme s'ils ne s'étaient jamais connus. Un jeune homme d'Etrurie devint si épris d'une sorcière, qu'il abandonna sa femme et ses enfants pour venir demeurer avec elle, et il continua ce triste genre de vie jusqu'à ce que sa femme, avertie du maléfice, l'étant venue trouver, fureta si exactement dans la maison de la sorcière, qu'elle découvrit sous son lit le sortilége, qui était un crapaud enfermé dans un pot, ayant les yeux cousus et bouchés, lequel elle prit, et, lui ayant ouvert les yeux, elle le fit brûler. Aussitôt l'amour et l'affection qu'il avait autrefois pour sa femme

---

(1) Démonomanie des sorciers, liv. IV, ch. 5.
(2) L'Incrédulité et mécréance, etc., tr 6.

(3) Nouveau voyage vers le Septentrion, 1708, ch. 2.

et ses enfants revinrent tout à coup dans la mémoire du jeune homme, qui s'en retourna chez lui honteux et repentant, et passa dans de bons sentiments le reste de ses jours.

Delancre cite d'autres exemples bizarres des effets de ce charme, comme des époux qui se détestaient de près et qui se chérissaient de loin. Ce sont de ces choses qui se voient aussi de nos jours, sans qu'on pense à y trouver du maléfice.

Le P. Lebrun ne semble pas croire aux noueurs d'aiguillette; cependant il rapporte le trait de l'abbé Guilbert de Nogent, qui raconte (1) que son père et sa mère avaient eu l'aiguillette nouée pendant sept ans, et qu'après cet intervalle pénible une vieille femme rompit le maléfice et leur rendit l'usage du mariage.

Nous le répétons, la peur de ce mal, qui n'a guère pu exister que dans les imaginations faibles, était autrefois très-répandue. Personne aujourd'hui ne s'en plaint dans les villes; mais on noue encore l'aiguillette dans les villages; bien plus, on se sert encore des procédés que nous rapportons ici, car la superstition n'est pas progressive. Et tandis qu'on nous vante à grand bruit l'avancement des lumières, nous vivons à quelques lieues de pauvres paysans qui ont leurs devins, leurs sorciers, leurs présages, qui ne se marient qu'en tremblant, et qui ont la tête obsédée de terreurs infernales. Voy. CHEVILLEMENT, GRILLANDUS, IMAGINATIONS, MALÉFICES, etc.

LILITH. Wierus et plusieurs autres démonomanes font de Lilith le prince ou la princesse des démons succubes. — Les démons soumis à Lilith portent le même nom que leur chef, et, comme les Lamies, cherchent à faire périr les nouveau-nés; ce qui fait que les Juifs, pour les écarter, ont coutume d'écrire aux quatre coins de la chambre d'une femme nouvellement accouchée : « Adam, Eve, hors d'ici Lilith (2). »

LILLY (WILLIAM), astrologue anglais du dix-septième siècle qui se fit une réputation en publiant l'horoscope de Charles Iᵉʳ. Il mourut en 1681. Sa Vie, écrite par lui-même, contient des détails si naïfs et en même temps une imposture si palpable, qu'il est impossible de distinguer ce qu'il croit vrai de ce qu'il croit faux. C'est lui qui a fourni la partie la plus considérable de l'ouvrage intitulé *Folie des astrologues*. Les opinions de Lilly et sa prétendue science avaient tant de vogue dans son siècle, que Gataker fut obligé d'écrire contre cette déception populaire.

Parmi un grand nombre d'écrits ridicules dont le titre indique assez le sujet, nous citerons de Lilly : 1° *le Jeune Anglais Merlin*, Londres, 1664; 2° *le Messager des étoiles*, 1645; 3° *Recueil de prophéties*, 1646.

LIMAÇONS. Les limaçons ont de grandes propriétés sur le corps humain, dit l'auteur des *Secrets* d'Albert le Grand, et il indique de suite quelques jocrissades.

Beaucoup de personnes doutent si les limaçons ont des yeux. On s'est guéri de ce doute par le secours des microscopes : les points ronds et noirs de leurs cornes sont leurs yeux, et il est certain qu'ils en ont quatre.

LIMBES. C'est le mot consacré parmi les théologiens pour signifier le lieu où les âmes des saints patriarches étaient détenues en attendant la venue de Jésus-Christ. On donne aussi le nom de Limbes aux lieux où vont les âmes des enfants morts sans baptême.

LIMYRE, fontaine de Lycie qui rendait des oracles par le moyen de ses poissons. Les consultants leur présentaient à manger; si les poissons se jetaient dessus, le présage était favorable; s'ils le refusaient, surtout s'ils le rejetaient avec leurs queues, c'était un mauvais indice.

LINURGUS, pierre fabuleuse qui se trouvait, dit-on, dans le fleuve Achéloüs. Les anciens l'appelaient *lapis lineus*. On l'enveloppait dans un linge, et lorsqu'elle devenait blanche, on se promettait bon succès dans ses projets de mariage.

LION. Si on fait des courroies de sa peau, celui qui s'en ceindra ne craindra point ses ennemis; si on mange de sa chair, ou qu'on boive de son urine pendant trois jours, on guérira de la fièvre quarte..... Si vous portez les yeux de cet animal sous l'aisselle, toutes les bêtes s'enfuiront devant vous en baissant la tête (3).

Le Lion est un des signes du zodiaque. Voy. HOROSCOPES.

Le diable s'est montré quelquefois sous la forme d'un lion, disent les démonographes. Un des démons qui possédèrent Élisabeth Blanchard est désigné sous le nom du *lion d'enfer*. Voy. MESSIE DES JUIFS.

LISSI, démon peu connu qui posséda Denise de La Caille, et signa le procès-verbal d'expulsion.

LITANIES DU SABBAT. Les mercredis et vendredis on chantait au sabbat les litanies suivantes, s'il faut en croire les relations :

Lucifer, Belzébuth, Léviathan, prenez pitié de nous.

Baal, prince des séraphins; Baalbérith, prince des chérubins; Astaroth, prince des trônes; Rosier, prince des dominations; Carreau, prince des puissances; Bélias, prince des vertus, Perrier, prince des principautés, Olivier, prince des archanges; Junier, prince des anges; Sarcueil, Fume-Bouche, Pierre-de-Feu, Carniveau, Terrier, Coutellier, Candelier, Béhémoth, Oilette, Belphégor, Sabathan, Garandier, Dolers, Pierre-Fort, Axaphat, Prisier, Kakos, Lucesme, priez pour nous (4).

Il faut remarquer que Satan n'est pas invoqué dans ces litanies, non plus qu'une foule d'autres.

---

(1) De Vita sua, lib I, cap. 11.
(2) D. Calmet, Dissertation sur les apparit., tom. II, p. 74.
(3) Admirables secrets d'Albert le Grand, p. 109.
(4) M. Garinet, Hist. de la magie en France.

LITHOMANCIE, divination par les pierres. Elle se faisait au moyen de plusieurs cailloux qu'on poussait l'un contre l'autre, et dont le son plus ou moins clair ou aigu donnait à connaître la volonté des dieux.

On rapporte encore à cette divination la superstition de ceux qui croient que l'améthyste a la vertu de faire connaître à ceux qui la possèdent les événements futurs par les songes.

On disait aussi que, si on arrose l'améthyste avec de l'eau, et qu'on l'approche de l'aimant, elle répondra aux questions qu'on lui fera, mais d'une voix faible comme celle d'un enfant (1)...

LITUUS, baguette d'augure, recourbée dans le bout le plus fort et le plus épais. Le lituus dont on fit usage à l'élection de Numa, second roi de Rome, était conservé dans le temple de Mars. On conte qu'il fut trouvé entier après l'incendie général de Rome (2).

LIVRES. Presque tous les livres qui contiennent les secrets merveilleux et les manières d'évoquer le diable ont été attribués à de grands personnages. Abel, Adam, Alexandre, Albert le Grand, Daniel, Hippocrate, Galien, Léon III, Hermès, Platon, saint Thomas, saint Jérôme, passent, dans l'idée des imbéciles, pour auteurs de livres magiques.

La plupart de ces livres sont inintelligibles, et d'autant plus admirés des sots qu'ils en sont moins entendus. Voyez à leurs noms les grands hommes auxquels on attribue les livres magiques.

Le *Livre des prodiges*, ou Histoires et Aventures merveilleuses et remarquables de spectres, revenants, esprits, fantômes, démons, etc., rapportées par des personnes dignes de foi. 1 vol. in-12, 5e édition, Paris, 1821 ; — compilation sans objet. Voy. MIRABILIS LIBER.

LIZABET, démon. Voy. COLAS.

LOCKI. Chez les Scandinaves, les tremblements de terre étaient personnifiés dans un dieu, un dieu mauvais, un démon nommé Locki. Après avoir répandu le mal dans toute la Scandinavie, comme un semeur une graine, Locki fut à la fin enchaîné sur des roches aiguës. Lorsqu'il se retourne, ainsi qu'un malade, sur son lit de pierres coupantes, la terre tremble ; lorsqu'il écume et répand sur ses membres sa bave, qui est un poison, ses nerfs entrent en convulsion, et la terre s'agite (3).

LOFARDE, sorcière qui fut accusée, en 1582 par sa compagne, la femme Gantière, de l'avoir menée au sabbat, où le diable l'avait marquée, lequel était vêtu d'un hilaret jaune.

LOKMAN, fabuliste célèbre de l'Orient qui vivait, dit-on, vers le temps de David, ce qui n'est pas certain ; il fut surnommé *le Sage*. Les Perses disent qu'il trouva le secret de faire revivre les morts, et qu'il usa de ce secret pour lui-même ; ils lui accordent une longévité de trois cents ans ; quelques-uns prétendent qu'il en vécut mille.

(1) Brown, Erreurs populaires, t. Ier, p. 102.
(2) Lebrun, Traité des superstitions, t. II, p. 594.

Il a laissé un grand nombre d'apologues qui jouissent d'une grande célébrité. Les écrivains de l'Asie réclament pour lui la plupart des actions que les Grecs attribuent à Ésope.

LOLLARD (GAUTHIER), hérétique qui commença en 1315 à semer ses erreurs, qu'il avait prises des Albigeois. Il enseignait que les démons avaient été chassés du ciel injustement, qu'ils y seraient un jour rétablis, et que saint Michel et les autres anges seraient alors éternellement damnés. Il prêchait des mœurs corrompues. Ses disciples firent beaucoup de mal ; pour lui, il fut brûlé à Cologne en 1322.

LONGÉVITÉ. On a vu, surtout dans les pays du nord, des hommes qui ont prolongé leur vie au delà des termes ordinaires. Cette longévité ne peut s'attribuer qu'à une constitution robuste, à une vie sobre et active, à un air vif et pur. Il n'y a pas cinquante ans que Kotzebue rencontra en Sibérie un vieillard bien portant, marchant et travaillant encore, dans sa cent trente-deuxième année.

Des voyageurs, dans le Nord, trouvèrent au coin d'un bois un vieillard à barbe grise, qui pleurait à chaudes larmes. Ils lui demandèrent le sujet de sa douleur : le vieillard répondit que son père l'avait battu. Les voyageurs surpris le reconduisirent à la maison paternelle, et intercédèrent pour lui. Après quoi, ils demandèrent au père le motif de la punition qu'il avait infligée à son fils. — Il a manqué de respect à son grand-père, répondit le vieux bonhomme.

Les chercheurs de merveilles ont ajouté les leurs à celles de la nature. Torquemada conte qu'en 1531 un vieillard de Trente, âgé de cent ans, rajeunit et vécut encore cinquante ans ; et Langius dit que les habitants de l'île de Bonica en Amérique peuvent aisément s'empêcher de vieillir, parce qu'il y a dans cette île une fontaine qui rajeunit pleinement. Voy. HAQUIN.

Lorsque l'empereur Charles Quint envoya une armée navale en Barbarie, le général qui commandait cette expédition passa par un village de la Calabre où presque tous les paysans étaient âgés de cent trente-deux ans, et tous aussi sains et dispos que s'ils n'en avaient eu que trente. C'était, disent les relations, un sorcier qui les rajeunissait.

En 1773 mourut, près de Copenhague, un matelot nommé Drakenberg, âgé de cent quarante-six ans : la dernière fois qu'il se maria il avait cent onze ans, et il en avait cent trente quand sa femme mourut. Il devint épris d'une jeune fille de dix-huit ans qui le refusa ; de dépit, il jura de vivre garçon désormais, et il tint parole.

En 1670, sous Charles II, mourut dans l'Yorkshire Henri Jenkins, né en 1501, sous Henri VII. Il se rappelait à merveille d'avoir été de l'expédition de Flandre sous Henri VIII, en 1513. Il mourut à cent soixante-neuf ans révolus, après avoir vécu sous huit rois, sans compter le règne de Cromwell. Son der-

(3) M. Didron, Histoire du diable.

nier métier était celui de pêcheur. Agé de plus de cent ans, il traversait la rivière à la nage. Sa petite-fille mourut à Cork à cent treize ans. Voy. ARTHÉPHIUS, DORMANTS, FLAMEL, JEAN D'ESTAMPES, LOKMAN, ZOROASTRE, etc.

EXTRAIT D'UN LIVRE INTITULÉ : *Histoire des personnes qui ont vécu plus d'un siècle, et de celles qui ont rajeuni, avec le secret du rajeunissement, tiré d'Arnauld de Villeneuve, par M. de Longeville-Harcourt* (nous ne connaissons pas cet écrivain). Vol. petit in-12, Paris, 1716.

I.

Dieu, qui s'était occupé de lui-même durant l'éternité, résolut de tirer du néant des créatures capables de le louer. Il forma l'homme à cet effet, et ce vaste univers destiné pour son apanage fut aussitôt soumis à ses lois. L'homme, dès l'instant de sa création, fut doué d'une immortalité qui répondait à l'avantage d'être sorti de la main de Dieu. C'était le moyen de posséder pleinement les biens dont il était comblé, pourvu qu'il restât fidèle à ses devoirs.

Cette immortalité dépendait de l'innocence où notre premier père devait demeurer. L'arbre de vie, qui était au milieu du paradis terrestre, la devait conserver ; il avait la force de réparer les dégâts du temps qui use tout.

Dans l'état d'innocence, l'homme ne laissait donc pas d'être composé de parties dont les qualités contraires lui pouvaient nuire. La chaleur naturelle qui le faisait vivre dévorait son humide radical ; en vain usait-il d'aliments plus nourrissants que les nôtres, il avait besoin de réparer les désordres que causait ce feu qui le consumait intérieurement ; et comme la Providence n'abandonne pas même l'homme criminel, elle avait préparé pour l'homme innocent l'arbre de vie.

Dans cette situation fortunée, où l'homme n'était occupé qu'à louer Dieu, quelque temps qu'elle eût duré, cet homme toujours jeune avait en même temps les avantages de la vieillesse sans en éprouver les disgrâces ; sa raison possédait les lumières qu'il lui fallait pour se bien conduire, et il n'avait pas besoin d'affaiblir son corps par l'application à l'étude, afin de rendre son esprit supérieur : ces deux parties de lui-même, également innocentes, ne formaient, à l'envi l'une de de l'autre, aucuns désirs opposés ; toutes deux semblaient agir de concert pour la félicité de la créature.

L'une des principales merveilles de l'arbre de vie était donc de préserver l'homme de la mort. Il unissait si étroitement l'âme avec le corps, que le nombre des années ne les eût pu séparer, si l'innocence eût toujours soutenu leur intelligence et prévenu leur division.

Division funeste que causa l'égarement du premier homme ; dès ce moment son crime le rendit mortel ; ses yeux s'ouvrirent sur son infortune ; sa nudité, jusqu'alors innocente, lui fit sentir qu'il était devenu coupable en mangeant du fruit de l'arbre de la science du bien et du mal ; il en perdit le rare privilége de l'immortalité ; l'arbre de vie lui fut ravi.

Comme Adam n'était pas tant immortel par sa propre constitution que par un secours emprunté, afin que la nécessité de l'employer lui apprît qu'il en devait l'avantage à la pure libéralité de son Créateur, sitôt que ce secours manqua, il fut trop faible pour se soutenir par lui-même ; l'innocence l'ayant abandonné, tout concourut à sa destruction : sa perte fut arrêtée, l'ange exterminateur le chassa du paradis terrestre ; il perdit son autorité sur tout ce qui était créé ; les bêtes qu'il avait nommées lui-même le méconnurent. Sa désobéissance lui avait fait perdre la sainteté et la justice, dans lesquelles il avait été formé ; son corps fut soumis à la mort ; mais par la bonté de Dieu son âme resta immortelle.

L'homme ne connut sans doute le prix de l'immortalité qu'après l'avoir perdue ; et comme la privation excite les désirs, cette perte lui donna l'envie d'en recouvrer au moins quelque chose.

La crainte de mourir et le désir de vivre furent, depuis cette sensible perte, les passions les plus naturelles à l'homme ; il tremble de finir avant d'avoir à peine commencé d'être. Il désire de perpétuer ses jours sans en comprendre le peu de durée, et désespérant d'y réussir par lui-même, on le voit appliqué à s'en dédommager, essayant au moins d'immortaliser son nom par la célébrité de ses actions.

Ainsi les pères souhaitent des enfants pour revivre dans les temps futurs par leur postérité ; les savants écrivent pour tromper l'oubli par la réputation de leurs ouvrages ; les princes élèvent des palais et bâtissent des villes, pour être encore célèbres après la mort par leur magnificence ; et les conquérants ne désolent l'univers que pour s'établir une renommée jusque dans le sein même de l'horreur et du carnage.

C'est la pensée de Tertullien, lorsqu'il a traité des désirs que nous ressentons pour l'immortalité. Il dit que cette passion qui nous est restée pour une durée sans fin est une preuve certaine de notre origine immortelle.

Les physiciens ajoutent que l'homme ayant été créé pour l'immortalité, il lui en est resté un principe qui ne saurait être détruit. Cette opinion les persuade que le corps humain renferme une source inépuisable d'un baume capable de faire recouvrer cette longue vie ; ils disent qu'il est dans le sang, dans le lait, dans la graisse, dans les os, dans la cervelle, dans le crâne, dans le fiel.

Beker, fameux médecin, soutient que Dieu ayant mis dans la plupart des bêtes une infinité d'excellents antidotes, comme dans le cerf, la vipère, le loup, le lièvre, le renard, et même dans les pierres où nous éprouvons des vertus amulétiques, telles que le jaspe qui arrête le sang, le saphir qui préserve la vue dans la petite vérole, et la pierre néphrétique qui soulage les reins, il a plu à sa bonté d'en répandre aussi dans le corps humain. Elles les surpassent même autant que la créature raisonnable surpasse par sa dignité tous les êtres créés.

L'homme en effet fut destiné pour être le roi de la nature. Son âme, la plus noble partie de lui-même, restée immortelle et l'égalant aux anges, communique à son corps cette majesté qui brille encore sur son visage. C'est ce qui fait croire que le corps humain doit avoir mille vertus qui lui sont restées de ses anciennes prérogatives. Les théologiens conviennent qu'il renferme un principe de vie, parce qu'il était originairement immortel : le péché, qui l'a depuis assujetti à la mort, l'a privé de ce premier avantage à l'égard du corps, sans néanmoins anéantir sa nature, et sans donner atteinte à l'immortalité de son âme.

Ce n'est pas que le corps de l'homme eût toujours subsisté sur la terre; Dieu ne l'avait mis dans le jardin de délices que pour le cultiver et pour le garder. Le premier homme y devait travailler à sa sanctification par sa fidélité et par ses adorations. Alors, confirmé dans son innocence et pénétré du désir de posséder son Dieu, une douce extase l'eût ravi au ciel. Dans ce brillant séjour que notre esprit, selon saint Paul, ne saurait comprendre, l'âme, aidée d'une faveur surabondante, eût glorifié son corps; bonheur différé pour nous jusqu'après la résurrection. Il y a là une preuve que cette immortalité n'est pas absolument perdue; les miséricordes divines l'ont seulement suspendue pour ceux qui seront fidèles. Ainsi la prérogative d'une durée éternelle n'a été qu'interrompue et non pas éteinte; les sacrements de l'Eglise font chaque jour renaître l'homme à la grâce pour le faire véritablement revivre dans toute l'éternité.

Mais il faut avouer que l'homme a beau désirer aujourd'hui cette immortalité égarée, tout fuit et tout passe avec lui; la perte de son innocence fut le terme de son bonheur. Le péché originel, qui depuis a infecté toute la masse du genre humain, n'est effacé que par le secours inespéré du baptême.

La mort toutefois ne fut pas si prompte à enlever les premiers hommes qui habitèrent la terre, puisqu'il s'en trouva qui l'habitèrent neuf siècles et au delà.

On peut dire, à la vérité, que la terre, alors toute nouvelle, se ressentant de la bénédiction de son créateur, était animée par des esprits plus vifs et remplie de sucs bien plus nourrissants qu'après le déluge. Les principes de sa fécondité étaient encore entiers, rien n'en avait altéré la bonté; les racines et les fruits, qui faisaient les seuls aliments de l'homme, renfermaient toute la vertu de leur espèce.

Après le déluge, la terre trop imbibée, ses sels plus détrempés qu'il ne convenait, et les plantes ne tirant leur substance que d'un fonds altéré par le trop long séjour des eaux, n'eurent ni d'égales saveurs, ni de semblables qualités; l'homme, n'y trouvant plus une nourriture solide, dut avoir recours aux animaux. Noé en immola sur l'autel qu'il éleva au vrai Dieu en sortant de l'arche, et son sacrifice fut agréable.

Alors, par l'ordre du Seigneur, l'homme commença à vivre de la chair des bêtes. *Nourrissez-vous de tout ce qui a vie et mouvement*, dit le Seigneur. Peut-être cette sorte d'aliments composés de chair et de sang, fut moins salutaire aux corps accoutumés aux fruits et aux racines. C'est l'avis des physiologistes. Qui sait si la vie n'en fut pas abrégée? La diversité des viandes est dangereuse à la santé, leurs différents sucs nuisent à leur digestion et portent dans les veines un principe de corruption qui devient aisément le levain des maladies aiguës. C'est peut-être ce qui engagea bien des nations à s'en priver : les Perses, les Grecs, les Romains, et jusqu'aux Gaulois, nos ancêtres, issus de Japhet, fils de Noé, en fournissent des exemples certains. La plupart des peuples de l'Orient ne se servent que de riz; les Ecossais, les Islandais et les Irlandais ne vivent presque que de laitages.

On sait que le paradis terrestre ayant été planté d'arbres dont les fruits devaient nourrir l'homme pendant qu'il n'avait pas appris à vivre pour manger, mais à manger pour vivre, ce serait se déclarer contre cette sage abstinence, dans laquelle on employait seulement les fruits de la terre, son lait, son miel et son huile, que d'en manger sans nécessité les animaux. Les hommes trop carnassiers en tirent leur force, disons en même temps cette férocité qu'une pareille nourriture pourrait bien communiquer à ceux qui ont tant d'appétit pour s'en engraisser. Pythagore, qui vivait 534 ans avant Jésus-Christ, défendait aux disciples de son école, à Samos et à Tarente, l'usage de toutes sortes de viandes : l'immortalité de l'âme, qu'il enseignait par la métempsycose, fut l'origine de cette défense; c'est pour la soutenir que ces vers furent composés :

Heu! quantum scelus est, in viscere viscera condi,
Congestoque avidum pinguescere corpore corpus;
Alteriusque animantem, animantis vivere letho.

Quel crime d'enfermer des viscères dans d'autres viscères, d'engraisser un corps affamé en y entassant les morceaux d'un autre corps, et de faire vivre une chose animée, au prix d'une autre à qui on a donné la mort.

II. — *Durée de la vie des hommes dans le premier âge du monde, depuis la création jusqu'au déluge.*

Il est certain que depuis la création du monde jusqu'au déluge, qui abîma la nature, et que les chronologistes marquent vers l'an 1656 de la création, 2307 ans avant Jésus-Christ, et la 600e de Noé, les hommes vivaient très-longtemps par rapport à ce qu'ils ont vécu depuis.

Ou la nature est devenue plus faible, ou Dieu avait jugé qu'une longue vie était nécessaire pour peupler l'univers, et pour trouver les sciences et les arts : c'est ce qui pourrait avoir été cause que les premiers hommes ont vécu plusieurs siècles.

Adam, le chef de la race humaine, a vécu 930 ans, Seth 912, Enos 905, Caïnan 919, Malaleel 895, Jared 962, Enoch 365.

On nous laisse douter si ce patriarche est mort; Dieu, selon quelques auteurs, le réserve pour rassembler les justes lorsqu'ils seront dispersés par l'Antechrist.

Le 24e verset du chapitre v de la Genèse porte que ce patriarche ne parut plus, parce que Dieu l'enleva.

Mathusalem a vécu 969 ans.

C'est celui des hommes dont la Providence a le plus étendu les jours.

Sur la fin de ce premier âge, Dieu résolut d'exterminer la race des hommes, devenue criminelle et infâme. Alors la vie humaine fut abrégée. Dieu se repentit en quelque façon d'avoir créé l'homme; son amour outragé par l'ingratitude, selon Hugues de Saint-Victor, ne donna que 120 ans à la créature, pour sortir de ses crimes, ou se disposer à un déluge universel.

Ces 120 ans jettent dans l'erreur ceux qui veulent qu'ils aient été marqués pour le terme de la vie de tous les hommes en général, au lieu de l'avoir été seulement pour la durée du monde d'alors, à qui ce peu d'années était donné. Noé les employa, par ordre du Seigneur, à bâtir l'arche qui devait conserver le genre humain épuré. Des huit personnes renfermées dans cette arche sont également sortis tous les hommes, les monarques et les bergers, les riches et les pauvres.

Noé, le restaurateur de la nature, ainsi que l'appellent des interprètes sacrés, avait 600 ans lorsque le déluge arriva ; il en vécut depuis 350, preuve certaine que les 120 ans tombaient absolument sur le terme donné à la créature pour sortir de ses égarements, et non pas sur l'homme innocent, ou sur celui qui n'était pas encore né. En effet nous apprenons de la Genèse que plusieurs de ceux qui vécurent après le déluge ont passé bien plus de 120 ans sur la terre. Le chapitre suivant l'exposera.

III. — *Durée de la vie des hommes dans le second âge du monde, depuis le déluge jusqu'à Abraham.*

Les eaux du déluge, qui purifièrent le monde l'an 1656 de la création, tombèrent quarante jours et quarante nuits sur la terre; elles s'y conservèrent 150 jours, après lesquels elles commencèrent à diminuer; et la terre ensuite devint sèche : ces eaux avaient surmonté de quinze coudées les plus hautes montagnes, et toute la nature en avait été bouleversée. La terre parut depuis avoir moins de force dans ses productions; il n'est donc pas surprenant que l'homme en ait senti l'altération, et que le cours de sa vie en ait été abrégé. Malgré toutefois cette révolution de l'univers, nous ne laissons pas de trouver que les jours de l'homme passèrent encore bien au delà des 120 ans.

Sem, fils aîné de Noé, a depuis vécu 600 ans, Arphaxat 338, Salé 433, Héber 464, Phaleg 239, Reu 239, Sarug 230, Nachor 148, et Tharé 205.

Il semble qu'à mesure que le monde vieillissait la terre perdait peu à peu de sa vigueur.

Le troisième âge du monde ne donne à l'homme que des années toujours plus courtes.

IV. — *Durée de la vie des hommes dans le troisième âge du monde, depuis Abraham.*

Abraham, le père des croyants, fils de Tharé, ne vécut que 175 ans; Sara, sa femme, 127 ; Ismaël, fils d'Agar, servante de Sara, 137.

Isaac vécut 180 ans, Josèphe dit 185 ; Jacob, fils d'Isaac, 147 ; Joseph, fils de Jacob et de la belle Rachel, 110. Il gouvernait l'Egypte l'an 1750 avant Jésus-Christ.

Enfin la vie de Job, cet homme d'une patience admirable, s'étendit jusqu'à 217 ans, 1500 ans avant l'incarnation du Verbe.

V. — *Des rois et des princes qui ont vécu plus d'un siècle.*

Fohi, fondateur de l'empire de la Chine, 1000 ans environ avant Jésus-Christ, quoi qu'en disent les chronologies fabuleuses de l'empire du Milieu, régna, dit-on, 115 ans. C'est lui qui prit un dragon dans ses étendards.

Zénung, qui établit dans ce pays l'agriculture et la médecine, régna 140 ans.

Hoamti régna 110 ans ; c'est lui qui prit le jaune pour la couleur des empereurs chinois.

Yao régna 100 ans, il fut pieux et libéral; son empire fut affligé sous lui d'un déluge partiel qui dura neuf ans, et ruina presque toute la Chine. Dans toutes ces chroniques incertaines on voit des souvenirs altérés de l'Ecriture sainte.

Apaphus le Grand, roi de Thèbes aux cent portes, dans la basse Egypte, régna 100 ans, l'an 2248 du monde.

Phiops, roi de Memphis, dans la basse Egypte, régna aussi 100 ans ; il en avait six lorsqu'il monta sur le trône.

Antiochus IV, surnommé Epiphanes, mourut à 149 ans.

Homère vante Nestor, fils de Nélée et de Chloris, lequel avait (si vous voulez bien le croire) 300 ans au siège de Troie en Phrygie, l'an 2810 ans du monde, et 1184 avant Jésus-Christ.

Tarquin le Superbe, dernier roi de Rome, vécut en parfaite santé 90 ans, selon Lucien.

Agathocle, roi de Sicile, vécut 95 ans.

Hiéron, roi de Syracuse, 92 ans.

Antheas, roi de Scythie, 90 ans, et fut tué dans une bataille contre Philippe, père d'Alexandre.

Bardyles, roi des Illyriens, vécut le même âge, et mourut de la même manière.

Terée, roi des Odrysiens, 92 ans.

Antigonus, roi de Macédoine, surnommé le Borgne, 81 ans; il mourut dans un combat contre Séleucus et Lysimachus en Phrygie.

Ptolomée, fils de Lagus, vécut 80 ans.

Attalus, son successeur, 82.

Mithridate, roi de Pont, 84.

Ariarates, roi de Cappadoce, 82; Perdiccas, qui l'avait pris dans un combat, le fit pendre à cet âge.

Artaxerxès Mnemon vécut 94 ans.

Synarthocle, roi des Parthes, vint au trône à 80 ans, et mourut à 87.

Tigranncs, roi d'Arménie, à qui Lucullus fit la guerre, vécut 85 ans.

Hispasme, roi des Caraciens, vers la mer Rouge, aussi 85 ans. Terée, son successeur, 92, et Artabaze, successeur de Terée, commença son règne à 86.

Mnascire, roi des Parthes, parvint à 96 ans.

Massinissa, roi de Numidie, à 90; il eut un fils à l'âge de 86 ans, tant sa santé était robuste.

Azandre, qu'Auguste nomma roi du Bosphore, combattit à pied et à cheval à 90 ans; il se laissa mourir de faim du déplaisir d'avoir déplu à Auguste.

Goése, roi des Ommaniens, dans l'Arabie Heureuse, mourut à 115 ans; tout cela suivant ce que rapporte le même Lucien.

Tuisco, premier roi des Germains, selon Tacite, parvint à l'âge de 173 ans.

Juvénal dans sa dixième satire parle d'un prince nommé Pélius qui a vécu plusieurs siècles.

Pline assure qu'un roi d'Illyrie nommé Daddup avait vécu 500 ans; il ajoute qu'il n'éprouvait aucune des incommodités de la vieillesse, peut-être par ses attentions à les prévenir.

Xénophon est encore plus libéral, donnant 800 ans à l'un des rois latins, au père duquel il en assure 600.

Cyrus le Grand, roi de Perse, vécut un siècle.

Anacréon rapporte que Cyniras, roi de Chypre, qui ruina ses Etats pour s'enrichir, a vécu 160 ans, et qu'Arganthonius, roi des Tartasses en Espagne, en a vécu 150. Silius Italicus lui en donne 300.

Gordien l'Africain fut salué empereur après l'âge de 80 ans, l'an 241 de notre salut.

Bonfinius écrit qu'Attila, qui vivait dans le cinquième siècle, parvint à 124 ans, et qu'il mourut d'excès aux fêtes de ses secondes noces. Il se nommait le Fléau de Dieu, à la différence de Cosroës, roi des Perses, qui se qualifiait le Salut des hommes.

Primislas, villageois ou paysan qui, marié par le sort à Libussa, fille de Crocus, duc de Bohême, vers l'an 620, succéda à ce duché qu'il gouverna sagement près de 50 ans, vécut un siècle, et fut le premier roi de ce pays.

Piast, paysan de la Crusvicie en Pologne, et qui en fut élu prince en 824, après que Poppiel II eut été mangé par les rats avec sa femme et ses enfants, vécut 120 ans; il gouverna ses sujets avec une douceur extrême. La postérité de Piast n'a fini que dans la personne de Casimir II dit le Grand.

Alphonse Ier, fils du comte Henri, issu de Robert, roi de France, a vécu 91 ans; il en régna 46 dans le onzième siècle, en qualité de premier roi de Portugal.

VI. — *Chefs des peuples et généraux d'armées qui ont vécu plus d'un siècle.*

Amram, père de Moïse et d'Aaron, vécut 137 ans.

Moïse, selon qu'il est rapporté au chapitre xxxi du Deutéronome, ne mourut qu'à 120 ans.

Aaron, fils de Nun, à 110.

Jojada, à 130.

Tobie, à 102.

Mardochée, oncle d'Esther, à 197.

Lucius Metellus, à 105.

Marcus Perpenna remplit un siècle entier.

Valère Maxime nous offre Marcus Valerius Corvinus, âgé de 100 ans, pour un grand consul, un habile républicain, un laboureur expérimenté, un excellent citoyen; et ce qui comble tous les éloges, pour le meilleur père de famille, selon Caton.

Xénophon, le capitaine et l'historien de la retraite des dix mille Grecs (qu'il ramena de Perse en Grèce après la mort du jeune Cyrus, tué par son frère Artaxerxès 400 ans avant notre rédemption), passa l'âge de 99 ans, malgré les fatigues de la guerre et l'application à l'étude.

Pour nous rapprocher de notre temps, Albert, duc de Saxe, a vécu 102 ans.

François-Albert, comte de Vignacourt, envoyé de France à Vienne en Autriche, y mourut à 103 ans, le 6 juin 1700, sur la paroisse des Ecossais, suivant son extrait funéraire. Ce seigneur remplissait encore son ministère avec toute la dextérité qu'on pouvait attendre du génie le plus élevé dans la négociation.

VII. — *Des savants qui sont parvenus à de très-grands âges.*

Epiménide, de l'île de Crète, selon Théopompe, a vécu 157 ans. D'autres disent 299.

Hippocrate, prince des médecins, 104 ans.

Orbilius, du temps de Cicéron, avait 100 ans.

Euphranor enseignait ses écoliers à 100 ans.

Demonax, sous Adrien, mourut à 100 ans.

Gallien, le médecin célèbre, a vécu dans une parfaite santé 104 ans. Il ne mangeait rien qui ne fût cuit, et ne satisfit jamais entièrement sa faim, ni sa soif; d'où son haleine se conserva toujours très-douce. Il a donné un traité de la manière de se conserver en santé; et il l'observa si précisément, qu'il n'eut aucune infirmité dans toute sa vie.

Eginius a passé jusqu'à 200 ans.

Démocrite mourut d'abstinence mal réglée à 104 ans. Interrogé de quelle manière il était parvenu à cet âge avec une bonne santé, il répondit que c'était en mangeant du miel, et en se frottant le corps d'huile.

Solon, Thalès et Pittacus, trois sages de la Grèce, vécurent chacun 100 ans.

Zénon, chef des stoïciens, vécut 98 ans.

Cléante, son disciple, 99.

Diogène arriva à l'âge de 88 ans.

Platon, à 81.

Athénodore, précepteur d'Auguste, à 82.

Nestor, précepteur de Tibère, à 92.

Ctesibius, historien, mourut en se promenant, à 124 ans.

Hiéronyme, capitaine sous Antigonus le Borgne, mourut à 104 ans.

Timée Tauroémnite, à 96.

Aristobule de Macédoine, à 90. Il avait commencé son Histoire à l'âge de 84 ans, comme il le dit dans sa préface.

Polémon, poëte, cessa de vivre à 97 ans; et il mourut à force de rire, pour avoir vu un âne manger des figues qu'on avait servies sur sa table.

Sophocle, poëte tragique d'Athènes, fut étranglé par un grain de raisin à 130 ans.

L'un de ses enfants qui en avait 85, l'ayant accusé de démence, Sophocle lut devant les juges des vers qu'il avait composés depuis peu, et ensuite leur dit : *Si je suis Sophocle, je ne suis pas en délire; ou si je suis en délire, je ne suis pas Sophocle.* (Erasm., l. VIII Apopht.)

Socrate l'orateur parvint à 106 ans, et Gorgias Leontinus à 108.

Asclépiade, médecin de Pruse, était si vivace, qu'il serait peut-être encore en vie, sans une chute qui termina ses jours à 150 ans. Il était si certain, dit-on, des principes de la science par laquelle il prolongeait sa vie (quoique appuyée sur les conjectures et sur l'expérience), qu'il consentit à passer pour un ignorant, s'il était attaqué de la plus légère indisposition. C'est lui qui le premier employa le vin comme remède pour la santé, au contraire d'Androcide : ce dernier écrivait à Alexandre que le vin était le sang de la terre, mais le poison de l'homme lorsqu'il en usait au delà de ses besoins. Ce conquérant en fit la triste épreuve un vingt-deuxième de mai, 303 ans avant notre salut. Les astronomes chaldéens lui avaient en vain prédit d'éviter Babylone. il y mourut à 33 ans, n'y faisant que manger, boire et dormir. Sortant un jour d'un festin où il avait excessivement bu (car Alexandre était un fameux prince, et l'un des plus grands ivrognes), un médecin l'invita à lui faire l'honneur d'entrer chez lui goûter son vin. Le vainqueur de l'Asie y défia avec une coupe de vin tenant quatre litres, un certain Prothéas, grand buveur, quoiqu'il ne fût ni Allemand ni Suisse. Cet homme, charmé de la préférence que lui donnait Alexandre sur toute la compagnie, lui fit à l'instant raison; et, remplissant aussitôt le même verre, défia le roi de redoubler. Le monarque voulait partout vaincre; il but: mais son estomac ne pouvant garder le vin dont il le noyait par une vanité hors de saison, la coupe fatale tomba de ses mains, une violente fièvre le saisit et l'emporta le douzième jour. Ainsi le vin l'empoisonna pour en avoir trop pris, comme lui avait écrit Androcide.

Juvénal, poëte latin du premier siècle, vécut plus de 100 ans ; il en avait 50 lorsqu'il composa sa seizième satire contre Paris, l'un des comédiens de Néron.

Cratinus, autre poëte fameux, selon la quatrième satire du premier livre d'Horace, était âgé de près d'un siècle, lorsqu'il expira de douleur en voyant un tonneau rompu, et le vin qui s'en répandait.

Aristarque, poëte de Tégée en Arcadie, sous Ptolomée Philadelphe, passa l'âge de 100 ans. C'est lui qui disait : Je ne puis écrire ce que je voudrais, et je ne veux pas écrire ce que je pourrais.

Pacuvius, neveu d'Ennius, mourut dans Tarente à près de 100 ans.

Varron, le plus savant des Romains, et l'intime de Cicéron, à qui il dédia son livre de la langue latine, et que l'on dit avoir composé plus de 500 volumes, vécut aussi près d'un siècle.

Carnéades d'Athènes, que Cicéron et Caton estimaient l'homme du monde le plus éloquent, s'empoisonna à 90 ans, du chagrin qu'il eut de la mort d'Antipater. C'est ce Carnéades qui étonna si fort le sénat de Rome, à qui il parlait comme ambassadeur d'Athènes, qu'on le renvoya au plus tôt, tant son éloquence éblouissait les esprits par la subtilité de ses raisons.

VIII.—*Prélats et gens d'église, dont les jours ont été très-longs.*

L'histoire des Machabées nous instruit de la mort de Mathathias, à 146 ans ; il soutenait la religion de ses pères et l'honneur de sa patrie : ce vieillard intègre refusait de manger des viandes défendues, et même de faire semblant d'en manger.

Saint Jean l'Évangéliste vécut plus de 100 ans.

Saint Siméon, successeur de saint Jacques, deuxième évêque de Jérusalem, fut mis en croix sous Trajan, à 120 ans. La conformité de sa mort avec celle du Fils de Dieu lui donna des forces pour la souffrir en jeune athlète.

Saint Polycarpe, évêque de Smyrne, disciple de saint Jean, fut brûlé à 99 ans.

Narcisse, successeur de saint Siméon, mourut à 166 ans, sous Septime-Sévère.

Olaüs Magnus parle d'un évêque d'Angleterre, nommé David, qui mourut âgé de 170 ans.

Osius, évêque de Cordoue, vécut, selon Ellies Dupin, 101 ans, étant né en 257, et mort en 358. Tillemont prétend qu'il a vécu 104 ans. A 100 ans il tomba dans l'arianisme, pour avoir, par faiblesse, souscrit en 357 la formule arienne de Sirmium. Mais saint Athanase, son ami, déclare qu'en mourant il protesta contre cet égarement, et condamna formellement l'hérésie d'Arius, dans laquelle l'empereur Constance l'avait forcé d'entrer.

Pierre de Natalibus assure que saint Severin, évêque de Tongres, vécut 175 ans.

Saint Kenigern, dont Bollandus parle au 15 janvier, parvint à 185 ans.

Saint Paul l'Ermite, le premier des hommes que l'Esprit de Dieu porta dans une sainte retraite. Ce chef des anachorètes, qui préféra le silence des rochers et la tranquillité des forêts à la société des hommes, ne cessa de vivre qu'à 113 ans : il parvint à cet âge malgré ses macérations et son jeûne continuel. Sa retraite était un désert, où de l'eau et quelques dattes, avec la moitié d'un petit pain que depuis l'âge de 63 ans la Providence lui envoyait chaque jour, ont suffi à sustenter sa vie. Mais l'amour de Dieu est un grand aliment.

Saint Antoine, cet autre solitaire que l'Egypte aima comme son enfant, l'Afrique et l'Asie comme leur citoyen, l'univers entier comme son protecteur, ce grand serviteur de Dieu vécut jusqu'à 105 ans.

Daniel le prophète parvint à l'âge de 110 ans.

Pietro della Valle écrit au quatrième tome de ses Relations qu'en 1626 le Père Gaspard Dragonetti, jésuite, âgé de près de 120 ans, était encore frais et robuste; il avait toujours ses dents, lisait sans lunettes et faisait journellement ses leçons dans l'un des colléges de Rome, avec cette éloquence vive et persuasive qui ne trouve rien d'impossible et qui sera toujours l'apanage des enfants de saint Ignace.

Saint Samson, abbé de Dôle, avait vu trois siècles; il naquit en 495 de Jésus-Christ, vécut le cinquième siècle entier, et mourut en 607, le 28 juillet, âgé de 112 ans.

Sous Thuatalus, quatrième roi d'Hibernie, qui régnait l'an 540 de notre rédemption, saint Mochée cessa de vivre, dit-on, à 300 ans.

Dom Félibien a laissé des mémoires sur son ordre, où l'on trouve, pag. 502, que Turquétule, cousin germain d'Édouard Ier, dit le Vieux, après avoir été longtemps chancelier d'Angleterre sans être marié, se fit moine, et fut nommé abbé du monastère de Croyland, que les Normands avaient ruiné vers l'an 820, en sorte qu'à peine cinq religieux y pouvaient subsister. — Turquétule le fit rebâtir, et dota cette abbaye de six terres qu'il possédait. Avant sa retraite, par cri public dans Londres il en avait fait avertir ses créanciers et tous ceux à qui il pouvait avoir fait quelque tort, injustice ou violence, dans le dessein de les réparer au triple. — Il s'adonna ensuite tout entier à rétablir son couvent, qui devint plus florissant que jadis. Il y fit renaître l'ancienne ferveur; il divisa les moines en trois classes : la première, composée des jeunes, jusqu'à la vingt-quatrième année de profession, portait tout le poids des offices, du chœur et de la maison; la seconde, jusqu'à la quarantième année, avait beaucoup moins d'obligations publiques à remplir; la troisième classe, jusqu'à la cinquantième année de profession, comprenait uniquement les anciens, nommés *Sympectæ;* ils avaient la liberté de vivre en tranquillité, sans même qu'on leur parlât jamais d'affaires temporelles. Les cinq moines trouvés dans l'abbaye vécurent tous au delà d'un siècle. L'un, nommé Clérambaut, parvint à l'âge de 148 ans; Swarlinge arriva à sa 142e année; Turgar mourut à 115 ans. Turquétule leur rendit les devoirs funèbres, et vécut lui-même 88 ans.

Etienne Mabillon, père du célèbre bénédictin, avait passé l'âge de 108 ans lorsqu'il mourut. Il était fils d'un homme qui en avait vécu 116. Ils étaient de Pierremont en Champagne.

Saint Simon Stock vécut 100 ans.

IX. — *Personnages de diverses conditions qui ont vécu plus d'un siècle.*

Pierre Mafféi rapporte que, dans le Bengala, un paysan avait vécu 335 ans, s'il n'y a pas erreur dans les chiffres.

Guy Donatus remarque qu'en 1223 il connut un certain Richard à qui on donnait plus de 400 ans; il était soldat de profession, et pouvait avoir porté les armes sous Charlemagne.

Jean d'Etampes, écuyer de Charlemagne, parvint à un âge semblable à celui de Richard. Il mourut sous Louis VII, dit le Jeune, en 1146.

Sous l'empereur Claude II on vérifia qu'un citoyen de Bologne, nommé Fullonius, avait 152 ans.

Lucius Térentius, de la même ville, prouva qu'il avait 150 ans sous Vespasien.

Bucchanan en donne 170 à Laurent Hutland.

Ovide parle de son père, frais et vigoureux à 90 ans.

Pline nous entretient avec étonnement de l'heureuse et agréable vieillesse du musicien Xénophile. A 130 ans il en paraissait avoir 50, exemple cité comme miraculeux.

La vieillesse n'était apparemment pas si difficile à supporter chez les anciens que chez nous, quoique le poëte Euripide, dans son Hercule furieux, assure qu'elle est plus lourde que tout le mont Athos.

C'est dans ce sens que saint Grégoire, évêque de Nazianze, écrivait qu'il était accablé d'une vieillesse plus pesante que toutes les montagnes de Sicile.

Si ces grands hommes eussent connu le traité que Cicéron en a adressé à Atticus, ils eussent changé de sentiments. Caton le Censeur y prouve si agréablement à Scipion et à Lélius que la vieillesse n'affaiblit ni l'esprit ni le corps, qu'elle n'ôte nullement le goût ni l'usage des agréments de la vie, et qu'elle n'est pas plus que la jeunesse menacée d'une mort prochaine, que je ne sais trop si l'âge florissant lui est préférable.

Lorsque les empereurs Vespasien et Titus, son fils, faisaient le dénombrement de l'Italie, on trouva à Vellejacium, près de Plaisance, 63 hommes âgés chacun de 110 ans, quatre qui en avaient chacun 120°, deux qui en avaient 125, quatre 130, autant qui en comptaient 137, et trois vieillards de 140 ans.

A Parme, on en trouva trois âgés chacun de 120 ans, et deux de 130; à Plaisance, un de 131; et enfin, à Bologne, Lucius Térentius, fils de Marcus, et à Rimini, Marcus Apponius, qui avaient 150 ans chacun.

Vincent Coquelin, maître chapelier, mourut à Paris, sur la paroisse de Saint-Sulpice, vers 1664, à 112 ans.

L'Ordinaire de Hollande du 3 avril 1687

faisait mention d'un homme nommé Galdo, passant alors par Venise ; il avait son portrait avec lui : les maîtres de l'art le reconnaissaient pour être du Titien, qui vivait 130 ans auparavant. Galdo pouvait en avoir 30 lorsqu'on l'avait peint ; le tout revenait à 160 ans sans ce que Galdo aura pu vivre depuis 1687.

Guillaume Rouillé, dans la troisième partie de sa Préexcellence de la Gaule, rapporte que dans la paroisse d'Ancines, près d'Alençon en Normandie, il mourut de son temps un homme âgé de sept-vingt-dix ou 150 ans.

Le même auteur dit encore que Philippe Joannès, père d'un de ses beaux-frères, avait 124 ans lorsqu'il écrivait son livre.

Alexandre Benoît et Cardan, après Albert le Grand, remarquent qu'un homme de Samothrace était frais et vigoureux à plus de 104 ans.

Jacques II, roi d'Angleterre (à qui la France, asile ordinaire des princes, a servi de retraite lors de l'invasion de l'Angleterre en 1688); a eu la bonté de dire à l'auteur de ceci, en présence de Monsieur, frère de Louis le Grand, que, le 9 octobre 1635, Thomas Parke, Anglais, âgé de 152 ans et quelques mois, avait été présenté au roi Charles Ier, père de Jacques II et de feu Charles II, son frère aîné.

Ce vieillard, de la paroisse d'Alberbury, était né l'an 1483; il avait vu dix rois, ses souverains : Edouard IV, Edouard V, Richard III, Henri VII, Henri VIII, qui commença le schisme, Edouard VI, Marie, qui rétablit la religion orthodoxe, Elisabeth, qui la renversa; Jacques VI, roi d'Écosse et premier d'Angleterre, de la maison des Stuarts; et Charles Ier, son fils, à qui on le présentait. Parke mourut seize ans après, à Londres, le 24 novembre 1651, sans douleur, à 169 ans. L'ouverture de son corps présenta des viscères fort sains ; les seuls poumons étaient noyés dans le sang; les médecins attribuèrent sa mort prompte à l'air grossier de Londres.

Presque au même temps la comtesse d'Arondel présenta à la reine, épouse de Charles Ier, une sage-femme âgée de 123 ans, laquelle deux ans avant exerçait encore sa profession.

Dans la province de Northamphton, en Angleterre, Jean James, sur la fin de juillet 1705, cessa de vivre à 122 ans, encore assez fort et d'assez bon sens.

François Secardi Hongo, surnommé Huppazzoli, mourut à 114 ans 10 mois et 12 jours, de la gravelle accompagnée d'un rhume, le 27 janvier 1702, dans la ville de Smyrne, où il était consul pour les Vénitiens; il n'avait jamais été malade, sans doute par la diète qu'il avait toujours observée avec exactitude. Sa vue, son ouïe, sa mémoire et son agilité, étaient surprenantes; il faisait à pied quatre lieues par jour; à 100 ans ses cheveux blancs redevinrent noirs, ainsi que ses sourcils et sa barbe, et ce qui est de plus admirable, toutes ses dents étant tombées, il lui en perça deux grosses à la mâchoire d'en haut, un an avant son décès. Il usait d'eau de scorsonère pour toute boisson, sans prendre vin, liqueur, sorbet, café ni tabac; il vivait d'un peu de potage, de gibier rôti, et de fruits qu'il prenait avec le pain ; il ne mangeait jamais hors de chez lui, pour ne pas interrompre son régime; il était catholique, homme d'honneur, d'esprit et de mérite.

Le 19 novembre de la même année 1702 mourut au village de Vendeuille en Lorraine Mathieu Littard, dit la Ronce, âgé de 118 ans; il avait servi dans la dernière guerre d'Italie, du règne de Henri IV.

Lefèvre de Lezeau, oncle de d'Ormesson, entrait au conseil du roi à 100 ans passés.

La marquise de Luxembourg mourut à 101 ans.

En 1708 Catherine de la Croix en Lyonnais mourut à 113 ans.

En 1709 Jeanne Carrière, près de Langres, à 116 ans.

Augustin Galand, de Savignac en Auvergne, à 115 ans.

Le curé de Sassetot, pays de Caux, à 116 ans, plein de connaissance et de bon sens.

Nicolas de Bezanes, à 106 ans.

Claude Baranger, près d'Issoudun, à 107 ans.

La femme de Sagonne, notaire à Margaux, dans le Médoc, à 116 ans.

Anne Mama, à Paris, chez madame la présidente de Bretonvilliers, à 102 ans.

En 1710 Jean Mensard cessa de vivre à 110 ans, avec bon sens et jugement. Il avait épousé dix femmes; celle qui lui a survécu avait dix-huit ans lorsqu'il l'épousa âgé de 99 ans.

Le sieur de Roque, avocat, près d'Agen, mourut à 111 ans.

Michel de Gourgues, seigneur de la Buge, à 105 ans et 8 mois, dans la ville de Saintes; six jours avant il avait été à la chasse.

Guillaume Delabat, à la Flèche, à 111 ans.

Le sieur Castra, avocat à Bordeaux, à 111 ans 10 mois et 10 jours.

Jeanne Tiberge, veuve, paroisse Saint-Germain-l'Auxerrois, à Paris, à 104 ans.

Michel Fortin, de Vimoutier en Normandie, à 116 ans et 4 mois.

Louis Amiot, de Geay, près de Charente en Aunis, à 107 ans et 3 mois. Il avait eu sept femmes, et cherchait la huitième; il avait vu sa cinquième génération.

Jean Guichard, de Sainte-Aulaye, à 108 ans.

Catherine Petiglau, de Grès près de Beauvais, mourut fille le 10 octobre 1710, à 113 ans. Elle était née pendant que Henri le Grand assiégeait Amiens, que les Espagnols avaient surpris avec des noix au mois de mars 1597.

Rachel du Bichois cessa de vivre, la même année, dans la ville de la Rochelle à 107 ans 3 mois et 8 jours. Elle avait été vingt-deux fois mère. Le cardinal de Richelieu l'avait ramenée de la religion prétendue réformée au bercail de Jésus-Christ pendant le siège de cette ville en 1628. Louis XIII, de glorieuse mémoire, lui avait fait l'honneur de manger deux fois chez elle dans une maison de plaisance qu'elle avait à deux lieues de la Rochelle et dans laquelle les incommodités du siége l'avaient obligée de se retirer.

La veuve Lemoine, paroisse de Saint-Nicolas du Chardonnet à Paris, acheva sa carrière le 15 novembre 1710 à 106 ans.

La veuve Faveja, à Carman, diocèse de Toulouse, mourut le 3 décembre suivant, à 113 ans. Elle n'avait jamais usé de remèdes.

En 1711 Benoît Chaumont de Saint-Bonnet en Auvergne, mourut à 110 ans 2 mois et 5 jours.

Henri le Boucher, de la ville de Caen, seigneur de Verdun, à 115 ans; il n'avait jamais été malade; son père avait vécu 108 ans, son fils en avait 73.

La dame Coupper présenta alors à la reine d'Angleterre, Anne Stuart, une femme âgée de 128 ans.

Lucrèce Jovin, du diocèse d'Autun, passa à une meilleure vie, le 21 avril 1711, à 108 ans. Elle avait toujours lu et écrit sans lunettes.

Guillaume Crevin, doyen des avocats de Pont-l'Evêque en Normandie, mourut le 6 mai, à 107 ans.

La dame de Couserans, près de Torniac, au diocèse de Cahors, mourut dans son château de Casoul à 111 ans. La veille de son décès elle était allée à pied à sa paroisse faire une confession générale de sa vie depuis l'âge de cinq ans, avec mémoire et bon sens.

Jacques Thévenot, laboureur, à Château-Vilain en Champagne, mourut le 11 septembre, à 114 ans. Le mois précédent il avait fauché des prés: trois épouses successives lui avaient donné trente-neuf enfants.

Le chevalier Bulstrade à Saint-Germain-en-Laye, près de Paris, décéda le 3 octobre, à 105 ans; il laissait dix-sept enfants, dont l'aîné avait 72 ans, et le dernier 14.

En 1712 Angélique Boursaut de Vientais, fondatrice et supérieure des religieuses de Beaulieu, près de Loches en Tourraine, passa de cette vallée de misères à la céleste Jérusalem, le 15 mars, à l'âge de 112 ans.

François Drouin, de Chaumont en Lyonnais, mourut le 9 novembre, à 109 ans.

Anne d'Alençon, veuve du sieur Manueville, mourut âgée de 106 ans, le 15 du même mois, à Abbeville.

Alain des Croches, curé de Saint-Pierre-de-la-Rivière, au diocèse de Lisieux, passa au mois de décembre, âgé de 113 ans; il était curé de sa paroisse depuis 81 ans, et célébrait encore la sainte messe peu de mois avant son décès.

La dame de la Chassagne mourut la même année, à 108 ans.

Madelaine le Cas, religieuse de Notre-Dame de Soissons, y décéda le 3 janvier 1713, à 107 ans.

La demoiselle Jeanne Boor, au village de Peunnetier, près de Trémolat en Périgord, mourut le 12 août de la même année, à 108 ans. A l'âge de 90 ans une fièvre avait fait tomber ses cheveux blancs, qui avaient repoussé noirs; lesquels blanchirent de nouveau à 100 ans, et peu après retombèrent, et revinrent encore noirs.

Jacques Link, archevêque de Tuam en Irlande, et aumônier d'honneur de Charles II, roi d'Espagne, mourut à Paris, le 29 octobre 1713, à 105 ans.

Dans le cours de cette année 1713 fut célébré le mariage du nommé Larcher, jardinier de la paroisse Saint-Hippolyte, faubourg Saint-Marcel, à Paris; il épousait (en juillet), à l'âge de 103 ans, une femme de 76. Ces époux faisaient ensemble 179 ans.

On avait vu deux ans auparavant, en 1711, un mariage non moins surprenant: celui de Jeanne Scrimphau, Anglaise, de la paroisse de Bow, née le 3 avril 1584; elle épousait à 127 ans Edouard Korkains, dont nous ignorons l'âge.

Jean Guillot, de la ville de Dun-sur-Meuse, au diocèse de Reims, finit sa vie le 8 décembre 1713, à l'âge de 109 ans; il n'avait pas un seul cheveu blanc. Son ami Jean Juvin, manœuvre de Brieule près de Dun, l'avait précédé de peu de jours, à 114 ans.

Le 28 décembre 1713 la princesse Ulrique Eléonore, sœur de Charles XII, roi de Suède, et régente du royaume pendant son absence, ayant assemblé les états, le nommé Dannemau, député du quatrième ordre, qui est celui des paysans, y parla avec applaudissements, quoique âgé de plus de 100 ans.

Charles Pasquot, major des bourgeois de Joinville, mourut à 111 ans, en 1714; il avait peu de jours avant tiré le papeguay avec les chevaliers de l'arquebuse.

Le 29 mars 1714, jeudi saint, la cérémonie du lavement des pieds que l'empereur Charles VI et les trois impératrices, la régnante et les deux douairières, firent à Vienne en Autriche, était composée de quarante-huit personnes faisant ensemble 3695 années.

L'empereur lava les pieds à douze vieillards qui comptaient ensemble 976 ans.

L'impératrice régnante fit la même cérémonie à douze vieilles faisant 833 années.

L'impératrice mère fit la même chose à douze autres femmes composant 916 ans.

Et l'impératrice Amélie à douze encore, dont les années revenaient à 970.

Phlégon, dans son opuscule sur ceux qui ont longtemps vécu, y parle d'une quantité de personnes arrivées à 100, à 120, à 130 et à 150 ans; il ajoute que la sibylle Erythrée avait vécu dix âges, faisant 1000 ans, un âge étant composé de 100 ans. Il parle bien encore d'un Macroseiris qui avait vécu 5000 ans; mais ce fait n'est pas vérifié.

L'abbé Dupin nous a aussi donné quelque chose des macrobies, ou gens qui ont longtemps vécu; il dérive le nom des termes grecs *macros*, long, et *bios*, vie; il dit que ce nom a été donné à certains peuples d'Afrique, que Pomponius Méla place dans l'île de Méroé: Pline les met dans l'Ethiopie, près des peuples anthropophages ou mangeurs d'hommes, comme les Lestrigons, dont parlent Homère et Ovide; mais les habitants de ces terres barbares ne donnaient pas le temps à la nature de produire des macrobies; le roi du pays faisait tuer chaque jour dans son palais de Monsol (capitale de ses États) deux cents criminels ou esclaves, dont on apprêtait la chair pour sa table et pour celle de ses courtisans.

La femme de charge du vicomte de Mortain, au diocèse d'Avranches, mourut en juillet 1712, à 102 ans. Elle travaillait à faire du linge la veille de son décès; et cinq femmes qui faisaient ensemble 525 ans la portèrent en terre.

Louis Jouan, laboureur à Berville, pays de Caux, décéda le 18 septembre 1714, à 108 ans et demi, ayant conduit sa charrue la veille de sa mort.

A ces macrobies qui ne sont plus on en joindra qui subsistent aujourd'hui (année 1715); tels que le sieur de la Tour-Gory, âgé de 108 ans; il est filleul du premier président Jay, décédé en 1640 (il y a 76 ans). Ce vieillard va presque toutes les semaines, de la rue de Richelieu, où il demeure, dîner chez M. Pelletier de Souzy, conseiller d'État ordinaire, rue de la Couture-Sainte-Catherine.

M. Durand, curé de Hombourg-la-Forteresse, m'a envoyé par M. de la Tour, commissaire des guerres, un certificat du 30 juillet dernier, par lequel il atteste que les nommés Jean Diedrick et Anne Schel, ses paroissiens, ont chacun 105 ans, et paraissent par leur bonne santé en devoir vivre bien davantage: il ajoute qu'Anne Durand, sa grand'mère, était décédée depuis peu, après avoir achevé 108 années.

Philippe Herbelot, demeurant à Paris, cloître Saint-Nicolas du Louvre, est un autre macrobie vivant; son extrait baptistère, dûment légalisé, prouve qu'il a 112 ans accomplis, étant né le 1er janvier 1602 à Doulevant, près Joinville en Champagne.

On assure qu'il y a dans les Cévennes un macrobie de 140 ans, qui, par son grand âge, s'est cru exempt de toute imposition; on ajoute que les traitants n'ont pas eu l'inhumanité de faire persécuter une aussi respectable vieillesse.

X. — *Femmes de l'antiquité qui ont beaucoup vécu.*

Les sibylles, suivant le quatrième livre des Métamorphoses, vécurent chacune au moins sept siècles; nous avons dit que celle d'Érythrée avait été plus loin.

La sibylle de Samos, qui vivait en l'an 3306 du monde, n'avait que 500 ans au temps de Numa, second roi de Rome.

Terentia, fille de Cicéron, parvint à l'âge de 103 ans.

Claudia, fille d'Offilius, après avoir été quinze fois honorée du titre de mère, ne finit sa carrière qu'à 115 ans.

Galeria Copiola Emboliaria à 104 ans.

Sammulla vécut 110 ans.

Luceya, comédienne, jouait encore à 100 ans avec applaudissements.

Pausanias dit que Tanagra, femme de Pémander, vécut si vieille, qu'on l'appelait grand'mère par excellence.

Julia Modestina vit l'âge de 120 ans.

Lors du dénombrement dont nous avons parlé sous Vespasien et sous Titus on trouva à Rimini une femme nommée Tertulla, âgée de 137 ans, et une autre à Faventia, qui en avait 132.

Judith, cette veuve sainte dont l'Écriture a si glorieusement célébré la victoire sur Holopherne, général de Nabuchodonosor, l'an du monde 3348, demeura 105 ans dans la maison de Manassès, son mari; elle avait au moins 20 ans à son mariage.

XI. — *La tempérance contribue à la longue vie.*

Les anachorètes des déserts n'ont dû leurs longues années qu'à la tempérance. Saint Siméon Stylite mourut près d'Antioche âgé de plus de 100 ans. On voit dans saint Jérôme qu'il en avait passé 47 au haut d'une colonne dans la pratique d'une oraison continuelle et dans des jeûnes extraordinaires.

Les philosophes païens ont connu l'excellence et les avantages de la tempérance; elle contribuait, selon eux, à former les grands génies; ils estimaient qu'elle était le premier effet de l'étude de la sagesse; ils croyaient que la justice, la prudence et la force ne pouvaient subsister sans la tempérance.

Apollonius de Tyane se conserva, dit-on, dans une brillante jeunesse, par la tempérance et la sobriété, jusqu'au delà de 130 ans.

Démocrite dut aux mêmes vertus de se voir à 109 ans dans une santé parfaite. Diogène Laërce rapporte une circonstance particulière de sa fin; savoir, qu'à la prière de sa sœur il se conserva les trois derniers jours de sa vie, ne se nourrissant que par la seule odeur des pains chauds.

Polydamas, ce fameux athlète de Thessalie qui arrêtait un char tiré par des chevaux lancés, et qui étrangla un lion sur le mont Olympe; Milon de Crotone, qui portait un bœuf sur son dos; Théagène, qui courait, tenant une statue de bronze de sa hauteur: tous ces hommes robustes n'avaient d'autre secret que la tempérance pour se conserver dans une force capable de les conduire à la plus longue vie. Ils se préparaient à jouir des honneurs d'un misérable triomphe en s'abstenant de tous les plaisirs; ils se condamnaient au régime le plus austère pour se procurer des forces; ceux qui courent dans la lice s'abstiennent de tout, dit saint Paul. Tertullien ajoutait que ces athlètes, pour redoubler leur vigueur, étaient continents et sobres jusqu'à la contrainte, à la violence et aux tourments; ils ne mangeaient que des choses sèches, insipides, dures, et s'imposaient une abstinence qui allait jusqu'à la macération.

Guillaume Postel, de Normandie, fut si tempérant, qu'il porta sa vie au delà de 100 ans: on le surnomma l'Abîme de science du xve ou du xvie siècle; il possédait les langues si éminemment, qu'il pouvait faire le tour du monde sans interprète. Sa réputation fut ternie par les absurdités et les hérésies qu'il soutint; car il était orgueilleux. C'est lui qui avança que les femmes n'avaient pas été rachetées du précieux sang de Jésus-Christ.

De Thou fait mention, sous l'an 1566, de Louis Cornaro, ayant plus de 104 ans, sain de corps et d'esprit, lorsqu'il mourut à Padoue, le 26 avril de cette année, dans son fauteuil, sans douleur, par la seule défaillance de la nature. Peu de mois auparavant il avait perdu son épouse, qui n'était guère moins âgée.

Sa tempérance et sa sobriété étaient telles, qu'en vingt-quatre heures il ne prenait que douze onces de nourriture solide et quatorze de toute boisson.

A mesure que son âge avançait, il diminuait insensiblement ce peu d'aliments, jusqu'à ne prendre à chacun de ses deux repas qu'un jaune d'œuf, encore le partageait-il en deux sur la fin de sa vie, trouvant sa chaleur moins forte, à mesure qu'il avançait vers son terme : tant il est vrai que la nature est simple; qu'il lui faut peu de choses pour la soutenir; et que la perfection qu'elle donne à ses ouvrages ne dépend que d'un fonds de sagesse, qui, par une même conduite, remplit une infinité de vues.

Par une attention aussi sage, il se conserva toujours sain et vigoureux; son esprit n'éprouva aucune diminution; ses yeux et ses oreilles restèrent sans altération; et ce qui semblera hors d'apparence, sa voix s'entretint si nette, si étendue, si sonore et si belle, qu'il chantait à cent ans avec une douceur pleine d'harmonie. Il vérifiait les paroles de l'Ecclésiastique; le Saint-Esprit y a dit, que *l'abstinent prolonge ses jours*. Il faut entendre l'abstinent qui se gouverne avec prudence, les maladies provenant d'une diète outrée n'étant pas moins dangereuses que celles qui sont causées par la réplétion.

Cornaro, à 83, à 86, 91 et à 98 ans, écrivit quatre traités sur la sobriété et sur le jeûne volontaire qu'il pratiquait depuis l'âge de 36 ans; on n'y trouve que de la clarté, de la force et du bon sens; tout y suit l'opinion de saint Jérôme, lorsqu'il a dit que le jeûne était non-seulement une vertu parfaite, mais encore la base de toutes les vertus.

Cet illustre Vénitien disait que la nature se contentait de peu; que ce qui excédait le nécessaire n'était qu'une source de maladies qui nous rendait vieux avant d'avoir eu le plaisir d'être jeunes; et qu'à peine un siècle donnait des rides et de la caducité aux personnes sobres; que la chair des animaux était inutile à la santé; et qu'un ou deux repas en vingt-quatre heures, de pain, de fruits, d'herbes, de racines, de légumes et de laitages, avec de l'eau ou très-peu de vin, suivant le conseil de l'Ecclésiastique, suffisaient à ceux qui ne comptaient pas leur ventre au nombre des fausses divinités; qu'il avait peine à concevoir que des personnes, abusant de leurs richesses, s'exposassent à mourir de trop manger, pendant qu'une multitude d'infortunés tombaient chaque jour dans l'affreuse nécessité de mourir de faim.

Il nommait la sobriété une inclination divine, agréable à Dieu, amie de la nature; il l'appelait fille de la raison, mère de toutes les vertus, compagne de la chasteté; il disait qu'elle était gaie sans évaporation, modeste sans contrainte, sage sans artifice, et réglée dans toutes ses entreprises; il la publiait l'appui de la vie, la conservatrice de la santé et le plus puissant secours d'une bonne constitution; il lui donnait pour fondement les lois les plus saintes; il assurait que son usage chassait les intempéries de la réplétion, la véritable cause de tous nos maux.

Il remarquait enfin que le bonheur et le repos qui suivent la sobriété nous invitaient à l'acquérir; que sa beauté nous y engageait, parce qu'elle nous offrait la durée de notre être, et conservait notre vie.

En effet cette vertu si rare enseigne au riche à se servir modestement de son opulence; au pauvre à couler sans murmure les temps durs de la nécessité; aux vieillards l'art de vivre; aux jeunes celui de jouir de la vie. Elle épure les sens, fortifie le corps, illumine l'esprit, redouble la mémoire, éclaire la raison, embellit l'âme; elle nous dégage des liens qui nous attachent trop à la terre, et, nous élevant au-dessus de nous-mêmes, nous rend de nouveaux hommes à mesure qu'elle nous procure de nouveaux jours de travail pour mériter la vie nouvelle de l'éternité.

Lessius, en vue de sa santé, s'imposa une aussi sévère abstinence; le succès lui parut si favorable, qu'il entreprit de montrer qu'à l'aide de cette vertu on avait vu, dans tous les temps et dans toutes les conditions, nombre de personnes vivre leur siècle; elles n'imitaient pas apparemment l'athlète Buthus, qu'Hésychius de Milet rapporte, qui mangeait un bœuf dans un repas.

Ce Buthus était bien éloigné du sentiment de Plutarque, que Trajan fit consul; ce Béotien dans son livre de la conservation de la santé désapprouve les viandes, parce qu'elles causent des crudités qui fournissent un levain assuré aux maladies; opinion que Gallien a confirmée dans son ouvrage sur les aliments du bon ou du mauvais suc; il y écrit que l'on jouira d'une santé parfaite tant qu'on aura soin d'éviter les crudités, ajoutant que le grand remède contre tous les maux est la sobriété, la tempérance et la tranquillité.

Cardan nous assure que le jurisconsulte Panygarole, différent de celui qui fut évêque d'Asti, se conserva sans incommodités plus de 90 ans par la sobriété et par un travail modéré; il prenait seulement 28 onces de nourriture par jour; 2 onces au delà de Cornaro, qui vécut néanmoins davantage, bien qu'il prît moins d'aliments; il avait lu ces mots dans l'Epydimion d'Hippocrate : Le plus sûr moyen de préserver la santé est de manger sans se rassasier et de travailler avec modération, comme font les pauvres; ces gens-là sont moins malades de disette que les riches ne le sont d'abondance.

Les solitaires de la Thébaïde dans la basse Egypte vivaient de 4 et 5 dattes en 24 heures, bien que les arbres de leurs retraites les fournissent avec profusion.

Ces modèles en austérités n'avaient peut-être pas étudié saint Basile : il nous apprend qu'il ne faut pas accabler le corps de manière qu'on lui ôte les forces nécessaires à remplir ses devoirs ; la Providence veut qu'on satisfasse ses justes besoins pour l'entretenir et le ménager.

C'est ce qui obligea l'Eglise, dans le second siècle, à condamner les montanistes ; ils voulaient qu'on observât trois carêmes, avec les xérophagies de la semaine sainte ; c'étaient des jours où l'on jeûnait avec du pain et du sel, et où l'on ne buvait que de l'eau ; on y ajouta peu après des légumes, des herbes, ou quelques fruits ; les esséens, au rapport de Philon, se contentaient de joindre de l'hyssope à leur pain.

Et pour faire voir que le jeûne n'est pas si nuisible que nous le pensons, même accompagné d'une retraite, d'un silence et d'une macération continuelle, tels que l'observent les chartreux et les chartreuses, on trouve par les mémoires de cet ordre qu'en 1524 dom Jean Briselance, profès du Val-Dieu au Perche, après 78 ans de profession, y mourut à 101 ans ;

Qu'en 1559 dom Jean-Edmond Clavel, profès de Bonnefoi en Vivarais, y demeura 90 ans, et ne cessa de vivre qu'à 111 ans ;

Qu'en 1593 dom Corneille, profès de Sainte-Sophie près Bois-le-Duc, y vécut 96 ans, et ne finit ses jours qu'à 118 ans ;

Que vers 1610 dom Percheron, profès du Mont-Dieu près Sedan, parvint à 105 ans ;

Qu'en 1516 domne Michelle de Montorsier, professe de Gannay près Béthune, y arriva à 118 ans ;

Qu'en 1574 domne de Marsonnas, professe de Salette, fondée pour des filles nobles vers 1291, par Humbert Ier du nom, prince du Dauphiné, et par Anne son épouse, mourut à 103 ans, après 85 ans de religion ;

Et enfin qu'en 1625 domne Isabelle de Bergues, professe de la même chartreuse de Gannay, y mourut à 101 ans, dont elle en avait passé 83 dans les saintes austérités de sa règle.

XII. — *Climats où l'on parvient à une extrême vieillesse.*

L'Inde orientale, selon Pline et Solin, nourrit des peuples qui vivent 400 ans, parce qu'ils se nourrissent de vipères ; ce reptile, qui sort entier du ventre de sa mère, et non en œuf, comme les autres reptiles, est souverain pour substituer des esprits dans les corps affaiblis, ou qui en sont dénués ; la vipère effectivement est remplie de sels volatils, qui sont alkalis raréfiants, sudorifiques et apéritifs ; c'est l'un des sels les plus salutaires, les plus subtils, et les plus propres à purifier le sang ; Charas a écrit de ses propriétés spécifiques, et avant lui Francesco Reddi, et Pandolphe Collenuccio : ces auteurs remarquent que l'essence de ce reptile, ou 1 once de son eau prise chaque matin à jeun pendant 15 jours, tous les ans, surtout au mois d'avril et de mai, perfectionne tellement la nature par son baume vital, qu'elle peut réparer les tempéraments usés, rappeler la fécondité, et rendre en quelque manière la jeunesse.

Lucien, déjà cité, dit que les Sères du Cathaï, par la bonté du climat, et parce qu'ils ne boivent que de l'eau, vivent 300 ans, et les Athotes de Grèce 130 ; les Chaldéens un peu moins : ces derniers mangent du pain d'orge ; Lucien prétend qu'il éclaircit la vue et rend les sens plus vigoureux.

Antoine Pigafetta, remarque qu'au Brésil, dans le territoire de Verzine, on y arrive à 140 ans.

Louis Barthema assure que, dans l'Arabie Heureuse, on y voit ordinairement l'âge de 120 ans.

Onésicrite d'Egine, historien oculaire des guerres d'Alexandre vers l'an 400 de Rome, rapporte que, sous la zône torride il y a des peuples dans ces mêmes Indes orientales, qui sont hauts de 5 coudées, faisant 7 pieds et demi, lesquels vivent 130 ans sans vieillir.

Ctésias raconte que ceux des Pandores qui habitent les vallons, vivent 200 ans ; ils ont cela de contraire aux autres hommes, que leurs cheveux sont blancs dans leur jeunesse et noirs dans leur vieillesse.

Pomponius Méla écrit comme Lucien, que ceux qui demeurent près le mont Athos, que Xerxès fit couper, pour s'ouvrir un passage en Grèce du côté de la Macédoine, vivaient deux fois plus que les autres peuples de la terre.

Dans les montagnes de Yucatan vers le Mexique, la vie est très-longue, ainsi que dans celles de l'Arabie, où l'âge centenaire est commun : il en est ainsi dans celles de la Laponie et de la Norwége, où la plus extrême vieillesse porte toujours les cheveux noirs.

A l'occident d'Ecosse, dans les Iles Hébrides, la vie des insulaires est d'une si longue durée, qu'on assure que les habitants ont la cruauté d'y faire mourir ceux qu'ils estiment, après 150 et 200 ans, inutiles au monde par leur extrême caducité.

Les lieux d'une élévation raisonnable, et dans une exposition où l'air est pur, avec l'eau claire et légère, sont très-salutaires pour la longue vie ; les situations des maisons royales de Saint-Germain, de Meudon et de Saint-Cloud, sont si heureuses, qu'à peine y voit-on des malades quand les environs en sont remplis.

L'abbé de Vertot, de l'académie royale des Inscriptions, a fait le plaisir à l'auteur de ceci, de lui communiquer ses lumières sur l'Atlantica du fameux Rudbeck.

Cet auteur, qui professait dans l'université d'Upsal, nous apprend que les descendants de Japhet, troisième fils de Noé, passèrent dans cette contrée septentrionale ; que l'air y est si favorable, que les hommes y arrivent ordinairement à la plus extrême vieillesse.

Il assure qu'outre la fécondité qui permet d'y voir 20 et 30 enfants d'une même mère, on a connu par les extraits baptistaires et mortuaires, envoyés à Rudbeck par l'évêque d'Arosen, ou de Westeras, son frère, contenant seulement les 73 premières années du xvii° siècle, que dans l'étendue de 12 paroisses, il s'était trouvé 232 hommes, dont plusieurs avaient 140 ans, et les autres 90.

Que deux particuliers y étaient parvenus, l'un à 156 ans et l'autre à 160; que ce dernier avait vu la septième génération; et que dans ces mêmes paroisses il y avait eu plus de 860 personnes âgées de 70 et de 80 ans; qu'il n'était pas surprenant en Suède de voir des gens de 100 ans; et que dans la seule ville d'Upsal, le gouverneur et l'aïeul maternel de Rudbeck approchaient de ce terme, lorsqu'ils cessèrent d'y vivre à 98 et à 99 ans.

XIII. — *La vie de l'homme n'a jamais été bornée à 70, 80, ni 120 ans, selon les théologiens*

Les exemples de tant de personnes qui ont vécu au-delà de 100 ans, et qui même ont passé plus de 2 siècles, font voir que le décret des 120 ans ne tirait à aucune conséquence pour le terme de la vie de tous les hommes en général, en dépit de toutes les disputes et de tous les écrits que cette matière a fait naître en Hollande.

Ce point fatal de nos jours avait autrefois fait dire à saint Thomas d'Aquin, que Dieu ne trouble jamais l'ordre naturel des choses que lui-même a établies, qu'il les veut et les voit de la même manière qu'elles doivent être selon la nature qu'il leur a donnée; les choses contingentes, contingemment; les choses nécessaires, nécessairement.

Le sixième chapitre de l'Apocalypse déclare que Dieu a donné pouvoir à la mort de moissonner le genre humain: les uns sont enlevés par le glaive; 1,100,000 âmes périrent dans Jérusalem assiégée et prise par Titus, le 8 septembre de la seconde année de l'empire de Vespasien. On dit que Jules César tailla en pièces 1,200,000 Gaulois avant de subjuguer leur patrie.

La mort tue par la famine. On pria l'empereur Honorius de permettre d'égorger les vieillards, les femmes et les enfants, et de mettre le prix sur leur chair exposée dans les boucheries de Rome, pour essayer d'effacer l'opprobre de la faim, comme dit Ezéchiel.

Lorsque Bénadab, roi de Syrie, assiégeait Samarie, capitale de Joram, roi d'Israël, du temps d'Elisée, 901 ans avant Jésus-Christ, on y vendait la tête d'un âne 80 sicles, faisant 120 livres de nos monnaies; et deux femmes convinrent de manger leurs enfants, et en mangèrent un en effet. Une aussi désolante extrémité se fit éprouver au siége de Jérusalem dont ont vient de parler.

La mort enfin enlève une multitude de créatures par les maladies et par les bêtes qui dévorent ou qui blessent.

On meurt encore par l'usage immodéré de certains aliments, ainsi qu'il arriva à Albert d'Autriche, à Frédéric III, et à Henri VII, empereurs, pour avoir trop mangé de melons : Philibert second, dit le Beau, comte de Brescia, et premier duc de Savoie, mourut pour avoir bu trop frais, l'an 1304. Il est donc certain que les 120 ans de la prétendue restriction de nos jours, ne tombaient précisément que sur la durée du monde jusqu'au déluge, et non pas également sur la vie de tous les hommes.

XIV. — *Sentiments de Salomon sur la mort.*

La mort est une suite du péché : le Christ a été envoyé pour en être le destructeur et la mort de la mort même : elle doit marcher devant lui pour justifier ce qu'en a dit le prophète Habacuc au chapitre troisième de son cantique : l'auteur de la vie ne se réjouit véritablement pas dans la destruction de son ouvrage.

Salomon pour marquer combien la longue vie est précieuse devant Dieu, ajoute que la vieillesse est la couronne du grand âge; elle rend les cheveux blancs vénérables, ils donnent du poids à nos avis, de la confiance à nos desseins, de l'espoir à nos entreprises et de la préférence à nos actions : levez-vous, dit le Dieu d'Israël, devant ceux qui ont les cheveux blancs, et honorez la personne du vieillard.

Si nous en croyons les anciens, la mort était une divinité qu'ils adoraient, comme la plus implacable des déesses : ils la faisaient fille de la nuit et sœur du sommeil; quelques-uns l'estimaient l'une des trois Parques : on l'honorait à Lacédémone; les Phéniciens lui avaient élevé un temple dans l'île de Gadira, aujourd'hui Cadix; on lui sacrifiait un coq; sa robe était semée d'étoiles, et ses ailes étaient noires.

On la représentait sans yeux, pour ne pas voir la beauté, les richesses et la gloire, qui eussent pu la fléchir, la corrompre et la séduire; on la dépeignait sans oreilles, afin qu'elle fût sourde aux vœux, aux prières et aux soupirs; on la faisait paraître sans entrailles, pour être insensible à la douleur, aux souffrances et à l'affliction; et l'on armait ses cruelles mains d'une longue faux, avec ces paroles qu'elle prononçait : *Je n'épargne personne.*

Les chrétiens sont ceux pour qui la dureté de ce terrible arrêt n'eut jamais rien de trop effrayant : pénétrés des vérités qui leur ont appris que la vie passe aussi vite qu'une fleur, coule ainsi qu'une ombre, et s'évanouit comme la fumée; ils savent que la seule mort les fera jouir de l'immortalité, pour laquelle l'homme avait été créé. Quelle différence entre la fin des païens qui terminait tout leur bonheur, et celle des chrétiens qui commence toute leur félicité!

XV. — *Du rajeunissement, et s'il est possible.*

Rajeunir, c'est rentrer dans cette belle saison qui nous donne les agréments et les forces de la jeunesse.

Il est inutile de traiter ici la question que tant de savants ont agitée, pour savoir si l'art pourrait être porté jusqu'à ce point d'excellence, de rajeunir un vieillard : on sait combien Paracelse s'est vanté que par son *mercure de vie*, il lui était possible de métamorphoser une vieille en jeune, aussi bien que de changer le fer en or; lui-même cependant qui promettait aux autres les années des sibylles, la longue vie des cerfs, ou tout au moins les 300 ans de Nestor, cessa de vivre âgé d'un peu plus de 37 ans.

Regarderons-nous cependant la nature, si admirable dans ses ouvrages, comme une marâtre, et ne la croirons-nous capable que d'étouffer ses productions presque au moment qu'elle les aura mises au jour? Cet instinct qu'elle donne à toutes les créatures pour leur conservation lui manquera-t-il? et, serait-il possible qu'elle pût refuser à l'homme, pour qui tout a été créé, ce qu'elle accorde aux cerfs (1), aux aigles, et aux serpents? On leur voit en effet quitter tous les ans les tristes apanages de leur caducité, pour se revêtir des agréments de la jeunesse la plus vive, la plus gracieuse et la plus brillante.

Dieux cruels! s'écriait Tibulle, qui dépouillez les serpents de leurs vieilles années, qui, arrêtant la fluide rapidité de leurs jours, retardez leur fin, et leur restituez les tendres charmes du plus bel âge, pourquoi nous refusez-vous la même faveur?

Sentiment que Rimer a soutenu dans la même idée de Tibulle; il se plaignait avec lui que la condition de l'homme fût moins favorable que celle de plusieurs animaux : ils portaient tous deux envie au rajeunissement des serpents.

Effectivement, on ne trouve pas que l'art soit encore parvenu à ce degré de perfection capable de rajeunir l'homme; mais ce que le passé n'a point vu, l'avenir le pourrait trouver : ce prodige serait d'autant plus à espérer, que la nature l'a opéré plusieurs fois dans nombre de personnes que l'histoire rapporte.

Il n'y aurait ainsi qu'à observer la manière dont elle fait de si étonnants miracles, pour exécuter ensuite avec succès une aussi agréable métamorphose; l'art, par ce moyen, parviendrait certainement à ce que l'on a vu de temps en temps arriver à plusieurs. Le premier moyen est un bon tempérament, comme Moïse, dont il est dit que, pendant cent vingt ans qu'il vécut, sa vue ne baissa point.

Le cerf, l'aigle, l'épervier et le serpent rajeunissent; Aldrovandus traite du renouvellement de l'aigle. Des oiseaux du ciel, entre lesquels Pline dit que le corbeau et le phénix vivent chacun six cents ans, ce renouvellement a passé aux animaux de la terre; personne ne doute que le cerf ne répare sa caducité par l'usage des vipères et des serpents. Le même Pline assure que, plus de cent ans après Alexandre de Macédoine, on prit des cerfs auxquels ce prince avait fait mettre des colliers d'or, qui se trouvèrent recouverts de leur peau.

(1) C'est une opinion que chaque année le cerf rajeunit en quittant son bois, l'aigle ses plumes, et le serpent sa

Il y a des singes dans le mont Caucase qui vivent de poivre, dont ils font la récolte pour les habitants; la chair de ces animaux est un médicament souverain pour le lion, qui s'en guérit et qui rajeunit lorsqu'il en mange.

Le cerf que l'histoire de nos rois marque avoir été pris dans les forêts vers Senlis, sous Louis VI, dit le Gros, mort en 1037, avait éprouvé plusieurs rajeunissements depuis Jules César. Cet empereur régnait environ quarante ans avant la naissance de Jésus-Christ. Il n'est pas impossible qu'en passant à la conquête d'Angleterre, alors dite Albion, il eût fait donner un collier à cet animal. Ces mots y furent trouvés, d'un caractère assez conforme au temps de la république : *César m'a fait ce présent*. On y voyait, par la supputation des années, que ce cerf avait vécu près de douze cents ans (si ce n'était pas un autre César).

Ceux qui ont écrit sur l'éléphant avancent qu'il va jusqu'à trois siècles. Le Ceylan, le royaume de Siam (2), où se trouve le fameux éléphant blanc qu'on y sert dans des vases d'or, et le royaume d'Achem, dans l'île de Sumatra, produisent les plus renommés. Le roi d'Achem fait rendre à ces animaux des honneurs incroyables; on assure qu'ils ont assez d'esprit pour y être sensibles. Leur docilité à l'instruction égale leur génie; on en amène un nombre devant le trône de diamants du Mogol, les cinq jours que dure sa fête, qui commence à celui de sa naissance : ces éléphants, superbement parés, saluent profondément l'empereur, baissant trois fois leur trompe et la relevant sur leur tête, poussant en même temps un grand cri d'allégresse.

Passant de l'éléphant au cheval, l'histoire nous apprend que, dans le commencement du neuvième siècle, Raoul, roi de Bourgogne, qui avait usurpé la couronne de France sur Charles le Simple, fils de Louis le Bègue, roi et empereur, reçut l'hommage d'un duc de Gascogne, lequel était monté sur un cheval âgé de cent ans, qui était encore assez vigoureux. Disons en passant que le cheval est le seul des animaux de la terre dont la perfection consiste à participer de l'homme, du lion, du bœuf, du mouton, du mulet, du cerf, du loup, du renard, du serpent et du lièvre, prenant trois qualités de chaque : de l'homme la poitrine, la coupe et les crins; du lion le maintien, la hardiesse, la fureur; du bœuf l'œil, la narine, la jointure; du mouton le nez, la douceur, la patience; du mulet la force, la constance au travail, et le pied; du cerf la tête, la jambe, le poil court; du loup la gorge, le col et l'ouïe; du renard l'oreille, la queue, le trot; du serpent la mémoire, la vue, le contournement; et enfin du lièvre ou du chat la course, le pas et la souplesse.

Et pour venir des animaux terrestres aux aquatiques, l'an 1497, dans un étang de Souabe, près d'Huilprin en Allemagne, on pêcha un brochet d'une grandeur prodigieuse; ce poisson portait à l'une de ses

peau.
(2) Relation du chevalier de Chaumont, ambassadeur de France à Siam, en 1687.

oreilles un anneau de cuivre; ces caractères latins s'y lisaient :

Je suis le premier poisson mis dans cet étang par les mains de Frédéric II, gouverneur du monde, le 5 octobre 1230.

Ce brochet paraissait avoir vécu 269 ans, sans ce qu'il eût pu vivre s'il n'eût pas été pêché, et si ce récit est sincère.

Le crocodile, selon Marmol, est encore un animal aquatique qui vit très-longtemps. On en juge par ses forces, un seul s'étant défendu contre trente hommes; par sa grandeur : on en a vu de trente-trois pieds de longueur : par sa grosseur, on en a trouvé dans la gueule desquels un homme eût pu se tenir debout. On ajoutera que sa chair odoriférante parfume les lieux où l'on en fait la dissection : ce qui pourrait encore contribuer à sa longue vie.

Des animaux de la terre le rajeunissement est descendu jusqu'aux reptiles; le serpent qui renouvelle le cerf se renouvelle en quittant sa vieille peau : on en peut déduire que, la nature se rajeunissant dans l'ordre inférieur des productions de Dieu, il n'est pas hors d'apparence que le même prodige se puisse trouver dans l'ordre supérieur de ces mêmes productions d'où l'homme a été tiré; car enfin l'homme n'est pas de pire condition que les bêtes qu'il devait dominer.

Il est certain que le secret du rajeunissement serait l'art de trouver au moins la longue vie; il faut pourtant convenir qu'elle pourrait s'acquérir sans son secours; la nature peut donner à un seul homme autant de jours qu'elle en donne à plusieurs, ainsi qu'elle a donné, par exemple, à des géants autant de stature qu'il en eût fallu pour former les corps de trois hommes raisonnables.

Moïse rapporte que de son temps on voyait le lit de fer d'un géant, lequel avait neuf coudées de longueur, ou treize pieds et demi, sur six de largeur; cette taille était bien différente de celle de ces pygmées du détroit de Magellan, ou de ces Lapons de Suède qui n'ont guère de haut que trois pieds et demi.

De semblables nains eussent pris pour un colosse cette Secundilla, qui vivait sous Auguste. Solin, dans son recueil des choses mémorables, remarque qu'elle avait dix pieds de hauteur; et l'Hercule thébain, que ses trente-sept travaux ont rendu si célèbre, n'avait que sept pieds de taille, selon le même écrivain.

XVI. — *Des hommes et des femmes que l'on croit avoir été rajeunies.*

Ovide conte le rajeunissement du vieil Eson, qui était père de Jason, roi de Thessalie, que Médée aimait. A sa prière, elle employa sa science à ce rajeunissement. Eson fut enveloppé dans une quantité d'aromates et d'herbes chaudes, arrosées de liqueurs spécifiques; et ce fut par le moyen de leurs sucs que Médée lui fit recouvrer sa première jeunesse.

Le quatrième livre d'Hérodote fait mention d'une fontaine qui rétablissait les vieillards dans leur vigueur.

Pierre Chieza rapporte de semblables miracles d'une fontaine située à Lucaya dans l'Amérique ; c'est peut-être sur les admirables vertus de pareilles eaux qu'a paru le proverbe d'aller à la fontaine de Jouvence.

Le *Campus Elysius* d'Arejes cite André Baccius, liv. VI, chap. 28 *de Thermis*, qui rapporte que l'île d'Euboé, aujourd'hui Négrepont, dans l'archipel de la Grèce, avait une fontaine qui changeait la vieillesse en jeunesse.

Au nord de Napoli de Romanie, dans la Morée, près des ruines de l'ancienne Nauplion, voisine d'Argos, on voyait autrefois la célèbre fontaine nommée Canathus. Pausanias dit que la déesse Junon s'y baignait tous les ans ; il assure que les eaux de cette source rétablissaient, dans cette épouse de Jupiter, ce que le temps, qui use tout, pouvait apporter de dommages à sa jeunesse. Ce fut ce qui engagea les femmes du pays à y aller en pèlerinage, supposé que Pausanias ne nous en veuille pas faire accroire.

Valescus Tarentatius parle d'une abbesse de Morvédro, autrefois Sagonte, au royaume de Valence en Espagne; sa décrépitude fut convertie en brillante jeunesse, ses dents redevinrent blanches, ses cheveux noircirent et s'épaissirent, les rides de son front disparurent; elle fut une seconde fois jeune.

Ferdinand Castenade et Matféi assurent unanimement qu'un noble Indien rajeunit trois fois pendant trois cent quarante ans qu'il vécut.

Torquemada montre qu'en 1531, à Tarente, ville du royaume de Naples, un vieillard âgé de cent ans rajeunit; un reste de mauvais cheveux tomba, et il lui revint une tête naissante, en sorte qu'il se sentit renouvelé, et vécut encore cinquante ans.

Pierre Martyr cite un autre vieillard, qui, pour se procurer une longue vie, se baignait dans une fontaine, dont, ayant bu quelque temps, il parut jeune et frais, se maria, et eut des enfants.

Le roi de Cambaye, aux Indes orientales, prit dans ses troupes un habitant de Bengala, âgé de trois cent trente-cinq ans, qui avait un fils très-vieux, s'il faut en croire la physique curieuse de Gaspar Scot.

Lorichius nous apprend qu'un homme, dans une maladie, perdit ses cheveux blancs, sa barbe, et jusqu'à sa vieille peau. Sa surprise fut très-agréable quelques mois après, voyant renaître sa chevelure blonde, et une légère barbe, avec une peau de la plus vive fraîcheur.

Aulu-Gelle dit qu'une femme nommée Victoria, à l'âge de quatre-vingts ans, perdit ses mauvaises dents avec ses cheveux blancs; dans la suite, les plus belles dents et les plus beaux cheveux lui revinrent : il est à souhaiter que ces auteurs ne nous trompent pas en écrivant des événements si flatteurs.

Pline a remarqué plusieurs personnes très-âgées, à qui les dents étaient revenues; il ajoute que sur leurs têtes les cheveux blancs avaient aussi cédé la place aux plus beaux cheveux noirs.

Postel, dont nous avons parlé, étant parvenu à la plus grande vieillesse, vit ses cheveux et sa barbe changer du blanc au noir.

Ces exemples prouvent le rajeunissement possible, d'où l'on pourrait espérer de très-longues années, pour qui découvrirait la rare invention: heureux en même temps ceux qui jouiraient avec sagesse des choses de la vie.

Les gens, à la vérité, qui tranchent sur toutes choses, qui font les génies sublimes et qui ne trouvent rien sans le contester, affectent d'être incrédules sur de pareils prodiges de la nature ; ils lui disputent son pouvoir et ne veulent pas qu'elle puisse opérer des choses si surprenantes.

XVII. — *Méthode d'Arnaud de Villeneuve, pour opérer le grand œuvre du rajeunissement.*

Arnaud de Villeneuve, médecin en France, vers la fin du XIIIe siècle, avait apparemment lu les rajeunissements dont nous venons de parler ; ils lui donnèrent envie d'inventer une méthode pour parvenir à de tels prodiges, sans aller dans les pays éloignés, où se sont trouvées les heureuses et favorables fontaines qui y ont le plus contribué. Pour cet effet il a laissé à ses plus intimes le secret du grand œuvre qu'il avait imaginé.

Il veut qu'on renouvelle cette œuvre admirable tous les sept ans sur les corps naturellement sains et bien organisés ; quant à ceux qui sont trop ou trop peu resserrés, il ordonne qu'on les tempère par l'usage d'une once de moelle de la meilleure casse, prise en entrant à table une fois par semaine, et trois fois avant de commencer sa méthode ; la casse étant favorable, suivant ce médecin, contre toutes les humeurs viciées.

Dès le premier jour de l'opération on mettra sur le cœur, pendant le sommeil, un emplâtre d'une once de safran oriental, d'une demi-once de roses rouges, de deux gros de santal de pareille couleur, d'un gros de bois d'aloès, et d'autant de bon ambre ; ces drogues très-pulvérisées s'incorporeront avec une demi-livre de cire blanche, et se malaxeront dans une quantité suffisante d'huile rosat. Au réveil on lèvera cet emplâtre pour le rouler, afin de l'enfermer dans une boîte de plomb jusqu'au moment de s'en resservir en entrant au lit.

Cette œuvre consiste ensuite à vivre quelque temps de poules préparées d'une certaine manière ; les tempéraments sanguins pendant 16 jours, les flegmatiques durant 25, et les mélancoliques pendant 30.

Par cette raison on aura autant de poules que le tempérament l'indiquera ; on les mettra dans un lieu spacieux où l'air soit pur et l'eau claire, et dans lequel il n'y ait ni herbes ni autres choses à manger ; pour qu'elles ne puissent être nourries que de l'aliment destiné.

Cet aliment se fera avec autant de bonnes vipères qu'il y aura de poules ; on fouettera ces reptiles dans un tonneau à l'effet de leur couper aussitôt la tête et la queue ; puis les ayant écorchés, on les trempera dans du vinaigre, et on les frottera de sel avec une étoffe rude ; ensuite les ayant mis par morceaux, on les jettera dans une grande marmite avec une demi-livre de fleurs de romarin, de fenouil, de calamanthe et d'anet, autant des unes que des autres, et l'on y ajoutera une demi-livre d'herbes de cumin ; la marmite étant aux deux tiers pleine d'eau pure, on la fera doucement bouillir jusqu'à la cuisson des vipères.

Alors on y versera une quantité de froment bien nettoyé, et suffisante à la nourriture des poules pendant les jours arrêtés : on fera cuire ce blé jusqu'à ce qu'il se soit rempli de la qualité de ces reptiles, couvrant la marmite pour y mieux conserver leurs esprits, et la tenant élevée sur un trépied où elle agira également à feu doux jusqu'à ce que tout s'épaississe ; en cas de besoin on y pourra remettre de l'eau.

La marmite ôtée de dessus le feu, on étendra ce blé pour le sécher dans un lieu bien aéré, crainte de corruption, et quoique chaud on en donnera aux poules, leur en faisant de petites pelotes avec du son que l'on pétrira dans le bouillon.

Ces poules ainsi engraissées pendant un ou deux mois, la personne en mangera tous les jours une ; on la fera cuire seule dans une quantité d'eau nécessaire à faire deux assiettes de potage. On fera ce potage avec un pain de farine pure de froment, bien fait et de deux jours au plus.

A souper, on ne prendra qu'un potage, comme à dîner, avec le reste de la poule, ou deux ou trois œufs frais bouillis dans l'eau, à l'ordinaire, que l'on mangera avec un peu de ce pain, buvant du vin blanc ou du clairet, à cause de leur légèreté.

Cette opération est plus salutaire aux mois d'avril et de mai, à cause du renouvellement de la nature. Lorsque les jours en seront achevés, on se baignera trois fois dans une semaine, de deux jours l'un, dans une eau claire et tiède, où l'on aura mêlé une décoction de fleurs de romarin, de sureau, des deux sthécas, de camomille, de mélilot, de roses rouges et de nénuphar, de chacune une livre; on y joindra des racines de bistorte, de brionne, de couleuvrée, d'aulnée, de patience et d'iris, de chacune une poignée, nette et concassée, le tout mis dans un sac de toile de lin, et bouilli une ou deux ondes dans un grand chaudron plein d'eau de rivière.

Le bain se prendra à jeun et jusqu'au cou, et l'on s'y assiéra sur le sac de fleurs pour y rester une heure au moins ; ce sac servira seul aux trois bains.

Sortant de l'eau, on avalera un gros de bonne thériaque dans six cuillerées de vin infusé de fleurs de romarin et de cumin, et l'on se mettra dans un lit tiède pour y reposer et dormir.

S'il survenait une sueur, on la soutiendra comme l'effet favorable de ce remède ; et après avoir reposé, sué et dormi, on mangera modérément selon l'appétit.

Pour achever cette opération, on usera au moins pendant douze jours de la confection qui suit, après s'être baigné.

Ayez quatre onces de chaux d'or, dissous philosophiquement, bois d'aloès, bois des trois santaux, semences de perles, saphirs, hyacinthes, émeraudes, rubis, topazes, corail blanc et rouge, baume très-pur, rapure d'ivoire, des os du cœur du cerf, de chacun un demi gros; ambre et musc des meilleurs, six grains de l'un et autant de l'autre.

Pulvérisez le tout d'une manière impalpable, et l'incorporez avec conserves de citrons, de bourrache et de romarin, de chacune une once; ajoutez-y une livre de sucre fin pour former ce condiment avec du sucre rosat, autant qu'il en faudra pour mettre cette confection dans un vase de porcelaine ou de fayence que l'on couvrira bien.

Il en faut prendre les matins à jeun et les soirs en se couchant environ une demi-cuillerée, et l'on connaîtra dans peu le prix de cette œuvre rare pour réparer la caducité la plus décrépite.

Cet art merveilleux de rétablir la nature, n'est pas dans le volume in-folio des ouvrages du célèbre Arnaud de Villeneuve, imprimés à Lyon et à Bâle au quinzième siècle; il est dans un ancien manuscrit latin, tombé dans le dix-septième à M. du Poirier, premier médecin de l'hôpital général de Tours, qui le prêta à M. l'abbé de Vallemont, au château de la Bourdaissière, en Touraine, lequel l'a communiqué à l'auteur de ce traité.

XVIII. *Des choses qui peuvent prolonger notre vie.*

Ces choses sont des quintessences qui se tirent des animaux, des minéraux et des végétaux.

La perfection de ces quintessences consiste dans leur préparation; elle est si différente dans les opérations, que souvent ces essences ne semblent pas être une même chose tirée du même principe.

L'essence, par exemple, des vipères conserverait la santé bien des années, si elle était véritablement travaillée selon l'art; cette essence est bien plus salutaire que la poudre des mêmes vipères, qui renferme toute leur matière terrestre.

L'essence de myrte préserve de corruption jusqu'aux choses inanimées.

L'huile balsamique du soufre, laquelle, au dire de Paracelse, ne laisse corrompre aucune chose morte ou vivante; elle fait toujours du bien et jamais de mal, selon Fioramenti: lorsqu'on a philosophiquement extrait le sel, la teinture et l'huile essentielle de ce soufre, on procède ensuite à l'opération de son huile balsamique.

L'huile de mars ou de vitriol, extraite de son sel et de son huile, rectifiés et cuits ensemble, produisent l'huile fixe de mars, dont les vertus ne sont pas connues de tout le monde.

La vraie teinture de corail, tirée par les rayons du soleil et l'eau-de-vie céleste, ou par le jus de citron.

La quintessence des perles, si utile à fortifier le principe de vie contre les venins.

La quintessence de l'ambre gris pour la santé (et non pour les parfums), laquelle augmente notre chaleur sans l'enflammer, et la fomente sans la résoudre; elle relève les forces abattues des vieillards par l'esprit universel dont elle est remplie.

La quintessence du sucre (dont Isaac, hollandais, nous a laissé la pratique), et qui est si favorable à tous les tempéraments; il la prétend souveraine contre l'hydropisie, la phthisie et la consomption, ainsi que dans l'épilepsie et les accouchements.

La quintessence de miel composé de fleurs et de rosée, laquelle renferme en elle un esprit véritablement céleste.

La teinture de l'or naturel, réduit par cette opération à l'huile véritable ou teinture d'or.

De toutes ces essences ou teintures, on compose ensuite le diaphoron, dont parle Barthélemy Korodorfer dans ces termes:

« Il serait difficile d'expliquer les vertus du diaphoron contre toutes sortes de maux.

« Si l'on en mêle par dose avec notre eau dorée, on aura une très-vigoureuse santé.

« Il est le baume de la vie, et a fait des miracles.

« Un roi des gentils en a conservé ses jours jusqu'à trois cents ans.

« Je m'en suis rétabli moi-même, et aussi un mien ami, âgé de 89 ans, si bien, que nous étions comme à vingt ans.

« J'en ai donné à des mourants une demi-cuillerée; ils sont revenus et se sont bien portés. »

Le savant M. de Comiers d'Ambrun nous a donné des règles pour la longue vie; on en pourrait joindre la pratique aux secrets dont on vient de parler.

Règles pour la longue vie

Il faut qu'une bonne constitution puisse donner lieu à de très-longs jours.

Que l'humeur radicale et la chaleur naturelle soient d'accord: d'où naît le tempérament sanguin, le plus favorable de tous.

Que dans un corps bien organisé il se trouve un esprit sain, gai et sage.

Que l'on ne mange que pour vivre, et jamais jusqu'à être rassasié.

Qu'on agisse médiocrement, pour tenir le corps dans une activité raisonnable.

Que l'on vive chastement, si l'on veut vivre longtemps.

Que l'on s'abstienne de manger diverses viandes et de boire différentes boissons dans un même repas, de crainte que les sucs hétérogènes ne se nuisent dans l'estomac par leurs qualités contraires.

Que l'on brise parfaitement ce que l'on mange. La mastication est une première digestion; elle se fait par l'humeur acide qui sort des glandes salivales, proche les dents oculaires: la mastication, la digestion et la distribution des aliments font en nous une espèce de chimie imperceptible, sans laquelle nous ne pourrions subsister.

Que dans les repas on mange alternativement les choses humides après les sèches, les grasses après les maigres, les douces après les aigres, et les froides après les chaudes, afin que l'une puisse être le correctif de l'autre.

Qu'après avoir bu plus qu'on ne doit on mange du pain sec et que l'on prenne du jus de citron, pour se délivrer dans le moment du hoquet, que la réplétion engendre aussi bien que l'inanition; qu'alors on se garde de boire de l'eau-de-vie ni d'autres liqueurs chaudes : elles sont pernicieuses après avoir bu trop de vin.

Que l'on ne fasse aucun exercice violent, mais seulement jusqu'à la rougeur : jamais jusqu'à la sueur.

Que dans une sueur extraordinaire on ne se découvre en aucune manière, et que l'on marche modérément, de crainte de se refroidir; buvant un peu de vin pur et non de l'eau, si elle n'est tiède, et goutte à goutte, pour éviter la pleurésie ou quelque rhumatisme.

Qu'en sortant du lit on ne s'expose pas à la fenêtre, non plus qu'au feu quand on vient du froid, parce que tout changement trop prompt est dangereux.

Que dans les nouveaux fruits on en mange peu, afin que l'estomac s'y puisse accoutumer et soit ainsi délivré des fermentations, d'où proviennent tant de fièvres périlleuses.

Que la boisson soit d'un peu de vin : l'eau, prise dans le besoin, serait plus salutaire; la bonne est limpide, légère, sans odeur ni saveur; elle provoque un sommeil doux; les idées y sont nettes, à la différence des illusions et des rêveries causées par les chaleurs et les fumées du vin.

On doit à Néron l'invention de boire l'eau épurée après la distillation et rafraîchie par la glace. Cette liqueur naturelle, pure et simple, dont nos premiers pères ont usé pendant près de dix-sept cents ans, est capable de détruire cette pépinière de vers qu'une corruption engendre dans l'estomac de ceux qui mangent sans choix et sans mesure, bien souvent sans goût ni délicatesse. M. Perrault, de l'académie des Sciences, délivra par cet innocent remède une religieuse tourmentée d'un pareil accident : tant il est vrai qu'il n'est pas nécessaire d'être médecin pour guérir un malade.

Le dormir se trouvant une tendre invention de la miséricorde divine pour réparer la nature épuisée, M. de Comiers veut (comme disait Apollonius de Thiane à Phraortes, roi de l'Inde) que l'on ne dorme pas du bout des paupières, mais bien de la pensée : c'est ce qui n'arrive guère à ceux qui usent immodérément du vin et des liqueurs où entre l'eau-de-vie, et, qui pis est, de l'esprit-de-vin. Quoique deux ou trois cuillerées d'eau-de-vie puissent fortifier l'estomac et aider la digestion de ceux qui s'oublient jusqu'à trop manger, et qu'elle soit en certaines rencontres un topique excellent, on a remarqué que son usage en boisson ayant été introduit en Amérique, les peuples y ont, ainsi que nous, abrégé leur longue vie.

Si, après le dormir, les forces, qui doivent en être rétablies, se trouvent abattues, on aura recours à la sueur, pour soulager la pesanteur que causera trop de suc nutritif. Pour cet effet, on se tiendra immobile sur les reins, dans des draps blancs et chauds, entre deux lits de plumes, n'ayant que le visage découvert, et l'on ne sortira du lit qu'une heure après avoir sué.

On suera trois fois l'année : dans l'automne, dans l'hiver et dans le printemps, et l'on se fera frotter deux fois par semaine, au moins, avec des linges chauds, pour exciter la transpiration, si nécessaire à la vie.

Si l'on était dégoûté, on fera diète pendant vingt-quatre heures et l'on se promènera doucement au grand air, pour ranimer la chaleur naturelle, accablée par trop de suc nutritif.

Ce trop de suc nutritif, poussant avec violence le sang au cerveau, y cause une pesanteur qui souvent est l'avant-coureur de l'apoplexie. Les plus tendres rameaux des veines se rompent, et ce suc, en s'épanchant, presse les nerfs et empêche la distribution des esprits. Fernel prétend qu'ils sont le véhicule de la chaleur naturelle; son extinction donne la mort. On remédiera à cet inconvénient en ouvrant la veine sans différer, pour diminuer la cause, et faisant suer dans le lit : les veines du cerveau s'amolliront et s'étendront sans se rompre. Changer de lieu dans ces instants n'est pas indifférent, surtout si l'on fait passer le malade dans un air plus doux et raisonnablement frais.

La diète et la sueur sont ainsi une espèce de médecine universelle, capable de préserver nos corps et de leur acquérir une longue vie.

La diète ramène l'appétit; l'appétit, médiocrement contenté, augmente les forces; les forces contribuent à la santé, et la santé donne la vie.

La sueur dégage des mauvaises humeurs et soulage les obstructions, d'où procèdent toutes nos maladies.

Les plus violentes sont guéries par la sueur réitérée; elle n'est pas même inutile contre le tremblement des nerfs. On le guérit aussi buvant pendant trois mois, entre les repas, l'eau dans laquelle on aura fait infuser à froid de la petite sauge verte passée sur le feu, à cause des reptiles qui vont y chercher leur guérison : par exemple, une poignée de cette plante dans deux pintes d'eau de rivière bien épurée et froide, où les sels ne se fixent pas et où ils restent volatils, à la différence de l'eau chaude, où les sels se fixent et se soutiennent.

A cette manière prompte et simple de guérir, M. de Comiers veut que l'on joigne une nourriture de très-facile digestion pour les malades; elle se fait de bonnes viandes coupées par petits morceaux, avec les os moelleux cassés très-menus, et pilés dans un mortier de marbre : ces viandes cuites à feu lent seront passées dans un linge blanc, et de cette espèce de panade les malades useront pour aliment et boisson, en la rendant à leur gré plus ou moins liquide.

Ceux qui voudront dans les bouillons faire retenir les sels volatils des viandes, qui en font la meilleure partie, se serviront de la machine de M Papin, pour amollir les os : l'utilité en est parfaitement démontrée dans l'impression de 1682 faite chez Michallet.

XIX. — De la médecine universelle.

La diète et la sueur, que M. de Comiers a pensé des remèdes certains, lui ont fait inventer une médecine universelle qui les aidât et même les perfectionnât.

Dans cette vue, son étude nous a découvert la teinture orifique de l'antimoine, qui est le premier être de l'or; il le prétend si homogène à nos corps, que si le secret n'en est pas infaillible, au moins lui sera-t-on obligé d'avoir essayé de nous procurer une santé capable de nous faire arriver à la plus longue vie, après notre immortalité perdue.

Composition de la médecine universelle.

Prenez sel de nitre raffiné; fondez-le lentement dans un vaisseau de fer; étant fondu, jetez dessus une légère quantité de charbon de bois doux (comme du saule) bien pilé; ce charbon se consommera d'abord, ce qui obligera d'en remettre peu à peu, jusqu'à ce que le sel de nitre, après la détonation, soit fixe, et qu'il ait une couleur un peu verdâtre; c'est ce qui arrive lorsque le charbon ne se soulève pas comme il faisait auparavant : alors versez votre sel de nitre fondu dans un mortier de marbre bien chaud; étant refroidi, il restera blanc comme pierre d'albâtre, et cassant comme verre; pilez-le incontinent, et étendez la poudre sur une assiette de fayence, et l'ayant couverte contre la poussière, exposez-la un peu penchée à l'air, mais dans un endroit où le soleil, la pluie ni la rosée ne puissent pénétrer; mettez au-dessous un vase de terre, pour recevoir la liqueur huileuse qui en coulera; car l'humidité de l'air résolvant le sel de nitre en quelques jours, on trouvera deux fois plus pesant d'huile qu'il n'y avait de sel, si l'opération se fait dans un temps doux, tempéré et humide.

Cette huile étant rectifiée est un très-puissant dissolvant pour extraire l'essence de toutes sortes de mixtes.

Ainsi prenez quatre ou cinq parties de cette huile rectifiée, avec une partie du meilleur antimoine, que l'on reconnaît par certaines rousseurs qu'il tire de l'or, près de la mine duquel il se forme; l'antimoine étant réduit sur le marbre en poussière très-fine, mettez-le dans un grand matras de verre, et versez l'huile de nitre par-dessus; il faut que les deux tiers du matras restent vides; bouchez si bien le matras, qu'il ne transpire point; mettez-le en digestion à feu doux, ou à feu de lampe, jusqu'à ce que l'huile, qui surnage l'antimoine, paraisse de couleur d'or ou de rubis; alors tirez votre huile, et

l'ayant filtrée par le papier, versez-la dans un autre matras de verre à col long, et mettez par-dessus autant de bon esprit de vin bien rectifié; les deux tiers du matras restant vides, bouchez-le bien, mettez-le ensuite en digestion à chaleur lente pendant quelques jours, jusqu'à ce que l'esprit de vin ait tiré toute la couleur de l'huile en teinture de l'antimoine, de manière que l'huile de nitre restera au fond très-claire et blanche, sur laquelle surnagera l'esprit de vin, et séparez-le par décantation; l'huile de nitre servira toujours à d'autres opérations pour tirer l'essence de l'antimoine autant que l'on voudra.

Mettez votre esprit de vin dans un alambic de verre, distillez-le doucement jusqu'à ce qu'il n'en reste au fond que la cinquième partie qui retiendra la teinture de l'antimoine, ou bien distillez tout l'esprit de vin, ne laissant au fond que l'essence de l'antimoine.

Vous aurez ainsi en liqueur la médecine universelle, qui guérira ou préservera de tout mal.

La dose est de cinq à six gouttes dans du vin ou du bouillon, selon l'indisposition.

Une dose plus forte ne peut nuire; les maladies se guérissent dans la troisième prise; si le mal se rendait opiniâtre, on redoublera la dose, et l'on en prendra trois fois par semaine.

Cette médecine guérit les maux internes et externes, comme plaies et gangrènes, l'appliquant dessus en forme de baume; elle conforte la tête et l'estomac, étant un véritable or potable; elle opère par l'insensible transpiration, souvent par les sueurs et les urines, rarement par ailleurs, et presque jamais par le vomissement : son effet est naturel et sans violence, ce qui fait qu'on en peut user à tout âge, pour toutes complexions, et dans tous les temps.

A cette médecine universelle, nous en joindrons une pour réparer les forces abattues, et guérir toute lassitude.

Pour rappeler les forces.

Mettez un coq sous une geole; nourrissez-le 15 jours de bon froment, et laissez promener autour six poules avec un autre coq très-jeune : il excitera celui qui sera renfermé, en sorte qu'il mangera de colère et de jalousie, ce qui l'enflammera; après les 15 jours tuez le coq ancien, distillez-en le sang, versant trois fois l'eau qui sortira sur les lies; prenez cette eau distillée, mettez-y trois gouttes d'ambre gris, et en avalez une cuillerée à jeun les matins pendant 15 jours.

Voyez SECRET.

LOOTA, oiseau qui, dans l'opinion des habitants des îles des Amis, mange à l'instant de la mort les âmes des gens du peuple, et qui, pour cet effet, se promène sur leurs tombes (1).

LORAY. Voy. ORAY.

LOTERIE. La loterie doit son origine à un Génois. Elle fut établie à Gênes en 1720, en France en 1758. Elle est supprimée depuis peu.

Entre plusieurs moyens imaginés par les

(1) Voyages de Cook.

visionnaires pour gagner à la loterie, le plus commun était celui des songes. Un rêve, sans que l'on en sache la raison, indiquait à celui qui l'avait fait les numéros qui devaient sortir au prochain tour de roue. Si l'on voit en songe un aigle, disent les livres qui enseignent cette science, il donne 8, 20, 46. Un ange, 20, 46, 56. Un bouc, 10, 13, 90. Des brigands, 4, 19, 33. Un champignon, 70, 80, 90. Un chat-huant, 13, 85. Un crapaud. 4, 46. Le diable, 4, 70, 80. Un dindon, 8, 40, 66. Un dragon, 8, 12, 43, 60. Des fantômes, 1, 22, 52. Une femme, 4, 9, 22. Une fille, 20, 35, 58. Une grenouille, 3, 19, 27. La lune, 9, 46, 79, 80. Un moulin, 15, 49, 62. Un ours, 21, 50, 63. Un pendu, 17, 71. Des puces, 45, 57, 83. Des rats, 9, 40, 56. Un spectre, 31, 43, 74, etc.

Or, dans cent mille personnes qui mettaient à la loterie, il y avait cent mille rêves différents, et il ne sortait que cinq numéros ; de plus, aucun système ne se ressemblait. Si Cagliostro donnait pour tel rêve les numéros 11, 27, 82, un autre indiquait des numéros tout opposés.

Secret pour gagner à la loterie

Croirait-on que les livres de secrets merveilleux donnent gravement ce procédé ? Il faut avant de vous coucher réciter trois fois la formule qui va suivre ; après quoi vous la mettrez sous votre oreiller, écrite sur un parchemin vierge ; et pendant votre sommeil le génie de votre planète vient vous dire l'heure où vous devez prendre votre billet, et vous révéler en songe les numéros. Voici la formule :

« Seigneur, montrez-moi donc un mort mangeant de bonnes viandes, un beau pommier ou de l'eau courante, tous bons signes ; et envoyez-moi les anges Uriel, Rubiel ou Barachiel, qui m'instruisent des nombres que je dois prendre pour gagner ; par celui qui viendra juger les vivants et les morts et le siècle par le feu. »

Dites alors trois *Pater* et trois *Ave* pour les âmes du purgatoire.....

LOUDUN. Pour la possession de Loudun, voyez GRANDIER. L'histoire des diables de Loudun est l'ouvrage d'un calviniste très-partial, pour ne pas dire très-menteur.

LOUIS Ier, surnommé le *Débonnaire*, fils de Charlemagne, né en 778, mort en 840. Les astrologues jouirent, dit-on, d'une grande faveur à sa cour.

A l'article de la mort, on raconte qu'au moment où il recevait la dernière bénédiction, il se tourna du côté gauche, roula les yeux comme une personne fâchée, et proféra ces mots allemands : hutz, hutz (dehors, dehors)! Ce qui fit conclure qu'il s'adressait au diable, dont il redoutait les approches (1).

LOUIS XI, roi de France, né en 1423, mort en 1483. Un astrologue ayant prédit la mort d'une personne qu'il aimait, et cette personne étant morte en effet, il crut que la prédiction de l'astrologue en était la cause. Il le fit venir devant lui avec le dessein de le faire jeter par la fenêtre. — Toi qui prétends être né si habile homme, lui dit-il, apprends-moi quel sera ton sort ?

— Le prophète qui se doutait du projet du prince, lui répondit : Sire, je prévois que je mourrai trois jours avant votre majesté.

Le roi le crut, et se garda bien de le faire mourir. Du moins tel est le conte ; et on en a prêté beaucoup à ce roi si bizarre.

LOUIS XIII, roi de France, né en 1601, mort en 1641, surnommé le *Juste* parce qu'il était né sous le signe de la Balance ; mais il mérita ce surnom. Lorsqu'il épousa l'infante Anne d'Autriche, on prouva, dit Saint-Foix, qu'il y avait entre eux une merveilleuse et très-héroïque correspondance. Le nom de *Loys de Bourbon* contient treize lettres. Ce prince avait treize ans quand le mariage fut résolu ; il était le treizième roi de France du nom de Loys. Anne d'Autriche avait aussi treize lettres en son nom ; son âge était de treize ans, et treize infantes du même nom se trouvaient dans la maison d'Espagne. Anne et Loys étaient de la même taille ; leur condition était égale ; ils étaient nés la même année et le même mois.

LOUIS XIV. Voy. ANAGRAMMES.

LOUIS DE HONGRIE. Peu de temps avant la mort de ce prince, arrivée en 1526, comme il dînait, enfermé dans la citadelle de Bude, on vit paraître à sa porte un boiteux mal vêtu, qui demandait avec grande instance à parler au roi. Il assurait qu'il avait des choses de la dernière importance à lui communiquer. On le méprisa d'abord, et l'on ne daigna pas l'annoncer. Il cria plus haut et protesta qu'il ne pouvait découvrir qu'au roi seul ce dont il était chargé. On alla dire à Louis ce qui se passait. Le prince envoya le plus apparent des seigneurs qui étaient auprès de lui, et qui feignit d'être le roi : il demanda à cet homme ce qu'il avait à lui dire. Il répondit : — Je sais que vous n'êtes pas le roi ; mais puisqu'il méprise de m'entendre, dites-lui qu'il mourra certainement bientôt. Ayant dit cela, il disparut, et le roi mourut en effet peu après (2).

LOUISE DE SAVOIE, duchesse d'Angoulême, mère de François Ier, morte en 1532. Elle avait quelques préjugés superstitieux, et redoutait surtout les comètes. Brantôme raconte que trois jours avant sa mort, ayant aperçu pendant la nuit une grande clarté dans sa chambre, elle fit tirer son rideau, et fut frappée de la vue d'une comète. — Ah ! dit-elle alors, voilà un signe qui ne paraît pas pour une personne de basse qualité ; refermez la fenêtre. C'est une comète qui m'annonce la mort ; il faut donc s'y préparer.

Les médecins l'assuraient néanmoins qu'elle n'en était pas là. — Si je n'avais vu, dit-elle, le signe de ma mort, je le croirais, car je ne me sens point si bas.

---

(1) M. Garinet, Hist. de la magie en France, p. 41.

(2) Leunclavius, Pandectæ hist. turcicæ et suricæ, p. 59.

Cette comète n'est pas la seule qui ait épouvanté Louise de Savoie. Comme elle se promenait dans le bois de Romorantin, la nuit du 28 août 1514, elle en vit une vers l'occident, et s'écria : — Les Suisses ! les Suisses !

Elle resta persuadée que c'était un avertissement que le roi serait en grande affaire contre eux (1).

LOUP. Chez les anciens Germains et chez les Scandinaves, le diable ou le mauvais principe était représenté par un loup énorme et béant.

A Quimper, en Bretagne, les habitants mettent dans leurs champs un trépied ou un couteau fourchu, pour garantir le bétail des loups et autres bêtes féroces (2).

Pline dit que si un loup aperçoit un homme avant qu'il en soit vu, cet homme deviendra enroué et perdra la voix; fable qui est restée en vigueur dans toute l'Italie.

En Espagne, on parle souvent de sorciers qui vont faire des courses à cheval sur des loups, le dos tourné vers la tête de la bête, parce qu'ils ne sauraient aller autrement à cause de la rapidité. Ils font cent lieues par heure; car ces loups sont des démons. La queue de ces loups est raide comme un bâton, et il y a au bout une chandelle qui éclaire la route.

Il n'y a pas un homme à la campagne qui ne vous assure que les moutons devinent à l'odorat la présence du loup; qu'un troupeau ne franchira jamais le lieu où l'on aura enterré quelque portion des entrailles d'un loup; qu'un violon monté avec des cordes tirées des intestins d'un loup mettrait en fuite tout le bercail. Des hommes instruits et sans préjugés ont vérifié toutes ces croyances et en ont reconnu l'absurdité. Kirker a répété à ce sujet des expériences démonstratives; il a même poussé l'épreuve jusqu'à suspendre un cœur de loup au cou d'un mouton, et le pacifique animal n'en a pas moins brouté l'herbe (3). Voy. ORAISON DU LOUP, ERREURS POPULAIRES, etc.

LOUP-GAROU, ou LYCANTHROPE, homme ou femme métamorphosé en loup par enchantement ou sorcellerie. Voy. LYCANTHROPIE.

LOUVIERS (POSSESSION DE). Voy. PICARD.

LOYER (PIERRE LE), sieur de la Brosse, conseiller du roi au siége présidial d'Angers, et démonographe, né à Huillé dans l'Anjou, en 1550, auteur d'un ouvrage intitulé : *Discours et histoires des spectres, visions et apparitions des esprits, anges, démons et âmes se montrant visibles aux hommes*; divisé en huit livres, desquels, par les visions merveilleuses et prodigieuses apparitions avenues en tous les siècles, tirées et recueillies des plus célèbres auteurs tant sacrés que profanes, est manifestée la certitude des spectres et visions des esprits, et sont baillées les causes des différentes sortes d'apparitions d'iceux, leurs effets, leurs différences, les moyens pour reconnaître les bons et les mauvais et chasser les démons; aussi est traité des extases et ravissements; de l'essence, nature et origine des âmes, et de leur état après le décès de leur corps; plus des magiciens et sorciers; de leur communication avec les malins esprits; ensemble des remèdes pour se préserver des illusions et impostures diaboliques. Paris, chez Nicolas Buon, 1605, 1 vol. in-4°.

Ce volume singulier est dédié *Deo optimo maximo*; il est divisé en huit livres, comme l'annonce le titre qu'on vient de lire. Le premier contient la définition du spectre, la réfutation des saducéens, qui nient les apparitions et les esprits; la réfutation des épicuriens, qui tiennent les esprits corporels, etc.

Le livre second traite, avec la physique du temps, des illusions de nos sens, des prestiges, des extases et métamorphoses des sorciers, des philtres.

Le troisième livre établit les degrés, charges, grades et honneurs des esprits; les histoires de Philinnion et de Polycrite, et diverses aventures de spectres et de démons.

Dans le livre suivant, on apprend à quelles personnes les spectres apparaissent; on y parle des démoniaques, des pays où les spectres et démons se montrent plus volontiers. Le démon de Socrate, les voix prodigieuses, les signes merveilleux, les songes diaboliques; les voyages de certaines âmes hors de leur corps tiennent place dans ce livre.

Le cinquième traite de l'essence de l'âme, de son origine, de sa nature, de son état après la mort, des revenants.

Le livre sixième roule tout entier sur l'apparition des âmes; on y démontre que les âmes des damnés et des bienheureux ne reviennent pas; mais seulement les âmes qui souffrent en purgatoire.

Dans le septième livre, on établit que la pythonisse d'Endor fit paraître un démon sous la figure de l'âme de Samuel. Il est traité en ce livre de la magie, de l'évocation des démons, des sorciers, etc.

Le dernier livre est employé à l'indication des exorcismes, fumigations, prières et autres moyens anti-diaboliques. L'auteur, qui a rempli son ouvrage de recherches et de science indigérée, combat le sentiment ordinaire qu'il faut donner quelque chose au diable pour le renvoyer.

« Quant à ce qui est de donner quelque chose au diable, dit-il, l'exorciste ne le peut faire, non pas jusqu'à un cheveu de la tête, non pas jusqu'à un brin d'herbe d'un pré; car la terre et tout ce qui habite en elle appartient à Dieu. »

LUBIN. C'est le poisson dont le fiel servit au jeune Tobie pour rendre la vue à son père. On dit qu'il a contre l'ophthalmie une grande puissance, et que son cœur sert à chasser les démons (4).

(1) M. Weiss, Biographie universelle.
(2) Voyage au Finistère, t. III, p. 35.
(3) Salgues, Des Erreurs et des préjugés, t. Ier, p. 9

(4) Leloyer, Hist. des spectres ou apparit. des esprits, liv. VIII, p. 853.

LUCESME, démon invoqué dans les litanies du sabbat.

LUCIEN, écrivain grec dont on ignore l'époque de la vie et de la mort. On a dit qu'il fut changé en âne, ainsi qu'Apulée, par les sorciers de Larisse, qu'il était allé voir pour essayer si leur art magique était visible; de sorte qu'il devint sorcier.

LUCIFER, nom de l'esprit qui préside à l'orient, selon l'opinion des magiciens. Lucifer était évoqué le lundi, dans un cercle au milieu duquel était son nom. Il se contentait d'une souris pour prix de ses complaisances. On le prend souvent pour le roi des enfers. Lucifer commande aux Européens et aux Asiatiques. Il apparaît sous la forme et la figure du plus bel enfant. Quand il est en colère, il a le visage enflammé, mais cependant rien de monstrueux. C'est, selon quelques démonographes, le grand justicier des enfers. Il est invoqué le premier dans les litanies du sabbat.

LUCIFERIENS, nom donné aux partisans de Lucifer, évêque schismatique de Cagliari, au quatrième siècle.

LUCUMORIENS, sujets du czar de Moscovie, qui, à l'instar de la marmotte, depuis le mois d'octobre jusqu'à la fin du mois d'avril suivant, demeurent comme morts, au dire de Leloyer (1).

LUDLAM, sorcière, fée ou magicienne très-fameuse, dont les habitants du comté de Surrey, en Angleterre, placent l'habitation dans une caverne voisine du château de Farnham, connu dans le pays sous le nom de Ludlam's Hole, *caverne de la mère Ludlam*. La tradition populaire porte que cette sorcière n'était point un de ces êtres malfaisants qui tiennent une place distinguée dans la démonologie; au contraire, elle faisait du bien à tous ceux qui imploraient sa protection d'une manière convenable. Les pauvres habitants du voisinage, manquant d'ustensiles de cuisine ou d'instruments de labourage, n'avaient qu'à lui manifester leurs besoins, ils la trouvaient disposée à leur prêter ce qui leur était nécessaire. L'homme qui voulait avoir un de ces meubles se rendait à la caverne à minuit, en faisait trois fois le tour, et disait ensuite : — Bonne mère Ludlam, ayez la bonté de m'envoyer telle chose; je vous promets de vous la rendre dans deux jours. Cette prière faite, on se retirait; le lendemain, de grand matin, on retournait à la caverne, à l'entrée de laquelle on trouvait la chose demandée.

Ceux qui invoquaient la mère Ludlam ne se montrèrent pas toujours aussi honnêtes qu'elle : un paysan vint la prier une fois de lui prêter une grande chaudière, et la garda plus longtemps qu'il ne l'avait promis. La mère Ludlam, offensée de ce manque d'exactitude, refusa de recevoir sa chaudière lorsqu'on la lui rapporta, et depuis ce temps elle se venge en ne se prêtant plus à aucune des demandes qu'on lui fait (2).

LUGUBRE, oiseau du Brésil, dont le cri

(1) Leloyer, Hist. des spectres ou apparit. des esprits, liv. IV, p 435,

funèbre ne se fait entendre que la nuit; ce qui le fait respecter des naturels, qui sont persuadés qu'il est chargé de leur apporter des nouvelles des morts. Léry, voyageur français, raconte que, traversant un village, il en scandalisa les habitants pour avoir ri de l'attention avec laquelle ils écoutaient le cri de cet oiseau. — Tais-toi, lui dit rudement un vieillard, ne nous empêche pas d'entendre les nouvelles que nos grands-pères nous envoient.

LULLE (RAYMOND), l'un des maîtres le plus souvent cité de la philosophie hermétique, et l'un des savants les moins connus du moyen âge. Nous emprunterons ce que nous allons en dire à un travail très-remarquable de M. E.-J. Delécluze.

« Raymond Lulle, dit-il, fut le dernier des grands chimistes du treizième siècle qui étudia la science avec bonne foi et désintéressement. A compter de 1330 à peu près, les dupes et les fripons commencèrent à se mêler de la transmutation des métaux, les uns dans l'espérance de produire de l'or, les autres pour faire accroire qu'ils possédaient le secret du grand œuvre, et bientôt l'alchimie devint à la mode dans toutes les classes de la société. Cependant l'engouement général cessa peu à peu, et la chimie, qu'Arnaud de Villeneuve et Raymond Lulle avaient lancée dans une si bonne voie, ne fit plus de progrès jusqu'au commencement du XVIIᵉ siècle. Entre Raymond Lulle et Bernard Palissy, cette science resta à peu près stationnaire...

« Raymond Lulle naquit à Palma, capitale de l'île Majorque. Lorsqu'en 1231 le roi d'Aragon Jean ou Jayme Iᵉʳ assembla les cortès et fit connaître à ses vassaux le dessein qu'il avait de chasser les Maures de l'île de Majorque, un certain Raymond Lulle, père du chimiste, du *docteur illuminé*, qui nous occupe, se présenta pour faire partie de cette expédition, pendant laquelle il se distingua en effet par sa bravoure. Après la conquête et l'expulsion des Maures, Jean d'Aragon fit la vente des terres. Raymond Lulle en acheta une assez grande quantité et s'y établit. Revêtu d'emplois honorables et lucratifs, il ne tarda pas à se créer des revenus considérables, ce qui l'engagea à faire venir d'Espagne sa femme, dont la couche avait été jusque-là stérile, et dont il eut un fils en 1235.

« L'éducation de cet enfant se ressentit de la position où se trouvaient son père et toute sa famille. Quoique spirituel et fort intelligent, il apprit peu de choses, et céda de bonne heure à toutes les fantaisies et aux désordres que pouvait se permettre impunément le fils d'un des conquérants de l'île, à qui des dépenses folles ne coûtaient rien. Cette vie oisive et désordonnée inspira des inquiétudes à son père, qui lui fit contracter un mariage brillant dans l'espoir de l'amener à une conduite plus régulière. Le jeune Raymond, qui, en raison des services rendus à Jean d'Aragon par son père, avait été fait sénéchal de l'île et majordome du roi, épousa

(2) M. Noël, Dictionnaire de la Fable.

une noble et riche héritière, nommée Catherine Labots, dont il eut trois enfants, deux fils et une fille. Malheureusement les soins de la famille n'apportèrent aucun changement dans la conduite de Raymond Lulle, et il n'en passait pas moins son temps à dissiper une partie de sa fortune en bals, en fêtes et en banquets.

« Converti (à la suite d'une vision qui le frappa dans son sommeil), il se sépara de sa femme et de ses enfants; après avoir disposé d'une partie de ses biens pour l'entretien de sa famille, il en distribua le reste aux pauvres, et prit le parti de renoncer au monde. Ce grand événement dans la vie de Raymond Lulle eut lieu en 1267, lorsqu'il avait atteint sa trente-deuxième année.

« Près des maisons élégantes dans lesquelles il avait mené jusque-là sa vie dissipée, était la montagne de Randa, dont il avait conservé la propriété, et au sommet de laquelle il se proposait de se retirer; mais, avant de se livrer à la retraite et à la pénitence, il fit d'abord un pèlerinage à Saint-Jacques de Compostelle en Galice. A son retour, et lorsqu'il se retira effectivement sur le mont Randa, vêtu de l'habit des frères mineurs, et abrité seulement par une cabane qu'il avait construite lui-même, toute la ville de Majorque, sans en excepter les personnes de sa famille, jugea qu'il était devenu fou, et l'on ne fit bientôt plus guère attention à son nouveau genre de vie, auquel il se conforma rigoureusement pendant neuf ans.

« Quoique dans cette retraite il eût de fréquentes visions et qu'une bonne partie de son temps fût consacrée à des devoirs religieux et à des actes de pénitence, cependant c'est du fond de cette cellule de Randa que Raymond forma le projet de travailler activement à la conversion des infidèles, et surtout des sectateurs de Mahomet; c'est alors qu'il commença à se livrer aux études grammaticales et scientifiques qu'il regardait comme indispensables à l'accomplissement de son vaste et hardi projet. En lisant les livres des Arabes, les seuls où l'on puisât alors la plupart des connaissances scientifiques sur tous les sujets, Raymond Lulle se familiarisa avec leur idiome, et acquit une érudition immense qui prépara son esprit à s'occuper de toutes les matières, et le disposa à embrasser l'ensemble des connaissances que l'homme peut acquérir.

« Après neuf ans de retraite et d'études, Raymond Lulle, sentant sa foi religieuse et ses connaissances scientifiques solidement affermies, crut qu'il était temps de se rendre agréable à Dieu et utile au monde en cherchant à mettre en pratique tout ce qu'il avait appris, tout ce qu'il avait conçu. Son idée dominante, comme celle de tous les hommes distingués de cette époque, était de convertir les infidèles, de réfuter et de détruire les principes de l'Alcoran, et de répandre la foi chrétienne en opposant les vérités théologiques, soutenues par la démonstration scientifique, aux erreurs des enfants de Mahomet.

« Il est vraisemblable que, pendant les neuf années qu'il passa sur la montagne de Randa, il s'était déjà livré à la composition de plusieurs ouvrages importants, puisque après avoir fait un court séjour à Montpellier, il vint, à l'âge de trente-neuf ans, à Paris, où il publia différents traités de philosophie, de médecine, d'astronomie et d'autres sciences....

« Raymond Lulle, dans sa cinquante-septième année, avait atteint un âge où le corps et l'esprit des hommes deviennent ordinairement paresseux et stériles. Cependant, grâce à l'énergie de son âme, et, il faut bien le supposer, à la force de son tempérament, ce ne fut qu'à dater de cette époque qu'il entra réellement dans la double carrière de missionnaire et de savant qu'il parcourut toujours avec tant de courage, et souvent avec supériorité.

« Gênes paraît avoir été pour lui le point central de ses opérations et de ses voyages. En quittant Tunis, il revint dans cette ville, d'où, après quelques mois de repos employés à perfectionner sa méthode, il partit pour Naples et y enseigna publiquement sa *nouvelle introduction aux sciences*, autre forme de son *grand art*.

« Cette époque (1263) fut marquée par un événement très-important dans la vie scientifique de Raymond Lulle. A Naples, où il n'était venu que dans l'intention de répandre ses doctrines, il retrouva un homme fort célèbre, avec lequel il avait eu déjà des relations à Montpellier et à Paris, Arnaud de Villeneuve, le plus savant chimiste de ce temps. Il s'en fallait bien que Raymond Lulle fût précisément étranger à l'art de la transmutation des métaux : en lisant les auteurs arabes dans sa solitude de Randa, il avait nécessairement acquis des connaissances théoriques sur cette matière; mais il lui manquait la pratique, il n'était pas encore *artiste*, lorsqu'en se trouvant avec Arnaud de Villeneuve à Naples, il prit goût à cette science, se lia d'amitié avec le savant chimiste, reçut de lui des conseils, et même, à ce que l'on dit, le secret de la transmutation des métaux et l'art de *faire de l'or*. Quelles que soient l'importance et la réalité de ces prodigieuses confidences, le résultat des entretiens scientifiques d'Arnaud de Villeneuve avec Raymond Lulle à Naples fut que le missionnaire devint aussi habile chimiste que son maître.

« On n'a sans doute pas oublié la distinction que j'ai établie en commençant entre les alchimistes et les chimistes. Raymond Lulle étant de ces derniers, et sans m'engager ici dans une histoire de la science hermétique, je dois cependant, pour faire connaître le rang que notre missionnaire y occupe, indiquer les noms et les travaux des hommes les plus distingués qui l'ont précédé dans les études chimiques depuis le VIII° siècle.

« Cette science, déjà connue dans l'antiquité, fut transmise aux Européens par les Arabes. Le plus ancien chimiste de cette nation, parmi les véritables savants, est Geber, qui vivait vers l'an 730 de notre ère. Il reste de lui un assez grand nombre d'ouvrages, dont les plus importants sont : 1° Somme de la perfection du grand œuvre, *Summa perfectionis magisterii;* 2° Livres de la recherche du grand œuvre, *Libri investigationis magisterii;* 3° enfin le Testament de Geber, philosophe et roi de l'Inde, *Testamentum Gebri philosophi et Indiæ regis.* Le premier ouvrage traite de l'essence, des espèces diverses, de la sublimation et calcination des minéraux, des préparations qu'on peut leur faire subir et de l'emploi de ces corps dans les opérations chimiques. Le second donne une suite de recettes pour obtenir les sels de toutes les substances minérales qui en contiennent ou en produisent. Le troisième traite encore des sels, mais plus particulièrement de la calcination des métaux (1).

« Rhazès, médecin, chirurgien et anatomiste, arabe de naissance, mort en 922 de notre ère, tient encore une place éminente parmi les chimistes de son pays et de son temps. Il passe pour être le premier qui ait fait mention de l'eau-de-vie, *arak.* Son livre intitulé : *Préparation du sel ammoniac,* est cité par les savants comme une œuvre très-remarquable; et dans le cours de ses traités sur la médecine, on peut acquérir la conviction que ce célèbre praticien avait fait de fréquentes applications de ses connaissances chimiques à la pharmacologie. La nature de ses études l'avait également conduit à s'occuper de la transmutation des métaux.

» Vient ensuite, mais près de deux siècles plus tard, Albert le Grand, issu d'une très-noble famille, et né à Lawingen, dans le duché de Neubourg, en Souabe, l'an 1193. Dès l'âge de vingt-deux ans, il était entré dans l'ordre des dominicains; sa piété et la vertu le firent nommer évêque de Ratisbonne en 1260. Cet homme, dont les traditions populaires ont fait jusqu'à nos jours une espèce de thaumaturge et de sorcier, fut remarquable au contraire par la profondeur de sa science et le calme de sa raison. Conformément à la disposition de tous les esprits élevés de son temps, il s'appliqua aux études encyclopédiques, et ne négligea pas la transmutation des métaux. Cependant son principal ouvrage : *Des minéraux et des substances minérales (De Mineralibus et rebus metallicis),* forme un traité dans lequel le savant expose et discute les opinions des chimistes de l'antiquité et de l'école arabe avec une précision de critique et un calme scientifique qui ne justifient guère les légendes absurdes recueillies par ses biographes. Loin de se donner comme ayant des ressources surnaturelles et pour un inventeur de *secrets*, Albert le Grand, guidé par l'observation et esclave des expériences qu'il avait eu souvent l'occasion de faire dans son pays si riche en mines, fut au contraire un savant plein de discrétion et de prudence, un philosophe vraiment sage. Sa piété, d'ailleurs, comme celle qui anima Roger Bacon et Raymond Lulle, lui faisait voir dans l'étude des sciences physiques un moyen d'affermir les bases sur lesquelles devait reposer la théologie, et une occasion d'augmenter et de perfectionner les armes intellectuelles destinées à combattre et à détruire les erreurs de Mahomet.

« C'est donc sans étonnement que l'on doit voir le nom de saint Thomas d'Aquin adjoint à celui du chimiste Albert le Grand, dont il devint l'élève favori, lorsqu'il lui fut confié à Cologne par Jean le Teutonique, quatrième général de l'ordre des dominicains. Sous ce maître, Thomas apprit non-seulement la théologie, mais parcourut le cercle des sciences, et se garda bien d'omettre la chimie.

« Roger Bacon, le moine anglais, contemporain d'Albert, de Thomas et de Raymond Lulle, suivit la même direction qu'eux, et au nombre de ses écrits, tous destinés à consolider la théologie et à combattre les doctrines mahométanes, se trouve un traité de chimie, *Speculum alchemiæ* (2).

« Alain, natif de l'Isle, dans les Pays-Bas, moine de Clairvaux et évêque d'Auxerre en 1151, surnommé *le docteur universel*, à cause de la variété de ses connaissances, cultiva également la chimie et s'occupa de la transmutation des métaux dans des intentions pieuses.

« Un seul homme en ce temps semble s'être écarté du principe exclusivement religieux qui servit de règle à tous les autres savants. Arnaud de Villeneuve, né en Provence, mérita plus d'une fois les censures de l'Eglise, et risqua même d'être frappé de ses foudres.

« Le peu de détails que l'on ait sur les relations scientifiques qui s'établirent entre ces deux hommes, se trouvent épars dans les écrits de Raymond Lulle. Il dit, par exemple, dans celui de ses livres intitulé : *Mon Codicille :* « Je crus témérairement qu'il me serait possible de pénétrer cette science (la chimie) sans le secours de personne, jusqu'au jour où Arnaud de Villeneuve, mon maître, me la fit connaître en me prodiguant tous les trésors de son esprit. » Dans le livre des *Expériences*, on trouve encore ce passage : « Je n'ai pu fixer ces huiles, jusqu'à ce que mon ami Villeneuve m'eût enseigné à faire cette expérience. » Mais le document de ce genre le plus curieux est la treizième expérience du livre intitulé : *Experimenta.* On lit en tête du chapitre : *Expérience treizième d'Arnaud de Villeneuve, qu'il me fit connaître à Naples,* et le chapitre contient toutes les opérations chimiques au moyen desquelles on obtient d'abord *la pierre philosophale*, puis *de l'or* (3)...

« Mais revenons au récit de la vie de Raymond Lulle. Raymond avait obtenu, en 1311, deux succès importants. D'abord le pape Clément V, Philippe le Bel et Jayme II avaient

---

(1) Ces trois ouvrages se trouvent dans la *Bibliotheca chimica curiosa*, de Mauget, tom. I", pag. 319-564.
(2) Il se trouve dans la *Bibliothèque* de Mauget, tom. I", pag. 615.
(3) Voyez *Bibliotheca chimica* de Mauget, tom. I", pag. 552 et suiv.

établi des écoles pour les langues orientales; puis l'Université de Paris, par un acte authentique, adoptait et recommandait l'usage de sa méthode et de ses doctrines. Aussi l'espoir de ruiner les doctrines de Mahomet et d'y substituer celles du christianisme était-il devenu plus vif que jamais dans son cœur.

« A partir de cette époque, son existence déjà si aventureuse, va le devenir encore davantage. Le théologien, le philosophe va nous apparaître pendant dix-huit mois (mars 1312 — octobre 1313), comme un adepte de la science hermétique, exclusivement occupé de chimie et de métallurgie.

« L'Université de Paris, arbitre suprême alors par toute l'Europe en matière de science, avait accru singulièrement la célébrité du docteur illuminé, en approuvant ses doctrines. Tous les souverains désiraient le voir et l'entretenir. Comme il était encore à Vienne, où se tenait le concile, il reçut des lettres d'Edouard II ou V (1), roi d'Angleterre, et de Robert Bruce, roi d'Ecosse, par lesquelles chacun de ces souverains l'invitait à se rendre près de lui. Raymond Lulle, dont l'idée fixe était la conquête de la terre sainte et la ruine de la loi de Mahomet, se persuada, en recevant les lettres flatteuses de ces deux princes, qu'ils voulaient se servir de lui pour combiner et entreprendre quelque nouveau projet contre les infidèles de la Palestine. Malgré ses soixante dix-sept ans, il passa donc en Angleterre et se mit à la discrétion d'Edouard. La réalité de ce voyage a été contestée par les auteurs Espagnols, qui, en écrivant la vie de Raymond, se sont efforcés de faire croire qu'il ne s'était jamais occupé de chimie; on ne peut cependant, à ce sujet, concevoir aucun doute (2). Outre les lettres du savant sur les opérations du grand œuvre, adressées au roi Edouard en 1312 (3), il y a un passage d'un de ses livres intitulé *Compendium transmutationis animæ*, où, en parlant de certaines coquilles qu'il eut occasion d'observer, il dit : *Vidimus ista omnia dum ad Angliam transiimus propter intercessionem domini regis Edoardi illustrissimi.* — J'ai vu ces choses lorsque je passais en Angleterre, d'après la prière que m'en avait faite le très-illustre roi Edouard.

« Si le fait du voyage est avéré, il faut convenir que le peu que l'on sait sur son séjour à Londres est enveloppé d'un assez grand mystère. D'après le témoignage de quelques écrivains anglais, il paraîtrait que Raymond Lulle fut employé à faire de l'or et à surveiller la fabrication de la monnaie en Angleterre. On dit que, toujours préoccupé de l'idée de reconquérir la terre sainte, Raymond se fit illusion sur les véritables motifs qui donnaient à Edouard le désir de posséder de grandes richesses. Il s'imagina que ce prince ne voulait en faire usage que pour la cause sainte, tandis qu'au contraire Edouard, gouverné par des favoris, et passant ses jours dans l'oisiveté et les délices, ne prétendait user de la science du chimiste que pour faire face à ses profusions. Dans ce conflit de passions si contraires, le zèle du missionnaire et la cupidité du roi, il est difficile de déterminer lequel des deux a été le plus dupe ; mais ce que l'histoire rapporte, et ce que Raymond affirme dans son *Dernier Testament*, c'est le succès d'une expérience qui tendait à convertir en une seule fois en or cinquante mille pesants de mercure, de plomb et d'étain : *Converti in una vice, in aurum, ad L millia pondo argenti-vivi plumbi et stanni.*

« Edouard, beaucoup plus curieux de voir le résultat des opérations du chimiste que préoccupé de l'emploi sacré que le missionnaire prétendait que l'on en fît, reçut Raymond Lulle en le comblant de caresses et d'honneurs. Jean Cremer, abbé de Westminster, contemporain de Lulle, et qui, comme lui, s'adonnait à l'étude de la chimie, a laissé dans son *Testament* des détails sur cette réception (4). « J'introduisis, dit-il, cet homme unique en présence du roi Edouard, qui le reçut d'une manière aussi honorable que polie. Après être convenus ensemble de ce qui devait être fait, Raymond Lulle se montra extrêmement satisfait de ce que la divine Providence l'avait rendu savant dans un art qui lui permettait d'enrichir le roi. Il promit donc au prince de lui donner toutes les richesses qu'il désirerait, sous la condition seulement que le roi irait en personne faire la guerre aux Turcs, que les trésors ne seraient employés qu'aux frais qu'occasionnerait cette entreprise, et que sans égard pour aucun orgueil humain, cet argent ne servirait jamais à intenter des querelles aux princes chrétiens. Mais, ô douleur! ajoute le pieux abbé, qui ne fut pas moins dupe que son ami Lulle en cette occasion, toutes ces promesses furent indignement violées.

« Jean Cremer donna d'abord une cellule à Raymond, dans le cloître de l'abbaye de Westminster, d'où, dit-on, il ne se retira pas en hôte ingrat ; car long-temps après sa mort, en faisant des réparations à la cellule qu'il avait habitée, l'architecte chargé de ce travail y trouva beaucoup de poudre d'or, dont il tira un grand profit.

« Mais son royal patron, impatient de voir les résultats de la science de Raymond, lui donna un logement dans la Tour de Londres. La simplicité d'âme du missionnaire ne lui permit pas d'abord de s'apercevoir de la précaution maligne qui couvrait cette politesse royale, et il se mit à faire de l'or, dont on battit monnaie. Jean Cremer affirme le fait, et Camden, dans ses *Antiquités ecclésiasti-*

---

(1) Voyez, dans l'*Art de vérifier les dates*, la double manière de compter les Edouard d'Angleterre.
(2) *Vida y hechos del admirable dotor y martyr Ramont Lull de Mallorca*, por el dotor Juan Seguy, canonigo de Mallorca ; en Mallorca, ano 1606.
(3) Voy. tom. Ier, pag. 863, de la *Bibliothèque chimique*

de Mauget.
(4) Cet ouvrage, *Cremeri abbatis Westmonasteriensis Testamentum*, se trouve dans le *Museum hermeticum*, in-4° Francfort, 1677-78. — Camden, dans ses *Monuments ecclésiastiques*, donne aussi des détails sur le séjour de Raymond Lulle en Angleterre.

ques, dit précisément que les pièces d'or nommées *nobles à la rose*, et fabriquées au temps d'Edouard, sont le produit des opérations chimiques que Raymond Lulle fit dans la Tour de Londres.

« Lorsque cet important travail fut terminé, et que Raymond put reprendre le cours de ses études habituelles, il ne tarda pas à s'apercevoir que son logement à la Tour était une prison, et que le roi le retenait pour satisfaire sa cupidité. Malgré ses soixante-dix-huit ans, il rassembla tout son courage, et au moyen d'une barque s'étant échappé par la Tamise, il parvint à s'embarquer sur un bâtiment qui le conduisit à Messine. C'est en cette ville qu'il composa son livre des Expériences (*Experimenta*), où se trouve ce passage, faisant allusion à sa captivité et à la mauvaise foi du prince anglais : « Nous avons opéré cela pour le roi d'Angleterre, qui feignit de vouloir combattre contre les Turcs, et qui combattit ensuite contre le roi de France. Il me mit en prison ; cependant je m'évadai. Gardez-vous d'eux, mon fils ! »

« Il ne restait plus à cet homme extraordinaire qu'une année à vivre ; voici comment il l'employa : de Messine il revint à Majorque sa patrie, où, ayant pris le seul genre de repos qui lui convînt, c'est-à-dire ayant composé plusieurs ouvrages, il forma la résolution d'entreprendre encore un grand voyage en Afrique, pour prêcher les doctrines chrétiennes, visiter ceux de ses disciples qu'il avait laissés en Palestine et sur le littoral de l'Afrique, et enfin pour travailler de nouveau à la conversion des Turcs. Ce fut un spectacle bizarre et attendrissant tout à la fois que de voir ce vieillard de soixante-dix-neuf ans résistant aux prières et aux larmes de ses amis, de ses parents et de ses compatriotes, qui tous, en le voyant partir sans espérance de retour, se réunissaient pour le conjurer de mourir au milieu d'eux. Rien ne put ébranler sa volonté ni son courage, et il partit.

« Il ne faut rien moins que l'attestation de plusieurs écrivains recommandables pour ajouter foi à ce que l'on dit de sa dernière mission apostolique. Il débarqua en Egypte, alla jusqu'à Jérusalem, puis revint à Tunis. Là, toujours sous le poids d'une condamnation à mort, il visita les amis, les disciples qu'il avait précédemment instruits dans la religion chrétienne, les exhortant à persévérer dans leur croyance, et leur enseignant par son exemple à braver les fatigues et la mort même, pour la gloire de Dieu et le triomphe de la foi chrétienne. Dès qu'il crut être certain d'avoir affermi le courage des nouveaux chrétiens de Tunis, il se dirigea vers Bougie pour prendre les mêmes soins auprès des disciples qu'il avait formés. Dans cette ville ainsi que dans l'autre, sa tête était mise à prix. Cependant, après s'être conformé pendant quelques jours aux précautions d'une pieuse prudence, afin de s'assurer que les chrétiens de Bougie étaient demeurés fermes dans leur foi, purs dans leur instruction, il sortit tout à coup des retraites qu'on lui ménageait, et se mit à prêcher publiquement l'Evangile.

« Par cet acte de témérité, Raymond Lulle espéra-t-il entraîner la population de Bougie à lui, ou son but en cette occasion ne fut-il, comme le disent ses panégyristes, que de terminer sa carrière apostolique en méritant la palme du martyre ? C'est ce que Dieu seul peut savoir. Quoi qu'il en soit, aussitôt que la populace le vit et l'entendit prêcher à haute voix la foi chrétienne, elle le chargea d'injures et bientôt de coups. Environné par une multitude dont le cercle, en s'avançant sur lui, se rétrécissait de plus en plus, Raymond Lulle recula pas à pas jusqu'au rivage, contenant encore la fureur des musulmans par son aspect vénérable, par la fermeté de sa parole et surtout par l'insouciance qu'il montrait pour le danger. Mais le souverain du pays n'apprit pas sans inquiétude avec quel calme héroïque Raymond parlait à la populace furieuse. Il anima ceux des habitants qui étaient restés étrangers à cette scène, en leur représentant l'injure que l'on faisait à la loi de Mahomet, et bientôt tout ce qu'il y avait de pieux musulmans à Bougie se porta sur la plage vers laquelle le missionnaire était toujours repoussé. Enfin, plusieurs pierres jetées à Raymond Lulle au même moment le forcèrent de fléchir, et il tomba sur la grève, où cependant il fit un dernier effort pour se relever et dire quelques mots. Alors la populace furieuse se jeta sur lui, l'accabla de coups et le laissa pour mort.

« La nuit tombait, et son corps resta sur le rivage. Pendant toute la durée de cette scène terrible, aucun des convertis, et encore moins les chrétiens d'Europe qui se trouvaient à Bougie, n'avaient osé défendre Raymond Lulle, ou même intercéder en sa faveur. Cependant quelques marchands génois, désirant donner à son corps les honneurs de la sépulture, vinrent dans une barque, pendant la nuit, pour l'enlever du rivage. Comme ils se disposaient à remplir ce pieux devoir ils s'aperçurent que Raymond Lulle respirait encore. Au lieu d'aller prendre terre pour faire l'inhumation, ils se dirigèrent aussitôt vers leur navire, et mirent à la voile pour Majorque, dans l'intention de reconduire le saint martyr dans sa patrie. Mais le reste de vie que conservait Raymond dura peu, et, comme le vaisseau était en vue de l'île, le saint et savant homme rendit l'esprit, le 29 juin 1315, à l'âge de quatre-vingts ans. »

Le savant auteur de la belle et curieuse notice qui nous a fourni ces fragments la termine ainsi :

« Les chimistes des XI°, XII° et XIII° siècles étaient-ils des fous, et la transmutation des métaux est-elle une opération impossible ?

« Il ne m'appartient pas de traiter une pareille question, et je me bornerai à rapporter à ce sujet les paroles d'un des chimistes les plus éclairés de nos jours : — S'il ne sort de ces rapprochements, dit M. Dumas (1), aucune preuve de la possibilité d'opérer des transmutations dans les corps simples, du moins s'opposent-ils à ce qu'on repousse cette idée comme une absurdité qui serait démontrée par l'état actuel de nos connaissances. »

LUMIÈRE MERVEILLEUSE. — Prenez quatre onces d'herbe appelée serpentinette, mettez-la dans un pot de terre bouché, puis faites-la digérer au ventre de cheval, c'est-à-dire dans le fumier chaud, quinze jours ; elle se changera en de petits vers rouges, desquels vous tirerez une huile selon les principes de l'art ; de cette huile vous garnirez une lampe, et lorsqu'elle sera allumée dans une chambre, elle provoquera au sommeil et endormira si profondément ceux qui seront dans la dite chambre, que l'on ne pourra en éveiller aucun tant que la lampe brûlera (2).

LUNE, la plus grande divinité du sabéisme après le soleil. Pindare l'appelle l'œil de la nuit, et Horace la reine du silence. Une partie des Orientaux l'honoraient sous le titre d'Uranie. C'est l'Isis des Egyptiens, l'Astarté des Phéniciens, la Mylitta des Perses, l'Alilat des Arabes, la Séléné des Grecs, et la Diane, la Vénus, la Junon des Romains. César ne donne point d'autres divinités aux peuples du Nord et aux anciens Germains que le feu, le soleil et la lune.

Le culte de la lune passa dans les Gaules, où la lune avait un oracle desservi par des druidesses dans l'île de Sein, sur la côte méridionale de la Basse-Bretagne. Elle avait un autel à Arlon (*Ara Lunæ*).

Les magiciennes de Thessalie se vantaient d'avoir un grand commerce avec la lune, et de pouvoir, par leurs enchantements, la délivrer du dragon qui voulait la dévorer (lorsqu'elle était éclipsée), ou la faire à leur gré descendre sur la terre.

L'idée que cet astre pouvait être habité a donné lieu à des fictions ingénieuses : telles sont entre autres les voyages de Lucien, de Cyrano de Bergerac, et la fable de l'Arioste, qui place dans la lune un vaste magasin rempli de fioles étiquetées, où le bon sens de chaque individu est renfermé.

On a publié en 1835, sous le chaperon du savant astronome Herschell, qui sans doute ne soupçonnait pas l'honneur qu'on lui faisait, la plaisanterie que voici :

« On sait que le célèbre John Herschell fut envoyé en 1834 au cap de Bonne-Espérance pour observer le passage de Mercure sur le disque du soleil. Un M. Grant a publié ses observations et les a enrichies de détails très-plaisants sur des découvertes qu'il a faites dans la lune. Malheureusement nous ne connaissons pas les moyens qu'il a employés pour obtenir des résultats semblables aux siens et qui détruiraient toutes les notions d'optique admises jusqu'à ce jour. Nous ne savons quel peut avoir été son but. Les voyages de Gulliver et ceux de Micromégas étaient satiriques ; peut-être plus tard nous donnera-t-on quelques détails de mœurs sur les habitants de la lune qu'on vient de découvrir et de décrire.

« Après être entré dans quelques détails sur la topographie de la lune, et avoir décrit une belle vallée dans laquelle se trouvent des moutons semblables aux nôtres, l'auteur arrive à la description des êtres qui habitent cet astre. Ils avaient, dit M. Grant, taille moyenne, quatre pieds de haut ; ils étaient couverts, excepté à la face, de longs poils touffus comme des cheveux, mais brillants et couleur de cuivre ; ils avaient des ailes composées d'une membrane très-mince qui pendaient derrière leur dos très-confortablement, depuis le haut des épaules jusqu'au mollet. Leur figure, d'une couleur de chair jaunâtre, était un peu mieux conformée que celle de l'orang-outang. Ils avaient une expression plus ouverte, plus intelligente, et leurs fronts beaucoup plus larges. Cependant la bouche était très-proéminente, quoiqu'elle fût un peu cachée par une épaisse barbe à la mâchoire inférieure et par des lèvres beaucoup plus humaines que celles de toutes les espèces de la famille des singes. En général la symétrie de leurs corps était infiniment supérieure à celle des membres de l'orang-outang. Le lieutenant Drummont disait que sans leurs longues ailes ils paraîtraient aussi bien sur un terrain de parade que la plupart de nos anciens conscrits. Les cheveux étaient d'une couleur plus foncée que le poil du corps ; ils étaient très-frisés, mais moins laineux, au moins autant que nous pûmes juger ; ils étaient arrangés sur les tempes en deux demi-cercles très-singuliers. Nous ne pûmes voir les pieds de ces êtres que lorsqu'ils les levaient en marchant ; cependant nous remarquâmes qu'ils étaient minces au bout et très-protubérants au talon.

« A mesure que leurs groupes passèrent sur le canevas, il était évident qu'ils étaient engagés dans une conversation. Leurs gestes particulièrement, les actions variées de leurs mains et de leurs bras, paraissaient passionnés et emphatiques. Nous conclûmes de là que c'étaient des êtres intelligents, quoique peut-être pas d'un ordre aussi élevé que d'autres que nous découvrîmes le mois suivant sur le bord de la baie des *Arcs-en-ciel*, et qui étaient capables de produire des œuvres d'art.

« La seconde fois que nous les vîmes nous pûmes les observer bien mieux encore : c'était sur les bords d'un petit lac ou grande rivière que nous aperçûmes coulant vers la vallée du grand lac et ayant sur ses rives orientales un joli petit bois. Quelques-uns de ces êtres avaient traversé d'un bord à l'autre, et y étaient étendus comme des aigles. Nous pûmes alors remarquer que leurs ailes avaient une énorme étendue, et étaient semblables pour leur structure à celles de la chauve-souris ; elles étaient formées d'une membrane demi-transparente qui pou-

(1) *Leçons sur la philosophie chimique*, neuvième leçon pag. 320.

(2) *Le Petit Albert*, p. 152.

vait se déployer en divisions courbes par le moyen de rayons droits liés au dos par des téguments dorsaux. Ce qui nous étonna le plus, ce fut de voir que cette membrane continuait depuis les épaules jusqu'aux jambes, liée au corps, et diminuant graduellement de largeur. Ces ailes semblaient entièrement soumises à la volonté de ces êtres, car nous les vîmes se baigner, et les étendre aussitôt dans toute leur dimension, les secouer en sortant de l'eau, comme font les canards, et les refermer en une forme compacte. Les observations que nous fîmes sur les habitudes de ces créatures, qui étaient des deux sexes, nous conduisirent à des résultats si remarquables, que je préfère les voir livrer au public dans l'ouvrage du docteur Herschel, où je sais qu'ils sont détaillés avec une consciencieuse vérité, quelle que soit l'incrédulité avec laquelle on les lira.

« Au bout de quelques instants les trois familles étendirent leurs ailes presque simultanément et se perdirent dans les sombres confins du canevas, avant que nous pussions revenir de notre étonnement. Nous appelâmes scientifiquement ces êtres hommes-chauves-souris (*vespertilio homo*). Ce sont sûrement des êtres innocents et heureux.

« Nous nommâmes la vallée où ils vivent le Colisée de rubis, à cause des magnifiques montagnes qui l'entourent. La nuit étant très-avancée, nous remîmes à une autre occasion la suite de nos études. »

Ce canard, qui venait des États-Unis où il s'en fait tant, fut pris au sérieux par plusieurs journaux.

Les Péruviens regardaient la lune comme la sœur et la femme du soleil, et comme la mère de leurs incas; ils l'appelaient mère universelle de toutes choses, et avaient pour elle la plus grande vénération. Cependant ils ne lui avaient point élevé de temple, et ne lui offraient point de sacrifices. Ils prétendaient aussi que les marques noires qu'on aperçoit dans la lune avaient été faites par un renard qui, ayant monté au ciel, l'avait embrassée si étroitement, qu'il lui avait fait ces taches à force de la serrer.

Suivant les Taïtiens, les taches que nous voyons à la lune sont des bosquets d'une espèce d'arbres qui croissaient autrefois à Taïti; un accident ayant détruit ces arbres, les graines furent portées par des pigeons à la lune, où elles ont prospéré (1).

Les mahométans ont une grande vénération pour la lune; ils la saluent dès qu'elle paraît, lui présentent leurs bourses ouvertes, et la prient d'y faire multiplier les espèces à mesure qu'elle croîtra.

La lune est la divinité des Nicaborins, habitants de Java. Lorsqu'il arrive une éclipse de lune, les Chinois idolâtres, voisins de la Sibérie, poussent des cris et des hurlements horribles, sonnent les cloches, frappent contre du bois ou des chaudrons, et touchent à coups redoublés sur les timbales de la grande pagode. Ils croient que le méchant esprit de l'air Arachula attaque la lune, et que leurs clameurs doivent l'effrayer.

Il y a des gens qui prétendent que la lune est douée d'un appétit extraordinaire; que son estomac, comme celui de l'autruche, digère les pierres. En voyant un bâtiment vermoulu, ils disent que la lune l'a mutilé, et qu'elle peut ronger le marbre.

Combien de personnes n'osent couper leurs cheveux dans le décours de la lune! dit M. Salgues (2). Mais les médecins sont convenus enfin que la lune influe sur le corps humain, comme sur bien d'autres choses (3).

La plupart des peuples ont cru encore que le lever de la lune était un signal mystérieux auquel les spectres sortaient de leurs tombeaux. Les Orientaux content que les lamies et les gholes déterrent les morts dans les cimetières, et font leurs festins au clair de la lune. Dans certains cantons de l'orient de l'Allemagne, on prétendait que les vampires ne commençaient leurs infestations qu'au lever de la lune, et qu'ils étaient obligés de rentrer en terre au chant du coq.

L'idée la plus extraordinaire, adoptée dans quelques villages, c'est que la lune ranimait les vampires. Lorsqu'un de ces spectres, poursuivi dans ses courses nocturnes, était frappé d'une balle ou d'un coup de lance, on pensait qu'il pouvait mourir une seconde fois, mais qu'exposé aux rayons de la lune il re-

---

(1) *Voyages de Cook.*
(2) *Des Erreurs et des préjugés*, etc., t. Ier, p. 210.
(3) Ceux qui ont observé les phénomènes que présente le climat des régions intertropicales n'ont pas prêté une assez grande attention à l'influence que la lune y exerce. Si l'on s'accorde à reconnaître que la pression ou l'attraction lunaire agit fortement sur les marées, on ne doit pas craindre d'affirmer que l'atmosphère est soumise à une action semblable. Ce qu'il y a de certain, c'est que, dans les basses terres des régions intertropicales, un observateur attentif de la nature est frappé du pouvoir que la lune exerce sur les saisons aussi bien que sur le règne animal et sur le végétal. A Démérara, il y a chaque année treize printemps et treize automnes; car il est constaté que la sève des arbres y monte aux branches et redescend aux racines treize fois alternativement.

Le vallaba, arbre résineux assez commun dans les bois de Démérara, et qui ressemble à l'acajou, fournit un exemple très-curieux en ce genre. Si on le coupe la nuit, quelques jours avant la nouvelle lune, son bois est excellent pour les charpentes et toute espèce de constructions, et la dureté en est telle qu'on ne le peut fendre qu'avec beaucoup de peine, et encore inégalement. Abattez-le pendant la pleine lune, vous le partagez en une infinité de planches aussi minces et aussi droites qu'il vous plaît avec la plus grande facilité : mais alors il ne vaut rien pour les constructions, et se détériore bientôt. Faites des pieux avec des bambous de la grosseur d'un bras; si vous les avez coupés à la nouvelle lune, ils dureront dix ou douze années; mais si c'est pendant qu'elle était dans son plein, ils seront pourris en moins de deux ans:

Les effets de la lune sur la vie animale sont prouvés aussi par un grand nombre d'exemples. J'ai vu en Afrique des animaux, nouveau-nés périr en quelques heures auprès de leur mère pour être restés exposés aux rayons de la pleine lune. S'ils en sont frappés, les poissons fraîchement pêchés se corrompent, et la viande ne se peut plus conserver, même au moyen du sel.

Le marinier qui dort sans précaution la nuit sur le tillac, la face tournée vers la lune, est atteint de nictalopie ou cécité nocturne, et quelquefois sa tête enfle d'une manière prodigieuse. Les paroxismes des fous redoublent d'une manière effrayante à la nouvelle et à la pleine lune; les frissons humides de la fièvre intermittente se font sentir au lever de cet astre, dont la douce lueur semble à peine effleurer la terre. Mais qu'on ne s'y méprenne pas, ses effets sont puissants, et, parmi les agents qui règnent sur l'atmosphère on peut affirmer qu'elle ne tient pas le dernier rang. (*Martin's history of the British colonies.*)

prenait ses forces et pouvait sucer de nouveau les vivants.

LUNDI. En Russie, le lundi passe pour un jour malheureux. Parmi le peuple et les personnes superstitieuses, la répugnance à entreprendre ce jour-là quelque chose, surtout un voyage, est si universelle, que le petit nombre de gens qui ne la partagent pas s'y soumet par égard pour l'opinion générale.

LURE (Guillaume), docteur en théologie, qui fut condamné comme sorcier, à Poitiers, en 1453, convaincu par son propre aveu, par témoins et pour avoir été trouvé saisi d'un pacte fait avec le diable, par lequel il renonçait à Dieu et se donnait à icelui diable (1).

LURIDAN, esprit de l'air en Norwége et en Laponie. Voy. Harold.

LUSIGNAN. On prétend que la maison de Lusignan descend en ligne directe de Mélusine. Voy. Mélusine.

LUTHER (Martin), le plus fameux novateur religieux du xvi° siècle, né en 1484 en Saxe, mort en 1546. Il dut son éducation à la charité des moines, et entra chez les Augustins d'Erfurt. Devenu professeur de théologie, il s'irrita de ne pas être le Judas des indulgences, c'est-à-dire de n'en pas tenir la bourse; il écrivit contre le pape et prêcha contre l'Église romaine. Devenu épris de Catherine Bore, religieuse, il l'enleva de son couvent avec huit autres sœurs, se hâta de l'épouser, et publia un écrit où il comparait ce rapt à celui que Jésus-Christ fit, le jour de la passion, lorsqu'il arracha les âmes de la tyrannie de Satan...

Nous ne pouvons ici faire sa vie, mais sa mort nous revient. Ses ennemis ont assuré que le diable l'avait étranglé; d'autres qu'il mourut subitement en allant à la garderobe, comme Arius, après avoir trop soupé; que, son tombeau ayant été ouvert le lendemain de son enterrement, on n'y avait pu trouver son corps, et qu'il en était sorti une odeur de soufre insupportable. — George Lapôtre le dit fils d'un démon et d'une sorcière.

A la mort de Luther, disent les relations répandues chez ses contemporains, les démons en deuil, habillés en corbeaux, vinrent chercher cet ami de l'enfer. Ils assistèrent invisiblement aux funérailles; et Thyræus ajoute qu'ils l'emportèrent ensuite loin de ce monde, où il ne devait que passer. — On conte encore que le jour de sa mort tous les démons qui se trouvaient en une certaine ville de Brabant (à Malines) sortirent des corps qu'ils possédaient et y revinrent le lendemain; et comme on leur demandait où ils avaient passé la journée précédente, ils répondirent que, par l'ordre de leur prince, ils s'étaient rendus à l'enterrement de Luther. Le valet de Luther, qui l'assistait à sa mort, déclara, ce qui est très-singulier, en conformité de ceci, qu'ayant mis la tête à la fenêtre pour prendre l'air au moment du trépas de son maître, il avait vu plusieurs esprits horribles qui dansaient autour de la maison, et ensuite des corbeaux maigres qui accompagnèrent le corps en croassant jusqu'à Wittemberg......

La dispute de Luther avec le diable a fait beaucoup de bruit. Un religieux vint un jour frapper rudement à sa porte, en demandant à lui parler. Le renégat ouvre; le prétendu moine regarde un moment le réformateur, et lui dit : — J'ai découvert dans vos opinions certaines erreurs papistiques sur lesquelles je voudrais conférer avec vous. — Parlez, répond Luther.

L'inconnu proposa d'abord quelques discussions assez simples, que Luther résolut aisément. Mais chaque question nouvelle était plus difficile que la précédente, et le moine supposé exposa bientôt des syllogismes très-embarrassants. Luther, offensé, lui dit brusquement : — Vos questions sont trop embrouillées; j'ai pour le moment autre chose à faire que de vous répondre.

Cependant il se levait pour argumenter encore, lorsqu'il remarqua que le religieux avait le pied fendu, et les mains armées de griffes. — N'es-tu pas, lui dit-il, celui dont la naissance du Christ a dû briser la tête?

Et le diable, qui s'attendait avec son ami à un combat d'esprit et non à un assaut d'injures, reçut dans la figure l'encrier de Luther, qui était de plomb (2) : il dut en rire à pleine gorge. On montre encore sur la muraille, à Wittemberg, les éclaboussures de l'encre.

On trouve ce fait rapporté, avec quelque différence de détails, dans le livre de Luther lui-même sur la messe privée, sous le titre de *Conférence de Luther avec le diable* (3). Il conte que, s'étant éveillé un jour, vers minuit, Satan disputa avec lui, l'éclaira sur les erreurs du catholicisme, et l'engagea à se séparer du pape. C'est donner à sa secte une assez triste origine. L'abbé Cordemoy pense, avec beaucoup d'apparence de raison, que certains critiques ont tort de prétendre que cette pièce n'est pas de Luther. Il est constant qu'il était très-visionnaire, ce qui doit suffire aux incrédules; et que pour les croyants il était très en état de voir le diable. Il est même possible que la bravade de l'encrier soit une vanterie.

LUTINS. Les lutins sont du nombre des démons qui ont plus de malice que de méchanceté. Ils se plaisent à tourmenter les gens, et se contentent de faire plus de peur que de mal. Cardan parle d'un de ses amis qui, couchant dans une chambre que hantaient les lutins, sentit une main froide et molle comme du coton passer sur son cou et son visage, et chercher à lui ouvrir la bouche. Il se garda bien de bâiller; mais, s'éveillant en sursaut, il entendit de grands éclats de rire sans rien voir autour de lui.

Leloyer raconte que de son temps il y avait de mauvais garnements qui faisaient leurs sabbats dans les cimetières pour établir leur réputation et se faire craindre, et, quand ils y étaient parvenus, ils allaient dans les maisons buffeter le bon vin.

Les lutins s'appelaient ainsi parce qu'ils

---

(1) Delancre, Inconstance des démons, l. VI, p. 495.
(2) Melanchthon, de Examin. theolog. operum, t. 1er

(3) Colloquium Lutherum inter et diabolum, ab ipso Luthero conscriptum, in ejus libro de Missa privata, etc.

prenaient quelquefois plaisir à lutter avec les hommes. Il y en avait un à Thermesse qui se battait avec tous ceux qui arrivaient dans cette ville. Au reste, disent de bons légendaires, les lutins ne mettent ni dureté ni violence dans leurs jeux.....

LUTSCHIN. Au pied du Lutschin, rocher gigantesque de la Suisse, coule un torrent où se noya un fratricide en voulant laver son poignard ensanglanté. La nuit, à l'heure où le meurtre fut commis, on entend encore près du torrent des soupirs et comme le râle d'un homme qui se meurt. On dit aussi que l'âme du meurtrier rôde dans les environs, cherchant un repos qu'elle ne peut trouver.

LUTTEURS, démons qui aiment la lutte et les petits jeux de mains. C'est de leur nom qu'on a nommé les lutins.

LUXEMBOURG (François de Montmorency), maréchal de France, né en 1628, mort en 1695. On l'accusa de s'être donné au diable.

Un de ses gens, nommé Bonard, voulant retrouver des papiers qui étaient égarés, s'adressa à un certain Lesage pour les recouvrer. Ce Lesage était un homme dérangé, qui se mêlait de sorcellerie et de divinations. Il lui ordonna d'aller visiter les églises, de réciter des psaumes ; Bonard se soumit à tout ce qu'on exigeait de lui, et les papiers ne se retrouvèrent pas. Une fille, nommée la Dupin, les retenait. Bonard, sous les yeux de Lesage, fit une conjuration au nom du maréchal de Luxembourg; la Dupin ne rendit rien. Désespéré, Bonard fit signer un pacte au maréchal qui se donnait au diable. A la suite de ces menées, la Dupin fut trouvée assassinée. On en accusa le maréchal. Le pacte fut produit au procès. Lesage déposa que le maréchal s'était adressé au diable et à lui pour faire mourir la Dupin. Les assassins de cette fille avouèrent qu'ils l'avaient découpée en quartiers, et jetée dans la rivière par les ordres du maréchal. La cour des pairs devait le juger; mais Louvois, qui ne l'aimait pas, le fit enfermer dans un cachot. On mit de la négligence à instruire son procès ; enfin on lui confronta Lesage et un autre sorcier, nommé Davaux, avec lesquels on l'accusa d'avoir fait des sortilèges pour faire mourir plus d'une personne. — Parmi les imputations horribles qui faisaient la base du procès, Lesage dit que le maréchal avait fait un pacte avec le diable, pour pouvoir allier un de ses fils avec la famille de Louvois. Le procès dura quatorze mois. Il n'y eut de jugement ni pour ni contre. La Voisin, la Vigoureux et Lesage, compromis dans ces crimes, furent brûlés à la Grève. Le maréchal de Luxembourg fut élargi, passa quelques jours à la campagne, puis revint à la cour, et reprit ses fonctions de capitaine des gardes.

LUXEMBOURG (La maréchale de). Madame la maréchale de Luxembourg avait pour valet de chambre un vieillard qui la servait depuis longtemps, et auquel elle était attachée. Ce vieillard tomba tout à coup dangereusement malade. La maréchale était dans l'inquiétude. Elle ne cessait d'envoyer demander des nouvelles de cet homme, et souvent allait elle-même en savoir. Se portant très-bien, elle s'éveille au milieu de la nuit avec une agitation singulière ; elle veut sonner pour demander ce que fait son valet de chambre; elle ouvre les rideaux de son lit; à l'instant, l'imagination fortement frappée, elle croit apercevoir dans son appartement un fantôme couvert d'un linceul blanc; elle croit entendre ces paroles : — Ne vous inquiétez point de moi, je ne suis plus de ce monde, et avant la Pentecôte vous viendrez me rejoindre.« La fièvre s'empara d'elle ; elle fut bientôt à toute extrémité. Ce qui contribua le plus à augmenter sa terreur, c'est qu'à l'instant même où elle fut frappée de cette vision, l'homme en question venait effectivement d'expirer. La maréchale a cependant survécu à la prédiction du fantôme imaginaire, et cette résurrection fait furieusement de tort aux spectres pour l'avenir (1). »

LYCANTHROPIE, transformation d'un homme en loup. Le lycanthrope s'appelle communément loup-garou.

Les loups-garous ont été bien longtemps la terreur des campagnes, parce qu'on savait que les sorciers ne pouvaient se faire loups que par le secours du diable. Dans les idées des démonographes, un loup-garou est un sorcier que le diable lui-même transmue en loup, et qu'il oblige à errer dans les campagnes en poussant d'affreux hurlements.

L'existence de loups-garous est attestée par Virgile, Solin, Strabon, Pomponius Méla, Dionysius Afer, Varron, et par tous les jurisconsultes et démonomanes des derniers siècles. A peine commençait-on à en douter sous Louis XIV.

L'empereur Sigismond fit débattre devant lui la question des loups-garous, et il fut unanimement résolu que la transformation des loups-garous était un fait positif et constant.

Un garnement qui voulait faire des friponneries mettait aisément les gens en fuite en se faisant passer pour un loup-garou. Il n'avait pas besoin pour cela d'avoir la figure d'un loup, puisque les loups-garous de réputation étaient arrêtés comme tels, quoique sous leur figure humaine. On croyait alors qu'ils portaient le poil de loup-garou entre cuir et chair.

Peucer conte qu'en Livonie, sur la fin du mois de décembre, il se trouve tous les ans un belître qui va sommer les sorciers de se rendre en certain lieu ; et s'ils y manquent le diable les y mène de force, à coups si rudement appliqués, que les marques y demeurent. Leur chef passe devant, et quelques milliers le suivent, traversant une rivière, laquelle passée ils changent leur figure en celle d'un loup, se jettent sur les hommes et sur les troupeaux, et font mille dommages Douze jours après ils retournent au même fleuve et redeviennent hommes.

On attrapa un jour un loup-garou qui courait dans les rues de Padoue ; on lui coupa ses pattes de loup, et il reprit au même instant la forme d'homme, mais avec les

(1) Histoire des revenants ou prétendus tels, tom. I, p. 174.

bras et les pieds coupés, à ce que dit Fincel.

L'an 1588, en un village distant de deux lieues d'Apchon, dans les montagnes d'Auvergne, un gentilhomme, étant sur le soir à sa fenêtre, aperçut un chasseur de sa connaissance, et le pria de lui rapporter de sa chasse. Le chasseur promit, et, s'étant avancé dans la plaine, il vit un gros loup qui venait à sa rencontre. Il lui lâcha un coup d'arquebuse et le manqua. Le loup se jeta sur lui et l'attaqua vivement. Mais l'autre, en se défendant, lui ayant coupé la pate droite avec son couteau de chasse, le loup estropié s'enfuit et ne revint plus. Comme la nuit approchait, le chasseur gagna la maison de son ami, qui lui demanda s'il avait fait bonne chasse. Il tira de sa gibecière la patte coupée au prétendu loup, mais il fut bien étonné de la voir convertie en main de femme, et à l'un des doigts un anneau d'or que le gentilhomme reconnut être celui de son épouse. Il alla aussitôt la trouver. Elle était auprès du feu, cachant son bras droit sous son tablier. Comme elle refusait de l'en tirer, il lui montra la main que le chasseur avait rapportée; cette malheureuse, éperdue, avoua que c'était elle en effet qu'on avait poursuivie sous la figure d'un loup-garou; ce qui se vérifia encore en confrontant la main avec le bras dont elle faisait partie. Le mari courroucé livra sa femme à la justice; elle fut brûlée.

Que penser d'une telle histoire, racontée par Bognet comme étant de son temps? Etait-ce une trame d'un mari qui voulait, comme disent les Wallons, être quitte de sa femme?

Les loups-garous étaient fort communs dans le Poitou; on les y appelait *la bête bigourne qui court la galipode*. Quand les bonnes gens entendent les hurlements du loup-garou, ce qui n'arrive qu'au milieu de la nuit, ils se gardent de mettre la tête à la fenêtre, parce qu'ils auraient le cou tordu. — On assure, dans cette province, qu'on peut forcer le loup-garou à quitter sa forme d'emprunt en lui donnant un coup de fourche entre les deux yeux.

On sait que la qualité distinctive des loups garous est un grand goût pour la chair fraîche. Delancre assure qu'ils étranglent les chiens et les enfants; qu'ils les mangent de bon appétit; qu'ils marchent à quatre pattes; qu'ils hurlent comme de vrais loups, avec de grandes gueules, des yeux étincelants et des dents crochues.

Bodin raconte qu'on vit un matin 150 loups-garous sur une place de Constantinople. — On trouve dans le roman de *Persilès et Sigismonde*, dernier ouvrage de Cervantes, des îles de loups-garous et des sorcières qui se changent en louves pour enlever leur proie, comme on trouve dans Gulliver une île de sorciers. Mais au moins ces livres sont des romans.—Delancre propose (1) comme un bel exemple ce trait d'un duc de Russie. Averti qu'un sien sujet se changeait en toutes sortes de bêtes, il l'envoya chercher, le fit enchaîner, et lui commanda de donner une preuve de son art; ce qu'il fit, se transformant en loup; mais ce duc, ayant préparé deux dogues, les lui lança contre ce misérable, qui aussitôt fut mis en pièces. — On amena au médecin Pomponace un paysan atteint de lycantrophie, qui criait à ses voisins de s'enfuir s'ils ne voulaient pas qu'il les mangeât. Comme ce pauvre homme n'avait rien de la forme d'un loup, les villageois, persuadés pourtant qu'il l'était, avaient commencé à l'écorcher, pour voir s'il ne portait pas le poil sous la peau. Pomponace le guérit; ce n'était qu'un hypocondre. — J. de Nynauld a publié en 1615 un traité complet de la *Lycantropie*, qu'il appelle aussi *Folie louvière* et *ly-*

(1) Inconstance des mauvais anges. liv. IV, p. 304.
(2) Leloyer, Hist. des spectres, p. 198.

caonie, mais dont il admet incontestablement la réalité.— Un sieur de Beauvoys-de-Chauvincourt, gentilhomme angevin, a fait imprimer en 1599 (Paris, petit in-12) un volume intitulé : *Discours de la lycanthropie, ou de la transmutation des hommes en loups*.— Claude, prieur de Laval, avait publié quelques années auparavant un autre livre sur la même matière, intitulé : *Dialogues de la lycanthropie*. Ils affirment tous qu'il y a certainement des loups-garous.

Ce qui est plus singulier, c'est qu'il n'y a peut-être pas de village qui n'ait encore ses loups-garous; il est possible que celui dont on va parler soit encore aux galères. Il se faisait appeler Maréchal, et demeurait en 1804 au village de Longueville, à deux lieues de Méry-sur-Seine. Il était bûcheron, faisait des fossés, et s'occupait de divers métiers qui s'exercent dans la solitude, et sont par conséquent propres à la sorcellerie. Avec l'aide du diable, il se changeait toutes les nuits en loup ou en ours, et faisait de grandes peurs aux bonnes gens. Un jeune paysan s'arma d'un fusil et l'attendit une nuit. Il vit un monstre à quatre pattes qui venait lourdement à lui. Il le coucha en joue et le manqua. Le loup-garou, qui avait aussi un fusil, tira à son tour sur le paysan et le blessa à la jambe. Celui-ci, stupéfait de se trouver en face d'un loup qui tirait des coups de fusil, se mit à fuir. A la fin, la justice s'empara de l'homme. On ne trouva dans le prétendu sorcier qu'un vaurien coupable de vols et de brigandages qu'il exerçait dans ses courses nocturnes. On le condamna aux galères perpétuelles.

Le lecteur fera sans doute ici une réflexion toute naturelle : comment se peut-il qu'un loup-garou épouvante une contrée pendant trois ou quatre ans, sans que la justice l'arrête? C'est encore une des misères de nos paysans. Comme il y a chez eux beaucoup de méchants, ils se craignent entre eux ; ils ont un discernement et une expérience qui leur apprennent que la justice n'est pas toujours juste ; et ils disent : Si nous dénonçons un coupable et qu'il ne soit pas mis hors d'état de nuire , c'est un ennemi implacable que nous allons nous faire. Les paysans sont vindicatifs. Après dix ans de galères, ils reviennent se venger de leurs dénonciateurs. Il faudrait peut-être qu'un coupable qui sort des galères n'eût pas le droit de reparaître dans la contrée qui a été le théâtre de ses crimes. *Voy.* CYNANTHROPIE, BOUSANTHROPIE, RAOLLET, BISCLAVARET. etc.

LYCAON, fils de Phoronée, roi d'Arcadie, à laquelle il donna le nom de Lycaonie. Il bâtit sur les montagnes la ville de Lycosure, la plus ancienne de toute la Grèce, et y éleva un autel à Jupiter Lycæus, auquel il commença à sacrifier des victimes humaines. Il faisait mourir, pour les manger, tous les étrangers qui passaient dans ses Etats. Jupiter étant allé loger chez lui, Lycaon se prépara à ôter la vie à son hôte pendant qu'il serait endormi; mais auparavant il voulut s'assurer si ce n'était pas un dieu, et lui fit servir à souper les membres d'un de ses hôtes, d'autres disent d'un esclave. Un feu vengeur, allumé par l'ordre de Jupiter, consuma bientôt le palais, et Lycaon fut changé en loup. C'est le plus ancien loup-garou.

LYCAS, démon de Thémèse, chassé par le champion Euthymius, et qui fut en grande renommée chez les Grecs. Il était très-noir, avait le visage et tout le corps hideux, et portait une peau de loup pour vêtement (2).

LYCHNOMANCIE, divination qui se faisait par l'inspection de la flamme d'une lampe ; il en reste quelques traces. Lorsqu'une étincelle se détache de la mèche, elle annonce une nouvelle et la direction de cette nouvelle. *Voy.* LAMPADOMANCIE.

LYNX. Les anciens disent des merveilles du lynx. Non-seulement ils lui attribuent la faculté de voir à travers les murs, mais encore la vertu de produire des pierres précieuses. Pline raconte sérieusement que les filets de son urine se transforment en ambre , en rubis et en escarboucles. Mais il ajoute que, par un sentiment de jalousie, cet animal avare a soin de nous dérober ces richesses, en couvrant de terre ses précieuses évacuations. Sans cela nous aurions pour rien l'ambre, les rubis et les escarboucles (3).

LYSIMACHIE, plante ainsi nommée parce que, posée sur le joug auquel les bœufs et autres animaux étaient attelés, elle a la vertu de les empêcher de se battre.

LYSIMAQUE, devin dont parle Démétrius de Phalère dans son livre de Socrate. Il gagnait sa vie à interpréter des songes au moyen de certaines tables astrologiques. Il se tenait auprès du temple de Bacchus (4).

(3) M. de Salgues, Des Erreurs, etc., t. II, p. 105.
(4) Plutarque, Vie d'Aristide, § LXVI.

FIN DU PREMIER VOLUME.

www.ingramcontent.com/pod-product-compliance
Lightning Source LLC
Chambersburg PA
CBHW051359230426
43669CB00011B/1698